STEPHAN RIXEN

Lebensschutz am Lebensende

Schriften zum Öffentlichen Recht

Band 795

Lebensschutz am Lebensende

Das Grundrecht auf Leben und
die Hirntodkonzeption

Zugleich ein Beitrag zur Autonomie
rechtlicher Begriffsbildung

Von

Stephan Rixen

Duncker & Humblot · Berlin

Die Deutsche Bibliothek – CIP-Einheitsaufnahme

Rixen, Stephan:
Lebensschutz am Lebensende : das Grundrecht auf Leben und die Hirntodkonzeption ; zugleich ein Beitrag zur Autonomie rechtlicher Begriffsbildung / von Stephan Rixen. – Berlin : Duncker und Humblot, 1999
 (Schriften zum öffentlichen Recht ; Bd. 795)
 Zugl.: Gießen, Univ., Diss., 1998
 ISBN 3-428-09727-0

Alle Rechte vorbehalten
© 1999 Duncker & Humblot GmbH, Berlin
Fotoprint: Werner Hildebrand, Berlin
Printed in Germany

ISSN 0582-0200
ISBN 3-428-09727-0

Gedruckt auf alterungsbeständigem (säurefreiem) Papier
entsprechend ISO 9706 ♾

Vorwort

Die vorliegende - im November 1997 abgeschlossene - Untersuchung wurde im Sommersemester 1998 vom Fachbereich Rechtswissenschaft der Justus-Liebig-Universität Gießen als Dissertation angenommen.

Mein herzlicher Dank gilt meinem Doktorvater Herrn Prof. Dr. Wolfram Höfling, M. A., inzwischen Direktor des Instituts für Staatsrecht der Universität zu Köln: für seine Bereitschaft, ein Vorhaben zu betreuen, das die intradisziplinären Grenzen der Rechtswissenschaft kreuzt, und für seine konstruktive Kritik, die dazu beigetragen hat, die konzeptionelle Einheit der Studie von der Grundrechtsdogmatik her zu entwickeln. Danken möchte ich auch Herrn Prof. Dr. Brun-Otto Bryde für die zügige Erstellung des Zweitgutachtens.

Die Untersuchung ist im wesentlichen während meiner Zeit als Stipendiat des interdisziplinären Graduiertenkollegs ‚Ethik in den Wissenschaften' am Zentrum für Ethik in den Wissenschaften der Eberhard-Karls-Universität Tübingen in der Zeit von April 1996 bis September 1997 entstanden. Den Mit-Kollegiatinnen und -Kollegiaten danke ich für fruchtbare Gespräche und weiterführende Diskussionen.

Für fachlichen, über rechtswissenschaftliche Aspekte hinausgehenden Austausch danke ich den Freunden Jürgen in der Schmitten, Jörn Hauf, Pascal Amann, Wolfgang Wittmann und Achim Bahnen. Besonderer Dank gilt meinen Eltern, Renate und Dieter Rixen: auch während der Arbeit an meiner Dissertation war auf ihre Ermutigung und Unterstützung unbedingter Verlaß. Mein größter Dank gilt Christina Huhnt.

Bonn, im April 1999

Stephan Rixen

Inhaltsverzeichnis

1. Kapitel

Thema und Gang der Untersuchung — 13

A. Was ist der Tod? Ein grundrechtliches Thema im strafrechtlichen Gewand.. 13
B. Aktuelle Problematisierung der Hirntodkonzeption............................... 20
    I. Die Hirntodkonzeption... 20
    II. Zunehmende Kritik an der Hirntodkonzeption................................. 23
C. Die dogmatische Diskussion als Deutungskampf................................... 25
D. Die Rechtswissenschaft als „eigentliche Rechtsquelle" des rechtlichen Todesbegriffs... 29
E. Die Frage nach Leben und Tod als Problem des geltenden Rechts........ 32
F. Eine Untersuchung auf der Grenze - Zur einheitsstiftenden Kraft eines integrativen öffentlichrechtlichen Zugriffs... 34
    I. Das Strafrecht als Grenze ärztlicher Handlungsfreiheit..................... 35
    II. Das Recht als Grenze der Ethik: Autonomie rechtlicher Begriffsbildung.. 36
    III. Auf der Grenze von Grund- und Strafrechtslehre: Arzt(straf)recht als juristisch-interdisziplinäres Unternehmen.. 46
    IV. Interpretatorische Grenzverschiebungen als Normalfall juristischer Textbearbeitung... 48
    V. Auf der Grenze von Rechtsdogmatik und Rechtsmethodologie......... 50
G. Gang der Untersuchung... 52

2. Kapitel

Die Rezeption des Hirntodkonzepts durch die Straf- und Grundrechtslehre — 55

A. Die Rezeption des Hirntodkonzepts - Versuch einer Rekonstruktion.... 55
    I. Die Rezeption des Hirntodkonzepts im Spiegel zweier Auslegungsgeschichten... 55
    II. Zur Bedeutung geschichtlicher Betrachtung bei der Gewinnung geltenden Rechts... 60
    III. Modus und Probleme der Rekonstruktion... 63
        1. Zum Begriff der „Rezeption"... 63
        2. Rekonstruktion als theoriegeleitete Konstruktion....................... 64
        3. Zu den Modalitäten rechtswissenschaftlicher Meinungsbildung.... 65
        4. Zur Verschränkung der juristischen Rezeption mit nichtrechtswissenschaftlichen Rezeptionsvorgängen... 68

Inhaltsverzeichnis

5. Grenzen der Literaturanalyse	69
IV. Zum Gang von Rekonstruktion und Kritik	71
B. Rezeption des Hirntodkonzepts in der Straf- und Grundrechtslehre	72
I. Die Rezeption des Hirntodkonzepts in der Strafrechtslehre	72
1. Der unproblematische Tod	73
2. Der unproblematische Hirntod	79
a) Der publizistische Durchbruch zur Etablierung des Hirntodkonzepts	82
aa) Die Kommentar- und Lehrbuchliteratur	82
(1) Der Kommentar von Schwarz/Dreher/Tröndle	82
(2) Der Kommentar von Lackner/Maassen	83
(3) Der Kommentar von Schönke/Schröder	84
(4) Das Lehrbuch von Krey	85
(5) Das Lehrbuch von Wessels	86
(6) Das Lehrbuch von Maurach	87
(7) Das Lehrbuch von Welzel und die Dissertation von G. Jakobs	88
bb) Die übrige Literatur	89
(1) Karl Engisch	89
(2) Paul Bockelmann	90
(3) Hans Lüttger	92
(4) Ernst-Walter Hanack	92
(5) Claus Roxin	93
(6) Günter Stratenwerth	94
(7) Günther Kaiser	95
(8) Weitere Äußerungen aus der Frühzeit der Rezeption des Hirntodkonzepts	96
b) Der Transplantationsgesetzgebungsversuch in den 70er Jahren als Exempel der erfolgten Etablierung	98
c) Die Fraglosigkeit des Hirntodkonzepts vor dem publizistischen Umbruch	103
II. Die Rezeption des Hirntodkonzepts in der Grundrechtslehre	108
1. Einleitung	108
2. Die Auslegung des Art. 2 II 1 Var.1 GG durch Günter Dürig	109
3. Die Vorbildwirkung der Dürig'schen Kommentierung	111
4. Die Stellungnahmen der Grundrechtslehre vor dem Hintergrund der Transplantationspraxis	113
5. Schlußbemerkung	124
III. Die Rezeption des Hirntodkonzepts durch das (Straf-)Recht der DDR	124
1. Zur positivrechtlichen Verortung der Rezeptionsfrage	124
2. Die Medizin als Initiatorin und Protagonistin der Rezeption	126
a) Anfänge der Rezeption	126
b) Stabilisierung der Rezeption des Hirntodkonzepts	137
c) Ein medizinisches Resümee am „Vorabend" der Deutschen Einheit	141
3. (Straf-)Rechtliche Stellungnahmen als Appendix der medizinischen Debatte	143
4. Fazit	144
IV. Die Rezeption des Hirntodkonzepts in der Krise: der problematische Hirntod	145

Inhaltsverzeichnis

1. Der „Erlanger Fall"..	145
2. Der neuerliche Transplantationsgesetzgebungsversuch als aktueller Anlaß der Kritik des Hirntodkonzepts..................	147
3. Frühere Ansätze der Kritik...	152
a) Gerd Geilen..	152
b) Herbert Tröndle...	162
c) Willi Geiger...	164
d) Werner Böhmer...	165
4. Die Hirntodkonzeption in der Krise: Versuche, die Kritik zu ignorieren..	166
C. Das Hirntodkonzept im Spiegel nichtrechtswissenschaftlicher Äußerungen..	170
I. Das Hirntodkonzept im Spiegel ethischer, insbesondere theologischer Stellungnahmen...	170
1. Katholisch-theologische Stellungnahmen...................	170
2. Evangelisch-theologische Stellungnahmen................	180
3. Weitere Stellungnahmen, insbesondere die Kritik Hans Jonas'.....	186
II. Das Hirntodkonzept im Spiegel medizinischer Stellungnahmen........	188
1. Die „Entdeckung" (Erstbeschreibung) des Hirntodes (coma dépassé) im Kontext der Debatte um die Grenzen der Behandlungspflicht..	188
2. Die Lage in den späten sechziger und den siebziger Jahren...........	197
3. Die Lage in den späten siebziger, den achtziger und den neunziger Jahren..	199
4. Versuche der Etablierung des großhirnzentrierten Teilhirntodkonzeptes...	202
5. Medizininterne Kritik des (Ganz-)Hirntodkonzepts....	205
III. Die Stellungnahmen des Wissenschaftlichen Beirats der Bundesärztekammer..	208
D. Kennzeichen der Rezeptionsgeschichte des Hirntodkonzepts.............	214
I. Kritik als produktive Reproduktion und produzierende Kritik.............	214
II. Kennzeichen der Rezeptionsgeschichte..............................	216
1. Zu den Begründungen der Hirntodkonzeption.............	216
2. Zu Dichte und Gehalt der Begründungen..................	220
3. Der Grad der Berücksichtigung medizinisch-biologischer Daten...	222
4. Dreifach vermittelter Begriffsimport: Zur Vorreiter-Rolle der Medizin..	227
5. Das Kontinuitätsargument..	236
6. Die Medizin als „neue konkrete Ordnung"..............	238
7. Die frühe und die neue Kritik der Hirntodkonzeption....	243

3. Kapitel

Grundrechtliche Kritik der Hirntodkonzeption   247

A. Hinführung..	247
I. Zum Inhalt des Kapitels..	247
II. Zu den Argumenten der „antikritischen Hirntodapologie"....	248
B. Die rechtserkenntnistheoretisch grundlegende Unterscheidung von Todesbegriff, Todeskriterium und Todesfeststellung..................	254

C. Zur Normativität des Lebensgrundrechts (Art. 2 II 1 GG) - Prinzipielle
Probleme der Grundrechtskonkretisierung (Grundrechtsauslegung).......... 260
D. Kritik der Hirntodkonzeption aus grundrechtlicher Sicht...................... 269
   I. Die „trügerische Sicherheit" des (möglichen) Wortsinns von Art. 2 II 1 Var. 1 GG................ 271
   II. Zum (möglichen) Wortsinn des Normtextes von Art. 2 II 1 Var. 1 GG.............. 273
      1. Befund...................... 273
         a) „Jeder" = jeder lebende Mensch.............. 273
         b) „hat ein Recht auf"................. 274
         c) „Leben"................ 275
      2. Zeichen des (biologischen) Lebens beim hirntoten Menschen....... 276
      3. Fazit.................. 279
   III. Das Bundesverfassungsgericht und der Lebensbegriff des Art. 2 II 1 Var. 1 GG.......... 279
      1. Befund 279
      2. Fazit................. 282
   IV. Art. 2 II 1 Var. 1 GG im Spiegel von Entstehungsgeschichte und Regelungsabsicht des Verfassunggebers............ 283
      1. Befund................ 284
      2. Fazit................. 286
   V. Das offene Menschenbild des Grundgesetzes und der hirntote Mensch............. 288
      1. Das offene Menschenbild als Interpretament des Lebensgrundrechts............ 288
      2. „Kriteriologischer Biologismus" als Folge des offenen Menschenbildes................ 296
      3. Ablehnung der Geistigkeitstheorie und des Teilhirntodkonzepts... 297
      4. Ablehnung der biologisch-zerebralen Begründung des (Ganz-)Hirntodkonzepts............ 302
         a) Das Gehirn (der Hirnstamm) und der Organismus als funktionelle Ganzheit............ 302
         b) Der Einwand der „Künstlichkeit"............. 307
         c) Der Einwand der „dauerhaften Künstlichkeit"........... 308
         d) Ergebnis............. 309
   VI. Zur Unbeachtlichkeit europarechtlicher, rechtsvergleichender und gewohnheitsrechtlicher Argumente............. 312
      1. Zur Unbeachtlichkeit europarechtlicher Argumente.............. 312
         a) Europäische Menschenrechtskonvention.............. 312
         b) EG-Recht................ 313
      2. Zur Unbeachtlichkeit rechtsvergleichender Argumente............. 315
      3. Zur Unbeachtlichkeit gewohnheitsrechtlicher Argumente............ 317
   VII. Ergebnis der grundrechtlichen Kritik der Hirntodkonzeption............ 321
E. Die Maßstäblichkeit der grundrechtlichen Kritik der Hirntodkonzeption für den Strafrechtsschutz am Ende menschlichen Lebens....... 322
   I. Zum problematischen Verhältnis von Verfassungsrecht und Strafgesetz............ 322

II. Die strafgesetzlichen Bestimmungen über die Tötungsdelikte als „Maßnahmen normativer Art" zur Verwirklichung der grundrechtlichen Schutzpflicht aus Art. 2 II 1 Var. 1 GG: Zur schutzbereichskongruenten Auslegung des Tatbestandsmerkmals „töten".................. 327
III. Die grundrechtsorientierte Auslegung des Tatbestandsmerkmals „töten" als Beispiel mittelbaren „Verfassungsstrafrechts"................... 337
IV. Ergebnis.. 342
F. Lebensgrundrechtlich angemessene Todeskriterien im Strafrecht............. 343
    I. Angemessene Todeskriterien.. 343
    II. Todeszeitbestimmung... 348
    III. Todeszeichen und Wesentlichkeitsprinzip.................................. 350
    IV. Ergebnis.. 352
G. Grundrechtsorientierte Auslegung der §§ 212 I, 216 StGB - die Entnahme lebenswichtiger Organe zu Transplantationszwecken beim lebenden Hirntoten.. 353
    I. Das Hauptproblem: Entnahme lebenswichtiger Organe zu Transplantationszwecken - Tötung (auf Verlangen)?.............................. 353
        1. Hinführung... 353
        2. Die tatsächlichen Umstände der Entnahme lebenswichtiger Organe am Beispiel der Herzexplantation.. 355
    II. Grundrechtsorientierte Auslegung der §§ 212 I, 216 I StGB mit Blick auf die Herzexplantation zu Transplantationszwecken........................ 358
        1. Zur Doppeldeutigkeit des Wortes „Tötung".......................... 358
        2. Wortlaut und Kausalität... 359
        3. Kausalität als schutzzweckbezogene Kausalität.................... 361
        4. Rechtssystematisch-teleologische, insbesondere grundrechtliche Überlegungen... 363
            a) Art. 2 II 1 Var. 1 GG als besonderes Selbstbestimmungsgrundrecht für den Bereich des Lebens: Überlegungen zum Problemkreis „Grundrechtsverzicht".............................. 364
                aa) Die grundrechtliche Befugnis zum Verzicht auf den Schutz des Lebens zwischen Art. 2 II 1 Var. 1 und Art. 2 I GG.. 365
                bb) „Grundrechtsverzicht" als Verzicht auf den Schutz gegen Eingriffe bzw. Übergriffe... 368
            b) Auslegung der §§ 212 I, 216 I StGB im Lichte des Art. 2 II 1 Var.1 GG.. 370
            c) Ergebnis... 376
    III. Behandlungsabbruch beim hirntoten Patienten........................... 381
    IV. Die grundrechtliche Kritik der Hirntodkonzeption und das Transplantationsgesetz.. 382

4. Kapitel

Zusammenfassung und Ausblick   389

Literaturverzeichnis.. 399
Sachregister.. 469

1. Kapitel

Thema und Gang der Untersuchung

A. Was ist der Tod? Ein grundrechtliches Thema im strafrechtlichen Gewand

Das geltende Recht bezieht sich in vielfältiger Weise auf Leben und Tod. Juristisch sind damit zwei systematisch miteinander verkoppelte Fragen zu beantworten: Was ist der Tod? Und: Was ist Leben? Beide Fragen lassen sich nicht voneinander lösen. Der Tod ist „ein Phänomen des Lebens"[1], „von vornherein und von innen her dem Leben verbunden"[2]. Tod und Leben können nur „in ihrem wechselseitigen Verwobensein"[3], nur in der Konzentration auf ihre „untrennbare Zusammengehörigkeit"[4] rechtsdogmatisch begriffen werden.

Wenn vom Tod die Rede ist, dann ist nicht immer der Endpunkt des kulturell überformten „Naturphänomen(s) der Sterblichkeit"[5] bzw. des „biologische(n) Lebensproze(sses)"[6] des Menschen gemeint. Der Terminus „Tod" ist ebenso wie

---

[1] *Heidegger*, S. 246 (§ 49).
[2] *Simmel*, S. 30.
[3] *Stephenson*, S. X.
[4] *Gadamer*, Die Erfahrung des Todes, S. 94.
[5] *Gerhardt*, S. 50. S. außerdem *Elias*, S. 70f.: „Im Falle der Sexualität wie in dem des Todes handelt es sich um biologische Gegebenheiten, die im Erleben und Verhalten der Menschen jeweils gesellschaftsspezifisch, also entsprechend der betreffenden Stufe der Menschheitsentwicklung und, als deren Aspekt, der Zivilisation, verarbeitet und gestaltet werden. Jeder einzelne Mensch verarbeitet dann die gemeinsamen sozialen Muster in seiner eigenen Weise. Wenn man sich dessen bewußt wird, daß entscheidend für das Verhältnis der Menschen zum Tode nicht einfach der biologische Vorgang des Todes an sich ist, sondern die sich entwickelnde, jeweils stufenspezifische Vorstellung vom Tode und die mit ihr verbundene Haltung der Menschen zum Tode, dann tritt auch die soziologische Problematik des Todes schärfer zutage. Dann wird es besser möglich, zum mindesten einige der Eigentümlichkeiten zeitgenössischer Gesellschaften und der ihnen zugehörigen Persönlichkeitsstrukturen wahrzunehmen, die für die Besonderheit des Todesbildes (...) in den entwickelten Nationalgesellschaften verantwortlich sind." S. auch *Ariès*, Geschichte des Todes, S. 775: „Seit den ältesten Zeiten hat der Mensch Sexualität und Tod nicht als bloße rauhe Naturgegebenheit aufgefaßt."
[6] *Arendt*, S. 90, S. 91, s. auch S. 89f.: „Etwas ganz anderes aber meint das Wort ‚Leben', wenn es, auf die Welt bezogen, die Zeitspanne anzeigt, die zwischen Geburt und Tod in der Welt verbracht wird. (...) Das Hauptmerkmal des menschlichen Lebens (...) besteht darin, daß es selbst aus Ereignissen sich gleichsam zusammensetzt, die am Ende als eine Geschichte erzählt werden können, die Lebensgeschichte, die jedem

der Ausdruck „Leben" ein mehrdeutiger Begriff.[7] Die Mehrdeutigkeit der Begriffe spiegelt sich auch in den Normtexten des geltenden Rechts wider.[8]

Wenn das Gesetz von der Möglichkeit des Einzelnen spricht, das „tägliche Leben"[9] zu führen bzw. „sein Leben (...) zu gestalten"[10], dann wird die „biographische Bedeutung"[11] eines konkreten Menschenlebens angesprochen, *das* Leben also, das Verwirklichung des eigenen Existenzentwurfs ist, Gestaltung der mit dem biologischen Leben gegebenen Lebenszeit. „Lebewesen"[12] sind freilich nicht

---

menschlichen Leben zukommt und die, wenn sie aufgezeichnet, also in eine Bio-graphie verdinglicht wird, als ein Weltding weiter bestehen kann" (Schreibweise „Bio-graphie" im Original).

[7] Dazu aufschlußreich die Feststellung des Philosophen *Stegmaier*, S. 20: „Leben ist einer der Begriffe, die man ohne weiteres versteht, die für jedermann plausibel sind, solange man nicht fragt, was sie bedeuten. Fragt man, was sie bedeuten, lösen sie sich in eine Vielzahl möglicher Bedeutungen auf (...)." *Quante*, S. 176, spricht dementsprechend von der „Augustinische(n) Eigenschaft" des Begriffs „Leben" und spielt damit auf *Augustins* bekannte Frage nach der Zeit an: „Was ist also Zeit? Solange mich niemand fragt, weiß ich es; wenn ich es einem auf seine Frage hin erklären will, weiß ich es nicht" (*Augustinus*, S. 306 [11. Buch, XIV]). Beispiele für die Vieldeutigkeit des Begriffs „Leben": „Verflechtungen des Lebens, das wir als Juristen ordnen möchten" (*Großfeld*, Bildhaftes Rechtsdenken, S. 80); „die Wirklichkeit des menschlichen Lebens und des Rechts in diesem Leben" (*Drath*, S. 25); „Verbrechen als Lebenstatsache" (*von Hentig*, Dogmatik, Strafverfahren, Dunkelfeld, S. 663); „Lebensfunctionen des Staates" (*Laband*, S. 102); „Recht als Lebensordnung" (*Braun*, Recht, Justiz und Politik, S. 1071); „das Leben der Gemeinschaft" (*Alexy*, Theorie der Grundrechte, S. 467); „Die (...) Welt ist das Gesamt der Lebenszusammenhänge, innerhalb derer unsere Praxis sich bewegt und bewährt" (*Bubner*, S. 187); „Leben heißt hier Loben und Danken in der Gegenwart Gottes" (*Moltmann*, S. 190 [Kap. III, § 12]). „Was ist (...) dieses Allbekannte und Geheimnisvolle, das wir Leben nennen?" (*von Weizsäcker*, S. 83); „Man muß (...) wissen, wovon man spricht, wenn man die Vokabeln Leben, lebendig, belebt gebraucht" (*Plessner*, S. XIX); „Hatte der Ausdruck ‚Tod' (...) überhaupt eine zureichend sicher umgrenzte Bedeutung?" (*Heidegger*, S. 237 [§ 46]).

[8] Nichtverfassungsrechtliche Beispiele zum „Tod" auch bei *Klinge*, S. 25ff., S. 33ff., S. 37ff., S. 44ff.

[9] § 38 I Nr. 1 SGB VIII: "Rechtsgeschäfte des täglichen Lebens". S. auch „Lebensführung" (§ 10 I 1, 2 JGG; § 144 I 2 StVollzG), „Lebenswandel" (§ 91 I JGG). S. auch § 3 I StVollzG: „Das Leben im Vollzug soll den allgemeinen Lebensverhältnissen soweit als möglich angeglichen werden."

[10] § 1901 I 2 BGB: „Zum Wohl des Betreuten gehört auch die Möglichkeit, im Rahmen seiner Fähigkeiten sein Leben nach seinen eigenen Wünschen und Vorstellungen zu gestalten." Art. 45 I 2 LVerf Brandenburg: „Soziale Sicherung soll eine menschenwürdige und eigenverantwortliche Lebensgestaltung ermöglichen." Ähnl. auch Art. 17 II 2 LVerf Mecklenburg-Vorpommern. § 1 I 2 SGB I: „Es [= das „Recht des Sozialgesetzbuchs"] soll dazu beitragen, (...) besondere Belastungen des Lebens (...) abzuwenden oder auszugleichen." Außerdem § 2 S. 1 StVollzG: „Im Vollzug der Freiheitsstrafe soll der Gefangene fähig werden, künftig in sozialer Verantwortung ein Leben ohne Straftaten zu führen (Vollzugsziel)." § 3 III StVollzG: „Der Vollzug ist darauf auszurichten, daß er dem Gefangenen hilft, sich in das Leben in Freiheit einzugliedern."

[11] *Theunissen*, S. 109.

[12] Art. 32 S. 1 ThürLVerf; Art. 39 III 1 LVerf Brandenburg.

A. Was ist der Tod? Ein grundrechtliches Thema im strafrechtlichen Gewand   15

nur Menschen, sondern auch „Tiere", wenngleich das „Gemeinschaftsleben"[13] sich nur auf „menschliche(s) Zusammenleben"[14] bezieht, das in organisiert-staatlicher Form den „Wechselfälle(n) des Lebens"[15] vorzubeugen sucht.[16] Ein „Teil des Lebens" ist der „Sport".[17] Auch das „kulturelle Leben"[18], das „wirtschaftliche (...) Eigenleben"[19], das „Leben (...) in der Schule"[20], nicht zuletzt das „politische Leben"[21] sind konstitutive „Lebensbereiche"[22] der „menschlichen Gemeinschaft"[23].

Daß die „Lebensfähigkeit der Länder, Gemeinden und Gemeindeverbände"[24] weder mit der biographischen noch mit der biologischen Bedeutung menschlichen Lebens etwas gemein hat, liegt auf der Hand. Entsprechendes gilt ersichtlich für die „Herstellung gleichwertiger Lebensverhältnisse"[25] bzw. die „Einheitlichkeit

---

[13] Art. 21 BremLVerf; Präambel BadWürttLVerf; Präambel ThürLVerf; Präambel LVerf Brandenburg. S. auch § 1353 I BGB: „eheliche Lebensgemeinschaft".

[14] Art. 12 II BremLVerf.

[15] Art. 171 BayLVerf; auf die „Wechselfälle des Lebens" bezieht sich schon Art. 161 der Weimarer Reichsverfassung (WRV).

[16] S. auch Art. 1 II 2 BadWürttLVerf: „Er [= der Staat] faßt die in seinem Gebiet lebenden Menschen zu einem geordneten Gemeinwesen zusammen (...)."

[17] Art. 35 S. 1 LVerf Brandenburg: „Sport ist ein förderungswürdiger Teil des Lebens."

[18] Art. 26 Nr. 4 BremLVerf; Art. 34 II 1 LVerf Brandenburg, Art. 10 IV BayLVerf („kulturelle[s] Eigenleben").

[19] Art. 10 IV BayLVerf.

[20] Art. 23 III ThürLVerf; Art. 21 I BadWürttLVerf („Schulleben").

[21] Art. 9 S. 1 ThürLVerf.

[22] § 8 I 2 Landesorganisationsgesetz NRW: „Sie [= die Bezirksregierung] hat die Entwicklung auf allen Lebensbereichen im Bezirk zu beobachten und den zuständigen obersten Landesbehörden darüber zu berichten."

[23] Art. 1 II GG; Art. 124 I BayLVerf.

[24] Vgl. Art. 115c III GG, eine Vorschrift, die für den Verteidigungsfall eine besondere (unter Zustimmungsvorbehalt des Bundesrats gestellte) Bundesgesetzgebungskompetenz zur Regelung der Verwaltung und des Finanzwesens des Bundes und der Länder vorsieht, „wobei die Lebensfähigkeit der Länder, Gemeinden und Gemeindeverbände, insbesondere in finanzieller Hinsicht, zu wahren ist." S. auch Präambel BadWürttLVerf und Präambel LVerf Brandenburg, die das jeweilige Land als „lebendiges Glied der Bundesrepublik Deutschland" charakterisieren, was impliziert, daß dessen „staatsrechtliches Eigenleben zu sichern ist" (Art. 178 S. 2 BayLVerf).

[25] Art. 72 II GG n.F. Allg. zum Folgenden *R. Herzog*, Das Geld im Grundgesetz, S. 284: Gibt der Verfassungstext zu einem gesuchten Gegenstand nichts unmittelbar her, dann weiß sich ein „gewiefter Jurist (...) zu helfen. Er geht den Verfassungstext von vorn bis hinten durch und trägt mit Bienenfleiß solche Bestimmungen zusammen, die ihrem Wortlaut und ihrem Inhalt nach so eng mit dem gesuchten Gegenstand (...) verbunden sind, daß sich die Assoziation" auf diesen Gegenstand „förmlich aufdrängt. Daraus schließt er dann messerscharf, daß der Verfassunggeber den Begriff ebenfalls im Kopf gehabt habe."

der Lebensverhältnisse im Bundesgebiet"[26]. Der Verweis auf die „ausreichende Lebensgrundlage"[27] bzw. den „lebensnotwendigen Bedarf"[28] schließt Maßnahmen zur Sicherung des biologischen Überlebens zwar dem Wortlaut nach nicht aus, gemeint sind primär aber materielle Mittel, die die Lebensführung - bei vorausgesetztem ungefährdeten Überleben - ermöglichen.[29] Auch der verfassungsrechtliche Schutz der „natürlichen Lebensgrundlagen"[30] intendiert nicht die Sicherung des körperlich konstituierten menschlichen Organismus, also der biologisch vorgegebenen Lebensgrundlage eines Menschen. Der „auf Lebenszeit angestellte Richter"[31] nähert sich der biologischen Bedeutung menschlichen Lebens wieder an. Die Anstellungszeit endet, wenn sich die Existenz des konkreten Amtsträgers durch Zeitablauf, den Ablauf der „Lebensjahr(e)"[32], erledigt hat - durch den Tod.[33] Auf das Ende menschlich-biologischen Existierens verweist inzidenter auch die „Lebensgefahr für einzelne Personen"[34], von der das Grundgesetz an anderer Stelle spricht; gemeint ist eine Gefahr für den Fortbestand konkreten Menschenlebens, die sich realisiert, wenn der Tod eintritt. Das Verbot der „Todesstrafe"[35]

---

[26] Art. 106 III 4 Nr. 2 GG; so auch Art. 72 II Nr. 3 GG a.F.

[27] Art. 11 II GG. S. auch Art. 151 I BayLVerf: „Erhöhung der Lebenshaltung aller Volksschichten".

[28] Art. 12a III 2 Hs. 2 GG; Art. 62 I 1 BadWürttLVerf: „lebensnotwendige Versorgung der Bevölkerung"; Art. 152 S. 1 BayLVerf: „notwendige(r) Lebensbedarf der Bevölkerung"; Art. 24 II LVerfNRW: „angemessene(r) Lebensbedarf". S. auch Art. 160 II 1 BayLVerf: „lebenswichtige Produktionsmittel". S. auch den Verweis auf den „Schutz beim Verkehr mit Lebens- und Genußmitteln" in Art. 74 I Nr. 20 GG.

[29] Art. 11 II GG bezieht sich auf finanzielle Not; s. nur *Kunig*, in: ders. (Hrsg.), GG-Komm., Bd. 1, Art. 11 Rn. 22. Zu Art. 12 a III 2 *Ipsen/Ipsen*, Art. 12a Rn. 202f.: „Den lebensnotwendigen Bedarf der Zivilbevölkerung decken weite Teile der Nahrungsmittel- und Bekleidungsindustrie, die öffentlichen Versorgungsunternehmen, die Energiewirtschaft und die Verkehrsbetriebe (...). Aus dem Kreise denkbarer Einsatzbereiche fallen evident nur solche Industriezweige heraus, die ausschließlich Luxusgüter produzieren (...), während Gegenstände des gehobenen Lebensstandards bereits als ‚lebensnotwendig' angesehen werden könnten. Eine abschließende Aufzählung der nach Abs. 3 Satz 2 für Dienstverpflichtungen zulässigen Wirtschaftszweige ist nicht möglich."

[30] Art. 20a GG. Außerdem z. B. Art. 1 II LVerf Niedersachsen; Präambel, Art. 2 LVerf Mecklenburg-Vorpommern; Art. 22 I ThürLVerf; Art. 86 BadWürttLVerf; Art. 26a HessLVerf; Präambel HambgLVerf; Art. 7 II LVerfNRW; Art. 11a I 1 BremLVerf; Art. 31 II, Art. 39 I, II LVerf Brandenburg. S. auch Art. 39 III 2 LVerf Brandenburg: „artgerechter Lebensraum".

[31] Art. 98 II 2 GG.

[32] Art. 38 II Hs. 1 GG.

[33] Auf einem Umweg bezieht sich die Verfassung auch in Art. 74 I Nr. 2 GG auf den Tod. In dieser Bestimmung rezipiert die Verfassung den einfachgesetzlich geprägten Begriff des Personenstandswesens und erhebt ihn zum Verfassungsbegriff. Damit verweist das Grundgesetz mittelbar auf den personenstandsrechtlich geregelten Umstand, daß es bei der Registrierung des Todes um die Dokumentation des „Tod(es) eines Menschen" (§ 32 PStG) geht.

[34] Art. 13 III GG a.F. = Art. 13 VII n.F.

[35] Art. 102 GG.

A. Was ist der Tod? Ein grundrechtliches Thema im strafrechtlichen Gewand   17

inkriminiert Androhung, Verhängung und Vollstreckung einer staatlichen Strafsanktion, die gerade in der Herbeiführung des Todes liegt, der Vernichtung eines konkreten, biologisch-lebendigen Menschen. Art. 14 I 1 GG garantiert das Erbrecht und setzt damit voraus, daß es einen Erblasser gibt, den der Tod ereilt hat.

Daß der Tod nicht zuletzt zur „vorzeitige(n) Erledigung"[36] höchster Staatsämter führt, belegt der komparative Blick in die Verfassungsordnung Bayerns, wo der „Tod des Ministerpräsidenten"[37] die Wahl eines Nachfolgers ausdrücklich erzwingt. Hessens Verfassung erhebt den „Tod des Ministerpräsidenten"[38] zum tatbestandlichen Anknüpfungspunkt für den Rücktritt der gesamten Landesregierung, und eine nichtdeutsche - vom Grundgesetz freilich stark geprägte -[39] Verfassungsordnung weist dem nationalen Verfassungsgericht sogar die Kompetenz zu, „den Tod (...) des Präsidenten der Republik (...) festzustellen."[40]

Das deutsche Verfassungsrecht kennt „Menschen"[41] und natürliche „Personen"[42], es weist „(j)ede(m) (...) das Recht auf Leben" (Art. 2 II 1 Var. 1 GG) zu. Was „Leben" und „Tod" des Menschen im Rechtsinn, genauer: im grundrechtlichen, verfassungsrechtlichen Sinn bedeuten, wer ein lebender „Jemand", ein „Mensch" ist, darüber schweigt sich indes nicht nur das Grundgesetz, sondern die gesamte Legalordnung als Grundlage gesetzlich mediatisierter Rechtsgewinnung aus.[43] Auch das Strafgesetzbuch (StGB), das sich an zahlreichen Stellen, nicht nur

---

[36] Art. 57 GG, ohne jede Erläuterung der Fälle, die mit der Wendung „vorzeitige Erledigung des Amtes" des Bundespräsidenten gemeint sind.

[37] Art. 44 IV BayLVerf; s. auch Art. 83 I BayLVerf („Totenbestattung"); Art. 149 I 1 BayLVerf („Verstorbene").

[38] Art. 113 I 2 HessLVerf. S. auch § 65 II 1 GemeindeO NRW: „Scheidet ein Bürgermeister durch Tod (...) aus, so ist für die restliche Wahlzeit des Rates ein Nachfolger vom Rat zu wählen."

[39] Zur portugiesischen Verfassung *Thomashausen*, S. 243ff.; *de Sousa*, S. 109ff.

[40] Art. 225 II Buchst. a) der portugiesischen Verfassung, zit. nach der Textausg. „Die Verfassungen der EG-Mitgliedsstaaten" (Beck-Texte im dtv), 4. Aufl., Stand: 1. Mai 1996, S. 467. Gem. Art. 225 II Buchst. d) der portugiesischen Verfassung (in der genannten Textausgabe S. 468) hat das Verfassungsgericht auch die Kompetenz, den „Tod (...) irgendeines der Präsidentschaftskandidaten (...) festzustellen."

[41] Vgl. Art. 1 I 1; Art. 74 I Nr. 26 GG; s. auch Art. 1 II GG (Menschenrechte).

[42] Vgl. Art. 2 II; 47 I 1; 104 I 1, 2; 131 S.1 und S. 2; 132 II GG; s. auch Art. 106a S. 1 GG (Personennahverkehr).

[43] Immer noch richtig die Aussage von *G. Kaiser*, Der Tod und seine Rechtsfolgen, S. 56: „Der Tod ist in der Rechtsordnung nirgends eindeutig definiert." So auch *Rieger*, Rn. 1759 (Stichwort „Todeszeitpunkt"): „Der Begriff des Todes und des Todeszeitpunktes im Rechtssinne ist nirgends gesetzlich definiert." S. auch die Bestimmung des § 39 S. 1 VerschG, die - ohne Erläuterung (wie andere Bestimmungen des VerschG auch, vgl. etwa § 1 II, § 9 II, § 9 III, § 23, § 26 II Buchst. a, § 33a I, § 41 I, § 42 I, § 44 I, § 45 II 1 VerschG) - vom „Tod" und dem „Zeitpunkt des Todes" spricht. Auch was mit dem „Tode einer Person" (§ 1922 I BGB) genau gemeint ist, wird vom Gesetz nicht erläutert.

des 16. Abschnitts des Besonderen Teils (den „Straftaten gegen das Leben"), auf das Lebensende bezieht,[44] gibt „keine Auskunft (darüber)"[45], was der Tod bedeutet.[46] Gleiches gilt für den Begriff „Leben".

Eine rechtswissenschaftliche - das heißt hier: rechtsdogmatische - Neubefassung mit der Frage nach dem Tod speziell im strafrechtlichen Kontext empfiehlt sich angesichts jüngster Entwicklungen im Öffentlichen Recht. In der Debatte über das Transplantationsgesetz, das als gesundheitsrechtliches Fachgesetz die allgemeinen[47] (arzt)strafrechtlichen[48] Grundsätze zur medizinischen Organverpflan-

---

[44] Vgl. z. B. §§ 77 II 1, 168 I, 177 III Nr. 3 a.F. (= 177 IV Nr. 2b n.F.), 189, 194 I 5, II 1; 203 III, IV, 205 II 1, 3, 211 II a.E., 212 I, 213, 216, 217 a.F., 218 II 2 Nr. 2, 220a I Nr. 1, 221 III, 222, 226 I a.F. (= 227 I n.F.), 232 I 2 a.F. (= 230 I 2 n.F.), 239 III a.F. (= 239 IV n.F.), 239a III, 239b II, 250 I Nr. 3, 251, 316c II a.F. (= 316c III n.F.), 318 II a.F. (= 318 III n.F.), 330a I StGB.- Für das Arztstrafrecht spielt - abgesehen von den hier nicht relevanten Körperverletzungsdelikten - grds. nur der 16. Abschnitt des StGB-BT („Straftaten gegen das Leben" als solches, §§ 211ff.) eine Rolle; arztstrafrechtlich in der Regel unbeachtlich sind daher „die Tatgruppen, in denen die Lebensvernichtung nur Anknüpfungsmoment mit qualifizierender Wirkung für solche Straftaten darstellt, die sich primär gegen andere Güter wenden" (*Schroeder*, in: Maurach/Schroeder/Maiwald, StrafR-BT/1, § 1 Rn. 4). Zum Begriff des Arztstrafrechts sogleich in Fn. 48.

[45] *Weimar*, S. 95 - ausdrücklich zum StGB.

[46] Selbst wenn es eine Legaldefinition gäbe, wäre das Problem nicht gelöst: „Legaldefinitionen teilen das Schicksal aller gesetzten Normen: Sie sind in der Regel selbst auslegungsbedürftig" (*Lüttger*, Genese und Probleme einer Legaldefinition, S. 169).

[47] „Die Transplantationspraxis in der Bundesrepublik hat sich (...) unmittelbar auf die von der Rechtswissenschaft entwickelten Rechtsgrundsätze zu stützen." (*Eser*, Beobachtungen zum „Weg der Forschung" im Recht der Medizin, S. 30). Das Transplantationsgesetz (TPG) macht eine Korrektur dieser Aussage erforderlich, s. dazu sogleich die Ausführungen in Fn. 49.

[48] Unter Arztstrafrecht wird hier die strafrechtsdogmatische Würdigung der „besonderen Situation" *(Arzt/Weber*, Rn. 50) ärztlichen Handelns verstanden, soweit strafgesetzlich erfaßbare Grundfragen des Lebensschutzes im Vollzug ärztlicher Diagnose- und Therapiemaßnahmen betroffen sind. Erfaßt ist also nur ein Teil des Arztrechts, „Arztrecht" hier verstanden als „die Summe der Rechtsnormen, die den Arzt und seine Berufstätigkeit betreffen" (*Kollhosser/Kubillus*, JA 1996, S. 339; so auch *Laufs*, Arztrecht, 5. Aufl., Rn. 20). Zu beachten ist, daß die Termini „Arztrecht" und „Arztstrafrecht" nicht selten synonym verwendet werden, s. die Schreibweise „Arzt(straf)recht" bspw. bei *Lagodny/Reisner*, S. 1707; *Lagodny*, Die Aktivitäten des Europarats, S. 1334. Aufgabe gerade des Arztstrafrechts ist es, die stabile Geltung einer Norm - der Lebensschutznorm - zu sichern, deren Beachtung für eine am Wohl des Patienten orientierte ärztliche Praxis wesentlich ist. Ohne daß das Patientenwohl auf die Sicherung des biologischen Überlebens verkürzt werden dürfte, so steht doch fest, daß die Sicherung des biologischen Überlebens des Patienten jedenfalls grundsätzlich für das Wohl des Patienten wesentlich ist. Fragen namentlich der passiven und der indirekten Sterbehilfe sind damit als problematisierungsbedürftig gekennzeichnet.- Die Beschreibung der Aufgabe des Arztstrafrechts lehnt sich an Formulierungen an, mit denen *Jakobs* - unabhängig von den Besonderheiten des Arztstrafrechts - die Aufgabe des Strafrechts generell definiert hat: „Strafrecht hat die Aufgabe, die stabile Geltung zentraler Normen, die für den Bestand einer Gesellschaft unerläßlich sind, hinreichend zu gewährleisten (Vergangen-

A. Was ist der Tod? Ein grundrechtliches Thema im strafrechtlichen Gewand 19

zung weithin[49] verdrängt,[50] sind aus grundrechtlicher Sicht durchgreifende Zweifel an der Rechtsrichtigkeit des Hirntodkonzepts vorgetragen worden[51]. Die grundrechtliche Kritik führt zu grundsätzlichen Fragen nach der Art und Weise des Lebensschutzes am Lebensende. Wesentlich verwirklicht wird er über die einschlägigen Strafgesetze. Wird aber mit der *grund*rechtlichen Kritik - vorausgesetzt, sie kann überzeugen - auch der auf dem Hirntodkonzept basierende *straf*rechtliche Todesbegriff problematisch? Wird der - für die medizinische Praxis eminent be-

---

heitsbewältigung durch Strafrecht?, S. 38; Details „in unserem modernsten Lehrbuch, dem Monumentalwerk von Jakobs" [so *Roxin*, Die Wiedergutmachung im System der Strafzwecke, S. 40]: *Jakobs*, StrafR-AT, 1. Abschn./Rn. 1ff., S. 5ff.). Eine - zumal kritikfreie - Übernahme der gesamten Strafrechtstheorie *Jakobs'* ist nicht beabsichtigt; es geht nur um die Übernahme eines treffend formulierten Gedankens, der - unabhängig von seinem Einbau in das *Jakobs'*sche Theoriegebäude - plausibel erscheint (vgl. insoweit *Kerner/Rixen*; GA 1996, S. 355f.); krit. zur (von *Jakobs* systematisch ausbuchstabierten) Theorie der positiven Generalprävention bspw. *Baratta*, Integration - Prävention, KrimJ 1984, S. 132ff.; *Stübinger*, KritJ 1993, S. 33f.; *J. Ch. Müller*, KrimJ 1993, S. 82ff. (S. 87ff.); *Bock*, Ideen und Chimären im Strafrecht, ZStW 103 (1991), S. 636ff.; *Baurmann*, GA 1994, S. 368ff.

[49] Das Transplantationsgesetz (TPG) gilt gem. § 1 S. 1 „für die Spende und die Entnahme von menschlichen Organen, Organteilen oder Geweben (Organe) zum Zwecke der Übertragung auf andere Menschen sowie für die Übertragung der Organe einschließlich der Vorbereitung dieser Maßnahmen." Das TPG erfaßt also allogene (homologe) Transplantationen. *Nicht* erfaßt sind bspw. Auto-Transplantationen (etwa die Eigenhauttransplantation - kein „anderer Mensch" i. S. des § 1 S. 1 TPG) und Xenotransplantationen (Verpflanzung - ggfs. gentechnisch modifizierter - tierischer Organe in den Körper eines Menschen); insoweit gelten die allgemeinen Regeln des Arzt(straf)rechts fort; für den Bereich der Xenotransplantation gelten - nach dem gegenwärtigen Stand der Forschung - namentlich die Regeln über den Heilversuch und das klinische Experiment (zur Unterscheidung BVerfGE 91, 1, 38ff. [60] - abwM der Richterin *Graßhof*). Weitere Beschränkungen des Anwendungsbereichs folgen aus § 1 II TPG: das Gesetz gilt nicht für Blut, Knochenmark sowie embryonale und fetale Organe und Gewebe.

[50] „Allgemeine Grundsätze des Arzt(straf)rechts" sind die von Rechtsprechung und Lehre im Wege der Auslegung bestehender gesetzlicher, insbesondere strafgesetzlicher Vorschriften entwickelten Regeln für das behandlungsorientierte Arzt-Patienten-Verhältnis. Gerade das Arzt(straf)recht ist ein prominentes Beispiel für die Differenz von Recht und Gesetz, die in die geltende Rechtsordnung als rechtstheoretische Grundunterscheidung eingeschrieben ist, vgl. Art. 20 III GG: Recht wird mithilfe des Gesetzes gewonnen, ist aber nicht identisch mit ihm. S. dazu allg. auch BVerfGE 34, 269 (287): „Gegenüber den positiven Satzungen (...) kann unter Umständen ein Mehr an Recht bestehen, das seine Quelle in der verfassungsmäßigen Rechtsordnung als einem Sinnganzen besitzt und dem geschriebenen Gesetz gegenüber als Korrektiv zu wirken vermag; es zu finden und in Entscheidungen zu verwirklichen, ist Aufgabe der Rechtsprechung. (...) Die Aufgabe der Rechtsprechung kann es insbesondere erfordern, Wertvorstellungen, die der verfassungsmäßigen Rechtsordnung immanent, aber in den Texten der geschriebenen Gesetze nicht oder nur unvollkommen zum Ausdruck gelangt sind, in einem Akt des bewertenden Erkennens, dem auch willenhafte Elemente nicht fehlen, ans Licht zu bringen und in Entscheidungen zu realisieren."

[51] S. fürs erste *Höfling*, Um Leben und Tod, JZ 1995, S. 26ff.; *ders.*, Plädoyer für eine enge Zustimmungslösung, S. 357ff.

deutsame Todesbegriff des Strafrechts - dem grundrechtlich gebotenen Verständnis vom Lebensschutz am Lebensende gerecht? Ist die bislang gängige Auslegung der Tötungsdelikte, die sich an der Hirntodkonzeption orientiert, grundrechtsgemäß?

B. Aktuelle Problematisierung der Hirntodkonzeption

„Der Hirntod ist der Tod des Menschen".[52] So lautete - lange Zeit unangefochten - die im Gleichklang mit dem Wissenschaftlichen Beirat der Bundesärztekammer formulierte Antwort, mit der die sogenannte „herrschende Meinung"[53] in Straf-, Arzt- und Grundrechtslehre auf die Kardinalfrage nach dem zutreffenden Todesbegriff des Rechts, insbesondere des Strafrechts, reagierte.

I. Die Hirntodkonzeption

Der Hirntod als Tod des Menschen wird genauerhin definiert als Zustand der irreversibel erloschenen Gesamtfunktion des Großhirns, des Kleinhirns und des Hirnstamms bei intensivmedizinisch aufrechterhaltener Kreislauffunktion im übrigen Körper.[54] Die Begründung der Ineinssetzung von Hirntod und Tod des Menschen erfolgt im Kern über zwei Ansätze: Nach der sog. Geistigkeitstheorie führt der irreversible Untergang der gesamten Hirnfunktion zum Untergang der Geistigkeit. Geistigkeit wird dabei als Spezifikum des Menschseins begriffen. Der Mensch sei kein (lebendiger) Mensch mehr, wenn und sobald er gehirnvermittelte kognitiv-psychisch-emotionale Leistungen (Geistigkeit) - für einen Beobachter nachweisbar - nicht mehr erbringen könne. Nach der sog. biologisch-zerebralen Theorie steht und fällt die Lebendigkeit des Menschen mit der

---

[52] *Wissenschaftlicher Beirat der Bundesärztekammer*, Kriterien des Hirntodes - Zweite Fortschreibung, 1991, B-2856. Ähnl. der *Arbeitskreis Organspende*, 12. Aufl., S. 12: „Die Feststellung des Hirntodes bedeutet (...) die Feststellung des Todes des Menschen." Aktueller: *Wissenschaftlicher Beirat der Bundesärztekammer*, Der endgültige Ausfall; vgl. außerdem *Birnbacher/Angstwurm/Eigler/Wuermeling*, C-1968ff.

[53] Dazu vorerst nur die folgenden Hinweise: *Möx*, ArztR 1994, S. 39; *Eser*, in: Schönke/Schröder, 24. Aufl., vor §§ 211ff. Rn. 18; *Laufs*, Arztrecht, 5. Aufl., Rn. 277; *Englert*, S. 64, S. 111; *Giesen*, International Medical Malpractice Law, Rn. 1304ff.; *Schreiber*, Kriterien des Hirntodes, JZ 1983, S. 593; *Uhlenbruck*, in: Laufs u. a., Handbuch des Arztrechts (HdbArztR), § 58 Rn. 4, § 131 Rn. 4; *Ulsenheimer*, HdbArztR, § 142 Rn. 4; *Ulsenheimer*, Arztstrafrecht, Rn. 304; *Kramer*, S. 42 - 55, S. 189f.; *Rieger*, Rn. 1759; *Carstens*, Das Recht der Organtransplantation, S. 88. Beachte überdies die - das Hirntodkriterium als Todeskriterium bejahenden - Stellungnahmen der *Bundesregierung*, BT-Drs. 11/3759 v. 19.12.1988, S. 1; BT-Drs. 11/7980 v. 29.9.1990, S. 3. Ausf. zum ganzen im 2. Kap.

[54] *Wissenschaftlicher Beirat der Bundesärztekammer*, Kriterien des Hirntodes - Dritte Fortschreibung 1997, C-958.

B. Aktuelle Problematisierung der Hirntodkonzeption

Bedeutung des gesamten Gehirns für das „Funktionieren" des menschlichen Organismus. Wenn das Gehirn als integratives bzw. integrierendes Steuerungs- oder Koordinationszentrum des Organismus unumkehrbar ausgefallen sei, dann breche der Organismus unwiderruflich zusammen und der Mensch sei - als biologisches Lebewesen - tot. Damit sind die Legitimationen zusammengefaßt (deshalb „Konzeption" bzw. „Konzept"), die vorgebracht werden, um den Hirntod-Zustand als Tod des Menschen auszuweisen (Hirntodkonzeption/Hirntodkonzept). Es geht also um die - nach Maßgabe der genannten Theorien[55] erfolgende - Deutung eines bestimmten gehirnorganischen Befundes, um die normative Bedeutung, die ihm zugewiesen wird, die (Be-)Deutung, kraft derer der Zustand des irreversiblen Ausfalls der gesamten Hirnfunktion unter den Bedingungen intensivmedizinischer Versorgung, namentlich der kontrollierten Beatmung, von Rechts wegen der Tod des Menschen sein *soll*.

Dabei wird in dieser Untersuchung vorausgesetzt - was allerdings vereinzelt bestritten wird -,[56] daß sich der Zustand des irreversiblen Ausfalls der Gesamtfunktion des Großhirns, des Kleinhirns und des Hirnstamms mit den gegenwärtig gebräuchlichen medizinischen Tests zuverlässig diagnostizieren läßt (sich also tatsächlich feststellen läßt, daß das Gehirngewebe in einem Zustand ist, aufgrunddessen es die ihm zugeschriebenen Funktionen unumkehrbar nicht mehr zu erbringen vermag). Vereinfacht ausgedrückt gilt folgendes:[57] Sofern potentiell irreführende sog. andere Ursachen[58] ausscheiden und eine akute - primäre oder sekundäre -[59] Hirnschädigung vorliegt, ist klinisch eine tiefe Bewußtlosigkeit (Koma), der Ausfall aller Hirnstammreflexe (Hirnstammareflexie) und der Ausfall der Spontanatmung (Apnoe) nachzuweisen. Dieser Zustand

---

[55] „Theorie" meint hier und im folgenden einen (juristisch verwertbaren) Erklärungsansatz bzw. eine Lehrmeinung. Ausf. zu juristischen „Theorien" *Röhl*, Allgemeine Rechtslehre, S. 160ff.

[56] Dazu der Neurologe *Klein*, Ethik in der Medizin 1995, S. 6ff.; *ders*., Schriftliche Stellungnahme, Deutscher Bundestag/Ausschuß für Gesundheit, Ausschuß-Drs. 13/579 v. 2.9.1996, S. 24ff.; der Hirnforscher *G. Roth*, Schriftliche Stellungnahme, Deutscher Bundestag/Ausschuß für Gesundheit, Ausschuß-Drs. 13/137 v. 27.6.1995, S. 16ff. (17).

[57] Zum Folgenden: *Wissenschaftlicher Beirat der Bundesärztekammer*, Kriterien des Hirntodes - Dritte Fortschreibung 1997, C-957ff.; *Schlake/Roosen*, insb. S. 27ff., S. 35ff.

[58] Ausgeschlossen sein müssen u. a. folgende sog. andere Ursachen: Intoxikation, primäre Unterkühlung, Kreislaufschock oder neuromuskuläre Blockade (keine abschließende Aufzählung).

[59] Bei einer primären Hirnschädigung betrifft das schädigende Ereignis das Gehirn selbst und unmittelbar, Bsp.: Blutungen, Durchblutungsstörungen, Tumoren, Entzündungen des Gehirns, schwere Schädel-Hirn-Verletzungen. Sekundäre Hirnschädigungen entstehen indirekt durch einen Sauerstoffmangel des Gehirns als Folge schwerwiegender Funktionsstörungen in der Körperperipherie, wie z. B. Herz- und Lungenerkrankungen, Vergiftungen und Stoffwechselstörungen; Beispiele sind Herzinfarkt, Ertrinken, Ersticken oder Blutzuckerkoma.

muß irreversibel sein. Die Unumkehrbarkeit (Irreversibilität) kann entweder durch die Beachtung einer Beobachtungszeit *oder* durch ergänzende apparative Untersuchungen nachgewiesen werden.[60] Nach Ablauf der - altersspezifisch unterschiedlich langen - Beobachtungszeit müssen die klinischen Ausfallsymptome erneut übereinstimmend nachgewiesen werden.[61] Das heißt insbesondere, daß (nach den Entscheidungshilfen der Bundesärztekammer) ein EEG *nicht* obligatorisch ist.[62] Wenn das EEG - wie namentlich bei infratentoriellen Läsionen (also solchen des Kleinhirns oder des Hirnstamms) -[63] durchgeführt wird, dann deutet nur das über mindestens 30 Minuten nachzuweisende Null-Linien-EEG (die hirnelektrische Stille) auf die Irreversibilität des Hirntodes (beim Erwachsenen) hin.[64] Ist das Null-Linien-EEG korrekt abgeleitet worden, kann die Irreversibilität des Hirnfunktionsausfalls ohne weitere Beobachtungszeit festgestellt werden. Als Todeszeitpunkt wird die Uhrzeit registriert, zu der die Diagnose und die Dokumentation des Hirntodes durch zwei besonders fachkundige Ärzte abgeschlossen sind (also bei einem Verzicht namentlich auf das EEG

---

[60] *Wissenschaftlicher Beirat der Bundesärztekammer*, Kriterien des Hirntodes - Dritte Fortschreibung 1997, C-958f. (sub 3.).

[61] *Wissenschaftlicher Beirat der Bundesärztekammer*, Kriterien des Hirntodes - Dritte Fortschreibung 1997, C-959 (zu den Beobachtungzeiten sub 3.1. und 4.): bei Erwachsenen und Kindern ab dem dritten Lebensjahr mit primärer Hirnschädigung mindestens 12 Stunden, mit sekundärer Hirnschädigung mindestens drei Tage. In jedem Fall beträgt die Beobachungszeit bei reifen Neugeborenen (0 - 28 Tage) mindestens 72 Stunden, bei Säuglingen (29 - 365 Tage) und Kleinkindern (366 - 730 Tage) mindestens 24 Stunden. Bei Frühgeborenen (unter 37 Wochen postmenstruell) ist die Hirntodfeststellung bisher nicht anwendbar.

[62] Das gilt nach den Entscheidungshilfen der Bundesärztekammer (BÄK) auch für die primäre infratentorielle Hirnschädigung, bei der die Irreversibilität entweder durch ein EEG oder durch den Nachweis des zerebralen Zirkulationstandes erfolgt (*Wissenschaftlicher Beirat der Bundesärztekammer*, Kriterien des Hirntodes - Dritte Fortschreibung 1997, C-959 sub 3. a.E.). Das übersehen *Schlake/Roosen*, wenn sie ausführen, bei einer primär infratentoriellen Läsion eine EEG-Untersuchung „obligatorisch" (S. 35); nach den Entscheidungshilfen der BÄK ist sie es nicht, mag sie auch - dies offenbar meinen *Schlake/Roosen* - in der Praxis de facto obligatorisch sein. Sie wird dem Nachweis des zerebralen Zirkulationsstillstands vorgezogen, der bei bestimmten Krankheitsbildern zumindest im Wege der Doppler-Sonograhie nicht erfolgen kann bzw. besondere, gegenwärtig nicht hinreichend verbreitete technische Apparaturen erfordert, dazu *Schlake/Roosen*, S. 36 (zum EEG), S. 42f. (zur Doppler-Sonographie und zur Hirnszintigraphie).

[63] Bei primären Hirnschädigungen werden supra- und infratentorielle Läsionen (Schädigungen) unterschieden: Supratentorielle Läsionen betreffen primär das Großhirn; infratentorielle Läsionen sind Schädigungen des Kleinhirns oder des Hirnstamms, *Schlake/Roosen*, S. 27; *Wissenschaftlicher Beirat der Bundesärztekammer*, Kriterien des Hirntodes - Dritte Fortschreibung 1997, C- 959 (Anmerkung 1).

[64] Bei Kleinkindern unter drei Jahren muß EEG, wenn es als Mittel der Irreversibiliätsfeststellung verwendet wird (was auch hier nicht obligatorisch ist), mindestens zweimal abgeleitet werden, *Wissenschaftlicher Beirat der Bundesärztekammer*, Kriterien des Hirntodes - Dritte Fortschreibung 1997, C-959 (sub 4.).

der Zeitpunkt, zu dem die klinischen Ausfallsymptome erneut - nach Verstreichen der Beobachtungszeit - übereinstimmend nachgewiesen wurden). Handelt es sich bei den Patienten um Kinder vor dem dritten Lebensjahr, gelten Besonderheiten; Besonderheiten sind auch bei bestimmten Krankheitsbildern zu beachten.

Mithilfe dieser Diagnoseverfahren soll der Hirntod-Zustand als tatsächliche Grundlage der Hirntodkonzeption erkennbar werden.

II. Zunehmende Kritik an der Hirntodkonzeption

Dieses Konzept ist nach den Ereignissen um das „Erlanger Baby"[65] von Hirnforschern, Medizinern, Ethikern und Theologen verschärfter Kritik unterzogen worden[66]. Wolfram Höfling hat in der Folgezeit eine erste, dezidert grundrechtliche Kritik der Hirntodkonzeption vorgelegt,[67] die zu dem Ergebnis kommt, daß der hirntote Mensch im Grundrechtssinne lebt.[68] Damit spitzt er im Ergebnis die Ende der sechziger, Anfanger der siebziger Jahre (eher verhalten geäußerte) außerverfassungsrechtlich begründete Hirntod-Skepsis des Bochumer Strafrechtslehrers Gerd Geilen zu.[69] Andere Verfassungsrechtslehrer sind - in der Dichte der Kritik differenzierend - inzwischen gefolgt.[70]

---

[65] Eine hirntote Schwangere wurde in der Absicht, die Schwangerschaft zu Ende zu führen, intensivtherapeutisch weiterbehandelt, bis ein Spontanabort das Unternehmen beendete; s. dazu zunächst die Beiträge in *Bockenheimer-Lucius/Seidler*, mit jur. Beiträgen von *Koch*, der das Hirntodkriterium befürwortet (S. 73) und *Frommel* (insb. S. 116ff.), die sich nicht ausdrücklich zum Hirntod äußert. Dazu noch im 2. Kap., Abschn. B. IV. 1.

[66] S. vor allem die Beiträge in *Hoff in der Schmitten* (Hrsg.), Wann ist der Mensch tot?, 1994 und 1995; ausf. zu den literarischen Reaktionen auf den sog. Erlanger Fall noch im 2. Kap., Abschn. B. IV. 1. und 2.

[67] „Wolfram Höfling (...) (hat) die Debatte juristisch wesentlich angestoßen", so *M. Lütz*, Rheinischer Merkur, Nr. 25 v. 23.6.1995, S. 26.

[68] Beachte dazu die folgenden Schriften von *Höfling*: Um Leben und Tod, JZ 1995, S. 26ff.; Plädoyer für eine enge Zustimmungslösung, S. 357ff.; vorher schon: Hinter dem Hirntodkonzept steckt ein reduziertes Menschenbild; Vom Ende menschlichen Lebens; Organtransplantation und Verfassungsrecht; außerdem die Kommentierungen in: Sachs (Hrsg.), GG, Komm., 1996, Art. 1 Rn. 55 a.E. und Rn. 60 a.E.; Hirntodkonzeption und Transplantationsgesetzgebung; schriftliche Stellungnahmen im Rahmen des Transplantationsgesetzgebungsverfahrens: Deutscher Bundestag/Ausschuß für Gesundheit, Ausschuß-Drucksachen 13/136 v. 27.6.1995, S. 14ff. und 13/586 v. 10.9.1996, S. 2ff.; Anlage zum Protokoll der 72. Sitzung des Rechtsausschusses des Deutschen Bundestages am 15.1.1997 (13. Wahlperiode), S. 13ff.; Über die Definitionsmacht medizinischer Praxis, JZ 1996, S. 615ff.; ferner: Das Gesetz und der Hirntod; monographische Abhandlung in: Verfassungsfragen der Transplantationsmedizin, 1996 (zusammen mit *Rixen*).

Die Position, der die Richtigkeit der Gleichung „Hirntod = Tod des Menschen" zweifelhaft erscheint, wird inzwischen als die „im Vordringen befindliche Auffassung"[71] bezeichnet. Der ehemalige Vizepräsident des Bundesgerichtshofs hat auf die „gewichtigen Argumente"[72], die gegen die gängige Auffassung „Hirntod = Tod des Menschen" sprechen, hingewiesen. Nachdem in den letzten Jahren ehemalige Bundesverfassungsrichter - soweit ersichtlich weithin unbeachtet - leise Zweifel an der Richtigkeit des Hirntodkonzepts geäußert hatten,[73] hat nunmehr Richter Paul Kirchhof betont, „angesichts des gegenwärtigen Wissens" über die „Vital- und Hirnfunktionen im Vorgang des Sterbens" müßten die „herkömmlichen Vorstellungen vom (...) Ende des menschlichen Lebens neu überdacht" werden.[74] Mit Herbert Tröndle hat der Verfasser des bekannten Standard-Kommentars zum Strafgesetzbuch die (mit Blick auf das Transplantationsgesetz grundrechtlich fundierte) Ansicht, der hirntote Mensch sei ein lebender Mensch, für das Strafrecht übernommen.[75] Auch Adolf Laufs, einer der prominentesten Experten des deutschen Arztrechts, betont: „Die Kritik an diesem Konzept" - dem Hirntodkonzept - „verdient, ernstgenommen zu werden",[76] zumal die (verfas-

---

[69] Vgl. *Merkel*, S. 89: „Gerd Geilen (...) (hat) als einer der ersten deutschen Strafrechtler das Gespenst der normativen Implikationen des Hirntods scharf herausgearbeitet und auch gleich zu bannen versucht (...).'' Zu *Geilens* Beitrag näher im 2. Kap., Abschn. B. IV. 3. a).

[70] Zustimmend: *M. Sachs*, Schriftliche Stellungnahme, Deutscher Bundestag/Ausschuß für Gesundheit, Ausschuß-Drs. 13/589 v. 16.9.1996, S. 2ff. (4ff.); *ders.*, Anlage zum Protokoll der 72. Sitzung des Rechtsausschusses des Deutschen Bundestages am 15.1.1997 (13. WP), S. 25ff. (26ff.); *R. Gröschner*, ebda., S. 37f.; zustimmend auch: *M. Ronellenfitsch*, Brief v. 17.10.1996 an den Verf., *U. Battis*, Briefe v. 9.6.1997 und v. 26.6.1997 an den Verf. Beachte auch *Schulze-Fielitz*, in: H. Dreier (Hrsg.), GG, Komm., Art. 2 II Rn. 16: „gegen das damit [mit dem Hirntodkonzept, Anm. St. R.] verbundene reduzierte Menschenbild sprechen gewichtige verfassungsrechtliche Gründe." *Classen* verweist darauf, wie „problematisch dieses auch in Deutschland mittlerweile überwiegend zugrundegelegte Todeskriterium (...) ist", Rezension: A. Jung, Die Zulässigkeit biomedizinischer Versuche am Menschen, 1995, JZ 1996, S. 720; s. auch *dens.*, Buchbesprechung: Deutsche Sektion der Internationalen Juristenkommission (Hrsg.), Lebensverlängerung aus medizinischer, ethischer und rechtlicher Sicht, 1995, GA 1996, S. 589 - dort zurückhaltender. Auch ein verfassungsrechtliches Gutachten aus dem *Bundesministerium des Innern* vom 28.12.1995 (Geschäftszeichen: V I 1 - M 004 260/89) weist auf die verfassungsrechtlichen Bedenken gegenüber dem Hirntodkonzept hin.

[71] *Wagner/Brocker*, ZRP 1996, S. 226.

[72] *Salger*, S. 24.

[73] *Geiger*, S. 15: „Feststellung des (...) sogenannten Hirntodes ein höchst bedenklicher Schritt"; *Böhmer*, S. 184: „Der ‚Hirntote' wird nicht mehr als Mensch im Rechtssinn anerkannt. Ob einer Vereinbarung - um nichts anderes handelt es sich - eine solche Konsequenz zuerkannt werden kann, darf zumindest bezweifelt werden." Auf beide Äußerungen wird unten im 2. Kap., Abschn. B. IV. 3. c) noch genauer einzugehen sein.

[74] *Kirchhof*, Die Aufgaben des Bundesverfassungsgerichts in Zeiten des Umbruchs, NJW 1996, S. 1503.

[75] *Tröndle*, StGB, 48. Aufl. (1997), vor § 211 Rn. 3 - 3b. Zur Entwicklung der Position *Tröndles* detailliert unten im 2. Kap., Abschn. B. IV. 3. b).

sungsrechtlichen) Bedenken von „ernstzunehmende(n) Kritiker(n)"[77] vorgetragen würden. Es muß daher befremden, wenn in aktuellen juristischen Veröffentlichungen die Auffassung, der hirntote Mensch sei eine Leiche, weiterhin als „allgemein"[78] geteilte Ansicht ausgegeben wird, ohne daß auch nur der leiseste Hinweis auf die jüngst enstandene Gegenposition erfolgt.[79]

C. Die dogmatische Diskussion als Deutungskampf

Straf- und Grundrechtslehre stehen in einem argumentativen „Kampf um die Definition"[80] der Begriffe Leben und Tod.[81] Streitgegenstand des Deutungs-

---

[76] *Laufs*, Medizinrecht im Wandel, NJW 1996, S. 1579. Hinweis auf die „öffentlichen Zweifel" am Hirntodkriterium, die sich indes „überwinden" ließen, bei *dems.*, Arzt und Recht im Umbruch der Zeit, NJW 1995, S. 1594. Auch *Schreiber* betont, niemand sollte „den Ernst dieser Kritik verkennen" (Wann darf ein Organ entnommen werden?, Steffen-FS, S. 456).

[77] *Laufs*, Ein deutsches Transplantationsgesetz - jetzt?, NJW 1995, S. 2398. Von „gewichtige(n) Gegenstimmen" spricht *ders.*, Entwicklungslinien des Medizinrechts, NJW 1997, S. 1617.

[78] So *Küpper*, Rn. 6, ohne jeden Hinweis auf die jüngere Diskussion; jeder Hinweis auf die neuere Debatte fehlt auch bei *Jarass*, in: Pieroth/Jarass, 4. Aufl., Art. 2 Rn. 46 (S. 74).

[79] S. - neben den in der vorigen Fn. genannten Hinweisen - auch *Krey*, StrafR-BT Bd. I, 10. Aufl., § 1 Rn. 15 - 17, wo die jüngere Diskussion ebenfalls unbeachtet bleibt (s. die Nachw. dort in den Fn. 32 - 41 auf den S. 8f.). Ebenso: *Blei*, StrafR-BT/1 (Prüfe dein Wissen), S. 2 (Fall 3); *Otto*, Die einzelnen Delikte, S. 6f.- Bekanntlich ist „das Nichtverschweigen naheliegender Gegenansichten" Kennzeichen „wissenschaftlicher Redlichkeit" (so *Weiß*, Auch durch Wiederholung nicht richtiger, JuS 1995, S. 568). Insoweit vorbildlich die Hinweise auf die Gegenansicht bei *Küper*, S. 195 (Stichwort „Tod").

[80] Vgl. dazu *Bryde*, Der Kampf um die Definition von Artikel 14 GG, Jahrbuch für Rechtssoziologie und Rechttheorie Bd. XI, 1987, S. 384, s. auch S. 391: „Kampf (...) um die Definition".

[81] Die - vielleicht etwas martialisch klingende - Metapher des Kampfes wird hier nur zur Kennzeichnung des rechtsmethodologischen Phänomens konkurrierender Auslegungsangebote verwendet. Im übrigen ist zu beachten, daß die „Kampfmetaphorik" (Begriff bei *Kerner/Rixen*, GA 1996, S. 395 Anm. 223) im strafrechtstheoretisch-kriminalpolitischen Kontext bedenklich ist und zumindest dort vermieden werden sollte; krit. zu den Hintergründen einer zunehmenden „Kampfmetaphorik" z. B. *Naucke*, Schwerpunktverlagerungen, KritV 1993, S. 135ff.; *P.-A. Albrecht*, Das Strafrecht auf dem Weg vom liberalen Rechtsstaat zum sozialen Interventionsstaat, KritV 1988, S. 182ff.; *ders.*, Das Strafrecht im Zugriff populistischer Politik, NJ 1994, S. 193ff.; *Hassemer*, Perspektiven einer neuen Kriminalpolitik, StV 1995, S. 483ff.; *ders.*, Aktuelle Perspektiven der Kriminalpolitik, StV 1994, S. 333ff.; *ders.*, Kennzeichen und Krisen des modernen Strafrechts, ZRP 1992, S. 378ff.; *Frehsee*, StV 1996, S. 222ff.; *Seelmann*, Neue Unübersichtlichkeit im Strafrecht?, BewHi 1991, S. 123ff.; *Ostendorf*, S. 83ff. Außerdem *Müller-Dietz*, Die geistige Situation, GA 1992, insb. S. 124ff.; *Kuhlen*, GA 1994, S. 347ff.; *Hilgendorf*, Gibt es ein

kampfes ist die zutreffende Lesart des strafgesetzlichen Tatbestandselements „töten" und - damit verbunden - der normative Sinn des grundrechtlichen Schutzbereichsmerkmals „Leben". Daß sich der Deutungskampf gerade an den Rechtsgrundbegriffen des Todes und des Lebens entzündet, belegt einmal mehr, daß „gerade die arztrechtlichen Probleme mitunter zu den letzten, grundsätzlichen Rechtsfragen drängen."[82] Deutungskämpfe gehören zu den „unausschöpfbaren Ewigkeitsprobleme(n) einer mit Gesetzestexten operierenden Jurisprudenz".[83] Denn der „Kampf um's Recht"[84] ist im parlamentarischen Gesetzgebungsstaat vor allem ein Kampf um die zutreffende Auslegung der Legalordnung.[85] Ausgefochten werden genauerhin „semantische Kämpfe"[86], die das eine Interpretationsangebot auf Kosten des anderen über einen „aktiven Semantisierungsvorgang"[87] als den im Rahmen der konkreten Rechtsordnung plausibelsten Auslegungsvorschlag zu eta-

---

„Strafrecht der Risikogesellschaft"?, NStZ 1993, S. 10ff.; ausf.: *Prittwitz*. Tendenzen der „Verpolizeilichung" im Straf- und Strafprozeßrecht kommentieren *Paeffgen*, S. 13ff.; *Naucke*, Vom Vordringen des Polizeigedankens im Recht, S. 185ff.; *ders.*, NS-Strafrecht: Perversion oder Anwendungsfall moderner Kriminalpolitik?, RJ 1992, S. 279ff.; *ders.*, NS-Strafrecht als Teil einer längeren Entwicklungslinie, S. 240: „Das Strafrecht ist keine Waffe im Kampf gegen das Verbrechen."

[82] *Eb. Schmidt*, Der Arzt im Strafrecht, in: Ponsold, S. 2.

[83] *D. Simon*, S. 22 a.E. - im Blick auf das Problem der „Normkonkretisierung" (S. 22f.), d. h. hier: der Gesetzesauslegung.

[84] *von Ihering*, Der Kampf um's Recht, S. 2: „Alles Recht in der Welt ist erstritten worden, jeder Rechtssatz, der da gilt, hat erst denen, die sich ihm widersetzten, abgerungen werden müssen (...)." Diese Aussage gilt mutatis mutandis auch für konkurrierende Lesarten gesetzlicher Vorschriften. S. auch *Kaufmann*: „Alle großen Fortschritte des Strafrechts (...) sind gegen den Widerstand der allg.[emeinen] Überzeugung errungen worden" (Artikel „Todesstrafe", Sp. 1003; Hinw. auf dieses Zitat bei *Kerber*, S. 161 mit dortiger Anm. 1). Außerdem *Jellinek*, S. 5: „Es sei hier nicht die Rede von der trivialen Wahrheit, dass jeder Fortschritt im Rechtswesen mit Kämpfen mannigfacher Art verknüpft ist." Krit. *Mayer-Tasch*, NuR 1995, S. 381: „Der Kampf und der Tanz ums Recht". S. schließlich aus rechtssoziologischer Sicht: *E. E. Hirsch*, S. 159ff.

[85] Es ist eben *nicht* so, wie *Jellinek*, S. 5, vermutete: „Hat der Gesetzgeber gesprochen, so ist der Kampf entschieden." Seitdem „ Der Traum des positiven Rechts" (so der - an eine Formulierung *Belings* angelehnte - Titel des Aufsatzes von *Schönfeld*, AcP 135 [1932], S. 1ff.) zu Ende geträumt, also klar ist, daß sich in autoritativ gesatzten Normtexten ein Rechtsproblem nicht ein für allemal - schon gar nicht ohne irgendeinen Interpreten - beantworten läßt (*C. Schmitt*, Legalität und Legitimität, S. 53: „Denn keine Norm [...] interpretiert und handhabt, schützt oder hütet sich selbst; keine normative Geltung macht sich selber geltend [...]."), kann das Inkrafttreten eines Normtextes in der Sache die Fortsetzung des rechtspolitischen Normsetzungs-Kampfes mit anderen Mitteln bedeuten: den juristisch-konstruktiven Mitteln konkurrierender Interpretationsangebote. Zum Ganzen auch *Naucke*, Versuch, KritV 1986, insb. S. 201ff. (ausf. zur „durchgehende[n] Auflösung der Positivität des aktuellen Rechts").

[86] *F. Müller*, Juristische Methodik, S. 5, S. 288.

[87] *F. Müller*, Juristische Methodik, S. 155 a.E.

blieren suchen.[88] Rechtsanthropologisch betrachtet, spiegelt sich in diesem rechtswissenschaftlichen Vorgang der grundlegend agonale Charakter des „Streit(s) um Recht und Unrecht"[89]. Die mit der Behauptung „Der Hirntod ist der Tod des Menschen" dominant gewordene Auffassung - sie firmiert immer noch als „herrschende Meinung", obwohl ihr „allmähliche(s) Zerbröckeln"[90] unübersehbar ist - konkurriert dabei mit der Gegenauffassung „Der Hirntote lebt", die in den gegenwärtig geführten „praktischen Sprachkämpfe(n)"[91] an Raum gewinnt.[92]

Die Problemlage wird mithin schon im Ansatz verkannt, wenn man sich mit der Unterstellung, einzelne Argumente gegen das gängige Hirntodkonzept seien „der aufblühenden Esoterik"[93] zuzurechnen, letztlich gegen *alle* Gründe immunisiert, die die Gleichung „Hirntod = Tod des Menschen" als fehlsam kennzeichnen. Es erscheint als wenig hilfreich, Gegner des herkömmlichen Hirntodkonzepts über die einschlägigen Techniken der „Verdachtshermeneutik"[94] unter Irrationalitätsverdacht zu stellen.[95] Der Verdacht schlägt auf seine Urheber zurück, ersetzt doch die vom eigenen Infallibilitätsglauben induzierte „Stimmungslage (...) keine Argumente"[96]. Er verführt vielmehr zu Freund-Feind-Polarisierungen, die dem - in die Grundlagen der geltenden Rechtsordnung eingeschriebenen -[97] „dialogischen Fallibilismus"[98] juristischer Praxis und rechtswissenschaftlichen Nachdenkens abträglich sind.[99]

---

[88] Dabei ist zu beachten (*F. Müller*, Juristische Methodik, S. 155 a.E.): „Der Weg vom Normtext zur Rechtsnorm ist gerade nicht als Anwendung objektiver semantischer Regeln zu verstehen. Es handelt sich vielmehr um einen aktiven Semantisierungsvorgang. Erst in der juristischen Argumentation gewinnt der bloße Text seine Bedeutung (...)."

[89] *Huizinga*, S. 91, zu „Spiel und Recht"; dazu *Fikentscher/Franke/Köhler*, S. 44ff.

[90] *Hegel*, Phänomenologie des Geistes, S. 18 (Vorrede).

[91] *F. Müller*, Juristische Methodik, S. 288; *F. Müller* weist (S. 156) zu Recht darauf hin, daß man „juristische Argumentation als semantische Praxis" verstehen müsse.

[92] Vielleicht könnte man sogar noch weiter gehen und - frei nach *Hegel*, Phänomenologie des Geistes, S. 18 (Vorrede) - sagen: „Es ist (...) nicht schwer zu sehen, daß unsere Zeit eine Zeit der Geburt und des Übergangs zu einer neuen Periode ist."

[93] *Krautkrämer*, S. 14 - allgemein zur Diskussion über den Hirntod.

[94] Begriff und Erläuterung bei *Grondin*, S. 20. Über den Inhalt des „(r)hetorischen Giftschrank(s)" informiert *Gast*, S. 275ff. (= Rn. 395ff.).

[95] „Vernünftige Gründe, nach dem Hirntod noch zu schützendes Leben anzunehmen, sind nicht erkennbar" (so *Schreiber*, Schriftliche Stellungnahme, Deutscher Bundestag/Ausschuß für Gesundheit, Ausschuß-Drs. 13/600 v. 2.10.1996, S. 10ff. (15).

[96] *Habermas*, Die Einheit der Vernunft, S. 172.

[97] „‚Recht' (kann) - wie Art. 103 I GG methodisch veranschaulicht - nur fragend gewonnen werden" (*Lisken/Denninger*, in: dies. [Hrsg.], Handbuch des Polizeirechts, Abschn. D/Rn. 8 a.E. [S. 113]).

[98] *Cornell*, S. 84.

[99] Zum dialogischen Denken als Spezifikum rechtlichen Argumentierens grdl. *Gröschner*, 1982. *Werner*, der frühere Präsident des BVerwG, betont dementsprechend zu Recht, „daß Jurist-Sein eine dialogische Existenz ist" (B 15). S. auch *Robbers*, Juristische

Die Diskussion über die grund- und strafrechtliche Bedeutung des medizinischen Befundes „Hirntod" ist auch nicht deshalb „wenig rational"[100] oder „unsinnig"[101], weil sie angeblich „meist" von „Nicht-Medizinern"[102] geführt wird. Abgesehen davon, daß sich zahlreiche Ärzte mit dem Problem befassen,[103] geht es im Kern gar nicht um eine medizinische Frage. Es geht um ein normatives, genauerhin: rechtsnormatives Problem. In dieser „spezifisch normative(n) Perspektive"[104] sind die medizinisch feststellbaren Daten empirische Grundlage juristischen Bewertens und Beurteilens. „Nur die Juristen (...) haben darüber zu entscheiden, was der Tod ist, von dem so viele Pflichten vor allem für Mediziner abhängen, also darüber, welche Sachverhalte mit dem Begriff ‚Tod' verbunden werden müssen, schlicht: was das Wort ‚Tod' heißt."[105] Anders formuliert: Was medizinisch beschreibbare Fakten rechtsnormativ bedeuten (und ob sie im Strafrechtssinn den „Tod" bedeuten), kann nicht die Medizin entscheiden. Festzustellen, „wie ein gesetzlicher Begriff zu verstehen ist"[106], obliegt der institutionell organisierten Rechtsordnung. Das heißt: Wer im Rechtssinne tot ist, entscheiden - unter Rückgriff auf die thematisch bedeutsamen materialen Maßstäbe - die zur Vorbereitung und Formulierung autoritativer Rechtsentscheidungen berufenen Instanzen, also: die Gerichte und die ihnen zuarbeitende Rechtswissenschaft. Daß hierbei „eine

---

Fakultäten und Verfassung, S. 51: „Rechtswissenschaft (ist) eine Diskussionswissenschaft."

[100] So der Transplantationschirurg *Kirste*, S. 7. *Ders.*, Rubrik „Fremde Federn": Eine beschämende Debatte, FAZ v. 30.1.1997: „Nicht Fachleute, sondern Populisten haben das Wort." *Ders.*, Schriftliche Stellungnahme, Deutscher Bundestag/Ausschuß für Gesundheit, Ausschuß-Drs. 13/593 v. 16.9.1996, S. 38ff. (38): Alle am Hirntod „geäußerten Zweifel dokumentieren die Schwierigkeit von Menschen auf emotionaler Ebene den Tod zu verstehen, nicht aber stellen sie die naturwissenschaftlich rationale Basis der Feststellung des Todes in Frage."

[101] So der Transplantationschirurg *Abendroth* in einem dpa-Interview, zit. nach dem Schwäbischen Tagblatt, Nr. 181 v. 8.8.1994, 1. Ähnl. der Neurochirurg *Entzian*, Leserbrief in der FAZ vom 6.2.1997: die Diskussion sei „gespenstisch" und stoße „an die Grenze des Unwirklichen". *Hofmann u. a.*, S. 478 a.E., bedauern, daß „ohne ausreichende Sachkompetenz" das Hirntodkonzept in Frage gestellt werde, was zur Folge habe, daß „dem auf ein Organ wartenden Patienten die Transplantation als Therapieansatz mit pseudo-moralischer Argumentation schlichtweg verweigert" werde.

[102] So der Mediziner *Bonelli*, S. 107. S. auch den Neurochirurgen *Herrmann*, Schriftliche Stellungnahme als 1. Vorsitzender der Deutschen Gesellschaft für Neurochirurgie, Deutscher Bundestag/Ausschuß für Gesundheit, Ausschuß-Drs. 13/116 v. 16.6.1995, S. 20ff. (21 a.E.): „Ich kann die Auffassung von sogenannten Kritikern des Hirntodkonzeptes (...) in keiner Weise teilen. Es kann sich bei diesen sogenannten Kritikern nur um Personen handeln, die noch nie mit dem täglichen Alltag (sic!) der Intensivtherapie irreversibel hirngeschädigter Patienten konfrontiert worden sind." - „sic!" hinzugefügt.

[103] Dazu im einzelnen die Nachweise unten im 2. Kap., Abschn. C. II. 5.

[104] *Höfling*, Staatsschuldenrecht, S. 5 - konkret zum Verhältnis von Haushaltsverfassungsrecht und Volkswirtschaftslehre bzw. Finanzwissenschaft.

[105] *E. Horn*, Todesbegriff, Todesbeweis und Angiographie, S. 557.

[106] *Hassemer*, Richtiges Recht durch richtiges Sprechen?, S. 83.

enge Beziehung zu medizinisch-naturwissenschaftlichen Erkenntnissen" besteht, „die (...) juristisch umgesetzt werden" muß,[107] ist unstreitig. Wenn das Recht nicht im wahrsten Wortsinn lebensfremd sein will, muß es auch auf medizinischem Feld die „humanarum rerum notitia"[108] ernst nehmen. Das gilt auch für die Frage nach dem angemessenen strafrechtlichen Todesbegriff. Wie aber läßt sich die enge Beziehung des konkret betroffenen strafgesetzlichen Tatbestandselements „töten" zu den medizinisch-naturwissenschaftlichen Erkenntnissen methodologisch begreifen und dogmatisch umsetzen? Was kann hier sinnvollerweise Autonomie rechtlicher Begriffsbildung bedeuten?

D. Die Rechtswissenschaft als „eigentliche Rechtsquelle" des rechtlichen Todesbegriffs

Rechtswissenschaftlich entwickelte Deutungsangebote positiv geltender gesetzlicher Vorschriften - das sind rechtsdogmatische Auslegungsvorschläge - bleiben immer hingeordnet auf die institutionell gesicherte, im letzten gerichtlich vollzogene Durchsetzung des konkret geltenden Rechts. Insoweit sind sie unverbindliche Antezipationen verbindlicher Entscheidungen. Relativ frei von Zeitknappheit und Entscheidungszwang entwickelt,[109] wollen sie eine Hilfe sein für die justizielle Entscheidung (arztstraf)rechtlich bedeutsamer Praxiskonflikte - zugleich allerdings auch ein Beitrag zu ihrer Vermeidung. Diese Aufgabe rechtsdogmatischen Arbeitens ist um so wichtiger, als bislang - soweit ersichtlich - veröffentlichte Rechtsprechung, die (aus materiell-strafrechtlichem oder grundrechtlichem Blickwinkel) die Frage beantwortet, ob der hirntote Mensch lebt oder eine Leiche ist, noch nicht vorliegt.[110] Zwar gibt es höchstrichterliche Entscheidungen, die

---

[107] So *Grohmann*, Blutalkohol 33 (1996), S. 178, dessen konkrete Aussage für das Verhältnis von Recht und Medizin bzw. Naturwissenschaften allgemein gilt.

[108] Dig. 1, 1, 10: „Iustitia est constans et perpetua voluntas ius suum cuique tribuens. Iuris prudentia est divinarum atque humanarum rerum notitia, iusti et iniusti scientia."

[109] Dazu etwa *Soeffner*, S. 10ff.

[110] Unrichtig daher *Mitsch*, JuS 1995, S. 790, wenn er - bezeichnenderweise ohne Quellen aus der Judikatur anzugeben - behauptet: „Rechtsprechung und Strafrechtswissenschaft halten (...) den Hirntod für maßgeblich." Allenfalls wäre hier das - soweit ersichtlich - seinerzeit einzige veröffentlichte (allerdings nicht-strafrechtliche) Judikat, das sich zur Maßstäblichkeit des Hirntodes (bejahend) äußert, die im erbrechtlichen Kontext ergangene Entscheidung des OLG Köln, NJW-RR 1992, 1480 (1481), zu nennen gewesen: dort wird das Hirntodkriterium zumindest für das Erbrecht akzeptiert; so auch das OLG Frankfurt/M., NJW 1997, 3099 (3100). Ebenfalls unrichtig *Taupitz*, Um Leben und Tod - Die Diskussion um ein Transplantationsgesetz, JuS 1997, S. 207: „das bisherige Hirntodkonzept (...), wie es auch in Rechtsprechung und Rechtswissenschaft bisher der herrschenden Meinung entspricht." Bezeichnenderweise finden sich auch hier keine Hinweise auf die vermeintlich existierende, das Hirntodkonzept stützende Rspr., selbst die Entscheidung OLG Köln, NJW-RR 1992, 1480f. wird nicht zitiert. Unzutreffend auch der Sachverständige *Kupatt* in der Anhörung des Sozialpolitischen Ausschusses des Landtags Rheinland-

anderen - auch arzt(straf)rechtlich bedeutsamen - Problemen auf der Grenze von Leben und Tod gelten (Behandlungsabbruch, passive Sterbehilfe, Suizid bzw. Suizidwunsch,[111] postmortaler Persönlichkeitsschutz,[112] „Todesnähe"[113] im Strafprozeß). Die Frage des Hirntodes als Todeszeitpunkt wurde jedoch bisher als entscheidungsirrelevant ausgeklammert.[114] Die Rechtswissenschaft mit ihrer „produktive(n) Dogmatik"[115] ist daher in diesem Bereich de facto „die eigentliche Rechtsquelle"[116].

Pfalz zum (1994 vom Landtag beschlossenen [Landtag Rheinland-Pfalz, Plenarprotokoll 12/82 v. 23.6.1994, S. 6622], indes nie in Geltung gesetzten [zur Nichtverkündung des „Gesetzes" der damalige Chef der Staatskanzlei *Klär*, Plenarprotokoll 12/85 v. 25.8.1994, S. 6794]) Transplantations-„Gesetz" von Rheinland-Pfalz, Protokoll der 23. Sitzung am 8. 6.1993 (12. WP), S. 20: „Die Rechtsprechung hat bis heute (...) diesen Standard [das Hirntodkonzept] als gültig übernommen, so daß eine gesetzliche Formulierung dieser Todesdefinition keine grundsätzlich neuen normativen Inhalte festlegt."

[111] BGHSt 42, 301 = NJW 1997, 807 = NStZ 1997, 182; BGHSt 40, 257 (260f.); 37, 376 (378f.); 32, 367. BVerfG, NJW 1987, 2288 = NStZ 1987, 449 verwarf eine Verfassungsbeschwerde wegen Unzulässigkeit, in der es um das ordnungsbehördliche Verbot (polizeirechtliche Verfügung) eines assistierten Suizids bzw. einer sog. aktiven Sterbehilfe ging, vgl. VG Karlsruhe, NJW 1988, 1536 und VGH Mannheim, NVwZ 1990, 378.

[112] Grdl. BVerfGE 30, 173 - Mephisto -.

[113] BVerfG (2. Kammer des 2. Senats), NStZ-RR 1996, 26ff. (27, 28): Die „verfassungsrechtlich geforderte Hoffnung (...) auf Freiheit, die noch nicht von Siechtum und Todesnähe gekennzeichnet ist" (S. 28 a.E.), ist eine Rechtsposition, auf die sich (vorbehaltlich einer Abwägung mit der Schwere seiner Schuld) auch der sterbenskranke, zu lebenslänglicher Haft Verurteilte berufen darf. S. zum Problem der „Prozesse gegen ,Sterbende'" (mit Blick auch auf den Strafprozeß gegen Erich Honecker): *Lüderssen*, Der Staat geht unter - das Unrecht bleibt?, S. 97ff.; BerlVerfGH, NJW 1993, 515 - Honecker -.

[114] In dem Urteil des BGH v. 24.1.1995 - 1 StR 707/94 -, NStZ 1995, 287 (288), in dem es um die Auslegung des § 226 StGB a.F. (= § 227 n.F.) geht (Körperverletzung mit Todesfolge), ist in der Sachverhaltsschilderung von einem Tatopfer die Rede, bei dem es infolge eines Schlags zu einer „Subarachnoidalblutung im Basisbereich des Gehirns" gekommen war, „die zum sofortigen Bewußtseinsverlust und späteren Hirntod (...) führte". Vor diesem Hintergrund merkt der Senat an, es stehe außer Frage, „daß eine derartige Vorgehensweise ohne weiteres zum Tode (...) führen kann". Ausführungen oder Belege zur rechtlichen Gleichsetzung von Tod und Hirntod fehlen in den (veröffentlichten) Gründen. Diese waren nach dem mitgeteilten Sachverhalt ersichtlich nicht geboten, weil das Tatopfer auch nach Maßgabe traditioneller Todeskriterien unstreitig verstorben war. Offenbar hat der Senat - wie auch die Diktion zeigt - nur die medizinische Beschreibung der Verletzungen des Tatopfers aus den Feststellungen des Tatgerichts übernommen. Als Votum für die rechtliche Unbedenklichkeit des Hirntodkonzepts ist das Urteil daher nicht zu lesen.

[115] *Drosdeck*, S. 113.

[116] *C. Schmitt*, Die Lage der europäischen Rechtswissenschaft, S. 386ff. (S. 412 - zur Rechtswissenschaft allgemein). Außerdem: „Die *Doktrinalinterpretation* ist die Interpretation durch die Rechtswissenschaft. Sie hat mangels verbindlicher Kraft keinen institutionellen Charakter, kann diesem aber nahekommen, wenn sich eine herrschende Meinung herausbildet" (*Alexy*, Juristische Interpretation, S. 74 - Hervorhebung im Original).

D. Die Rechtswissenschaft als „eigentliche Rechtsquelle"   31

Selbst wenn der Bundesgerichtshof oder das Bundesverfassungsgericht die Frage bereits - in diese oder jene Richtung - entschieden hätten, wäre eine rechtswissenschaftliche Diskussion nicht beendet. Angesichts der normativen Bindungswirkung (vgl. § 31 I, II BVerfGG; § 358 I StPO) und eingedenk des faktischen Präjudizieneffekts entsprechender höchstrichterlicher Judikate müßte die im Vordringen begriffene Auffassung u. U. jedoch besonders widerständige Überzeugungshürden überwinden.[117] Die nicht justiziell verengte Offenheit des dogmatischen Diskussionsstands darf deshalb als dialogförderliche Chance begriffen werden. Sie zu nutzen, könnte auch dazu beitragen, das gerichtliche Argumentationspotential gleichsam präventiv anzureichern, liegen doch Entscheidungen des BVerfG[118] und des BGH[119] zum Thema „Hirntod" nicht außerhalb des nach aller juristischen Lebenserfahrung Denkmöglichen.[120]

„Überspitzt ausgedrückt könnte man sagen, daß die Rechtswissenschaft das Recht, das sie bearbeitet, in gewissem Umfang selbst hervorgebracht hat" (*Braun*, Dienerin des Zufalls?, S. 663).

[117] Dazu die pointierte Feststellung eines erfahrenen Justizpraktikers: „Denn das Gesetz gilt nun einmal so, wie die Rechtsprechung es anwendet, nicht wie die Lehre es versteht" (*Schellhammer*, S. V). S. auch *Ehmann*, S. 28: „Ohne die allgemeine oder zumindest überwiegende Anerkennung anderer, insbesondere der Gerichte, können rechtswissenschaftliche Erkenntnisse (...) nicht zu geltendem Recht werden."

[118] Ungeachtet der - praktisch entscheidenden - prozessualen Hürden etwa eines Verfassungsbeschwerde- oder Normenkontrollverfahrens könnte ein (zulässig begehrter) verfassungsprozessualer Rechtsschutz gegen (selbstvollziehende) Vorschriften des Transplantationsgesetzes, die die Entnahme lebenswichtiger Organe auch dann oder gegen den Willen des Explantierten für zulässig erklären, zu einer Entscheidung des BVerfG über den Umfang des Schutzbereichs von Art. 2 II 1 GG führen: die Zulässigkeitsgrenzen der Entnahme sind enger, wenn der hirntote Mensch lebt, also keine Leiche ist. Zum Problem aus materiell-verfassungsrechtlicher Sicht: *Höfling/Rixen*, S. 48ff. und unten im 3. Kap., Abschn. G. IV.; allg. zu Verfassungsbeschwerden gegen strafgerichtliche Urteile *Niemöller*, S. 39ff.

[119] Strafrevisionen richten sich (nach regelmäßigem Durchlaufen der Berufungsinstanz) gem. § 121 I Nr. 1 GVG an das jeweilige OLG (bzw. in Bayern: an das BayObLG, § 9 EGGVG i.V.m. Art. 11 II Nr. 2 bayAGGVG). Die Revisionszuständigkeit des BGH (§ 135 I GVG) gilt insbesondere für die erstinstanzlichen Erkenntnisse der (großen) Strafkammern beim LG. Für den Fall, daß die erstinstanzliche Zuständigkeit des LG nicht durch eine Katalogtat festgelegt ist (§ 74 II), richtet sich die Zuständigkeit u. a. nach der - bei der Anklageerhebung einzuschätzenden - Strafmaßerwartung (§ 74 I 1, 2 i.V.m. § 24 I Nr. 2 GVG). Außerdem kann die StA beim Landgericht „wegen der besonderen Bedeutung des Falls" Anklage erheben (§ 74 I Nr. 2 i.V.m. § 24 I Nr. 3 GVG). Unterstellt man, daß Problemkern aller genannten Fälle die strafrechtliche Bedeutung des „Hirntod"-Zustands ist, dann ließe sich eine „besondere Bedeutung" des Falls vertretbarerweise annehmen; folglich wäre der BGH Revisionsinstanz (vgl. allg. *Kleinknecht/Meyer-Goßner*, § 24 GVG Rn. 6: daß schwierige Rechtsfragen zu lösen sind, begründet die besondere Bedeutung in der Regel nicht; anders ist es, wenn ein besonderes Bedürfnis für eine alsbaldige grundsätzliche Entscheidung des BGH besteht). Verneint man die „besondere Bedeutung", wäre das (jeweilige) OLG Revisionsinstanz , und der Weg zum BGH würde sich nur über die sog. Divergenzvorlage des § 121 II GVG eröffnen. In der „Hirntod"-Frage, in der es um die für den Bestand des konkreten Gemeinwesens zentrale Lebensschutznorm geht, wäre dies ein zeitaufwendiger, der Rechtsunsicherheit faktisch Vorschub leistender Umweg zur Herstel-

E. Die Frage nach Leben und Tod als Problem des geltenden Rechts

Die Frage nach dem strafrechtlich bedeutsamen Todesbegriff ist ein *Rechtsproblem*. Das heißt: Wesentliche Aspekte der Frage sollen als Anfragen an das geltende Verfassungs- und Strafrecht, als *dogmatische* Probleme abgehandelt werden; die übrigen Teilrechtsgebiete bleiben im Folgenden ebenso unbeachtet wie rechtsvergleichende Erkenntnismöglichkeiten[121]. Um der „exakten Bearbeitung" des Problems „auf dem Boden des geltenden Rechts"[122] willen hat jedes nichtdogmatische Erkenntnisinteresse zurückzutreten, mithin alles, was für eine systematische Erhellung des hic et nunc geltenden Rechts bedeutungslos ist. Das bedeutet auch: Philosophische,[123] soziologische,[124] kulturhistorische,[125] religions-

---

lung strafrechtlicher Orientierungsgewißheit. Aus diesem Grunde dürfte man ein besonderes Bedürfnis für eine alsbaldige grundsätzliche Entscheidung des BGH unterstellen und die „besondere Bedeutung" i. S. des § 24 I Nr. 2 GVG bejahen.

[120] Man denke etwa an folgenden Fall: Der Angehörige B des Explantierten O erstattet Anzeige gegen die Mitglieder des Explantationsteams einer auf alle lebenswichtigen Organe erstreckten sog. Mehrorganentnahme mit der Behauptung, allein die Einwilligung des vorrangig befragbaren Angehörigen A habe der Tat (= der Entnahme lebenswichtiger Organe) nicht den Charakter einer Tötung genommen: der hirntote Mensch lebe. Die Entnahme lebenswichtiger Organe sei daher in jedem Fall eine strafbare Tötung (selbst wenn der Explantierte in gesunden Zeiten zugestimmt hätte, wäre von einer strafbaren Tötung auf Verlangen auszugehen). Es kommt zur Verurteilung wegen Totschlags, weil auch das erkennende Gericht der Ansicht ist, der hirntote Mensch lebe: angesichts des gegenwärtigen Diskussionsstands hätte dies den beteiligten Ärzten bekannt sein müssen (§ 17 S. 2 StGB). Ein „strafrechtlicher Altmeister des Arztrechts" (so *Laufs*, Arzt und Recht im Wandel, MedR 1986, S. 163 u. a. zu *Engisch*) hat zum Wert von Beispielen folgendes treffend bemerkt: „Beispiele sind m. E. nicht immer auf ihre praktische Wahrscheinlichkeit zu prüfen. Gelegentlich haben sie die Bedeutung von Gedankenexperimenten, die dazu dienen sollen, dogmatisch wesentliche Momente zum Bewußtsein zu bringen." So *Engisch*, Der Arzt im Strafrecht, Monatsschrift für Kriminalbiologie und Strafrechtsreform 30 (1939), S. 415 Anm. 4.

[121] Zum Nutzen rechtsvergleichender Betrachtung prägnant zusf. statt aller *Kötz*, S. 75ff. (insb. S. 83f.). Deskriptiv-rechtsvergleichend zur Verbreitung des Hirntodes als Todeskriterium die Hinweise in: *Eser/Koch*, passim, bspw. S. 503, 507, 532, 539, 593, 625.

[122] *Binding*, Das Problem der Strafe, S. 135.

[123] Erster Zugriff über *Scherer*, Das Problem des Todes in der Philosophie; außerdem das Themenheft „The Meaning of Death. Third Mediterranean Meeting of Bioethics", Quaderni di Bioethica e Cultura 3/1995 (Facoltà teologica di Sicilia: Istituto siciliano di bioetica). Umfängliche Nachweise bei *Beckmann/Gethmann-Siefert*, S. 296ff.; *Momeyer*, S. 498 - 505. S. auch die von *Sloterdijk* auf dem Hintergrund der „sokratischen Todesmeisterschaft" (S. 171) traktierte Frage (S. 173): „Ist also Philosophie im wesentlichen eine Euthanatologie - eine Lehre vom schönen und gekonnten und beweiskräftigen Tod?"

[124] Dazu einführend die Beiträge in: *Feldmann/Fuchs-Heinritz*. Zahlreiche Nachweise bei *Nassehi/Schroer/Weber*, S. 344ff.

E. Die Frage nach Leben und Tod als Problem des geltenden Rechts   33

wissenschaftliche,[126] theologisch-ethische[127], thanatopsychologische[128] und literarisch-künstlerische[129] Zugänge zum Thema „Tod und Hirntod" werden ausgeklammert.[130] Die Aufhellung dieser Problemaspekte könnte aufschlußreich sein, wenn man verstehen will, in welcher Weise kulturell ventillierte Deutungen des Todes auf die rechtliche Bewältigung des Todesproblems einwirken bzw. mit rechtlichen Zugriffen auf die „Grenzsituation"[131] des Todes wechselwirken.[132] Nicht zuletzt Philosophie und Theologie eröffnen uns eindrucksvolle Zugänge zu dem „menschheitlichen Grundthema"[133], dem Rätsel[134], Geheimnis[135], Myste-

---

[125] S. nur *Ariès*, Geschichte des Todes, ders., Studien zur Geschichte des Todes im Abendland. Außerdem die Nachweise bei *Palzkill/Schreiner*; S. 77ff. (mit krit. Anmerkungen u. a. zu den Arbeiten von *Ariès*, S. 79ff.); *Cox*, S. 484ff.

[126] Für einen ersten Überblick die Beiträge bei *Stephenson*.

[127] Angesichts der Überfülle einschlägiger Publikationen sei nur auf eine knappe Einführung aktuelleren Datums verwiesen: *Körtner*. Umfangreiche Nachweise bei *Höver/Ruhlands*, S. 421ff. *Kliever*, S. 505 - 513; *Young*, S. 487 - 497.

[128] Einleitend dazu etwa: *Wittkowski*. S. außerdem die (in deutscher Übersetzung vorgelegten) Beiträge von *Pyszczynski* und *Greenberg*.

[129] S. insb. den Roman von *Mulisch*, Die Entdeckung des Himmels: Eindrucksvoll schildert *Mulisch* (S. 470 - 473) die Begegnung eines fast achtjährigen Jungen (namens Quinten) mit seiner (schon bei der - durch Kaiserschnitt vollzogenen - Geburt) unfallbedingt-komatösen Mutter (namens Ada) und dessen Schwierigkeiten, die „reglos (s)chlafende" (S. 470) Mutter als lebendig oder tot zu begreifen. Ada ist (möglicherweise) „hirntot" (S. 361), ohne jede „geistige Existenz" (S. 367) oder „die Spur einer Individualität" (S. 361). Da Ada aber ersichtlich nicht intensivmedizinisch versorgt wird, fehlt es an einem unabdingbaren Definitionselement des gängigen Hirntodkonzepts: der intensivmedizinisch aufrechterhaltenen Kreislauffunktion (vgl. dazu den *Wissenschaftlichen Beirat der Bundesärztekammer*, Kriterien des Hirntodes - Dritte Fortschreibung 1997, C-958). Gemessen an diesen Kriterien darf man Ada daher nicht als „hirntot" bezeichnen. Nichtsdestotrotz illustriert *Mulisch* - in einer auf unzweifelhaft „hirntote" Patienten übertragbaren Weise - treffend die kognitiv-emotionalen Dissonanzen, in die man geraten kann, wenn man einerseits annimmt, der Wegfall „geistiger Existenz" sei mit dem Tod des Menschen identisch, andererseits aber den komatösen Menschen noch als lebendig erfährt. Onno (der vermeintliche leibliche Vater Quintens) versucht seinem Sohn das Widersprüchliche zu erklären (S. 471/472): „Mama ist tot, obwohl sie doch nicht tot ist...ich meine, was an Mama nicht tot ist, ist nicht Mama. Es ist nicht *Mama*, die atmet" (Hervorhebung im Orig.). „Versuche es nicht zu verstehen, Quinten. Es ist nicht zu verstehen."- Der Roman „Hirntod" von *Meyer-Hörstgen* bearbeitet trotz des vielversprechenden Titels die Problematik des Hirntodes nicht.

[130] Von den kulturhistorischen Aspekten sind die auslegungs- bzw. rezeptionsgeschichtlichen Aspekte - als Mittel zur Erschließung des hic et nunc geltenden strafrechtlichen Todesbegriffs zu unterscheiden; dazu die Ausführungen im 2. Kap.

[131] Vgl. *Jaspers*, Psychologie der Weltanschauungen, S. 229ff., S. 256ff.; vgl. dens., Philosophie, S. 210ff.

[132] Insofern könnte man sich - zumindest heuristisch - auf *Radbruchs* Konzept der Rechtswissenschaft als „Kulturwissenschaft" beziehen, *Radbruch*, Rechtsphilosophie, S. 87ff. (§ 1: Wirklichkeit und Wert), S. 205ff. (§ 15: Die Logik der Rechtswissenschaft), S. 216ff.

[133] *Stephenson*, S. XIV.

rium¹³⁶ des Todes, in dessen „unausweichlicher Realität"¹³⁷, Kontingenz¹³⁸, Verhülltheit¹³⁹ uns „alles Begreifen entrissen"¹⁴⁰ erscheint: Die alles umgreifende „Todesgegenwart"¹⁴¹ führe - so heißt es - an die „Todesgrenze"¹⁴², die „Grenze des Sinns und der Bedeutung"¹⁴³, dorthin, wo der Tod - als absoluter Herr¹⁴⁴, als Bruder des Schlafes¹⁴⁵ - nur noch metaphorisch meditiert werden könne: „Wir wissen nicht, worüber wir sprechen, wenn wir vom Tod sprechen. Das sprachliche Zeichen ‚Tod' verbirgt das Bezeichnete."¹⁴⁶ So reizvoll diese Problemzugänge sind, so wenig ist Raum für sie im Rahmen einer rechtsdogmatischen Arbeit, die dem Vordringlichen juristischer Orthopraxie dient.

F. Eine Untersuchung auf der Grenze - Zur einheitsstiftenden Kraft eines integrativen öffentlichrechtlichen Zugriffs

Der Weg der Untersuchung vollzieht sich in mehrfacher Hinsicht auf der Grenze:¹⁴⁷

---

¹³⁴ *Gadamer*, Die Erfahrung des Todes, S. 94.

¹³⁵ *Levinas*, S. 12, 19, 43, 49; *Jüngel*, Tod, 2. Aufl. 1972, S. 75. S. auch *Stephenson*, S. IX: Leben und Tod gehörten zu jenen Mächten, die der Mensch „auf die verschiedenste Weise zu bewältigen versucht, ohne ihrem letzten Geheimnis auf die Spur kommen zu können."

¹³⁶ *Gadamer*, Die Erfahrung des Todes, S. 90; *Champdor*, S. 55.

¹³⁷ *C.-A. Keller*, S. 29. S. auch *Scheler*, S. 36: „Der Tod, diese härteste, sonnenklarste Realität, jedem sichtbar und zugänglich, (...)."

¹³⁸ *Sternberger*, S. 211.

¹³⁹ *Scherer*, Sinnerfahrung und Unsterblichkeit, S. 263.

¹⁴⁰ *Rahner*, S. 390. S. auch den Aphorismus des polnischen Literaten *St. Napierski*: „Der Tod ist ein Ereignis aus einem fremden Leben; deshalb unbegreiflich" (in: Dedecius, S. 231).

¹⁴¹ *Theunissen*, S. 105.

¹⁴² *Scherer*, Das Problem des Todes in der Philosophie, S. 2, 74, 102, 103, 111, 117, 131, 147, 169, 179, 202, 204.

¹⁴³ *Macho*, S. 196.

¹⁴⁴ *Hegel*, Phänomenologie des Geistes, S. 153 (im berühmten Abschnitt über „Herr und Knecht"), s. dort auch S. 438: „die Furcht ihres absoluten Herrn, des Todes". Dazu *Kojève*, S. 217ff.

¹⁴⁵ Dazu ausf. *Barner*, S. 144ff.

¹⁴⁶ *Macho*, S. 196.

¹⁴⁷ Die im juristischen Kontext häufig verwendete Metapher der „Grenze" taucht (auch und gerade) im Bereich des Arzt(straf)rechts und der Arztethik immer wieder auf. Zur „Unumgänglichkeit des Metaphorischen im Rechtsdenken", namentlich von Metaphern, die „Rückverweise ins Räumliche" implizieren: *Somek*, S. 31ff. Aus der Überfülle möglicher Belege für die Verwendung der Grenz-Metapher im arzt(straf)recht-

I. Das Strafrecht als Grenze ärztlicher Handlungsfreiheit

Zunächst ist es für alle therapeutisch tätigen Ärzte von beruflich-existenzieller Bedeutung, über die strafrechtlichen Grenzen ihres Handelns informiert zu sein, denn mit dem Überschreiten der „Todesgrenze"[148] ist vielfach der sichere Bereich strafrechtlicher Irrelevanz erreicht. Dabei geht es nicht um Taten, die der Arzt wie jeder quivis es populo „überhaupt begehen kann"[149], sondern es geht um Akte, die der - vornehmlich im Bereich der Anästhesie, der Intensivmedizin, der Neurologie oder der Transplantationschirurgie tätige - Arzt „typischerweise"[150] gerade „in dieser Eigenschaft"[151] verwirklicht.[152] Wenn es stimmt, daß es sich beim „Eingriff durch ein Strafgesetz (...) um die schärfste Sanktion (handelt), über die die staatliche Gemeinschaft verfügt"[153], dann müssen diejenigen, die den Ärzteberuf oder „arztakzessorische" Assistenzberufe ausüben, wissen, was die strafrechtlichen Lebensschutz-Vorschriften „gesetzlich bestimm(en)" (Art. 103 II GG, § 1 StGB). Gerade weil „Strafanzeige und Strafverfahren (...) als ständige Bedrohung wie ein Damoklesschwert über jeder ärztlichen Berufstätigkeit (hängen)"[154], muß

---

lichen bzw. arztethischen Kontext *R. Schmitt*, Auf der Grenze von Recht und Medizin, S. 861ff.; *Pompey/Strohbach*.

[148] Begriff bei *Scherer*, Das Problem des Todes in der Philosophie, S. 2, 74, 102, 103, 111, 117, 131, 147, 169, 179, 202, 204. Begriff auch bei *Geilen*, Das Leben des Menschen in den Grenzen des Rechts, FamRZ 1968, S. 123.

[149] *von Liszt*, Die Verantwortlichkeit bei ärztlichen Handlungen, S. 16.

[150] Der frühere Bundesjustizminister *Stammberger*, S. 3, hat von den „von Ärzten immer wieder verwirklichten Tatbestände(n)" gesprochen bzw. von Tatbeständen, „die typischerweise für eine Täterschaft des Arztes in Betracht kommen".

[151] Vgl. § 53 I Nr. 3 StPO.

[152] *Spinner*, S. 137: „Es ergibt sich daraus für den Arzt (...) ein spezielles Gebiet von Strafrechtsnormen, die ihn in besonders hohem Maße treffen und betreffen." Dazu zählen - so *Spinner* (S. 138) - auch die Bestimmungen über die Tötungsdelikte.

[153] BVerfGE 6, 389 (433). Mit Blick auf die mögliche Höhe zivilrechtlicher Schadensersatzforderungen wird man geneigt sein, z. B. die Verurteilung zu einer geringen Geldstrafe als weniger einschneidend einzustufen; Zweifel in diese Richtung z. B. auch bei *Bettermann*, VVDStRL 50 (1991), S. 294f. Abgesehen davon, daß die ärztliche Haftpflichtversicherung nicht selten der tatsächliche Schuldner zivilrechtlicher Forderungen ist, haftet der formellen Strafe ein spezifisches „sozialethisches Unwerturteil" an. Kraft dessen wird der verurteilte Arzt öffentlich bewußt als „Verbrecher" stigmatisiert, was regelmäßig nicht ohne Folgen für die sozial gewährte oder verwehrte Anerkennung bleiben dürfte. Die „‚Kriminalisierung‘ seiner Tätigkeit", ein „zugegebenermaßen etwas harte(s)" Wort (*Ulsenheimer*, Arztstrafrecht, Rn. 2), verschlechtert mithin typischerweise die Chancen des Arztes, den Kampf um soziale Anerkennung (den dieser wie jeder andere auch ausfechten muß) erfolgreich zu bestehen. Daher wird man die Strafe tatsächlich als regelmäßig schärfste formalisierte Unrechtssanktion der staatlich verwalteten Sozialkontrolle qualifizieren dürfen.

[154] *Ulsenheimer*, Arztstrafrecht, Rn. 2 a.E., ähnl. *ders.*, Anm. zu BGH, Urt. v. 29.6.1995 - 4 StR 760/94, NStZ 1996, S. 133 a.E.; *ders.*, Die Entwicklung des Arztstrafrechts, S. 28; *Eb. Schmidt*, Der Arzt im Strafrecht, in: Ponsold, S. 3: „Für den Arzt aber kann das die Existenzfrage schlechthin bedeuten." *Harnack*, S. 258, weist darauf hin,

deutlich werden, wann der Arzt - der, wie Franz von Liszt hervorgehoben hat, „nicht immunisiert (ist) gegenüber der Begehung strafbarer Handlungen"[155] - den Status des Helfers im „Dienst der Menschlichkeit"[156] einbüßt und zum „Kriminellen in Weiß"[157] wird.

II. Das Recht als Grenze der Ethik: Autonomie rechtlicher Begriffsbildung

Die Untersuchung scheint auf der Grenze von Recht und Ethik zu operieren. Das ist indessen nicht der Fall. Die Rechtsordnung zieht der Ethik Grenzen, soweit Grundfragen des Arzt-Patienten-Verhältnisses betroffen sind. Bei der Grundfrage nach dem Tod, der als Negation des Lebens die staatlich-rechtliche Garantie des Lebensschutzes aktiviert, liegt der Definitonsprimat beim Recht. Zudem kann sich eine juristische Untersuchung zu Fragen der Fachdisziplin „Ethik/Moralphilosophie/Praktische Philosophie" gar nicht kompetent äußern, solange nicht solche gemeinhin „ethisch" genannten Fragen angesprochen werden, die in die Fundamente der Rechtsordnung eingelegt sind, also im juristischen Gewand als Rechtsfragen abgehandelt werden müssen.

Angesichts „der ethischen Unsicherheit unserer Zeit"[158], die für eine „Gesellschaft mit pluralistischer Moral"[159] kennzeichnend ist, kann überdies von „der"

---

daß „Vergehen der Ärzte im Beruf" jedenfalls „für den Schuldigen sehr verhängnisvoll werden" können.

[155] *von Liszt*, Die Verantwortlichkeit bei ärztlichen Handlungen, S. 13.

[156] „Bei meiner Aufnahme in den ärztlichen Berufsstand gelobe ich feierlich, mein Leben in den Dienst der Menschlichkeit zu stellen." So lautet der erste Satz des für jeden Arzt geltenden „Gelöbnisses", abgedruckt in der „(Muster-)Berufsordnung für die deutschen Ärzte in der Fassung der Beschlüsse des 98. Deutschen Ärztetages in Stuttgart, Sonderdruck des Deutschen Ärzteblattes, S. 2; ähnl. auch § 1 II 2 Musterberufsordnung: „Der Arzt übt seinen Beruf nach den Geboten der Menschlichkeit aus." Zur Bedeutung von ärztlichen Gelöbnissen allg. *Seifert*, in: Eser u. a., Lexikon Medizin-Ethik-Recht, Sp. 113ff.

[157] Formulierung des bayerischen Staatsministers des Innern, *G. Beckstein*, auf einer Pressekonferenz laut Bericht der Süddeutschen Zeitung (SZ), Nr. 244 v. 22.10.1996, S. 27 (konkret waren damit Ärzte gemeint, die Codein als Heroinersatz in hohen Dosen verschreiben [„graue Substitution"]). In dem vom bayerischen Staatsministerium des Inneren ausgegeben schriftlichen Redevorlage des Ministers anläßlich der Vorstellung der Untersuchung von Rauschgifttodesfällen durch das bay. LKA am 21.10.1996 werden - angesichts von 48 Fällen, in denen Drogenopfer aufgrund von Codeinsubstanzen verstorben seien, und eingedenk des Umstands, daß der Ersatzstoff auf dem illegalen Rauschgiftmarkt rege gehandelt werde (S. 7 a.E.) - Ärzte, die den Ersatzstoff (in einer Verschreibungsdosis bis zu 1, 5 l Codeinsaft pro Rezept) verschreiben, als „Dealer in Weiß" (S. 8) bezeichnet (unveröffentl., Exemplar beim Verf.). In der Pressemitteilung 645/96 des bay. Innenministeriums v. 21.10.1996 ist weder von Kriminellen noch von Dealern in Weiß die Rede (unveröffentl., Exemplar beim Verf.).

[158] So zutr. *Seifert*, in: Eser u. a., Lexikon Medizin-Ethik-Recht, S. 120f.

F. Eine Untersuchung auf der Grenze   37

Ethik bzw. „der" Arzt-, Medizin-, Bio- oder „Bio-Arztethik"[160] keine Rede sein.[161] Die „real eingetretene Fragmentierung"[162] der konkreten Gesellschaft verhindert dies. Ungeachtet des Umstands, daß nicht immer klar ist, was mit dem Wort „Ethik" bezeichnet werden soll[163], verunmöglicht die „Pluralität"[164], „Pluralisierung"[165] und „Pluriformität ethischer Auffassungen"[166] das simple Modell einer harmonischen Ergänzung von Ethik[167] und Recht[168]. Die problematische (weil bei

---

[159] *Jakobs*, Rechtstheoretische Überlegungen, S. 9, S. 12. S. auch *Lenckner*, 40 Jahre Strafrechtsentwicklung, S. 325ff., der auf die Folgen verweist, die der „Wertpluralismus der modernen Gesellschaft" (S. 330) für die Auslegung hochunbestimmter Gesetzesbegriffe hat (S. 329 a.E.).

[160] Der Terminus „Bio-Arztethik" bei *Rixen*, Transplantation und Hirntod: Aktuelle Rechtsfragen aus Sicht der Krankenpflege, S. 53.

[161] Zum Konzept der Bioethik s. statt vieler bspw. *Engelhardt Jr.*, S. 3ff., S. 17 - 65 („The Intellectual Bases of Bioethics"); *Reich*, S. 19ff. S. auch das Special Supplement zu Nr. 6/1993 des Hastings Center Report: „The Birth of Bioethics".

[162] *Pawlik*, S.184; Pawlik weist im übrigen zutreffend auf die Ähnlichkeit zwischen der Reinen Rechtslehre und der Theorie vom autopoietischen Charakter des Rechts hin (S. 178 m. N.); zur partiellen Affinität der Überlegungen Kelsens mit jenen Luhmanns s. auch den Hinweis bei *Habermas*, Faktizität und Geltung, S. 114.

[163] Zu diesem Problem *Kaufmann*, Grundprobleme der Rechtsphilosophie, S. 192: „Das Wort ,Moral' wird in der Umgangssprache unspezifisch gebraucht. Die Abgrenzung gegenüber ,Ethik' ist unscharf, oft werden beide Wörter sogar als synonym angesehen. Dementsprechend werden auch ,Ethik' und ,Moralphilosophie' gleichgesetzt. Das Wort ,Ethik' seinerseits verwischt sich mit ,Ethos' und ,Sittlichkeit'. Andererseits versteht man unter ,Moral' oft ähnliches oder dasselbe wie ,Sitte'. Die ,Sitte' wiederum steht Verhaltensregeln nahe, wie sie ,Brauch', ,Konvention' und ,Gewohnheit' darstellen. (...) Im übrigen gebrauchen wir die Bezeichnungen ,Sittlichkeit', ,Ethos' und ,Moral' für unsere Zwecke als gleichbedeutend (...)." So schon *ders.*, Recht und Sittlichkeit, S. 7. Eine Definition von Ethik bei *H. Krämer*, S. 9 „Ethik ist (...) die philosophische Theorie von Moral oder Moralen, die angibt, was jedermann verbindlich zu tun oder zu unterlassen hat, und zwar primär in sozialen Bezügen". *Reese-Schäfer*, S. 122, weist darauf hin, daß „Ethik" oft nur ein Synonym für „Moral" sei: „Wenn Philosophen in der Öffentlichkeit sprechen oder wenn die Öffentlichkeit selbst spricht, ist Ethik meist nur ein anderes Wort für Moral, weil es sachlicher, wissenschaftlicher und bedeutsamer klingt, während die Moral sich bis heute durch ihr nachhaltiges Interesse für die sexuellen Intimitäten ihrer Kundschaft so sehr diskreditiert hat, daß man zumindest auf das Wort gern verzichtet."

[164] *Irrgang*, S. 15.

[165] *Honnefelder*, S. 138, S. 141f.

[166] *Sporken*, Artikel „Medizinische Ethik", in: Eser u. a., Lexikon Medizin-Ethik-Recht, Sp. 720.

[167] Das gilt unabhängig davon, ob man „Ethik" als Synonym für „Moral" im Sinne eines Gesamtmusters von Wertüberzeugungen und Handlungsnormen versteht (vgl. *Honnefelder*, S. 141) oder aber als „Reflexionstheorie der Moral" (*Luhmann*, Paradigm lost: Über die ethische Reflexion der Moral, S. 14; S. 20), die sich - mehr philosophisch oder mehr theologisch grundiert - der Entwicklung von (bereichsspezifischen) Kriterien „guten Lebens" widmet.

[168] Recht ist die Summe aller Normen, die - in der konkreten grundrechtlich legitimierten Rechtsordnung - mithilfe staatlich geschaffener Normtexte oder staatlich ermöglichter

der Lösung konkreter Probleme wenig hilfreiche)[169] Vielfalt ethischer Modelle,[170] die den Arzt dazu anhalten sollen, das medizintechnisch Zweckmäßige in moralisch akzeptabler Weise zu tun,[171] setzt sich bei der konkreten Frage nach dem Status des hirntoten Menschen fort. Während die einen Ethiker betonen, der Hirntote sei eine Leiche[172], gibt es andere, die ihn für einen Lebenden halten.[173]

Normtextsetzung interpretatorisch entwickelt werden können und deren reale Wirksamkeit durch eine institutionalisierte (letztlich: gerichtliche) Chance faktischer Durchsetzung gesichert wird. Die Debatte über den Rechtsbegriff kann hier nicht entfaltet werden; s. zusf. etwa *Alexy*, Begriff und Geltung des Rechts; zum Verhältnis von „Recht und Moral" bspw. auch *Höffe*, S. 24ff.

[169] Pointierte Charakterisierung der Lage durch *N. von Festenburg*: „Die Landschaft der Ethik verschweizert" (zit. in der Süddeutschen Zeitung [SZ], Nr. 148 v. 29./30.6.1996, Wochenendbeilage, S. VIII). S. auch *Luhmann*, Das Recht der Gesellschaft, S. 25: „,Ethik' (...), der (...) alle deutlichen Konturen fehlen." Noch harscher *Luhmann*, Die Wissenschaft der Gesellschaft, S. 596: „Kurz: die als Hoffnung in Anspruch genommene Ethik gibt es gar nicht." Ergänzend *ders.*, Ethik als Reflexionstheorie der Moral, S. 358ff.; *ders.*, Die Moral des Risikos und das Risiko der Moral, S. 327ff.

[170] Immer noch treffend *Weischedel*, S. 5, der auf die „Mannigfaltigkeit von ethischen Entwürfen" hinweist. Kritisches zur interdisziplinären Zusammenarbeit von Juristen und Rechtsphilosphen (mit Blick auf das Thema einer „Rechts-Grundlegung") hat *Naucke* angemerkt; auch mancher problematische Aspekt im Verhältnis von Juristen und (Medizin-)Ethikern mag darin anklingen: „Erste Folge einer solchen Interdisziplinarität wäre wohl die bestürzende Einsicht, daß die Anforderungen an eine Rechts-Grundlegung viel höher sind, als man aus einiger Entfernung vom Bundesgesetzblatt meinen darf" (*Naucke*, Literaturbericht: Rechtsphilosophie, ZStW 100 [1988], S. 878). S. aus philosophischer Sicht auch *Broeckman*, der mit Bezug auf *M. Foucaults* Einschätzung, Philosophen würden sich auf andere Disziplinen nicht wirklich einlassen, anmerkt: „Foucaults Bemerkung führt zu der Schlußfolgerung, daß die Philosophie das positive Recht nur als Idee in ihre eigenen transzendentalen Ordnungen projiziert. Daher ist es verständlich, wenn die juristische Praxis in der Rechtsphilosophie kaum zum Gegenstand wurde. Das Recht der juristischen Positivität bleibt für die Rechtsphilosophie weiterhin unbekannt: ein Motiv für die Rechtspraktiker, um sich auch heute noch von der Rechtsphilosophie abzuwenden. Rechtsphilosophie bleibt in ihren Augen, aber auch im Rahmen der Philosophie überhaupt, ein theoretisches Verhalten" (*Broekman*, Sp. 324). Ungeachtet dieses nicht spannungsfreien Verhältnisses hat „die Fachphilosophie (...) über die Rechtsphilosophie nicht selten die Rechtsdogmatik erheblich beeinflußt" (*Hilgendorf*, Rechtsphilosophie im vereinigten Deutschland, S. 2).

[171] *Honnefelder*, S. 135f.: „Ärztliches Handeln steht (...) nicht nur unter der pragmatischen Differenz von richtig oder falsch, sondern auch unter der moralischen Differenz von gut oder böse. Beide Differenzen stehen in einem unlöslichen Zusammenhang: Die moralische Differenz ist ohne die pragmatische leer, die pragmatische ohne die moralische blind."

[172] So bspw. *Birnbacher*, Einige Gründe, das Hirntodkriterium zu akzeptieren, S. 35ff., der Hagener Philosophie-Professor *Beckmann* in einem Leserbrief an die FAZ v. 6.2.1997, außerdem *Sass*, Hirntod und Hirnleben, S. 162ff.

[173] So nur *Grewel*, Lohnen sich Organtransplantationen? S. 73f. Zur theologisch-ethischen Debatte noch unten im 2. Kap., Abschn. C. I. 1. und 2.

Wieder andere votieren für ein non liquet: „Welchen moralischen Status der gehirntote Mensch hat, ist nicht eindeutig zu beantworten."[174]

Auch die zum Teil „rechtlich gefaßte ärztliche Standesethik"[175] ändert an diesem Befund nichts.[176] Es ist mitnichten so, daß „das Wesentliche aus den Gesichtspunkten der Standesethik"[177] folgen würde. Rechtlich entscheidend ist vielmehr auch hier, welche Instanz mit welchem Verbindlichkeitsanspruch arztethisch bedeutsame Verhaltensdirektiven erläßt. So gibt es in den satzungsförmig erlassenen Berufsordnungen der Landesärztekammern keine Vorschriften zum Todesbegriff, und es kann sie nicht geben, weil mangels staatlich verliehener Normsetzungskompetenz „Kammersatzungen nicht rechtsverbindlich die Grenzen bestimmen" dürfen, „innerhalb dere[r] (...) dem (...) menschlichen Leben Schutz gebührt."[178] Es existieren nur vom Wissenschaftlichen Beirat der Bundesärztekammer vorgelegte Entscheidungshilfen zum „Hirntod", die - rechtlich betrachtet -

---

[174] So bspw. *Schlögel*, S. 378; s. auch *Thomas*, Vom Umgang mit dem Tod, S. 165: „Der Fall ist, da[ß] wir es nicht wissen, ob der Hirntote noch lebt oder schon gestorben ist."

[175] *Engisch*, Der Arzt im Strafrecht, Monatsschrift für Kriminalbiologie und Strafrechtsreform 30 (1939), S. 414.

[176] So allg. auch *Schreiber*, Recht und Ethik - am Beispiel des Arztrechts, S. 645: „Auch ein einfacher Verweis auf die Grundsätze der ärztlichen Standesethik hilft nicht weiter. Auch hier sind keine eindeutigen, sicheren Grundsätze zu finden, es gibt viele Spannungen vom Grund bis ins Detail." Die Arztethik bzw. die medizinische Ethik darf dabei nicht mit dem (ethisch zum Teil neutralen) Standesrecht gleichgesetzt werden; s. den treffenden Hinweis bei *Koch*, Medizinrecht: Ersatz oder Pendant medizinischer Ethik?, S. 3f.: „Die ethische Dimension der zulässigen Größe von Praxisschildern (vgl. § 27f. MuBO) ist mir (...) bisher verborgen verblieben." Man wird präzisieren müssen, daß hier u. U. ein *wirtschafts*ethisches Problem (mit Blick auf Konkurrenten im Arztberuf) vorliegt, nicht aber ein spezifisch *arzt*ethisches Problem, das das konkrete - von Diagnose und Therapie unmittelbar geprägte - Verhältnis zwischen Arzt und Patient betrifft.

[177] *Eb. Schmidt*, Der Arzt im Strafrecht, in: Ponsold, S. 1. Ebensowenig hilft es, „*die* Anforderungen der Standesethik" zu bemühen (*Eb. Schmidt*, Empfiehlt es sich, daß der Gesetzgeber die Fragen der ärztlichen Aufklärungspflicht regelt?, S. 177 - Hervorhebung nur hier): *die* Anforderungen ärztlicher Standesethik gibt es - als klare Maßstabsgröße - eben nicht.

[178] *Laufs*, Artikel „Standesrecht", in: Eser u. a., Lexikon Medizin-Ethik-Recht, Sp. 1077 - zum rechtlichen Schutz am Lebensanfang. Allg. auf den Lebensschutz bezogen *ders.*, Arztrecht, 5. Aufl., Rn. 58: „So kommt es der Standesvertretung nicht zu, über die Grenzlinien zu bestimmen, innerhalb derer der Schutz des menschlichen Lebens gewährleistet bleiben muß." Denn (*ders.*, ebda.): „Die Rechtsetzungsautonomie der Kammern stößt (...) auf um so engere Grenzen, je stärker die Regelung in Grundrechte der Verbandsmitglieder eingreift oder außenstehende Dritte berührt. Grundsätzlich können der Satzungsautonomie nur berufsständisch-interne Regeln entspringen". So auch *Laufs*, Der ärztliche Heilauftrag aus juristischer Sicht, S. 35. Beachte exemplarisch überdies § 4 I 1, II, VI, § 9 I, § 31 I, II badwürttKammerG.

bloßen Empfehlungscharakter haben, also allenfalls paraleges imperfectae sind.[179] Trotz des Namens, der eine „Verkammerung" nahelegt, ist die Bundesärztekammer - i. U. zu den Landesärztekammern - keine öffentlich-rechtliche Körperschaft, sondern eine „privatrechtlich organisiert(e)"[180] Arbeitsgemeinschaft der Landesärztekammern. Ihre Empfehlungen können daher (wie die Empfehlungen anderer sachverständiger Privater), auch soweit sie ethische Ratschläge enthalten, nur mittelbar rechtlich relevant werden, indem sie durch Gerichte bei der Präzisierung unbestimmter Rechstbegriffe bzw. gesetzlich nur schwach durchregelter Materien interpretatorisch „juridifiziert(t)"[181], also durch Auslegungsakte der innerhalb der konkreten Rechtsordnung zuständigen „Verrechtlichungs-Mediatoren" (Gerichte und Rechtswissenschaft) zu Kriterien des geltenden Rechts erhoben werden.[182] Die undifferenzierte Rede vom Standes*recht* ist also strikt zu vermeiden: Immer muß deutlich werden, welche öffentlichrechtlich oder privatrechtlich verfaßte medizinisch-ärztliche Organisation sich in Ausübung welcher Kompetenzen mit welchem Verbindlichkeitsanspruch äußert. Spricht man hier unterschiedslos von Standesrecht, dann suggeriert man über die Verwendung der Vokabel „Recht" ein Zweifaches: die materielle Rechtlichkeit und die formelle Verbindlichkeit von Aussagen einer medizinischen Standesorganisation (etwa der Bundesärztekammer). Aussagen der Bundesärztekammer sind indes weder allgemeinverbindlich noch per se mit den inhaltlichen Vorgaben der Rechtsordnung

---

[179] Worauf die Entscheidungshilfen der Bundesärztekammer im übrigen selbst hinweisen: „Sie sind keine rechtsverbindlichen Vorschriften." So der *Wissenschaftliche Beirat der Bundesärztekammer*, Kriterien des Hirntodes - Zweite Fortschreibung, 1991, B-2859 a.E.

[180] *Laufs*, Artikel „Standesrecht", in: Eser u. a., Lexikon Medizin-Ethik-Recht, Sp. 1076.

[181] *Luhmann*, Das Recht der Gesellschaft, S. 137; s. auch S. 78f., S. 85 (zur „explizite[n] Transformation" von „normative[n] Vorgaben aus der Moral" in solche des Rechts), S. 137f., S. 143f. („Recht ist, was das Recht als Recht bestimmt."), S. 216. S. auch *dens.*, Interesse und Interessenjurisprudenz im Spannungsfeld von Gesetzgebung und Rechtsprechung, Zeitschrift für Neuere Rechtsgeschichte (ZNR) 1990, S. 10: „Die Interessen, die das Rechtssystem bearbeitet, sind seine eigenen Konstruktionen, aber diese Konstruktionen setzen sich explizit der Irritation durch die Umwelt aus." Dies gilt entsprechend auch für das Verhältnis des Systems „Recht" zur System-Umwelt „Ethik(en)", wobei die strukturelle Kopplung (dazu allg. *Luhmann*, Das Recht der Gesellschaft, S. 440ff.) der Bereiche bereits im Recht angelegt ist, denn es hat Grundrechte positiviert, die von ihrer Struktur her offen sind zur Moral, dazu die Ausführungen sogleich in Fn. 197; zu *Luhmann* außerdem Fn. 190.

[182] So mit Blick auf die Sterbehilfe-Richtlinien auch *Kutzer*: „Wir nehmen sie zur Kenntnis und berücksichtigen sie bei unseren Entscheidungen. Rechtlich bindend sind sie für uns nicht" (ZRP-Rechtsgespräch, ZRP 1997, S. 119). Das gegen die unspezifische Formulierung *Eb. Schmidts*, Der Arzt im Strafrecht, in: Ponsold, S. 2, wonach „mehr als sonst in den sozialen Beziehungen des Menschen (...) im ärztlichen Berufsbereich das Ethische mit dem Rechtlichen zusammen(fließt)", die BVerfGE 52, 131 (170) zitiert, um bestätigend zu kommentieren: „Das gilt heute ebenso wie ehedem." Genau dies trifft - wie gerade dargelegt - nicht zu. Die Dinge sind komplizierter als ehedem.

kompatibel. Jenseits der wenigen explizit *standesrechtlich* formalisierten Regeln „der" Standesethik - im Bereich des Todesbegriffs gibt es sie nicht - kann es eine „*Inkarnation* ihrer Regeln in die allgemeine Ordnung"[183] nicht geben. Die in sich keineswegs homogene Arztethik - nichts anderes meint die Wendung „ärztliche Standesethik" vor dem Hintergrund der auch arztethisch pluralen Gesellschaft - hat nicht die „Kraft", der Ärzteschaft „das Recht zur Selbstgestaltung und Selbstverwaltung zu verleihen"[184], erst recht nicht mit rechtsnormativer Bindungswirkung für die Allgemeinheit.[185] Die angeblich automatische „Rezeption ärztlicher Standesethik"[186] durch die Normativordnung des Rechts gibt es nicht.

Mit vermeintlicher „Regelungsneurotik der Juristen"[187] hat all dies nichts gemein. Zur „Juridifizierung der Medizin"[188] gibt es keine Alternative, denn in einer plural ausdifferenzierten Gesellschaft gelingt normative Integration maßgeblich über das Recht.[189] Das Recht allein ist das Forum, in dem vorrechtlich-ethische Positionen - auch Positionen der nicht explizit rechtlichen Kritik am Hirntodkonzept - auf ihre Kompatibilität mit bekannten und bewährten juristischen Wertungen geprüft und auf ihr kreatives Potential, zur Fortbildung des Rechts beizutragen, untersucht werden können.[190]

Nicht berührt ist damit das rechtssoziologische Problem der „Verrechtlichung" im Sinne einer überspannten - die Eigengesetzlichkeit einzelner Lebensbereiche ignorierenden - Durchrechtlichung („legal pollution").[191] Es kann im gegebenen Zusammenhang allenfalls um die methodologisch korrekte - d. h. vor allem: trans-

---

[183] *Trockel*, NJW 1971, S. 1059 - Hervorhebung nicht im Original.

[184] *Trockel*, NJW 1971, S. 1059: „die Kraft der ärztlichen Standesethik, das Recht zur Selbstgestaltung und Selbstverwaltung zu verleihen."

[185] *Trockel*, NJW 1971, S. 1060: „Die Regeln der ärztlichen Standesethik sind (...), obzwar sie sich unmittelbar an die Ärzteschaft wenden, der Allgemeinheit verbunden. Letztere, deren Zusammenleben durch sie mitgestaltet und geschützt wird, ist gehalten, sie anzuerkennen und die Innehaltung sicherzustellen."

[186] *Trockel*, NJW 1971, S. 1058.

[187] Formulierung bei *Robbers*, Juristische Fakultäten und Verfassung, S. 54. S. auch die Wendung „mit aller Pedanterie des Rechts" bei *Hegel*, Die Verfassung Deutschlands, S. 519.

[188] *Laufs*, Zum Wandel des ärztlichen Berufsrechts, S. 232 - mit kritischem Unterton.

[189] *B. Peters*, S. 357 (allg. zur „normativen Integration" als Leistung des Rechts); dazu - auch krit. - *Isensee*, Artikel „Staat", Sp. 151f. - konkret zur Verfassung.

[190] Dazu die Ausführungen in Fn. 181 und bestätigend: Es „muß im Rechtssystem argumentiert werden; denn unter der Bedingung der Ausdifferenzierung muß das System Halt an sich selbst (...) suchen (...)" (*Luhmann*, Das Recht der Gesellschaft, S. 404).

[191] Zum Terminus „legal pollution" s. *Weigend*, Deliktsopfer und Strafverfahren, S. 227 m. N. Zum Problem der Verrechtlichung z. B. *Bock*, Recht ohne Maß; *Holtschneider*; *Teubner*, Napoleons verlorener Code, S. 587ff.; *ders.*, Recht als autopoietisches System. - Daß es ein nachvollziehbares und legitimatorisch bedenkliches „Unbehagen an der Rechtspflege" (*Schmid*, S. 10) geben kann, sei zugestanden; vertieft werden kann diese Problematik hier nicht.

parent vollzogene - ‚Norm-Anleihe' des Rechtsystems bei anderen Normenordnungen gehen, wie sie im Recht - in unterschiedlicher Weise praktiziert - nicht ungewöhnlich ist.[192] „Autonomie des Strafrechts gegenüber der Ethik"[193] meint dies.[194] Dabei dürfen derartige Interpretationsakte, soweit sie ein im Stufenbau der Rechtsordnung unterhalb der Verfassung angesiedeltes „einfaches" Gesetz auslegen, nicht im Widerspruch zu thematisch einschlägigen Vorschriften der Verfassung geraten. Ob es thematisch einschlägige Verfassungsvorschriften gibt, die auf unterverfassungsrechtliche Normen einwirken, ist eine interpretatorisch-dogmatische Frage. Sie ist - mit Blick auf die Hirntod-Problematik - nicht an dieser Stelle, sondern später zu beantworten. Das Recht muß mithin die Frage nach dem zutreffenden strafrechtlichen Todesbegriff - Begriff verstanden als die für den rechtlichen Sprachgebrauch maßstäbliche Bedeutung des Wortes „töten" - autonom bestimmen. Es versteht sich freilich von selbst, daß Autonomie rechtlicher Begriffsbildung nur eine „relative Selbständigkeit"[195] der Begriffsbildung[196] meinen kann. Dies gilt in zweifacher Hinsicht.

Zum einen fließen in die Auslegung von Normtexten unvermeidlich (u. U. auch: ethische)[197] Vorverständnisse ein, die dem Auslegungsprozeß eine be-

---

[192] Man denke nur an § 138 I BGB, § 346 HGB oder § 1 UWG, aber auch an Verweisungen auf technische Standards oder die Auslegung unbestimmter Gesetzesbegriffe, soweit hier - je nach Regelungskontext - außerrechtliche Normen interpretatorisch herangezogen und auf Rechtsbedürfnisse hin zugerichtet werden können, dazu etwa *Röhl*, Allgemeine Rechtslehre, S. 240ff., S. 556ff.

[193] *Radbruch*, Die geistesgeschichtliche Lage der Strafrechtsreform, S. 323. S. zum Problem auch *Engisch*, Auf der Suche nach der Gerechtigkeit, S. 99ff.

[194] Zum Problem der (juristisch-autonomen) Begriffsbildung vgl. etwa *Röhl*, Allgemeine Rechtslehre, S. 42f.; s. auch (allgemeiner) *Henke*, S. 140f.: „Das Verfahren der Zuordnung von Begriff und Erscheinung (...) ist (...) keine bloße Subsumtion oder Ableitung, sondern ein komplexer Vorgang der Erwägung und schließlichen Entscheidung, der Auslegung genannt wird, soweit der Begriff im Blick ist, und Verstehen, soweit es um die Erscheinung geht. Er ist im gleichen Sinn Vermittlung von Allgemeinem und Einzelnem, wie sie sich bei der Bildung der Begriffe gezeigt hat. Bildung und Anwendung der Begriffe sind also untrennbar." Außerdem *Koch/Rüßmann*, S. 67ff.

[195] Zur „relativen Selbständigkeit des Rechts" vgl. *Hofmann*, Geschichtlichkeit und Universalitätsanspruch des Rechtsstaats, S. 844; s. auch *Rückert*, Autonomie des Rechts in rechtshistorischer Perspektive. Gegen die Rede von „relativer Autonomie" aus seiner theoriespezifischen Sicht: *Luhmann*, Das Recht der Gesellschaft, S. 64. Hinweis auf die „relative ‚Eigenständigkeit'" der Rechtswissenschaft auch bei *Volk*, S. 75.

[196] Die im übrigen mit Begriffsjurisprudenz nichts zu tun hat; eindringliche Warnung vor diesem Mißverständnis bei *Wank*, passim, bspw. S. 145ff.

[197] „Verfassungsauslegung ist zu wichtig, als daß man sie den Juristen allein überlassen dürfte" (so der Philosoph *Konrad Ott* - Greifswald, vormals Zürich - in einem Vortrag vor dem Graduiertenkolleg „Ethik in den Wissenschaften" am Zentrum für Ethik in den Wissenschaften der Universität Tübingen am 23.4.1996). Ähnl. auch *Habermas*, Faktizität und Geltung, S. 554f.: „Die Verfassungsinterpretation nimmt (...) eine mehr und mehr rechtsphilosophische Gestalt an." S. auch *Robbers*, Rechtswissenschaft und Ethik, S. 50. Die „Reflexion über die ethischen Mindestvoraussetzungen des Rechts

stimmte Richtung verleihen. Das gilt insbesondere für die Auslegung, genauer: Konkretisierung von Grundrechtsnormtexten.[198] Unterschiedliche verfassungs- bzw. grundrechtstheroretische Hintergrundannahmen können unterschiedliche Interpretationsergebnisse zeitigen. Dies ist spätestens seit der fast schon klassisch zu nennenden Arbeit E.-W. Böckenfördes Allgemeingut methodologischen und grundrechtsdogmatischen Arbeitens.[199] Ausweg kann nur die weitgehende Offen-

---

ebenso wie die Grenzen, die der Verrechtlichung ethischer Normen gesetzt" sind, ist „ständige Aufgabe allen Rechtsdenkens." *Alexy* weist darauf hin, daß es eine „immanente Moral des Grundgesetzes" gebe, *Alexy*, Die immanente Moral des Grundgesetzes, S. 97ff., s. dort auch die Anmerkungen zur „Offenheit der Moral des Grundgesetzes" (S. 107). S. auch *B. Peters*, S. 187: „Die in Verfassungen verankerten Grundrechte (...) bringen solche moralischen Gehalte zum Ausdruck." Schon aus der positivrechtlichen Inkorporation zentraler Grundbegriffe der praktischen Philosophie des neuzeitlichen Vernunftsrechts (Würde, Freiheit, Gleichheit), die den grundrechtlichen Begriffen und Prinzipien zugrundeliegen (*Alexy*, Begriff und Geltung des Rechts, S. 121), folgt: „Die Geltung der Grundrechtsnormen bedeutet, daß das Rechtssystem ein gegenüber der Moral offenes System ist" (*Alexy*, Theorie der Grundrechte, S. 494). Die Präzisierung der genannten „Prinzipien und die Abwägung zwischen ihnen führt zu Problemen der Gerechtigkeit" (*Alexy*, Theorie der Grundrechte, S. 494). Das aber bedeutet: Dem geltenden Recht wird über die universal geltenden Grundrechtsnormen, die permanent offen sind für interpretatorisch initiierte moralische Debatten, tatsächlich (und ganz bewußt!) eine „ethische Unruhe" (*Dürig*, Kommentierung, Art. 1 Rn. 16, Rn. 39) implantiert, die - letztlich - dazu beitragen soll, daß das allgemein-abstrakt gefaßte Gesetz einzelfallgerechter (unter optimalisierter Achtung vor Grundrechtspositionen) angewandt wird. In diesem Sinne ist es zu verstehen, wenn *Alexy* bemerkt (Theorie der Grundrechte, S. 495): „Das Ausstrahlen der Grundrechte als positives Recht auf alle Bereiche des Rechtssystems schließt also ein positiv-rechtlich gefordertes Ausstrahlen der Idee der Gerechtigkeit auf alle Bereiche des Rechts ein." Das aber heißt: Der schon methodologisch irrige Glaube, Recht sei gesetzespositivistisch erfaßbar (s. dazu *Naucke*, Versuch, KritV 1986, S. 201ff.), wird durch ein inhaltlich-dogmatisches Argument, das für die unvermeidbar bloß begrenzte Bedeutung der Positivität (= Vorherbestimmbarkeit) gesatzter Normtexte spricht, ergänzt: Die Grundrechte, denen kraft ihrer objektivrechtlichen Dimension „Ausstrahlungswirkung" zugesprochen wird, verstärken die Auflösung der Positivität. Diese Problematik auf der Grenze von Grundrechtstheorie und (allgemeiner) Rechtstheorie kann hier nicht vertieft werden. S. dazu noch 3. Kap. E. III.

[198] Zum Konkretisierungsbegriff - mit unterschiedlichen Akzenten - *F. Müller*, Juristische Methodik, S. 266f. u. ö., *Höfling*, Offene Grundrechtsinterpretation, S. 38ff.; *Böckenförde*, Grundrechte als Grundsatznormen, S. 186f. mit dortiger Anm. 85; *Engisch*, Die Idee der Konkretisierung; außerdem *Gadamer*, Wahrheit und Methode, S. 335, wo er (mit Blick vor allem auf *Engisch*) die „Konkretisierung des Gesetzes im jeweiligen Fall, also die Aufgabe der Applikation" als „Leistung produktiver Rechtsergänzung" bezeichnet. Konkretisierung soll hier primär in Anlehnung an *F. Müller* den Umstand bezeichnen, daß mit Hilfe des Normtextes eine taugliche Norm erst hergestellt werden muß; es geht bei „juristischer Fallösung um Norm*konstruktion*; die Rechtsnorm muß im Fall jeweils erst produziert werden. ‚Konkreter' werden dabei von Stufe zu Stufe die Arbeitsinstrumente; und die Formulierung der erzeugten Rechtsnorm ist notwendig konkreter als der üblicherweise so genannte Gesetzeswortlaut" (Juristische Methodik, S. 267 - Hervorhebung im Original).

[199] *Böckenförde*, Grundrechtstheorie und Grundrechtsinterpretation, S. 115ff.

legung aller Argumente sein und der Versuch, das eigene Auslegungsergebnis so darzustellen, daß es als plausibel aus den thematisch beachtlichen Normtexten abgeleitet erscheint bzw. (in der Theoriesprache der rechtsmethodologischen Avantgarde gesprochen) den maßstäblichen Normtexten als Grundlage der Normerzeugung zugerechnet werden kann. Dabei muß man sich vor einer „Verabsolutierung von Teilgesichtspunkten" aus dem Arsenal der Grundrechtstheorien hüten und stattdessen versuchen, dem individuellen „„Profil'" des jeweiligen Grundrechts - hier: Art. 2 II 1 Var. 1 GG - bereichsdogmatisch gerecht zu werden.[200]

Zum anderen kann nur deshalb von einer relativen Selbstständigkeit des Rechts die Rede sein, weil der medizinische Faktenbezug bei der Bildung des strafrechtlichen Todesbegriffs methodologisch unumgänglich,[201] „juristische(r) Solipsismus"[202] insoweit unmöglich ist.[203] Bei der dogmatischen Aufbereitung des grund- und strafrechtlichen Todesbegriffs, bei der der „Inhalt der (...) Medizin (...) auf einen (...) durch eine andere Wissenschaft" - die Rechtswissenschaft - entwickelten „Zweck angewendet (wird), durch welchen er seine (...) Gestalt

---

[200] Für beide Zitate *Häberle*, Grundrechtsgeltung und Grundrechtsinterpretation, JZ 1989, S. 918.

[201] Hierzu *F. Müller*, Juristische Methodik, S. 170f.: „Der Rechtsarbeiter geht vom vorgelegten oder erdachten Sachverhalt aus und wählt mit dessen Merkmalen aus der Normtextmenge des sogenannten geltenden Rechts diejenigen Normtexthypothesen, die er für einschlägig hält. Er kommt dann von diesen aus zu den Sachbereichen der durch die Auswahl der Normtexthypothesen als einschlägig unterstellten Rechtsnormen, verengt die Sachbereiche aus Gründen der Arbeitsökonomie in der Regel zu Fallbereichen und erarbeitet in der Folge aus der Interpretation sämtlicher Sprachdaten das Normprogramm. Mit dessen Hilfe wählt er aus dem Sach- beziehungsweise Fallbereich die Teilmenge der normativ wirkenden Tatsachen, den Normbereich, aus. Im letzten Abschnitt des Arbeitsprozesses individualisiert er die so erstellte Rechtsnorm zur Entscheidungsnorm." Den Ausdruck „Sachbereich" erläutert *F. Müller*, Juristische Methodik, S. 170 Anm. 289a, folgendermaßen: „In herkömmlicher Dogmatiksprache sind die für eine Vorschrift (einen Normtext) ‚typischen Fallgestaltungen', also typische Konstellationen sozialer Gegebenheiten, Hauptbestandteile des Sachbereichs." In diesem Sinn sollen hier die vom medizintechnischen Fortschritt ausgelösten Gegebenheiten als „lebensbereichs-" (= sachbereichs-)spezifische (und damit notwendig auch: normprogrammbeeinflussende) Realdaten verstanden werden. Noch einmal *F. Müller*, Juristische Methodik, S. 169f.: „Der Normtext in bezug auf die Sprachdaten führt zur Erarbeitung des Normprogramms. Der Normtext in bezug auf die Realdaten führt zur Auswahl des Sachbereichs, zu dessen Verengung zum Fallbereich und zu dessen am Normprogramm maßstäblich orientierter Konstitutierung als Normbereich." (Alle bei *F. Müller* im Original erfolgten Hervorhebungen werden hier nicht wiedergegeben.) Mit anderen „traditionelleren" Worten: Die *prima facie* normativ beachtliche „Lebenswirklichkeit" ist einzugrenzen und - orientiert am interpretatorisch präzisierten Maßstab der Rechtsnorm - auf ihre wirklich norm- (und fall-)erhebliche Dimension zu reduzieren.

[202] Formulierung bei *Luhmann*, Das Recht der Gesellschaft, S. 30.

[203] „Die juristische Dogmatik ist (...) weder völlig autark noch autonom; (...)." *Heller*, S. 298.

F. Eine Untersuchung auf der Grenze

bekommt"[204], muß die teleologische Tendenz der für den Todesbegriff beachtlichen Normen durchweg gewahrt bleiben. Daß damit keine „Grenzüberschreitung"[205] hinein ins „Gehege"[206] der Medizin begangen, kein medico-legaler „Grenzfrevel"[207] verübt wird, muß im Nachvollzug der einzelnen Elemente dieser Untersuchung deutlich werden.[208]

---

[204] *Mende*, S. 490f. (§ 6); es geht um die „medizinischen Kenntnisse (...), welche die (...) Rechtsgelehrten für ihre Zwecke nöthig haben", so *Mende* in der Vorrede, S. IIIf.; „die medizinischen Kenntnisse" sind „auf die (...) aufgefundenen Thatsachen anzuwenden" und diese „darnach so zu beurtheilen, als der Zweck des Rechts es fordert" (S. 490; § 4 a.E.).

[205] „Grenzüberschreitungen" ist der Titel der Festschrift für *Albin Eser* zum 60. Geburtstag, hrsg. v. *J. Arnold u. a.*, 1995; im Vorwort heißt es (S. V): „Mit dem Leitmotiv des Geburtstagskolloquiums - ‚Grenzüberschreitungen' - soll daran angeknüpft werden, daß es dem Jubilar ein ständiges Anliegen war und ist, zwischem dem (...) Strafrecht und benachbarten wissenschaftlichen Disziplinen Brücken zu schlagen." Den Titel „Grenzüberschreitungen" trägt auch ein umfangreicher Aufsatzband von *Müller-Dietz*, in dem „Beiträge zur Beziehung zwischen Literatur und Recht" versammelt sind, 1990; zum interdisziplinären Impetus des Titels s. das Vorwort, S. 9: „Der Titel markiert (...), Grenzüberschreitungen' in einem doppelten Sinne: Er deutet nicht nur an, daß der Jurist nicht allein den sicheren oder gewohnten Boden rechtlicher Normen, Maßstäbe und Denkweisen verläßt, um sich in die unübersehbare, ungesicherte Fremde dichterischer Imagination, Phantasie und Inspiration zu begeben (wenn nicht gar dort zu verlieren). Der Titel verweist auch auf die Erfahrung, die der Versuch mit sich bringen kann, Grenzüberschreitungen sprachlich Gestalt zu geben." Auf die Identität des Titels mit der Arbeit *Müller-Dietzens* wird in der Festschrift für *Eser* hingewiesen (vgl. S. V Anm. 1).

[206] *Kelsen*, Reine Rechtslehre, 1. Aufl., S. 1f.: „In völlig kritikloser Weise hat sich die Jurisprudenz mit Psychologie und Biologie, mit Ethik und Theologie vermengt. Es gibt heute beinahe keine Spezialwissenschaft mehr, in deren Gehege einzudringen der Rechtsgelehrte sich für unzuständig hielte." In der 2. Aufl. ist dieser Satz weggefallen; nunmehr heißt es (S. 1): „In völlig kritikloser Weise hat sich Jurisprudenz mit Psychologie und Soziologie, mit Ethik und politischer Theorie vermengt. Diese Vermengung mag sich daraus erklären, daß diese Wissenschaften sich auf Gegenstände beziehen, die zweifellos mit dem Recht in engem Zusammenhang stehen."

[207] Das Wort „Grenzfrevel" stammt von *Radbruch*; er bezeichnete damit die Bereitschaft, „auch interdisziplinären (...) Boden [zu] betreten" (so sein Schüler *Kaufmann*, Das Menschenbild im Recht, S. 415). Auf *Radbruchs* Wort vom „Grenzfrevel", das zunächst als Titel für eine Sammlung strafrechtshistorischer Arbeiten gedacht war, weist auch *E. Wolf* hin (S. 744): *Radbruch* erwog den Titel „Grenzfrevel", weil seine „‚eigentliche Liebe den Geistesgebieten jenseits der juristischen Grenzen gehört hatte'".- Das Wort „medico-legal" wird z. B. verwendet bei *Schlund*, JR 1996, S. 393 oder bei *Laufs/Laufs*, Beil. „50 Jahre NJW" zu NJW H. 40/1997, S. 54.

[208] Die besondere Bedeutung spezieller nicht-rechtswissenschaftlicher Erkenntnisse für das juristische Arbeiten (die über eine teleologisch korrekt vollzogene Integration spezifisch *rechts*wissenschaftliche Erkenntnisse werden können) ist auch aus anderen (dogmatischen) Rechtsgebieten bekannt. Man denke nur an das Wettbewerbsrecht (dazu prägnant: *Reuter*, NJW 1996, S. 2564; *Witt*, RabelsZ 1996, S. 611ff.), an das (evangelische) Kirchenrecht (*Heckel*, Zu Tradition und Fortschritt im Kirchenrecht, S. 493: „interdisziplinäre Kooperation") oder an das Verhältnis von Strafrecht und Kriminologie (*Jescheck*, Strafrecht und Kriminologie unter einem Dach, S. 7, weist darauf hin, daß der „spezifische Gewinn" der Kriminologie für das Strafrecht darin liege, „daß wir

III. Auf der Grenze von Grund- und Strafrechtslehre: Arzt(straf)recht als juristisch-interdisziplinäres Unternehmen

Das Thema impliziert eine „Aufforderung zum Kreuzen der Grenze(n)"[209], die disziplinär innerhalb der dogmatischen Rechtswissenschaft gezogen sind. Die „Schnittstellen"[210], die die - (arzt)strafrechtlich primär bedeutsamen §§ 212ff. StGB mit Art. 2 II 1 Var. 1 GG verbinden, liegen schon bei einem ersten - präzisierungsbedürftigen - Blick auf der Hand: Leben wird beendet, indem der Tod verursacht, indem getötet wird. Nicht zuletzt beim Todesbegriff drängt sich deshalb die „verstärkte Zusammenarbeit der juristischen Einzeldisziplinen"[211] und die Überwindung der „herkömmlichen juristischen Disziplingrenzen"[212] auf.[213] Von einem unteilbaren Gegenstand her denkend, der die juristischen Disziplingrenzen überlagert (dem Tod des Menschen), ist binnenjuristisch ein „integrativer"[214] Ansatz bzw. „(i)nterdisziplinäres Denken (...) besonders gefordert"[215].

---

durch den Beitrag der Kriminologie die Grundelemente unseres Fachs von der Wirklichkeit her neu zu erkennen zu vermögen"). Gleiches gilt für nichtdogmatische Arbeitsgebiete der Rechtswissenschaft. Nicht zuletzt in der Rechtsgeschichte ist es notwendig, „grenzüberschreitend mehrere Disziplinen" zusammenzufassen, um „die Verbindungen des Themas freizulegen" (*de Mortanges*, S. 13). Genauso ist es in der Kriminologie, „die im Schnittfeld verschiedener Disziplinen" operiert (*Kerner*, Kriminologie in Europa, S. 80; s. dazu auch G. *Kaiser*, Kriminologie, § 5 Rn. 16ff.). Grundsätzlich gilt: Jede „Anwendung" von Gesetzen impliziert die Bezugnahme auf den vom Normprogramm erfaßten Normbereich (der seinerseits typischerweise durch Wirklichkeitskonstruktionen der „lebensbereichs"-spezifischen Wissenschaft[en] geprägt sein wird); dazu *F. Müller*, Juristische Methodik, S. 183ff., 224ff, insb. S. 226: Die „Forderung interdisziplinärer Zusammenarbeit" ist mit Blick auf die „Struktur von Rechtsnorm und Normkonkretisierung (...) sachlich nur allzu gut begründet."

[209] *Luhmann/Schorr*, S. 7.
[210] *Ehlers*, MSchrKrim 1993, S. 200, spricht konkret von „Schnittstellen zum Strafrecht".
[211] *Taupitz*, Rezension: W. Höfling, Vertragsfreiheit, AcP 192 (1992), S. 348 - unabh. vom Arzt(straf)recht. *Laufs/Laufs*, Beil. „50 Jahre NJW" zu NJW H. 40/1997, S. 48: „Die modernen Rechtsfragen verlangen ein intensives Zusammenwirken von Fachvertretern der verschiedenen Disziplinen: des privaten und des öffentlichen Rechts wie des Strafrechts."
[212] *Plädoyer für ein „integratives Medizinrecht"*, zit. nach der Pressemitteilung über das von *A. Eser, H. Just* und *H.-G. Koch* veranstaltete international-inter-disziplinäre Kolloquium „Perspektiven des Medizinrechts", Schloß Ringsberg, 3.-5. 7. 1996, MedR 1996, S. 403. Dazu auch der Bericht von *S. Mutschler/A. Häusermann*, Eigenständiges Medizinrecht gefordert, FAZ v. 31.7.1996, Wissenschaftsbeilage S. N 2.
[213] „Sterben und Tod, traditionell Themen der Medizin, Theologie und Philosophie, sind heute angemessen nur multi- und interdisziplinär behandelbar" (*Gerlach/Beckmann*, S. III).
[214] *Plädoyer für ein „integratives Medizinrecht"*. Es scheint indes fraglich, ob es möglich ist, das Medizinrecht als eine Art „überdisziplinäre Superdisziplin" (Formulierung bei *Dubiel*, S. 208) zu etablieren; zu stark ist das geltende Recht und der Zugriff auf einzelne Rechtsprobleme von den jeweiligen bereichsdogmatischen Unterscheidun-

F. Eine Untersuchung auf der Grenze

Eingedenk des Umstands, daß im „Arztrecht (...) öffentliches Recht und Strafrecht gleichberechtigt nebeneinander (stehen)"[216], ist diese „gesamtheitliche" Betrachtungsweise beim Thema „Tod" um so „dringend[er] geboten"[217], je mehr sich die Vermutung bestätigt, daß strafgesetzlicher Lebensschutz und grundrechtliche Schutzverpflichtung teleologisch miteinander verkoppelt sind. Den Modus der Verkopplung, das innere System der teleologischen Verbundenheit von Lebensgrundrecht und strafgesetzlichen Tötungsdelikten sichtbar zu machen und auf diese Weise den Blick für den integrativ-öffentlichrechtlichen Charakter des Themas freizulegen, ist Aufgabe der Untersuchung im einzelnen. Der gewissermaßen urmenschliche Grenzcharakter des Themas „(Hirn-)Tod" - der „Mensch ist in einem unvergleichlichen Sinne ein Wesen der Grenze" -[218] erzwingt gleichsam die dogmatische Bearbeitung auf der Grenze. Sie muß sich insofern als rechtsnormativ

---

gen geprägt. Soll ein integratives Medizinrecht mehr sein als eine quasi-kompilatorische, innerlich unverbundene Ansammlung der binnenjuristischen Sichtweisen, die für die (äußerlich-rechtssystematisch betrachtet) „Querschnittsmaterie" namens Medizin- oder Arztrecht typisch sind, dann muß man sich auf die Suche nach teleologischen Zusammenhängen machen, die die normativen Vorgaben der einzelnen Rechtsgebiete verbinden. Für das Problem des (strafrechtlichen) Todesbegriffs wird dies in dieser Untersuchung - mit Blick auf die „Verzahnung der (...) strafrechtlichen Rechtsordnung mit dem Verfassungsrecht" (*F. Müller*, Juristische Methodik, S. 45), genauer: dem Lebensgrundrecht - versucht. Exemplarisch zum integrativen Vorgehen im strafrechtswissenschaftlichen Bereich: *Fijnaut*, S. 80ff., *Baratta*, Strafrechtsdogmatik und Kriminologie, ZStW 92 (1980), S. 107ff.

[215] *E. Bernat*, Rezension: A. Laufs, Fortpflanzungsmedizin und Arztrecht, Zeitschrift für Rechtsvergleichung, Internationales Privatrecht und Europarecht (ZfRV) 1994, S. 43. Als Beispiel für interdisziplinäres Denken wird das Medizinrecht auch bei *Schmidt-Aßmann*, Zur Situation der rechtswissenschaftlichen Forschung, JZ 1995, S. 9, genannt; dort auch (z. T. krit.) Anmerkungen zu Fragen der Inter-, Intra-, Multi- und Transdisziplinarität, S. 7ff. Ausf. auch *Mittelstraß*, S. 60ff. (67ff., 72ff., 78ff.); *Dubiel*, S. 137ff., 204ff. S. auch *Schurz*, S. 1080ff.

[216] *Deutsch*, Einführung in die Thematik, S. 1. S. auch *Laufs*, Der ärztliche Heilauftrag aus juristischer Sicht, S. 24: „Die Hauptfragen, die der ärztliche Dienst aufwirft, erfahren ihre Antwort nach den Rechtssätzen des Grundgesetzes, des Bürgerlichen Gesetzbuchs und des Strafgesetzbuchs." *Laufs/Laufs*, Beil. „50 Jahre NJW" zu NJW H. 40/1997, S. 48, weisen darauf hin, daß das Medizinrecht lange „seinen Schwerpunkt im Strafrecht" hatte, in „jüngster Zeit" sei das Zivilrecht „in den Vordergrund gerückt": „Hinzu kam das Verfassungsrecht, dessen Maximen alle Felder durchdringen."

[217] *E. Bernat*, Rezension: A. Laufs, Fortpflanzungsmedizin und Arztrecht, Zeitschrift für Rechtsvergleichung, Internationales Privatrecht und Europarecht (ZfRV) 1994, S. 43 (für beide Zitate). S. auch den Hinw. *dess.* auf die „interdisziplinäre Aufgabenstellung, mit der jedermann konfrontiert ist, der bioethischen Problemen" nachgehe; sie mache es notwendig, u. a. „auch philosophisch-ethische (...) Arbeiten" zu berücksichtigen, „soweit sie einen zumindest mittelbaren Wert für die rechtswissenschaftliche (...) Diskussion besitzen" (Vorwort, S. 3).

[218] *Jüngel*, Lob der Grenze, S. 30. Ebenso *Fries*, Sp. 569: „Der Mensch ist ein Wesen der Grenze." „Die extremste Form der Erfahrung der Grenze ist Sterben und Tod."

"fruchtbare(r) Ort der Erkenntnis"[219] erweisen, als sie die Rekonstruktion der Teleologik des Themas - ihre öffentlichrechtliche Einheit - nicht verunmöglicht.

IV. Interpretatorische Grenzverschiebungen als Normalfall juristischer Textbearbeitung

Die Bedeutungsgrenzen juristisch verwalteter Lesarten gesetzlicher Normtexte ändern sich unentwegt: Die Grenzen der „juridische(n) Sphäre (...) (sind) nie sicher."[220] Wenn Grenzen normativen Sinns aktiv bestimmt werden müssen,[221] dann gilt dies auch für das Tatbestandsmerkmal „töten" und das grundrechtliche Schutzbereichsmerkmal „Leben". Recht ist hier sprichwörtlich „Grenz-Recht"[222]. Aus der „Schwierigkeit der Grenzziehung"[223] - „für (...) Juristen sozusagen der Alltag"[224] - darf nie auf die Unmöglichkeit der Grenzziehung geschlossen werden;[225] denn die Grenze einer interpretatorisch gewonnenen Lesart stellt sich nicht von selbst ein: Immer wird sie hergestellt, mag dies auch nicht durchweg reflexiv bewußt sein. Jurist(inn)en müssen daher auch „die rechtlichen Grenzen der Medizin" - und zwar aktiv - „aufzuweisen" suchen.[226]

Daß eine (angeblich) „herrschende Meinung", wie jene das Hirntodkonzept tragende Auffassung, mit einer innovativen (vermeintlichen) „Mindermeinung"[227]

---

[219] *Tillich*, S. 13: „Die Grenze ist der eigentlich fruchtbare Ort der Erkenntnis."

[220] *Derrida*, S. 57; s. dazu auch *F. Müller*, Juristische Methodik, S. 287ff. Bildlich gesprochen geht es dabei darum, „das Recht *hinter* den Gesetzen" zu suchen, so *M. Winkler*, JuS 1995, S. 1061 a.E. - Hervorhebung im Original.

[221] Bei der Konkretisierung gesetzlicher Vorgaben werden bestimmte „Begrenzungen (...) durch Rechtswissenschaftler (eingebaut)" (so *Roßnagel*, Das Recht zur Umweltverschmutzung, S. 575). S. zur Erforderlichkeit der aktiven Bestimmung von Normgrenzen auch *Kerner/Rixen*, GA 1996, S. 362f.

[222] *Fromme*, DRiZ 1996, S. 110, der vom „Grenz-Recht" des Bundesverfassungsgerichts spricht.

[223] *Hassemer*, Sitzen die Richter auf ihrer Insel und betrachten das Festland?, S. 6.

[224] *Eser*, Diskussionsbemerkung, S. 203: Die „Schwierigkeit einer Grenzziehung (...) ist für uns Juristen sozusagen der Alltag; denn sobald man differenziert, sind Grenzen zu ziehen." S. auch *Franz*, S. 297: „das schwierigste rechtliche Problem" ist „das der Grenzziehung".

[225] *C. Schmitt*, Freiheitsrechte und institutionelle Garantien, S. 147, mit Warnung vor dem „‚Grenzenlosigkeitsschluß'". *C. Schmitt* insoweit folgend *Isensee*, Das Grundrecht als Abwehrrecht und als staatliche Schutzpflicht, § 111 Rn. 53. Ähnl. auch *Graf Vitzthum*, Gentechnik und Grundgesetz, S. 191: „Grundrechte und Rechtsstaatsprinzip fordern klare Entscheidungen: Grenzziehungsfragen können nicht unbegrenzt offengehalten werden."

[226] *Laufs*, Arztrecht und Grundgesetz, S. 146.

konkurriert, ist nichts Ungewöhnliches.[228] Vielmehr ist es ein Charakteristikum jeder Wissenschaft, auch der Rechtswissenschaft, „daß ihr das konventionell Selbstverständliche zum Problem wird"[229]. Die wissenschaftlich „reflektierte Neugierde"[230] kann in der Etablierung einer innovativen Gegenmeinung gipfeln. Lange Zeit unanfechtbar erscheinende Auslegungen können - bspw. durch anhaltende Kritik[231] - ins Wanken geraten, „klassische (...) Probleme" aufs neue „lebhaft umstritten" werden.[232] Herrschende Meinungen sind also in komplexen Prozessen des Meinungswandels änderbar,[233] sobald sie sich nicht mehr „qualitativ"[234] auszuweisen vermögen und folglich als „fehlerhafte Auseinandersetzung mit der geltenden Rechtsordnung"[235] erscheinen müssen.[236] Die durch eine sogenannte „herrschende Meinung" markierten Auslegungsgrenzen sind dann neu zu ziehen, und

---

[227] Dazu *Victor*, JZ 1995, S. 292: „Im Ausdruck ‚Mindermeinung' schwingt etwas Abwertendes mit, das die Minderheitsmeinung nicht verdient. Dies um so weniger, als sogenannte ‚Mindermeinungen' nicht selten die besseren Gründe auf ihrer Seite haben."

[228] „Lehrmeinungen können eine ‚herrschende Ansicht' herstellen und dadurch starke Suggestionen ausüben" (*C. Schmitt*, Grundrechte und Grundpflichten, S. 229 a.E.).

[229] *M. Weber*, Der Sinn der „Wertfreiheit, S. 191 - ausdrücklich zur „spezifische(n) Funktion der Wissenschaft". S. auch *F. Müller*, Juristische Methodik, S. 121: „Wissenschaft hört auf, Wissenschaft zu sein, wo sie die Fähigkeit verliert, ihre Arbeitsweisen und Arbeitsinhalte selber in Frage zu stellen und dieses Infragestellen durch die Transparenz ihrer Argumentation und Darstellung methodisch wie sachlich zu ermöglichen."

[230] *Blumenberg*, Der Prozeß der theoretischen Neugierde, S. 15.

[231] Man denke z. B. nur an *Spendels* anhaltende Kritik der BGH-Judikatur zur Rechtsbeugung, bspw. *Spendel*, Rechtsbeugung und BGH, NJW 1996, S. 809ff. S. nunmehr BGH, NJW 1996, S. 857; dazu *Gritschneder*, NJW 1996, S. 1241: „Der entscheidende, jedenfalls mitentscheidende Grund für die vorliegende BGH-Entscheidung ist aber wohl die jahrzehntelang promulgierte Kritik des Würzburger Strafrechtsprofessors *Günter Spendel*."

[232] *Hillenkamp*, 32 Probleme aus dem Strafrecht Allgemeiner Teil, S. V. *Ders.*, 30 Probleme aus dem Strafrecht Allgemeiner Teil, S. V, mit dem Hinweis, daß einzelne Probleme „um neu in die Diskussion eingebrachte Argumente sowie um neue Sichtweisen ergänzt worden" seien.

[233] Grdl. *Drosdeck*, passim, speziell zur Etablierung innovativer Rechtsauffassungen, S. 124ff.

[234] *Kaufmann*, Grundprobleme der Rechtsphilosophie, S. 59: „Wenn die ‚herrschende Meinung' ein taugliches Argument sein soll, muß sie qualitativ ausgewiesen sein, und dazu gehört vor allem auch das Ernstnehmen der Minderheit, zumal möglicherweise diese im Recht ist. Aber für die (meisten) Gerichte ist die ‚H. M.' einfach ein Faktum, das sie der einschlägigen Literatur entnehmen. Wenn man sich als Wissenschaftstheoretiker vorstellt, eine solche Maxime - ‚Recht hat die herrschende Meinung' - würde universalisiert, dann könnten einem die Haare zu Berge stehen."

[235] *Englert*, S. 129 - ausdrücklich zur „hM".

[236] Dazu noch ausf. im 2. Kap., insb. Abschn. D. II. 4. und 7 sowie die Ausführungen im 4. Kap. a.E.

die „juridische Vernunft hat die Hindernisse wegzuräumen"[237], die eine als herrschend sich gerierende Lehre zwischen Gesetz und Recht gerückt hat.[238]

V. Auf der Grenze von Rechtsdogmatik und Rechtsmethodologie

Rechtsgewinnung - auch der juristische Umgang mit Leben und Tod - vollzieht sich nicht über inkommunikable Evidenzerlebnisse. Rechtsgewinnung gelingt als friedensstiftendes Unternehmen nur im Vollzug juridischer Rationalität. Das heißt: Jurisprudenz muß über das Medium der argumentierenden Sprache zu überzeugen suchen.[239] Dieses Schicksal teilt sie mit den Instanzen der institutionalisierten Recht-Sprechung. Relativ zum normativen Verständnisrahmen der geltenden Rechtsordnung sind daher auf jede juristisch sinnvoll aufwerfbare Frage in sprachlicher Form nachvollziehbare Antwort-Gründe anzugeben. Der Antwortversuch wird je mehr zu überzeugen vermögen, desto eher der Zuweg erkennbar wird, die Hinter-Gründe nicht im Dunkeln bleiben, die Gründe sich gegen Kritik nicht immunisieren. Für juristisches Argumentieren gilt somit in herausgehobener Weise: „Wenn sich eine Frage überhaupt stellen läßt, so *kann* sie auch beantwortet werden."[240] Das heißt auch: Sie kann, ja muß dergestalt beantwortet werden, daß die jeweilige Antwort die Praxisprobleme des Rechts adäquat lösen hilft. Dies gelingt nur, wenn man Frage und Antwort auf die Bedürfnisse, Möglichkeiten und Grenzen der konkret geltenden Rechtsordnung hin relationiert. Die (Straf-)Rechtsfrage lautet: Wann vollzieht sich - normativ betrachtet - der Statuswechsel vom Lebenden zum Toten, was kennzeichnet den Todesfall als Ende rechtlich geschützten menschlichen Lebens, was ist - in diesem Sinn - der Tod?

Die Suche nach der dogmatisch stimmigen Antwort droht zu mißlingen, wenn der Suchende sich in grundlagentheoretisch-rechtsmethodologischer Abstinenz übt. In Achtung vor der „Grenze des Methodisierbaren"[241] ist der Weg, der mit dem Ziel der Begründung eines neuen Auslegungsergebnisses abgeschritten wird, vielmehr rational zu strukturieren. Über „hinreichend kleine Denkschritte" wird so der Weg frei für die „kontrollierende Rückkoppelung" [242] durch Gerichte und

---

[237] *Feuerbach*, S. 290.

[238] Zu juristischen Irrlehren s. die Glosse von *K. Schmidt*, JZ 1992, S. 298f. Zur Differenz von Recht und Gesetz unter dem GG *Kaufmann*, Vierzig Jahre Rechtsentwicklung, S. 51ff.

[239] S. dazu das mit der Überschrift „Gerechtigkeit ist auch ein Sprachproblem" versehene ZRP-Gespräch mit dem ehemaligen BGH-Präsidenten *Odersky*, ZRP 1996, S. 457.

[240] *Wittgenstein*, S. 84 (6. 5) - Hervorhebung im Original.

[241] *Grondin*, S. 95.

[242] *F. Müller*, Juristische Methodik, S. 122.

Rechtswissenschaft. Auf methodologisch[243] spezifizierte Grundlagentheorie - verstanden als Möglichkeitsbedingung reflektierter Rechtserfindung (Rechtsfortbildung) -[244] kann deshalb nicht verzichtet werden. Dogmatik, die diesen Namen verdient, kann - wenn sie auf die Neujustierung dogmatischer Be- und Zugriffe aus ist - methodische Grund- und Grenzfragen nicht unverbunden neben eine vermeintlich selbstgenügsame Lehre vom geltenden Recht stellen. Anders ausgedrückt: Wer „nach Herzenslust (...) Dogmatik (...) üben"[245] will, muß zugleich den „kalten Lapidarstil"[246] methodologischer Selbstvergewisserung pflegen. Nur eine Straf- und Grundrechtslehre, die den Status methodologischer Bewußtlosigkeit hinter sich läßt, wird aus dem „dogmatischen Schlummer"[247] erwachen, in dessen Gefolge der hirntote Mensch der „Transformation ins Tote"[248] unterworfen wurde.

---

[243] Die Ausdrücke „methodologisch" bzw. „methodisch" werden synonym verwendet, soweit es ersichtlich um einen methodenbewußten, methodenreflektierenden Umgang mit dem Problem der Rechtsgewinnung geht: „Methodologie ist (...) die Wissenschaft von den Regeln wissenschaftlichen Arbeitens" (*E. von Savigny*, S. 11 a.E.).

[244] Die „Fortbildung des Rechts" (§ 132 IV GVG) ist in der Sache interpretatorisch (mehr oder weniger stark) vom Gesetz ausgehende Rechtserfindung: „Jede Interpretation ändert das Recht und ist damit eine Rechtsfortbildung im weiteren Sinne. Von diesem Begriff der Rechtsfortbildung im weiteren Sinne ist die Rechtsfortbildung im engeren Sinne zu unterscheiden. Sie findet statt, wenn nicht im Rahmen des Wortlauts einer Norm entschieden wird" (*Alexy*, Juristische Interpretation, S. 91). Dazu auch *Cornell*, S. 82, die als „die Form der Rechtsauslegung" „der Entdeckung" ausmacht. S. außerdem *Drosdeck*, S. 100 (mit dortiger Anm. 502): „Erfindung dogmatischer Theorien"; S. 102: „Es wurde bereits festgestellt, daß Dogmatik erfunden wird und dies der Anfang der Entstehung von hM ist." Dazu auch *Rehbinder*, Rechtssoziologie, S. 161: „Rechtsnormen sind (...) lediglich das Handwerkszeug, mit dem der Rechtsstab zu arbeiten hat, um die dem Recht gestellten Aufgaben zu erfüllen. Je kläglicher das Handwerkszeug, desto erfindungsreicher muß der Handwerker bei der Entwicklung neuer Kunstgriffe sein, desto mehr ist er gezwungen, ‚juristische Entdeckungen' zu machen." Dazu auch *Dölle*, B 1ff.

[245] *Engisch*, Der Arzt im Strafrecht, Monatsschrift für Kriminalbiologie und Strafrechtsreform 30 (1939), S. 429 a.E. Oder weniger feierlich formuliert: wer „unbekümmert dogmatisch weiterbasteln" möchte; diese Formulierung bei *Walter*, Die subjektive Struktur der Handlung und Strafrecht, KrimJ 1981, S. 209.

[246] *Radbruch*, Rechtsphilosophie, S. 202 (§ 14: Ästhetik des Rechts) - konkret zur Sprache des Rechts.

[247] *Kant*, Prolegomena zu einer jeden künftigen Metaphysik, die als Wissenschaft wird auftreten können, S. 118, S. 210.

[248] *Horkheimer/Adorno*, S. 266, in dem Abschnitt der „Aufzeichnungen und Entwürfe" über das „Interesse am Körper" (S. 263 - 268).

G. Gang der Untersuchung

Was für die Grenze allgemein gilt, gilt auch für die Grenze des (Hirn-)Todes: „An der Grenze scheiden sich die Geister. Und an ihrem Umgang mit Grenzen lassen sich die Geister unterscheiden."[249] Zur Unterscheidung der juristischen Geister soll der folgende Gedankengang beitragen.

Das 2. Kapitel der Untersuchung wendet sich der Frage zu: Welche Verkettung von Umständen hat dazu geführt, daß das Hirntodkonzept nicht nur dem Straf-, sondern auch dem Verfassungsrecht als Interpretament unterlegt wurde, nachdem doch „(j)ahrtausendelang (...) beim Todeszeitpunkt auf den Herz-Kreislauf-Tod abgestellt"[250] worden war? Die Geschichte der Rezeption des Hirntodkonzepts durch die Straf- und Grundrechtslehre ist zu rekonstruieren und kritisch zu würdigen; dabei wird heuristisch u. a. auf Überlegungen des Wissenssoziologen Ludwik Fleck zurückgegriffen.[251] Der Blick auf das Strafrecht ist unabdingbar, weil die Grundrechtslehre das Hirntodkonzept von dort übernommen und bis zum Beginn des gegenwärtigen Deutungskampfes auf eine genuin *grund*rechtliche Betrachtung des Hirntodkonzepts verzichtet hat. Die Analyse der Rezeptionsgeschichte soll vor allem auf rechtsgrundlagentheoretische, insbesondere methodologische Lakunen der Vergangenheit aufmerksam machen, die bei der - nunmehr *grund*rechtsgemäßen - Neudogmatisierung des Todesbegriffs zu vermeiden sein werden.

Das 3. Kapitel wird die grundrechtliche Kritik der Hirntodkonzeption nach dem Grade ihrer gegenwärtigen Systematisierbarkeit darstellen, außerdem die - wiederum „im Lichte" grundrechtlicher Wertungen zu entwickelnden - strafrechtlichen Konsequenzen der grundrechtlichen Kritik des Hirntodkonzepts aufzeigen. U. a. werden im 3. Kapitel grundlegende rechtserkenntnistheoretische Unterscheidungen eingeführt, die dazu beitragen sollen, das Problemfeld methodologisch reflektiert zu strukturieren. Die Anforderungen an die Bildung des grundrechtlichen Todesbegriffs sind also genauer zu betrachten. Außerdem ist das dogmatisch-interpretatorische Verhältnis von Lebensgrundrecht und Tötungstat-

---

[249] *Jüngel*, Lob der Grenze, S. 29.

[250] *Deutsch*, Biologische Grundlagen des Rechts, S. 93. So auch *Opderbekke/Weissauer*, S. 70: „Tod und Todeszeitpunkt (sind) seit Menschengedenken (...) mit dem Stillstand von Atmung und Kreislauf gleichgesetzt worden".

[251] Vor allem im 2. Kap., Abschn. D. II. 4. Als „Wissenssoziologe" (mithin als jemand, der die sozialen Bedingungen der Produktion maßgeblichen Wissens reflektiert und dabei erkenntnis- und wissenschaftstheoretische bzw. wissenschaftssoziologische Aspekte mitberücksichtigt) wird *Ludwik Fleck* (der Ausbildung nach Mediziner) von *Schäfer/Schnelle* bezeichnet (S. VIII), die auch darauf hinweisen, daß *Flecks* Werk, namentlich sein Hauptwerk aus dem Jahre 1935, „gegenwärtig so gut wie unbekannt" sei (S. VII). *Thomas S. Kuhn* (S. 8) weist darauf hin, daß er zufällig auf *Flecks* „fast unbekannte Monographie" aus dem Jahre 1935 gestoßen sei, „eine Arbeit, die viele meiner eigenen Gedanken vorwegnimmt."

G. Gang der Untersuchung

bestandsmerkmal zu bestimmen, mithin zu zeigen, in welcher Weise die Strafbestimmungen über die Tötungsdelikte „Widerspiegelungen des Rechts auf Leben"[252] sind. Schließlich ist zu fragen, welche Todeskriterien die lebensgrundrechtliche Grundierung des strafrechtlichen Todesbegriffs adäquat umsetzen, in welchen „Tatsachen" (§ 267 I 1 StPO) also der strafrechtlich gemeinte Tod - relativ zum grundrechtlichen Hintergrund - als „erweisbare(r)"[253] angemessen zum Ausdruck gelangt.

Mit einer Zusammenfassung und einem Ausblick beschließt das 4. Kapitel die Untersuchung.

Arbeiten, die sich der Thematik „grundrechtliche Kritik des Hirntodkonzepts" mit ausdrücklicher Zuspitzung auf den strafrechtlichen Todesbegriff und in der Absicht zuwenden, über eine Integration der grundrechtlichen und der strafrechtlich-tötungsdogmatischen Perspektive „den verfassungsrechtlichen Vorgaben"[254] gerecht zu werden, liegen bislang nicht vor.[255] Auch eine Studie, die den rezep-

---

[252] *Zippelius*, Eingriffe in das beginnende Leben als juristisches Problem, S. 57 - ausdrückl. zu den Strafbestimmungen über die Tötungsdelikte.

[253] *Hegel*, Grundlinien der Philosophie des Rechts, S. 375 (§ 222). S. auch *dens.*, Enzyklopädie der philosophischen Wissenschaften im Grundrisse: III. Teil, S. 327 (§ 531).

[254] *Heuermann*, Buchbesprechung: R. Kiesecker, Die Schwangerschaft einer Toten, MedR 1996, S. 340, bedauert - mit Blick auf Verhaltensempfehlungen für das künftige ärztliche Verhalten - den Verzicht auf die Aufbereitung der verfassungsrechtlichen Vorgaben der Problematik; gleiches muß für die in der rezensierten Arbeit erfolgte Darstellung des Hirntodkonzepts gelten, die die grundrechtliche Perspektive ausblendet und die sog. „herrschende Meinung" des Strafrechts, wonach ein hirntoter Mensch tot ist, ohne jede Problematisierung als zutreffend unterstellt (*Kiesecker*, S. 149). Das gilt auch für die Arbeit von *Klinge*, die zwar erkennt, daß der Todesbegriff (auch) ein Verfassungsproblem ist (S. 107ff., S. 119ff.), die indes andere methodologische Ausgangspunkte wählt und (auch) infolgedessen zu anderen dogmatischen Ergebnissen als die vorliegende Untersuchung gelangt (S. 148: „der Tod des Menschen [ist] mit dem Ganzhirntod [...] eingetreten"). Eine Diskussion der grundrechtlichen Argumente fehlt gänzlich in der Arbeit von *K. Müller*, S. 59ff.

[255] *Kloth*, S. 193ff., verzichtet (in seiner rechtsvergleichend angelegten) Arbeit auf eine genaue verfassungs-, d. h.: grundrechtliche Würdigung des Hirntod-Konzepts; ebensowenig ist die Integration der strafrechtlichen Perspektive Teil seines Erkenntnisinteresses. *Gescher*, S. 47ff., S. 110ff., setzt sich mit dem Hirntodkonzept nur angesichts der speziellen Problematik ihrer Untersuchung, die sich auf den Lebensbeginn konzentriert, auseinander; zudem gelangen ihre grundrechtlichen Betrachtungen (S. 96ff.) nicht zu den Argumenten, die im folgenden als grundrechtliche Kritik des Hirntodkonzepts vorzustellen sind. *Karl*, S. 30ff., S. 46, verzichtet (in seiner österreichischen Dissertation) auf eine grundgesetzliche Beleuchtung des Todesbegriffs in der deutschen Rechtsordnung. *A. Jung*, Die Zulässigkeit biomedizinischer Versuche, S. 60 - 78, legt - mit Blick auf die Rechtslage in Frankreich - eine knappe Kritik des Hirntodkonzepts vor, ohne sich indes zu einer definitiven Ablehnung des Konzepts durchringen zu können (S. 78); explizit grundrechtliche Argumente fehlen ebenso wie die Zuspitzung auf den strafrechtlichen Aspekt der Thematik. Auch erste publizierte Arbeiten des *Verf.* berühren - in vorläufiger Form - nur Teilaspekte des Themas, beziehen sich überdies zumeist auf das Transplantationsproblem und wählen vor allem nicht den dieser Untersuchung zu-

tionsgeschichtlichen Hintergrund des Themas genau aufbereitet und für die (methodologisch reflektierte) Neudogmatisierung des Problems fruchtbar macht, gibt es nicht. Das Thema „Hirntod" wird vornehmlich mit Blick auf die Transplantationsproblematik abgehandelt. Strafrechtliche Folgefragen werden dabei zwar immer wieder aufgeworfen, freilich nicht selten derart mit grundrechtlichen Aspekten vermengt, daß häufig nur große dogmatische Verwirrung übrig bleibt.[256] Sie führt um so deutlicher die Notwendigkeit einer systematisch korrekten Problembefassung vor Augen.

Der Blick auf die Transplantationsproblematik soll in dieser Untersuchung möglichst vermieden werden. Nur so kann man kognitiven Sperren vorbeugen, die der Organspendebezug des Themas „Hirntod" - als erklärliche Folge emotionaler Irritationen - auszulösen vermag.[257] Indes kann die Untersuchung nicht völlig aus dem Transplantationskontext herausgelöst werden. Dies verbieten dogmatische Gegenwartsprobleme und dogmen(zeit)geschichtliche Hintergründe.

Die Untersuchung konzentriert sich zunächst auf die Geschichte der Rezeption des Hirntodkonzepts, denn eine „unhistorische Betrachtungsweise steht immer in Gefahr, dem Status quo den Charakter ‚ewiger Wahrheiten' zu verleihen".[258]

---

grunde liegenden systematischen Zugang zum Thema. Auf diese kleineren Vorarbeiten des *Verf.* wird im Laufe der Untersuchung hingewiesen.

[256] S. fürs erste insoweit nur *Schreiber*, Bewertung des Hirntodes, S. 427, S. 429f.

[257] Hinweise zu diesem Problem bei *Höfling/Rixen*, S. IIIf.; s. dazu auch den Transplantationschirurgen *A. Haverich*: „Der Bundestag hätte die Diskussion um den Hirntod und um das Transplantationsgesetz trennen müssen. Beim Hirntod besteht gewiß noch Regelungsbedarf, es war aber falsch, ihn mit der Organentnahme zu verknüpfen" (in: Die Zeit, Nr. 18 v. 25.4.1997, S. 34).

[258] So in verallgemeinerbarer Weise treffend (konkret: aus theologie- bzw. kirchengeschichtlicher Perspektive) *Hoffmann*, S. 10. Vgl. auch *Menger*, S. 1 (Rn. 1 a.E.): „Den Verfasser (...) bewegt nicht in erster Linie, wie es gewesen ist, so sehr er sich um Objektivität bemüht, sondern, warum es so geworden ist. Denn die Gegenwart ist auch eine Frucht der Geschichte."

2. Kapitel

Die Rezeption des Hirntodkonzepts durch die Straf- und Grundrechtslehre

A. Die Rezeption des Hirntodkonzepts - Versuch einer Rekonstruktion

I. Die Rezeption des Hirntodkonzepts im Spiegel zweier Auslegungsgeschichten

Wer sich der Rezeptionsgeschichte des Hirntodkonzepts zuwendet, muß zunächst die Auslegungsgeschichte des Tatbestandsmerkmals „töten" nachzeichnen. Dieses Tatbestandsmerkmal ist - in sprachlichen Variationen - seit Inkrafttreten des StGB,[1] das bis heute hin fortgilt,[2] Ausgangspunkt für die interpretatorische Herausbildung des strafrechtlichen Todesbegriffs. Im Unterschied zu den Veränderungen, die die Normtexte der § 211ff. StGB seit 1871 etwa hinsicht-

---

[1] Der „Einzige Paragraph" des „Gesetz(es), betreffend die Redaktion des Strafgesetzbuchs für den Norddeutschen Bund als Strafgesetzbuch für das Deutsche Reich vom 15. Mai 1871" (Datum der Ausfertigung) lautet: „Das Strafgesetzbuch für den Norddeutschen Bund vom 31. Mai 1870 erhält unter der Bezeichnung ‚Strafgesetzbuch für das Deutsche Reich' vom 1. Januar 1872 an die beiliegende Fassung." Neufassung des StGB: RGBl. 1871, S. 128ff.; in Geltung gesetzt wurde das neugefaßte StGB durch Ausgabe des Reichs-Gesetzblatts No. 24 am 14. Juni 1871 (Verkündung), in Kraft getreten ist das neugefaßte StGB grds. am 1. Januar 1872, s. RGBl. 1871, S. 127 (schon vorher entfaltete das StGB Wirksamkeit in Elsaß-Lothringen [seit 1. Oktober 1871] und in Hessen südlich des Mains [1. Januar 1871], s. *Eb. Schmidt*, Einführung, S. 344 [§ 297]). Durch die Bundesverträge mit Baden, Hessen, Bayern und Württemberg vom 15., 23. und 25. November 1870 traten die süddeutschen Staaten dem 1867 gegründeten Norddeutschen Bund bei bzw. gründeten gemeinsam mit diesem - die Rechtslage ist nach wie vor streitig - das Deutsche Reich, s. *Höch*, S. 49 m. N.; zum Vorgang der Reichsgründung zusf. *E. R. Huber*, Deutsche Verfassungsgeschichte, S. 742ff.; *ders.*, Dokumente, S. 326ff. (insb. die Dokumente Nr. 219, Nr. 220 und Nr. 223). Zur Entstehung des StGB m. w. N. *Schubert*, GA 1982, S. 191ff.

[2] Unter den Voraussetzungen der Artt. 123 und 125 Nr. 1 GG ist das RStGB - als ein Gesetzeswerk, das zum „Grundstock des Reichsrechts" zählte (so - ohne Nennung des StGB - *Kirn*, in: von Münch [Hrsg.], GG-Komm., Bd. 3, Art. 125 Rn. 4) - formellgesetzlich gefaßtes Bundesrecht geworden; entsprechendes gilt für (bi-)zonales Recht (*Schulze*, in: Sachs [Hrsg.], GG, Komm., Art. 125 Rn. 6). Die nach 1949 erfolgten Bekanntmachungen von Neufassungen des StGB haben das Gesetzbuch (in seiner jeweils geltenden Fassung) im übrigen zu (nachkonstitutionellem) Bundesrecht gemacht; vgl. allg. BVerfGE 11, 126 (132).

lich der Tatmodalitäten oder der Rechtsfolgen erfahren haben,[3] ist die Umschreibung der tatbestandsgemäßen Handlung - das „Töten" - normtextlich unverändert geblieben.[4] Ungeachtet der „Irrwege aktionistischer Gesetzgebung"[5], die andere Bereiche des materiellen Strafrechts durchziehen, wäre Gegenteiliges auch ungewöhnlich, denn das Töten ist jene Verhaltensweise, die - unabhängig von den konkreten, in unterschiedlichen Bestimmungen ausdifferenzierten Tatmodalitäten - den Straftaten gegen das Leben als Deliktsspezifikum eigen ist. Insofern werden die Tötungsdelikte seit 1871 bis in die Gegenwart von

---

[3] Daß das RGStGB, abweichend von den gegenwärtigen - im geltenden Normtext beachteten - orthographischen Gepflogenheiten, von „tödtet" bzw. „Tödtung" spricht (§§ 211ff., RGBl. 1871, S. 127ff. [166f.]), darf als bloß redaktioneller Unterschied ohne sachliche Relevanz unbeachtet bleiben.

[4] Allgemeine Aussagen über die Entwicklung des Strafrechts sind immer präzisierungsbedürftig: Daß „die Geschichte des Strafrechts (...) die Geschichte seiner nie endenden Reform (ist)" (so *Eser*, Hundert Jahre, S. 132; ähnl. *Jescheck*, Die Bedeutung der Rechtsvergleichung, S. 133: „Die Strafrechtsreform ist so alt wie das Strafrecht selbst."), mag ebenso zutreffen wie die Feststellung: „Das zentrale Gebiet strafgesetzlicher Neuerungen ist der Besondere Teil (...)" (*Hassemer*, Kennzeichen und Krisen, ZRP 1992, S. 381). Offenbar kennt das StGB Inseln der Reformresistenz im Meer des Legeferierbaren, und der 16. BT-Abschnitt, „dieser exponierte Bereich des Besonderen Teils" (*H. J. Hirsch*, Bilanz der Strafrechtsreform, S. 155) gehört dazu. Man wende dagegen nicht ein, die „'legislatorische Funkstille'" (Formulierung bei *H. Jung*, Empfiehlt sich eine Ausgestaltung des strafrechtlichen Sanktionensystems?, S. 4) beim Tatbestandsmerkmal „töten" könne nicht wirklich verwundern, denn dieses Merkmal habe doch das Deliktsspezifikum in sich gespeichert; dessen „Reform" bedeute nichts anderes als eine Beseitigung der Tötungsdelikte. Ein solcher Einwand übersieht, daß der Gesetzgeber immerhin die Frage hätte prüfen können, ob der Modus der Todesfeststellung gesetzlicher Regelung bedürftig gewesen wäre (Forderungen dieser Art sind - bis in die jüngste Zeit - immer wieder erhoben worden, s. nur *Klinge*, S. 187ff.). *Insoweit* hätte also auch das Kernelement der Tötungsdelikte reformiert werden können. In der aktuellen StGB-Reformdebatte spielt dies (immer noch) keine Rolle, s. dazu nur die Kleine Anfrage der bündnisgrünen Bundestagsfraktion, BT-Drs. 13/4705 v. 21.5.1996 u. a. zur Reform der Tötungsdelikte, S. 4f. Beachte auch *Lenckner*, 40 Jahre Strafrechtsentwicklung, S. 327: „Daß (...) manche Reformforderungen unerledigt geblieben sind, etwa bei den Tötungsdelikten die Neubestimmung der Grenze von Mord und Totschlag und eine Regelung der Sterbehilfe, wird kaum überraschen. Aber die vordringlichsten Reformaufgaben waren dies nicht."

[5] Formulierung bei *Schroeder*, Irrwege aktionistischer Gesetzgebung, JZ 1995, S. 231ff.; Kritik am „eiligen Gesetzgeber" auch bei *Naucke*, Versuch, KritV 1986, S. 208. Zum „motorisierte(n) Gesetzgeber" schon *C. Schmitt*, Die Lage der europäischen Rechtswissenschaft, S. 404ff.; zum „motorisierte(n) Gesetzgebungsstaat" s. auch *H. Dreier*, Gesellschaft, Recht, Moral, S. 248. Für weite Bereiche des Strafrechts, auch des Strafprozeßrechts (dazu nur der Hinweis von BGH-Richter *Laufhütte* auf die „hastigen und nicht immer restlos durchdachten 'Reformen' auf dem Gebiet des Strafprozeßrechts", NJW 1996, S. 2637), wird man eine Äußerung von *Knobbe-Keuk*, Vorwort zur 9. Aufl., S. V, zur Entwicklung des Steuerrechts als zutreffend übernehmen können: „Der in reinen Aktionismus verfallene Steuergesetzgeber wird immer blindwütiger, ein Änderungsgesetz jagt und überschlägt das nächste, in der Sache nicht ausgereift, in der Technik nicht akzeptabel. Nicht kühne Striche, nicht in sich schlüssige Konzepte sind gefragt, der Gesetzgeber lebt von der Hand in den Mund."

A. Die Rezeption des Hirntodkonzepts - Versuch einer Rekonstruktion 57

„einem identischen Leitbild beherrscht"[6], in dem der „Unrechtstypus (...) ‚rechtswidrige Tötung eines Menschen'"[7] zum Ausdruck gelangt. Notwendige Folge des Leitbildes ist - als „tatbestandsbezogenes Verhalten"[8] - die „wirkliche Tötung eines Menschen"[9], genauer: „die die Tötung eines Menschen verwirklichende Handlung"[10].

Wenn man sich den Tatbestandsmerkmalen „tötet"[11], „Tötung"[12], „den Tod eines Menschen verursacht"[13] zuwendet und danach fragt, welche im ärztlich-medizinischen Kontext vollzogenen Verhaltensweisen einen Patienten - strafrechtlich zurechenbar -[14] als „Getöteten"[15] zurücklassen, dann wäre es verfehlt, in ontologisierende „Wortsemantik"[16] zu verfallen. Normen, auch strafgesetzlich geschützte Verhaltensnormen, lassen sich nicht über die Verknüpfung der -

---

[6] *Beling*, Die Lehre vom Tatbestand, S. 3 a.E.
[7] *Beling*, Die Lehre vom Tatbestand, S. 9.
[8] *Beling*, Die Lehre vom Tatbestand, S. 8.
[9] *Beling*, Die Lehre vom Tatbestand, S. 3 a.E.
[10] *Beling*, Die Lehre vom Tatbestand, S. 4 a.E. *Beling* unterscheidet (konkret: auf S. 4) den „gesetzliche(n) Tatbestand" als die „regulativ(e)" „begriffliche Vorstellung", das „Vorstellungsgebilde", das zwar „von realen Ereignissen (abgezogen)", aber „logisch (...) verselbständigt" ist, vom „Verwirklichtsein" des „sog. ʻobjektive(n) Tatbestand(s)'", der „Tatbestandsmäßigkeit der Handlung". S. dazu auch *Roxin*, StrafR-AT, § 10 Rn. 1: „Wie alle strafrechtlichen Grundbegriffe, schillert auch der von Beling eingeführte Begriff des ʻTatbestandes' in vielfältigen Bedeutungen." *Belings* spezifischer Tatbestandsbegriff erfaßt im systematischen Sinn alle „Merkmale, die ergeben, um welches Verbrechen es sich typisch handelt; also (...) für § 211 StGB die ʻTötung eines anderen Menschen' usw." (*Beling*, Die Lehre vom Verbrechen, S. 3). Im Folgenden ist grundsätzlich die Verwirklichung des objikven Tatbestands durch die tatbestandsmäßige Handlung der Tötungsdelikte - das durch weitere Modalitäten nicht qualifizierte Töten, das Herbeiführen des Todes - gemeint. Zum Tatbestandsbegriff mit einem Überblick über den systematischen, den kriminalpolitischen und den dogmatischen Tatbestandsbegriff statt aller: *Roxin*, StrafR-AT, § 10 Rn. 1 - 6.
[11] § 211 II a.E., § 212 I, § 217 I a.F., § 220a I Nr. 1 StGB.
[12] § 216 I (Tötung auf Verlangen), § 217 I a.F. (Kindstötung), § 222 (Fahrlässige Tötung) StGB.
[13] § 222 StGB; s. auch § 221 III StGB a.F.: „durch die Handlung der Tod verursacht worden".
[14] „Zurechnung (...) ist das Urteil, wodurch jemand als Urheber (...) einer Handlung, die alsdann Tat (...) heißt (...), angesehen wird (...)." Es geht um „eine beurteilende Zurechnung", die im Falle strafrechtlicher Zurechnung zur „imputatio iudiciaria" wird. *Kant*, Einleitung in die Metaphysik der Sitten, S. 334. S. dazu auch *Matt*, S. 206 u. ö.
[15] § 213, § 216 I StGB.
[16] Krit. *Busse*, S. 226, s. auch S. 162ff., S. 237: „Die spezifische Verkürzung der rein wortsemantischen Versuche innerhalb der juristischen Methodenlehre liegt darin, daß sie den genuinen Zusammenhang von *Sprache* und gesellschaftlicher *Praxis*, von *semantischem* und *praktischem* Wissen, von Sprachregeln und Handlungsmustern zerreißt (...)" (Hervorhebung im Original). S. 227: „Diese Ontologisierung, welche dem dynamischen Prozeß sprachlicher Verständigung immer wieder ein statisches Korsett einzuziehen versucht (...), scheint der heimliche gemeinsame Nenner fast all der Beiträge zur juristischen Methodenlehre zu sein, welche unter dem Titel der ‚Sprachorientierung' zusammengefaßt sind."

nur vordergründig monadenhaft nebeneinander stehenden - Einzelbedeutungen der im Gesetzestext verwendeten Ausdrücke herstellen. Jurisprudenz ist nicht „Buchstabenjurisprudenz"[17], die einem „Buchstabenkultus"[18] huldigt und „Buchstabenkunststücke"[19] vollbringt, um schlußendlich in „kümmerliche(r) Silbenstecherei" zu „verende(n)"[20]. Die rechtlich „richtige Auffassung des Sinnes toter Worte und Buchstaben"[21] ist den Schriftzeichen nicht immanent. Das Wort „töten" selbst konnte und kann nur deshalb dazu herhalten, den strafrechtlichen Todesbegriff als „Vorstellung dessen, was mehreren Objekten" - hier: den Bestimmungen der § 211ff. StGB - „gemein ist",[22] zu formulieren, weil es ein „dogmatischer Term"[23] ist, also ein Ausdruck, der erst auf dem Hintergrund bekannter oder stillschweigend vorausgesetzter dogmatischer Theorien und rechtstatsächlicher Annahmen Element der Herstellung jener Rechtssätze sein kann, zu deren Erzeugung die Normtexte der § 211ff. StGB bereit stehen: Rechtssätze konkret-strafrechtlich bewirkten Lebensschutzes. Sie können - wie alle Rechtssätze - nur erzeugt werden, wenn man - mit Karl Binding gesprochen - den „Rechtssatz als Teil (...) aus dem Ganzen" begreift, das Straf*recht* also nicht auf das Straf*gesetz* (genauer: dessen intuitiv erfaßten Wortsinn) reduziert, sondern - dies ist entscheidend - das konkret-strafrechtliche Bemühen, die Integrität erlöschenden menschlichen Lebens zu schützen, „aus seinem Zweck" zu verstehen sucht.[24]

Daß dieser Zweck - und damit die Bildung des zutreffenden strafrechtlichen Todesbegriffs - maßgeblich vom „programmierende(n) Impuls"[25] des Art. 2 II 1

---

[17] *Beling*, Die Lehre vom Tatbestand, S. 14.
[18] *Beling*, Die Lehre vom Tatbestand, S. 13.
[19] *C. Schmitt*, Verfassungslehre, S. 34 (mit Blick auf die Problematik der Interpretation sog. dilatorischer Formelkompromisse).
[20] *C. Schmitt*, Verfassungslehre, S. 35 (mit Blick auf die Problematik der Interpretation sog. dilatorischer Formelkompromisse).
[21] *Hegel*, Phänomenologie des Geistes, S. 410 (im Abschnitt C. [BB.] VI. B. II. a.: „Der Kampf der Aufklärung mit dem Aberglauben").
[22] *Kant*, Logik, S. 521 (§ 1).
[23] Formulierung bei *F. Müller*, Juristische Methodik, S. 230.
[24] Für beide Zitate: *Binding*, Handbuch des Strafrechts, S. 467.
[25] Formulierung bei *Blankenagel*, Die Verwaltung 26 (1993), S. 7, in Anlehnung an BVerfGE 7, 198 (205), wo von den grundrechtlichen „Richtlinien und Impulse(n)" die Rede ist, die „Gesetzgebung, Verwaltung und Rechtsprechung empfangen" und die auf das sog. einfache Recht (in der Lüth-Entscheidung konkret: das bürgerliche Recht) „einwirken" (BVerfGE 7, 198 [204]). Obwohl der Terminus „Ausstrahlungswirkung" in der Judikatur vorwiegend die Einwirkung der Grundrechte auf das Privatrecht umschreiben soll (dazu die Nachw. bei *Stern*, Idee und Elemente eines Systems, § 109 Rn. 58 Anm. 197), ist die Ausstrahlungswirkung in der Sache „nichts Privatrechtsspezifisches", so *Jarass*, Grundrechte als Wertentscheidungen, AöR 110 (1985), S. 378. Der Terminus „Ausstrahlungswirkung" bezeichnet eine der objektiv-rechtlichen Grundrechtsdimensionen, die darin besteht, „die Grundrechte als ranghöchste Inhaltsnormen der Rechtsordnung" (*Grimm*, Rückkehr zum liberalen Grundrechtsverständnis?, S. 230) bei der Norm(text)interpretation (also: der Gesetzesanwendung) zur Geltung zu bringen

A. Die Rezeption des Hirntodkonzepts - Versuch einer Rekonstruktion   59

Var. 1 GG abhängt, ist die dogmatische These, deren Begründung im 3. Kapitel erfolgen wird. Der Vorbereitung dieses Begründungsunternehmens dienlich ist die - im Blick auf das Ende menschlichen Lebens erfolgende - Rekonstruktion der Auslegungsgeschichte von Art. 2 II 1 Var. 1 GG (Leben). Seit 1949 ist die Garantie des Lebensgrundrechts normtextlich unverändert im Grundgesetz verortet.[26] Da der grundrechtliche Normtext - wie jede (verfassungs)gesetzliche Bestimmung - „in die Zeit hinein offen"[27] ist, ist er notwendig auch offen für interpretatorische Fortentwicklungen.[28] Dies ist ein Umstand, der Fragen impliziert: Wie hat die Grundrechtslehre bei ihrer Interpretationsarbeit darauf reagiert, daß der personelle Schutzbereich des Lebensgrundrechts zum Ende hin begrenzt ist - eben durch das Ende menschlichen Lebens, den Tod des konkreten Menschen, der gerade von Todes wegen der Schutzposition aus Art. 2 II Var. 1 GG verlustig geht? Läßt sich eine eigenständige grundrechtliche Debatte über den Todesbegriff im allgemeinen, das Hirntodkonzept im besonderen nachweisen? Oder könnte es sein, daß man bei dem Versuch, die grundrechtliche Diskussion des Hirntodkonzepts zu rekonstruieren, „auf eine Spur (stößt), die aus dem Verfassungsrecht (...) in das Gebiet der Strafrechtslehre (hinausführt)"[29], die Interpretationsbemühungen der Grundrechtslehre sich also nur als unselbständiger Annex der strafrechtlichen Debatte über den (Hirn-)Tod darstellen? Die Interpretationsarbeit der Grundrechtslehre ist bis in die Gegenwart hinein zu rekonstruieren; die inhaltliche Auseinandersetzung mit den im gegenwärtigen „Deutungskampf" vorgebrachten Argumenten, die sich selbst mit dem Prädikat „grundrechtlich" auszeichnen, bleibt der grundrechtlichen Kritik im 3. Kapitel vorbehalten.

Bereits am Ende des 1. Kapitels wurde darauf hingewiesen, daß ein Blick in die Geschichte thematisch sinnvoll ist. Welche Gründe im einzelnen vermögen die - auf den Todesbegriff abzielende - Rekonstruktion der Auslegungsgeschichte des Art. 2 II 1 Var. 1 GG und der §§ 211ff. StGB zu rechtfertigen? Die folgenden Anmerkungen (II., III.) versuchen, darauf eine Antwort zu geben.

(dazu zusf. *Stern*, Idee und Elemente eines Systems, § 109 Rn. 50ff., Rn. 56 - 58). I. e. dazu noch im 3. Kap., Abschn. E.
[26] BGBl. 1949, S. 1.
[27] *Bäumlin*, S. 15. Diese Formel wird aufgegriffen in BVerfGE 74, 244 (252).
[28] Zu diesem Problem, auf das im 3. Kap., Abschn. C. vertieft einzugehen sein wird, s. auch *Höfling/Rixen*, S. 78f. m. w. N.
[29] *Rixen*, Ist der Hirntote „tot"?, S. 43.

II. Zur Bedeutung geschichtlicher Betrachtung bei der Gewinnung geltenden Rechts

Der Todesbegriff ist - wie erwähnt - ein dogmatischer Term. Auslegungsgeschichte muß daher Dogmengeschichte sein, geht es doch um den Nachvollzug einer dogmatischen Problemlösungschronologie, hier: am Leitfaden im wesentlichen unverändert gebliebener Normtexte.[30] Mit einem Wort: Auslegungsgeschichte ist Dogmengeschichte, weil sich Auslegung, Interpretation, „Normkonkretisierung"[31] immer über das Eingebundensein in vorgreifliche Elemente dogmatischer Theorie vollzieht, die als Implikate des Normtextes sichtbar zu machen sind.[32] Nimmt man den Fortschritt der Medizin(technik) als Teil des Sachbereichs, der den vom Normprogramm angeleiteten Zuschnitt der normativ beachtlichen Wirklichkeit - den Normbereich - nicht unwesentlich beeinflußt,[33] ernst; nimmt man ihn also als Konstituens des rechtsdogmatischen Verständnishorizonts zur Kenntnis, dann wird Auslegungsgeschichte auch zur Dogmen*zeit*geschichte, und zwar insofern, als Dogmenzeitgeschichte des (Arzt-)Strafrechts gerade die Auswirkungen zu verstehen sucht, die die Etablierung neuer Medizintechniken auf die dogmatisch-interpretatorische, bei konkreten Normtexten ansetzende Fortentwicklung des (straf)rechtlichen Todesbegriffs zu zeitigen vermochte:[34] „Dogmengeschichte (...) zeigt das Werden und Vergehen der Lehrmeinungen auf dem geistigen Hintergrund ihrer Zeit (...)."[35]

Juristische (Dogmen-)Zeitgeschichte ist insofern *Zeit*geschichte, als sie „in besonders prägender Weise mit unserer" rechtlichen „Gegenwart zusammenhängt."[36] Sie will die „Gegenwart in Beziehung zur Vergangenheit (...) setzen

---

[30] *Röhl*, Allgemeine Rechtslehre, S. 632: „Die dogmengeschichtliche Auslegung sieht auf die Geschichte der Begriffe und ihren Bedeutungswandel." Zur Doppelbedeutung der Auslegungsgeschichte als „Begleitgeschichte" und als „Wirkungsgeschichte" *Gast*, Rn. 227 a.E. (S. 165).

[31] Zum hier gemeinten Begriff der „Normkonkretisierung" *F. Müller*, Juristische Methodik, S. 166ff.

[32] Vgl. *F. Müller*, Juristische Methodik, S. 228ff.

[33] Dazu erneut *F. Müller*, Juristische Methodik, S. 169f., S. 170f. und die Zitate im 1. Kap. Fn. 201.

[34] S. allg. *Laufs*, Rechtsentwicklungen in Deutschland, S. XII: „Rechtsordnungen haben eine Geschichte und sind selbst Geschichte. Die Rechtsnorm hat ihre Daseinswurzel immer in einer bestimmten geschichtlichen Situation. Die Rechtssätze und juristischen Sachverhalte, so neu und endgültig sie scheinen, fließen im Strom der Geschichte mit und sind verwoben in dessen zahllose Kausalreihen, die sich unablässig fortsetzen, miteinander verbinden, an ihren Schnittpunkten weitere Ursachenketten entlassen." *Gmür*, Rn. 7: „Es ist (...) unmöglich, die geltende Rechtsordnung zu verstehen und zu würdigen, wenn man nichts oder nur wenig vom früheren Recht und den Tatsachen weiß, die auf seine Fortentwicklung bis zum gegenwärtigen Recht eingewirkt haben."

[35] *Jescheck*, StrafR-AT, 1. Aufl., § 5 I 2a (S. 25); ders., StrafR-AT, 4. Aufl., § 6 I 3a (S. 38); ders./*Weigend*, StrafR-AT, 5. Aufl., § 6 I 3a (S. 43 a.E.).

[36] So der Historiker *Steinbach*, Zeitgeschichte, S. 134.

A. Die Rezeption des Hirntodkonzepts - Versuch einer Rekonstruktion

und auf diese Weise Anfänge von Entwicklungen in das Bewußtsein (...) heben, die wir zu vollenden haben"[37], bspw. indem wir eine Auslegungsgeschichte mit guten Gründen von nun *anders* weitererzählen. Der Seitenblick auf wesentliche medizin(zeit)geschichtliche Aspekte, die das Problem rechtstatsächlich grundieren, läßt sich infolgedessen nicht ganz vermeiden, ohne damit - natürlich - einer medizin(zeit)geschichtlichen Detailuntersuchung vorgreifen zu können. Die konkrete, medizinisch-ärztlich geprägte „Kommunikationsgeschichte der Gebrauchsweise eines Normtextes"[38] - hier: des strafgesetzlichen Tatbestandsmerkmals „töten" - läßt sich anders als durch die (zumindest ergänzende) Beachtung medizinischer Stellungnahmen gar nicht rekonstruieren. Das Gesetz wird von medizinischen Ereignissen begleitet, die ihm als interpretatorisch folgenreiche „Begleitgeschichte" sinn(mit)konstituierender Kontext sind.[39] Daher gilt: „Dogmatik (...) ist ohne historische Perspektive nicht denkbar. Jedes dogmatische Institut und jede Gesetzesauslegung nimmt das Moment des Geschichtlichen in sich auf."[40]

Den naheliegenden Vorwurf, „antiquarische Gegenwartsabgewandtheit" oder „anachronistische Aktualisierung" zu praktizieren,[41] kann (auch bescheidene) rechtsgeschichtliche Besinnung insbesondere dann zurückweisen, wenn es um Rechtsprobleme geht, die an die Interpretation von Gesetzen anknüpfen, die - normtextlich im wesentlichen unverändert - „durch die Zeit hindurch"[42] gelten und immer noch inhaltlich verwandt gebliebene Fragen aufwerfen. Das gilt besonders für die seit 1871 - im tatbestandlichen Kernelement des „tötens" unverändert gebliebenen - Bestimmungen der §§ 211f. StGB.[43] Die diachron „problemgebunden(e)"[44] Längsschnittperspektive führt hier zwangsläufig zum geltenden Recht, so daß der „eigentliche Themenzuschnitt (...) ein aus dem geltenden Recht entnommener"[45] ist. Die Befürchtung, rechtsgeschichtliche Betrachtung erliege unvermeidlich einem - die Praxisbedürfnisse des geltenden Rechts ignorierenden - „Bann des Historischen"[46] erweist sich - so betrachtet -

---

[37] *Steinbach*, Zeitgeschichte, S. 137.
[38] *Jeand'Heur*, S. 149. Darauf bezieht sich *Busse*, S. 221 Anm. 102 a.E.
[39] *Gast*, Rn. 227 a.E. (S. 165) und Rn. 232 (S. 169), dort auch jeweils der Begriff „Begleitgeschichte", s. dazu schon den Hinw. in Fn. 30.
[40] *Werle*, S. 65.
[41] *Klippel*, S. VI.
[42] *Rückert*, Juristische Zeitgeschichte, S. 33, der sich S. 27 und S. 33 auf das StGB bezieht und anmerkt, das im Falle eines solchen Gesetzes Rechts(-Zeit-)Geschichte und Lehre vom geltenden Recht ineinander übergehen können (vgl. S. 27).
[43] Hinweis auf das StGB auch bei *Schröder*, S. 38.
[44] *Rückert*, Juristische Zeitgeschichte, S. 33, der sich dort für einen „problemgebunden(e)", an „inhaltlichen Typisierungen durch die Zeit hindurch" orientierten Begriff von Juristischer Zeitgeschichte ausspricht.
[45] *Vormbaum*, S. 79.
[46] *Habermas*, Erkenntnis und Interesse, S. 321.

als unbegründet.⁴⁷ Rechtsgeschichtliche Betrachtung wird vielmehr zum genuinen Teil dogmatischer Rechtswissenschaft „vermittels eines Zeitbewußtseins, d. h. eines notwendig retro- und prospektivischen Bewußtseins vom geltenden Recht. Ohne ein solches Bewußtsein, das allerdings der philosophischen oder rechtstheoretischen Grundlage und Nahrung bedarf, bleibt Geschichte tot, die Erfassung der Gegenwart allerdings auch naiv."⁴⁸ Wenn sich der Kanon juristischen Pflichtwissens auf den Kernbereich des materiellen „Strafrechts (...) einschließlich der (...) geschichtlichen (...) Grundlagen" erstreckt (§ 5 II 2 DRiG), dann wird folglich nicht die Aneignung juristisch indifferenten Allgemeinwissens eingefordert, sondern die Ausprägung eines Geschichtssinns, ohne den jede Dogmatik an der Oberfläche ihres Problematisierungspotentials bleibt. Wer sich als Dogmatiker auf die „historische Tiefe"⁴⁹ des geltenden Rechts einläßt, läßt sich also - im Interesse der Gewinnung einer stimmigen Sicht vom geltenden Recht - auf eine „historische Heuristik"⁵⁰ ein. Sie will verstehen helfen, wie in „seinen Begriffen" - also auch dem (aus heutiger Sicht u. U. rechtsmethodisch unterkomplex entwickelten) Todesbegriff - „das Recht als Teil der kulturellen Verfaßtheit einer historischen Gesellschaft zum Ausdruck (kommt)"⁵¹, für die die Präsenz einer hochtechnisierten Intensiv- und Transplantationsmedizin in-

---

⁴⁷ Zum Problem des „Nutzens" der Rechtsgeschichte für die Rechtsdogmatik s. auch *Röhl*, Wozu Rechtsgeschichte?, Jura 1994, S. 177f.; *Grimm*, Rechtsgeschichte als Voraussetzung von Rechtsdogmatik und Rechtspolitik, ARSP-Beiheft 13, 1980, S. 17ff., der sich einerseits gegen die Funktionalisierung der Rechtsgeschichte im Dienste der Gegenwart wehrt (S. 22), andererseits aber klarstellt (S. 21): „eine Rechtsgeschichte, die an der Lösung von Rechtsproblemen der Gegenwart durch Erhellung ihrer Entstehung mitarbeitet, (muß) aufhören, sich überwiegend antiquarisch zu definieren. Das verlangt (...) die Bereitschaft, Themen und Fragestellungen vermehrt aus den Anwendungsschwierigkeiten des geltenden Rechts zu ziehen als bisher." Außerdem ist *Grimm* der Ansicht (S. 22), daß auf dem Hintergrund der allgemeinen (sozial)geschichtlichen Entwicklungen insbesondere die Wirkungsgeschichte von Rechtsnormen „zum wichtigsten Zweig der rechtsgeschichtlichen Arbeit aufsteigen" sollte.
⁴⁸ *Schwab*, S. 26. S. auch den Hinweis von *Hilgendorf* zu *Schwabs* Sammelband, der zeige, „wie aufschlußreich die rechtshistorische Perspektive gerade auch für die Rechtsphilosophie sein kann" (*Hilgendorf*, Literaturbericht: Neuere juristische Schriftensammlungen, ARSP 82 [1996], S. 441 sub 6. a.E.).
⁴⁹ *Kroeschell*, S. 10.
⁵⁰ *Moltmann*, S. 220 (Kap. IV, § 3).
⁵¹ *Fezer*, S. 705. S. auch *Röhl*, Allgemeine Rechtslehre, S. 632, zur Berücksichtigung des „historisch-sozialen Kontext(es)" der Gesetzesentstehung, die in der Sache der Beginn, zumindest eine nicht unmaßgebliche Bedingung der Auslegung(sgeschichte) ist. Auf die Bedeutung der Entstehungsgeschichte, auch der „reale(n) Vorgeschichte" weist *Gast*, Rn. 229, hin; gemeinsam dienen Auslegungs- und Entstehungsgeschichte (einschl. der realen Vorgeschichte) der „historische(n) Auslegung", vgl. *Gast*, Rn. 227, die man wiederum von der historischen bzw. genetischen oder entstehungsgeschitlichen Auslegung im engeren Sinne (die nach dem Willen des konkret-historischen Gesetzgebers fragt) unterscheiden kann, s. statt aller *Röhl*, Allgemeine Rechtslehre, S. 633; *Larenz/Canaris*, S. 149ff.

zwischen zur alltagsprägenden Selbstverständlichkeit geworden ist.[52] Kurz: Die Rekonstruktion der Auslegungsgeschichte dient dem besseren Verständnis des geltenden Rechts.[53] Wie aber läßt sich die Rekonstruktion der Rezeptionsgeschichte konkret bewerkstelligen?

III. Modus und Probleme der Rekonstruktion

1. Zum Begriff der „Rezeption"

Der Weg der Rekonstruktion muß sich an einigen Unterscheidungen orientieren. Zunächst meint „Rezeption" hier - selbstverständlich - nicht „die überwiegende Verdrängung des älteren deutschen Privatrechts durch die Herrschaft des justinianischen Rechts in (...) Rechtslehre, Gesetzgebung und Rechtsanwendung."[54] Ungeachtet des Umstands, daß der Terminus „Rezeption" in der deutschen Rechtsgeschichte vor allem die allmähliche Übernahme des römischen (Privat-)Rechts bezeichnet,[55] ist der Rezeptionsbegriff - innerhalb wie außerhalb der Rechtswissenschaft - weiter gefaßt.[56] Er beschränkt sich ebenfalls nicht auf die vollständige oder partielle Aufnahme oder Modifikation der einen Rechtsordnung durch eine andere.[57] „Rezeption" ist auch ein Ausdruck, der die (par-

---

[52] Erinnert sei erneut an die bereits im 1. Kap., Abschn. E. formulierte Selbstbescheidung: Es kann hier keine im Schnittfeld von Rechtsgeschichte, Rechtssoziologie und Kulturwissenschaften angesiedelte Untersuchung zur (möglichen) Wechselwirkung kulturell ventillierter Deutungen des Todes mit rechtlichen Reaktionen auf das Phänomen des Todes vorgelegt werden. Dies würde nicht zuletzt dem primär dogmatischen Interesse der Untersuchung widerstreiten.
[53] Beachte die Hinweise in Fn. 47; skeptisch zum rechtsgeschichtlichen „Dienst am geltenden Recht": *Ogorek*, S. 32; dort (S. 82f. Anm. 219) auch weitere Nachweise zur Entwicklung der Juristischen Gegenwarts- bzw. Zeitgeschichte. S. bei dieser Gelegenheit *Hegel*, Grundlinien der Philosophie des Rechts, S. 365 (§ 212), wonach „die positive Wissenschaft (...) die notwendige Pflicht hat, sowohl die historischen Fortgänge als die Anwendungen (...) der gegebenen Rechtsbestimmungen (...) aus ihren positiven Datis zu deduzieren und ihre Konsequenz zu zeigen (...)."
[54] *Wieacker*, 2. Aufl., S. 124 (§ 7 I 1).
[55] S. (auch zum Folgenden) etwa *Schanbacher*, Sp. 1004ff.; *Ramieri*, Sp. 1014ff.; *Kiefner*, Sp. 970ff.; *Stolleis*, Sp. 984ff.; *Wieacker*, 1. Aufl., S. 63 (§ 7 I 1): „Rezeption ('Aufnahme') ist ein Grundbegriff der Gesamtgeschichte: ein Fall jenes kulturgeschichtlichen Austausches, auf dem die Fortdauer der menschlichen Gesittung beruht." „Die Rezeption von Kulturelementen, die ein Volk nicht selbst geschaffen hat, ist nur eine der vielen Erscheinungsformen der beständigen Kulturübertragungen, auf der die Fortdauer der menschlichen Gesittung überhaupt beruht" (*Wieacker*, 2. Aufl., S. 125 [§ 7 I 1]).
[56] S. dazu etwa den knappen Überblick in der *Brockhaus-Enzyklopädie*, Bd. 18, S. 346 (Art. „Rezeption").
[57] Beachte exemplarisch das Phänomen der Rezeption des Rechts früherer Kolonialmächte durch afrikanische Rechtsordnungen, dazu *Bryde*, Zur Einführung: Afrikanische

tielle) Inkorporation nichtrechtlicher Normensysteme in das Normativsystem „Recht" beschreibt.[58] In der vorliegenden Untersuchung meint „Rezeption" die Übernahme eines bestimmten, intensivmedizinisch geprägten Todesverständnisses, das als Hirntodkonzept den Normtexten des Straf- und Verfassungsrechts interpretatorisch unterlegt wurde. Dabei ist allerdings zu bedenken, daß die dem Hirntod-Zustand (als Kriterium für den Tod des Menschen) zugrundeliegende Todeskonzeption - die Hirntodkonzeption - keineswegs in jedem Fall unter genauer oder ausführlicher Erläuterung der im 1. Kapitel vorgestellten Legitimationsansätze (Geistigkeitstheorie und biologisch-zerebrale Theorie) rezipiert wurde (bzw. wird). Die Reflexion auf die Wertungsgrundlagen, die begründen, wieso der Hirntod-Zustand der Tod des Menschen „ist" (es sein *soll*!), wird zwar immer wieder ausgespart, ändert aber nichts an dem Gesamteindruck, daß der Hirntod-Zustand als Zeichen (Kriterium) für den Tod des Menschen (Hirntodkriterium) typischerweise - ausdrücklich oder konkludent - unter Bejahung der Hirntod*konzeption* rezipiert wurde (und wird).

2. Rekonstruktion als theoriegeleitete Konstruktion

Weiter gilt: Rekonstruktion ist immer Konstruktion. Das heißt: Sie vollzieht sich nicht im deutungsfreien Raum. Der Blick auf die Vergangenheit ist kein Blick auf „erstarrte Katarakte toter Fakten"[59], denn „das Faktische (läßt sich) (...) gar nicht ohne Deutungen erkennen oder aussagen"[60] bzw. - was vorgängig bedeutsam ist - *sinn*voll ordnen. Historischer Befund ist daher - ganz wörtlich - Fest-Stellung, nicht bloße Deskription, vermeintlich wertfreie Anordnung stummer *bruta facta*[61]: „Ein unmittelbares Zugehen auf den historischen Gegenstand, das seinen Stellenwert objektiv ermittelte, kann es nicht geben."[62] Insofern ist theoriegeleitetes - das meint: an bestimmten Vorannahmen, Vermutungen bzw. Deutungsmöglichkeiten orientiertes - Herangehen an den historischen Gegenstand, genauer: dessen auch deutend-kreativ vollzogene Konstruktion unvermeidbar. Im gegebenen Zusammenhang läßt sich das Problem der unhintergehbaren Perspektivität historischer (Re-)Konstruktion bewältigen, wenn man das Quellenmaterial, vermittels dessen die juristische Rezeptionsgeschichte erkennbar werden soll, in aussagekräftiger Weise erschließt, es möglichst nicht-

---

Rechtssysteme, JuS 1982, insb. S. 10 - 12; *ders.*, Recht und Verwaltung nach der Unabhängigkeit, S. 36ff.
[58] Dazu etwa der Hinweis bei *Rehbinder*, Rechtssoziologie, S. 117 m. N.
[59] *Moltmann*, S. 245 (Kap. IV, § 6).
[60] *Moltmann*, S. 220 (Kap. IV, § 3).
[61] *Moltmann*, S. 220 (Kap IV, § 3), S. 246 (Kap. IV, § 6).
[62] *Gadamer*, Wahrheit und Methode, S. 332f.

A. Die Rezeption des Hirntodkonzepts - Versuch einer Rekonstruktion

suggestiv anordnet und sich darum bemüht, „jeglichen ‚spekulativen Überschuß' in der Interpretation der Befunde zu vermeiden."[63]

3. Zu den Modalitäten rechtswissenschaftlicher Meinungsbildung

Bevor man die Rekonstruktion ins Werk setzt, muß man sich vor Augen führen, wie Lesarten gesetzlicher Vorschriften typischerweise entstehen. Sie werden über erste Publikationen (oder Gerichtsentscheidungen) initiiert, sodann (mehr oder weniger intensiv) pro und contra diskutiert, schließlich - zuvörderst in Kommentaren - sozusagen auf den praxisbedeutsamen Punkt gebracht: die für die Rechtspraxis empfehlenswerte Lesart. Dabei schlägt sich die Entwicklung der Diskussion gerade in den Kommentaren nieder (wie überhaupt gedruckte Informationsträger - noch - im Vordergrund stehen).[64] Vor allem Kommentare spiegeln - als eine Art kollektives Gedächtnis der jeweiligen Rechtsmaterie - den common sense der thematisch betroffenen Disziplin wider,[65] sie informieren über das Ausmaß eventuellen Wettbewerbs zwischen unterschiedlichen Lesarten, sie legen einen zusammenfassenden Blick frei auf die Argumente oder Argumentlücken, über die man die Kommentar-Adressaten informiert oder aber - objektiv betrachtet - im Unklaren gelassen hat.[66] „Kommen-

---

[63] *Müller-Dietz*, Buchbesprechung: P. Schäffer, ZfStrVo 1996, S. 319 a.E.
[64] Zur Bedeutung der Kommentare als „Bildungsfaktor für hM": *Drosdeck*, S. 105.
[65] So schon *Rixen*, Ist der Hirntote „tot"?, S. 43; zum - hier heuristisch verwendeten - Begriff des „kollektiven Gedächtnisses" *M. Halbwachs*, Das kollektive Gedächtnis, 1967, S. 68 (zit. nach *Günther*, S. 1170): „Das kollektive Gedächtnis bildet sich in der internen Perspektive einer Gruppe, während der Historiker von einem externen Standpunkt aus das Vergangene einteilt. Es ist eine kontinuierliche Denkströmung - von einer Kontinuität, die nichts künstliches hat, da sie von der Vergangenheit nur das behält, was von ihr noch lebendig und fähig ist, im Bewußtsein der Gruppe, die es unterhält, fortzuleben." Kommentare komprimieren juristische Diskussionen auf die vorzugswürdige, maßgebliche Rechtsansicht und stellen damit fest, welche Position - unter Verabschiedung anderer Auffassungen - in der Gruppe der Rechtspflegenden fortan handlungsleitend sein soll.
[66] Welche (zuweilen fast schon „gesetzesvertretende") Bedeutung Kommentare haben (*Drosdeck*, S. 105, weist darauf hin, daß in der von Zeitknappheit geprägten Praxis „der Kommentar zum Entscheidungsprogramm" werde), illustrieren folgende Zitate: „Ich wüßte nicht, wie man ohne ihn bei der Lösung schwieriger Fragen auskommen sollte" (*H. W. Schmidt*, MDR H. 1/1993). „Bei einem strafrechtlichen Problem am Schönke/Schröder vorbeizugehen kommt schon fast einem juristischen Kunstfehler gleich" (*Arloth*, CuR H. 11/1992). „Jeder, der mit dem Strafrecht befaßt ist, braucht diesen Kommentar" (*Roxin*, Besprechung: Schönke/Schröder, NJW 1993, S. 312). „Der Schönke/Schröder ist durch die Neubearbeitung wieder zu einem unentbehrlichen Helfer bei der Bewältigung strafrechtlicher Fragen geworden" (*Kutzer*, Besprechung: Schönke/Schröder, NJW 1997, S. 2099). „Es hieße Eulen nach Athen tragen, wenn man den nachhaltigen Einfluß dieses Buches auf die Rechtsprechung näher belegen wollte. Der ‚Dreher' war in der Strafrechtspflege eine ‚Institution'" (*Lackner*, Nachruf auf Eduard Dreher, NJW 1997, S. 36). „(E)in hervorragendes Handwerkszeug (...), um aktuelle

tar(e) (...) altern (...)"[67]. Das heißt: Sie sind - wie aktualisiert-neuaufgelegte Lehrbücher auch -[68] besonders geeignete Hilfsmittel, wenn man die Interpretationsentwicklung im „historische(n) Längsschnitt"[69] - ebenso überschaubar wie repräsentativ - nachzuzeichnen gedenkt.

Für Kommentare gilt dies um so mehr, als ihnen „eine außerordentliche Bedeutung für die Meinungsbildung im deutschen Rechtsleben beigemessen (wird)."[70] Das gilt a fortiori für die sogenannten Standardkommentare: „Wenn dort bestimmte Veröffentlichungen nicht erwähnt werden, bleiben sie weiten Leserkreisen unbekannt. Insbesondere diejenigen Juristen, die praktisch tätig sind, (...) sind auf Literaturangaben in den Kommentaren angewiesen. (...) Wenn bestimmte Meinungen insbesondere in den Standardkommentaren nicht berücksichtigt werden, sind sie damit von einer weiteren Diskussion vor allem in der Rechtsprechung meist ausgeschlossen."[71] Das heißt auch: Der Kommentar ist kein „Reservat ‚absichtsloser' Meinungsbildung"[72], er ist eingebunden in die juristischen Sprachkämpfe, von denen zu Beginn dieser Untersuchung schon die Rede war (1. Kap. C.). Jeder Kommentar betreibt nolens volens „Meinungspolitik", bemüht sich also darum, die eigene, für überzeugend erachtete Lesart einer Gesetzesvorschrift, seine Sicht eines dogmatischen Problems als allein akzeptabel zu etablieren.[73] Realistisch betrachtet bedeutet dies auch: „Gerade die Kommentar-Literatur kann (...) kaschierten (...) Einfluß nehmen", zumal wenn die Kriterien „im dunkeln (bleiben)",[74] nach denen Publikationen (und damit: Argumente) berücksichtigt werden oder unbeachtet bleiben. Wer die Kommentare - auch die ähnlich charakterisierbaren Lehrbücher - befragt, muß also aufmerksam sein für das, was sie - indem sie es verschweigen - gleichwohl sagen, was also in der Abwesenheit des Nichterwähnens doch vorhanden ist - als Still-

---

Rechtsprobleme zu verstehen, zu lösen (...). Auf einen Nenner gebracht darf man sagen: der neue ‚*Dreher/Tröndle*' darf auf keinem Praktikerschreibtisch fehlen" (*Roxin*, Besprechung: Dreher/Tröndle, NJW 1996, S. 3332; ähnl. zur 47. Aufl. des „Dreher/Tröndle" *Müller-Dietz*, ZfStrVo 1997, S. 61).

[67] *Lemke*, Buchanzeige: K. Lackner, GA 1996, S. 179.
[68] Zur Bedeutung von Lehrbüchern vgl. heuristisch (weil primär die „sciences", nicht die „humanities" gemeint sind): *Kuhn*, S. 147ff. S. auch *Quensel*, KrimJ 1996, S. 142: „Lehrbücher sind ein Weg, (...) Theorien über die Köpfe der Leser in Dispositiven zu verankern (...)."
[69] Formulierung bei *Geilen*, Methodische Hinweise, S. 11 a.E. - mit Blick auf ältere Auflagen juristischer Werke. S. auch *Müller-Dietz*, Erfahrungen mit dem Strafvollzugsgesetz, S. 39: es sei eine „allgemeine Erfahrung", daß „der konkrete Gesetzesinhalt sich erst allmählich, im Laufe praktischer Rechtsanwendung herausschält."
[70] *Feest/Lesting*, S. 231.
[71] *R. Zimmermann*, Die Relevanz einer herrschenden Meinung, S. 63f.
[72] *Schnur*, S. 57.
[73] S. dazu *Drosdeck*, S. 18: „Dabei wird das Verständnis vorausgesetzt, daß ein juristischer Diskurs notwendig Meinungen hervorbringt und - resultierend aus dem Erfordernis zu entscheiden - Meinungen favorisiert."
[74] *Hassemer*, Rechtssystem und Kodifikation, S. 253 Anm. 13.

A. Die Rezeption des Hirntodkonzepts - Versuch einer Rekonstruktion   67

schweigend- oder Anderswo-Gesagtes. Manches kommt im „unendlichen Gewimmel der Kommentare"[75] eben nicht vor - und findet sich doch an anderer Stelle.[76] Der Blick in Kommentare und Lehrbücher bedarf also der Ergänzung durch den Blick in weitere thematisch beachtliche Publikationen, vor allem Zeitschriften- oder Festschrift-Beiträge, die sich dem Gegenstand z. T. vertiefter zuwenden als ein Kommentar oder ein Lehrbuch dies kann (oder will). Dabei ist nicht zuletzt dem Phänomen der „herrschenden Meinung" nachzuspüren, genauerhin: den Entstehungsbedingungen von „hM". Dabei ist durchweg zu fragen, „ob die argumentative Verkürzung durch Verwendung Autorität beanspruchender Meinungsstrukturen wie hM im juristischen Diskurs nicht Ergebnisse ermöglicht, die sich weniger durch sachliche Überzeugungskraft im Sinne einer rationalen Reflexion der zu dem durch die hM unterstellten Konsens führenden Argumente auszeichnen, als durch die Übernahme einer autoritär tradierten dogmatisch-präjudiziellen Entscheidungsmöglichkeit, die kreative, innovative ‚Mindermeinungen' ausblendet."[77] Man muß daher „auf dem Weg in die Vergangenheit" auch aufmerksam sein für Äußerungen rechtswissenschaftlicher „Einzelgänger (...), deren Stimmen gegenüber dem mehr und mehr anschwellenden Chor der ‚herrschenden Meinung' ungehört verhallt oder übertönt worden sind, so daß (...) weiterführende Denkansätze und Anregungen verschüttet blieben."[78] Denn: „Wie meistens, wenn es eine hM gibt, gibt es auch eine Gegenmeinung."[79]

---

[75] Formulierung bei *Foucault*, S. 18.
[76] Zu (praktischen) Problemen und (pragmatischen) Kriterien der Literatur- (und damit: der Argument-)Berücksichtigung: *Lackner*, Notizen eines „Kurzkommentators", S. 149, S. 151f.
[77] *Drosdeck*, S. 18. Abweichend von der Unterscheidung zwischen „herrschender Meinung" und „herrschender Lehre" (vgl. *Drosdeck*, S. 28) wird hier „herrschende Meinung" verstanden als die vorherrschende Lesart einer Gesetzesvorschrift, die mehrheitlich, überwiegend oder gar einhellig von der Lehre und der (höchstrichterlichen) Rechtsprechung vertretene Sicht auf ein dogmatisches Problem. Da sich die höchstrichterliche Rechtsprechung zum Hirntod als Todeskriterium - soweit ersichtlich - bislang noch nicht geäußert hat, sind in unserem thematischen Rahmen „herrschende Lehre" und „herrschende Meinung" synonym verwendbar. In diesem Sinne symbolisiert „hM (...) als Kürzel die Mehrzahl der Anhänger einer Auffassung" (*Drosdeck*, S. 99). Zweifel an der Rede von der „herrschenden Lehre", sofern „die in Deutschland gerne dafür gehaltenen Autoren der Standardlehrbücher und -kommentare" gemeint seien, äußert *Schünemann*, S. 73.
[78] Für beide Zitate: *Ossenbühl*, Verwaltungsvorschriften und Grundgesetz, S. 34.
[79] *Wesel*, S. 25.

4. Zur Verschränkung der juristischen Rezeption mit nichtrechtswissenschaftlichen Rezeptionsvorgängen

Ein weiteres Problem kommt hinzu. Da das Hirntodkonzept - wie wir sehen werden - eine medizinische „Entdeckung" ist, hat sich seine Rezeption in Deutschland auch und gerade über Äußerungen von Medizinern vollzogen. Ihre Befassung mit dem Thema läßt sich - wie oben schon bemerkt - als Teil der interpretatorisch bedeutsamen (von medizintechnischen Neuerungen geprägten) Begleitgeschichte der Gesetzesauslegung nicht hinwegdenken, ohne daß die interpretatorische Fortentwicklung des (straf)rechtlichen Todesbegriffs (hin zum Hirntodkonzept) entfiele. Die Mediziner wiederum partizipier(t)en an einem internationalen medizinischen Diskurs, der sich dem Thema „Hirntod" widmet(e). Nur im Recht, nicht aber in der Medizin vermag ein Breitengrad über die Beachtlichkeit wissenschaftlicher Meinungen zu entscheiden.[80] Als meinungsbündelnde und -bildende Katalysatoren der Rezeption besonders bedeutsam waren (und sind) in Deutschland Stellungnahmen von medizinischen Fachgesellschaften und des Wissenschaftlichen Beirats der Bundesärztekammer. Hinzu kommen Äußerungen einzelner wissenschaftlich tätiger Mediziner, die auf dem Gebiet des Hirntodes über spezielle Fachkenntnisse verfügen und folglich (nicht nur bei Juristen) als Autoritäten wahrgenommen werden bzw. sich selbst als Autoritäten auch für die (rechts)normative Dimension der Hirntod-Problematik verstehen.[81] Diese Stellungnahmen sind auf ihre Ähnlichkeit mit genuin juristischen Texten zu befragen - wiederum in der Absicht, das Verständnis vom Verhältnis des Rechts zur Medizin in der Todesfrage erkennbar zu machen, so wie es „die" Medizin (mehrheitlich oder zumindest „offiziell" einhellig) vertrat bzw. vertritt (näher dazu sogleich unter 5.). Als „rein" juristische Angelegenheit ist die Rezeption des Hirntodkonzepts also nicht rekonstruierbar.

Auch Aussagen namentlich von theologisch argumentierenden Medizinethikern, soweit sie die Rezeptionsgeschichte im Recht erkennbar mitgeprägt haben, sind zu berücksichtigen. Da im Bereich der juristischen Subdisziplin des Arzt(straf)rechts offenbar immer noch eine weitverbreitete (unbewußte) Bereitschaft zu registrieren ist, zentrale Fragen (etwa jene nach dem Tod) als „ethisch" zu kennzeichnen und infolgedessen der für die Allgemeinheit allein

---

[80] Dazu B. *Pascals* bekanntes Wort (1670): „Drei Breitengrade näher zum Pol stellen die ganze Rechtswissenschaft auf den Kopf, ein Längengrad entscheidet über die Wahrheit (...). Spaßhafte Gerechtigkeit, die ein Fluß begrenzt. Vérité au deçà Pyrénées, erreur au delà" *(B. Pascal,* Pensées, Ausg. E. Wasmuth, 8. Aufl. 1978, Fragment 294, zit. bei *Kaufmann,* Grundprobleme der Rechtsphilosophie, S. 63 mit Anm. 36).

[81] Zur Vernetzung unterschiedlicher Disziplinen in der Hirntodfrage s. - vorerst - nur folgende Bemerkung: „Im medizinischen, juristischen und theologischen Schrifttum hat sich die Auffassung durchgesetzt, daß der Tod des Gehirns dem Tod des Menschen gleichkommt (...)." So *Angstwurm/Kugler,* S. 297. Im einzelnen dazu 2. Kap., insb. D. II. 4.

A. Die Rezeption des Hirntodkonzepts - Versuch einer Rekonstruktion 69

maßgeblichen Definitionskompetenz des Rechts zu entziehen,[82] kann man auch an (meinungsstabilisierenden, repräsentativen) ethischen Stellungnahmen (gerade wenn sie von Juristen stützend herangezogen werden oder gar mitformuliert wurden) nicht vorbeigehen. Man muß also im Vollzug der Rekonstruktion auch den vielfältigen, für das Thema charakteristischen Vernetzungen zwischen rechtswissenschaftlicher und außerrechtswissenschaftlicher Beschäftigung mit dem Hirntodkonzept Beachtung schenken.

Max Weber - der Ausbildung nach Jurist - hat treffend erkannt, daß mancher Nicht-Jurist befähigt sei, „in den Grundanschauungen der üblichen Rechtslehre eine Problematik zu erkennen, die allen denjenigen entgeht, welchen jene allzu selbstverständlich sind."[83] Das gilt auch umgekehrt: Mancher Nicht-Jurist ist befähigt, beim Blick auf die Grundanschauungen der Rechtslehre eine Problematik zu *ver*kennen - und dies wird vonseiten der Jurisprudenz nicht immer erkannt.

5. Grenzen der Literaturanalyse

Gleichsam „vor die Klammer" aller anderen Vorüberlegungen muß man einen weiteren Aspekt ziehen. Es geht um das Problem der „literarische(n) Springflut"[84] im Gebiet der (rechts)wissenschaftlichen Diskussion der Todesfrage. Hier eröffnen sich zwei Auswege. Zum einen kann man den Weg des

---

[82] Zum Problem oben 1. Kap., Abschn. F. II. Natürlich können von theologisch-ethischen oder philosophisch-ethischen Überlegungen Nachdenk- oder Argumentationsimpulse ausgehen; dies steht außer Frage. Eine Unmittelbargeltung ethischer Positionen dieser oder jener Provenienz kann es in einem plural-säkularen Gemeingewesen gegebener Gestalt indes nicht geben; dazu pointiert *Graf Vitzthum*: „Will der Verfassungsrechtler weder zum Vollzugsorgan der Vatikanischen Glaubenskongregation noch zu dem einer Soziologenschule werden, muß er sich auf die rationalisierende, commonsense-stiftende Funktion der Staatsrechtsdogmatik besinnen" (Rechtspolitik als Verfassungsvollzug?, S. 62). Insoweit - um es zu betonen und Mißverständnissen vorzubeugen: *nur* insoweit - lassen sich *Hoersters* Bedenken nachvollziehen (Abtreibung im säkularen Staat, S. 9f.): „Moralische Grundfragen aber bleiben in unserer Gesellschaft gewöhnlich den Kirchen und ihren Theologen überlassen; deren Ergebnisse werden dann von den Politikern und Juristen - in leicht abgemilderter Form - übernommen. Daß auf diese Weise nicht selten religiöse Voraussetzungen ausgesprochen und unausgesprochen in die Rechtspolitik eingehen, kann nicht verwundern. Mit dieser Tatsache sollte man sich jedoch in einem säkularen Staat - insbesondere auf dem Gebiet des Strafrechts - nicht abfinden." Diese Äußerung ändert freilich nichts daran, daß *Hoersters* rechtsphilosophische Position zur Bedeutung des Hirntodes, wie wir noch sehen werden, nach geltendem (Verfassungs-)Recht nicht zu überzeugen vermag, *Hoerster*, Definition des Todes und Organtransplantation, S. 42ff.
[83] *Weber*, Der Sinn der „Wertfreiheit", S. 184.
[84] Formulierung bei *Jahn*, RTh 27 (1996), S. 66. Allg. zum Problem auch *Braun*, Dienerin des Zufalls?, S. 668: „Die Literaturflut ist im Laufe der Zeit so angeschwollen, daß man selbst auf seinem engeren Fachgebiet gelegentlich kaum die Titel der neu erschienenen Schriften zur Kenntnis nehmen kann."

„Vollständigkeitskult(s)"[85] wählen. Der jedoch verläuft in bedrohlicher Nachbarschaft zum Abgrund des „Vollständigkeitswahn(s)"[86]. Es liegt auf der Hand - dazu muß man nur die (juristischen) Bibliographien und Literaturübersichten zum Thema „Sterben und Tod" betrachten -,[87] daß man einen quantitativ verstandenen Vollständigkeitsanspruch verfehlen würde.[88] Denn worauf bezöge sich Vollständigkeit? Auf wirklich alles, was je - nur in unserem Rechtskreis - zum Thema vorgelegt wurde? Welche Publikationen rechtswissenschaftlicher, außerrechtswissenschaftlicher, „halbwissenschaftlicher" Art wären dann zu berücksichtigen? Wo läge die Grenze zwischen vollständig und nicht vollständig? Und selbst, wenn sie quantitativ erreichbar wäre: Würde pure Vollständigkeit die wissenschaftliche Qualität des Unternehmens notwendig befördern? Hieran zu zweifeln, erscheint nicht als vermessen.[89]

Die Grenze läßt sich, will man in der literarischen Springflut nicht versinken, nur qualitativ ziehen. Damit ist Zweierlei gemeint. Zum einen muß sich die Rekonstruktion darauf konzentrieren, gewissermaßen die gedanklichen Kraftlinien, die das Ganze durchziehen, repräsentativ erkennbar zu machen. Mit anderem

---

[85] Begriff bei *Geilen*, Methodische Hinweise, S. 9.
[86] Begriff in einem Brief des Arztstrafrechtlers *D. Sternberg-Lieben* vom 28.8.1996 an den Verf. (mit Warnung vor dem „Vollständigkeitswahn").
[87] *Eser*, Auswahlbibliographie, S. 413ff., 414ff., 421ff., 428 (zu allgemein-grundlegenden arzt[straf]rechtlichen Fragen, zur Organtransplantation und zur Sektion); *E. Bernat* (Hrsg,), Anfang und Ende des menschlichen Lebens, S. 187 - 202 (allein zum „Tod als Rechtsbegriff"); *Jähnke*, Kommentierung vor § 211, Abschn. A.: „Zu Leben und Tod", *Laufs*, Arztrecht, 5. Aufl., S. 130 - 135 (Literaturangaben zu Rechtsfragen der Sektion, der Transplantations- und der Intensivmedizin, wozu auch der „Hirntod" gezählt wird); *Eser*, in: Schönke/Schröder, 25. Aufl., vor 211ff. Rn. 13; *Interdisziplinäre nordrhein-westfälische Forschungsarbeitsgemeinschaft 'Sterben und Tod'*, 552 Seiten (mit thanatologischen Nachweisen für die Disziplinen Erziehungswissenschaft, Geschichte, Medizin, Pflegewissenschaft, Philosophie, Soziologie, Theologie, Volkskunde); in Vorbereitung ist eine gut doppelt so umfangreiche Forschungsbibliographie, die vorliegende Übersicht nur ein „Auszug" (so *Gerlach/Beckmann* im Vorwort, S. III); daß der Umgang mit den Grenzen der Literatur-Vollständigkeit ein brennendes wissenschaftspraktisches Problem ist, belegt eine kurze Anmerkung, die *Palzkill/Schreiner* an den Beginn ihrer thanatohistorischen Bibliographie (S. 76 - 156) stellen (S. 77 Anm. 2: „Keine Bibliographie ist vollständig."), um dann gleichwohl - der Vollständigkeit halber - eine Fülle nichtberücksichtigter Werke aufzulisten, die pro forma dann doch berücksichtigt sind (S. 76ff. Anm. 1ff.).
[88] Man fühlt sich an *Plessners*, S. XXIII a.E., lakonischen Satz erinnert: „Es wird in der Welt mehr gedacht, als man denkt."
[89] S. dazu etwa *Großfeld*, Computer und Recht, S. 55: „Jeder Doktorvater weiß, daß aus einer Dissertation oft nichts mehr wird, wenn der Doktorand erst einmal alles Material sammeln will. Er sieht sieht den Wald vor lauter Bäumen nicht mehr, verliert - schlimmer noch - den Mut, selber weiterzudenken: Es scheint alles vorweggenommen. Phantasie und selbständiges Denken - *die* Säulen der Jurisprudenz - gedeihen nicht in einem ganz umstellten Raum; sie bedürfen einer gewissen Naivität, vielleicht eines Informationsmangels - weil dieser Mangel die Kräfte herausfordert. Es kann daher schon Bekanntes herauskommen (...), nicht selten öffnen sich aber unerwartete neue Wege. Mit der Last der Information sinkt der Mut, neue Wege zu beschreiten."

Akzent formuliert: „Das Schwergewicht muß sich auf die große Linie (...) beschränken, um die Zusammenschau und die gesuchte Anknüpfung zum gegenwärtigen Meinungsstand zu finden und zu erhalten."[90] Zum anderen trägt die Absicht, den strafrechtlichen Todesbegriff in dieser Untersuchung rechtsmethodologisch reflektiert zu reformulieren, ebenfalls dazu bei, unter der Wucht der Publikationen die Orientierung nicht zu verlieren. In der vorliegenden Untersuchung geht es immer wieder um die Kardinalfrage, wie im Laufe der Rezeptionsgeschichte das Verhältnis von rechtlicher Normativität und medizinisch geprägter Faktizität angesichts des Todesbegriffs bestimmt wurde, mit anderen Worten: was das rechtsnormativ Erhebliche am Todesbegriff ist und wie man im Laufe der Auslegungs- bzw. Rezeptionsgeschichte dieses rechtsnormative Spezifikum mit einem vorrechtlich-„natürlichen" bzw. medizinisch-biologischen Verständnis von „(Hirn-)Tod" in Verbindung gebracht hat. Im Lichte dieses Erkenntnisinteresses lassen sich die Materialien, vermittels derer die Rezeption des Hirntodkonzepts und die Entwicklung des strafrechtlichen Todesbegriffs rekonstruiert werden soll, adäquater auswählen,[91] und die „wesentlich erscheinenden Linien und Verdichtungen"[92] lassen sich besser sichtbar machen. Auf zahlreiche wörtliche Zitate kann nicht verzichtet werden, weil nur so sich anschaulich vermitteln läßt, welche Argumente und Argumentlücken für die Rezeption des Hirntodkonzepts charakteristisch sind.

IV. Zum Gang von Rekonstruktion und Kritik

In Abschnitt B. I. ist zunächst die Rezeption des Hirntodkonzepts in der Strafrechtslehre, in Abschnitt B. II. sodann die Rezeption durch die Grundrechtslehre nachzuzeichnen. Abschnitt B. III. widmet sich der Rezeption des Hirntodkonzepts in einem Teil der deutschen Rechtsordnung, der gut 40 Jahre ein rechtsnormatives Eigenleben geführt hat: der Rezeption des Hirntodkonzepts in der DDR. Abschnitt B. IV. zeichnet - für Straf- und Grundrechtslehre gemeinsam - nach, wie das Hirntodkonzept in die Krise geraten, also problematisch geworden ist. Abschnitt C. wird die Darstellung der Rezeption des Hirntodkonzeptes über die Analyse aktueller nichtrechtswissenschaftlicher, insbesondere medizinischer und theolo-

---

[90] *Ossenbühl*, Verwaltungsvorschriften und Grundgesetz, S. 34, mit Blick auf das Problem, die Dogmengeschichte seines Gegenstands, „dessen literarische Behandlung schon vor fünfzig Jahren fast unübersehbar war", nachzuzeichnen.
[91] Dazu heuristisch *Gadamer*, Wahrheit und Methode, S. 334: „Gewiß ist es ein Sonderfall, wenn ein Historiker einen Gesetzestext betrachtet, der noch heute Geltung hat. Aber dieser Sonderfall macht uns deutlich, was unser Verhältnis zu jeglicher Überlieferung bestimmt. Der Historiker, der das Gesetz aus seiner historischen Ursprungssituation heraus verstehen will, kann von seiner rechtlichen Fortwirkung gar nicht absehen. Sie gibt ihm die Fragen, die er an die historische Überlieferung stellt, an die Hand."
[92] *Duchardt*, S. 10 a.E.; zu einem „strukturgeschichtlichen Ansatz", der das juridisch Typische einer Zeit aufzeigen will, dazu die Ausführungen bei *dems.*, S. 11.

gisch-ethischer Stellungnahmen beschließen. Abschnitt D. faßt Kennzeichen und Fragwürdigkeiten der Rezeptionsgeschichte zusammen.

B. Rezeption des Hirntodkonzepts in der Straf- und Grundrechtslehre

I. Die Rezeption des Hirntodkonzepts in der Strafrechtslehre

„Es gibt eine Geschichte für jede einzelne Norm (...)."[93] Die Geschichte der Gewinnung des - ausgehend von den einschlägigen Norm(text)en des StGB entwickelten - strafrechtlichen Todesbegriffs läßt sich in drei Phasen einteilen. Kennzeichnend für sie sind je unterschiedliche Grade der Problematisierung des rechtlichen Todesbegriffs bzw. des Hirntodkonzepts. Die Auslegungsgeschichte des Tatbestandsmerkmals „töten" - in sie ist die Rezeptionsgeschichte des Hirntodkonzepts eingebettet - soll über folgende Periodisierung begreifbar werden:[94]

Phase 1: Der unproblematische Tod (1871 bis zum Ende der 60er Jahre);

Phase 2: Der unproblematische Hirntod (Ende der 60er Jahre bis zum Beginn der 90er Jahre);

Phase 3: Der problematische Hirntod (seit den Ereignissen um das „Erlanger Baby").

Für die einzelnen Perioden ist „eine gemeinsame besondere Stimmung"[95] charakteristisch, d. h.: in jeder Phase gibt es ein typisches Verständnis vom Todesbegriff und von der Rolle des Rechts bei seiner Formulierung. Diese Stimmung soll für jede Periode jeweils als ganzes - in der Form eines repräsentativen Stimmungsbildes - erschlossen werden. Die zeitliche Periodisierung folgt einer idealtypischen Einteilung und ist damit zugleich „schon Entscheidung über die Interpretationsmöglichkeiten"[96]. Dies ist unvermeidlich, weil die Phasen realiter nicht reinlich getrennt, sondern in Übergängen aufeinanderfolgen, die, um sinnvoll geordnet wahrgenommen zu werden, der Abschichtung bedürfen über Orientierung schaffende Unterscheidungen, die an die gewissermaßen formlose Menge der (zeit)geschichtlichen Daten herangetragen werden. Dabei

---

[93] *Schmoeckel*, NJW 1996, S. 1704 - zum BGB.
[94] Vgl. allg. *Krämling*, Sp. 261: „Das Verfahren der Periodisierung dient (...) der Gliederung des historischen Stoffes nach bestimmten Zeiträumen, die sich vom Inhalt ihres Geschehens her nach Maßgabe ihrer Beziehung auf ein System von Kulturwerten oder der Prävalenz von Ideen zu einer individuellen Einheit zusammenfassen und so von vorausgehenden und nachfolgenden abheben lassen."
[95] *Fleck*, Entstehung, S. 140.
[96] So - ausdrückl. zum Periodisierungsproblem - *Naucke*, Hauptdaten der Preußischen Strafrechtsgeschichte, S. 237f. Zum Problem der Periodisierung auch *Eb. Schmidt*, Einführung, S. 17f. (§ 1).

B. Rezeption des Hirntodkonzepts in der Straf- und Grundrechtslehre 73

dürfen die Schwellen der jeweiligen Periode nicht unbeachtet bleiben: „Schwellen sind Stellen des Übergangs, an denen Unterschiedliches aufeinander trifft und miteinander verbunden wird. Wir finden sie in allen Bereichen des Lebens, immer dort, (...) wo Tendenzen und Bewegungen sich in Phasen stärkerer oder schwächerer Intensität aufgliedern lassen."[97] Ungleichzeitigkeiten des Wandels im Detail sind also immer mitzubedenken, wenn man die Haupttendenzen der Entwicklung zu eruieren sucht. Die Geschichte - auch die Geschichte der Rezeption des Hirntodkonzepts - läßt sich nicht immer gradlinig erzählen.

Zu beachten sind neben den strafrechtlichen Äußerungen im engeren Sinne auch arztrechtliche Stellungnahmen, soweit sie sich zum strafrechtlichen Todesbegriff äußern. Auch der Seitenblick auf die Diskussion über das Transplantationsgesetz ist angezeigt, weil das Transplantationsrecht arzt(straf)rechtliche Fragen aufwirft und folglich auch den strafrechtlichen Todesbegriff berührt. Während die Phasen 1 und 2 von ordnender Bedeutung primär für die Strafrechtsrezeption sind, ist Phase 3 von ordnender Bedeutung sowohl für die Straf- als auch für die Grundrechtslehre. Die Entwicklung hin zum „problematischen Hirntod" wird daher für beide juristischen Teildisziplinen gemeinsam dargestellt (B. IV.).

1. Der unproblematische Tod

Mit dem RStGB in der Fassung von 1871 beginnt eine Phase des unproblematischen, d. h.: des nichtproblematisierten Todes im Strafrecht. Das RStGB - vermittelt über die Vorgänger-Kodifikation „Strafgesetzbuch für den Norddeutschen Bund"[98] knüpft es inhaltlich vor allem an das „Strafgesetzbuch für die Preußischen Staaten"[99] von 1851 an -[100] überließ die Erläuterung dessen, was

---

[97] *Hof*, S. 1125. S. auch *Eb. Schmidt*, Einführung, S. 18: „Nun darf diese Zeiteinteilung nicht falsch verstanden werden. Nicht um scharf gegeneinander abgegrenzte Zeiträume handelt es sich. Geistig-kulturelle Strömungen verlaufen nicht so, daß die spätere die vorhergehende in jähem Bruch ablöst, die eine scharf an die andere ansetzt. Die Kontinuität im Geistig-Kulturellen ist größer, als man gemeinhin glaubt, und gerade im Bereich des Rechtlichen löst sich der Mensch nur schwer vom Herkömmlich-Gewohnten, da ihm das Normale nur zu leicht als das Normative erscheint. So darf es nicht wundernehmen, wenn die Epochen, die wir scheiden wollen, im Strome des Lebens langsam ineinander übergehen."
[98] §§ 211ff. StGB f. d. Norddt. Bund; dazu etwa die Kommentierung von *von Kirchmann*, S. 131ff.; *Oppenhoff*, Das Strafgesetzbuch für den Norddeutschen Bund, S. 364ff.; *Schwarze*, S. 238ff.; *Blum*, S. 272ff.; *Meyer*, StGB für den Norddeutschen Bund, S. 162ff.; außerdem *John*, S. 41ff., S. 428ff.; *Schubert*, Entwurf eines StGB für den Norddeutschen Bund, S. 51ff., S. 276ff.
[99] Tötungsdelikte: §§ 175ff. PrStGB. Dazu etwa *Hälschner*, S. 19ff., S. 64ff. S. ergänzend auch §§ 806ff., §§ 826ff. II. Teil, 20. Titel, 11. Abschn. PrALR.

den lebenden Menschen von der Leiche unterscheidet, - einer gängigen Übung entsprechend -[101] der Lehre. Sie hielt das Tatbestandsmerkmal „töten" (und damit die Bestimmung dessen, was der Tod des Menschen bedeutet) für nicht erläuterungsbedürftig[102] und konzentrierte sich auf andere Fragestellungen, etwa Kausalitätsprobleme.[103] Die Bedeutung des strafgesetzlich gemeinten „Todes" wird dabei ebenso vorausgesetzt wie jene des Tatobjektes „(lebender) Mensch", das man allenfalls von der ungeborenen Leibesfrucht unterscheidet, um den Anwendungsbereich der Bestimmungen über die Abtreibung zu bestimmen; ebenso wird mit Blick auf § 217 StGB klargestellt, daß das Kind schon während der Geburt „Mensch" sei.[104] Die Abgrenzungen des „Menschen" zur Leibesfrucht einerseits, der - oft nicht näher erläuterten -[105] „Leiche" vom verwesten Körper andererseits gehören gewissermaßen zum Standardrepertoire der Kommentarliteratur und kehren während der fast 100 Jahre der Phase des unproblematischen Todes in sprachlich unwesentlich variierter Form ständig wieder.[106]

---

[100] Vgl. *Blasius*, S. 223: „Die preußische Strafrechtsgeschichte des 19. Jahrhunderts (hat) (...) das Fundament für unser heutiges Strafrecht gelegt (...)." *Lenckner*, Strafgesetzgebung, S. 239: Das StGB ist „(s)einer Substanz nach (...) sogar noch wesentlich älter, denn bekanntlich führt vom StGB v. 1871 eine gerade Linie zurück zum Preußischen Strafgesetzbuch v. 1851 und - wenn auch mit gewissen Abstrichen - zu Feuerbachs bayrischem StGB v. 1813." S. auch *Pollmann*, S. 175ff.
[101] Die Nichterläuterung des Todesbegriffs hat Tradition, vgl. nur *Kröner*, z. B. S. 17 und S. 35: zur Vollendung der Tat, dem Todeseintritt, keine Angaben; ebenso *Hagemann*, ZRG Germ. Abt. 91 (1974), S. 8ff. - zur Tötung.
[102] *Rüdorff*, 1. Aufl., S. 343ff. (Tötungsdelikte); S. 301 (§ 168: Leiche); 2. Aufl., S. 411 (§ 168: Leiche), S. 494ff. (Tötungsdelikte); 4. Aufl., S. 390f. (§ 168: Leiche), S. 467ff. (Tötungsdelikte).
[103] *Oppenhoff*, Das StGB f. d. Dt. Reich, 3. Aufl., S. 351f. (zu § 211): „Tödten bezeichnet hier eine rechtswidrige Handlung, durch welche (gewollter Weise) der Tod eines Andern herbeigeführt wird, ohne Unterschied, ob diese Folge sofort und unmittelbar eingetreten ist, oder durch die That zunächst ein Krankheitszustand hervorgerufen ist, welcher demnächst die tödtliche Wirkung vermittelte." Im wesentlichen unverändert in den nachfolgenden Aufl., vgl. bspw. 11. Aufl., S. 404f.; S. 490ff.; 12. Aufl., S. 408ff., S. 497ff.; 14. Aufl., S. 417 Anm. 1 zu § 168 („'Leiche' ist die entseelte Hülle eines Menschen, solange der Zusammenhang zwischen den Theilen des Körpers nicht völlig gehoben ist."), S. 507ff., S. 522: „Als 'Mensch' gilt schon das Kind während der Geburt (...)." Zu einem Zurechnungproblem s. auch *Dalcke/Fuhrmann/Krug/Schäfer*, 32. Aufl., S. 206 Anm. 54a (zu „tötet"): „Vollendete Tötung (Mord) liegt vor, wenn der Täter die von ihm mit Tötungsvorsatz verletzte Person, die er für tot hält, ins Wasser wirft, und dadurch den Tod, der sonst nicht eingetreten wäre, herbeiführt." Abgrenzung zu § 217 auch bei *Heule/Schierlinger*, S. 257 Anm. 2 (zu § 211).
[104] *Oppenhoff*, Das StGB f. d. Dt. Reich, 3. Aufl., S. 352: „Gegenstand des Verbrechens kann nur ein 'Mensch' sein; eine ungeborene Leibesfrucht gehört nicht hierher; auf sie beziehen sich die §§ 218 - 220." Dazu auch *Heimberger*, S. 390ff., mit der Empfehlung, die Abgrenzungsprobleme hinsichtlich § 217 StGB de lege ferenda durch eine Legaldefinition zu lösen (S. 392): „Kind im Unterschied von der Leibesfrucht (ist) jenes menschliche Wesen, dessen Kopf bereits aus dem Mutterleib ausgetreten ist."
[105] S. etwa *Heule/Schierlinger*, S. 201f. (zu § 168).
[106] Vgl. *Dalcke*, S. 378 (Anm. 54 zu § 211): Mensch sei auch die Leibesfrucht, „die wenigstens schon zum Theil den Mutterschoß verlassen" habe. *Dalcke/Dalcke/Fuhr-*

B. Rezeption des Hirntodkonzepts in der Straf- und Grundrechtslehre 75

Wenn vom „*Eintritt* des Todes"[107] als Ende des strafrechtlichen „Mensch"-Seins die Rede ist, dann liegt nur scheinbar eine präzisierende Erläuterung vor, denn wiederum bleibt unerörtert, was genau den Eintritt des Todes ausmacht. Gleiches gilt, wenn ausdrücklich erwähnt wird, „Objekt der in § 211 - 217 behandelten Tötungsdelikte (...) ist der lebende Mensch", „nur der ‚lebende' Mensch (kann) getödtet werden."[108] Diese Feststellung soll nur klarzustellen, daß „auch eine lebende Mißgeburt"[109] als lebender Mensch gilt. Auch die Hoffnung, mit der Bemerkung: „Die Handlung besteht in der vorsätzlichen Verursachung des Todes eines Menschen."[110] werde zu einer wirklichen Erläuterung angesetzt, wird schnell enttäuscht: Wieder geht es nur darum, die Anwendbarkeit der allgemeinen Kausalitätslehren zu belegen.[111] Was „Tod" bedeutet, wird nicht expliziert, weil es erkennbar nicht als explikationsbedürftig erscheint.[112] Wer ein „Verstorbener"[113] ist, bedarf ersichtlich ebenfalls keiner Erläuterung, und die Umschreibung des Leichnams durch die Wendung „tote(r) Menschenleib"[114] läßt erneut offen, was das Totsein im einzelnen kennzeichnet - und folglich: wie ein Verhalten (Handeln oder Unterlassen) qualifiziert sein muß, um das „Totsein" eines Menschen bewirken zu können.[115]

In der inhaltlichen Aussage repräsentativ sind Kommentierungen von Reinhard Frank und Franz von Liszt. „Unter Leiche verstehen wir" - so Frank - „die

---

mann, 24. Aufl., S. 880 Anm. 14: „Der durch Verwesung zerfallene Körper ist nicht Leiche, auch nicht der unentwickelte Fötus." *Dies.*, 25. Aufl., S. 937 Anm. 14, S. 975 Anm. 54; *Dalcke/Fuhrmann/Krug/Schäfer*, 31. Aufl., S. 151 Anm. 14, S. 199 Anm. 54, S. 199 Anm. 54a, S. 383 Anm. 98a (zu § 367 Nr. 1 a.F.); *dies.*, 32. Aufl., S. 156 Anm. 14, S. 206 Anm. 54, S. 206 Anm. 54a; *dies.*, 33. Aufl., S. 156 Anm. 14, S. 207 Anm. 11f.; *Dalcke/Fuhrmann/Schäfer*, 35. Aufl., S. 107 Anm. 1, S. 287 Anm. 2, S. 149 Anm. 12f.; *dies.*, 37. Aufl., S. 202 Anm. 1, S. 256 Anm. 13, S. 257 Anm. 14.; *Gerland*, 2. Aufl., S. 470: „Die Abgrenzung der Begriffe Mensch und Frucht ist nicht einfach, muß aber vorgenommen werden, da, abgesehen von anderem, zwar die fahrlässige Tötung, nicht aber die fahrlässige Abtreibung strafbar ist." So auch *ders.*, 1. Aufl., S. 356.
[107] S. etwa *Dalcke/Fuhrmann/Schäfer*, 36. Aufl., S. 213 Anm. 12: „Eintritt des Todes" - Hervorhebung nicht im Original. *Frank*, 1897, S. 257 (Anm. I zu § 222).
[108] *Olshausen*, 1883, S. 724 Anm. 1 (zu § 211); 12. Aufl., Anm. 1 (zu § 211): Angriffsgegenstand (..) ist der lebende Mensch (...)." *von Hippel*, Lehrbuch des Strafrechts, S. 189: „Gegenstand der Tötung ist der lebende Mensch."
[109] *Olshausen*, 1883, S. 724 Anm. 1 (zu § 211).
[110] *Olshausen*, 1883, S. 725 Anm. 3 (zu § 211).
[111] *Olshausen*, 1883, S. 725 Anm. 3 (zu § 211); S. 755 Anm. 2 (zu § 222): „Die Verursachung der Tödtung ist nach den allgemeinen Grundsätzen über Verursachung zu beurtheilen (...)."
[112] Dementsprechend auch keine Erläuterung etwa bei *Spinner*, S. 156f.
[113] *Olshausen*, 1883, S. 673 Anm. 1 (zu § 189).
[114] *Olshausen*, 8. Aufl., S. 648f. Anm. 2 (zu § 168); 10. Aufl., S. 654 Anm. 2 (zu § 168).
[115] Ebenfalls keine Angaben zum Todesbegriff (im Rahmen der Ausführungen zu den Tötungsdelikten bzw. zur strafrechtlichen Haftung für Kunstfehler) bei *R. Ramm*, S. 170; *Liertz/Paffrath*, S. 377ff.; *Ebermayer*, Der Arzt im Strafrecht, S. 117ff.; *dems.*, Arzt und Patient, S. 103ff.

entseelte Hülle eines Menschen vom Eintritt des Todes"[116] bzw. „den leblosen menschlichen Körper bis zu dem Zeitpunkte, wo der Zusammenhang zwischen den Teilen des Körpers durch den Verwesungsprozeß oder eine gleichzustellende Vernichtungsart vollständig aufgehoben ist".[117] Mit Blick auf die Tötungsdelikte heißt es weiter: „Objekt der Delikte wider das Leben ist der Mensch (...). Es fragt sich aber, von welchem Augenblicke an die Menschqualität beginnt."[118] Frank fragt sich *nicht*, von welchem Augenblicke an die Menschqualität zu Ende geht. Adolf Schönke wird gut 45 Jahre nach Frank den Verzicht der Lehre auf eine Problematisierung des Todes(zeitpunktes) immer noch praktizieren: Es sei nur wesentlich, festzustellen, „von welchem Augenblick ab die Eigenschaft als Mensch beginnt".[119] Der Augenblick, in dem die Eigenschaft des „Mensch"-Seins *verloren* geht, gilt dementsprechend als unwesentlich.

Franz von Liszt grenzt den Begriff des Menschen - wie wir schon gesehen haben: typisch für die Kommentierungspraxis - zunächst von dem Begriff der Leibesfrucht und dem des Kindes i. S. des § 217 StGB ab, ergänzt seine Stellungnahme aber um eine aufschlußreiche Sentenz: „Tötung ist die Zerstörung menschlichen Lebens. Sie erfordert als Objekt ein menschliches Lebewesen (...). *Die nähere Bestimmung gehört dem medizinischen Gebiet an*"[120], eine Wendung, die in der folgenden Auflage seines Lehrbuchs noch präzisiert wird: *„Über das Nähere vgl. die Lehrbücher der gerichtlichen Medizin."*[121] In einer späteren Auflage fällt zwar die Ergänzung: „Das Strafrecht gewährt seinen Schutz dem menschlichen Leben (...) bis zum Tode (...)."[122] auf, der „Tod" als Ende des strafrechtlichen Lebensschutzes wird jedoch nicht erläutert; der Ver-

---

[116] *Frank*, 1897, S. 202 (Anm. I zu § 168).
[117] *Frank*, 2. Aufl., S. 219f. (zu § 168), 18. Aufl., S. 381 (Anm. I zu § 168).
[118] *Frank*, 1897, S. 202 (Anm. I zu § 168); S. 247 (Anm. I zu § 211). Im wesentlichen unverändert in den folgenden Auflagen: 2. Aufl., S. 267 (Anm. I vor § 211), 18. Aufl., S. 461 (Anm. I vor § 211). S. auch *Ebermayer/Lobe/Rosenberg*, 4. Aufl. (Leipziger Komm.), S. 669 (Anm. 2 zu § 211): „Gegenstand der Tötungsdelikte ist der lebende Mensch. Von wann ab ist ein lebender Mensch vorhanden?"
[119] *Schönke*, 1. Aufl., S. 437 (§ 211 Anm. II); in den Folgeauflagen findet sich diese Aussage unverändert wieder, 2. Aufl., S. 447 (§ 211 Anm. II); 7. Aufl., S. 599 (§ 211 Anm. III.); 12. Aufl., S. 919 (vor § 211 Rn. 8).
[120] *von Liszt*, Lehrbuch des Dt. Strafrechts, 2. Aufl., - Hervorhebung nicht im Original. In der 1. Aufl., vgl. dort S. 233, fehlt jede interpretatorische Auseinandersetzung mit dem Tatbestandsmerkmal „töten".
[121] *von Liszt*, Lehrbuch d. Dt. Strafrechts, 3. Aufl., S. 295 Anm. 1 a.E. (§ 85 I) - Hervorhebung nicht im Original.
[122] *von Liszt*, Lehrbuch d. Dt. Strafrechts, 9. Aufl., S. 311 (§ 80 I) - der Satz ist in den Vorauflagen, soweit ersichtlich, nicht enthalten.

weis auf die nähere Bestimmung durch (gerichts-)medizinische Erkenntnisse bleibt unverändert erhalten.[123]

Stellungnahmen anderer Rechtswissenschaftler unterscheiden sich davon in der Sache nicht. Friedrich Wachenfeld z. B. setzt zwar etwas anders an: „Das Leben selbst ist eine notwendige, aber auch ausreichende Bedingung für ein Tötungsdelikt. (...) Der lebende Mensch ist geeignetes Objekt bis zum Eintritt des natürlichen (...) Todes. (...) Ohne Unterschied von Alter, Geschlecht, Gesundheit, sozialer Stellung und Nationalität ist jeder Mensch in gleicher Weise Objekt des Tötungsverbrechens."[124] Bemerkenswert ist die Betonung des biologischen Aspekts menschlichen Lebens, das frei von Bewertungen alleiniger Anknüpfungspunkt des strafrechtlich gewährten Schutzes ist. Aber auch bei Wachenfeld bleibt unbestimmt, was genau den „lebenden Menschen" oder den „natürlichen Tod" qualifiziert. Das Nichterwähnen der Konkretisierungsbedürftigkeit des Todesbegriffes durch medizinische Erkenntnisse scheint darauf hinzudeuten, daß diese als selbstverständlich vorausgesetzt wurde, wie überhaupt das Nichterwähnen ein Anzeichen für Problemlosigkeit sein dürfte.

Edmund Mezger geht - ein knappes Vierteljahrhundert später - auf die (gerichts-)medizinische Dimension des strafrechtlichen Todesbegriffs, wenn auch verdeckt, ein: „Damit erhebt sich die Frage nach Beginn und Dauer der Menschqualität (...). Die Menschqualität endigt mit dem Tode. Die Leiche ist kein geeignetes Objekt der Tötungsdelikte mehr. Im übrigen aber dauert die Eigenschaft als lebender Mensch ‚bis zum letzten Atemzug' (bzw. dem sonst für das Ende des Lebens maßgebenden Vorgang)".[125] Mezger sieht offenbar, daß es unterschiedliche (gerichtsmedizinisch systematisierbare) Zeichen gibt, die das Totsein eines Menschen (sinnlich wahrnehmbar) indizieren: nicht nur der irreversible Atemstillstand wird daher als Todeszeichen benannt. Über den Verweis auf die Todeszeichen wird der Todesbegriff von Mezger also etwas konkreter gefaßt als in der sonstigen Literatur üblich.

Von den konventionellen Formulierungen hebt sich auch die Feststellung bei Otto Schwarz ab, der Mensch sei „nicht mehr vorhanden mit vollendetem Sterben"[126], wobei - man möchte fast sagen: natürlich - auch hier der Vorgang des „vollendeten Sterbens" unerläutert bleibt, da augenscheinlich der interpretatorischen Vertiefung nicht wert. Immerhin: Die Sentenz wird später präzisiert durch

---

[123] Also bis zur 25., durch *Eb. Schmidt* besorgten (und den BT erfassenden) Aufl. des Lehrbuchs im Jahre 1927, S. 458ff. (§ 80 I, § 81 I).
[124] *Wachenfeld*, S. 300f.
[125] *Mezger*, Dt. StrafR, 1938, S. 183; 2. Aufl., S. 226, 3. Aufl., S. 234; so auch i. Erg. ders., StrafR-BT, 1. Aufl., S. 10 a.E.; 2. Aufl., S. 10f.; 4. Aufl., S. 11.
[126] *O. Schwarz*, 6. Aufl., S. 327 (§ 211 Anm. 1); so auch in den Folge-Auflagen, von der 7. Aufl., S. 328 (§ 211 Anm. 1) bis zur 27. Aufl., S. 639 (vor § 211 Anm. 2. A.); ab der 23. Aufl. (1961) wurde der Komm. von *Dreher* fortgeführt.

die Angabe einer konkreten Tatsache, die auf den Tod verweist: „Der Mensch ist nicht mehr vorhanden nach endgültigem Aufhören der *Herztätigkeit*."[127]

Das Spektrum der Argumente, die von 1871 bis zum Ende der 60er Jahre des folgenden Jahrhunderts die strafrechtliche (Kommentar-)Literatur prägen, ist damit sichtbar geworden. Die in der Anfangszeit der Auslegungsgeschichte entwickelten Erläuterungen werden gut 90 Jahre lang immer wieder immer aufgegriffen, sprachlich abgewandelt, inhaltlich bestätigt. Man stellt mithin nur aufs neue fest, daß „(d)er Beginn des Menschenlebens (...) vom StGB nicht näher bestimmt (wird) und (...) daher umstritten (ist)"[128] - ohne die Bestimmung des Lebensendes als Problem wahr- oder ernstzunehmen. Man verweist darauf, daß das „menschliche Leben (...) bis zum Verlöschen vollen Strafschutz" genieße, so daß „auch der Todgeweihte (...) oder Sterbende (...) widerrechtlich getötet werden" könne[129] - ohne sich zu bemühen, den Sterbeprozeß als Vorlaufen in den Tod und in Abgrenzung zum Tod zu beschreiben. In sich folgerichtig heißt es daher gut 100 Jahre nach Inkrafttreten des StGB: „Eine Leiche ist der menschliche Körper, in dem das Leben verloschen ist. Wann diese Voraussetzungen gegeben sind, ist eine Frage, die im Zweifelsfalle vom Arzt zu beantworten ist."[130] Dabei bleibt es bis in die sechziger Jahre des 20. Jahrhunderst hinein.[131] Medizinische Informationen sind nicht nur zu berücksichtigen, das Vorliegen des strafgesetzlichen Tatbestandsmerkmals „töten" wird der Fest-

---

[127] *Dreher*, in: Schwarz/Dreher, 28. Aufl., vor § 211 Anm. 2. A. (S. 651) - Hervorhebung nicht im Original.

[128] *Leipziger Kommentar*, 6./7. Aufl., S. 180 (Anm. I. 2. vor § 211).

[129] *Leipziger Kommentar*, 6./7. Aufl. 1951, S. 180 (Anm. I. 2. vor § 211).

[130] *Heimann-Trosien* (in: Leipziger Kommentar, 9. Aufl.), § 168 Rn. 4, mit Verweis auf P. Bockelmann, K. Engisch und Bubnoff (freilich ohne den dort verhandelten „Hirntod" zu erwähnen).

[131] Vgl. - ohne nähere Erläuterungen des Leichen- bzw. Todesbegriffs - die folgenden Hinweise: *Göke*, S. 109 (Anm. 1a zu § 168), S. 143 (Anm. 3a zu §§ 211f.); *Mühlmann/Bommel*, S. 368 (§ 168 Anm. 2), S. 468f. (§ 211 Anm. 8f.); *Nivera*, S. 162 (Anm. 1 zu § 168). *Dreher/Maassen*, StGB, 1. Aufl., S. 209 (Anm. 1-3 zu § 168), S. 263f. (Anm. 4 zu § 211); 2. Aufl., S. 226 (Anm. 1-3 zu § 168), S. 282 (§ 211 Anm. 4); 3. Aufl., S. 276f. (Anm. 1-3 zu § 168), S. 336 (§ 211 Anm. 4); 4. Aufl., S. 327 (Anm. 1-5 zu § 168), S. 388 (§ 211 Anm. 3). *Schönke*, 1. Aufl., S. 367 (§ 168 Anm. 1), S. 437 (Anm. IIf. zu § 211); 2. Aufl., S. 373 (§ 168 Anm. II. 1.), S. 447 (§ 211 Anm. II.); 3. Aufl., S. 366 (§ 168 Anm. II. 1.), S. 443 (§ 211 Anm. II.); 4. Aufl., S. 372 (§ 168 Anm. II. 1.), S. 451 (§ 211 Anm. II.); 5. Aufl., S. 404 (§ 168 Anm. II. 1.), S. 490 (§ 211 Anm. III.); 6. Aufl., S. 474 (§ 168 Anm. II. 1.), S. 567 (§ 211 Anm. III.); 7. Aufl. (fortgesetzt v. H. *Schröder*), S. 504 (§ 168 Anm. II. 1.), S. 599 (§ 211 Anm. III.); 8. Aufl., S. 643 (§ 168 Anm. II. 1.), S. 742 (§ 211 Anm. III.); 9. Aufl., S. 675 (§ 168 Anm. II. 1.), S. 776f. (§ 211 Anm. III.); 10. Aufl., S. 709 (§ 168 Anm. II. 1.); S. 817 (§ 211 Anm. III.); 11. Aufl., S. 749 (§ 168 Anm. II. 1.); S. 867 (vor § 211 Rn. 8); 12. Aufl., S. 797 (§ 168 Rn. 3), S. 919 (vor § 211 Rn. 8); 13. Aufl. (Vorwort Januar 1967), S. 845 (§ 168 Rn. 3), S. 971 (vor § 211 Rn. 8); 14. Aufl. (Vorwort Oktober 1968), S. 911 (§ 168 Rn. 3), S. 1041 (vor § 211 Rn. 8). Keine Erwähnung des Todesbegriffsproblems bspw. auch bei *G. Schulz*, S. 442f. (Stichwort „Tötungsdelikte"); *Cremer*, S. 32ff. („Der Arzt und das Strafrecht").

B. Rezeption des Hirntodkonzepts in der Straf- und Grundrechtslehre 79

stellung durch den Arzt überlassen - und muß dies nicht so sein, weil es sich um eine typische Sachverständigen-Tätigkeit handelt, die der Richter, der Jurist kompetent gar nicht erfüllen kann? „Mangels einer positivrechtlichen Bestimmung des Begriffs ‚Tod' ist vom empirischen, durch die Erkenntnisse, Fortschritte und Wandlungen der Medizin bestimmten Begriff auszugehen."[132] So - über die pauschale Delegation der vermeintlich wertfreien Feststellung des Todes an die Ärzteschaft - wird der Todesbegriff erläutert, als die Etablierung der Hirntodkonzeption bereits einige Jahre im Gange ist.

2. Der unproblematische Hirntod

Der „publizistische Durchbruch"[133] zur Etablierung des Hirntodkonzepts - seine (durch die literarisch tätige Rechtslehre erfolgende) Anerkennung als maßgebliches Interpretament des strafrechtlichen Tötungsdelikte - läßt sich, wie Gerd Geilen zu Recht bemerkt, fixieren auf die Zeit der ersten, von Mensch zu Mensch vorgenommenen (allogenen/homologen) Herzverpflanzung, die freilich nicht „(t)he First Heart Transplant in Man"[134] überhaupt war.[135] Die erste - nota bene: von Mensch zu Mensch vorgenommene - Herztransplantation, die eine „euphorie générale"[136] auslöste, wird am 3. Dezember 1967 in Südafrika von einem Team um den Chirurgen Christiaan N. Barnard ins Werk gesetzt,[137] des-

---

[132] *Lange* (in: Leipziger Kommentar, 9. Aufl.), vor § 211 Rn. 4 (Stand der Kommentierung: 10/1970), mit Verweis auf *Stratenwerth*, Zum juristischen Begriff des Todes, 530ff. und - bei der Befassung mit dem Hirntod - auf *Bockelmann*, Strafrecht des Arztes, (1968) S. 108ff., sowie *Geilen*, Neue juristisch-medizinische Grenzprobleme, JZ 1968, S. 150ff., und „die in der medizinischen Wissenschaft international herrschende Meinung" (vor § 211 Rn. 4 a.E.).
[133] *Geilen*, Rechtsfragen der Organtransplantation, S. 127. Zustimmend - mit ausdrücklichem Verweis auf Geilen - *Eser*, Beobachtungen zum „Weg der Forschung", S. 30.
[134] Die erste - freilich heterologe bzw. xenogene (nicht von Mensch zu Mensch erfolgende) - Herztransplantation fand am 23. 1. 1964 statt: Der US-amerikanische Chirurg *J. D. Hardy* pflanzte einem 68jährigen Mann ein Schimpansenherz ein; der Patient verstarb wenige Stunden nach Beendigung des Eingriffes an Transplantatversagen, dazu *Margreiter*, Erste Herztransplantation, in: Fieber, S. 143; außerdem *Hardy et al.,* The First Heart Transplant in Man, S. 780: „The first clinical heart transplantation was performed in the Hospital of the University of Mississippi on January 23, 1964. (...) A chimpanzee heart was used (...)." Erstmaliger Hinweis auf diese Operation bei *Hardy et al.*, Heart Transplantation in Man, S. 1135ff. Die Veröffentlichung des Jahres 1964 war aus Sicht der Autoren offenbar nicht hinreichend berücksichtigt worden. Nach *Barnards* „erster" Herzverpflanzung stellen sie daher mit ihrer Veröffentlichung im Jahre 1968 klar, daß es schon vorher eine „erste" Herzverpflanzung „in man" gegeben hat.
[135] Zur Terminologie: *Land*, Historie, S. 2ff; *Largiadèr*, Nomenklatur, S. 11 - 13.
[136] *Prince*, S. 3. Aufgrund der zunächst bescheidenen Überlebensrate nach Herztransplantationen verwandelte sich schon recht bald „die anfängliche Euphorie in tiefgreifenden Pessimismus", so *Feuerstein*, S. 84.
[137] *Barnard*, The Operation, S. 1271ff.

sen „kühne Tat"[138] im Hinblick auf das damals noch nicht hinreichend gelöste Problem der immunologischen Abwehrreaktionen als „verfrühtes Husarenstück"[139] erscheinen mußte,[140] ganz abgesehen davon, daß Barnard auf Erkenntnisse der US-amerikanischen Mediziner Richard Lower und Norman E. Shumway zurückgriff, „denen im Grunde das eigentliche Verdienst an der erfolgreichen Entwicklung der Herztransplantation gebührt."[141] Christiaan N. Barnard selbst war im übrigen von der Richtigkeit des Hirntodkonzepts überzeugt, als er das Spenderherz entnahm.[142] Nachdem es 1968 „weltweit zu einem Boom der

---

[138] *Bouchet*, S. 2606.
[139] *Nuland*, S. 366.
[140] *Eckart*, S. 309f. Der Nobelpreisträger *Werner Forßmann*, ein Chirurg, wird in einem Beitrag, der einen Monat nach der von *Barnard* angeführten Transplantation im Feuilleton der FAZ erscheint, mehr als deutlich (FAZ, Nr. 2 v. 3.1.1968, S. 18): „Wer (...) unter solchen Voraussetzungen operiert, mißachtet das oberste Gebot der Chirugie 'nil nocere'. Somit ist eine Herztransplantation zur Zeit noch verfrüht. Sie sollte erst vorgenommen werden, wenn die biochemischen Voraussetzungen unantastbar sind" - also: das Problem der Abstoßungsreaktionen gelöst ist bzw. (in der Sprache *Forßmanns*) dann, wenn „unsere Kenntnisse von der Immunbiologie überpflanzter Gewebe (...) ausgereift sind".
[141] So der Herzchirurg *Stapenhorst*, Bedenkenswertes zur Herzverpflanzung, S. 321; auch der Herztransplanteur (und Nachfolger *Barnards* am Groote Schuur und Red Cross Hospital in Kapstadt/Südafrika) *Reichart*, Herz- und Herzlungentransplantation auf dem Weg zur Methode, S. 205, bezeichnet *N. Shumway* und *R. Lower* als „Pionier(e) der Herztransplantation".
[142] *Barnard*, The Operation, S. 1271: „a heart (transplanted) from a cadaver". Die Spenderin war *Denise Darvall*, die, wie *Barnard* (Das zweite Leben, S. 29 a.E.) berichtet, „von den Neurochirurgen für hirntot erklärt worden war"; diese „hatten (...) darauf bestanden, daß vorher sämtliche möglichen Untersuchungen durchgeführt wurden. Bei keiner durfte, unter normalen Temperaturverhältnissen, noch eine Hirnaktivität feststellbar sein. Eine weitere Voraussetzung war gewesen, daß sie drei Minuten lang, nachdem man das Beatmungsgerät abgeschaltet hatte, nicht mehr spontan geatmet hatte." S. 16: „Da man das Konzept des Gehirntodes nicht ganz verstand, geschweige denn allgemein akzeptierte, stand ich im Kreuzfeuer von Kritikern und Anklägern gleichermaßen." *Feuerstein*, S. 83, weist darauf hin, daß *Barnard* das Herz der für hirntot erklärten Patientin erst nach Eintritt des Herzstillstandes entnahm, diesen aber durch Abbruch der künstlichen Beatmung selbst herbeigeführt hatte. *Reichart*, Herz- und Herzlungentransplantation auf dem Weg zur Methode, S. 211, betont, daß seinerzeit „die Hirntoddiagnostik (...) nicht beweiskräftig genug erschien und deshalb zur Todeserklärung rechtlich der Herzstillstand gefordert war." *DeVita et al.*, S. 118: *Barnard* „waited for asystole only to avoid any controversy that might arise because the public did not yet understand the new concept of 'brain death'." S. dazu bestätigend *Barnard*, Reflections on the first heart transplant, S. IXf. Das südafrikanische Recht legaldefinierte den Tod des Menschen nicht; auch heute fehlt eine gesetzliche Definition des Todes. Auch der Hirntod ist nicht gesetzlich definiert (Auskunft der *südafrikanischen Botschaft* in Deutschland an den Verf. v. 2.9.1997). Die Todesdefinition wird sowohl vor Erlaß des ersten südafrikanischen Transplantationsgesetz von 1970, als auch danach und auch unter Geltung des (1984 und 1989 ergänzten) „Human Tissue Act" von 1983 den Ärzten überlassen; dazu u. a. der südafrikanische Jurist *Strauss*, S. 252f.; außerdem *Kooper, Barnard et al.*, S. 934 (zur Akzeptanz des Hirntodkonzeptes). „Our laws on organ transplantation are currently being revised by the National Department of Health", so der Leiter der Trans-

B. Rezeption des Hirntodkonzepts in der Straf- und Grundrechtslehre 81

Herzverpflanzungen"[143] kommt, wird am 13. Februar 1969 in München unter der Federführung der Chirurgen Fritz Sebening und Werner Klinner die erste Herztransplantation in Deutschland vorgenommen; auch hier war das Herz einer hirntoten Patientin explantiert worden.[144] Daß der Organempfänger nur 27 Stunden nach der Operation verstirbt[145] - auch Barnards erster Patient hatte die „Pioniertat"[146] kaum drei Wochen überlebt -[147],[148] belegt einmal mehr den zur damaligen Zeit noch gegebenen experimentellen Charakter der Herzverpflanzung.[149] Trotz der zunächst bescheidenen Langzeiterfolge[150] ist die Technik der medizinischen Herzverpflanzung und mit ihr das Grundthema von Leben und Tod in aller Munde: „Über den Tod und das Todesproblem konnte man in der Literatur - bis noch vor wenigen Jahren - so gut wie gar nichts finden."[151] Dies ändert sich merklich mit der „Jahreswende 1967/68"[152]. Die (intensivmedizinisch nichtkompensierte) Entnahme des Herzens - des Organs also, das gemeinhin metaphorisierend als Sitz des Lebens begriffen wurde - wirft die Frage auf, aus welchen Gründen der infolge intensivmedizinischer Unterstützung durchblutete hirntote Mensch als tot gelten soll.

Einige Monate vor Barnards Ouvertüre zum Transplantationsboom jener Zeit formuliert der Jurist Max Kohlhaas Bedenken: „Die momentane Gefahr liegt darin, daß (...) es durchaus möglich ist, daß sich die Geister daran scheiden, ob

---

plant Unit am Pretoria Academic Hospital der University of Pretoria (Faculty of Medicine/Department Surgery), *V. O. L. Karusseit*, in einem Brief an den Verf. v. 1.8.1997, dem ich ebenso wie der *südafrikanischen Botschaft* für die Zusendung einschlägiger Gesetzestexte und Aufsätze danke.

[143] *Schott*, S. 532 a.E.
[144] *Schott*, S. 541; *Sebening/Klinner u. a.*, S. 884ff.
[145] *Schott*, S. 541.
[146] *Schott*, S. 532.
[147] *Barnard*, Das zweite Leben, S. 9, spricht von „der kurzen Zeit von achtzehn Tagen", die der Empfänger, *Louis Washkansky*, überlebt hatte. Die gesamte Ausgabe Nr. 48 v. 30.12.1967 des South African Medical Journal ist der Herztransplantation gewidmet. Auf der ersten Seite der Ausgabe heißt es in einer (nur aus diesem Satz bestehenden) redaktionellen Vorbemerkung (S. 1257): „We regret to record the death of the patient, Mr. Louis Washkansky, on 21 December 1967."
[148] Dazu nur *Ackerknecht*, S. 179.
[149] Hinweis auf die „ersten ernüchternden Ergebnisse der Herztransplantationen zwischen 1967 und 1977" z. B. bei *Bleese/Polonius*, S. 392. Die Ergebnisse konnten erst durch die Einführung wirksamerer immunsuppressiver Maßnahmen verbessert werden: „vor allem das Medikament ‚Cyclosporin A' hat hier zu einem Durchbruch verholfen (...). Die derzeitige 1-Jahres-Überlebensquote nach Herztransplantationen liegt bei 80-90%, die erwartete 5-Jahres-Überlebensrate bei 60-70% (...)." „Die längsten Überlebensraten betragen derzeit 20 Jahre bei Herzempfängern" (*Land u. a.*, S. 237). Im Jahre 1990 waren bei der International Society for Heart Transplantation bereits mehr als 13.000 Herztransplantationen an mehr als 230 Transplantationszentren registriert, Hinweis bei dem Chirurgen *Ch. Schwarz*, S. 206 a.E.
[150] *Schott*, S. 533: „Nur wenige Patienten überleben den Eingriff länger als ein Jahr."
[151] *Geilen*, Medizinischer Fortschritt und juristischer Todesbegriff, S. 378.
[152] So *H. Just*, S. 27.

der Tote, dem ein Organ entnommen wird, nun wirklich tot ist und ob er nicht gar hierdurch erst ‚getötet' wird."[153] In ähnlicher Weise empfindet Günter Spendel wenige Jahre nach der ersten (homologen) Herztransplantation einen „zwiespältige(n) Eindruck": Die Operation habe nämlich „die Grenze zwischen Heilen und Töten fragwürdig werden" lassen.[154] Wie im einzelnen vollzieht sich der Durchbruch zum Hirntodkonzept, dem es dann bis in die Gegenwart hinein gelang, zwiespältige Eindrücke erfolgreich unsichtbar zu machen?

a) Der publizistische Durchbruch zur Etablierung des Hirntodkonzepts

aa) Die Kommentar- und Lehrbuchliteratur

(1) Der Kommentar von Schwarz/Dreher/Tröndle

Noch vor den ersten Herztransplantationen äußert sich ein Kommentator - soweit ersichtlich als erster Strafrechtskommentator -[155] zum Hirntodkonzept: „Das Menschsein endet mit dem Tode; er ist eingetreten, wenn Herzschlag und Atmung endgültig aufgehört haben, die Hirnströme versiegt sind und im Elektroencephalogramm die Null-Linie aufgetreten ist."[156] Der Autor stellte offenbar sehr schnell fest, daß „hierbei etwas nicht stimmen kann",[157] und ergänzte diese Anmerkung bald durch den Satz: „Ist der Gehirntod endgültig eingetreten, bleibt ein künstliches Aufrechterhalten von Kreislauf und Atmung außer Betracht (...)."[158] Der affirmative Ton dieser (später noch um diagnostische Details angereicherten) Erläuterung verändert sich erst mit dem Wechsel des Kommentators.[159] Dieser formuliert vorsichtiger als sein Vorgänger: „Der sog. klini-

---

[153] *Kohlhaas*, Rechtsfragen zur Transplantation von Körperorganen, NJW, Heft 33 v. 17.8.1967, S. 1491; s. auch S. 1492: es müsse geklärt werden, „ob der ‚Tote' (...) nicht noch gelebt habe, also erst jetzt operativ getötet worden sei." - nicht speziell auf den Hirntod bezogen.
[154] *Spendel*, Wider das Irrationale unserer Zeit, S. 22; *Spendel* erwähnt den Hirntod nicht.
[155] So *Englert*, S. 62.
[156] *Dreher*, in: Schwarz/Dreher, 29. Aufl., S. 661 (vor § 211 Anm. 2. A.).
[157] So der damalige Abg. im Bayerischen Landtag *Merkl*, S. 42, zu *Drehers* Kommentierungskorrektur.
[158] *Dreher*, in: Schwarz/Dreher, 30. Aufl., S. 764 (vor § 211 Anm. 2. A.).
[159] *Dreher*, in: Schwarz/Dreher, 31. Aufl., S. 795; 32. Aufl., S. 796; 33. Aufl., S. 819; 34. Aufl., S. 876. In der 35. Aufl., S. 1020 heißt es: „Das Menschsein endet mit dem Tod; er ist eingetreten, wenn Herzschlag und Atmung endgültig aufgehört haben. Bei künstlichem Aufrechterhalten von Kreislauf und Atmung ist maßgebend der Hirntod, für den tiefe Bewußtlosigkeit sowie Fehlen der Hirnnervenreflexe ausschlaggebend sind und der durch die endgültige Null-Linie im Elektroencephalogramm und Hirnangiographie nachgewiesen werden kann." In der 36. Aufl., S. 788, und der 37. Aufl., S. 835, wird die Fassung der 35. Aufl. um folgenden Satz ergänzt: „Nach US-Unter-suchungen ist der Hirntod eingetreten, wenn das Gehirn 30 Minuten lang keinerlei Aktivität zeigt."

B. Rezeption des Hirntodkonzepts in der Straf- und Grundrechtslehre 83

sche Tod (endgültiger Stillstand von Kreislauf und Atmung) ist als juristischer Todeszeitpunkt wegen der neueren medizinisch-technischen Reanimierungsmöglichkeiten aber auch im Hinblick auf das Bedürfnis nach Transplantation problematisch geworden. Die hM stellt inzwischen auf den sog. Hirntod ab (...)."[160] Der Verweis auf das Problematisch-Geworden-Sein, aber auch der Hinweis auf die herrschende Meinung, der der Kommentator nicht ausdrücklich beitritt, läßt Skepsis, zumindest abwartende Distanz vermuten. Dabei bleibt es in den Folgejahren,[161] bis der Kommentator erst zum verhaltenen, dann zum offenen Kritiker des gängigen Hirntodkonzepts wird (dazu noch später).[162]

(2) Der Kommentar von Lackner/Maassen

Ein anderer Kommentator merkt im Jahre 1969 an: „Wann das Leben endet, wird nach den neuesten Fortschritten der Medizin (zB Organverpflanzung) wieder lebhaft diskutiert. Stellte man früher auf den endgültigen Stillstand von Kreislauf und Atmung ab, so wird heute als Todeszeitpunkt das irreversible Erlöschen der Gehirntätigkeit angesehen (...).“[163] Nachdem der Neukommentator die Erläuterungen seines Vorgängers zunächst beibehalten hatte,[164] bemerkt er plötzlich - freilich ohne Gründe zu nennen -: „Wann rechtlich das Leben als Mensch endet, ist nicht abschließend geklärt. Während man früher auf den end-

---

[160] *Tröndle*, in: Dreher/Tröndle, 38. Aufl., S. 848 (vor § 211 Rn. 3).
[161] *Tröndle*, in: Dreher/Tröndle, 39. Aufl., S. 903 (vor § 211 Rn. 3); 40. Aufl., S. 898 (vor § 211 Rn. 3); 41. Aufl., S. 941 (vor § 211 Rn. 3). In der 42. Aufl. , S. 969 (vor § 211 Rn. 3), der 43. Aufl., S. 1021 (vor § 211 Rn. 3), der 44. Aufl., S. 1049 (vor § 211 Rn. 3) heißt es: „Das Menschsein endet mit dem Tode. Der klinische Todesbegriff (...) ist für die Fragen der ärztlichen Behandlungspflicht und Transplantation wegen der Reanimierungsmöglichkeiten problematisch geworden. Insoweit wird nach der hM auf den Hirntod (vollständiger und irreversibler Zusammenbruch der Gesamtfunktion des Gehirns bei noch aufrecht erhaltener Kreislauffunktion) abgestellt." In der 45. Aufl., S. 1093 (vor § 211 Rn. 3) und in der 46. Aufl., S. 1165 (vor § 211 Rn. 3) ist der letzte Satz abgewandelt: „Insoweit wird nach hM auf den Hirntod, dh auf den vollständigen und irreversiblen Zusammenbruch der Gesamtfunktion des Gehirns (Hirnrinde und Hirnstamm) bei noch aufrecht erhaltener Kreislauffunktion abgestellt."
[162] Zur Position *Tröndles* (verhaltene Kritik am Hirntodkonzept noch in Dreher/Tröndle, 47. Aufl., vor § 211 Rn. 3 [S. 1009]; unmißverständlich das Hirntodkonzept ablehnend in *Tröndle*, StGB, 48. Aufl., vor § 211 Rn. 3a [S. 1053]); eingehend noch unten in diesem Kap., Abschn. B. IV. 3. b).
[163] *Maassen*, in: Lackner/Maassen, 5. Aufl. (Vorwort: im August 1969), S. 458 (§ 211 Anm. 3.), so auch in der 6. Aufl., S. 466 (§ 211 Anm. 3.). Das „wieder lebhaft" wird man mit Blick auf den ganz anderen Verlauf der Dogmengeschichte nicht ganz wörtlich nehmen dürfen.
[164] *Lackner*, in: ders./Maassen, 7. Aufl., S. 489 (§ 211 Anm. 3); 8. Aufl., S. 526 (§ 211 Anm. 3): „so wird heute als Todeszeitpunkt überwiegend" (diese Ergänzung auch in den nachfolgend genannten Auflagen); 9. Aufl., S. 668 (§ 211 Anm. 3c); 10. Aufl., S. 686 (§ 211 Anm. 3c); 11. Aufl., S. 698 (§ 211 Anm. 3c); 12. Aufl., S. 725 (§ 211 Anm. 3c); 13. Aufl., S. 753 (§ 211 Anm. 3c).

gültigen Stillstand von Kreislauf und Atmung abgestellt hatte, wird heute - nach den Fortschritten der modernen Medizin (zB Organverpflanzung) - als Todeszeitpunkt überwiegend das irreversible Erlöschen der gesamten Gehirntätigkeit angesehen (...)."[165] Ebenso plötzlich heißt es kurze Zeit später dann wieder: „Wann rechtlich das Leben als Mensch endet, ist nach einer längeren Periode der Unsicherheit nicht mehr ernstlich umstritten. Während man früher"[166] usw. Schließlich fällt in der nächsten Auflage sogar die - tatsächlich oder vermeintlich - „längere Periode der Unsicherheit" unter den Kommentatorentisch: „Wann rechtlich das Leben als Mensch endet, ist nicht mehr ernstlich umstritten."[167] Das heißt: Der Hirntod gilt nunmehr als nicht umstritten, wiederum: ohne daß dies als begründungsbedürftig erscheint.

(3) Der Kommentar von Schönke/Schröder

Zum gleichen Ergebnis kommt ein weiterer Kommentar. Während der Verfasser bis zur (im Oktober 1968 abschließend bearbeiteten und 1969 erschienenen) 14. Auflage seines Werkes die Frage des Lebensendes und damit des Todesbegriffs nicht thematisiert[168], ändert sich dies mit der 15. Auflage, die 1970 erscheint[169]: Nunmehr wird die Frage, „wann das menschliche Leben endet", erstmals ausdrücklich aufgeworfen, „eine Frage, die neuerdings wegen der Möglichkeit künstlicher Reanimation und bei der Entscheidung über die Transplantation von Organen (...) in den Blickpunkt des Interesses gerückt ist". Anstatt die Zulässigkeit einer - letztlich normativ wirkenden - Übertragung medizinischer Ansichten in das Rechtssystem zu diskutieren, heißt es lapidar: „Da das StGB über den Zeitpunkt des Todes keinerlei Anhaltspunkte gibt, sind insoweit medizinische Anschauungen zu übertragen (...)". Beim „gegenwärtigen Stand der Medizin" sei deshalb mit der „überwiegende(n) Meinung" die bisherige Definition des Todeszeitpunkts aufzugeben und dieser zu fixieren auf die „totale Zerstörung des Gehirns". Eine rechtliche Begründung für diese Übernahme einer Vorverlegung des Todeszeitpunktes durch die Medizin fehlt. Es heißt lediglich: „Die zunehmende

---

[165] *Lackner*, StGB mit Erläuterungen, 14. Aufl., S. 749 (vor § 211 Anm. 2b); so auch in der 15. Aufl., S. 780 (§ 211 Anm. 2b).

[166] *Lackner*, StGB mit Erläuterungen, 16. Aufl., S. 844 (vor § 211 Anm. 2b), so auch in der 17. Aufl., S. 864 (vor § 211 Anm. 2b).

[167] *Lackner*, StGB mit Erläuterungen, 18. Aufl., S. 881 (vor § 211 Anm. 2b); so auch in der 19. Aufl., S. 918 (vor § 211 Rn. 4) und der 20. Aufl., S. 983 (vor § 211 Rn. 4) sowie der 21. Aufl., S. 849 (vor § 211 Rn. 4) - Kommentierung in der 21. Aufl. verantwortet von *Kühl*.

[168] Vgl. *Schröder*, in: Schönke/Schröder, 14. Aufl., vor § 211 Rn. 1ff. und § 211 Rn. 2; so auch in der 16. Aufl., S. 1110f. (Rn. 10a - 10b); 17. Aufl., S. 1128f. (Rn. 10a - 10b); 18. Aufl., S. 1263f. (Rn. 10a - 10b) - die Kommentierung in der 18. Aufl. verantwortet *Eser*, der sich im wesentlichen die Ausführungen des Vorkommentators zu eigen macht.

[169] *Schröder*, in: Schönke/Schröder, 15. Aufl., vor § 211 Rn. 10a - 10b (S. 1087f.).

B. Rezeption des Hirntodkonzepts in der Straf- und Grundrechtslehre 85

Bedeutung des Problems erzwingt praktikable und (...) nachvollziehbare Entscheidungen. Danach sollte der Zeitpunkt des Todes anders als bisher i. S. des sog. Gehirntodes bestimmt (...) werden." Bei dieser Einschätzung der Lage bleibt es im Ergebnis auch nach einem Kommentatorenwechsel. Der neue Interpret des Gesetzes modifiziert den Begründungsgang allerdings nicht unerheblich: „(D)a es dem Strafrecht um den Schutz menschlichen Lebens geht und der Sitz dessen, was Personsein des Menschen und sein Lebenszentrum ausmacht, nicht im Herzen oder einem sonstigen Organ, sondern im Gehirn zu erblicken ist (...), wird der das Ende spezifisch menschlichen Lebens markierende Vorgang zu Recht im irreversiblen und totalen Funktionsausfall des Gehirns gesehen."[170] An anderer Stelle prägt der Interpret zur Kennzeichnung des spezifisch Menschlichen den Begriff der „Geistigkeit"[171], deren anatomischer Träger das gesamte Gehirn sei, so daß dessen unumkehrbarer Untergang zum Tod des Menschen führe, weil zugleich das spezifisch Menschliche mituntergehe.

(4) Das Lehrbuch von Krey

In ähnlicher Weise argumentiert kurz nach dem sogenannten publizistischen Durchbruch auch ein Lehrbuch-Autor: „Für die h. M. spricht, daß sich die menschliche Individualität sicherlich nicht im Herzmuskel, sondern im Gehirn konstituiert; ihr dürfte daher zu folgen sein. Dabei sollte allerdings die Gefahr nicht übersehen werden, daß durch das Abstellen auf den Gehirntod Gesichtspunkte wie ‚Lebenswert und Lebenssinn' bei der Frage nach der Menschqualität Relevanz beanspruchen könnten: Ist z. B. eine Mißgeburt ohne Großhirn ein Mensch?[172] Wie steht es mit ‚Menschen' mit fehlender oder zerstörter Hirnrinde?"[173] Für die Akzeptanz des Hirntodkonzepts sprächen anthropologische, the-

---

[170] *Eser*, in: Schönke/Schröder, 19. Aufl., vor §§ 211ff. Rn. 18 a.E. (S. 1379); so auch in der 20. Aufl., vor §§ 211ff. Rn. 18 a.E. (S. 1339); in der 21. Aufl., vor §§ 211ff. Rn. 18 a.E. (S. 1252); in der 22. Aufl., vor §§ 211 Rn. 18 a.E. (S. 1288), in der 23. Aufl., vor §§ 211ff. Rn. 18 a.E. (S. 1386), in der 24. Aufl., vor §§ 211ff. Rn. 18 a.E. (S. 1506) und auch in der 25. Aufl., vor §§ 211ff. Rn. 18 a.E. (S. 1485 a.E.).

[171] *Eser*, Lebenserhaltungspflicht und Behandlungsabbruch, S. 121: „Solange aber die Signatur des Humanum primär in seiner Geistigkeit erblickt wird, steht und vergeht der 'Mensch' mit dem totalen und irreversiblen Funktionsausfall des Organs, in dem die menschliche Geistigkeit ihren Sitz hat." *Eser*, Zwischen „Heiligkeit" und „Qualität" des Lebens, S. 406: „Will man (...) auf den Hirntod abstellen, so setzt dies voraus, daß man das Signum des Humanen in seiner Geistigkeit erblickt."

[172] Der Autor fügt hier eine Fußnote an, in der es heißt: „Für die Verneinung könnte sprechen, daß Sitz des Bewußtseinszentrums das Großhirn (Hirnrinde) ist." *Krey*, StrafR-BT/1, 1. Aufl., S. 4 mit Anm. 5.

[173] *Krey*, StrafR-BT/1, 1. Aufl., S. 4; so auch *ders.*, Grundfälle zu den Straftaten gegen das Leben, JuS 1971, S. 87.

rapeutische und „utilitarische" Erwägungen:[174] Ohne Gehirn mit seiner einzigartigen Bedeutung für die Manifestation des Geistes fehle es an spezifisch menschlichem Leben; außerdem bezeichne der Hirntod einen Zustand, der irreversibel sei, also durch medizinische Bemühungen nicht mehr rückgängig gemacht werden könne, und schließlich stelle sich im Hinblick auf die Organtransplantation die Frage: „Kann solch ein ‚lebendes Organpräparat' nicht als Organspender sinnvoll verwendet werden? Dies zu bejahen gestattet die Hirntodthese."[175] Im übrigen werde der Nachweis des Gehirntodes „im wesentlichen" „mit dem Auftreten der Nullinie im EEG" erbracht.[176]

(5) Das Lehrbuch von Wessels

Auch ein anderer Lehrbuch-Autor, dessen Buch zu den Standardwerken der Ausbildungsliteratur zählt,[177] weicht von den bis hierhin vorgetragenen Argumentationswegen nicht ab. Komprimiert heißt es hier: „Der strafrechtliche Lebensschutz endet mit dem Tode des Menschen. Das StGB legt aber weder den Todesbegriff noch die Kriterien fest, nach denen der Eintritt des Todes zu bestimmen ist. Maßgebend sind daher die Erkenntnisse der medizinisch-biologischen Wissenschaft (...). Der klassische Todesbegriff ist durch den medizinisch-technischen Fortschritt (Einsatz von Herz-Lungen-Maschinen) in Frage gestellt worden (...):

Nach einem Unfall wird der Patient P mit schweren Schädelverletzungen in eine Klinik eingeliefert, operiert und an eine Herz-Lungen-Maschine angeschlossen, die Kreislauf und Atmung des bewußtlosen P künstlich in Gang hält. Längere Zeit später zeigt die Messung der Hirnstromkurve im Elektroenzephalogramm eine absolute Null-Linie; andere Kontrollmaßnahmen ergeben ebenfalls, daß die Gehirntätigkeit bei P vollständig erloschen ist. Der Entschluß der Ärzte, den P in der Herz-Lungen-Maschine zu belassen und seine Nieren demnächst für eine Organtransplantation zu verwenden, vereitelt die Stationsschwe-

---

[174] *Krey*, StrafR-BT/1, 2. Aufl., S. 17f.; 3. Aufl., S. 18; 4. Aufl., S. 19f.; 6. Aufl., S. 8 (Rn. 17); 7. Aufl., S. 8f. (Rn. 17); 8. Aufl., S. 8f. (Rn. 17); 9. Aufl., S. 8f. (Rn. 17); 10. Aufl., S. 9f. (Rn. 17).
[175] S. nur *Krey*, StrafR-BT/1, 10. Aufl., S. 10 (Rn. 17).
[176] *Krey*, StrafR-BT/1, 10. Aufl., S. 9 (Rn. 16 a.E.); so schon in der 1. Aufl. 1972, S. 3. a.E.
[177] *Küper/Welp*: „ein Werk, mit dem der Name ‚Wessels' im Schrifttum inzwischen zu einem Begriff geworden ist" (S. XI). „Es hat Generationen von Studenten und Referendaren begleitet, ihr Bild der Strafrechtsdogmatik mitgeprägt und ist auch aus der wissenschaftlichen Diskussion (...) nicht mehr wegzudenken" (S. XII). Die „drei Bände ‚Strafrecht' des Rechtsprofessors Wessels (gehören) in die Bibliothek fast jedes Jurastundenten", so in einem Bericht zum 200. Geb. des Heidelberger C. F. Müller Verlags, in dem die Lehrbücher *J. Wessels'* verlegt werden, in der FAZ, Nr. 208 v. 8.9.1997, S. 26.

ster S dadurch, daß sie die Maschine während ihres Nachtdienstes eigenmächtig abstellt. Hat S den Tatbestand des § 212 verwirklicht?

Würde man hier den klassischen Todesbegriff zugrunde legen, wäre P beim Abschalten der Apparatur durch S noch ein ‚lebender Mensch' i. S. des § 212 gewesen, da sein Kreislauf und seine Atmung bis dahin nicht zum Stillstand gekommen waren. Sein Zustand nach dem vollständigen Absterben des Gehirns läßt sich jedoch mit den natürlichen Voraussetzungen des ‚Lebens' und des ‚Menschseins' nicht mehr in Einklang bringen, da mit dem Organtod des Gehirns das Lebenszentrum des Menschen zerstört und seine individuelle Existenz erloschen ist. Während Kreislauf und Atmung auch nach ihrem Versagen reaktiviert und mit modernen Geräten künstlich in Gang gehalten werden können, ist der völlige Ausfall aller Gehirnfunktionen stets irreversibel. Menschlich-personales Leben endet daher unwiderruflich, wenn das Gehirn als Ganzes abstirbt und seine Funktionen für immer einstellt. Demgemäß ist entsprechend den neueren wissenschaftlichen Erkenntnissen unter dem Eintritt des Todes nicht der Stillstand des Herzens und der Atmung (= Herztod), sondern das endgültige Erlöschen aller Gehirnfunktionen (= Gehirntod) zu verstehen. Im Fall (...) war P daher beim Abschalten der Maschine durch S kein taugliches Tötungsobjekt i. S. des § 212 mehr."[178]

(6) Das Lehrbuch von Maurach

Ein anderes Lehrbuch, das bis dato den Tod(eszeitpunkt) auf den „‚letzten Atemzug'" fixiert hatte,[179] argumentiert seit 1969 ähnlich: „Der Schutz des menschlichen Lebens dauert bis zu dessen tatsächlichem Ende. Die Frage, wann dieser Zeitpunkt endet (die mit Rücksicht auf die homologe Organ-, insbesondere Herztransplantation von höchster Aktualität ist), ist dank den Fortschritten der modernen Medizin erneut zur Debatte gestellt. Die früher als richtig angenommene Meinung, das Leben dauere ‚bis zum letzten Atemzuge oder Herzschlage' (...) ist wegen der Möglichkeit, den eingetretenen Herzstillstand auch nach Stunden zu überwinden, heute nicht mehr haltbar. Als Todeszeitpunkt wird in der Gegenwart das (durch Gehirnstrommessungen nachprüfbare) radikale

---

[178] *Wessels*, StrafR-BT/1, 1. Aufl., S. 3; 2. Aufl., S. 3; 3. Aufl., S. 3; 4. Aufl., S. 3; 5. Aufl., S. 3f.; 6. Aufl., S. 3f.; 7. Aufl., S. 3f. (anstelle von „Gehirntod" ist nunmehr vom „Hirntod" die Rede); 8. Aufl., S. 4f.; 9. Aufl., S. 4f.; 11. Aufl., S. 4f.; 12. Aufl., S. 4f.; 14. Aufl., S. 4f.; 15. Aufl., S. 4f.; 16. Aufl., S. 4f.; 17. Aufl., S. 4f.; 18. Aufl., S. 4f.; 19. Aufl., S. 4f, wo erstmals ausdrücklich auf die „hM" verwiesen wird: „so die hM, anders Höfling, JZ 95, 26".
[179] Vgl. *Maurach*, 1. Aufl. (Ausgabe im Hermann Schroedel Verlag, Hannover-Darmstadt), S. 13; 1. Aufl. (Ausgabe im Verlag C. F. Müller, Karlsruhe), S. 13; 2. Aufl., S. 13; 3. Aufl., S. 13; 4. Aufl., S. 13.

Aufhören der Gehirntätigkeit bestimmt (...)."[180] In der Sache schließt sich der Autor, der das Lehrbuch weiterbearbeitet, dieser Position an: „Der früher nach dem Stillstand von Atmung und Kreislauf befriedigend beurteilte Zeitpunkt des Todes ist durch die moderne Entwicklung von Reanimatoren und Respiratoren sowie der auf möglichst frische Transplantate angewiesenen Organtransplantation äußerst problematisch geworden. Allgemein wird heute auf die Zerstörung des Gehirns, den ‚cerebralen Tod' abgestellt. Dessen Feststellung ist aber außerordentlich schwierig. (...) Die Verlagerung der Todesbestimmung vom Herz auf das Hirn hat zwar Herztransplantationen möglich, gleichzeitig aber Hirntransplantationen per definitionem unzulässig gemacht (...), es sei denn, man betrachtet das Gehirn als Empfänger, den Körper als Transplantat (...)!"[181]

(7) Das Lehrbuch von Welzel und die Dissertation von G. Jakobs

Auch Hans Welzel ist sich Ende der sechziger Jahre sicher: „Unter Todeseintritt ist nicht (wie früher) der Stillstand des Herzens und der Atmung, sondern das Erlöschen der Hirnfunktion zu verstehen."[182] Sein Schüler Günter Jakobs, der später hinter die Tragfähigkeit des Hirntodkonzepts ein Fragezeichen setzt,[183] verwendet in seiner 1967 publizierten Dissertation zwar nicht das Wort „Hirntod", aber er weist darauf hin, daß der Tod eintrete, wenn „„die spontane Tätigkeit der wichtigsten Funktionen des Organismus, Atmung, Kreislauf und Hirnfunktion, irreversibel beendet'"[184] sei: „In der Praxis gilt der Tod als eingetreten, wenn Anoxie der Ganglienzellen vorliegt, was im Zweifels-

---

[180] *Maurach*, 5. Aufl. (Vorwort Januar 1969), S. 13 (§ 1 II A 2 b).
[181] *Schroeder*, in: Maurach, BT/1, 6. Aufl., S. 13f. (Hinweis auf die „neuerdings schwierig gewordene Bestimmung des Todeszeitpunktes" bei *Schroeder*, in: Maurach, BT/2, 6. Aufl., S. 77 - zu § 168); ebenso auch *ders.*, in: Maurach/Schroeder/Maiwald, StrafR-BT/1, 7. Aufl., S. 14 (§ 1 Rn. 12f.); erneuter Hinweis auf die „neuerdings schwierig gewordene Bestimmung des Todeszeitpunktes" bei *dems.*, in: Maurach/Schroeder/Maiwald, StrafR-BT/2, 7. Aufl., S. 108 (§ 62 Rn. 9).
[182] *H. Welzel*, 11. Aufl. (Vorwort: Herbst 1969), S. 280; in den Vorauflagen fehlt der Hinweis auf den Hirntod, vgl. nur die 10. Aufl. (Vorwort: Sommer 1967), S. 269f., die 8. Aufl., S. 244, und die 7. Aufl., S. 244. Keine Angaben zum Todesbegriff in *H. Welzel*, 1. Aufl., S. 135; 2. Aufl., S. 138; 4. Aufl., S. 206; 6. Aufl., S. 234; 7. Aufl., S. 244; 8. Aufl., S. 244; 9. Aufl., S. 254; 10. Aufl. (Vorwort Sommer 1967), S. 269f.
[183] *Jakobs*, StrafR-AT, S. 80 (Rn. 29): „Zudem sind alle, auch die meist als deskriptiv bezeichneten Deliktsmerkmale normativ begrenzt und im Grenzfall möglicherweise unbestimmt (etwa: Ende des Menschseins mit dem Hirntod?)."
[184] *Jakobs*, Die Konkurrenz von Tötungsdelikten mit Körperverletzungsdelikten, S. 103 (Tag der mündlichen Prüfung: 10. 3. 1967) - *Jakobs* zitiert (wie der Blick in die dortigen Fn. 28 und 30 belegt) „Laves, Münchener Medizinische Wochenschrift 1965, S. 118", zunächst ausdrücklich (s. oben den Satz über die spontane Tätigkeit usf.), aber auch als Anmerkung zu dem Satz über die Bedeutung des EEG.

fall durch Elektro-Enzephalographie ermittelt werden muß."[185] Damit wird aber - vermittelt über den Verweis auf das EEG - konkludent die Bedeutung des Gehirns für die Todesbestimmung hervorgehoben. Gut zwei Jahre später wird Welzel das „Erlöschen der Hirnfunktion" unmißverständlich als Kriterium des Todes ausweisen.

bb) Die übrige Literatur

(1) Karl Engisch

Im Juni 1967, also ein gutes halbes Jahr vor der ersten homologen (allogenen) Herztransplantation erscheint ein Beitrag von Karl Engisch, vielleicht die erste - zumal von einem in arztstrafrechtlichen Fragen bewanderten Autor vorgelegte - Publikation, die die strafrechtlichen Fragen ausführlicher angeht, als bis dato geschehen.[186] Nichtsdestotrotz weist Engisch darauf hin, hier sei „noch wenig geklärt"; nicht zuletzt deshalb könne sein Beitrag nur ein erster „Diskussionsbeitrag" sein, der sich auf die „Darlegung einiger Leitgedanken" zu beschränken habe. Zunächst merkt Engisch zurückhaltend an: „Die Frage der Bestimmung des rechtlich maßgeblichen Todeszeitpunktes getraue ich mich nicht sicher zu beantworten. Stellt man etwa auf das Aufhören der Gehirntätigkeit ab, weil das Gehirn der Träger der eigentlich menschlichen, d. h. der geistigen Funktionen ist, so gerät man in Gefahr, ‚geistig Toten' das Lebensrecht abzusprechen." Es muß nach diesem Vorspruch verwundern, wie Engisch fortsetzt: „Dennoch glaube ich, daß für den Juristen das radikale Aufhören der Gehirntätigkeit ausschlaggebend ist. Der ‚geistig Tote' mag zwar ein erkranktes Gehirn besitzen. Aber er ermangelt doch nicht der Gehirntätigkeit, ist also insofern nicht in Gefahr, als tot angesehen zu werden. Auch bei Bewußtlosigkeit dürfte die Gehirntätigkeit nicht völlig eingestellt sein, kann jedenfalls wieder aufleben. (...) Jedenfalls dürfte das Weiterarbeiten einzelner untergeordneter Organe kein Hinderungsgrund sein, einen Menschen bereits als tot anzusehen, wenn sein Gehirn nicht mehr arbeitet oder das Herz endgültig zu schlagen aufgehört hat." Engischs Resümée fällt eindeutig aus: „Wir gehen jetzt davon aus, daß ein Mensch, dessen Organ übertragen werden soll, rechtlich als verstorben gelten darf, was wohl im Zweifelsfalle als *harmlosere Gestaltung der Verhältnisse* anzusehen ist und *darum* für die juristische Würdigung zum Ausgangspunkt zu nehmen ist." Wieso diese Behauptung zu einer harmloseren Gestaltung

---

[185] *Jakobs*, Die Konkurrenz von Tötungsdelikten mit Körperverletzungsdelikten, S. 103.
[186] *Engisch*, Über Rechtsfragen bei homologer Organtransplantation, S. 252 - auch für alle folgenden Zitate; Hervorhebungen nicht im Original. *Engischs* Einschätzung der Gefahr für die von ihm so genannten „geistig Toten" ist etwas schwächer formuliert in: Der Arzt an den Grenzen des Lebens, S. 40.

der Verhältnisse führt, erläutert Engisch nicht; allerdings merkt er an, daß man „sowohl auf den Spender des Organs wie auf den Empfänger des Organs zu sehen und zu achten hat." Wäre es harmloser - diese Frage schwingt ersichtlich im Hintergrund mit - den Spender als lebendig zu qualifizieren mit der Folge, daß vom Lebenden entnommen würde (was kaum zulässig wäre) und der potentielle Empfänger auf ein rettendes Organ verzichten müßte? Die Zulässigkeit von „Organtransplantationen vom Frischverstorbenen" scheint demgegenüber vorzugswürdig, juristisch harmlos*er* (nicht: harm*los*!) zu sein, und alle Bedenken gegenüber der Abwertung „geistig Toter" - eine Vokabel, die in den sechziger Jahren Medizinern und Juristen noch vergleichsweise ungehemmt über die Lippen geht - ,[187] also jene Kritik, die man heute an sog. Teilhirntod-Konzepten übt (worauf zurückzukommen ist), all dies hält Engisch nicht davon ab, dem Hirntodkonzept im Ergebnis zu folgen: dem „Hirntod, welcher angenommen werden darf" - wie Engisch Ende der siebziger Jahre betont -, „wenn ‚das Bewußtsein erloschen ist'."[188]

(2) Paul Bockelmann

Paul Bockelmann befürwortet das Hirntodkonzept ebenfalls:[189] „Bei der Bestimmung des Todeszeitpunktes wird sich das Strafrecht natürlich, obwohl seine Begriffsbildung hier so wenig wie sonst an die der Medizin gebunden ist, an

---

[187] Auch *H. Welzel* spricht von geistig Toten (und zwar - anders als *Engisch* - ohne Anführungsstriche): „Der physisch Tote steht hierbei nicht anders da als der geistig Tote." So - im Kontext des Ehrenschutzes - *H. Welzel*, 7. Aufl., S. 265; ebenso: 4. Aufl., S. 225; 6. Aufl., S. 254; 8. Aufl., S. 265; 9. Aufl., S. 277; 10. Aufl., S. 293; 11. Aufl., S. 305. In der 1. Aufl., S. 143, und der 2. Aufl., S. 146, ist von dem „Geisteskranke(n)" die Rede. S. auch folgenden Satz aus der Eröffnungsansprache des damaligen Präsidenten der Deutschen Gesellschaft für Chirurgie, *Wachsmuth*, S. 7, zur 84. Tagung der Gesellschaft (29. 3. bis 1. 4. 1967): „Die entscheidende Frage ist, wann wir unsere Maßnahmen zur Erhaltung des Lebens einstellen dürfen, wann wir sie weiterführen müssen, selbst auf die Möglichkeit hin, *geistig Minderwertige* am Leben zu erhalten" - Hervorhebung nur hier. Immer noch lesenswert, um das Problembewußtsein zu schärfen: *Binding/Hoche*: „Zustände geistigen Todes" (S. 51), „der geistige Tod" (S. 51), „geistig Toter" (S. 52 a.E.), „geistige(r) völlige(r) Tod" (S. 53) - Formulierungen bei *Hoche*; *Binding* spricht u. a. von „den unheilbar Blödsinnigen" (S. 31), die „das furchtbare Gegenbild echter Menschen bilden" (S. 32).

[188] *Engisch*, Aufklärung und Sterbehilfe, S. 537 - die Worte „das Bewußtsein erloschen ist" stehen auch im Original in Anführungszeichen, allerdings ohne daß eine Quelle für dieses (vermeintliche) Zitat abgegeben würde; möglicherweise soll die Verwendung von Anführungszeichen nur verdeutlichen, daß der Bezug auf das Bewußtsein verkürzt gemeint ist, also eigentlich der Erläuterung bedarf.

[189] *Bockelmann*, Strafrechtliche Aspekte der Organtransplantation, S. 53. Ähnl. *ders.*, Strafrecht des Arztes, S. 109. S. auch *dens.*, Rechtsfragen beim Hirntod, S. 277: „Dies heißt freilich nicht, daß die Jurisprudenz an die medizinischen Anschauungen darüber, wo die Grenze zwischen Tod und Leben verläuft, gebunden wäre. Die rechtliche Begriffsbildung ist überall selbständig."

B. Rezeption des Hirntodkonzepts in der Straf- und Grundrechtslehre

dem orientieren, was die ärztliche Wissenschaft lehrt. Es wird darum dem Wandel Rechnung tragen müssen, der sich in den Anschauungen der Medizin über die Datierung des Todes vollzogen hat. (...) (D)ie Medizin (zieht) - soviel ich sehe: einmütig - den Schluß, daß der Organtod des Hirnes der Tod des Menschen ist. Der Zeitpunkt, in dem die Hirnfunktion erlischt, ist der Zeitpunkt des Todes. Ich sehe keine Möglichkeit, den rechtlichen Begriff des Todes anders zu bestimmen. Entscheidende Gründe sprechen dafür, daß das Recht seinerseits den Tod mit dem Organtod des Hirns identifiziert. Der Hirntod besteht (...) im endgültigen Erlöschen des geistigen Seins, jedenfalls für diese Welt, bedeutet also das Ende der Existenz des Menschen als Person. Nur die Person aber kann das Recht als lebendigen Menschen gelten lassen." Bockelmann gesteht zu,[190] daß es „für einen Nichtmediziner schockierend klingen" möge zu hören, daß in der „leiblichen Hülle des Verstorbenen" - gemeint ist der Hirntote - „das Herz noch schlägt", aber man dürfe nicht vergessen, „daß (...) die Person den Tod ihres Herzens überdauern" könne, wie „das Beispiel der geglückten Herztransplantation" beweise - und umgekehrt. Jedenfalls - so Bockelmann - „nötigt (dies alles) dazu, auch für die rechtliche Betrachtung den Tod des Menschen auf den Tod des Gehirns zu datieren."

Bemerkenswert ist an dieser Äußerung mehreres: Bockelmann überläßt es der Phantasie des Rezipienten zu eruieren, aus welchen Gründen und inwieweit sich in der Frage des Todes das Strafrecht an der Medizin zu orientieren habe. Der etwas halbherzige Verweis auf die juristische Begriffsbildungsautonomie und die uno actu vollzogene Ankopplung an die Auffassung der Medizin belegen dies. Auch die Rückführung lebendigen Menschseins auf geistiges Dasein, auf Personsein wird ohne Begründungsaufwand als zutreffend (voraus)gesetzt. Die einzig „entscheidende Frage"[191] ist für Bockelmann die der richtigen Diagnostik des Hirntodzustands - nur: „Darüber steht dem Nicht-Mediziner natürlich kein Urteil zu."[192] Denn - dies ist der Subtext der gesamten Äußerung -: Die Frage nach dem Hirntod ist eben im Kern eine medizinische Frage. Im übrigen unterscheide sich die Funktion des Stillstands von Herz und Atmung, den Tod anzuzeigen, nicht von derjenigen des Hirntods: „Mir scheint, daß sie in Wahrheit diese Funktion nur deshalb erfüllen konnten, weil sie den Hirntod zur Folge haben."[193]

---

[190] Zum Folgenden: *Bockelmann*, Strafrechtliche Aspekte der Organtransplantation, S. 54; ähnl. *ders.*, Strafrecht des Arztes, S. 109.
[191] *Bockelmann*, Strafrechtliche Aspekte der Organtransplantation, S. 55; *ders.*, Strafrecht des Arztes, S. 110.
[192] *Bockelmann*, Strafrechtliche Aspekte der Organtransplantation, S. 55.
[193] *Bockelmann*, Rechtsfragen beim Hirntod, S. 279.

(3) Hans Lüttger

Ähnlich undeutlich (oder eigentlich: deutlich - weil eindeutig der Medizin folgend) wie Bockelmann bleibt bei der Bestimmung des Verhältnisses von (Straf-)Recht und Medizin auch Hans Lüttger: „Der Rechtsbegriff des ‚Todes' ist (...) nach den Erkenntnissen der medizinischen Wissenschaft *und* den Regeln juristischer Interpretation auszufüllen (...)."[194] Strafrecht und Medizin stehen im Interpretationsprozeß offenbar gleichrangig-unspezifisch nebeneinander; sechs Seiten nach dieser Verhältnisbestimmung ereilt das Strafrecht hingegen eine nachrangige Position: „Der (...) Rechtsbegriff (...) des Todes wird (...) durch die medizinische Wissenschaft ausgefüllt. Er ist daher dem inhaltlichen Wandel durch neue medizinische Erkenntnisse unterworfen."[195] Die von Lüttger hervorgehobene „enge Verflechtung zwischen medizinischen und rechtlichen Überlegungen"[196] löst sich auch hier in eine Ankopplung an die Medizin auf.[197]

(4) Ernst-Walter Hanack

Ernst-Walter Hanack kommt in mehreren Beiträgen ebenfalls zu dem Ergebnis, daß der Hirntod der Tod des Menschen sei. „Im Ausgangspunkt ist die Bestimmung des Todes eine naturwissenschaftliche, keine juristische Frage. Wenn daher die Medizin heute das Wesen des menschlichen Lebens von spezifischen höheren Funktionen des Gehirns ableitet, wird der Jurist dies anerkennen müssen und - mit der Medizin - den möglichen Fortbestand einzelner peripherer Organfunktionen nach dem ‚Gehirntod' als animalische Restbestände ohne eigentlich menschlichen Lebensinhalt begreifen dürfen. Tatsächlich ist das in dem mir überschaubaren Bereich der deutschsprachigen Rechtswissenschaft auch von allen Autoren angenommen worden, die sich auf der Grundlage der heutigen Erkenntnisse mit der Frage beschäftigt haben."[198] Dementsprechend sei „es (...) nicht nur unbedenklich, sondern sachgerecht und notwendig, daß das Recht neue oder verfeinerte Einsichten der Medizin in die Kriterien des Todes akzeptiert, soweit sie juristisch relevant sind. (...) Eine Betrachtung (...) ergibt (...) aus rechtlicher Sicht keine prinzipiellen Einwendungen gegen die Einsicht der mo-

---

[194] *Lüttger*, Der Tod und das Strafrecht, JR 1971, S. 309 r. Sp. o. vor 1. - Hervorhebung nur hier.

[195] *Lüttger*, Der Tod und das Strafrecht, JR 1971, S. 315 (r. Sp. o.).

[196] *Lüttger*, Der Tod und das Strafrecht, JR 1971, S. 309 (l. Sp. vor A.).

[197] Deutlich ist *Lüttger* beim Lebensanfang: Der „Begriff ‚Beginn der Geburt' hat nun gewiß eine humanbiologische Fundierung; als Rechtsbegriff mit übrigens stark normativem Gehalt unterliegt er aber der kompetenten juristischen Interpretation; eine ‚Definitionsautonomie' der Humanbiologen und Mediziner gibt es auch bei der Frage, wann das ‚Menschsein' im Strafrecht beginnt, mithin nicht." *Lüttger*, Geburtsbeginn, NStZ 1983, S. 481.

[198] *Hanack*, Rechtsprobleme bei Organtransplantationen, S. 432.

B. Rezeption des Hirntodkonzepts in der Straf- und Grundrechtslehre

dernen Medizin, daß das menschliche Leben von den spezifischen höheren Funktionen des Gehirns abgeleitet ist. (...) Neuerdings erhobene Bedenken und früher geäußerte Zweifel einzelner Mediziner dürften diese heute als herrschend anzusehende Rechtsmeinung jedenfalls nicht prinzipiell in Frage stellen."[199] Es bleibt kein Zweifel: Die *Rechts*meinung hängt von der Meinung der *Medizin* ab, ihr hat das Straf*recht* zu folgen. Das Recht kann allenfalls eine gewisse, freilich begrenzte Evidenz- und Konsistenzkontrolle leisten,[200] ansonsten ist die Medizin gefragt, namentlich in der Diskussion über die zutreffende Hirntod-Diagnostik.[201] Im übrigen - so Hanack - sei die Etablierung des Hirntodes keine wirkliche Novität, denn „schon lange" sei der irreversible Herz-Kreislaufstillstand „letztlich nur ein Indiz für den Gehirntod gewesen. Die Juristen haben, jedenfalls in Deutschland, darauf im allgemeinen nur nicht geachtet."[202] Dementsprechend „werden die Kriterien des Herztodes" und die „überkommenen Todeszeitkriterien" wie „fehlende Atmung und Herztätigkeit, Abkühlung, Totenflecke usw." nur „benutzt als Indizien für ‚den' Tod, den Gehirntod, der sich, wenn ich recht sehe, mit diesen traditionellen Merkmalen sicher genug feststellen läßt (...)."[203]

(5) Claus Roxin

Auch Claus Roxin befürwortet die Gleichsetzung von Tod und Hirntod:[204] „Roxin erläutert und begründet, daß sich auch in der Jurisprudenz der von allen

---

[199] *Hanack*, Todeszeitbestimmung, Reanimation und Organtransplantation, S. 1320f.
[200] *Hanack*, Todeszeitbestimmung, Reanimation und Organtransplantation, S. 1320 (sub 2.), wo er ausführt, der Jurist könne „die naturwissenschaftlichen Erkenntnisse auf ihren juristischen Beweiswert (...) kontrollieren und ihr Verhältnis zu vorhandenen Rechtsgrundsätzen in den Konsequenzen (...) überprüfen, wobei ihm verständlicherweise eine Übereinstimmung der naturwissenschaftlichen Aussagen die Prüfung erleichtert." Genaugenommen kann eine Überprüfung des Beweiswertes nur gelingen, wenn man sich über den normativen Sinn des Tatbestandsmerkmals im klaren ist, dessen Vorliegen oder Nicht-Vorliegen zu beweisen ist. Versteht man - wie *Hanack* - das Tötungstatbestandsmerkmal als dynamische Verweisung auf den Stand der Erkenntnisse der Medizin, fragt man sich, welcher „juristische Beweiswert" hier noch überprüfbar sein soll - abgesehen vielleicht von der Frage, wie der Stand der (Erkenntnisse der) medizinischen Wissenschaft beschaffen ist.
[201] *Hanack*, Todeszeitbestimmung, Reanimation und Organtransplantation, S. 1322f.
[202] *Hanack*, Rechtsprobleme bei Organtransplantationen, S. 432 Anm. 3.
[203] *Hanack*, Todeszeitbestimmung, Reanimation und Organtransplantation, S. 1322 (l. Sp. u.).
[204] *Roxin*, Rundgespräch, S. 1095f. - wiedergegeben als Protokoll einer Veranstaltung am 12.4.1969 auf der 86. Tagung der Deutschen Gesellschaft für Chirurgie 1969; s. dazu auch den Bericht des Münchener Merkur, Nr. 89 v. 14.4.1969, S. 13, in dem u. a. auf *Roxins* Ausführungen hingewiesen wird: „In der Jurisprudenz, sagte Professor Roxin dann weiter, habe sich der Hirntod als maßgeblicher Todeszeitpunkt erst durchgesetzt, nachdem die ersten Herzverpflanzungen stattgefunden hatten." *Roxin* hatte sich schon

Zweifeln freie Begriff ‚Hirntod' als brauchbar erwiesen und durchgesetzt habe; das Rekurrieren auf den Hirntod ist auch unabhängig von der Transplantationsproblematik sachlich richtig, weil sowohl die Sonderheit des Menschen als Gattung, seine Fähigkeit planend in den Weltlauf einzugreifen, als auch seine Individualität, also das, was ihn von anderen Menschen unterscheidet, an die Funktion des Gehirns gebunden ist. Ein Mensch mit einem fremden Herzen ist immer noch derselbe Mensch; ein Mensch mit einem anderen Gehirn wäre zu einem anderen Menschen geworden. Roxin führt aus: ;Der Umstand, daß man früher in der Jurisprudenz den Todeszeitpunkt auf den Stillstand von Atmung und Kreislauf abstimmte, hat wohl auch gar keine prinzipiell andere Auffassung bezeichnen sollen. Es ist so, daß der Kreislaufstillstand normalerweise binnen kurzem den Hirntod nach sich zieht', so daß sich beide Kriterien hinsichtlich der Todeszeitbestimmung nicht wesentlich voneinander unterschieden haben. ‚Erst die neueren Reanimationstechniken zwingen uns zu einer schärferen Differenzierung zwischen Hirn- und Herztod. Wenn wir uns dabei auf das Gehirn als den eigentlichen Sitz des Menschseins zurückbesinnen, ist es also nichts völlig Neues, sondern im Grunde nur eine Präzisierung.' Der endgültige Tod des Gesamtgehirns ist identisch mit dem menschlichen Tod; (...)." Wenige Jahre später kann Roxin dementsprechend feststellen: „Daß - volkstümlich gesprochen - der Hirn- und nicht der Herztod das Ende der menschlichen Existenz bezeichne, ist im strafrechtlichen Schrifttum heute schon die fast absolut herrschende Auffassung."[205]

(6) Günter Stratenwerth

In der Festschrift für Karl Engisch äußert sich auch Günter Stratenwerth „Zum juristischen Begriff des Todes"[206], dem Jubilar folgend, der als „einer der ersten"[207] zum Thema Stellung bezogen hatte. Auch Stratenwerth empfiehlt, auf den „cerebralen Tod abzustellen", also auf den Tod des Organs, „das nach allem, was wir wissen, die Grundlage jedes im eigentlichen Sinne menschlichen Lebens ist, an das alle geistigen und seelischen Vorgänge gebunden sind. Mit dem cerebralen Tod erlischt, so wird man sagen dürfen, die menschliche Persönlichkeit."[208] Dementsprechend versteht er (wie er an anderer Stelle präzisiert) den Hirntod „von der Zerstörung der *Groß*hirnrinde, dem unwiderrufli-

---

davor - auf einem anderen Ärztekongreß am 20.6.1968 - in sachlich übereinstimmender Weise geäußert, s. den Hinweis unten in Fn. 856.
[205] *Roxin*, Zur rechtlichen Problematik des Todeszeitpunktes, S. 299.
[206] So der Titel der Abhandlung von *Stratenwerth* in der Engisch-FS, S. 528ff.
[207] So *Stratenwerth*, Zum juristischen Begriff des Todes, S. 528 Anm. 1 unter Verweis auf *Engischs* Beitrag in der Zeitschrift „Der Chirurg" 1967, S. 252ff.
[208] *Stratenwerth*, Zum juristischen Begriff des Todes, S. 543.

chen Verlust des Bewußtseins" her,[209] favorisiert also - in heutiger Terminologie - ein Teilhirntodkonzept, das damit vom gegenwärtig gängigen *Ganz*hirntodkonzept abweicht, weil es den Ausfall des Hirnstamms nicht für wesentlich erachtet. Angesichts der Probleme, eine Behandlung ansonsten (angeblich) nicht abbrechen zu dürfen bzw. geeignete Organe nicht erlangen zu können, erscheine - so fährt Stratenwerth in seinem Beitrag für die Engisch-Festschrift fort - „die Entscheidung für eine veränderte Definition des Todes in der Sache als unausweichlich".[210] Gewiß gebe es etwa hinsichtlich der Diagnostik „medizinische Schwierigkeiten", sie seien indes „nicht eigentlich juristischer Natur".[211] Denn es „kann (...) nicht die Aufgabe des Juristen sein, medizinische Zweifelsfragen zu entscheiden."[212]

(7) Günther Kaiser

Auch Günther Kaiser weist in einem 1971 vorgelegten Beitrag (der Textfassung eines 1970 gehaltenen Vortrags) darauf hin, „für die strafrechtliche Betrachtung" gelte, „daß der Tod des Menschen der Tod seines Gehirns ist, (...)."[213] Aber er verbindet diese Aussage mit bemerkenswerten kritischen Betrachtungen. Obwohl „in den letzten 3 Jahren zahlreiche biologische, medizinische und juristische Äußerungen zu diesem Fragenkreis vorliegen (...), herrscht noch immer, und zwar quer durch die Reihen der Mediziner und Juristen, große Unsicherheit. Immerhin scheint eine gewisse Beunruhigung und auch distanziertete Betrachtung eingetreten zu sein, nachdem Erörterungen, Stellungnahmen und Beschlüsse auf dem Höhepunkt der Welle von Herztransplantationen fast hektische Formen angenommen hatten."[214] Kritisch merkt Kaiser an: „Es liegt nahe, daß unter dem euphorisch stimmenden Eindruck epochaler Herzverpflanzungen auch die Jurisprudenz nicht zurückstehen will und teils auf Drängen medizinischer Sachkenner, teil spontan den Hirntod als den maßgeblichen Todeszeitpunkt des Menschen definiert. Ob deshalb Juristen und noch mehr Theologen auch von ‚Restorganismen', ‚Vitalkonserven', ‚Ebenbild Gottes a. D.' sprechen müssen, erscheint zweifelhaft, stimmt jedenfalls nachdenklich."[215]

---

[209] *Stratenwerth*, Euthanasie (Sterbehilfe), S. 134 - Hervorhebung nur hier. *Stratenwerth* weist darauf hin, daß man „über die medizinisch verläßlichen Anzeichen irreversiblen Bewußtseinsverlustes streiten kann".
[210] *Stratenwerth*, Zum juristischen Begriff des Todes, S. 546 a.E.; *Stratenwerth* hebt hier das hervor, was *Hanack* eine „unausweichliche Folge der modernen Reanimationsmethoden" nennt (*Hanack*, Rechtsprobleme bei Organtransplantationen, S. 432).
[211] *Stratenwerth*, Zum juristischen Begriff des Todes, S. 545 - hinsichtlich der beiden vorhergehenden Zitate.
[212] *Stratenwerth*, Zum juristischen Begriff des Todes, S. 547.
[213] *G. Kaiser*, Einfluß der Fortschritte der Biologie und der Medizin, S. 40.
[214] *G. Kaiser*, Einfluß der Fortschritte der Biologie und der Medizin, S. 37.
[215] *G. Kaiser*, Einfluß der Fortschritte der Biologie und der Medizin, S. 37.

Kaiser weist auch auf binnenmedizinische Kritik an der Tragfähigkeit des Hirntodkonzepts hin und stellt fest: „Offenbar ist nicht nur die rechtlich-soziale Unsicherheit groß, sondern auch die biologisch-medizinische Bestimmung des genauen Todeszeitpunktes."[216] Trotz aller Anfragen - so resümiert Kaiser dann freilich doch - liege es „nahe, unbeschadet anderweitiger öffentlich- und privatrechtlicher Regelungen strafrechtlich den menschlichen Tod im Sinne des Gehirntodes zu definieren. Dies scheint auch die vorherrschende Auffassung der neueren Medizin zu sein, soweit sie sich überhaupt mit dem Todesbegriff zu beschäftigen hat. Deshalb besteht zunächst weder Anlaß noch Möglichkeit, den rechtlichen Begriff des Todes anders zu bestimmen."[217] Diese Ansicht zeichnet er - wohlgemerkt: zu Beginn der siebziger Jahre - mit einem unmißverständlichen Etikett aus: „Herrschende Meinung".[218] Sie greife mit ihrem Votum für das Hirntodkonzept im übrigen nur „*präzisierend* auf das Absterben des Zentralnervensystems bzw. auf den Organtod des Gehirns" zurück.[219]

(8) Weitere Äußerungen aus der Frühzeit der Rezeption des Hirntodkonzepts

Max Kohlhaas, der ehemalige, in Arztrechtsfragen engagierte Bundesanwalt, dessen (freilich nicht speziell auf den Hirntod gemünzten) Bedenken aus dem Jahre 1967 wir oben schon kennengelernt haben, stellt fest, daß „im Interesse der Frischhaltung der Organe" „künstliche Beatmung und motorisierende Herzbewegung" erfolgten: „Daher muß nunmehr auf die irreversible Ausschaltung der Gehirnfunktionen abgestellt werden, (...)"; im übrigen sei einer „Abwälzung der Todesfeststellung vom Ärztlichen weg entschieden" entgegenzutreten: Juristen seien hier nun einmal „ohne jede Sachkunde".[220] Einige Jahre später wird Kohlhaas präzisieren, daß namentlich der Organspender „eindeutig tot" sein müsse: „Sicher ist, daß die alten Normen, daß der Stillstand von Herz und Atmung ausreichen, um den Tod festzustellen, durch die Wissenschaft überholt sind. Als Kriterium der Todesfeststellung bietet sich der Gehirntod an."[221]

---

[216] *G. Kaiser*, Einfluß der Fortschritte der Biologie und der Medizin, S. 38.
[217] *G. Kaiser*, Einfluß der Fortschritte der Biologie und der Medizin, S. 39.
[218] *G. Kaiser*, Einfluß der Fortschritte der Biologie und der Medizin, S. 39 Anm. 77.
[219] So *G. Kaiser* schon 1967, in: *ders.*, Juristische und rechtspolitische Probleme, S. 645 (l. Sp. o.).
[220] *Kohlhaas*, Medizin und Recht, S. 122 - hinsichtlich der fehlenden Sachkunde erwähnt *Kohlhaas* konkret die Berufsgruppe der Richter (S. 121 a.E.). So auch *Siegrist*, S. 742: „Festzuhalten ist dabei, daß die Diskussion darüber in erster Linie Sache der Mediziner und nicht der Juristen ist." - gemeint ist die Diskussion über die Begriffe Leben und Tod.
[221] *Kohlhaas*, Rechtsfragen zwischen Leben und Tod, S. 138 a.E. Daß der Organspender „unzweifelhaft tot" sein müsse, betont auch *Schreiber*, Die rechtliche Zulässigkeit der Transplantatentnahme, S. 552.

Eckart von Bubnoff äußert sich im Ergebnis nicht anders: „Bei der Grenzbestimmung zwischen Leben und Tod stellt die medizinische Wissenschaft entscheidend auf das irreversible Erlöschen der Funktionsfähigkeit des menschlichen Zentralorgans, auf den ‚Organtod des Gehirns' ab. (...) Dieses Abgrenzungskriterium wird man mit aller im Hinblick auf Bedeutung und Schwierigkeit dieses Problems gebotenen Zurückhaltung auch als relevant für die strafrechtliche Beurteilung der hier in Frage stehenden Transplantationsfälle anzusehen haben."[222]

Roger Schönig reagiert in einem gut zwei Monate nach der ersten (homologen) Herztransplantation vorgelegten Beitrag auf die neue Lage: Es ergebe sich nun „für den Juristen die Notwendigkeit, einen neuen Todeszeitpunkt festsetzen zu müssen, um den Operateur nicht als Begeher eines Tötungsdeliktes hinstellen zu müssen, der er unzweifelhaft nicht ist."[223] Daß es sich bei dieser Behauptung um eine petitio principii handeln könnte, erwägt der Autor nicht. Vielmehr weist er darauf hin, es sei nunmehr „zweckmäßig (...), in den Fällen, in welchen der Gesamtkreislauf zum Zwecke der Organverpflanzung künstlich aufrechterhalten wird, den Tod als zu dem Zeitpunkt eingetreten zu betrachten, an welchem der Arzt der Überzeugung ist, daß ein selbständiges, d. h. von Wiederbelebungsgeräten unabhängiges Leben nicht mehr wiederhergestellt werden kann."[224] Und weiter: „Daß der neue Todeszeitpunkt seine Existenzberechtigung besitzt, ergibt sich auch aus folgender Gegenprobe: Schließt der Arzt einen hoffnungslos Kranken (Bewußtlosen) nicht an einen künstlichen Kreislauf an, liegt keine Tötung durch Unterlassen vor."[225] Im Ergebnis bedeutet dies: Der Tod tritt laut Schönig in dem Moment ein, in dem die behandelnden Ärzte feststellen (genauer: prognostizieren), daß das biologische Leben des Patienten dauerhaft von Wiederbelebungsgeräten abhängig sein wird. Ob dies nur im Zustand des Hirntodes der Fall ist, dazu äußert sich Schönig nicht. Ob die auffällige Nichterwähnung des Wortes „(Ge-)Hirntod" ein Indiz dafür ist, daß nach Schönigs Kriterium nicht erst Hirntote als tot zu gelten haben?

Rainer Kallmann besinnt sich wieder unmißverständlich auf den Hirntod. Angesichts „moderner Reanimationsmethoden" sei das „Aussetzen von Atmung und Kreislauf" zumindest „in Grenzfällen nicht mehr brauchbar": „Die medizinische Wissenschaft sucht daher nach neuen Kriterien, den Eintritt des Todes zu bestimmen, und der Rechtswissenschaft obliegt es festzulegen, welche Definition sie als allgemein anerkennen will; (...)."[226] Kallmann kommt zu einem klaren Ergebnis: „Ich sehe (...) mit der wohl h. M. in der medizinischen Wissenschaft

---
[222] *von Bubnoff*, GA 1968, S. 76f.
[223] *Schönig*, NJW, Heft 5 v. 1.2.1968, S. 189.
[224] *Schönig*, NJW 1968, S. 189; so auch S. 190 (l. Sp. o.).
[225] *Schönig*, NJW 1968, S. 190.
[226] *Kallmann*, FamRZ 1968, S. 574.

den Tod als dann eingetreten an, wenn das menschliche Zentralorgan, das Gehirn, seine Tätigkeit endgültig eingestellt hat."[227]

b) Der Transplantationsgesetzgebungsversuch in den 70er Jahren als Exempel der erfolgten Etablierung

Die gerade präsentierten Äußerungen des strafrechtlichen Schrifttums haben verdeutlicht, wie schnell das Hirntodkonzept sich als herrschende Meinung zu etablieren vermochte. Der erste - in den 70er Jahren unternommene - Versuch, die allgemeinen arzt(straf)rechtlichen Grundsätze zur Transplantation durch ein Spezialgesetz zu ersetzen, bestätigt diesen Eindruck.[228]

Im Text des von der damaligen Bundesregierung eingebrachten Gesetzentwurfs findet sich der Terminus „(Ge-)Hirntod" bemerkenswerterweise nicht; nur die Begründung verwendet und erläutert ihn.[229] Der Entwurf geht vielmehr von einem nicht näher erläuterten Begriff des Verstorbenseins[230], des Todes[231] oder des Todeszeitpunktes[232] aus. Ersichtlich versteht der Entwurf den Todesbegriff als medizinischen Begriff, der nicht normativ festlegbar, sondern nur empirisch feststellbar ist, also gleichsam von außen an das Recht herangetragen wird: Es geht um die „objektive Feststellung des eingetretenen Todes"[233] Dies bestätigt eine Stellungnahme des damaligen Bundesjustizministers: „(G)rundsätzliche Übereinstimmung"[234] bzw. „Einigkeit besteht (...) darin, daß sich die Kriterien des Todes einer gesetzlichen Festlegung entziehen. Sie zu bestimmen, ist Aufgabe der medizinischen Wissenschaft"; es sei heute „unstreitig, daß der für den Tod maßgebende Zeitpunkt keinesfalls vor Eintritt des Hirntodes. d. h. des irreversiblen Verlustes aller Funktionen von Hirnrinde und Hirnstamm", liege; dies sei keine „kontroverse Rechtsfrage"[235]. Diskussionswürdig war nur das Anliegen, „ein Höchstmaß an Sicherheit bei der Todesfeststellung zu gewähr-

---

[227] *Kallmann*, FamRZ 1968, S. 575.
[228] Z. F. - allerdings weniger ausführlich - *Höfling/Rixen*, S. 24ff.
[229] BT-Drs. 8/2681, S. 11: „Gehirntod" als „irreversible(r) Verlust aller Hirnfunktionen (Hirnrinde und Hirnstamm)".
[230] § 1 I, § 2 I Nr. 1, Nr. 3, § 2 II 1 Nr. 1, Nr. 2, § 2 III 1 Nr. 2, § 2 IV Nr. 2, § 2 V 1, § 3 I: „Verstorbener".
[231] § 2 IV, § 2 V 1: „Tod".
[232] § 2 IV: „Zeitpunkt des Todes".
[233] RegE-Begr., BT-Drs. 8/2681, S. 11. (RegE = Regierungs-Entw.).
[234] So der damalige Bundesjustizminister *H.-J. Vogel* in einer Rede anläßlich der ersten Lesung des Gesetzentwurfs im Bundestagsplenum, Stenographischer Bericht der 148. Sitzung des Deutschen Bundestages am 26.4.1979 (8. WP), S. 11812 (B).
[235] *H.-J. Vogel*, NJW 1980, S. 626.

leisten"²³⁶; hier seien „Detailprobleme" zu lösen, über die „man sich verständigen werde": „Dies ist ein (...) nicht besonders kompliziertes Problem."²³⁷

Als allgemeine Entnahmevoraussetzung führt der Regierungsentwurf den mindestens drei Stunden verstrichenen „endgültigen Stillstand des Kreislaufs" ein (§ 2 I Nr. 3 RegE). Die Verwendung des herkömmlichen Kriteriums des irreversiblen Kreislaufstillstandes ist - gemessen an der Absicht der Gesetzes, auch die Entnahme nicht-lebenswichtiger Gewebe und Organe zu ermöglichen -²³⁸ durchaus sachgerecht. Andererseits genügt dieses Kriterium der Entnahme lebenswichtiger „frische(r) Organe"²³⁹ nicht. Vielmehr ist hier das Hirntodkriterium „erfolgversprechender"²⁴⁰. Zu diesem Kriterium bekennt sich der Entwurf freilich nur verdeckt, wenn es heißt, der Eingriff sei auch „vor Ablauf von drei Stunden seit dem endgültigen Stillstand des Kreislaufs (...) zulässig, wenn dem Arzt vor Beginn des Eingriffs eine Bescheinigung vorgelegen hat, in der zwei Ärzte den Tod unter Angabe der ihrer Feststellung zugrunde liegenden Tatsachen bestätigt haben" (§ 2 V 1 RegE). Dieses „förmliche Todesfeststellungsverfahren"²⁴¹ sei nur erforderlich, „wenn der Eingriff in unmittelbarer Nähe des Todes durchgeführt"²⁴² werde.

Die Entwurfsbegründung deutet den „Eintritt des Gehirntodes"²⁴³ ersichtlich als besonderes Todeszeichen, das den Todeseintritt in medizinischer Hinsicht präziser feststellbar macht. Die Formulierung des § 2 V 1 RegE ist gleichwohl irreführend und legt - auch unter Beachtung der Entwurfsbegründung -²⁴⁴ ein medizinisches Mißverständnis nahe. Darauf hat im Bundestagsplenum der Göttinger Abgeordnete Dr. Klein zu Recht aufmerksam gemacht²⁴⁵: Ausweislich des Wortlauts muß der „endgültige Stillstand des Kreislaufs" auch beim hirntoten Menschen vorliegen; daß kann jedoch medizinisch nie der Fall sein, weil der Kreislauf des Patienten, bei dem eine Hirntoddiagnostik wahrscheinlich wird und der als potentieller Spender in Frage kommt, intensivmedizinisch („künstlich") aufrechterhalten wird. „Endgültig" kann der Stillstand des Kreislauf erst eintreten, wenn die intensivmedizinischen Versorgungsleistungen beendet und die Organe

---

²³⁶ *H.-J. Vogel*, NJW 1980, S. 626.
²³⁷ *H.-J. Vogel*, Stenographischer Bericht der 148. Sitzung des Deutschen Bundestages am 26.4.1979 (8. WP), S. 11812 (B).
²³⁸ RegE-Begr., BT-Drs. 8/2681, S. 6f., S. 8f.
²³⁹ So die RegE-Begr., BT-Drs. 8/2681, S. 11.
²⁴⁰ RegE-Begr., BT-Drs. 8/2681, S. 11.
²⁴¹ RegE-Begr., BT-Drs. 8/2681, S. 11; der Terminus „förmliches Feststellungsverfahren" findet sich - in Abgrenzung zu § 2 I Nr. 3 - auch auf S. 8 und S. 9 der Begr.
²⁴² RegE-Begr., BT-Drs. 8/2681, S. 8 a.E.
²⁴³ RegE-Begr., BT-Drs. 8/2681, S. 11.
²⁴⁴ Die Begründung erwähnt ausdrücklich, daß „Atmung und Kreislauf künstlich aufrecht erhalten werden", RegE-Begr., BT-Drs. 8/2681, S. 11.
²⁴⁵ Abg. Dr. *Klein*, Stenographischer Bericht der 148. Sitzung des Deutschen Bundestages am 26.4.1979 (8. WP), S. 11815 (B).

entnommen werden²⁴⁶. Die normtextliche Fassung des § 2 V 1 verdunkelt mithin den Sachverhalt, daß für die Entnahme lebenswichtiger Organe der Eintritt des Hirntodes, genauer: der Zeitpunkt seiner verläßlichen Diagnose, „der maßgebende Zeitpunkt"²⁴⁷ ist.

Der vom Bundesrat vorgelegte Gegenentwurf verschärfte die Anforderungen an die Todesfeststellung insoweit, als für jeden Eingriff (also auch bei nichtlebenswichtigen Organen) ein ärztliches Feststellungsverfahren zum „Schutz des Lebens"²⁴⁸ verbindlich gemacht wurde (§ 3 BR-Entw.).²⁴⁹ Im übrigen erwähnt die Begründung des Bundesratsentwurfs das Wort „Gehirntod" nicht einmal mehr, was auch ein Indiz für den Umstand ist, daß jedenfalls hinsichtlich der rechtlichen Unbedenklichkeit des Todeskriteriums die Sicht der Bundesregierung geteilt wird. Nur die Problematik der „höchstmöglichen Sicherheitsgarantien"²⁵⁰ für die korrekte Feststellung des Hirntodes wird aufgegriffen²⁵¹; jeder solle darauf vertrauen dürfen, „daß nicht 5 Minuten vor 12 in seinen Lebensablauf eingegriffen wird."²⁵²

Auch im Bundestag wird - anläßlich der ersten Lesung des Gesetzentwurfs - in einer Plenardebatte²⁵³ und sodann im Rahmen einer Öffentlichen Anhörung des Rechtsausschusses zum Projekt des Transplantationsgesetzes²⁵⁴ - die Problematik der Todesfeststellung aufgegriffen. Im Mittelpunkt der parlamentarischen Beratungen steht aber, weil im damaligen politischen Kontext „(v)iel schwieriger"²⁵⁵ zu beantworten, die Frage nach dem vorzugswürdigeren Entnahmemodell (enge Widerspruchs- vs. Einwilligungs- bzw. erweiterte Zustimmungslösung). Zu den

---

²⁴⁶ Vgl. nur *Pichlmayr/Löhlein/Gubernatis*, S. 743; *Offermann/Häring*, S. 219.
²⁴⁷ So der Abg. Dr. *Klein*, Stenographischer Bericht der 148. Sitzung des Deutschen Bundestages am 26.4.1979 (8. WP), S. 11815 (B).
²⁴⁸ So BR-Entw.-Begr., BR-Drs. 395/78 (Beschluß), S. 12 = BT-Drs. 8/2681, S. 17. Ähnl. auch die RegE-Begr.: „(i)m Interesse des Lebensschutzes" (BT-Drs. 8/2681, S. 8 a.E. und S. 11; vgl. auch die Begr. der nebenstrafrechtlichen Vorschrift des § 4 RegE, S. 12).
²⁴⁹ BR-Drs. 395/78 (Beschluß), S. 5, S. 11f. (Begr.) = BT-Drs. 8/2681, S. 14, S. 17 (Begr.).
²⁵⁰ So der rheinland-pfälzische Minister *Theisen*, Bericht über die 465. Sitzung des Bundesrates am 10.11.1978, Anl. 6, S. 455 (D).
²⁵¹ Beachte auch den Beitrag des hamburgischen Senators *Dahrendorf*: „Eine weitere wichtige Frage betrifft die Regelung der Feststellung der Todeszeit" (Bericht über die 465. Sitzung des Bundesrates am 10.11.1978, S. 438 [D]).
²⁵² *Theisen*, Bericht über die 465. Sitzung des Bundesrates am 10.11.1978, Anl. 6, S. 456 (C).
²⁵³ Dazu - ergänzend zu den bereits genannten Stellungnahmen im Bundestagsplenums - die Beiträge des Abg. *Spitzmüller* (Stenographischer Bericht der 148. Sitzung des Deutschen Bundestages am 26.4.1979 [8. WP], S. 11819 [A]) und des Landesministers Dr. *Eyrich* (ebda., S. 11820 [A]).
²⁵⁴ Protokoll der 76. Sitzung des Rechtsausschusses des Deutschen Bundestages am 24.9.1979 (8. WP/Prot. Nr. 76); außerdem die schriftlichen Stellungnahmen in den Ausschuß-Drs. 8/167 und 8/167/1 (als Anhang zum Prot. abgedruckt).
²⁵⁵ *H.-J. Vogel*, Stenographischer Bericht der 148. Sitzung des Deutschen Bundestages am 26.4.1979 (8. WP), S. 11812 (B) a.E.

B. Rezeption des Hirntodkonzepts in der Straf- und Grundrechtslehre

„hauptsächlichsten Fragen des Regierungsentwurfs"[256] gehört die normative Begründung des Hirntodkonzepts nicht.

In der rechtswissenschaftlichen Begleitdiskussion zum Gesetzgebungsverfahren, aber auch in den Stellungnahmen, die anläßlich der Anhörung des Rechtsausschusses vorgelegt werden, stellt sich die Lage nicht anders dar. Der Vertreter des Deutschen Richterbunds bemerkt, es sei eine „(u)nabdingbare Voraussetzung", daß „der Tod des Spenders eindeutig festgestellt wird. Wir sind der Meinung, daß die Frage des Todeszeitpunktes allein dem Mediziner überlassen werden sollte."[257] Diese These wiederholt der Sachverständige des Deutschen Richterbundes, offenbar ihrer Wichtigkeit wegen: „Die Verantwortung, wann der Tod vorliegt, sollte dem Mediziner allein überlassen werden; (...)."[258] Die Rechtsabteilung der Bundesärztekammer weist - weitaus spezifischer - darauf hin, „in der medizinischen Wissenschaft, aber auch im juristischen Schrifttum" werde „heute allgemein" der „für die Durchführung einer Organtransplantation maßgebende Individualtod mit dem Hirntod" gleichgesetzt. Der Eintritt des Hirntodes sei bei irreversiblem „Verlust aller Hirnfunktionen, d. h. von Hirnrinde und Hirnstamm, gegeben. Die Gleichsetzung des Individualtodes mit dem Hirntod ist keine Folge der Transplantationschirurgie, sondern Ergebnis moderner Behandlungsverfahren, die eine künstliche Aufrechterhaltung von Herz und Kreislauf trotz Ausfallens der eigenen Atmung durch eine künstliche Beatmung ermöglichen. Der Eintritt des Hirntodes ist in der Intensivtherapie die Entscheidungsgrundlage für den Abbruch der künstlichen Beatmung, da von diesem Zeitpunkt an zwar Herz und Kreislauf noch für einen begrenzten Zeiraum künstlich aufrecht erhalten werden könnten, der Mensch als Individuum jedoch wegen des endgültigen Verlustes sämtlicher Hirnfunktionen bereits gestorben ist."[259] Die „neue, moderne Definition des Todes bei *Organspendern*" sei - so sekundiert ein Transplantationsmediziner - der Hirntod, der „gleichbedeutend mit dem Tod des Individuums

---

[256] *Sturm*, JZ 1979, S. 699, der unter der Überschrift „Die hauptsächlichsten Fragen des Regierungsentwurfs (RE)" die normativen Grundlagen des Hirntodkonzepts *nicht* erwähnt.

[257] Sachverständiger *Leonardy*, Stenographisches Protokoll über die 76. Sitzung des Rechtsausschusses am 24.9.1979 (8. Wahlperiode), S. 33.

[258] *Leonardy*, Stenographisches Protokoll über die 76. Sitzung des Rechtsausschusses am 24.9.1979 (8. Wahlperiode), S. 33. Die Nichtbeachtung der verfassungsrechtlichen Dimension der Hirntod-Problematik mag darauf zurückzuführen sein, daß die Stellungnahme des Deutschen Richterbundes vom Dezernat Zivilrecht angefertigt wurde (vgl. die schriftliche Stellungnahme, Deutscher Bundestag/Rechtsausschuß, Ausschuß-Drs. 8/167, S. 21).

[259] Schriftliche Stellungnahme der *Bundesärztekammer* zur Anhörung am 24.9.1979, Deutscher Bundestag/Rechtsausschuß, Ausschuß-Drs. 8/167-1, S. 30ff. (30f.); so auch der Vertreter der Bundesärztekammer in der Anhörung, der Sachverständige *Rimpau*, Protokoll S. 44. Beachte auch den Sachverständigen *Pichlmayr*, Stenographisches Protokoll über die 76. Sitzung des Rechtsausschusses am 24.9.1979 (8. Wahlperiode), S. 134: „Die Bestimmung des Hirntodes ist keine Folge der Transplantationschirurgie."

(ist)."²⁶⁰ Rechtsprobleme werfen allenfalls bestimmte Techniken der Hirntoddiagnostik auf, die - wie etwa die Angiographie, die die beendete Gehirndurchblutung testen soll - u. U. Eingriffe am noch Lebenden sein könnten.²⁶¹ Es wird zwar erkannt, daß die „Todeszeitfeststellung nur für die Organentnahme (...) von Bedeutung ist"; daß sich aber hinter der „Feststellung der Todeszeit" bzw. der „Todeszeitbestimmung" möglicherweise ein normatives Problem verbirgt, wird übersehen.²⁶² „Die Methoden der Todesfeststellung im individuellen Fall können und brauchen nicht gesetzlich geregelt zu werden, da sie sich dem Einzelfall anpassen müssen und wegen ihres möglichen Wandels einer gesetzlichen Fixierung nicht zugänglich sind."²⁶³ Um Mißbräuche und Mangel an Objektivität zu vermeiden, werden „Förmlichkeiten bei der Todesfeststellung"²⁶⁴ angemahnt, die die Korrektheit der Diagnosestellung garantieren sollen; die Tragfähigkeit und Legitimation des Hirntodkonzepts wird unterstellt: „(hier) müssen (...) die Juristen der rechtlich vertretbaren *Vorverlegung* der Todesfeststellung durch die Ärzte folgen (...)."²⁶⁵ Summa summarum gesteht man zu, daß das geplante Gesetz „an Grundfragen von Leben und Tod rührt"²⁶⁶ - die Frage nach der Tragfähigkeit des Hirntodkonzepts freilich exklusive. Es zählt nicht zu den „wesentlichen (...) Unsicherheitsfaktoren"²⁶⁷, die eine gesetzliche Klärung erforderlich machen: „(...)

---

²⁶⁰ Schriftliche Stellungnahme des Transplantationsmediziners *Land*, Deutscher Bundestag/Rechtsausschuß, Ausschuß-Drs. 8/167, S. 38ff. (39) - Hervorhebung nicht im Original.
²⁶¹ So der Sachverständige *Samson*, Stenographisches Protokoll über die 76. Sitzung des Rechtsausschusses am 24.9.1979 (8. Wahlperiode), S. 88; s. auch dessen schriftliche Stellungnahme, Deutscher Bundestag/Rechtsausschuß, Ausschuß-Drs. 8/167, S. 11 (15f.); außerdem: *ders.*, Rechtliche Probleme der Transplantation, S. 36. Zur Angiographie erläuternd der Sachverständige *Pichlmayr*, Stenographisches Protokoll über die 76. Sitzung des Rechtsausschusses am 24.9.1979 (8. Wahlperiode), S. 127.
²⁶² So - für alle Zitate - der Sachverständige *Pichlmayr*, Stenographisches Protokoll über die 76. Sitzung des Rechtsausschusses am 24.9.1979 (8. Wahlperiode), S. 126.
²⁶³ Schriftliche Stellungnahme *Pichlmayr/Schreiber*, Deutscher Bundestag/Rechtsausschuß, Ausschuß-Drs. 8/167, S. 25ff. (34). So auch *Schreiber* in einer (weiteren) schriftlichen Stellungnahme, Deutscher Bundestag/Rechtsausschuß, Ausschuß-Drs. 8/167-1, S. 7ff. (8): „es (erscheint) unmöglich, im Transplantationsgesetz den Todesbegriff gesetzlich zu fixieren und bestimmte medizinische Verfahren zur Feststellung des Todes vorzuschreiben."
²⁶⁴ *Carstens*, Das Recht der Organtransplantation, S. 92. In diese Richtung auch *Linck*, ZRP 1975, S. 250; dazu auch *Samson*, Rechtliche Probleme der Transplantation, S. 36ff.; *ders.*, Der Referentenentwurf eines Transplantationsgesetzes, S. 127; *ders.*, Legislatorische Erwägungen, NJW 1974, S. 2031, der dort die Hirntodfeststellung - unabhängig von Diagnostikproblemen im einzelnen - als anzuerkennendes Datum der Explantation voraussetzt.
²⁶⁵ *Carstens*, Das Recht der Organtransplantation, S. 89 - Hervorhebung nur hier. S. auch *dens.*, Organtransplantation, ZRP 1979, S. 284.
²⁶⁶ *Kunert*, Jura 1979, S. 354.
²⁶⁷ *Heimsoth*, S. 259, der die Frage nach einem Rechtfertigungsgrund für eine Explantation überhaupt und die Anwendung der herkömmlichen Rechtfertigungsgründe im Einzelfall als die „wesentlichen (...) Unsicherheitfaktoren" einordnet.

nach heute allgemeiner Meinung (wird) der Tod des Menschen im Rechtssinne dem sogenannten Gehirntod gleichgesetzt (...)."[268] Hinrich Rüping faßt diese Position zusammen, indem er (was für die Debatte untypisch ist) zuvor die in der Diskussion über das Transplantationsgesetz eigentlich als selbstverständlich vorausgesetzte normative Grundierung des Hirntodkonzepts kurz erläutert: „Die Todesfeststellung ist ein komplexes Problem. Soweit es um den Todesbegriff und damit um die Frage geht, welche Elemente für das Menschsein entscheidend sind, handelt es sich nicht um eine rein empirisch-medizinische, sondern eine vorgelagerte anthropologisch-normative Frage. Diese wird aufgrund einer stillschweigenden Konvention der Rechtsgemeinschaft heute dahingehend beantwortet, daß anstelle des Herztodes auf den ‚Hirntod' (Verlust der Geistigkeit) abzustellen sei. Soweit es aber dann um die Faktoren geht, anhand derer sich der Verlust der Geistigkeit feststellen läßt, handelt es sich um ein empirisch-medizinisches Problem, bei dessen Lösung die Rechtsordnung freilich noch insoweit gefragt ist, als es um die Sicherheit und Klarheit des Feststellungsverfahrens geht."[269]

Versucht man das Ergebnis des ersten Gesetzgebungsversuchs aus der hier interessierenden Perspektive - der Frage nach dem Hirntodkonzept - auf den Punkt zu bringen, dann stellt man fest: Die Frage nach der (grund)rechtlichen Tragfähigkeit des Hirntodkonzepts als Todeskonzept wird nicht aufgeworfen. Der Hirntod wird von professionell-juristischer Seite primär als medizinisch-naturwissenschaftliches Faktum aufgefaßt, das zuverlässig diagnostiziert werden muß. Nur insoweit wird ein Bedarf nach rechtlicher Reflexion und Sicherung (an)erkannt. Außerdem wird klar: Auch in den siebziger Jahren ist es (arztstraf)rechtlich nicht zweifelhaft, daß der Tod des Menschen mit dem Hirntod gleichzusetzen ist.[270]

c) Die Fraglosigkeit des Hirntodkonzepts vor dem publizistischen Umbruch

Die - für den ersten Transplantationsgesetzgebungsversuch (auf Bundesebene) charakteristische - Fraglosigkeit des Hirntodkonzepts setzt sich bis zum Beginn der neunziger Jahre fort. „Soweit ich sehe, akzeptieren die Juristen einhellig die Ansicht der modernen Medizin, daß das menschliche Leben von den spezifischen höheren Funktionen des Gehirns abgeleitet ist, der Gehirntod also das Ende des Lebens charakterisiert. Tatsächlich kann der Jurist diese Einsicht ja wohl auch nicht bestreiten."[271] Von den siebziger Jahren[272] bis zum Beginn

---

[268] *Samson*, Rechtliche Probleme der Transplantation, S. 35.
[269] *Rüping*, Für ein Transplantationsgesetz, S. 81.
[270] *Deutsch*, Verbindlichkeit in der Rechtswissenschaft, S. 43 a.E.: „Übergang vom Herz-Kreislauftod zum Hirntod in der juristischen und medizinischen Diskussion der siebziger Jahre". S. auch *Strätz*, S. 9 a.E.
[271] *Hanack*, Zur strafrechtlichen Problematik, S. 507 (l. Sp. u.).
[272] Ein weiteres Indiz für die fraglose Anerkennung des Hirntodkonzepts schon zu Beginn der siebziger Jahre ist der Umstand, daß die den Straftaten gegen das Leben ge-

der neunziger Jahre übt sich die Lehrbuch-, Kommentar- und Aufsatzliteratur in der anhaltenden Repitition des Hirntod-Dogmas. „Das Leben (...) endet mit dem endgültigen Erlöschen der Gehirntätigkeit."[273] Daher sei der Hirntod der Tod des Menschen, er ist „das Primäre"[274], das den strafrechtlichen Todesbegriff kennzeichne.[275] „Rechtlich problematisch wurde der Todeszeitpunkt erst durch die Fortschritte einerseits der Intensiv- und andererseits der Transplantationsmedizin"; beim Hirntod handele sich um eine „Konvention", die „(n)icht zuletzt bedingt durch die Bedürfnisse der Transplantationsmedizin" Beachtung gefunden habe.[276] Er sei „eine Konvention, die freilich entscheidend anhand medizinischer Daten, aber auch aufgrund rechtlicher Funktionszusammenhänge festgelegt worden ist."[277] Die Anerkennung des Hirntodes sei „keineswegs *nur* ein Zugeständnis an die Bedürfnisse der modernen Medizin, vielmehr läßt sich dies *auch* ethisch und rechtlich damit begründen, daß das Gehirn dasjenige Organ ist, welches das Personsein des Menschen ausmacht und daß mit seinem irreversiblen und totalen Funktionsausfall daher auch das Ende spezifisch menschlichen Lebens erreicht ist."[278] „Sieht man das menschliche Leben nicht nur in einer Vitalfunktion, sondern primär in seiner Geistigkeit, so endet das Sein als Mensch mit dem totalen und irreversiblen Funktionsausfall des Gehirns als dem Organ, von dem die menschliche Geistigkeit abhängt. Von diesem Zeitpunkt an kann nicht mehr von einem ‚Menschen' gesprochen werden, dessen Leben noch unter dem Schutz des Rechts steht."[279] „Mit dem unumkehrbaren Absterben des Gehirns in seiner Gesamtheit endet die menschliche Persönlichkeit trotz noch aufrechterhaltener Kreislauffunktion im übrigen Körper."[280] Mit „dem Hirntod

---

widmeten Referate auf der Strafrechtslehrertagung 1970 in Regensburg mit keinem Wort auf den Hirntod eingehen: auch ein weiterer Beleg dafür, daß nach Ansicht der Zunft der Hirntod kein wirklich juristisches Problem darstellt; vgl. *Otto*, Straftaten gegen das Leben, ZStW 83 (1971), S. 39ff.; *Arzt*, Die Delikte gegen das Leben, ZStW 83 (1971), S. 1ff.

[273] *Schmidhäuser*, 1. Aufl., S. 13 (Rn. 2); 2. Aufl., S. 15 (Rn. 2); *Blei*, StrafR-BT, 12. Aufl., S. 12f.; 11. Aufl., S. 12f.; 10. Aufl., S. 11f.; noch keine Hinweise auf den Hirntod in der 9. Aufl. (1966), S. 10 a.E. und der 8. Aufl., S. 10 a.E.

[274] *Schreiber*, Diskussionsbemerkungen, S. 53: „Der Hirntod ist das Primäre."

[275] *Schreiber*, Vorüberlegungen für ein künftiges Transplantationsgesetz, S. 347: „auf der Basis eines in der Medizin heute wohl unangefochtenen und auch von der Rechtslehre akzeptierten Konsenses vom Hirntod".

[276] *B.-R. Kern*, Zivilrechtliche Gesichtspunkte der Transplantation, 2/806 a.E.

[277] *Schreiber*, Kriterien des Hirntodes, JZ 1983, S. 593f.

[278] *Lenckner*, Strafrecht und ärztliche Hilfeleistungspflicht, S. 612 - Hervorhebung nur hier.

[279] *Baronin von Dellingshausen*, S. 373f.

[280] *Laufs*, Arztrecht, 5. Aufl., Rn. 277 (S. 144f.); 4. Aufl., Rn. 192 (S. 89); 3. Aufl., Rn. 178 (S. 76); 2. Aufl., Rn. 89 (S. 50) und 1. Aufl., Rn. 89 (S. 45): „Mit dem unumkehrbaren Absterben des Gehirns endet die menschliche Persönlichkeit." In einer gewissen kontradiktorischen Spannung zu dieser Äußerung, in denen *Laufs* das Hirntodkonzept als zutreffend qualifiziert, steht seine folgende Stellungnahme: „Als normatives Datum bezeichnet der Hirntod, der unumkehrbare Ausfall des Gesamthirns, von Hirn-

als dem unwiederbringlichen Verlust jeglicher Geistigkeit (findet) (...) das Recht auf Leben sein Ende (...)."[281] Dies sei „einhellige Auffassung",[282] „heute ganz herrschende Ansicht in Medizin und Rechtswissenschaft".[283] „„Geistigkeit"" sei das „Wesenskriterium des Menschseins", „Spezifikum für das Menschsein" und diese Sicht des Menschen Folge einer „normative(n) Grundentscheidung", die „von der Rechtsgemeinschaft - und sei es (wie in der Regel) auch nur stillschweigend - anerkannt" werde, [284] so daß eine denkbare transplantationsgesetzliche Festlegung auch des Hirntodes „einem verbreiteten Bedürfnis in der Bevölkerung" entspreche.[285] Das „Gehirn (sei) der Sitz der Geistigkeit" und eben diese „Geistigkeit" mache das Menschsein aus; sie sei das „maßgebliche Kriterium des Menschseins."[286]

Anlaß zur Problematisierung dieser „auf bestimmten anthropologischen Vor-Urteilen über Personsein, Menschenwürde und dergleichen"[287] beruhenden „normative(n) Konvention"[288], die keine „rein medizinisch-biologische Feststellung", sondern eine „normative Wertung" sei (wie Albin Eser anmerkt),[289] besteht ersichtlich nicht, was nicht zuletzt Folge der in den achtziger Jahren praktisch nicht weiter betriebenen Anstrengungen sein dürfte, ein Transplantationsgesetz zu schaffen. Da der Todesbegriff zuvörderst in diesem Zusammenhang maßgeblich ist, besteht mit Fortfall dieses Kontextes eigentlich kein Anlaß mehr, das Hirntodkonzept - und sei es auch nur affirmativ - zu bedenken. Erst der „Alternativentwurf eines Gesetzes über Sterbehilfe (AE-Sterbehilfe)" bietet

---

rinde und -stamm, eine Grenze, jenseits derer dem Arzt weder die Pflicht noch das Recht zukommt, den sterbenden Menschen weiter zu behandeln. Es geht dabei um den Respekt vor der erlöschenden Existenz, vor dem sterbenden Menschen und dessen Recht auf einen würdigen Tod. Der Eintritt des Hirntodes verbietet dem Arzt, das Sterben durch medizinische Eingriffe zu verlängern" - *Laufs*, Fortpflanzungsmedizin und Arztrecht, S. 45f. Der Mensch im Zustande des Hirntodes wird hier nicht als Toter, sondern als „sterbende(r) Mensch" qualifiziert, dessen Existenz erlischt und dessen Sterben nicht verlängert werden darf. Ein sterbender Mensch aber lebt, so daß der hirntote Mensch offenbar doch nicht tot ist.

[281] *Eser*, Art. „Leben IV. Recht und Schutz des Lebens", Sp. 859.
[282] *Giesen*, Art. „Organverpflanzung", Sp. 209.
[283] *Ulsenheimer*, Arztstrafrecht in der Praxis, Rn. 304.
[284] *Eser*, Medizin und Strafrecht, ZStW 97 (1985), S. 30; Hinweis auf „die stillschweigende Anerkennung der Rechtsordnung" auch auf S. 29.
[285] *Schreiber/Wolfslast*, Ein Entwurf für ein Transplantationsgesetz, MedR 1992, S. 193.
[286] *Eser*, Medizin und Strafrecht, ZStW 97 (1985), S. 29; s. auch *dens.*, Zwischen „Heiligkeit" und „Qualität" des Lebens, S. 406: „Signum des Humanum in seiner Geistigkeit".
[287] *Eser*, Medizin und Strafrecht, ZStW 97 (1985), S. 29.
[288] *Laufs*, Der Arzt - Herr über Leben und Tod?, S. 123.
[289] *Eser*, Medizin und Strafrecht, ZStW 97 (1985), S. 29 (für die beiden zuletzt genannten Zitate). So auch *ders.*, Zwischen „Heiligkeit" und „Qualität" des Lebens, S. 406. Auf die Notwendigkeit einer „normativen Festlegung" weist auch *B.-R. Kern* hin, Zivilrechtliche Gesichtspunkte der Transplantation, 2/806.

aufs neue die Gelegenheit, darauf hinzuweisen, daß der Hirntod „nach heute wohl allgemeiner Auffassung als maßgeblicher Todeszeitpunkt" gelte.[290] Was der Verweis auf die „wohl allgemeine Auffassung" bedeutet, zeigen Gutachten, Referate und Diskussionen der Strafrechtlichen Abteilung des 56. Deutschen Juristentages, die sich der Sterbehilfe-Problematik widmen: Während das - als Diskussiongrundlage dienende - Gutachten immerhin die Anerkennung des Hirntodes bestätigend referiert,[291] findet der Hirntod weder in den Referaten noch in der Debatte der Strafrechtlichen Abteilung Erwähnung.[292] Die Lage in den Begleitaufsätzen zu diesem Thema des Juristentages sieht nicht anders aus.[293] Wie schon beim 53. Deutschen Juristentag, der sich der Abgrenzung der Tötungsdelikte zugewandt hatte,[294] wird auch jetzt der Hirntod nicht problematisiert. Im Gegenteil: Das scheinbar Selbstverständliche - die „rechtliche Anerkennung des Hirntodes als das unser Menschenleben beendende Ereignis"[295] - bedarf keines legitimierenden Räsonnements, man kann es allenfalls deklaratorisch weitergeben. Erste Anläufe, das Ganz-Hirntodkonzept auf eine sogenanntes Teilhirntodkonzept zu reduzieren,[296] werden entschieden zurückgewiesen:

---

[290] *Baumann u. a.* (auch: *A. Eser, H.-G. Koch, H.-L. Schreiber, G. Wolfslast, C. Roxin*), S. 7.
[291] *Otto*, Recht auf den eigenen Tod?, D 35: „heute" maßgeblich sei der Hirntod (D 35); allerdings ablehnend gegenüber der Argumentation, der „irreversible Zusammenbruch des Selbstbewußtseins" beende menschliches Leben (D 24f. - auch gegen den Theologen *Thielicke* gerichtet). Stattdessen Bevorzugung einer biologischen Begründung: „mit dem Hirntod (ist) der biologische Zerfall unaufhaltsam".
[292] Vgl. Ständige Deputation des Deutschen Juristentages, Verhandlungen des 56. DJT, M 7ff. , M. 29ff. (Referate), M 54ff. (Diskussion).
[293] Vgl. *Uhlenbruck*, Recht auf den eigenen Tod?, ZRP 1986, 209ff.; *R. Schmitt*, Das Recht auf den eigenen Tod, MDR 1986, S. 617ff.; *Leonardy*, DRiZ 1986, S. 281ff.; *Wassermann*, Das Recht auf den eigenen Tod, DRiZ 1986, S. 291ff.; *Hoerster*, Rechtsethische Überlegungen, NJW 1986, S. 1786ff.
[294] Keine Angaben dazu im Gutachten von *Eser*, Empfiehlt es sich, die Straftatbestände des Mordes, des Totschlags und der Kindestötung (§§ 211 bis 213, 217 StGB) neu abzugrenzen?, D 1ff.; „Fehlanzeige" auch im Fortgang der Beratungen des 53. DJT: vgl. Ständige Deputation des Deutschen Juristentages, Verhandlungen des 53. DJT, M 7ff., M 25ff. (Referate), M 48ff. (Diskussion). *Geilen* weist in seinem Begleitaufsatz zum 53. DJT (Zur Entwicklung und Reform der Tötungsdelikte, JR 1980, S. 309ff.) darauf hin, daß es sich um eine insofern „selektive Festlegung des Themas (handelt), als dem unzweifelhaft primären Problem, der Abstufung der allgemeinen Tötungsdelikte (...), Vorrang eingeräumt worden ist" (S. 309); wenn er auf „*die* Auslegungs- und Reformfragen der Tötungsdelikte" (S. 316 a.E. - Hervorhebung nur hier) verweist und dabei die am Hirntodkonzept orientierte Interpretation der Tötungsdelikte nicht erwähnt, dann zeigt dies einmal mehr, daß sich die strafrechtliche Zunft mit dem Hirntodkonzept affirmativ arrangiert hat. Auf den Hirntod gehen in weiteren Begleitaufsätzen ebenfalls nicht ein: *Woesner*, NJW 1980, S. 1136ff.; *Gössel*, Überlegungen zur Reform, DRiZ 1980, S. 281ff.; *Gribbohm*, ZRP 1980, S. 222ff.; *Jähnke*, Über die gerechte Ahndung, MDR 1980, S. 705ff.
[295] *Laufs*, Rechtliche Grenzen der Transplantationsmedizin, S. 41f.
[296] Vgl. dazu Ende der siebziger Jahre *Rüping*, Individual- und Gemeinschaftsinteressen, GA 1978, S. 134: heute sei „die Gehirntodthese anerkannt, wenn auch Zweifel

B. Rezeption des Hirntodkonzepts in der Straf- und Grundrechtslehre

Nur das (Ganz-)Hirntodkonzept werde dem Anspruch absoluten Lebensschutzes gerecht und verhinderte insbesondere Bewertungen körperlicher Zustände orientiert an der Unterscheidung lebenswert/lebensunwert.[297] Mit einem Wort: Am Vorabend der Ereignisse um das sog. Erlanger Baby, denen wir uns sogleich zuwenden, ist das Hirntodkonzept - die „neuere Meinung"[298] - umgeben von dogmatischer Ruh': „Mit dem Organtod des Gehirns sind die für jedes personale menschliche Leben unabdingbaren Voraussetzungen ebenso erloschen wie alle für das eigenständige körperliche Dasein erforderlichen Steuerungsvorgänge des Gehirns."[299] „Der Hirntod markiert eine Scheidelinie, die sich anthropologisch begründen läßt und die der Wirklichkeit des Todes gerecht wird. Denn der Sitz dessen, was das Personsein des Menschen und sein Lebenszentrum ausmacht, liegt im Gehirn, nicht im Herzen oder in einem sonstigen Organ."[300] „Mit dem Organtod des Gehirns endet das menschliche Leben, da das Gehirn der Träger der eigentlich menschlichen, d. h. der geistigen Funktionen ist. Der Mensch ist kein ausschließlich biologisches Wesen, sondern Person. Das personale, von Individualität und geistigem Sein gekennzeichnete Leben endet mit dem irreversiblen Funktionsausfall des Gehirns. Der Gehirntod ist der Menschentod."[301]

Die „moderne Lehre"[302], wie Hans-Heinrich Jescheck das Hirntodkonzept nennt, ist ein Eckstein im Gebäude der strafrechtlichen Tötungsdogmatik, den zu verwerfen niemand die Absicht hat. Ist dies auch die Lage der Grundrechtslehre?

---

bestehen, ob auf den Tod des Gesamthirns (Zerebraltod) oder des Großhirns (Kortikaltod) abzustellen ist." Mitte der achtziger Jahre liest man bei *Dippel* (in: Leipziger Kommentar, 10. Aufl.), § 168 Rn. 10: „Indessen kann angesichts der Zahl derer, die der Kortikaltodthese anhängen, von nahezu vollständiger Einigkeit (...) noch nicht die Rede sein." *Schreiber*, Kriterien des Hirntodes, JZ 1983, S. 593, stellt dagegen fest: „Vorschläge, den Verlust der Hirnrindenfunktion genügen zu lassen, sind vereinzelt geblieben und werden heute praktisch nicht mehr vertreten."

[297] *Wolfslast*, Grenzen der Organgewinnung, MedR 1989, S. 168. Abl. zur „Vorverlagerung des Hirntodes" auch schon *Eser*, Lebenserhaltungspflicht und Behandlungsabbruch, S. 120 Anm. 163.

[298] *Uhlenbruck*, Die zivilrechtliche Problematik der Organtransplantation, in: Laufs/Uhlenbruck, § 131 Rn. 4 (zur Feststellung des Todeszeitpunktes): „Nach neuerer Meinung ist der Individualtod gleichzusetzen mit dem irreversiblen Hirntod." I. Erg. so bspw. auch *Möx*, ArztR 1994, S. 39.

[299] So *Uhlenbruck*, Rechtliche, medizinische und theologische Probleme, S. 63ff.

[300] *Laufs*, Juristische Probleme des Hirntodes, S. 400.

[301] *V. Albrecht*, S. 20f.

[302] *Jescheck*, Geleitwort, S. VI a.E.: „Ebenso wie beim Beginn des Lebens findet auch beim Tode die moderne Lehre, die statt auf den ‚Herz- und Atmungstod' auf den ‚Gehirntod' abstellt, eine Begründung, die über die rein juristische Argumentation hinausgreift (...)." Vom „moderne(n)' Todesbegriff" spricht auch *Küper*, S. 195.

II. Die Rezeption des Hirntodkonzepts in der Grundrechtslehre

1. Einleitung

Wendet man sich den Publikationen der Grundrechtslehre zu, dann fällt auf, daß - bis in die Gegenwart hinein - der Begriff des Lebensendes kein wirklicher Anlaß für dogmatisch-begriffliche Anstrengung (gewesen) ist. Für die Zeit unmittelbar nach Inkrafttreten des Grundgesetzes verwundert das nicht, wurde doch das Phänomen des Hirntodes erstmals im Jahre 1959 medizinisch beschrieben (davon wird noch zu sprechen sein). In diesem Sinne gab es den Hirntod 1948/1949 also noch nicht, und folglich konnte er auch nicht grundrechtsdogmatisch reflektiert werden.[303] Unabhängig davon hätte aber eine Beschäftigung mit dem Lebensende - als dem Ende des grundrechtlichen Schutzbereichs von Art. 2 II 1 Var. 1 GG - gleichwohl nahegelegen. Denn die Beschäftigung mit der anderen Grenze - dem Lebensbeginn - ist seit 1949 durchaus Bestandteil grundrechtsdogmatischen Arbeitens.[304] Die Problematik der (persönlich-sachlichen) Schutzbereichsgrenze war also als solche bekannt, wurde indes für das Lebensende offenbar als nicht problematisch empfunden. Daß ein geborener „jeder" i. S. des Art. 2 II 1 Var. 1 GG bis zu seinem Tod lebt - was kann daran schon fraglich sein? Mangels empfundener Fraglichkeit drängt sich die Interpretationsbedürftigkeit gar nicht erst auf.[305] Eine Rarität bildet daher folgende Bemerkung: „Nicht mehr unter den Schutzbereich des Rechts auf Leben fällt denknotwendig der tote ‚Mensch'. (...) Auch hier ist es in der Praxis

---

[303] Dementsprechend stellt *A. Jung*, Die französische Rechtslage, MedR 1996, S. 355 a.E., fest: „im Jahre 1949 (...) (war) das Phänomen des Hirntodes (...) noch unbekannt (...)." Dazu noch in diesem Kap., Abschn. C. II. 1.
[304] *von Mangoldt*, S. 47 (sub 3.): „Mit der Gewährleistung dieses (...) Rechts hat auch das keimende Leben geschützt werden sollen." *Dürig*, Kommentierung, Art. 1 I GG Rn. 24: „Das Leben des Menschen beginnt mit der Zeugung. (...) Das vom Staat geduldete oder gar legalisierte Töten des Kindes im Mutterleib wäre bereits nach Art. 1 I Verfassungsunrecht." *Ders.*, Kommentierung, Art. 2 Abs. II Rn. 31: „Recht auf Leben (...) (wozu auch das Dasein des nasciturus gehört)". *Hamann sen.*, 1. Aufl., S. 85: „Streitig ist, ob das Recht auf Leben auch das keimende Leben schützt (...)." S. auch den Hinweis bei *Höfling*, Um Leben und Tod, JZ 1995, S. 31.
[305] Vgl. nur *E. Kern*, S. 58f.; *Nawiasky*, S. 26. *Schunck*, 9. Aufl., S. 33, S. 35; 8. Aufl., S. 16; 7. Aufl., S. 14; 6. Aufl., S. 14; 5. Aufl., S. 14; *Giese*, 4. Aufl., S. 14; 2. Aufl., S. 27, 1. Aufl., S. 9. *Klein*, in: Schmidt-Bleibtreu/Klein, 7. Aufl., Art. 2 Rn. 20a (S. 153f.); 6. Aufl., Art. 2 Rn. 20a (S. 170f.); 5. Aufl., Art. 2 Rn. 20a (S. 166f.); 4. Aufl., Art. 2 Rn. 20a (S. 154f.); 3. Aufl., S. 167f.; 2. Aufl., S. 151; 1. Aufl., S. 41f. S. auch *von Münch*, in: ders. (Hrsg.), GG-Komm., Bd. 1, 1. Aufl., Art. 2 Rn. 39ff.; *Badura*, S. 90f.; *Stein*, S. 270 (§ 32 II 1a und 2b), der das Schutzgut als selbstverständlich voraussetzt: „Art. 2 II 1 beinhaltet zunächst das an den Staat adressierte Verbot, Leben und Gesundheit durch die Staatsgewalt zu beeinträchtigen." Es folgen Beispiele, die ex negativo - also vom Eingriff bzw. dem Verletzungsvorgang her - Rückschlüsse auf den Schutzbereich zulassen (z. B. Tötung Geisteskranker, Menschenversuche, Zwangskastration, Zwangssterilisation).

ein Problem, die Grenze zu bestimmen."[306] Auf den nächsten Satz aber, der hervorhebt, es sei „sehr schwer"[307], genau anzugeben, wann der Übergang ins unwiderruflich Leblose eintrete, folgt keine Antwort, was nur den dominierenden Eindruck bestätigt, daß der Tod in Wirklichkeit kein ernsthaftes Problem für Theorie und Praxis der Grundrechtsgeltung darstellt. Diese Phase des unproblematischen, genauer: unproblematisierten Todesbegriffs hält bis in die Gegenwart an; andere Fragen als die nach der „Feststellung des Todes" gelten als „(s)chwieriger und juristisch diskussionsbedürftiger".[308] Erst anläßlich der jüngeren Debatte um das Transplantationsgesetz wird der Problemgehalt der Gleichsetzung „Hirntod = Tod des Menschen" stärker wahrgenommen.

2. Die Auslegung des Art. 2 II 1 Var. 1 GG durch Günter Dürig

Schon unmittelbar nach Inkrafttreten des Grundgesetzes hätten sich indes bei der Interpretation des Art. 102 GG, der die Todesstrafe abschafft, dem „Tod" gewidmete Interpretationbemühungen aufdrängen können: Was ist eine Strafe „zum Tode", was bedeutet in diesem Sinne „Tod"?[309] Aber auch dies erscheint auf dem Hintergrund der historisch bekannten Modi der Todesstrafe, nicht zuletzt auch wegen der Todesstrafen-Praxis der nationalsozialistischen Diktatur, als evident,[310] eine Auslegung mußte deshalb als überflüssig erscheinen.[311] Im Blick auf Art. 2 II 1 Var. 1 GG wird folglich unerläutert vorausgesetzt, wer ein „Lebende(r) ist oder eine „Leiche" (bzw. ein „Leichnam") und was der „Tod" bedeutet:[312] „Das Recht auf Leben endet mit dem Tod."[313] Was die Menschen

---

[306] *Riemer*, S. 31.
[307] *Riemer*, S. 31 a.E.
[308] *Zippelius*, Forum: An den Grenzen des Rechts auf Leben, JuS 1983, S. 663 - mit Blick auf die Sterbehilfe-Problematik.
[309] Keine Hinweise dazu z. B. bei *Azzola*, in: Alternativkomm. zum GG, Bd. 2, 2. Aufl., Art. 102 Rn. 1ff., *Kunig*, in: ders. (Hrsg.), GG-Komm., Bd. 3, 3. Aufl., Art. 102 Rn. 1ff.; *Rauball*, in: von Münch (Hrsg.), GG-Komm., Bd. 3, 1. Aufl., Art. 102 Rn. 1ff.; *von Hentig*, Die Strafe, S. 159ff.
[310] Dazu *Badura*, S. 90 (C 34): „Die Abschaffung der Todesstrafe (Art. 102 GG) hat (...) in dieser historischen Erfahrung ihren Grund." Außerdem *Azzola* in: Alternativkomm. zum GG, Bd. 2, 2. Aufl., Art. 102 Rn. 16 m. N.
[311] *von Mangoldt*, S. 545f. (Kommentierung zu Art. 102 GG): „Das dort [in Art. 2 II GG, Anm. St. R.] gewährleistete Recht auf Leben wird hier durch eine (...) Änderung des bisherigen Strafsystems in bedeutsamer Weise gesichert (...). Das Recht des Einzelnen auf Leben soll auch gegenüber der Strafgewalt des Staates Schutz genießen."
[312] Alle Ausdrücke bei *Dürig*, Kommentierung, Art. 1 I Rn. 26, Rn. 40. Ebenso *Nipperdey*, S. 3 a.E., S. 4f. mit Anm. 9.
[313] *Pieroth/Schlink*, 1. Aufl., Rn. 449; in den Folgeauflagen (2. - 9. Aufl., jew. Rn. 449 und 10. - 12. Aufl. 1996, jew. Rn. 429) heißt es: „Das Recht auf Leben beginnt schon vor der Geburt (...) und endet mit dem Tod." Von der 1. Aufl. bis zur 7. Aufl. heißt es unter der Rubrik Grundrechtsberechtigung ebenfalls nur, diese ende (grundsätzlich) mit dem Tod (jew. Rn. 145); erst ab der 8. Auf., Rn. 145, wird auf den

als Träger des Lebensgrundrechts zu lebenden Menschen macht, scheint eine fraglos einsichtige Selbstverständlichkeit zu sein.[314] Es geht um den Schutz der „physische(n) Existenz"[315], einen Schutzgegenstand, der offenbar keine ernsthaften Verständnisprobleme aufwirft. Dementsprechend wird der Schutzbereich des Art. 2 II 1 Var. 1 GG, der über den „Anknüpfungspunkt des (...) menschliche(n) Körper(s)" die „biologisch-natürlichen Wertvoraussetzungen für die im Grundrechtskatalog genannten geistigen, ideellen, kulturellen und (nicht zuletzt) wirtschaftlichen Wertverwirklichungsmöglichkeiten des Grundrechtsträgers" schütze,[316] von Günter Dürig - erstmals ausführlicher - so bestimmt:

„Der Begriff ‚Leben' bleibt auch als Grundrechtsbegriff ein rein natürlicher Begriff. Er bezeichnet das ‚Lebendigsein', also die im Gegenteil zum ‚Nochnicht-Leben' und zum ‚Tod' stehende körperliche Daseinsform des Menschen. Wann ein ‚Lebendigsein' vorliegt, richtet sich allein nach naturwissenschaftlichen (biologisch-physiologischen) Gesichtspunkten am Körper des Menschen. Faßt man den Begriff ‚Leben = Lebendigsein' ganz in diesem natürlich-physiologischen Sinne auf, so sind bereits begrifflich alle sozialwissenschaftlichen Bewertungen des Lebens unmöglich. Dann sind alle Leben gleichwertig, bei denen die physiologischen Voraussetzungen des Lebendigseins objektiv vorliegen. Dann kann es begrifflich keinen Unterschied machen, ob in sozialwissenschaftlicher Sicht ein Leben schon oder noch soziale Funktionsfähigkeit hat oder nicht. Z. B. spielt es dann keine Rolle, ob ein unheilbar krankes Leben nur mehr eine Belastung der anderen oder der Allgemeinheit bedeutet. Vor allem ist dann jede Bewertung des Lebens als sog. ‚lebensunwertes Leben' nach Maßstäben sozialer Lebensbedingungen und Lebensäußerungen schon eine begriffliche Unmöglichkeit (weil hiermit Maßstäbe an den Begriff des Lebens herangetragen werden, die ihm in seiner physiologisch-natürlichen Bedeutung ‚wesensfremd' sind)."[317] Mit der Garantie des Art. 2 II 1 Var. 1 GG gehe es um

---

Hirntod hingewiesen: „Tod, wenn keine Hirnströme mehr feststellbar sind" (so auch 9. Aufl., Rn. 145; 10. Aufl., 11. Aufl.; 12. Aufl., jew. Rn. 129).

[314] Vgl. nur die nicht problematisierte Verwendung der Ausdrücke „Mensch" oder „Menschenrechte" bei *Dürig*, Kommentierung, z. B. Art. 1 I Rn. 6, Rn. 10, Rn. 18, Rn. 21. Unerläutert auch der Ausdruck „Menschenleben" bei *dems.*, Kommentierung, Art. 2 Abs. II Rn. 31. S. auch *Hamann sen.*, 1. Aufl., S. 84: „Das ‚Recht auf Leben' (...) ist, wie sich aus seinem Wesen und seiner Formulierung ergibt, unzweifelhaft ein ‚Menschenrecht' (...)" - wobei die Mensch-Qualität unerläutert bleibt.

[315] *Hamann sen.*, 2. Aufl., S. 82; *Hammann jr./Lenz*, S. 143f.: „Art 2 Abs. 2 GG schützt die physische Existenz des Menschen; dabei ist jede Differenzierung, insbesondere auch auf Grund von Werturteilen irgendwelcher Art, insbesondere über ‚lebensunwertes Leben' (...) schlechthin ausgeschlossen."

[316] *Dürig*, Kommentierung, Art. 2 Abs. II Rn. 1; dort auch Verweis auf die „naturalen Werte der Körperlichkeit", zu denen auch das Leben als „Dasein"" zähle.

[317] *Dürig*, Kommentierung, Art. 2 Abs. II Rn. 9f., s. auch Rn. 29: „der nach rein objektiv-naturwissenschaftlichen Merkmalen bestimmbare Begriff ‚Leben'", „rein stofflich-physiologische Betrachtung".

einen „natürliche(n), vorstaatliche(n)" Wert, „die *rein* biologische Einzelexistenz"[318], das „gegenwärtig existente Leben"[319]. Art. 2 II 1 GG gewähre ein „biologisch-natürliche(s) Grundrecht"[320].

Es fällt auf, daß die Prädikate - biologisch, natürlich, naturwissenschaftlich, physiologisch - unerläutert verwendet werden und in der Sache Delegationen an außerrechtswissenschaftliche Autoritäten - die Naturwissenschaften - dergestalt implizieren, jene sollten das Schutzgut des Art. 2 II 1 Var. 1 GG bestimmen. Freilich geschieht dies in der ausdrücklich formulierten Absicht, nur auf diese Weise - also nur durch den Rekurs auf die naturwissenschaftlich verwaltete Faktizität - seien Lebenswert-Überlegungen bei der Qualifikation eines Menschen als „lebend" vermeidbar. Die Vorstellung, daß sich in die vermeintlich „rein" deskriptive Arbeit der Biologen und Physiologen, Naturwissenschaftler und Mediziner (Be-)Wertungen einschleichen könnten, die einer vorgeblichen Faktizität unerkannt Normativität beimengen, ist dem Kommentator ersichtlich fremd. Das Leben wird als etwas „derart Natürlich-Selbstverständliches"[321] begriffen, daß Manipulationen an der Faktizität des Lebens eine schiere Denkunmöglichkeit darstellen.

3. Die Vorbildwirkung der Dürig'schen Kommentierung

In der Sache entfaltet die „längst klassische"[322] Kommentierung des „Nestor(s) der Grundgesetz-Kommentatoren"[323] mit ihrer interpretatorischen Zurückhaltung namentlich gegenüber dem Tod vorbildhafte Wirkung. „Das Grundrecht schützt das körperliche Dasein, die biologisch-physische Existenz (...). Der Geisteszustand etc. spielt keine Rolle. Ein ‚lebensunwertes' Leben kennt das GG nicht."[324] „Das Recht auf Dasein, d. h. auf physische Existenz, kommt allen Menschen zu ohne Ansehen (...) der körperlichen oder geistigen Kosntitution."[325] „Leben ist das körperlich-seelische Dasein", heißt es an anderer Stelle, ohne daß der Tod auch nur erwähnt würde.[326] „Die Grundrechtsbe-

---

[318] *Dürig*, Kommentierung, Art. 2 Abs. II Rn. 23 (S. 89) - Hervorhebung nur hier.
[319] *Dürig*, Kommentierung, Art. 2 Abs. II Rn. 31.
[320] *Dürig*, Kommentierung, Art. 2 Abs. II Rn. 4.
[321] *Dürig*, Kommentierung, Art. 2 Abs. II Rn. 8.
[322] *Häberle*, Nachruf auf Günter Dürig, NJW 1997, S. 305 - auch bezogen auf die Kommentierung zu Art. 2 II 1 GG.
[323] So *Rixen*, Der hirntote Mensch: Leiche oder Rechtssubjekt?, S. 441.
[324] *Jarass*, in: ders./Pieroth, 3. Aufl., 2. Aufl., 1. Aufl., jew. Art. 2 Rn. 44 und Rn. 46.
[325] *K. Löw*, S. 160.
[326] *Brinkmann*, Art. 2 II Erl. 5a.

rechtigung endet mit (...) dem Tod"[327] - und damit endet auch die Erläuterung des Begriffs „Tod".

Von Art. 2 II 1 GG - so heißt es anderer Stelle - werden „alle natürlichen Personen berechtigt".[328] Die Formulierung „natürliche Personen" - als Synonym für „alle Menschen" oder „jedermann" begriffen - wird verwendet, ohne daß dadurch die Grenzen der Grundrechtsträgerschaft gerade mit Blick auf Art. 2 II 1 GG fraglich würden.[329] „Grundrechtsträger nach Art. 2 II ist jeder Mensch, d. h. jedes Leben besitzende menschliche Individuum"; der „Norm- oder Schutzbereich des Art. 2 II beinhaltet (...) die biologisch-physische Existenz des menschlichen Lebens (...)."[330] Die Rede ist von der „jedem Menschen naturgegebenen physische(n) Existenz", davon, daß Art. 2 II 1 GG „gleichen Schutz und gleiche Wertigkeit für jedes menschliche Leben" verlange.[331] „Das Recht auf Leben bedeutet Recht auf das körperliche Dasein (...), auf die biologisch-physische Existenz (...)."[332] „Menschliches Leben als biologisch-physisches Faktum löst das Recht auf - von Menschen nicht beeinträchtigte - Fortexistenz aus, auch wenn es sich um das Leben eines Geisteskranken oder eines unheilbar Kranken handelt. Würde man den Begriff des Lebens (...) anreichern mit Bewußtseinsphänomenen oder mit einem bestimmten körperlichen Entwicklungsstand, wäre der Manipulation des Grundrechts auf Leben Tür und Tor geöffnet (...). Nur die rein biologisch-physische Definition des Lebens erfüllt demnach den Zweck der Garantie des Rechts auf Leben und schützt vor jeder sozialen, entwicklungsmedizinischen, politischen, rassischen oder sonstigen Bewertung des Lebens."[333] „Art. 2 Abs. 2 GG schützt die physische Existenz des Menschen; dabei ist jede Differenzierung, insbesondere auch auf Grund von Werturteilen irgendwelcher Art, insbesondere über ‚lebensunwertes Leben', (...) schlechthin ausgeschlossen."[334] Durchweg wird das mit „Leben" oder „Menschsein" Gemeinte als bekannt vorausgesetzt.

---

[327] *Gallwas*, 2. Aufl., Rn. 91, 1. Aufl., S. 15 - mit Verweis auf ausnahmsweise geltende postmortale Nachwirkungen.
[328] *Gallwas*, 2. Aufl., Rn. 88, 1. Aufl., S. 15; so auch *Schwabe*, S. 106 - jew. ohne Erläuterungen.
[329] *Bleckmann*, 1. Aufl., S. 67; 2. Aufl., S. 81; 3. Aufl., S. 97.
[330] *Katz*, 13. Aufl., Rn. 698 und Rn. 699; in Rn. 699 wird zwar der Ausdruck „Tod" verwendet, er bleibt aber unerläutert; die Wendung „jedes Leben besitzende menschliche Individuum" entstammt BVerfGE 39, 1 (37). Sie wird z. B. auch von *Lepa*, Art. 2 Rn. 40, aufgegriffen.
[331] *Kunig*, in: ders. (Hrsg.), GG-Komm., Bd. 1, 4. Aufl., Art. 2 Rn. 44 m. N.; *von Münch*, in: ders. (Hrsg.), GG-Komm., Bd. 1, 3. Aufl., Art. 2 Rn. 43f. m. N.
[332] *Starck*, in: von Mangoldt/Klein/Starck, Art. 2 Abs. 2 Rn. 129.
[333] *Starck*, in: von Mangoldt/Klein/Starck, Art. 2 Abs. 2 Rn. 129, s. auch Rn. 130 (S. 228 a.E.): „der lebendige Mensch".
[334] *Hamann jr./Lenz*, S. 144 (Anm. 8 zu Art. 2); *Hamann sen.*, 2. Aufl., S. 82 (Anm. 8 zu Art. 2); *Hamann sen.*, 1. Aufl., S. 85 (Anm. 8 zu Art. 2 a.E.): „Unbestritten ist (...), daß Art. 2 Abs. 2 S. 1 auch das sog. ‚lebensunwerte Leben' (...) schützt (...); das

4. Die Stellungnahmen der Grundrechtslehre vor dem Hintergrund der Transplantationspraxis

Die normativen Implikationen des medizinischen Fortschritts, soweit sie sich am Lebensende zeigen, bleiben ein nur randseitiges Interessengebiet der Grundrechtsdogmatik. Zwar gibt es einzelne Stimmen, die arzt(straf)rechtlich zentralen Fragen im Um- bzw. Vorfeld des Todes - etwa der Sterbehilfe oder dem Suizid - nachgehen, die Problematik des Todes(zeitpunktes) aber bleibt praktisch unerkannt.[335] Auch die jüngere Literatur geht auf den Tod bzw. den Hirntod nur selten ein, und selten ausführlich. Immerhin führt die Diskussion über das Transplantationsgesetz ersichtlich dazu, daß das Phänomen des (Hirn-)Todes auch von der Grundrechtswissenschaft zur Kenntnis genommen wird. Dies geschieht freilich nur vereinzelt, und selbst dort, wo man es erwarten müßte, kann es sein, daß der Begriff „Hirntod" nicht einmal genannt wird. So fehlt z. B. in einer Monographie, die begleitend zum ersten Transplantationsgesetzgebungsversuch der siebziger Jahre erschien und „Verfassungsrechtliche(n) Aspekte(n) der Organentnahme zu Transplantationszwecken"[336] nachging, jeder explizite Hinweis auf den Hirntod; nur die korrekte und zuverlässig vollzogene „Todeszeitpunktbestimmung"[337] ist ein Thema: „Daß auch der Jurist zu der Frage Stellung nehmen kann und muß, wo menschliches Leben als Schutzgut der Rechtsordnung aufhört, ist selbstverständlich. Der juristische Beitrag zur Feststellung des Todeszeitpunkts im Zusammenhang mit der Explantation kann allerdings nur im Aufstellen des Erfordernisses, daß überhaupt der Tod festge-

---

folgt auch aus dem Gleichheitssatz des Art. 3 Abs. 1, der solche differenzierende Werturteile, die diesem Begriff zwangsläufig zugrunde liegen, schlechthin verbietet."

[335] Vgl. zur Sterbehilfe z. B. *Bleckmann*, 3. Aufl., S. 508; *Zippelius*, Anfang und Ende des Lebens, S. 336; *Pieroth/Schlink*, 11. Aufl., Rn. 431.- In diesem Zusammenhang fällt folgende Bemerkung auf: „Darüberhinaus ist zu fragen, ob nicht der Begriff Leben von der Menschenwürde her ausgelegt werden muß, so daß Vegetationsformen, in denen alle oder doch die überwiegenden Lebensfunktionen von Maschinen ersetzt werden, nicht mehr als Leben zu werten sind, weil die Garantie des Lebens nur aus der Fähigkeit des Lebens, Subjekt der Menschenwürde zu sein, ihren Sinn erhält"; die „von der Menschenwürde ausgehende Interpretation des Lebensbegriffs" sichere der „Sterbehilfe (...) einen größeren Wirkungskreis" (*Model/Müller*, 11. Aufl., Art. 2 Rn. 20; 10. Aufl., Art. 2 Rn. 20; 9. Aufl., S. 72f.; 8. Aufl., S. 74). M. a. W.: Weil das Abhängigsein von Maschinen mit der Folge eines (mehr oder minder) totalen „künstlichen" Funktionsersatzes nicht „menschenwürdig" und das Leben nur schützenswert sein soll, wenn es „menschenwürdige" Zustände ‚verlebendigt', wird Leben - in einer gegen die Übertherapie der sog. Apparatemedizin gerichteten Kehre wider die biologische Grundierung des Lebensbegriffs - von der vitalen Basis zum vitalen Medium eines - an spezifischen Leistungsfähigkeiten orientierten - Menschenwürde-Begriffs. Die nachvollziehbare Absicht, Übertherapie zu vermeiden, führt in der Sache zu einer Aufladung des Menschenwürde-Begriffs mit bestimmten (unbenannt, insofern: unbestimmt bleibenden) Subjekt-Leistungen und damit zu Bewertungen des Menschseins bzw. des menschlichen Lebens.

[336] So der Titel der Arbeit von *H. Kübler*.
[337] *H. Kübler*, S. 23.

stellt werden muß, und nach welchen Methoden dabei zu verfahren ist, bestehen. Im übrigen geht es um Nachvollzug, allenfalls um Überprüfung der medizinisch-biologischen Entscheidung, die *absolute Grundlage der rechtlichen Beurteilung* bleibt. Das heißt, soweit es um die naturwissenschaftlichen Kriterien exakter Todesfeststellung geht, liegt deren Beurteilung im Verantwortungsbereich der Medizin. Aufgabe der Juristen ist es dann zu sagen, ob diese Kriterien, für eine rechtlich eindeutige Todesfeststellung ausreichend sind."[338]

Spezifischere Ausführungen zum (Hirn-)Tod legt H. Maurer vor. Er weist darauf hin, daß eine „Regelung über den maßgeblichen Zeitpunkt des Todes" von der „Bestimmung des Todesbegriffes" abhänge.[339] Erst die Transplantationsmedizin mache die „exakte Bestimmung des Todeszeitpunktes zum dringenden Problem", während es vorher „auf die ganz exakte Terminierung in der Regel ohnehin nicht ankam."[340] Jetzt aber müsse „sichergestellt sein, daß der Spender auch tatsächlich tot ist, andererseits muß aber die Explantation in vielen Fällen möglichst rasch erfolgen, um ein vitales und damit noch funktionsfähiges Organ zu erhalten."[341] „‚Funktionsfähig' bedeutet aber nichts anderes, als daß das Organ ‚noch lebt'."[342] „Leben und Tod greifen hier ineinander über, weil aus dem Körper eines toten Menschen ein noch lebendes Organ entnommen werden soll. (...) Es kommt (...) entscheidend darauf an, welches Ereignis (...) biologisch das Ende des Menschenlebens bedeuten soll. Während früher auf den Herztod abgestellt wurde, soll nach neuerer medizinischer Lehre der Hirntod, der irreversible Ausfall aller Hirnfunktionen, maßgeblich sein. Die Rechtslehre hat sich dieser Auffassung überwiegend angeschlossen. (...) Es ist nicht zu verkennen, daß der Wechsel der medizinischen Lehre auch durch die Transplantationsmedizin bedingt ist. Eine Herztransplantation wäre bei Annahme des Herztodes ausgeschlossen. Noch wichtiger ist, daß die Hirntodthese ermöglicht, nach Todeseintritt Atmung und Kreislauf künstlich fortzusetzen und das zu explantierende Organ damit funktionsfähig zu halten. Andererseits ist die Feststellung des Hirntodes keineswegs unproblematisch; sowohl die materiellen Kriterien als auch das Verfahren sind noch zweifelhaft und strittig."[343] Das heißt: Problematisch ist die *Feststellung* des Hirntodes, nicht etwa seine normativen Hintergründe, die - objektiv - als nicht existent behandelt werden. Im übrigen gilt die Hirntod-Diagnostik als Variante herkömmlicher medizinischer Todesfeststellungspraxis.

---

[338] *H. Kübler*, S. 24f. - Hervorhebung nur hier; auf den S. 73ff. wird der Begriff des „Leichnams" unerläutert verwendet.
[339] *Maurer*, DÖV 1980, S. 14.
[340] *Maurer*, DÖV 1980, S. 14.
[341] *Maurer*, DÖV 1980, S. 14f.
[342] *Maurer*, DÖV 1980, S. 11.
[343] *Maurer*, DÖV 1980, S. 15.

B. Rezeption des Hirntodkonzepts in der Straf- und Grundrechtslehre 115

In einer anderen - in etwa zur gleichen Zeit vorgelegten - Publikation ist zwar vom Tod, nicht aber vom Hirntod die Rede. Dort heißt es mit Blick auf Art. 2 II 1 GG (nach der einleitenden Aussage „Das Recht auf Leben schützt nur das menschliche Leben."),[344] daß „der Schutz des Rechts auf Leben nicht nur auf den ‚fertigen' Menschen nach der Geburt bis zum *klinischen Tod* beschränkt" sei.[345] Wie der klinische Tod sich zum Hirntod verhält - und beide zu einem womöglich speziellen Todesbegriff des (Verfassungs-)Rechts - , bleibt offen. Gleichzeitig steht fest (wie es in einer nur wenig später erschienenen Publikation heißt), daß „die Diskussion über die angemessene Neufassung des Todesbegriffs" infolge „der medizinischen Entwicklung" notwendig geworden sei, denn sie habe „dessen ältere diagnostische Bestimmung als ‚irreversibler Stillstand von Kreislauf und Atmung'" für „juristische Zwecke unbrauchbar" gemacht.[346] In einer weiteren Publikation wird der Hirntod zwar zur Kenntnis genommen, allerdings in einer etwas verwirrenden Koppelung mit dem Phänomen des Herzstillstands: „Die Explantation von Körperteilen ist nach dem Tod kein Eingriff in das Recht auf Leben mehr. Vorbereitungen der Explantation vor Eintritt des Todes dürfen nicht zum Tode führen. Die Entnahme von lebensnotwendigen Körperteilen vor Herzstillstand (Gehirntod) ist nur zulässig bei unrettbar Totgeweihten kurz vor deren Tod."[347] Diese Äußerung ist nicht leicht zu verstehen. Zunächst könnte man annehmen, daß der Autor bereits mit dem Klammerzusatz die Gleichstellung von Herzstillstand und Gehirntod insinuiert; zudem spricht er vorher von dem „Eintritt *des* Todes", der sich in den Augen des Autors dann offenbar gleichermaßen in Herzstillstand und Gehirntod zeigen würde. Andererseits ließe sich die Stellungnahme auch so deuten, daß der Verfasser einen Zeitpunkt „*vor* Herzstillstand" als „Gehirntod" bezeichnet; dann wäre der Hirntote (bei dem infolge der intensivmedizinischen Versorgung der Herzstillstand tatsächlich noch nicht eingetreten ist) ein „unrettbar Totgeweihter", somit aber ein noch *Lebender*. Gegen diese Deutung spricht jedoch, daß der Autor dann die Qualifikation des Hirntoten als lebend ohne eine ausführliche Auseinandersetzung mit der überwiegenden „herrschenden" Auffassung (für die der Hirntote ja tot ist) präsentieren würde. Daß er genau dies unterläßt und überhaupt in der Kommentierung eher beiläufig auf den „Gehirntod" verweist, macht es indes wahrscheinlich, daß der Autor von der herrschenden Auffassung *nicht* abweichen wollte. Näher liegt womöglich etwas anderes: Ersichtlich begreift der Au-

---

[344] *Stober*, S. 14.
[345] *Stober*, S. 14 - Hervorhebungen nur hier. Ähnl. *Model/Müller*, 11. Aufl., Art. 2 Rn. 20. „Der Schutz des Lebens gilt dem menschlichen Leben, unbestritten von der Geburt bis zum *klinischen Tod*" (Hervorhebung nur hier); so auch in der 10. Aufl., Art. 2 Rn. 20; 9. Aufl., S. 72; 8. Aufl., S. 74; in der 7. Aufl., S. 52 findet sich der Satz nicht, wie auch in der Sache jede Bezugnahme auf den Tod fehlt.
[346] *Lübbe-Wolff*, Rechtsfolgen und Realfolgen, S. 130 Anm. 213.
[347] *Starck*, in: von Mangoldt/Klein/Starck, Art. 2 Abs. 2 Rn. 144 a.E.

tor den Tod genauso wie das Leben als „biologisch-physisches Faktum"[348]. Könnte er dann aber nicht auch Gehirntod und Herzstillstand als biologisch-physische Phänomene begriffen haben, in denen sich das biologisch-physische Faktum des Todes gleichrangig zu erkennen gibt?

So als würde er das Fragezeichen kennen, das man hinter die gerade betrachtete Kommentierung setzen kann, weist ein anderer Teilnehmer an der verfassungsrechtlichen Diskussion darauf hin, daß sich der „Hirntod (...) mit dem Herz-Kreislauftod nicht ohne weiteres vergleichen" lasse: „Zwischen den beiden Zeitpunkten liegt eine Phase, die noch dem individuellen menschlichen Leben zugeordnet ist."[349] Und ein weiterer Autor versichert: „Für die vita reducta bzw. vita minima gilt kein anderes Grundrechtsverständnis."[350] Und doch scheint es schwierig zu sein, Gehirntod und Herzstillstand - schon tatsächlich - voneinander zu unterscheiden und auf einen dogmatischen Nenner zu bringen.

Daß der Hirntod „mit dem verfassungsrechtlich gesicherten Schutz des Lebens (...) ebenso vereinbar" sei „wie mit den medizinischen Anforderungen der Transplantation zu Heilzwecken",[351] liest man an anderer Stelle. Beeindruckt von der apodiktischen Kürze, überprüft man um so gespannter die angeführten Belege und stellt fest: Von den drei genannten Eideshelfern beziehen sich nur zwei unmittelbar auf das Verfassungsrecht. Einer der - für das Verfassungsrecht herbeizitierten - Eideshelfer ist Zivilrechtler: Er äußert sich an der angeführten Stelle nicht zur *verfassungs*rechtlichen Unbedenklichkeit des Hirntodkonzepts.[352] Einer der genuin verfassungsrechtlichen Eideshelfer ist Autor jener berühmten Kommentierung zu Art. 2 II GG aus dem Jahre 1958: Auch er äußert sich in dieser Arbeit nicht zum Hirntod. Hätte er dies getan, dann wären seherische Fähigkeiten zu vermuten gewesen, da die medizinische Erstbeschreibung des Hirntods (als coma dépassé) doch erst ein Jahr nach Veröffentlichung der Kommtierung, im Jahre 1959, erfolgte. Auch der andere - verfassungsrechtlich erscheinende - Beleg entpuppt sich als wenig tragfähig: „Mit dem verfassungsrechtlichen Schutz menschlichen Lebens läßt es sich vereinbaren, bei endgültigem Aufhören der Gehirntätigkeit den endgültigen Eintritt des Todes anzunehmen, weil die Tätigkeit des Gehirns den Kern des menschlichen Daseins beinhaltet."[353] Auch dieser Autor hält es nicht für erforderlich, auch nur einen Beleg

---

[348] *Starck*, in: von Mangoldt/Klein/Starck, Art. 2 Abs. 2 Rn. 129 - zum „Leben".

[349] *H.-U. Gallwas*, Sprechvorlage für das Expertengespräch zur Frage eines Transplantationsgesetzes in den Arbeitsgruppen Recht/Gesundheit der CDU/CSU-Bundestagsfraktion am 20.2.1992, unveröffentl. (Exemplar beim Verf.), S. 7.

[350] So der Arztrechtler *Uhlenbruck* im Blick auf die Sterbehilfe-Problematik, Recht auf den eigenen Tod? ZRP 1986, S. 214.

[351] *Carstens*, Das Recht der Organtransplantation, S. 88 mit Anm. 9: „Vgl. Brenner, S. 142; Strätz, S. 10; Dürig in Maunz-Dürig-Herzog, Art. 2 Rdn. 9".

[352] Vgl. *Strätz*, S. 10.

[353] *Brenner*, Organtransplantation, S. 142, dort auch: „Für die Bestimmung des Todeszeitpunktes sind in erster Linie naturwissenschaftliche Gesichtspunkte entschei-

B. Rezeption des Hirntodkonzepts in der Straf- und Grundrechtslehre

- geschweige denn eine dichte Argumentabfolge - für seine Position zu präsentieren,[354] obgleich natürlich interessiert, wieso das Grundgesetz den „Kern des menschlichen Daseins" in der „Tätigkeit des Gehirns" verortet. Dieses Interesse bleibt unbefriedigt wie auch unerklärt bleibt, was den „endgültigen Tod" (von dem die Rede ist) vom (offenbar vorausgesetzten) nicht-endgültigen Tod (was immer damit gemeint sei) unterscheidet. Zusammengefaßt muß man feststellen: Die angeführten Belege vermögen die Behauptung einer verfassungsrechtlichen Unbedenklichkeit des Hirntodkonzepts sachlich nicht zu tragen - und gleichwohl wird die Behauptung aufgestellt.

Ebenfalls ohne jede Referenz heißt es an anderer Stelle, das „Ende des Lebens" sei „mittlerweile wohl einhellig definiert als das Ende der Gehirnströme",[355] wobei die - immer wieder bemühte -[356] Bezugnahme gerade auf die Gehirnströme ebenso auffällt wie die diffus-vorsichtige Einschränkung „wohl einhellig". Deren Wirkung indes verblaßt, da nicht deutlich wird, wer aus welchen Gründen Einhelligkeit verweigert; durch das (unbewußte) Abdrängen möglicher Bedenkenträger in die zitationsferne Namenlosigkeit wird kund getan, was grundrechtsdogmatisch offenbar unumstößlich erscheint: Der Hirntod ist der Tod des Menschen. Bedenken, die zu dogmatischem Unwohlsein führen könnten, gelten als quantité négligeable; für Belege aus der Literatur gilt offenbar

---

dend." Ebenso *ders.*, Arzt und Recht, S. 89: „Mit dem verfassungsrechtlichen Schutz menschlichen Lebens läßt es sich vereinbaren, bei endgültigem Aufhören der Gehirntätigkeit den Eintritt des Todes anzunehmen, weil die Tätigkeit des Gehirns den Kern menschlichen Daseins beinhaltet."

[354] Der zitierten Aussage gehen nur Hinweise auf die reanimationsbedingt veränderte Lage voraus, kraft derer „Herz und Kreislauf des Menschen auf längere Zeit funktionsfähig gehalten werden (können), obwohl das Gehirn des Menschen bereits abgestorben ist" (*Brenner*, Organtransplantation, S. 142).

[355] *Classen*, Zur Menschenwürde, S. 97.

[356] S. z. B. *Pieroth/Schlink*, 8. Aufl./9. Aufl., jew. Rn. 145; 10. Aufl./11. Aufl./12. Aufl., jew. Rn. 129: „Tod, der angenommen wird, wenn keine Hirnströme mehr feststellbar sind"; in den Vorauflagen fehlt diese Information, vgl. 1. - 7. Aufl., jew. Rn. 145. Ebenso *Kunig*, Grundrechtlicher Schutz des Lebens, Jura 1991, S. 418. *R. Herzog*, Art. „Leben und körperliche Unversehrtheit", Sp. 1985: „Das Ende des L. wurde früher mit dem Aufhören der Herztätigkeit gleichgesetzt. Infolge der medizinischen Entwicklung (Herzmassage u. dgl.) ist damit heute aber kein zuverlässiges Abgrenzungskriterium mehr zu gewinnen. Man stellt daher i. a. auf das Aufhören der Gehirnströme ab, obwohl es auch insoweit bei extrem niedriger Funktion Abgrenzungs- und v. a. Beweisprobleme gibt." *Kunig*, in: ders. (Hrsg.), GG-Komm., Bd. 1, 4. Aufl., Art. 2 Rn. 49: „mit dem Tode als dem Zeitpunkt, zu dem alle Hirnströme endgültig erloschen sind"; s. auch den nicht näher erläuterten Verweis auf den Tod in Rn. 46. *Jarass*, in: ders./Pieroth, 3. Aufl., Art. 2 Rn. 46: „Die Grundrechtsberechtigung endet mit dem Erlöschen der Hirnströme (...)." Anders noch in der 2. Aufl., Art. 2 Rn. 46: „Die Grundrechtsberechtigung endet mit dem Tod, genauer mit dem Hirntod (...)." In der 1. Aufl., Art. 2 Rn. 46, fehlt ein Hinweis auf den Tod als Ende der Grundrechtsberechtigung.

gleiches. „Das menschliche Leben verliert seine besondere Schutzwürdigkeit bereits dann, wenn das Gehirn aufhört zu arbeiten (Gehirntod)."[357]

Das führt sogar dazu, daß man - bewußt oder unbewußt - dem Bundesverfassungsgericht unterstellt, es habe sich das Hirntodkonzept zu eigen gemacht: „Das Gericht ging davon aus, daß die Entwicklung eines Individuums von der Befruchtung der Eizelle bis zum Gehirntod ein Kontinuum darstelle."[358] Daß das Bundesverfassungsgericht in der gemeinten Entscheidung (und - soweit ersichtlich - auch in anderen Entscheidungen) weder den Tod noch den Gehirntod erwähnt,[359] wird - vielleicht im Sinne eines hypothetisch unterstellten Einverständnisses - als nicht hinderlich empfunden: Denn warum sollte sich das Gericht, müßte es über das Lebensende, den Tod im Sinne des Art. 2 II 1 Var. 1 GG entscheiden, das Hirntodkonzept nicht zu eigen machen, nachdem die Lehre es doch so einhellig vertritt?

Ohne jede Referenz - was die augenscheinlich nicht begründungspflichtige Selbstverständlichkeit der Aussage nur unterstreicht - heißt es zum Hirntod aus anderem Munde: „Die Grundlagen menschlicher Personhaftigkeit (...) sind mit der Entwicklung des Gehirns verbunden"; daher sei „das Ende des menschlichen Lebens einer *Person* durch den Hirntod definiert".[360] Im Mittelpunkt der knappen Feststellung steht nicht der Verweis auf biologisch-naturwissenschaftliche Gegebenheiten, sondern die - nicht näher definierte - „Personhaftigkeit" des Menschen, sein Personsein, das offenbar mit der Degeneration des Gehirns verloren geht und - vermittelt über den Hirntod - zum Tod des „menschlichen Lebens einer Person" führt.

In diese Richtung argumentiert auch eine weitere, mit dezidiert verfassungsrechtlichem Anspruch erhobene Feststellung, wonach das irreversible Aufhören der Lebensfunktionen „(erst und bereits) mit dem endgültigen Ausfall des mensch-spezifischen und person-begründenden *Steuerungszentrums*, der ‚grobanatomischen oder feinstrukturellen Zerstörung des Gehirns in seiner Ge-

---

[357] *K. Löw*, S. 160; weiter heißt es dann (unter Bezugnahme auf *H. Thielicke*, s. die dortige Fn. 6, S. 435): „Die Begründung ist überzeugend: ‚Ein Mensch, der unter einem irreversiblen Verlust seines Bewußtseins leidet, wie es beim Gehirntod der Fall ist, ist tatsächlich nur ein Restorganismus und kein Mensch mehr.' Die Herztransplantation wird deshalb unter diesen Voraussetzungen nicht als Tötung des ‚Spenders' gewertet."

[358] *Zippelius*, Anfang und Ende des Lebens als juristisches Problem, S. 331.

[359] Vgl. BVerfGE 39, 1 (37): „Der damit begonnene Entwicklungsprozeß ist ein kontinuierlicher Vorgang, der keine scharfen Einschnitte aufweist und eine genaue Abgrenzung der verschiedenen Entwicklungsstufen menschlichen Lebens nicht zuläßt. Er ist auch nicht mit der Geburt beendet; die für die menschliche Persönlichkeit spezifischen Bewußtseinsphänomene z. B. treten erst längere Zeit nach der Geburt auf."

[360] *Hofmann*, Die Pflicht des Staates zum Schutz des menschlichen Lebens, S. 119 - Hervorhebung im Original.

B. Rezeption des Hirntodkonzepts in der Straf- und Grundrechtslehre 119

samtheit', dem sogenannten Hirntod, gegeben" sei.[361] Worin das „Personbegründende" gerade des Gehirns als (vermeintlichem) Steuerungszentrum liegen soll, wird nicht erläutert, wie auch unklar bleibt, was eigentlich gesteuert wird. Aber - dies ist der Tenor: Sind Selbstverständlichkeiten nicht deshalb Selbstverständlichkeiten, weil ihre Selbstverständlichkeit selbstverständlich ist?

Nicht frei von kontradiktorischer Spannung begegnet uns eine andere grundrechtsdogmatische Stellungnahme: „Das Grundrecht auf Schutz von Leben und Gesundheit (Art. 2 II GG) gilt auch für das verlöschende menschliche Leben. Die Festlegung des Todeszeitpunktes ist nicht vorgegeben, sondern letztlich normativ. Es ist verfassungsrechtlich nicht von vornherein ausgeschlossen, daß der Schutz des verlöschenden Lebens nach Eintritt des Hirntodes dem Schutz des leidenden und noch rettbaren Lebens nachgeordnet wird. Eine Orientierung des Todesbegriffes am Herz-Kreislauf-Stillstand würde nach dem erreichten Stand der Medizin gegen Art. 2 II GG verstoßen."[362] Während man den ersten beiden Sätze zustimmen möchte, machen die beiden folgenden Sätze staunen. Zum einen wird - im vorletzten Satz - implizit zugestanden, daß ein Mensch im Zustand des Hirntodes ein Lebender ist, denn nur bei einem Lebenden kann der „Schutz des verlöschenden Lebens" zurücktreten. Das gilt auch wegen der Rede vom „Nachgeordnet"-werden. In der Sache wird hier schrankendogmatisch argumentiert, d. h.: Es wird ein - mit Blick auf potentielle Organspender rechtfertigungsbedürftiger - Eingriff in den Schutzbereich des Art 2 II 1 GG insinuiert, was wiederum voraussetzt, das der hirntote Mensch ein Lebender im Sinne des Art. 2 II 1 GG ist. Zum anderen wird aber - im letzten Satz - behauptet, daß „nach dem erreichten Stand der Medizin", m. a. W.: *wegen* des erreichten medizintechnischen Fortschritts eine Orientierung des Todesbegriffs am Herz-Kreislauf-Stillstand gegen Art. 2 II GG verstoßen würde. Damit wird die Definition des Schutzbereichs von Art. 2 II 1 GG an die Erfordernisse des medizintechnischen Fortschritts angekoppelt, und - dies ist das Entscheidende - es wird suggeriert, Art. 2 II 1 GG könne nach seinem Regelungssinn niemals in Widerspruch mit dem medizintechnisch Zweckmäßigen geraten. Auch diese (stillschweigend erhobene) Behauptung einer unproblematischen Medizinkompatibilität des Lebensgrundrechts wird als nicht begründungsbedürftig empfunden. Das harmonische Ineinander von Medizin und Lebensgrundrecht, von „Leben" und Recht, scheint auf der Hand zu liegen. Muß dann nicht aber nach dem erreichten Stand der Medizin zwangsläufig auch das aktuelle Hirntodkonzept dem Schutzbereich des Art. 2 II 1 Var. 1 GG zugrundegelegt werden? Nur:

---

[361] *D. Lorenz*, § 128 Rn. 15 (S. 12) - Lorenz zitiert hier, ohne die Quelle anzugeben, aus einer Erklärung der *Deutschen Gesellschaft für Chirurgie*, Der Chirurg 1968, S. 196f. (196).
[362] So der Mainzer Verfassungsrechtler *F. Hufen*, Verfassungsfragen der Organtransplantation - Thesen -, unveröffentl. Thesenpapier zu einer „Gesprächsrunde für Juristen" in der Katholischen Akademie Mainz am 9.11.1994, These II. 6. (Exemplar beim Verf.).

Wie ist dies mit der Eingangsbehauptung vereinbar, der hirntote Mensch genieße den grundrechtlichen Lebensschutz, lebe also?

Eine weitere Arbeit reflektiert - im Anschluß an Dürigs fast schon kanonische Kommentierung - das Todesproblem ausdrücklich auf dem Hintergrund der Transplantationspraxis: „Die Abgrenzung zwischen Leben und Tod ist von entscheidender Bedeutung für die Frage, ob die Transplantation von Organen, deren Entnahme ein Weiterleben unmöglich macht, rechtlich unbedenklich ist. Ist der Spender eines solchen Organs nach naturwissenschaftlicher Auffassung im Zeitpunkt der Entnahme bereits tot, ist sie zulässig. Lebt er nach dieser Auffassung noch, ist sie unzulässig. Unter diesem Aspekt ist die lebhafte Diskussion verständlich, die neuerdings wieder über die ausschlaggebenden Abgrenzungskriterien zwischen Leben und Tod geführt wird."[363] Ähnlich argumentiert ein anderer Autor: „Schutzgut des Rechts auf Leben ist das Leben als eine spezielle, naturwissenschaftlich untersuchbare Organisationsstruktur eines Körpers, die diesem im Gegensatz zur unbelebten Natur bestimmte, biologisch-physiologisch beschreibbare Eigenschaften verleiht. Leben in diesem Sinne hat (...) ein empirisch feststellbares Ende, den Tod. Über das Ende eines menschlichen Lebens wird nach den Regeln der Medizin entschieden."[364] Beiden letztgenannten Stellungnahmen gemein ist die Delegation der Definition von Leben und Tod an die Naturwissenschaften bzw. die Medizin, freilich in der Absicht, Bewertungen körperlicher Zustände als Voraussetzung für die Zuweisung des Status „lebender Mensch" auszuschließen. Wiederum wird übersehen, daß in die vermeintlich wertfreie Faktenfeststellungstätigkeit der naturwissenschaftlichen Medizin durchaus - wenn auch verdeckt - (Be-)Wertungen Eingang finden können.

Bemerkenswert sind schließlich folgende Stellungnahmen: „Menschliches Leben endet mit dem Tod. Auch er ist nicht mehr so eindeutig zu bestimmen, wie man ehedem glaubte. Noch bis Mitte der 60er Jahre wurde der Tod in der Medizin definiert als Stillstand von Kreislauf und Atem, verbunden mit dem Absterben aller Zellen und Gewebe des Organismus. (...) Mit der Entwicklung moderner Reanimationstechniken und mit der apparativen Ersetzbarkeit der Herztätigkeit mußte dieser Todesbegriff fragwürdig werden. Die neuere medizinische Wissenschaft stellt daher auf das endgültige Erlöschen der Hirntätigkeit ab, legt also den Hirntod als Lebensende fest"; die „Rechtswissenschaft (orientiert sich im wesentlichen) an den neueren medizinischen Erkenntnissen hinsichtlich des Endes des Lebens (...)."[365] An dieser Äußerung ist mehreres bedeutsam. Zum einen suggeriert auch sie, daß der Todesbegriff ein primär medi-

---

[363] *Hesselberger*, 9. Aufl., Art. 2 Rn. 9 (S. 72f.), 5. Aufl., Art. 2 Rn. 9 (S. 72).
[364] *Podlech*, in: Alternativkomm. zum GG, Bd. 1, 1. Aufl., 2. Aufl., jew. Art. 2 Abs. 2 Rn. 9.
[365] *Stern*, Staatsrecht, Bd. III/1, S. 1058.

zinisches Problem sei: Die neuere medizinische Lehre gehe vom Hirntod aus, daran müsse sich das Recht orientieren. Zum anderen stützt sich die Stellungnahme primär auf *nicht*-verfassungsrechtliche Äußerungen: Strafrechtliche Belege stehen im Vordergrund.[366] Zudem dient die Stellungnahme anderen Vertretern der Verfassungsrechtslehre als Beleg, so daß diese sich die nichtverfassungsrechtlichen Referenzen und die behauptete Maßgeblichkeit der Medizin zu eigen machen.[367] Der Verweis auf die „jede(r) Wissenschaftsdisziplin (...) eigene Begriffsbildung"[368], die auf eine Begriffsbildungsautonomie des Verfassungsrechts hinzudeuten scheint, vermag an dem zuvor postulierten Primat des medizinischen Hirntod-Verständnisses nichts mehr zu ändern. Beim gleichen Autor findet man freilich auch vorsichtigere Äußerungen zum Thema: „Was Leben (...) bedeutet, ist nicht ohne Ausgriff auf die außerjuristische Formenwelt zu bestimmen."[369] „Leben beispielsweise läßt sich (...) nur unter Heranziehung der medizinischen Beurteilung (...) des Lebens beurteilen."[370] Diese Formulierungen, die auf einen Definitionsprimat des Verfassungsrechts hinzudeuten scheinen, lassen das Verhältnis von Verfassungsrecht und Medizin jedoch letztlich offen: Über den Modus der „Heranziehung" medizinischer Wirklichkeitskonstruktionen bzw. den Charakter des „Ausgriffs auf die außerjuristische Formenwelt der Medizin" wird nichts ausgesagt. Liest man die Ausführungen zusammen mit den zuvor genannten Äußerungen desselben Autors, dann steht im

---

[366] *Stern*, Staatsrecht, Bd. III/1, S. 1058 mit Verweisen - in der dortigen Anm. 261 - auf strafrechtliche Beiträge (*Stratenwerth, Lüttger, Schreiber*), zwei zivil- (*Gitter, Leipold*) und einen verfassungsrechtlichen Beitrag (*Starck*), wobei der verfassungsrechtliche Beleg sich gar nicht zur Beachtlichkeit medizinischen Wissens am Lebensende bzw. zum Hirntod äußert (vgl. *Starck*, Die künstliche Befruchtung beim Menschen, A 27). Auf einen strafrechtlichen Beitrag (und zwar auf „H.-L. Schreiber, JZ 1983, 593") wird auch in Anm. 258 hingewiesen; in Anm. 259 werden zwei rechtsmedizinische Belege genannt, außerdem wird auf die Erklärung der *Deutschen Gesellschaft für Chirurgie* aus dem Jahre 1968 hingewiesen, an deren Erstellung wiederum ein Strafrechtler (*Hanack*) beteiligt war (was in Anm. 259 unerwähnt bleibt). In Anm. 260 wird auf die Stellungnahme des *Wissenschaftlichen Beirates der Bundesärztekammer* zum Hirntod aus dem Jahre 1982 (in der - von *H.-L. Schreiber* kommentierten - Veröffentlichungsfassung JZ 1983, S. 594) verwiesen. Weitere umfängliche Hinweise auf die Leistungen des Strafrechts am Beginn und am Ende menschlichen Lebens finden sich auf S. 1051 Anm. 226.
[367] Auf *Stern* stützt sich z. B. *Jarass*, der aus dem „Erlöschen der Hirntätigkeit" (*Stern*, Staatsrecht, Bd. III/1, S. 1058) das „Erlöschen der Hirnströme" (in: ders./Pieroth, 3. Aufl., Art. 2 Rn. 46) bzw. schlicht den „Hirntod" (in: ders./Pieroth, 2. Aufl., Art. 2 Rn. 46) macht (die 1. Aufl., Art. 2 Rn. 46 geht auf den [Hirn-]Tod nicht ein). Auf *D. Lorenz*, von dessen - maßgeblich auf strafrechtlichen Äußerungen beruhender - Stellungnahme im Handbuch des Staatsrechts sogleich noch die Rede sein wird, stützen sich *Pieroth/Schlink*, 12. Aufl., 11. Aufl., 10. Aufl., jew. Rn. 129; 9. Aufl., 8. Aufl., jew. Rn. 145. In den anderen nach 1989 - dem Erscheinungsjahr des Beitrags von *D. Lorenz* - erschienenen Auflagen (7. Aufl., 6. Aufl., jew. Rn. 145) fehlt der Bezug auf *D. Lorenz'* Beitrag; außerdem wird der Hirntod nicht erwähnt.
[368] *Stern*, Staatsrecht, Bd. III/1, S. 1051.
[369] *Stern*, Staatsrecht, Bd. III/2, S. 1720.
[370] *Stern*, Staatsrecht, Bd. III/2, S. 1720 - bezogen auf den Lebensbeginn.

Ergebnis fest: Der sogenannte „Ausgriff" auf die Medizin, ihre „Heranziehung" ist - und bleibt - ein Primat der Medizin über das Verfassungsrecht.

Demgegenüber hebt ein anderer Teilnehmer des verfassungsrechtswissenschaftlichen Gesprächs über die Bedeutung des in Art. 2 II 1 GG positivierten Grundrechtsnormsatzes hervor, daß der „Begriff des Lebens nicht zunächst seinswissenschaftlich, sondern normativ bestimmt (ist); denn dieses ist als Rechtsgut geschützt, dessen inhaltliche Festlegung durch die jeweilige Schutznorm erfolgt"; dann aber stellt er - sachlich an Dürig anknüpfend - gleichwohl fest: „Geht man hierbei vom Schutzzweck externer Unverfügbarkeit menschlichen Lebens aus, so ist solches gegeben, sobald und solange nach medizinisch-biologischer Erkenntnis menschliche Individualexistenz vorhanden ist. Das so bestimmte Leben ist ein einheitliches, unteilbares Rechtsgut, das einschränkenden Wertungen schlechthin unzugänglich ist."[371] Zur Problematik des Todeszeitpunktes im Transplantationskontext heißt es dann weiter: „Nicht weniger problematisch und praktisch bedeutsam ist die Feststellung des Endes menschlichen Lebens. Diese Fragestellung steht im Schnittpunkt eines Zielkonflikts zwischen Transplantationsinteresse und Lebenserhaltungspflicht. Mit dem Eintritt des Todes wird diese illusorisch, während jenes eines Eingriffs in die Rechte des Art. 2 Abs. 2 S. 1 GG nicht mehr bedarf. (...) Erforderlich ist (...) eine verhältnismäßige Zusammenordnung der konkurrierenden Rechtsgüter auf der Ebene der Grundrechtsbegrenzung, die ihrerseits eine Festlegung der Reichweite des Lebensschutzes und damit eine eindeutige normative Bestimmung über den Eintritt des Todes voraussetzt."[372] Ungeachtet des Votums, das der Autor - auch er unter grundsätzlichem Rückgriff auf strafrechtliche Literatur -[373] für den Hirntod als Tod des Menschen abgibt,[374] ist eine Sequenz seiner Stellungnahme besonders beachtlich, ja eine grundrechtsdogmatische Seltenheit: der Verweis auf die „normative Bestimmung über den Eintritt des Todes", in der sich die vom Autor betonte grundlegend-normative Struktur des grundrechtlichen Lebensbegriffs konsequent spiegelt.

Diese Sicht der Dinge kommt im Kern auch in der Feststellung eines anderen Autors zum Ausdruck: Das Schutzgut Leben sei ein Rechtsgut, dessen „Konturen jenseits rechtlicher Begriffsbildung natürlich vorgeprägt und erfahrbar"

---

[371] *D. Lorenz*, § 128 Rn. 8 mit Verweisen insb. auf *Dürig* in Anm. 28, 29, 32.
[372] *D. Lorenz*, § 128 Rn. 15.
[373] *D. Lorenz*, § 128 Rn. 15, verweist in den Anm. 67, 68, 69, 70 auf strafrechtliche Beiträge (*Eser, Stratenwerth, Otto*), auf einen arztrechtlichen Beitrag (*Laufs*) und zwei verfassungsrechtliche Beiträge (*Maurer, Kübler*), außerdem - in Anm. 70 - auf die Richtlinien der Bundesärztekammer zur Sterbehilfe aus dem Jahre 1979. S. außerdem schon den Hinweis oben in Fn. 361.
[374] *D. Lorenz*, § 128 Rn. 15: Das irreversible Aufhören der Lebensfunktionen „ist (erst und bereits) mit dem endgültigen Ausfall des mensch-spezifischen und person-begründenden *Steuerungszentrums* (...), dem sogenannten *Hirntod*, gegeben" (Hervorhebung nur hier).

B. Rezeption des Hirntodkonzepts in der Straf- und Grundrechtslehre 123

sei.[375] Aber auch hier wird das Spezifikum rechtlicher Begriffsbildung, der genuin normative Anteil an der auf natürlichen Vorgegebenheiten aufbauenden grundrechtlichen Begriffsbildung nicht offengelegt.

Im übrigen präsentiert die Lehre bekannt unspezifische Aussagen: Leben sei ein „Faktum"[376], dessen „Beschreibung (...) näherer Erörtung" nicht bedürfe:[377] Es gehe um „die Gewährleistung allein der nackten physischen Existenz" des Menschen; angesichts dieses „denkbar klar bestimmte(n) Rechtsgut(s)" bereite die Interpretation von Art. 2 II 1 Var. 1 GG insofern „(k)eine besonderen Schwierigkeiten"[378], als dieses Grundrecht „an die menschliche Existenz als solche"[379] anknüpfe: „Zu leben (...) gehört zur Natur des einzelnen."[380] Die Bestimmung des personalen Schutzbereichs der sog. Jedermanns- bzw. Menschenrechte, zu denen auch das Lebensgrundrecht gehört, lasse sich also leicht bewerkstelligen: „Die Grundrechtsberechtigung natürlicher Personen ist bei den Menschenrechten kein Problem: Sie stehen jedermann zu."[381] Unberührt von der beginnenden Debatte zur grundrechtlichen Bedeutung des Hirntodes stellt ein anderer Kommentator fest: „Das menschliche Leben endet mit dem Tod, den die Medizin als Hirntod, nämlich als das endgültige Erlöschen aller Hirnströme, definiert."[382] Ein anderer Autor verwahrt sich schließlich gegen die „unreflektierte Übernahme biologistischer Konzepte" und läßt offen, ob man der „heute gängigen Definition des Hirntodes" folgen solle: Dies sei „eine Frage von sekundärer Bedeutung".[383] Im übrigen sei „der Hirntod als maßgeblich allgemein anerkannt"[384], so daß ein Konflikt mit Art. 2 II 1 GG ausgeschlossen sei, weil hier nur „der lebende Mensch"[385] erfaßt werde.

---

[375] *Dietlein*, S. 75 a.E.
[376] *Kokott*, Beweislastverteilung, S. 433.
[377] *Hermes*, Das Grundrecht auf Schutz von Leben und Gesundheit, S. 46.
[378] *Hermes*, Das Grundrecht auf Schutz von Leben und Gesundheit, S. 222.
[379] *Pieroth/Schlink*, 10. Aufl., Rn. 135 (S. 37) - ausdrückl. zu Art. 2 II 1 GG.
[380] *Pieroth/Schlink*, 10. Aufl., Rn. 227 (S. 60).
[381] *Morlok*, Selbstverständnis als Rechtskriterium, S. 388; in Abgrenzung zu den sog. Deutschen-Grundrechten, deren Kriterium grundsätzlich die deutsche Staatsangehörigkeit sei, ist die Rede von einem „quasi-natürlichen Pendant (in der Lebenswelt)", über das diese Rechte im Unterschied zu den sog. Jedermanns- bzw. Menschenrechten nicht verfügten; in diesem Sinne ist Leben offensichtlich das „quasi-natürliche Pendant" des in Art. 2 II 1 Var. 1 GG gewährleisteten Grundrechts.
[382] *Murswiek*, in: Sachs (Hrsg.), GG, Komm., Art. 2 Rn. 142; dort heißt es dann weiter: „Der Zeitpunkt spielt vor allem im Hinblick auf Organentnahmen eine Rolle."
[383] *Gröschner*, Menschenwürde und Sepulkralkultur, S. 34f. - auf dem Hintergrund der dort entwickelten Würdekonzeption, deren Kern die (potentielle) menschliche Entwurfsfähigkeit bildet. *Gröschner* hat seine Ansicht inzwischen geändert und lehnt das Hirntodkonzept ab, s. den Nachweis im 1. Kap. Fn. 70.
[384] *Schmidt-Didczuhn*, ZRP 1991, S. 266 Anm. 21.
[385] *Schmidt-Didczuhn*, ZRP 1991, S. 266.

5. Schlußbemerkung

Daß die grundrechtsdogmatische Lage angesichts der Hirntod-Problematik weit weniger klar ist, als der Anschein vermuten läßt, darauf deuten die folgenden (allgemein gehaltenen) Anmerkungen hin. Nüchtern heißt es hier: „Die Reichweite des Rechts auf Leben ist noch weitgehend ungeklärt."[386] „Das Recht auf Leben umfaßt weit mehr Probleme (...) als in einem Satz einer kurzen Verfassungsbestimmung angedeutet werden kann."[387] Oder in den etwas konkreteren Worten eines früheren Präsidenten des Bundesverfassungsgerichts: Beim Begriff des Lebens „sind bekanntlich weder der Anfang noch das Ende völlig unbestritten."[388] Der Inhalt des Lebensgrundrechts ist also keineswegs „selbstverständlich"[389], ansonsten gäbe es die gegenwärtige (juristische) Debatte über den Hirntod-Zustand nicht.[390] „Die Feststellung des Todeszeitpunktes wirft" in der Tat „schwierige medizinische und juristische Problem auf", wie ein anderer Staatsrechtslehrer salomonisch anmerkt.[391] Daß sich - freilich auch hier - der Inhalt des Lebensgrundrechts „anders als mit einer banal klingenden Feststellung umschreiben" läßt - also nicht nur mit der Bemerkung, das Grundrecht auf Leben gewähre „das Recht zu leben" -,[392] dies belegt die grundrechtsdogmatische Kritik des Hirntodkonzepts, der noch nachzugehen sein wird (dazu das 3. Kapitel). Zuvor ist allerdings eine weiterer Schritt in der Rekonstruktion der Rezeptionsgeschichte zu tun, ein Schritt in den Osten Deutschlands.

III. Die Rezeption des Hirntodkonzepts durch das (Straf-)Recht der DDR

1. Zur positivrechtlichen Verortung der Rezeptionsfrage

Einschließlich der Vorschriften über die Tötungsdelikte[393] ist das materielle Strafrecht der DDR gemäß Art. 315 I EGStGB (einer Vorschrift, die der Eini-

---

[386] *Antoni*, in: Seifert/Hömig (Hrsg.), GG, Komm., 1. Aufl., Art. 2 Rn. 11 (S. 46), 2. Aufl., Art. 2 Rn. 11 (S. 49); 3. Aufl., Art. 2 Rn. 11 (S. 50 a.E.); 4. Aufl., Art. 2 Rn. 11 (S. 48); 5. Aufl., Art. 2 Rn. 11 (S. 60).
[387] *Aschl*, S. 168.
[388] *R. Herzog*, Art. „Leben und körperliche Unversehrtheit", Sp. 1985.
[389] BVerfGE 39, 1 (36): „Die ausdrückliche Aufnahme des an sich selbstverständlichen Rechts auf Leben in das Grundgesetz (...)."
[390] Zutreffend heißt es bei *Kluth/Sander*, DVBl. 1996, S. 1285 Anm. 2: „Bislang ging die Staatsrechtslehre fast einmütig vom Hirntod als Todeskriterium aus, (...)." - Hervorhebung nur hier.
[391] *Rüfner*, § 116 Rn. 18.
[392] *von Münch*, in: ders. (Hrsg.), GG-Komm., Bd. 1, 3. Aufl., 2. Aufl., jew. Art. 2 Rn. 40. Die Feststellung „Das Recht auf Leben ist das Recht zu leben." findet sich auch bei *Pieroth/Schlink*, 1. - 9. Aufl., jew. Rn. 449; 10. - 12. Aufl., jew. Rn. 429.
[393] §§ 112ff. DDR-StGB vom 12. Januar 1968 (GBl. I S. 1) in der Neufassung vom 14. Dezember 1988 (DDR-GBl. I 1989, S. 33). Das 6. DDR-Strafrechtsänderungsgesetz

B. Rezeption des Hirntodkonzepts in der Straf- und Grundrechtslehre 125

gungsvertrag geschaffen hat)[394] dem Grunde nach (also vorbehaltlich einer Einzelfallprüfung durch das zuständige Gericht, welche Vorschrift - unter Berücksichtigung des konkreten Täterverhaltens - die mildeste i. S. des § 2 StGB ist)[395] als fakultativ-partikulares Bundesstrafrecht[396] in die Normenmenge des Strafrechts der Bundesrepublik inkorporiert worden.[397] Bereits de lege lata ist es daher wichtig zu wissen, ob über eine entsprechende Auslegung der (nunmehr als bundesdeutsches Recht fortgeltenden) DDR-Strafgesetze das Hirntodkonzept vom Strafrecht der DDR, das auch im Osten Deutschlands die „allgemeinen gesetzlichen Grundlagen"[398] für die Beziehung zwischen Arzt und Patient bereitgestellt hat, ebenfalls rezipiert worden ist.[399] Die interpretatorische Beachtung des Hirntodkonzepts durch das (Straf-)Recht der DDR - ein grundrechtlicher

---

vom 29. Juni 1990 (GBl. I S. 526) hat für die Tötungsdelikte zu keinen Änderungen geführt. Zum DDR-StGB (und seinen Tötungsdeliktsvorschriften) zunächst die knappen Anmerkungen bei *Schroeder*, Das Strafrecht des realen Sozialismus, S. 115; s. auch *Brunner*, Einführung in das Recht der DDR, S. 42, S. 202. Vor Inkrafttreten des DDR-StGB von 1968 galt - wie in der Bundesrepublik - das (R)StGB fort.

[394] BGBl. II 1990, S. 889ff. (955).

[395] S. zunächst *Viehmann*, S. 31; ausführlicher *Lemke*, Einleitung, S. 13: Es stellt sich also die „Frage, ob das Strafgesetz der Deutschen Demokratischen Republik - vor Anfang Juli 1990 in der Fassung vom 14. Dezember 1988, danach bis zum Ablauf des 2. Oktober 1990 in der Fassung des 6. Strafrechtsänderungsgesetzes - oder ob die möglicherweise auf die Tat anzuwendende Vorschrift des Strafgesetzbuchs das mildeste Gesetz ist." So i. Erg. auch *Haße/Teichler*, S. 8.

[396] Normalerweise werden nur die Vorschriften des DDR-Strafrechts, die gem. Art. 9 II EVertr i.V.m. Anl. II fortgelten, explizit als partikulares Bundes(straf)recht bezeichnet (s. nur *Jescheck/Weigend*, 5. Aufl., S. 20 [§ 3 V 1]). Übersehen wird dabei, daß aus Art. 315 I EGStGB i.d.F. des EVertr (Art. 8 i.V.m. Anl. I) - und zwar in einzelfallabhängiger, deshalb fakultativ beachtlicher Weise - die Anwendbarkeit von Vorschriften des DDR-StGB ebenfalls folgen kann. Zu beachten ist der rechtskonstruktive (Um-)Weg: Art. 315 I EGStGB verweist auf § 2 StGB und durch jenen können die einschlägigen Vorschriften des DDR-StGB zum milderen und damit zum gerichtsbeachtlichen Strafgesetz werden. Neben dem ausdrücklich fortgeltenden DDR-StGB gibt es also auch konkludent-fortgeltendes DDR-Strafrecht, hier in der Form des fakultativ-fortgeltenden DDR-StGB, das (durch die alles unterfangende Inkorporation der DDR-Staats- und Rechtsordnung) bundesdeutsches (Straf-)Recht (geworden) ist, freilich - der besseren Unterscheidbarkeit wegen - „fortgeltendes DDR-(Straf-)Recht" genannt wird.

[397] Damit wird auf strafgesetzlicher Ebene dem Umstand Rechnung getragen, daß sich der Beitritt der DDR zum Staatsverband der Bundesrepublik Deutschland aus völkerrechtlicher Sicht als Inkorporation qualifizieren läßt, s. nur *Gornig*, S. 16; außerdem *Blumenwitz*, S. 46ff. (zur völker- und sukzessionsrechtlichen Bewertung des Beitritts der DDR gem. Art. 23 S. 2 GG a.F.).

[398] Dazu z. B. der DDR-Rechtsmediziner *Geserick*, S. 136; vgl. auch *Hinderer*, Über die Grundsätze der Verantwortlichkeit des Arztes, S. 39.

[399] Mit der Folge, daß das Hirntodkonzept (soweit etwa die Frage des Behandlungsabbruchs aufgeworfen würde) arztstrafrechtlich relevanten Fällen aus DDR-Zeiten, die (theoretisch) noch heute verhandelt werden könnten, zugrundezulegen wäre. Die Wahrscheinlichkeit, daß derartige Fälle sich ereignet haben oder bekannt geworden sind bzw. heute noch aufgedeckt und verfolgt werden, dürfte freilich gering sein; so - allg. für Altfälle - auch *Lemke*, Einleitung, S. 13.

126   2. Kapitel: Die Rezeption des Hirntodkonzepts

Diskurs existierte in der DDR nicht -[400] drängt sich keineswegs als selbstverständlich auf. Denn - so hieß es 1960, einige Jahre vor dem „publizisti-schen Durchbruch" (Gerd Geilen) hin zum Hirntodkonzept in der westdeutschen Strafrechtslehre: „Das Strafrecht der Deutschen Demokratischen Republik und das der Bundesrepublik entfremden sich immer mehr."[401] Gilt diese Feststellung auch für die Rezeption des Hirntodkonzepts?

2. Die Medizin als Initiatorin und Protagonistin der Rezeption

Wir erinnern uns: Schon bald nach Erlaß des StGB von 1871 wurde für den strafrechtlichen Todesbegriff von prominenter Seite festgestellt, daß die „nähere Bestimmung (...) dem medizinischen Gebiet"[402] angehöre. Dies ist auch das Leitmotiv, das für den Umgang des DDR-(Straf-)Rechts mit dem Todesbegriff, einschließlich des Hirntodkonzepts, charakteristisch ist.[403]

a) Anfänge der Rezeption

Ein gerichtsmedizinisches Symposion im August 1966 führt zu einer ersten merklichen fachöffentlichen Sensibilisierung. Unter Berücksichtigung westdeutscher und internationaler Literatur geht ein polnischer Referent, der damalige Direktor des Instituts für Strafrecht der Universität Warschau, Problemen des Behandlungsabbruchs nach. Im „Zusammenhang mit der Möglichkeit der Re-

---

[400] Bekanntlich kannte die DDR-Verf. 1968/1974 keine Art. 2 II 1 Var. 1 GG ausdrücklich entsprechende Grundrechtsgarantie (vgl. Art. 19ff. DDR-Verf. 1968/1974). „Man kann allerdings annehmen, daß es [= das Recht auf Leben - Anm. St. R.] von der Unantastbarkeit der Persönlichkeit (Art. 30 Abs. 1) mit erfaßt ist" (*Brunner*, Recht auf Leben, S. 113; s. zur völkerrechtlich begründeten Garantie des Art. 6 IPBPR auf S. 112f., S. 125f.). Zum Recht auf Leben in der DDR außerdem *Löw*, S. 173f.; vgl. außerdem *Friedrich-Ebert-Stiftung*, S. 11ff. Im übrigen waren die Grundrechte der DDR-Verf. nur verständlich als Konkretionen der „sozialistische(n) Gesetzlichkeit" (Art. 19 I 2 DDR-Verf. 1968/1974), mit den Grundrechten im Sinne des westlichen Rechtskreises also nicht vergleichbar. Zum sozialistischen (Grund-)Rechtsverständnis zusf. *Brunner*, Das Rechtsverständnis der SED (1961 - 1989), S. 293ff. (297ff., 309f., 314ff. m. N.). Außerdem *Ipsen*, Die Selbstdarstellung der DDR, S. 547ff. (S. 552ff., S. 562ff.: zum Menschenrechtsverständnis der DDR; S. 565ff.: zum Recht auf Leben nach dem IPBPR).
[401] *Nowakowski*, S. 83. Vertiefend m. w. N. *Schroeder*, Die neuere Entwicklung des Strafrechts, S. 5ff.
[402] *von Liszt*, Lehrbuch des Dt. Strafrechts, 2. Aufl., S. 292 (§ 85 I).
[403] Bemerkenswert ist, daß im offenbar führenden neurologischen Ausbildungsbuch der DDR der Hirntod bzw. die Hirntod-Diagnostik nicht angesprochen wird, vgl. *Schulze*, 1. Aufl., S. 14ff.; 2. Aufl., S. 15ff.; 3. Aufl., S. 15ff. Hinweise auf den Hirntod hingegen bei *Jänisch/Schreiber/Warzok*, S. 401 a.E.; s. auch den Hinweis auf den Hirntod unter dem Aspekt der „Anästhesie in der Neurochirurgie" bei *Goldhahn/Goldhahn*, S. 179.

suszitation", also der Reanimation, seien „wir zweifellos genötigt, den Begriff des Todeszustandes zu revalorisieren und eine neue Grenze (...) festzulegen."[404] Sawicki greift dabei auf Äußerungen eines Fachkollegen zurück: Der Tod „offenbar(e)" sich „nicht mehr als einheitliche, momentane, gleichzeitig sämtliche Lebensfunktionen treffende Erscheinung".[405] „(M)it Hilfe von Apparaten"[406] bewirke die Reanimationstechnik, daß der Tod „gewissermaßen in Einzelteile"[407] zerfalle, so daß sich für den Arzt neu die Notwendigkeit ergebe, nach „der Definition ‚eines lebenden' Menschen"[408] zu fragen: „Soll ein Mensch ohne Kopf, bei dem - wie dies heutzutage bereits möglich ist - künstlich die Herz-Lungen- und Nierentätigkeit aufrechterhalten würde, für ein lebendes oder ein totes Wesen gehalten werden?"[409] Sawicki formuliert auf diesem Hintergrund zwei Folgefragen: „(W)elche ein für allemal unterbrochenen Funktionen und welche unwiderbringlich zerstörten Zellen können entscheidende Bedeutung für den ärztlichen Befund haben, demzufolge das Leben eines menschlichen Wesens seine Grenze erreicht hat (...)?" Und: „Sind (...) neue Todeskriterien nötig?"[410] Ein solcher neu definierter „Todeszustand", so Sawicki weiter, „wird gewissermaßen konventionellen Charakter haben, er wird auf Grund eines Übereinkommens zwischen den Ärzten festgestellt werden, das von der Öffentlichkeit als rechtskräftig anerkannt wird. Wir müssen uns daher an den - mag sein, etwas schockierenden - Gedanken gewöhnen, daß gegenwärtig, unter modernen Bedingungen und angesichts des riesigen Fortschritts der Wissenschaft, die Scheidelinie zwischen Leben und Tod oft nur eine nominelle, ausschließlich auf sozialer Beurteilung und auf gemeinsamer Konvention basierende Grenze ist."[411] „Um also" - aufgrund der durch die Reanimationstechnik bewirkten Lage - „ein Individuum als für ewige Zeiten aus dem Königreich des Lebens ausgeschieden erklären zu können, ist es sehr wichtig, ein neues Kriterium für die Symptome zu finden, die den Todeszustand definieren, und die Anwendung dieses Kriteriums konsequent zu kontrollieren."[412] Hier biete sich die Feststellung der „Deanimation" an, „d. h. des Absterbens der Hirnfunktionen und der Nervenstruktur"; sie berechtige den Arzt dazu, „kraft (...) eigenen Entschlusses die Apparatur abzuschalten, die auf künstliche Weise die für das Sein wichtige Funktion des Kreislaufs und der Atmung" aufrechterhalte.[413] Der Arzt - so Sawicki - habe „somit in diesem Falle das Recht, eine[m] Menschen den ‚Todes-

---

[404] *Sawicki*, S. 9ff.; Hinweis zur Person des Autors S. 197.
[405] *Hamburger* (Transplantationsmediziner), zit. bei *Sawicki*, S. 14.
[406] *Hamburger* zit. bei *Sawicki*, S. 14.
[407] *Hamburger* zit. bei *Sawicki*, S. 14.
[408] *Hamburger* zit. bei *Sawicki*, S. 15.
[409] *Hamburger* zit. bei *Sawicki*, S. 14 a.E.
[410] *Sawicki*, S. 15.
[411] *Sawicki*, S. 15.
[412] *Sawicki*, S. 15 a.E.
[413] *Sawicki*, S. 18.

stoß' zu versetzen, bewußt zu einem Schwinden bislang noch bestehender Funktionen des Organismus zu führen, die für typische Anzeichen des Lebens erachtet werden. Die Festlegung dieses neuen Kriteriums durch den Arzt (...) würde ein ‚endgültiges Todesurteil' über den Menschen bedeuten, den Arzt dazu berechtigen, die letzten noch glimmenden Lebenspunkte und Lebenszentren zu löschen."[414] Richtigerweise müsse man dann auch die bisherige Formulierung „„der Kranke ist verstorben'" umändern in „„Der Kranke wurde für tot befunden'".[415] Sawickis Ausführungen gipfeln in der - bemerkenswert unübersichtlichen - Frage: „Soll man Resuszitationsversuche aufnehmen und nach deren Erfolg einem Menschen das Leben erhalten, für den es keine Chancen der Wiederkehr zu lebenswichtigen Funktionen ohne Anwendung von Apparatur gibt, um im Falle, wenn dies notwendig sein sollte, über lebendes Gewebe zu verfügen (...), um eine unmittelbare Transplantation vornehmen zu können, d. h. diesem Menschen nur solange das Leben zu erhalten, bis es zu einer solchen Notwendigkeit kommt?"[416] In der syntaktischen Dschungelhaftigkeit dieses Satzes spiegelt sich Sawickis Skepsis offenbar authentisch wider: „Ich persönlich kann mich Widerständen gegen derartige Anschauungen", die entsprechende Maßnahmen „für rechtlich zulässig" erachten, „nicht erwehren. Es unterliegt jedoch keinem Zweifel, daß der Fortschritt in der Chirurgie (...) in naher Zukunft es erzwingen" wird, „auch dieses, gegenwärtig noch ungewöhnlich scheinende Problem vom Blickwinkel (...) rechtlicher Garantien einer eingehenden Analyse zu unterziehen."[417]

Auf demselben Symposion stellt ein schwedischer Gastreferent schon im Titel seines Referates eine deutlichere Verbindung des Todesbegriffs sowohl zum Behandlungsabbruch als auch zur Organentnahme her: Es geht um „(d)ie Kriterien des Todes in Beziehung zur Wiederbelebung und zur Entnahme der Organe für die Transplantation".[418] H. Sjövall weist darauf hin, daß die damit angesprochenen Problemaspekte Gegenstand eines Rundtischgespräches auf der IV. Internationalen Tagung der gerichtlichen Medizin im August 1966 in Kopenhagen gewesen seien - mit gutem Grund, würden diese Fragen doch „mit der fortschreitenden Entwicklung der medizinischen Technik immer dringlicher".[419] Da Wiederbelebungsmaßnahmen oft nur zu einem Zustand „vegetative(n) Leben(s) ohne Aussicht auf Genesung oder auch nur Erlangung des Bewußtseins" führten, der „für Angehörige, Ärzte und Krankenhauspersonal eine große Belastung" darstelle, „und damit auch erhebliche Kosten für die Allgemeinheit"

---

[414] *Sawicki*, S. 18f.
[415] *Sawicki*, S. 20.
[416] *Sawicki*, S. 20.
[417] *Sawicki*, S. 20.
[418] Der damalige Direktor des Instituts für gerichtliche Medizin des Karolinska Institutet Stockholm *Sjövall*, S. 24ff.; Hinweis zur Person des Autors S. 197.
[419] *Sjövall*, S. 24.

B. Rezeption des Hirntodkonzepts in der Straf- und Grundrechtslehre

nach sich zögen, stelle sich die Frage, wann Wiederbelebungsversuche abgebrochen werden dürften.[420] „Die moderne Transplantationschirurgie ist weitgehend von der Lösung dieses Problemkomplexes abhängig."[421] Es gehe ja um die „Möglichkeit, lebendes Transplantationsmaterial von solchen Personen zu entnehmen".[422] Manche Ärzte hätten deshalb „eine geänderte Definition des Begriffs ‚tot' vorgeschlagen: Eine Person soll dann als verstorben angesehen werden, wenn die Funktion des Gehirns definitiv aufgehört hat (oder richtiger gesagt, wenn angenommen werden muß, daß sie sich nicht wieder einstellt)."[423]

Die Analyse des damit angedeuteten neuen Todeskonzepts machte in den nächsten Jahren Fortschritte, primär vor dem Hintergrund der Problematik des Behandlungsabbruchs und mit nur randseitigem Interesse an den transplantationschirurgischen Implikationen. Meinungsbildend, -bündelnd und -verdichtend wirken die Tagungen der Gesellschaft für gerichtliche Medizin der DDR. Auf ihrer ersten Tagung im Oktober 1967 geht der Rechtsmediziner Hansen in einem Diskussionsbeitrag ärztlichen Problemen an der Grenze von Leben und Tod nach. Hansens Ausführungen faßt der Chronist folgendermaßen zusammen:

„Ausgehend von der Maxime allen ärztlichen Handelns, der uneingeschränkten Pflicht zur Erhaltung des menschlichen Lebens, befaßte er sich u. a. mit der Todeslinderung und der Verlängerung des Lebens eines hoffnungslos Kranken durch ärztliche Mittel. Die Frage, wie lange in solchen Fällen die Resuszitation (Wiederbelebung) anhalten solle und wann und unter welchen Umständen der Arzt berechtigt sei, Geräte zur biologischen Erhaltung des menschlichen Körpers abzuschalten, könne mit der bisherigen Definition des Todes, als dessen Kriterien seit Jahrhunderten der Ausfall von Atmung und Kreislauf gelten, nicht beantwortet werden. Es sei notwendig, die Diagnose des Todes auf den Tod des Zentralnervensystems aufzubauen und den Begriff des Hirntodes einzuführen."[424] „In der Diskussion über diese Problematik" - so fährt der Chronist fort - „wurde angeregt, neben dem Erlöschen der Atmung und der Herztätigkeit auch das Erlöschen der Hirntätigkeit als ein Kriterium für die Toterklärung anzusehen. Ob das letztgenannte Kriterium vorliegt, sollte in schwierigen Grenzfällen durch ein Ärztegremium entschieden werden. Eine gesetzliche Fixierung der Definition des Todes wurde (...) abgelehnt, weil die Feststellung des Todes eine ausschließliche Aufgabe der Mediziner sei."[425] Bemerkenswerterweise erfolgt kein Verweis auf die Bedürfnisse der Transplantati-

---

[420] *Sjövall*, S. 24.
[421] *Sjövall*, S. 24.
[422] *Sjövall*, S. 24.
[423] *Sjövall*, S. 24, S. 37.
[424] *Baatz*, Tagung der Gesellschaft für gerichtliche Medizin, NJ 1967, S. 764 - Bericht über die vom 10. - 14.10.1967 veranstaltete 1. Tagung der Gesellschaft für gerichtliche Medizin der DDR; es ist tatsächlich von „Todeslinderung" die Rede.
[425] *Baatz*, Tagung der Gesellschaft für gerichtliche Medizin, NJ 1967, S. 764.

onsmedizin. Grund für die Etablierung des Hirntodkonzepts - noch vor den ersten Herztransplantationen - zu votieren, ist allein die Problematik der Beendigung lebensverlängernder Maßnahmen.

Hansen, in dessen kurz zuvor neuaufgelegtem Lehrbuch zur gerichtlichen Medizin weder das Wort „(Ge-)Hirntod" fällt noch von einer besonderen (biologischen oder metaphysischen) Bedeutung des mit dem Wort „(Ge-)Hirntod" bezeichneten Phänomens die Rede ist,[426] legt Ausführungen vor, die eine genauere Betrachtung lohnend erscheinen lassen.[427] Nachdem Hansen anmerkt, in der modernen Gesellschaft werde „das Handeln des Heilarztes nicht nur von seiner Ethik, sondern *auch* von den gültigen gesetzlichen Vorschriften bestimmt"[428], stellt er klar: „Es ist eine Aufgabe der Gerichtsmedizin, als Mittler zwischen Recht und Medizin den Heilärzten die gesetzlichen Normen zu erläutern, für den ärztlichen Bereich zu interpretieren und den Ärzten Hinweise für ihr Handeln zu geben." Die Aufgabe der Auslegung von Rechtsvorschriften, die das ärztliche Handeln betreffen, ist also Aufgabe von Medizinern, die als juristisch informiert gelten, Aufgabe der *Rechts*mediziner also; es ist offenbar nicht vordringliche Aufgabe von Juristen bzw. spezialisierten *Medizin*rechtlern. Es seien - so fährt Hansen fort - die „schnelle Entwicklung der Medizin und der Medizintechnik z. B. auf den Gebieten der Reanimation und der Organtransplantation", die „in Zukunft neue ethische und rechtliche Probleme im Arztberuf aufkommen" lassen würden.[429] Während für Hansen die damit u. a. implizierten Probleme der Sterbehilfe „aus ethischer und rechtlicher Sicht relativ leicht zu

---

[426] *Hansen*, Gerichtliche Medizin, 2. Aufl., S. 20: „Was heißt und bedeutet ‚Tod', wie ist dieser Zustand des Organismus zu definieren? Unter Tod verstehen wir den irreversiblen Stillstand von Kreislauf und Atmung, verbunden mit dem Aufhören der Tätigkeit des Zentralnervensystems und gefolgt vom Absterben aller Zellen und Gewebe des gesamten Organismus." „Noch bevor Atmung und Kreislauf klinisch sistieren - oder auch gleichzeitig -, beginnen die Funktionen des ZNS zu erlöschen. Das Bewußtsein trübt sich und erlischt dann völlig (...)!" (S. 21). Auffallend ist *Hansens* Verweis auf das ZNS, dessen Funktionsausfall bzw. Absterben er in dem (oben im Text referierten) Vortrag auf der 1. Tagung der Gesellschaft für gerichtliche Medizin in medizinisch bemerkenswerter Weise mit dem Funktionsausfall des gesamten Gehirns, dem „Hirntod", gleichsetzt; Brockhaus-Enzyklopädie, Bd. 24, 19. Aufl., S. 513 (Stichwort „Zentrales Nervensystem"): zum ZNS gehören Gehirn und Rückenmark. Zu dem Irrtum könnte der Umstand geführt haben, daß das sog. verlängerte Mark (die Medulla oblongata) - ein Teil des Hirnstamms - in das Rückenmark zwar übergeht, aber kein Teil des Rückenmarks, sondern eben des Gehirns (genauer: des Hirnstamms) ist, vgl. *Brockhaus-Enzyklopädie*, Bd. 8, 19. Aufl., S. 218ff. (219f. - Stichwort „Gehirn"); Bd. 18, 19. Aufl., S. 612f. (613 - Stichwort „Rückenmark").

[427] *Hansen*, Ärztliche Probleme an der Grenze von Leben und Tod, S. 11ff.; der Band dokumentiert, wie es in *W. Dürwalds* Vorwort heißt, „die Vorträge, die auf der 1. Tagung der Gesellschaft für gerichtliche Medizin der DDR vom 10. bis 14. Oktober 1967 (...) gehalten worden sind".

[428] *Hansen*, Ärztliche Probleme an der Grenze von Leben und Tod, S. 11 - Hervorhebung nicht im Original.

[429] *Hansen*, Ärztliche Probleme an der Grenze von Leben und Tod, S. 11.

lösen sind", so gilt für den normativen Umgang mit der Reanimationstechnik ein anderes: Aus ihr erwüchsen „fast unlösbare Probleme"; er denke dabei „an die Reanimation - auch Resuszitation genannt - durch künstliche Maßnahmen, ohne daß ein selbständiges Weiterleben die Folge ist und wo die Unterbrechung der apparativen Lebenserhaltung den sofortigen Tod bedeutet."[430] Aus der Literatur wisse man, „daß cerebral schwer geschädigte Rümpfe noch wochenlang am Leben erhalten geblieben" seien.[431] Auf Mitteilungen des französischen Mediziners Mollaret gestützt weist Hansen darauf hin, daß Menschen „in dem von ihm [Mollaret, Anm. St. R.] als ‚psycho-hypertonischen Dezebrationszustand' [bezeichneten Zustand - im Original fehlende Ergänzung; St. R.] durch ununterbrochene Steuerung von Atmung, Kreislauf, Ernährung und entsprechende Prophylaxe in diesem künstlichen Leben Monate und Jahre erhalten werden" könnten: „Er [Mollaret, Anm. St. R.] selber konnte diesen Zustand drei Jahre bei einer Thalliumvergiftung erhalten und berichtet über einen ähnlichen Fall, der 17 Jahre überlebte."[432] Es handele sich also um „Patienten ohne jede Hoffnung auf Wiedergewinn eines selbständigen Lebens, in schlechtestem Zustand und absolut abhängig von Apparaten und ständiger Überwachung."[433] Ja - so Hansen weiter -: „Es ist heute schon theoretisch möglich, einen kopf- und hirnlosen Rumpf mit Hilfe technischer Apparaturen biologisch zu erhalten."[434] Auf diesem Hintergrund stelle sich „die Frage: ist ein solcher Rumpf oder der von MOLLARET beschriebene Dezerebrationszustand Leben oder Tod bzw. wann ist ein Mensch tot? Welche Organe sind entscheidend für die Beantwortung? Die bisherigen Definitionen für den Tod: irreversibler Stillstand der großen Funktionssysteme Atmung und Kreislauf verbunden mit dem Absterben der ZNS - sind nicht mehr verwendbar. In extremen Fällen ist das ZNS biologisch tot, die Steuerzentren funktionieren nicht mehr; aber Atmung und Kreislauf funktionieren, wenn auch nur durch Apparate. Wir können in solchen Fällen keine sichere Trennung von Leben und Tod machen; die Grenze wird einmal willkürlich gesetzt werden müssen."[435] Für Hansen steht dabei fest: „Der Körper ohne lebendes Gehirn, nur mit apparativer Erhaltung der anderen Funktionen, ist ein ‚Präparat'. Es ergibt sich also die Notwendigkeit, die Diagnose des Todes auf den Tod des ZNS aufzubauen. Damit ist eine völlig neue Situation enstanden; seit Jahrhunderten gelten Ausfall von Atmung und Kreislauf als Kriterium des Todes; wir werden den Begriff des Hirntodes einführen müssen! Und dann" - so der Rechtsmediziner Hansen weiter - „ergibt sich ein rein klinisches Problem: wann ist das ZNS endgültig tot - und wie kann das sicher festgestellt wer-

---

[430] *Hansen*, Ärztliche Probleme an der Grenze von Leben und Tod, S. 14.
[431] *Hansen*, Ärztliche Probleme an der Grenze von Leben und Tod, S. 15.
[432] *Hansen*, Ärztliche Probleme an der Grenze von Leben und Tod, S. 15.
[433] *Hansen*, Ärztliche Probleme an der Grenze von Leben und Tod, S. 15.
[434] *Hansen*, Ärztliche Probleme an der Grenze von Leben und Tod, S. 15.
[435] *Hansen*, Ärztliche Probleme an der Grenze von Leben und Tod, S. 15 - der Name „Mollaret" ist im Original in Großbuchstaben wiedergegeben.

den?"[436] Hansen beschließt seine Überlegungen, indem er anmerkt, „die Frage der Grenze zwischen Leben und Tod" könne durch „Konvention und Gesetzgebung geregelt werden"[437]. Außerdem wiederholt er die Schlüsselfrage: „(I)st ein Mensch tot, wenn das ZNS nicht mehr funktioniert - oder lebt ein Mensch, solange sich seine vitalen Funktionen nur noch mit Hilfe künstlicher Methoden äußern? Wir müssen den Tod neu definieren und dem Reanimator[438] das Recht geben, die Apparatur abzustellen; nicht aus Mitleid - sondern aus der wissenschaftlichen Überzeugung des eingetretenen Todes."[439] Dies jedenfalls - so Hansen - sei klar: „Es ergeben sich Fragen, die eine neue Definition von Leben und Tod erfordern."[440]

Ausführlich widmet sich die 2. Tagung der Gesellschaft für gerichtliche Medizin der DDR, die fast auf den Tag genau zwei Jahre später stattfindet, erneut „ärztlichen Problemen bei der exakten Feststellung des Todeszeitpunktes in solchen Fällen, in denen mittels moderner Reanimationsmethoden Atmung und Kreislauf eines Menschen maschinell-medikamentös über Wochen und Monate aufrechterhalten werden können. In der bisherigen Diskussion wurde angeregt, die Diagnose des Todes darauf zu stützen, daß die Tätigkeit des Zentralnervensystems irreversibel zum Erlöschen gekommen ist, und den Begriff des Hirntodes einzuführen."[441] Wieder meldet sich Gerhard Hansen maßgeblich zu Wort, und im Gegensatz zu seiner Stellungnahme auf der 1. Tagung der Gesellschaft für gerichtlichen Medizin der DDR spielt diesmal die Organtransplantation, wie schon der Titel seines Beitrags belegt, zwar keine zentrale, aber doch eine wichtigere Rolle.[442]

Erneut bestimmt Hansen das Verhältnis von Recht und Medizin unzweideutig: „Gesetzgebung und Rechtsprechung haben es seit jeher der Medizin überlassen, die Problematik von Beginn und Ende des Lebens zu klären bzw. die entsprechende Definition zu geben; weder in früheren noch heutigen Gesetzen findet sich eine juristische Definition über Beginn und Ende des Lebens."[443] Wer das „Wesen des Todes ergründen" wolle, der müsse „erst das Leben definieren, da Leben und Tod zwei sich gegenseitig ausschließende biologische Zu-

---

[436] *Hansen*, Ärztliche Probleme an der Grenze von Leben und Tod, S. 15.
[437] *Hansen*, Ärztliche Probleme an der Grenze von Leben und Tod, S. 16.
[438] Gemeint ist der reanimierende Arzt.
[439] *Hansen*, Ärztliche Probleme an der Grenze von Leben und Tod, S. 16.
[440] *Hansen*, Ärztliche Probleme an der Grenze von Leben und Tod, S. 16.
[441] *L. Welzel*, NJ 1969, S. 704f. - die Tagung fand vom 14. - 17.10.1969 statt. Am Ende der zitierten Passage erfolgt ein Hinweis auf den Bericht der 1. Tagung 1967.
[442] *Hansen*, Probleme des Todes und Organtransplantation, S. 59ff. Den Hinweis auf den Veröffentlichungsort der Tagungsbeiträge entnehme ich *Mayer*, NJ 1974, S. 15 Anm. 1, der dort die Publikationen referiert, die seinerzeit zu den bisherigen Tagungen der Gesellschaft für gerichtliche Medizin erfolgt waren.
[443] *Hansen*, Probleme des Todes und Organtransplantation, S. 59 - Hervorhebung nicht im Original.

stände" seien und „dem Leben der Tod unausweichlich als Naturgesetz" folge.[444] Konsequent schlußfolgert Hansen daher: „Die Definition des Todes ist allein Aufgabe der naturwissenschaftlichen Medizin, die frei von emotionellen Einflüssen ihre Erkenntnisse gewinnt."[445] Trotz ihrer „imposanten Entwicklung" harre „ein kardinales biologisches Problem" freilich noch zufriedenstellender Lösung: „Wann beginnt und wann endet das Leben? Wir können zwar Leben und Tod als biologische Alternativen definieren; aber wir können über den Zeitpunkt von Beginn und Ende des Lebens bis heute keine sicheren Aussagen machen."[446] Nach „klassischen Auffassungen" sei der „Tod eingetreten, wenn Kreislauf und Atmung ausgesetzt haben und danach das ZNS abstirbt. (...) Äußerst kompliziert wird die Frage nach dem Ende des Lebens bei der speziellen Situation der Reanimation, d. h. der apparativen Aufrechterhaltung des Lebens."[447] Während Recht und Medizin „über Jahrhunderte" erfolgreich mit der „konventionellen Anschauung" gearbeitet hätten, wonach „das Leben (...) mit Stillstand von Atmung und Kreislauf (ende), *da der Hirntod innerhalb von Minuten eintritt*", sei dies bei Fällen, in denen reanimiert werde, anders; hier sei es möglich, daß sich „das ZNS (...) nicht wieder" erhole und folglich keine Aussicht mehr bestehe, „daß der Patient jemals zu einem selbständigen Weiterleben kommt."[448] Es handele sich um „hirnlose Körper" im Zustand des „'Scheinlebens'", die „theoretisch gesehen nie sterben können. Da Atmung und Kreislauf funktionieren, wenn auch nur durch apparative Leistung, die Ernährung künstlich gewährleistet ist und Intensivpflege sekundäre Schäden verhindert, müssen diese Menschen nach konventionellen Anschauungen als lebend angesehen werden. Obwohl keine Aussicht auf Wiederherstellung eines selbständigen Lebens besteht, müssen die Apparate weiter in Tätigkeit bleiben. Denn ein Abstellen der Apparate wäre eine Tötung, weil das Leben dieser Körper, durch Atmung und Kreislauf definiert, willkürlich und vorsätzlich beendet wird."[449] Die Folgen lägen auf der Hand: Derart „hoffnungslose Fälle" blockierten „über Wochen und Monate Apparaturen und Stationen mit hochspezialisiertem Personal", was überaus problematisch würde, „wenn Kranke mit realen Chancen der Lebenserhaltung eingeliefert" würden: „Ganz abgesehen von den schwierigen ethischen und juristischen Problemen sind in dieser ernsten Frage auch ökonomische Überlegungen anzustellen. Eine langzeitige Reanimation ohne jede Aussicht auf Erfolg verschlingt ungeheure Kosten (...)", was mit Blick auf „prognostisch günstiger(e) Fälle" „nicht zu vertreten" sei.[450] Zur „Lösung des

---

[444] *Hansen*, Probleme des Todes und Organtransplantation, S. 60.
[445] *Hansen*, Probleme des Todes und Organtransplantation, S. 60.
[446] *Hansen*, Probleme des Todes und Organtransplantation, S. 59.
[447] *Hansen*, Probleme des Todes und Organtransplantation, S. 59.
[448] *Hansen*, Probleme des Todes und Organtransplantation, S. 59 - Hervorhebung nur hier.
[449] *Hansen*, Probleme des Todes und Organtransplantation, S. 60.
[450] *Hansen*, Probleme des Todes und Organtransplantation, S. 60.

Problems" biete es sich an, „eine neue Diagnostik des Todes zu erarbeiten, die eine sinnvolle Beendigung der Reanimation erlaubt."[451] Zu bedenken sei nun dies - und damit greift Hansen in der Sache auf die auf der vorigen Tagung entwickelten Ausführungen zurück -: „Der biologische Tod des Menschen ist (...) definiert durch den Verlust der für das Leben charakteristischen Merkmale der uneingeschränkten Funktionen von Kreislauf, Atmung und ZNS; erlöschen diese drei Funktionen, ist der Tod eingetreten. Damit ist der Mensch zur Leiche geworden unter der Voraussetzung, daß die genannten drei Organsysteme ihre Funktion irreversibel eingestellt haben und damit der Verfall der Struktur durch Fäulnis einsetzt."[452] Vermittels der Reanimationstechnik könne nun der „Übergang des klinischen Todes in den biologischen Tod vorerst" verhindert werden: „Sinn und Zweck der Reanimation ist, den durch krankhafte (...) Vorgänge bewirkten Beginn eines Sterbeprozesses aufzuhalten und mittels Ersatz der Organfunktionen durch Apparate und Therapie eine kritische Phase zu überwinden, um den Patienten am Leben zu erhalten. Erstrebt wird also (...) die Wiederherstellung eines *selbständigen* Daseins mit ungestörter, *eigenständiger* Funktion der lebensbedingenden großen Organsysteme."[453] Für die „Frage, ob ein Reanimierter als lebend oder als Leiche zu betrachten" sei, komme es folglich darauf an, „ob die Funktionseinstellung des ZNS reversibel oder irreversibel" sei: „Die Diagnostik des Todes eines Reanimierten konzentriert sich demnach ausschließlich auf die Diagnostik des irreversiblen Hirntodes. Der Hirntod muß ein totaler sein und alle Bereiche der Hirnfunktionen betreffen."[454] Nach einigen Ausführungen zu den Tests, vermittels derer der Hirntod-Zustand festzustellen ist,[455] weist Hansen darauf hin, daß die „Feststellung des Todes eines Reanimierten (...) keine zeitliche Bestimmung des Todes" sei, „weil alle angeführten Bedingungen den endgültigen Tod des ZNS beweisen" würden, „aber über den Zeitpunkt nichts" aussagten: Hier müßten sich „Mediziner und Juristen über den Todeszeitpunkt einigen"; „entsprechende Bestimmungen" seien zu schaffen.[456] Da der Reanimierte in dem Augenblick, in dem er für tot erklärt

---

[451] *Hansen*, Probleme des Todes und Organtransplantation, S. 60, mit ausdrücklichem Verweis auf *Mollaret* und eine Bemerkung in dessen Arbeit „Über äußerste Möglichkeiten der Wiederbelebung - Die Grenzen zwischen Tod und Leben", Münchener Medizinische Wochenschrift 1962, S. 1539; dazu noch unten in Abschn. C. II. 1.
[452] *Hansen*, Probleme des Todes und Organtransplantation, S. 60f.
[453] *Hansen*, Probleme des Todes und Organtransplantation, S. 61 - Hervorhebung nur hier.
[454] *Hansen*, Probleme des Todes und Organtransplantation, S. 61.
[455] *Hansen*, Probleme des Todes und Organtransplantation, S. 61f.: Bewußtlosigkeit, fehlende Spontanatmung, Mydriasis und fehlende Lichtreaktion beiderseits, isoelektrische Linie im EEG bei einstündiger Beobachtung, Fortbestand der genannten Symptome über 12 Stunden und nochmaliger Nachweis der isoelektrischen Linie. „Wenn es zu einem angiographisch nachweisbaren intrakraniellen Kreislaufstillstand kommt und diese zerebrale Kreislaufunterbrechung 30 Minuten bestanden hat, ist der Hirntod erwiesen" (S. 62).
[456] *Hansen*, Probleme des Todes und Organtransplantation, S. 62.

werde, eine Leiche sei, bestünden „keine Bedenken, dieser Leiche Organe zu entnehmen, um sie, wie z. B. bei der Herztransplantation, zur Lebensrettung zu übertragen. Der Nutzen für den Chirurgen besteht darin, daß er lebensfrische und funktionierende Organe zur Verfügung hat, die ihm eine übliche Leiche nicht geben kann."[457] Insoweit eröffne die „in der gesamten ärztlichen Welt geforderte und realisierbare Regelung der Toterklärung der hirntoten Reanimierten" der Organersatzchirurgie „große Perspektiven".[458] Hansen resümiert: „Primär besteht die Notwendigkeit, (...) den unwürdigen und inhumanen Zustand der hirnlosen Körper zu beenden"; eine „gesetzliche Regelung" sei zum Schutz der „Reanimationsärzte" „erforderlich".[459] „Sekundär ist der Nutzen für die Organersatzchirurgie, die nur durch eine sinnvolle Regelung der Toterklärungen und der Organentnahme eine echte Chance der Entwicklung hat."[460]

Auch in anderen Beiträgen auf der 2. Tagung der Gesellschaft für gerichtliche Medizin der DDR wird das Thema Hirntod aufgeworfen. Während ein Beitrag zur „Toterklärung bei Fällen unter Reanimation" die Problematik unter diagnostischem Blickwinkel vertieft,[461] widmet sich ein anderer der „rechtliche(n) Beurteilung von Transplantationen".[462] Dabei wird zunächst festgehalten, daß die „Organgewinnung für Herz- und Lebertransplantationen (...) nur nach dem *klinischen Tod*"[463] in Frage komme. Insofern sei es „Sache der Medizin, den Todeszeitpunkt zu bestimmen, und das tut sie bis heute dadurch, daß sie denselben mit der Sistierung von Atmung und Kreislauf kausal verknüpft. Das Aufhören dieser beiden Lebensfunktionen wurde und wird als definitives Zeichen des eingetretenen Todes angesehen. Diese Übung verliert aber nunmehr ihre absolute Gültigkeit, seitdem es gelingt, die sistierten Funktionen durch medizinisch-technische Verfahren wieder in Gang zu bringen und aufrechtzuerhalten. Das führte die medizinische Wissenschaft zwangsläufig zur Untersuchung des Hirntodes und damit zu der Erkenntnis vom Primat des Hirntodes über den Kreislauftod."[464] Ob die Hirntod-Diagnostik verläßlich ins Werk gesetzt werden könne, sei indes fraglich: „Solange (...) die Indizien des Hirntodes von der Medizin nicht übereinstimmend definiert werden, begibt sich der Arzt, der Herz oder Leber aus dem Körper eines Reanimierten entnimmt, unter die Drohung des Strafgesetzes."[465]

---

[457] *Hansen*, Probleme des Todes und Organtransplantation, S. 62.
[458] *Hansen*, Probleme des Todes und Organtransplantation, S. 62.
[459] *Hansen*, Probleme des Todes und Organtransplantation, S. 62 a.E.
[460] *Hansen*, Probleme des Todes und Organtransplantation, S. 63.
[461] *Kerde*, S. 69ff. (*Kerde* berichtet „[a]us dem Institut für gerichtliche Medizin der Humboldt-Universität").
[462] *Vetterlein*, S. 65ff. (*Vetterlein* berichtet „[a]us dem Institut für gerichtliche Medizin und Kriminalistik der Friedrich-Schiller-Universität Jena", dem Institut *Hansens*).
[463] *Vetterlein*, S. 67 a.E. - Hervorhebung nur hier.
[464] *Vetterlein*, S. 68.
[465] *Vetterlein*, S. 68 a.E.

Auch die - 1971 veranstaltete - 3. Tagung der Gesellschaft für gerichtliche Medizin der DDR wandte sich der Thematik des Hirntodes zu, soweit ersichtlich jedoch nur am Rande, und offenbar nur durch Referenten, die nicht aus der DDR kamen.[466] Der österreichische Referent gab - wie der Chronist vermerkt - einen „umfangreichen Überblick zu der immer noch aktuellen Problematik" und befaßte sich u. a. mit der Hirntod-Diagnostik, um dann „auf die große juristische Bedeutung der Feststellung des genauen Todeszeitpunktes eines Individuums" hinzuweisen; insbesondere „für die Beurteilung von Tötungsdelikten" sei Klarheit erforderlich, „denn nur ein lebender Mensch kann getötet werden."[467] Empfehlenswert seien gesetzliche Klärungen,[468] deren Grundlage die Prämisse sein müsse: „Mit der Feststellung, daß die menschliche Person biologisch an das Organ Gehirn gebunden ist, ist der Hirntod mit dem Tod der Person gleichzusetzen."[469]

Die 4. Tagung der Gesellschaft für gerichtliche Medizin der DDR, die Anfang Oktober 1973 stattfindet, greift das Thema mit „(g)roße(r) Aufmerksamkeit"[470] erneut auf, allerdings nur, um das Hirntodkonzept sozusagen affirmativ als einwandfreie (zusätzliche) Methode der Todesfeststellung auszuweisen. Danach - so berichtet der Chronist - sei „die Feststellung des Hirntodes entscheidendes Kriterium für die Toterklärung. Folgende Voraussetzungen für die Toterklärung seien als geklärt anzusehen:

- Der Hirntod ist mit dem Individualtod gleichzusetzen.

- Die gesicherte Diagnose des Gehirntodes berechtigt zur Beendigung der Reanimation. Dem stehen weder rechtliche noch weltanschaulich-ethische Gründe entgegen.

- Die Toterklärung hat völlig unbeeinflußt durch eine evtl. folgende Organentnahme zu Transplantationszwecken zu erfolgen.

- Die Feststellung des Hirntodes und damit die Toterklärung ist eine ausschließliche ärztliche Aufgabe und durch ein Fachärzte-Gremium vorzunehmen."[471]

Ein Oberrichter am Leipziger Bezirksgericht merkt zur selben Zeit mit Blick auf die „Organentnahme von Frischverstorbenen"[472] an, infolge der etablierten

---

[466] S. den Bericht von *Baatz*, 3. Tagung der Gesellschaft für gerichtliche Medizin, Staat und Recht 21 (1972), S. 138ff. - die Tagung fand vom 29.9. - 1.10.1971 statt; Hinweis auf den polnischen (nicht aber auf den österreichischen) Referenten S. 142 Anm. 2 a.E.; die Beiträge waren zwei von insgesamt 136 Vorträgen (s. die Angaben S. 138).
[467] *Gillner*, S. 102.
[468] *Gillner*, S. 102 a.E.
[469] *Gillner*, S. 101.
[470] *Mayer*, NJ 1974, S. 17; die Tagung fand vom 1. - 4.10.1973 statt.
[471] *Mayer*, S. 17.
[472] *G. Becker*, S. 148.

Reanimationstechnik, die es ermögliche, „Herztätigkeit und Atmung in Gang zu halten, wenn das Gehirn bereits irreversibel geschädigt"[473] sei, habe sich die „klassische Definition des Todeszeitpunktes, nämlich endgültiger Stillstand von Atmung und Kreislauf"[474], als „nicht mehr voll brauchbar"[475] erwiesen. „Allgemein" habe sich „die Erkenntnis durchgesetzt, daß der Todeszeitpunkt unter gewissenhafter Gesamtwertung aller Befunde grundsätzlich vom Organtod des Gehirns abhängig zu machen ist".[476] Die „Bedeutung der Feststellung des Hirntodes beim Spender und seines Zeitpunktes" resultiere daraus, „daß ein Transplantat nur dann tauglich" sei, „wenn es unmittelbar nach dem sogenannten ‚warmen' Tod entnommen wird."[477] Im Einklang mit dem konsequenten „straf- (...)rechtlichen Schutz von Leben und Gesundheit der Bürger" müsse man zu der „klaren rechtlichen Forderung" gelangen, daß „der Zweck, möglicherweise taugliches Transplantationsmaterial zu gewinnen, weder den vorzeitigen Abbruch des Reanimationsversuches noch etwa gar den Verzicht darauf rechtfertigt."[478] Um den „Verdacht eines Mißbrauchs auszuschalten" sei insbesondere darauf zu achten, daß die Todes(zeit)feststellung und die Transplantation durch unterschiedliche Ärzte erfolgten. Grundsätzlich müsse klar sein, daß „die Bestimmung des Todeszeitpunktes ausschließlich unter der Verantwortung des Arztes steht: Es ist „rein sachlich nicht möglich, daß der Gesetzgeber hier *direkt* regelnd eingreift."[479] Diese ärztliche Verantwortung stelle sich auch in jenen Fällen, bei denen etwa infolge „äußerer Gewalteinwirkung auf den Schädel, der Gehirntod eines Menschen vor der Irreversibilität des Herz- und Kreislaufstillstands" eingetreten sei und sich mithin die Frage stelle, wann „bei schlagendem Herzen und erwiesenem Hirntod die Reanimation" beendet werden müsse und wann „die Todeserklärung erfolgen" solle.[480] Hierzu müßten sich allerdings „innerhalb der Ärzte und Gesundheitsorganisationen (...) einheitliche Auffassungen durchsetzen (...)."[481]

b) Stabilisierung der Rezeption des Hirntodkonzepts

Diese Bedingung ist kurze Zeit später offenbar erfüllt. Nachdem das Thema der Toterklärung durch Feststellung des Hirntodes mit Blick auf die korrekt

---

[473] *G. Becker*, S. 148.
[474] *G. Becker*, S. 148 a.E.
[475] *G. Becker*, S. 149.
[476] *G. Becker*, S. 149.
[477] *G. Becker*, S. 149.
[478] *G. Becker*, S. 149.
[479] *G. Becker*, S. 150 - Hervorhebung im Original.
[480] *G. Becker*, S. 150.
[481] *G. Becker*, S. 150f.

vollzogene Diagnostik „jahrelang Gegenstand der Diskussion"[482] gewesen war, wurde es „als geklärt"[483] (auch) dem Transplantationsrecht der DDR zugrundegelegt.[484] Bekanntlich hatte die DDR - anders als die (alte) Bundesrepublik - ihr Transplantationsrecht vergesetzlicht. Es galt die „Verordnung über die Durchführung von Organtransplantationen" vom 4. Juli 1975 (VO)[485] in Verbindung mit der „Ersten Durchführungsbestimmung zur Verordnung über die Durchführung von Organtransplantationen" vom 29. März 1977[486] sowie der „Zweiten Verordnung über die Durchführung von Organtransplantationen" vom 5. August 1987[487]. Gemäß § 4 I VO war die Entnahme vom Verstorbenen zulässig, „falls der Verstorbene zu Lebzeiten keine anderweitigen Festlegungen getroffen" hatte. In der DDR galt mithin die sogenannte enge Widerspruchslösung: Wenn der Spender zu Lebzeiten nicht widersprochen hatte, war - ohne daß die Angehörigen befugt gewesen wären, dies zu verhindern - die Entnahme lebenswichtiger Organe post mortem möglich.

Diese Zulässigkeitsvoraussetzung soll uns ebenso wie andere Rechtmäßigkeitserfordernisse nicht weiter interessieren. Es geht ja nicht um das Transplantationsrecht, sondern um den (arzt)strafrechtlich bedeutsamen Todesbegriff, dessen normativer Sinn im transplantationsmedizinischen Kontext beachtlich ist.[488] Hier fällt nun auf, daß das DDR-Transplantationsrecht den Begriff des „Verstorbenen" unerläutert verwendet, außerdem die maßgeblichen Todeskriterien nicht normiert. Es bestand indes kein Zweifel daran, daß bei der Entnahme lebenswichtiger Organe der Hirntod als Todeskriterium zu berücksichtigen sei.[489] Dies ergibt schon ein Rückschluß aus der Vorschrift des § 5 II VO i.V.m. § 2 der 1. Durchführungsbestimmung: Zur „Festellung des Todes eines Bürgers, bei dem Reanimationsmaßnahmen zur künstlichen Aufrechterhaltung von Organfunktionen mit dem Ziel der Lebenserhaltung durchgeführt werden" (§ 5 II VO), war „mindestens ein Facharzt für Neurologie/Psychiatrie" (§ 2 der 1. Durchführungsbestimmung) heranzuziehen. Das freilich ist nur sinnvoll, wenn es bei der Todesfeststellung um neurologische Diagnosen, hier also: um die Diagnose des irreversiblen Ausfalls der gesamten Hirnfunktion, geht.[490]

---

[482] *Kerde/Schulz*, S. 1043.
[483] *Kerde/Schulz*, S. 1043. Zur Diskussion über Diagnostik-Fragen: *Schulz/Seidel*, S. 1294 - 1296; *H. Schulz*, S. 1201f.
[484] Zur Hirntod-Diagnostik auch *Voigt*, S. 1131f.
[485] DDR-GBl. 1975 I, S. 597.
[486] DDR-GBl. 1977 I, S. 141.
[487] DDR-GBl. 1987 I, S. 199; diese zweite VO änderte § 11 der ersten VO, der die „(m)aterielle Sicherstellung des Spenders" regelte. Für die Zulässigkeitsvoraussetzungen der Entnahme und Verpflanzung von Organen ist diese Änderung ohne Belang.
[488] Zusf. zum DDR-Transplantationsrecht *Höfling/Rixen*, S. 21ff.
[489] So auch *Hirsch/Schmidt-Didczuhn*, S. 36.
[490] So i. Erg. auch *Lammich/Koch*, S. 201f. m. einzelnen Nachw. aus dem DDR-Schrifttum.

B. Rezeption des Hirntodkonzepts in der Straf- und Grundrechtslehre 139

Ganz in diesem Sinne führt dazu der seinerzeitige Leiter der Rechtsabteilung im DDR-Gesundheitsministerium aus: „Der Eintritt des Todes wird durch den Stillstand von Atmung und Kreislauf bestimmt; er schließt damit eine *indirekte Diagnose des Hirntodes* ein, denn das zentrale Nervensystem kann eine Unterbrechung der Blut- und Sauerstoffzufuhr nur wenige Minuten überdauern, und daher tritt nach dem Stillstand von Atmung und Kreislauf auch der Ausfall der Hirntätigkeit ein. Der zwischen beiden Perioden bestehende zeitliche Abstand eröffnet die Möglichkeit, mit Hilfe moderner Apparaturen Reanimationsmaßnahmen mit dem Ziel durchzuführen, Atmung und Kreislauf auf künstlichem Wege wieder in Gang zu setzen und damit die Sauerstoffzufuhr zum Gehirn zu sichern. Kann die Sauerstoffzufuhr zum Gehirn nicht mehr gewährleistet und damit die totale irreversible Schädigung des Gehirns nicht verhindert werden, ist nach überwiegender Auffassung der medizinischen Wissenschaft eine *selbständige* Aufnahme von Atmung und Kreislauf - auch bei künstlicher Aufrechterhaltung - nicht mehr zu erwarten. Somit konzentriert sich die Definition des Todes des Patienten unter Reanimation auf den Hirntod."[491] Nach einem Verweis auf die „verschiedenen Methoden und Mittel"[492], kraft derer die Hirntod-Diagnostik durchführbar sei („Zu dieser Frage liegt eine umfangreiche medizinische Literatur vor")[493], betont der Kommentator, daß der Normgeber auf diesem Hintergrund der „unabdingbare(n) Forderung nach der zweifelsfreien und nachweisbaren Feststellung des Todes" adäquat entsprochen habe; die Bedeutung des § 5 I VO[494] sei „mit besonderem Nachdruck zu unterstreichen".[495] Die Forderung nach zuverlässig durchgeführter Todesfeststellung (Toterklärung) zu erfüllen, sei „oberstes Gebot, wenn ein Verstorbener als voraussichtlicher Organspender in Betracht" komme.[496] Würden, wie etwa bei einem Unfallverletzten, Reanimationsmaßnahmen durchgeführt, dann sei die Entscheidung darüber, „ob die mit Hilfe der unterschiedlichen Methoden ermittelten Kriterien den Hirntod anzeigen", nicht von einem Arzt allein, „sondern von einem Ärztekollektiv zu treffen" (§ 5 II VO). Die Ausführungen „zur rechtliche(n) Relevanz" der „Feststellung des Todeszeitpunkts"[497] beschließt der Kommentator mit folgender Bemerkung: „Die Verordnung verwendet bewußt nicht den Begriff des ‚Hirntodes', obgleich dieser gegenwärtig eine entscheidende Grundlage für die Feststellung des Todes bildet. Damit werden naturwissenschaftliche Begriffe

---

[491] *Mandel*, NJ 1975, S. 622 - Hervorhebungen nur hier.
[492] *Mandel*, NJ 1975, S. 622.
[493] *Mandel*, NJ 1975, S. 622 Anm. 4.
[494] „Voraussetzung für die Organentnahme von Verstorbenen ist die zweifelsfreie und nachweisbare Feststellung des Todes" (§ 5 I VO, DDR-GBl. I 1975, S. 597ff. [598]).
[495] *Mandel*, NJ 1975, S. 622.
[496] *Mandel*, NJ 1975, S. 622.
[497] *Mandel*, NJ 1975, S. 622 (vgl. die Abschnittsüberschrift: „Die Feststellung des Todeszeitpunkts und ihre rechtliche Relevanz").

nicht festgeschrieben, um den jeweils neuesten Stand der medizinischen Erkenntnisse berücksichtigen zu können."[498]

Das Hirntodkonzept blieb bis zum Untergang der DDR für deren Recht maßgeblich. Die späten siebziger, auch die achtziger Jahre ändern nichts an der bis dato entwickelten und verfestigten Position zum „coma dépassé"[499] - eine Bezeichnung, die (wie wir noch sehen werden: mit Recht) auch in der DDR als Synonym für den Zustand „Hirntod" bekannt ist. Die Verquickung des Themas Behandlungsabbruch mit dem Thema Transplantation bleibt erhalten: „Im Einzelfall darf die Feststellung des irreversiblen Hirnfunktionsausfalls nicht von einer eventuell vorgesehenen Organentnahme beeinflußt werden. (...) Vom straf- (...)rechtlichen Standpunkt aus rechtfertigt der Zweck, taugliches Transplantationsmaterial zu gewinnen, den vorzeitigen Abbruch der Reanimation nicht (...). Hier würde die Problematik des Hirntodes unweigerlich das Gebiet der Euthanasie berühren."[500] Außerdem wird der „Hirntod" (deutlicher als bis dahin geschehen) gewissermaßen historisiert: „Als Kriterium der klinischen Todesdiagnose gelten der irreversible Ausfall von Herztätigkeit und Atmung. Dabei wurde schon früher zu Recht davon ausgegangen, daß dieser irreversible Funktionsausfall wenig später den nicht ohne weiteres feststellbaren Hirntod zur Folge haben muß, und es steht außer Zweifel, daß der Partialtod des Gehirns und des Herzens den Individualtod bedeuten."[501] Dementsprechend stellt man also auch weiterhin fest, daß sich die „Definition des Exitus letalis (...) mit der Weiterentwicklung der Medizin und der Naturwissenschaften gewandelt" habe: „Seit Jahrhunderten galten als eindrucksvolle und untrügliche Anzeichen der Atem- und Herzstillstand. Das Absterben der übrigen Funktionssysteme und Organe schloß sich zwangsläufig daran an."[502] Aus den „Behandlungsmöglichkeiten der modernen Medizin, die die Atem- oder Kreislauffunktion (...) künstlich aufrecht erhalten kann, ergaben sich Zweifel an der gültigen Diagnose des klinischen Todes (...)." Nunmehr sei klar, daß die „spezifisch menschlichen Lebensäußerungen (...) an die Intaktheit weiter Hirngebiete gebunden" seien: „Der Partialtod des Gehirns wird dem Individualtod gleichgesetzt." Diese Aussage impliziere eine „wertende Grenzziehung", die an Fachleute delegiert werden könne oder der über eine gesetzliche Regelung Rechnung zu tragen sei: „die jeweiligen Kriterien" der Todesfeststellung „müssen aber Ärzte festlegen (...)."

Zu Beginn der achtziger Jahre fällt eine Differenzierung auf, für die medizinethisch ambitionierte DDR-Medizin eintreten: „Entgegen früherer Ansichten

---

[498] *Mandel*, NJ 1975, S. 622.
[499] Als Synonym für den Zustand des (dissoziierten) Hirntod verwendet bei *Unger/Quandt*, S. 798.
[500] *Flemming/Zettler/Schädlich*, S. 646.
[501] *Prokop/Göhler*, S. 28 - zur auffallenden (gleichwohl nicht durchgehaltenen) Nachdenklichkeit, die diese Autoren demonstrieren, noch unten bei Fn. 512 - 514.
[502] Hier und zum folgenden der Rechtsmediziner *Leipold*, S. 43 m. w. N.

B. Rezeption des Hirntodkonzepts in der Straf- und Grundrechtslehre 141

ist gegenwärtig die Feststellung des Hirntodes nur aus einem einzigen Grunde unbedingt erforderlich - im Falle der Organspende zur Transplantation. Das alleinige Ziel der Hirntodfeststellung ist der unter Reanimationsbedingungen nötige und möglichst intravitale Nachweis des zerebralen Organtodes, um frühzeitig überlebende Organe der Leiche entnehmen zu können."[503] Dagegen bestehe kein „zwingender Grund, die Hirntoderklärung als unbedingte Voraussetzung für den Therapieabbau zu fordern."[504] Dabei stehe fest (dem trage die Hirntodfeststellung Rechnung), daß das „Bewußtsein, vor allem die Bewußtseinsfähigkeit, (...) das entscheidende soziale Kriterium menschlichen Lebens" sei.[505] Der „Tod des Individuums" sei mit dem „Hirntod (...) gleichzusetzen", der seinerseits nach Verstreichen der „limitierte(n) Wiederbelebungszeit des Gehirns" eintrete, was ersichtlich „erst mit der erfolgreichen Entwicklung der modernen Reanimation" erkennbar geworden sei.[506]

c) Ein medizinisches Resümee am „Vorabend" der Deutschen Einheit

Angesichts dieser Stellungnahmen wird man dem zustimmen können, was ein Mediziner in einer wenige Jahre vor dem rechtlichen Untergang der DDR neuaufgelegten Publikation feststellt: „dem Endergebnis des Lebens, dem Tod" gelte in der DDR, einschließlich der „Kriterien für den Hirntod", „eine hohe wissenschaftliche Aufmerksamkeit".[507] Es verwundert daher nicht, daß wie selbstverständlich sogar vom „klassischen Hirntod"[508] die Rede ist. So heißt es in einer Arbeit, die gut ein Jahr vor der „Herstellung der Einheit Deutschlands"[509] publiziert wurde, gewissermaßen den common sense der DDR-Medizin unfreiwillig resümierend: „Die Identität des Menschen als Individuum ist somatisch an das Gehirn gebunden. Der irreversible Hirntod ist somit das Realsymptom für den Tod der menschlichen Person. Stillstand von Atmung und Kreislauf schließen indirekt die Diagnose des Hirntodes ein, denn das zentrale Nervensystem kann eine Unterbrechung der Blut- und Sauerstoffzufuhr nur wenige Minuten überdauern, ohne bleibenden Schaden zu nehmen. Gleiches gilt für den radiologischen Nachweis der fehlenden zerebralen Durchblutung. Der

---

[503] *Engelmann/Körner/Schneider/Thom*, S. 125; i. Erg. ebenso *Mandel/Lange*, S. 327 a.E.
[504] *Engelmann/Körner/Schneider/Thom*, S. 126.
[505] *Körner/Seidel/Thom*, S. 35.
[506] So der Anästhesiologe *Baust*, S. 162; dort auch folgender Satz: „Der Tod des Menschen (Individualtod) ist definiert durch den irreversiblen Funktionsverlust der 3 lebenswichtigen Organsysteme Atmung, Herzkreislauf, Zentralnervensystem."
[507] *Wiesner*, S. 20. S. dazu auch *Blumenthal-Barby*, S. 19.
[508] *Engelmann/Körner/Schneider/Thom*, S. 119 a.E.
[509] Vertrag zwischen der Bundesrepublik Deutschland und der Deutschen Demokratischen Republik über die Herstellung der Einheit Deutschlands - Einigungsvertrag - v. 31.8.1990 (BGBl. II S. 889); s. auch die Präambel des Vertrages (a.E.).

Arzt handelt somit nach der Feststellung des Hirntodes an einem Toten."[510] Einmal mehr wird - unter Verweis auf § 5 I VO betont, daß die „Organentnahme (...) an eine zweifelsfreie und nachweisbare Feststellung des Todes gebunden"[511] sei, also die Wichtigkeit einer lege artis vollzogenen Hirntod-Diagnostik hervorgehoben.

Um es zu betonen: Die Diskussion über das Hirntodkonzept wird in der DDR dezidiert als medizinische Diskussion geführt, in der das (Ganz-)Hirntodkonzept einhellig favorisiert und legitimiert wird. Als fast schon selbstkritisch muß daher folgende (rechts-)medizinische Äußerung gelten. Sie geht der „prinzipielle(n) Frage" nach, „ob bei intakter, wenn auch nur künstlich unterhaltener Atem- und Kreislauffunktion selbst bei erwiesenem Partialtod des Gehirns bereits vom Individualtod gesprochen werden" könne; die Autoren antworten lakonisch: „Das dürfte zumindest theoretisch Schwierigkeiten bereiten."[512] Jedoch - so die theoretisch nachdenklichen Mediziner weiter - ergebe „sich daraus (...) insofern klinisch und juristisch kein echtes Problem, als inzwischen allgemein anerkannt ist, daß bei erwiesenem Partialtod des Gehirns - auch als dissoziierter Hirntod oder Coma dépassé bezeichnet - die letztlich entscheidenden Funktionen, die menschliches Leben kennzeichnen, unwiederbringlich ausgefallen sind. Schließlich dürfen wir auch unterstellen, daß vom Zeitpunkt des Hirntodes an die Prognose des Individualtodes gesichert ist, auch dann, wenn durch Reanimationsmaßnahmen im weitesten Sinne ein für längere Zeit funktionierendes Herz-Lungen-Präparat erhalten werden kann. Für die praktische Konsequenz, daß bei erwiesenem Hirntod eine ärztliche Indikation für die Fortführung von Reanimationsmaßnahmen nicht mehr besteht, ist es also gleichgültig, ob wir den Partialtod des Gehirns nicht ganz folgerichtig dem Individualtod gleichsetzen, oder ob wir ihn als unabwendbares Vorstadium des Individualtodes ansehen."[513] Bezeichnenderweise bleibt die weitere praktische Konsequenz, die problematisch würde, wenn man den Hirntod bloß als „Vorstadium des Individualtodes" begriffe - die praktische Konsequenz, dann an einem noch nicht-(individual-)toten, also lebenden Menschen lebenswichtige Organe entnehmen zu müssen - unbeachtet und unbedacht. Das mag damit zusammenhängen, daß die beiden Mediziner an anderer Stelle - nicht ganz vereinbar mit der in derselben Publikation demonstrierten (und hier zitierten) Nachdenklichkeit - den Tod des menschlichen Gehirns mit dem Tod des Menschen gleichsetzen.[514]

---

[510] *Konert/Langkopf/Luther*, S. 146. Der Beitrag ist (Hinw. auf S. 148 a.E.) am 8. 10. 1989 bei der Redaktion eingegangen, am 9. 11. 1989 wurde er zur Veröffentlichung angenommen.
[511] *Konert/Langkopf/Luther*, S. 146 a.E.
[512] *Prokop/Göhler*, S. 29.
[513] *Prokop/Göhler*, S. 29.
[514] *Prokop/Göhler*, S. 28 a.E.

B. Rezeption des Hirntodkonzepts in der Straf- und Grundrechtslehre 143

3. (Straf-)Rechtliche Stellungnahmen als Appendix der medizinischen Debatte

Eine eigenständige juristische Debatte gibt es praktisch nicht, sieht man von den wenigen genannten Beiträgen aus juristischer Feder ab, die freilich nur den medizinischen Charakter der Todesfeststellung - und damit auch den der Hirntod-Diagnostik (Toterklärung)[515] - bestätigen und allenfalls deren korrekten Vollzug anmahnen.[516] Daß die strafrechtliche Frage nach dem Tod nicht als wirklich juristische, sondern als im Kern medizinische Frage verstanden wird, spiegelt auch die Kommentar- und Lehrbuchliteratur zum DDR-StGB wider. Von ihr war bislang durchaus mit Grund nicht die Rede. Der Todesbegriff bzw. der Todeszeitpunkt ist hier - i. U. zum Beginn des menschlichen Lebens - weder vor noch nach Etablierung des Hirntodkonzepts - ein Topos, der interpretatorischen Aufwand erforderlich erscheinen läßt. Dies gilt für die gesamte Phase der Hirntod-Rezeption in der DDR, also vom Ende der sechziger Jahre an[517] bis hinein in die Phase kurz vor Untergang der DDR.[518] Selbstverständlich war der

---

[515] In der DDR-Literatur sind folgende Begriffsverwendungen zu unterscheiden: „Toterklärung" meint grundsätzlich die medizinische Feststellung speziell des eingetretenen Hirntodes(zeitpunktes) unter Reanimationsbedingungen (*Bahrmann u. a.*, S. 2403; *Kerde/Schulz*, S. 1043ff.; *Leipold*, S. 43f.). Außerdem gab es gem. § 461 ZGB die „Todeserklärung" und gem. § 464 ZGB die „Feststellung des Todeszeitpunktes". § 461 ZGB entspricht der Für-Tot-Erklärung von Verschollenen i. S. d. § 2 VerschG; gem. § 463 I ZGB war insoweit als „Todeszeitpunkt (...) der Zeitpunkt festzustellen, der nach den Ermittlungen der wahrscheinlichste ist." Zu § 464 ZGB heißt es (*Staatsverlag der DDR*, S. 359): „Von der Todeserklärung ist die Feststellung des Todeszeitpunktes gemäß § 464 zu unterscheiden, die getroffen werden kann, wenn der Tod eines Bürgers unzweifelhaft feststeht, aber der genaue Zeitpunkt nicht bekannt ist." Vgl. insoweit die Vorschriften über die „Feststellung der Todeszeit", §§ 39ff. VerschG; § 464 II ZGB entspricht der Kommorientenvermutung des § 11 VerschG.

[516] *Hinderer*, Grenzprobleme des Lebens, S. 51: „Die Bestätigung des Todes (...) hat (...) mit größter Gewissenhaftigkeit zu erfolgen (...)." Die Begriffe „Leben" (z. B. S. 42, S. 51, S. 52 a.E.), „Tod" (S. 48 a.E.), „Tod eines Menschen" (S. 52) oder „Eintritt des Todes" (S. 49) bleiben unerläutert.

[517] *Friebel/Orschekowski*, S. 73 (vor § 112 Anm. 2): „In der juristischen Praxis ist es wichtig, einen festumrissenen Zeitpunkt als Beginn des Lebens, d. h. des Vorhandenseins eines Menschen, zu bestimmen. Von diesem Zeitpunkt an gilt die Vernichtung eines menschlichen Lebens als Tötung." *Ministerium der Justiz/Akademie für Staats- und Rechtswissenschaft der DDR*, Strafrecht der DDR (1981), S. 318 (Anm. 8 zu § 113 StGB [Totschlag]): „Der Sinn des Abs. 1 Ziff. 2 besteht darin, das sich entwickelnde Leben eines Kindes schon zu einem Zeitpunkt wie einen lebenden Menschen zu schützen, in dem die Geburt des Kindes zwar schon begonnen hat oder das Kind aus dem Mutterleib ausgetreten ist, ein selbständiges Weiterleben durch Herz- und Kreislauftätigkeit und Atmung aber noch nicht eintritt. Deshalb umfaßt der Tatbestand der Kindestötung sowohl den Tatzeitpunkt in als auch gleich nach der Geburt und bezeichnet das neue Leben auch im Hinblick auf die noch nicht abgeschlossene Geburt als Kind."

[518] Vgl. insoweit *Ministerium der Justiz/Akademie für Staats- und Rechtswissenschaften der DDR*, Strafrecht der DDR, 5. Aufl., S. 290 - 310 (Kommentierung zu den Tötungs- und Körperverletzungsdelikten, wo unerläutert vom „Tod" [z. B. S. 291, 299, 303, 304] oder vom „Leben" [z. B. S. 290, 306] die Rede ist).

Strafrechtswissenschaft der DDR bewußt, daß das Recht auf eine „sich ständig verändernde Wirklichkeit" reagieren müsse und daß infolge der „sprachliche(n) Unschärfe von Allgemeinbegriffen" bzw. der „Mehrdeutigkeit vieler Begriffe" erst über interpretatorische Anstrengungen „Inhalt und Umfang des Tatbestandes" von Strafrechtsnormen „genau zu bestimmen" seien.[519] Indes: Bei den Tötungsdelikten gehe es um die Vernichtung der „natürlichen (...) Existenz"[520] eines „Menschen"[521] und als natürliches Phänomen könne der „Eintritt des Todes"[522] kein juristisch-interpretatorisches Thema sein - dies ist der Tenor.

4. Fazit

Die Einstiegsfrage (am Ende des Abschnitts III. 1. aufgeworfen) läßt sich nach all dem eindeutig beantworten: Soweit es um die Rezeption des Hirntodkonzepts geht, haben sich das (Straf-)Recht der DDR und das Strafrecht der Bundesrepublik nicht entfremdet. Hier mußte nicht erst zusammenwachsen, was zusammengehört. Die Hirntodkonzeption ist von der Teilung Deutschlands verschont geblieben.

---

[519] *Sektion Rechtswissenschaft der Humboldt-Universität/Akademie für Staats- und Rechtswissenschaft der DDR*, Strafrecht. Allgemeiner Teil, S. 148f. (für alle Zitate); S. 148 - 163: Ausführungen zur „Auslegung von Strafrechtsnormen": „Der konkrete gesellschaftliche Inhalt und Anwendungsbereich der Strafrechtsnormen verändert sich im Prozeß der gesellschaftlichen Entwicklung" (S. 161f. - zur „sogenannte[n] historische[n] Methode").

[520] *Sektion Rechtswissenschaft der Humboldt-Universität Berlin/Akademie für Staats- und Rechtswissenschaft der DDR*, Strafrecht. Besonderer Teil, S. 71; bemerkenswert ist das Zitat auch im Kontext: „Derartige Verbrechen vernichten den Betroffenen in seiner natürlichen und gesellschaftlichen Existenz. (...) Der angegriffene Mensch wird als Persönlichkeit, Mitglied sozialistischer Kollektive, Träger der gesellschaftlichen Entwicklung und als Produktivkraft gewaltsam vom Leben ausgeschlossen." S. außerdem: *Institut für Theorie des Staates und des Rechts der Akademie der Wissenschaften der DDR*, S. 296 (die Begriffe „Tod" und „Verstorbener" werden nicht erläutert); *Ministerium des Innern der DDR/Publikationsabteilung*, S. 328ff. (der Begriff „Tod" wird nicht erläutert). „Fehlanzeige" insoweit auch bei *Kosewähr*, S. 91 - zum Ende der Rechtsfähigkeit durch Eintritt des Todes; *Ministerium der Justiz der DDR*, Kommentar zum ZGB, S. 492ff. (der Begriff „Tod" bleibt unerläutert).

[521] Auch dieser Begriff bleibt unerläutert: *Ministerium der Justiz/Akademie für Staats- und Rechtswissenschaften der DDR*, Strafrecht der DDR, 5. Aufl., vgl. z. B. S. 290, S. 291.

[522] *Ministerium der Justiz/Akademie für Staats- und Rechtswissenschaften der DDR*, Strafrecht der DDR, 5. Aufl., S. 300 (die Formulierung wird nicht erläutert).

IV. Die Rezeption des Hirntodkonzepts in der Krise: der problematische Hirntod

1. Der „Erlanger Fall"

Die Rezeption des Hirntodkonzepts durch die Straf- und Grundrechtslehre gerät in eine folgenreiche Krise mit dem sog. „Erlanger Fall" (die Schwangerschaft einer hirntoten Frau). Er nimmt dem Hirntodkonzept, diesem „konventionell festgelegt(en)" „normative(n) Datum",[523] seine bis dato vorherrschende Fraglosigkeit: „Die Bedenken gegen diese Konvention haben sich jüngst, anläßlich des Erlanger Falls, verstärkt."[524]

Am 5. Oktober 1992 wird eine junge Frau Opfer eines Verkehrsunfalls; medizinisch versorgt wird sie in der Chirurgischen Universitätsklinik Erlangen.[525] Am 8.10.1992 wird bei ihr der Hirntod diagnostiziert, sie gilt als Leiche.[526] Die Eltern der Patientin informieren die Ärzte über die Schwangerschaft der Tochter, die sich zum Zeitpunkt der Hirntoddiagnose in der 14. Schwangerschaftswoche befindet.[527] Von ärztlicher Seite wird eine Fortführung der Schwangerschaft betrieben. Der Versuch, die Schwangerschaft zu Ende zu führen, ist zunächst von Erfolg gekrönt; aber nach fast sechs Behandlungswochen endet die Schwangerschaft in der Nacht vom 15. auf den 16. November 1992, also in der 19. Schwangerschaftswoche, durch einen Spontanabort.[528] Die intensivmedizinische Versorgung der hirntoten Schwangeren, die namentlich aus der künstlichen Beatmung bestand, wird beendet.

---

[523] *Laufs/Peris*, S. 162 a.E.; von einer „normative(n) Konvention" ist auf S. 165 die Rede.
[524] *Laufs/Peris*, S. 162 a.E.; H. H. *Bräutigam*, Die Zeit, Nr. 28 v. 8.7.1994: „Spätestens seit auf der Intensivstation des Erlanger Klinikums die Gebärmutter einer jungen hirntoten Frau als Brutkasten für eine Schwangerschaft verwendet wurde, setzte unter Ethikern und Theologen, aber auch in der Öffentlichkeit, die Diskussion darüber ein, ob mit dem vorschriftsmäßig von zwei Ärzten festgestellten Hirntod auch das Leben der werdenden Mutter beendet war."
[525] Zum Folgenden ausf. und m. w. N. *Kiesecker*, S. 27 - 38; außerdem *Bockenheimer-Lucius/Seiler*, S. 11ff. und passim. Details in der „Abschließende(n) Pressemitteilung" der behandelnden Ärzte, abgedr. als Sonderbeilage des Ärzteblatts Baden-Württemberg H. 1/1993.
[526] Unzutreffend die Behauptung des Abg. *Seehofer* und des Abg. *Knaape*, die Erlanger Patientin sei *nicht* hirntot im Sinne der Definition der Bundesärztekammer gewesen, Stenographischer Bericht der 183. Sitzung des Deutschen Bundestages am 25.6.1997, S. 16416 (C) und S. 16449 (B). Die Lektüre der abschließenden Pressemitteilung der behandelnden Ärzte - s. vorige Fn. - ergibt das genaue Gegenteil.
[527] *Kiesecker* spricht vom Ende der 14., Anfang der 15. SSW, S. 29, *Klinkhammer* von der 13. bis 14. SSW, in: Hirntod und Schwangerschaft, B-75; s. auch *dies.*, Deutsches ÄrzteBl. H. 44/1992; dazu die Reaktionen im Deutschen ÄrzteBl. H.46/1992, B-2436ff. und H. 51-52/1992, B-2762ff.
[528] S. den Hinweis im Deutschen ÄrzteBl. 1992, B-2587.

Auch unter Rechtswissenschaftlern entsteht eine Diskussion über die rechtliche Würdigung der Lage, die freilich nicht so kontrovers ausfällt wie der Austausch der Argumente im ethisch-politischen Raum, der dort von „engagierte(n) Minderheiten"[529] (vielleicht sollte man von interessierten, problemsensiblen Minoritäten sprechen) eröffnet und dominiert wird.[530] Unter den wenigen Juristen, die sich zum „Erlanger Fall" äußern, wird die Tragfähigkeit der Hirntodkonzeption - von leisen Zweifeln abgesehen - nicht in Frage gestellt. Im Vordergrund steht das Pro und Contra einer Weiterbehandlung „auf Kosten" der sterbenden bzw. toten Mutter (eine Problemlage, auf die die Bundesregierung übrigens in einer Jahre vor dem „Erlanger Fall" erstellten Antwort auf eine Große Anfrage schon hingewiesen hatte).[531] Während Hilgendorf - gefolgt von Kern und Giesen/Poll -[532] die Mutter des „Erlanger Babys" unter Rückgriff auf das Hirntodkonzept als Leiche (i. S. des § 168 StGB) klassifiziert,[533] weist Beckmann wenigstens auf die außerrechtswissenschaftlich aufkeimende Kritik an der Hirntodkonzeption hin, ohne ihr freilich zu folgen.[534] Leise Zweifel am Hirntodkonzept äußert Hochreuther, die fragt, „ob diese Frau juristisch wirklich als Tote anzusehen ist".[535] Ähnliche Zweifel finden sich bei Heuermann, wenn er vom „endgültigen Sterben Hirntoter" und der Verzögerung des Sterbeprozesses Hirntoter spricht.[536] Heuermann und Hochreuther gehen diesen Zweifeln jedoch nicht nach; Hochreuther stellt nur fest, daß die Fragen, wenn man der Hirntodkonzeption nicht folgt, „nicht einfacher zu beantworten sind".[537] Laufs merkt resümierend an: „die Diskussion um den ‚Erlanger Fall' scheint noch nicht abgeschlossen."[538] Für Juristen handele es sich jedenfalls um „Neuland"[539]. Es bleibt eine Ausnahme, wenn es heißt, es stelle „sich berechtigter Weise die Frage, ob ein Hirntoter ein Toter oder ein Sterbender ist."[540]

---

[529] *Koch*, Jenseits des Strafrechts, S. 323.
[530] S. dazu nur die Beiträge in Universitas H. 3/1993, S. 205ff. und in der Pressedokumentation des *Archivs für Sozialpolitik*. S. auch den Beitrag im Deutschen ÄrzteBl. 1992, B-2443f., der folgendermaßen übertitelt ist: „Kontroverse Positionen zum Erlanger ‚Fall'".
[531] *Bundesregierung*, Hirntodbestimmung und Organtransplantation bei Unfallopfern, BT-Drs. 11/3759 v. 19.12.1988 (Beantwortung der Großen Anfrage BT-Drs. 11/3606): Die Geburt durch eine hirntote Frau sei „denkbar, wenn es gelingt, bei ihr den Kreislauf unter fortgesetzter künstlicher Beatmung bis zur Entbindung aufrechtzuerhalten." Beachte auch *Hiersche*, MedR 1985, S. 45ff.
[532] *Kern*, Anm. zu AG Hersbruck, Beschl. v. 16.10.1992 - XVII 1556/92, MedR 1993, S. 113; *Giesen/Poll*, JR 1993, S. 179.
[533] *Hilgendorf*, Forum: Zwischen Humanexperiment und Rettung ungeborenen Lebens, JuS 1993, S. 98.
[534] *R. Beckmann*, Die Behandlung hirntoter Schwangerer, MedR 1993, S. 122.
[535] *Hochreuter*, KritJ 1994, S. 71.
[536] *Heuermann*, Verfassungsrechtliche Probleme, JZ 1994, S. 134.
[537] *Hochreuter*, KritJ 1994, S. 72.
[538] *Laufs*, Die Entwicklung des Arztrechts 1993/1994, NJW 1994, S. 1569.
[539] *Laufs/Peris*, S. 163; keine Aussagen zum Hirntodkonzept bei *M. Frommel*, Diskussionsbemerkung, in: Bockenheimer-Lucius/Seidler, S. 116ff.
[540] *Gerke*, S. 124 - die Schreibweise „berechtigter Weise" im Original.

B. Rezeption des Hirntodkonzepts in der Straf- und Grundrechtslehre   147

Die einsetzende Kritik an der Hirntodkonzeption wird im außerrechtswissenschaftlichen Raum (vor)formuliert und erreicht von dort erst nach und nach den rechtswissenschaftlichen Raum.[541] Von diskussionsauslösender Bedeutung sind die Beiträge des Mediziners Jürgen in der Schmitten und des Theologen und Philosophen Johannes Hoff gewesen.[542] Dabei wird insbesondere der Eindruck, nur eine lebende Frau könne den hochkomplexen, Vitalität voraussetzenden Prozeß einer Schwangerschaft ins Werk setzen (eine Leiche hingegen nicht), zum Ausgangspunkt der Kritik.[543] Der „Erlanger Fall" löst zwar unübersehbare Friktionen zwischen Bestattungs-, Personenstands-, Betreuungs- und Strafrecht aus.[544] Aber auch sie führen unter Juristen nicht zu durchgreifenden Bedenken gegenüber dem Hirntodkonzept.

2. Der neuerliche Transplantationsgesetzgebungsversuch als aktueller Anlaß der Kritik des Hirntodkonzepts

Für die nicht-rechtswissenschaftlichen Kritiker des Hirntodkonzepts, die zunächst das Feld öffentlicher Meinungs(um)bildung dominieren, wird der „Erlanger Fall" zum argumentativen Vehikel im zwischenzeitlich wieder aufgeflammten Streit um ein neues Transplantationsgesetz und das in diesem enthaltene Modell der Entnahme lebenswichtiger Organe.[545] Gerade deshalb scheint

---

[541] „Nun hat sich, von einigen Theologen und Philosophen ausgehend, in den letzten Monaten Widerspruch gegen diesen Todesbegriff entwickelt" (*Schreiber*, Wann darf ein Organ entnommen werden? BThZ-Beiheift 1995, S. 116 - Text eines am 27.5.1994 an der Humboldt-Universität zu Berlin gehaltenen Vortrags, s. den Hinw. S. 10).

[542] „Auftrieb erhielt die öffentliche Debatte über den Hirntod durch die Veröffentlichungen von Johannes Hoff und Jürgen in der Schmitten", *R. Flöhl*, FAZ, Nr. 146 v. 27.6.1994, S. 27. Gemeint sind die Beiträge von *Hoff/in der Schmitten* in der Wochenzeitung „Die Zeit": Tot?, Die Zeit, Nr. 47 v. 13.11.1992, S. 56; Organspende - nur über meine Leiche?, Die Zeit, Nr. 7 v. 12.2.1993. S. auch den Beitrag *ders.* in „Die Woche" v. 28.4.1995, S. 27.

[543] S. insofern auch den Mediziner *Petersen*, S. 119.

[544] Der Umstand, daß sich der Standesbeamte weigerte, trotz ausgestellten Totenscheins den Tod der hirntoten Schwangeren zu beurkunden, weil er sonst u. U. die Geburt eines Kindes beurkunden müsse, daß keine Mutter habe, weist auf eine erste Friktion zwischen Straf- und Personenstandsrecht - mittelbar auch zwischen Straf- und Bestattungsrecht - hin; nach dem Spontanabort wurde „auf den einfachen Telefonanruf hin, daß das Kind tot geboren sei und sich alles erledigt habe" - fast sechs Wochen *nach* dem 8.10. - die „Beurkundung des Todes (...) für den 8.10. vorgenommen" (*H.-B. Wuermeling*, Diskussionsbemerkung, in: Bockenheimer-Lucius/Seidler, S. 21). Außerdem muß verwundern, daß für eine (vermeintlich) Tote ein Betreuer bestellt wurde, wo doch das Betreuungsrecht nur für Lebende gilt. All dies hat Juristen nicht nachdenklich gestimmt: Der pragmatische Ausweg scheint ein sog. teilrechtsgebietsspezifischer Todesbegriff zu sein, der die Wertungswidersprüche zwar nicht auflöst, aber für die Bedürfnisse der Praxis hinreichend unsichtbar macht.

[545] *Klinkhammer*, Organentnahme bei Zustimmung der Angehörigen, B-411f. - zum Referentenentwurf des *Bundesgesundheitsministeriums*, der gegen „eine Minderheit"

der Erlanger Fall „nicht in Vergessenheit geraten" zu sein.[546] Anhörungen vor dem Gesundheitsausschuß[547] und vor dem Rechtsausschuß[548] des Deutschen Bundestages werden zum öffentlichkeitswirksamen Forum, in dem das Hirntodkonzept fundamental in Frage gestellt wird und in dessen Rahmen auch die juristischen Kritiker des Hirntodkonzepts - in gewisser Weise nachdenklichen „Nachzüglern" gleich - öffentlich zu Wort kommen. Ungeachtetdessen betonen (nicht nur die juristischen) Verteidiger der Hirntodkonzeption: „Am Konzept des Hirntodes ändert das Erlanger Baby nichts."[549] Die Kritik erfährt gleichwohl „ein breites Echo"[550], wie nicht zuletzt eine - auch in der Verfassungsrechtswissenschaft - meinungsprägende Buchveröffentlichung[551] und eine zunehmende

---

(B-411) der Auffassung der *Bundesärztekammer* folge, daß der Hirntod der Tod des Menschen sei; *dies.*, Organentnahmen nur bei Zustimmung, Deutsches ÄrzteBl., H. 47/1995 v. 24.11.1995, B-2320 - zum „hirntodkritischen" Gesetzentwurf der Fraktion Bündnis 90/Die Grünen (dazu sogleich).

[546] *Heuermann*, Buchbesprechung: R. Kiesecker, Die Schwangerschaft einer Toten, 1996, MedR 1996, S. 340.

[547] Protokoll der 17. Sitzung des Gesundheitsausschusses am 28.6.1995 (Protokoll 13. WP/Nr. 17); dazu insb. die Ausschußdrucksachen 13/114, 116, 117, 126, 136, 137, 140, 149, 152, 161, 165, 162, 171, 173; eine Kurz-Zusammenfassung der Anhörung in „woche im bundestag (wib)" (hrsgg. v. Pressezentrum des Deutschen Bundestages), Nr. 13/95 v. 5.7.1995, S. 13 und bei *R. Tenhaef*, Das Parlament, Nr. 28 v. 7.7.1995, S. 5; außerdem *Fuchs*, S. 55ff. Protokoll der 64. Sitzung des Gesundheitsausschusses am 25.9.1996 (Prot. 13. WP/Nr. 64); Protokoll der 67. Sitzung des Gesundheitsausschusses am 9.10.1996 (Prot. 13. WP/Nr. 67); zu den Anhörungen vom 25.9. und 9.10.1995 insb. die Ausschußdrucksachen 13/571, 573, 574, 579, 582, 584, 585, 586, 588, 589, 591, 593, 594, 598, 599, 600, 601, 602, 603.

[548] Protokoll der 72. Sitzung des Rechtsausschusses am 15.1.1997 (Protokoll 13. WP/Nr. 72); dazu die offiziell so übertitelte „Zusammenstellung der Stellungnahmen" der Sachverständigen *E. Deutsch, H.-U. Gallwas, R. Gröschner, W. Höfling, M. Sachs, H.-L. Schreiber, H. Tröndle* vom 16.1.1997, S. 1ff. (als Anlage zum Protokoll). Eine Kurz-Zusammenfassung der Anhörung in „woche im bundestag (wib)" (hrsgg. v. Pressezentrum des Deutschen Bundestages), Nr. 1/97 v. 22.1.1997, S. 19.

[549] So der Transplantationsmediziner *R. Pichlmayr* in einem Interview mit der Süddeutschen Zeitung, Nr. 166 v. 21.7.1994, S. 28. So i. Erg. auch der am Geschehen in Erlangen mitbeteiligte Rechtsmediziner *Wuermeling*, S. 846.

[550] *Laufs*, Arzt und Recht im Umbruch der Zeit, NJW 1995, S. 1594.

[551] *Hoff/in der Schmitten*, 1994 (Vorwort November 1993); erw. (TB-)Aufl. 1995. Dazu die Rezension von *M. Emmerich*, FR, Nr. 139 v. 18.6.1994, S. 6 (in der Überschrift heißt es u. a.: „Das Konzept des Hirntods wird zunehmend in Frage gestellt. Neues Buch fördert Debatte"): „Das Buch (...) ist in Form und Inhalt tendenziös, was zumindest der Klarheit der Position dient." S. auch die Buchbesprechung von *B. Schöne-Seifert*, FAZ, Nr. 110 v. 12.5.1995, S. 11: „Im Juni findet vor dem Gesundheitsausschuß des Deutschen Bundestages eine Anhörung zu strittigen Punkten des geplanten Transplantationsgesetzes statt. Ein Hauptpunkt wird dabei der Hirntod sein. Auf dem deutschen Buchmarkt gibt es allerdings bisher erst ein einziges Buch zum Thema" - womit das Buch von Hoff/in der Schmitten gemeint ist. Übersehen wird dabei das Buch von *Greinert/Wuttke* (1991), das bereits auf problematische Aspekte der Transplantationsmedizin, u. a. auch auf das Hirntodkonzept (S. 56ff., S. 185ff.), hingewiesen hatte. Die Zeitschrift „bild der wissenschaft" hat das Buch von *Hoff/in der Schmitten* (1. Aufl. 1994) zum „informativste(n) Buch" des Jahres 1994 gekürt („bild der wissenschaft", Nr.

Anzahl von Informationsveranstaltungen, Akademietagungen u. dgl. belegt.[552] Vereinzelte Versuche, die „hirntodkritische" Meinungsbildung zu unterbinden, vermögen an einer Sensibilisierung der (Fach-)Öffentlichkeit nichts zu ändern.[553] Eine beständig mitlaufende Medienberichterstattung trägt zur Präsenz „der jüngeren Kontroversen um die Todesdefinition"[554] in der Öffentlichkeit bei.[555] Die im Mai 1995 der Öffentlichkeit vorgelegte, interdisziplinär erarbei-

---

11/1994, S. 94). Zur ersten Auflage des Buches von *Hoff/in der Schmitten* hat *E. Bernat* angemerkt (Rezension, S. 436): „No lawyers were consulted. The latter will, nevertheless, find the book intellectually stimulating. The book is, however, unlikely to have any impact on a de lege ferenda discussion appropriate to today's legal framework." Diese Prognose darf - aus heutiger Sicht - als widerlegt gelten. Eingang in den rechtswissenschaftlichen Diskurs hat das Buch von *Hoff/in der Schmitten* gefunden durch den Beitrag von *Höfling*, Um Leben und Tod, JZ 1995, S. 26ff., der sich an zahlreichen Stellen auf das Buch bezieht: S. 27 Anm. 3, S. 28 Anm. 29f., S. 29 Anm. 32, S. 30 Anm. 52 - 54, S. 31 Anm. 67, S. 32 Anm. 77 und Anm 83f., S. 33 Anm. 33. *Hoerster* behauptet (ohne auch nur auf einen Beitrag einzugehen), daß das „Argumentationsniveau (...) der meisten (...) Beiträge", die in der erweiterten Auflage des von *Hoff/in der Schmitten* herausgegebenen Bandes abgedruckt seien, „nicht sehr hoch (ist). Um so erfreulicher sind die wenigen Lichtblicke" (Definition des Todes und Organtransplantation, S. 52 a.E.). Ein solches - argumentfreies - Pauschalurteil spricht für sich.
[552] Beispielhaft sei auf folgende Publikationen hingewiesen: *Ev. Akademie Baden, Ev. Akademie Iserlohn, Schlaudraff*. Allg. zur Bedeutung (evangelischer) Akademiearbeit *Jetter*, S. 11f.: „Die Akademiearbeit wirkt als ein ‚Sensorium' der Kirche, das es ihr ermöglicht, sich abzeichnende kulturelle, soziale und politische Veränderungen und die dadurch entstehenden Betroffenheiten der Menschen frühzeitig wahrzunehmen. Die Tagungen lassen im gemeinsamen Hören, Wahrnehmen und Verstehen offenkundig werden, was an Fragen und Problemen ansteht, was Dringlichkeit besitzt und was übersehen und liegen gelassen wurde." Die *Evangelische Akademie Bad Boll* hat zum Thema „Hirntod und Transplantationsgesetz" in Bonn ein Symposium veranstaltet, s. dazu den Bericht von *M. Emmrich*, Frankfurter Rundschau, Nr. 146 v. 27.6.1994, S. 3.
[553] Der Rheinische Merkur, Nr. 17 v. 26.4.1996, S. 2, berichtet dazu folgendes: „Ehemalige Stipendiaten der Konrad-Adenauer-Stiftung wollten an diesem Wochenende das Transplantationsgesetz diskutieren. Elf Wissenschaftler sollten den Hirntod als Kriterium für eine Organentnahme abwägen - fünf dafür, fünf dagegen, ein Unentschiedener. Doch das Gesundheitsministerium und das Bundeskanzleramt - beide auf das Hirntodkriterium festgelegt - bekamen Wind von der Sache. Es begann, was Beteiligte als Maulkorb empfanden: Man verlangte die Teilnahme sechs weiterer Referenten, alle Hirntodbefürworter. Die Geschäftsführung der KAS widersetzte sich dem nicht. Die Stipendiaten sagten die Tagung verärgert ab."
[554] *Sasse*, S. 185 a.E.
[555] Beispielhaft seien aus dem Printbereich folgende Berichte, Nachrichten und Kommentare zum Thema „Hirntod und Organtransplantation" erwähnt: Der Spiegel, Nr. 24 v. 13.6.1994; *R. Flöhl*, FAZ, Nr. 146 v. 27.6.1994, S. 27; *K. Adam*, FAZ v. 13.7.1994; Die Woche v. 28.4.1995, S. 25ff.; Kölner Stadt-Anzeiger, Nr. 121 v. 25./26.5.1995, S. 3; *M. Emmrich*, FR v. 30.6.1995 (zur Anhörung am 28.5.1995 im Gesundheitsausschuß des BTag). Berichte zur ersten Lesung der Entwürfe eines Transplantationsgesetzes: FAZ, Nr. 90 v. 17.4.1996, S. 16; FAZ, Nr. 93 v. 20.4.1996, S. 4, S. 12, S. 33; SZ, Nr. 89 v. 17.4.1996, S. 7; FAZ, Nr. 90 v. 17.4.1996, S. 4; SZ, Nr. 90 v. 18.4.1996, S. 6; *M. Emmrich*, FR, Nr. 91 v. 18.4.1996, S. 4; *H. Graupner*, SZ, Nr. 91 v. 19.4.1996, S. 4; Die Welt v. 31.1.1997 (Leitartikel); *H. Graupner*, SZ, Nr. 100 v. 2.5.1997, S. 4; Der Spiegel, Nr. 10 v. 3.3.1997, S. 228ff.; FR, Nr. 133 v. 12.6.1997,

150   2. Kapitel: Die Rezeption des Hirntodkonzepts

tete Stellungnahme der „Wissenschaftler für ein verfassungsgemäßes Transplantationsgesetz" bündelt die aus theologischer, philosophischer, medizinischer und juristischer Sicht vorgetragenen Bedenken gegenüber der Hirntodkonzeption.[556] Nachdem bereits im Zuge der parlamentarischen Beratungen des (letztendlich gescheiterten) rheindland-pfälzischen Transplantations-„Gesetzes" die Tragfähigkeit der Hirntodkonzeption verneint worden war,[557] wurde das Konzept auch bei der ersten Lesung von Entwürfen des (Bundes-)Transplantationsgesetzes im Plenum des Deutschen Bundestages zum - diesmal zentralen - Inhalt gesamtparlamentarischen Nachdenkens.[558] Große Teile von Fraktionen des Deutschen Bundestages teilen die Ansicht, daß der hirntote Mensch nicht tot ist.[559] Die (damalige) Präsidentin des Deutschen Bundestages hebt die

---

S. 4; FR, Nr. 141 v. 21.6.1997, S. 4; SZ, Nr. 140 v. 21./22.6.1997, S.6; FAZ, Nr. 141 v. 21.6.1997, S. 5; FR v. 21.6.1997, S. 4; FR v. 23.6.1997, S. 20; SZ, Nr. 142 v. 24.6.1997, S. 8; SZ, Nr. 143 v. 25.6.1997, S. 3; FR, Nr. 145 v. 26.6.1997, S. 3 (dort ein weiterer instruktiver Komm. v. *M. Emmrich*, der die Debatte auffallend problembewußt und kenntnisreich verfolgt hat); FAZ, Nr. 144 v. 25.6.1997, S.1 und S. 3; FAZ, Nr. 145 v. 26.6.1997, S. 1 und S. 3; SZ, Nr. 144 v. 26.6.1997, S. 1, S. 4, S. 10.

[556] *Wissenschaftler für ein verfassungsgemäßes Transplantationsgesetz - Gegen die Gleichsetzung hirntoter Patienten mit Leichen* (Autoren: *H.-U. Gallwas, G. Geilen, L. Geisler, I. Gorynia, W. Höfling, J. Hoff, M. Klein, D. Mieth, St. Rixen, G. Roth, J. in der Schmitten, J.-P. Wils*): Die in einem interdisziplinär besetzten Kreis aus Juristen, Theologen und Medizinern erarbeitete Stellungnahme wurde im Mai 1995 u. a. an alle Abgeordneten des Deutschen Bundestages versandt. Die Stellungnahme liegt vollständig abgedruckt vor als Drucksache des Bundestags-Gesundheitsausschusses, Drs. 13/117, S. 3 - 12. Ein vollständiger Abdruck ist auch erfolgt in der erw. TB-Neuaufl. des Buches von *Hoff/in der Schmitten*, S. 513 - 524. Die Stellungnahme wurde, auch unter dem Titel „Wissenschaftler für ein tragfähiges Transplantationsgesetz", (z. T. nur auszugsweise) veröffentlicht in der Zeitschrift für Allgemeinmedizin 71 (1995), S. 1109 - 1112, in der „tageszeitung" (taz) v. 20.6.1995, S. 13; in der Wochenzeitung „Das Sonntagsblatt", Nr. 23 v. 9.6.1995, S. 18, und in dem Reader von *L. Wess* (Hrsg.), Schöpfung nach Maß: perfekt oder pervers? (Publik-Forum-Spezial), o. J. (1995), S. 64f.

[557] Antrag der Fraktion DIE GRÜNEN: Grundsätze und Eckpunkte eines Transplantationsgesetzes, Landtag Rheinland-Pfalz, LTag-Drs. 12/3637 v. 5.10.1993, S. 1: „Hirntod ist keine Realität. Als hirntot befundene Menschen sind Menschen, die im Sterben begriffen sind, aber mittels intensivmedizinischer Maßnahmen daran gehindert werden; sie sind noch nicht gestorben, sie leben." Demgegenüber ging der Gesetzentwurf der SPD-Fraktion vom gängigen Hirntodkonzept aus, LTag-Drs. 12/2094 v. 15.10.1992, S. 3 (§ 4 I 1). Zum rhld.-pf. GesE vgl. 1. Kap. Fn. 110.

[558] Stenographischer Bericht der 99. Sitzung des Deutschen Bundestages am 19.4.1996 (13. WP), S. 8817 - 8853 und S. 8854 - 8856. Zur ersten Beratung den Bericht und die Teilabdrucke in „Das Parlament, Nr. 18 v. 26. 4. 1996, S. 1, S. 2 - 6; der Bericht auf S. 1 ist folgendermaßen übertitelt: „Die Grenze zwischen Leben und Tod muß noch markiert werden."

[559] BT-Drs. 13/2926 v. 7.11.1995, Gesetzentwurf der Abg. *M. Knoche, G. Häfner* und der Fraktion BÜNDNIS 90/DIE GRÜNEN, Ablehnung des Hirntodkonzepts insb. auf den S. 11ff.; BT-Drs. 13/4114 v. 14. 3. 1996, Antrag der Abg. *W. Wodarg, H. Däubler-Gmelin u. a.*, Ablehnung des gängigen Hirntodkonzepts auf S. 1f.; BT-Drs. 13/6591 v. 17.12.1996, Antrag der Abg. *E. v. Klaeden, W. Götzer, E. Schmidt-Jortzig u. a.*, Ablehnung des Hirntodkonzepts auf S. 2ff. BT-Drs. 13/4368 v. 17.4.1996, Antrag der Abg. *R. Dreßler, R. Scharping, K. Kirschner, W. Lohmann, H. Seehofer u. a.*: Beja-

"gewichtige(n), ernstzunehmende(n) Argumente" hervor, die die Kritik des Hirntodkonzepts vorbringe,[560] und der (damalige) Bundesminister der Justiz macht sich sogar die Kritik zu eigen, die besagt, daß der hirntote Mensch kein toter, sondern ein lebender Mensch ist.[561] Auch in der zweiten und dritten Lesung des Transplantationsgesetzes bleibt es bei der herausragenden Bedeutung der Kontroverse über die zutreffende (grund-)rechtliche Bedeutung des Hirn-

---

hung des Hirntodkonzepts auf S. 4ff. Der Gesetzentwurf BTag-Drs. 13/4355 v. 16.4.1996 sieht vor, daß der Hirntod diagnostiziert werden muß (§ 5 I 1, S. 4), läßt aber offen (§ 4, S. 4), ob der Hirntod mit dem Tod des Menschen gleichzusetzen oder bloß formelles Entnahmekriterium ist, bei dessen Vorliegen die Entnahme lebenswichtiger Organe zulässig ist, *sofern* im übrigen die Zulässigkeitsvoraussetzungen gegeben sind: Grundsätzlich ist bei Ablehnung des Hirntodkonzepts von Verfassungs wegen die vom Spender in gesunden Zeiten „vorausverfügte" Zustimmung zur Organentnahme erforderlich (dazu *Höfling/Rixen*, S. 83ff., S. 100ff.). Für den Hirntod als Tod des Menschen hingegen (noch) BT-Drs. 12/8063 v. 21.6.1994, Antrag der Abg. *G. Schaich-Walch u. a.* und der Fraktion der SPD, S. 3 a.E.; Gesetzesantrag der Länder Bremen und Hessen (Entwurf eines Transplantationsgesetzes), BR-Drs. 682/94 v. 30.6.1994, Anl. S. 5 (§ 4 I 1), S. 19ff. (Allg. Begr.), S. 29f. (Begr. zu § 4). Zur Berücksichtigung des Hirntodkonzepts im Transplantationsgesetz (TPG) die Ausführungen im 3. Kap., Abschn. G. IV.

[560] *Süssmuth*, S. I: „Dieses Buch dokumentiert, daß beide Seiten gewichtige, ernstzunehmende Argumente vorbringen und kompetente Experten in ihren Reihen haben." In einem Gutachten der *Wissenschaftlichen Dienste des Deutschen Bundestages* v. 24.2.1997 (Nr. 98/97, Reg.-Nr. WF III - 11/97) wird die Position, der hirntote Mensch lebe i. S. des Art. 2 II 1 Var. 1 GG, ausführlich berücksichtigt.

[561] So *E. Schmidt-Jortzig* in einem Interview mit der Süddeutschen Zeitung, Nr. 123 v. 2.6.1997, S. 8; auf S. 1 heißt es zu diesem Interview: „Justizminister lehnt Hirntod als Todeszeitpunkt ab." Außerdem in einem Beitrag für die FAZ, Nr. 109 v. 13.5.1997, S. 15 (zusammen mit *E. von Klaeden*), Titel: „Leichen bekommen kein Fieber. Die Fragwürdigkeit des Hirntod-Kriteriums." So *ders.* auch schon in einem Interview mit der Stuttgarter Zeitung vom 15. 2. 1997. *E. Schmidt-Jortzig* und *E. von Klaeden* haben im Rahmen des Transplantationsgesetzgebungsverfahrens einen Antrag unterzeichnet, in dem es heißt: „Der Hirntod ist (...) nicht (...) als Tod des Menschen zu definieren (...)" (Antrag der Abg. *E. von Klaeden, W. Götzer, E. Schmidt-Jortzig u. a.*, Eckpunkte für die Spende, Entnahme und Übertragung von Organen, BT-Drs. 13/6591 v. 17.12.1996, S. 3). Schon in der Rede, die *Schmidt-Jortzig* während der ersten Plenumsberatung des Transplantationsgesetzes (Stenographischer Bericht der 99. Sitzung des Deutschen Bundestages am 19.4.1996 [13. WP], S. 8838ff.) bewußt „als Abgeordneter" (S. 8838) hielt, hatte er erhebliche Zweifel an der Tragfähigkeit des Hirntodkonzeption geäußert, S. 8839f. Zum Verständnis der Position des *Bundesjustizministers* s. auch seine Auffassung zur Regelung der Abtreibungsproblematik (Stenographischer Bericht der 47. Sitzung des Deutschen Bundestages am 29.6.1995 [13. WP], S. 3922 [D] a.E. - kurze schriftliche Erklärung nach § 31 I 1 GO-BTag): „Ich kann dem ‚Entwurf eines Schwangeren- und Familienhilfeänderungsgesetz', Drucksache 13/1850, nicht zustimmen, weil für mich einfach unvorstellbar ist, daß der Staat außerhalb unausweichlicher kriegerischer Anlässe - auf Grund welcher Abwägungen auch immer - seine Hand zur Tötung menschlichen Lebens soll reichen dürfen." Dementsprechend lehnte er den Gesetzentwurf ab, Stenographischer Bericht der 47. Sitzung des Deutschen Bundestages am 29.6.1995 (13. WP), S. 3797 (D).

tod-Zustands.⁵⁶² „Die (...) kontroverse Diskussion über die Problematik des Hirntodes (...) ging quer durch alle Parteien und alle Fraktionen."⁵⁶³

3. Frühere Ansätze der Kritik

Sieht man etwas genauer hin, dann bemerkt man, daß die „Kritik am Hirntod (...) nicht neu" ist,⁵⁶⁴ mag sich die im Rahmen des Transplantationsgesetzgebungsverfahrens formulierte Kritik im Hinblick auf ihre argumentative Zuspitzung und ihre juristische Form auch konziser darstellen als vordem.

a) Gerd Geilen

Im Zuge des (zweiten) Transplantationsgesetzgebungsverfahrens (auf Bundesebene) war es - wie bereits erwähnt - zu der vielfach veröffentlichten Stellungnahme einer interdisziplinär besetzten Gruppe „Wissenschaftler für ein verfassungsgemäßes Transplantationsgesetz" gekommen.⁵⁶⁵ Auch mehrere Lehrer des Straf- und des Verfassungsrechts hatten hier die These vertreten, der hirntote Mensch sei ein Lebender i. S. des Art. 2 II 1 Var. 1 GG.⁵⁶⁶ Zu ihnen gehörte der Strafrechtslehrer Gerd Geilen, der in den Anfängen der Rezeptionsgeschichte des Hirntodkonzepts maßgebliche Beiträge zum Thema vorgelegt hatte. Einzelne seiner Publikationen gehör(t)en, wenn es um den Hirntod geht, zum Standardrepertoire des Zitationsapparats zahlreicher Kommentar- oder Lehrbuch-Äußerungen. Zumeist werden Geilens Arbeiten unglossiert zitiert, so daß man den Eindruck gewinnt, er - Geilen - stimme dem Hirntodkonzept vorbehaltlos zu.⁵⁶⁷ Auffallen muß daher der Hinweis auf die „vorsichtig-abwägenden Äußerungen von Geilen"⁵⁶⁸ oder der Hinweis auf die „beachtlichen Bedenken bei Geilen", die „indes nicht durchschlagen".⁵⁶⁹ Freilich: Die Bedenken sind of-

---

⁵⁶² Dazu den Stenographischen Bericht der 183. Sitzung des Deutschen Bundestags am 25.6.1997 (13. WP), S. 16402ff. Eingehend zur Berücksichtigung des Hirntodkonzepts im Transplantationsgesetz noch im 3. Kap., Abschn. G. IV.
⁵⁶³ So der saarländische Minister *A. Walter* in seiner (zu Protokoll gegebenen) Rede anläßlich der Zustimmung des Bundesrates zum Transplantationsgesetz, Bericht über die 716. Sitzung des Bundesrats am 26.9.1997, S. 418 (C).
⁵⁶⁴ So *Süssmuth*, S. I; ebenso *Kluth*, Die Hirntodkonzeption, S. 3 - beide mit Blick auf *H. Jonas* (zu diesem noch unten in Abschn. C. I. 3.).
⁵⁶⁵ Abgedr. z. B. bei *Hoff/in der Schmitten* (1995), S. 513ff.; zu den weiteren Publikationsorten die Hinweise oben in Fn. 556.
⁵⁶⁶ Vgl. *Hoff/in der Schmitten* (1995), S. 519f.: *H.-U. Gallwas, G. Geilen, W. Höfling.*
⁵⁶⁷ Zu diesem prekären Eindruck noch die Ausführungen in Abschn. D. II. 7.
⁵⁶⁸ *Reinh. Zimmermann*, NJW 1977, S. 2105 - dortige Anm. 56 a.E.
⁵⁶⁹ *Krey*, StrafR-BT/1, 9. Aufl., § 1 Rn. 17 a.E.

fenbar nicht beachtlich genug, denn eine eingehende Sichtung ihres vorsichtig abwägenden Aussagehalts unterbleibt. Immerhin: In dem Text eines anderen Autors liest man, Geilen habe „als einer der ersten deutschen Strafrechtler das Gespenst der normativen Implikationen des Hirntods scharf herausgearbeitet (...)."[570] Was ist damit gemeint?

Gerd Geilen hat vom Ende der sechziger Jahre an bis in die Mitte der siebziger Jahre hinein einige Beiträge vorgelegt, die sich dem Thema des Hirntodes widmen. Es handelt sich im wesentlichen um sechs Veröffentlichungen. Rechtswissenschaftliche Ouvertüre der Hirntod-Skepsis, wenn nicht der Hirntod-Kritik ist im März 1968 das Erscheinen der Textfassung eines Vortrags, den Geilen im Januar 1968, also kurz nach der ersten (allogenen/homologen) Herztransplantation gehalten hatte: „Das Leben des Menschen in den Grenzen des Rechts."[571] Ebenfalls im März 1968 erscheint der Aufsatz „Neue juristisch-medizinische Grenzprobleme".[572] Auch in einer zu Jahresbeginn 1971 vorgelegten Besprechung des vom LG Bonn gefällten sog. Gütgemann-Urteils[573], das „als der juristische Niederschlag einer der ersten deutschen Lebertransplantationen ein Zeitdokument"[574] ist, wendet sich Geilen dem Hirntod zu. Geilen

---

[570] *Merkel*, S. 89.
[571] *Geilen*, Das Leben des Menschen in den Grenzen des Rechts, FamRZ 1968, S. 121ff.; Neuabdruck (Vorbemerkung dort gekürzt) in: *Eser* (Hrsg.), Recht und Medizin, 1990, S. 200ff.
[572] *Geilen*, Neue juristisch-medizinische Grenzprobleme, JZ 1968, S. 145ff.
[573] Als Direktor der Chirurgischen Universitätsklinik Bonn war Prof. Dr. *A. Gütgemann* verantwortlich für die Durchführung der Lebertransplantation, die Anlaß des Urteils war: *Gütgemann u. a.*, S. 1713ff.; *Gütgemann* war nur an der Empfängeroperation, nicht an der Organentnahme-Operation eigenhändig beteiligt (vgl. den Hinweis auf S. 1715).
[574] *Geilen*, Probleme der Organtransplantation - Zugleich eine Besprechung des „Gütgemann"-Urteils des LG Bonn -, JZ 1971, S. 41ff. ; LG Bonn, Urteil v. 25.2.1970 (7 O 230/69), JZ 1971, S. 56ff. Ein Ermittlungsverfahren der StA Bonn (18 Js 574/69) wurde eingestellt, Auszüge aus dem Einstellungsbescheid bei *Grahlmann*, S. 59f. (strittig war die Anwendung des § 168 I StGB). Sowohl im zivilgerichtlichen Urteil wie in der staatsanwaltlichen Einstellungsverfügung wird der Hirntod als Tod des Menschen nicht in Frage gestellt. Auf einige Ungereimtheiten der (Hirn)Todes(zeit)bestimmung weist *Geilen* hin, JZ 1971, S. 41f.: „Geht man zunächst von der Todesfrage aus, so haften dem Fall jedenfalls in der äußeren Optik einige, durchaus störende (...) Schönheitsfehler an. Wie der Tatbestand des Urteils ergibt, ist in der Sterbeurkunde für den Todeseintritt ausgerechnet ein Zeitpunkt ausgewiesen, der mit dem Zeitpunkt der Organentnahme identisch ist. Diese scheinbare Dokumentierung einer Vivisektion ist jedenfalls peinlich und bildet prozeßpsychologisch möglicherweise den Hintergrund für das justizielle Nachspiel dieser sonst mit Recht als Pioniertat gefeierten Transplantation." LG Bonn, JZ 1971, S. 57: „Der Eingriff der Organentnahme (...) begann um 18. 40 Uhr am 18.6.1969. Dieser Zeitpunkt ist als Todeszeitpunkt in der Sterbeurkunde angegeben. Die Entnahme der Spenderleber war um 22.20 Uhr beendet." Vgl. dazu auch *Gütgemann u.a.*, S. 1715. Tatsächlich war der Hirntod jedoch schon etwa vier Stunden vor Beginn der Entnahmeoperation festgestellt worden, s. *Carstens*, Das Recht der Organtransplantation, S. 92 Anm. 40.

vertieft das Thema in dem 1972 vorgelegten Festschrift-Beitrag „Medizinischer Fortschritt und juristischer Todesbegriff".[575] Im selben Jahr hält er auf dem interdisziplinär angelegten Kongreß „Die Bestimmung des Todeszeitpunktes" das im Jahre 1973 veröffentliche Referat über die „Rechtsfragen der Todeszeitbestimmung".[576] Im Jahre 1976 erscheint schließlich der Beitrag „Legislative Erwägungen zum Todeszeitproblem".[577]

In seinem Beitrag aus dem Jahre 1971 heißt es: „(H)ier (ist) nicht der Raum, die Problematik der Hirntodfeststellung grundsätzlich aufzurollen. Verzeichnet sei lediglich, daß trotz der inzwischen ausgearbeiteten offiziösen Stellungnahmen in der literarischen Diskussion die in dieser Grundsatzfrage scheinbar so einhellige Ausgangsposition, die Lokalisierung des Individualtodes im Gehirn, zunehmend in Frage gestellt und durch differenziertere (im Grunde ehrlichere, statt Definitionen Sachlösungen anbietende) Betrachtungsweisen ersetzt wird."[578] Er verweist dabei (ausschließlich) auf die seinerzeit „bevorstehende Publikation „Medizinischer Fortschritt und juristischer Todesbegriff"[579]. Zugleich erinnert er an seinen Beitrag aus dem 1968, der „schon" auf „Bedenken" hingewiesen habe.[580] Damit rückt der Festschrift-Beitrag „Medizinischer Fortschritt und juristischer Todesbegriff" ins Zentrum von Geilens Kritik der Hirntodkonzeption, der nicht nur den gerade genannten,[581] sondern auch einen weiteren Aufsatz aus dem Jahre 1968[582] systematisch zuspitzt. Diesem „etwas kritischeren Beitrag"[583] soll im folgenden besondere Aufmerksamkeit gewidmet werden.

Geilen weist zunächst darauf hin, daß die erste von Mensch zu Mensch erfolgte Herztransplantation das gängige, am irreversiblen Stillstand des Herzens orientierte Todesverständnis in Frage gestellt hätte, und zwar „in geradezu bühnengerechter Weise in der Form eines spektakulären Medienschauspiels": „Es war damit ad oculos demonstriert, daß man seinen eigenen Herztod überleben konnte - und umgekehrt das Herz den individuellen Tod."[584] Dieses Geschehen impliziere „einen Wandel unserer Todesdefinition".[585] Der Umstand, daß nur hinreichend „lebensfrische"[586] Organe eine Transplantation genügend erfolg-

---

[575] *Geilen*, Medizinischer Fortschritt und juristischer Todesbegriff (1972), S. 373ff.
[576] *Geilen*, Rechtsfragen der Todeszeitbestimmung (1973), S. 285ff.
[577] *Geilen*, Legislative Erwägungen zum Todeszeitproblem (1976), S. 301ff.
[578] *Geilen*, JZ 1971, S. 42.
[579] *Geilen*, JZ 1971, S. 42 Anm. 7.
[580] *Geilen*, JZ 1971, S. 42 Anm. 7.
[581] *Geilen*, FamRZ 1968, S. 121ff.
[582] *Geilen*, JZ 1968, S. 149 - 152.
[583] So *Geilen* selbst, Medizinischer Fortschritt und juristischer Todesbegriff, S. 379.
[584] *Geilen*, Medizinischer Fortschritt und juristischer Todesbegriff, S. 373.
[585] *Geilen*, Medizinischer Fortschritt und juristischer Todesbegriff, S. 374.
[586] *Geilen*, Medizinischer Fortschritt und juristischer Todesbegriff, S. 375 (a.E. des I. Abschnitts).

B. Rezeption des Hirntodkonzepts in der Straf- und Grundrechtslehre 155

versprechend ausfallen ließen, mache es erforderlich, ein eigentümliches „Nebeneinander von Tod und Leben" zugrundezulegen: „Der Spender muß als Spender tot sein, ist aber trotzdem ein ‚supravital' noch überlebendes ‚Organpräparat'."[587] „Eine solche Zuspitzung bei Todesbegriff und Todesfeststellung", so konstatiert Geilen, „ist absolut neu."[588] Während bisher eine Leiche eine Leiche war, könne „der im heutigen Sinn ‚Tote' - so paradox das klingt - gerade keine ‚Leiche'" - im herkömmlichen Sinne - sein.[589]

Traditionellerweise sei der irreversible Herz-Kreislaufstillstand ein atrium mortis gewesen, der „dem Gesamttod vorgelagert" war.[590] Der „in Wahrheit prozeßhafte Charakter des Todes"[591] sei aus medizinischem Interesse auf den Atmungs- und Kreislaufstillstand fixiert worden, weil mit ihm „die Absterbeautomatik umschrieben" und „damit der Gesamttod in einer therapeutisch nicht mehr erreichbaren Weise eingeleitet" war: „Damit erhielt die Todeserklärung eine in Definitionsform eingekleidete pragmatische Aussage. Sie war die Feststellung, daß nunmehr der Tod in einer schlechthin absoluten Weise irreversibel geworden war. Deshalb lag auch aus rein faktischen Gründen eine solche Todeserklärung, so weit sie auch immer vom Gesamttod entfernt sein mochte, jenseits irgendwelcher standesethischen oder rechtlichen Probleme. Behandlungsmöglichkeit und als deren Kehrseite die Behandlungspflicht waren auf dem Nenner einer solchen Todeserklärung in einer schlechtin idealen Weise vereinigt. Hinzu kam die Tatsache, daß aus dieser Todeserklärung keine weitere praktische Konsequenz gezogen wurde. Es gab noch keine abzubrechende Intensivbehandlung, und es gab keine Transplantation."[592] „Im Gegenteil: Sollte die Todeserklärung beim Wort genommen" werden - denn eigentlich markierte sie ja nur die Grenze des therapeutisch Machbaren, des irreversiblen Sterbens -, und sollte „der für tot Erklärte auch als tot behandelt werden, dann wurden typischerweise, wie z. B. bei Sektion und Bestattung, Wartefristen eingelegt"; so wurde „auf einen unzweifelhaft sicheren Todeszeitpunkt abgestellt."[593] Auf dem Hintergrund eines „ganz urtümliche(n) Bedürfnis(ses), für den Todeseintritt irgendeine Zäsur zu finden", konnte sich - die Etablierung der medizinischen Betrachtung fördernd - (zunächst auf dem Hintergrund einer animistisch-pneumatischen, später einer säkularisiert fortwirkenden Leib-Seele-Deutung) eine dominante Ansicht herausbilden, die den „letzten Atemzug' als die entscheidende Übergangsstelle" ansah.[594] „Infolgedessen wurde der in der medizi-

---

[587] *Geilen*, Medizinischer Fortschritt und juristischer Todesbegriff, S. 374.
[588] *Geilen*, Medizinischer Fortschritt und juristischer Todesbegriff, S. 375 a.E.
[589] *Geilen*, Medizinischer Fortschritt und juristischer Todesbegriff, S. 375.
[590] *Geilen*, Medizinischer Fortschritt und juristischer Todesbegriff, S. 376.
[591] *Geilen*, Medizinischer Fortschritt und juristischer Todesbegriff, S. 376.
[592] *Geilen*, Medizinischer Fortschritt und juristischer Todesbegriff, S. 376.
[593] *Geilen*, Medizinischer Fortschritt und juristischer Todesbegriff, S. 377.
[594] *Geilen*, Medizinischer Fortschritt und juristischer Todesbegriff, S. 377.

nischen Begriffsbildung steckende teleologische[595] Einschlag von den Nachbardisziplinen nicht genügend beachtet. Das gilt vor allem von der Rechtswissenschaft. Man verwechselte Tod und Todeserklärung und sah in der ganzen Frage ein empirisch vorgegebenes und deshalb in die medizinische Alleinzuständigkeit fallendes Spezialproblem. Infolgedessen wurde auch die Begriffsbildung der Medizin in sozusagen blankettartiger Form von der Rechtswissenschaft übernommen."[596] Dies kam - wie Geilen hervorhebt - den Praktikabilitätswünschen des Rechts entgegen. Scheinbar auf die Minute genau konnte man sich nunmehr von der Medizin - zudem über forensisch brauchbare Kriterien - den vor allem für das Erb- und Versicherungsrecht erforderlichen Todeszeitpunkt bestimmen lassen.[597] „Der Tod oder besser: die medizinische Todes‚erklärung' war nicht einmal theoretisch ein Problem. Sie wurde mit auffallender Hartnäckigkeit als eine ausschließlich empirische und deshalb in die medizinische Alleinzuständigkeit fallende Vorfrage behandelt, (...). Kein Geringerer als Savigny hat sich zum Sprecher dieses Irrtums gemacht."[598] Geilen spricht von einem „gänzlich kritiklos betriebenen Begriffsimport",[599] der solange unschädlich bleiben konnte, als die medizinischen Fakten, die die Grundlage der Begriffsbildung bildeten, unverändert blieben.

Nunmehr aber, da der Hirntod maßgeblich werde, so Geilen im Jahre 1972, stelle sich die Lage anders dar, denn „die heutige medizinische Sprachregelung (nimmt) spezifisch juristische Ergebnisse vorweg, verhüllt hinter einem Definitionsschleier sehr ernstzunehmende Sachfragen und beruht auf einer Grundsatzprämisse, die (...) einer echten Wertentscheidung bedarf (...)."[600] Für Geilen besteht „das radikal Neue der jetzigen Begriffsbildung", die „etwas prinzipell Neues" bringe, darin, „daß man den Individualtod mit einem bestimmten Organtod gleichsetzen will."[601] Die „Lebensformen jenseits dieses Organtodes (haben) mit dem Individuum nichts mehr zu schaffen (...)."[602] Dahinter stehe die

---

[595] Gemeint ist die Abhängigkeit der Todesdefinition vom Telos, d. h. vom Zweck medizinisch-therapeutischen Tuns, deshalb: teleologisch.
[596] *Geilen*, Medizinischer Fortschritt und juristischer Todesbegriff, S. 377; ähnl. *Geilen*, Rechtsfragen der Todeszeitbestimmung, S. 285: „Der Tod war nie ‚ein einfaches Naturereignis'; er trat lediglich als Rechtsfrage deshalb nicht in Erscheinung, weil in Wahrheit die Medizin die erforderliche Begriffsbildungsarbeit bereits vorweggenommen und eine Todesgrenze entwickelt hatte, die auch als rechtliches Kriterium außerordentlich brauchbar war." Praktisch wortgleich *Geilen*, Legislative Erwägungen zum Todeszeitproblem, S. 301.
[597] *Geilen*, Medizinischer Fortschritt und juristischer Todesbegriff, S. 378.
[598] *Geilen*, Medizinischer Fortschritt und juristischer Todesbegriff, S. 378; s. auch *Geilen*, Rechtsfragen der Todeszeitbestimmung, S. 285: „Als Ausgangsthese sei zunächst vorausgeschickt, daß die von Savigny proklamierte juristische Problemlosigkeit des Todes nichts anderes als ein Mißverständnis gewesen ist, (...)."
[599] *Geilen*, Medizinischer Fortschritt und juristischer Todesbegriff, S. 379.
[600] *Geilen*, Medizinischer Fortschritt und juristischer Todesbegriff, S. 379.
[601] *Geilen*, Medizinischer Fortschritt und juristischer Todesbegriff, S. 381.
[602] *Geilen*, Medizinischer Fortschritt und juristischer Todesbegriff, S. 382.

„robuste Pragmatik"[603] der Intensiv- und der Transplantationsmedizin, die aus dem „praktischen Dilemma"[604] heraus, eine sinnlos erscheinende Behandlung abbrechen zu dürfen bzw. „‚(l)ebensfrische'"[605] Organe erfolgversprechend verwenden zu können, den Patienten „sozusagen ‚pars pro toto' für tot erklärt".[606] Hinter dem Votum für die Hirntodkonzeption stünden in Wirklichkeit Abwägungsprozesse,[607] die zugunsten der wartenden Organempfänger und zuungunsten der hirntoten Spender ausfielen. Die „umgestellte Todesdefinition"[608] berühre sich insofern „mit dem Notstandsprinzip, nur daß die definitorische Lösung für diesen an sich schockierenden Zusammenhang" - Eingriff bei einem Lebenden vornehmen zu müssen - „eine gewisse Alibifunktion entfaltet."[609] Die „Hirntodlinie" sei „die Modernisierung des Irreversibilitätsgedankens" insofern, als bei Eintritt des Hirntod-Zustands die (therapeutische) „Beeinflussung des Absterbevorgangs" nicht mehr in Betracht komme.[610] Soweit es „um den praktisch häufigsten Fall einer abzubrechenden Intensivbehandlung" gehe, stelle sich allerdings die Frage, „ob es für den Abbruch der Internsivbehandlung einer solchen nachweislichen Dezerebrierung überhaupt bedarf."[611] Der Verweis auf den Hirntod sei also der „definitorische Ausdruck" dafür, „daß die jetzt sinnlos gewordene Behandlung abgebrochen werden darf. Ob man, um diese Selbstverständlichkeit zum Ausdruck zu bringen, den Patienten für nunmehr ‚tot erklärt' oder ohne eine solche empirische Feststellung einfach die Verpflichtung zur Fortsetzung der Behandlung verneint, ist ein rein terminologischer Unterschied und für die (...) rechtliche Problematik ohne jede Bedeutung, sofern man nur die Dezerebrierung als einheitliches Kriterium zugrunde legt. (...) Nur hat die defi-

---

[603] *Geilen*, Medizinischer Fortschritt und juristischer Todesbegriff, S. 382; siehe auch S. 382 in Anm. 20, wo der Neurochirurg *Röttgen* zitiert wird: „Ich bin dagegen, daß man nur das, was nun wirklich mausetot ist, als tot feststellt. Damit ist dem Totengräber geholfen, aber nicht dem Chirurgen, wenn er wirklich transplantieren will." *Röttgen*, S. 54f.; dort heißt es weiter: „Meines Erachtens ist ein echter Apalliker wie ein Monstrum kein Mensch mehr." Hinweis auf „robuste Äußerungen im medizinischen Schrifttum" auch bei *Geilen*, Rechtsfragen der Todeszeitbestimmung, S. 288.
[604] *Geilen*, Medizinischer Fortschritt und juristischer Todesbegriff, S. 381.
[605] *Geilen*, Rechtsfragen der Todeszeitbestimmung, S. 289.
[606] *Geilen*, Medizinischer Fortschritt und juristischer Todesbegriff, S. 381.
[607] *Geilen*, Legislative Erwägungen zum Todeszeitproblem, S. 306: „Wertabwägung"; *Geilen*, Rechtsfragen der Todeszeitbestimmung, S. 291: „Konfliktsituation".
[608] *Geilen*, Medizinischer Fortschritt und juristischer Todesbegriff, S. 388.
[609] *Geilen*, Medizinischer Fortschritt und juristischer Todesbegriff, S. 388; Hinweis auf den „Zusammenhang mit der Notstandsfrage" auch auf S. 389. Deutlicher *Geilen*, Legislative Erwägungen zum Todeszeitproblem, S. 306: „Deshalb wage ich die These, daß in der Hirntoddefinition, soweit es sich um den auf die Organentnahme zugeschnittenen begrifflichen Nenner handelt, ein Stück Notstandsdenken steckt - die Freigabe von Lebensresten eines im naturwissenschaftlichen Sinne noch Moribunden zur Lebensrettung eines anderen!" Es geht - so noch deutlicher *Geilen*, Rechtsfragen der Todeszeitbestimmung, S. 291 - um „die zur Lebensrettung freigegebene Lebensopferung".
[610] *Geilen*, Medizinischer Fortschritt und juristischer Todesbegriff, S. 387.
[611] *Geilen*, Medizinischer Fortschritt und juristischer Todesbegriff, S. 387.

nitorische Lösung eine psychologische Entlastungswirkung insofern, als die numinose Scheu vor der Abschaltung der Geräte durch die vorherige Todes‚erklärung' verdrängt werden kann. Ganz anders bei der Transplantatentnahme: Hier kann man sich nicht ohne weiteres mit der Feststellung beruhigen, dem Patienten sei ja ohnehin nicht mehr zu helfen; sondern hier scheint (...) die Todesfrage der für die Zulässigkeit des Entnahmeeingriffs schlechthin entscheidende Angelpunkt zu sein."[612] Die Todeserklärung werde so „zum archimedischen Punkt für den Lebens- und Körperschutz", an den „im buchstäblichsten Wortsinn ‚einschneidende' Konsequenzen" geknüpft würden.[613]

„Um so wichtiger ist deshalb die Begründung der Hirntodtthese."[614] Hier - so Geilen - falle auf, daß sich das medizinische Schrifttum vornehmlich den diagnostischen Problemen widme und der „Grundsatzfrage" nach dem Warum der „Identifizierung von Individual- und zerebralem Organtod" mit „einer gewissen Beiläufigkeit"[615], mit bloß „verbalen Mitteln"[616] nachgehe. „Ganz im Vordergrund steht der Versuch einer anthropologischen, aus humanen Besonderheiten abgeleiteten Begründung."[617] Vermittels einer Montage medizinischer bzw. medizinethischer Zitate stellt Geilen klar, was er mit dem „anthropologische(n) Wertungsproblem"[618], mit der Differenz „zwischen biologischem Leben und seiner anthropologischen Relevanz"[619], mit der „von der Medizin vorgenommene(n) anthropologische(n) Wertentscheidung"[620] meint:[621] Der Körper eines Menschen mit irreversibel zerstörtem Gehirn sei kein Mensch mehr;[622] das Wirksamwerden der Geist-Seele sei ausgeschlossen, deshalb sei der hirntote Mensch tot: Ohne das Gehirn mit seiner einzigartigen Bedeutung für die Manifestation des Geistes handele es sich beim Hirntoten um ein überlebendes Präparat.[623] „Ebenso könnte man bei einer Mißgeburt, der das Gehirn total fehlt,

---

[612] *Geilen*, Medizinischer Fortschritt und juristischer Todesbegriff, S. 383.
[613] *Geilen*, Medizinischer Fortschritt und juristischer Todesbegriff, S. 381 a.E.; es gehe also beim Hirntodkonzept „um aktuellen Lebensschutz und seine durch die jeweilige Todesdefinition entstehende Begrenzung" (S. 392).
[614] *Geilen*, Medizinischer Fortschritt und juristischer Todesbegriff, S. 383.
[615] *Geilen*, Medizinischer Fortschritt und juristischer Todesbegriff, S. 383.
[616] *Geilen*, Rechtsfragen der Todeszeitbestimmung, S. 290.
[617] *Geilen*, Medizinischer Fortschritt und juristischer Todesbegriff, S. 383 a.E.
[618] *Geilen*, JZ 1968, S. 151 Anm. 69.
[619] *Geilen*, JZ 1968, S. 151.
[620] *Geilen*, FamRZ 1968, S. 125 (l. Sp.).
[621] *Geilen*, Medizinischer Fortschritt und juristischer Todesbegriff, S. 384; in Anm. 25 verweist *Geilen* für die Zitate ohne Fundstelle auf seine Veröffentlichung JZ 1968, 145 (151), wo die Referenzen aufgeführt sind (Nachweise auch in FamRZ 1968, S. 124).
[622] Zit. nach *Geilen*, Medizinischer Fortschritt und juristischer Todesbegriff, S. 384 mit JZ 1968, S. 151: *Demichow*, Bild der Wissenschaft 1966, S. 33.
[623] Zit. nach *Geilen*, Medizinischer Fortschritt und juristischer Todesbegriff, S. 384 mit JZ 1968, S. 151: *Kautsky*, Hochland 1960/1961, S. 314 - Mediziner.

B. Rezeption des Hirntodkonzepts in der Straf- und Grundrechtslehre 159

nicht von einem Menschen sprechen."[624] „Dort wo das Selbstbewußtsein dauernd und radikal ausfällt, wo keine Ansprechbarkeit mehr vorliegt und auch in eindeutiger Weise nicht mehr regenerierbar ist, ist die Signatur des humanum erloschen und ist nur noch die biologische Larve dessen übriggeblieben, was einmal als menschliche Existenz diese Gefäße erfüllte."[625]

Für Geilen stellen sich auf diesem Hintergund entscheidende Fragen:

- Zunächst sei „unerfindlich, wieso das Bewußtsein die ‚Signatur des humanum'" sei: „Ganz zu schweigen von der Verhaltensforschung, braucht man nur mit einem Haustier umzugehen, um sich über das Unsolide solcher Formulierungen klar zu sein."[626] Im übrigen: „Wie will man solche Behauptungen eigentlich beweisen? Die instrumentale Rolle des Gehirn mag noch so evident sein - daß daraus aus Gründen der Leib-Seele-Problematik die Individualtodgrenze zwingend abgeleitet werden könnte, darf doch wohl bezweifelt werden."[627]

- „Käme es wirklich auf die höheren geistigen Funktionen an, dann wäre schon mit dem (irreversiblen) Funktionsausfall des Großhirns die ‚Signatur des humanum' erloschen."[628] Dieser „metaphysische Begründungsansatz (...) (paßt) nicht zum Hirngesamttod"[629], denn die „etwas luftigen Ausflüge in das Leib-Seele-Problem"[630] übersähen, daß der (Ganz-)Hirntod (Hirngesamttod) auch den Ausfall des Hirnstamms (des Stammhirns) voraussetze, der indes nicht als organische Bedingung der geistigen Funktionen qualifiziert werden könne.

- Bedeute diese Form der Hirntodbegründung, die auf den Funktionsausfall des Großhirns, der Kortex, also auf die Kortikaltodthese (das später so genannte Teilhirntod-Konzept) hinauslaufe, wie sie ja von zahlreichen Medizinern vertreten werde,[631] dann nicht aber „eine neue, apokryphe Form der Euthanasie?

---

[624] Zit. nach *Geilen*, Medizinischer Fortschritt und juristischer Todesbegriff, S. 384 mit JZ 1968, S. 151: *Kautsky*, Hochland 1960/1961, S. 314.
[625] Zit. nach *Geilen*, Medizinischer Fortschritt und juristischer Todesbegriff, S. 384: *H. Thielicke*, Fortschritte der Medizin 1968, S. 1067 - Theologe.
[626] *Geilen*, Medizinischer Fortschritt und juristischer Todesbegriff, S. 384.
[627] *Geilen*, Rechtsfragen der Todeszeitbestimmung, S. 290.
[628] *Geilen*, Medizinischer Fortschritt und juristischer Todesbegriff, S. 384; ebenso *ders.*, Rechtsfragen der Todeszeitbestimmung, S. 290: „Die einzige logische Konsequenz könnte dann nur der Kortikaltod sein."
[629] *Geilen*, Medizinischer Fortschritt und juristischer Todesbegriff, S. 391 Anm. 43 (im zweiten Absatz dieser langen Fußnote); S. 385: „metaphysische Spekulationen"; *ders.*, Rechtsfragen der Todeszeitbestimmung, S. 290: „eine sehr wortreiche, metaphysische Spekulation".
[630] *Geilen*, Medizinischer Fortschritt und juristischer Todesbegriff, S. 385 a.E.; wortgleich *ders.*, Rechtsfragen der Todeszeitbestimmung, S. 290.
[631] *Geilen*, Medizinischer Fortschritt und juristischer Todesbegriff, S. 391 mit ausf. Nachweisen in Anm. 43; ebenso die Hinweise bei *dems.*, Rechtsfragen der Todeszeitbestimmung, S. 288. In: Legislative Erwägungen zum Todeszeitproblem, S. 307, weist *Geilen* darauf hin, daß nur „anfangs" (also zu Beginn der Hirntod-Rezeption in Deutsch-

Wenn es überhaupt Leben ist, das durch die Reanimierung erhalten werden kann, wieso ist es dann nicht auch *menschliches* Leben? Sind es nicht Gesichtspunkte wie Lebenswert und Lebenssinn, die sich hier durch die Hintertür auf dem Umweg über die Todesdefinition durchgesetzt haben und dem Euthanasiegedanken zu einer neuen Renaissance verhelfen?"[632]

Eine „biologische Begründung", die „den Ausfall (...) der vegetativen Hirnfunktionen braucht",[633] spielt Geilens Recherchen zufolge keine tragende Rolle; erst in der Veröffentlichung aus dem Jahre 1976 wird er kurz auf die Bedeutung des Gehirns für den Gesamtorganimus eingehen.[634] Klarstellend weist er darauf hin, daß man „den Patienten nicht deshalb für tot ‚erklären' (kann), weil das spontane Funktionieren ausbleibt; denn die insoweit erforderliche Versorgung des Körpers ist ja durch künstliche Maßnahmen ersetzt. Auch gäbe es keine juristisch sanktionierte Reanimationsverpflichtung, wenn man noch weiterhin auf den Ausfall der Spontanfunktionen abstellen wollte."[635]

Sähe man von den wenigen theologisch-medizinethischen Äußerungen ab, dann hätten die Mediziner aufgrund „eine(r) gewissen Kompetenzüberschreitung"[636] „(s)tatt mit Empirie (...) mit Metaphysik gearbeitet".[637] Es gehe ihnen nicht „um eine naturwissenschaftliche Beweisführung, sondern um weltanschauliche Postulate."[638] Den Mediziner Gerlach zitierend stellt Geilen fest, daß die „‚naturwissenschaftlich-medizinische Problematik (...) mit der philosophischen, theologischen und metaphyhischen vermischt (wurde).'"[639] Geilen legt dar, daß die „juristische Rezeptionsfreude"[640] an der Übernahme der anthropologischen Begründung auf einem Anschluß an die „Definitionsautonomie des

---

land) für die Kortikaltod-These votiert worden sei, d. h.: Im Fortgang der Rezeption wurde die Kortikaltod-These ersichtlich tabuisiert. Von seltenen Ausnahmen abgesehen blieb es dabei, bis die Kortikaltod-These (das Teilhirntodkonzept) im Zusammenhang mit der jüngsten Debatte um die Bedeutung des Hirntodes wieder aufgegriffen wird; s. dazu vor allem unten Abschn. C. II. 4.

[632] *Geilen*, JZ 1968, S. 151; praktisch wortgleich *ders.*, FamRZ 1968, S. 125 (r. Sp. o.); *ders.*, Legislative Erwägungen zum Todeszeitproblem, S. 304: „eine gewisse Euthanasiekomponente".

[633] *Geilen*, Medizinischer Fortschritt und juristischer Todesbegriff, S. 385 (sub 2. a.E.); siehe auch S. 386: „Es kommt dann auf die funktionelle Bedeutung für den Gesamtorganismus an." - hier bezogen auf die Frage, ob „Hirnnekrotisierung" (S. 386) oder nur der „nicht mehr reparable Funktionsausfall" (S. 386) für die Hirntodthese erforderlich ist.

[634] *Geilen*, Legislative Erwägungen zum Todeszeitproblem, S. 306.

[635] *Geilen*, Medizinischer Fortschritt und juristischer Todesbegriff, S. 380f.

[636] *Geilen*, Rechtsfragen der Todeszeitbestimmung, S. 290.

[637] *Geilen*, Medizinischer Fortschritt und juristischer Todesbegriff, S. 385.

[638] *Geilen*, Medizinischer Fortschritt und juristischer Todesbegriff, S. 384f.

[639] *Geilen*, Medizinischer Fortschritt und juristischer Todesbegriff, S. 385 - den Mediziner *Gerlach*, Münchener Medizinische Wochenschrift 1969, S. 732 zitierend; zu diesem noch unten Abschn. C. II. 5.

[640] *Geilen*, Medizinischer Fortschritt und juristischer Todesbegriff, S. 382.

Mediziners"[641] beruhe, kraft dessen sich das Recht die „medizinische Sprachregelung"[642] unter Verkennung der „zugrunde liegenden Sachfragen"[643] zu eigen gemacht habe. Die Juristen hätten sich der „Konvention"[644] des Hirntodes angeschlossen, ohne daß sie auf dem Hintergrund der Sachprobleme „die juristische Folgewirkung überprüft"[645] hätten. Gerade die anthropologische Begründung des Hirntodes sei Grund genug, „die (...) von der Medizin angebotene Todesdefinition genauestens zu überprüfen."[646] Dabei gehe es nicht um eine „juristische Verfremdung"[647] medizinisch geprägter Sachverhalte, sondern um die „Möglichkeit der Rechtskontrolle"[648] hinsichtlich der „normative(n) Elemente"[649] der Hirntodthese; auch in ihr werde der Tod als vermeintliches „‚Naturereignis' von einem ganzen Bündel medizinischer Todeskonventionen überlagert".[650] Die Frage nach der zutreffenden Todesdefinition sei ein „Rechtsproblem"[651], das „ausschließlich vom Juristen"[652] zu lösen sei und dessen Lösung „nicht durch eine die Entscheidung vorwegnehmende Todesdefinition der Medizin verstellt werden"[653] dürfe. Deren „Aussagegehalt" sei also „juristisch zu überprüfen".[654] Kurz: „‚Der Tod ist eine viel zu ernste Sache, als daß man ihn den Medizinern überlassen darf.'"[655] Die Frage sei vom Recht zu beantworten und keineswegs ein „durch die Medizin (...) zu präjudizierende(s) Grundsatzproblem"; daher die Frage: „Ist überhaupt der Gehirntod das Entscheidende?"[656]

Geilen resümiert: „(I)n Wahrheit (bedeutet) die Hirntoddiagnose nichts anderes (...) als die Feststellung eines irreversiblen Funktionsausfalls."[657] „Was für

---

[641] *Geilen*, Medizinischer Fortschritt und juristischer Todesbegriff, S. 392 a.E.
[642] *Geilen*, Medizinischer Fortschritt und juristischer Todesbegriff, S. 388, S. 395 a.E.
[643] *Geilen*, Medizinischer Fortschritt und juristischer Todesbegriff, S. 390.
[644] *Geilen*, Medizinischer Fortschritt und juristischer Todesbegriff, S. 390.
[645] *Geilen*, Medizinischer Fortschritt und juristischer Todesbegriff, S. 392.
[646] *Geilen*, Medizinischer Fortschritt und juristischer Todesbegriff, S. 392 a.E. - formuliert mit Blick insbesondere auf die - was „als Denkmodell unterstellt werden soll" (S. 392) - künftige Durchsetzung der Kortikaltodthese.
[647] *Geilen*, Medizinischer Fortschritt und juristischer Todesbegriff, S. 393.
[648] *Geilen*, Medizinischer Fortschritt und juristischer Todesbegriff, S. 393.
[649] *Geilen*, Medizinischer Fortschritt und juristischer Todesbegriff, S. 396; *ders.*, Legislative Erwägungen zum Todeszeitproblem, S. 303: „eine ganze Reihe durchaus normativer Komponenten eingeflossen".
[650] *Geilen*, Medizinischer Fortschritt und juristischer Todesbegriff, S. 396 (sub VI.).
[651] *Geilen*, Medizinischer Fortschritt und juristischer Todesbegriff, S. 396 (sub VI.); so auch *Geilen*, Rechtsfragen der Todeszeitbestimmung, S. 293 a.E.
[652] *Geilen*, Medizinischer Fortschritt und juristischer Todesbegriff, S. 396.
[653] *Geilen*, Medizinischer Fortschritt und juristischer Todesbegriff, S. 396; *ders.*, Legislative Erwägungen zum Todeszeitproblem, S. 302: „Der normative Lebens- und Körperschutz darf nicht durch Definitionen unterwandert werden."
[654] *Geilen*, Medizinischer Fortschritt und juristischer Todesbegriff, S. 396 (sub VI.).
[655] *Geilen*, FamRZ 1968, S. 125 (l. Sp.).
[656] *Geilen*, FamRZ 1968, S. 126 (r. Sp.).
[657] *Geilen*, Legislative Erwägungen zum Todeszeitproblem, S. 305 a.E.

die Begründung des Hirntodes übrig bleibt, ist im Grunde nur der Hinweis auf die besondere Bedeutung der mit dem Hirntod erreichten Sterbephase. Zweifellos hat das Gehirn innerhalb des Gesamtorganismus besonders wichtige Integrationsaufgaben. Ob es der einzige und deshalb wenigstens in diesem Sinne verabsolutierungsfähige Integrationsfaktor ist, wage ich nicht zu beurteilen. Im übrigen aber - und das ist das Entscheidende - würde mit einem so verstandenen Hirntodbegriff nur das Erreichen einer bestimmten Irreversibilitätsstufe gekennzeichnet sein, also genau genommen zunächst einmal ein therapeutischer Gesichtspunkt. Wenn es trotzdem zulässig sein soll, gleichzeitig Organe zu entnehmen, so muß mit dem *Irreversibilitätsgedanken*, der ja nur die prognostische Aussichtslosigkeit zum Ausdruck bringt, eine *Wertabwägung* verbunden sein."[658] Der Hirntod-Zustand sei dann nur „eine der Zulässigkeitsvoraussetzungen der Transplantatsentnahme"[659] (denn nur dann sei die hinreichende „„Lebensfrische""[660] des Tranplantats gewährleistet). „(G)egen den Hirntod als Zulässigkeitsvoraussetzung einer Transplantatentnahme" sei also „kein Wort" zu sagen.[661] In jedem Fall gelte, daß „von Seiten der Rechtswissenschaft die Probleme völlig neu überdacht werden müssen."[662]

b) Herbert Tröndle

Auch Herbert Tröndle, dessen Kritik der Hirntodkonzeption im (gegenwärtigen) Deutungskampf von tragender Bedeutung (gewesen) ist, hat sich schon früh - wenn zunächst auch nur vorsichtig wägend - mit dem Hirntod befaßt. Seine heutige Ablehnung des Hirntodkonzepts kommt daher nicht von Ungefähr. Daß sein Interesse „so aktuellen Themen wie Todesbegriff (...) und (...) Sterbehilfe" gilt, hat Eduard Dreher dementsprechend zu Recht betont.[663] Zu Beginn der neunziger Jahre schreibt Tröndle: „Für die Rechtsordnung ist es unerträglich, das Personsein von der Gehirnfunktion abhängig zu machen: Sollen denn Menschen, deren Gehirnfunktion durch Krankheit gestört ist, die aber noch Hunger und Appetit haben, keine Personen mehr sein? Und Menschen im Koma?"[664] Außerdem betont er, daß sich die Qualität des rechtlichen Lebens-

---

[658] *Geilen*, Legislative Erwägungen zum Todeszeitproblem, S. 306 - Hervorhebungen im Original.
[659] *Geilen*, Legislative Erwägungen zum Todeszeitproblem, S. 306.
[660] *Geilen*, Rechtsfragen der Todeszeitbestimmung, S. 289 a.E.
[661] *Geilen*, Legislative Erwägungen zum Todeszeitproblem, S. 305.
[662] *Geilen*, Legislative Erwägungen zum Todeszeitproblem, S. 301.
[663] *Dreher*, Herbert Tröndle zum 70. Geburtstag, S. 9.
[664] *Tröndle*, Neuregelung, S. 7.

B. Rezeption des Hirntodkonzepts in der Straf- und Grundrechtslehre   163

schutzes nicht zuletzt „beim verlöschenden Leben", erweise, „ebendort, wo es am schwächsten (...) ist."[665]

Wie oben schon dargelegt,[666] formulierte Tröndle nach Übernahme des von ihm bearbeiteten Kommentars mit distanzierterem Unterton als der Vor-Bearbeiter: „Der sog. klinische Tod (endgültiger Stillstand von Kreislauf und Atmung) ist als juristischer Todeszeitpunkt wegen der neueren medizinisch-technischen Reanimierungsmöglichkeiten aber auch im Hinblick auf das Bedürfnis nach Transplantation problematisch geworden. Die hM stellt inzwischen auf den sog. Hirntod ab (...)."[667] Der Verweis auf das Problematisch-Geworden-Sein, aber auch der Hinweis auf die herrschende Meinung, der der Kommentator nicht ausdrücklich beitritt, dürfen auf einige Distanz zu dieser Ansicht schließen lassen. Dabei bleibt es in den Folgejahren,[668] bis Tröndle im Zuge des Transplantationsgesetzgebungsverfahrens zum offenen Kritiker der Hirntodkonzeption avanciert.[669] Seine Ablehnung des Hirntodkozepts schlägt sich in dem von ihm bearbeiteten Kommentar nieder. Mitte der neunziger Jahre heißt es dort zunächst nur verhalten, der Hirntod sei nach „hM der *medizinischen* Wissenschaft"[670] - nicht der *juristischen* „hM" - mit dem Tod des Menschen gleichzusetzen: „An einer gesetzlichen Festlegung des Todeszeitpunktes fehlt es (...), obgleich Grundrechte (zB das Recht, in Würde natürlich zu sterben, das Recht, einen Sterbenden bis zum Tode begleiten zu können und das Totensorgerecht) berührt und Fragen klärungsbedürftig sind (zB bei der Organentnahme [...])."[671] Zu einer unmißverständlichen Ablehnung des Hirntodkonzepts ringt sich Tröndle in der nachfolgenden Auflage seines Kommentars durch: „Zunehmend mehren sich die Zweifel, ob bereits ein unumkehrbares Hirnversagen eine To-

---

[665] *Tröndle*, Referat (Strafrechtliche Abteilung), M 37; gleiches gelte, wie *Tröndle* betont, „beim beginnenden Leben" (M 37).
[666] In diesem Kap., Abschn. B. I. 2. a) aa) (1).
[667] *Tröndle*, in: Dreher/Tröndle, 38. Aufl., S. 848 (vor § 211 Rn. 3).
[668] *Tröndle*, in: Dreher/Tröndle, 39. Aufl., S. 903 (vor § 211 Rn. 3); 40. Aufl., S. 898 (vor § 211 Rn. 3); 41. Aufl., S. 941 (vor § 211 Rn. 3). In der 42. Aufl., S. 969 (vor § 211 Rn. 3), der 43. Aufl., S. 1021 (vor § 211 Rn. 3), der 44. Aufl., S. 1049 (vor § 211 Rn. 3) heißt es: „Das Menschsein endet mit dem Tode. Der klinische Todesbegriff (...) ist für die Fragen der ärztlichen Behandlungspflicht und Transplantation wegen der Reanimierungsmöglichkeiten problematisch geworden. Insoweit wird nach der hM auf den Hirntod (vollständiger und irreversibler Zusammenbruch der Gesamtfunktion des Gehirns bei noch aufrecht erhaltener Kreislauffunktion) abgestellt." In der 45. Aufl., S. 1093 (vor § 211 Rn. 3) und in der 46. Aufl., S. 1165 (vor § 211 Rn. 3) wird der letzte Satz abgewandelt: „Insoweit wird nach hM auf den Hirntod, dh auf den vollständigen und irreversiblen Zusammenbruch der Gesamtfunktion des Gehirns (Hirnrinde und Hirnstamm) bei noch aufrecht erhaltener Kreislauffunktion abgestellt."
[669] Dazu die Stellungnahmen *Tröndles* im Protokoll der 72. Sitzung des Rechtsausschusses des Deutschen Bundestages am 15.1.1997 (13. WP), S. 17ff., S. 40f., Anlage S. 51ff. (schriftliche Stellungnahme).
[670] *Tröndle*, in: Dreher/Tröndle, 47. Aufl., vor § 211 Rn. 3 (S. 1009) - Hervorhebung nur hier.
[671] *Tröndle*, in: Dreher/Tröndle, 47. Aufl., vor § 211 Rn. 3 (S. 1009).

desfeststellung mit all ihren Rechtswirkungen (...) rechtfertigt (...). Während die Transplantationsmedizin den unumkehrbar Sterbenden als einen Toten mit noch erhaltenen Körperfunktionen definiert, sehen andere in ihm einen zu 97% Lebenden ohne Hirnfunktion. Bei einem Hirntoten auf der Intensivstation bleiben die Herz- und Lungenfunktion sowie die reproduktiven Vitalfunktionen erhalten, was insbesondere auch die mehrfach beobachteten ‚Hirntod-Schwangeren' belegen (...). Ein solcher emprischer Befund legt die Annahme nahe, daß selbst der irreversible Hirntod lediglich als ein Übergangszustand im Sterbeprozeß anzusehen ist. Der Sterbeprozeß aber ist dem Leben zuzurechnen (...). Auch der Sterbende ist des vollen verfassungsrechtlichen Schutzes teilhaftig; er hat einen Anspruch darauf, nicht gegen seinen Willen zur Organentnahme am Leben gehalten zu werden (...). Für den grundrechtlichen Status eines Menschen kommt es allein auf seine Existenz, nicht nur auf Wahrnehmen, Erleben, Wünschen, Hoffen, Wollen und Handeln, nicht auf das Bewußtsein oder auf Gehirnfunktionen an (...)."[672] Kurz: „Hirntote können nicht wie Leichen behandelt werden."[673]

c) Willi Geiger

Auch der frühere Richter am Bundesverfassungsgericht und am Bundesgerichtshof Willi Geiger, weist Mitte der achtziger Jahre auf problematische Dimensionen des Hirntodkonzepts hin.[674] In einer kleinen, dem Thema Sterbehilfe gewidmeten Schrift nennt er die „von einer Studiengruppe von Medizinern der Harvard-University Boston 1968 vorgeschlagene Ersetzung der Feststellung des sogenannten klinischen Todes durch die Feststellung des sogenannten Hirntodes" einen „höchst bedenkliche(n) Schritt, der die Möglichkeit einer besonderen Art von Sterbehilfe eröffnet hat. Die neue Bestimmung des Eintritts des Todes wurde - wie ihre Urheber selbst offen erklärt haben - aus zwei Gründen gewählt: (a) um einen eindeutigen Zeitpunkt zu fixieren, zu dem man die Geräte, an die der in tiefer Bewußtlosigkeit Liegende angeschlossen ist, abschalten darf (dazu bedarf es dieser Methode nicht, wie sich aus dem zur Unterscheidung zwischen aktiver und passiver Sterbehilfe Ausgeführten ergibt) und (b) um die zur Transplantation benötigten Gewebe und Organe in möglichst großer Zahl und in op-

---

[672] *Tröndle*, StGB, 48. Aufl. (Vorwort: Dezember 1996), vor § 211 Rn. 3a (S. 1053); am Ende der zitierten Passage verweist *Tröndle* auf BVerfGE 88, 252.
[673] *Tröndle*, Töten und Spenden leicht zu unterscheiden (Leserbrief), FAZ, Nr. 56 v. 7.3.1997, S. 13, s. auch *dens.*, Der Organspender muß einwilligen (Rubrik „Fremde Federn"), FAZ, Nr. 113 v. 17.5.1997: „Sterbende haben nach der Rechtsauffassung der Hirntodkritiker ihre Grundrechte nach dem point of no return [den der „Hirntod" als irreversibles Hirnversagen im Prozeß des Sterbens darstellt, Anm. St. R.] noch nicht verloren."
[674] Hinweis auf *W. Geiger* bei *Koch*, Bundesrepublik Deutschland, S. 37 Anm. 22 a.E.: „Kritisch demgegenüber W. Geiger (...)."

timalem Zustand beschaffen zu können. Hier wird also die Tür dafür geöffnet, daß dem im Koma Liegenden, also noch Lebenden, sobald der Apparat Hirnströme nicht mehr anzeigt, Organe und Gewebe entnommen werden können. Und dies ist Sterbehilfe nicht einmal im Interesse des Sterbenden, sondern im Interesse dessen, der mittels des Organs, das transplantiert werden soll, eine Chance des Überlebens erhalten soll. Früher war das Kriterium für die Feststellung des Todes der Stillstand von Herz und Atmung; heute soll es nur auf den Ausfall der Funktionsfähigkeit des Gehirns ankommen."[675] Geiger betont weiter: „Solange auch nur der geringste Zweifel besteht, daß der Tod eingetreten ist, ist davon auszugehen, daß der im Sterben Liegende noch lebt. Daran können von der medizinischen Wissenschaft vorgeschlagene und akzeptierte Kriterien, aus denen der Tod soll geschlossen werden können, nichts ändern - insbesondere dann nicht, wenn diese Kriterien darauf hinauslaufen, möglichst früh den eingetretenen Tod zu konstatieren."[676]

d) Werner Böhmer

In der Festschrift, die Willi Geiger zum 80. Geburtstag gewidmet wird, stellt der frühere Bundesverfassungsrichter Werner Böhmer „Rechtliche Überlegungen im Grenzbereich von Leben und Tod"[677] an und bemerkt zunächst, daß dem Arzt „eine gewisse Definitionsmacht, was menschliches Leben ausmacht, zugewachsen"[678] sei. Sodann wendet er sich dem Wandel „(v)om Herztod zum Hirntod"[679] zu: „Unser Recht kennt (...) keine gesetzliche Definition des Todes. Es hat sich auf die Medizin verlassen, die mit dem Herz- und Atemstillstand ein

---

[675] *Geiger*, S. 15; dort heißt es weiter: „Wenn es wirklich auf die zuverlässigste Feststellung des Todes (zum frühest möglichen Zeitpunkt) anzukommen hat, muß man in Rücksicht darauf, daß es drei für den Gesamtorganismus des Menschen zentrale Organe: Herz, Lungen und Gehirn, gibt, gefordert werden, daß nicht nur eines der drei Organe, sondern daß alle drei nicht mehr arbeiten (und das ist mehr als die Anzeige eines Geräts, daß diese Organe nicht mehr funktionieren!). Einer der Urheber der sogenannten Hirntod-Methode hat drastisch erklärt: „Diese Gesellschaft kann es sich nicht leisten, daß wir Gewebe und Organe wegwerfen"; darauf muß die ebenso drastische Antwort heißen: Eine humane Gesellschaft kann es sich nicht leisten, Sterbende auszuschlachten." *Geiger* merkt außerdem an, S. 14: „Eine Definition des Todes (meist in der Absicht, den genauen Zeitpunkt des Eintritts des Todes zu fixieren) kann es nicht geben - so wenig es eine exakte Definition der Geburt oder eine Definition für 'Tagesanbruch' oder für 'Beginn der Nacht' gibt. Natürlich ist es möglich, für gewisse Zusammenhänge (z. B. im Sinne des Rechts) zu definieren, was als Tod gelten soll."
[676] *Geiger*, S. 14f. Auf welche Quellen *Geiger* seine Ausführungen stützt, ist unklar; der gesamte Beitrag kommt ohne Referenzen aus.
[677] So der Titel des Beitrags von *Böhmer* in der Geiger-FS z. 80. Geb., S. 181ff. Auf welche Quellen *Böhmer* seine Ausführungen stützt, ist unklar; der gesamte Beitrag kommt ohne Referenzen aus.
[678] *Böhmer*, S. 183.
[679] *Böhmer*, S. 184.

auch juristisch brauchbares Kriterium besitzt. Mit der Entwicklung der medizinischen Wissenschaft hat der Tod aber seine tausendjährige Gewißheit verloren. War der Mensch nach der klassischen Definition tot, so blieb eine Leiche, heute kennen wir den Toten, der noch keine Leiche ist. Vor fast genau 20 Jahren veröffentlichte eine Kommission der Harvard Medical School den Vorschlag, nicht mehr den Herztod, sondern den Hirntod als maßgeblichen Todeszeitpunkt festzulegen. Zu Grunde liegt die seit langem bekannte Einsicht, daß dem Hirn unter den Organen eine dominierende Rolle zukommt. Diese medizinische Erkenntnis war aber keineswegs der Anlaß für den Vorschlag. Zweck war vielmehr den Todeszeitpunkt *vorzuverlegen*, um dem Menschen noch nicht abgestorbene Organe für eine Transplantation entnehmen zu können. Ausschlaggebend war ein rechtlicher Gesichtspunkt: Es sollte dem Vorwurf begegnet werden, der Organspender sei getötet worden. Die Verschiebung vom Herz- (...) zum Hirntod ist zwar weithin – wenn auch ohne das Plazet eines Gesetzes – akzeptiert. Seine pragmatische Anerkennung darf aber nicht darüber hinwegtäuschen, daß es sich nicht nur um eine naturwissenschaftliche Frage handelt. In Wahrheit liegt ihm [dem Hirntod, Anm. St. R.] ein normatives Vorverständnis zu Grunde. Es geht um eine Definition des Menschen, um die Entscheidung, was menschliches Leben ist. Der ‚Hirntote' wird nicht mehr als Mensch im Rechtssinn anerkannt. Ob einer Vereinbarung – um nichts anderes handelt es sich – eine solche Konsequenz zuerkannt werden kann, darf zumindest bezweifelt werden."[680] Nach einem Hinweis auf die Gefahr der Fehldiagnose des Hirntod-Zustands und einigen kritischen Anmerkungen zur Zuverlässigkeit namentlich des Irreversibilitätstests bei der Hirntod-Diagnostik[681] führt Böhmer ergänzend aus: „Da keine Rechtspflicht besteht, das Sterben zu verlängern, begegnet es keinen rechtlichen Bedenken, wenn beim Zusammenbruch des Hirns die Technik abgeschaltet wird, um den Patienten sterben zu lassen."[682]

4. Die Hirntodkonzeption in der Krise: Versuche, die Kritik zu ignorieren

Die Ereignisse um das Erlanger Baby und die „hirntodkonzept-kritisch" angereicherte Diskussion um die angemessene Regelungsgestalt des Transplantationsgesetzes machen deutlich, daß die Hirntodkonzeption interpretatorischen Gegenbewegungen ausgesetzt ist. Der – im 1. Kapitel (Abschnitt C.) erläuterte – Deutungskampf ist in vollem Gange. Indiz dafür ist auch, daß – aller Kritik zum Trotz – das Hirntodkonzept weiter vertreten wird, so als sei nichts geschehen.

---

[680] *Böhmer*, S. 184.
[681] *Böhmer*, S. 185; außerdem betont er: „Da es um Tötung oder Tod geht, scheint mir eine unabdingbare Forderung des Rechts zu sein, daß der Todeszeitpunkt nicht von den an einer Organentnahme oder einem wissenschaftlichen Experiment Interessierten bestimmt wird."
[682] *Böhmer*, S. 185 a.E.

B. Rezeption des Hirntodkonzepts in der Straf- und Grundrechtslehre 167

„Der Hirntod markiert eine Scheidelinie, die sich anthropologisch begründen läßt und die der Wirklichkeit des Todes gerecht wird. Denn der Sitz dessen, was das Personsein des Menschen und sein Lebenszentrum ausmacht, liegt im Gehirn, nicht im Herzen oder in einem sonstigen Organ."[683] Nicht selten geschieht dies ohne jeden Hinweis auf die sich verfestigende Gegenansicht oder unter Verzicht auf die Benennung von Gründen, die die Kritik entkräften bzw. die Richtigkeit des gängigen Hirntodkonzepts bestätigen könnten; die „Einigkeit"[684] der angeblich „überwiegende(n) Meinung"[685] bedarf offenbar keines Nachweises. Die „nahezu einhellige Auffassung in der Strafrechtswissenschaft"[686] erklärt sich augenscheinlich von selbst. „Der Organentnahme bei Verstorbenen liegt das sog. Hirntodkonzept zugrunde, das inzwischen unter Medizinern und Juristen überwiegend Anerkennung gefunden hat."[687] „Die rechtliche Festlegung des Todeseintritts ist (...) nicht nennenswert umstritten."[688] „Maßgeblich für den Todeseintritt ist der Hirntod."[689] „Der Begriff des Todes und damit das Ende des Schutzes der Tötungstatbestände ist ebenso wie der Beginn normativer Natur. Die ganz h. M. stellt auf den sogenannten Hirntod ab (...)."[690] Der Körper des hirntoten Menschen sei „mit Gewißheit ein Leichnam".[691] „Heute ist auf das endgültige Erlöschen aller Gehirnfunktionen (Gehirntod) abzustellen"[692], und

---

[683] *Laufs/Peris*, S. 165 a.E.
[684] *G. Hirsch*, S. 960: „Einigkeit besteht auch über die Definition des Todes (irreversibler Funktionsausfall sämtlicher Hirnfunktionen) (...)." - ohne jeden Beleg und ohne jede Begründung. *Kramer*, Rechtsfragen der Organtransplantation, 1987, S. 43: „Einigkeit"; *Carstens*, Das Recht der Organtransplantation, S. 89: „Einigkeit".
[685] *Lübkemann*, 13. Aufl., S. 155; 1. Aufl., S. 155.
[686] So der Strafrechtslehrer *U. Schroth*, SZ, Nr. 144 v. 26.6.1997, S. 11 (Leserbrief); i. Erg. so auch *ders.*, S. 48; ebenso *Koch*, Suizid und Sterbehilfe, S. 103 a.E. „Die neuere, heute nahezu unbestrittene Auffassung hält den sogenannten Hirntod für maßgeblich." Ebenso *Schreiber*, Der Schutz des Lebens, S. 130: „Nach allgemein herrschender Auffassung bildet der Hirntod den Tod des Menschen."
[687] *Kollhosser*, S. 149, ohne Hinweise zum anthropologisch-normativen Hintergrund des Hirntodkonzepts oder zur Kritik des Konzepts.
[688] *Krefft*, S. 219; der Beitrag ist im Rahmen der Ringvorlesung „Probleme der Organtransplantation" an der Universität Münster im Wintersemester 1994/95 vorgetragen worden; das Vorwort des Buches stammt von August 1996, außerdem druckt der Band u. a. den hirntodkritischen Antrag der Abgeordneten *von Klaeden u. a.* vom 17.12.1996 ab. Das heißt: Die nach 1994/95 erfolgte verfassungsrechtliche Diskussion des Hirntodkonzepts wird editorisch praktisch nicht berücksichtigt, die gerade zitierte Aussage von *Krefft* gibt die Realität der juristischen Diskussion im Erscheinungsjahr des Bandes, dem Jahr 1997, verzerrt wieder.
[689] *F. Herzog*, § 168 Rn. 5.
[690] *Heine*, 2. Aufl., S. 1010f., 1. Aufl., S. 885 a.E. So auch *Otto*, Die einzelnen Delikte, S. 6 a.E.: „Nach heute h. M. gilt als Todeszeitpunkt das irreversible Erlöschen der Gehirntätigkeit."
[691] *Blei*, StrafR-BT/1 (Prüfe Dein Wissen, H. 10/1), S. 2 (Fall 3).
[692] *Haft*, StrafR-BT, 6. Aufl., S. 79 - zu § 211 StGB, so z. B. auch schon in der 4. Aufl., S. 79.

dies „mit Recht", was der Verweis auf das Kürzel „hM" belegen soll.[693] In der Sache schließt man sich an die - das Hirntodkonzept affirmativ repetierenden - Stellungnahmen der achtziger und der (frühen) neunziger Jahre an:[694] Das Hirntodkonzept sei „weitgehend anerkannt".[695] „Zum Zeitpunkt des Todes eines Menschen lassen sich dem StGB keine Aussagen entnehmen. Daher sind die Erkenntnisse der medizinisch-biologischen Wissenschaft heranzuziehen."[696] „Beim Todesbegriff handelt es sich nicht einfach um eine medizinische Vorgegebenheit, sondern um eine normative Konvention."[697] Es empfehle sich - wenn man „die Begründung auschließlich im Biologischen" suche - der Rekurs auf den „völlige(n) und endgültige(n) Ausfall des Gehirns, weil es das den Organismus integrierende Steuerungszentrum ist, mit dessen Zerstörung das individuelle Leben auseinanderfällt (...)."[698] Solange „einzelne Teile des Gehirns aber aktiv sind, lebt der Mensch."[699] Ist indes der „Gehirntod eingetreten, so ist das technisch - z. B. aus Gründen einer bevorstehenden Organexplantation - bewirkte Fortbestehen von Kreislauf und Atmung für die §§ 211ff. bedeutungslos (...)."[700] „Ohne das Gehirn als das Regel- und Koordinierungszentrum ist weder der menschliche Organismus *selbständig auf Dauer* am Leben zu halten, noch besteht - und dies ist wesentlich - eine biologische Grundlage für die Entfaltung der spezifisch menschlichen geistig-seelischen Eigenschaften."[701] „Das Gehirn ist das zentrale Steuerungsorgan des Menschen; (...)."[702] „Für den Hirntod spricht, daß mit dem Totalausfall des Gesamtgehirns, das sich zersetzt, verflüssigt, irreversibel und nicht ersetzbar die Bewußtseinsfähigkeit erlischt; und zwar nicht nur im Sinne ‚bloßer' Bewußtlosigkeit wie z. B. im Koma des Apallikers,

---

[693] So *Kühl*, in: Lackner, StGB mit Erläuterungen, 21. Aufl., vor § 211 Rn. 4.

[694] *Schreiber/Wolfslast*, Rechtsfragen der Transplantation, S. 61f.: „(...) auf der Basis eines in der Medizin heute wohl weitgehend unangefochtenen und auch von der Rechtslehre akzeptierten Konsenses" gelte der „Hirntod": „In Europa hat man von Anfang an die Verwendung des jedenfalls ganz undeutlichen und mißverständlichen Terminus ‚irreversibles Koma' vermieden. Mit Hirntod wird auch der endgültige, nicht mehr reversible Ausfall der Funktionen des Stammhirns, nicht nur der Hirnrinde bezeichnet." So i. Erg. auch *Gramer*, S. 44.

[695] *Dippel* (in: Leipziger Kommentar, 10. Aufl.), § 168 Rn. 8 a.E.; so auch *Schreiber*, Der Hirntod als Grenze des Lebensschutzes, S. 596: „die ganz überwiegende Ansicht".

[696] *Dippel* (in: Leipziger Kommentar, 10. Aufl.), § 168 Rn. 8.

[697] *Dippel* (in: Leipziger Kommentar, 10. Aufl.), § 168 Rn. 8. Hinweis auf die „normative Natur" des Todesbegriffs auch bei *Jähnke* (in: Leipziger Kommentar, 10. Aufl.), vor § 211 Rn. 7.

[698] *Dippel* (in: Leipziger Kommentar, 10. Aufl.), § 168 Rn. 8 a.E.

[699] *Jähnke* (in: Leipziger Kommentar, 10. Aufl.), vor § 211 Rn. 8.

[700] *E. Horn*, Kommentierung, § 212 Rn. 5 a.E.; s. auch Schmidt-Didczuhn, ZRP 1991, S. 266 Anm. 21: „Derzeit ist der Hirntod als maßgeblich allgemein anerkannt (...)".

[701] *Sternberg-Lieben*, Tod und Strafrecht, JA 1997, S. 87 - mit Verweis auf *Spittler*, Universitas 50 (1995), 313, 316 - Hervorhebung nur hier.

[702] *Schreiber/Wolfslast*, Ein Entwurf für ein Transplantationsgesetz, MedR 1992, S. 193.

sondern in toto; daß die Fähigkeit zur Integration der Körperfunktionen als solche eines einheitlichen Organismus verloren ist. (...) (M)it dem ‚Hirntod' sind (...) die biologisch-physiologischen Grundlagen für die Individualität unüberbrückbar entfallen, ist die leib-seelische Einheit Mensch unwiederbringlich aufgehoben. Das ist eine Zäsur in der menschlichen Existenz, die sich vom Funktionsausfall anderer Organe qualitativ unterscheidet; (...)."[703] „Entsprechend den Kenntnissen der medizinischen Wissenschaft ist der Hirntod als die entscheidende Zäsur in einem längeren Prozeß des Sterbens anzusehen. (...) Der Hirntod (...) ist definitiv. (...) Können beim Hirntoten durch Beatmung noch partielle Lebensfunktionen eine Weile aufrechterhalten werden, so hat er doch jede Möglichkeit zu irgendeiner Empfindung und Wahrnehmung, zu jeglicher Umweltbeziehung und jeglichem Denken unwiederbringbar verloren. Das einheitliche Leben des höher entwickelten Lebewesens ‚Mensch' ist mit dem Hirntod beendet."[704]

Denjenigen, die das Hirntodkonzept in Frage stellen, wird Widersprüchlichkeit bzw. „problemflüchtig-oberflächlich(es)"[705] Vorgehen vorgeworfen, freilich ohne daß dieser Vorwurf substantiiert - also mit konkreten Argumenten, nicht nur mit undifferenzierten Pauschalurteilen - entfaltet würde. Die Hirntodkonzeption sei „allgemein"[706] anerkannt, obgleich von allgemeiner Zustimmung doch nicht mehr die Rede sein kann, wenn zunehmend Gegenstimmen sich Gehör verschaffen. Die - vermeintliche - dogmatische Devianz der sog. „Hirntodkritiker"[707] wird entweder ignoriert oder - objektiv betrachtet - als unseriös stigmatisiert: Offenbar sei die Kritik genötigt, sich argumentativer „Trick(s)"[708] zu bedienen, müsse auf „Schleichweg(e)"[709] ausweichen, „juristische Manöver"[710] anstrengen und allerhand „Formulierungskünste"[711] bemühen, um Beachtung zu finden und vordergründige Überzeugung zu generieren; ein „juristisches Kunststück ohne sachliche Substanz"[712] werde von ihr an das nächste ge-

---

[703] *Steffen*, NJW 1997, S. 1619f.
[704] *Heuer*, S. 7f.
[705] So *Seewald*, Ein Organtransplantationsgesetz, VerwA 1997, S. 218 Anm. 119 zu *Rixen*, Todesbegriff, Lebensgrundrecht und Transplantationsgesetz, ZRP 1995, S. 461ff. (464). Ebenfalls gegen diesen Beitrag von *Rixen* gerichteter Vorwurf der Widersprüchlichkeit bei *Eser*, in: Schönke/Schröder, 25. Aufl., vor § 211ff. Rn. 18 bzw. der Vorwurf der Irrigkeit bei *Heun*, JZ 1996, S. 216. Zu allen Einwänden im Rahmen des 3. Kapitels.
[706] So *Küpper*, Rn. 6.
[707] So etwa die Bezeichnung bei *Heun*, JZ 1996, S. 213, 215 u.ö.
[708] *Schreiber*, Bewertung des Hirntodes, S. 432.
[709] *Schreiber*, Bewertung des Hirntodes, S. 430.
[710] *Klinge*, S. 178.
[711] Abg. *Lohmann*, Stenographischer Bericht der 99. Sitzung des Deutschen Bundestages am 19.4.1996 (13. WP), S. 8854ff. (8856): „Trotz aller Formulierungskünste gelingt es dem sog. Wodarg-Modell nicht, die Tatsache zu unterdrücken, daß es sich bei diesem Vorschlag um eine Organentnahme an Lebenden handelt." Zu dem von dem Abg. *Wodarg* federführend formulierten Antrag s. oben Fn. 559.
[712] *Schreiber*, Bewertung des Hirntodes, S. 427.

reiht, ohne daß freilich die „trickreiche Argumentation"[713] der Kritiker die Hirntodkonzeption zu widerlegen vermöge: „mit einem Gemisch aus zum Teil unplausiblen Argumenten"[714] könne dies natürlich nicht gelingen.

Wir sehen: Die in Frage gestellte „herrschende Meinung" steigert ihre Anstrengungen, als herrschend zu gelten und die behauptete Einmütigkeit der (Straf-)Rechtslehre unter Beweis zu stellen. Auf die ungewohnte Erfahrung, „zunehmende(r) Kritik"[715] ausgesetzt zu sein, reagiert sie zuweilen mit rhetorisch ungewöhnlichen Argumentformen. Wie die Argumente im (noch anhaltenden) Deutungskampf dogmatisch zu würdigen sind, muß im 3. Kapitel der Untersuchung geklärt werden. Bevor die Rezeptionsgeschichte zusammengefaßt gewürdigt und erster - gleichsam „vordogmatischer" - Kritik unterworfen wird, ist noch ein Blick auf die Rezeption im nichtrechtswissenschaftlichen Bereich vonnöten, die mit der spezifisch juristischen Rezeptionsentwicklung in einem engen Zusammenhang stand und steht.

C. Das Hirntodkonzept im Spiegel nichtrechtswissenschaftlicher Äußerungen

I. Das Hirntodkonzept im Spiegel ethischer, insbesondere theologischer Stellungnahmen

Die Rezeption des Hirntodkonzepts ist auch das Resultat einer ethischen Debatte, die in Deutschland wirkmächtig vornehmlich von Theologen und Kirchenvertretern geführt wird. Schon bald nach der ersten (homologen) Herztransplantation nehmen prominente Theologen zum Hirntodkonzept Stellung.

1. Katholisch-theologische Stellungnahmen

So äußert sich im November 1968 (der in Deutschland lehrende Theologe) Karl Rahner vor dem Österreichischen Ärztekongreß zur „anthropologisch-theologische(n) Grenzziehung zwischen menschlichem Leben und nichtmenschlichem Leben oder Tod"[716]: „(V)om theologischen Ausgangspunkt her, von dem

---

[713] *Koppernock*, S. 167.
[714] So *B. Schöne-Seifert* in ihrer Rezension des Buches von Hoff/in der Schmitten, FAZ, Nr. 110 v. 12.5.1995, S. 11; *B. Schöne-Seifert* war Sachverständige in der Anhörung am 28.5.1995, Protokoll der 17. Sitzung des Gesundheitsausschusses des Deutschen Bundestages am 28.5.1995 (13. WP), S. 27ff., 43f., 63f.; schriftliche Stellungnahme: Ausschuß-Drs. 13/162 v. 18.7.1995, S. 1ff.
[715] *Schroeder*, Gegen die Spendelösung, ZRP 1997, S. 265 - zur Kritik am Hirntodkonzept.
[716] *Rahner*, Theologische Erwägungen über den Eintritt des Todes, S. 328.

aus ein Mensch doch nur dann als gegeben vorausgesetzt werden kann, wenn wenigstens die grundsätzliche biologische Möglichkeit geistig personalen Lebens gegeben ist (was nicht heißt: unmittelbare Aktualisierbarkeit solcher Möglichkeit), wird der Theologe doch wohl auf Nicht-Gegebenheit bzw. Nichtmehr-Gegebenheit *menschlich*-biologischen Lebens erkennen, wo das biologische Substrat eines *solchen* Lebens, d. h. (unwissenschaftlich gesprochen) das Gehirn des Menschen, nicht gegeben oder nicht mehr lebendig ist. Der Theologe wird also auch von seinen eigenen Ausgangspositionen her dafür plädieren, daß menschliches Leben als menschliches beendet ist, wo der Gehirntod eingetreten ist, (...). Und der Theologe wird somit auf ein Ende des menschlichen Sterbens als menschlichem erkennen, auch wenn andere Organe und Gewebe in einem biologischen Sinne noch innerhalb oder außerhalb des Gesamtorganismus, der von einem Menschen stammt, ‚leben' oder ‚weiterleben'."[717]

Im Ergebnis nicht anders äußert sich der Moraltheologe Franz Böckle, der - wie nicht zuletzt sein Auftreten auf dem 56. Deutschen Juristentag 1986 in Berlin belegt -[718] auch unter Juristen als Autorität für medizinethisch bedeutsame Fragestellungen gilt: „Dieses ganzmenschliche Ereignis des Todes wird durch den Prozeß des Sterbens, den Abbruch von außen, ebenso verhüllt wie auch enthüllt. Verhüllt, insofern die diagnostische Feststellung des Todes zeitlich nicht einfach mit dem Ereignis selbst zusammenfällt. (...) Enthüllt insofern wir im Exitus ein Realsymbol für das ganzmenschliche Ereignis des Todes sehen müssen. Diesen Begriff des realen Symbols, des realen Zeichens, halten wir für geeignet, um zwischen der philosophischen und der naturwissenschaftlichen Sicht des Todes zu vermitteln. (...) Und ich glaube, daß man nach dem Stand des heutigen Wissens mit voller Berechtigung den Gehirntod als ein solches Realsymbol für das Ende des personalen Lebens ansehen kann. (...) Kurz gesagt: Der irreversible Gehirntod ist das Realsymbol für den Tod der menschlichen Person."[719] An dieser Auffassung hat Böckle festgehalten, wie auch posthum veröffentlichte Schriften belegen.[720]

---

[717] *Rahner*, Theologische Erwägungen über den Eintritt des Todes, S. 327f.
[718] *Böckle*, Referat (Zivilrechtliche Abteilung), K 29ff. Böckle galt auch als Gesprächspartner über Topoi der Rechtsgrundlagentheorie, s. nur *Böckle*, Theologische Dimensionen, S. 61ff.
[719] *Böckle*, Ethische Aspekte, S. 457. Der Hinweis auf das Verhüllt- und Enthülltsein des Todesereignisses findet sich (ohne Verweis auf F. Böckle) auch bei dem Moraltheologen *E. Schockenhoff*, Vor dem Gesetz: Das Ereignis des Todes, FAZ, Nr. 55 v. 6.3.1997, S. 42 (l. Sp. u.).
[720] Im wesentlichen textidentisch mit der zitierten Passage aus dem Jahre 1970: *Böckle*, Ethische Probleme, S. 153; *ders.*, Probleme der Organtransplantation, S. 91. S. auch *dens.*, Menschenwürdig sterben, S. 299: „Der Tod bedeutet ein Ende, einen Zustand; biologisch spricht man von Herzstillstand oder von dem damit in einem gegenseitigen Verhältnis stehenden Gehirntod. Sie sind Zeichen für das Ende der menschlichen Person in diesem ihrem konkreten Leib."

Während der Anhörung vor dem Rechtsausschuß im Rahmen des ersten (letztendlich fehlgeschlagenen) Transplantationsgesetzgebungsversuchs der siebziger Jahre wurde der Hirntod von den katholisch-theologischen Sachverständigen nicht thematisiert.[721] Vereinzelt merkte man allenfalls an, daß das „Todesfeststellungsverfahren hinsichtlich seiner wissenschaftlichen Zuverlässigkeit offensichtlich kaum noch ein Problem darstellt."[722] Daraus erhellt, daß man die normativen Implikationen der Hirntodkonzeption entweder verkannte oder doch zumindest für nicht erörterungsbedürftig hielt.[723] Auch Franz Böckle äußert sich in einer anläßlich der Anhörung erstellten schriftlichen Stellungnahme nicht zum Hirntod. Offenbar hält er ihn - wie seine oben zitierten Äuße-

---

[721] *J. Gründel*, Stenographischer Bericht über die 76. Sitzung des Rechtsausschusses des Deutschen Bundestages (8. WP) am 24.9.1979, S. 71ff.; *ders.*, Ausschuß-Drs. 8/167, S. 1ff.

[722] *J. Rief*, Stenographischer Bericht über die 76. Sitzung des Rechtsausschusses des Deutschen Bundestages (8. WP) am 24.9.1979, S. 78ff. (79 a.E.); *ders.*, Ausschuß-Drs. 8/167, S. 4ff. (8).

[723] *Poliwoda*, S. 143 mit Anm. 4, ist der Meinung, die röm.-kath. Kirche habe während des ersten Transplantationsgesetzgebungsversuchs dem Hirntodkonzept ablehnend gegenübergestanden. Er stützt sich dabei auf einen von *H. Ohnesorge* verfaßten Bericht der Tageszeitung „Die Welt" v. 30.9.1978. Überprüft man den Artikel, dann liest man dort im Blick auf das seinerzeit von der Bundesregierung geplante Transplantationsgesetz u. a. dies: „Nach Ansicht des Kommissariats der katholischen Bischöfe sind besonders die Punkte bedenklich: die Feststellung des Todes, (...). Zur Feststellung des Todes glauben die Bischöfe, daß - ungeachtet der notwendigen frühzeitigen Entnahme - die Feststellung des Ausfalls der Hirnfunktionen allein nicht genüge, weil er auch nur vorübergehend sein könnte. Der Ausfall von Atmung und Kreislauf müsse dazu kommen, eine Wiederbelebung ausgeschlossen sein." Diese Argumente der katholischen Bischöfe werden im Fortgang des Gesetzgebungsverfahrens - soweit ersichtlich - nicht wiederholt; in der Anhörung des Rechtsausschusses greifen die kath.-theol. Sachverständigen die Einwände nicht auf - offenbar nicht ohne Grund. Es ist nämlich zu vermuten, daß die Bischöfe „nur" über die medizinischen Realitäten unzureichend informiert waren und nicht die Legitimität der Hirntodkonzeption in Frage stellen wollten, wie *Poliwoda* insinuiert. Dafür spricht die Annahme der Bischöfe, der Ausfall der Hirnfunktionen könne nur vorübergehend erfolgen. Damit wird ein Essentiale der Hirntod-Diagnose - die Feststellung der Irreversibilität des Zustands - verkannt. Verkannt wird zudem, daß die Entnahme lebenswichtiger Organe bei intensivmedizinischer Aufrechterhaltung der Atmungs- und damit der Kreislauffunktion ins Werk gesetzt wird. Man kann aber nicht den Ausfall von Atmungs- und Kreislauffunktion fordern, ohne gleichzeitig die operationstechnische Pointe - das „künstlich" bewirkte Funktionieren von Atmung und Kreislauf - zu verkennen, die ja die - von den Bischöfen bejahte - „notwendige frühzeitige Entnahme" erst ermöglicht. In der Summe legt dies eher ein Mißverständnis über die medizinischen Realien nahe, weniger eine normativ begründete Anfrage an das Hirntodkonzept. Dafür spricht schließlich die Rede der Bischöfe von der „Feststellung des Todes": ihnen geht es um die Sicherheit der Feststellungsmethode, nicht um die normative Bedeutung des „Gegenstands", der festgestellt wird: des Hirntodes. Auf diesem Hintergrund ist es *nicht* „(u)mso erstaunlicher", wie *Poliwoda* meint, „daß in der Erklärung von 1990 das Hirntod-Kriterium als Voraussetzung der Durchführung einer Organtransplantation befürwortet wird." Zu dieser wichtigen kirchl. Erkl. zur Organtransplantation aus dem Jahre 1990 sogleich.

C. Das Hirntodkonzept im Spiegel nichtrechtswissenschaftlicher Äußerungen 173

rungen nahelegen - für ethisch einwandfrei; Böckle mahnt nur die „Sicherung des Todes"[724] (gemeint ist offenbar: die Sicherung der Todesfeststellung) an.

Im Zuge des erneuten Anlaufs zum Erlaß eines Transplantationsgesetzes nimmt sich auch die katholische Theologie ebenso wie die Kirchenleitung neu des Themas Hirntod an. Beiträge, die die Gleichung „Hirntod = Tod des Menschen" argumentativ stützen sollen, überwiegen.[725] Daß das Hirntodkonzept - ungeachtet seiner theologischen Akzeptabilität - filigrane denkerische Disktinktionen erforderlich zu machen scheint, bestätigt folgende - für Nicht-Theologen - nur schwer decodierbare Stellungnahme Karl Lehmanns, des Vorsitzenden der römisch-katholischen Bischofskonferenz in Deutschland, eines Rahner-Schülers: „Der ‚Hirntod' ist in gewisser Weise auch ein unsichtbarer Tod. (...) Es kann jedoch auch kein Zweifel bestehen, daß der ‚Hirntod' zwar nicht einfach gleichzusetzen ist mit dem Tod des Menschen schlechthin, aber er ist auf seine Weise auch Ausdruck und reales Zeichen des Todes einer Person. Darum ist der Hirntod eine nach heutigem Wissen akzeptable Festlegung der Todeszeitbestimmung und eine Methode der Todesfeststellung."[726] Karl Lehmann spezifiziert diese Stellungnahme folgendermaßen: „Der Hirntod ist selbstverständlich keine Definition des Todes, und er will auch keineswegs die Wirklichkeit des Sterbens und des Todes erschöpfend formulieren. (...) Andererseits ist der Hirntod auch wieder eng verbunden mit dem Tod des Menschen, denn er ist seine sichere Feststellung."[727] Wenige Minuten nach Verabschiedung des Transplantationsgesetzes durch den Bundestag bestätigt er diese Auffassung.[728]

---

[724] *Böckle*, Schriftliche Stellungnahme, Deutscher Bundestag/Rechtsausschuß, Ausschuß-Drs. 8/167-1, S. 3ff. (6) a.E.
[725] S. insoweit nur *Reiter*, Strittige Voraussetzungen, S. 123ff.; *ders.*, Der Tod des Menschen, S. 61f.; *ders.*, Organtransplantation und Moraltheologie, S. 39 a.E.: „Der Tod, definiert als Herz-Kreislaufstillstand (...) ist (...) von zwingender Logik; er ist das sichtbare Ende. Der Hirntod ist zwar nicht weniger logisch, aber der Tod ist hier um Stunden länger präsent (...)." *Sonnenfeld*, S. 30ff.; *Golser*, S. 29ff. „Der Hirntod ist ein legitimes Kriterium für den Tod des Menschen" (so der münsterische Moraltheologe *A. Autiero*, zit. nach: Kirchenzeitung für das Bistum Aachen, Nr. 41 v. 13.10.1996, S. 39); s. auch den Philosophen *R. Löw*, S. 20: „insofern das Leben ein menschliches ist, fällt der Tod mit dem irreversiblen Gehirntod zusammen, in welchem ebenso irreversibel Denken, Empfinden, Bewußtsein des Menschen erloschen sind." „als Todeszeitpunkt (ergibt sich) (...) der irreversible Gehirntod, der eben diese spezifisch menschlichen Lebensvollzüge irreversibel beendet."
[726] FAZ, Nr. 14 v. 17.1.1996, S. 8; ähnl. *ders.* in einem Interview mit der Deutschen Tagespost - Katholische Zeitung für Deutschland", Nr. 106 v. 5.9.1995. Bemerkenswert ist die von *K. Lehmann* unerläutert eingeführte Unterscheidung von „Mensch" und „Person".
[727] *Lehmann*, S. 77.
[728] Die Bekanntgabe des Abstimmungsergebnisses erfolgte etwa gegen 15. 40 h (vgl. den Hinweis im Stenographischen Bericht der 183. Sitzung des Deutschen Bundestages am 25.6.1997 [13. WP], S. 16456 [A]); nach einer um 16. 21 h bei der *Katholischen Nachrichtenagentur* durch den Verf. abgerufenen Nachricht (KNA M9712099 v. 25.6.1997) hatte sich der Vorsitzende der Deutschen Bischofskonferenz, der Bischof von Mainz, *Karl Lehmann*, zur Verabschiedung des Gesetzes wie folgt geäußert: „Der

Karl Lehmann, der zunächst Bedenken gegenüber der Gleichung „Hirntod = Tod des Menschen" geäußert hatte,[729] bestätigt hier ausdrücklich die gemeinsame Erklärung der evangelischen und der katholischen Kirche in (West-)Deutschland[730] zu „Organtransplantationen" aus dem Jahre 1990: „Mit dem Hirntod fehlt dem Menschen die unersetzbare und nicht wieder zu erlangende körperliche Grundlage für sein geistiges Dasein in dieser Welt. Der unter allen Lebewesen einzigartige menschliche Geist ist körperlich ausschließlich an das Gehirn gebunden. Ein hirntoter Mensch kann nie mehr eine Beobachtung oder Wahrnehmung machen, verarbeiten und beantworten, nie mehr einen Gedanken fassen, verfolgen und äußern, nie mehr eine Gefühlsregung empfinden und zeigen, nie mehr irgendetwas entscheiden."[731] Schon in der 1989 vorgelegten christlich-ökumenischen Denkschrift „Gott ist ein Freund des Lebens" hatte es geheißen: „Der Hirntod ist das Zeichen des Todes der Person. (...) Der Tod des Gesamthirns wird mit dem Eintritt des Todes des Individuums gleichgesetzt, weil damit die Steuerung der leib-seelischen Einheit des Organismus beendet ist."[732]

Mainzer Bischof würdigte, daß das Parlament keine Definition des Todes in dem Gesetz vorgenommen habe. Daß der Hirntod jedoch als Zeichen des Todes gelten dürfe, werde in dem Text sachgerecht zur Geltung gebracht." Angesichts des zeitlichen Nähe zur Abstimmungsbekanntgabe ist von einer vorbereiteten Erklärung auszugehen.

[729] In der Sendung „Organspende - der umkämpfte Tod" des Bayerischen Fernsehens (7.4.1994/ARD) laut Bericht des KNA-Informationsdienstes, Nr. 16 v. 21.4.1994, S. 4.

[730] Nach Auskunft des ehemaligen Sekretärs (Prälat *Josef Michelfeit*) der „Berliner Bischofskonferenz", in der die auf dem Gebiet der DDR tätigen röm.-kath. Bischöfe versammelt waren, haben sich die röm.-kath. Bischöfe in der DDR nicht zu Transplantationsfragen geäußert. Es sei aber - so *Michelfeit* - davon auszugehen, daß die Bischöfe in der DDR auch die Stellungnahme der (west-)„Deutschen Bischofskonferenz" zum Thema Organtransplantation in der Sache mitgetragen hätten. Die stillschweigende Unterstützung von Stellungnahmen der „Deutschen Bischofskonferenz" durch die Bischöfe in der DDR sei in der seinerzeitigen kirchlichen Praxis üblich gewesen. Dies habe dem Selbstverständnis der röm.-kath. Kirche entsprochen, die die Teilung Deutschlands nie offiziell akzeptiert habe. Deswegen sei etwa auch die Rede von einer ostdeutschen Bischofskonferenz streng vermieden und nur von der „Berliner Bischofskonferenz" gesprochen worden. Persönl. telefon. Mitteilung von Prälat *Josef Michelfeit* (früher Berlin, nunmehr Hamburg) v. 4.11.1997 an den Verf.

[731] *Organtransplantationen*. Erklärung der Deutschen Bischofskonferenz und des Rates der Evangelischen Kirche in Deutschland, S. 18. *Sonnenfeld*, S. 50, kritisiert den Satz „Der unter allen Lebewesen einzigartige menschliche Geist ist körperlich ausschließlich an das Gehirn gebunden." Damit werde u. a. suggeriert, „daß das Ich allein mit Hirnfunktionen identifiziert werden könnte. Ebenfalls wird damit nahegelegt, daß das Gehirn der alleinige Sitz der Seele sei oder daß Person und Gehirn identisch seien." Diese Einwände ändern an *Sonnenfelds* Bejahung des Hirntodkonzepts indes nichts, vgl. in seinem Beitrag bspw. S. 55.

[732] *Gott ist ein Freund des Lebens*, hrsgg. v. Kirchenamt der EKD und v. Sekretariat der Deutschen Bischofskonferenz, S. 104. S. auch den *Katholischen Erwachsenen-Katechismus*, S. 316: „Die Feststellung des Hirntodes ist ein sicheres Anzeichen dafür, daß der Zerfall des ganzmenschlichen Lebens nicht mehr umkehrbar ist. Es ist von diesem Zeitpunkt an vertretbar, Organe für eine Organverpflanzung zu entnehmen." Keine Angaben zum Hirntod finden sich in folgenden, dem Thema des Todes gewidmeten Schriften,

C. Das Hirntodkonzept im Spiegel nichtrechtswissenschaftlicher Äußerungen

Vertreter der römisch-katholischen Kirche haben diese Ansicht in den (in den neunziger Jahren durchgeführten) Anhörungen des Bundestages zum (geplanten) Transplantationsgesetz bestätigt:[733] „Danach bedeutet der Hirntod (...) den Tod des Menschen. Er ist jedoch keine umfassende Definition des Todes; durch ihn werden auch nicht alle wichtigen Fragen des Sterbens und des Todes geklärt. Er ist jedoch ein sicheres Zeichen, mit dem der Tod festgestellt werden kann. Mit dem Hirntod fehlt dem Menschen die unersetzbare und nicht wieder zu erlangende körperliche Grundlage für sein geistiges Dasein in dieser Welt."[734]

Bemerkenswert ist folgende Antwort des Theologen Johannes Gründel auf die Frage ob der sog. Teilhirntod (also das alleinige Abstellen auf den irreversiblen Ausfall des für die sogenannten geistigen Funktionen des Menschen entscheidenden *Groß*hirns) als Tod des Menschen definiert werden sollte: „(D)as (ist) eine Frage, die der Mediziner oder Neurologe zu beantworten hat."[735] Konsequent zu Ende gedacht bedeutet dies: Auch die Frage, ob das (Ganz-)Hirntodkonzept als Tod des Menschen gelten solle, müßte dann eine Frage ausschließlich für Mediziner sein, da sie offenbar keine anthropologisch-normativen Folgefragen aufwirft, für deren Beantwortung der Theologe spezifisch kompetent wäre. Dieser Haltung entspricht die de-facto-Übernahme der „medi-

---

hrsgg. v. *Sekretariat der Deutschen Bischofskonferenz*: Das Lebensrecht des Menschen und die Euthanasie; Unsere Sorge um die Toten und die Hinterbliebenen; Eltern trauern um ihr totes neugeborenes Kind; außerdem das im 1996 vorgelegte H. 47, das verschiedene Stelungnahmen zum Thema ‚Tod' enthält.

[733] „Für die Katholische Kirche ist diese Erklärung von 1990 weiterhin maßgebend." Schriftliche Stellungnahme des *Kommissariats der deutschen Bischöfe*, Deutscher Bundestag/Ausschuß für Gesundheit, Ausschuß-Drs. 13/586 v. 10.9.1996, S. 11ff. (11). „Erklärung (...), die (...) von katholischer Seite in der Substanz gültig bleibt", Schriftliche Stellungnahme des *Kommissariats der deutschen Bischöfe*, Deutscher Bundestag/Ausschuß für Gesundheit, Ausschuß-Drs. 13/136 v. 27.6.1995, S. 1ff. (1). So auch der Vertrerter des Kommisariats *Rauschen*, Protokoll der 67. Sitzung des Bundestagsausschusses für Gesundheit am 9.10.1996 (13. WP), S. 5, sowie der kath.-theol. Sachverständige *J. Reiter*, Protokoll der 64. Sitzung des Ausschusses für Gesundheit des Deutschen Bundestag am 25.9.1996 (13. WP), S. 27; dort *ders.* außerdem wie folgt: „Der Hirntod bedeutet den Tod des Menschen." S. auch die Nachricht in der SZ, Nr. 223 v. 26.9.1996, S. 2 - Überschrift: „Im Streit um Organspende Bischöfe für Hirntod-Konzept".

[734] So das *Kommissariat der deutschen Bischöfe*, Deutscher Bundestag/Ausschuß für Gesundheit, Ausschuß-Drs. 13/586 v. 10.9.1996, S. 11f.; ausführlicher Ausschuß-Drs. 13/136 v. 27.6.1995, S. 1ff. (1 - 3); außerdem im selben Sinne: *J. Reiter*, Schriftliche Stellungnahme, Deutscher Bundestag/Ausschuß für Gesundheit, Ausschuß-Drs. 13/140 v. 28.6.1995, S. 13ff. (14) und der Moraltheologe *Elsässer*, S. 53, S. 67 a.E.

[735] *J. Gründel*, Protokoll der 17. Sitzung des Bundestagsausschusses für Gesundheit am 28.6.1995 (13. WP), S. 38 (r. Sp. u.).

zinische(n) Hirntoddefinition"[736] durch die katholische Theologie und die Kirchenleitung in Deutschland.

Die Hirntodkonzeption bejahend, aber in (nicht kenntlich gemachter) Abweichung von den Akzenten, die die kirchliche Erklärung aus dem Jahre 1990 setzt, heißt es bei dem Moraltheologen Eberhard Schockenhoff: „Der Hirntod gilt (...) nicht deshalb als sicheres Indiz für den Tod des Menschen, weil im Gehirn der Sitz der menschlichen Persönlichkeit oder des Bewußtseins zu lokalisieren wäre, sondern weil das Gehirn nach heutigem Wissensstand jene Instanz ist, welche die Integration des Organismus zu einer leibseelischen Ganzheit gewährleistet. (...) Der hirntote Körper kann die Identität mit dem vorherigen Gesamtorganismus *von sich aus* nicht mehr aufrechterhalten. Fällt die Gehirntätigkeit aus, kann auch von einer Wechselwirkung des Organismus nicht mehr die Rede sein."[737] Wer das Hirntodkonzept ablehne - so Schockenhoff - , der unterlaufe „die Realität des Todes". Johannes Gründel qualifiziert die Kritik am Hirntodkonzept (in einem in englischer Sprache vorgelegten Text) sogar ausdrücklich als „gefährlich": „Such position against organ transplantation is not only dangerous, but also unacceptable and not serious, *because* it reduces people's willingness to act as donors in the case of their own deaths."[738]

Indes: Der - oben (1. Kap./C.) erläuterte - Deutungskampf um das zutreffende Verständnis des Hirntod-Zustands reicht bis in die katholische Kirche und die katholische Theologie hinein. Aufsehen erregt eine Stellungnahme des Erzbischofs von Köln, Joachim Kardinal Meisners, der „in ernster Sorge und aus gegebenem Anlaß" erklärt: „Die Identifikation des Hirntods mit dem Tod des Menschen ist aus christlicher Sicht beim derzeitigen Stand der Debatte nicht mehr vertretbar. Der Mensch darf nicht auf seine Hirnfunktionen reduziert werden. Weder kann man daher noch sagen, der Hirntod bedeute den Tod, noch ist er ein Todeszeichen. Er ist auch nicht der Todeszeitpunkt."[739] Auf die Erklärung des Kardinals - in der überregionalen Tagespresse wiederholte der Kardinal seine Einwände -[740] folgten z. T. harsche,[741] mitunter indiskutable[742] Repli-

---

[736] So *Schlögel*, S. 377 - konkret zur gemeinsamen Erklärung *Organtranplantationen* der EKD und der Deutschen (röm.-kath.) Bischofskonferenz.
[737] *E. Schockenhoff*, Vor dem Gesetz: Das Ereignis des Todes, FAZ, Nr. 55 v. 6.3.1997, S. 42 (m. Sp. m.).
[738] *Gründel*, S. 247 a.E. - Hervorhebung nur hier. Dabei bezieht er sich auf die Kritik des Hirntodkonzepts durch den Philosophen *Josef Seifert*; zu diesem die Hinweise sogleich.
[739] Erklärung des *Erzbischofs von Köln* zum beabsichtigten Transplantationsgesetz v. 27.9.1996, abgedr. in Deutscher Bundestag/Ausschuß für Gesundheit, Ausschuß-Drs. 13/602 v. 7.10.1996, S. 15; der Text ist (als Nr. 316 v. 27.9.1996) auch publiziert in der Reihe „Dokumente" des Presseamtes des Erzbistums Köln. S. auch die Presseerklärung des Presseamtes des Erzbistums Köln Nr. 1626 v. 27.9.1996 und die Nachricht in der SZ, Nr. 225 v. 28./29.9.1996, S. 5 - Überschrift: „Kardinal kritisiert Hirntod als Organspenden-Kriterium".
[740] *J. Kardinal Meisner*; FAZ Nr. 21 v. 25.1.1997, S. 14.

C. Das Hirntodkonzept im Spiegel nichtrechtswissenschaftlicher Äußerungen

ken, die belegen, daß das Eingebundensein der Hirntodkritik in den Kontext der Organtransplantation die argumentative Auseinandersetzung nicht erleichtert.[743] Das Kommissariat der römisch-katholischen Bischöfe sah sich veranlaßt zu betonen, daß hinsichtlich der Äußerung des Kardinals „noch Gespräche" stattfänden, im übrigen die hirntodkonzept-befürwortende Erklärung der Kirchen aus dem Jahre 1990 Gültigkeit besitze; diese Erklärung habe die römisch-katholiche Bischofskonferenz nicht zurückgenommen.[744]

Die Äußerung des Kardinals, die dieser in einem Brief an alle Abgeordneten der CDU/CSU-Bundestagsfraktion unterstrichen hat,[745] ist in mehrfacher Hinsicht bemerkenswert: Als Kardinal steht er in einer kirchenrechtlich gefestigten besonderen Treuebeziehung zum Oberhaupt der römisch-katholischen Kirche

---

[741] Ablehende Leserbriefe des Neurochirurgen *W. Entzian*, FAZ v. 6.2.1997 (die Argumentation sei „nahezu gespenstisch" und gerate „an die Grenze des Unwirklichen"), des Philosophen *J. P. Beckmann*, FAZ v. 6.2.1997 (der Kardinal führe „den neuzeitlichen Dualismus, der philosophisch und wissenschaftlich längst widerlegt ist, wieder ein"), des (Jesuiten-)Philosophen *G. Haeffner*, FAZ, Nr. 34 v. 10.2.1997, S. 6 (hier melde sich nur der „Christ und Bürger Joachim Meisner" zu Wort, so daß die „Kraft seiner Argumente (...) nicht auf der Autorität seines Amtes" beruhe), des Mediziners *R. Firsching*, FAZ, Nr. 43 v. 20.2.1997, S. 10 (der „sehr persönliche Standpunkt" werde von Kardinal *Meisner* als „Standpunkt ‚der' Christen" ausgegeben); außerdem die in sachlichem Ton gehaltene ausf. Gegenstellungnahme des Neurologen *H. Angstwurm*, Der Hirntod ist der Tod des Menschen, FAZ, Nr. 48 v. 26.2.1997, S. N 2, die ausdrücklich auf Kardinal *Meisners* Beitrag reagiert.

[742] Dazu die sog. Glosse von *H. Knapp*, Moral von oben, Deutsches ÄrzteBl. 1997, A-1549, der - offenbar frei von genauer Kenntnis (auch) der theologischen Debatte über den Hirntod-Zustand - die Stellungnahme Kardinals Meisners mit zweifelhaften Formulierungen als irrelevant darzustellen versucht - einige Kostproben: „ecclesialer Engelsgesang", „Lizenz zum Töten zum Zweck der Transplantation", „criterium meisnerianum", „Gehirnwerdung Gottes". Dieser Beitrag löste heftige Gegenreaktionen aus; entsprechende Leserbriefe sind abgedr. in Deutsches ÄrzteBl. 26/1997, 27/1997 und 33/1997.

[743] Gegen den nachgerade wunderlichen Vorwurf, Kardinal *Meisner* (der kaum im Verdacht stehen dürfte, *kein* sog. „Lebensschützer" zu sein) befürworte die Beendigung lebensunwerten Lebens (weil er - was allerdings zutrifft - bei Zustimmung des hirntoten, lebenden Menschen eine Organentnahme für ethisch zulässig halte), hat der Pressesprecher des Erzbistums Köln mit Recht bemerkt, dieser Vorwurf sei „absurd, maßlos und uninformiert", *M. Becker-Huberti*, Leserbrief in der SZ, Nr. 240 v. 17.10.1996, S. 13. So i. Erg. auch der Abg. *von Klaeden*, Stenographischer Bericht der 183. Sitzung des Deutschen Bundestages am 25.6.1997 (13. WP), S. 16415 (A).

[744] So der Vertreter des Kommissariats der deutschen (röm-kath.) Bischöfe *Rauschen*, Protokoll der 67. Sitzung des Bundestagsausschusses für Gesundheit am 9.10.1996 (13. WP), S. 5.

[745] Brief des *Erzbischofs von Köln* v. 20.6.1997 (Kopie beim Verf.): „Bei dieser Gelegenheit möchte ich noch einmal darauf hinweisen, daß die Identifikation des Hirntods mit dem Tod des Menschen nach meiner Überzeugung nicht zu halten ist und weder direkt noch (...) indirekt bzw. concludent ins Gesetz gehört." Hinweis auf diesen Brief in der FR v. 21.6.1997, S. 4.

(vgl. cann. 334 und 349 des Codex Iuris Canonici/1983).[746] Es ist schon daher schwer vorstellbar, daß der Kardinal in der fundamentalen Frage des (Hirn-)Todes ohne - zumindest mittelbare - pontifikale „Rückendeckung" gehandelt hat. Dafür spricht auch, daß sich der (Welt-)Katechismus der Katholischen Kirche aus dem Jahre 1992, obgleich dort der Tod passim thematisiert wird und auch Hinweise auf Behandlungsabbruch und Organverpflanzung erfolgen,[747] nicht zum „Hirntod" äußert. Auch in der päpstlichen Enzyklika „Evangelium vitae" (zum Schutz des menschlichen Lebens) aus dem Jahre 1995 geht das Oberhaupt der katholischen Kirche nicht auf den Hirntod ein, obwohl dazu im Zusammenhang mit der Euthanasie-Problematik, in dem auch Aspekte der Organtransplantation thematisiert werden, Gelegenheit bestanden hätte.[748] Auch in einer zu Jahresbeginn 1990 in deutscher Sprache veröffentlichten Rede, die er vor den Teilnehmern eines Kongresses der „Päpstlichen Akademie der Wissenschaften" gehalten hat und die sich ausführlich der Frage des Todes widmet, geht der Papst zwar nicht auf den Hirntod ein, aber er weist im Blick auf die Organtransplantation darauf hin, es bestehe „die tatsächliche Wahrscheinlichkeit, daß das Leben, dessen Weiterführung man durch Entnahme eines lebenswichtigen Organs unmöglich macht, das einer lebenden Person ist, (...)."[749] Es verwundert daher nicht, wenn in Presseberichten zu lesen war, daß die „Päpstliche Akademie für das Leben" die Hirntod-Problematik „noch einmal" berät; der Vatikan habe es sich verbeten, diese Beratung als Zustimmung zum gängigen Hirntodkonzept zu deuten, wie das augenscheinlich einige Verteidiger der gängigen Konzeption getan hatten: „Die Erklärungen von Kardinal Meisner (...), die darauf hinwiesen, daß hier letztlich unser christliches Menschenbild zur Debatte steht, haben in Rom offenbar ihren Eindruck nicht verfehlt, wenn nun jeder Gegensatz zu seinen Äußerungen ausdrücklich bestritten und ‚neu vorgebrachte Ansichten ... einer sorgfältigen Prüfung' unterzogen werden. Das zeigt erheblich mehr geistige Weite als die bisweilen in

---

[746] *Codex des kanonischen Rechts* (1983), Lateinisch-deutsche Ausgabe (Verlag Butzon & Bercker, Kevelaer), 2. Aufl. 1984, S. 145, S. 153.
[747] *Katechismus der Katholischen Kirche*, S. 579 (Nr. 2277ff.: Euthanasie), S. 583f. (Nr. 2296, Nr. 2301: Organverpflanzung bzw. Organspende).
[748] *Johannes Paul II.*, Enzyklika „Evangelium vitae", S. 79 (Abschnitt 64).
[749] *Johannes Paul II.*, Die Bestimmung des Augenblicks des Todes, L'Osservatore Romano, Wochenausgabe in deutscher Sprache, Nr. 7 v. 16.2.1990, S. 10 (sub 5.) - das franz. Original der Rede ist im L'Osservatore Romano v. 15.12.1989 abgedruckt. Der Papst führt dann aus, daher komme es darauf an, „den genauen Augenblick und das unabweisbare Zeichen des Todes so genau wie möglich festzustellen. Denn steht er einmal fest, so verschwindet der offensichtliche Konflikt zwischen der Pflicht, das Leben einer Person zu achten, und der anderen Pflicht, sich für das Leben einer anderen Person einzusetzen und es eventuell sogar zu retten" (sub 6.). In seinem dem Brief vom 20.6.1997 beigefügten Schreiben an den Bundesminister der Gesundheit vom 15.10.1996 bezieht sich Kardinal *Meisner* auf diese Rede und wehrt Fehlinterpretationen der päpstlichen Rede, die die Bejahung des Hirntodkonzeptes nahelegen, ab (Kopie auch dieses Schreibens beim Verf.).

C. Das Hirntodkonzept im Spiegel nichtrechtswissenschaftlicher Äußerungen 179

Grabenkämpfen erstarrte deutsche Auseinandersetzung über diese Fragen."[750] Ein deutscher Staatsrechtslehrer hat inzwischen auf einem von der Päpstlichen Akademie für das Leben mitveranstalteten Tagung die These vertreten, daß der Hirntote im Sinne des deutschen Verfassungsrechts ein sterbender, also noch lebender Mensch sei.[751]

Zu den katholisch-theologisch motivierten Kritikern zählen Autoren unterschiedlichster Provenienz.[752] So neu ist die binnenkatholische Kritik der Hirntodkonzeption zudem nicht. Schon zu Beginn der neunziger Jahre (*vor* den Ereignissen um das „Erlanger Baby") war in einer angesehenen katholischen Zeitschrift auf „Schwierigkeiten"[753] hingewiesen worden, die das Hirntodkonzept bereitet. Der Autor wendet sich gegen die Argumentation, Bewußtsein u. dgl. seien die Charakteristika des Menschen, so daß bei Fortfall der gehirnvermittelten Bewußtseinsleistungen der Mensch tot sei; denn dann müsse der Ausfall der - für die Realisierung des sogenannten Bewußtseins (im Sinne von Denken und Empfinden) entscheidende - Großhirnrinde (Neocortex) hinreichen. Auch ein dem katholischen Glauben ersichtlich verbundener Philosoph hat weit vor den Ereignissen um das sog. Erlanger Baby das Hirntodkonzept in Frage gestellt.[754] Schließlich hat sich - anders als manche Zitationen nahelegen -[755] Papst Pius XII. in einer Stellungnahme zu Fragen des Behandlungsabbruchs aus dem Jahre 1957 nicht - schon gar nicht affirmativ - zum Hirntod geäußert;[756] er konnte dies gar nicht tun, weil der Hirntod erst 1959 erstmals beschrieben wurde (dazu noch später in Abschn. C.II.1). Die Äußerungen Pius XII. scheinen - wenn man sie

---

[750] Deutsche Tagespost - Katholische Zeitung für Deutschland -, Nr. 39 v. 29.3.1997, S. 3. Die „Päpstliche Akademie für die Wissenschaften" hat sich 1985 und 1989 mit dem Hirntodkriterium befaßt und dessen Legitimität bejaht; allerdings waren auch kritische Stimmen zu Wort gekommen, s. zum ganzen *White/Angstwurm/Carrasco de Paula*; außerdem die Hin- und Nachweise bei *Golser*, S. 31f. Der Papst hat sich das Votum der informell-beratenden Akademie (bislang) - soweit ersichtlich - nicht zu eigen gemacht.

[751] *Steiger*, Recht auf Leben im deutschen Verfassungssystem, S. 311.

[752] S. exemplarisch einerseits *Mieth*, S. 458ff. und andererseits *Thomas*, Sind Hirntote Lebende, S. 189ff.; beachte außerdem die hirntodkritischen Beiträge in *W. Ramm*.

[753] *Wolbert* in der katholischen (Jesuiten-)Zeitschrift „Stimmen der Zeit": Ein Recht auf den Leib des anderen?, S. 341; *Wolbert* plädiert S. 342 für eine biologische Begründung des Hirntodes mit Blick auf die (vermeintliche) Bedeutung des Gehirns als integrierendes Zentrum des menschlichen Organismus.

[754] *Seifert*, Menschenwürde und unbedingte Achtung, S. 76; *ders.*, Ist „Hirntod" wirklich der Tod?"; *ders.*, Is „brain death" actually death?, S. 95ff.; *ders.*, Erklären heute Medizin und Gesetze Lebende zu Toten?, S. 185ff.; *ders.*, Das Leib-Seele-Problem, S. 235ff. (in der 1. Aufl. 1979 noch nicht enthalten, s. den Hinweis in der 2. Aufl., S. XVI).

[755] S. nur *Wawersik*, Kriterien des Todes unter dem Aspekt der Reanimation, S. 346; zum Problem der mißverständlichen Bezugnahme auf die Erklärung *Pius XII.* ausf. *Hoff/in der Schmitten*, Kritik der „Hirntod"-Konzeption, S. 171ff.

[756] *Pius XII.*, S. 243ff. (frz. Original in den Acta Apostolicae Sedis 49 [1957], S. 1027ff.)

überhaupt heranziehen will - *gegen* die Tragfähigkeit des Hirntodkonzepts, soweit der biologisch-zerebrale Ansatz betroffen ist, zu sprechen.[757] Bei Pius XII. heißt es im Original: „Mais des considérations d'ordre général permettent de croire que la vie humaine continue aussi longtemps que ses fonctions vitales - à la différence de la simple vie des organes - se manifestent spontanément ou même à l'aide de procédés artificiels."[758] Das heißt: Menschliches Leben ist solange vorhanden, wie die Vitalfunktionen in Gang sind, selbst wenn dies aufgrund künstlicher Mittel geschieht („même à l'aide de procédés artificiels"). Genau dies aber ist beim hirntoten Menschen der Fall: Sein Kreislauf (als Ausdruck bestehender Vitalfunktionen) ist im Gange, weil die wegen des Funktionsausfalls des Hirnstamms nicht mehr spontan funktionierende Atemkontrolle durch ein Beatmungsgerät (also künstlich) in Gang gehalten wird - dann aber dauert „la vie humaine", menschliches Leben, beim Hirntoten an und der Hirntote lebt.

2. Evangelisch-theologische Stellungnahmen

Der Rat der Evangelischen Kirche in (West-)Deutschland[759] (EKD) hat ebenso wie die römisch-katholische Bischofskonferenz die Erklärung aus dem Jahre 1990 herausgegeben und in ihr die These vertreten, der Hirntod sei der Tod des Menschen. Gegen diese - von Theologen gestützte -[760] Ansicht regt sich in der evangelischen Kirche Widerstand. In einer Stellungnahme der Beauftragten der

---

[757] In diese Richtung argumentieren mit Blick auf die Erklärung *Pius XII.* schon *Byrne/Reilly/Quay*, S. 1990.

[758] *Pius XII.*, Acta Apostolicae Sedis 49 (1957), S. 1033.

[759] Die evangelischen Kirchen in der (ehemaligen) DDR haben sich zum Fragenkreis „Hirntod und Transplantation" - soweit ersichtlich - nicht offiziell geäußert. Nach eigenen - im Ergebnis erfolglosen - Recherchen des Verf. hat das eine Anfrage bei der „Evangelischen Forschungsakademie" (EFA) in Berlin ergeben, die schon zu DDR-Zeiten ein Forum für das Gespräch zwischen Theologen und christlichen Wissenschaftlern unterschiedlichster Fachgebiete gewesen ist (Brief von Oberkirchenrat *Karpinski* v. 17.6.1997, Az. EFA 101/97 - 74100). Den Hinweis auf die EFA verdanke ich dem Probst der Ev. Kirche in Berlin-Brandenburg, *Lütcke* (Brief v. 23.5.1997, Az. Abt. 2/3563-30). Den Hinweis auf *Dr. Lütcke* wiederum verdanke ich Prof. Dr. *K.-P. Jörns*, Theologische Fakultät der Humboldt-Universität zu Berlin (Brief v. 28.4.1997).

[760] Zustimmend z. B. *Stroh*, Der Hirntod ist der Tod des Menschen, S. 5; ders., Zusammenfassung der Diskussion, S. 29: „Der Hirntod wird nicht gedeutet, sondern festgestellt. Die Gegner, die den Hirntod als Tod des Menschen bezeifeln, haben bisher den naturwissenschaftlichen Gegenbeweis nicht zuliefern vermocht." Ders., Organentnahmen in der ethischen Anfrage, S. 194: „Das Unternehmen Transplantationsmedizin steht und fällt mit der Bedingung, daß Organentnahmen nur bei Vorliegen der zweifelsfreien Diagnose Hirntod stattfinden können. (...) Wer den Hirntod als Tod des Menschen in Frage stellt bestreitet, daß mit dem Hirntod eine innere Enthauptung stattgefunden hat." *Körtner*, S. 42: „mit einer theologischen Sicht des Menschseins (...) vereinbar", s. auch S. 41: „das Gehirn (hat) als Matrix jener integrierten Ganzheit zu gelten (...), welche der Mensch als leiblich-seelische Einheit bildet."

C. Das Hirntodkonzept im Spiegel nichtrechtswissenschaftlicher Äußerungen 181

Evangelischen Kirchen im Lande Rheinland-Pfalz wird anläßlich des 1994 nicht in Kraft getretenen rheinland-pfälzischen Transplantations-„Gesetzes" darauf hingewiesen, daß in „neuerer Zeit (...) der Konsens zerbrochen (ist), der den Tod des Menschen mit dem Hirntod (...) gleichsetzt. Allgemein anerkannt ist lediglich, daß der Hirntod den Punkt der Irreversibilität des Sterbens markiert, nicht unbedingt jedoch das Ende des Sterbens."[761] Der Hinweis auf die „kritische Auseinandersetzung einiger Theologen"[762] im evangelisch-theologischen Bereich bezieht sich vor allem auf die Arbeiten von Hans Grewel[763] und Klaus-Peter Jörns[764], die die Gleichsetzung von Hirntod und Tod des Menschen ablehnen.[765] Die Synode der Evangelischen Kirche von Westfalen hat im Oktober 1994 angemahnt, der Hirntod dürfe „als Definition des Todes (Tod des Menschen) im Gesetz (nicht) festgeschrieben werden."[766] Die Evangelische Kirche in Berlin-Brandenburg hat in einer Orientierungs- und Entscheidungshilfe auf die Gründe hingewiesen, derentwegen man nachvollziehbarerweise annehmen kann, der hirntote Mensch sei ein Lebender. Zwischen Anhängern und Gegners des Hirntodkonzepts sieht die berlin-brandenburgische Kirche einen „unüberbrückbaren Gegensatz".[767] Gleiches vertritt die „Berliner Initiative für die Zustimmungslösung im Blick auf ein Transplantationsgesetz", die von „(ü)ber 170 Hochschullehrer(n) der Theologie" unterstützt wird.[768] Der Bischof

---

[761] Stellungnahme des *Beauftragten der Evangelischen Kirchen im Lande Rheinland-Pfalz am Sitz der Landesregierung* vom 27.5.1993 zum Gesetzentwurf der SPD-Fraktion für ein Transplantationsgesetz (LT-Drs. 12/2094) u. a., S. 3f. (unveröffentl., Kopie beim Verf.).

[762] *Höver/Ruhlands*, S. 428.

[763] S. etwa *Grewel*, Gesellschaftliche und ethische Implikationen der Hirntodkonzeption, S. 332ff.; ders., Medizin und Menschenbild, S. 43ff.; ders., Ist ein Hirntoter tot genug?, S. 6f.

[764] S. nur *Jörns*, Gibt es ein Recht auf Organtransplantation, S. 9ff. (zum Hirntod); ders., Organtransplantation, S. 350ff.; ders., Leib und Tod: Organspende - eine Christenpflicht?, S. 595 (zum Hirntod). S. auch das Schreiben von *Jörns* an den Vorsitzenden des Bundestagsausschusses für Gesundheit v. 17.8.1995, Ausschuß-Drs. 13/171 v. 22.8.1995.

[765] Hinweis auf die Positionen *Jörns'* und *Grewels* bei dem evangelischen Theologen *Honecker*, S. 161ff. - Abschnittsüberschrift: „Kontroversen um die Organtransplantation in der evangelischen Ethik", insb. S. 163 und S. 165.

[766] Abgedr. in Deutscher Bundestag/Ausschuß für Gesundheit, Ausschuß-Drs. 13/140 v. 28.6.1995, S. 8; dazu auch der Bericht in der FR, Nr. 255 v. 2.11.1994, S. 5. Deutlicher der *Arbeitskreis Arzt und Seelsorger an der Evangelischen Akademie Iserlohn* (westfälische ev. Landeskirche): „Denn wir müssen davon ausgehen, daß ein hirntoter Mensch mit Sicherheit stirbt, aber noch nicht tot ist" (Ausschuß-Drs. 13/140, S. 6ff. [10]).

[767] *Organtransplantation*, hrsgg. v. der Kirchenleitung der Evangelischen Kirche in Berlin-Brandenburg, S. 7.

[768] Verantwortlich ist der an der Humboldt-Universität zu Berlin lehrende Theologe *Jörns*, Schriftliche Stellungnahme der Initiative anläßlich der Anhörung im Bundestags-Gesundheitsausschuß am 25.9.1996, Ausschuß-Drs. 13/582, S. 17ff. (17): „Die Anhörung am 28. Juni 1995 zum geplanten Transplantationsgesetz hat gezeigt, daß es einen

der Evangelischen Kirche in Berlin-Brandenburg hat anläßlich einer Anhörung zum Transplantationsgesetz vor dem Gesundheitsausschuß des Deutschen Bundestages ausgeführt, der Hirntod könne „nicht als Todeskriterium (...) anerkannt werden."[769] Damit setzt er sich von der gemeinsamen evangelisch-katholischen Erklärung aus dem Jahre 1990 ab, in der sich die Kirchen, so Wolfgang Huber, „an entsprechende Stellungnahmen der Bundesärztekammer angeschlossen" hatten.[770] Diese, den Hirntod als Tod des Menschen bejahende Erklärung hat - so Huber 1995 - „in den letzten fünf Jahren"[771] eine „lebhafte Diskussion" ausgelöst, die „in der evangelischen Theologie und Ethik (...) zu dem Ergebnis (tendiert), daß mit dem Hirntod das Leben des Menschen nicht irreversibel zu Ende *ist*, sondern irreversibel zu Ende *geht*."[772]

Auch offizielle bzw. offiziöse Stellungnahmen der EKD reagieren auf den Meinungswandel,[773] freilich in nicht immer konsistenter Weise. 1994 führt der Vizepräsident des Kirchenamtes der EKD aus, nach „heutige(m) Erkenntnisstand" könne man die Feststellung treffen, „daß mit dem ‚Hirntod' das Leben des Menschen unumkehrbar zu Ende ist."[774] Die Erklärung des Jahres 1990 sei insofern „differenzierungsbedürftig", denn sie lege das Mißverständnis nahe, „‚Hirntod' und Tod des Menschen seien unmittelbar gleichzusetzen."[775] Demgegenüber sieht der Vizepräsident des EKD-Kirchenamtes im „‚Hirntod' (...) nicht den Tod des Menschen"; der Hirntod könne nur als „pragmatische Definition" bzw. „gesellschaftliche und rechtliche Konvention" insoweit dienen, als er die Grenze markiere, „von der an Organe explantiert werden dürfen."[776] Diese Überlegungen greift der damalige Vorsitzende des Rates der EKD, Landesbischof Klaus Engelhardt, in seinem Bericht vor der EKD-Synode 1994 in Halle

---

unüberbrückbaren Gegensatz zwischen denen gibt, die den Ausfall aller meßbaren Hirnfunktionen als Kriterium für die Unumkehrbarkeit eines eingetretenen Sterbegeschehens ansehen, und denen, die den ‚Hirntod' als Todeskriterium werten." Zahlenangabe auf S. 19. Hinzu kommen eine Vielzahl von Krankenhausseelsorgern und zahlreiche kirchliche Amtsträger; dazu die Liste der Unterzeichner, Stand: 5.12.1995, Exemplar beim Verf. (Schreiben von *Jörns* an den Verf. v. 6.12.1995).

[769] *W. Huber*, Schriftliche Stellungnahme, Deutscher Bundestag/Ausschuß für Gesundheit, Ausschuß-Drs. 13/116 v. 16.6.1995, S. 23ff. (29); *ders.*, Organtransplantation, S. 473.

[770] So *W. Huber*, Organtransplantation, S. 471.

[771] *W. Huber*, Protokoll der 17. Sitzung des Bundestagsausschusses für Gesundheit (13. WP) am 28.5.1995, S. 19 (l. Sp. u.).

[772] *W. Huber*, Organtransplantation, S. 471 - Hervorhebungen im Original.

[773] „In der Tat trifft zu, daß das Kirchenamt der EKD seine Position hinsichtlich des sog. Hirntodkonzeptes in seinen Stellungnahmen zu den Bundestagsanhörungen 1995 und 1996 differenziert und weiterentwickelt hat." So Oberkirchenrätin *R. Knüppel*, Kirchenamt der EKD, in einem Brief an den Verf. v. 7.7.1997 (Az.: 0077/3.213) - ohne indes die Differenzierung und Weiterentwicklung inhaltlich darzulegen.

[774] *Barth*, S. 5.

[775] *Barth*, S. 4.

[776] *Barth*, S. 5; eine „weite, nämlich die Angehörigen einbeziehende Zustimmungsregelung" werde dadurch nicht ausgeschlossen (S. 7).

C. Das Hirntodkonzept im Spiegel nichtrechtswissenschaftlicher Äußerungen   183

auf: „(D)ie Frage des Hirntodes (muß) gewissenhaft diskutiert werden. Mit Recht ist die Gleichsetzung von Hirntod und Tod des Menschen infragegestellt worden. Allerdings ist der Hirntod ein Einschnitt im Sterbegeschehen von entscheidender Tragweite. Darum kommt es darauf an, im Sinne einer gesellschaftlichen und rechtlichen Konvention einen Konsens darüber zu erzielen, ob vom Zeitpunkt des Hirntodes an der Eingriff zur Organentnahme ethisch gerechtfertigt werden kann."[777] Diesen Überlegungen trägt die Stellungnahme des Kirchenamtes für die Anhörung vor dem Bundestags-Gesundheitsausschuß am 28.6.1995 zwar Rechnung; sie referiert auch die Einwände gegen das Hirntodkonzept, weist dann aber darauf hin, daß die Kirche keinen Anlaß sähe, sich von der - den entsprechenden Erklärungen der Bundesärztekammer folgenden - hirntodbejahenden Erklärung des Jahres 1990 zu distanzieren bzw. den „heutigen Stand medizinischer Wissenschaft infrage zu stellen": Das sei theologisch-ethisch im Ergebnis unbedenklich, denn der Hirntod sei ja ein bloßes Todeskriterium, das „uns nicht sagen" könne, „was der Tod des Menschen ist. Es handelt sich (...) nicht um eine Definition des Todes."[778] Gut ein Jahr später vereindeutigt sich die Position des Kirchenamtes nur vordergründig. Unmißverständlich heißt es nunmehr zwar (die Erklärung des Kirchenamtes aus dem Vorjahr gleichsam im Wege authentischer Selbstinterpretation präzisierend): „Die Gleichsetzung des Todeskriteriums ‚Hirntod' mit dem ‚Tod des Menschen' sollte (...) aufgegeben werden, denn sie stößt aus anthropologischer, biologischer und medizinischer Sicht auf gewichtige Bedenken."[779] „Erforderlich ist (...) eine verantwortungsvoll und gewissenhaft vorgenommene Verständigung, also Konvention, über den Zeitpunkt, von dem an die Entnahme eines lebenswichtigen Organs rechtlich und ethisch nicht mehr als Körperverletzung und Tötung angesehen werden" kann.[780] Es verwundert zunächst ein wenig, daß im Fortgang der Stellungnahme gleichwohl von dem „Tod" bzw. „der verstorbenen Person" die Rede ist und die Angehörigen als „Sachwalter des postmortalen

---

[777] *Engelhardt*, epd-Dokumentation 49/1994, S. 6. Schon in der Sendung „Organspende - der umkämpfte Tod" des Bayerischen Fernsehens (7.4.1994/ARD) hatte *Engelhardt* laut Bericht des KNA-Informationsdienstes, Nr. 16 v. 21.4.1994, S. 4, Bedenken gegenüber der Hirntodkonzeption geäußert.

[778] *Kirchenamt der EKD*, Schriftliche Stellungnahme, Deutscher Bundestag/Ausschuß für Gesundheit, Ausschuß-Drs. 13/149 v. 3.7.1995, S. 5ff. (6 a.E.). Mit Blick auf die These, der Hirntote lebe, heißt es zunächst referierend, dann bewertend (S. 7f.): „Eine Explantation nach dem Hirntod stelle einen den Tod beschleunigenden Eingriff und daher ein Tötungsdelikt dar. (...) Jedoch: Das Recht verbietet in § 216 StGB eine Tötung auch auf ausdrückliches und ernsthaftes Verlangen eines Menschen. (...) Infolgedessen können die Kritiker des Hirntodkriteriums - genau genommen - keiner Regelungsform für die Explantation zustimmen, auch nicht einer engen Zustimmungslösung."

[779] *Kirchenamt der EKD*, Schriftliche Stellungnahme, Deutscher Bundestag/Ausschuß für Gesundheit, Ausschuß-Drs. 13/585 v. 9.9.1996, S. 33ff. (34).

[780] *Kirchenamt der EKD*, Schriftliche Stellungnahme, Deutscher Bundestag/Ausschuß für Gesundheit, Ausschuß-Drs. 13/585 v. 9.9.1996, S. 33ff. (34).

Persönlichkeitsrechts" für den Fall bemüht werden, daß der potentielle Organspender keine eigene Erklärung abgegeben hat.[781] Letztlich zeigt dies aber nur, daß die EKD den Hirntoten offenbar doch (wenn auch nicht im theologischen Sinne, aber durchaus für die Ordnung des staatlichen Rechts) als tot betrachtet und die Abwehr einer Gleichsetzung des Hirntodes mit dem Tod des Menschen nur die theologische Begrenztheit des Hirntodkonzepts verdeutlichen soll - nicht aber seine Unverbindlichkeit unter den irdischen Bedingungen der konkreten Rechtsordnung.[782] Mit den Worten eines römisch-katholischen Theologen: „Der Hirntod als den Tod des Menschen zu bezeichnen, wird auf diesem Hintergrund zu einer relativen Ausdrucksweise. (...) (D)iese Redeweise bleibt (...) offen auf ein größeres Geheimnis des menschlichen Sterbens als leibhafter und existenzieller Person."[783] Insoweit scheinen sich die Position der EKD und jene Karl Lehmanns zu treffen, der ebenfalls bemüht ist zu verdeutlichen, daß der Hirntod das Geheimnis des Todes nicht erschöpfe - was immer dies im Kontext einer auch-nichtchristlichen Gesellschaft, die den realen Geltungsrahmen des Transplantationsgesetzes bildet, sinnvollerweise bedeuten kann.

Die um Differenzierung bemühten Stellungnahmen der EKD ebenso wie die eindeutig hirntodkonzept-ablehnenden Stimmen in der evangelischen Kirche und Theologie heben sich nicht nur deutlich vom Schweigen der EKD im Zuge des ersten Transplantationsgesetzgebungsversuchs in den siebziger Jahren ab,[784] sie verdeutlichen auch den Argumentationsfortschritt seit der Anfangszeit der Rezeption des Hirntodkonzepts in Deutschland. Dort hatte man das intensivmedizinische Am-Leben-Erhalten eines hirntoten Menschen, der nur noch ein „Ebenbild Gottes a. D."[785] sei, als „Vitalkonservierung einzelner Organe einer

---

[781] *Kirchenamt der EKD*, Schriftliche Stellungnahme, Deutscher Bundestag/Ausschuß für Gesundheit, Ausschuß-Drs. 13/585 v. 9.9.1996, S. 33ff. (34 a.E.).

[782] Zu dem Ergebnis, daß weder die EKD noch die röm.-kath. Kirche in Deutschland von der Gleichsetzung des Hirntods mit dem Tod des Menschen abweicht, kommt auch die Abg. *Schuchart* in ihrer Analyse insbesondere von Äußerungen der EKD, Stenographischer Bericht der 183. Sitzung des Deutschen Bundestages am 25.6.1997 (13. WP), S. 16446f.: „Die offiziellen Vertretungen beider Kirchen stehen auch heute zu ihrer Auffassung, daß sie sich mit aller Deutlichkeit der Aussage verweigern, ein Hirntoter sei ein Sterbender - das heißt also auch, ein noch Lebender - (...)." S. auch die Stellungnahme des kath. Sachverständigen *J. Gründel*, der eine einschlägige Äußerung *K. Lehmanns* folgendermaßen deutet: „er (...)hält (fest) an dem Satz - ich zitiere ihn -, daß das irdische Leben eines Menschen unumkehrbar zu Ende ist, wird mit der Feststellung des Hirntodes zweifelsfrei erwiesen. So die Formulierung in der Erklärung der beiden Kirchen" (*J. Gründel*, Protokoll der 17. Sitzung des Bundestagsgesundheitsausschusses am 28.6.1995 [13. WP], S. 12 - l. Sp. m.).

[783] *Römelt*, S. 11.

[784] Dazu die schriftliche Stellungnahme der EKD, Bundestagsrechtsausschuß, Ausschuß-Drs. 8/167-1, S. 1f., die im wesentlichen auf die Position des kath.-theol. Sachverständigen *J. Gründel* verweist, der durchweg irrtümlich als „Gründler" bezeichnet wird.

[785] *Thielicke*, Diskussionsbemerkung, S. 1097 - das Rundgespräch fand am 12. April 1969 statt. Auch der Bericht des Münchener Merkur, Nr. 89 v. 14.4.1969, S. 13, weist

C. Das Hirntodkonzept im Spiegel nichtrechtswissenschaftlicher Äußerungen

unbestatteten Leiche"[786] bezeichnet, den hirntoten Menschen metaphorisierend als „biologische Larve"[787] qualifiziert und - in der Absicht, das (Ganz-)Hirntodkonzept zu explizieren - sogar behauptet: „Der unwiderrufliche Tod ist (...) bereits mit dem endgültigen Verlust der Funktionsfähigkeit des *Groß*hirns eingetreten."[788] Zwar gab es auch in der Frühzeit der Rezeption schon skeptische Stimmen, die die Begründung des Hirntodthese durch den Verweis auf den Verlust bspw. von „Denkfähigkeit, Sprachfähigkeit, Selbstbewußtsein usw."[789] als unzulässig verwarfen (weil dies nur den Ausfall der Großhirnrinde, mithin - in heutiger Terminologie - den Teilhirntod voraussetze) und die stattdessen - biologisch argumentierend - annahmen, erst der Funktionsausfall des gesamten Gehirns (genauer: des Stammhirns) leite den „baldigen Verlust der biologischen Funktionseinheit des Organismus ein"[790]: „Da der Hirntod, und zwar ausschließlich der Tod des Gesamthirns, diesen Zusammenbruch der Integration des Gesamtorganismus endgültig einleitet und unwiderruflich macht, darf er mit Recht als Terminus angenommen werden, von dem ab die Person tot ist, und also als Kriterium für den Tod des Individuums Mensch gelten."[791] Erst heute aber - im Deutungskampf um die Interpretation des Hirntod-Zustands stehend - ist im evangelischen Bereich die Bereitschaft vorhanden, einschlägigen Fragen ohne hirntodkonzept-bejahendes Vorurteil nachzugehen: „Wann ist ein Mensch tot? Wo sind die unantastbaren Grenzen leiblicher Integrität zu ziehen? Diese Fragen müssen heute öffentlich diskutiert und beantwortet werden."[792] Der gegen die Kritik an der Hirntodkonzeption empfohlene Rekurs auf die (vermeint-

---

auf die prägnante Formulierung *Thielickes* hin. S. auch die Äußerung des Abg. *Hintze*, der Ausbildung nach evangelischer Theologe: „Das Metapysische gibt es nicht ohne das Physische, den Geist nicht ohne das Gehirn" (Stenographischer Bericht der 183. Sitzung des Deutschen Bundestages am 25.6.1997 [13. WP], S. 16441 [B]). Ausdrückl. gegen den Abg. *Hintze* der Abg. *Büttner*, S. 16442 (D) a.E.: „Ich sage Ihnen als Christ: Ich setze Gehirn nicht gleich mit Geist." Außerdem krit. der Abg. *von Klaeden*, ebda., S. 16413 (D): „Die metaphysische Dimension des Menschen läßt sich (...) nicht in einem Organ lokalisieren. Sie ist etwas grundsätzlich anderes als seine Bewußtseinsfähigkeit oder Geistigkeit. Die Behauptung, diese Lokalisierung medizinisch-naturwissenschaftlich nachweisen zu können, hat die Qualität eines Gottesbeweises."

[786] So erneut der evangelische Ethiker *Thielicke*, Wer darf leben?, S. 62.

[787] So erneut *Thielicke*, Das Recht des Menschen auf seinen Tod, S. 1067: „Dieses identisch Bleibende ist das Selbstbewußtsein und die damit verbundene Fähigkeit des Menschen, sich selbst zu ergreifen und auf das hin zu entwerfen, was ihm als seine Bestimmung gilt. (...) Dort, wo dieses Selbstbewußtsein dauernd und radikal ausfällt, wo keine Ansprechbarkeit mehr vorliegt und auch in eindeutiger Weise nicht mehr regenerierbar ist, ist die Signatur des humanum erloschen und ist nur die biologische Larve dessen übrig geblieben, was einmal als menschliche Existenz dieses Gefäß erfüllte."

[788] So der evangelische Systematiker *Jüngel*, Tod, S. 33 - Hervorhebung nur hier.

[789] *Eibach*, Recht auf Leben - Recht auf Sterben, S. 82.

[790] *Eibach*, Recht auf Leben - Recht auf Sterben, S. 83.

[791] *Eibach*, Recht auf Leben - Recht auf Sterben, S. 111.

[792] *Linßen*, S. 133 (r. Sp. u.); *Foitzik*, S. 439 a.E.: „Vorbehalte müssen ernstgenommen werden und dürfen sicherlich nicht bereits im Vorfeld mit dem Etikett ‚weltanschaulich' oder ‚emotional und irrational' disqualifiziert werden."

liche) „Gnade der Sachlichkeit" und den Auftrag der Theologie, „die Fackel der Hoffnung zu tragen, den Fortschritt nicht als Fluch zu diffamieren, sondern in ihm den Segen zu entdecken",[793] kann demgegenüber nicht von einer normativen Bewertung des - der Medizintechnik zu verdankenden - Phänomens „Hirntod" dispensieren.

3. Weitere Stellungnahmen, insbesondere die Kritik Hans Jonas'

Einer plural ausdifferenzierten Rechtsgesellschaft angemessen, wurden im Zuge des Transplantationsgesetzgebungsverfahrens der neunziger Jahre auch nichtchristliche Stimmen gehört. Der Zentralrat der Juden weist darauf hin, daß „die rabbinische Tradition (...) das Aufhören der Atemtätigkeit als ausschlaggebend (betrachtet). Zur Frage: ‚Wann ist der Mensch tot?' gibt die Halacha, die verbindliche jüdische Gesetzesauslegung, zwei Definitionen: Aussetzen der Atemtätigkeit und Aussetzen des Pulsschlages. Das heißt, daß der Mensch als tot gilt, wenn sowohl Atmung wie Pulsschlag aufgehört haben. Dem Gehirntod wird in der Halacha keinerlei Bedeutung zugemessen. Hingegen sind nach unserem Standpunkt selbst ungesteuerte Reflexe des autonomen Nervenssystems als Leben zu werten."[794] Der Zentralrat der Muslime in Deutschland geht davon aus, daß der Hirntod der Tod des Menschen sei; die Definition der Bundesärztekammer werde „auch von uns vertreten".[795] Hinzu kommen Stimmen aus dem Bereich der nicht (explizit) konfessionell oder religiös gebundenen Philosophie bzw. Ethik, die das Thema - in der Bewertung freilich disparat - zunehmend entdecken. Die prominenteste Kritik ist indes schon nahezu dreißig Jahre alt.

Der vermutlich erste Kritiker der Hirntodkonzeption war der Philosoph Hans Jonas, der bereits 1968 dezidierte Zweifel an der Tragfähigkeit der Gleichsetzung von Hirntod und Tod des Menschen äußerte. Jonas' Bedenken entzündeten sich an der bekannten - freilich für Deutschland (wie wir noch sehen werden)[796] in ihrer Bedeutung überschätzten - Erklärung des Ad-hoc-Kommitees der Harvard Medical School aus dem Jahre 1968, in der hirntote Menschen mit Toten gleichgesetzt wurden. In den USA lebend und lehrend und mit medizinethischen Fragen befaßt, war Jonas diese Erklärung und ihre enorme Wirkung zumindest in den USA nicht entgangen. Der deutschen Öffentlichkeit dürfte

---

[793] So *Stroh*, Organentnahmen in der ethischen Anfrage, S. 194 (m. Sp. o.).

[794] *Zentralrat der Juden in Deutschland*, Schriftliche Stellungnahme (korrigierte Fassung), Deutscher Bundestag/Ausschuß für Gesundheit, Ausschuß-Drs. 13/598 v. 24.9.1996, S. 25ff. (28). *Novak*, S. 1308, weist freilich auf dies hin: „The question of precisely when human life ends is an issue of much current debate among contemporary Jewish bioethicists." Ablehnend aus orth.-jüd. Sicht auch *Byrne/O'Reilly/Quay*, S. 1989.

[795] *Zentralrat der Muslime in Deutschland*, Schriftliche Stellungnahme, Deutscher Bundestag/Ausschuß für Gesundheit, Ausschuß-Drs. 13/19 v. 3.7.1995, S. 10ff. (11).

[796] In Abschn. D. II. 3. dieses Kapitels.

Gelegenheit zur Kenntnisnahme der Kritik erst durch eine überarbeitete, in deutscher Sprache vorgelegte Fassung Mitte der achtziger Jahre gegeben worden sein.[797] Jonas erneuerte seine Kritik anläßlich der Ereignisse um das sog. Erlanger Baby in einem Brief an den befreundeten Rechtsmediziner Hans-Bernhard Wuermeling, der bei der Rechtfertigung der Entscheidung der Erlanger Ärzte eine maßgebliche Rolle spielte.[798] Jonas argumentiert u. a. vom Organismus-Begriff her. Ihn überzeuge es nicht, den „Organismus als ganzen" als interagierende Einheit der Vitalfunktionen nur deshalb für tot zu erklären, weil das Gehirn ausgefallen sei und die zum Teil untergegangene Spontaneität des Organismus intensivmedizinisch kompensiert werde. Jedenfalls sei der „Verdacht (...) nicht grundlos, daß der künstlich unterstützte Zustand des komatösen Patienten immer noch ein Restzustand von Leben ist (wie er bis vor kurzem auch medizinisch allgemein angesehen wurde). D. h., es besteht Grund zum *Zweifel* daran, daß selbst ohne Gehirnfunktion der atmende Patient vollständig tot ist. In dieser Lage unaufhebbaren Zweifels besteht die einzig richtige Maxime für das Handeln darin, nach der Seite vermutlichen Lebens hinüberzulehnen."[799] Der „Zweifel - das letztliche Nichtwissen um die genaue Grenze zwischen Leben und Tod - sollte der Lebensvermutung den Vorrang geben (...)."[800]

Diese Sicht gleichsam des „Großkritikers" der Gleichsetzung von Hirntod und Tod des Menschen wird in der philosophischen Ethik nicht durchweg geteilt. „Der Hirntod ist nicht etwa nur das Ende der Geistigkeit des Menschen, er ist das Ende der Personalität, und das heißt: der Einheit von Geistigkeit und Leiblichkeit."[801] Daß es bei der Frage nach dem Hirntod um den Gehalt des Person-Begriffs geht, hatten im Anschluß an Hans Jonas schon 1992 (in einem vor dem „Erlanger Fall" angefertigten Aufsatz) der Mediziner Johannes Meran und der Philosoph Sebastian Poliwoda betont; die Überzeugungskraft des Hirntodkonzepts stellten sie deutlich in Frage.[802] Mit dem Eintritt des Hirntodes - so liest man - sei die „Zeit leiblich-geistiger Einheit" des Menschen zu Ende gegangen; der Hirntote sei kein Leib, kein lebender Mensch mehr, „weil die für Leiblichkeit konstitutive Vernetzung mit Geistigkeit infolge des Hirntods un-

---

[797] *Jonas*, Gehirntod und menschliche Organbank, S. 219ff.; dort auch Hinweise zur zwischen 1968 und 1970 entstandenen und erstveröffentlichten Kritik in englischer Sprache (S. 223/S. 324).
[798] *Jonas*, Brief an Hans-Bernhard Wuermeling, S. 21ff.; Angaben zur Person dort S. 25f.
[799] *Jonas*, Gehirntod und menschliche Organbank, S. 233 - Hervorhebung im Original; zum Organismus und zur Spontaneität S. 227ff.
[800] *Jonas*, Brief an Hans-Bernhard Wuermeling, S. 24 a.E.
[801] *J.P. Beckmann*, S. 304; auf das „als Sitz der Personalität geltende Gehirn" weist auch *Hildt*, S. 221, hin.
[802] *Meran/Poliwoda*, S. 168f. - eingegangen ist der Beitrag bei der Zeitschrift am 22.8.1992, angenommen zur Publikation wurde er am 11.9.1992, erschienen ist er in H. 4 der Zeitschrift (Hinw. auf S. 171).

möglich geworden ist."[803] „Es gilt (...) folgendes Kriterium für den Tod des Menschen: Der irreversible Ausfall des Hirns als ganzem ist das Ende des integrierten Lebensprozesses und damit der Tod des menschlichen Individuums."[804] Auch der - im Wissenschaftlichen Beirat der Bundesärztekammer tätige und maßgeblich an der Abfassung jüngerer Stellungnahmen dieses Gremiums zur Legitimation des Hirntodkonzepts beteiligte - Medizinethiker Dieter Birnbacher ist der Auffassung, daß der hirntote Mensch tot sei, wie er bewußt „apologetisch" ausführt.[805] Diese Auffassung bleibt nicht ohne Widerspruch; denn nach anderer Ansicht bedeutet eine „Organentnahme beim Hirntoten (...) wahrscheinlich eine Tötung."[806] Kurz - so das Fazit eines philosophischen Beobachters der Diskussion: „die Frage der Anerkennung des Hirntodes als Tod des Menschen (wird) nicht ohne berechtigte Zweifel in der öffentlichen Diskussion betrieben"; aufgrund der „berechtigte(n) Kritik" besteht ein „breiter Konsens in der Bevölkerung derzeit nicht (...).""[807]

Besteht immerhin - diese Frage ist im Zuge der Rekonstruktion der Rezeption des Hintodkonzepts noch zu stellen - in der deutschen Medizin ein Konsens über die Tragfähigkeit der Hirntodkonzeption?

II. Das Hirntodkonzept im Spiegel medizinischer Stellungnahmen

Die Antwort fällt eindeutig aus: Repräsentiert durch spezialisierte Mediziner, einige Fachgesellschaften und die Bundesärztekammer, hält „die" Medizin in Deutschland die Gleichung „Hirntod = Tod des Menschen" für zutreffend. Seit den sechziger Jahren hat sich daran in der Medizin dem Grunde nach nichts geändert Allenfalls variiert die Dichte der Argumente, die das Hirntodkonzept als überzeugend ausweisen sollen. Kritische Stimmen sind eine Seltenheit.

1. Die „Entdeckung" (Erstbeschreibung) des Hirntodes (coma dépassé) im Kontext der Debatte um die Grenzen der Behandlungspflicht

Der Beginn allen Nachdenkens über das Hirntodkonzept ist die Erstbeschreibung des Hirntodes, so wie er als Phänomen nur unter intensivmedizinischen Bedingungen beobachtbar ist. „Entdecker" des Hirntodes in genau *diesem*

---

[803] *J.P. Beckmann*, S. 304; s. auch *dens.*, Schriftliche Stellungnahme, Deutscher Bundestag/Ausschuß für Gesundheit, Ausschuß-Drs. 13/591 v. 16.9.1996, S. 4ff. ausf. zur Hirntodkonzeption.
[804] *Quante*, S. 177.
[805] *Birnbacher*, Einige Gründe, das Hirntodkriterium zu akzeptieren, S. 28.
[806] *Türk*, S. 23.
[807] *C. Breuer*, S. 99.

- notwendig vom intensivmedizinischen Kontext abhängenden - Sinne sind die französischen Ärzte Mollaret und Goullon.[808] Erst die Möglichkeit, einen Herz- und Atmungsstillstand durch Reanimationstechniken aufzuheben und einen Patienten in diesem Zustand intensivmedizinisch am Leben zu erhalten, machte das jenseits der bekannten Komaformen (deshalb coma dépassé)[809] angesiedelte Phänomen sichtbar, das dann später Hirntod genannt wird.[810] Für Mollaret und Goullon stellt sich die Frage, ob die Behandlung dieser Patienten, für die nicht die geringste Aussicht auf Besserung besteht, abgebrochen werden dürfe. Dabei gingen sie *nicht* davon aus (was bei der Rezeption dieser Arbeit häufig übersehen wird),[811] daß diese Patienten schon tot seien.[812] Die Frage nach der genauen Grenze zwischen Leben und Tod stelle sich angesichts des coma dépassé zwar verschärft; indes gelte vorerst, was Pius XII. 1957 ausgeführt habe: „des considérations générales permettent de croire que la vie continue aussi longtemps que ses fonctions vitales - à la différence de la simple vie des organes - se manifestent spontanément ou même à l'aide de procédés artificiels."[813] In einem 1962 in Deutschland erschienen Beitrag wird Mollaret deutlicher.[814] Beim Anblick der Patienten im coma dépassé, die sich in einem „jammervollen Zustand"[815] befänden, gewinne man den Eindruck, „daß ein maskierter Tod bereits sein Werk vollendet"[816] habe. Jedenfalls liege es nahe, hier alle weiteren Bemühungen einzustellen und die sinnlosen (auch: finanzintensiven) Aufwendungen

---

[808] *Mollaret/Goulon*, S. 3ff.; Hinweis darauf etwa bei *A. Jung*, Die französische Rechtslage, MedR 1996, S. 355 a.E.

[809] *Kelly*, S. 818: „a condition beyond deep coma" - zum (Ganz-)Hirntod. S. auch *Besser*, Nr. 2.34: „Der dissoziierte Hirntod wird mit dem Individualtod gleichgesetzt, da sein Nachweis die Irreversibilität des Komas bedeutet und selbst eine minimale Restitution auf die Ebene des vegetativen Status (apallisches Syndrom) ausgeschlossen ist."

[810] „Das Coma dépassé ist durch ein Überleben von Körperorganen per Hirntod gekennzeichnet und wird durch künstliche Beatmung und Aufrechterhaltung der Kreislauffunktion ermöglicht. Durch die Fortschritte der Intensiv-Medizin, namentlich der Reanimation, sind derartige Fälle, die mit einer Vita reducta einhergehen, zunehmend häufiger anzutreffen." *Adebahr/Klöppel/Weiler*, S. 279.

[811] So mit Recht *Hoff/in der Schmitten*, Kritik der „Hirntod"-Konzeption, S. 156.

[812] *Mollaret/Goulon*, S. 4f.- Hervorhebung im Original: „La survie d'un tel malade, en effet, cesse *automatiquement* dès que le contrôle respiratoire ou circulatoire est arrêté. (...) Cette survie prend véritablement fin quand l'arrêt cardiaque est définitif, tout recours à une circulation extracorporelle étant actuellement exclu." Also: Erst das Absetzen der intensivmedizinischen Behandlung beendet das Überleben (survie) des Kranken.

[813] *Mollaret/Goulon*, S. 13 (Allgemeine Betrachtungen legen nahe, daß das Leben so lange weitergeht, wie seine Vitalfunktionen - im Unterschied zum einfachen Organleben - sich spontan oder mit Hilfe künstlicher Mittel manifestieren). Es handelt sich um ein Zitat aus dem bekannten Beitrag des Papstes zum Thema „Grenzen der Behandlung", dazu oben die Hinweise bei und in Fn. 756ff.

[814] *Mollaret*, S. 1539ff.

[815] *Mollaret*, S. 1543.

[816] *Mollaret*, S. 1543.

anderen Patienten mit wirklicher Genesungschance zukommen zu lassen.[817] Das Abstellen der Geräte ist aber eine Maßnahme, die Mollaret in erkennbar skrupulöser Achtung vor dem Leben nicht vornehmen will.[818] Gleichsam als Ausweg aus der unausgesprochenen Befürchtung, mit dem Abstellen der Geräte womöglich zu töten, stellt Mollaret eine andere Frage: „Wo liegt die genaue Grenze zwischen Leben und Tod?".[819] Es gebe diese Grenze, diesen „einen Augenblick"[820] der Übergangs vom Leben zum Tod. Er sei zu bestimmen unter Besinnung auf das Charakteristische des Lebens: „Liegt das Charakteristikum des Lebens nicht in einer Skala schöpferischer Aktivität, in dem Vermögen zu harmonisch geregelten Synthesen durch das Zusammenspiel der Organe (...)?"[821] Die „Administration der Atmung, des Kreislaufs (...) haben ihre Funktionen niedergelegt und so den vitalen Konkurs ausgelöst."[822] Das heißt: Mollaret ist der Ansicht, beim Coma-dépassé-Patienten fehle die Selbsttätigkeit dieser Funktionen, die eben nicht mehr von selbst, sondern aufgrund maschineller Unterstützung erfolge. Mollaret betont zudem, „daß es kein zwangsläufiges Zusammentreffen von Augenblick des Todes und Augenblick des Herzstillstandes gibt."[823] Der Zeitpunkt könne sich im Sinne einer „inverse(n) Verschiebung"[824] nach vorne verlagern, „invers deswegen, weil sie sehr lange dauern und sich über Stunden, ja einige Tage erstrecken kann, *vor* dem Herzstillstand: Das ist der Fall beim Coma dépassé, wo das Gehirn nur noch ein Brei ist: Es ist nicht mehr ein Lebender, der sich äußert, alles ist reduziert auf gelegentliches eintöniges Knirschen des bemitleidenswertesten der Roboter."[825] Der Herzstillstand sei zwar „die häufigste Ursache"[826] des Todes. Aber die „gewohnte Koinzidenz" von Tod und Herzstillstand müsse korrigiert werden: „Alles in allem, es gibt nicht *einen* Tod, sondern Todestypen, Todessyndrome (...).'"[827]

Mollaret ringt sich in diesem Beitrag zwar nicht unmißverständlich dazu durch, den Coma-dépassé-Patienten als Toten zu bezeichnen. In der Sache vollzieht er die Gleichsetzung aber durchaus. Der Patient ist „nicht mehr ein Lebender", er ist einem Roboter - also einem Nicht-Menschen - vergleichbar, ihm fehlt (so kann man die Argumentation zusammenfassen) das (angeblich) Charakteristische des Lebens: die *eigen*-„schöpferische Aktivität" des sich integrie-

---

[817] *Mollaret*, S. 1543: „Ist es nicht viel menschlicher, die Chancen den Neuankommenden zu geben?"
[818] Vgl. *Mollaret*, S. 1543 (r. Sp. o. vor 2.).
[819] *Mollaret*, S. 1544 (r. Sp. m.).
[820] *Mollaret*, S. 1544 (r. Sp. u.).
[821] *Mollaret*, S. 1545 (l. Sp. o.).
[822] *Mollaret*, S. 1545 (l. Sp. o.).
[823] *Mollaret*, S. 1545 (l. Sp. m.).
[824] *Mollaret*, S. 1545 (r. Sp. o.).
[825] *Mollaret*, S. 1545 (r. Sp. o.).
[826] *Mollaret*, S. 1545 (r. Sp. m.).
[827] *Mollaret*, S. 1545 (r. Sp. m.).

renden Organismus, die *Selbst*tätigkeit zentraler organismusbedingender Funktionen: „alles ist reduziert", reduziert zum „vitalen Konkurs". Mehr im Hintergrund stehen Erwägungen, die den „denkbar schlechtesten Zustand"[828] des Patienten als unerträglich, „jammervoll", d. h.: als nicht (über)lebenswert, nicht wirklich menschlich erscheinen lassen. Damit aber deuten sich bei Mollaret - wenn auch nur schwach - bereits die beiden Ansätze an, die später eine klare inhaltliche Form annehmen: die Geistigkeits- und die biologisch-zerebrale Theorie. Es ist wichtig zu sehen, daß Mollaret sich nicht zur Organtransplantation äußert; sie spielte in der damaligen medizinischen Praxis noch keine Rolle. Sein Problem sind die Grenzen der Behandlungspflicht beim intensivmedizinisch versorgten Patienten, der zerebral so schwer geschädigt ist, daß selbst eine maschinelle Versorgung das spontane Versagen des Organismus nur wenige Tage aufzuhalten vermag. Mollaret ringt sich (wenn auch verhalten) nur auf *diesem* Hintergrund dazu durch, den Coma-dépassé-Patienten als „nicht mehr (...) Lebende(n)"[829] zu qualifizieren, nur um einen Grund zu finden, Patienten in diesem Zustand nicht mehr weiter behandeln zu müssen. Weil sich in seinen Augen - juristische Überlegungen dazu lagen, wie Mollaret treffend bemerkt, noch nicht vor -[830] das Abstellen der Geräte verbietet, wenn der Coma-dépassé-Patient noch lebt, muß er tot sein, um die Geräte legitimerweise abstellen zu dürfen.

Im Kontext der Debatte über den Behandlungsabbruch nach Reanimation von Schwerst-Hirngeschädigten mit infauster Prognose vollzieht sich die weitere Debatte über den Hirntod. Die „Frage, ob man den Tod in bestimmten Fällen nicht als ‚Gehirntod' definieren sollte, wird zur Zeit lebhaft diskutiert (...)."[831] Zusammen mit seinem Mitarbeiter Erich Liebhardt spielt der Rechtsmediziner Wolfgang Spann bei der Etablierung des Hirntodkonzepts eine entscheidende - nach der Eigeneinschätzung: *die* entscheidende - Rolle.[832] Spann ging in einem 1964 vorgetragenen und 1966 veröffentlichten (später in weiteren Publikationen vertieften) Beitrag davon aus, daß das gängige Todeskriterium des Herz-Kreislaufstillstands unter den Bedingungen der Reanimation nicht mehr ausreiche. Zudem: „Wollte man sich bei der Beurteilung derartiger Fälle mit der klas-

---

[828] *Mollaret*, S. 1543 (l. Sp. direkt unter B.).
[829] *Mollaret*, S. 1545 (r. Sp. o.).
[830] *Mollaret*, S. 1543 (r. Sp. direkt unter 2.).
[831] So die Rechtsmediziner *Adebahr/Schewe*, S. 10.
[832] *Spann*, Kalte Chirurgie, S. 141: „Mitte der 60er Jahre gingen mein Mitarbeiter Liebhardt und ich daran, eine neue Todesdefinition zu entwickeln." *Eisenmenger/Spann*, S. 509: „Diese Definition [Gehirntod = Individualtod, Anm. St. R.] wurde von uns (Spann) auf dem Ersten Internationalen Kongreß für Transplantologie 1968 vorgetragen und in einer Resolution angenommen. Sie findet seitdem internationale Anerkennung." *Sonnenfeld*, S. 31, behauptet, *Spann u. a.* hätten in der Münchener Medizinischen Wochenschrift 1967, S. 2161ff. den Begriff „Hirntod" als erste verwendet. Das trifft nicht zu; der Begriff „Hirntod" wird in der erwähnten Publikation kein einziges Mal verwendet.

sischen Definition begnügen, so bestünde die Verpflichtung, jede künstlich aufrechterhaltene Atmung ad infinitum in Gang zu halten", denn „jedes Abschalten eines Reanimationsgerätes (...) (käme) möglicherweise einer aktiven Tötung bzw. einer Tötung auf Verlangen gleich(...)."[833] Hier biete sich - bei der ärztlichen Aufgabe der Todesfeststellung -[834] der Rückgriff auf den Ausfall des Gehirns an. „Entscheidend für das Leben eines Menschen *kann doch wohl nur* das Leben seines Zentralorgans sein. Der Organtod des Gehirns ist nicht nur strafrechtlich gleichbedeutend mit dem Tod des Gesamtorganismus, sondern unvereinbar mit Mensch und Leben."[835] „*Mit Sicherheit* ist der menschliche Geist, der die Einzigartigkeit der menschlichen Individualität bedingt, das Produkt des Gehirnes und nicht des Herzens."[836] Zuweilen wird der irreversible Ausfall des Gehirns mit dem unwiederbringlichen Funktionsausfall des gesamten Zentralen Nervensystems (ZNS) - zu dem nicht nur das Gehirn zählt - gleichgesetzt,[837] das ändert aber nichts daran, daß der „Organtod des Gehirns als (...) Tod des Individuums"[838] gilt, als „Gehirntod"[839]. „Schlägt (...) das Herz, ist das Gehirn aber tödlich geschädigt, so wird durch die erhaltene Herzfunktion nicht Leben bewiesen. So wie in den Fällen von Strangulation oder Dekapitation (ohne Reanimation) der Herzschlag den Tod ‚überlebt'. Da der Funktionszustand des Gehirns nach unserer Meinung für das Beurteilen von Leben und Tod ausschlaggebend ist, kann in solchen Fällen das EEG die Entscheidung bringen."[840] Man habe „nach dem Punkt im Organismus" gesucht, „der bei auftretendem Sauerstoffmangel am frühesten irreversibel geschädigt wird und dessen Bedeutung im Zusammenspiel der einzelnen Organsysteme zugleich so groß ist, daß der Ausfall mit dem Leben nicht vereinbar ist."[841] Dieser Punkt sei das Gehirn. W. Spann und Mitarbeiter erläutern Diagnostiken (vor allem die Anwendung des EEG), um die Irreversibilität des als coma dépassé bekannten „Dezerebra-

---

[833] *Spann*, Strafrechtliche Probleme, S. 28/29 - Hervorhebung nicht im Original. Hinweis auf das Vortragsjahr 1964 bei *Spanns* Schüler (und Nachfolger) *Eisenmenger*, S. 4, S. 7 Anm. 15 und (ohne Hinweis auf den Publikationsort) bei *Spann* selbst, Die Bestimmung des Todeszeitpunktes, S. 264: „Diese Überlegung hat uns bereits im Jahre 1964 dazu veranlaßt, den Tod als irreversiblen Ausfall des Gehirnes zu definieren."

[834] *Spann/Liebhardt*, Rechtliche Probleme, S. 675: „Gesetz und Recht (überlassen) die Bestimmung des Todes der Medizin"; so auch *Liebhardt/Spann*, Zur Frage der Organentnahme, S. 404.

[835] *Spann*, Strafrechtliche Probleme, S. 29 - Hervorhebung nicht im Original.

[836] *Spann/Liebhardt*, Reanimation, S. 1412 (r. Sp. m.) - Hervorhebung nur hier.

[837] *Spann*, Justitia und die Ärzte, S. 28; zum ZNS, zu dem Gehirn *und* Rückenmark gehören, bereits die Hinweise oben in Fn. 426.

[838] *Spann/Liebhardt*, Überlegungen, S. 455.

[839] *Liebhardt/Spann*, Naturwissenschaftlicher Beweis, S. 200.

[840] *Spann/Kugler/Liebhardt*, S. 2163.

[841] *Spann*, Die Bestimmung des Todeszeitpunktes, S. 264; Hinweis auf das „integrierende Phänomen des Lebens" bei *Masshoff*, S. 2473 a.E.

tionssyndrom(s)"[842] festzustellen. W. Spann präzisiert seine frühen Stellungnahmen später in einer wichtigen Hinsicht: Er weist nun darauf hin, daß die Todesfeststellung nicht bloß ein naturwissenschaftlicher Akt, sondern das Ergebnis einer „Wertung" sei, einer „Wertung, was als menschliches Leben im eigentlichen Sinne und was als unbeseelte Materie zu betrachten ist"; erforderlich sei eine „wertende Übereinkunft", die angesichts der gesamtgesellschaftlichen Konsequenzen die Ärzte nicht allein treffen könnten, es sei denn, sie würden „durch die Gesellschaft dazu legitimiert".[843] Warnend weist er die Berücksichtigung allein der irreversiblen Bewußtlosigkeit als Todeskriterium zurück: „Die irreversible Bewußtlosigkeit würde uns in die Nähe der Vernichtung lebensunwerten Lebens bringen (...)."[844] Diese Präzisierung der Position erfolgt unter dem erkennbaren Eindruck der Auffassung E. Liebhardts, die dieser in einer zusammen mit H.-B. Wuermeling vorgelegten Publikation dargelegt hatte.[845] Entscheidend für die ersten 1966 publizierten Arbeiten Spanns und Liebhardts 1966 ist,[846] daß sie deutlich *vor* den ersten (homologen/allogenen) Herztransplantationen entstanden sind und den Gehirntod als Tod des Menschen primär deshalb favorisieren, weil man damit zu einem zulässigen Behandlungsabbruch kommen kann;[847] sekundär ist die Frage nach der Zulässigkeit von Transplantationen.[848]

Namentlich die Arbeiten von Spann und Liebhardt belegen, daß bereits in den sechziger Jahren - deutlich *vor* der ersten (homologen/allogenen) Herztransplantation - in der deutschen Medizin die Bereitschaft erkennbar war, den Organtod des Gehirns als Zeichen für den Tod des Menschen anzuerkennen. Dabei spielte die Erfahrung der (neuro-)chirurgischen Intensivmedizin eine große Rolle, die im Zuge namentlich der Zunahme der Zahl von Straßenverkehrsverunfallten mit dem Problem des Behandlungsabbruchs konfrontiert war und nach einem normativ korrekten Ausweg suchte.[849] Schon 1963 legen die

---

[842] *Spann*, Vorstellungen zur Gesetzgebung, S. 2255; insb. *Spann/Kugler/Liebhardt*, S. 2161ff.
[843] *Spann*, Vorstellungen zur Gesetzgebung, S. 2254.
[844] *Spann*, Vorstellungen zur Gesetzgebung, S. 2254 (l. Sp. m.).
[845] *Liebhardt/Wuermeling* (1968), S. 1665; s. auch den Hinweis auf die unvermeidliche „Wertung" bei *Spann/Liebhardt*, Überlegungen, S. 456 a.E., und *Liebhardt/Spann*, Naturwissenschaftlicher Beweis, S. 200.
[846] *Spann/Liebhardt*, Reanimation, S. 1410ff.; *Spann*, Strafrechtliche Probleme, S. 26ff.
[847] So auch *Spann*, Kalte Chirurgie, S. 141 a.E.: „In erster Linie ging es damals um das praktische Handeln in der Intensivmedizin und nur theoretisch um die Transplantation, die seinerzeit erst mit der Niere ihre[n] Anfang nahm."
[848] Hinweise auf die Bedeutung des Todeszeitpunktes für die Transplantatentnahme bei *Spann/Kugler/Liebhardt*, S. 2161; *Spann/Liebhardt*, Rechtliche Probleme, S. 675.
[849] Vgl. *Tönnies*, S. 1ff.; außerdem *Tönnies u. a.*, S. V, S. 1ff., S. 5ff. Die berühmte Stellungnahme von *Pius XII.* (S. 243f., vorgelegt am 24.11.1957) zu den Grenzen der Wiederbelebungspflicht sollte auf diesem Hintergrund begriffen werden. Aus medizinhistorischer Sicht dazu auch *Schellong*, S. 6 - 89, auf S. 145f. zur Erklärung Pius. XII.

deutschen Neurochirurgen Tönnies und Frowein (Frowein wird später an der Abfassung der Hirntod-Richtlinien der Bundesärztekammer beteiligt sein) eine Arbeit vor, in der es heißt: „Bei den hier besprochenen Patienten" - gemeint sind Patienten mit „cerebrale(m) Zirkulationsstand" - „muß (...) der Stillstand der Hirndurchblutung als Zeitpunkt des Todes *gewertet* werden."[850] Dies sei der „cerebrale Tod"[851]: „Die künstliche Beatmung darf dann, trotz des noch schlagenden Herzens abgestellt werden."[852] Eine weitere künstliche Beatmung sei „zwecklos", weil die „Wiederbelebungszeit des Gehirns überschritten" sei; diese Einsicht sei wichtig, „weil in den letzten Jahren Diskussionen um die Berechtigung einer solchen vermeintlich willkürlichen Ersetzung des Zeitpunktes des Todes aufgetreten sind (Mollaret u. a.). - Die Meinungsverschiedenheiten beruhten darauf, daß als Zeitpunkt des Todes nur der Herzstillstand angesehen wurde."[853] Schon 1961 merkt der Neurochirurg Rudolf Kautsky an: „Das schwerste Problem des Fragenkreises ist jedoch, ob und wann man die einmal begonnene Beatmung (...) wieder abbrechen darf? Die Frage wird aktuell, wenn etwa bei einer höchstgradigen Hirnschädigung die Herztätigkeit tagelang nur durch künstliche Atmung aufrechterhalten wird, während das Gehirn sowohl klinisch wie auch elektro-encephalographisch keine Funktionen mehr zeigt."[854] Er antwortet: „(D)em Gehirn (kommt) [wahrscheinlich sogar nur in bestimmten Teilen] eine einzigartige Bedeutung für die Manifestation des Geistes zu(...). Wenn (...) diese Teile des Gehirns ganz und gar fehlen oder irreversibel ausgefallen sind, also ein Wirksamwerden der Geistseele nicht einmal potentiell (...) gegeben ist, kann man nicht oder nicht mehr von einem lebenden Menschen sprechen. Es handelt sich dann vielmehr um einen Leichnam mit mehr oder weniger künstlich oder spontan erhaltenen Teilfunktionen [Atmung, Kreislauf usw.], um das, was man in der Physiologie ein überlebendes Präparat nennt. [Ebenso könnte man bei einer Mißgeburt, der das Gehirn total fehlt, nicht von einem Menschen sprechen.] In diesen Fällen bestünde demnach, um auf unsere Ausgangsfrage zurückzukommen, überhaupt keine Verpflichtung, ärztliche Maßnahmen, wie künstliche Atmung oder Herztätigkeit, zur Weiterführung dieser Funktionen aufrechtzuerhalten; man dürfte sie ohne weiteres abbrechen, auch wenn dadurch der Rest an Spontanfunktionen zum Stillstand käme. (...)" Die Frage ist nur: „Aus welchen Symptomen läßt sich die irreversible und totale Hirnschädigung mit hinreichender Sicherheit erschließen?"[855]

---

[850] *Tönnies/Frowein*, S. 188 - Hervorhebung nur hier; für „cerebralen Zirkulationsstand" S. 186 und S. 169ff., S. 183ff.
[851] *Tönnies/Frowein*, S. 187, S. 189.
[852] *Tönnies/Frowein*, S. 189.
[853] *Tönnies/Frowein*, S. 187f.
[854] *Kautsky*, Der ärztliche Kampf, S. 312.
[855] *Kautsky*, Der ärztliche Kampf, S. 314f. - eckige Klammern im Original.

C. Das Hirntodkonzept im Spiegel nichtrechtswissenschaftlicher Äußerungen   195

Am Ende der sechziger Jahre führt das Interesse der medizinischen Zunft zu verschiedenen Kongressen, die das Thema „Hirntod als Tod des Menschen" vertieft abhandeln. Auf der Jahrestagung der Deutschen Gesellschaft für Neurochirurgie im Juni 1968 votiert Kautsky dafür, „den Gehirntod mit dem Tod des Menschen gleichzusetzen".[856] In einer Podiumsdiskussion am 20. Juni 1968 - zusammen mit Juristen und Theologen (u. a. Claus Roxin und Franz Böckle) - stellt man fest, es bestehe „allgemeine Einigkeit darüber, zumindest dahin zu tendieren, den Partialtod des Gehirns als Tod des Menschen zu betrachten." Treffend hat Wolfgang Wagner dazu ausgeführt: „Daß auf einer eigens zu diesem Thema anberaumten, interdisziplinär besetzten Podiumsdiskussion sowohl medizinische als auch theologische und juristische Stellungnahmen zugunsten der These Gehirntod = Menschentod abgegeben wurden, beweist die zu dieser Zeit schon seit längerem vorherrschende Akzeptanz des Hirntodkonzeptes."[857] Auf einem weiteren Kongreß im Dezember 1968 werden vor allem die seinerzeit noch strittigen Fragen der Diagnostik abgehandelt; nicht strittig ist die Ausgangsthese: „Der Tod (...) kennzeichnet sich unter heutigen Voraussetzungen der Reanimation mehr und mehr durch den irreversiblen Funktionsverlust des Gesamthirns als dem wesensbestimmenden Merkmal der individuellen menschlichen Persönlichkeit."[858] Nur der Neurochirurg J. Gerlach - auf ihn ist noch näher einzugehen (unter 5.) - widerspricht der Gleichsetzung von Tod und Hirntod - ohne daß dies auf dem Kongreß besonders beachtet worden wäre.[859] Gerade dieser Kongreß, der über 100 Mediziner vornehmlich aus der Chirurgie, der Neurochirurgie und der Neurologie versammelt hatte, steht stellvertretend für die Sicht der Medizin dieser Zeit.[860] Fragen der Transplantation spielen in den Tagungsbeiträgen einschließlich der Diskussionsbemerkungen keine Rolle; allerdings werden im Anhang eine Reihe ausländischer Erklärungen vorgelegt, die auf den Zusammenhang von Hirntod und (Herz-)Transplantation eingehen.[861]

Abgerundet wird die Akzeptanz des Hirntodkonzepts in der Medizin zum Ende der sechziger Jahre durch eine Stellungnahme der „Kommission für Rea-

---

[856] *Kautsky*, Diskussionsbemerkung (1970), S. 44: „Sie wissen alle, daß man sich dazu entschlossen hat, wenigstens die meisten, den Gehirntod mit dem Tod des Menschen gleichzusetzen." - befürwortend in der Diskussion auch *Böckle* und *Roxin*.
[857] *W. Wagner*, S. 203f.
[858] *Gütgemann*, S. IIIf.; *Penin/Käufer*, Einleitung, S. X: „Wie aber stellt man fest, ob alle Funktionen eines Organes erloschen sind?"
[859] *Gerlach*, Diskussionsbemerkung, S. 54, u. a. dort auch „unbedingt(er) Einspruch" gegen die „Gleichsetzung des Cortex-Todes mit dem Menschentod"; Widerspruch auch auf S. 44f. mit Hinweis auf eigene krit. Veröffentlichungen (S. 45): „stimme ich der weitverbreiteten Ansicht nicht zu".
[860] Zum Tagungsband schreibt *O.H. Just*, S. 400: ein „geschlossene(r) Überblick über den bisherigen Stand der Kenntnisse des angeschnittenen Problems." Das Buch „verdient das Interesse aller medizinischer Fachdisziplinen."
[861] *Penin/Käufer (Hrsg.)*, S. 143ff., insb. S. 145f., S. 149ff., S. 152.

nimation und Organtransplantation der Deutschen Gesellschaft für Chirurgie".[862] Der „Gehirntod" - der Begriff wird verwendet - ist danach u. a. anzunehmen, wenn „die bisher gültigen Todeskriterien vorhanden sind (...)". „Hierbei besteht zwar eine geringe zeitliche Differenz von wenigen Minuten zwischen Herzstillstand und Gehirntod. Trotzdem darf der Gehirntod bereits zum leichter faßbaren Zeitpunkt des Herzstillstandes postuliert werden, um so mehr als in Anbetracht der inkurablen Gesamt-Situation Wiederbelebungsmaßnahmen nicht indiziert sind." „Der Gehirntod ist schon vor dem Aussetzen der Herzaktion bewiesen, wenn es im Falle einer direkten Schädigung des Gehirns durch äußere Gewalteinwirkung oder intracraniellen Druckanstieg" zu den typischen Symptomen des Hirntod-Zustands kommt. Also: „Grundsätzlich können aus medizinischer Sicht als Zeichen des Todes wie bisher die fehlende Atmung und Herztätigkeit sowie die sekundären Erscheinungen der Abkühlung, Muskelstarre und Totenflecke gelten. In Sonderfällen kann sich unter den Methoden einer modernen Reanimation (Herzmassage, künstliche Beatmung) der Prozeß des Sterbens jedoch so verändern, daß es nicht mehr ohne weiteres möglich ist, die Todeserklärung allein auf Grund eines Atem- und Kreislaufstillstands auszusprechen. Es ist vielmehr notwendig, diese Kriterien dann in eine Analyse des gesamten Krankheits- oder Unfallverlaufs einzubeziehen. Dabei ist vor allem der Zustand des Gehirns und dessen Abhängigkeit vom Kreislauf zu berücksichtigen." Und weiter heißt es: „Da ein zeitlich begrenzter desintegrierter Fortbestand peripherer Organfunktionen vorkommt, ist in Zweifelsfällen der Todeszeitpunkt vom Organtod des Gehirns abhängig zu machen. Hierunter ist die grobanatomische oder feinstrukturelle Zerstörung des Gehirns in seiner Gesamtheit zu verstehen, die zur Auflösung der biologischen Funktionseinheit führt und nach einem kürzeren oder längeren Zeitintervall den definitiven Verfall peripherer Organfunktionen nach sich zieht."

Es fällt auf, daß die die Erklärung, für die auch ein Strafrechtslehrer (Hanack) verantwortlich zeichnete, mit keinem Wort auf eine metaphysische Bedeutung des Gehirns eingeht, wie dies in den bislang genannten Äußerungen der sechziger Jahre typischerweise der Fall ist. Vielmehr betont sie die Bedeutung des Gehirns für die „biologische Funktionseinheit", die nach Ausfall des Gehirns „desintegriert" sei, in Auflösung begriffen. Im übrigen gelte der Gehirntod nur in „Sonderfällen" bzw. „in Zweifelsfällen" als Zeichen für den Tod des Menschen. Nimmt man die zitierten Äußerungen über die Bedeutung des Gehirns für den menschlichen Geist, die Persönlichkeit usf. hinzu, dann sind Ende der sechziger Jahre die Gründe, kraft derer bis in die Gegenwart hinein die Tragfähigkeit des Hirntodkonzepts belegt wird, vonseiten der Medizin benannt.

---

[862] Der Chirurg 1968, Heft 4 v. April 1968, S. 196; auch abgedr. bei *Penin/Käufer (Hrsg.)*, S. 144f.

2. Die Lage in den späten sechziger und den siebziger Jahren

Allerdings: Daß der Hirntod innerhalb „vergleichsweise kurzer Zeit (...) als Tod des Menschen anerkannt"[863] wurde, wäre ohne die Ende der sechziger Jahre ins Werk gesetzten Herztransplantationen nicht möglich gewesen. „(V)or allem"[864] die Herztransplantationen machen das Thema „besonders aktuell"[865]. Denn die Entnahme eines „lebensfrischen" Herzens spitzte die aus der Debatte über die Grenzen der Behandlungspflicht bekannte Frage nach dem Tod des Menschen zu. Nicht ohne Grund hieß die von der Deutschen Gesellschaft für Chirurgie eingesetzte Arbeitsgruppe „Kommission für Reanimation und Organtransplantation". Offensichtlich verbreitete sich in der Medizin das Bedürfnis, die im Kontext der Behandlungsabbruchs begonnene Diskussion über die eindeutige Grenze zwischen Leben und Tod - nunmehr mit neuen Impulsen versehen - zu vereindeutigen.[866] Ein im Mai 1972 in der Wiener Hofburg veranstalteter Kongreß über „Die Bestimmung des Todeszeitpunktes" beleuchtet die Hirntod-Problematik ausführlich unter zahlreichen medizinisch-intradisziplinären Aspekten; die Hirntod-Diagnostik wird eingehend bedacht. Hinzu kommen umfängliche juristische und moraltheologische Referate, die den normativen Implikationen des Hirntodkonzepts nachgehen. Mehreres fällt auf: Als ein Ergebnis der Tagung hält man fest, daß die Feststellung des Hirntodes „lediglich im Hinblick auf eine geplante Organentnahme Bedeutung (hat) und (...) sich in allen anderen Fällen (erübrigt), da bei diesen die Erkenntnis der Aussichtslosigkeit jeglicher Therapie zur Beendigung der ärztlichen Bemühungen ausreicht."[867] Im Klartext: Der Behandlungsabbruch ist auch ohne Hirntoddiagnostik zulässig: „(F)ür uns Ärzte (ist es) angenehm, zu sehen, daß eine überwiegende Mehrzahl der Juristen positiv zu dieser These steht."[868] Damit aber war schon früh in der (deutschsprachigen) wissenschaftlichen Diskussion der Medizin klar, daß die Hirntod-Feststellung für die Einleitung legitimer Behandlungsabbrüche *nicht* erforderlich ist. Die entscheidende Bedingung für die Entstehung des Hirntodkonzepts war also schon recht bald nach ihrem Auf-

---

[863] Insoweit zutreffend *Angstwurm*, Sichere Feststellung des Todes, S. 19.
[864] *Pribilla*, Juristische, ärztliche und ethische Fragen, S. 2256 (l. Sp. o.).
[865] *Wiemers*, Probleme und Definition des Todes, S. 181 (l. Sp. u.); *H. Arnold*, S. 529: „Unter dem Aspekt der Intensivpflege und besonders dem der Organtransplantation gewann die Definition des Todes an Interesse."
[866] So auch *Bongartz/Bock/Grote*, S. 59: „Mit der dadurch entfachten Ära der Organtransplantationen war man auch gezwungen, das Phänomen ‚Hirntod' näher zu definieren und exakte Kriterien zu erarbeiten, die eine Irreversibilität des zerebralen Funktionsverlustes unter Beweis stellen."
[867] So der „wissenschaftliche Sekretär" des Kongresses in seiner Zusammenfassung, *Scherzer*, S. 363 (Nr. 4).
[868] *Kubicki*, Diskussionsbemerkung (1973), S. 355; so auch *Wiemers*, Zur Beendigung der Reanimation, S. 48: „In aussichtslosen Fällen kann der Anästhesist durchaus eine Reanimation ablehnen oder abbrechen, auch ohne daß der Hirntod bewiesen sein muß."

kommen aus der Welt geschafft. Was blieb, war eine Todesfeststellung, die einzig notwendig war im Blick auf die Organtransplantation und die dort wünschbare Vitalität der Organe; sie allein noch „erfordert (...) eine neue Definition des (...) Todes".[869] Ungeachtet dieser frühen Klärungen hat sich die Einsicht, daß der Hirntod nicht deshalb festgestellt werden muß, um eine Behandlung legitimerweise abzubrechen, nur schwer in der Medizin etablieren können. Das hängt gewiß mit dem Vorteil der Hirntoddiagnostik zusammen, die infauste Prognose des Patienten in Form eines nicht mehr abwendbaren Sterbens (das durch die Diagnostikbedingung der intensivmedizinischen Kreislauferhaltung nur zeitweilig aufgehalten wird) sicher anzuzeigen. An der Richtigkeit der These ändert dies nichts: Im Kontext der Debatte über den Behandlungsabbruch ist das Hirntodkonzept entbehrlich. Damit bleibt als Anwendungskontext nur noch die Entnahme lebenswichtiger Organe zu Transplantationszwecken übrig. So deutlich wie auf dem Wiener Kongreß wurde dieser Umstand - vonseiten der Medizin - selten auf den Punkt gebracht.

Genau vor diesem Hintergrund wiederholen sich die binnenmedizinischen Versuche, die Hirntodkonzeption zu begründen. So stehe fest, daß „das Problem des Lebens sich immer mehr auf das Leben des Gehirns einengt."[870] Der „Begriff des menschlichen Lebens im eigentlichen Sinne (muß) nach allgemeiner Auffassung von spezifischen ‚höheren' Funktionen des Gehirns abgeleitet werden"; „(i)nsgesamt bestehen offenbar keine ernsthaften theoretischen Einwände dagegen, den Organtod des Gehirns mit dem Tod des Gesamtorganismus gleichzusetzen (...)."[871] Für den Zusammenbruch des Organismus sei es unbeachtlich, daß bspw. die „Herzaktion unter künstlicher Beatmung und mit Hilfe kreislaufwirksamer Medikamente als isolierte, desintegrierte Organfunktion sehr lange erhalten werden kann, während alle Funktionen des Gehirns bereits unwiderruflich aufgehoben sind. Sofern man aber menschliches Leben von spezifischen ‚höheren' Funktionen des Gehirns abhängig machen will, handelt es sich in diesen Fällen nicht mehr um Lebende. *Offenbar* ist die individuelle, menschliche Existenz mit dem Organtod des Gehirns erloschen, und es ist zwingend, den Todeszeitpunkt unabhängig von dem kürzeren oder längeren Fortbestand peripherer Organfunktionen allein vom Zustand des Gehirns ab-

---

[869] Prägnant zusf. zu diesem Erfordernis: *Gütgemann/Vahlensieck*, S. 672: „Je länger die Zirkulationsunterbrechung dauert und je näher die Anoxiezeit an die relative Ischämietoleranzzeit heranreicht, desto gravierender sind die Anoxieschäden im Organ. Damit wird die Wiederaufnahme der Organfunktion fraglich, und es ist mit langen Wiederbelebungszeiten zu rechnen, wobei die Überbrückung des Funktionsausfalles oder der Unterfunktion durch Organersatzapparaturen erforderlich wird. Daraus resultiert, daß die Entnahme eines Organes zu Transplantationszwecken so bald wie möglich erfolgen muß. Ein solches Vorgehen erfordert aber eine neue Definition des (...) Todes (...)." Ähnl. auch *Gütgemann/Käufer*, S. 2659 (r. Sp. o.).
[870] *Pribilla*, Referat, S. 151.
[871] *Wawersik*, Kriterien des Todes unter dem Aspekt der Reanimation, S. 346.

hängig zu machen."[872] Gegenüber der Tätigkeit des Herzens sei „die Funktion des Gehirns als die eines integrierenden, persönlichkeitsbestimmenden Organs (...) höher zu werten (...)."[873] Darüber bestehe „mehr und mehr Zustimmung",[874] ja sei „weitgehend Übereinstimmung" feststellbar - wie A. Gütgemann, ein Transplantationschirurg, anmerkt.[875]

3. Die Lage in den späten siebziger, den achtziger und den neunziger Jahren

Bereits Ende der sechziger, Anfang der siebziger Jahre steht damit in der medizinischen Debatte fest, daß der Tod des Menschen mit dem (Gesamt-)Hirntod gleichzusetzen ist.[876] Daran ändert sich im weiteren Verlauf der Dekade nichts; dementsprechend heißt es am Ende der siebziger Jahre: „Im medizinischen (...) Schrifttum hat sich die Auffassung durchgesetzt, daß der Tod des Gehirns dem Tod des Menschen gleichkommt (...)."[877] Denn: „During the last decade, there has been increasing aceptance of brain death (...)."[878] Aufgrund welcher normativ erheblichen Argumente sich diese Auffassung „wohl auf der gesamten Welt"[879] durchgesetzt hat, bleibt indes - nicht nur an dieser Stelle - offen.[880] Aus der Bemerkung, der Arzt könne „mit seinen Methoden nur den körperlichen Tod feststellen"[881], erhellt indes, daß es sich im Ansatz offenbar um ein wertfreies, „rein" biologisch-naturwissenschaftliches Phänomen handeln könnte, für das eine gesonderte normative Begründung letzlich nicht erforderlich ist (allenfalls als dekoratives Surplus). Ausgestattet mit dem Expertenblick des Arztes kann es - so scheint es - problemlos am Körper eines Menschen abgelesen werden. Fragen zur Hirntod-Diagnostik - diskussionsvereinheitlichende Richtlinien der Bundesärztekammer liegen noch nicht vor - stehen auch nach der Erklärung der Deutschen Gesellschaft für Chirurgie, der sich die Deutsche Gesellschaft für Anästhesie und Wiederbelebung angeschlossen hatte,[882] im

---

[872] *Wawersik*, Todeszeitpunkt, S. 1316 (r. Sp. m.) - Hervorhebung nur hier.
[873] *Käufer/Penin*, S. 679 (r. Sp. m.), die diese Aussage im Original in Frageform kleiden; ebenso *Käufer*, S. 1.
[874] *Gütgemann/Käufer*, S. 2659 a.E.
[875] *Gütgemann*, S. V.
[876] Vgl. *Gütgemann/Käufer*, S. 609: „Seitdem weitgehend Einigkeit besteht, den Tod des Menschen auf den Organtod des Gehirns abzustellen, (...)."
[877] *Angstwurm/J. Kugler*, S. 297. *Pribilla*, Zusammenfassung, S. 181, bescheinigt den Autoren, „aus einer umfangreichen Literatur und eigenen Erfahrungen den heutigen Wissensstand zum Thema zusammengetragen" zu haben.
[878] *Jastremski et al.*, S. 201.
[879] *Spann/Liebhardt*, Überlegungen, S. 455.
[880] Keine Angaben zu einer normativen bzw. „metaphysischen" Begründung des Hirntodkonzepts etwa auch bei *Krauland* (1975), S. 225ff.; *dens.* (1979), S. 461ff.; *Bushart/Rittmeyer*, 3. Aufl., Abschnitt 44-2.
[881] *Angstwurm/Kugler*, S. 297.
[882] Vgl. den Hinweis in: Der Chirurg 1968, S. 197.

Vordergrund;[883] sie werden sehr ernstgenommen.[884] Darüber hinaus begnügt man sich nicht selten mit der Feststellung: „Inzwischen stimmt man darin überein, daß der Organtod des Gehirns dem Individualtod gleichzusetzen ist. Der Patient, dessen Hirnfunktion unwiederbringlich erloschen ist, kann also bei schlagendem Herzen für tot erklärt werden."[885] Knapp merkt man allenfalls an, daß der „Mensch als Person"[886] mit dem Eintritt des Hirntodes tot sei, denn „(w)ir wissen (...), daß unsere Identität als Mensch unwiderruflich an die Funktion des Großhirns - wir wollen aber den Begriff erweitern und einfach sagen: an die Funktion des Gehirns - gebunden ist. Ist diese erloschen, dann ist unsere irdische Existenz als Mensch beendet."[887] „Der Sitz des Bewußtseins", so hebt ein anderer Mediziner hervor, „der seelischen und geistigen Funktionen des Menschen, kann (...) nur das Gehirn sein (...)."[888]

Diese Position bleibt bis in die neunziger Jahre hinein unverändert. Den Angehörigen eines möglichen Organspenders müsse „verständlich gemacht werden, daß der Tod des Organs Gehirn gleichbedeutend ist mit dem Tod des Patienten, auch wenn das Herz noch schlägt."[889] „(I)m Zusammenhang mit Organtransplantationen" gewinne die Feststellung des Hirntodes „zunehmend an Bedeutung".[890] „Mit dem Tod des Gehirns erlischt das Humanum, personales Sein ist nicht mehr vorhanden, der Mensch als Individuum ist tot."[891] Das „persönlichkeitsbestimmende Organ"[892] existiert nicht mehr. „Man setzt heute

---

[883] Vornehmlich wird man den Hinweis in der Hinsicht verstehen dürfen, daß „heute eine weitgehende Unsicherheit in der Frage nach dem Zeitpunkt des Eintritt des Todes (besteht)", *Bushart/Rittmeyer*, 1. Aufl. 1968, S. 456. Zur Diagnostik-Debatte s. bspw. *Pendl*, S. 1916f.; *Grote*, S. 77; *Crüger u. a.*, S. 39ff.; *Stodtmeister u. a.*, S. 446ff.; *Schwarz u. a.*, S. 262ff., *Stöhr u. a.*, S. 21ff., *Nau u.a.*, S. 273ff. Ausf. zu den Erklärungen des *Wissenschaftlichen Beirats der Bundesärztekammer* sogleich unter III.
[884] Der Rechtsmediziner *Schwerd* mahnt „allerstrengste Maßstäbe" und stellt fest: „Man muß sich immer vor Augen halten, daß die Feststellung des Hirntodes zu den schwerwiegendsten Diagnosen gehört, die Ärzte überhaupt stellen können (,Todesurteil') (...)." *Schwerd*, Forensische Thanatologie, 5. Aufl., S. 183.
[885] So der Neurochirurg *H. Arnold*, S. 529.
[886] *H. J. Wagner*, S. 292 a.E.; *Lüth*, S. 133: Der „Tod (ist) (...) für den Menschen immer ein personaler Tod (...), also in jedem Fall auch ein Hirntod (...)."
[887] So der an der ersten homologen/allogenen Herztransplantation in (West-)Deutschland maßgeblich beteiligte Herzchirurg *Klinner*, S. 17.
[888] *Fritsche*, 2. Aufl., S. 13, 1. Aufl., S. 13.
[889] *Roosen/Klein*, S. 36.
[890] *Bradac*, S. 260; so auch *Christian*, S. 86: „im Rahmen der Transplantationschirurgie besonderer Bedeutung". Ebenso *Berg*, 12. Aufl., S. 132 a.E.: „Bedeutung für Organtransplantation".
[891] *Adebahr*, S. 208, s. auch S. 211: Das Gehirn „stirbt, personales Sein ist nicht mehr vorhanden."
[892] *Burchardi/Henniges/Dralle*, S. 50. So auch *J. F. Spittler*, Schriftliche Stellungnahme, Deutscher Bundestag/Ausschuß für Gesundheit, Ausschuß-Drs. 13/589 v. 16.9.1996, S. 38ff. (39 a.E.): „Das Gehirn ist das für die individuelle Persönlichkeit eines Menschen (...) entscheidende Organ."

den Tod des Menschen mit dem irreversiblen Funktionsverlust des Gehirns gleich", so daß „auch rechtlich kein Einwand dagegen erhoben werden (kann), (...) unter Fortsetzung der Beatmung bei noch schlagendem Herzen Organe dem Organismus zu entnehmen (...), handelt er sich ja nicht mehr um einen Lebenden, sondern um einen Toten, einen künstlich ‚überlebenden' Leichnam."[893]
„Mit dem totalen und unumkehrbaren Ausfall des Gehirns sind die für das Leben des Menschen unabdingbaren Voraussetzungen endgültig und unwiederbringlich ausgelöscht. Dies ist die Feststellung des Todes des Menschen."[894] „Die Diagnose des irreversiblen ‚Hirnversagens' (...) stellt eine (...) sinnvolle und allen Aspekten angemessene Definition (...) auch des personalen Todes dar!"[895] „Da Leben nur auf der Funktion des Gehirns beruhen kann, bezeichnet das Ende der Hirnfunktionen den Tod, auch wenn die somatischen Lebensvorgänge noch durch apparative Maßnahmen in Gang gehalten werden können."[896] „Der Mensch, die Person, das Individuum, sein Ich, dieses erlebende, reagierende und handelnde Wesen ist nach eingetretenem Hirntod nicht mehr."[897] „Unter der Annahme, daß die höheren geistigen und seelischen Fähigkeiten des Menschen an die Integrität der Hirnfunktionen gebunden sind, wurde ein neue Definition des Todes notwendig (...), die den Hirntod als Individualtod bestimmte (...)."[898] Der „Organtod des Gehirns (bedingt) die Dissoziation aller Lebensvorgänge und damit die definitive Auflösung der biologischen Funktionseinheit des menschlichen Organismus. Diese Desintegration der Lebensfunktionen bedeutet zugleich das Ende der individuellen Gesamtpersönlichkeit."[899] „Der dissoziierte Hirntod wird mit dem Individualtod gleichgesetzt, da" - also: gerade *weil* - „sein Nachweis die Irreversibilität des Komas bedeutet und selbst eine minimale Restitution auf die Ebene des vegetativen Status (apallisches Syndrom) ausgeschlossen ist."[900] „Mit dem Tod des Gehirns sind die Voraussetzungen für das personale menschliche Leben ebenso erloschen wie die für ein eigenständiges körperliches Leben erforderlichen Steuerungsvorgänge."[901] „Der hirnlose Körper (...) ist (...) kein lebender Organismus."[902]

---

[893] *Zenker* (1981), S. 5.
[894] *Arbeitskreis Organspende*, 18. Aufl., S. 25; 16. Aufl., S. 12f.; 14. Aufl., S. 12f.
[895] So der Chirurg *Ch. E. Broelsch*, Organtransplantation - der umstrittene Zeitpunkt der Entnahme, unveröffentl. Text eines Vortrags, der am 22.4.1995 während der von der Kath. Akademie Hamburg ausgerichteten Veranstaltung „Hirntod - personaler Tod des Menschen?" gehalten wurde, S. 4 (Kopie des Textes beim Verf.).
[896] *Penning/Spann/Rauschke*, S. 690.
[897] So der Neurologe *Spittler*, Der Hirntod - Tod des Menschen, S. 141.
[898] *Pohlmann-Eden*, S. 1523.
[899] *Opderbecke/Weissauer*, S. 70.
[900] *Besser*, Nr. 2.34.
[901] *Larsen*, 5. Aufl., S. 967, dort heißt es dann weiter: „Die Feststellung des Hirntodes ist gleichbedeutend mit dem Tod eines Menschen. Nach Feststellung des Hirntodes ist somit jede weitere Behandlung zwecklos."

Denn das „Gehirn ist die Zentrale der (...) Regelung und Steuerung aller Körperfunktionen."[903] „Die Bedeutung des Hirntodes als sicheres Todeszeichen ist biologisch und zugleich anthropologisch begründet. (...) Menschliches Bewußtsein und Leben sind durch den Hirntod ausgeschlossen."[904]

4. Versuche der Etablierung des großhirnzentrierten Teilhirntodkonzeptes

In der deutschen medizinischen Debatte gab es seit Anbeginn der Rezeption des (Ganz-)Hirntodkonzepts Versuche, ein beim Ausfall des Kortex (der für die Aktualisierzung der sog. Bewußtseinsleistungen maßgebliche Großhirnrinde) ansetzendes Teilhirntodkonzept zu etablieren. Diese Anstrengungen sind immer Ausnahme geblieben und wurden von der überwiegenden Mehrheit der medizinischen Zunft nicht gutgeheißen. Zu Beginn der 90er Jahre hatte Hans Angstwurm, der für die Rezeption des Hirntodkonzepts in Deutschland so wichtige Neurologe,[905] dieser Haltung Ausdruck verliehen, indem er feststellte: „Wir wehren uns gegen Überlegungen, einen Teilhirntod einzuführen (...).".[906] Überlegungen, die dem Teilhirntod das Wort reden, tauchen aber wieder immer einmal - bis in die jüngste Gegenwart - aus der Versenkung des disziplinären Tabus auf.

Auf dem schon erwähnten Bonner Symposion im Dezember 1968 etwa stellt der Neurochirurg P. Röttgen unmißverständlich klar: „Nein, wir einigen uns nicht auf Hirn. Ich sage Cortex, und ich bin dagegen, daß man nur das, was nun wirklich mausetot ist, als tot feststellt. Damit ist dem Totengräber geholfen, aber nicht dem Chirurgen, wenn er wirklich transplantieren will (...). Meines

---

[902] So der Medizinethiker *Körner*, Hirntod und Organspende, S. 38; so auch *Mori/Nakao*, S. 2566: „Brain death' represents death of the organism and not merely death or necrosis of the brain in a living body."

[903] *Körner*, Hirntod und Organtransplantation, S. 204.

[904] *Deutsche Gesellschaft für Neurologie*, Deutscher Bundestag/Ausschuß für Gesundheit, Ausschuß-Drs. 13/161 v. 4.8.1995, S. 43ff. (43); so i. Erg. auch die *Deutsche Stiftung Organtransplantation*, Deutscher Bundestag/Ausschuß für Gesundheit, Ausschuß-Drs. 13/588 v. 11.9.1996, S. 43f. (45) = Ausschuß-Drs. 13/589 v. 16.9.1996, S. 11f. (11): Das „Gehirn ist nicht nur das Organ für alle geistigen und seelischen Fähigkeiten und Regungen des Menschen, sondern ist auch das Steuerorgan elementarer Lebensvorgänge. Mit dem Ausfall dieser Steuerung ist das sinnvolle Zusammenwirken des menschlichen Organismus" beendet. „Auch wenn die Funktion einzelner Organe durch künstliche Einwirkung von außen noch über einen mehr oder minder langen Zeitraum aufrechterhalten werden kann, ist die Einheit des Lebewesens unwiderruflich beendet."

[905] Zur Bedeutung *H. Angstwurms* die Hinweise unten in Abschnitt D. II bei Fn. 1067.

[906] *Angstwurm*, Diskussionsbemerkung, S. 54; weiter heißt es: „ich denke dabei an das abgestorbene Gehirn, einen völlig verblödeten Menschen, einen Apalliker usw., alles keine glücklichen Menschen, aber mit teilweise erhaltener Hirnfunktion."

Erachtens ist ein echter Apalliker wie ein Monstrum kein Mensch mehr. Die entscheidende Frage ist, wie können wir das klinisch feststellen."[907] Der Mediziner St. Kubicki konstatiert auf demselben Symposion, auf dem die Zunft gleichsam repräsentativ versammelt war: „Für mich - und das möchte ich hier bekennen - endet (...) das Menschsein mit dem gleichzeitigen endgültigen Erlöschen der Bewußtwerdung und der Fähigkeit zur willkürlichen Äußerung (...), d. h. mit dem kortikalen Tod und nicht erst mit dem Tod des Gesamthirns. Ich möchte deshalb auch den Begriff des kortikalen Todes hier in die Diskussion einführen."[908] Weitere Beispiele eines Votums für den kortikalen Tod aus der Frühzeit der Rezeption des (Ganz-)Hirntodkonzepts hat Gerd Geilen bereits 1972 der Fachöffentlichkeit präsentiert.[909] Auf dem oben ebenfalls schon erwähnten Wiener Kongreß, der von einer breiten Zustimmung für das Ganz-Hirntodkonzept geprägt war, interpretiert, genauer: korrigiert sich St. Kubicki freilich selbst dahingehend, er habe zwar in Bonn vom kortikalen Tod gesprochen, dort aber „nicht empfohlen, daß man ihn sozusagen zu der letzten Grenzmarkierung anheben sollte."[910] In der jüngeren Debatte über den Hirntod, die sich an der wünschbaren Regelungsgestalt des Transplantationsgesetzes entzündet hatte, verweist der Neurologe Johann Friedrich Spittler auf „konsequent denkende"[911] Neurowissenschaftler und Philosophen, die in den USA den Kortikaltod befürworteten,[912] was etwa das Lebensrecht selbständig atmender schwerstgroßhirngeschädigter Patienten in Frage stelle. Spittler weist zwar darauf hin, daß es „begründbar" sei, „bei unwiederbringlich zerstörtem Großhirn nicht mehr von einem menschlichen Leben, sondern in diesem Sinne vom Großhirntod zu sprechen."[913] Aber - so wehrt er in etwas unklar bleibenden Worten diese Position ab - die Identifikation des Großhirntodes mit dem Tod des Menschen verletze „die schwierige fließende Grenze, wo unsere Definitionen unscharf werden und unser Entscheiden seine selbstverständliche Überzeugungskraft verliert."[914] Letztlich könne die Diskussion dahin gestellt bleiben, weil eine „Veränderung" des Ganzhirntodkonzeptes in Deutschland „nicht ansteht".[915] Tatsächlich läßt er die Frage einer Verengung des Ganzhirntodkonzepts auf ein Groß-(insoweit: Teil-)hirntodkonzept nicht dahinstehen, weil er anencephale neugeborene Kinder, denen im typischen Fall das Großhirn und der obere Teil des Hirnstamms fehlen, die sich also „niemals zu einem wahr-

---

[907] *Röttgen*, S. 54f.
[908] *Kubicki*, Diskussionsbemerkung (1969), S. 42 (*nicht* S. 40, wie bei *Geilen*, Medizinischer Fortschritt und juristischer Todesbegriff, S. 391 Anm. 43 angegeben).
[909] *Geilen*, Medizinischer Fortschritt und juristischer Todesbegriff, S. 391 Anm. 43.
[910] *Kubicki*, Diskussionsbemerkung (1973), S. 356.
[911] *Spittler*, Der Hirntod ist der Tod des Menschen, S. 321.
[912] Dazu im 3. Kap., Abschn. D. V. 3.
[913] *Spittler*, S. 322 (l. Sp. a.E.).
[914] *Spittler*, S. 322 (r. Sp. o.).
[915] *Spittler*, S. 323 (l. Sp. m.).

nehmenden und reagierenden Menschen entwicklen können", als „mögliche Quelle für Organe für andere Neugeborene" qualifiziert.[916] Denn „(w)ir machen uns schuldig - in meinen Augen weniger, wenn wir ein Kind sterben lassen, dem wir ohnehin nicht helfen können, als dann, wenn ein Kind stirbt, dem wir helfen könnten."[917] Damit stellt er das Lebensrecht bestimmter Kinder in Frage und zwar deshalb, weil sie niemals Geistigkeit werden aktualisieren können. Wohlgemerkt: Bei Apallikern und auch bei Anencephalen handelt es sich um Menschen, die im Regelfall selbständig atmen und denen sog. Geistigkeit typischerweise infolge eines massiven Kortexschadens fehlt.[918] Auch für schwerstdemente, etwa Alzheimer-kranke Menschen gilt dies; und auch hier verweist Spittler auf „konsequent denkende Medizinethik-Reformer",[919] die die Diskussion aufgenommen hätten, „inwieweit bei einer so weit fortgeschrittenen Demenz aufgrund des zugrundeliegenden sehr weit gehenden Untergangs der Hirnrindenzellen von einem Großhirntod gesprochen werden kann."[920] Ihm gehe diese Diskussion wie beim apallischen Syndrom zwar „zu weit", denn nicht alle Großhirnrindenzellen gingen zugrunde, außerdem seien regelmäßig geringe kommunikative Funktionen erhalten.[921] Ihm selber aber wäre bei einem lang anhaltenden apallischen Zustand (dem persistenten appalischen Syndrom) und auch im „gedankenleeren Spätstadium einer dementiellen Entwicklung" ein „nicht so langes Überleben - auch mit Verkürzung meines natürlichen Lebensverlaufes - lieber. Was hat ein körperliches Überleben im Falle einer endgültigen und vollständigen Wahrnehmungs- und Kontaktunfähigkeit für einen Sinn?"[922]

Spittlers Ausführungen zeigen, wie schnell sich Überlegungen zum Sinn, zum Wert, zum „Lebenswert" bestimmter körperlicher Zustände, die durch schwere Schädigungen des (Groß-)Hirns gekennzeichnet sind, zwanglos ergeben, wenn man auf Bewußtsein, Geistigkeit etc. als maßgeblich mittels der Großhirnrinde realisierte Leistungen - also *nicht*physische, *meta*physische Aspekte - abstellt. Darauf wird zurückzukommen sein: Die überwiegende Mehrheit der medizinischen Zunft lehnt - nicht ganz konsequent, wie wir sehen werden (3. Kap. D. V. 3.) - Erwägungen zur Etablierung des Teilhirntodkonzeptes entschieden ab. Nur der Ganz-Hirntod ist „weithin konsensfähig der Tod der Person im medizinischen Sinn".[923]

---

[916] *Spittler*, S. 324 (r. Sp.).
[917] *Spittler*, S. 325 (l. Sp. o.).
[918] Dazu noch im 3. Kap., Abschn. D. V. 3.
[919] *Spittler*, S. 325 (l. Sp. m.).
[920] *Spittler*, S. 325 (l. Sp. u.).
[921] *Spittler*, S. 325 (l. Sp. u./r. Sp. o.).
[922] *Spittler*, S. 325 (r. Sp. m.).
[923] So der Sachverständige *Kupatt* in der öffentlichen Anhörung des Sozialpolitischen Ausschusses des Landtags von Rheinland-Pfalz zum seinerzeit geplanten Landes-Transplantationsgesetz, Protokoll der 23. Sitzung am 8.6.1993 (12. WP), S. 20.

C. Das Hirntodkonzept im Spiegel nichtrechtswissenschaftlicher Äußerungen 205

5. Medizininterne Kritik des (Ganz-)Hirntodkonzepts

Die eigentümliche Wendung „weithin konsensfähig" verweist - wie man vermuten darf: unfreiwillig - auf vereinzelte Stimmen, die im Chor des medizinischen Konsenses für leise Dissonanzen sorgten und sorgen.[924] Sie gibt es nicht erst in den letzten Jahren, seit der um die Interpretation des Hirntodzustands geführte Deutungskampf im Gange ist: An ihm sind auch - freilich nur wenige - Mediziner mit Argumenten gegen die Tragfähigkeit des Hirntodkonzepts beteiligt.[925] Schon in der Frühzeit der Rezeption des Hirntodkonzepts setzte ein Arzt gegen den cantus firmus, zu dem die Mehrheitsmeinung der Medizin anhaltend und entschlossen anhob, einen Kontrapunkt der Kritik. Gemeint ist der damalige Direktor der Neurochirurgischen Klinik und Poliklinik der Universität Würzburg, J. Gerlach, der betont: „Die Bestimmung von Todeszeichen setzt eine Klärung des Todesbegriffs voraus."[926] Dabei koppelt Gerlach die Bestimmung des Todesbegriffs stark an biologische Gegebenheiten an, die das Lebewesen Mensch auszeichnen.[927] Nicht zuletzt aus diesem Grund wendet er sich

---

[924] Es ist zumindest mißverständlich, wenn Mitte der siebziger behauptet wird, die „Definition des Todes" sei „in den letzten Jahren heftig diskutiert worden" (*Schwerd*, Forensische Thanatologie, 2. Aufl., S. 180). Das gilt allenfalls für die Fragen namentlich der Hirntod-Diagnostik (die letztlich als besonderer Unterfall der allgemeinen Problematik der angemessenen Todesfeststellung behandelt wurden). Eine „heftige" (nicht nur von ganz wenigen Medizinern betriebene) Infragestellung des Hirntodes als angemessenes Todeszeichen bzw. als zutreffende Todesdefinition ist retrospektiv nicht festzustellen. S. dazu auch oben Fn. 883.
[925] S. etwa die schriftlichen Stellungnahmen der Ärzte *K. Dörner*, Deutscher Bundestag/Ausschuß für Gesundheit, Ausschuß-Drs. 13/574 v. 15.8.1996, S. 11ff.; *ders.*, Ausschuß-Drs. 13/114 v. 17.6.1995, S. 21ff.; *L. Geisler*, Ausschuß-Drs. 13/582 v. 5.9.1996, S. 6ff.; *ders.*, Ausschuß-Drs. 13/114 v. 17.6.1995, S. 36ff.; *M. Klein*, Ausschuß-Drs. 13/579 v. 2.9.1996, S. 24ff.; *F. Meyer*, Ausschuß-Drs. 13/600 v. 2.10.1996, S. 28. Außerdem die Stellungnahmen der *Gesellschaft Anthroposophischer Ärzte in Deutschland*, Ausschuß-Drs. 13/114 v. 17.6.1995, S. 14ff. und Ausschuß-Drs. 13/579 v. 2.9.1996, S. 30ff. Beachte auch den Hinweis auf die von *P. Bavastro* ins Werk gesetzte Initiative „Ärzte für eine enge Zustimmungslösung" bei *Klinkhammer*, Organentnahmen nur bei Zustimmung, B-2320.
[926] *Gerlach*, Die Definition des Todes in der Medizin, S. 70.
[927] *Gerlach*, Die Definition des Todes in der Medizin, S. 66. Für *Gerlach* ist der Tod dann eingetreten, wenn der Stoffwechsel eines Lebewesens endgültig zum Stillstand gekommen ist (S. 66): „totale(r) Tod" (S. 67, S. 68). Selbst der von ihm anstelle des Hirntodes favorisierte „irreversible und unersetzte Stillstand des Kreislaufs und der Atmung" (S. 68) kann daher nur „Vorbote des Todes" (S. 68) sein, der den Punkt markiert, ab dem der Prozeß zum Tode hin irreversibel ist (S. 68 a.E.). Die „funktionelle Einheit des Organismus" (S. 68 a.E.) gehe an diesem Punkt verloren: „Im Hinblick auf die Desintegration und das Ende des Individuums, die dem totalen Tode eine Zeitlang vorangehen, erscheint es mir berechtigt, von dem genannten Zeitpunkt auch als dem Eintritt des Individualtodes zu sprechen" (S. 69); dabei handele es sich um eine „pragmatische Todesdefinition" (S. 69). S. auch *dens.*, Defining Death, S. 163, S. 167; *dens.*, Diskussionsbemerkung, S. 54; *dens.*, Stellungnahme, S. 730f.; *dens.*, Gehirntod und totaler Tod, S. 734f.

gegen die Hirntodkonzeption und verwendet dabei Argumente, die jenen der neueren Kritik des Hirntodkonzepts auffallend ähnlich sind. In einem Beitrag mit dem Titel „Bedeutet Gehirntod auch menschlichen Tod?"[928] faßt Gerlach seine „Einwände gegen die These ‚menschlicher Tod = Tod des Gesamtgehirns'"[929] zusammen:

„Diese These setzt in unberechtigter Weise voraus, daß die Funktion des Gesamtgehirns die spezifisch-menschlichen Eigenschaften verkörpert. Das Gehirn hat aber viele Funktionen, die nicht spezifisch-menschlich sind und nicht mit Bewußtseins- oder geistigen Vorgängen verbunden sind, z. B. die zentrale Regulierung der Atmung (...). Bei logisch strenger Anwendung der These müssen auch Menschen für nichtmenschlich oder für tot erklärt werden, an deren Leben kein Zweifel bestehen kann.

Die These birgt die Gefahr unberechtigter Verfügung über menschliches Leben in sich. Sie geht über naturwissenschaftlich-medizinisch mögliche Aussagen hinaus. Demgegenüber kann der menschliche Tod medizinisch-naturwissenschaftlich verstanden werden, ohne auf zweifelhafte und unbestimmte Begriffe wie Person, Seele usw. zurückgreifen zu müssen. Auch die Todeszeit läßt sich auf diese Weise ausreichend bestimmen (...)."

Für Gerlach lassen sich die „Schwächen der Argumentation dieser umstrittenen Gleichsetzung (...) unschwer darlegen."[930] In Wendung namentlich gegen Ausführungen des (evangelischen) Theologen Helmut Thielicke, der das Selbstbewußtsein (im Sinne der „Ansprechbarkeit eines Wesens, das sich selbst entwirft") als „Kriterium des Humanum'" identifiziert hatte, führt Gerlach aus:

„Es steht (...) fest, daß zwischen dem irreversiblen Verlust des Selbstbewußtseins und dem endgültigen Tod des Gesamtgehirns nur insofern eine Beziehung besteht, als die genannten geistigen Fähigkeiten bei endgültiger Funktionseinstellung des gesamten Gehirns unmöglich sind. Es handelt sich hierbei aber um eine Sicherheitsannahme:

Die genannten geistigen Vorgänge werden schon unmöglich, wenn nur jene Teile des Gehirns irreversibel ausfallen, deren Funktion mit ihnen verbunden ist. Wir wissen, daß dies umschriebene (...) Hirngebiete sind (...). Insofern lassen sich also das Bewußtsein und die geistigen Fähigkeiten des Menschen auf keinen Fall auf das Gesamtgehirn beziehen. Noch weniger läßt sich sagen, daß bereits durch das Bewußtsein allein das Kriterium des ‚Humanum' gesichert sein könnte. Die Abstellung des Todes des gesamten Menschen auf den Tod des gesamten Gehirns bedeutet (...) eine unberechtigte Unterstellung dessen, was Hirnfunktion ist, nämlich eine Zuordnung von Bewußtseins- und geistigen Lei-

---

[928] *Gerlach*, Bedeutet Gehirntod auch menschlichen Tod?, S. 399f. und S. 444.
[929] *Gerlach*, Bedeutet Gehirntod auch menschlichen Tod?, S. 400 - auch z. F.
[930] *Gerlach*, Bedeutet Gehirntod auch menschlichen Tod?, S. 399 - auch z. F.

C. Das Hirntodkonzept im Spiegel nichtrechtswissenschaftlicher Äußerungen 207

stungen zu dem ganzen Gehirn. Das von Thielicke verlangte sog. Selbstbewußtsein, die Möglichkeit des ansprechbaren Wesens, sich selbst zu entwerfen, ist ohnehin bei den Menschen sehr ungleich realisiert und geht, streng irreversibel, ohne den Tod des Gesamtgehirns verloren, wie an schwerst Hirngeschädigten nachweisbar ist."

Gerlach läßt auch keinen Zweifel daran, was ihn bewegt, gegen das Hirntodkonzept zu argumentieren:[931]

„Ich fühle mich zur Aktivität gegen die allgemeine Auffassung wegen der bedenklichen Folgen verpflichtet, die ich bei logisch konsequenter Durchführung kommen sehe, insbesondere in Richtung auf willkürliche Verfügung über menschliches Leben und Rückkehr zu einer Form von Euthanasie, wie sie in den Zeiten zwischen 1933 und 1945 geübt wurde." Denn - so Gerlach weiter - wenn man vom „,Tod' der Person, der Tiefenpersönlichkeit, der Seele usw." spreche, dann ist „das Ende aller dieser Gebilde oder Wesenheiten, die angenommen wurden, ebenso schon mit Sicherheit *vor* dem Tod des Gesamtgehirns gekommen, und daher wird (...) diese Todesdefinition anwendbar auf Zustände des lebenden Gehirns (...)."

Indes: Alle Deutlichkeit konnte nichts daran ändern, daß Gerlachs Kritik nur ein matter Oberton geblieben ist, der über dem kräftigen Grundton, den die medizinischen Apologeten der Hirntodkonzeption pausenlos intonierten, kaum zu hören war. Ähnlich geht es - noch - der neueren (auch) von Medizinern formulierten Kritik des Hirntodkonzepts: Die Kritiker müssen - vorerst - mit fehlender binnenmedizinischer Resonanz fertig werden. Denn weiterhin gilt, daß die „verfaßte Ärzteschaft"[932], vornehmlich repräsentiert durch die Bundesärztekammer, das Hirntodkonzept befürwortet.

Am Schluß der Rekonstruktion des medizinischen Strangs der Rezeption des Hirntodkonzepts in Deutschland angelangt, sind die repräsentativen Stellungnahmen der Bundesärztekammer mit besonderer Aufmerksamkeit zu lesen. Wir werden sehen, daß die Bundesärztekammer - unterstützt von diversen medizinischen Fachgesellschaften - es verstanden hat, sich von den kritischen Anfragen an die Hirntodkonzeption, die im theologischen, juristischen und auch im binnenmedizinischen Bereich formuliert wurden, nicht irritieren zu lassen.

---

[931] *Gerlach*, Bedeutet Gehirntod auch menschlichen Tod?, S. 400.
[932] *J. F. Spittler*, Schriftliche Stellungnahme, Deutscher Bundestag/Ausschuß für Gesundheit, Ausschuß-Drs. 13/589 v. 16.9.1996, S. 38ff. (38).

III. Die Stellungnahmen des Wissenschaftlichen Beirats der Bundesärztekammer

Möchte man die gültige Gestalt der Hirntodkonzeption auf den (inhaltlich komprimiertesten) Begriff bringen, dann drängt sich der Blick auf die Erklärungen des „Wissenschaftlichen Beirats der Bundesärztekammer" (i. F. auch: Bundesärztekammer) geradezu auf.[933] In ihnen wird das Hirntodkonzept auf den praxisrelevanten Punkt und eine griffige Legitimationsformel gebracht. In vier Erklärungen aus den Jahren 1982, 1986, 1991 und 1997 hat der Wissenschaftliche Beirat der Bundesärztekammer - ausdrücklich aufeinander aufbauend und nur unter punktueller Fortbildung der diagnostischen Tests, d. h. im wesentlichen unverändert - die „Kriterien des Hirntodes" fixiert und erläutert.[934] Ergänzt wurden diese Erklärungen durch eine Stellungnahme und einen Kommentar aus dem Jahre 1993, die auf die beginnende Kritik am gängigen Hirntodkonzept reagieren.[935] Gleiches gilt für eine Erklärung verschiedener medizinischer Fachgesellschaften aus dem Jahre 1994, die das Hirntodkonzept gegen die Einwände der Kritik verteidigt.[936] Gleich zu Beginn bzw. im Anfangsteil aller Erklärungen der Bundesärztekammer heißt es:

---

[933] Die erste Stellungnahme aus dem Jahre 1982 wurde von einer Kommission bzw. einem Arbeitskreis erarbeitet, der aus Mitgliedern des Wissenschaftlichen Beirats der Bundesärztekammer einerseits, Vertretern der Arbeitsgemeinschaft der Wissenschaftlichen Medizinischen Fachgesellschaften (AWMF) andererseits bestand, s. den Hinweis im Deutschen ÄrzteBl. 1982, A/B-45 und A/B-55. Gleichwohl firmiert die Stellungnahme aus dem Jahre 1982 als eine des *Wissenschaftlichen Beirats der Bundesärztekammer*, s. DÄBl. 1982, A/B-45. Das gilt auch für drei Stellungnahmen aus dem Jahre 1986, B-2940, dem Jahre 1991, B-2855, und dem Jahre 1997, C-957, für die eine formelle Beteiligung der AWMF nicht ausgewiesen ist (vgl. 1986, B-2946; 1991, B-2860, 1997, C-964).
[934] Kriterien des Hirntodes. Entscheidungshilfen des Hirntodes, 1982, A/B-45ff.; Kriterien des Hirntodes. Entscheidungshilfen zur Feststellung des Hirntodes - Fortschreibung der Stellungnahme des Wissenschaftlichen Beirates „Kriterien des Hirntodes" vom 9. April 1982, 1986, B-2940ff.; Kriterien des Hirntodes. Entscheidungshilfen zur Feststellung des Hirntodes - Zweite Fortschreibung am 29. Juni 1991 -, 1991, B-2855ff.; Kriterien des Hirntodes - Dritte Fortschreibung, 1997, C-957ff. Zum Ergänzungscharakter der Erklärungen heißt es in der Erklärung aus dem Jahre 1991 (1991, B-2856): „Die Bundesärztekammer hat am 9. April 1982 und 22. Oktober 1986 Entscheidungshilfen zur Feststellung des Hirntodes veröffentlicht. Die darin dargelegten Grundlagen und die Systematik der Hirntoddiagnostik haben sich bewährt; sie behalten ihre Gültigkeit."
[935] *Wissenschaftlicher Beirat*, Der endgültige Ausfall (1993). *Birnbacher/Angstwurm/Eigler/Wuermeling* (1993), C-1968ff. - die Autoren verantworten als Mitglieder des *Wissenschaftlichen Beirats* dessen Stellungnahme (Der endgültige Ausfall, 1993) mit.
[936] *Hirntod*. Erklärung deutscher wissenschaftlicher Gesellschaften zum Tod durch völligen und endgültigen Hirnausfall, hrsgg. v. der Deutschen Gesellschaft für Anästhesiologie und Intensivmedizin, der Deutschen Gesellschaft für Neurochirurgie, der Deutschen Gesellschaft für Neurologie und der Deutschen Physiologischen Gesellschaft,

C. Das Hirntodkonzept im Spiegel nichtrechtswissenschaftlicher Äußerungen 209

„Der Hirntod ist der Tod des Menschen."[937] Er ist „der vollständige und irreversible Zusammenbruch der Gesamtfunktion des Gehirns bei noch aufrechterhaltener Kreislauffunktion im übrigen Körper. Dabei handelt es sich ausnahmslos um Patienten, die wegen Fehlen der Spontanatmung kontrolliert beatmet werden müssen."[938]

Nur unwesentlich präziser heißt es in der Erklärung des Jahres 1991:

„'Hirntod' wird definiert als Zustand des irreversiblen Erloschenseins der Gesamtfunktion des Großhirns, des Kleinhirns und des Hirnstamms, bei einer durch kontrollierte Beatmung noch aufrechterhaltenen Herz-Kreislauffunktion."[939]

Der Hirntod wird dabei ersichtlich als zusätzliches Todeszeichen verstanden:

„Der Hirntod ist der Tod des Menschen. Der Tod kann daher - außer nach Aufhören von Atmung und Herzschlag - auch dann festgestellt werden, wenn das Vorliegen der (...) Kriterien des Hirntodes in klinischer Symptomatologie, während angemessener Beobachtungszeit und gegebenenfalls mit apparativer Zusatzdiagnostik nachgewiesen ist."[940] Nur beim „gewöhnlichen Sterbevorgang" komme es „infolge von Herz- und Atemstillstand unmittelbar zum Tod des gesamten Organismus. In Fällen schwerster Hirnschädigung kann es jedoch zu einem vollständigen und endgültigen Ausfall aller Hirnfunktionen, das heißt zum sogenannten Hirntod kommen, während unter künstlicher Beatmung das Herz noch weiter schlägt. Erst seit die maschinelle Dauerbeatmung zur Verfügung steht, gibt es also den Hirntod."[941]

Auf diese deskriptiv-naturwissenschaftlich anmutenden Ausführungen - denn der „Tod des Menschen ist ein biologisches Phänomen" -[942] folgen nähere Aussagen zur normativen Bedeutung des Hirntod-Zustands:

„Mit dem Organtod des Gehirns sind die für jedes personale menschliche Leben unabdingbaren Voraussetzungen, ebenso aber auch alle für das eigenständige körperliche Leben erforderlichen Steuerungsvorgänge des Gehirns endgültig erloschen. Die Feststellung des Hirntodes bedeutet damit die Feststellung des Todes des Menschen. Eine weitere Fortsetzung der Behandlung ist

---

September 1994. Ergänzend auch die schriftlichen Stellungnahmen der *Deutschen Gesellschaften für Neurochirurgie und Neurologie* in: Bundestagsausschuß für Gesundheit, Ausschuß-Drs. 13/585 v. 9.9.1996, S. 9ff., 15f.
[937] *Wissenschaftlicher Beirat*, 1982, A/B-45; 1986, B-2940; 1991, B-2856.
[938] *Wissenschaftlicher Beirat*, 1982, A/B-45; 1986, 2940.
[939] *Wissenschaftlicher Beirat*, 1991, B-2856, so auch - sprachlich nur unwesentlich variiert - *Wissenschaftlicher Beirat*, 1997, C-958.
[940] *Wissenschaftlicher Beirat*, 1982, A/B-45; 1986, B-2940.
[941] *Wissenschaftlicher Beirat*, 1982, A/B-50.
[942] Birnbacher/Angstwurm/Eigler/Wuermeling (1993), C-1968.

deshalb nach Feststellung des Hirntodes zwecklos."[943] Wenn das Gehirn als das „Zentrum personalen Lebens"[944] ausgefallen sei, dann sei der Mensch tot.

Im November 1993 - etwa ein Jahr nach dem sog. „Erlanger Fall" der hirntoten Schwangeren - tritt die Bundesärztekammer mit einer ausführlicheren Stellungnahme an die Öffentlichkeit, die nicht der Diagnostik, sondern den legitimierenden Grundlagen des Hirntodkonzepts gilt.[945] Zugleich legen einzelne Mitglieder des Wissenschaftlichen Beirats - unter ihnen der Philosoph Dieter Birnbacher - gleichsam einen Kommentar zur Stellungnahme vor, der den „(a)nthropologischen Hintergrund" des - angeblich - „in zahlreichen Gesetzestexten" „festgeschriebene(n) ‚Hirntodkriterium(s)'" aufhellen will.[946]

„In allgemeinen Diskussionen wird nicht die sichere Feststellung des endgültigen Ausfalls der gesamten Hirnfunktion (Hirntod) in Zweifel gezogen, sondern seine Bedeutung als sicheres Todeszeichen des Menschen."[947] Hierbei sei eine Besinnung auf die „naturgegebene Grenze zwischen Leben und Tod des Menschen" vonnöten: „Vermutlich ist eine wesentliche Ursache für immer noch anzutreffende Mißverständnisse zwischen den medizinischen Kennern und Anwendern der Richtlinien einerseits sowie den nichtmedizinischen Beobachtern und Kritikern andererseits in der Tatsache zu suchen, daß der eindeutige medizinische Sachverhalt bisher nicht genügend verständlich vermittelt werden konnte. Deshalb werden in diesem Papier die medizinisch-ethischen und anthropologisch-ärztlichen sowie die theologisch-philosophischen Gesichtspunkte, die sich aus den biologischen Fakten ergeben, dargestellt. Es werden die bisher nicht im einzelnen oder nur unvollkommen erörterten Grundlagen für die Kennzeichnung des Todes durch den endgültigen Ausfall der Hirnfunktion (‚Hirntod') aufgezeigt. Dieser endgültige Ausfall der Hirnfunktion tritt in engstem zeitlichem Zusammenhang mit dem Herz- und Atemstillstand ein. Dies blieb allerdings unerkannt, bis die mit der Intensivmedizin möglich gewordene Beat-

---

[943] *Wissenschaftlicher Beirat*, 1982, A/B-50; 1986, B-2945. Ähnlich heißt es im Vorwort zur Stellungnahme 1991: „Eine Fortsetzung intensivmedizinischer Maßnahmen kann außerdem dann sinnlos sein, wenn der Tod des Gehirns als dem Zentrum personalen Lebens bereits eingetreten ist" (*Vilmar/Bachmann*, Vorwort [1991], B-2855).
[944] *Vilmar/Bachmann*, Vorwort (1991), B-2855.
[945] *Wissenschaftlicher Beirat*, Der endgültige Ausfall, C-1975ff.
[946] *Birnbacher/Angstwurm/Eigler/Wuermeling* (1993), C-1968. Man darf vermuten, daß *Birnbacher* der (federführende) Autor dieser gemeinsam vorgelegten Stellungnahme ist: Dafür spricht, daß er auf Einwände gegen den Beitrag als einziger der genannten Autoren antwortet (*Birnbacher*, Deutsches ÄrzteBl. 1994, B-1591f.), im übrigen aber auch, daß am Ende des Beitrags „für die Autoren" nur seine Korrespondenzanschrift genannt wird (vgl. *Wissenschaftlicher Beirat*, 1993, C-1971). Schließlich fällt die - inhaltliche und stilistische - Ähnlichkeit des Textes mit Alleinveröffentlichungen *Birnbachers* auf (vgl. *Birnbacher*, Definitionen, Kriterien, Desiderate, S. 343ff.; *dens.*, Einige Gründe, das Hirntodkriterium zu akzeptieren, S. 28ff.).- In Gesetzestexten wird der Hirntod im übrigen nicht ausdrücklich genannt.
[947] *Wissenschaftlicher Beirat*, Der endgültige Ausfall, C-1975 (Vorwort).

mung und Erhaltung der Kreislauffunktion das Phänomen des Hirntodes beobachtbar machte. Das medizinische Wissen über den Tod des Menschen hat sich dadurch verfeinert und vertieft, ohne daß jene Vorstellungen vom Ende des menschlichen Lebens, die seit mehr als 2000 Jahren in unserem Kulturkreis Gültigkeit haben, in Frage gestellt werden, denn es gab und gibt nur *einen* Tod des Menschen."[948]

Anschließend weist der Wissenschaftliche Beirat - so eindeutig wie vorher nicht - auf die biologische Dimension des Todesgeschehens beim Menschen hin:

„Der Tod eines Menschen ist - wie der Tod eines jeden Lebewesens - sein Ende als Organismus in seiner funktionellen Ganzheit, nicht erst der Tod aller Teile des Körpers. (...) Der Organismus ist tot, wenn die Einzelfunktionen seiner Organe und Systeme sowie ihre Wechselbeziehungen unwiderruflich nicht mehr zur übergeordneten Einheit des Lebewesens in seiner funktionellen Ganzheit zusammengefaßt und unwiderruflich nicht mehr von ihr gesteuert werden. Dieser Zustand ist mit dem Tod des gesamten Gehirns eingetreten. Denn der vollständige und endgültige Ausfall des gesamten Gehirns bedeutet biologisch den Verlust der

– Selbst-Ständigkeit als Funktionseinheit, als Ganzes (Autonomie als Organismus)

– Selbst-Tätigkeit als Funktionseinheit, als Ganzes (Spontaneität als Organismus)

– Abstimmung und Auswahl von Einzelfunktionen aus der Funktionseinheit des Ganzen (Steuerung durch den Organismus)

– Wechselbeziehung zwischen dem Ganzen als Funktionseinheit und seiner Umwelt (Anpassung und Abgrenzung als Ganzes)

– Zusammenfassung der einzelnen Funktionen und ihrer Wechselbeziehungen zum Ganzen als Funktionseinheit (Integration).

Beim Menschen bedeutet dieser Ausfall schließlich" - genauer müßte es heißen: zusätzlich, den bei der folgenden Aussage handelt es sich um keine biologische Aussage - „den Verlust der unersetzlichen physischen Grundlage seines leiblich-geistigen Daseins in dieser Welt. Darum ist der nachgewiesene irreversible Ausfall der gesamten Hirnfunktion (‚Hirntod') auch beim Menschen ein sicheres Todeszeichen."[949]

---

[948] *Wissenschaftlicher Beirat*, Der endgültige Ausfall, C-1975 (Vorwort a.E.) - Hervorhebung im Original.
[949] *Wissenschaftlicher Beirat*, Der endgültige Ausfall, C-1975. Dazu auch *Birnbacher/Angstwurm/Eigler/Wuermeling* (1993), C-1970.

Erläuternd fährt der Wissenschaftliche Beirat fort:

„Früher wurde das Aufhören des Herzschlages mit dem Tod gleichgesetzt. Das war richtig, so lange es unmöglich war, Herzschlag und Kreislauf wieder in Gang zu bringe; denn wenige Minuten nach dem Stillstand des Herzens als Motor des Kreislaufes hört die Gehirntätigkeit wegen Sauerstoffmangels unwiderbringlich und unbeeinflußbar auf. Nachdem aber die Möglichkeiten entwickelt worden sind, unter bestimmten Bedingungen die Herztätigkeit wieder in Gang zu bringen oder für Herzoperationen vorübergehend vollkommen stillzustellen, zeigt der Herzstillstand nicht mehr in jeder Situation den Tod an.

Andererseits bedeutet aber auch der Herzschlag nicht immer, daß der Mensch noch lebt. Denn die Möglichkeit, intensivmedizinisch die Herz- und Kreislauftätigkeit aufrechtzuerhalten, hängt nicht davon ab, ob der Organismus noch oder nicht mehr als Funktionseinheit, als ganzes besteht. Der Organismus als Ganzes endet mit dem Absterben des Gehirns, das beim Menschen zugleich die unersetzliche Voraussetzung seines Gefühls- und Geisteslebens ist. Deshalb ist der irreversible Ausfall der gesamten Hirnfunktion als sicheres Todeszeichen gut begründet."[950]

Was es mit dem „Gefühls- und Geistesleben" des Menschen auf sich hat, illustriert die bereits erwähnte Erklärung verschiedener medizinischer Fachgesellschaften aus dem Jahre 1994, die insoweit etwas deutlicher wird:

„Beim Menschen ist das Gehirn (...) die notwendige und unersetzliche Grundlage für das stofflich nicht faßbare Geistige. Wie auch immer der menschliche Geist, die menschliche Seele und die menschliche Person verstanden werden: Ein Mensch, dessen Gehirn abgestorben ist, kann nichts mehr aus seinem Inneren und aus seiner Umgebung empfinden, wahrnehmen, beobachten und beantworten, nichts mehr denken, nichts mehr entscheiden. Mit dem völligen und endgültigen Ausfall der Tätigkeit seines Gehirns hat der betroffene Mensch aufgehört, ein Lebewesen in körperlich-geistiger oder in leiblich-seelischer Einheit zu sein. Deshalb ist ein Mensch tot, dessen Gehirn völlig und endgültig ausgefallen ist."[951]

---

[950] *Wissenschaftlicher Beirat*, Der endgültige Ausfall, C-1976.
[951] *Hirntod*. Erklärung deutscher wissenschaftlicher Gesellschaften zum Tod durch völligen und endgültigen Hirnausfall, hrsgg. v. der Deutschen Gesellhschaft für Anästhesiologie und Intensivmedizin, der Deutschen Gesellschaft für Neurochirurgie, der Deutschen Gesellschaft für Neurologie und der Deutschen Physiologischen Gesellschaft, September 1994 (Broschüre der Deutschen Stiftung Organtransplantation/Arbeitskreis Organspende), 2. Aufl. 1995, S. 7; s. auch den Abdruck in MedR H. 12/1994, S. VIIIf. und in der FAZ, Nr. 226 v. 28.9.1994, S. N 3 (gekürzte und geringfügig überarbeitete Fassung).

C. Das Hirntodkonzept im Spiegel nichtrechtswissenschaftlicher Äußerungen 213

Diese Passage ähnelt auffällig der oben zitierten Sequenz aus der Erklärung der Deutschen Bischofskonferenz und des Rates der Evangelischen Kirche in Deutschland zur Organtransplantation aus dem Jahre 1990.[952]

Schließlich und grundsätzlich stellt die Bundesärztekammer fest: „Die Verantwortung für die Feststellung des Hirntodes bleibt unteilbar beim Arzt."[953] Ja, die „Unterscheidung zwischen Leben und Tod (muß) (...) wie bisher der ärztlichen Wissenschaft und der ärztlichen Verantwortung übertragen bleiben (...)."[954]

Eine im Mai 1997 vorgelegte sogenannte „Dritte Fortschreibung" der Kriterien des Hirntodes aus der Feder des Wissenschaftlichen Beirates der Bundesärztekammer bestätigt das Konzept des Hirntodes.[955] Einige Akzentuierungen fallen hingegen auf und müssen als Reaktion insbesondere auf einzelne Anfragen interpretiert werden, die im Zuge des anhebenden Deutungskampfs gegen das Hirntodkonzept vorgebracht worden sind. In der dritten Fortschreibung heißt es: „Mit dem Hirntod ist naturwissenschaftlich-medizinisch der Tod des Menschen festgestellt."[956] „Das Fortbestehen einer Schwangerschaft widerspricht nicht dem eingetretenen Hirntod der Mutter. Eine Schwangerschaft wird endokrinologisch von der Plazenta und nicht vom Gehirn der Mutter aufrechterhalten."[957] „Die auf wenige Minuten begrenzte Wiederbelebungszeit des Gehirns ist grundsätzlich kürzer als diejenige des Herzens (...) In jedem Fall führt ein Herz-Kreislaufstillstand früher zum Hirntod als zur Irreversibilität des Herz-

---

[952] *Organtransplantationen.* Erklärung der Deutschen Bischofskonferenz und des Rates der Evangelischen Kirche in Deutschland (1990), S. 18. „Mit dem Hirntod fehlt dem Menschen die unersetzbare und nicht wieder zu erlangende körperliche Grundlage für sein geistiges Dasein in dieser Welt. Der unter allen Lebewesen einzigartige menschliche Geist ist körperlich ausschließlich an das Gehirn gebunden. Ein hirntoter Mensch kann nie mehr eine Beobachtung oder Wahrnehmung machen, verarbeiten und beantworten, nie mehr einen Gedanekn fassen, verfolgen und äußern, nie mehr eine Gefühlsregung empfinden und zeigen, nie mehr irgendetwas entscheiden."
[953] *Wissenschaftlicher Beirat*, 1982, A/B-52; 1986, B-2946; 1991, B-2860; 1997, C-958.
[954] *Ärztliche Erklärung zum Transplantationsgesetz*, unterzeichnet von den Präsidenten der Bundesärztekammer und der Deutschen Gesellschaften für Anästhesiologie und Intensivmedizin, für Chirurgie, für Innere Medizin, für Neurochirurgie, für Neurologie und für Physiologie (1997), A-565.
[955] *Vilmar/Bachmann*, Vorwort (1997), C-957: „Der Hirntod wird definiert als Zustand des irreversiblen Erloschenseins aller Funktikonen des Groß- und Kleinhirns sowie des Hirnstammes (Ausfall der gesamten Hirnfunktionen) bei einer durch kontrollierte Beatmung noch aufrechterhaltenen Herz- und Kreislauffunktion." *Wissenschaftlicher Beirat*, 1997, C-958: „Der Hirntod wird definiert als Zustand der irreversibel erloschenen Gesamtfunktion des Großhirns, des Kleinhirns und des Hirnstamms. Dabei wird durch kontrollierte Beatmung die Herz- und Kreislauffunktion noch künstlich aufrechterhalten."
[956] *Wissenschaftlicher Beirat*, 1997, C-958.
[957] *Wissenschaftlicher Beirat*, 1997, C-960; „endokrinologisch" bezieht sich auf die Endokrinologie, die Lehre von den Hormonen, dazu *Wuttke*, S. 370ff.

stillstandes."[958] Im übrigen sei die „beschriebene Todesfeststellung durch Nachweis des Hirntodes (...) unabhängig von einer danach medizinisch möglichen Organentnahme."[959] Und schließlich heißt es - wie schon in den vorherigen Entscheidungshilfen zur Feststellung des Hirntodes -: „Festgestellt wird nicht der Zeitpunkt des eingetretenen, sondern der Zustand des bereits eingetretenen Todes. Als Todeszeit wird die Uhrzeit registriert, zu der die Diagnose und Dokumentation des Hirntodes abgeschlossen sind."[960]

D. Kennzeichen der Rezeptionsgeschichte des Hirntodkonzepts

Wer die Kennzeichen der Rezeptionsgeschichte zu benennen versucht, beginnt mit der Kritik des Hirntodkonzepts. Was ist damit gemeint?

I. Kritik als produktive Reproduktion und produzierende Kritik

Kritik - dies ist wesentlich - meint nicht notwendig negative Kritik, also Kritik, die alles vorher Gedachte in Bausch und Bogen schlägt, ohne zu fragen, ob solche Kritik denn pro futuro von sonderlichem Nutzen sei. Kritik muß zunächst „produktive Reproduktion"[961] sein, die sich bemüht, Phänomene ex post deutlicher zu erkennen und besser zu verstehen, was auch heißt: über ungewohntere Unterscheidungen in den Griff zu bekommen, nunmehr nachdenklicher auf den Begriff zu bringen.[962] Damit wird Kritik als „produzierende (...) Kritik"[963] vorbereitet. Produzierende Kritik will beitragen zur immer verbesserungsfähigen Neudogmatisierung einer Rechtsfrage. Rechtsdogmatische Kritik, die sich auf produktive Reproduktion stützt, kann plausibleres Unterscheiden in der Zukunft ermöglichen.[964] Sie darf dabei nicht in der Negation, der Dekonstruktion verharren.[965] Der - am schon sprichwörtlichen juristischen Scharfsinn

---

[958] *Wissenschaftlicher Beirat*, 1997, C-963.
[959] *Wissenschaftlicher Beirat*, 1997, C-963.
[960] *Wissenschaftlicher Beirat*, 1997, C-963. So i. Erg. auch *Wissenschaftlicher Beirat*, 1991, B-2859; 1986, B-2946; 1982, A/B-52.
[961] Formulierung bei *K. Rosenkranz*, G. W. F. Hegels Leben, 1844, 2. ND 1969, S. 164, zit. nach: *Holzhey*, Sp. 1275.
[962] Vgl. *Naucke*, Empirische Strafrechtsdogmatik?, S. 92: „Kritik" wird hier mit „Erzeugung von Nachdenklichkeit" umschrieben.
[963] Formulierung bei *F. Schlegel*, Sämtliche Werke, 1963, III, S. 82, zit. nach: *Röttgers*, S. 893 (r. Sp.).
[964] S. dazu - aus der Sicht eines Medizinhistorikers - folgende Bemerkung: „Zum kritischen Nach-Denken des Historikers tritt (...) immer auch schon das deutende Voraus-Denken" (*Schipperges*, S. 22).
[965] Anderer Akzent bei *Hoeren*, ZRP 1996, S. 285: „Der einzige (und für die ‚Praxis' wichtige) Bezug der Rechtswissenschaft ist und bleibt die Negation, die Kritik, die De-

geschulte -⁹⁶⁶ Blick auf das Zweifelhafte, Skepsis-Auslösende einer Rechtsmaterie ist gewiß unabdingbar, um das diffuse Vor-Urteil des Problematischen in klar benennbare Frag-Würdigkeiten zu überführen. Rechtsdogmatische Frag-Würdigkeiten implizieren indes Antwort-Bedürfnisse, denn Rechtsdogmatik als „praktische Normwissenschaft"⁹⁶⁷ ist Antwort-Wissenschaft. Eine (dogmatische) Rechtswissenschaft, die nicht im Selbstmißverständnis praxisreiner Rechtslehre verfangen ist, muß sich ihres dienenden Bezugs zur Rechtspraxis, die Antworten als Folge des Rechtsverweigerungsverbots grundsätzlich nicht schuldig bleiben darf, bewußt bleiben. Es geht - im letzten immer - um die Entscheidung realer Rechtsprobleme, die über die theoretische Aufbereitung der jeweiligen Problematik durch rechtswissenschaftliches Nachdenken besser, adäquater, überzeugender als vordem erfolgen soll. Im übertragenen Sinne gilt daher das Rechtsverweigerungsverbot regelmäßig auch für die dogmatische Rechtswissenschaft.⁹⁶⁸ Kurz: Kritik als produktive Reproduktion und als produzierende Kritik sind aufeinander verwiesen, die Kritik der Rezeptionsgeschichte und die Kritik unter dogmatischem Aspekt, die im 3. Kapitel zu leisten sein wird, lassen sich zwar unterscheiden, sind aber nicht voneinander zu trennen.

Wenn Kritik nicht zuletzt „ein Verhältnis von Texten zu Texten"⁹⁶⁹ ist, dann darf sie nie zur desavouierenden Kritik eines Autors als Person werden. „Was Menschen (...) schreiben, hat Anspruch darauf, aus dem Kontext der Zeitumstände und der Bedingungen der je unterschiedlichen sozialen und politischen Umwelt beurteilt zu werden."⁹⁷⁰ Daß sich im Rückblick manches anders darstellt, ist kein Verdienst des Beobachters oder ein Makel des beobachteten Autors, sondern schlichte Folge des Zeitablaufs und damit unvermeidbar einhergehender Blickveränderungen. Daher trägt es zur Klärung der Frage: „Welche Verkettung von Umständen hat dazu geführt, daß die Hirntodkonzeption dem geltenden (Straf- und Verfassungs-)Recht als Interpretament unterlegt wurde?" wenig bei, das präsumptive wissenschafts- oder berufsethische Versagen einzelner zu monieren (schon wegen der unklaren Maßstäbe einer solchen Bemakelung).⁹⁷¹ Auszugehen ist vom - selbstredend: kontextuell zu verstehenden - gesprochenen und geschriebenen Wort. Natürlich: Mentalitäten und Motive der

---

konstruktion. Statt Antworten stehen demnach in der Ausbildung künftiger Juristen Fragen, Zweifel, skeptisches Räsonieren im Vordergrund."
⁹⁶⁶ *Bloch*, S. 210 mit instruktiven Ausführungen zum „Distinktionsgebäude des juristischen Scharfsinns".
⁹⁶⁷ Formulierung bei *F. Müller*, Juristische Methodik, S. 106.
⁹⁶⁸ Die - der Praxis des Recht-Sprechens - dienende Funktion der dogmatischen Rechtswissenschaft kommt daher zu kurz, wenn *Larenz/Canaris*, S. 115, anmerken, nur der Richter stehe, „im Gegensatz zum Wissenschaftler, wegen des Rechtsverweigerungsverbots unter Entscheidungszwang".
⁹⁶⁹ *Röttgers*, S. 897 (r. Sp.).
⁹⁷⁰ *Wassermann*, Einleitung, S. 4.
⁹⁷¹ S. allg. zum Problem etwa *Rüthers*, Die Wende-Experten, S. 198ff.

Autoren können (und werden regelmäßig) in die Erstellung des Werkes einfließen.[972] Soweit sie für das Verstehen der Rezeptionsgeschichte hilfreich sind (und sich in den fraglichen Texten zumindest andeuten), werden sie zu berücksichtigen sein. Als Unschicklichkeit wird sachbezogene Kritik in diesem Sinne nur mißverstehen wollen, wer das Werk eines (Rechts-)Wissenschaftlers für sakrosankt hält, immunisiert gegen Einwände und umgeben von der Gloriole unmenschlicher, weil menschenunmöglicher Irrtumsfreiheit.[973] Es liegt auf der Hand, daß eine solche Haltung den Ansprüchen ernstzunehmender Wissenschaftlichkeit nicht gerecht wird.[974]

II. Kennzeichen der Rezeptionsgeschichte

Versucht man, über die Benennung einiger Charakteristika die Rezeptionsgeschichte kritisch zu würdigen, dann stellt man folgendes fest:[975]

1. Zu den Begründungen der Hirntodkonzeption

Die Begründungsansätze, die die Tragfähigkeit des Hirntodkonzepts belegen sollen, lassen sich im Kern auf zwei Zugriffe zurückführen: die sog. Geistigkeitstheorie und die sog. biologisch-zerebrale Theorie. Geistigkeitstheorie meint: Spezifikum des Menschen ist seine Geistigkeit. Mit „Geistigkeit" sind - von einem Beobachter als vorhanden wahrnehmbare - kognitive, psychische, emotionale Fähigkeiten gemeint. Anatomischer Repräsentant dieser Geistigkeit ist das gesamte Gehirn. Fällt das Gehirn unumkehrbar aus, geht das Spezifikum

---

[972] Dazu nur folgendes Zitat: „(N)atürlich gehören Werk und Mensch, wissenschaftliche Leistung und Persönlichkeit auf das engste zusammen." *Bernhardt*, S. 140 (l. Sp. o.). „Wissenschaftler (bleiben) (...) neben allem anderen, was sie sich zu sein vornehmen, eben realiter auch Menschen mit ihren menschlich-allzumenschlichen Eigenschaften", *Kerner*, Kriminologische Forschung, S. 331.

[973] Namentlich bei einem zumindest auch-rechtszeitgeschichtlichen Thema wie dem der vorliegenden Untersuchung wird sich vermutlich nicht vermeiden lassen, daß die geäußerte Kritik von manchen besonders ungern angenommen wird, denn „Zeitgeschichte, verstanden als ‚Geschichte der Mitlebenden', wirkt noch viel unmittelbarer auf die Akteure in Wissenschaft und Politik ein. Mit ihren Forschungsergebnissen stellt sie auch die Leistungen und Versäumnisse von Politikern und die wissenschaftlichen Erkenntnisse und Beurteilungen von Wissenschaftlern zur Diskussion" (*Schroeder/Staadt*, S. 16). Zu diesem Problem auch *Diestelkamp*, S. 181.

[974] Zum Wissenschafts- bzw. Wissenschaftler-Ethos als soziologisch beobachtbarem Phänomen *Merton*, Die normative Struktur der Wissenschaft, S. 88: „Das Ethos der Wissenschaft ist jener affektiv getönte Komplex von Werten und Normen, der als für den Wissenschaftler bindend betrachtet wird." Zu inhaltlichen Kennzeichen des wissenschaftlichen Ethos' z. B. *Mohr*, S. 79ff.

[975] Die im Folgenden angeführten Fußnoten verstehen sich als Ergänzung zu den Fußnoten, die bei der Darstellung der Rezeptionsgeschichte erfolgt sind.

des Menschseins unwiederbringlich verloren. Der Mensch ohne (potentielle, aktualisierbare) Geistigkeit ist kein lebendiger Mensch mehr. Demgegenüber verweist die biologisch-zerebrale Theorie auf die biologische Bedeutung des Gehirns für das „Funktionieren" des Organismus. Das Gehirn gilt als Steuerungs- oder Koordinationszentrum des Organismus. Fällt es unumkehrbar aus, dann bricht der Organismus unwiderruflich zusammen und der Mensch ist als biologisches Lebewesen tot.

In der Retrospektive stellt man fest, daß die Geistigkeitstheorie als Legitimationsansatz dominiert. Das gilt insbesondere für die Frühzeit der Rezeption. Die Vertreter der Geistigkeitstheorie verwenden in der Regel nicht näher erläuterte Begriffe (z. B. „Geist", „Geistigkeit", „Geistseele", „Person", „Bewußtsein", „Persönlichkeit", „Personalität", „personales Sein", „Humanum", „Selbstbewußtsein", „Sein", „Ich"),[976] vermittels derer in „vulgäranthropologische(r)"[977] Manier das Gehirn zum Wesensmerkmal des Menschen erhoben wird.[978] Die Betonung namentlich des (gehirnzentriert gedachten) „Selbst-bewußtseins" führt zur Übernahme einer vulgarisierten idealistischen Anthropologie,[979] in der für körperliche Defizite, die zur Einschränkung der Geistigkeit (im oben beschriebenen Sinne) führen, im Grunde kein Raum ist.[980] Der biologisch-zerebralen Theorie, die bei der Lebendigkeit des als Organismus in seiner funktionellen Ganzheit organsierten menschlichen Körpers ansetzt, wird zu Beginn der Rezeptionsgeschichte von juristischer Seite praktisch keine Beachtung, von

---

[976] „‚Geist' bezeichnet in diesem Zusammenhang alles, was sich unter allen Lebewesen allein beim Menschen findet, einschließlich seiner Personalität", so die Abg. *Philipp*, Stenographischer Bericht der 99. Sitzung des Deutschen Bundestages am 19.4.1996 (13. WP), S. 8820 (B) a.E.; weitere einschlägige Nachweise bspw. bei dem Rechtsmediziner *Adebahr*, S. 208, S. 211), dem Rechtsmediziner *H.-J. Wagner*, S. 292 a.E.; bei dem Neurologen *Spittler*, Der Hirntod - Tod des Menschen, S. 141; bei dem Rechtsmediziner *Spann*, Kalte Chirurgie, S. 142: „Nach heute international anerkannter, allgemein gültiger Auffassung ist ausschließlich das Gehirn das Organ, das die Persönlichkeit ausmacht." S. auch *Largiadèr*, Organtransplantat, S. 46. „Tod des zentralen Nervensystems und damit der menschlichen Persönlichkeit". *Käufer*, S. 2: „Träger der Persönlichkeit nur das Gehirn". „Denn Menschenwürde nach Art. 1 GG (...) kann nur einem im Grundsatz geistbegabten Wesen zukommen, nicht aber einem nur aus Zellen zusammengesetzten, biologisch lebende(n) Organismus" (*Ch. Schneider*, S. 212).

[977] Krit. zu der „vulgäranthroplogische(n) These, ein Mensch ohne Gehirnfunktionen sei eben kein Mensch mehr", *Möllering*, S. 32.

[978] Zu den Problemen, Bewußtsein u. dgl. zu definieren, eindrücklich *Hoff*, S. 64ff., 66ff.

[979] Krit. schon *J. P. Müller*, Zeitschrift für schweizerisches Recht, Bd. 90/I. Halbbd., 1970, S. 463.

[980] S. dazu krit. *Eibach*, Sterbehilfe - Tötung auf Verlangen?, S. 55 a.E.: „Mit der Philosophie hat sich auch die Theologie (...) seit der Aufklärung fast ausschließlich an den höchsten geistigen Fähigkeiten des Menschen orientiert und daher auch keine Anthropologie des leidenden und versehrten Menschen ausgebildet." Es wäre reizvoll zu prüfen, inwieweit diese Schlußfolgerung auch auf das Recht, namentlich die Grund- und die (Arzt-)Strafrechtslehre, zutrifft.

medizinischer Seite immerhin einige Beachtung geschenkt, wie nicht zuletzt die (im April 1968 veröffentlichte) Erklärung der Deutschen Gesellschaft für Chirurgie zeigt.[981] Ausführlichere Aufmerksamkeit wird der biologischen Bedeutung des Gehirns für den Organismus erst in der Spätphase der Rezeption zuteil;[982] man beachte die Erklärungen des Wissenschaftlichen Beirats der Bundesärztekammer aus dem Jahre 1993, die erstmals in der Rezeptionsgeschichte ausführlich auf die (vermeint-liche) Bedeutung des Gehirns für das Funktionieren des Organismus eingehen und damit - so scheint es - auf die Kritik reagieren, die ansetzend beim „Erlanger Fall" Zweifel an der biologischen Bedeutung des Gehirns für das Funktionieren des Organismus geäußert hatte (genauer: Zweifel vor allem an der Bedeutung des für die Atemkontrolle wichtigen Hirnstamms, dessen Funktion beim Hirntoten „künstlich" - durch ein Beatmungsgerät - ersetzt wird). In der Zeit zwischen dem Beginn und der Spätphase der Rezeption wird die biologisch-zerebrale Theorie nur beiläufig thematisiert.[983] Die zeitweilige Minderbeachtung der biologisch-zerebralen Theorie könnte auf das unausgesprochene Vorverständnis mancher Befürworter der Hirntodkonzeption zurückzuführen sein, daß die biologische Dimension zwar eine besondere Bedeutung habe, aber doch in einer freilich nicht explizierten Weise auf das (vermeintlich) Spezifische, das „Geistige" des Menschen hingeordnet bleibe.

Auffällig ist, daß seit der Frühzeit der Rezeption der metaphysische und der biologische Begründungsstrang - bewußt oder unbewußt - immer wieder (man möchte fast sagen: bis zur Unkenntlichkeit) miteinander verschnürt werden. So ist vom „Lebenszentrum Gehirn"[984] oder vom „Lebenszeichen (...) Bewußtsein"[985] die Rede, das Gehirn wird begriffen als „zentrale Steuerung", in dem sich „alle leib-seelischen Qualitäten des Menschen (verkörpern)":[986] Der „Sitz

---

[981] S. oben bei Fn. 862 und Fn. 882.
[982] *Otto*, Recht auf den eigenen Tod?, wendet sich gegen die Hervorhebung des Selbstbewußtseins namentlich durch den Theologen *Thielicke* bzw. die Ansicht, der „irreversible Zusammenbruch des Selbstbewußtseins" beende menschliches Leben (D 24f.). Otto betont stattdessen (D 35 - Hervorhebung nur hier): „Weil mit dem Hirntod der *biologische Zerfall* unaufhaltsam ist, begrenzt er grundsätzlich zugleich den Schutzbereich der Tötungsdelikte." Gleichzeitig weist er auf die tragende Bedeutung der „höhere(n) Gehirnfunktionen" beim Menschen hin (D 28, dortige Fn. 63).
[983] So bleibt etwa folgender Hinweis die Ausnahme: Der Gehirntod „führt zur Auflösung der biologischen Funktionseinheit des menschlichen Organismus (...)", *Gramer*, S. 48. *Hoff/in der Schmitten*, Kritik der „Hirntod"-Konzeption, S. 165 mit Anm. 17, weisen darauf hin, daß die Verlagerung hin zu biologischen Begründungen des Hirntodkonzepts durch einen englischsprachigen Beitrag aus dem Jahre 1977 erfolgte; in der deutschen, auch der juristischen Debatte läßt sich diese Akzentverschiebung nicht nachweisen.
[984] *Schweitzer*, S. 54; zum Gehirn als „Lebenszentrum" auch *Korthals*, S. 102 a.E. „Das Gehirn markiert die zentrale Lebensmitte des Menschen." *Schreiber*, Diskussionsbemerkungen, S. 39.
[985] *Kloth*, S. 27.
[986] *Schreiber*, Wann darf ein Organ entnommen werden? (Steffen-FS), S. 459.

dessen, was das Personsein des Menschen und sein Lebenszentrum ausmacht, liegt im Gehirn, nicht im Herzen oder in einem sonstigen Organ."[987] „Leben" wird zur Bezeichnung für ein Ensemble biologischer und nicht-biologischer Zerebralphänomene, für die „körperlich-geistige Einheit"[988], die „leib-seelische Einheit" oder die „leib-geist-seelische Ganzheit"[989] des Menschen, die als ausnahmslos vom (ganzen) Gehirn gesteuert gedacht wird. So entsteht der Eindruck, dieser Sachverhalt des einen, ungeteilten, materiell-immateriellen „Lebens" als eine einzige Emanation des Gehirns sei von Natur aus da, also biologisch vorgegeben.[990] Dabei wird insbesondere verkannt, daß die Bewertung eines bestimmten körperlich-naturalen Zustands als seelische bzw. geistige - also metaphysisch qualifizierte - Einheit nicht Resultat eines bloß deskriptiven, nicht-bewertenden Aktes sein kann. Es ist diese Vermischung der physisch-biologischen und der metaphysisch-geistigen Dimension, die zuweilen den Blick dafür verstellt, daß beide Begründungsansätze beanspruchen, eigenständig und unabhängig vom jeweils anderen Begründungsansatz - alternativ und nicht kumulativ - zu überzeugen.[991] Die Formel „leiblich-geistige Einheit" o. dgl. wird, wenn sie nicht nur ohne jede Erläuterung verwendet wird, immer in die eine oder andere Richtung - mit Blick auf die Geistigkeit oder auf die biologisch-zerebrale Dimension - aufgelöst. Die Rezeptionsgeschichte, in der die Begründungsansätze keineswegs immer gleichzeitig verwendet werden, bestätigt den Eindruck, daß die Geistigkeits- und die biologisch-zerebrale Theorie alternativ überzeugen sollen. Die in jüngerer Zeit unternommenen Versuche, unter Ablehnung der Geistigkeitstheorie und unter Rückgriff allein auf die biologisch-zerebrale Theorie das Hirntodkonzept zu „retten",[992] bestätigen den Eindruck, daß die eine Theorie ohne die andere die Tragfähigkeit des Hirntod-

---

[987] *Laufs*, Juristische Probleme des Hirntodes, S. 400.
[988] *Kühl*, in: Lackner, StGB mit Erläuterungen, 22. Aufl., vor § 211 Rn. 4; *Angstwurm*, Leserforum, S. 241; *Sengler/Schmidt*, Verfassungsrechtliche Fragen, DÖV 1997, S. 721.
[989] *H.-L. Schreiber*, Schriftliche Stellungnahme, Deutscher Bundestag/Ausschuß für Gesundheit, Ausschuß-Drs. 13/600 v. 2.10.1996, S. 910ff. (13 a.E.): „leib-seelische Einheit"; der Moraltheologe *Elsässer*, S. 53: „leib-geist-seelische Ganzheit".
[990] „Träger menschlichen Lebens ist das biologische Individuum ‚Mensch', also der Gesamtorganismus des Menschen, in dem die Einheit von Seele und Leib gegeben ist und in dem sich Menschsein verwirklicht." So der Theologe und Biologe *Eibach*, Recht auf Leben - Recht auf Sterben, S. 111.
[991] Dies gegen *Heun*, JZ 1996, S. 215.
[992] So etwa der Theologe *Schockenhoff*, dazu oben der Text zwischen Fn. 736 und Fn. 737; so auch der Verfassungsrechtler *Kluth*, Die Hirntodkonzeption, der die „sog. Geistigkeitstheorie" (S. 4) ablehnt und stattdessen auf den biologischen Untergang des Organismus bei diagnostiziertem Hirntod verweist, dies freilich, indem er doch wieder metaphysische Elemente einbringt, wenn er nämlich von der „Leib-Einheit" (S. 5) bzw. dem „Daseinsvollzug" als „ganzheitliche, *seelisch*-leibliche Verwirklichung" des Menschseins (S. 6 - Hervorhebung nur hier) spricht.

konzepts glaubt ausweisen zu können. Rhetorisch wirkungsvolle, aber sachlich verunklarende Einheits- oder Ganzheitsformel ändern an diesem Befund nichts.

Bemerkenswerterweise wird in der juristischen Literatur schon früh die Nähe der Geistigkeitstheorie zur Lebenswert-Problematik erkannt.[993] Dies löst meist nur ein unspezifisches Unbehagen aus, ohne daß man deshalb die Legitimation der (Ganz-)Hirntodkonzeption in Abrede stellen würde. Zuweilen weist man sogar offen darauf hin, daß das Votum für die Geistigkeitstheorie zu „einer ‚qualitativen' Lebensbetrachtung" führe."[994] Das eindeutige Verdikt der Verwerflichkeit trifft jedoch allenfalls sogenannte - in der Rezeptionsgeschichte vereinzelt vertretene - Teilhirntodkonzepte, die den unumkehrbaren Ausfall bloß des *Groß*hirns (als offenbar entscheidendem Organ für die Aktualisierung von Geistigkeit) zum Kriterium des Todes erheben wollen.[995]

2. Zu Dichte und Gehalt der Begründungen

Der Aufwand, das Hirntodkonzept in der Form von Geistigkeits- oder biologisch-zerebraler Theorie als legitim auszuweisen, ist - nicht nur unter Juristen - regelmäßig gering. Wenn im Blick auf die Rezeptionsgeschichte von „Legitimation", „Begründung" oder „Argumentation" die Rede ist, dann geht es meist nur um vergleichweise schwache Formen der Argumentation, Begründung, Legitimation. Die Gleichung „Hirntod = Tod des Menschen" wird regelmäßig als begründet vorausgesetzt; der Verweis auf die Bedeutung des - (angeblich) gehirnvermittelten - „Geistes", der - (angeblich) gehirnvermittelten - „Persönlichkeit" usf. erfolgt typischerweise in der Form eines sich vermeintlich selbst plausibilisierenden Arguments, das kraft Evidenz näherer Begründung weder bedürftig noch fähig ist.

Soweit man nicht ohne nähere Angaben bloß auf „hM" hindeutet, stützt man sich auf einige wenige Meinungsführer namentlich aus der Zunft des Arztstrafrechts, die wiederholt (keineswegs immer ausführliche) Arbeiten vorgelegt haben, in denen die normativen Implikationen des Hirntod-Zustands intensiver abgehandelt werden (oder zumindest scheinen). In der Frühzeit der Rezeption wirken hier die „strafrechtlichen Altmeister des Arztrechts"[996] meinungsprä-

---

[993] S. nur *Korthals*, S. 102; s. exemplarisch außerdem *Engisch* oben bei Fn. 186.
[994] So *Eser*, Zwischen „Heiligkeit" und „Qualität" des Lebens, S. 406.
[995] Auf das beim Kortex ansetzende Teilhirntodkonzept wird im 3. Kap., Abschn. D. V. 3, noch eingegangen. Nachweise aus der Rezeptionsgeschichte (in diesem 2. Kap.) vor Fn. 209, vor und in Fn. 296, bei Fn. 628ff., vor Fn. 735, bei Fn. 753, bei Fn. 788f., vor Fn. 887 und bei Fn. 905ff. (Abschn. C. II. 4.) sowie nach Fn. 930.
[996] So nennt *Laufs* Eberhard Schmidt, *Karl Engisch* und *Paul Bockelmann*, von denen *Engisch* und vor allem *Bockelmann* in der Rezeption des Hirntodkonzepts eine tragende Rolle spielten, vgl. *Laufs*, Arzt und Recht im Wandel der Zeit, MedR 1986, S. 163; Hinweis auf die Bedeutung der drei Genannten auch bei *Laufs/Laufs*, S. 48. Sie-

D. Kennzeichen der Rezeptionsgeschichte des Hirntodkonzepts

gend.[997] Später tritt die jüngere Generation (arzt)strafrechtlicher - auf das Todesproblem spezialisierter - Autoritäten hinzu,[998] ein kleines informelles „esoterische(s) Zentrum"[999], das in der juristischen Zunft als spezifisch kompetent bekannt ist und dem man vertrauensvoll unterstellt, zum Thema des Hirntodes Zutreffendes zu sagen, denn auch zu anderen arzt(straf)rechtlichen Feldern - dies ist offenbar der Induktionsschluß - ist aus dem Munde der arzt(straf)rechtlichen Experten Angemessenes bekannt. An die Aussagen dieser wenigen Virtuosen des Arzt(straf)rechts koppelt sich im Wege der „intrakollektiven Gedankenwanderung"[1000] „ein größerer exoterischer Kreis"[1001], vor allem der Kreis der Autoren meinungsbündelnder Kommentare und Lehrbücher an.[1002] Die Zitationspraktiken belegen dies unübersehbar.[1003] Vor dem Hintergrund des „Ver-

---

he auch *R. Schmitt*: „Karl Engisch, der Nestor der deutschen Fachleute für ärztliches Strafrecht" (Ärztliche Entscheidungen, JZ 1985, S. 367). Außerdem *H. J. Hirsch*, Nachruf zu Paul Bockelmann, ZStW 100 (1988), S. 285 - Hervorhebung im Original: „Er galt unter Juristen und Ärzten als *die* Autorität auf dem Gebiet des Arztrechts." Dort auch (S. 284): Er begründete „eingehend, daß kein Anlaß und keine Möglichkeit besteht, den rechtlichen Begriff des Todes anders als die heutige Medizin zu bestimmen, nämlich durch den Zeitpunkt, in dem die Hirnfunktion erlischt." S. auch *Bockelmann*, Das Strafrecht des Arztes, in: Ponsold, S. 1: „Es ist keine strafrechtswissenschaftliche Äußerung zu Fragen des Arztrechtes denkbar, die nicht auf den Fundamenten fußt, welche Eberhard Schmidt und Engisch gelegt haben." *Eb. Schmidt* spielte - wie gesagt - in der Geschichte der Rezeption des Hirntodkonzepts keine Rolle. Daß ein Rechtslehrer ein „Rechtsgebiet gleichsam authentisch repräsentiert", gilt nicht nur für das Arztstrafrecht: Das Zitat soeben entstammt einer Charakterisierung des Staatskirchenrechtlers *Alexander Hollerbach* durch *Isensee*, Bericht, S. 147. Zur Bedeutung juristischer Autoritäten auch *Schnur*, S. 50.
[997] Dies auch die These von *Höfling*, Um Leben und Tod, JZ 1995, S. 29 (bei Anm. 42), der vom Einfluß der „medizinrechtlich spezialisierten Autoren" spricht. Allg. zur Bedeutung von Spezialisten im rechtswissenschaftlichen Kontext *R. Zimmermann*, Die Relevanz einer herrschenden Meinung, S. 59f.
[998] Zu nennen sind hier zunächst *Hanack, Stratenwerth, Roxin*; später sind es dann vor allem *H.-L. Schreiber* und *A. Eser*, die durch regelmäßige Publikationen zum Thema Hirntod auffallen; dazu auch noch die Hinweise in und bei Fn. 1003. Zu *Esers* Bedeutung - namentlich im Blick auf die Prägung des Begriffs „Geistigkeit" - (in diesem 2. Kap.) bei Fn. 285 und Fn. 286.
[999] *Fleck*, Entstehung, S. 155; S. 158: „esoterische(r) Denkverkehr" ist die „Diskussion zwischen den Fachleuten"; Hinweis auf den „esoterischen Kreis" auch auf S. 140 und auf S. 138: „ein kleiner esoterischer (...) Kreis".
[1000] Begriff bei *Fleck*, Entstehung, S. 157f., S. 188.
[1001] *Fleck*, Entstehung, S. 138; außerdem S. 139: „Der exoterische Kreis hat keine unmittelbare Beziehung zu jenem Denkgebilde, sondern nur durch die Vermittlung des esoterischen." „Aus dem fachmännischen (esoterischen) Wissen entsteht das populäre (exoterische). (...) Es bildet die spezifische öffentliche Meinung und die Weltanschauung und wirkt in dieser Gestalt auf den Fachmann zurück" (*Fleck*, Entstehung, S. 150 - auch hier nicht mit Blick auf rechtswissenschaftliche Vorgänge).
[1002] Zum Lehrbuch (für den Kommentar gilt nichts anderes) *Fleck*, Das Problem einer Theorie des Erkennens, S. 120: „Das Lehrbuch verwandelt das subjektive Urteil des Autors in eine bewiesene Tatsache."
[1003] So wird im AE-Sterbehilfe als Stütze für die „heute wohl allgemeine Auffassung", der Hirntod sei der Tod des Menschen, nur auf Publikationen aus der Feder der

trauen(s) zu den Eingeweihten"[1004] wird das Faktum des „Zitierkartells"[1005] nachvollziehbar, also der Umstand, daß von den Vertretern der Rechtslehre immer wieder dieselben arzt(straf)rechtlichen Honoratioren als Eideshelfer für „hM" angeführt werden.

Auffällig ist der unterschiedliche Problematisierungsgrad in der (westdeutschen) Straf- und Grundrechtslehre (das juristische Schrifttum der DDR verzichtet nahezu ausnahmslos auf eine nähere Thematisierung). Während die Strafrechtslehre seit Ende der sechziger Jahre das Thema Hirntod verhandelt, schweigt die Grundrechtslehre zunächst und beginnt erst im Zuge des mit dem Projekt des Transplantationsgesetzes verbundenen Deutungskampfes mit eigenen Reflexionen. Die Vertreter der Grundrechtslehre sind ersichtlich „Nachzügler" der juristischen Debatte. Die lange Zeit vorherrschende „Begründungsaskese der Grundrechtsdogmatik"[1006] macht dies deutlich.

3. Der Grad der Berücksichtigung medizinisch-biologischer Daten

Das Gros der juristischen Beiträge bleibt im wesentlichen unberührt von der Diskussion im medizinischen Schrifttum. Das gilt namentlich für die Erstbeschreibung des Hirntodes aus dem Jahre 1959, die den medizinischen Ausgangspunkt der Hirntoddebatte markiert, aber auch für die sog. Harvard-Erklärung des Jahres 1968,[1007] die im deutschen juristischen Schrifttum praktisch keine Beachtung findet.[1008] Für die theologisch-ethische Literatur gilt das-

---

Bundesärztekammer und von *A. Eser* und *H.-L. Schreiber* verwiesen, vgl. *Baumann u. a.*, S. 7; *Eser* greift in einem Lexikon-Beitrag den von ihm maßgeblichen geprägten Begriff der „Geistigkeit" auf und verweist nicht auf sich selbst, sondern auf *H.-L. Schreiber, Eser*, Art. „Leben/IV. Recht", Sp. 859. Hinweise u.a. auf *Eser* und *Schreiber* auch bei *Krey*, StrafR-BT/1, 10. Aufl., S. 9 Anm. 36, 38 und bei *Dippel* (in: Leipziger Komm., 10. Aufl.) § 168 Rn. 8. Hinweise u. a. auf *Bockelmann, Lüttger* und *Stratenwerth* bei *Wessels*, StrafR-BT/1, 1. Aufl., S. 3 a.E.; in der 19. Aufl., S. 5, auch auf *Schreiber* (seit der 7. Aufl., S. 4 - bezogen auf *Schreibers* Komm. zu den BÄK-Hirntod-Richtlinien in JZ 1983, S. 593f.); *Eser* und *Schreiber* werden - neben anderen - auch genannt bei *Kühl*, in: Lackner, StGB mit Erläuterungen, 21. Aufl., vor § 211 Rn. 4.
[1004] *Fleck*, Entstehung, S. 140.
[1005] Allg. zum Problem von „Zitierkartellen" *Häberle/Blankenagel*, Rechtstheorie 19 (1988), S. 129; der Begriff „Zitationskartell" bei *Höfling*, Um Leben und Tod, JZ 1995, S. 30 Anm. 51.
[1006] *Rixen*, Todesbegriff, Lebensgrundrecht und Transplantationsgesetz, ZRP 1995, S. 463; diese Wendung zust. aufgreifend *Klinge*, S. 116. Der Begriff „Begründungsaskese" stammt von *Geilen*, der ihn allerdings nicht im Blick auf die Grundrechtsdogmatik verwendet (Medizinischer Fortschritt und juristischer Todesbegriff, S. 385 a.E.).
[1007] *Beecher et al.*, S. 85ff.
[1008] So allg. für die deutsche Diskussion *W. Wagner*, S. 204, der auch darauf hinweist, daß die Harvard-Erklärung erst im August 1968 erschien, die Erklärung der Deutschen Chirurgischen Gesellschaft aber schon im April 1968. Sieht man von den oben ausführlich dargelegten Stellungnahmen *Geigers* und *Böhmers* ab, bleibt die Harvard-

selbe. Selbst in der deutschen medizinischen Debatte wird die Harvard-Erklärung, die das „irreversible coma" als „new criterion for death" definiert (ohne vom - gemeinten - Hirntod bzw. brain death zu sprechen),[1009] zwar pflichtbewußt, aber meist nur am Rande erwähnt.[1010] Zumindest für Deutschland kann deshalb keineswegs davon die Rede sein (wie vielfach behauptet), aufgrund der - angeblich weltweit monokausal wirkenden - Erklärung des Ad-hoc-Kommittees der Harvard Medical School sei die Hirntodkonzeption auch in Deutschland eingeführt worden. Nicht nur die Rezeption des Hirntodkonzepts in der DDR zwingt zu anderen Schlüssen. Wiewohl, namentlich unter Medizinern, bekannt, wurde die Erklärung zumindest in Deutschland nicht als Stellungnahme begriffen, die sich von anderen vergleichbaren ausländischen Dokumenten sonderlich abhebt.[1011] Sie stand in einer Reihe mit anderen ausländischen Erklärungen zum Hirntod, und in dieser international „hirntodfreundlichen" Atmosphäre vollzog sich auch die deutsche medizinische Debatte, auf die sich die juristische Diskussion stützte.[1012] Der internationale (genauerhin: westlich-zivilisatorische) Rahmen der medizinischen Debatte (einschließlich der Erklärung von Harvard) spielte - nicht nur in der Frühzeit der Rezeption - für die (am nationalen Recht ausgerichtete) Rechtslehre keine Rolle. An der Harvard-Erklärung fällt - für Deutschland im Vergleich interessant - vor allem auf, daß sie auf eine inhaltliche Begründung des Hirntodkonzepts verzichtet.[1013] In-

---

Erklärung in der juristischen Diskussion vor Beginn des (gegenwärtig andauernden) Deutungskampfes unbeachtet. *Schreiber/Wolfslast* weisen in einem Beitrag, der für Juristen mehr versteckt als veröffentlicht wurde (Rechtsfragen der Transplantation, S. 61 a.E.), darauf hin, in Europa habe man „von Anfang an die Verwendung des jedenfalls ganz undeutlichen und mißverständlichen Terminus ‚irreversibles Koma' vermieden" - also jene (assoziativ auf lebende Komatöse verweisende) Bezeichnung, mit der in der Harvard-Erklärung der Hirntod-Zustand benannt worden war.

[1009] S. den Abdruck der Harvard-Erklärung bei *Penin/Käufer (Hrsg.)*, S. 143ff., 152ff. (152).

[1010] S. den Hinweis auf die Harvard-Erklärung in den Stellungnahmen des *Wissenschaftlichen Beirats der Bundesärztekammer*: 1997, C-957 und C-963; 1986, B-2945; 1982, A/B-50; s. außerdem den Hinweis auf Harvard bei *H. Arnold*, S. 535 und *Wawersik*, Todeszeitpunkt, S. 1317 - dort als eine von acht nicht-deutschen Erklärungen genannt.

[1011] Die Erklärungen des *Wissenschaftlichen Beirats* nennen die Harvard-Erklärung neben anderen ausländischen Erklärungen. Auch die „Guidelines for the Determination of Death" der US-*President's Commission* for the Study of Ethical Problems in Medicine and Biomedical and Behaviroral Research.

[1012] S. den Abruck unterschiedlicher ausländischer Erklärungen, auch der Harvard-Erklärung bei *Penin/Käufer (Hrsg.)*, S. 143ff., 152ff. (Harvard). Zwar heißt es in der Harvard-Erklärung (S. 152): „More than medical problems are present. There are moral, ethical, religious, and legal issues." Diese normativen Aspekte werden dann aber nicht vertieft, sondern es heißt im unmittelbaren Anschluß an diese Sätze nur: „Adequate definition here will prepare the way for better insight into all these matters as well as for better law than is currently applicable."

[1013] So *Hoff/in der Schmitten*, Kritik der „Hirntod"-Konzeption, S. 159; so vorher schon *Seifert*, Das Leib-Seele-Problem, S. 238.

sofern unterscheidet sie sich kaum von anderen ausländischen Erklärungen, aber auch nicht von der Stellungnahme der Deutschen Gesellschaft für Chirurgie.

Überhaupt wird die medizinhistorische Entwicklung von der deutschen juristischen Literatur grundsätzlich nur in groben Strichen nachgezeichnet, und mehr als den unspezifizierten Hinweis darauf, daß die Entwicklung der modernen Reanimationstechnik und der Fortschritt der Transplantationsmedizin zur Beachtung des Hirntodkonzepts geführt hätten, findet man im Regelfall nicht.[1014] Daß der Hirntod-Zustand entscheidend aus dem Kontext der medizinischen Debatte über den Behandlungsabbruchs stammt, wird nicht wahrgenommen.[1015] Für die (Arzt-)Strafrechtslehre wird der Todesbegriff und damit das Hirntodkonzept erst im Zuge der (homologen/allogenen) Herztransplantationen Ende der sechziger Jahre - dann aber sehr rasch - zum Thema. Daß der „Hirntod" genannte Zustand in der medizinischen Entwicklung hinsichtlich der ihn charakterisierenden Kriterien und in bezug auf die Feststellungstests zahlreiche Überarbeitungen und Weiterentwicklungen erfahren hat, registriert man in der Rechtslehre nicht.[1016] Die Frage, ob das Hirntodkonzept dem selbst gestellten Anspruch überhaupt gerecht wird, tatsächlich den Ausfall der gesamten Hirnfunktion zu messen, wird nicht gestellt.[1017] Daß die Diagnostik hinreicht, also den vorausgesetzten Gesamtfunktionsausfall zu messen vermag, wird im Regelfall vorausgesetzt, problematisiert wird allenfalls die korrekte Anwendung dieser als angemessen geltenden Diagnostik.[1018] Unklarheiten über die medizinischen Fakten der Hirntod-Diagnostik scheinen - zumindest in der Frühphase der Rezeption - nicht selten zu sein.[1019] Bei dem immer wieder bemühten Verweis

---

[1014] So etwa auch die *Bundesregierung*, BT-Drs. 11/7980 v. 26.9.1990 (Antwort auf die Große Anfrage auf den Drs. 11/5163, 11/5165 - 11/5168), Probleme der modernen Transplantationsmedizin I - V, S. 1f.

[1015] Zu dieser Entwicklung mit m. w. N. *W. Wagner*, S. 203.

[1016] Dazu - statt vieler - die Nachweise bei der Neurologin *Pohlmann-Eden*, S. 1523.

[1017] Zu diesem Problem der Neurologe *Klein*, S. 6ff.; ders., Schriftliche Stellungnahme, Deutscher Bundestag/Ausschuß für Gesundheit, Auschuß-Drs. 13/579 v. 2.9.1996, S. 24ff.; der Hirnforscher *G. Roth*, Schriftliche Stellungnahme, Deutscher Bundestag/Ausschuß für Gesundheit, Ausschuß-Drs- 13/137 v. 27.6.1995, S. 16ff. (17).

[1018] *Jähnke* (in: Leipziger Komm., 10. Aufl.), vor § 211 Rn. 9, weist in seiner Kommentierung aus dem Jahre 1980 zwar auf „beträchtliche Schwierigkeiten" hin, die sich bei der zuverlässigen Feststellung des Gehirntodes ergäben, dabei bezieht er sich jedoch auf ältere Literatur: Die neuere Entwicklung, die namentlich aufgrund der Entscheidungshilfen des Wissenschaftlichen Beirats der BÄK zu gesteigerter Diagnosesicherheit geführt hat, konnte er nicht berücksichtigen.

[1019] S. dazu *Drehers* Erläuterung aus dem Jahre 1967 (in: Schwarz/Dreher, 29. Aufl., S. 661, Erl 2. A. vor § 211): „Das Menschsein endet mit dem Tode; er ist eingetreten, wenn Herzschlag und Atmung endgültig aufgehört haben, die Hirnströme versiegt sind und im Elektroencephalogramm die Null-Linie aufgetreten ist." Diese Definition übersieht (so scheint es zumindest), daß aufgrund der intensivmedizinischen Behandlung des Patienten Herzschlag und Atmung noch nicht endgültig aufgehört haben können, soll der Hirntod überhaupt diagnostizierbar sein; die genannten Funktionsverluste können also nicht gleichzeitig gegeben sein. Außerdem werden „Hirnströme" über das EEG ge-

auf das per EEG gemessene Erlöschen der Hirnströme übersieht man, daß das EEG nur eine Kortexableitung darstellt, also namentlich den für das Ganzhirntodkonzept fundamentalen Ausfall des Hirnstamms nicht zu messen vermag,[1020] abgesehen davon, daß das EEG (zumindest nach den Entscheidungshilfen der Bundesärztekammer) kein obligatorischer Test im Rahmen der Hirntod-Diagnostik, sondern nur eine fakultative Maßnahme zur Feststellung der Irreversibilität des Zustands ist.[1021] All dies bestätigt den Grundeindruck, daß es sich aus dominierender juristischer Sicht beim Hirntod um eine im Kern medizinische Frage handelt. Die regelmäßigen, namentlich im Kontext der Debatte zum Transplantationsgesetz formulierten Verweise auf eine korrekte Diagnostik wollen nur denkbarer Mißbrauchsgefahr entgegenwirken, beziehen sich hingegen nicht auf die Validität der Diagnostik (also auf die Frage, ob sie das, was sie vorgibt zu messen, auch tatsächlich mißt: den irreversiblen Ausfall des gesamten Gehirns).

Weiterhin fällt auf: In der gesamten strafrechtlichen, erst recht der grundrechtlichen Diskussion des Hirntodes bleibt die Frage unbeantwortet, wie sich der Umstand, daß der hirntote Mensch ein Toter sein soll, mit der Tatsache verträgt, daß er in einem Zustand ist, der mit den übrigen Zuständen des Totseins, die ansonsten in der strafprozessual-kriminalistischen bzw. der rechtsmedizinischen Praxis maßgeblich sind, nicht ähnelt. Vom äußeren Erscheinungsbild eines Menschen, der etwa durch Strangulation, durch Anwendung scharfer oder stumpfer Gewalt, durch Schuß, Ertrinken, Brand, Unterkühlung, Strom- und Blitzschlag oder Vergiftung zu Tode gekommen ist (um strafprozessual besonders relevante Konstellationen der Todesfallermittlung zu nennen),[1022] unterscheidet sich der hirntote Mensch grundlegend. Bei der Todeszeitbestimmung, um die es in der kriminalistisch-rechtsmedizinischen Praxis, die die Tatsachengrundlagen für ein strafprozessuales Todesfall-Ermittlungsverfahren liefert, u. a. geht, spielen nur die traditionellen sicheren Zeichen des Todes, die Leichenerscheinungen, eine wirkliche Rolle.[1023] Gemeint sind damit zum einen die Toten-

---

messen; ihr Versiegen ist also nur über das EEG erkennbar. Zum Problem der Kenntnis medizinischer Daten *Samson*, Legislatorische Erwägungen, NJW 194, S. 2031, der auf ein „bedauerliches Symptom" hinweist, „das bei manchen Juristen offenbar noch vorhandene Informationsdefizit bei medizinischen Sachverhalten."

[1020] Dazu etwa *Schmid/Tirsch*, S. 253; *Birbaumer/Schmidt*, Allgemeine Physiologie der Großhirnrinde, S. 132: „Das EEG spiegelt (...) den Aktivitätszustand der Hirnrinde wider."

[1021] Vgl. den *Wissenschaftlichen Beirat der Bundesärztekammer*, 1997, C-957ff. (C-959, sub „3.2. Ergänzende Untersuchungen").

[1022] *Mätzler*, I, S. 56ff.; *ders.*, II, S. 1ff.; *Wirth/Strauch*, S. 16ff.

[1023] Vgl. (auch zum folgenden) *Mätzler*, I, S. 51ff.; *Petersohn*, S. 2ff.; *Patscheider/Hartmann*, S. 34ff.; *Berg*, 12. Aufl., S. 134ff.; *Forster/Ropohl*, S. 8ff.; *Arbab-Zadeh/Prokop/Reimann*, S. 2ff.

flecke (Livores)[1024] und die Toten- bzw. Leichenstarre (rigor mortis)[1025] als frühe postmortale Veränderungen, zum anderen namentlich die Autolyse,[1026] die Fäulnis[1027] und die Verwesung[1028] als spätere Leichenerscheinungen.[1029] Verwendet man die Formulierungen „ein toter Mensch" und „Leiche" gleichsinnig in der Weise, daß der tote Körper eines Menschen gemeint ist und Totsein unumkehrbare Abwesenheit von Zeichen des Lebendigseins bedeutet, dann wird man den hirntoten Menschen kaum als Leiche qualifizieren können. Die Juristen lassen sich indes bei der Rezeption des Hirntodkonzepts nicht davon irritieren, daß beim Hirntoten die traditionellen Merkmale einer Leiche fehlen.[1030] Dementsprechend gelingt es auch, sich die kognitiven Dissonanzen zu ersparen, die folgender (im vertrauten Ton der Lehrbuchkriminalität gehaltene) Beispielsfall zusammenfassend offenlegt.

Man stelle sich vor, bei Erbonkel O sei der Hirntod diagnostiziert worden. Eine Organentnahme zu Transplantationszwecken wird erwogen. Den Hirntod kann man - was der erbschleichende Neffe T allerdings nicht weiß - nur unter den Bedingungen intensivmedizinischer Versorgung, namentlich einer künstlichen Beatmung, erleiden. Der zur Organentnahme vorgesehene Hirntote wird nach erfolgter Hirntoddiagnostik intensivmedizinisch weiterversorgt, denn prinzipiell werden die Organe, um deren Lebensfrische und damit den Erfolg einer Transplantation zu erhöhen, „während des künstlichen Kreislaufs"[1031] entnom-

---

[1024] Bei Stillstand des Kreislaufes beginnt die Blutsenkung (Hypostase). Das Blut fließt, der Schwerkraft folgend, in die am tiefsten gelegenen Partien des Körpers. Als Zeichen der Füllung der Kapillargebiete der Haut (später des Gewebes) bilden sich in den abhängenden Körperregionen Totenflecke.

[1025] Bei Eintritt des Todes erschlafft die Muskulatur. Infolge biochemischer Veränderungen der Muskulatur kommt es nach einigen Stunden zu einer zunehmenden Verhärtung und Verkürzung aller Muskeln.

[1026] Autolyse ist die Selbstzersetzung der Zellen und des Gewebes durch die in den Zellen vorhandenen Enzyme. Die Zersetzung verläuft weitgehend regellos und meist gleichzeitig mit der Fäulnis.

[1027] Fäulnis ist eine fortschreitende Zerstörung des Körpergewebes, vor allem ausgelöst durch aus dem Darm auswandernde Fäulnisbakterien.

[1028] Verwesung ist ein ‚zundriger Verfall' der Gewebe der letzten Weichteilreste, die bereits weitgehend ausgetrocknet sind; vgl. *Forster/Ropohl*, S. 22 a.E.

[1029] Weitere spätere und spezielle bzw. außergewöhnliche Leichenerscheinungen bleiben hier außen vor, vgl. *Patscheider/Hartmann*, S. 39ff.; *Berg*, S. 139ff., S. 143ff.; *Forster/Ropohl*, S. 21ff.

[1030] Ein entsprechendes Problembewußtsein könnte sich allenfalls darin andeuten, daß *Dreher* in seiner Kommentierung zu § 168 StGB von der „Leiche iS der Vorschrift" spricht, und zwar in jener Aufl. des von ihm betreuten Kommentars, die auf die Aufl. folgt, in der zum ersten Mal das Hirntodkonzept als maßgeblich genannt worden war, vgl. *Dreher*, in: Schwarz/Dreher, 30. Aufl., § 168 Anm. 2 (S. 640 a.E.); in der 29. Aufl. (1967), die zum ersten Mal auf das Hirntodkonzept verweist (S. 661), heißt es demgegenüber noch (S. 546): „Eine Leiche ist der tote Leib eines Menschen (...)."

[1031] *Zenker*, Ethische und rechtliche Probleme der Organtransplantation (1979), S. 485.

men. T betritt nun - in tarnende Arztkleidung gehüllt - die Intensivstation, er sieht dort den Körper von Onkel O. Er bemerkt weiter die rosige Hautfarbe, er berührt O's Körper, er spürt, daß die Haut warm ist, er sieht, wie das Beatmungsgerät O atmen macht - und T, der von der erfolgten Hirntod-Diagnostik nichts weiß, kommt zu dem Schluß, daß O wohl schlafe bzw. im Koma liege, jedenfalls noch nicht tot sei könne. Sodann befördert er ihn mit einem gezielten Schuß ins Herz aus dieser in eine andere Welt (das glaubt T zumindest). Noch das aus der Schußwunde herausspritzende Blut wird T in dem Glauben bestätigen, O habe im Tatzeitpunkt gelebt. Er wird vielleicht überrascht sein, später im Besucherraum der U-Haftanstalt von seinem Verteidiger zu hören, der vermeintlich Getötete habe in Wahrheit schon nicht mehr gelebt, und der Verteidiger wird den ungläubigen T womöglich damit trösten, die Vorstellung einer verblutenden „Leiche"[1032] sei tatsächlich gewöhnungsbedürftig. Aber damit nicht genug. Man stelle sich alternativ vor, T habe den O mangels hinreichender Erfahrung im Umgang mit Schußwaffen bloß durch einen Streifschuß verletzt. Die hinzueilenden Ärzte nehmen nicht nur T vorläufig fest, sie wenden sich auch flugs O zu und erkennen, daß es sich bloß um eine ungefährliche Verletzung handelt. Sie legen O einen Verband an und schaffen es derweil, den intensivmedizinisch kontrollierten Kreislauf stabil zu halten. Vor ihnen läge dann ein verletzter Hirntoter, ein (vermeintlich) Toter, dessen Schußwunde verheilt - denn Hirntote können „(s)elbst Wunden (...) noch ausheilen."[1033] Die Nichtbeachtung dieser und anderer medizinisch-biologischer Realien immunisiert die Rechtslehre gegen juristische Verunsicherung, die eigentlich schon entstehen könnte, wenn man Mediziner vom „‚intravitale(n)' Hirntod"[1034] sprechen hört.

4. Dreifach vermittelter Begriffsimport: Zur Vorreiter-Rolle der Medizin

Versucht man die Entwicklung - vereinfachend auf Übersichtlichkeit zielend und deshalb unter Ausblendung realer Wechselwirkungen und Ungleichzeitigkeiten künstlich linearisiert - auf eine zusammenfassende Formel zu bringen,

---

[1032] Daß ein Hirntoter - als Toter - kein lebender Mensch mehr sei, sondern eine Leiche, darauf weist z. B. *Eser*, Lebenserhaltungspflicht und Behandlungsabbruch, S. 120 Anm. 163 a.E.
[1033] So der Arzt *W. Wodarg*, Stenographischer Bericht der 183. Sitzung des Deutschen Bundestages (13. WP), S. 16409 (C): „Sogenannte Hirntote zeigen weitere Lebensäußerungen, wie Herztätigkeit, Stoffwechsel, sie schütten Hormone aus, Blutbildung und Blutgerinnung funktionieren noch. Falsch ernährt, können diese Patienten Durchfall oder Verstopfung bekommen. Zudem sind an ihnen vegetative Reaktionen, zum Beispiel Hautrötung, Schwitzen und unkoordinierte Bewegungen, zu beobachten. Selbst Wunden können sie noch ausheilen."
[1034] *Schuster*, S. 1443.

dann muß man von einem dreifach vermittelten „Begriffsimport"[1035] ausgehen. Das Hirntodkonzept wurde von der Medizin vorformuliert, die theologische Ethik ließ es als legitim passieren,[1036] von der Strafrechtslehre wurde es dankbar übernommen und an die wenig interessierte Grundrechtslehre weitergegeben. Die Strafrechtslehre wird innerjuristisch zum „entscheidende(n) Impulsgeber der Rezeption"[1037], und die Grundrechtslehre verließ sich auf das (Arzt)Strafrecht bzw. die arzt(straf)rechtlichen Experten, weil diese augenscheinlich „näher dran" waren an der Frage des Todes. Die Erwägung, daß die Interpretation eines unterverfassungsrechtlichen (Straf-)Gesetzes nicht ohne weiteres mit der Auslegung eines thematisch einschlägigen Grundrechts übereinstimmen muß bzw. das Verfassungsrecht nicht unmittelbar zu binden vermag, spielte keine Rolle. Im Vollzug des Begriffsimports war die (Arzt-)Strafrechtslehre nicht in der Lage, die real praktizierte Entnahme „lebensfrischer" Organe aus dem durchbluteten Körper eines Menschen juristisch so zu begreifen, daß sie nicht nur von einem Toten, sondern auch von einem Lebenden hätte erfolgen dürfen: Dies *konnte* einfach nicht legitim bzw. legitimierbar sein. Eine gegenteilige Vorstellung ist offenbar so unerträglich, daß sie in der Rezeption des Hirntodkonzepts keine Rolle spielt, vielmehr erst zu spielen beginnt, als man die strafrechtliche Frage - im Zuge des gegenwärtigen Deutungskampfs - in ihren grundrechtlichen Horizont einstellt. Bis dahin gilt vielen das Phänomen der Herzexplantation zu Transplantationszwecken vom Lebenden als strafbare Tötung i. S. der §§ 211ff. StGB.[1038] Außerdem war die Strafrechtslehre bestrebt, die Anwendung der neuen medizinischen Technik der Herztransplantation nicht zu verunmöglichen. Dabei fühlte sie sich gezwungen, dem von der Medizin favorisierten Hirntodkonzept zu folgen. Soweit ersichtlich, ist nur Claus Roxin zu Beginn der Hirntodrezeption klarsichtig genug, diese Lage unmißverständlich zu umschreiben: „Jellineks berühmtes Wort von der ‚normativen Kraft des Faktischen' bewährt sich an diesem Beispiel höchst augenfällig. (...) Die Entwicklung der Medizin und die *dadurch* geschaffenen Realitäten *zwingen* die rechtli-

---

[1035] Auch dieser Begriff stammt von *Geilen*, Medizinischer Fortschritt und juristischer Todesbegriff, S. 379.
[1036] Dazu *Koch*, Bundesrepublik, S. 37: „Diese Auffassung [daß der Hirntod der Tod des Menschen sei - Anm. St. R.] wird auch in der medizinischen Ethik überwiegend vertreten." Namentlich die kirchliche Erklärung aus dem Jahre 1990 hat gesamtgesellschaftlich besondere Legitimationswirkungen entfaltet; dazu und zur legitimatorischen (Selbst-)Instrumentalisierung von Theologie und (röm.-kath.) Kirche ausf. *Feuerstein*, S. 360ff.
[1037] So schon - in einer ersten Betrachtung - *Rixen*, Ist der Hirntote „tot"?, S. 43. *Deutsch* (Die rechtliche Seite, ZRP 1982, S. 175) hat schon früh darauf hingewiesen, daß das Hirntodkriterium „die Diskussion insbesondere auf dem Gebiet des Strafrechts außerordentlich befruchtet" habe.
[1038] Diese Ansicht wird bis heute mehrheitlich vertreten; s. dazu nur *Beulke*, Stichwort „Mensch im Sinne des Strafrechts", S. 990: „Ferner wären Herztransplantationen unzulässig, da das Spenderherz noch schlägt."

D. Kennzeichen der Rezeptionsgeschichte des Hirntodkonzepts 229

che Bewertung geradezu, sich der neuen Lage *anzupassen*. Aber *auch* grundsätzliche und von den praktischen Bedürfnissen ganz gelöste Erwägungen sprechen dafür, den menschlichen Tod auf das Erlöschen der Hirnfunktionen anzusetzen; denn die menschliche Individualität ist ersichtlich an die Struktur des Gehirns gebunden."[1039] „(D)er Übergang vom Herz- zum Hirntod (ist) keine methodische Neuerung, sondern nur eine sachliche *Anpassung an den Fortschritt der medizinischen Erkenntnis*."[1040] In der juristischen Literatur ist dementsprechend vereinzelt von der „Übernahme" der medizinischen Hirntodkonzeption die Rede.[1041] Letztlich vermag nur die von Claus Roxin umschriebene Situation des Sich-gezwungen-Fühlens, des Genötigt-, des Gedrängt-Seins der (Straf-)Rechtslehre zu erklären, warum sich - „ausgehend von der medizinischen Lehrmeinung" -[1042] eine juristische „hM" auszubilden vermochte, die vielfach ohne ernstzunehmende inhaltliche Auseinandersetzung auskommt - eben nur deshalb, weil sie ein (an sie herangetragenes) drängendes Problem der medizinischen Praxis zu lösen versprach, „medical and legal chaos"[1043], „legal confusion and uncertainty"[1044], die nach der ersten (homologen/allogenen) Herztransplantation an der Tagesordnung waren, aufzulösen vermochte. Nur weil sie von der (Transplantations-)Medizin angemahnte Bedürfnisse nach Orientierungsgewißheit und Konsensherstellung erfolgreich zu befriedigen versprach,[1045] konnte sich die Hirntodkonzeption so schnell und fraglos als „hM" durchsetzen.

Dem Wunsch der Medizin nach zügiger Herstellung normativer Orientierungsgewißheit konnte die Rechtslehre am besten und (angesichts des dringenden Bedarfs der Medizin) am schnellsten gerecht werden, indem sie sich vollin-

---

[1039] *Roxin*, Zur rechtlichen Problematik des Todeszeitpunktes, S. 299 - Hervorhebung nur hier. Die Auch-Argumentation findet sich ebenso bei *Lenckner*, Strafrecht und ärztliche Hilfeleistungspflicht, S. 612: „läßt sich (...) auch ethisch und rechtlich (...) begründen". S. ebenfalls *Schreiber*, Kriterien des Hirntodes, JZ 1983, S. 593f.: „eine Konvention, die freilich entscheidend anhand medizinischer Daten aber auch aufgrund rechtlicher Funktionszusammenhänge festgelegt worden ist."

[1040] *Roxin*, Zur rechtlichen Problematik des Todeszeitpunktes, S. 300 - Hervorhebung nur hier.

[1041] Vgl. *Funck*, MedR 1992, S. 184f.; *Saerbeck*, S. 139. S. auch die - von *Engisch* als Erstgutachter, *Maurach* als Zweitgutachter betreute - Arbeit von *Kinzel*, Nachtrag, S. 5: „Hierbei handelt es sich nicht um eine vom Juristen zu beantwortende Frage, vielmehr muß es in erster Linie verantwortliche Aufgabe der ärztlichen Wissenschaft sein, die Kriterien des Todes nach dem Stande der Forschung und gesicherter wissenschaftlicher Erkenntnisse ständig neu zu bestimmen."

[1042] So ausdrückl. der Rechtsmediziner *Kleiber*, S. 351 - zur Etablierung des Hirntodkonzepts.

[1043] *van Till-d'Aulnis de Bourouill*, S. 4: „medical and legal chaos existing in 1968".

[1044] *Capron*, Death, S. 535.

[1045] Allg. zur konsensunterstellenden und damit konsensherstellenden Funktion von „hM" *Drosdeck*, S. 134; *R. Zimmermann*, Die Relevanz einer herrschenden Meinung, S. 84.

haltlich an die systemeigenen Experten, die bereits erwähnten Vordenker des Arztstrafrechts, hielt.[1046] „HM" kann so - vermittelt über die machtvollen Meinungsmultiplikatoren der Kommentatoren und Lehrbuchautoren - weithin argumentfrei als maßgebliche Lesart des Tötungstatbestandsmerkmals bzw. des lebensgrundrechtlichen Schutzbereichs installiert werden. Bei dieser auf konsensuale Breitenwirkung angelegten Art der Erzeugung von „hM" fehlt jedes Bewußtsein dafür, daß „hM" nicht aus einem Rechtshimmel auf die Erde fällt, sondern nur das Produkt einiger weniger juristischer Meinungsführer ist. Mit den Worten einer Zentralfigur der juristischen Rezeption des Hirntodkonzepts: „Wenn wir so fast als etwas Selbstverständliches von einer ‚herrschenden Meinung' reden, bleibt doch zu beachten, daß wir es sind, die diese Meinung ‚gemacht' haben."[1047] In der Tat: „HM" wurde in der Hirntod-Frage „gemacht" als Reflex auf außerrechtlich Vorgedachtes, außerrechtlich sich Entwickelndes. Die Strafrechtslehre folgt - wie die theologische Ethik auch - hauptsächlich dem in der Medizin sich Entwickelnden. Sie anerkennt das Bedürfnis der (Transplantations-)Medizin nach Etablierung der Gleichung „Hirntod = Tod des Menschen", sie übernimmt den von (Rechts-)Medizinern vorgebrachten Einwand, andernfalls sei die Herzexplantation eine Tötung, und sie macht sich die metaphysischen Legitimationen zu eigen, die von der Medizin vorformuliert wurden, die wiederum in diesem nicht-naturwissenschaftlich geprägten Gehege präjudizierend „wilderte", ohne daß die Überschreitung ihrer Kompetenz von ihr selbst oder von der Rechtslehre bemerkt worden wäre.[1048] Das Tötungstatbestandsmerkmal und der lebensgrundrechtliche Schutzbereich werden so als dynamische Verweisungen auf den Stand der (Erkenntnisse der) medizinischen Wis-

---

[1046] Wenn es stimmt, daß „Publikationen (...) gleichsam das Zahlungsmittel der Wissenschaft (sind)" (so *Luhmann*, Die Wissenschaft der Gesellschaft, S. 432), dann wird man hinsichtlich der argumentativen Schwäche der überwiegenden, das Hirntodkonzept als Todeskonzept stützenden Literatur von einem inflationären Zustand ausgehen müssen. Es ist de facto - wie dieses Beispiel zeigt - häufig *nicht* so, daß „bei Begründung einer herrschenden Meinung die Stimmen nicht zu zählen, sondern zu gewichten sind", *Würtenberger jr.*, S. 190.

[1047] *Eser*, Diskussionsbemerkung, M 90 - zu Fragen im Umfeld der Sterbehilfeproblematik.

[1048] Schon *Geilen* hat auf diesen Aspekt krit. hingewiesen, Medizinischer Fortschritt und juristischer Todesbegriff, S. 384f.; Hinweis auf die „gewisse Kompetenzüberschreitung" der Medizin bei *dems.*, Rechtsfragen der Todeszeitbestimmung, S. 290. Zust. der Herzchirurg *Stapenhorst*, Über die biologisch-naturwissenschaftlich unzulässige Gleichsetzung, S. 82. Bezeichnend der Mediziner (und Jurist) *Gramer*, S. 48: „Dieses individuelle, menschliche Bewußtsein ist unmittelbar mit dem Organtod des Gesamthirns erloschen. Mit der Vorstellung vom Menschen als Geistwesen ist allerdings die naturwissenschaftliche Grenze der Betrachtungsweise überschritten. Dies ist jedoch notwendig, weil (...) der streng biologische Begriff des Totaltodes für die außerhalb der Biologie auftauchenden Fragen in Medizin und Rechtswissenschaft nicht verwendbar ist."

D. Kennzeichen der Rezeptionsgeschichte des Hirntodkonzepts

senschaft gelesen.[1049] Der - zumindest an den Rändern „unscharfe" - unbestimmte Rechtsbegriff des Todes bzw. des Tötens wird präzisiert durch die stillschweigende Inkorporation außerrechtlicher Standards,[1050] die Rezeption (medizin)technischer Regeln, letztlich die Normen eines sachverständigen Privaten, der den rechtlich verbindlichen Sinn des Tötungstatbestandsmerkmals und des lebensgrundrechtlichen Schutzbereichs bestimmt: die Bundesärzte-„kammer", die gerade keine öffentlich-rechtliche Kammer ist, sondern nur eine privatrechtliche Arbeitsgemeinschaft der Ärztekammern der Länder.[1051]

Das heißt *nicht*, daß die Hirntodkonzeption eine Erfindung der (deutschen) Transplantationsmedizin ist.[1052] Die Erstbeschreibung des „coma dépassé" genannten Hirntodzustands erfolgte - wie gesehen - 1959 durch Neurologen, die freilich *keine* Gleichsetzung mit dem Tod des Menschen vornahmen. Aber richtig ist schon, daß der durch die Anwendung intensivmedizinischer Mittel entdeckte Hirntod-Zustand erst im Kontext der Organtransplantation zum rechtlich erheblichen Datum, zum Todeskonzept wird, ohne daß dieser Aspekt in Deutschland so deutlich ausgesprochen wurde, wie dies in der Harvard-Erklärung geschah.[1053] Erst jetzt wird das nachdenklich-vagabundierende Räsonnement über die Grenzen der Behandlungspflicht vonseiten des Rechts auf den Punkt gebracht, weil die medizinische Praxis Gewißheit über den Punkt benötigte, an dem der Eingriff in den durchbluteten Körper eines Menschen zur Strafbarkeit führt oder nicht. Mit den Worten eines Mediziners: „Die Transplantationsmedizin ist die Ursache/Verursacherin einer Aktualisierung des Themas Hirntod (...)."[1054]

Die für die rechtliche Diskussion de facto maßgebliche Bedeutung der Medizin, die sich gewissermaßen in Reinform, aber im Kern doch exemplarisch anhand der Rezeption des Hirntodkonzepts in der DDR nachvollziehen läßt, entfaltet sich - für Westdeutschland - ab Anfang der achtziger Jahre primär über die Stellungnahmen des medizinischen „Lehramtes" in Hirntodfragen, den Wissenschaftlichen Beirat der Bundesärztekammer. Der Beirat ist (wie auch andere für die Rezeptionsgeschichte wichtige Gremien) interdisziplinär u. a. mit (in der

---

[1049] Von einer „dynamischen Verweisung" hat bereits *Höfling*, Um Leben und Tod, JZ 1995, S. 29 gesprochen.
[1050] Dazu allg. *Veit*, S. 34.
[1051] Vgl. *König*, S. 21: „der Begriff ‚Tod' (...) (ist) als offener Begriff zu verstehen (...), dessen Inhalt durch medizinisch-naturwissenschaftliche Erkenntnisse ausgefüllt wird." Zur Bundesärztekammer s. oben 1. Kap. bei Fn. 180.
[1052] Insofern zutreffend der Transplantationsmediziner *Nagel*, S. 204.
[1053] Dort hieß es: „Obselete criteria for the definition of death can lead to controversy in obtaining organs for transplantation.", zit. nach dem Abdruck bei *Penin/Käufer (Hrsg.)*, S. 152; dazu *Hoff/in der Schmitten*, Kritik der „Hirntod"-Konzeption, S. 157f.
[1054] So der Chirurg *Ch. Schwarz*, S. 197.

Regel) spezialisierten Juristen besetzt,[1055] die der jeweiligen Stellungnahme - objektiv betrachtet - die Aura des rechtlich Unbedenklichen verleihen und dabei im Ergebnis oft nur dem medizinisch Vorgedachten folgen.[1056] Bei der Besetzung der Gremien fallen personelle Überschneidungen auf, manche Namen scheinen sich förmlich aufzudrängen - eben als Experten, die oft schon seit der Frühzeit der Rezeption des Hirntodkonzepts mit dem Thema befaßt sind. Die wenigen[1057] Experten der beteiligten Disziplinen (Recht, Medizin, theologisch-kirchliche Ethik) erscheinen dabei als einander in spezifischer „Stimmungs-kameradschaft"[1058] verbunden, sie bestätigen sich gegenseitig und bündeln ihre autoritative Kraft, um die Tragfähigkeit des Hirntodkonzepts sozial zu etablie-

---

[1055] Der Arbeitsgruppe, die die Erklärung der beiden Kirchen aus dem Jahre 1990 erarbeitet hat, gehörten u. a. *H. Angstwurm, R. Pichlmayr, F. W. Eigler, U. Frei* und *W. Klinner* (der Herzchirurg, der die erste homologe/allogene Herzverpflanzung in Deutschland federführend mit ins Werk gesetzt hat) an, außerdem auch der kath. Moraltheologe *J. Reiter* und die Juristin *G. Wolfslast,* eine Schülerin *H.-L. Schreibers,* s. den Nachw. in: *Organtransplantationen,* hrsgg. v. Sekretariat der Dt. Bischofskonferenz und vom Kirchenamt der EKD, S. 26f. Bezeichnenderweise ist diese Erklärung auch publiziert worden vom Arbeitskreis Organspende (1. Aufl. 11/1990), gefördert durch die Bundeszentrale für gesundheitliche Aufklärung im Auftrag des Bundesgesundheitsministers. Zum Einfluß der (Transplantations-)Mediziner auf die Abfassung dieser Erklärung *Feuerstein,* S. 360. Dem Arbeitskreis, der die dritte Fortschreibung der Hirntod-Richtlinien der Bundesärztekammer (BÄK) erarbeitet hat, gehörten u. a. an: der Neurologe *H. Angstwurm,* der Philosoph *D. Birnbacher,* der Transplantationschirurg *F.-W. Eigler,* der Neurochirurg *R. A. Frowein,* der Anästhesist *J. Wawersik,* der Moraltheologe *J. Reiter* und der Strafrechtslehrer *H.-L. Schreiber* (*Wissenschaftlicher Beirat,* 1997, C-964). Dem Arbeitskreis, der die zweite Fortschreibung 1991 verantwortete, gehörten u. a. an: *H. Angstwurm, F. Böckle, R. A. Frowein,* der Transplantationschirurg *R. Pichlmayr, H.-L. Schreiber* und *J. Wawersik* (*Wissenschaftlicher Beirat,* 1991, B-2860). Dem Arbeitskreis, der 1986 eine erste Fortschreibung vorgelegte, gehörten u. a. an. *R. A. Frowein, R. Pichlmayr, H.-L. Schreiber* und *J. Wawersik* (*Wissenschaftlicher Beirat,* 1986, B-2946). Dem Arbeitskreis, der die Grundfassung der Entscheidungshilfen zur Feststellung des Hirntodes verfaßt hat, gehörten u. a. an: *F. Böckle, R. A. Frowein, R. Pichlmayr, H.-L. Schreiber, H. Angstwurm, H. Penin* und *J. Wawersik* (*Wissenschaftlicher Beirat,* 1982, A/B-55). Dem Arbeitskreis des *Wissenschaftlichen Beirats* der BÄK, der 1993 eine erläuternde Stellungnahme zum Hirntod vorlegte, gehörten u. a. an: *H. Angstwurm, D. Birnbacher, F. W. Eigler, J. Gründel* (*Wissenschaftlicher Beirat,* 1993, C-1977). Schon der Kommission, die die Stellungnahme der Deutschen Gesellschaft für Chirurgie aus dem Jahre 1968 erarbeitete, gehörte ein Jurist (*Hanack*) an; federführend waren indes, wie es in der Veröffentlichung der Erklärung ausdrücklich heißt, zwei Mediziner (der Chirurg *Lindner* und der Anästhesist *J. Wawersik,* der später im *Wissenschaftlichen Beirat* der BÄK sitzen wird), vgl. Der Chirurg 1968, S. 196.

[1056] Der vonseiten des *Kommissariats der kath. Bischöfe* an der Arbeitsgruppe, die kirchliche Erklärung zur Organtransplantation aus dem Jahre 1990 vorbereitet hatte, beteiligte Jurist *K. Panzer* hat rückblickend angemerkt, man habe sich seinerzeit „von den Transplantationsmedizinern über den Tisch ziehen lassen" (Diskussionsbemerkung auf einer Veranstaltung der Kath. Akademie Mainz am 9. 11. 1994).

[1057] *Schöne-Seifert,* Medizinethik, S. 614, weist zu Recht darauf hin, daß es eine ernstzunehmende Debatte über den Todesbegriff nur „unter einigen wenigen Theologen, Philosophen und Medizinern gab".

[1058] *Fleck,* Entstehung, S. 140.

ren.¹⁰⁵⁹ Der entstehende Eindruck ist eindeutig: Alle Fachleute aus Medizin, theologischer Ethik und Rechtslehre stehen als ungeteilte „Denkgemeinschaft"¹⁰⁶⁰ hinter der Hirntodkonzeption,¹⁰⁶¹ so daß sich praktisch niemand motiviert fühlt, gegen diese „spezifische intellektuelle Stimmung"¹⁰⁶² anzugehen und *hinter* das Hirntodkonzept zu schauen. Alles andere wäre dem Vorwurf des Dilettantismus oder des Querulantentums ausgesetzt gewesen, mehr als folgenlose Nachdenklichkeit ist untunlich,¹⁰⁶³ die klare Ablehnung des Hirntodkonzeptes (in der Phase vor dem mit dem „Erlanger Fall" beginnenden Deutungskampf) ist indiskutabel.¹⁰⁶⁴ Im Klima der Stimmungskameradschaft werden die

---

¹⁰⁵⁹ Vgl. *Fleck*, Entstehung, S. 60: „besondere Stimmung"; S. 140: „eine gemeinsame besondere Stimmung"; S. 143: „gemeinsame Stimmung".

¹⁰⁶⁰ *Fleck*, Entstehung, S. 129, S. 136 - synonym für „Denkkollektiv", dazu S. 53ff., S. 129ff., insb. S. 135f. Auf S. 138f. heißt es: „Um jedes Denkgebilde, sei es ein Glaubensdogma, eine wissenschaftliche Idee, ein künstlerischer Gedanke, bildet sich ein kleiner esoterischer und ein größerer exoterischer Kreis der Denkkollektivteilnehmer. Ein Denkkollektiv besteht aus vielen solchen sich überkreuzenden Kreisen (...). Es gibt eine stufenweise Hierarchie des Eingeweihtseins und viele Fäden, die sowohl die einzelnen Stufen als auch die verschiedenen Kreise verbinden. Der exoterische Kreis hat keine unmittelbare Beziehung zu jenem Denkgebilde, sondern nur durch die Vermittlung des esoterischen."

¹⁰⁶¹ *Angstwurm*, Bedeutung und Feststellung, S. 23: „Im juristischen, theologischen und medizinischen Schrifttum wird der bleibende Funktionsausfall des Gehirns dem Tod des Menschen gleichgesetzt." *Carstens*, Das Recht der Organtransplantation, S. 89: „heute bei Ärzten, Juristen und Theologen Einigkeit". *Buchardi/Henniges/Dralle*, S. 50: „Aus humaner, ärztlich-ethischer, theologischer und juristischer Sicht ist heute anerkannt, daß der Individualtod des Menschen mit dem Hirntod gleichzusetzen ist." Für das Recht und die medizinische Ethik so auch *Koch*, Bundesrepublik Deutschland, S. 37.

¹⁰⁶² *Fleck*, Entstehung, S. 187.

¹⁰⁶³ Als Beispiel sei auf ein Referat des Neurochirurgen *Kautsky* verwiesen, das dieser auf der 21. Jahrestagung (zum Thema „Tod - Unsterblichkeit - Auferstehung") der Kath. Ärztearbeit Deutschlands, Ende Mai 1969 in Regensburg, gehalten hat; dazu der Tagungsbericht von *Szydzik*, S. 126f., aus dem die folgenden Zitate stammen. *Kautsky* thematisiert biologisch-naturwissenschaftliche Zweifel an der Gleichsetzung von Hirntod und „Totaltod" des Menschen. Dabei nimmt er der Sache nach kritische Erwägungen von *Gerlach* auf (der im Tagungsbericht allerdings nicht erwähnt wird; daß ein Gespräch zwischen *Kautsky* und *Gerlach* bestand, ergibt - abgesehen von den Argumenten, die *Kautsky* laut Tagungsbericht vorbringt - auch *Kautskys* Bemerkung auf dem Bonner Hirntod-Symposion von Dezember 1968, auf dem auch *Gerlach* anwesend war: er - *Kautsky* - „streite mit meinem Freund Gerlach" über die Gleichsetzung von Tod und Hirntod, so *Kautsky*, Diskussionsbemerkung [1969], S. 53; *Gerlach* widerspricht der „Definition des Herrn Kollegen Kautsky", so *Gerlach*, Diskussionsbemerkung, S. 54). „Im Lichte einer gesamtmenschlich wertenden Perspektive" - so *Kautsky* laut Tagungsbericht - müsse freilich berücksichtigt werden, was „den Menschen im Eigentlichen charakterisiert, seine geistige Dimension"; sie sei „an das Gehirn gebunden". Dessenungeachtet sei das Hirntodkonzept nur „eine relativ brauchbare Lösung", sogar nur eine „Annäherungslösung". Das ändere indes nichts daran, daß einem Hirntoten Organe entnommen werden dürften: „Wichtig bleibt, daß die vom Arzt getroffene Entscheidung, wenngleich gestützt auf biologische Fakten, letztlich eine menschliche ist."

¹⁰⁶⁴ Es bleibt eine Ausnahme, daß in einer juristischen Publikation, die vor den Ereignissen um das sog. Erlanger Baby erschienen ist, *Jonas*' Kritik wahrgenommen wird;

234   2. Kapitel: Die Rezeption des Hirntodkonzepts

Rollen der Experten partiell austauschbar: Der Jurist wird zum Theologen,[1065] der Jurist wird zum Mediziner,[1066] und vor allem: Der Mediziner wird zum Spezialisten für das Normative, gleichsam zum omnikompetenten Medizinmann,[1067] der die „Geistigkeit"[1068] als neurologisch lokalisierbares Wesensmerkmal der sog. Leib-Seele-Einheit Mensch theologisch-philosophisch begründet, ja den

---

es reicht allerdings nur für eine Fußnotennotiz. *Hirsch/Schmidt-Didczuhn*, S. 13 Anm. 12: „daß der Gehirntod als Todeslinie nicht völlig unbestritten ist, zeigen z. B. die Ausführungen von Jonas (...)."

[1065] „Der Gehirntod beraubt den Menschen seiner geistigen und seelischen Funktionen und kann damit als Realsymbol für das Ende des individuellen Lebens angesehen werden." So der Jurist und Mediziner *Gramer*, S. 48, ohne jeden Hinweis auf die theologische Herkunft des von *Franz Böckle*, dem kath. Motaltheologen geprägten Begriffs „Realsymbol"; der eigentlich gebotene Verweis auf *Böckle* fehlt auch im Literaturverzeichnis, vgl. bei *Gramer*, S. IV.

[1066] Der Rollentausch kommt in der Äußerung eines strafrechtlichen Protagonisten der Hirntodrezeption zum Ausdruck, in der die Verwalter der Tatsächlichkeit - die „Herren Mediziner" - aufgefordert werden, den Hirntod doch nicht in Frage zu stellen: „Manchmal, meine Herren Mediziner, erlauben Sie mir, das zu sagen, habe ich aus Ihren Äußerungen entnommen, daß Sie selbst Ihren Hirntod nicht ganz ernst nehmen. Ich habe von einigen unter Ihnen Formulierungen etwa des Inhaltes gehört, der Hirntote sterbe oder der Hirntote müsse sterben. Ich hingegen meine, der Hirntote stirbt nicht oder muß nicht sterben, sondern der Hirntote ist tot - vorausgesetzt, daß der Hirntote definitionsgemäß tot ist" (*Bockelmann*, Diskussionsbemerkung, S. 341). Bemerkenswert ist diese Stellungnahme, weil sie deutlich macht, daß die juristischen Schlußfolgerungen als abhängig vom Präjudiz der Mediziner gedacht werden. Den Medizinern wird die Kompetenz zugesprochen, zu definieren, was Leben und Tod ist, und ihnen wird mit leiser Mahnung und zugleich unmißverständlich aufgetragen, diese Definitionskompetenz auszuüben, und zwar so, daß sie „Ihren Hirntod" gefälligst ernst nehmen möchten. Ganz zwanglos scheinen sich hier zwei Motivationsstränge zu verbinden: Zum einen kommt der Glaube daran zum Ausdruck, daß die Frage nach dem Tod wesentlich eben keine juristische Frage ist, zum anderen wird ein latenter - zumindest unbewußt praktizierter - juristentypischer Allmachtskomplex erkennbar, kraft dessen der Jurist als solcher zu dekretieren vermag, wie Nichtjuristen sich richtigerweise *selbst* zu verstehen haben - eben als treue Hüter des Hirntodes.

[1067] „Der Arzt freilich ist zwar einerseits Naturwissenschaftler, aber er sollte in gewisser Hinsicht gleichzeitig auch Philosoph sein, denn er hat es mit Existenzfragen des Menschen zu tun und nicht nur mit Phänomenen der menschlichen Existenz. Wenn es um Leben und Tod geht, reicht die empirische Beschreibung des Phänomens nicht aus, um dem Menschen gerecht zu werden. Insofern wird der Arzt immer versuchen müssen, seine empirischen Befunde spekulativ zu durchdringen und so Naturforschung und Philosophie in einer ganzheitlichen Sicht zu vereinen, um dann seine Entscheidungen für das konkrete Handeln zu treffen." So *Bonelli*(Arzt)/*Schwarz*(Biologe), S. VIII.

[1068] *Angstwurm*, Das Absterben des gesamten Gehirns, S. 187: „‚Geistbegabt' meint den grundsätzlichen und unaufhebbaren Unterschied zwischen dem Menschen und allen anderen Lebewesen dieser Erde, wie Bewußtsein, Verstand und Vernunft, Freiheit und Verantwortlichkeit, Fähigkeit zur Gestaltung und Begegnung, zum Bezug auf ein Du und auf eine übergeordnete Welt. Diese Geistigkeit eignet auch der menschlichen Seele als Inbegriff der inneren Einheit, des Wesens des einzelnen Menschen." Einschlägige philosophisch-anthropologische Erwägungen aus Sicht des Mediziners auch bei *Fritsche*, 2. Aufl., S. 13f. mit zahlr. Nachw.

D. Kennzeichen der Rezeptionsgeschichte des Hirntodkonzepts

Hirntod als den von Natur aus medikalisierten Tod des Menschen erst erschaubar macht.[1069]

Es kommt zu einem recht seltsamen Mechanismus. Zeitgeschichtlich gesehen, entstammt das Hirntodkonzept dem gesellschaftlichen Subsystem der Medizin. Dieses stützt sich im Fortgang der Rezeptionsgeschichte vor allem auf das Subsystem des Rechts, um die Wirkung des selbst entworfenen Legitimationsgrunds der Hirntodkonzeption zu steigern, denn das Recht kleidet das Hirntodkonzept in das für die breite soziale Akzeptanz förderliche Gewand der rechtlichen Unbedenklichkeit.[1070] Die Medizin, die die rechtliche Diskussion über das Hirntodkonzept normativ präjudizierend angeregt hat, kann nach erfolgter juristischer Apologie auf das Recht verweisen. So gesehen, legitimiert sich die Medizin - vermittelt über subtile Umwege - selbst. Freilich: Die (vom Rechtssystem massiv unterstützte) soziale Etablierung der Hirntodkonzeption kann nur gelingen, weil es zuvor schon eine - zumindest latent wirksame -[1071] „mächtige soziale Stimmung"[1072] gibt, derzufolge niemand dem medizintechnischen Fortschritt (hier: in Gestalt der Transplantationsmedizin) und seinem „Normenhunger"[1073] - dem Bedürfnis nach eindeutigen, fortschrittsermöglichenden Verhaltensnormen - im Wege stehen darf.[1074] Insoweit ist die Entste-

---

[1069] Man lese nur *Angstwurm*, Brain Death, S. 241ff., insb. S. 242 (dort christlich-theologische Ausführungen). Zur - von kirchlich-theologischer Seite offenbar erwünschten - Rolle des Theologen-Neurologen paßt folgende Äußerung *Angstwurms* in der Anhörung des Bundestags-Gesundheitsausschusses am 28.6.1995: „Bischof Lehmann hat mich ausdrücklich in einem Telefonat vor wenigen Minuten ermächtigt, klarzustellen, daß es auch von seiten der katholischen Kirche bei dieser Ausage bleibt, die in der Schrift von 1990 enthalten ist, (...)" (Protokoll der 17. Sitzung [13. WP], S. 2 l. Sp. u.).

[1070] *Feuerstein*, S. 360 - 362, weist auf die de facto vollzogene ethische Selbstlegitimation der Mediziner hin, die namentlich über die Erarbeitung der gemeinsamen Erklärung der Kirchen bewirkt wurde. Im übrigen s. den Hinweis u. a. auf *P. Bockelmann*, *K. Engisch*, und *H.-L. Schreiber* bei dem Mediziner *R. Zenker*, Ethische und rechtliche Probleme der Organtransplantation (1981), S. 3, der insinuiert, das Recht habe entscheidend zur Etablierung des Hirntodkonzepts beigetragen.

[1071] *Merkel*, S. 72, spricht - unabh. von der Hirntodfrage - zutreffend vom „lautlos normierenden Druck der medizinischen Wirklichkeit".

[1072] *Fleck*, Entstehung, S. 102; s. auch S. 105: „richtungsangebende Stimmung", S. 103: „allgemeine Stimmung"; S. 104: „soziale Stimmung". „Wer, was seine Zeit will und ausspricht, ihr sagt und vollbringt, ist der große Mann der Zeit" (*Hegel*, Rechtsphilosophie, Zusatz zu § 318, S. 486). Namentlich für die tonangebenden Juristen des „esoterischen Kreises" der Hirntodrezeption - durchweg Große ihres Fachs (der Arzt-[straf]rechtslehre) - dürfte diese Aussage zutreffen.

[1073] *Rehbinder*, Einführung in die Rechtswissenschaft, S. 52 (§ 10: Normenhunger und Rezeptionen, S. 50ff.), weist darauf hin, daß allen Rezeptionsvorgängen ein soziologisches Kernmotiv gemeinsam sei: der „Normenhunger, der, zumal als ein Bedürfnis nach Entscheidungsnormen, sehr verständlich ist."

[1074] Zu dieser Stimmung treffend die Medizinhistorikerin *Wiesemann*, S. 17: „Wie keine andere Phase in der Geschichte der Medizin waren die sechziger und siebziger Jahre dieses Jahrhunderts getragen von einem ebenso enthusiastischen wie naiven Opti-

hung der „hM", die zur „Neucodierung der Todessemantik"[1075] im Sinne des Hirntodkonzepts geführt hat, kein Zufallsprodukt, sondern schlüssiges Derivat der Stimmung einer Zeit, der sich das Recht nicht zu entziehen vermochte. So aber wird es schwierig, den Eindruck zu entkräften, die Strafrechtslehre sei zum „Zeitgeistverstärker"[1076] geworden, der „in sozusagen blankettartiger Form"[1077] und „gänzlich kritiklos"[1078] die Auffassungen der Medizin übernommen habe.[1079]

5. Das Kontinuitätsargument

Die Kommentare, Lehrbücher und die übrigen Meinungsbildungsmedien sind fast 100 Jahre lang sehr schweigsam gewesen, wenn es um die interpretatorische Aufbereitung des Todesbegriffs ging. Der „publizistische Durchbruch" (Gerd Geilen) am Ende der 60er Jahre ändert das schlagartig. Der neuen juristischen Gesprächigkeit geht es immer wieder darum, Kontinuität zu suggerieren. Eine „neue Definition des Todes"[1080] gebe es nicht, es handele sich nur um eine Präzisierung des herkömmlichen Verständnisses, das latent und verborgen die Hirntodkonzeption immer schon in sich getragen habe. Der Hirntod bringe nur zu Bewußtsein, wie der Todesbegriff im (Straf-)Recht eigentlich schon immer verstanden worden sei. Folge dieser Prämisse sind Ungenauigkeiten bei der Definition des Hirntodkonzepts. So wird häufig - bis in die Gegenwart hinein - übersehen, daß ex definitione der Hirntod ein Zustand unter den Bedingungen der Intensivmedizin ist, also definitionsgemäß nur bei intensivmedizinisch aufrechterhaltener Herz-Kreislauffunktion infolge kontrollierter („künstlicher") Beatmung eintritt. Nur unter dieser Bedingung kann man vom „Hirntod" reden,

---

mismus über die Möglichkeiten der Naturwissenschaften. Auch die Frühgeschichte des Hirntod-Begriffs ist davon gekennzeichnet." Nach den Befunden dieser Untersuchung gilt das indes nicht nur für die Frühgeschichte der Hirntod-Rezeption, sondern für die gesamte Zeit der Rezeption des Hirntodkonzepts: Wer das Hirntodkonzept ablehnt, wird schnell verdächtigt, Gegner der Transplantationsmedizin, also des medizinischen Fortschritts zu sein.

[1075] *Feuerstein*, S. 367 a.E.
[1076] *Rüthers*, Die Wende-Experten, S. 74 - Formulierung unabh. vom Thema der vorliegenden Untersuchung.
[1077] *Geilen*, Medizinischer Fortschritt und juristischer Todesbegriff, S. 377 - nicht bezogen auf die Rezeption des Hirntodkonzepts.
[1078] *Geilen*, Medizinischer Fortschritt und juristischer Todesbegriff, S. 379 - nicht bezogen auf die Rezeption des Hirntodkonzepts.
[1079] *Deutsch* weist zu Recht darauf hin, daß man angesichts des Hirntodes „insbesondere in der deutschen Strafrechtswissenschaft (...) oft statt einer normativen eine faktische Antwort gegeben" habe (Arztrecht und Arzneimittelrecht, S. 202).
[1080] Daß es sich durchaus um eine „neue Definition des Todes" handelt, betont bspw. die Neurologin *Pohlmann-Eden*, S. 1523; ebenso der Rechtsmediziner *Eisenmenger*, S. 1: „neu entwickelte(s) Konzept". *Eicke*, S. 76: die „Neufassung des Todesbegriffs" trage „der zentralen Stellung des Gehirns Rechnung".

nur der mit dieser - wesentlichen - „Randbedingung" ausgezeichnete Zustand firmiert definitionsgemäß als Hirntod. Demgegenüber wird immer wieder betont, der Hirntod (als unumkehrbarer Ausfall der gesamten Hirnfunktion) trete - bei Ausbleiben der kontrollierten Beatmung - infolge einer Sauerstoffunterversorgung nach wenigen Minuten sowieso ein. Schon immer hätten die Menschen den Hirntod erlitten, auch vor seinem intensivmedizinisch induzierten Sichtbarwerden. Das historische Kontinuitätsargument führt sogar dazu, auf die eigentlich angezeigte Erwähnung des Begriffs „Hirntod" bzw. des mit ihm Gemeinten zu verzichten.[1081]

Das Kontinuitätsargument widerspricht indes den geschichtlich überlieferten Daten. Soweit ersichtlich, ist das Hirntodkonzept (man denke an die beiden Legitimationsansätze) vor seiner beginnenden Etablierung Ende der sechziger Jahre nie die argumentative Basis dafür gewesen, einen Menschen als tot zu qualifizieren.[1082] Auch der Verweis auf die Arbeiten des französischen Physiologen Xavier Bichat (1771 - 1802) geht fehl.[1083] Bichat bezeichnet mit dem Begriff „Hirntod" ausdrücklich nicht den Tod des Menschen, sondern den Tod eines Organs (eben des Gehirns). Entsprechend verwendet er auch die Begriffe Herz- und Lungentod.[1084] Richtig ist, daß Bichat das Absterben des Gehirns als *erste* von elf Stufen einer Kaskade beschrieb, deren *letzte* der von Bichat so genannte „allgemeine Tod" ist; dieser ist damit „vom Gehirn ausgegangen",[1085] nicht aber mit ihm identisch. Die heute mögliche intensivmedizinische Unterstützung bringt die von Bichat beschriebene Kaskade beim dritten Schritt - der Zwerchfellähmung - zum Stehen. Von einer Überbewertung des Gehirns für die vegetative Lebensfähigkeit des Organismus hat sich Bichat distanziert.[1086] Abgesehen davon berücksichtigt Bichat weder die (ihm noch unbekannten) intensivmedizinischen Bedingungen der Hirntod-Diagnostik, noch stützt er sich auf die

---

[1081] Vgl. *Löw-Friedrich/Schoeppe*, S. 169: „Durch die Fortsetzung der Sauerstoffzufuhr mittels der künstlichen Beatmung bleibt der biologische Automatismus der Herz-Kreislauffunktion erhalten, ohne daß durch die Summation der weiterhin noch bestehenden sonstigen organischen Teilfunktionen das Leben des betroffenen Individuums sich zurückgewinnen ließe. Damit ist der durch den Stillstand der gesamten Gehirndurchblutung eingetretene und festgestellte Tod das maßgebliche Kriterium für den Tod des Menschen."

[1082] Ablehnend zum Kontinuitätsargument auch *Gervais*, Redefining Death, S. 44: „the traditional and the brain-death criteria have no concept of death in common". So auch *Veatch*, Whole Brain, S. 178: „a whole-brain oriented concept or a higher-brain oriented concept is a (...) radical revision of the concept of death." *Zaner*, Brains and Persons, S. 192: „radical break with traditional concepts".

[1083] Vgl. nur *Käufer*, S. 2. Kritisch zu derartigen Verweisen auf *Bichat* schon *Rixen*, Der hirntote Mensch: Leiche oder Rechtssubjekt?, S. 438; außerdem: *Wissenschaftler für ein verfassungsgemäßes Transplantationsgesetz* (Mai 1995), in: Hoff/in der Schmitten (1995), S. 516.

[1084] *Bichat*, 1912, S. 4ff., S. 27ff.

[1085] *Bichat*, S. 129.

[1086] Vgl. *Bichat*, S. 124.

Geistigkeitstheorie oder die biologisch-zerebrale Theorie - dies schon deshalb nicht, weil er kein auf dem Tod des Gehirns beruhendes Todeskonzept vorlegt. Als Eideshelfer des Hirntodkonzepts taugt Bichat daher nicht. Der Verweis auf Bichat ist vielmehr ungeschichtlich und sachlich irreführend. Andere Nachweise für das vermeintliche Schon-immer der Hirntodkonzeption werden nicht vorgelegt. Dies verwundert nicht, denn der „gravierende Bedeutungswandel",[1087] dem das Todesverständnis infolge der Hirntodkonzeption unterworfen wurde, führt zu einer *Dis*kontinuität der Todesauffassungen, an der das bloße unsubstantiierte Behaupten der Kontinuität - das Kontinuitätsargument - nichts zu ändern vermag.

6. Die Medizin als „neue konkrete Ordnung"

Immer wieder im Laufe der Rezeptionsgeschichte, namentlich zu Beginn, betonen die Vertreter der Strafrechtslehre, daß der Todesbegriff des Strafrechts eigenständig bestimmt werden müsse; das gebiete die juristische Begriffsbildungsautonomie.[1088] Dieser Hinweis ist jedoch durchweg nicht mehr als eine Verbalreservation, denn in der Sache erfolgt - wie gezeigt - die Ankoppelung an die Begriffsbildung der Medizin.[1089] Zahlreiche Vertreter der Lehre verzichten denn auch auf die bloß rhetorische Betonung der Begriffsbildungsautonomie und verweisen direkt auf die Medizin als auch für den Bereich des Rechts maßgebliche Begriffsbildnerin. Im Fortgang der Rezeptionsgeschichte wird zwar genauer erkannt, daß das Hirntodkonzept eine „normative Konvention"[1090] (nicht ein bloß deskriptives Datum) ist, aber auch dieser Erkenntnisfortschritt ändert nichts an der Akzeptanz der von der Medizin favorisierten Hirntodkonzeption durch das Recht. Die von der Medizin vorgelegte und von der theologischen Ethik abgesegnete metaphysisch-anthropologische Begründung der Hirntodkonzeption wird vonseiten des Rechts nicht in Frage gestellt, vielmehr nur bestätigend als auch-rechtskonforme Konvention legitimiert. Damit bereitet die Lehre - wie eine nachträgliche Beobachtung ergibt, die über die Intentionen der beteiligten Akteure der Rezeption nichts auszusagen vermag - einem Verständnis der Medizin den Weg, die diese zur extralegalen Rechtsquelle, zur

---

[1087] *Koch*, Einführung, S. 6: „der medizinische Todesbegriff (hat) in der zweiten Hälfte des 20. Jahrhunderts durch die Entwicklung der Hirntodkonzeption einen gravierenden Bedeutungswandel erfahren (...)".
[1088] S. nur *Englert*, S. 64: „eigenständige(r) (...) Todesbegriff".
[1089] S. auch den Abg. *R. Scholz*, BT-Plenarprot. 13/183 v. 25.6.1997, S. 16420 (C): „Hier kann es nicht anders sein, als daß nach naturwissenschaftlich-medizinischen Erkenntnisständen zu entscheiden ist. Hier muß in diesem Sinne entschieden werden."
[1090] *Laufs*, Medizinrecht im Wandel, NJW 1996, S. 1579: „normative Konvention des Hirntodes". *Schreiber*, Der Schutz des Lebens durch das Recht, S. 130: „Konvention": „Nach allgemein herrschender Auffassung bildet der Hirntod den Tod des Menschen."

D. Kennzeichen der Rezeptionsgeschichte des Hirntodkonzepts

„neuen konkreten Ordnung" (Klaus Lüderssen) erhebt. Damit ist folgendes gemeint:

In der Tat ist der mit dem Wort „Hirntod" gemeinte Zustand ein medizinisch-naturwissenschaftlich beschreibares (konstruierbares) Faktum. Die Bedeutung dieses Zustands, die Fakten*bewertung* nach Maßgabe der Bewertungsnormen des Rechts, ist jedoch von der vorgängig erfolgenden medizinisch-naturwissenschaftlichen Fakten*beschreibung* zu unterscheiden. Ulfrid Neumann hat zu Recht angemerkt, daß „das, was mit naturwissenschaftlichen Mitteln festgestellt werden kann, nicht der Tod des Menschen als vorgegebenes ontologisches Phänomen ist, sondern lediglich ein Zustand, den man als Tod definieren kann, aber nicht muß."[1091] Würde man der naturwissenschaftlichen Definition (genauer: der im medizinischen Raum als „naturwissenschaftlich" firmierenden Definition)[1092] unbesehen folgen, dann erläge man einem naturalistischen Fehlschluß, der auf einer Verkennung basaler erkenntnistheoretischer Unterscheidungen beruht. Traditionell gesprochen: Man würde aus dem (mit Hilfe naturwissenschaftlicher Methoden gewonnenen) Sein auf ein rechtliches Sollen schließen: Danach vermag sich die vermeintliche Naturgegebenheit des Hirntod*konzepts* - die angeblich naturgegebene *Bedeutung* des Hirntodes - offenbar nur medizin-technisch-naturwissenschaftlich ausgebildeten „medizinischen Auguren"[1093] zu erschließen. Von einer den medizinisch beschreibbaren Realdaten innewohnenden Eigenbedeutung dergestalt, daß man im Wege medizinischer Wesensschau dem organischen Zustand „Hirntod" ansehen könnte, er bedeute den Tod des Menschen, kann indes keine Rede sein. Eine derartige Position verkennt, daß sie in ihre scheinbar wertungsfreie Würdigung von Realdaten unausgesprochen Vor-Wertungen einbringt, diese freilich (bewußt oder unbewußt) mit dem „Argument" verteidigt und gegen Kritik zu immunisieren sucht, die Bedeutung des Zustands „Hirntod" als Tod des Menschen sei naturgegeben oder eine bio-

---

[1091] *Neumann*, S. 153.
[1092] Dazu *Toellner*, Sp. 97f.: „Das Verständnis des Lebens-Begriffes und die Erfassung der Lebens-Phänomene erweist sich als unlöslich verklammert mit dem sich wandelnden Welt- und Selbstverständnis des Menschen (...). Daher ist die Reduktion des Allgemeinbegriffes ‚Leben' auf einen ‚biologischen Begriff' immer gewaltsam und im strengen Sinn schon deshalb nicht möglich, weil es nie gelungen ist, ‚Leben' als Terminus der biologischen Fachsprache eindeutig zu beschreiben, geschweige denn zu definieren. Weil die Isolierung des Begriffes ‚Leben' in den Sprachgebrauch der Biologie sein Verständnis unzulässig verkürzt", sind die weltanschaulich-metaphysischen Implikate des Lebensbegriffs zum vollen Verständnis des Lebensbegriffs notwendig: „Die Bestimmung dessen, was als Leben zu gelten hat, ist also primär abhängig vom Weltbild, in dem die Kriterien für die Entscheidung Leben/Nicht-Leben gefunden oder gesetzt werden müssen." „So wie das Phänomen des Lebens ist auch der Tod als Ende der Lebensfunktionen nicht eindeutig" und - so wäre zu ergänzen - nicht allein „physikalisch-chemisch definierbar."
[1093] Formulierung bei *Geilen*, Medizinischer Fortschritt und juristischer Todesbegriff, S. 390.

logische Tatsache. Diese auf einer Kategorienverwechslung beruhende petitio principii muß in die Irre führen. Es ist so, als ließe man einen Vertreter der Medizin sagen: „Es gibt einen Zustand, den wir ‚Hirntod' nennen, dieser Zustand ist der Tod des Menschen, d. h.: Es *soll* so sein, daß dieser Zustand als Tod des Menschen im Rechtssinne gilt, denn dieser Zustand will es so." Diese Vermengung von Faktenbeschreibung und Faktenbedeutung ist fehlsam und muß vermieden werden, soll die Normativität des Rechts gewahrt bleiben, (Grundrechts-)Normativität begriffen als das (grund-)rechtlich gebotene Verständnis eines Wirklichkeitsausschnitts (dazu näher im 3. Kap. D. V. 1.).[1094] Alles andere liefe darauf hinaus, eine - von der Medizin dominierte - „neue konkrete Ordnung"[1095] zu installieren, so als eröffnete allein der medizinisch-institutionell geprägte Blick auf biologische Phänomene beim Menschen den Zugang zur (vermeintlichen) „Natur der Sache" des menschlichen Todes, als wäre allein die institutionalisiert-spezialisierte Medizindiagnostik in der Lage, einer angeblich den „Dingen innewohnenden Ordnung"[1096] auf die Spur zu kommen, allein die

---

[1094] In diesem Sinne kann man *Geilens* bekanntes Diktum als zutreffend einschätzen: „„Der Tod ist eine viel zu ernste Sache, als daß man ihn den Medizinern überlassen darf."" *Geilen*, Das Leben des Menschen in den Grenzen des Rechts, FamRZ 1968, S. 125.

[1095] *Lüderssen*, Dialektik, Topik und „konkretes Ordnungsdenken", S. 282, der vor den „neuen konkreten Ordnungen" warnt, die „aus der Technologie mit Wahrheitsanspruch" hervorgehen. Der von *C. Schmitt* maßgeblich geprägte Begriff des „konkreten Ordnungs- und Gestaltungsdenkens" (*ders.*, Über die drei Arten des rechtswissenschaftlichen Denkens, S. 7, S. 48), soll hier das - abzulehnende - Bemühen bezeichnen, „Sein" und „Sollen" zu vermengen, dem „Sein" eine ihm innewohnende Eigengesetzlichkeit zuzusprechen. Ein solches Erkennen vermeintlicher „Seins"-Gesetzlichkeiten verkennt die eigenen Wertungen und Entscheidungen, die dazu führen, einem konkreten „Sein", einem bestimmten Lebensbereich - etwa dem der Medizin - ein „Sollen" zu entnehmen. Die damit angesprochene Debatte, die differenzierend am Leitfaden der Begriffe „konkrete Ordnung", „Natur der Sache", „sachlogische Struktur", „institutionelles Rechtsdenken" zu entwickeln wäre, kann hier nicht entfaltet werden; s. zum ganzen m. w. N. nur die grundlegenden Arbeiten von *Rüthers*, Wir grundlegend die Rechtsbegriffe um..., S. 33ff. (zum institutionellen Rechtsdenken); *ders.*, Entartetes Recht, S. 54ff. u. ö.; *ders.*, Die unbegrenzte Auslegung, S. 277ff. u. ö.; *Lepsius*, S. 203ff. u. ö.; *Rückert*, Der Rechtsbegriff, S. 177ff., der u. a. S. 220 auf die „auffallende Verwandschaft der ‚Sachlogik'-Welle [nach 1945, Anm. St. R.] mit dem Denken in konkreten Ordnungen" hinweist; *ders.*, Das „gesunde Volksempfinden" - eine Erbschaft Savignys?, ZRG Germ. Abt. 103 (1986), S. 199ff., insb. S. 227ff.; außerdem: *Böckenförde*, Art. „Ordnungsdenken, konkretes", Sp. 1312ff. Es bleibt festzuhalten, daß namentlich dem Arztrecht - mit Blick auf das Arzt-Patienten-Verhältnis - *keine* „echte ‚konkrete Ordnung'" zugrundeliegt (so aber *Engisch*, Der Arzt im Strafrecht, S. 414; kritischer zum „konkreten Ordnungsdenken" *ders.*, Die Einheit der Rechtsordnung, S. 4 - 6; s. auch *dens.*, Zur „Natur der Sache" im Strafrecht, S. 90ff.). Vgl. zum ganzen schon oben im 1. Kap. bei Fn. 183ff.

[1096] *Haft*, StrafR-AT, S. 311 (Stichwort „Natur der Sache"); s. zur „Natur der Sache" auch *Engisch*, Auf der Suche nach der Gerechtigkeit, S. 232ff. Zu „sachlogischen Strukturen" *Henkel*, S. 305ff. Krit. bspw. *Rehbinder*, Rechtssoziologie, S. 152f.: „Oft wird Institution wie ‚Natur der Sache' oder ‚sachlogische Struktur' als rechtserzeugender Tatbestand gesehen, der außerhalb des positiven Rechts liegt. Meist verbirgt sie sich

D. Kennzeichen der Rezeptionsgeschichte des Hirntodkonzepts   241

Medizin fähig, den Fragenkomplex von Leben und Tod adäquat zu begreifen und für die Normativordnung des Rechts verbindlich zu beantworten.

Demgegenüber ist festzuhalten, daß die „Antwort auf Rechtsfragen (...) nicht einfach aus der ‚Natur', sondern nur aus dem anwendbaren Recht hergeleitet werden (kann)."[1097] „Die ‚Sachen', also die Lebens- und Rechtsverhältnisse, über die Juristen entscheiden müssen, ‚haben' keine metaphysische Natur oder Sollensstruktur in sich, sie bekommen ein solche vielmehr erst (...) zugewiesen. Die Feststellung einer ‚Sachnatur' ist ein Akt der Sinngebung (...) durch Menschen."[1098] Dementsprechend geschieht die „Interpretation normativer Sätze (...) nicht wert- und wertungsfrei."[1099] Der Tod ist daher nicht einfach eine „biologische Tatsache"[1100], deren rechtsnormative Bedeutung fraglos ist, denn die Beobachtung biologischer Prozesse erhellt nicht, welcher Zustand im Prozeß abnehmender Lebendigkeit eines Organismus als Tod - als Tod im Sinne der Grundrechtsordnung der Bundesrepublik Deutschland - zu be*wert*en ist. Vielmehr muß - ausgehend von der biologisch-empirischen Tatsache (und nur dies ist eine Tatsache), daß Menschen sich nach der Zeugung auf einen Punkt hin entwickeln, an dem die Stoffwechselvorgänge endgültig aufhören - der Punkt aktiv bestimmt werden, der als Tod des Menschen im (Grund-)Rechtssinne aufgefaßt werden *soll*.[1101] Kurz: Der Satz „Die Bedeutung des Hirntodes als sicheres Todeszeichen ist naturgegeben (...)"[1102] ist Produkt eines erkenntnistheoreti-

---

im Nebel metaphysischer Spekulation." Mit Blick auf den strafrechtlichen Finalimus (H. Welzel), der stark mit der Figur der „Sachlogik" argumentiert, krit. auch *Hassemer*, Strafrechtswissenschaft, S. 273. S. auch den Hinweis bei *Mayer-Maly*, S. 239: „Ob (...) die eine oder die andere Rechtsfolge eintreten soll, ist keine Frage der ontologischen Richtigkeit, sondern der gesellschaftlichen Entscheidung."

[1097] *Gusy*, Polizeirecht, Rn. 265 (S. 162).
[1098] *Rüthers*, Entartetes Recht, S. 203.
[1099] *Stolleis*, Theodor Maunz, S. 315.
[1100] *Fechner*, S. 131 mit Hinweis auf den Tod (S. 130 a.E.).
[1101] Erst die Einsicht in die biowissenschaftlich-technologisch bedingte Entnaturalisierung des Todesphänomens, die technologisch bewerkstelligte Verflüssigung der vordem als selbstverständlich geltenden Grenzen zwischen Leben und Tod hat erkennen lassen, daß es zu einer „konstruktivistischen", einer bewußt vollzogenen, aktiv-gestaltenden Arbeit am Todesbegriff und an den Todeskriterien keine Alternative gibt; vgl. dazu allg. - jew. mit Blick auf den Todesbegriff - *Höfling*, Plädoyer für eine enge Zustimmungslösung, S. 357f.; *R. Keller*, ZStW 107 (1995), S. 571 a.E. *H. Jung*, Biomedizin und Strafrecht, ZStW 100 (1988), S. 3 hat - exemplarisch bezogen auf die erste (homologe/allogene) Herztransplantation - auf „die völlige Entmystifizierung der physischen Grundbedingungen menschlicher Existenz" hingewiesen. Dementsprechend zugespitzt merkt *Albury*, S. 272, an: „The criterion of death is technological rather than biological." S. auch *Beck*, S. 339 a.E.: „Das, was als ‚Leben' und ‚Tod' sozial gilt und anerkannt wird, wird (...) in der und durch die Arbeit der Mediziner selbst kontingent, muß mit allen unabsehbaren Implikationen neu bestimmt werden (...)."
[1102] *H. Angstwurm/H.-L. Schreiber*, Hinweise zu Äußerungen von Herrn Bundesminister der Justiz Prof. Dr. E. Schmidt-Jortzig, MdB, zum geplanten Transplantationsgesetz, mit Brief des Präsidenten der Bundesärztekammer vom 9.4.1997 dem Rechtsausschuß des Deutschen Bundestages zugänglich gemacht (Eing. beim Sekr. des Rechtsaus-

schen Mißverständnisses, der die ebenso banale wie basale juristische Unterscheidung von Sein und Sollen verkennt.[1103] Eine „naturgegebene Bedeutung" kann es nicht geben; sie ist allenfalls als contradictio in adiecto überzeugend denkbar. Die scheinbar rein „faktische Betrachtungsweise"[1104] täuscht über die Wertungen hinweg, die den angeblich bloß deskriptiven Aussagen in Wahrheit zugrundeliegen.[1105] Der Jurist steht also bei der Zuweisung einer Bedeutung zum Zustand des Hirntodes „unausweislich vor normative(n) Fragen, die sich empirisch-naturwissenschaftlich nicht lösen lassen (...)"[1106], mögen sie auch notwendig auf empirisch nachweisbaren Realdaten beruhen. Auch in der Frage der Todesdefinition dürfen wir also „die naturwissenschaftlich-medizinischen Fragen (nicht) mit den rechtlich-normativen vermischen".[1107]

Damit aber steht die das Hirntodkonzept favorisierende und der Medizin folgende Arzt-, Straf-, und Grundrechtslehre im wesentlichen dort, wo das „ungekrönte Idol der juristischen Zunft"[1108], Friedrich Carl von Savigny, schon vor gut 160 Jahren gestanden hat. Für Savigny war der „Tod (...) ein so einfaches Naturereignis, daß derselbe nicht, so wie die Geburt, eine genauere Feststellung seiner Elemente nöthig macht."[1109] Ein Naturereignis kann nur der Arzt als spe-

---

schusses am 15.4.1997, Az.: 6169), unveröffentl. (Kopie beim Verf.), S. 2 (sub II. B.). Zweifelhaft daher auch *Spaemann*, S. 264: „Zuständig für die Frage nach Anfang und Ende der Person sind (...) diejenigen, die zuständig sind für die Frage nach dem biologischen Anfang und Ende des menschlichen Lebens."

[1103] *Hilgendorf*, Moralphilosophie und juristisches Denken, ARSP 82 (1996), S. 399, spricht von einer „Todsünde".

[1104] S. dazu die Arbeit von *Cadus*, in der es freilich primär um das Problem der spezifisch strafrechtlichen Auslegung von Tatbestandslementen geht, die anderen Teilrechtsgebieten entstammen bzw. von ihnen geprägt sind: *Cadus* weist nach, daß die Rede von der „faktischen Betrachtungsweise" letztlich „unscharf" (S. 99) und „inhaltsleer" (S. 100) ist.

[1105] Der Tod ist eben *nicht* ein „deutungslos Gegebenes" (so noch *Jacoby*, S. 21). Siehe auch *Kirchhof*, Der allgemeine Gleichheitssatz, § 124: Angesichts der „Vieldeutigkeit" (Rn. 211) des Rückgriffs auf eine sog. Natur der Sache oder die einer Sache „innewohnende Ordnungsstruktur" (Rn. 206) dürfen „Realität und Rechtsordnung (nicht) vermengt" (Rn. 211) werden, sondern erforderlich ist immer „eine rechtliche Wertung" (Rn. 211) dahingehend, ob die vorgefundene Wirklichkeit der vom Recht erwünschten Wirklichkeit(sordnung oder -deutung) entspricht.

[1106] *Laufs*, Zum Wandel des ärztlichen Berufsrechts, S. 234 - unabhängig von der Frage des Hirntodes.

[1107] *Laufs*, Rechtliche Grenzen der Transplantationsmedizin, S. 42. Praktisch wortgleich *ders.*, Der Arzt - Herr über Leben und Tod?, S. 124.

[1108] *Braun*, Über die Unbeliebtheit des Juristen, JuS 1996, S. 289.

[1109] *von Savigny*, System des heutigen Römischen Rechts, Bd. 2, S. 17 (§ 63), zur Geburt: § 61 und § 62, S. 4ff. und S. 12ff. und die „Beylage III", S. 385ff.; hier heißt es auf S. 395: „Das Leben ist meist Gegenstand sinnlicher Wahrnehmung, kann also wie jede andere Thatsache durch gewöhnliches Zeugnis ohne Gefahr erwiesen werden." S. auch die Bemerkung *Benjamin Franklins* (1706 - 1790) „(I)n this world nothing is certain but death and taxes" (zit. bei *Dworkin*, S. 623).

zifisch „Naturkundige(r)"[1110] feststellen; mithin ist die Bestimmung des Todes alleinige Aufgabe des Arztes. Diese Auffassung Savignys spiegelt die gängige Problemsicht bei Erlaß des preußischen StGB[1111] - dem Vorläufer des gegenwärtig geltenden StGB - wider.[1112] Savignys repräsentative Position ist für die Interpretation des prStGB, des StGB für den Norddeutschen Bund, des RStGB und des bundesdeutschen StGB ersichtlich nicht ohne Folgen geblieben, mag er sie auch - als preußischer Minister für die Gesetzrevision - nicht ausdrücklich in die Entstehung des StGB eingespeist haben.[1113] Das „Naturereignis" des Todes bedurfte ersichtlich keines weiteren juristischen Räsonnements. Wie nicht zuletzt das Transplantationsgesetz belegt, hält sich das von Savigny auf den Punkt gebrachte Definitionsmonopol der Medizin in der Todesfrage bis in die Gegenwart durch: Auch das Transplantationsgesetz delegiert die Todesfrage unter jedem Aspekt an die „medizinische Wissenschaft"[1114].

7. Die frühe und die neue Kritik der Hirntodkonzeption

Auf die genannten und weitere fragwürdige Aspekte des Hirntodkonzepts haben vereinzelte kritische Stimmen der Sache nach schon in der Frühzeit der

---

[1110] *Bergmann*, S. 22 (§ 28): „dem Arzte oder sonstigen Naturkundigen". Vom „Naturereignis" des Hirntodes spricht in einer Verteidigung des Hintodkonzepts *Körner*, Leserbrief, S. 110.

[1111] Einschlägig für die Tötungsdelikte sind die §§ 175ff. des StGB für die Preußischen Staaten v. 14. 4. 1851, Gesetz-Sammlung für die königlichen Preußischen Staaten 1851, S. 101ff. (136ff.). Zur Entstehungsgeschichte *von Hippel*, Deutsches Strafrecht, S. 314ff. (S. 321ff.: zu Minister von Savigny); *Berner*, S. 213ff, S. 218ff. Kommentierungen zu §§175ff. prStGB: *Oppenhoff*, Das StGB für die Preußischen Staaten, S. 275ff.; *Beseler*, S. 342ff.; *Goltdammer*, S. 362ff.

[1112] *Rüping*, Grundriß der Strafrechtsgeschichte, S. 81: „(...) liegt dem RStGB von 1871 wesentlich ein Gesetz zugrunde: das Preußische StGB von 1851". Außerdem: *Regge*, Chronologische Übersicht, S. XXVff.; vgl. schon die Hinweise oben in Fn. 100.

[1113] „Zum Strafrecht lieferte Savigny vor 1848 als preußischer Gesetzgebungsminister in persönlicher Verantwortung und Redaktion zwei bis ins StGB von 1871 und heute folgenreich gewordene Strafgesetzentwürfe" (*Rückert*, Das „gesunde Volksempfinden" - eine Erbschaft Savignys?, ZRG Germ. Abt. 103 [1986], S. 240). Soweit ersichtlich, hat sich *Savigny* nicht ausdrücklich zum Todesbegriff im Kontext des StGB geäußert, vgl. *Schmarje*, S. 71ff.; *E. Lorenz*, S. 94ff. (zu den Straftaten gegen das Leben); *Regge*, Die Strafrechtsreform unter Savigny, S. XIVff. Zu *Savigny* grdl. *Rückert*, Idealismus, Jurisprudenz und Politik. Prof. Dr. *Joachim Rückert* danke ich für - telefonisch und brieflich erfolgte (etwa Mitteilung an den Verf. v. 7.3.1997) - weiterführende Hinweise zur Rolle *Savignys* bei der Entstehung des preußischen StGB.

[1114] § 3 I Nr. 2 TPG (BGBl. 1997 I S. 2631 [2632]), wonach „der Tod des Organspenders nach Regeln (festgestellt)" sein muß, „die dem Stand der Erkenntnisse der medizinischen Wissenschaft entsprechen". Dazu die Begr. BT-Drs. 13/8027 v. 24.6.1997, S. 8: „Die Feststellung des Todes richtet sich - wie im gesamten deutschen Recht - nach dem Stand der Erkenntnisse der medizinischen Wissenschaft." Zur Rolle der Bundesärztekammer vgl. § 16 I 1 Nr. 1 TPG. Dazu noch im 3. Kap., Abschn. G. IV.

Rezeption hingewiesen. Das gilt vor allem für Gerd Geilen. Bemerkenswerterweise werden Gerd Geilens Beiträge im Schrifttum regelmäßig zitiert, freilich nicht mit ihrem kritischen Potential, sondern - mehr oder minder deutlich - als Belege für die *Richtigkeit* des Hirntodkonzepts als Todeskonzept. Auf diese Weise wurden Gerd Geilens skeptische Beiträge von der „hM" vereinnahmt.[1115] Angesichts der Usancen des rechtswissenschaftlichen Betriebs, dem es wegen der Schrifttumsfluten nahezu unmöglich ist, alle einschlägigen Publikationen zur Kenntnis zu nehmen,[1116] verselbständigten sich die Hinweise auf Gerd Geilens Publikationen. Das Wissen um seine Kritik am Hirntodkonzept verdunstet und seine Beiträge werden - nunmehr in einem anderen Aggregatzustand - zu Belegen, die „hM" bestätigen und bestärken.[1117] Erst die Kritik der neunziger Jahre hat Gerd Geilens „vielleicht etwas ketzerisch (...) formulierte Thesen"[1118] wiederentdeckt.[1119] Nunmehr wird sich vielleicht erweisen, daß die frühe Kritik

---

[1115] Dazu kurz schon oben vor Fn. 567. S. etwa den Hinweis auf *Geilen* bei *H. Welzel*, 11. Aufl., S. 280 (sub § 38 I 1) - neben *Stratenwerth* und *Bockelmann*; ebenso mißverständlich *E. Horn*, Kommentierung, § 212 Rn. 5 - als alleinige bestätigende Referenz („Geilen, Heinitz-Festschr. [1972], 388, 392") direkt in einer Klammer hinter dem Satz: „Deshalb wird der Eintritt des Todes eines Menschen beschrieben als Zerstörung, als irreparabler Funktionsausfall des Gesamthirns (...)." *Dippel* (in: Leipziger Komm., 10. Aufl.) § 168 Rn. 8 - u. a. neben *Schreiber* und *Eser*; bestätigender Verweis auf *Geilen* auch bei *Jähnke* (in: Leipziger Komm., 10. Aufl.) vor § 211 Rn. 7 und 8. *Geilen* wird u. a. neben *Lüttger*, *Hanack* und *Stratenwerth* genannt bei *Schroeder*, in: Maurach/Schroeder/Maiwald, StrafR-BT/2, 7. Aufl., § 1 Rn. 12. U. a. neben *Stratenwerth* und *Hanack* wird *Geilen* auch genannt bei *Eser*, in: Schönke/Schröder, 24. Aufl., vor 211ff. Rn. 16.; auch *Beulke*, Stichwort „Mensch im Sinne des Strafrechts", S. 990, verweist auf *Geilen* - neben *Laufs*, *Lüttger* und *Schreiber*. Auch *Schreiber*, Kriterien des Hirntodes, JZ 1983, S. 593f., stützt sich auf *Geilen*, dessen Beitrag in der Heinitz-FS er im Anschluß an folgenden Satz anführt (S. 593 Anm. 11): „Beim Hirntod wird der Tod des zentralen Organs mit dem Gesamttod des Individuums gleichgesetzt." Neben *Stratenwerth* und *Eser* wird *Geilen* genannt bei *Baronin von Dellingshausen*, S. 374 Anm. 1. Auch *Engisch* verweist wegen „(w)eitere(r) Einzelheiten" zu der von ihm vertretenen These, der Gehirntod sei der Tod des Menschen, auf *Geilen* (und auf *Lüttger*) und stellt damit den Kritiker *Geilen* auf eine Stufe mit dem Befürworter des Hirntodkonzeptes *Lüttger*, vgl. *Engisch*, Der Grenzbereich zwischen Leben und Tod, S. 89.

[1116] Zu diesem Problem etwa *Braun*, Dienerin des Zufalls?, S. 668.

[1117] *Spendel* weist darauf hin, daß zuweilen „unbequeme gegenerische Auffassungen und Gründe" einfach unterschlagen würden (Wider das Irrationale unserer Zeit, S. 32). Die Art und Weise des Umgangs mit den Beiträgen *Geilens* zeigt, daß es einen weiteren Weg gibt, eine andere Ansicht unsichtbar zu machen: die Behauptung, sie sei gar keine abweichende, kritische Auffassung. Auf diesen Weg weist auch *R. Zimmermann*, Die Relevanz einer herrschenden Meinung, S. 63, hin.

[1118] So *Geilen* über seine eigene Position, Diskussionsbemerkung, S. 351 a.E.

[1119] So scheint sich die Einsicht zu bewahrheiten, daß „fruchtbare Vergeblichkeit der Stoff (ist), aus dem die Geschichte ist", *Sloterdijk*, Versprechen auf Deutsch, S. 33.

am Hirntodkonzept als Todeskonzept kein Bemühen „in verlorener Sache"[1120], kein „Exerzitium in Vergeblichkeit"[1121] gewesen ist.

„Alles Gescheite ist schon gedacht worden, man muß nur versuchen, es noch einmal zu denken."[1122] Soweit damit die wissenschaftliche Binsenweisheit gemeint ist, daß sich das je neue Nachdenken über rechtsdogmatische Probleme nicht gleichsam im luftleeren Raum vollzieht, sondern immer auch dem vorher schon Gedachten sich verdankt, ist dem nichts hinzuzufügen. Konkreter geht es darum, die frühen Ansätze der Kritik des Hirntodkonzepts noch einmal *neu* zu denken, und zwar unter Rückgriff auf fortentwickelte rechtliche, namentlich grundrechtliche Maßstäbe und deren methodologische Implikate. Neu zu klären ist also, was Gerd Geilen meint, wenn er feststellt, es gehe um „eine Wertungsfrage und keine naturwissenschaftliche Frage".[1123] Erst im Lichte dieser geschärften Maßstäbe der Kritik werden manche Fragwürdigkeiten der Hirntodkonzeption – in ihrer produktiv-kritischen Überwindung – besonders deutlich hervortreten können.

[1120] *Jonas*, Gehirntod und menschliche Organbank, S. 219.
[1121] So *Jonas*, Gehirntod und menschliche Organbank, S. 239, in einem „Post-Postskript 1985". *Jonas* weist in einem Brief an *Hoff/in der Schmitten* (abgedr. bei *dens.* [Hrsg.], Wann ist der Mensch tot? - Organverpflanzung und „Hirntod"-Kriterium, 1995, S. 17) auf „dies persoenliche Zeugnis von Vergeblichkeit aus meiner Vergangenheit hin" (und meint damit die englischen Arbeiten, die die Grundlage der deutschen Veröffentlichung bilden), das durch die Arbeiten *Hoffs* und *in der Schmittens* aus „seiner Versenkung" hervorgezogen und dem dadurch „unerwartet neues Leben" gegeben worden sei.
[1122] *von Goethe*, Wilhelm Meister Wanderjahre, S. 309 („Betrachtungen im Sinne der Wanderer. Kunst, Ethisches, Natur").
[1123] *Geilen*, Diskussionsbemerkung, S. 353.

3. Kapitel

Grundrechtliche Kritik der Hirntodkonzeption

A. Hinführung

I. Zum Inhalt des Kapitels

Um die Maßgeblichkeit des Hirntodkonzepts als Todeskonzept zu begründen, - darauf ist im 1. Kapitel der Untersuchung schon vorläufig, im 2. Kapitel der Untersuchung ausführlich hingewiesen worden - werden zwei Legitimationswege beschritten. Einerseits ist dies der Weg über die „Geistigkeit", die mit dem Verlust ihres anatomischen Trägers, des Gehirns, als Spezifikum des Menschseins verloren gehe. Der Mensch sei kein (lebendiger) Mensch mehr, wenn und sobald er gehirnvermittelte kognitive, psychische und emotionale Leistungen nicht mehr erbringen könne (Geistigkeitstheorie). Andererseits wird auf die biologische Bedeutung des Gehirns für das „Funktionieren" des Organismus verwiesen. Wenn das Gehirn als Steuerungs- oder Koordinationszentrum des Organismus unumkehrbar ausgefallen sei, dann breche der Organismus unwiderruflich zusammen und der Mensch sei als biologisches Lebewesen tot (biologisch-zerebrale Theorie).

Das 3. Kapitel der Untersuchung wird die juristisch-dogmatische Kritik der Hirntodkonzeption entfalten. Sie orientiert sich an zwei miteinander verbundenen Fragen: Was ist das aus grundrechtlicher Perspektive Problematische des Hirntodkonzepts? Und: Wie wirkt sich die grundrechtliche Kritik auf das Verständnis des Tötungsstrafrechts aus? Rechtsmethodologische Begleitfragen sind dabei mitzubedenken. „Das Gesetz ist Kristallisationspunkt von Rechtstheorie und Methodenlehre einerseits, von Dogmatik andererseits."[1] Was für (Straf-)Gesetze allgemein gilt, gilt auch für die konkret-relevanten Gesetzestexte unseres Themas. Die (von den Normtexten ausgehende) dogmatische Argumentation und ihre methodologische Strukturierung sind ineinander verschränkt, wie namentlich die Ausführungen in den Abschnitten B., D. und F. dieses Kapitels zeigen werden. Die Einsicht, daß der dogmatische Gegenstand die Methode seiner Entwicklung und Darstellung bestimmt, bewahrheitet sich auch hier. Allen Wechselwirkungen zum Trotz sind Unterscheidungen natürlich nicht unmöglich. Man muß sich freilich bewußt bleiben, daß die im folgenden vorgestellten

---

[1] *Hassemer*, Richtiges Recht durch richtiges Sprechen?, S. 72.

rechtsmethodologischen Disktinktionen adäquates Verständnis nur in einer Zusammenschau mit den im engeren Sinn dogmatischen Aussagen ermöglichen.

Abschnitt B. strukturiert die Bildung des grund- und strafrechtsgemäßen Begriffs von Leben und Tod methodologisch. Abschnitt C. geht einigen prinzipiellen Problemen der Grundrechtskonkretisierung nach. Abschnitt D. widmet sich der grundrechtlichen Kritik des Hirntodkonzepts. Abschnitt E. expliziert, wieso die grundrechtliche Deutung des Hirntodzustands für das Tötungsstrafrecht maßgeblich ist. Abschnitt F. erläutert, wie lebensgrundrechtlich angemessene Todeskriterien beschaffen sein müssen. Abschnitt G. thematisiert strafrechtliche Folgeprobleme der grundrechtlichen Kritik des Hirntodkonzepts, die im Umfeld des Tötungsbegriffs angesiedelt sind. Zuvor sind allerdings die Gründe in Erinnerung zu rufen, die vonseiten der Verteidiger des Hirntodkonzepts gegen dessen Kritik vorgebracht werden.

II. Zu den Argumenten der „antikritischen Hirntodapologie"[2]

Auf alle in jüngster Gegenwart unternommenen Versuche, die Hirntodkonzeption über eine grundrechtliche Kritik in Frage zu stellen, reagiert die sogenannte herrschende Meinung mit dezidierter Anti-Kritik. Es könne, so heißt es, keine Rede davon sein, daß das Hirntodkonzept Ergebnis rechtsirriger Erwägungen sei. Im Gegenteil: vielmehr erweise sich die Kritik am bewährten Hirntodkonzept ihrerseits als rechtsirrig, und zwar in vielfacher Hinsicht. Zweifelhaft sei schon, ob Art. 2 II 1 Var. 1 GG, der auf den Tod des Menschen - zugegebenermaßen - stillschweigend Bezug nehme, auch das unterverfassungsrechtliche StGB zu binden vermöge. Jedes Teilrechtsgebiet dürfe kraft seiner Teleologie eigene Todesbegriffe entwickeln und dementsprechend einen teilrechtsgebietsspezifischen Todesbegriff favorisieren.[3] Unterstellt, Art. 2 II 1 Var. 1 GG gebiete, „hirntote" Menschen als Lebende wahrzunehmen: Wie lasse sich schlüssig begründen, daß der strafrechtliche Todesbegriff inhaltlich mit jenem des Lebensgrundrechts abzugleichen sei? Werde nicht in Wahrheit bloß willkürlich,

---

[2] Formulierung bei *Höfling*, Über die Definitionsmacht medizinischer Praxis, JZ 1996, S. 616.
[3] Für einen teilrechtsgebietsspezifischen (funktionellen) Todesbegriff votieren *Schreiber*, Kriterien des Hirntodes, JZ 1983, S. 594; *Deutsch*, Arztrecht und Arzneimittelrecht, S. 202; *Schick*, S. 128; Anklänge bei *Bockelmann*, Diskussionsbemerkung, S. 341, und *G. Kaiser*, Einfluß der Biologie und der Medizin auf das Strafrecht, S. 39. Ausf. *Saerbeck*, S. 117ff., der einen Gedanken *Harry Westermanns* aufgreift und den Todesbegriff in einen Handlungs- und einen Feststellungsbegriff aufspaltet. Der Hirntod bilde die Grundlage des Handlungsbegriffs, sei also bei der Entscheidung, eine intensivmedizinische Behandlung einzustellen, maßgeblich. Der einmal im Handlungskontext festgestellte Hirntod erübrige allerdings eine nochmalige Feststellung des Todes nach Maßgabe des endgültigen Atem-Kreislaufstillstands (Feststellungsbegriff). Todeszeitpunkt sei dann einheitlich der Hirntodzeitpunkt.

A. Hinführung

also ohne sachlichen Grund, die Teleologie der Tötungsdelikte verdrängt und die Eigengesetzlichkeit des Strafrechts, die Relativität seiner Rechtsbegriffe, mißachtet?

Aber unterstellen wir - so könnte ein Verteidiger des Hirntodkonzepts fortfahren -, der Todesbegriff des Verfassungsrechts und jener des Strafrechts seien kongruent auszulegen. Wie könne man überhaupt aus dem Normtext des Art. 2 II 1 Var. 1 GG folgern, das Hirntodkonzept sei verfassungswidrig?[4] Natürlich sei zuzugeben, daß aus den „so lästig unbekümmert"[5], den so offen und abstrakt, so vage und lapidar formulierten Grundrechtsnormsätzen unmittelbar - also ohne zum Teil erhebliche Konkretisierungsanstrengungen - nur selten auf einen griffigen Norminhalt geschlossen werden könne. Bei Art. 2 II 1 Var. 1 GG (Leben) sei dies freilich der Fall (was die Kritik der Hirntodkonzeption geflissentlich übersehe). Besonderer Anstrengungen, den grund- oder strafrechtlichen Begriff des „Lebens" und damit den Begriff des „(nicht mehr) lebenden Menschen", des „Todes" zu bestimmen, bedürfe es nicht, denn das grundrechtliche Tatbestandselement „Leben" verweise auf einen nichtrechtlichen „Gegenstand" (lebender Mensch), dessen Vorhandensein - zumindest in Grenzfällen, in denen spezielle medizinisch-biologische Kenntnisse zur Gegenstandswahrnehmung erforderlich seien - von Jurist(inn)en mangels Kompetenz gar nicht nachgewiesen werden könne. Art. 2 II 1 Var. 1 GG verweise auf einen außerrechtlichen Sachverhalt, die (hier durchaus wörtlich zu nehmende) Lebenswirklichkeit. Die normative Bedeutung von Art. 2 II 1 Var. 1 GG erschöpfe sich mithin darin, auf einen natürlichen Sachverhalt zu verweisen. Folglich gehe es nicht um eine Frage der Normativität, sondern um ein Problem der Faktizität: „Biologische Sachverhalte sind naturgegeben (...)."[6] Der „Hirntod" sei ein biologisch-naturgegebener Sachverhalt, also einzig und allein ein Problem zutreffender Naturbeobachtung, d. h. Faktenfeststellung: „Die *Bedeutung* des Hirntodes als sicheres Todeszeichen ist *naturgegeben* (...).“[7] Wer die naturgegebene Bedeutung des Hirntodes in Frage stelle,

---

[4] *Sternberg-Lieben*, Tod und Strafrecht, JA 1997, S. 87: „(W)ie lange das zu schützende Individuum als Mensch (...) existiert, dies wird von der Verfassung nicht zwingend vorgegeben." *Steffen*, NJW 1997, S. 1620: „Das Grundgesetz jedenfalls dürfte einer Festlegung auf den ‚Hirntod' als Tod des Menschen nicht entgegenstehen."

[5] *Smend*, Verfassung und Verfassungsrecht, S. 162 - ausdrückl. zu den Grundrechten. Zu den weiteren (im Text genannten) Charakterisierungen s. statt aller *Alexy*, Theorie der Grundrechte, S. 15f.; *Bryde*, Verfassungsentwicklung, S. 263f.; *Höfling*, Offene Grundrechtsinterpretation, S. 78ff., jew. m. w. N.

[6] So der Neurologe *Angstwurm*, Der Hirntod ist der Tod des Menschen, FAZ, Nr. 48 v. 26.2.1997, Wissenschaftsbeilage S. N 2.

[7] *Angstwurm/Schreiber*, Hinweise zu Äußerungen von Herrn Bundesminister der Justiz Prof. Dr. E. Schmidt-Jortzig, MdB, zum geplanten Transplantationsgesetz, mit Brief des Präsidenten der Bundesärztekammer vom 9.4.1997 dem Rechtsausschuß des Deutschen Bundestages zugänglich gemacht (Eing. beim Sekr. des Bundestags-Rechtsausschusses am 15.4.1997, Az.: 6169), unveröffentl. (Kopie beim Verf.), S. 2 (sub II. B.) - Hervorhebungen nur hier.

folge einem „biologistisch-atavistischen Modell des Lebens."[8] Anders ausgedrückt: „Die Bedeutung des Hirntodes (...) setzt kein bestimmtes ‚Menschenbild' voraus, sondern beruht allein auf den allen Menschen gemeinsamen körperlichen Gegebenheiten."[9] Die Hirntoddiagnose sei eine „von Wertungen unabhängige Befundfeststellung."[10] Nicht von ungefähr erfolgten Äußerungen über den eingetretenen Tod in jedem strafprozessualen Todesfall-Ermittlungsverfahren einschließlich der ggfs. folgenden Hauptverhandlung durch sachverständige Mediziner. Nur sie verstünden etwas von der Sache, um die es gehe: das Verstorbensein eines Menschen festzustellen, seinen Status als Nicht-mehr-Lebender darzulegen.[11] Daher sei für die Frage nach dem Ende des Menschseins „derjenige zuständig, der für die Frage nach dem biologischen Lebens- (...)ende zuständig ist"[12] - der Mediziner also.[13] Im übrigen könne niemand ernstlich behaupten, der „artifiziell aufrecht erhaltene"[14] Organismus eines Menschen reiche für dessen Lebendigkeit aus. Unabdingbare Voraussetzung sei bei einem Menschen - wie bei „jede(m) Säugetierorganismus"[15] - vielmehr die „Selbststeuerung des Organismus"[16] „aus sich"[17] heraus, die mit dem irreversiblen Ausfall des gesamten Gehirns unwiederbringlich verloren gehe: „Hirntod bedeutet immer das Ende eines

---

[8] *Flöhl*, FAZ, Nr. 146 v. 27.6.1994, S. 27.
[9] *Angstwurm*, Der Hirntod als Ereignis, als Befund und als sicheres Todeszeichen des Menschen sowie Antworten auf Bedenken und Einwände, Deutscher Bundestag/Ausschuß für Gesundheit, Ausschuß-Drs. 13/579 v. 2.9.1996, S. 2ff. (22 a.E.).
[10] Anlage zum Schreiben des Präsidenten der Bundesärztekammer, *Vilmar*, an die Abgeordneten des Deutschen Bundestages v. 17.6.1997, S. 2 (sub 3. a.E.) - Kopie des Schreibens beim Verf.
[11] So der Rechtsmediziner *Spann*, Diskussionsbemerkung, S. 50: „die Feststellung letzten Endes den Leuten überlassen, die sich damit beschäftigen."
[12] *Repgen*, S. 76; so auch - ohne die Mediziner ausdrücklich zu nennen - *Spaemann*, S. 264.
[13] So auch der Abg. *Dreßler* (Stenographischer Bericht der 183. Sitzung des Bundestages am 25. 6. 1997 [13. WP], S. 16411 [B]): „Der Tod ist ein von der Natur bestimmtes biologisches Ereignis. Die Entscheidung darüber, ob es eingetreten ist, können nur die treffen, die dazu in der Lage sind: die medizinische Wissenschaft im allgemeinen, was die grundlegenden Entscheidungsregeln angeht, und die einzelnen Ärzte, was den Einzelfall betrifft." Noch deutlicher *ders.*, S. 16411 (C): „Ein Organspender muß tot sein, wenn er für eine Organspende in Frage kommt. (...) Wann er tot ist, entscheidet die medizinische Wissenschaft; der Gesetzgeber schließt sich dem an." So i. Erg. auch die Abg. *Seehofer*, S. 16416 (C), *Scholz*, S. 16420 (D), *Rüttgers*, S. 16426 (D), *Knaape*, S. 16449 (B): „Wir müssen die naturwissenschaftlichen Realitäten anerkennen (...)."
[14] So die Mediziner *G. O. Hofmann u. a.*, S. 478.
[15] So der Transplantationsmediziner *Eigler*, Deutsches Ärzteblatt 1995, C-23.
[16] So der damalige hessische Staatsminister *Fischer*, Bericht über die 672. Sitzung des Bundesrates am 8.7.1994, Anlage 55, S. 455 (C). Von der „Selbstgestaltung" spricht *Kluth*, S. 8.
[17] *Angstwurm*, Der Hirntod - ein sicheres Todeszeichen, sub 4., dort zum „aus sich selbsttätigen Organismus, der allein das Lebewesen ist".

Lebens."[18] Die Kritiker des Hirntodkonzepts würden die Lage nur unnötig erschweren, um (aus welchen Gründen auch immer) von einem unhintergehbaren Datum abzulenken: daß der „Tod" eine „(r)echtlich bedeutsame Tatsache"[19], ein „Faktum"[20], eine „Grundtatsache"[21] eine „naturwissenschaftlich-medizinische Gegebenheit"[22], ja *Vor*gegebenheit sei, an deren Faktizität sich mit Verweisen auf eine irgendgeartete Normativität nichts ändern lasse, deren Existenz vielmehr durch bloße „Wahrnehmung bestätigt werden"[23] könne: „Es ist schlichtweg falsch, zu behaupten, es handele sich um eine ‚wertende Beschreibung'."[24] Bewahrheite sich nicht - schon der beachtlich abstrakte Begründungsaufwand der Gegner des Hirntodkonzepts sei ein Indiz dafür - einmal mehr die Einsicht des Juristen-Dichterfürsten: „Allgemeine Begriffe (...) sind immer auf dem Wege, entsetzliches Unglück anzurichten"[25]? Müsse dies nicht auch für jene gekünstelt wirkenden methodologischen Allgemeinheiten, jene sich „rechtserkenntnistheoretisch" nennenden Unterscheidungen gelten, die vergeblich gegen die Unumstößlichkeit, Natürlichkeit, Faktizität des Hirntodes angingen - und die nichts hinterließen als entsetzliche „Verwirrung"[26]?

---

[18] *Hauck/Müller*, S. 43. Zust. *Quante*, S. 177: „Der Verlust dieser Integrationsleistung des Organismus geht beim Menschen (...) einher mit dem Ausfall des Gehirns als ganzem (...)."
[19] *Larenz/Canaris*, S. 105 - ausdr. zum „Tod eines Menschen zu einem bestimmten Zeitpunkt". *Larenz*, Methodenlehre der Rechtswissenschaft, S. 284. S. dazu auch *Larenz*, Originäre Rechtssachverhalte, S. 134 a.E., der den „originären Rechtssachverhalt" folgendermaßen umschreibt: „Die ‚rechtliche Seite' deutet auf einen dem Sachverhalt als solchen innewohnenden, spezifisch rechtlichen Sinnbezug, der, ohne daß es hierzu irgendeiner Normenkenntnis bedarf, als zum Verständnis des Sachverhalts unerläßlich erfahren werden kann. Ich nenne derartige Sachverhalte ‚originäre Rechtssachverhalte'."
[20] So der Mediziner *Buhr*, S. 113: „das Faktum des Todes".
[21] *G. Kaiser*, Der Tod und seine Rechtsfolgen, S. 56. Auch *Engisch* ordnet den „Tod" als „vorgegebene(n) Sachverhalt" ein, Die Idee der Konkretisierung, S. 117; *ders.*, Vom Weltbild des Juristen, S. 11: „Der Jurist zerlegt die Begriffe immer nur bis zu einem gewissen Grade, er bleibt mit seinen Subdefinitionen bei Begriffen stehen, (...) die für das alltägliche Verständnis genügend deutlich sind wie etwa: Tod (...)." Ein anderer Akzent indes bei *dems.*, Einführung in das juristische Denken, S. 109f.: „denn die Begriffe des ‚Menschen', des ‚Todes', der ‚Dunkelheit' haben ja als Rechtsbegriffe eine eigentümliche Bedeutung, die sich von der der entsprechenden biologischen oder theologischen oder physikalischen Begriffe sehr wohl abheben mag."
[22] *Land*, Prinzipien der Organspende, S. 15.
[23] *Larenz/Canaris*, S. 105; *Larenz*, Methodenlehre der Rechtswissenschaft, S. 284.
[24] So die Abg. *Philipp*, Stenographischer Bericht der 183. Sitzung des Bundestages am 25.6.1997 (13. WP), S. 16407 (A) a.E.
[25] *von Goethe*, S. 313 („Betrachtungen im Sinne der Wanderer. Kunst, Ethisches, Natur").
[26] So der Titel des Kommentars von *Flöhl* über die Debatte zum Transplantationsgesetz, die nicht zuletzt wegen der Kritik am gängigen Hirntodkonzept („verbissen diskutiert") Verwirrung hinterlasse, FAZ, Nr. 18 vom 22.1.1997, S. N 1. Hinweis auf „die heute herrschende Verwirrung" auch bei *Birnbacher*, Definitionen, Kriterien, Desiderate, S. 343.

3. Kapitel: Grundrechtliche Kritik der Hirntodkonzeption

Und wieder unterstellt - so der Verteidiger der Hirntodkonzeption weiter -, das ominös interpretierte (weil in Wahrheit ja „naturwidrig" ausgelegte) Lebensgrundrecht verlange tatsächlich, einen „hirntoten" Menschen als lebend wahrzunehmen: Wann sei dieser Mensch denn tot? Daß ein Mensch sterben könne, werde gewiß auch ein Kritiker des Hirntodkonzepts zugestehen wollen. Welches Todeskriterium solle anstelle des Hirntodes nunmehr gelten? Etwa das Kriterium des irreversiblen Herz-Kreislauf-Stillstands? Wieso realisiere sich denn in *diesem* Kriterium das grundrechtliche Verständnis von Leben? Wieso entspreche dieses Kriterium - nicht aber das *Hirntod*kriterium - den grundrechtlichen Vorgaben?[27] Und wie könne man von Irreversibilität sprechen, wo doch hinreichend bekannt sein dürfte, daß der Herz-Kreislaufstillstand gerade *nicht* irreversibel sei, weil es die Möglichkeit der Reanimation gebe? Irreversibilität des Nicht-mehr-Leben(können)s - wenigstens dies müßten die Gegner der Hirntodkonzeption doch anerkennen - sei eben nur nachweisbar über eine gelungene Hirntod-Diagnostik.[28] Wenn dies aber so sei: Wie könne man dann allen Ernstes für das ersichtlich untaugliche Kriterium des irreversiblen Herz-Kreislaufstillstands eintreten?

Und schließlich: Wenn der hirntote Mensch ein Lebender sei und die Entnahme lebenswichtiger Organe ermöglicht werden solle, dann mute man Ärzten lebensbeendende Eingriffe beim Lebenden zu. Auch wenn der hirntote Spender vorweg eingewilligt habe, bleibe dies eine Tötung auf Verlangen, die durch § 216 Abs. 1 StGB bei Androhung von Strafe verboten sei.[29] Mit einem Wort: „Ohne

---

[27] S. dazu bspw. *H.-G. Koch*, Todesbegriff, Todeskriterien und Todesdiagnostik als Rechtsfragen, Vortrag für die Tagung „Hirntod - personaler Tod des Menschen?" der Katholischen Akademie Hamburg, 21./22.4.1995, unveröffentl. (Exemplar beim Verf.), S. 13: „Verfassungsrechtlich (...) (ist) ein bestimmter Todesbegriff (...) nicht vorgegeben. Die Konzeption vom Gesamthirntod erscheint insgesamt plausibel und wird dem Menschenbild des Grundgesetzes gerecht."

[28] S. dazu bspw. den Präsidenten der Bundesärztekammer, *Vilmar*, S. 28: „der Herzstillstand ohne Feststellung des endgültigen, nicht behebbaren Ausfalls der gesamten Hirnfunktion (Hirntod) (ist) eben kein zuverlässiges Todeskriterium (...)"; s. auch S. 27: „Der Herz-Kreislaufstillstand (...) kann (...) unter intensivmedizinischen Bedingungen verhindert werden. Die Kritiker des Kriteriums Hirntod ignorieren oder verkennen, daß infolge der Fortschritte in der Intensivmedizin notwendigerweise dies noch sicherere Kriterium zur Feststellung des Todeszeitpunktes beschrieben werden mußte, um zu wissen, wann die Geräte abgeschaltet werden können."

[29] S. dazu bspw. den Präsidenten der Bundesärztekammer, *Vilmar*, nach einem (auf einer dpa-Meldung beruhenden) Bericht in den Aachener Nachrichten, Nr. 12 v. 15.1.1997 („Tötung auf Verlangen"); s. auch *dens.*, zit. bei *Klinkhammer*, Transplantationsgesetz, B-1445 a.E.: „Auch eine enge Zustimmungslösung - der vom Verstorbenen schriftlich niedergelegte Wille - kann nicht darüber hinwegtäuschen, daß dies dann einer ‚Tötung auf Verlangen' gleichzusetzen, also ‚Mord' wäre." So i. Erg. auch der Transplantationschirurg *Pichlmayr* („Spiegel"-Special Nr. 7/1996: „Die Ärzte - Zwischen Megatechnik und Magie", S. 38): „Ich glaube, wir Ärzte müssen kompromißlos sein und sagen, daß eine Organentnahme im Zustand des Hirntodes nur möglich ist, wenn [der - Anm. St. R.] Hirntod tatsächlich mit dem Tod des Menschen übereinstimmt." Andernfalls „könnten wir Organe nicht entnehmen; denn dann würden wir töten." So auch der

A. Hinführung

Hirntodkonzept ist eine Organentnahme nicht durchführbar."[30] Würde de lege ferenda eine Ausnahme von § 216 Abs. 1 StGB für die Entnahme lebenswichtiger Organe geschaffen (was theoretisch möglich sei, weil der Gesetzgeber einfache Gesetze ändern können),[31] dann gerate die Explantation lebenswichtiger Organe in die Nähe der Euthanasie, komme „der Vivisektion gleich"[32] und führe zu einer „problematische(n) Abstufung"[33] der Wertigkeit nachgeburtlichen Lebens. Kurz: die interpretatorische Kritik der Hirntodkonzeption führe - wie der Blick auf die Konsequenzen für die Transplantationsmedizin verdeutliche - zu beachtlichen Friktionen mit bewährten Auslegungsergebnissen im Straf- und Verfassungsrecht und unterhöhle den rechtlich gebotenen Lebensschutz: „Das kann nicht das Ziel der Auslegung sein."[34]

Es ist nicht einfach, „sich aus dem Gedränge von Gründen und Gegengründen herauszuwickeln"[35]. Zum Teil ist dies schon in der Kritik der Rezeptionsgeschichte geschehen, etwa was das Verhältnis von Normativität und Faktizität, Recht und Medizin angeht. Wiederholungen sind hier unvermeidlich, allerdings auch unschädlich. In dogmatischer Absicht ist nunmehr zu fragen: Halten die

---

anthroposophisch geprägte Arzt *Meyer*, Diskussionsbemerkung, S. 62: „Die Organentnahme bei Sterbenden impliziert, daß ein Arzt bereit ist, einen anderen Menschen zu töten"; so auch *ders.*, ebda., S. 78: „Leben (...) durch eine Tötung (...) beenden", S. 79: „aktives Töten". Ablehnend aus moraltheologischer Sicht *Wolbert*, Zur neueren Diskussion über den Gehirntod, S. 16: „Tötung auf Verlangen". Ablehnend aus juristischer Sicht z. B. *Koch*, Jenseits des Strafrechts, S. 324; *Taupitz*, Um Leben und Tod, JuS 1997, S. 206; *Heuer*, S. 8: „Ärzte würden sich zu Recht weigern, durch den Akt der Organentnahme aktiv zu töten".

[30] So der Chirurg *Neuhaus*, Schriftliche Stellungnahme, Bundestagsausschuß für Gesundheit, Ausschuß-Drs. 13/116 v. 16.6.1995, S. 32f. (32).

[31] Dieses Zugeständnis etwa bei *Sternberg-Lieben*, Tod und Strafrecht, JA 1997, S. 86 Anm. 53.

[32] *Sahm*, Hirn und Wille des Toten, Hinter dem aktuellen Streit um die Organtransplantation steht die alte Frage nach den Grenzen des Lebens, FAZ, Nr. 248 v. 25.10.1995, S. 13; vor „Vivisektion, (...) Tötung auf Verlangen, (...) aktiver Sterbehilfe" warnend auch *Sandvoß*, Arztrecht 1996, S. 153. Von einem „Tötungsdelikt" spricht auch *Koppernock*, S. 167.

[33] *Sternberg-Lieben*, Tod und Strafrecht, JA 1997, S. 86.

[34] *Deutsch*, Buchbesprechung: Höfling/Rixen, Verfassungsfragen der Transplantationsmedizin, NJW 1997, S. 1625: „Die enge Einwilligungslösung ohne Not verfassungsrechtlich abzuleiten, vermehrt menschliches Leiden. Das kann nicht das Ziel der Auslegung sein." Wohlwollendere Kritik bei *Heuermann*, Buchbesprechung: Höfling/Rixen, Verfassungsfragen der Transplantationsmedizin, MedR 1997, S. 346: Die Autoren „geben (...) ein Vorbild für Beiträge zum rechtspolitischen Diskurs ab, der oft darunter leidet, daß zu punktuelle und oberflächliche Stellungnahmen in ihn eingebracht werden." Die Monographie könne „als Maßstab auf diesem und auch weiteren rechtspolitischen Gebieten ins Feld" geführt werden.

[35] *Kant*, Über den Gemeinspruch: Das mag in der Theorie richtig sein, taugt aber nicht für die Praxis, S. 37.

Einwände, die die „heute ganz h. M.",[36] die „heute ganz herrschende Auffassung"[37] vorbringt, einer differenzierten grundrechtlichen Betrachtung stand? Und vorweg: Wie ist die Bildung des grundrechtsgemäßen Begriffs von Leben und Tod methodologisch zu denken?

B. Die rechtserkenntnistheoretisch grundlegende Unterscheidung von Todesbegriff, Todeskriterium und Todesfeststellung

Bislang wurde namentlich der Ausdruck „Todesbegriff" nicht näher erläutert. In einem unspezifizierten Sinne war (und ist) klar, daß es um die juristisch relevante Bedeutung des Ausdrücke „Leben", „Tod" bzw. „töten" geht, soweit sie (ausdrücklich oder in semantisch indifferenten Variationen) Bestandteil der interessierenden Normtexte sind (Art. 2 II 1 Var. 1 GG; §§ 211ff. StGB, Tatbestandsmerkmal „töten"). Bei näherem Hinsehen fällt indes auf, daß in der rechtswissenschaftlichen Behandlung des Todesproblems „Begriffswirrwarr"[38] an der Tagesordnung ist. Die Menge der gerade genannten Ausdrücke wird z. B. bereichert durch die Wörter „Todeszeichen" oder „Todeskriterium". Die (rechts-)semantische Unklarheit ist entsprechend groß, und dies darf nicht verwundern: Immerhin könnte es ja sein, daß mit jedem Terminus eine eigene sachlich-methodisch begründete Unterscheidung korreliert. Pro futuro vereinfacht man diese Lage, wenn man sich vor Augen führt, daß terminologische Unterscheidungen immer nur dann akzeptabel sind, wenn sie sachlich-methodisch begründete Differenzierungen kennzeichnen sollen. Um die Verwirrung in Grenzen zu halten, müssen Synonyma im übrigen als solche ausgewiesen werden.

Bei der Strukturierung des Problemfelds hat sich - wie verschiedene Vorbilder, nicht zuletzt aus dem US-amerikanischen Rechtskreis belegen -[39] eine dreifache rechtserkenntnistheoretische Unterscheidung bewährt.[40] Dieser -

---

[36] *Kiesecker*, S. 149; *Steen*, S. 17: „unter Juristen und Medizinern herrschende Meinung".
[37] *Kloth*, S. 193; *König*, S. 15 a.E.: „übereinstimmende medizinische und juristische Ansicht".
[38] So zutreffend die Abg. *Lehn* in der Anhörung des Gesundheitsausschusses am 25. 9. 1996, Protokoll der 64. Sitzung des Gesundheitsausschusses des Deutschen Bundestages am 25. 9. 1996 (13. WP), S. 5. Die Äußerung der Abg. *Lehn* ist auch zitiert in der Beschlußempfehlung und dem Bericht des Bundestags-Gesundheitsausschusses, BT-Drs. 13/8017 v. 23.6.1997, S. 41 a.E.
[39] S. vor allem *Capron/Kass*, S. 87ff.; *Bernat et al.*, S. 389; *Gervais*, Death, Definition and Determination of, S. 542f.; *dies.*, Redefining Death, S. 18ff.; *Bartlett/Youngner*, S. 200. Außerdem: *Birnbacher*, Einige Gründe, das Hirntodkriterium zu akzeptieren, S. 29ff.; *ders.*, Definitionen, Kriterien, Desiderate, S. 345f.; *ders.*, Fünf Bedingungen für ein akzeptables Todeskriterium, S. 51ff.
[40] Dazu schon (allerdings weniger ausf.) *Höfling/Rixen*, S. 62f.

von Hans-Geog Koch treffend als „Ausdifferenzierung der Problemebenen" etikettierte -[41] denkerische Vorgang spezifiziert für das Thema „Tod als Rechtsbegriff" die allgemein-juristische Vorgehensweise, Normprogramm und normrelevante Fakten einander „anzunähern" (also - traditionell gesprochen - die Art und Weise, das thematisch relevante „Sein" im Lichte des relevanzsteuernden „Sollens" korrekt zu ermitteln). Folgende Unterscheidungsebenen sind gemeint:

Ebene (1) - Todesbegriff als Derivat eines Menschenbildes (Todesbegriff, Todesverständnis, Todeskonzept, Todeskonzeption, Todesdefinition, attributiv-definitorische Ebene, Basiskonzept):

Auf dieser Ebene sind die prinzipiellen grundrechtlichen Wertungen zu benennen, kraft derer entscheidbar wird, wieso ein Mensch tot ist oder lebt. Dabei wird vorausgesetzt, daß es sich bei „Tod" und „Leben" eines Menschen um biologisch geprägte Sachverhalte handelt, der Zustand „Tod" als irreversible Abwesenheit von „Leben" also am Körper eines Menschen feststellbar sein muß.[42] Warum einem bestimmten Zustand des menschlichen Körpers das Prädikat „tot" zu attribuieren ist, ein andererer Zustand hingegen als „lebendig" zu definieren ist, dies müssen die grundrechtlichen Maßstäbe für die Bestimmung des „Lebens", die das Spiegelbild des grundrechtlichen Todesbegriffs sind, nachvollziehbar machen.

Ebene (2) - Todeskriterien als rechtspraktisch verwendbare Konkretionen des Todesbegriffs (Todeskriterien, Todeszeichen, kriteriologische Ebene):

Auf dieser Ebene sind sinnlich wahrnehmbare Kriterien (Zeichen) zu benennen, die in tatsachenförmig verifizierbarer Weise jene Sachverhalte umschreiben, die den Eintritt des Todes nach Maßgabe des vom grundrechtlichen Lebensbegriff her entwickelten Todeskonzepts erkennen lassen. Todeszeichen (Todeskriterien) sind für die Rechtspraxis nur praktikabel, wenn sie „(v)or den Gerichten (...) erweis-

---

[41] *Koch*, Bundesrepublik Deutschland, S. 37 Anm. 26: „Instruktiv Kurthen u. a. Ethik Med 1 (1989), 134 mit weiterer (gegenüber dem juristischen Diskussionsstand) Ausdifferenzierung der Problemebenen." *Kurthen/Linke/Moskopp*, S. 137, führen die Unterscheidung zwischen Definitionen, Kriterien und Tests ein (sie beziehen sich dabei auf *Youngner/Bartlett*, S. 252ff.); so auch *Kurthen/Linke/Reuter*, S. 484. Wie schon in den gerade genannten Publikationen schlagen *Kurthen/Linke*, S. 83, auch in dieser Veröffentlichung ein modifiziertes Vier-Ebenen-Modell vor: *Attribution* (sie lege das Subjekt des Todes fest) - *Definition* (sie beantworte die Frage „Was ist der Tod?") - *Kriterien* (sie gäben die Sachverhalte an, die den Eintritt des Todes markieren) - *Tests* (diese stellten die Verfahren dar, mit denen die Erfüllung der Kriterien demonstriert werde). In dieser Untersuchung wird ein Drei-Ebenen-Modell favorisiert; die erste Ebene faßt das mit „Attribution" und „Definition" Gemeinte zusammen.

[42] Vgl. dazu *Harris*, S. 343: „Alle Definitionen des Todes kommen darin überein, daß es sich - ganz gleich, wie der Tod ansonsten definiert wird und wie die Kriterien letztlich aussehen - um einen dauerhaften und irreversiblen Zustand handeln muß."

bar" sind.⁴³ Die Bestimmung der auf dieTodeskonzeption verweisenden Todeszeichen muß deshalb aus der Perspektive des Prozesses vor Gericht erfolgen. Der Todesbegriff ist daher im Blick auf den Ernstfall der Rechtsgeltung, die der Prozeß ist, beweistauglich zu interpretieren. Das bedeutet: Der dem strafgesetzlichen Tatbestandselement „töten" zugrundeliegende (und vom Lebensgrundrecht her entwickelte) Todesbegriff muß angemessen operationalisiert werden,⁴⁴ „also einen den Sinngehalt des Todesverständnisses bewahrenden und Beweisbarkeit ermöglichenden Ausdruck" finden.⁴⁵ Bei der Formulierung der Kriterien ist die „Hineinnahme eines Stückes Wirklichkeit"⁴⁶ erforderlich. Dieses ist „teleologische(r) Umformung"⁴⁷ insoweit unterworfen, als die in Bezug genommenen biologisch-körperlichen Realdaten bewußt zu angemessenen Indikatoren, zu adäquaten sinnlichen Repräsentanten, Erkennungskriterien des Todesbegriffs (und des ihm eigenen Telos) erhoben werden, d. h.: als solche gelten sollen.⁴⁸ Norm

---

⁴³ *Hegel*, Grundlinien der Philosophie des Rechts, S. 375 (§ 222). Der Rechtsbegriff, auch der Todesbegriff, muß „sich dem Gerichte (...) als bewiesen" darstellen, so *Hegel*, Enzyklopädie der philosophischen Wissenschaften, S. 327 (§ 531).

⁴⁴ Zum Bedürfnis namentlich der Jurisprudenz nach operationalen Definitionen des Lebensbeginns und des Lebensendes *Holderegger*, S. 286. Der vorgängig entwickelte Todesbegriff ist mit Blick auf seine empirische Erweisbarkeit (im hier dargestellten Sinne) operational auszulegen; „operational definition of death", *Facer*, S. 172; *Gervais*, Redefining Death, S. 18. Auslegung und Operationalisierung (hier: des Todesbegriffs) sind Synonyma; *A. Jung*, Die Zulässigkeit biomedizinischer Versuche, S. 78: wir müssen „definieren und operationalisieren (...), was überhaupt ‚der Mensch' ist." S. allg. auch *Walther*, KrimJ 1981, S. 194: „Auslegung/Operationalisierung".

⁴⁵ *Rixen*, Der hirntote Mensch: Leiche oder Rechtssubjekt?, S. 439; *Seelmann*, Rechtsphilosophie, § 6 Rn. 27: „operationalisiert (d. h. so umformuliert, daß die mit den Begriffen bezeichneten Gegenstände der Beobachtung zugänglich sind)." *Klüver*, S. 375: „Die Operationalisierung eines Begriffs liefert die Kriterien, nach denen entschieden werden kann, ob ein bestimmter Gegenstand oder Sachverhalt unter den entsprechenden Begriff subsumiert werden kann oder nicht." Zu Operationalisierung s. heur. auch *Küchler*, S. 473; *Atteslander*, 6. Aufl. 1991, S. 71; 5. Aufl. 1985, S. 23; *Patzelt*, S. 129; *Kriz/Lisch*, S. 192f.; *Lankenau*, S. 67.

⁴⁶ *Arzt/Weber*, Rn. 224.

⁴⁷ *Radbruch*, Rechtsphilosophie, S. 216 (§ 15: Die Logik der Rechtswissenschaft, S. 205ff.). Dazu zust. *Schwinge*, S. 23; beachte außerdem *Kaufmann*, Grundprobleme der Rechtsphilosophie, S. 84: „Alle Rechtsbegriffe sind (...) mit einem ‚normativen Gespinst' überzogen." Auch *Beling* weist darauf hin, „daß alle juristischen Begriffe ‚von einem normativen Gespinst überzogen' sind (Lask)" (Die Lehre vom Tatbestand, S. 10). *Emil Lask* gehörte zur Heidelberger bzw. Südwestdeutschen Schule des Neukantianismus, von der *Radbruch* beeinflußt war: „Durch Emil Lask wurde er mit der südwestdeutschen Richtung des Neukantianismus vertraut gemacht" (*Kaufmann*, Gustav Radbruch. Rechtsdenker, Philosoph, Sozialdemokrat, S. 124). S. ergänzend auch *J. Schmidt*, S. 439: „Die (empirische) Realität tritt deshalb nur noch durch das ‚Filter' der Rechtssystemstrukturen in Erscheinung, im Rahmen des Rechtssatzes gibt es nur diese Rechtssystemstrukturen."

⁴⁸ Dazu - der Mitbegründer der Südwestdeutschen Schule des Neukantianismus - *Heinrich Rickert*, zit. nach *Schwinge*, S. 23 mit Anm. 64 (*Schwinge* verweist auf Rikkerts Lehre von der Definition, 3. Aufl. 1929, S. 36 und 37): „‚das letzte Kriterium' da-

B. Die rechtserkenntnistheoretisch grundlegende Unterscheidung

und Wirklichkeit werden so einander „angenähert", das Gesetz wird vollzugstauglich gemacht, indem es im Prozeß der Auslegung (seine normative Bedeutung bewahrend) „vertatsächlicht" wird (tatsächliche Träger seiner normativen Bedeutung zugewiesen bekommt). Dabei bestimmt der Interpret, in welchen Realdaten sich die Bedeutung des Gesetzes(begriffs) authentisch zeigt, welcher Wirklichkeitsausschnitt Sinnträger des Gesetzessinns ist, also: welche Kriterien den - wertenden - Schluß auf die Gesetzes(begriffs)bedeutung (hier: die des Todesbegriffs) zulassen. Ergänzend ist das Bedürfnis der (Straf-)Rechtsordnung nach klarer zeitlicher Zuordnung von Geschehnissen zu berücksichtigen. Ob ein Mensch lebt oder tot ist, stellt im Bereich der Tötungsdelikte die Weichen für die Würdigung eines Verhaltens als strafbar oder straflos. Der „Zeitpunkt des Todes"[49] als der Zeitpunkt, in dem sich der Statuswandel des Lebenden zum Leichnam strafrechtlich vollzieht, muß bestimmbar werden (Todeszeitbestimmung).

Ebene (3) - Todesfeststellung(stests) als Mittel des Sachverständigenbeweises (Todesfeststellung, Todesfeststellungstests, Todesdiagnostik, diagnostische Ebene, Testebene):

Auf dieser Ebene sind Tests zu entwickeln, mit denen im Einzelfall das Vorliegen der - auf empirische Verifizierbarkeit hin angelegten - Kriterien nachgewiesen werden kann.[50] Die Tests sollen den in Todeskriterien umformulierten Todesbegriff für den Einzelfall „sinnlich (...) machen".[51] Diese Ebene ist im wesentlichen das Arbeitsfeld des (naturwissenschaftlich-medizinischen) Sachverständigen.[52] „Der Sachverständige ist (...) der auf seinem Wissengebiet

---

für, ‚ob ein Merkmal für die Bildung eines juristischen Begriffs wesentlich ist oder nicht', bildet ‚der Zweck des Rechts, sich zu verwirklichen'."
[49] § 39 S. 1 VerschG.
[50] *Gervais*, Death, Definition and Determination of, S. 542: „At this level are the medical diagnostic tests to determine that the functional failure identified as the criterion of death has in fact occured."
[51] Vgl. - heuristisch - *Kant*, Kritik der reinen Vernunft, S. 98 (A 51/B 75): „Gedanken ohne Inhalt sind leer, Anschauungen ohne Begriffe sind blind. Daher ist es eben so notwendig, seine Begriffe sinnlich zu machen (d. i. ihnen den Gegenstand in der Anschauung beizufügen), als seine Anschauungen sich verständlich zu machen (d. i. sie unter Begriffe zu bringen)." S. auch *Hermann Kantorowicz*: „Dogmatik ohne Soziologie ist leer, Soziologie ohne Dogmatik blind" (Rechtswissenschaft und Soziologie [1911], ND 1962, S. 139, zit. nach *Raiser*, S. 33 mit Anm. 3). *Jescheck*: „ Strafrecht ohne Kriminologie ist blind, Kriminologie ohne Strafrecht uferlos" (Vorwort, in: MPI für ausländisches und internationales Strafrecht, Berichte und Mitteilungen der Max-Planck-Gesellschaft, H. 5/1980, S. 9, zit. nach *G. Kaiser*, Kriminologie im Verbund gesamter Strafrechtswissenschaft, S. 1036f. mit Anm. 7).
[52] § 75 I StPO verweist u. a. auf die „Wissenschaft" oder die „Kunst", deren „Kenntnis Voraussetzung der Begutachtung ist"; die Todes(zeit)feststellung im Einzelfall ist regelmäßig Aufgabe des (leichenschauenden) Mediziners, s. dazu beispielhaft § 22 I, II badwürttBestattungsG. Außerdem: *Neumann*, S. 153: „Eine ganz andere Frage ist natürlich, mit welchen Mitteln der Eintritt des Herztodes beziehungsweise des Hirntodes bewiesen werden kann. Diese Frage fällt in den Bereich der naturwissenschaftlichen Erkenntnis, nicht in den der Definition."

sachkundige Gehilfe des erkennenden Gerichts. Mit seiner Hilfe stellt das Gericht Tatsachen fest, die nur vermöge besonderer Sachkunde wahrgenommen oder erschöpfend verstanden und beurteilt werden können."[53] Daher ist die „rechtliche Subsumtion, d. h. die rechtliche Würdigung der Tatsachen (...) ausschließlich dem Richter vorbehalten. Dieser darf sie weder dem Sachverständigen überlassen noch darf jener quasi die Richterfunktion an sich reißen. (...) (D)er Richter (ist) auch verpflichtet, im Rahmen seiner freien richterlichen Beweiswürdigung das Gutachten nicht einfach - unter Berufung auf die Autorität des Sachverständigen - unbesehen hinzunehmen, sondern selbständig-kritisch auf seine Überzeugungskraft hin zu überprüfen."[54] Es ist demnach Aufgabe der - letztlich erst im jeweils erkennenden Gericht aktionsfähig werdenden - (Straf-)Rechtsordnung, die interpretatorisch-kriteriologisch aufbereiteten gesetzlichen Merkmale im Sinne der Ebene (2) zu benennen, in denen der tatbestandlich erfaßte normative Sinn von „Leben" bzw. „Tod" repräsentiert ist. Daran gebunden, werden in den (durch den Sachverständigen vorgebrachten) „Tatsachen (...) die gesetzlichen Merkmale der Straftat gefunden" (§ 267 I 1 StPO).[55] Die „Tatsachen", die der Sachverständige in den Prozeß einbringt, dienen folglich dazu, die im Prozeß der Auslegung auf ihre sinnliche Wahrnehmbarkeit (ihre Beweisbarkeit) hin interpretierten - vermittelt über begriffsangemessene Kriterien „tatsachentauglich" umformulierten - Rechtsbegriffe sinnlich wahrzunehmen. Die vom Sachverständigen vorgebrachten (Befund-)Tatsachen,[56] verweisen mithin auf den - durch Auslegung in angemessenen Kriterien operationalisierten - Rechtsbegriff. Dabei darf der Sachverständige in die Tatsachen, die er in den (Straf-)Prozeß einbringt, keinesfalls bewußt oder unbewußt (rechtsnormative) Wertungen bzw. eine „rechtliche Würdigung" (§ 243 III 3 Hs. 1 StPO) einspeisen. Damit würde er sich die ihm kompetenziell nicht zugewiesene „juristische Qualifikation des Tatsachenstoffs"[57] anmaßen.[58] Dies wiederum bedeutet, daß das Gericht - auch die ihm zuarbeitende Rechtswissenschaft - überprüfen muß,[59] ob über die im Einzelfall diagnostizierten

---

[53] So der 3. Strafsenat des BGH in dem grundlegenden Urteil vom 7. 6. 1956 (3 StR 136/56), BGHSt 9, 292 (293).

[54] *Ulsenheimer*, Stellung und Aufgaben des Sachverständigen im Strafverfahren, S. 6.

[55] Auf diesem Hintergrund klingt es weniger spektakulär, wenn „Tatsachenfeststellung (...) als reine Rechtsanwendung" qualifiziert wird, so *Freund*, S. 152.

[56] Befundtatsachen sind Tatsachen, die nur der Sachverständige aufgrund seiner besonderen Sachkunde ermitteln kann, s. dazu statt aller *K. Dippel*, S. 119f.

[57] *Gisb. Kaiser*, S. 182.

[58] Zust. der Rechtsmediziner *Spann*: „Allerdings muß der Gutachter, bei strenger Begrenzung seiner Kompetenz, dem Richter die Grundlagen für seine Entscheidung liefern. Dies allein ist seine Aufgabe" (Arzthaftung: Perspektiven der Rechtsmedizin, S. 29). Auf die „Gefahr des Hineindeutens eigener Vorstellungen (...) bei der Erhebung der ‚Tatsachen' oder ‚Daten'" weist auch der Arzt und Jurist *Göppinger*, S. 98, hin.

[59] § 78 StPO: „Der Richter hat, soweit ihm dies erforderlich erscheint, die Tätigkeit der Sachverständigen zu leiten." Er muß also ggfs. darauf aufmerksam machen, wie der Todesbegriff des Rechts konzipiert ist (welche Wertungen ihm zugrundeliegen). Anson-

B. Die rechtserkenntnistheoretisch grundlegende Unterscheidung   259

„Tatsachen" normative Wertungen eingebracht worden sind, die den Wertungen des - kriteriologisch aufbereiteten - Rechtsbegriffs, um dessen Beweis es geht, widersprechen, die also empirisch unangemessen auf das (grund- bzw. straf-)rechtlich zutreffende Todeszeichen und damit auf den rechtsirrigen Todes- und Lebensbegriff verweisen.[60]

Die für die grundrechtliche Kritik des Hirntodkonzepts entscheidende Rechtserkenntnisstufe ist Ebene (1). Sie liefert das „Basiskonzept"[61], das Grundverständnis von „lebendigem Menschsein", das für alle weiteren Überlegungen rechtserkenntnisleitend ist. Die normative Vorgabe der Ebene (1) nähert sich immer mehr - vermittelt über Ebene (2) - der „Wirklichkeit", genauer: der „Verwirklichung" durch Ebene (3) an. Die Beachtung des Basiskonzepts - also eines bestimmten Verständnisses von Leben und Tod des Menschen soll in der Realität gesichert werden; die Feststellung des „wirkliche Gelten(s)"[62] und Nicht-Geltens des (kriteriologisch entfalteten) Basiskonzepts muß „in der praktischen Wirklichkeit (...) möglich"[63] sein.[64] Wie wir noch sehen werden, sind die Bestimmung des Basiskonzepts und seine Entfaltung in angemessenen - die Beweisbarkeit ermöglichenden - Kriterien eng miteinander verbunden. Das hat dogmatische Gründe, die - vorerst - nur mit der Formel „offenes Menschenbild des Grundgesetzes" angedeutet werden können; das offene Menschenbild gebietet ein biologisches, auf die funktionelle Ganzheit des Organismus abstellendes Verständnis von Leben. Die Konsequenzen dieser Auffassung für die kriteriologische Ebene sind bereits bei der Entwicklung des Begriffs mitzubedenken. Ob die gewählten Kriterien angemessene Operationalisierungen des Todes- bzw. Lebensbegriffs sind, ist im Kern eine Wertungsfrage. Auch hier darf man „das Wertungselement" nicht verkennen,

---

sten droht die Sachverständigentätigkeit u. U. in eine falsche Richtung zu gehen, so daß die (An-)Leitung des Sachverständigen *auch* im Hinblick auf die Sicherstellung eines zutreffenden Verständnisses des Normbegriffs, um dessen tatsächliche Feststellung es geht, angezeigt sein kann.

[60] Dazu die Rechtsmediziner *Liebhardt/Wuermeling*, Juristische und medizinisch-naturwissenschaftliche Begriffsbildung, Acta Medicinale et Socialis, S. 162: „Der Richter (...) muß wissen, daß die von ihm benutzten Begriffe nicht nur im normativen Bereich mit der ihm bekannten Unschärfe belastet sind, sondern daß auch die Erkennung deskriptiver Tatbestandsmerkmale nicht bloß eine logische Operation ist, sondern zu einem Teil auch wertende Tätigkeit (...)."

[61] Begriff bei *Kupatt*, S. 24, S. 32, der sich dabei auf den wegweisenden Beitrag von *Capron/Kass*, S. 87ff. bezieht (*Kupatt* zitiert den Abdruck in D. J. Horan/D. Mall [ed.], Death, Dying, and Euthanasia, 1977).

[62] *Hegel*, Phänomenologie des Geistes, S. 357 (C. [BB] VI. A. c.).

[63] BVerfGE 91, 1, 38ff. (59) - abwM der Richterin *Graßhof*.

[64] In diesem Sinne kann man tatsächlich von der „strafrechtsgestaltende(n) Kraft des Strafprozesses" sprechen; so der Titel der (am 11. 6. 1963 gehaltenen) Tübinger Antrittsvorlesung von *K. Peters*, zur „prozessualen Betrachtungsweise des Strafrechts", S. 10ff. und passim.

„das unausrottbar in alle (...) Begriffsbildung (...) hineinspielt."[65] Weiterhin ist zu beachten: Die Festlegungen auf den einzelnen Ebenen sind abhängig von den Vorgaben auf der jeweils nächsthöheren Ebene.[66] Tests sind nur bezogen auf bestimmte Kriterien sinnvoll und Kriterien können nur im Blick auf das grundrechtliche Basiskonzept „lebendigen Menschseins" angemessen bestimmt werden. Es muß also ein wertungsmäßig stimmiger Verweisungszusammenhang zwischen Tests, Kriterien und Begriff bestehen. Das Basiskonzept ist ausgehend von Art. 2 II 1 Var. 1 GG zu entwickeln: „Jeder hat das Recht auf Leben (...)." Ersichtlich geht es um natürliche Personen, Menschen also, die leben und die hinsichtlich dieses Lebens ein Recht genießen. Diese Rechtsposition geht unter, wenn die betreffenden Menschen *nicht* mehr leben, also dann, wenn sie tot sind. Der Tod ist somit ein konkludent vorausgesetztes Implikat von Art. 2 II 1 Var. 1 GG.

C. Zur Normativität des Lebensgrundrechts (Art. 2 II 1 GG) - Prinzipielle Probleme der Grundrechtskonkretisierung (Grundrechtsauslegung)

Jede grundrechtliche Kritik muß, bevor sie konkret-dogmatisch wird, einige Einwände zur Kenntnis nehmen, die gegen grundrechtliches Argumentieren überhaupt erhoben werden. Mit der Plausibilität der Einwände steht und fällt die Bereitschaft, grundrechtsdogmatische Argumente in concreto ernstzunehmen.

Bei näherem Hinsehen, also dann, wenn man unter Grundrechtsdogmatik mehr verstehen möchte als eine Lexikalisierungskunde einschlägiger Verfassungsgerichtsjudikate, fällt auf, daß die Grundrechtslehre der Gegenwart - häufig Zuflucht im „Methodenfreistil"[67] suchend - von „tiefe(r) Zerrissenheit und

---

[65] *Thoma*, S. 6 a.E. S. auch *Birnbacher*, Einige Gründe, das Hirntodkriterium zu akzeptieren, S. 31: „Aber auch die Akzeptabilität eines Todeskriteriums ist letztlich keine rein wissenschaftliche Frage. Wer die vorausgesetzte Todesdefinition ablehnt, wird in der Regel auch die entsprechenden Kriterien ablehnen - nicht weil diese wissenschaftlich nicht hinreichend gesichert wären, sondern weil sie etws anderes anzeigen, als sie seiner Auffassung nach anzeigen müßten. Ein noch so verläßliches Zeichen ist unbrauchbar, wenn es nicht anzeigt, was einem wichtig ist." Daß der Prozeß der Bildung (straf)rechtlicher Begriffe nicht leicht zu denken ist und immer bestimmte (alltagstheoretische oder philosphisch-erkenntnistheoretische) Vor-Urteile voraussetzt, sei zugestanden; im gegebenen Rahmen soll das nicht weiter interessieren. S. dazu z. B. *Puppe*, GA 1994, S. 297ff. (insb. S. 298); *R. Keller*, ZStW 107 (1995), S. 457ff.; *Paulus*, S. 53ff.
[66] *Kurthen/Linke*, S. 83.
[67] *Suhr*, EuGRZ 1984, S. 531; ähnlich eine - mit Blick auf das BVerfG formulierte - Wendung von *B. Schlink*: „methodische(r) Freistil" (zit. im Nachrichtenmagazin „Der Spiegel", Nr. 47 v. 20.11.1995, S. 45); beachte in diesem Zusammenhang auch *dens.*, Bemerkungen zum Stand der Methodendiskussion, Der Staat 19 (1980), S. 73ff.;

C. Zur Normativität des Lebensgrundrechts (Art. 2 II 1 GG)

Gespaltenheit"[68] in zahlreichen Grundlagenfragen ge(kenn)zeichnet ist.[69] Sie leidet vielfach darunter, im Schatten einer mächtigen „prätorische(n) Rechtsprechungspraxis"[70] zu stehen und deshalb zu einer bloßen Rechtsprechungswissenschaft[71] herabgestuft worden zu sein, die die autoritativen Vorgaben des Verfassungsgerichts strukuriert und appliziert. Nicht zuletzt angesichts der „prätorischen Leistungskraft"[72], die das Gericht ausstrahlt, tut sich die Lehre zuweilen schwer, vom Berg des grundrechtstheoretisch Virtuellen „Bausteine einer umfassenden Grundrechtsdogmatik"[73] abzutragen.[74] Diese Dilemmata können (auch) in der vorliegenden Untersuchung nicht aufgelöst werden,[75] ihr Ziel ist ja ein anderes. Angesichts der nicht unbeträchtlichen Leerstellen in der Systematik der allgemeinen Grundrechtslehren könnte man nun in grundrechtstheoretisch-grundrechtsdogmatische[76] Ratlosigkeit versinken und vor dem „Fundamentalproblem"[77] des zutreffenden grundrechtsinterpretatorischen Zugriffs resignieren. Man muß dies jedoch nicht tun.

Stattdessen kann man sich in Erinnerung rufen, daß das Unternehmen der Auslegung bzw. - je nach Geschmack - der Konkretisierung von Grundrechtsnormtexten ein mit der Auslegung anderer Normtexte im Ansatz vergleichbares

---

Depenheuer, S. 36, mit Verweis auf die „allseits konstatierte Methodenvielfalt, (weniger freundlich formuliert: Methodenbeliebigkeit)".

[68] *Bethge*, Aktuelle Probleme der Grundrechtsdogmatik, Der Staat 24 (1985), S. 381.

[69] Zum Folgenden auch *Höfling/Rixen*, S. 11f.

[70] *Häberle*, Grundprobleme der Verfassungsgerichtsbarkeit, S. 10. S. auch *Jarass*, Die Entwicklung des allgemeinen Persönlichkeitsrechts, S. 89: „Die Grundrechte, so wie sie heute in der Praxis zur Anwendung kommen, sind weithin das Werk des Bundesverfassungsgerichts." Es hat „deren dogmatische Struktur wesentlich beeinflußt" (S. 89; ähnl. auch S. 103 a.E.).

[71] Dazu *W. Schmidt*: „Rechtsprechungspositivismus" (S. 193); „Dominanz des Verfassungsrichterrechts" (S. 208). *Alexy*, Theorie der Grundrechte, S. 17: „Die Grundrechtswissenschaft ist (...) zu einem beträchtlichen Teil Verfassungsrechtsprechungswissenschaft geworden." *Schlink*, Die dritte Abhörentscheidung, NJW 1989, S. 16: „Bundesverfassungsgerichtspositivismus". *Brugger*, S. 52: „Verfassungsgerichtsobjektivismus". „Die Dominanz der Abwägungen der verfassungsgerichtlichen Entscheidungspraxis (...) hat sich in der Verfassungsrechtswissenschaft unter der Form einer theoretischen Verarmung niedergeschlagen" (*Ladeur*, S. 304). Beachte schließlich *Schlink*, Die Entthronung der Staatsrechtswissenschaft, Der Staat 28 (1989), S. 161ff.; der Begriff „Bundesverfassungsgerichtspositivismus" findet sich auf den Seiten 163, 164, 168, 169, 170.

[72] *Bethge*, Grundfragen innerorganisationsrechtlichen Rechtsschutzes, DVBl. 1980, S. 309: konkret zur „prätorischen Leistungskraft der Verwaltungsgerichtsbarkeit".

[73] So der Titel der Abhandlung von *Jarass*, AöR 120 (1995), S. 345ff.

[74] Von der „gegenwärtige(n) Krise der Grundrechtstheorie" ist auch die Rede bei *Braczyk*, S. 15.

[75] Zu diesem fast schon üblichen Vorbehalt insbesondere bei Arbeiten mit grundrechtsdogmatischem Bezug *Höfling*, Vertragsfreiheit, S. 3.

[76] Zum synonymen Gebrauch von „grundrechtsdogmatisch" und „grundrechtstheoretisch" vgl. *Jarass*, Bausteine, AöR 120 (1995), S. 346 Anm. 2.

[77] *Stern*, Staatsrecht, Bd. III/2, S. 1636.

Unternehmen ist. Als „Grundfrage der Rechtswissenschaft"[78] stellt sich - ungeachtet des inhaltlichen „Spezifikums dieser Rechte"[79] - die Frage nach den Bedingungen stimmiger Normtextinterpretation auch bei der Konkretisierung von Grundrechten. Natürlich gibt es teleologische Besonderheiten, die dem Grundrechtsteil der Verfassung seine normative Eigentümlichkeit verleihen, und natürlich stellt sich das Problem der auslegungsleitenden Vorverständnisse (der „Grundrechtstheorien") bei den sprachlich auffallend offen formulierten Grundrechtsnormtexten verstärkt. Darüber darf man aber nicht vergessen, daß sich jedes Rechtsgebiet durch teleologische Besonderheiten auszeichnet. Auch die Folgeproblematik, das in Rede stehende Telos einer konkreten Bestimmung interpretatorisch stimmig zu (re-)konstruieren, existiert nicht nur im Feld der Grundrechtsauslegung. Nichts anderes gilt schließlich für das Problem der interpretationsprägenden Vor-Urteile (man denke nur an Strafwürdigkeitserwägungen bei der Auslegung von StGB-Vorschriften, über die sich - oft unter dem Deckmantel der objektiv-teleologischen Auslegung - eher „liberale" oder mehr „konservative" Bestrafungstheorien bzw. kriminalpolitische Präferenzen Geltung verschaffen können). Ob es vor diesem Hintergrund sinnvoll ist, „die unaufhebbare Verwiesenheit der Verfassungsinterpretation auf eine materiale Verfassungstheorie" als „zentrale(s) Dilemma der Verfassungsinterpretation"[80] hervorzuheben und stillschweigend als differentia specifica einzuführen, die das Geschäft der Auslegung von Grundrechtsnormtexten von allen anderen Varianten der Normtextinterpretation wesentlich unterscheide, ist zumindest fraglich. Damit sollen die „Probleme der Verfassungsinterpretation"[81] keineswegs bagatellisiert werden. Schon gar nicht ist „ein naives Zurück zum begriffsjuristischen Posivitismus"[82] angezeigt, das sich - vordergründig orientiert an der Vierzahl der Savignyschen Auslegungselemente - einbilden würde, (Verfassungs-)Recht werde als zeitlosunveränderliches depositum legis (vor)gefunden und müsse nur handwerklich korrekt ans Tageslicht gebracht werden. Rechtsnormen, auch Verfassungsrechtsnormen, *zeigen* sich nicht, sie werden - auf der Grundlage menschengemachter Normtexte - über Interpretationsakte hergestellt, konstruiert, geschaffen. Eine über sich selbst informierte (Grund-)Rechtsdogmatik weiß das. Das Problem der (teleologischen) Auslegung hochunbestimmter Rechtssätze ist also weder ein spezifisches Problem der Grundrechtsinterpretation, noch ist es ein im Kern unbewältigbares Problem juristischer Auslegung überhaupt. Kurz: Eine methodisch-interpretationstheoretisch betriebene Desavouierung der Grundrechtsgeltung ist zurückzuweisen.

---

[78] *Stern*, Staatsrecht, Bd. III/2, S. 1636.
[79] *Stern*, Staatsrecht, Bd. III/2, S. 1645.
[80] *R. Dreier*, Zur Problematik und Situation der Verfassungsinterpretation, S. 40.
[81] So der Titel des von *R. Dreier/F. Schwegmann* hrsgg. Bandes: Probleme der Verfassungsinterpretation.
[82] *R. Dreier*, Zur Problematik und Situation der Verfassungsinterpretation, S. 16.

C. Zur Normativität des Lebensgrundrechts (Art. 2 II 1 GG)

Ein Problem, das mit dem Topos der starken Auslegungsbedürftigkeit verbunden ist, aber sich von ihm unterscheiden läßt, bedarf ebenfalls näherer Betrachtung. Es geht um einen Vorwurf, der die Grundrechtsauslegung permanent in den Verdacht bringt, „unjuristisch", gar „rechtspolitisch" zu argumentieren. Dieses Problem hängt mit der charakteristischen Zeit-Ausrichtung der Grundrechte zusammen und jenes wiederum mit der sprachlich offenen Gestalt der grundrechtlichen Normtexte.

Die Väter und Mütter des Grundgesetzes haben die Grundrechtsnormtexte - auch den Text des Lebensgrundrechts - sprachlich offen formuliert.[83] Sie wollten die Grundrechte damit[84] „in die Zeit hinein"[85] öffnen: Wenn der Normtext der Grundrechte es irgend zuläßt, muß das Schutzpotential der Grundrechte je neu in der Zeit interpretatorisch aktualisiert werden. In die Auslegung der Grundrechtsnormtexte können so neu bedeutsam werdende „Schutzbedürftigkeiten"[86] des Einzelnen einfließen und in grundrechtlich schützenswerte Positionen umgewandelt werden.[87] Dieser Mechanismus ist Folge der natur- bzw. vernunftrechtlichen Herkunft der Grundrechte.[88] Nicht von ungefähr bezeichnet man die Grundrechte als

---

[83] Zum Folgenden s. auch *Höfling/Rixen*, S. 76ff.

[84] Daß diese Sicht der Dinge bereits grundrechtstheoretisch grundiert ist, dürfte klar sein: Einen Ausweg aus dem (freilich überschaubar - Schritt für Schritt - entfalteten) hermeneutisch-tautologischen Zirkel des eigenen Begründungsgangs gibt es nicht; man kann sich nur um eine weitgehende Offenlegung der Gründe bemühen. Zur sprachlich offenen Gestalt der Grundrechtsnormtexte und dem damit verbundenen Freiheitsverständnis s. vor allem *Höfling*, Offene Grundrechtsinterpretation, S. 75ff.

[85] *Bäumlin*, S. 15: „in die Zeit hinein offen". Die Formel wird aufgegriffen in BVerfGE 74, 244 (252).

[86] *Bethge*, Aktuelle Probleme der Grundrechtsdogmatik, Der Staat 24 (1985), S. 362.

[87] „Eine der wesentlichsten Funktionen der Grundrechte besteht (...) darin, daß es dem einzelnen, der sonst über keine Möglichkeit verfügt, seine Interessen zur Geltung zu bringen, erlauben, ein Problem als Rechtsproblem darzustellen" (*Nocke*, S. 22). *Niemöller/Schuppert* weisen darauf hin, daß „sich die Frage (stellt), wie schwierig oder einfach es ist, ein (...) Problem als ein verfassungsrechtliches zu formulieren" (Die Rechtsprechung des Bundesverfassungsgerichts zum Strafverfahrensrecht, AöR 107 [1982], S. 405 - konkret für strafprozessuale Probleme).

[88] Dazu *Habermas*, Naturrecht und Revolution, S. 89ff., S. 118ff.; *Luhmann*, Das Recht der Gesellschaft, S. 512: „Das Vernunftrecht war (...) immer schon Revolutionsrecht gewesen und konnte daher nach der Revolution, oder so meinte man jedenfalls, positivert werden. Es wurde ins Verfassungsrecht übernommen." *Steinbach*: „Naturrecht legitimiert weniger die bestehenden Verhältnisse, als daß es diese vielmehr durch naturrechtlich begründete Utopieentwürfe und konkrete Gegenwartsforderungen kritisiert" (Individuum, Gemeinschaft, Staat, S. 1299). Vereinfacht ausgedrückt läßt sich sagen: Der quasirevolutionäre, gegenwartskritische Impetus natur- bzw. vernunftrechtlich-moralischer Argumentation, soweit er auf die Verwirklichung von Einzelfallgerechtigkeit abzielt, wird in die Geltungsform des juristisch verwalteten Verfassungsrechts überführt; dadurch wird die revolutionäre Kraft natur- bzw. vernunftrechtlich-moralischer Verweise auf „richtiges" bzw. „gerechtes" Recht oder überpositive „Gerechtigkeit" rational eingehegt und gebändigt und gleichzeitig veralltäglicht, zur - wenn man so will - konkret-utopischen Aufgabe der Gegenwart gemacht. Die naturrechtliche Utopie wird also über die Grundrechte zur Gegenwartsherausforderung, sie wird - als je neu aktuali-

3. Kapitel: Grundrechtliche Kritik der Hirntodkonzeption

„positiviertes Naturrecht"[89]. Kennzeichend für positiviert-naturrechtliche, das sind grundrechtliche Diskurse, ist das - thematisch auf konkrete Schutzbereiche begrenzte - Bemühen, die Rechtsordnung mit basalen Gerechtigkeitspostulaten in Einklang zu halten.[90] Dogmatisch-rational verwaltet und dadurch gegen Beliebigkeit gefeit, sorgen die Grundrechte so dafür, daß das Recht auf der Höhe aktuell-möglicher und konkret-realisierbarer, d. h.: juristisch faßbarer Gerechtigkeit bleibt.[91] Das heißt: Die Grundrechte garantieren, daß die Rechtsordnung dem Einzelnen über die in der Jetzt-Zeit möglichst optimale (eben: grundrechtliche) Einhegung seiner Freiheitssphären „hic et nunc menschen-gerecht"[92] begegnet.[93] Die geschichtsträchtige Frage nach der Gerechtigkeit des Rechts ist als Frage nach der Gewährung und der Intensität grundrechtlichen Schutzes in die Grundlagen der positiven Rechtsordnung selbst eingeschrieben. Kurz: Die Frage nach der Gerechtigkeit des Rechts ist eine positiv-rechtliche Frage der Grundrechtsinterpretation.

Die Zeit-Ausrichtung der Grundrechte zwingt die Grundrechtsauslegung immer wieder - fast unvermeidbar - in aktuelle (rechts)politische Diskussionen hinein. Die Debatte um das Transplantationsgesetz, die nicht unerheblich mit dem Problem der grundrechtlichen Bedeutung des Hirntod-Zustandes belastet war,

---

sierbarer Maßstab - präsentisch verortet. Das führt zu einer „Materialisierung des Rechts", zu seiner - nur im vorstehenden Sinne zu begreifenden! - „Remoralisierung'" (so *Habermas*, Faktizität und Geltung, S. 301). Daß die Verwendung der Ausdrücke „natur- bzw. vernunftrechtlich" differenziert erfolgen muß, sei zugestanden, soll aber im Rahmen dieser Untersuchung nicht weiter ausgeführt werden; aus der gegen Unendlich gehenden Literatur zum Natur- bzw. Vernunftrechtsproblem s. nur *Schefold*, S. 376ff.; *Kaufmann*, Grundprobleme der Rechtsphilosophie, S. 21ff.; *Alexy*, Begriff und Geltung des Rechts, S. 121ff. und passim; *H. Dreier*, Gesellschaft, Recht, Moral, S. 247ff.; *ders.*, Rechtsethik und staatliche Legitimität, S. 377ff., alle m. w. N.
[89] *H. Dreier*, in: ders. (Hrsg.), GG, Komm., vor Art. 1 Rn. 33, s. auch *Luhmann*, Das Recht der Gesellschaft, S. 512; *N. Horn*, S. 897: „Verfassungsrecht als positiviertes Naturrecht"; s. auch *Stolleis*, Buchbesprechung: B. Rüthers, Die Wende-Experten, JZ 1996, S. 411: „positiviertes Naturrecht'"); *ders.*, Verwaltungsrechtswissenschaft, S. 240: „positiviertes Naturrecht'".
[90] Kritisch *Naucke*, Versuch über den aktuellen Stil des Rechts, KritV 1986, S. 206: „Es entsteht eine juristische Verwaltung des Naturrechts." „Was man heute in der Verfassung findet, war ehedem von den Inhabern der Lehrstühle des Naturrechts zu lehren."
[91] S. dazu etwa *Friedrich*, S. 65: „Grundrechte sind regelmässig nur als Grundsatz, stichwortartig gewährleistet und werden erst in der Praxis im Sinn einer ‚Gerechtigkeit im kleinen' konkretisiert."
[92] So *Rixen*, Bestattung, FamRZ 1994, S. 425 a.E. - ohne ausdrückl. Verweis auf die Grundrechte.
[93] Dazu etwa *Niemöller*, S. 38: „Rechtsgrundsätze von großer Abstraktionshöhe kompensieren die Nachteile relativer Weite und Unbestimmtheit durch den Vorteil, normative ‚Produktivkräfte' zu entfalten, die bei einem Wandel der Rechtswirklichkeit zur systemkonformen Bewältigung ungelöster oder neu auftretender Fragen genutzt werden können." S. auch *Luhmann*, Das Recht der Gesellschaft, S. 480: „Die scheinfeste Ordnung der Rechtssätze wird durch eine verflüssigte, stets provisorische Abwägungsrechtsprechung, das relativ Stabile also durch das prinzipiell Instabile gesteuert."

C. Zur Normativität des Lebensgrundrechts (Art. 2 II 1 GG)   265

belegt dies. Die Abgrenzung der grundrechtlichen bzw. grundrechtsdogmatischen von der spezifisch rechtspolitischen Stellungnahme kann hier prekär werden, denn neue Grundrechtsfragen erlauben keinen unbeschwert-routinierten Rückgriff auf dogmatisch erprobte Argumentationsmuster, von denen das beruhigend-bekannte semantische Geräusch „wirklich" juristischen Argumentierens ausgeht. Erst mühsam müssen neue Probleme - unter Umständen über die Ausdifferenzierung bekannter Argumentationsmuster - als *Rechts*fragen, *Grundrechts*fragen etabliert, das heißt: als dem System des geltenden Rechts zugehörige Fragen ausgewiesen werden. Daher verbietet sich wie immer im (grund-)rechtlichen Diskurs auch bei der Auslegung von Art. 2 II 1 Var. 1 GG der „logisch höchst merkwürdige, aber anscheinend suggestive" „„Grenzenlosigkeitsschluß"[94]. Das bedeutet: Aus der Schwierigkeit der Abgrenzung gegenüber dem Vorwurf, „rechtspolitisch" zu argumentieren, darf nicht auf das Nichtvorhandensein einer Grenze zwischen Grundrechtsauslegung und Rechtspolitik geschlossen werden. Das setzt voraus, daß der Interpret seinen Auslegungsvorschlag als Beitrag zum Verständnis des geltenden (Verfassungs-)Rechts versteht, vertritt und verteidigt, mithin den Verdacht des „Unjuristischen" - methodisch selbstbewußt, also begründet - nach Kräften zu widerlegen trachtet. Er kann dann beruhigt (indes nicht kritikimmun) auf den Vorwurf reagieren, seine Argumentation diene (um die eigene Position in einem aktuellen politischen Streit zu stärken) nur dazu, das rechtspolitisch je Erwünschte mit dem zivilreligiösen Heiligenschein des verfassungsrechtlich Verbindlichen zu versehen.[95] Die bloße Unterstellung, eine bestimmte, methodisch nachvollziehbar entwickelte Grundrechtsauslegung sei „unjuristisch", entscheidet in der Sache nichts und ist allenfalls ein rhetorisch bedeutungsvolles Argument, das die „soziale Stimmung"[96] (als empirische Bedingung der Anerkennung oder Nichtanerkennung von Grundrechtsinterpretationen) im Interesse einer anderen, (vermeintlich) „herrschenden" Rechtsansicht stabil halten soll. Ob sich ein Vorschlag zur Auslegung eines Grundrechtsnormtextes durchzusetzen vermag, also als wirklich „juristisch" und als rechtsnormativ allein maßgeblich anerkannt wird, ist damit nicht zuletzt eine Frage der Zeit und der sich entwickelnden sozialen

---

[94] *C. Schmitt*, Freiheitsrechte und institutionelle Garantien, S. 147 (Anführungszeichen im Orig.). *ders.*, Zehn Jahre Reichsverfassung, S. 37: „Daß es Grenzfälle und Übergänge gibt, rechtfertigt doch keineswegs, daß man überhaupt keine Unterscheidungen mehr macht (...)." Vgl. *Isensee*, Das Grundrecht als Abwehrrecht und staatliche Schutzpflicht, § 111 Rn. 53; *Graf Vitzthum*, Gentechnik und Grundgesetz, S. 191.
[95] Einführend zur „civil religion" z. B. *Jüngel*, Untergang oder Renaissance der Religion?, S. 186ff. mit Hinweisen u. a. auf *J.-J. Rousseau* und *R. N. Bellah*, auf die der Ausdruck bzw. das Konzept der Zivilreligion als die „Produktion eines alle Individuen einer Gesellschaft zu einer gemeinsamen (nationalen) Welt verbindenden Sinnhorizontes" (so *Jüngel*, S. 187) zurückgeht. S. auch *Frankenberg*, Hüter der Verfassung, KritJ 1996, S. 1ff. Dazu, „daß die Verfassung zu einer Art Religionsersatz (...) geworden sei", *Robbers*, Rechtspluralismus, S. 117.
[96] *Fleck*, Entstehung, S. 102; S. 104 („mächtige soziale Stimmung") - dort nicht bezogen auf (Grund-)Rechtsfragen.

Stimmung. Wissenssoziologisch betrachtet, ist deren Wandel für die Anerkennung seines Arguments als ernstzunehmendes und maßgebliches rechts(wissenschaft)liches Wissen von entscheidender Bedeutung.[97] Erst im Fortgang der Diskussion wird sich somit erweisen, ob ein Interpretationsvorschlag als spezifisch „juristisch" anerkannt oder im vorrechtlichen, in diesem Sinn: „rechtspolitischen" Raum verbleiben wird.

Was Inhalt der Verfassung ist, muß im Fortgang der Zeit angesichts neuer Fragestellungen je neu dergestalt ermittelt werden, daß die vom pouvoir constituant im Bauplan der Verfassung erkennbar angelegten Grundgedanken „loyal-kreativ weiter(gedacht)"[98] werden. Die Suche nach einem Anküpfungspunkt beim Verfassunggeber stellt sicher, daß die „fließende Geltungsfortbildung"[99] des Art. 2 II 1 Var. 1 GG nicht in interpretatorische Beliebigkeit zerfließt, vielmehr die mit Art. 2 II 1 Var. 1 GG implizit getroffene „Entscheidung für die Dauergeltung"[100] des normativ Gemeinten erhalten bleibt. Das Ordnungsmodell, das Art. 2 II 1 GG zugrundeliegt, also das Verständnis davon, wie die von dieser Vorschrift unterstellte und implizierte Wirklichkeit gedeutet bzw. rechtsrichtigerweise wahrgenommen werden soll, läßt sich leichter (re)konstruieren, wenn man zunächst danach fragt, „welchen Sinn der historische Normgeber dem Normtext hat beilegen wollen."[101] Auch der Akt der (Re-)Konstruktion der Regelungsabsicht des Verfassungsgebers ist natürlich (schon) ein interpretatorisch-deutend vollzogener Akt; er ist *ein* Teil des Gesamtprozesses, der auf die Gewinnung des Norminhaltes von Art. 2 II 1 Var. 1 GG mit Blick auf das Lebensende gerichtet ist. Gelingt die (Re-)Konstruktion der idée directrice des Verfassungsgebers und bedenkt man, daß es Aufgabe der verschriftlichten Verfassung ist, sozialen Wandel stabilisierend zu ermöglichen (und zwar über die Orientierung an bestimmten fortbildungsfähigen Regelungsideen, die der Verfassunggeber in einer konkreten Zeit bewußt *in* die Zeit hinein entwickelt hat)[102], dann bleiben zwar - schon

---

[97] Solche Prozesse der Veränderung sozialer Stimmungen, der Veränderung sozialer Anerkennungsbereitschaft sind nicht ohne Rest erklärlich oder vorhersagbar, vgl. *Fleck*, Entstehung, S. 105f. sowie *Drosdeck*, S. 103 (zu den „sozialen Umstände[n]"), S. 107 (hM als „soziales Phänomen")., S. 33 und S. 66 (zu „Zufälligkeiten").
[98] *Isensee*, Staat im Wort, S. 587: „loyal-kreativ weiterdenken".
[99] *Smend*, Verfassung und Verfassungsrecht, S. 138.
[100] *Heckel*, Die deutsche Einheit als Verfassungsfrage, S. 25.
[101] *Depenheuer*, S. 55. Zur Bedeutung der Entstehungsgeschichte s. auch *Rüthers*, Die unbegrenzte Auslegung, S. 484 (§ 22: Auslegung im Wechsel der Systeme. Ein Nachwort).
[102] Dazu *Depenheuer*, S. 55f.; beachtenswert die Einwände gegen *F. Müllers* Konzept, Juristische Methodik, z. B. S. 31f, S. 33ff., S. 56. Allerdings ist ein Zweifaches zu bedenken: Zum einen betont *F. Müller* - man möchte sagen: selbstverständlich -, daß das am Normtext entwickelte Normprogramm ein „rechtliche(s) Ordnungsmodell" ist, das „die (...) zugrundeliegende Wirklichkeit zu ordnen" hat, allerdings auch „selbst durch diese Wirklichkeit bedingt" wird (S. 139). Dabei stellt er klar, daß die prima facie beachtlichen „Realdaten (...) des Sachbereichs" erst durch die maßstäbliche Orientierung am Normprogramm zur normprogrammgemäßen Wirklichkeit, zum „Normbereich" wer-

C. Zur Normativität des Lebensgrundrechts (Art. 2 II 1 GG)

angesichts der sprachlichen Offenheit der Zeichenkombination „L-e-b-e-n" im Normtext des Art. 2 II 1 Var. 1 GG - genügend Auslegungsspielräume, um andere Interpretationsvarianten zu entwickeln, die von der hier im Ergebnis favorisierten abweichen mögen, sie müßten sich allerdings unter Umständen über das Argument der historischen Regelungsabsicht mit höherem Begründungsaufwand hinwegsetzen und ihrerseits auf andere Weise zu überzeugen versuchen.

Die vielfach beschriebene und für das Verfassungsrecht typische Nähe zum (Aktuell-)Politischen ist jedenfalls kein Grund, der die juristische Möglichkeit gelingender Grundrechtsauslegung in Frage stellen könnte. Wer dies gleichwohl versucht, muß sich bewußt sein, daß er nicht nur einer „Banalisierung der Grundrechte"[103], sondern einer veritablen „Bagatellisierung der Grundrechte"[104] Vorschub leistet, die in letzter Konsequenz die Maßstabskraft von Art. 1 III GG - „Die (...) Grundrechte binden (...) als unmittelbar geltendes Recht" - aushöhlt. Wer - wie das Grundgesetz - die konkrete Polis an Grundrechte bindet, schafft bewußt

---

den (vgl. S. 169f.). Zum anderen ignoriert er - natürlich - *nicht* den (auf die Regelungsabsicht des Normgebers bezogenen) „genetischen" Aspekt der Normkonkretisierung (vgl. S. 204ff.), weist ihm allerdings in seiner „Rangordnung der Konkretisierungselemente" (S. 247ff.) keine per se so zentrale Rolle zu, wie dies etwa *Depenheuer* tut. Das hängt u. a. damit zusammen, daß *F. Müller* die Unterscheidung von „subjektiver" und „objektiver" Auslegung für unfruchtbar hält (S. 254ff.). Nichtsdestotrotz betont *F. Müller* die Wichtigkeit der genetischen Auslegung (S. 256: „das Genetische [kann] für die Entscheidung eine große inhaltliche Rolle spielen"; s. auch S. 254). Letztlich dürfte *Depenheuers* Reserve gegenüber *F. Müllers* Position darauf zurückzuführen sein, daß ihm *Müllers* Ansatz - mit seiner quasinominalistischen Sicht auf den Normtext - eine zu große interpretatorisch-inhaltliche Beliebigkeit nahezulegen scheint. *F. Müller* hingegen wendet sich gegen jeden noch so leisen Versuch, den Normtext als Träger vorfindlicher Inhalte mißzuverstehen (S. 169: „Juristische Konkretisierungsvorgänge müssen ohne normative Eingangsdaten auskommen (...)." S. 255 a.E.: „Der ‚Wille des Gesetzgebers' ist eine Chimäre."). Die Positionen lassen sich indes zusammenführen: *F. Müllers* Sensibilität für die unentrinnbare (und immer wieder bewußt zu machende) interpretatorische Konstruktionsbedürftigkeit von Normen anhand von Normtexten und *Depenheuers* Einsicht, daß aus sachlichen Gründen (gerade Verfassungsrecht soll Orientierungsgewißheit ermöglichen) Besinnung auf (hoffentlich überwiegend) konsentierbare Argumente, hier genetische, hilfreich sind. Man muß nur sehen, daß die verfassungsrechtlichen Implikate von *Depenheuers* Position selbst schon interpretatorisch an den Normtext herangetragen werden, in *F. Müllers* Theoriesprache also „dogmatische Elemente" (S. 228ff.) des Konkretisierungsprozesses sind. Kurz: Zur Normkonstruktion durch grundsätzlich immer erforderliche interpretatorische Arbeit am Normtext (zu Ausnahmen *F. Müller*, S. 167) gibt es hier nichts anders deutet, sind immer an den Normtext herangetragene Gründe. Das gilt auch für verfassungstheoretische Hintergrundannahmen, die dem Verfassunggeber eine bestimmte Bedeutung zuweisen. Juristisch-rational entscheidend ist, daß möglichst jeder Grund offengelegt wird. So wird der Grund überprüfbar und mit ihm die Plausibilität der Position, die er stützen soll.

[103] BVerfGE 80, 137 (164ff. [168]) - Reiten im Walde - abwM des Richters *Grimm*.
[104] *C. Schmitt*, Zehn Jahre Reichsverfassung, S. 37.

3. Kapitel: Grundrechtliche Kritik der Hirntodkonzeption

„politisches' Recht"[105] und setzt doch voraus, daß sich (Verfassungs-)Recht und (Tages-)Politik unterscheiden lassen.[106]

Das Gemeinwesen gegebener Gestalt trifft mit Art. 2 II 1 Var. 1 GG eine konkrete politische Entscheidung über die materiale Form seiner politischen Existenz:[107] Die im Grundrechtsstaat normativ homogen integrierte und je neu integrierbare Rechtsgesellschaft garantiert die Achtung vor dem Einzelnen vermittelt über die Achtung seiner „vitale(n) Basis"[108] in der Form einer Grundrechtsposition. Die Frage nach Leben und Tod des Menschen, genauer: die Frage nach dem grundrechtlich garantierten Leben des „hirntoten" Menschen, ist somit als Grundrechtsfrage zu behandeln. Ihre Fraglichkeit ist in eine für die Verfaßtheit der konkreten Polis maßstäbliche Grundrechtsantwort aufzulösen. Unbeantwortbare Grundrechtsfragen gibt es nicht.

Auf dem Hintergrund dieser allgemeinen, für die Justierung des dogmatischen Zugriffs indes unabdingbaren Vorüberlegungen kann die Beantwortung der konkret-dogmatischen Frage ins Werk gesetzt werden: Ist das Hirntodkonzept („Der Hirntote ist tot") mit Art. 2 II 1 Var. 1 GG vereinbar?

---

[105] *Triepel*, S. 53: „*alles* Verfassungsrecht (ist) ‚politisches' Recht" (Hervorhebung im Original). Außerdem (ebda.): „das Verfassungsrecht (ist) gerade das Recht für das Politische." Zum Verhältnis von „Recht und Politik" statt vieler *Häberle*, Grundprobleme der Verfassungsgerichtsbarkeit, S. 2ff. m. w. N. Beachte auch *C. Schmitt*, Verfassungslehre, S. 118: „Hier Rechtsfragen von politischen Fragen zu trennen und anzunehmen, eine staatsrechtliche Angelegenheit lasse sich entpolitisieren (...), ist eine trübe Fiktion."

[106] „In der Verfassung begegnen sich das Recht und die Politik. (...) Nicht in der Tatsache der Verbindung von Recht und Politik liegt das Problem der Verfassung - diese Verbindung ist schließlich das, was das Konzept der Verfassung konstituiert -, sondern in der Schwierigkeit, einen Verfassungsbegriff zu entwickeln, in dem die schöpferische Kraft der Politik sich entfalten kann" (*Preuß*, Einleitung: Der Begriff der Verfassung, S. 8f.). S. auch *Preuß'* kritische Anmerkungen zum bleibenden Wert von Carl Schmitts Verfassungstheorie, in: Die Weimarer Republik, S. 178ff., S. 182ff.: Carl Schmitt „gab dem Verfassungsrecht seinen genuin politischen Charakter zurück" (S. 182). Zur - zumindest heuristisch wertvollen, immer aber genau zu bestimmenden - Aktualität des Schmitt'schen Ansatzes mit Blick auf die Frage „Wie integriert sich eine Gesellschaft, die sich weder auf die Kraft vorpolitischer Energien und der durch sie gestifteten Kohärenz noch auf Bedingungen verlassen kann, die aus sich selbst heraus einen verläßlichen gesellschaftlichen Zusammenhalt erzeugen?" erneut *Preuß*, Vater der Verfassungsväter?, S. 117ff. (insb. S. 125ff. - die zit. Frage S. 125).

[107] Vgl. *C. Schmitt*, Verfassungslehre, S. 20ff., S. 177 (sub 2.), insb. S. 161: „Die feierliche Erklärung von Grundrechten bedeutet, daß Prinzipien aufgestellt werden, auf welchen die politische Einheit (...) beruht und deren Geltung als wichtigste Voraussetzung dafür anerkannt wird, daß diese Einheit sich immer von neuem herstellt und formiert, daß (...) die Integration (...) vor sich geht." S. auch *H. Dreier*, Dimensionen der Grundrechte, S. 54: „Mit dem Wegfall der Monarchie wächst allein der Verfassung die Legitimitäts- und Einheitsstiftung des politischen Gemeinwesens zu."

[108] BVerfGE 39, 1 (42).

D. Kritik der Hirntodkonzeption aus grundrechtlicher Sicht

Schon vom Tatsächlichen her muß die These, der hirntote Mensch (also ein Mensch, dessen Gehirn „abgestorben", funktionslos ist) sei tot, als fragwürdig erscheinen. Eindrücklich sind von medizinischer Seite die kognitiven Dissonanzen beschrieben worden, denen man ausgesetzt ist, wenn man den Zustand eines hirntoten Patienten mit der Lage eines anderen schwerstversehrten, intensivmedizinisch versorgten Patienten vergleicht:

„Lassen Sie uns als Hirntoten eine kerngesunde junge Frau annehmen, die bei einem Unfall eine schwere Gehirnverletzung erlitt. (...). Im Bett daneben soll ein alter, seit vielen Jahren schwerst dementer Mann liegen. Schwerst dement, das heißt: komplett pflegebedürftig, urin- und stuhlinkontinent, ohne Erkenntnis seiner selbst oder seiner Umwelt, außerstande, bewußten Kontakt aufzunehmen oder zu erwidern. Jetzt hat ihn auch noch ein Schlaganfall, eine Hirnmassenblutung, in tiefes Koma gestürzt, aber hirntot ist er nicht. Dafür sind seine Lungen durch ein chronisches Emphysem so geschädigt, daß trotz künstlicher Beatmung fast kein Gasaustausch mehr stattfindet; er ist dialysepflichtig; sein Herz ist durch viele Infarkte so geschwächt, daß es ungeachtet eines künstlichen Schrittmachers jeden Augenblick stillzustehen droht. Dort die hirntote Patientin, ‚organisch gesund', bis auf ihre totale Hirnschädigung, die den Ersatz der Zwerchfellaktion und eine Unterstützung des Blutdrucks nötig macht. Hier der sterbende, durch chronische Krankheiten buchstäblich abgewrackte alte Mann, bei dem die Intensivmedizin nicht nur die Atmung, sondern praktisch alle lebenswichtigen Organfunktionen bis zu seinem nahen Ende durch Maschinen wird ersetzen müssen. Wollte man alle intensivmedizinischen Möglichkeiten ausschöpfen, dann hätte die hirntote Patientin eine Überlebensprognose von drei, bei verbesserten Möglichkeiten in Zukunft vielleicht von 30 Tagen. (...) Der zerrüttete Körper des alten Mannes dagegen wird wahrscheinlich aller künstlichen Apparatur zum Trotz nicht die nächste Stunde, noch weniger die nächste Nacht überstehen.(...). (W)er (...) die Noch-Lebendigkeit dieses alten Mannes akzeptiert, die hirntote, dabei weit vitalere Patientin aber für tot, zur Leiche (...) erklären will, der muß dafür glasklare, nachvollziehbare Gründe haben."[109]

Übersetzt in die Sprache des Verfassungsrechts: Wer den hirntoten Menschen für tot hält, andere Patienten, deren Lage Vergleichbarkeit nahelegt, hingegen nicht, der muß sachlich nachvollziehbare Gründe für eine Ungleichbewertung dieser körperlichen Zustände vorbringen. Eine Ungleichbehandlung,

---

[109] *in der Schmitten*, S. 77. In diesem Sinne auch der Mediziner *Geisler*, Bewertung des Hirntodes sowie der engen und der erweiterten Zustimmungslösung in einem Transplantationsgesetz (schrift. Stellungnahme zur Anhörung am 28. 5. 1995), Deutscher Bundestag/Ausschuß für Gesundheit, Ausschuß-Drs. 13/114 v. 17.6.1995, S. 36ff. (37 a.E.): „ein hirntoter Mensch (ist) auf einer Intensivstation ununterscheidbar von bewußtlosen ‚lebenden' Patienten".

3. Kapitel: Grundrechtliche Kritik der Hirntodkonzeption

die die Bewertungsmaßstäbe des Art. 2 II 1 Var. 1 GG, kraft dessen Leben grundrechtlich zu bestimmen ist, verkennt, wäre ein Verstoß gegen das Lebensgrundrecht.[110] Art. 2 II 1 Var. 1 GG ist mithin die verfassungsrechtliche Maßstabsnorm, an der das Hirntodkonzept interpretatorisch zu überprüfen ist: „Jeder hat das Recht auf Leben (...)."[111]

Aus Gründen zweckmäßiger Darstellung, also in dem Bewußtsein, daß mittels der „simple(n) (...) Vierzahl der Savignyschen Auslegungselemente"[112] normativer Sinn geltenden Verfassungsrechts nicht ex opere operato erscheint, wird auf die - auch vom Bundesverfassungsgericht so bezeichneten - „anerkannten Auslegungsgrundsätze"[113] zurückgegriffen. Daß der Prozeß der Grundrechts(norm)konkretisierung strukturell komplexer ist, als der Kanon der Auslegungskriterien nahezulegen scheint,[114] insbesondere „notwendig eines schöpferischen Zutuns des Interpreten bedarf"[115], ist ebenso bekannt wie der Umstand, daß sich die Auslegungsschritte - als Folge des hermeneutischen Zirkels, den man interpretatorisch entfaltet - nicht immer reinlich trennen lassen. Darüber ist im folgenden „kein Wort mehr zu verlieren."[116]

---

[110] Ergänzend könnte man erwägen, ob nicht auch ein Verstoß gegen Art. 3 I GG in Frage kommt. Dieser Ansatz wird hier nicht weiter verfolgt, denn der Problemschwerpunkt liegt bei Art. 2 II 1 Var. 1 GG. Im übrigen lassen sich aus den Freiheitsrechten - wie die Rechtsprechung des BVerfG namentlich zu Art. 6 I GG belegt (vgl. nur BVerfGE 28, 324 [347] und auch BVerfGE 76, 126) - unmittelbar Ungleichbehandlungsverbote ableiten. Diese kann man freilich auch über eine ausdrückliche Verknüpfung von Art. 3 I mit dem jeweiligen Freiheitsrecht zum Ausdruck bringen (vgl. z. B. BVerfGE 69, 188 [205]: Art. 3 I i.V.m. Art. 6 I GG). Diese Problematik kann hier nicht vertieft werden, vgl. *Kirchhof*, Der allgemeine Gleichheitssatz, § 124 Rn. 199 („Inhalt der Statusgleichheit"): „Die unabänderliche Gleichheit jedermanns sichert seinen Status als Mensch, als Person und als Persönlichkeit. Zur Statusgleichheit gehört insbesondere (...) die Gleichheit in der Unverletzlichkeit von Leib und Leben (...)." *Kirchhof* ausdrücklich folgend *Heun*, in: H. Dreier (Hrsg.), GG, Komm., Art. 3 Rn. 29 (i.V.m. dortiger Fn. 164): „Spezielle Differenzierungsverbote oder die Betroffenheit im Status als Mensch bewirken die generelle Unzulässigkeit einer Differenzierung." Vgl. auch *Heun*, ebda., Art. 3 Rn. 124, zur Konkurrenz von Gleichheits- und Freiheitsrechten und zur bevorzugten Prüfung des Freiheitsrechtes.
[111] BGBl. 1949, Nr. 1 v. 23. Mai 1949, S. 1.
[112] *R. Dreier*, Zur Problematik und Situation der Verfassungsinterpretation, S. 16.
[113] So bspw. BVerfGE 69, 1 (55); genannt werden „Wortlaut", „Entstehungsgeschichte", „Gesamtzusammenhang der einschlägigen Regelungen" sowie „Sinn und Zweck".
[114] Krit. zu den „canones im Verfassungsrecht": *F. Müller*, Juristische Methodik, S. 116f., s. auch S. 200ff., zur Stellung der „(h)erkömmlichen Interpretationsregeln" in seinem methodischen Ansatz; s. auch *dens.*, Strukturierende Rechtslehre, S. 44f. Daß Savigny das sog. teleologische Auslegungskriterium nicht ausdrücklich genannt hat, wird als bekannt vorausgesetzt, vgl. *F.C. von Savigny*, System des heutigen Römischen Rechts, Bd. 1, S. 206ff.; zu *Savignys* juristischer Methodenlehre *Raisch*, S. 103ff.
[115] *Depenheuer*, S. 10.
[116] *Depenheuer*, S. 11.

D. Kritik der Hirntodkonzeption aus grundrechtlicher Sicht

I. Die „trügerische Sicherheit"[117] des (möglichen) Wortsinns von Art. 2 II 1 Var. 1 GG

Ob der hirntote Mensch ein Lebender im Sinne dieser Verfassungsbestimmung ist, läßt sich der Vorschrift nicht problemlos ansehen. Daher sollte Einverständnis darüber bestehen, daß mit Blick auf die Frage der grundrechtlichen Deutung des Hirntod-Zustandes der Normtext des Art. 2 II 1 Var. 1 GG auslegungsbedürftig ist. Wer behauptet, der Text werfe keine Interpretationsprobleme auf, hat den Text schon ausgelegt. Abgesehen davon, daß vage verfaßte Normtexte immer eine interpretationsbedingende „ambiguitas"[118] enthalten, ist der Schluß, das grundrechtliche Tatbestandsmerkmal „Leben" verweise auf ein Faktum - genauer: das von Naturwissenschaftlern bzw. Medizinern verwaltete Phänomen des „Lebens" - selbst Ergebnis einer Interpretation des Normtextes, das man jenem nicht ansehen, vielmehr nur argumentativ zurechnen kann.[119] Ein an die Zunft der Staatsrechtslehrer(innen) adressiertes Wort erweist sich gerade hier als treffend: „Wenn die Verfassung wirklich nur lauter klare Begriffe hätte, weiß ich nicht, wie sie aussehen würde. Wir jedenfalls könnten dann nach Hause gehen."[120] Dazu besteht in der Tat kein Anlaß. Vielmehr gilt: „Ob jemand noch ein Mensch oder schon ein Leichnam ist, wenn sein Hirn erloschen ist, der Kreislauf aber noch funktioniert (...), ist durch den Gesetzeswortlaut nicht exakt vorgezeichnet."[121]

Wenn man nun zur Ermittlung des (möglichen) Wortsinns, wie das im Rahmen der juristischen Auslegung nicht selten geschieht,[122] Lexika oder Wörter-

---

[117] *Isensee*, Das Grundrecht als Abwehrrecht und als staatliche Schutzpflicht, § 111 Rn. 18 (S. 154 Anm. 37).

[118] D. 32, 25, 1: Cum in verbis nulla ambiguitas est, non debet admitti voluntatis quaestio.

[119] Das übersieht der Abg. *Scholz*, wenn er - ohne Begründung - mit Blick auf Art. 2 II 1 Var. 1 GG behauptet: „Hier kann es nicht anders sein, als daß nach naturwissenschaftlich-medizinischen Erkenntnisständen zu entscheiden ist. Hier muß in diesem Sinne entschieden werden" (Stenographischer Bericht der 183. Sitzung des Deutschen Bundestages am 25.6.1997 [13. WP], S. 16420 [C] a.E.).

[120] *Bothe*, VVDStRL 54 (1995), S. 161 a.E.

[121] *Roxin*, StrafR-AT, § 5 Rn. 27 - im strafrechtlichen Kontext. So auch *Jakobs*, StrafR-AT, S. 80 (Rn. 29): „Zudem sind alle, auch die meist als deskriptiv bezeichneten Deliktsmerkmale normativ begrenzt und im Grenzfall möglicherweise unbestimmt (etwa: Ende des Menschseins mit dem Hirntod?)." *Schlehofer*, JuS 1992, S. 573: „Unklar sind (...) in jedem Fall die Randzonen, selbst bei einem scheinbar so eindeutigen Wort wie ‚Mensch'. Meint es (...) auch den Hirn-, aber noch nicht Herztoten?" Allg. weist *C. Schmitt*, Über die drei Arten des rechtswissenschaftlichen Denkens, S. 50 Anm. 39, auf die „angeblich wertfreien ‚festen', deskriptiven Tatbestandsmerkmale" hin. Zu den unterschiedlichen Bedeutungen, die das Adjektiv „normativ" haben kann, wenn man von „normativen Tatbestandsmerkmalen" spricht, *Engisch*, Die normativen Tatbestandselemente im Strafrecht, S. 142ff., S. 145ff.

[122] *Röhl*, Allgemeine Rechtslehre, S. 628 mit einem Beispiel aus der BGH-Strafrechts-Rspr. (BGH, NJW 1994, 332f.).

bücher (namentlich unter der Rubrik „Leben" bzw. „Tod") konsultiert, dann ist vorgängig zu bedenken, daß „die" gewissermaßen zeitlos gültige umgangssprachliche bzw. fachjuristische Bedeutung eines Wortes nicht existiert.[123] Sie wird, gerade wenn es um Themen geht, die besonderes Wissen voraussetzen, von Experten vorgeformt bzw. hergestellt und von der (Medien-)Öffentlichkeit bzw. jenen Teilen der juristischen Fachöffentlichkeit, die mit den konkreten Fragen nicht oder kaum vertraut ist, übernommen, eben im Vertrauen auf die Sachkompetenz der (Rechts-)Wissenschaftler, die sich dem Sachproblem, das sozusagen im Hintergrund des (möglichen) Wortsinns verortet ist, beständig widmen.[124] Man muß immer vor Augen haben, daß sich in den knappen Erläuterungen der Publikationsform Lexikon oder Wörterbuch - gleich ob sie (älteren Datums) den Hirntod nicht erwähnen[125] oder (wenn sie neueren Datums sind) auf ihn eingehen -[126] eine Bedeutung niederschlägt, die dem Wortlaut nicht immanent ist, die ihm vielmehr aufgrund eines „aktiver Semantisierungsvorgang(s)"[127] zugewiesen wurde bzw. zugewiesen wird.[128] Der „nackte Wortlaut des Gesetzes" wird demgegenüber „in die Irre führen",[129] sofern man dem Wortlaut - in gesetzespositivistischem Vorverständnis verfangen - eine „substantiell anwesend(e)"[130] Bedeutung intrapoliert. Ob man den Hirntoten als vom Wortsinn der Ausdrücke „Leben" oder „Tod" erfaßt ansieht, ist das Ergebnis

---

[123] Vgl. zum Problem statt aller *Jakobs*, StrafR-AT, S. 84f. (4. Abschn./Rn. 35).
[124] Zu diesem Mechanismus genauer oben im 2. Kap. D. II. 4.
[125] Vgl. unter dem Stichwort „Tötung" z. B. *Köst*, S. 610.
[126] Vgl. *Köbler*, S. 352 (Stichwort „Tod"): „Tod ist allgemein das Erlöschen der Lebensäußerungen, insbesondere der Stillstand von Kreislauf und Atmung bzw. das irreversible Erlöschen der Gehirntätigkeit." Ebenso auch *Köbler/Pohl*, S. 501 (Stichwort „Tod"); *Beulke*, Stichwort „Todeszeitpunkt im strafrechtlichen Sinne", S. 680: „ist nach heute hA das irreversible Erlöschen der gesamten Gehirntätigkeit". *Ders.*, Stichwort „Mensch im Sinne des Strafrechts", S. 990: „Heftig umstritten ist auch die genaue Bestimmung des Todeszeitpunktes. Früher wurde auf den endgültigen Herz- und Kreislaufstillstand abgestellt (sog. klinischer Tod). Eine Beibehaltung dieses Todesbegriffs würde angesichts der neueren medizinisch-technischen Reanimationsmöglichkeiten die Behandlungspflicht oft grenzenlos ausdehnen. Ferner wären Herztransplantationen unzulässig, da das Spenderherz noch schlägt. Heute wird von der hA als Todeszeitpunkt das irreversible Erlöschen der gesamten Gehirntätigkeit angesehen (Gehirntod). Problematisch ist die Frage nach den Kriterien und Methoden zur Feststellung des Gehirntodes." *Brockhaus-Enzyklopädie*, Bd. 10, S. 99 a.E. (Stichwort „Hirntod"); Bd. 22, S. 206 (Stichwort „Tod", S. 206ff.); keine Angaben unter dem denkbaren Stichwort „Gehirntod" in Bd. 8, 19. Aufl. 1989, S. 222; *Thiele*, Bd. 1, S. 1075: „Hirntod, zentraler: der mit dem Individualtod ident. Organtod des Gehirns"; Bd. 2, S. 2453: „Tod: (...) Hirntod (,zentraler Tod')"; *Pschyrembel*, 255. Aufl., S. 699: „Hirntod: endgültiger Ausfall aller Hirnfunktionen vor Eintreten des Herztodes", S. 1676 („Tod"): „der Tod eines Menschen wird heute als Organtod des Gehirns aufgefaßt".
[127] *F. Müller*, Juristische Methodik, S. 155 a.E.
[128] Ablehnend zum Nachschlagen in Wörterbüchern bei der Bestimmung der Wortlautgrenze *Christensen*, S. 78f.
[129] *Schwinge*, S. 55.
[130] *F. Müller*, Strukturierende Rechtslehre, S. 267.

D. Kritik der Hirntodkonzeption aus grundrechtlicher Sicht

interpretatorischer Bemühungen, die die im Jetzt-Zeitpunkt gegebene semantische Ungewißheit über einen Zweifelsfall (denjenigen des Hirntod-Zustands) aufzulösen haben. Der (spezifisch grundrechtliche) Wortsinn kann - eben weil er in Kommunikationspraktiken ausgehandelt wird und sich (über dominant werdende Gebrauchsweisen) herausbilden, als besser begründet durchsetzen muß - eigentlich erst der Schlußpunkt jeder Interpretation sein. Der umgangssprachliche oder fachjuristische mögliche Wortsinn (als erste Näherung an das im Interpretationszeitpunkt vertretbare Bedeutungspotential) ist immer nur Einstieg in das Geschäft der Auslegung, die Fixierung des sogenannten (möglichen) Wortsinns der Vorschrift, genauer: ihrer satzsemantisch miteinander verbundenen Ausdrücke nur der erste Schritt zur Ermittlung des normativen Sinn von Art. 2 II 1 Var. 1 GG. Dem Wortlaut der Vorschrift kommt eine „Indizwirkung" zu, die „auf die mitgebrachten Verwendungsweisen des Normtextes aufmerksam macht".[131] Der Blick in Lexika und Wörterbücher kann demnach nur eine mehr oder weniger hilfreiche, rechtssemantisch produktive Anfangs(un)sicherheit auslösen. Im Fortgang der Interpretation wird der mögliche Wortsinn verengt und mit Blick auf die Frage nach der grundrechtlichen Qualifikation des Hirntod-Zustandes auf eine konkrete Bedeutung hin zugespitzt, vereindeutigt.[132]

II. Zum (möglichen) Wortsinn des Normtextes von Art. 2 II 1 Var. 1 GG

1. Befund

a) „Jeder" = jeder lebende Mensch

Wer „Jeder" ist, läßt sich dem Normtext des Art. 2 II 1 GG nicht ansehen. „Der Begriff ‚Jeder' ist für sich allein so indifferent, daß er nichts über das jeweilige Zuordnungssubjekt aussagt."[133] Allerdings hat der Begriff „Jeder" eine quantitative Bedeutung: er meint *alle* Kandidaten einer bestimmt qualifizierten Menge, hier: alle, die ein Recht auf Leben haben.[134] Ob ein hirntoter Mensch zu dieser Gruppe gehört, bleibt allein im Blick auf die Bedeutung des Wortes „jeder" unklar. Im grundrechtlichen Kontext darf man (nach dem gegenwärtigen Stande gesicherten dogmatischen Wissens) indes voraussetzen, daß alle Entitäten, die als menschliche Lebewesen existieren, mithin nur „Menschen" Inhaber des Lebensgrundrechts sein können. Genaugenommen ist dies bereits eine systematische Einsicht, hat der Verfassunggeber Art. 2 II 1 GG doch zwischen

---

[131] *Christensen*, S. 288 a.E.
[132] So i. Erg. auch *Gast*, Rn. 216 (S. 157); *Larenz/Canaris*, S. 145. *Göpfert*, JuS 1993, S. 655: die „Offenheit der auszulegenden Begriffe läßt die Gesetzesauslegung mehr und mehr zu einem Akt prozeßhafter Präzisierung der Norm werden."
[133] *Spiekerkötter*, S. 47.
[134] *Spiekerkötter*, S. 47.

Art. 1 I 1, II GG und Art. 3 I GG plaziert, die vom „Menschen" bzw. den „Menschenrechten" sprechen. Das bedeutet: Jeder Mensch, der lebt, hat ein Recht darauf, daß nicht in verfassungsrechtlich ungerechtfertigter Weise in sein Leben eingegriffen wird.[135] Aber auch diese Einsicht hilft nicht wirklich weiter, denn die trügerische Eindeutigkeit der Begriffe „Jeder" bzw. „Mensch" vermag die Zweifel daran, ob der hirntote Mensch denn ein *lebender* „jeder", ein *lebender* „Mensch" im Sinne des Art. 2 II 1 Var. 1 GG ist, nicht zu beseitigen. Daß das in Art. 2 II 1 genannte „Leben" einen Bezug zum Biologischen aufweist, erscheint dem Grunde nach nicht zweifelhaft. Das folgt schon aus allgemeinen (grund)rechtstheoretischen Überlegungen, nach denen sich die in den speziellen Einzelgrundrechten genannten Normbereiche durch eine sog. „sachliche Eigenwertigkeit"[136] auszeichnen, sich also auf vorrechtliche Größen beziehen (wenn auch nicht in ihnen erschöpfen). Unklar bleibt allerdings, unter Rückgriff auf welche Erwägungen Zweifelsfälle dem „Leben" zuzuordnen sind.

b) „hat ein Recht auf"

Der Blick auf die Normtextausdrücke „hat ein Recht auf" beseitigt die Unklarheit nicht. Die Ausdrücke verdeutlichen nur, daß „jeder" eine Willensmacht, eine Schutz- oder Abwehrbefugnis hat, ein Recht zugewiesen ist, kraft dessen er beanspruchen darf, daß Eingriffe in bzw. Übergriffe auf sein Leben unterbleiben.[137] „Jeder" hat demnach ein „Grundrecht" (vergleiche die Überschrift des I. GG-Abschnitts) auf unangetastet bleibendes Leben, auf unbeeinträchtigte Fortexistenz, mithin auch darauf, „nicht wie ein Toter behandelt zu werden, solange er lebt."[138] Zugleich ist die Formulierung „Recht auf" ein Indiz dafür, daß das in Frage stehende Schutzgut - das Leben - in die Normativordnung des Rechts eingestellt ist, als Schutzgut des Rechts, als *Rechts*gut zu begriffen werden muß und infolgedessen im grundrechtlichen Kontext seine maßgebliche Bedeutung vom Regelungssinn des Grundrechtsnormsatzes her gewinnt, der seine grundrechtliche Schutzwürdigkeit anordnet. Freilich: auch diese Erwägungen klären nicht, ob der hirntote Mensch Zuordnungssubjekt der Garantie des Art. 2 II 1 Var. 1 GG ist. Mangels hinreichend klarer Bestimmung des Jedermann-Status muß dies in einem weiteren, allerdings nicht letzten Schritt aus der Rechtsguts-

---

[135] Wobei Eingriff hoheitliche Schutzbereichsbeschränkungen, Übergriff Schutzbereichsbeschränkungen durch Private bezeichnet, vgl. dazu erneut *Isensee*, Das Grundrecht als Abwehrrecht und als staatliche Schutzpflicht, § 111 Rn. 89 u. ö.

[136] *F. Müller*, Strukturierende Rechtslehre, S. 207.

[137] Wiederum: Diese Bemerkung ist natürlich nur möglich auf dem Hintergrund eines Vorverständnisses, hier: vom Sinn und Zweck der Grundrechte überhaupt. Zur Abwehr- und Schutzpflichtdimension der Grundrechte grdl. *Isensee*, Das Grundrecht als Abwehrrecht und als staatliche Schutzpflicht, § 111.

[138] *Rixen*, Im Zweifel für das Leben, S. 136.

gewährleistung, also vom möglichen Wortsinn des Ausdrucks „Leben" her, erschlossen werden.

c) „Leben"

Nähert man sich dem Wort „Leben", dann stößt man auf folgende Erläuterungen: „lebendig, nicht tot sein, existieren, sich von etwas ernähren, wohnen."[139] Erläuternd herangezogen werden vor allem die auf einer semantischen Achse angesiedelten Wörter „Tod", „tot", „Leiche" oder „Leichnam". Die Begriffe „Leiche" oder „Leichnam" bezeichnen den - nicht notwendig menschlichen - toten Körper[140], genauerhin: den „tote(n) Körper eines Lebewesens."[141] Der „Tod" ist das „Aufhören aller Lebensvorgänge"[142], das „Erlöschen der Lebensäußerungen des Organismus"[143], „Auflösung des (...) Lebens"[144], „Aufhören des Lebens"[145], der „Stillstand der Lebensfunktionen bei Mensch, Tier und Pflanze."[146] Der Todesfall ist dementsprechend der „einmalige Übergang vom Leben"[147] in den Zustand des Nicht-mehr-Lebens.[148] Ausgangsbedeutung von Leben ist etymologisch „fortbestehen, bleiben"[149], wobei eine begriffliche Verbundenheit mit dem Wort „Leib" besteht, das zunächst synonym für Leben steht

---

[139] *Etymologisches Wörterbuch des Deutschen*, Bd. 1, S. 776 (Stichwort „Leben"); *G. Kübler*, S. 246 (Stichwort „leben"). Auf die in Lexikonartikeln üblichen Wort-(Ab)Kürzungen wird im folgenden grundsätzlich verzichtet, d. h.: die gekürzten Wörter werden hier prinzipiell ausgeschrieben.
[140] *Etymologisches Wörterbuch des Deutschen*, Bd. 1, S. 784 (Stichwörter „Leiche" und „Leichnam").
[141] *dtv-Brockhaus-Lexikon*, Bd. 10, S. 323 (Stichwort „Leiche/Leichnam"); *Brockhaus-Enzyklopädie*, Bd. 13, S. 229 (Stichwort „Leiche"): „Körper eines Menschen, i. w. S. eines Lebewesens, nach dem Eintritt des Todes."
[142] *Etymologisches Wörterbuch des Deutschen*, Bd. 2, S. 1435 (Stichwort „Tod").
[143] *dtv-Brockhaus-Lexikon*, Bd. 18, S. 226 (Stichwort „Tod"); *Meyers Neues Lexikon*, S. 84 a.E. (Stichwort „Tod"): „Erlöschen der Lebenstätigkeit im gesamten Organismus"; *Herders Volkslexikon*, Sp. 1806 (Stichwort „Tod"): „das Aufhören aller Lebensvorgänge des Organismus, beim Menschen erkennbar am Atemstillstand und Aussetzen der Herztätigkeit und des Blutkreislaufes"; *Der Volks-Brockhaus*, S. 697 (Stichwort „Tod"), „das vollständige Aufhören aller Lebensvorgänge eines Lebewesens".
[144] *Deutsches Wörterbuch von Jacob und Wilhelm Grimm*, Bd. 21, Sp. 537 (Stichwort „Tod") - im Original kleingeschrieben.
[145] *Zedler*, S. 623 (Stichwort „Tod").
[146] *Meyers Großes Universallexikon*, S. 244 (Stichwort „Tod"); s. auch *Encyclopaedia Britannica*, S. 108 („death"): „the permanent cessation of the vital functions in the bodies of animals and plants, the end of life or act of dying."
[147] *Trübners Deutsches Wörterbuch*, Bd. 7, S. 58 (Stichwort „Tod").
[148] S. auch *Etymologisches Wörterbuch des Deutschen*, Bd. 2, S. 1440f. (Stichwort „tot").
[149] *Kluge*, S. 432 (Stichwort „leben"); *Deutsches Wörterbuch von Jacob und Wilhelm Grimm*, Bd. 12, Sp. 397 (Stichwort „Leben"); *Paul*, S. 316 (Stichwort „leben"): „verwandt mit Leib und bleiben".

und dann den belebten (menschlichen) Körper bezeichnet.[150] Daß Tod und Hirntod keineswegs Synonyma sind, belegt im übrigen der Umstand, daß der Ausdruck „(Ge-)Hirntod" zuweilen gar nicht erläutert wird; dies darf als Indiz dafür gelten, daß die Gleichsetzung von Tod und Hirntod in der allgemeinen Umgangs- bzw. der konventionell-juristischen Alltagssprache noch nicht vollzogen wurde.[151] Zuweilen werden diese eher unspezifisch bleibenden Erläuterungen unter Rückgriff vor allem auf biologische Überlegungen konkretisiert. „Leben" ist danach die „Seinsform von Lebewesen", für die bestimmte Merkmale charakteristisch sind: die „Notwendigkeit des Stoffwechsels (Metabolismus), die Fähigkeit zur Vermehrung (Reproduktion) und die Möglichkeit der Veränderung des Erbguts (Mutationsfähigkeit). Leben ist immer mit Individualisierung verbunden, d. h. lebende Organismen sind immer von der Umwelt gut abgegrenzte Gebilde, deren kleinste Einheit die Zelle ist. Die hohe Komplexität auch primitivster Organismen ist mit einem hohen Ordnungsgrad verbunden, dessen Aufrechterhaltung nur möglich ist, wenn der Organismus als energetisch offenes System in ständigem Stoff- und Energieaustausch (Fließgleichgewicht) mit seiner Umgebung steht. (...) Die komplizierten physiologisch-chemischen Prozesse in den Lebewesen unterscheiden sich hinsichtlich ihrer Naturgesetzmäßigkeiten nicht von denen in der übrigen Natur. Insofern muß den Lebewesen kein eigentümlicher ontologischer Status zugesprochen werden. Mit dem Ende des Lebens erlischt (...) das Fließgleichgewicht, der ständige Prozeß von Energieaufnahme von außen und Energieverbrauch (...)."[152]

2. Zeichen des (biologischen) Lebens beim hirntoten Menschen

Was folgt aus diesem - über eine sog. grammatikalische Auslegung gewonnenen - semantischen Befund für die Frage, ob der Hirntote ein lebender Mensch i. S. des Art. 2 II 1 Var. 1 GG ist? Ergiebig sind bei genauerem Hinse-

---

[150] *Deutsches Rechtswörterbuch*, Sp. 1038 (Stichwort „Leib"); *Deutsches Wörterbuch von Jacob Grimm und Wilhelm Grimm*, Bd. 12, Sp. 581ff. (Stichwort „Leib", Sp. 580ff.); *Hoffmeister*, S. 368 (Stichwort „Leben"). Auch zwischen „Leiche" und „Leib" besteht ein Zusammenhang, vgl. *Etymologisches Wörterbuch des Deutschen*, Bd. 1, S. 784 (Stichwort „Leiche") und *Trübners Deutsches Wörterbuch*, S. 426 (Stichwort „Leiche"); s. auch *Borsche*, Sp. 174.
[151] Vgl. die fehlenden Angaben unter den denkbaren Stichwörtern „Gehirntod", „Hirntod" bzw. dem vorhandenen Stichwort „Tod": *Wahrig*, Ausg. 1996, S. 647, S. 797, S. 1567; *Wahrig*, Ausg. 1980, Sp. 1472, Sp. 1848, Sp. 3721; *Creifelds Rechtswörterbuch*, 12. Aufl.; *Duden. Das große Wörterbuch der deutschen Sprache*, Bd. 3, S. 975, S. 1258; Bd. 6, S. 2598; *Pschyrembel*, 253. Aufl., S. 410, S. 506, S. 1216 (keine Angaben zu „Gehirntod", „Hirntod", „Tod"), S. 681 („Leiche"): „Körper eines Gestorbenen, gekennzeichnet durch die Leichenerscheinungen".
[152] *Brockhaus-Enzyklopädie*, Bd. 13, Stichwort „Leben", S. 169.

D. Kritik der Hirntodkonzeption aus grundrechtlicher Sicht

hen nur die zuletzt zitierten biologisch ansetzenden Erläuterungen. Dementsprechend ist zu klären, ob beim hirntoten Menschen Zeichen des biologischen Lebens festzustellen sind. Wenn ja, dann wäre der mögliche Wortsinn ein Indiz für den lebensgrundrechtlichen Schutz des hirntoten Menschen.

In der Tat sind Zeichen des biologischen Lebens beim hirntoten Menschen nachweisbar (dazu schon 2. Kap./Abschn. D. II. 3.).[153] Das Herz hirntoter Menschen schlägt selbständig, ihre Vitalfunktionen, also die klassischen Kennzeichen biologischen Lebens, sind erhalten: Blutkreislauf, im physiologischen Sinne auch die Atmung (nur den Atemantrieb, das Atemholen, also die Zwerchfelltätigkeit, besorgt eine Maschine)[154] und Stoffwechsel (Verdauung und Ausscheidung, regulierter Wasser- und Mineralhaushalt).[155] Erhalten sind überdies das Immunsystem und - zumindest theoretisch -[156] die reproduktiven Vitalfunktionen (Erektions-, Ejakulations- und Zeugungsfähigkeit bzw. Empfängnis- und Gebärfähigkeit). Der - als abgrenzbares Gebilde deutlich zu erkennende - Körper des hirntoten Menschen ist warm, seine Haut rosig, Wunden kann der hirntote Mensch noch ausheilen. Der Eindruck, es handele sich bei ihm um einen lebenden Menschen,

---

[153] „(...) das wichtigste Argument der Hirntodkritiker: Hirntote Patienten zeigen so viele Zeichen des Lebens, daß es nicht überzeugt, sie als ‚Leichen' zu bezeichnen und zu behandeln" (so *Bahnen*, Organspende als Eingriff ins Sterben, SZ, Nr. 264 v. 15.11.1996, S. 10). Treffend auch der Abg. (und Arzt) *Wodarg*, Stenographischer Bericht der 183. Sitzung des Deutschen Bundestages am 25.6.1997 (13. WP), S. 16409 (C): „Sogenannte Hirntote zeigen weitere Lebensäußerungen, wie Herztätigkeit, Stoffwechsel, sie schütten Hormone aus, Blutbildung und Blutgerinnung funktionieren noch. Falsch ernährt, können diese Patienten Durchfall oder Verstopfung bekommen. Zudem sind an ihnen vegetative Reaktionen, zum Beispiel Hautrötung, Schwitzen und unkoordinierte Bewegungen, zu beobachten. Selbst Wunden können sie noch ausheilen."

[154] Vgl. allg. dazu den Mediziner *Richter*, S. 592ff.

[155] Dazu der Hirnforscher *Roth*, Schriftliche Stellungnahme, Deutscher Bundestag/Ausschuß für Gesundheit, Ausschuß-Drs. 13/137 v. 27.6.1995, S. 16ff. (16f.); *Geisler*, Schriftliche Stellungnahme, Deutscher Bundestag/Ausschuß für Gesundheit, Ausschuß-Drs. 13/582 v. 5.9.1996, S. 6ff. (7f.).

[156] Darauf weist der Arzt *Geisler* hin, Schriftliche Stellungnahme, Bundestagsausschuß für Gesundheit, Ausschuß-Drs. 13/114 v. 17.6.1995, S. 36ff. (38). Damit soll nur klargestellt werden, daß es - soweit ersichtlich - bislang noch zu keinen Zeugungsvorgängen an und mit hirntoten Menschen gekommen ist. Ungeachtet der ethisch-moralischen und rechtlichen Bedenken solcher (notwendig assistiert vollzogener) Vorgänge sind derartige Vorgänge grundsätzlich realisierbar. Man stelle sich etwa folgendes Szenario vor: Ein junges Ehepaar, das - wie Dritten zuverlässig bekannt ist - einen starken Kinderwunsch teilte, erleidet einen schweren Verkehrsunfall. Bei beiden wird der Hirntod-Zustand diagnostiziert. Die Eltern des Paares wollem dem Kinderwunsch des Paares entsprechen, außerdem wünschen sich Enkelkinder als trauerlindernde Erinnerung an ihre Kinder. Es finden sich Ärzte, die sich diesem Ansinnen nicht verschließen. Daraufhin werden der hirntoten Frau Eizellen entnommen, die mit dem Sperma ihres hirntoten Mannes befruchtet werden. Die befruchtete Eizelle wird sodann in den Uterus der hirntoten Frau eingepflanzt. Die intensivmedizinische Versorgung des hirntoten Mannes wird nach erfolgter Spermagewinnung beendet, die Versorgung der hirntoten Frau wird mit Blick auf die Schwangerschaft fortgeführt.

wird so verstärkt. Nicht zuletzt der Umstand, daß hirntote Schwangere ein Kind austragen bzw. einen Spontanabort erleiden können, deutet darauf hin, daß die hirntote Schwangere über jene Vitalität verfügt, die unabdingbare Voraussetzung für die Vitalität des Kindes ist.[157] „Der Embryo und der Fetus ist Teil des mütterlichen Organismus und offenbar mindestens bis zur 22. - 24. Woche in allen Funktionen - nicht nur Sauerstoffversorgung - von den Steuerungsmechanismen der Mutter schicksalhaft abhängig, kann nur mit der Mutter leben und muß auch mit der Mutter sterben."[158] Die am Phänomen der Schwangerschaft, jener „besonders geartete(n) Beziehung" zwischen Mutter und Kind, „für die es in anderen Lebenssachverhalten keine Parallele gibt"[159], entwickelte Formel der „Zweiheit in Einheit"[160] illustriert den Zusammenhang zwischen der Vitalität der Mutter und der Vitalität des Ungeborenen, dessen biologisches Leben von dem der Mutter abhängt, deren Vitalität also die biologische Einheit der Schwangeren-Nasciturus-Beziehung konstituiert. Auch mit der gängigen Vorstellung einer Leiche ist der Zustand des hirntoten Menschen nicht vereinbar.[161] Hält man die Formulierungen „ein toter Mensch" und „Leiche" für Synonyma in dem Sinne, daß der tote Körper eines Menschen gemeint ist und Totsein irreversible Abwesenheit von Zeichen des Lebendigseins bedeutet, dann wird man den hirntoten Menschen aufgrund der erwähnten Indikatoren für Lebendigkeit kaum als „Leiche" bezeichnen wollen. Kennzeichnend für eine Leiche sind - wie oben bereits erwähnt (2. Kap./Abschn. D. II. 3.) - die sog. klassischen Todeszeichen (und damit die Abwesenheit bestimmter Lebenszeichen): namentlich Totenflecke und Totenstarre (als frühe postmortale Veränderungen) fehlen beim hirntoten Menschen.[162]

Dies aber bedeutet: Vom möglichen, biologisch grundierten Wortsinn des Terminus „Leben" her könnte man einen hirntoten Menschen aufgrund der vorhandenen Lebenszeichen durchaus als lebenden Menschen qualifizieren. Ihn trotz der Lebenszeichen als „leblosen Körper"[163] zu bezeichnen, ist kaum möglich.[164]

---

[157] Dazu statt aller *Knörr u. a.*, z. B. S. 134ff. (zur Physiologie der Reproduktion), S. 168ff. (zu physiologischen Veränderungen des mütterlichen Organismus in der Schwangerschaft).
[158] So die Gynäkologin *I. Wolf*, S. 16. Der Mediziner *Thomas*, Leserbrief, S. 42, hat zu Recht darauf hingewiesen, daß für die Fortführung einer Schwangerschaft in einer Hirntoten das Beatmungsgerät eine notwendige, aber keine hinreichende Bedingung ist: „Sie verlangt das Zusammenspiel so vieler Körperfunktionen, daß sich die Frage stellt, wo denn die Grenze zu ziehen wäre zwischen ‚nur noch' Organverbund und ‚immer noch' Ganzheit des Organismus, die zwar geschädigt, aber nicht aufgehoben ist."
[159] BVerfGE 39, 1 (42).
[160] BVerfGE 88, 203 (253, 276) - Anführungszeichen im Orig.
[161] So z. B. der Mediziner *Saling*, B-900: „auf keinen Fall (...) eine Leiche"; Hinweis auf Friktionen auch bei *R. Beckmann*, Ist der hirntote Mensch eine „Leiche"?, ZRP 1996, S. 219; *Lütz*, Die Wirklichkeit an Begriffen messen, S. 40.
[162] S. dazu bereits im 2. Kapitel D. II. 3. a.E.
[163] So aber *Dannecker/Görtz-Leible*, S. 187.

Freilich - auch diese beim möglichen Wortsinn ansetzende Auslegung gibt keine Antwort auf die zentrale Frage: Kann wirklich von der Lebendigkeit eines Menschen gesprochen werden, dessen *Gehirn* abgestorben ist? Die Bedeutung gerade des Gehirns für die Lebendigkeit des menschlichen Organismus ist kein Topos, der über den möglichen Wortsinn thematisiert worden wäre. Und spricht nicht auch die intensivmedizinische Versorgung des hirntoten Menschen dagegen, die „künstliche" Aufrechterhaltung wesentlicher - im Normalfall spontan erbrachter - Vitalfunktionen, etwa des an sich vom Hirnstamm besorgten Atemantriebs? Darf man nicht eigentlich nur solche menschlichen Körper als lebendig qualifizieren, die ihre Lebendigkeit gewissermaßen „natürlich", ohne wesentlichen Einfluß der medizinischen Kunst, also ohne „künstliche" Kompensation gleichsam „von außen" erhalten?

3. Fazit

Der mögliche Wortsinn des Art. 2 II 1 Var. 1 GG legt folgendes nahe: Der im Normtext aufgeführte Zustand „Leben" bezieht sich auf biologisch-natürliche Vorgegebenheiten. Insofern ist „Leben" ein biologisches Phänomen, auf dem die grundrechtliche Verbürgung beruht, ja beruhen *muß*, wenn sie nicht im wahrsten Wortsinn lebensfremd sein will. „Leben" als biologisches Substrat ist also notwendige Bedingung für das Verständnis der Grundrechtsgarantie. Der Bezug zum Biologischen allein klärt freilich nicht den normativen Sinn der Garantie des Art. 2 II 1 Var. 1 GG für den interpretatorischen Zweifelsfall des Hirntod-Zustands.

III. Das Bundesverfassungsgericht und der Lebensbegriff des Art. 2 II 1 Var. 1 GG

1. Befund

Auf die - bei der Besinnung auf den möglichen Wortsinn - im Ansatz deutlich gewordene somatisch-biologische Dimension des Lebensbegriffs verweist auch die Wortverwendungspraxis des Bundesverfassungsgerichts, also die höchstgerichtliche Praxis der Wortsinn-Bestimmung.[165] Als authentischer Interpret des Grundgesetzes hat die vom Gericht favorisierte Gebrauchsweise des

---

[164] Auf dieses Problem weist schon *Schwerd*, Todeszeit, S. 536, hin: „Mit der Änderung des Todesbegriffes wären ‚Lebenszeichen' keine Zeichen des Lebens (...)."
[165] Vgl. hierzu auch die - freilich weder erschöpfenden noch wirklich aussagekräftigen - Hinweise bei *Leibholz/Rinck/Hesselberger*, Art. 2 Rn. 470f.; *Leibholz/Rinck*, 4. Aufl., Art. 2 Rn. 12f.; 3. Aufl., Art. 2 Rn. 13f.; 2. Aufl., Art. 2 Rn. 13f.; 1. Aufl., Art. 2 Rn. 13f.

280   3. Kapitel: Grundrechtliche Kritik der Hirntodkonzeption

Terminus „Leben" zumindest faktisch präjudizierende Kraft, ohne daß sie freilich als kritikimmune Ex-cathedra-Semantik gelten könnte: „Das Gericht ist nicht der Papst der Republik."[166] Die Terminologie des Gerichts gerade in Fragen des Lebensgrundrechts zu ignorieren, wäre andererseits kein Ausweis klugen Rechtsrealismus, muß man doch nach den inzwischen erfolgten Entscheidungen zum Lebensgrundrecht davon ausgehen, daß das Grundgesetz insofern eine normativ mehr oder minder eindeutige Gestalt gewonnen hat, das Grundgesetz also tatsächlich so gilt, wie das Bundesverfassungsgericht es auslegt.[167] Die Auslegung von Art. 2 II 1 Var. 1 angesichts der Hirntod-Problematik muß daher die richtungweisende dogmatische Tendenz, die sich in der Terminologie des Gerichts andeutet, verständigerweise berücksichtigen.

Das Bundesverfassungsgericht stellt zunächst klar, daß Art. 2 II 1 Var. 2 GG auf den „Schutz der körperlichen Unversehrtheit in biologisch-physiologischer Hinsicht"[168] abzielt. Anderes kann, weil das Schutzgut Leben gewissermaßen eine Steigerung des Schutzgutes der körperlichen Integrität ist, für Art. 2 II 1 Var. 1 (Leben) nicht gelten.[169] Art. 2 II 1 GG soll folglich nach seinem Schutzbereich vor Eingriffen schützen, die zu integritätsvermindernden „somatische(n) (...) Auswirkungen"[170] bzw. „somatische(n) Folgen"[171] beim Grundrechtsinhaber führen. Daß der Lebensbegriff des Art. 2 II 1 Var. 1 GG dementsprechend auf der Grundlage „biologisch-physiologischer Erkenntnis"[172] zu bestimmen ist, führt das Gericht an anderer Stelle aus; „die für die menschliche Persönlichkeit spezifischen Bewußtseinsphänomene"[173] seien für die Bestimmung des Lebensbegriffs unbeachtlich, eine - in diesem Sinne - „ausgebildete Personalität"[174] nicht notwendig.[175] Es lebe „jedes Leben besitzende menschliche Individu-

---

[166] *Rupert Scholz*, zit. in: Die Zeit, Nr. 1 v. 29.12.1995, S. 2 (Rubrik „Worte des Jahres") - mit Blick auf die sog. Kruzifix-Entscheidung des BVerfG, Beschl. des Ersten Senats v. 16.5.1995 (BvR 1087/91), BVerfGE 93, 1.
[167] „Das Grundgesetz gilt (...) praktisch so, wie das Bundesverfassungsgericht es auslegt (...)." *Smend*, Das Bundesverfassungsgericht, S. 582. Ähnl. bekannt das Dictum des früheren Chief Justice der USA, *Charles Evan Hughes*: „We are under a constitution, but the constitution is what the judges say it is." *C. E. Hughes*, Adresses, 1908, S. 139, zit. nach *R. Dreier*, Recht-Moral-Ideologie, S. 107 mit S. 129 Anm. 9.
[168] BVerfGE 56, 54 (73 a.E.) - Fluglärm -.
[169] Vgl. *Hermes*, Das Grundrecht auf Schutz von Leben und Gesundheit, S. 222: „Ineinandergreifen der Schutzgüter Leben und Gesundheit"; ebenso *Seewald*, Zum Verfassungsrecht auf Gesundheit, S. 49.
[170] BVerfGE 56, 54 (74).
[171] BVerfGE 56, 54 (76).
[172] BVerfGE 39, 1 (37) - Abtreibung I -; auf „biologisch-physiologisch" feststellbare Wirkungen stellt auch BVerfG, NJW 1997, S. 2509 - Elektromagnetische Felder (Trafo-Station) - ab.
[173] BVerfGE 39, 1 (37).
[174] BVerfGE 88, 203 (251) - Abtreibung II -.

D. Kritik der Hirntodkonzeption aus grundrechtlicher Sicht   281

um"[176], „ohne Rücksicht auf seine Eigenschaften, seine Leistungen und seinen sozialen Status" und auch ungeachtet „seines körperlichen oder geistigen Zustands".[177] Außerdem sei jedes menschliche Leben „als solches gleich wertvoll und kann deshalb keiner irgendwie gearteten unterschiedlichen Bewertung (...) unterworfen werden"[178]: „jegliche Differenzierungen (...) mit Blick auf" den „Entwicklungsstand dieses Lebens" verbieten sich.[179] Zugleich stellt das Bundesverfassungsgericht klar, daß der Lebensbegriff des Grundgesetzes keine dynamische Verweisung auf außerrechtliche Sollens- oder Seinsvorstellungen, sondern ein eigenständiger grundrechtlicher, verfassungsrechtlicher Begriff ist. Beim ungeborenen Menschen handele es sich „um individuelles, in seiner genetischen Identität und damit in seiner Einmaligkeit und Unverwechselbarkeit bereits festgelegtes, nicht mehr teilbares Leben, das im Prozeß des Wachsens und Sich-Entfaltens sich nicht erst zum Menschen, sondern als Mensch entwickelt (...). Wie immer die verschiedenen Phasen des vorgeburtlichen Lebensprozesses unter biologischen, philosophischen, auch theologischen Gesichtspunkten gedeutet werden mögen und in der Geschichte beurteilt worden sind, es handelt sich jedenfalls um unabdingbare Stufen der Entwicklung eines individuellen Menschseins."[180] Damit ist zugleich für die andere Grenze des Lebens - das Lebensende - indirekt klargestellt, daß auch der Tod (ebenso wie der Lebensbeginn) ein eigenständig, nach grundrechtlichen Wertungen zu entwickelnder (Grund-)Rechtsbegriff ist („jedenfalls"). „(D)as Leben selbst"[181] - ersichtlich verstanden als natürlich-biologische Vorgegebenheit - wird demgemäß vom Bundesverfassungsgericht zu einer normativen Größe erhoben und erfährt eine spezifisch grundrechtsnormative Überformung. Deren Wirkungsweise bleibt freilich im einzelnen unklar. Wieso das Bundesverfassungsgericht dem „interpretationsbedürftig(en)"[182] Terminus „Mensch" gerade einen „*biologischen* Be-

---

[175] Daß das Gericht in BVerfGE 56, 54 (74f.) vom „Verständnis des Menschen als einer Einheit von Leib, Seele und Geist" spricht, verfängt nicht; vielmehr dient es dort nur dazu, den somatischen Begriff von körperlicher Integrität für psychische Gesundheitsstörungen zu öffnen, eine Erwägung, die das Gericht nur aufwirft, um sie im Ergebnis „dahinstehen" (S. 74 a.E.) zu lassen.
[176] BVerfGE 39, 1 (37).
[177] BVerfGE 87, 209 (228) - Menschenähnliche Wesen (Zombies) und § 131 StGB -. Das Zitat expliziert in der Entscheidung die Menschenwürde, deren rechtstechnisch verselbständigte „vitale Basis" (BVerfGE 39, 1 [42]) die Garantie des Lebens ist. Insofern erscheint als gerechtfertigt, die Kriterien, die für die Bejahung der Menschenwürde nicht beachtlich sein dürfen, auch für die Bestimmung des Lebensbegriffs zugrundezulegen.
[178] BVerfGE 39, 1 (59).
[179] BVerfGE 88, 203 (267): „so verbieten sich jegliche Differenzierungen der Schutzverpflichtung mit Blick auf Alter und Entwicklungsstand dieses Lebens".
[180] BVerfGE 88, 203 (252) - Hervorhebung nur hier.
[181] BVerfGE 88, 203 (255 a.E.).
[182] BVerfGE 87, 209 (225).

griff des Menschen"[183] und ein Verständnis des „Menschen als Gattungswesen"[184] unterlegt,[185] wird nicht erläutert.

2. Fazit

Auch unter Rückgriff auf den Sprachgebrauch des BVerfG läßt sich nicht eindeutig bestimmen, ob der hirntote Mensch im Grundrechtssinne lebt. Hilfreich ist der Blick auf die Begriffsverwendungspraxis des Gerichts gleichwohl:

- Nach Ansicht des BVerfG beruht das „Leben" i. S. v. Art. 2 II 1 Var. 1 GG auf biologischen Fakten, auf die sich der (persönliche) Schutzbereich des Lebensgrundrechts somit notwendig bezieht.

- Der Begriff des Lebens muß nach der (allerdings präzisierungsbedürftigen) Auffassung des BVerfG grundrechtlich eigenständig bestimmt werden. „Das biologische Leben ist für sich kein juristisches Argument."[186] Andernfalls würde man einer „biologistischen Betrachtungsweise"[187] folgen und sich in deren Gewand „logische(r) Erschleichungen nach Art des naturalistischen Fehlschlusses"[188] schuldig machen. Man muß begründen, aufgrund welcher Wertungen

---

[183] BVerfGE 87, 209 (225) - Hervorhebung nur hier.

[184] BVerfGE 87, 209 (228): „Menschenwürde (...) ist nicht nur die individuelle Würde der jeweiligen Person, sondern die Würde des Menschen als Gattungswesen."

[185] Das Gericht verdeutlicht, daß die Auslegung des § 131 StGB, soweit dieser sich auf die Menschenwürde bezieht, sich erkennbar auf Art. 1 I GG stützt, BVerfGE 87, 209 (228). Wenn das Gericht auf S. 225 „den biologischen Begriff des Menschen" ausdrücklich bei der Auslegung des § 131 StGB zugrundelegt, bezieht es sich konkludent auch auf der verfassungsrechtlichen Ebene, nämlich auf den - Art. 2 II 1 GG systematisch vorgelagerten - Art. 1 I GG. Dazu schon Fn. 177.

[186] *Roellecke*, Grundrechte und Abtreibungsverbot, S. 40. „Sicher muß das Recht den Stand naturwissenschaftlicher Erkenntnis berücksichtigen. Aber eine Auslegung, die es zur Funktion solcher Erkenntnis degradieren würde, würde es samt seiner autonomen Ordnungsfunktion aufheben" (*Ehmke*, S. 18f.). Die „Selbständigkeit des Rechts gegenüber anderen Wissenschaften" (*Kopp*, S. 63, der hier die Notwendigkeit eines Dialogs des Rechts bzw. der Rechtswissenschaft mit anderen Wissenschaften betont), gilt auch und gerade hier; s. insoweit auch *Gallwas*, JZ 1996, S. 851.

[187] *Zippelius*, Anfang und Ende des Lebens, S. 331.

[188] *Hilgendorf*, Literaturbericht: Neuere juristische Schriftensammlungen, ARSP 82 (1996), S. 439. Ähnl. auch *ders*., Rezension: N. Kluge, Wann beginnt menschliches Leben?, GA 1994, S. 396: „Man kann (...) nicht oft genug betonen, daß aus einem ‚Sein' kein ‚Sollen' folgt, daß also aus der wissenschaftlichen Beschreibung des menschlichen Entwicklungsweges nicht ohne weiteres die Wertung abgeleitet werden kann, das menschliche Leben sei von Anfang an oder ab einem bestimmten Zeitpunkt schützenswert." S. dazu auch *dens*., Scheinargumente in der Abtreibungsdiskussion, NJW 1996, S. 761. Warnung auch bei *Bernsmann*, Forum: Schwangerschaftsabbruch, JuS 1994, S. 12: „erkenntnislogisch äußerst bedenklich, von einem Sein (...) ohne weiteres auf ein Sollen zu schließen."

D. Kritik der Hirntodkonzeption aus grundrechtlicher Sicht

biologische Erwägungen bei der Lebensdefinition beachtlich sein sollen.[189] Nur so entgeht man dem Vorwurf, das Recht werde „biologistisch verkürzt und damit um seine (...) Ordnungsaufgabe" gebracht".[190] Ob und inwieweit das Recht biologische Daten zur Grundlage der Interpretation des Lebensbegriffs macht, ist folglich „ein zutiefst normatives Problem"[191].[192]

IV. Art. 2 II 1 Var. 1 GG im Spiegel von Entstehungsgeschichte und Regelungsabsicht des Verfassungsgebers

Ohne daß das Bundesverfassungsgericht (bislang) zum Hirntodkonzept Stellung bezogen hätte, liefert die Begriffsverwendungspraxis des BVerfG erste inhaltliche Direktiven für die Interpretationfrage „Lebt der hirntote Mensch im Sinne von Art. 2 II 1 Var. 1 GG?" Diese Gesichtspunkte sind sachlich mit der Entstehungsgeschichte und der Regelungsabsicht des Verfassungsgebers verbunden.

---

[189] Eine Definition, die sich in ein biologis(tis)ches „Begriffsgefängnis" begäbe (so *Geilen*, Zum Strafschutz, ZStW 103 [1991], S. 850, der davor warnt, sich in ein „embryologisches Begriffsgefängnis" zu begeben), würde man nur dann akzeptieren können, wenn sie ihrerseits „normativ bestimmt" (*Roellecke*, Grundrechte und Abtreibungsverbot, S. 40) wäre. Demgemäß läßt sich der „Standpunkt des Rechtes (...) nur mit Rechtsnormen begründen. Das gilt auch für ‚Leben'" (*Roellecke*, Lebensschutz, JZ 1991, S. 1046; so auch *Rixen*, Todesbegriff, Lebensgrundrecht und Transplantationsgesetz, ZRP 1995, S. 462: „Letztlich nur das Rechtssystem selbst kann klären, ob die Rede vom Hirntod als dem Tod des Menschen, gemessen an den Normen des Rechts, insbesondere aus Grundrechtsgründen, bedenklich ist [...].").
[190] *Ehmke*, S. 28 a.E.
[191] *Bernat*, Todeskonzept, Todesbegriff und Rechtserkenntnis, S. 323: „ein zutiefst normatives Problem, was - im Gegensatz zu den Vereinigten Staaten von Amerika (...) - in der deutschsprachigen Literatur häufig übersehen wird"; s. auch S. 330: „Festlegung des Todesbegriffs (...) eine zutiefst juristische Aufgabenstellung". So auch *Bayertz*, S. 119: „Betrachten wir nun die Definition des Todes als ein nicht nur empirisches, sondern auch normatives Unternehmen (über diesem Punkt herrscht weitgehend Konsens), (...)." Daß ein (auch vor-verfassungsrechtlich verwendeter) Begriff gerade durch sein Eingebundensein in die Teleologie des Grundgesetzes eine spezifische Bedeutung erlangt, ist keine auf den Lebensbegriff beschränkte Besonderheit; so gibt es bekanntlich einen vom privatrechtlichen Eigentumsbegriff abweichenden Begriff des Eigentums i. S. des Art. 14 I GG oder einen spezifisch verfassungsrechtlichen Wissenschaftsbegriff i. S. des Art. 5 III 1 GG (dazu *Classen*, Wissenschaftsfreiheit, S. 72 a.E.: „unmittelbar nur durch das Recht selbst bestimmt").
[192] So i. Erg. auch *Kokott*, Beweislastverteilung, S. 428: „Leben im Sinne des Grundgesetzes bleibt so ein überwiegend normativer Begriff". Die Wendung „normativer Lebensbegriff" wird zuweilen anders und - wie sich sogleich in Abschnitt D. V. zeigen wird - dogmatisch irrig verwendet. *Vollmer*, S. 65, bspw. mißversteht den normativen Lebensbegriff als Passepartout für alle möglichen Bewertungen biologischen Lebens: der normative Lebensbegriff könne „mit Bewußtseinsphänomenen, Verhaltensformen, Fähigkeiten und Entwicklungsformen angereichert werden".

1. Befund

Art. 2 II 1 GG ist eine der „Neuschöpfungen des GG in Reaktion auf die grauenhaften Verbrechen des nationalsozialistischen Staates."[193] Im Parlamentarischen Rat war man sich einig, daß eine „Schutzvorschrift gegen Euthanasie, Zwangssterilisation und dgl. aufgenommen werden sollte", die sich in Anlehnung an den seinerzeit bekannten UN-Kommissionsentwurf einer Menschenrechtserklärung auch auf den Schutz des Lebens erstreckte.[194] Im Hinblick „auf die unverantwortlichen und grausamen Methoden der Zeit zwischen 1933 und 1945 (sei es) unbedingt erforderlich (...), solche Eingriffe (...) durch Schaffung einer besonderen Grundrechtsbestimmung unmöglich zu machen."[195] Während in den Beratungen des Parlamentarischen Rates die Frage des Lebensschutzbeginns bekanntermaßen eine Rolle spielte,[196] wurde die andere Grenze, jene des Lebensendes, nicht thematisiert. Für eine nähere Bestimmung des Todesbegriffs gibt die Entstehungsgeschichte nichts her, wie sie sich auch über die Bedeutung des grundrechtlich gemeinten Lebens ausschweigt.[197] Die Einfügung des Verbots der Todesstrafe sollte unter ausdrücklichem Verweis auf „Art. 2 der Grundrechte" die Notwendigkeit vor Augen führen, „durch ein eindeutiges Bekenntnis von den Ereignissen vor 1945 abzurücken."[198] Damit werde zugleich zum Ausdruck gebracht, „daß das deutsche Volk das Recht auf Leben (...) hoch achte".[199] Dementsprechend resümiert das Bundesverfassungsgericht: „Die ausdrückliche Aufnahme des an sich selbstverständlichen Rechts auf Leben in das Grundgesetz (...) erklärt sich hauptsächlich als Reaktion auf die ‚Vernichtung lebensunwerten Lebens', auf ‚Endlösung' und ‚Liquidierung', die vom nationalsozialistischen Regime als staatliche Maßnahmen durchgeführt wurden."[200] Art.

---

[193] *Jarass*, in: ders./Pieroth, GG, Komm., 3. Aufl., Art. 2 Rn. 43. Vorläufer waren die Verfassung von Hessen (1946) (Art. 3: „Leben und Gesundheit, Ehre und Würde des Menschen sind unantastbar.") und die Verfassung von Rheinland-Pfalz (1947) (Art. 3 I: Das Leben des Menschen ist unantastbar."), dazu der Hinweis bei *Stein*, S. 269 (§ 32 I).

[194] *von Doemming/Füsslein/Matz*, JöR N.F. Bd. 1 (1951), S. 56f. Bestätigend bspw. *Seewald*, Verfassungs- und verwaltungsrechtliche Aspekte von Aids, S. 40f. Zur Entstehungsgeschichte auch die Nachweise bei *Wernicke*, Bl. 1ff.

[195] JöR N.F. Bd. 1 (1951), S. 60 - hier nur bezogen auf den Schutz vor Eingriffen in die körperliche Unversehrtheit.

[196] Dazu BVerfGE 39, 1 (38ff.) m. N. Zur Kritik gerade der entstehungsgeschichtlichen Auslegung in BVerfGE 39, 1 *Kriele*, Anm. zu BVerfGE 39, 1, JZ 1975, S. 222ff.; *J. Esser*, JZ 1975, S. 555ff.

[197] Vgl. JöR N F. Bd. 1 (1951), S. 54ff., s. auch S. 739ff. (zum Verbot der Todesstrafe in Art. 102 GG).

[198] JöR N.F. Bd. 1 (1951), S. 740 - Abg. *Wagner*, s. auch S. 741 mit dem Hinweis, der Parlamentarische Rat habe sich für die Abschaffung der Todesstrafe entschieden, nachdem sich der Abg. *Wagner* mit den gleichen Argumenten, die er schon in der dritten Lesung des Hauptausschusses vorgebracht hatte, dafür eingesetzt hatte.

[199] JöR N.F. Bd. 1 (1951), S. 740 - Abg. *Wagner*.

[200] BVerfGE 39, 1 (36 a.E.).

D. Kritik der Hirntodkonzeption aus grundrechtlicher Sicht

2 II 1 Var. 1 GG enthalte daher ebenso wie Art. 102 GG ein „„Bekenntnis zum grundsätzlichen Wert des Menschenlebens'"[201].

Dieser „entstehungsgeschichtliche Aspekt hat für die aktuelle Auslegung des Art. 2 II 1 (...) weiterwirkende Bedeutung"[202], weil er der normative Grundgedanke ist, den der Verfassunggeber als Regelungsmodell für alle mit dem Leben verbundenen Fragen in die Zeit hineingegeben hat.[203] Das Lebensgrundrecht als „neue grundrechtliche Verbürgung"[204] ist die normative Antwort auf eine konkrete historisch erfahrene Gefährdungslage menschlicher Freiheit, die - vom Verfassunggeber in juristische Geltungsform gebracht und als „historische(r) Reflex des Grundgesetzes"[205] in die Zeit hinein entlassen - je neu konkretisiert, in ihrem Antwortgehalt präzisiert, interpretatorisch ajourniert werden muß.[206] In diesem Sinne vollzieht sich in der interpretatorischen Vergegenwärtigung der Entscheidung des Verfassunggebers für den grundrechtlichen Schutz des Lebens ein Vorgang, den man verfassungsnormative „Zukunftsbewältigung aus Vergangenheitserfahrung"[207] nennen könnte. Die Verfassung ist Träger einer vorgegebenen, genauerhin: *auf*gegebenen normativen Ordnungsstruktur, die in der Jetztzeit zur Geltung gebracht werden muß.[208] Wiewohl das Lebensgrundrecht von seinem Ursprung her ein „antinationalsozialistisches Grundrecht" ist, ist die Verbürgung „kein ‚Grundrecht für die Vergangenheit', sie kann (...) in der Zukunft nicht nur mit Blick auf die Vergangenheit ausgelegt und angewendet werden."[209] Das Bundesverfassungsgericht hat so auch vor dem Mißverständnis gewarnt, Art. 2 II 1 Var. 1 GG beziehe sich nur auf die Vorgänge, die der Parlamentarische Rat - wenige Jahre nach Ende der NS-Zeit - vor Augen gehabt habe.[210] Dieser Gesichtspunkt dürfe zwar „nicht gänzlich vernachlässigt

---

[201] BVerfGE 39, 1 (36 a.E.), BVerfGE 18, 112 (117) zitierend (Anführungszeichen im Orig.).

[202] *Kunig*, in: ders. (Hrsg.), GG-Komm., Bd. 1, Art. 2 Rn. 44.

[203] Dazu, daß in diese Ausführungen bereits grundrechtstheoretische Vorverständnisse einfließen - insoweit durchweg aus einem unausweichlichen hermeneutischen Zirkel heraus operiert wird -, die Ausführungen in diesem Kapitel Fn. 84. und Fn. 137 sowie im 1. Kap. bei Fn. 197.

[204] *Weber-Fas*, S. 262.

[205] *Knies*, S. 223, wo es auch heißt: Grundrechte sind „der verfassungsrechtliche Niederschlag konkreter, oftmals leidvoller Geschichtserfahrung und feierliche Selbstverpflichtung für die Zukunft."

[206] Dazu schon die Ausführungen in Abschnitt C. zur Zeit-Ausrichtung der Grundrechte (dieses Kap. nach Fn. 83).

[207] *Kloepfer*, S. 35ff.

[208] Vgl. *Depenheuer*, S. 56.

[209] *Leisner*, S. 14.

[210] BVerfGE 79, 174 (201 a.E.) - Verkehrslärm - : „In seinem klassischen Gehalt schützt das Recht auf körperliche Unversehrtheit vor gezielten Eingriffen, wie Zwangsversuchen an lebenden Menschen, Zwangssterilisationen und ähnlichem (...). Nach der Rechtsprechung des Bundesverfassungsgerichts erschöpft sich das Grundrecht jedoch nicht in einem subjektiven Abwehrrecht gegenüber solchen Eingriffen."

werden"²¹¹, indes sei grundsätzlicher dies zu bedenken: Dem Grundgesetz lägen „Prinzipien der Staatsgestaltung zugrunde, die sich nur aus der geschichtlichen Erfahrung und der geistig-sittlichen Auseinandersetzung mit dem vorangegangenen System des Nationalsozialismus erklären" ließen.²¹² Die „unbedingte Achtung vor dem Leben jedes einzelnen Menschen, auch dem scheinbar sozial ‚wertlosen'" als Reaktion auf diese Zeit sei unter Geltung des Grundgesetzes „unabdingbar gefordert": „Diese Grundentscheidung der Verfassung bestimmt Gestaltung und Auslegung der gesamten Rechtsordnung."²¹³ Die Grundentscheidung des Art. 2 II 1 Var. 1 GG hat sich mithin von den historischen Anlässen ihrer Anordnung verselbständigt (ohne sich von ihnen ganz zu lösen), um gleichsam zum normativen Kompaß bei der gegenwärtig drängenden Beantwortung lebensgrundrechtlich relevanter Fragen zu sein. Das Lebensgrundrecht erheischt daher Geltung nicht nur - gleichsam retrospektiv inspiriert - im Blick auf die geschichtlich erfahrenen und daher klar zu benennenden Gefährdungen menschlichen Lebens, für die „Erfahrungen in der Zeit der nationalsozialistischen Herrschaft"²¹⁴ stehen, sondern auch - prospektiv - angesichts neuartiger Gefährdungen menschlichen Lebens. Kurz: Der „historische Anlaß, aus dem Art. 2 Abs. 2 Satz 1 GG enstanden ist, (begrenzt) nicht auch schon seinen normativen Gehalt."²¹⁵

2. Fazit

Für das Thema der Hirntodkritik bedeutet dies folgendes:

Man kann der Entstehungsgeschichte zwar keine Hinweise zu einem besonderem Todesverständnis des Parlamentarischen Rates entnehmen (zum Hirntod konnte er sich nicht äußern, weil der Hirntod-Zustand - wie oben darlegt, 2. Kapitel/C. II. 1 - 1959 erstmals beschrieben wurde und seine Etablierung als Todeskriterium erst in den Folgejahren einsetzte). Indes darf man vermuten, daß - dem damaligen (medizinischen) Wissensstand entsprechend - der Eintritt des irreversiblen Atem- und Herz-Kreislaufstillstands von den Angehörigen des Parlamentarischen Rates mit dem Tod gleichgesetzt wurde.²¹⁶ Insofern

---

²¹¹ BVerfGE 56, 54 (75) - bezogen auf die „Erfahrungen im Dritten Reich".
²¹² BVerfGE 39, 1 (67).
²¹³ BVerfGE 39, 1 (67).
²¹⁴ BVerfGE 6, 55 (71).
²¹⁵ BVerfGE 52, 131ff. (171ff. [175]) - abwM der Richter *Hirsch, Niebler, Steinberger*.
²¹⁶ Vgl. folgende Nachweise (Anfang bis Mitte des 20. Jhrdts.): *Strassmann*, Medizin und Strafrecht, S. 44: „Das erste und wichtigste Zeichen des eingetrenen Todes ist das Aufhören von Puls und Atmung; wenn das Herz nicht mehr schlägt, ist der Mensch tot; (...). (...) Herzstillstand bedeutet (...) absoluten Tod." *Kratter*, S. 50: „Unter Tod versteht man den dauernden Stillstand der Herzbewegung und der Atmung." *F. Reuter*, S. 273:

D. Kritik der Hirntodkonzeption aus grundrechtlicher Sicht 287

wird man aus Sicht des Parlamentarischen Rates angenommen haben, daß ein Mensch, bei dem diese Funktionen noch nachweisbar sind, als lebend zu qualifizieren ist, mithin auch ein hirntoter Mensch, dessen Atem-, Herz- und Kreislauffunktion ja ex definitione (wenn auch intensivmedizinisch bewirkt) in Gang sind. Letztlich aber ist dies Spekulation, da wir nicht wissen, wie vom Parlamentarischen Rat auf den Hirntod-Zustand reagiert worden wäre, hätte er ihn gekannt und als verfassungsgesetzlich regelungsbedürftig anerkannt. Daher bleibt die konkrete Frage nach dem lebensgrundrechtlichen Schutz des hirntoten Menschen weiter offen. Aber: Der Blick auf die Regelungsintentionen des Verfassunggebers hat - immerhin - deutlich gemacht, welche Grundidee im Fortgang der interpretatorischen Bemühungen zu entfalten ist: das Bekenntnis des Verfassunggebers zur unbedingten Achtung menschlichen Lebens als der grundlegenden Voraussetzung „individueller (...) Existenz des Menschen"[217].

„Man spricht bei einem höheren Organismus, speziell beim Säugetier und Menschen, vom erfolgten Tode, wenn die Herztätigkeit und die Atmung definitiv erloschen sind. Mit dem Sistieren dieser lebenswichtigen Funktionen sind aber nicht sofort alle Lebensäußerungen des Organismus aufgehoben." *Berg*, Gerichtliche und Begutachtungsmedizin, S. 55: „Das Wesen des physischen Todes liegt im Aufhören der zentralen Koordination der einzelnen Lebenserscheinungen und Organfunktionen; sein sichtbarster Ausdruck ist der endgültige Stillstand des Herzens und der Atmung." *Schönberg*, Die Leichenerscheinungen, in: Dettling/Schönberg/Schwarz, S. 55: „Das erste Zeichen des eingetretenen Todes ist das Aufhören der Herz- und Atemtätigkeit (...)." *Mueller*, S. 19: „Hört die Atmung auf und kommt der Kreislauf zum Stillstand, so tritt infolge Sauerstoffmangels der Tod ein." Beachte allerdings auch *Pietrusky*, S. 69: „Das Aussetzen der Atmung und der Herztätigkeit, beziehungsweise ihr Nichtnachweisenkönnen, geben uns keinen sicheren Anhalt für den Tod (...). Erst eins der sekundären Todeszeichen (Totenflecke, Totenstarre, erhebliches Erkalten der Leiche und die Leichenzersetzung) bieten die Gewißheit, daß der Tod eingetreten ist." *von Hofmann*, S. 960: „Ein Individuum ist von dem Momente an tot, in welchem Respiration und Herztätigkeit dauernd sistieren (...) und die nervösen Zentralorgane ihre Tätigkeit eingestellt haben (...), welche die Arbeit aller Organe zum Ganzen vereinigen." *Strassmann*, Lehrbuch der gerichtlichen Medizin, S. 147: „Der Tod ist dann eingetreten, wenn Herz- und Atemtätigkeit endgültig zum Stillstand gekommen sind und die nervösen Zentralorgane ihre Tätigkeit dauernd eingestellt haben." *Müller-Heß/Wiethold*, S. 118: „In welchem Augenblick nun das Leben erlischt, läßt sich schon deshalb nicht genau feststellen, weil nicht sämtliche Organe und Gewebe gleichzeitig und schlagartig ihre Funktionen endgültig einstellen, sondern allmählich und nacheinander absterben. Jedoch hört der Körper in dem Moment auf, ein lebendiges Ganzes zu sein, in welchem das Zentralnervensystem, das die Arbeit aller Zellgruppen und Organe einheitlich regelt und zusammenordnet, seine Tätigkeit einstellt. Praktisch ist das fast stets wenige Augenblicke nach dem völligen und endgültigen Stillstand von Atmung und Herztätigkeit der Fall. Deshalb bilden Aufhören der Atemzüge und des meist etwas länger anhaltenden Herzschlages die wichtigsten, aber selten mit absoluter Sicherheit feststellbaren Zeichen für den Eintritt des Todes."

[217] BVerfGE 45, 187 (228) - Lebenslange Freiheitsstrafe -; hier im Blick auf die Menschenwürdegarantie und ohne Hinweis auf das Lebensgrundrecht formuliert; da das Lebensgrundrecht aber „vitale Basis der Menschenwürde" (BVerfGE 39, 1 [42]) ist, erscheint die Übernahme dieser menschenwürdebezogenen Formulierung als gerechtfertigt; vgl. dazu Fn. 177 und Fn. 185. Von der „geschichtlichen Existenz eines *menschli-*

3. Kapitel: Grundrechtliche Kritik der Hirntodkonzeption

Die Besinnung auf den entstehungsgeschichtlichen Hintergrund des Art. 2 II 1 Var. 1 GG mündet damit ein in die Befassung mit dem „Sinn und Zweck dieser Grundgesetzbestimmung"[218]. Systematisch-teleologische[219] Erwägungen entscheiden maßgeblich darüber, ob der hirntote Mensch im Grundrechtssinne lebt oder ein Toter ist und welche Bedeutung bei dieser Entscheidung der biologischen Dimension des Lebens zukommt.

V. Das offene Menschenbild des Grundgesetzes und der hirntote Mensch

1. Das offene Menschenbild als Interpretament des Lebensgrundrechts

Art. 2 II 1 Var. 1 GG verweist implizit auf den Zentralbegriff der Rechtsordnung: den Begriff des „Menschen". Mit seinem Verweis auf „jeden-der-lebt" spezifiziert Art. 2 II 1 GG den in der Konstitutionsnorm der gesamten Rechtsordnung, Art. 1 I 1 GG, genannten Begriff des Menschen. Mensch i. S. des Art. 2 II 1 GG ist jeder Mensch, der lebt. Art. 2 II 1 Var. 1 GG enthält demnach eine - freilich auslegungsbedürftige - Konstitutionaldefinition der Grundrechtsberechtigung bzw. des persönlichen Schutzbereichs der Grundrechte natürlicher Personen.[220]

Wenn Mensch i. S. des Art. 2 II 1 GG jeder Mensch[221] ist, der lebt, dann setzt die Verfassung voraus,[222] daß es lebende (im Regelfall sichtbar-körperlich ver-

---

chen Individuums" spricht das BVerfG (ausdrücklich mit Blick auf Art. 2 II 1 Var. 1 GG) in BVerfGE 39, 1 (37) - Hervorhebung nur hier.
[218] BVerfGE 39, 1 (37) - ausdrückl. zu Art. 2 II 1 Var. 1 GG.
[219] Das Telos einer Gesetzesbestimmung folgt nicht notwendig allein aus der jeweiligen Einzelvorschrift, sondern ist ggfs. unter Rückgriff auf andere - thematisch einschlägige - Normtexte zu bestimmen; systematische und teleogische Anstrengungen können so ineinander übergehen; s. dazu nur *Pawlowski*, Rn. 493; *Engisch*, Einführung in das juristische Denken, S. 79: „(...) läßt sich die systematische Auslegung von der teleologischen kaum trennen. Sie ist als systematische Auslegung weitgehend zugleich teleologische Auslegung." Als Unterfall der systematischen Auslegung wird die teleologische Auslegung dementsprechend begriffen von *Raisch*, S. 149, der sich dabei u. a. (S. 148) auf *F. C. von Savignys* Verständnis der systematischen Auslegung beruft, dem es - von der regulativen Idee der Einheit der Rechtsordnung her denkend - um den „inneren Zusammenhang" geht, „welcher alle (...) Rechtsregeln zu einer großen Einheit verknüpft" (System des heutigen Römischen Rechts, Bd. 1, S. 214). S. auch *Fikentscher*, S. 687, der die verfassungskonforme Auslegung als „Unterfall" der systematischen und als „Bestandteil der teleologischen Interpretation" einordnet. Beachte schließlich auch *Canaris*, JZ 1993, S. 378: „Eine Norm in einen allgemeineren Zusammenhang einzuordnen, kann daher ihre Interpretation beeinflussen."
[220] Das schließt natürlich nicht aus, daß es postmortale Grundrechtswirkungen gibt; aber sie sind die Folge des Status, den der vorher Lebende innehatte.
[221] Die Besinnung auf die Etymologie des Wortes „Mensch", das sprachlich mit „Mann" zusammenhängt, führt in unserem Kontext nicht weiter. Unergiebig ist auch der Blick auf das Wort „homo", das auf „humus" („der Erdgeborene") verweist. Gleiches gilt für das griechische „anthropos", dessen ursprüngliche Bedeutung unklar ist und das

faßte)²²³ Individuen der biologischen Spezies homo sapiens sapiens²²⁴ gibt. In einer anthropozentrischen Rechtstradition stehend, die Art. 20a GG mit seinem

---

man zunächst als „der Aufwärtsblickende", dann als „Mannsgesicht" gedeutet hat; vgl. *Lotz*, S. 241.

²²² Vgl. allg. *Gössel*, Versuch über Sein und Sollen, S. 325: „die Rechtsordnung (geht) von der Existenz des Menschen (...) aus(...)." Dabei geht sie - als rechtstatsächliche Bedingung - von dem empirischen Normalfall aus, daß der Körper eines Menschen deutlich von den Körpern anderer Menschen unterschieden werden kann, daß also mit der Lebendigkeit eines menschlichen Körpers gleichzeitig, weil Bezugspunkt *ein* Körper ist, kraft der Körperlichkeit im Regelfall auch die Individualität des betreffenden Menschen erwiesen ist. Biologische Grenzfälle, wie etwa (lebendgeborene) sog. siamesische Zwillinge, ändern an der Lebendigkeit dieser - mehr oder minder intensiv zu einem Körper verbundenen - Menschen nichts (vgl. demgegenüber *Klinge*, S. 142, S. 173). Ihre Individualität läßt sich an der auf zwei Wesen verweisenden typischen körperlichen Gestalt eines Menschen festmachen (was typisch ist, weiß die Erfahrung, die die „unabdingbare[n] Stufen der Entwicklung eines individuellen Menschseins" [BVerfGE 88, 252] kennt). Erfahrungsgemäß gehört zur körperlichen Gestalt des Menschen ein Kopf, der wiederum durch ein Gesicht gekennzeichnet ist. Ein Kopf ist mehr als das (typischerweise) in ihm enthaltene Gehirn, so daß die Individualität eines Menschen vom Vorhandensein eines vollfunktionsfähigen Gehirns nicht abhängt. Vom Normalfall der Individualität indizierenden Körperlichkeit her sind die Grenzfälle zu lösen. Für das Ungeborene gelten Besonderheiten. Hier macht sich Individualität zunächst nur am Vorhandensein einer genetisch unterscheidbar programmierten Entität fest. Diese kann sich - im Ausnahmefall der eineiigen Zwillinge, die aus einer einzigen befruchteten Eizelle entstehen - zu zwei Individuuen ausdifferenzieren. Das ändert an der Individualität der zunächst ungeteilten Entität nichts. Sie ist nur die Form, in der die beiden später als Individuuen sichtbar werdenden Menschen zunächst gelebt haben (zust. *Starck*, Die küsntliche Befruchtung, A 44). *Insofern* ist die Rede des BVerfG von der Individualität, der „Einmaligkeit und Unverwechselbarkeit" „individuellen Menschseins" (BVerfGE 88, 203 [251/252], die das Ungeborene auszeichne, nachvollziehbar, wenn auch mißverständlich.

²²³ Beachte zunächst die Ausführungen in der vorherigen Fn. Beim Ungeborenen kann man nach der Gametenverschmelzung, auch noch nach der Nidation (vgl. BVerfGE 88, 203 [251]; 39, 1 [37]) kaum schon von einer körperlichen Verfaßtheit sprechen. Das BVerfG sieht indes, daß typisch für den Menschen sein biologisches Heranwachsen ist: Der Mensch entwickelt sich (wie wir aus Erfahrung wissen: typischerweise in einem kontinuierlichen Vorgang) *als* Mensch (BVerfGE 88, 203 [251f.]; 39, 1 [37]), und zwar über verschiedene Entwicklungsphasen, die zunehmende Verkörperlichung mit sich bringen. Das heißt nicht, daß es in einer biologisch bedingten Phase, in der einem Exemplar der Spezies homo sapiens (sapiens) die erst in einer späteren Phase sich ausprägende Körperlichkeit noch fehlt, nicht möglich ist anzunehmen, hier existiere bereits ein Mensch. Grund dafür ist letztlich das „offene Menschenbild des Grundgesetzes", das - wie wir sogleich genauer sehen werden - eine extensive Interpretation des „Lebens", ja eine extensive Unterstellung der Existenz von menschlichem „Leben" gebietet.

²²⁴ Den Unterscheidungen der biologischen Systematik (Taxonomie) entsprechend, ist die Spezies (Art) „Mensch" in der Form des „homo sapiens (sapiens)" gemeint, der alle heute lebenden Menschen angehören. Umgangsprachlich wird die Gruppe der „homines sapientes sapientes" häufig auch als Spezies oder Gattung bezeichnet, was praktisch unschädlich ist, weil die Gattung „homo" und die Spezies „homo sapiens" nur durch die „homines sapientes sapientes", die die gesamte heutige Menschheit bilden, repräsentiert werden; zum ganzen zusf. *Brockhaus-Enzyklopädie*, Bd. 10, S. 215 (Stichworte „Hominiden", „Homo"); *Herder-Lexikon der Biologie*, Bd. 5, S. 404 (Stichwort „Mensch"); Bd. 4,

Verweis auf „die künftigen Generationen" - *Menschen*generationen, die auf dem Gebiet der Bundesrepublik Deutschland leben - bekräftigt, kann das gar nicht anders sein.[225] Indizien dafür, daß der Verfassunggeber eine andere als eine biologische Anknüpfung bei der Definition des Menschenbegriffs intendiert hat, sind nicht ersichtlich. Die Verfassung macht diese reale Vor- und „Grundgegebenheit"[226] - das biologische Existieren von Menschen - zum Mittel, um einen Staat zu organisieren, der von seinen ideellen (in der Verfassung niedergelegten) Prämissen her ein Staat sein soll, der allen Menschen Statusgleichheit garantiert. Schutzwürdiges Menschsein wurde in der NS-Zeit *exklusiv* verstanden. Aufgrund bestimmter körperlicher oder geistiger Defizite schloß man bestimmte Gruppen von Menschen von der gleichen Zuteilung von Achtung und Unantastbarkeit aus. Vielen Menschen wurde die - in diesem Sinne zu begreifende - Gleichheit, Gleichwertigkeit, Gleich-Würdigkeit bewußt entzogen. Die so ins Werk gesetzte Verweigerung von Statusgleichheit als Folge von Bewertungen, die sich über die faktische Gleichheit des biologischen Menschseins hinwegsetzen, führte im Ergebnis zu qualifiziertem Menschsein als Anknüpfungspunkt für die (Rechts-)Schutzwürdigkeit eines menschlichen Individuums, die demnach nicht *alle* Menschen beanspruchen durften.

Die normative Antwort des Grundgesetzgebers auf diese historische Erfahrung fällt eindeutig aus: Menschsein wird von ihm nicht exklusiv, sondern *inklusiv* konzeptualisiert. Einschränkungen des „grundlegende(n) Status"[227] des „allgemeinen

---

S. 260 (Stichwort „Homo"), S. 267 (Stichworte „Homo sapiens", „Homo sapiens fossilis"); *Brockhaus-Lexikon Biologie*, S. 32ff. (Stichwort „Anthropogenese"), S. 387 (Stichwort „Homo"). Die Bezeichnung „Subspezies" bzw. „Unterart" für den „homo sapiens sapiens" empfiehlt sich nicht, weil diese Bezeichnung in der biologischen Systematik die jeweilige Menschenrasse als eine geographisch lokalisierbare Formengruppe des „homo sapiens sapiens" bezeichnet, also den Aspekt hervorhebt, der in dieser Untersuchung keine Rolle spielt; vgl. dazu *Brockhaus-Enzyklopädie*, Bd. 2, S. 149f. (150 - Stichwort „Art"); Bd. 8, S. 168 (Stichwort „Gattung"); Bd. 14, S. 465f. (Stichwort „Menschenrassen"); Bd. 18, S. 67 (Stichwort „Rasse"); *Hirsch-Kauffmann/Schweiger*, S. 230.

[225] Vgl. zu Art. 20a GG statt vieler *Murswiek*, in: M. Sachs (Hrsg.), GG, Komm., Art. 20a Rn. 23f. m. w. N., u. a. zur anthropozentrischen Ausrichtung des GG, der allerdings selbst annimmt, daß diese anthropozentrische Ausrichtung nicht aus der Bezugnahme gerade auf die „künftige(n) Generationen" abzuleiten sei.

[226] „Die Existenz menschlichen Lebens ist eine Grundgegebenheit, die die staatliche Rechtsordnung anzuerkennen hat." *Starck*, Der verfassungsrechtliche Schutz des ungeborenen Lebens, S. 85. „Jede Rechtsordnung findet (...) Menschen (vor), für die sie geschaffen ist." *Medicus*, Rn. 23.

[227] *Kirchhof*, Die Verschiedenheit der Menschen und die Gleichheit vor dem Gesetz, S. 18, der zum „grundlegende(n) Status des Menschen" auch „sein Leben" zählt. S. auch *dens.*, Der allgemeine Gleichheitssatz, § 124 Rn. 199 („Inhalt der Statusgleichheit"): „Die unabänderliche Gleichheit jedermanns sichert seinen Status als Mensch, als Person und als Persönlichkeit. Zur Statusgleichheit gehört insbesondere (...) die Gleichheit in der Unverletzlichkeit von Leib und Leben (...)."

D. Kritik der Hirntodkonzeption aus grundrechtlicher Sicht 291

‚Mensch'-Sein(s)"[228], die namentlich nach sozialen, psychischen oder kognitiven Aspekten erfolgen, sollen ausgeschlossen werden. Dem liegt ein „offenes Menschenbild" [229] zugrunde, das den Ausschluß bestimmter Menschengruppen von rechtlicher Schutzwürdigkeit verhindern soll: nur ein Verständnis des Menschen als „unfestgestellte(s)' Wesen"[230], als „undefinierbare(s) und offene(s) Wesen"[231] kann dies leisten, ein Verständnis, das Menschen - jenseits ihres biologischen Existierens - als nicht festgelegt, nicht näherhin qualifiziert und sie gerade aufgrunddessen als gleich(wertig) begreift. Offenes Menschenbild bedeutet: das Menschenbild ist offen für die Pluralität menschlicher Existenzgestaltungen einschließlich der real existierenden Unterschiede an körperlicher Verfaßtheit,[232] charakterlicher Konstitution, moralischer Konformität, geistiger Fitness, psychischer Normalität oder sozialer Nützlichkeit, soweit nur die Lebendigkeit des Einzelnen nachweisbar ist.[233] Diese Inklusion der Differenz ist wesentliches Kennzeichen des offenen Menschenbildes als der „Anthropologie des Grundgesetzes"[234]. Das Grundrecht auf Leben wird so zum „Urrecht des Individuums", indem es ein

---

[228] Begriff bei *C. Schmitt*, Verfassungslehre, S. 181, der den „besondere(n) Status" des Beamten vom „allgemeinen ‚Mensch'-Sein" abhebt. Vgl. zu dem durch die Grundrechte begründeten „Gesamtstatus" auch *Habermas*, Faktizität und Geltung, S. 639, der sich auf *K. Hesse* stützt.

[229] Unter der Überschrift „Zum offenen Menschenbild des Grundgesetzes" hat *Höfling*, Offene Grundrechtsinterpretation, S. 116 - 118, den Begriff - soweit ersichtlich - erstmals verwendet, freilich mit anderem Akzent als in dieser Untersuchung. Der Begriff wird auch verwendet bei *Höfling/Rixen*, S. 71 und S. 115, außerdem bei *Morlok*, Selbstverständnis als Rechtskriterium, S. 283 a.E. Beachte auch die Abg. *Knoche*: „Das Grundgesetz sichert uns ein offenes Menschenbild" (Stenographischer Bericht der 99. Sitzung des Deutschen Bundestages am 19.4.1996 [13. WP], S. 8825 [D] - erste Beratung Transplantationsgesetz; ebenso *dies*., Stenographischer Bericht der 183. Sitzungdes Deutschen Bundestages am 25.6.1996 [13. WP], S. 16432 [C]). Beachte zudem *Alexy*, Die immanente Moral des Grundgesetzes, S. 107 - zur „Offenheit der Moral des Grundgesetzes": „Die immanente Moral des Grundgesetzes regelt nur einen Grundbestand an moralischen Fragen." Von der Menschbild-Judikatur des BVerfG ist das offene Menschenbild strikt zu unterscheiden, vgl. dazu krit. zusf. *U. Becker*, vgl. etwa S. 81, S. 83, S. 87, S. 97ff., insb. S. 125ff.

[230] *Lampe*, S. 16.

[231] *Höfling*, in: M. Sachs (Hrsg.), GG, Komm., Art. 1 Rn. 29 a.E.; so schon *ders*., Offene Grundrechtsinterpretation, S. 117; beachte auch *Baruzzi*, S. 109: „Der Mensch sieht sich als das undefinierbare, freie, offene Wesen."

[232] D. h. ein körperliches Defizit ist ohne Bedeutung, wenn es nicht die grundrechtlich gemeinte Lebendigkeit des Individuums aufhebt; näher zu dem - bei der Existenz eines Organismus in seiner funktionellen Einheit ansetzenden - Lebensbegriff sogleich unter 4.

[233] Das kommt auch in der objektiven Wertentscheidung des Art. 3 III 2 GG zum Ausdruck; s. dazu nur *Jürgens*, ZfSH/SGB 1995, S. 353ff. m. w. N.; *Dietze*, JZ 1997, S. 1074f.

[234] *Herzog*, Die Bedeutung des Verkehrsrechts, S. 28 - ohne jedoch vom „offenen Menschenbild" zu sprechen. *Roellecke* hat von der „Orientierung der Gesellschaft an Inklusion (allgemeine Menschengleichheit)" gesprochen, in: Theodor Maunz und die Verantwortung, KritJ 1994, S. 354.

(vorgängig gedachtes, auch dem Begriff der Menschenwürde zugrundeliegendes)[235] „Recht auf Eigentümlichkeit schlechthin" gleichsam materialisiert.[236] Das Lebensgrundrecht will die biologisch-physiologische Bedingung für „diese Eigentümlichkeit, diese (...) Unterschiede der Einzelnen"[237] sichern, und dieser Raum ist nur eröffnet, wenn ein Maßstab für die Bestimmung des grundlegenden Status des allgemeinen Mensch-Seins gefunden wird, der Raum für die „Eigentümlichkeit (...) der Einzelnen" läßt -: dies ist die bloße biologische Lebendigkeit eines der biologischen Spezies homo sapiens sapiens zugehörenden Individuums.[238]

Wenn vom offenen Menschenbild die Rede ist, dann ist keine „inhaltlich bestimmte Anthropologie"[239] in dem Sinne gemeint, daß die Verfassung bestimmte Sinnentwürfe moralisch wünschenswerter Lebensführung dekretieren würde.[240]

---

[235] Man könnte das - sogleich im Text genannte - Recht auf Eigentümlichkeit als Umschreibung der Menschenwürde-Garantie verstehen: Der Einzelne soll eigentümlich, sich Eigentum, er selbst sein dürfen. In dieser Weise interpretiert, spielt die Menschenwürde-Garantie systematisch im Auslegungshintergrund der - primär anwendbaren - Position des Art. 2 II 1 Var. 1GG eine Rolle (zu bedenken ist bei dieser Gelegenheit auch, daß nicht jeder Eingriff in das Leben eine Verletzung der Menschenwürde ist: „Menschenwürdegarantie und Lebensschutz sind [...] zu entkoppeln", H. Dreier, in: ders. [Hrsg.], GG, Komm., Art. 1 I Rn. 48). Im übrigen ist die Menschenwürdegarantie als subjektivrechtliche Grundrechtsposition eng auszulegen; vgl. dazu Höfling, in: M. Sachs (Hrsg.), GG, Komm, Art. 1 Rn. 7ff., 12ff., insb. 18, 19ff.; ders., Die Unantastbarkeit der Menschenwürde, JuS 1995, S. 857ff.
[236] *Cassirer*, S. 329 - ohne das Lebensgrundrecht zu erwähnen.
[237] *Cassirer*, S. 329.
[238] Und *allein* sie! Abzulehnen ist demgegenüber die Ansicht, der grundrechtliche Lebensschutz erfasse nur „das im herkömmlichen Sinne sozial in Erscheinung tretende Leben", so *Losch*, S. 337. Welches Leben „herkömmlich" „sozial in Erscheinung" tritt, ist keineswegs evident: Wenn *Losch* sich gegen einen „undifferenzierten Lebensbegriff" (S. 336) wendet, dann würde man sich zumindest bei seinem Definitionsversuch etwas mehr Differenziertheit wünschen. Das Herkömmliche und das Soziale sind doch sehr vage Unterscheidungskriterien, weit geöffnet für Wertungen - und daher abzulehnen. Bezeichnenderweise entwickelt *Losch* eine „Vorstellung (...), auf die sich der verfassungsrechtliche Lebensschutz bezieht" (S. 338), ohne sich mit Gegenansichten auseinanderzusetzen oder die Entstehungsgeschichte des Art. 2 II 1 Var. 1 GG nachzuzeichnen, wie er überhaupt - gerade an dieser zentralen Stelle - auf Anmerkungen verzichtet.
[239] So mit Recht *Morlok*, Selbstverständnis als Rechtskriterium, S. 283 a.E.; ebenso *Gröschner*, Freiheit und Ordnung, JZ 1996, S. 639: „Die Verfassungsordnung des Grundgesetzes normiert daher in Art. 1 I 1 GG (...) ihr ‚anthropisches' (nicht voraussetzungsvoll anthropologisches) Konstitutionsprinzip (...)".
[240] Vgl. *Morlok*, Selbstverständnis als Rechtskriterium, S. 283 a.E.: „Mit der Anerkennung der Würde des Einzelnen liegt dem Verfassungsrecht und damit dem Recht überhaupt ein offenes Menschenbild zugrunde, wonach der Einzelne sich selbst nach seinem eigenen Entwurf bilden darf." In diesem Sinne auch *Gröschner*, Menschenwürde und Sepulkralkultur, S. 29ff.; *ders.*, Freiheit und Ordnung, JZ 1996, S. 639. S. dazu auch *Isensee*, Art. „Staat", Sp. 151 a.E.: „Die Verfassung bildet für die pluralistische Gesellschaft eine unentbehrliche Basis ihrer praktischen Übereinstimmung, Gewähr jenes Mindestmaßes an ethischer Homogenität, ohne die ein freiheitliches Zusammenleben nicht möglich ist."

D. Kritik der Hirntodkonzeption aus grundrechtlicher Sicht

Dem offenen Menschenbild geht es alleine darum, „(a)lle(n) Menschen"[241] die gleiche Chance der Freiheitsverwirklichung zu garantieren, und zwar vermittelt über eine vom bloßen biologisch-lebendigen Menschsein - vom „Leben" - her gedachten Statusgleichheit.[242] Das Lebensgrundrecht unterscheidet sich von allen anderen Grundrechten dadurch, daß es die biologische Voraussetzung, die basale Bedingung jeder Freiheitsausübung gewährleistet.[243] Als reale Voraussetzung für alle Freiheitsausübung ist es wie jene grundrechtlich geschützt, denn ohne den grundrechtlichen Schutz des Lebens liefe der grundrechtliche Schutz im übrigen leer. Ein Toter kann sich nicht mehr frei enthalten, er kann keine Meinung mehr äußern, er kann die Unverletzlichkeit seiner Wohnung nicht mehr beanspruchen, er kann keine Religion mehr ausüben, er kann keine Briefe mehr schreiben, er kann keinen Beruf mehr wählen, er kann sich nicht mehr mit anderen versammeln oder mit ihnen Vereine gründen.[244] In diesem Sinne ist das Lebensgrundrecht ein unabdingbares Freiheits*ermöglichungs*recht, basale Möglichkeitsbedingung jeder Grundrechtsausübung.[245] Erst das Lebensgrundrecht macht die übrigen Freiheitsrechte, die Freiheits*ausgestaltungs*rechte sind, zu realisierbaren Positionen:[246] „(D)er Leib ist (...) das Dasein der Freiheit".[247] Der im Grundgesetz verfaßte

---

[241] Vgl. die Formulierung in Art. 3 I GG.

[242] S. erneut *Kirchhof*, Der allgemeine Gleichheitssatz, § 124 Rn. 199: „Die unabänderliche Gleichheit jedermanns sichert seinen Status als Mensch, als Person und als Persönlichkeit. Zur Statusgleichheit gehört insbesondere (...) die Gleichheit in der Unverletzlichkeit von Leib und Leben (...)."

[243] Daß der Allgemeine Redaktionsausschuß des Parlamentarischen Rates darauf hinweist, „das Recht auf Leben (gehört) systematisch nicht in die Freiheitsartikel" (Entwurf zum Grundgesetz in der vom Allgemeinen Redaktionsausschuß redigierten Fassung, Stand vom 13.-18. 12. 1948, zit. nach: Deutscher Bundestag/Bundesarchiv, S. 135) läßt sich auf dem Hintergrund der Unterscheidung von Freiheitsermöglichungsrecht und Freiheitsausgestaltungsrecht - dazu sogleich - gut nachvollziehen.

[244] Jedenfalls dann, wenn man die gängige Realitätskonstruktion unterstellt, also voraussetzt, daß nur „irdische" Existenz gemeint ist, s. zum Problem allg. *Morlok*, Selbstverständnis als Rechtskriterium, S. 444 mit Anm. 263.

[245] Vgl. *Riemer*, S. 32: „Der Inhalt des Rechts hat sich als die Möglichkeit, das menschliche Dasein zu verwirklichen, ergeben." *Spiekerkötter*, S. 54: „Leben als biologische Basis einer jeden grundrechtlichen Verbürgung". Daß dies nur für die Grundrechtsausübung von natürlichen, nicht aber von juristischen Personen i. S. des Art. 19 III GG gilt, ist evident: Diese können nicht Träger von Grundrechten sein, die „an natürliche Qualitäten des Menschen" anknüpfen (*Pieroth/Schlink*, 10. Aufl., Rn. 163 [S. 43]), haben also „weder Leben noch Gesundheit" [*dies.*, Rn. 164]).

[246] Die Freiheitsausgestaltungsrechte dienen also dazu, den formal gewährleisteten Freiheitsraum auszufüllen, ihn - nach Maßgabe der Präferenzen des Grundrechtsinhabers - auszugestalten, *wirklich* werden zu lassen. Möglichkeitsbedingung dafür ist das Grundrecht auf Leben, das die - von den Freiheitsausgestaltungsrechten vorausgesetzte - Verwirklichungschance bildet.

[247] Desbalb auch: „Meinem Körper von anderen angetane Gewalt ist Mir angetane Gewalt". Für beide Zitate: *Hegel*, Grundlinien der Philosophie des Rechts, § 48, S. 111f.; s. auch im Zusatz zu § 258 a.E. (S. 404): „Aber der häßlichste Mensch, der Verbrecher, ein Kranker und Krüppel ist immer noch ein lebender Mensch; das Affirmative, das Leben, besteht, trotz des Mangels, (...)." Für das ungeborene Kind gelten in-

konkrete Rechtsstaat stellt damit klar, daß er offen ist für die Freiheitsverwirklichung aller auf seinem Gebiet vorfindlicher Menschen, wenn und nur deshalb weil sie als lebendige Individuen der biologischen Subspezies homo sapiens sapiens existieren.[248]

Das bedeutet nicht, daß in der Ordnung des Grundgesetzes auf Unterschiede nicht reagiert werden könnte oder daß Ungleichbehandlungen menschlicher Individuuen per se ausgeschlossen wären.[249] Klargestellt wird nur, daß alles staatlich-rechtliche Handeln *im Ansatz* von umfassender Statusgleichheit auszugehen hat. Daher darf der grundrechtsgebundene Staat, der um des Menschen willen da ist,[250] sich nicht anschicken, „den Begriff ‚Leben' selbst ‚umzuqualifizieren'"[251] und bestimmte Menschen unter Verstoß gegen die Wertungen des offenen Menschenbildes wie tote, nicht mehr lebende Menschen behandeln.[252] Dies würde Geschlossenheit bedeuten, Exklusion, die dem Ansatz der Verfassung, sich bewußt *nicht* vor bestimmten Menschengruppen zu verschließen, widerspricht. Nur ein - vom offenen Menschenbild her - weit interpretiertes Lebensgrundrecht vermeidet diesen Widerspruch.

---

des nach *Hegel* Besonderheiten: „Das ungeborene Kind hat noch gar keine eigentliche Individualität, (...). Das Leben des ungeborenen Kindes gleicht dem Leben einer Pflanze. (...) Die Geburt ist (...) ein ungeheurer Sprung" (Enzyklopädie der philosophischen Wissenschaften, Zusatz zu § 396 [S. 78]). Als „qualitative(n) Sprung" charakterisiert *Hegel* die Geburt schon in der Vorrede zur „Phänomenlogie des Geistes", S. 18. Bemerkenswert ist, wie nahe *Hegel* in der Bewertung der Geburt zeitgenössischen Philosophen ist: „Das geeigneste Kriterium für den Beginn der individuellen Existenz als Mensch und damit als Träger individueller Menschenwürde scheint mir immer noch das ganz altmodische der Durchtrennung der Nabelschnur. Mit ihr fängt die Existenz des Menschen als eigenständiges Indivium, als Subjekt an" (*Birnbacher*, Gefährdet die moderne Reproduktionsmedizin die menschliche Würde?, S. 270). *P. Singer* (Praktische Ethik, 2. Aufl., S. 182, 1. Aufl., S. 149) ist der Meinung, daß die Geburt „keinen entscheidenden moralischen Unterschied markiert": „Wo sich ein Wesen befindet - innerhalb oder außerhalb des Mutterleibs -, sollte in bezug auf das Unrecht, das darin besteht, es zu töten, nicht allzu stark ins Gewicht fallen" (2. Aufl. S. 182/1. Aufl. S. 149 [nur unwesentlich anders übersetzt]).
[248] In diesem Sinne ist bei *Wernicke*, Bl. 3, auch von „jede[m] (lebenden) Individuum" die Rede. Zust. *R. Esser*, S. 59: Eine „Lebensdefinition, die (...) „von anderen Faktoren als der reinen Zugehörigkeit zur ‚Gattung Mensch'" abhängt, „(ist) nicht mit dem Grundgesetz vereinbar (...)." Vgl. zur Terminologie den Hinweis in Fn. 224.
[249] Dazu nur *Kirchhof*, Der allgemeine Gleichheitssatz, § 124 Rn. 13.
[250] Dazu die bekannte Formulierung in Art. 1 des Herrenchiemseer Entwurfs (JöR N.F. 1 [1951], S. 48): „Der Staat ist um des Menschen willen da, nicht der Mensch um des Staates willen."
[251] *Leisner*, S. 15.
[252] Was Umqualifizierung des Lebensbegriffs meint, verdeutlicht folgende Äußerung des ehemaligen SS-Arztes (u. a. auch im Hygiene-Institut des KZ Auschwitz tätigen) *Dr. Hans Wilhelm Münch*, der in einem Gespräch mit der ehemaligen KZ-Insassin *Dagmar Ostermann* (u. a. in Auschwitz inhaftiert) meinte: „Sie waren doch kein Mensch, nicht wahr, das waren Sie doch nicht in dem Sinn. Sie waren eine Nummer..." Frau *Ostermann* antwortet: „Ich war eben eine Nummer." In: *Frankfurter*, S. 58.

D. Kritik der Hirntodkonzeption aus grundrechtlicher Sicht

Das offene Menschenbild wird damit zum teleologischen Interpretament, das Art. 2 II 1 Var. 1 GG zugrundeliegt. Vom ihm her ist der grundrechtliche Begriff „Leben" zu entwickeln. Auf diesem Hintergrund ist der grundrechtliche Schutzbereich des Art. 2 II 1 Var. 1 GG als verbindlicher Entwurf, als ein sachlich geprägtes, von den sachlichen Eigenheiten der Biologie geprägtes, aber nicht in ihnen aufgehendes Ordnungsmodell zu begreifen.[253] Das Ordnende am Ordnungsmodell eines Grundrechtsnormsatzes ist sein Telos. Das „Telos eines Verfassungssatzes"[254] ist die Richtschnur bei der Ordnung der grundrechtlich beachtlichen Wirklichkeit (des Normbereichs). Realdaten, für die zweifelhaft ist, ob sie dem Normprogramm entsprechen, werden so über eine Besinnung auf dessen Telos vereindeutigt, zu grundrechtlich beachtlicher Wirklichkeit modelliert.[255] In diesem Sinne kann man von einer dem grundrechtlichen Telos entsprechenden Wirklichkeitskonstruktion sprechen: Im Lichte der grundrechtlichen Wertung werden die Realien, die Grundlage für die Erstellung des Normbereichs sind, zum Schutzbereichsgegenstand, zur Wirklichkeit, die grundrechtsgemäße Wirklichkeit sein *soll*.[256] Das heißt: Das Lebensgrundrecht impliziert ein bestimmtes Wirklichkeitsmodell bzw. eine bestimmte Wirklichkeitskonstruktion.[257] Es besagt: Bestimmte

---

[253] Dazu allg. - unabh. von der Frage der vorliegenden Untersuchung und ohne sich ausdrückl. auf das Lebensgrundrecht zu beziehen - *F. Müller*, Strukturierende Rechtslehre, S. 172/173. S. auch *Achterberg*, § 17 Rn. 26 a.E.: „Die Regelungsfunktion der Norm wird durch die Sachstruktur des von ihr geordneten Lebensbereichs erhellt."

[254] *Hesse*, Die normative Kraft der Verfassung, S. 90.

[255] Beachte - neben den Hinweisen im 1. Kap. Fn. 181 - *Luhmann*, Interesse und Interessenjurisprudenz, S. 10: „Die Interessen, die das Rechtssystem bearbeitet, sind seine eigenen Konstruktionen, aber diese Konstruktionen setzen sich explizit der Irritation durch die Umwelt aus."

[256] Daß Grundrechte - wie die Rechtsordnung insgesamt - darauf ausgerichtet sind, Wirklichkeit zu prägen und in einer bestimmten, gewünschten Weise zu „schaffen", deutet sich auch in folgenden - ersichtlich von Überlegungen *E.-W. Böckenfördes* geprägten - dissenting votes des BVerfG an: BVerfGE 88, 203 (359ff. [366]) - abwM des Richters *Böckenförde*: „Eine rechtliche Regelung (...), die gemäß der sozialordnenden Aufgabe des Rechts auf tatsächliche Wirksamkeit abzielt und sie herbeiführen will, muß auch die eigenen Wirksamkeitsbedingungen mit in Rechnung stellen." BVerfGE 94, 166 (223ff. [225]) - abwM der Richter *Limbach*, *Böckenförde*, *Sommer*: „Denn der Gewährleistungsinhalt der (...) individuellen Grundrechte zielt darauf ab, die (individuelle) Lebens*wirklichkeit* zu regeln (...)" - Hervorhebung im Original. Ähnl. klingt folgende Sequenz aus der von *Böckenförde* insoweit mitgetragenen Senatsentscheidung BVerfGE 88, 203 (253): hingewiesen wird auf die „Eigenart des Rechts als einer auf tatsächliche Geltung abzielenden und verwiesenen normativen Ordnung." S. hierzu auch *Höfling/Rixen*, S. 78.

[257] Vgl. allg. *Gusy*, „Wirklichkeit" in der Rechtsdogmatik, JZ 1991, S. 220: „Erfolgt (...) die Bestimmung des maßgeblichen Realitätsausschnitts vom Recht her und damit im Wege der Anwendung von Rechtsbegriffen, (...)." S. auch *Schur*, S. 123: „Der Zweck eines dogmatischen Begriffs ist es also nicht etwa, in möglichst naturgetreuer Weise die Lebenswirklichkeit (...) zur Beschreibung zu bringen, sondern es wird mit ihm die Lebenswirklichkeit (...) durch Herausgreifen bestimmter Momente aus ihr verfügbar gemacht. Die dogmatischen Begriffe bringen die Lebenswirklichkeit also (...) in einer juristisch vorgeformten Weise (...) auf den Begriff (...)." *Willke*, S. 177: „Recht als eine der

beobachtbare körperliche Zustände *sollen* als „Leben" und dürfen nicht als „Tod" gewertet, gewürdigt, wahrgenommen werden, weil allein dies dem normativen Sinn, dem Telos des Lebensgrundrechts entspricht. Mit anderen Worten: Dieses Telos dient dazu, in Zweifelsfällen, in denen das Gegebensein von (lebenden) Menschen problematisch erscheint, den im Normsatz des Art. 2 II 1 GG verwendeten Begriff des lebenden Menschen zu präzisieren und damit uno actu Wirklichkeit dergestalt zu bestimmen, daß eben in den zweifelhaften Fällen gelte: diese Entitäten *sollen* lebende Menschen sein - und damit *sind* sie es von Verfassungsrechts wegen. Der Sinn und Zweck von Art. 2 II 1 Var. 1 GG - Sicherung des beschriebenen offenen Menschenbildes - wird damit zum Richtmaß bei der Würdigung eines Zweifelsfalls, in dem die Bewertung des körperlichen Zustands eines Menschen als „lebendig" (hier: eines sog. hirntoten Menschen) problematisch erscheint.[258]

2. „Kriteriologischer Biologismus" als Folge des offenen Menschenbildes

Die Wertung des Verfassunggebers wird man nur gerecht, wenn man bei der Bestimmung von „Leben" auf das pure Vorhandensein eines im biologischen Sinne lebendigen Menschen abstellt (näher dazu sogleich unter 4.). Demgemäß ist schon auf der Ebene des Lebens- bzw. Todeskonzeptes etwas mehr zu präzisieren, wodurch sich das Vorhandensein eines biologisch lebenden Menschen auszeichnet (die Formulierung der Kriterien wird so vorbereitet). Damit wird keineswegs, wie zuweilen insinuiert wird, blankettartig und einer dynamischen Verweisung ähnlich auf die Biologie oder gar den Stand der medizinischen Wissenschaft verwiesen.[259]

---

bestimmenden Strukturen der gesellschaftlichen Erwartungsbildung definiert soziale Realität mit." *Luhmann*, Das Recht der Gesellschaft, S. 557: „Normen (sind) mit Realitätsunterstellungen ausgestattet (...)." *Jeand'Heur*, S. 159, S. 164f.: „der Normalfall juristischer Entscheidungstätigkeit kann charakterisiert werden als die Entwicklung und Fortbildung von Wirklichkeitsmodellen (...)." *G. Winkler*, S. 9: „Durch die Norm erhält einerseits jeder Inhalt eine spezifische rechtliche Relevanz. In ihrer Existenz ist die Norm andererseits Rahmen und Deutungsschema (H. Kelsen) der sozialen Wirklichkeit." Hilfreich auch *Berger/Luckmann*, passim.

[258] In diesem Sinne ist auch *Stern* zu verstehen, wenn er anmerkt: „Die Grundrechtsberechtigung in den auf die menschliche Existenz als solche abstellenden Grundrechten muß als verfassungsrechtliche Kategorie nach Maßstäben bestimmt werden, die in den Grundrechtsnormen und ihren Schutzintentionen angelegt ist" (*Stern*, Staatsrecht, Bd. III/1, S. 1055f.). Auf dem Hintergrund des hier skizzierten Verständnisses von Grundrechtsnormativität als normativ gewollter Wirklichkeitskonstruktion wird auch die folgende Aussage verständlich: „(...) Wertung und Faktenerkenntnis (beeinflussen) sich gegenseitig (...), die Einordnung der Tatsache, daß Leben im Sinne des Art. 2 Abs. 2 GG besteht, ist nicht von der Beurteilung seiner Schutzwürdigkeit zu trennen; (...)." (*Kokott*, Beweislastverteilung, S. 428).

[259] Dieses Mißverständnis z. B. bei *Nickel*, MedR 1995, S. 144: „allein nach naturwissenschaftlichen Kriterien (...); gesellschaftliche oder soziale Maßstäbe sind (...) ausgeschlossen. (...) bestehen von Verfassungs wegen keine Bedenken gegen die gesetzliche

Die biologischen Todeskriterien, die noch genauer zu formulieren sind (Abschn. F.), müssen den Lebensbegriff „unverzerrt" operationalisieren. Das ist nur dann der Fall, wenn namentlich in die von Medizinern verwendeten Kriterien nicht ein lebensgrundrechtsfremdes Menschenbild „eingeschmuggelt" wird. Geschieht dies gleichwohl, dann wird über diese Kriterien nur ein grundrechtswidriger Begriff von Leben(sende) empirisch nachweisbar. Biologische Maßstäbe sind also nur deshalb beachtlich, wenn und soweit sie die Regelungsabsicht des Verfassunggebers effektuieren, Menschsein, genauer: menschliches Leben - im beschriebenen inklusiven Sinne des offenen Menschenbildes - großzügig anzuerkennen und dadurch umfassend zu schützen. Das ist kein substanzieller, sondern ein kriteriologischer Biologismus[260], in dem sich die Wertung des offenen Menschenbildes spiegelt. Die Zeichen (Kriterien) für die Existenz eines lebendigen Menschen bzw. sein Nicht-mehr-Vorhandensein müssen also vom offenen Menschenbild nicht zugelassene Bewertungen menschlichen Lebens ausschließen.

3. Ablehung der Geistigkeitstheorie und des Teilhirntodkonzepts

Das aber bedeutet: Ein Mensch büßt seine an der biologischen Lebendigkeit anknüpfende rechtliche Schutzwürdigkeit nur ein, wenn das bloße biologische Lebendigsein des menschlichen Körpers sich erledigt hat. Der Mensch büßt seine Schutzwürdigkeit hingegen *nicht* ein, wenn er spezifischen kognitiven oder psychischen Leistungskriterien nicht (mehr) entspricht. Von einem derartigen „Personsein", „Bewußtsein" oder der „hirnmäßige(n) Fähigkeit der Kommunikation, der Reflektion und der personellen Selbstverwirklichung"[261] hängt schutzwürdiges Menschsein - also: das Vorhandensein eines lebendigen menschlichen Körpers - im lebensgrundrechtlichen Sinne nicht ab. Bestimmte Menschen als „vorpersonale Wesen"[262] zu bezeichnen, ist - verfassungsrechtlich betrachtet - eine normative Unmöglichkeit. Eine Definition menschlichen Lebens, die sich am Maßstab der „Geistigkeit" orientiert, ist deshalb von Grundrechts wegen unhaltbar.[263] Geistigkeit ist kein „normativ erhebliche(r) Unterschied"[264], von der die

---

Festlegung des Hirntodes als Tod des Menschen." So auch der Abg. *Seehofer*, Stenographischer Bericht der 183. Sitzung des Deutschen Bundestages am 25.6.1997 (13. WP), S. 16416 (C): „entsprechend dem naturwissenschaftlich-medizinischen Kenntnisstand".

[260] Der Verf. hat an anderer Stelle von „rechtsmethodischem Biologismus" gesprochen, in: *Rixen*, Ist der Hirntote „tot"?, S. 49; *ders.*, Im Zweifel für das Leben, S. 137. Die Formulierung „rechtsmethodische(r) Biologismus" findet sich auch bei *Höfling/Rixen*, S. 71. Im Hinblick auf die rechtserkenntnistheoretischen Unterscheidungen (vgl. Abschn. B.) erscheint die Formulierung „kriteriologischer Biologismus" als vorzugswürdig.

[261] So *Uhlenbruck*, Recht auf den eigenen Tod?, ZRP 1986, S. 210, der hier die Frage stellt, ob diese Merkmale möglicherweise zum „Leben" gehören.

[262] *Hoerster*, Strafwürdigkeit der Abtreibung?, S. 23 a.E.

[263] So auch die Begr. des TPG-GesE der Bündnisgrünen, BT-Drs. 13/2926 vom 7.11.1995, S. 12. So i. Erg. auch (allerdings weder ausf. noch mit grundrechtlichen

3. Kapitel: Grundrechtliche Kritik der Hirntodkonzeption

Lebendigkeit eines Menschen abhängt. Unter Rückgriff auf das Differenzierungsmerkmal der Geistigkeit darf der hirntote Mensch nicht als toter Mensch behandelt werden.[265] Das Grundgesetz verbietet jeden „Intellektualspeziesismus".[266]

Unzulässig wäre daher auch ein sog. Teilhirntodkonzept. Dieses Konzept - das schon im Laufe der Rezeptionsgeschichte des (Ganz-)Hirntodkonzeptes eine (wenn auch nur randseitige) Rolle spielte[267] und über das in neueren bioethischen Diskussionen intensiv nachgedacht wird -[268] ist die konsequente Fortsetzung der

---

Einwänden), gegen die Ansicht *Esers* (Lebenserhaltungspflicht und Behandlungsabbruch, S. 120f.]) argumentierend: *Bernat*, Buchbesprechung: U. Körner, Hirntod und Organspende, S. 265. Insoweit ablehnend ebenfalls - für die schweizerische (Verfassungs-)Rechtslage - schon *J. P. Müller*, Recht auf Leben, Zeitschrift für schweizerisches Recht, Bd. 90/I (1971), S. 463: „falsch angewandte Maßstäbe einer idealistischen Anthropologie". Aus ev.-theol. Sicht dazu *Eibach*, Sterbehilfe - Tötung auf Verlangen?, S. 55 a.E.: „Mit der Philosophie hat sich auch die Theologie (...) seit der Aufklärung fast ausschließlich an den höchsten geistigen Fähigkeiten des Menschen orientiert und daher auch keine Anthropologie des leidenden und versehrten Menschen ausgebildet." - unabh. von der Hirntodkonzeption. Die „sog. Geistigkeitstheorie" lehnt auch *Kluth* ab, Die Hirntodkonzeption - 13 Thesen aus verfassungsrechtlicher Perspektive, Deutscher Bundestag/Ausschuß für Gesundheit, Ausschuß-Drs. 13/589 v. 16.9.1996, S. 19ff. (20); ebenso *ders.*, S. 4; ablehnend auch *Gescher*, S. 100; *König*, S. 11.

[264] So aber i. Erg. *Mitsch*, JuS 1995, S. 790.

[265] Es ist in der Tat „merkwürdig", wie bezeichnenderweise *Peter Singer* hervorgehoben hat, „daß dieser Wandel in unserem Verständnis vom Tod, das hirntote Menschen aus der moralischen Gemeinschaft ausschließt, so gut wie keinen Widerstand gefunden hat. Man kann sich kaum der Schlußfolgerung entziehen, daß die Verfechter des traditionellen Standpunkts von der Unantastbarkeit des Lebens (...) davon ausgingen, daß dies nur ein ‚wissenschaftliches' oder ‚medizinisches' Problem sei." So *P. Singer*, Dilemma von Leben und Tod, S. 434. Auch wenn man dem „Neo-Utilitarismus australischer (...) Provenienz", so *Picker*, AcP 195 (1995), S. 547, skeptisch gegenübersteht, ändert das nichts daran, daß *P. Singers* Beobachtung in concreto zutrifft.

[266] Begriff des Neurophysiologen *Linke*, Irratiozid, S. 439. Dieser Begriff offenbar in Anspielung auf *P. Singer*, Praktische Ethik, 2. Aufl., der die Bevorzugung von Tieren gegenüber Menschen mit dem Argument ablehnt, es handele sich um „Speziesismus" (S. 82 u. ö.), „weil wir die Angehörigen unserer eigenen Spezies in moralisch unvertretbarer Weise bevorzugen" (S. 88), was zu einer „Diskriminierung allein auf der Grundlage der Spezies" (S. 97) führe. Kriterium des *Singer*'schen Anti-Speziesismus ist die Leidensfähigkeit von Lebewesen (vgl. S. 85); daraus folgt nach *Singer* auch (S. 97): „Menschenaffen, kleinere Affen, Hunde, Katzen und selbst Mäuse und Ratten sind intelligenter, haben ein stärkeres Bewußtsein von dem, was mit ihnen geschieht, und sind schmerzempfindlicher usw. als viele schwer hirngeschädigte Menschen, die in Krankenhäusern und anderen Institutionen nur gerade noch überleben." Ähnl. auch auf S. 88 für Tiere und menschliche Säuglinge sowie schwer geistig behinderte Menschen.

[267] Dazu die Nachweise im 2. Kap. vor Fn. 209, vor und in Fn. 296, bei Fn. 628ff., vor Fn. 735, bei Fn. 753, bei Fn. 788f., vor Fn. 887 und bei Fn. 905ff. (2. Kap./Abschn. C. II. 4.) sowie nach Fn. 930.

[268] *Kurthen*, Hirntod oder Teilhirntod?, B-824, weist auf die entsprechende Diskussion in den USA hin. Maßgeblich sind vor allem die Beiträge in *Zaner*, Death: Beyond Whole-Brain Criteria, und der Aufsatz von *Veatch*, S. 18ff. Ausf. Hinweise namentlich zur US-amerikanischen Literatur auch in folgenden Beiträgen: *Kurthen/Linke/Moskopp* S. 134ff.; *Kurthen/Linke/Reuter*, S. 483ff.

D. Kritik der Hirntodkonzeption aus grundrechtlicher Sicht

zur Begründung des (Ganz-)Hirntodkonzept herangezogenen Geistigkeitstheorie. Wer gehirnvermittelte Fähigkeiten zum Dreh- und Angelpunkt für die Schutzwürdigkeit eines Menschen macht („Geistigkeit"), der redet nolens volens einer „qualitativen Bewertung"[269] menschlichen Lebens das Wort.[270] Die Akzeptanz des (Ganz-)Hirntodkonzepts in der Variante der Geistigkeitstheorie kann so in letzter Konsequenz ein „Nein" zur Lebendigkeit all jener werden, die nicht mehr auf beobachtbare Weise „bewußt" wahrnehmen, denken, entscheiden können: „Der ‚Teilhirntod' ist nichts weiter als der zu Ende gedachte ‚Hirntod' (...)."[271]

Nach allem, was wir wissen, sind die wesentlichen biologischen Substrate für die genannten Fähigkeiten bestimmte Areale des Großhirns, nicht etwa des gesamten Gehirns. Wenn man lebendiges Menschsein von Geistigkeit („Personalität", „Bewußtsein" etc.) abhängig macht,[272] ist es inkonsistent (wie dies beim Hirntodkonzept geschieht), für den Eintritt des Todes den irreversiblen Ausfall des Hirnstamms zu verlangen; denn bereits mit irreversiblem Funktionsverlust des Großhirns (Cortex), ist die Voraussetzung für die Realisierung der für das Hirntodkonzept kennzeichnenden psychischen, emotionalen und kognitiven Leistungen entfallen. Man darf zwar nicht übersehen, daß diese Leistungen offenbar in Wechselwirkung mit anderen Hirnregionen realisiert werden (so ist etwa die Formatio reticularis des Hirnstamms an der Steuerung der Bewußtseinslage beteiligt):[273] Ist indes der Cortex nicht mehr intakt, dann kann allein ein intakter Hirnstamm die von der Geistigkeitstheorie gemeinten Bewußtseinszustände nicht mehr realisieren.[274] Dieses (auf den Ausfall der - primär kortikal realisierten - Geistigkeit bezogene) Verständnis menschlichen Lebens könnte dann aber dazu führen, daß Menschen mit Gehirnstörungen, die nach menschlicher Erfahrung den irre-

---

[269] *Merkel*, S. 88 - zum (Ganz-)Hirntodkonzept, das - soweit auf den Untergang bewußten menschlichen Lebens abgestellt werde - „starke Elemente einer (...) qualitativen Bewertung" enthalte.
[270] Es liegt ein Widerspruch gegen die „Lebenswertindifferenz des Lebensrechts" vor, Formulierung bei *Höfling*, Schriftliche Stellungnahme zur Anhörung am 9.10.1996, Deutscher Bundestag/Ausschuß für Gesundheit, Ausschuß-Drs. 13/599 v. 23.9.1996, S. 4ff. (8), der sich hier auf den Philosophen *Hermann Lübbe* bezieht.
[271] *Kurthen/Linke/Moskopp*, S. 140.
[272] Zu den Schwierigkeiten, „Personalität" zu spezifizieren, *Kurthen/Linke/Reuter* S. 487; *Lamb* bezeichnet das Bemühen, einen personalitätszentrierten (Teilhirn-)Todesbegriff einzuführen, als „the redefinition issue" (S. 43).
[273] Vgl. den Neurowissenschaftler *Roth*, S. 228; *Birbaumer/Schmidt*, Biologische Psychologie, S. 318. *Schlake/Roosen*, S. 18, führen die von den klassischen Lokalisationstheorien abrückende Annahme der neueren Neurowissenschaft, daß Bewußtsein, Geistigkeit etc. eine integrative Leistung des gesamten Gehirns darstellen, als Argument für die Tragfähigkeit des Ganzhirntodkonzeptes an. Sie übersehen dabei jedoch, daß die Geistigkeitstheorie nicht dadurch überzeugender wird, daß man ihren anatomischen Bezugspunkt vergrößert (vom Kortex zum ganzen Gehirn). Außerdem bleibt es auch bei den neueren Theorien dabei, daß der Kortex eine besondere, unabdingbare Rolle bei der Realisierung von Geistigkeit spielt.
[274] Dazu nur *Breidbach*, S. 17 m. w. N.

versiblen Verlust von Geistigkeitsleistungen zur Folge haben, wie (atmende!) „Leichen" behandelt werden: Sie alle sind nicht (mehr) in der Lage, Geistigkeit zu aktualisieren. Dieser Einwand kann nicht durch den Hinweis entkräftet werden, hier würden Krankheitsbilder herangezogen, die mit dem (Ganz-)Hirntod-Zustand nicht vergleichbar seien. Daß Anencephalie[275], apallisches Syndrom i. S. eines persistent vegetative state (PVS)[276] oder schwere Altersdemenz[277] mit den medizi-

---

[275] Anencephalie ist eine letale Fehlbildung mit unterschiedlichen Schweregraden. Anencephalen Neugeborenen fehlen Schädeldachknochen und -haut sowie die Stirnbeine. Teile des Stammhirns (der Hirnstamms) sind im allgemeinen vorhanden. Da dort die Atmung reguliert wird, atmet der (lebendgeborene - ca. ¾ aller Anencephalen sind Totgeburten) Anencephalus selbständig. Der für die kognitiven Leistungen unabdingbare Kortex fehlt vollständig. Es fehlt also nicht - wie der Begriff Anencephalie vermuten läßt - das ganze Gehirn (Fälle der Holoanencephalie - komplettes Fehlen des Gehirns - enden als Totgeburt). Anencephale können, sofern sie die Geburt überstehen, trotz der schweren Mißbildungen noch einige Stunden oder Tage (in seltenen Fällen auch noch länger) nach der Geburt aus eigenen Kräften leben, ehe sie sterben. Zum ganzen der Gynäkologe *Holzgreve*, S. 6ff.; *Shewmon*, S. 11ff.; ausf. *Gescher*, S. 25ff. m. w. N.; *dies.* auch S. 44ff. zu der - auf offenbar irrigem medizinischen Wissen beruhenden - Tendenz in der Strafrechtswissenschaft, den Anencephalus in dem Bemühen, die 22-Wochen-Frist des zwischenzeitlich derogierten Abtreibungsrechts (§ 218a III StGB a.F.) zu umgehen, als „(ganz)hirntot" zu qualifizieren.

[276] *Nacimiento*, A-661ff. (hier zit. nach Sonderdruck, S. 2): „Das apallische Syndrom ist ein neurologisches Krankheitsbild, das durch schwere zerebrale Funktionsstörungen verursacht wird, wobei unterschiedliche Ursachen zugrundeliegen können. Häufig handelt es sich um ausgedehnte kortikale Läsionen. Bei den betroffenen Patienten fehlen jegliche Hinweise auf eine bewußte Wahrnehmungsfähigkeit der eigenen Person und der Umwelt, eine Interaktion mit dem Untersucher ist nicht möglich. Sprachverständnis und expressive Sprachfunktionen sind aufgehoben. Es besteht jedoch ein Schlaf-Wach-zyklus, so daß die Patienten intermittierend wach sind und die Augen geöffnet haben. Bei der Untersuchung zeigen sich keinerlei willkürliche Reaktionen auf visuelle, akustische, taktile oder nozizeptive [schmerzauslösende, Anm. R.] Reize. Es handelt sich somit um eine Bewußtseinsstörung, bei der nicht die Wachheit, sondern die Wahrnehmungsfähigkeit beeinträchtigt ist. Vegetative Funktionen, wie Temperatur-, Kreislauf- und Atemregulation, die im Hypothalamus und im Hirnstamm integriert werden, sind so weit erhalten, daß ein Überleben der Patienten möglich ist, wenn entsprechende medizinische und pflegerische Maßnahmen gewährleistet sind." „Die Syndrombezeichnung ‚apallisches Syndrom' wurde 1940 erstmals von Kretschmer verwendet, sie ist aus dem Lateinischen (pallium, Hirnmantel) abgeleitet und suggeriert ein anatomisches Substrat, welches nicht in allen Fällen zutrifft. Deshalb wird diese Bezeichnung in der aktuellen internationalen Literatur (...) abgelehnt. In der angloamerikanischen Literatur ist der (...) Begriff ‚persistent vegetative state' am gebräuchlichsten (...)" (S. 3). Die Schädigung führt - nicht nur bei kortikalen Läsionen - zum Erlöschen „alle(r) differenzierten Bewußtseinsleistungen", *Schlake/Roosen*, S. 60.

[277] Wie die Etymologie zeigt, geht es um eine „de-mens", also eine Erkrankung, die zur meist irreparablen, oft chronisch fortschreitenden Einbuße von spezifischen mentalen Fähigkeiten, von „Geistigkeit", führt. Aufgrund bestimmter Hirnschädigungen (etwa einer Hirnarteriosklerose oder Hirngewebsveränderungen im Alter) kommt es zur Einbuße an Intelligenz, Gedächtnis und Auffassungsgabe; auch Persönlichkeitsveränderungen sind möglich. Beispiel ist die DAT (Demenz vom Alzheimer-Typ); namentlich bei ihr kommt es zu einem allgemeinem Hirnsubstanzverlust, u. a. in der Form einer Rin-

nischen Daten, die den Hirntod-Zustand konstituieren, nicht identisch sind, ist bekannt; so ist bspw. der Apalliker kein „tief (K)omatös(er)"[278] wie der Hirntote.[279] Entscheidend ist, daß anencephale Neugeborene, Patienten im PVS und Schwerstdemente dem Geistigkeitserfordernis im beschriebenen Sinne kaum oder nicht (mehr) gerecht werden. Es geht um die Begründung, die - nimmt man sie ernst - eben auch Nicht-(Ganz-)Hirntote erfaßt. Als konsequenter Befürworter der Geistigkeitstheorie müßte man den Tod dieser Menschen annehmen, weil die für die Aktualisierung der sog. Geistigkeit erforderlichen Gehirnfunktionen - vor allem also die Funktion des Großhirns - irreversibel nicht (mehr) vorhanden bzw. ausgefallen sind. Dagegen kann man nicht einwenden, ein Teilhirntod-Konzept lasse sich nur schwer kriteriologisch operationalisieren; außerdem sei der Teilhirntod nur schwer diagnostizierbar. Hierbei handelt es sich um einen Verweis auf bloß kontingente Umstände, die an der prinzipiellen Rechtsunrichtigkeit des Teilhirntodkonzepts nichts zu ändern vermögen. Außerdem könnte im Fortgang der bspw. in den USA bereits geführten, aber auch in Deutschland ventillierten[280] Diskussion über den Teilhirntod durchaus Einigkeit über mögliche Kriterien für den Eintritt des Teilhirntodes erreicht werden ebenso wie auch eine kriterienentsprechende (Fort-)Entwicklung der Diagnostik nicht ausgeschlossen ist.[281] Auch der Einwand, „teilhirntote" Menschen würden ja grundsätzlich noch selbständig atmen, greift nicht durch, denn bezogen auf die Geistigkeitstheorie ist das selbständig-spontane Atmenkönnen des Patienten irrelevant: gerade die intakte

---

denatrophie, die auch den Kortex betrifft. Vgl. dazu *Delank*, S. 146ff., S. 151f.; *Brockhaus-Enzyklopädie*, Bd. 5, S. 230f. (Stichwort „Demenz").

[278] So *Nacimiento*, S. 3 - ausdrückl. zum Hirntoten.

[279] Das zu dem Einwand bei *Schlake/Roosen*, S. 58 a.E., in der Debatte über den Teilhirntod herrschten hinsichtlich der medizinischen Realien „zahlreiche Fehler und Mißverständnisse" vor; dort auch auf den S. 59ff. Beschreibung abzugrenzender Hirnschädigungen (Hirnstamm-Tod, Locked-in-Syndrom, akinetischer Mutismus, Hirnrinden-Tod, apallisches Syndrom).

[280] Neben den im 2. Kap. genannten Hinweisen s. auch folgende Bemerkung aus dem Jahre 1984: „Indessen kann angesichts der Zahl derer, die der Kortikaltodthese anhängen, von nahezu vollständiger Eingkeit (...) noch nicht die Rede sein." So *Dippel*, Kommentierung zu § 168 (in: Leipziger Komm., 10. Aufl.), Rn. 10. Für den Kortikaltod schon *E. Horn*, Todesbegriff, Todesbeweis und Angiographie in juristischer Sicht, S. 560: „Definition des Todes als des irreversiblen Funktionsverlusts des Großhirns". Dazu auch der Mediziner *Pia*, B-2154: „Ein Kranker ohne Großhirn besitzt keine spezifischen menschlichen Eigenschaften." Auch *Funck*, MedR 1992, S. 182ff., votiert für die Einführung des „Kortikaltod(es)" (S. 189), also eines Teilhirntodkonzeptes, das sich an den „höhere(n) psychische(n) Leistungen", damit an dem orientiere, „was der Mensch gemeinhin unter Bewußtsein versteht" (S. 188): „Tod ist demnach der irreversible Bewußtseinsverlust: der Tod des Cortex cerebri." Konsequenterweise stellt er dann fest (S. 188): „Ein Anenzephalus ist als Totgeburt und ein Körper mit irreversibel zerstörter Großhirnrinde als Leiche zu betrachten." Zutreffend heißt es so auch bei *Peter*, S. 67 a.E. (allerdings ohne Referenzen): „In medizinischen und juristischen Publikationen wird bereits dafür plädiert, schon den bloßen Ausfall der Großhirnrinde (,Teilhirntod') als Todesgrenze aufzufassen."

[281] So auch *Kurthen/Linke/Moskopp*, S. 138.

Atemfunktion ist für die Aktualisierung der spezifischen Geistigkeitsleistungen eben nicht entscheidend.

Als Variante der Geistigkeitstheorie widerstreitet das sog. Teilhirntodkonzept den hier entwickelten lebensgrundrechtlichen Wertungen. Mit Art. 2 II 1 Var. 1 GG ist die Geistigkeitstheorie und damit auch das Teilhirntodkonzept nicht vereinbar.

4. Ablehnung der biologisch-zerebralen Begründung des (Ganz-)Hirntodkonzepts

Da nur biologisch-natürliche Kriterien für die Zuweisung des Status' „lebender Mensch" herangezogen werden dürfen, verdient der zweite Begründungsansatz des Hirntodkonzepts nähere Prüfung: Stellt die biologisch-zerebrale Theorie nicht auf ein biologisches Kriterium ab, wenn sie das Gehirn als Steuerungszentrum des Organismus deutet, bei dessen Ausfall der Organismus irreversibel zusammenbreche? Wie läßt sich insoweit der Ansatz des offenen Menschenbildes fruchtbar machen?

Die biologisch-zerebrale Theorie argumentiert im Kern folgendermaßen: „Der Tod eines Menschen ist - wie der Tod eines jeden Lebewesens - sein Ende als Organismus in seiner funktionellen Ganzheit, nicht erst der Tod aller Teile des Körpers. (...) Dieser Zustand ist mit dem Tod des gesamten Gehirns eingetreten. (...) Der vollständige und endgültige Ausfall des gesamten Gehirns bedeutet biologisch den Verlust der [Selbst-Ständigkeit, Selbst-Tätigkeit, Spontaneität, Selbststeuerung, Wechselbeziehung mit der Umwelt und Integration des Organismus]."[282]

a) Das Gehirn (der Hirnstamm) und der Organismus als funktionelle Ganzheit

In dem Zitat legen sich die Autoren bemerkenswerterweise - vordergründig ganz den Intentionen des Verfassungsgebers entsprechend - auf ein Verständnis von „Leben" als bloßem biologischen Lebendigsein des - als Organismus konstituierten - menschlichen Körpers fest, für das eine spezifisch menschliche („geistige") Ausdrucksfähigkeit keine Bedingung darstellt („wie der Tod eines jeden Lebewesens"). Der Organismus[283], der den Körper eines Menschen zum leben-

---

[282] *Wissenschaftlicher Beirat der Bundesärztekammer*, 1993, C-1975 (die eckigen Klammern fassen die dort etwas näher beschriebenen - vermeintlichen - Gehirnleistungen zusammen). S. schon oben 2. Kap. C. III. vor Fn. 949.

[283] Organismus wird hier *nicht* als Synonym für ein (menschliches) Lebewesen, ein biologisches Individuum verstanden; vgl. zu dieser Bedeutung *Brockhaus-Enzyklopädie*, Bd. 16, S. 259 (Stichwort „Organismus").

D. Kritik der Hirntodkonzeption aus grundrechtlicher Sicht 303

digen Körper macht, ist Bezugspunkt des oben erläuterten „kriteriologischen Biologismus":[284] Notwendige und hinreichende Bedingung für die Lebendigkeit eines menschlichen Körpers ist (als Folge des offenen Menschenbildes) sein biologisches „Funktionieren" als Organismus,[285] seine Existenz als „integrationsfähige(r) Gesamtorganismus", als „funktionelle Einheit"[286], also als „Gesamtheit der funktionell verbundenen und sich gegenseitig beeinflussenden Organe".[287] Der Organismus eines (geborenen) Menschen lebt solange, wie sich der Körper des fraglichen Menschen als eine Entität darstellt, die durch das Zusammenspiel interagierender Organe die Leistungen der Organe zu einem Ganzen integriert, das mehr ist als bloß die Summe der einzelnen Organfunktionen.[288] Nur dann können wir von einem lebendigen Individuum der biologischen Spezies homo sapiens sapiens, einem lebenden Menschen sprechen. In der gegenwärtigen Debatte über den Hirntod-Zustand ist dies prinzipiell unstreitig;[289] streitig ist indes, wie lange die funktionelle Ganzheit des Organismus besteht.

Die gesamte Beweislast für die Bewertung des Hirntodes als Zeichen für das Ende menschlichen Lebens beruht auf der dem Gehirn (genauer: dem für die Kontrolle der vegetativen Funktionen, namentlich des Atemantriebs, „zuständigen" Hirnstamm) zugeschriebenen Rolle eines für die biologische Existenz der

---

[284] Daß die Lebendigkeit eines Menschen nicht von der Lebendigkeit der Einzelzelle oder eines Einzelorgans abhängt, sondern von der sich funktionell ergänzenden Interaktion der Organe als Organismus, darf im Kontext dieser Untersuchung vorausgesetzt werden. Sowohl die Verteidiger als auch die Kritiker des Hirntodkonzepts als Todeskonzept teilen diese Prämisse, so daß deren Problematisierung juristisch nicht vonnöten erscheint; dazu noch unten in Abschnitt D. V. 4.; vgl. auch die Stellungnahmen des *Wissenschaftlichen Beirats der* Bundesärztekammer im 2. Kap. C. III. Auf das naturphilosophische bzw. biologisch-grundlagentheoretische Problem des Organismus-Begriffs kann und muß deshalb hier nicht weiter eingegangen werden.
[285] *Podlech*, in: Alternativkomm. z. GG, 2. Aufl., Art. 2 II Rn. 4.
[286] *Höfling*, Prot. der 72. Sitzung des Bundestags-Rechtsausschusses am 15. 1. 1997 (13. WP), S. 5.
[287] *Brockhaus-Enzyklopädie*, Bd. 16, S. 259 (Stichwort „Organismus"); so auch *R. F. Schmidt/Thews*, S. V: Aufgabe des Buches sei es, die „Funktionen des lebenden Organismus in ihren wechselseitigen Abhängigkeiten" darzustellen. Dazu auch *M. Zimmermann*, S. 338, wonach physiologische Regelkreise miteinander gekoppelt sind und sich gegenseitig unterstützen.
[288] Treffend die Erläuterung bei *Bergmann*, S. 29 (§ 35): „Der menschliche Körper besteht aus einer Mehrzahl verschiedener Theile, Organe und Organsysteme, welche zu gegenseitiger Erhaltung zusammen thätig sind." S. außerdem die Erläuterung des Begriffs „Funktion" im *Roche-Lexikon Medizin*, S. 583: „der einem Organ, einer anatomischen Struktur zugeordnete Geschehensablauf, auch als Beitrag zur Leistung eines übergeordneten Systems."
[289] *Gervais*, Death, Definition and Determination of, S. 542: „The criteriological level. Based on the resolution of the (...) normative questions (the conceptual [...] level), a criterion for determining that an individual has died, reflecting the functional characteristics deemed essentially significant, is specified. That is, the essentially significant human characteristic(s) delineated at the conceptual level is (are) located in (a) functional system(s) of the human organism."

Funktionseinheit „Organismus" schlechthin unersetzlichen Regelzentrums (dies ist die Ansicht der Verteidiger des Hirntodkonzepts). Es geht genauerhin um zwei miteinander verbundene Einwände: Zum einen ist die Behauptung problematisch, die Integration des Organismus gelinge nur mit intaktem Hirnstamm, zum anderen die Behauptung, der „künstliche" Ersatz der Hirnstammfunktion durch intensivmedizinische Maßnahmen, namentlich die kontrollierte Beatmung, stehe einer Würdigung des Zustands des hirntoten Menschen als „lebendig" im Wege, denn nur der spontan, in diesem Sinne selbständig integrierte Organismus sei der lebendige Organismus eines (lebendigen) Menschen: Der Mensch sei „von dem Augenblick des nachgewiesenen Hirntodes ab (...) nicht mehr ohne Hilfsmittel am Leben zu erhalten"[290] und deswegen tot (obwohl er intensivmedizinisch „am Leben" erhalten wird). Was ist von diesen Behauptungen zu halten?

Zunächst wird ein Beweis für die These, die vegetativen Hirn(stamm)funktionen seien konstitutiv und daher unersetzbar für die Existenz des biologischen Organismus eines Menschen, nicht erbracht. In den einschlägigen medizinischen Stellungnahmen wird er nicht einmal im Ansatz geführt (die genuin juristischen Äußerungen schweigen sich darüber in der Regel ohnehin aus).[291] Die angebliche Unersetzbarkeit des (Stamm-)Hirns als biologisches Regelzentrum bleibt so aber eine bloße Behauptung hinsichtlich eines Gegenstands der biologischen Grundlagenforschung, für die - soweit ersichtlich - auch an keiner anderen Stelle der wissenschaftlichen Literatur der Nachweis geführt wird. Gegen die Behauptung, der Körper des Menschen sei ohne Gehirn kein lebendiger Organismus - kein funktionelles Ganzes - mehr, sondern eine unverbundene „Teilsumme von Organen"[292], sprechen die beobachtbaren biologischen Tatsachen. Bis auf das Gehirn des Hirntoten, das nicht mehr durchblutet ist, ist der übrige Körper, auch das Gesicht des hirntoten Menschen, durchblutet. Der anhaltende Blutkreislauf ist sinnenfälliger Ausdruck der interagierenden Organe des Körper: Als Transport- und Kommunikationsmedium[293] transportiert das Blut die Atemgase physikalisch gelöst und chemisch gebunden, Sauerstoff von den Lungen zu den atmenden Geweben und Kohlendioxid von dort zu den Lungen. Blut schafft die Nährstoffe von den Orten ihrer Resorption oder Speicherung zu denen des Verbrauchs. Von

---

[290] So der Mediziner *Wellmer*, in: *Bockenheimer-Lucius./Seidler*, S. 96.
[291] Neben den oben im 2. Kap. C. III. angeführten Äußerungen der Bundesärztekammer vgl. prototypisch *Löw-Friedrich/Schoeppe*, S. 169: „Durch die Fortsetzung der Sauerstoffzufuhr mittels der künstlichen Beatmung bleibt der biologische Automatismus der Herz-Kreislauffunktion erhalten, ohne daß durch die Summation der weiterhin noch bestehenden sonstigen organischen Teilfunktionen das Leben des betroffenen Individuums sich zurückgewinnen ließe." Für dieses Verständnis von Organismus wird kein einziger Beleg angeführt.
[292] *Angstwurm*, Der Hirntod - ein sicheres Todeszeichen, S. 5.
[293] Zum Folgenden: *Weis/Jelkmann*, S. 411; *Bauer*, S. 185.

D. Kritik der Hirntodkonzeption aus grundrechtlicher Sicht

dort bringt es die Metaboliten[294] zu den Ausscheidungsorganen oder den Stätten ihrer weiteren Verwendung. Blut dient als Vehikel für körpereigene Wirkstoffe, die es an den Orten ihrer Bildung oder Speicherung aufnimmt und - im gesamten Intravasalraum[295] verteilt - an die spezifischen Wirkorte heranbringt. Blut verteilt schließlich - dank der großen Wärmekapazität seines Hauptbestandteils Wasser - die im Stoffwechsel gebildete Wärme und sorgt für ihre Abführung über die Atemorgane und die äußere Körperoberfläche. Das Organsystem „Blut" ist für die Aufrechterhaltung der normalen Körperfunktionen unerläßlich. Als flüssiges Organsystem steht es mit allen Organen in ständiger Verbindung und kann daher auch wichtige Informationen über die normale und pathologisch veränderte Organfunktion liefern (etwa - um nur ein Beispiel unter vielen zu nennen - Rückschlüsse über die Ausscheidungsfunktion der Niere).

Die Funktion des Blutes macht deutlich, wie die Organe eines Organismus ineinandergreifen, voneinander abhängen, sich funktionell ergänzen, eben zu einer Einheit integrieren, die mehr ist als die Addition der einzelnen Organfunktion - zur funktionellen Einheit eines Organismus.[296] Diese Funktion des Organsystems „Blut" ist auch beim (durchbluteten) hirntoten Menschen nachweisbar, mag sie auch aufgrund „künstlicher" Unterstützung erfolgen (also aufgrund der kontrollierten Beatmung, die für die Sauerstoffversorgung des Blutes und damit dessen Organleistungen sorgt). Dieser Umstand ändert aber nichts daran, *daß* die Organe interagieren, zum Organismus integriert sind, worauf nicht zuletzt (aber nicht nur) die alle Organsysteme miteinander verbindende Funktion des Organsystems „Blut" hindeutet. Kurz: Die Lebendigkeit des Organismus wird in einem steten wechselwirkenden Prozeß der Organsysteme erzeugt, nicht aber von einer „Integrations- und Koordinationszentrale"[297] namens Gehirn *allein* erzeugt oder garantiert. Dementsprechend betonen Hirnforscher und Biologen, die die Fixierung auf das Gehirn als ein unersetzliches Regelzentrum als wissenschaftlich unhaltbaren „Zerebrozentrismus"[298] verwerfen: „Die Gleichsetzung von Tod und Hirntod bedeutet, daß der Mensch im biologischen Sinne nur so lange lebt, wie sein Gehirn lebt. Eine solche Gleichsetzung ist problematisch, denn sie suggeriert, das Gehirn trüge gegenüber den anderen Organen etwas Besonderes zum Leben bei. Dies ist nicht der Fall. (...) Das Gehirn ist (...) ein Organ wie jedes andere und deshalb im Prinzip ersetzbar oder entbehrlich. (...) Die (...) Frage, ob das Gehirn die entscheidende Instanz für die Aufrechterhaltung des biologischen Lebens des

---

[294] Substanzen, die als Glieder von Reaktionsketten im normalen Stoffwechsel eines Organismus vorkommen, *Brockhaus-Enzyklopädie*, Bd. 14, S. 513.
[295] Innerhalb aller Blutgefäße.
[296] So auch *Hoff/in der Schmitten*, Kritik der „Hirntod"-Konzeption, S. 193 a.E.
[297] *Kluth*, S. 7; der Moraltheologe *Elsässer* spricht von der „integrative(n) Schaltstelle", *Elsässer*, Diskussionsbemerkung, S. 53.
[298] *Hoff/in der Schmitten*, S. 335.

Menschen ist, ist eindeutig zu verneinen".[299] Die gegenteilige Ansicht erweise ihre Implausibilität auch insofern, als sie bestimmte nichtzerebrale physiologische Subsysteme, die für die Integration des Organismus unabdingbar seien, wie etwa das Blutgerinnungs- und das Immunsystem, „von der Zuschreibung der Integration von Körperfunktionen"[300] ausschließe - abgesehen davon, daß manche Anteile des Gehirns (etwa das Großhirn) für die funktionelle Ganzheit des Organismus verzichtbar seien. Mithin - so die Schlußfolgerung - dürfe der Ausfall des Gehirns als solcher nicht mit dem irreversiblen Zusammenbruch des Organismus gleichgesetzt und als Tod des Menschen gedeutet werden.[301]

Die Hervorhebung des Gehirns als „Zentrale"[302] des biologischen Organismus durch die biologisch-zerebrale Theorie muß daher als Folge eines gehirnzentrierten Vorverständnisses vom Funktionieren eines menschlichen Organismus begriffen werden: Dieser wird als hierarchisch gegliedert gedacht, an der „Spitze" steht das Gehirn bzw. der Hirnstamm, von dem die Lebendigkeit des Organismus (als funktionelle Ganzheit) abhängt. Offenbar steht dahinter das „vulgäranthopologische"[303] Vor-Urteil, das ein Mensch eben nur dann und solange ein wirklich lebendiger Mensch mit einem lebendigen Organismus sei, wenn und solange sein Gehirn - genauer: sein Hirnstamm - seinen Anteil an der der Integration des Organismus spontan, also ohne (intensiv)medizinische („künstliche") Unterstützung oder Kompensation, erbringe.[304]

---

[299] *Roth/Dicke*, S. 52f. Vgl. auch den Hirnforscher und Neurophysiologen *Linke*, Hirnverpflanzung, nach dem der Hirntod „fälschlich als Tod des Organismus" (S. 119) angesehen wird und der u. a. anmerkt: „Die falsche Ansicht, daß es sich bei dem Hirntodkonzept um eine naturwissenschaftlich gesicherte Tatsache und nicht um eine Vereinbarung handeln würde, ist weit verbreitet" (S. 118).
[300] *Kurthen*, Ist der Hirntod der Tod des Menschen?, S. 411.
[301] Vgl. hier auch die bemerkenswerte Formulierung in der *Brockhaus-Enzyklopädie*, Bd. 22, S. 207 („Tod"): „Als Kriterium des biologischen Todes (...) gilt heute der (...) Organ-Tod des Gehirns, da dieser *bei Verzicht auf apparativen Ersatz* von Kreislauf und Atmung unausweichlich zum Funktionsverlust des Organismus als eines Ganzen führt" - Hervorhebung nur hier. Also: Nur bei Verzicht auf apparativen Ersatz bricht der Organismus als Ganzes zusammen.
[302] So (der frühere) Bundesgesundheitsminister *Seehofer* in einem Interview, Frankfurter Rundschau, Nr. 134, 12.6.1995, S. 10: „das Gehirn, die Zentrale des Menschen". Ähnl. auch die Abg. *Philipp*, Stenographischer Bericht der 99. Sitzung des Deutschen Bundestages am 19.4.1996 (13. WP), S. 8820 (C): „Steuerungszentrale".
[303] *Möllering*, S. 32.
[304] Sehr gut nachvollziehbar an folgender Äußerung des Neurologen *Angstwurm*: „Nicht jede Interaktion von Organen ist bereits der Organismus, als der sich das einzelne Lebewesen in der Natur vorfindet. Mit dem Tod seines Gehirns hat der Mensch die Daseinsform verloren, in der der lebende Mensch sich vorfindet und davon untrennbar aufgehört hat, jene körperlich-geistige Einheit zu sein, die der lebende Mensch ist. Daran ändern intensivmedizinisch aufrechterhaltene Organtätigkeiten und ihre Interaktionen nichts." So *H. Angstwurm*, Leserforum: Erwiderung zu Kurd Stapenhorst, S. 243.

D. Kritik der Hirntodkonzeption aus grundrechtlicher Sicht

b) Der Einwand der „Künstlichkeit"

Es trifft zu, daß zur Integration der wichtigsten Funktionen, die nach dem Ausfall des Hirnstamms nicht mehr selbstständig wahrgenommen werden können, bestimmte „künstliche" Maßnahmen erfolgen müssen. So ist es u. a. erforderlich, die Atmung, einen Teil des Hormonhaushalts, den Blutdruck- und die Temperaturfeinregulation extern zu steuern.[305] Aber - so ein Neurophysiologe -[306], der hirntote Mensch ist „damit (...) natürlich noch nicht tot", ansonsten „wären ja viele Menschen, die" wegen des Ausfalls vitaler Organe „auf Hilfsmittel angewiesen wären, auch tot"; mit dem medizinischen Zustand, der durch den Begriff Hirntod gekennzeichnet ist, „haben (wir) zunächst nur ein irreversibles Organversagen, das Versagen eines Organs. Bei der Niere sprechen wir ja auch noch nicht vom Nierentod." Nähme man dem hirntoten Patienten die Unterstützung durch maximale Intensivtherapie, dann bräche der Organismus irreversibel zusammen: „Dies gilt gleichermaßen für einen jungen, dem Augenschein nach gesunden (insulinabhängigen) Diabetiker, für einen Dialysepatienten oder für ein tief bewußtloses, schwerstverletztes Unfallopfer (Polytrauma)."[307] M. a. W.: „Es ist nicht zu begründen, warum ausgerechnet der Ausfall der zentralnervösen Steuerung unersetzlich für das menschliche Leben sein soll, während die Kompensation anderer Ausfälle bis hin zum vollständigen Ersatz lebensnotwendiger Organe (Nierendialyse, Herz-Lungen-Maschine) als mit dem Leben vereinbar gilt. Oder warum sollte beispielsweise der Ersatz der Steuerung der Herztätigkeit anders zu bewerten sein als derjenige der Steuerung der Atmung, nur weil jene in spezialisiertem Herzgewebe (Sinusknoten) selbst, diese dagegen im Hirnstamm angesiedelt ist?"[308] Dagegen, daß bereits die künstliche Kompensation einer Vitalfunktion zur Nichtlebendigkeit des Organismus führt, spricht auch der Einsatz einer sog. Herz-Lungen-Maschine (extrakorporale Zirkulation, EKZ) bei einem Patienten, dessen krankes Herz entnommen wurde, um ihm ein Spenderherz zu implantieren. Gleiches gilt für den Patienten, der während einer Bypass-Operation an eine EKZ angeschlossen wird. Die zeitweilige Kompensation der ausgefallenen Spontanfunktion ändert an der Lebendigkeit des Organismus eines Menschen nichts. Schon Gerd Geilen hat im übrigen darauf aufmerksam gemacht, daß die Nichtspontaneität einer vitalen Funktion deshalb kein Argument für die Nichtlebendigkeit eines menschlichen Organismus sein kann, weil ansonsten die (bei Atemstillstand vorgenommene) Reanimation bei einem Toten vorgenommen würde, den man freilich nicht mehr reanimieren müßte.[309] Indes: An der

---

[305] Vgl. *Hoff/in der Schmitten*, Kritik der „Hirntod", S. 193. Ausf. *Rohling u. a.*, S. 6 - 33.
[306] *Linke*, in: Bockenheimer-Lucius/Seidler, S. 96.
[307] *Hoff/in der Schmitten*, Kritik der „Hirntod"-Konzeption, S. 194.
[308] *Hoff/in der Schmitten*, Kritik der „Hirntod"-Konzeption, S. 194.
[309] *Geilen*, Medizinischer Fortschritt und juristischer Todesbegriff, S. 380f.: Man „kann (...) den Patienten nicht deshalb für tot ‚erklären', weil das spontane Funktionie-

Lebendigkeit all dieser Menschen besteht kein Zweifel. Zu einem anderen Ergebnis im Falle des Hirntoten kann man nur kommen, wenn man - entweder - dem Gehirn, z. B. etwa aus (nicht benannten) metaphysischen Gründen, vorgängig eine besondere Bedeutung zuweist oder betont, in den herangezogenen Vergleichsfällen sei die fragliche vitale Funktion ja nicht *dauerhaft* ausgefallen, beim Hirntoten hingegen sei genau dies der Fall.

c) Der Einwand der „dauerhaften Künstlichkeit"

Auch dieser Einwand überzeugt nicht. Er kann bspw. nicht plausibel machen, wieso die bei chronisch Nierenkranken erfolgende Kompensation der betreffenden Vitalfunktion durch Dialyse *nicht* als Folge eines dauerhaften Funktionsverlustes (im Sinne einer irreversibel ausgefallenen Spontanfunktion) qualifiziert werden muß.[310] Die körpereigenen Nieren sind ersichtlich so insuffizient, daß sie die lebenswichtige Funktion der sog. Blutwäsche durch Ausscheidung harnpflichtiger Substanzen aus dem Blut nicht selbst, nicht spontan ins Werk setzen (und zwar dauerhaft). Ansonsten wäre die bei chronisch Nierenkranken in der Regel mehrmals wöchentlich erfolgende Dialyse nicht erforderlich. Von einer *Selbst*tätigkeit des Organismus - im Sinne einer auch selbsttätig-spontan erbrachten Nierenfunktion - kann man hier nicht sprechen, denn die funktionelle Ganzheit des Organismus wird erst und nur durch den beständigen Einsatz einer „von außen" zugeführten „künstlichen Niere" ermöglicht. Damit aber ist das mit Blick auf den Hirntoten unausgesprochen eingeführte Unterscheidungskriterium des *dauerhaften* Ausfalls einer Organfunktion - hier: der Atemsteuerung des Hirnstamms - offenbar nur beachtlich, weil gerade eine *Gehirn*funktion irreversibel ausgefallen ist. Erneut muß man so aber feststellen, daß das Gehirn (hier: der Hirnstamm) im Gefüge des Organismus anders behandelt wird als andere Organe - offenbar nur deshalb, weil es das Gehirn ist. Die petitio principii, die eine Höherbewertung des Gehirns (genauer: des Hirnstamms) verlangt, setzt sich fort. Das ist um so widersprüchlicher, als Fälle denkbar sind, in denen eine *irreversible* Schädigung des Hirnstamms zur dauerhaften Beatmungspflichtigkeit des Patienten führt, ohne daß dieser Patient als Toter qualifiziert würde.[311] Niemand zweifelt daran, daß in diesen Fällen die

---

ren ausbleibt; denn die insoweit erforderliche Versorgung des Körpers ist ja durch künstliche Maßnahmen ersetzt. Auch gäbe es keine juristisch sanktionierte Reanimierungsverpflichtung, wenn man noch weiterhin auf den Ausfall der Spontanfunktionen abstellen wollte."

[310] Detailliert zur künstlichen Niere *Gahl/Jörres*, S. 130ff.; *Schaefer/Heidland*, S. 1346ff.; *Henning*, S. 537ff..

[311] In der Beratung des Transplantationsgesetzes wurde als Beispiel ein Alzheimer-Erkrankter genannt, der auch noch einen Stammhirntumor hat und wegen des entsprechenden Funktionsausfalls des Hirnstamms beatmet werden muß, so der Abg. (und Arzt) *Wodarg*, Protokoll der 64. Sitzung des Bundestags-Gesundheitsausschusses am 25.9.1996 (13. WP), S. 4. *Höfling* hat (Prot. S. 5) auf die grundsätzlichen Friktionen

funktionelle Ganzheit des Organismus des Patienten noch besteht. Wieso aber soll das beim hirntoten Menschen, der ebenfalls irreversibel beatmungspflichtig ist, anders sein? Wieso führt der irreversible Ausfall der Hirnstammfunktion in dem einen Fall dazu, die funktionelle Ganzheit des Organismus als vorhanden festzustellen, im anderen Fall aber dazu, die funktionelle Ganzheit des Organismus für aufgehoben zu erklären? (Der - erneut denkbare - Verweis darauf, hier würden unzulässigerweise unterschiedliche Krankheitsbilder verglichen, überzeugt auch durch Wiederholung nicht. Es geht um tatsächliche Ähnlichkeiten, die die unterschiedliche Bewertung zweifelhaft erscheinen lassen.)

d) Ergebnis

Nun mag man gegen all diese Erwägungen anführen, es sei nicht Aufgabe des Rechts, eine biologisch-grundlagentheoretisch geprägte Kontroverse zu entscheiden. Das ist richtig, und doch kommt das Recht an dieser Kontroverse über die Frage des zutreffenden Organismus-Verständnisses nicht vorbei, weil es ihr auf dem Hintergrund des offenen Menschenbildes als Grundrechtsfrage nachgehen muß. Man stellt fest, daß das Recht hinsichtlich der Realdaten mit empirischer Ungewißheit konfrontiert ist: Die biologisch-zerebrale Theorie, die mit einem gehirnzentrierten Organismus-Verständnis operiert und jenes - das gehirnfixierte Vorurteil fortsetzend - mit dem Einwand der (dauerhaften) Künstlichkeit verbindet, wird mit nachvollziehbar erscheinenden Argumenten namentlich von Vertretern der biologischen Grundlagentheorie und der Hirnforschung in Frage gestellt. Die Richtigkeit der biologisch-zerebralen Theorie ist insoweit jedenfalls beachtlichen Zweifeln ausgesetzt. Das Verfassungsrecht kann die biologisch-grundlagentheoretisch geprägte Kontroverse nicht als biologisch-grundlagentheoretisches Problem entscheiden. Aber es muß, weil der Grundrechtsschutz ein biologisches Verständnis von Leben zum Medium rechtlichen Schutzes erhebt, die Situation der faktischen Ungewißheit in eine Situation normativer Eindeutigkeit überführen. Dies muß unter Rückgriff auf die Wertungen des - dem Lebensgrundrecht zugrundeliegenden - offenen Menschenbildes geschehen.[312]

---

hingewiesen, die gerade dieses Beispiel deutlich macht. Dieses Beispiel geht ersichtlich zurück auf den Mediziner *H. Thomas* (Leserbrief in der FAZ, Nr. 183 v. 8.8.1996): „Auch bei einem Patienten, bei dem ein Tumor große Teile des Stammhirns zerstört hat, hört die Spontanatmung endgültig auf. Er muß beatmet werden, sonst stirbt er." Zu denken ist in diesem Zusammenhang auch an einen Patienten, der an einem hohen Querschnitt leidet, sich also ebenfalls in einem Zustand schwerster Hirnstamm-(= Stammhirn-)Schädigung befindet, der eine kontrollierte Beatmung erforderlich macht.

[312] Gerade weil die Kritik des Hirntodkonzepts vom offenen Menschenbild des Grundgesetzes ausgeht, spricht sie sich gerade nicht für ein „reduzierte(s) Menschenbild" aus; sie reduziert Menschsein auch nicht „auf die Aufrechterhaltungsmöglichkeit gewisser Vitalfunktionen", so aber *Schroth*, S. 49. Im Gegenteil: Das offene Menschen-

3. Kapitel: Grundrechtliche Kritik der Hirntodkonzeption

Selbst wenn man zugestehen möchte, daß „nur" begründete Zweifel dahingehend bestehen, ob ein Mensch im Zustand des Hirntodes noch über einen funktionsfähigen Organismus verfügt (in diesem Sinne also lebt), dann dürfen auf dem Hintergrund des offenen Menschenbildes derartige Zweifel nicht zu Lasten des hirntoten Menschen gehen. Das offene Menschenbild verlangt (wie oben dargelegt), daß der Grundstatus des allgemeinen Menschseins, das „Leben" des Menschen i. S. des Art. 2 II 1 Var. 1 GG von der Rechtsordnung extensiv anerkannt wird. Infolgedessen ist grundrechtlich geschütztes Leben schon dann als gegeben anzunehmen, wenn vielfältige empirische Anzeichen auf das Vorhandensein eines lebendigen - zur funktionellen Ganzheit integrierten - Organismus (also auf das biologische Existieren eines Menschen) hindeuten. Nur so ist das Anliegen des offenen Menschenbildes zu verwirklichen, „Menschsein" inklusiv zu verstehen und daher durch die Rechtsordnung großzügig zuzuerkennen. Dieses Bestreben liegt auch der vom Bundesverfassungsgericht mit Blick auf den Lebensanfang formulierten Auslegungsregel zugrunde, wonach in Zweifelsfällen diejenige Auslegung zu wählen ist, welche die juristische Wirkungskraft der Grundrechtsnorm am stärksten entfaltet[313] - in dubio pro vita.[314] Sprachlich variiert, gelten die Ausführungen, die das Bundesverfassungsgericht für den Lebensbeginn gefunden hat, auch für das Lebensende:[315] Sinn und Zweck der Grundrechtsbestimmung des Art. 2 II 1 Var. 1 GG ist es, den Lebensschutz auch auf das verlöschende menschliche Leben auszudehnen. Die Sicherung der menschlichen Existenz wäre unvollständig, wenn sie nicht auch die „Endstufe" des menschlichen Lebens, das verlöschende Leben, das Sterben, umfaßte. In Fällen, in denen problematisch ist, ob ein

---

bild des Grundgesetzes setzt gerade um der größtmöglichen Freiheit willen bei der biologischen Lebendigkeit des menschlichen Organismus an und kommt deswegen zu dem Schluß, ein intensivmedizinisch versorgter hirntoter Mensch müsse als Lebender begriffen werden.

[313] Zur Klarstellung: Mit dem in der Formel „in dubio pro vita" zusammenfaßten Votum für eine extensive Auslegung des Lebensgrundrechts wird nicht etwa die generelle Richtigkeit der interpretationstheoretischen Position „in dubio pro libertate" unterstellt. Vielmehr ist die extensive Auslegung des Lebensgrundrechts Ergebnis einer bereichsdogmatischen Betrachtung von Art. 2 II 1 Var. 1 GG. Zum Problem *Höfling/Rixen*, S. 74 Anm. 279 m. N.

[314] Vgl. allg. auch *Kriele*, Die nicht-therapeutische Abtreibung vor dem Grundgesetz, S. 19ff., S. 103. Überträgt man *Krieles* Überlegungen auf den hier interessierenden Sachverhalt, dann trägt der Gesetzgeber aus materiell-rechtlichen Gründen die „Beweislast" dafür, daß der Hirntote ein Toter sein soll. Der Gesetzgeber ist daher auch nicht - wie *Wagner/Brocker*, ZRP 1996, S. 230 behaupten - im Rahmen seiner „Einschätzungsprärogative" „in gewissen Grenzen auf die Hirntodkonzeption festgelegt".

[315] Vgl. BVerfGE 39, 1 (37f.): „(...) jedenfalls Sinn und Zweck dieser Grundgesetzbestimmung (...) erfordern (es), den Lebensschutz auch auf das sich entwickelnde Leben auszudehnen. Die Sicherung der menschlichen Existenz (...) wäre unvollständig, wenn sie nicht auch die Vorstufe des ‚fertigen Lebens', das ungeborene Leben, umfaßte. Diese extensive Auslegung entspricht dem in der Rechtsprechung des Bundesverfassungsgerichts aufgestellten Grundsatz, ‚wonach in Zweifelsfällen diejenige Auslegung zu wählen ist, welche die Wirkungskraft der Grundrechtsnorm am stärksten entfaltet.'" Dazu schon *Höfling/Rixen*, S. 74.

D. Kritik der Hirntodkonzeption aus grundrechtlicher Sicht

Ausschnitt aus der Wirklichkeit als verlöschendes[316] „Leben" zu qualifizieren ist, ist daher eine extensive Auslegung des Lebensgrundrechts zu befürworten, also eine Auslegung, welche die Wirkungskraft der Grundrechtsnorm am stärksten entfaltet. Das ist in concreto nur gewährleistet, wenn man den Körper eines hirntoten Menschen als lebendigen Organismus eines Menschen, den hirntoten Menschen folglich als Lebenden im Grundrechtssinne qualifiziert.[317] Grundrechtlich gilt daher, daß „(j)ede Art Zerebralismus (...) ein Feind des Lebens"[318] ist.[319]

---

[316] Daß der Hirntote unabwendbar dem Tod (dem Zusammenbruch des Organismus als ganzen) entgegengeht, steht fest: nach Absetzen der intensivmedizinischen Behandlung tritt der - nicht länger aufgehaltene - Tod ein. Mit den bekannten medizinischen Mitteln versagt sich der Organismus des Hirntoten auch bei fortgeführter Behandlung in der Regel (also abgesehen vom Ausnahmefall der hirntoten Schwangeren) regelmäßig spätestens nach wenigen Tagen, vgl. *J. Hoff/J. in der Schmitten*, Kritik der „Hirntod"-Konzeption, S. 194, und (mit genaueren Zeitangaben) unten in Fn. 612.

[317] Spätestens hier wird deutlich, daß die Metapher der (inneren) „Enthauptung", die immer wieder vorgebracht wird, um die Tragfähigkeit des Hirntodkonzepts unter Beweis zu stellen (s. nur den Neurologen *Angstwurm*, Das Absterben des gesamten Gehirns während einer Intensivbehandlung, S. 187: „Enthauptung"; den Chirurgen *Reichart*, Diskussionsbemerkung, S. 45: „dekapitierter Mensch"), nicht mehr ist als eine rhetorisch wirkungsvolle, aber sachlich-rechtlich in die Irre führende Fehlveranschaulichung. Ebensowenig vermag das Bild des „kopflose(n) Körper(s)" (so der Chirurg *Klinner*, S. 17) oder jenes der „physiological decapitation" (*Pallis*, S. 34) zu überzeugen. Die Abtrennung des Kopfes, die Dekapitation (Köpfung, Enthauptung) im Wortsinn, führt namentlich aufgrund des Blutverlustes zum Kreislaufstillstand und in dessen Folge zum Zusammenbruch des Organismus (vgl. dazu den Neurophysiologen *Linke*, Hirnverpflanzung, S. 83f.). Geht man davon aus, daß der Organismus des hirntoten Menschen(körpers) von Grundrechts wegen noch nicht zusammengebrochen, also noch ein lebendiger Organismus ist, dann kann beim hirntoten Menschen keinesfalls analogisierend von einer (inneren) „Enthauptung" o. dgl. die Rede sein. Wenn - mit *Aristoteles* (1459a, S. 94) - „gute Metaphern zu bilden bedeutet, daß man Ähnlichkeiten zu erkennen vermag", dann wird man die Rede von der (inneren) „Enthauptung" als Beispiel für eine weniger gelungene Metapherbildung begreifen dürfen. Vgl. im übrigen allg. zur wissenssoziologischen Bedeutung von veranschaulichender, bildlich-vergleichender Redeweise (die in concreto dazu dient, die „Unanschaulichkeit des Hirntodes", *Schlake/Roosen*, S. 55, zu kompensieren) *Fleck*, Entstehung, S. 154f.

[318] *C. Schmitt*, Römischer Katholizismus und politische Form, S. 62 - freilich in anderem Zusammenhang.

[319] Das gilt auch für die (in der Sache einem Teilhirntodkonzept gleichkommenden) Thesen *Denckers*, Zum Erfolg der Tötungsdelikte, NStZ 1992, S. 315, der den Tod bereits mit Momenten gleichsetzen will, die dem (Ganz-)Hirntod vorgelagert sind: „Tod ,ist' (...) das endgültige Abschneiden einer ,Chance zu leben'." Der Tod sei schon eingetreten bei irreversibler Bewußtlosigkeit aufgrund irreversibler schwerer Hirnschädigung, die zum alsbaldigen Stillstand aller Hirntätigkeit führen werde. Dagegen *Joerden*, NStZ 1993, S. 268ff. - den Ganzhirntod verteidigend (S. 270) und *Mitsch*, JuS 1995, S. 790.

VI. Zur Unbeachtlichkeit europarechtlicher, rechtsvergleichender und gewohnheitsrechtlicher Argumente

1. Zur Unbeachtlichkeit europarechtlicher Argumente

Auch europarechtliche[320] Argumente - hier: der Verweis auf die Europäische Menschenrechtskonvention (EMRK) oder Rechtsgrundsätze der Europäischen Gemeinschaften (EG) - vermögen an der grundrechtlichen Ablehnung des Hirntodkonzepts nichts zu ändern.

Ein anderes käme nur in Betracht, wenn EMRK oder EG-Recht Normsätze enthielten, die ein - der Wirkungsweise des Grundrechts auf Leben entsprechendes - Recht auf Leben garantierten, das mit dem Eintritt des Hirntodes erlischt, und diesen Rechtssätzen im Stufenbau der Rechtsordnung ein Geltungs- oder Anwendungsvorrang eingeräumt werden müßte, der Art. 2 II 1 Var. 1 GG in der hier vertretenen Lesart als lex superior verdrängt (so möglicherweise bei der EMRK) bzw. dazu nötigt, die Bestimmung des Art. 2 II 1 Var. 1 GG anders zu interpretieren (so möglicherweise infolge einer EG-rechtskonformen Auslegung).

a) Europäische Menschenrechtskonvention

Art. 2 I 1 EMRK lautet: „Das Recht jedes Menschen auf das Leben wird gesetzlich geschützt."[321] Der nationale Gesetzgeber ist danach verpflichtet, dem Lebensschutz dienende Rechtsvorschriften zu erlassen und diese im Wege der Rechtsdurchsetzung und -erzwingung, auch qua Interpretation, hinreichend wirksam werden zu lassen.[322] Gleichzeitig gewährt die EMRK eigene Rechte der in den Konventionsstaaten lebenden Individuen.[323] Daß der Schutzbereich der - jedenfalls gegen hoheitliche Maßnahmen in Form eines Abwehrrechts gerichteten - Position des Art. 2 I 1 EMRK mit Eintritt des Hirntodes ende, wird unter Verweis auf eine dynamische, dem Fortschritt der Medizin folgende Interpretation der Bestimmung vertreten.[324]

---

[320] Auch *Stein* versieht Argumente, die mithilfe der EMRK oder nach EG-Recht gewonnen werden, mit dem Prädikat „europarechtlich", *Stein*, § 32 V (S. 274f.), am Ende des Abschnitts zum Grundrecht auf Leben aus Art. 2 II 1 Var. 1 GG.

[321] So die deutsche Übersetzung des (allein authentischen) englischen und französischen Originals, vgl. Art. 66 IV 2 EMRK, BGBl. II 1952 S. 686.

[322] *Lewisch*, S. 384f. m. N. S. auch Art. 1 EMRK: „Die Hohen Vertragschließenden Teile sichern allen ihrer Herrschaftsgewalt unterstehenden Personen die in Abschnitt I dieser Konvention niedergelegten Rechte und Freiheiten zu."

[323] *Oppermann*, Europarecht, § 2 Rn. 47ff. (68f.).

[324] *Kopetzki*, S. 54f.; zur dynamischen (i. Erg. medizinfortschrittsfreundlichen) Interpretation allg. *Machacek*, S. 468.

D. Kritik der Hirntodkonzeption aus grundrechtlicher Sicht 313

Durch das „Gesetz über die Konvention zum Schutze der Menschenrechte und Grundfreiheiten" vom 7. August 1952 wurde die EMRK in die nationale Rechtsordnung „mit Gesetzeskraft" inkorporiert.[325] Danach hat sie den „Rang eines einfachen Bundesgesetzes".[326] Versuche, die Normen der EMRK als „allgemein Regeln des Völkerrechts" i. S. des Art. 25 GG zu begreifen und damit zu einem - zwischen Verfassung und einfachem Gesetz angesiedelten - „Bestandteil des Bundesrecht(s)", Art. 25 GG, zu erheben, haben sich nicht durchgesetzt[327], wie nicht zuletzt die Judikatur des Bundesverfassungsgerichts belegt.[328] Gleiches gilt für den Versuch, der EMRK Verfassungsrang zuzubilligen. Daher vermag die hirntodfreundliche Auslegung der lex inferior des Art. 2 I 1 EMRK die hier entwickelte hirntodkritische Lesart des Art. 2 II 1 Var. 1 GG nicht zu verdrängen. Der Verweis auf die EMRK stellt die grundrechtliche Kritik des Hirntodkonzepts nicht in Frage.

b) EG-Recht

Nichts anderes gilt für den Verweis auf EG-Recht. Zunächst ist zu bedenken, „daß das geschriebene Gemeinschaftsrecht zu dieser Frage" - der Frage EG-eigener Grundrechte - „nichts hergibt. Es war der Gerichtshof, und er allein, der, im Zuständigkeitsbereich der Gemeinschaft, einen angemessenen Schutz der Grundrechte geschaffen hat. Er hat diesen Schutz aus dem Gedanken eines ius commune europaeum, d. h. aus der Konkordanz der europäischen Menschenrechtskonvention und der nationalen Verfassungen der Mitgliedstaaten entwickelt."[329] Dem Umstand, daß die „Rechtverbürgungen der EMRK für die Ausformung der Grundrechte in der EG eine (...) wichtige Rolle gespielt" haben und spielen,[330] trägt der „Vertrag über die Europäische Union" Rechnung, wenn er in

---

[325] BGBl. II S. 685, 953. Art. II Abs. 1: „Die Konvention wird nachstehend mit Gesetzeskraft veröffentlicht." Die Konvention ist gemäß Bekanntmachung vom 15.12.1953 (BGBl. 1954 II S. 14) für die Bundesrepublik am 3.9.1953 in Kraft getreten (s. dazu auch Art. II Abs. 4 des Gesetzes).

[326] *H. Dreier*, in: ders. (Hrsg.), GG, Komm., Vorb. Rn. 22: „ganz herrschende Auffassung". *Kleeberger*, S. 12 m. zahlr. Nachw. zu dieser herrschenden Rechtsauffassung in Anm. 62; *Kleeberger* selbst vertritt eine andere Auffassung: die EMRK stehe „auf grundsätzlich gleicher Höhe mit dem Grundgesetz" (S. 160).

[327] S. dazu die Hinweise bei *Kleeberger*, S. 12ff. Im übrigen kann auch der pauschale Verweis auf den Grundsatz der Völkerrechtsfreundlichkeit an diesem Ergebnis nichts ändern; dieses - in seinem genauen Gehalt erst noch zu bestimmende - Prinzip kommt als Auslegungsgrundsatz nur in Betracht, soweit es die Vorgaben des nationalen Rechts zur Kenntnis nimmt; vgl. allg. *Kunig*, in: ders. (Hrsg.), GG-Komm., Bd. 3, Art. 102 Rn. 13.

[328] BVerfGE 74, 358 (370) m. w. N.

[329] So der ehem. Richter am EuGH *Pescatore*, T 38.

[330] So *Schmidt-Aßmann*, Empfiehlt es sich, JZ 1994, S. 839. Allg. zum „Filling Gaps in Community Law" *Mengozzi*, S. 164ff.

3. Kapitel: Grundrechtliche Kritik der Hirntodkonzeption

der - der Kontrollzuständigkeit des EuGH nicht mehr ausnahmslos entzogenen -[331] Bestimmung des Art. 6 II (früher: Art. F II) feststellt: „Die Union achtet die Grundrechte, wie sie in der (...) Europäischen Konvention zum Schutze der Menschenrechte und Grundfreiheiten gewährleistet sind und wie sie sich aus den gemeinsamen Verfassungsüberlieferungen der Mitgliedstaaten als allgemeine Grundsätze des Gemeinschaftsrechts ergeben."[332] Die EMRK gilt also nicht unmittelbar als EG-Recht, sie ist nicht EG-Rechtsquelle, sondern Rechtserkenntnisquelle, die in der mittelbaren Form der Auslegungshilfe bei der Konkretisierung der aus ungeschriebenen allgemeinen Rechtsgrundsätzen komponierten Grundrechtsordnung der EG wirkt.[333]

Nun ist gegenwärtig im Anwendungsbereich des Gemeinschaftsrechts kaum ein Fall denkbar, in dem der EuGH unter mittelbarem Rückgriff auf Art. 2 I 1 EMRK in seiner hirntodfreundlichen Auslegung in Gegensatz zu Art 2 II 1 Var. 1 GG geraten könnte. Namentlich im - hier vornehmlich interessierenden - Strafrecht ist ein Kollisionsfall zwischen Gemeinschaftsrecht und nationalem Recht schon deshalb wenig denkbar, weil die EG nicht Träger eigener Kriminalstrafgewalt sind, eigenes Strafrecht also nicht kennt.[334] In der Tat ist europäisches Kriminalstrafrecht „vorerst (...) eine Vision"[335], und für den Bereich des Strafrechts kann von einer „Omnipräsenz des Europarechts"[336] nur schwerlich die Rede sein. Die „Überlagerung des nationalen Strafrechts durch das Europäische Gemeinschaftsrecht"[337] führt aufgrund des gemeinschaftsrechtlichen Prinzips der begrenzten Einzelzuweisung daher nicht zu einem Übergang der Zuständigkeit für diesen Bereich auf die EG.[338] Allerdings kann Gemeinschaftsrecht auf begrenzte Segmente des nationalen Strafrechts interpretatorisch einwirken.[339] Das wird - mit

---

[331] Vgl. Art. 46 Buchst. d) des EU-Vertrages i.d.F. des Amsterdamer Vertrages (vgl. die konsolidierte Fassung des EU-Vertrages, ABlEG 1997 C 340/145); Art. L des Vertrages über die Europäische Union i.d.F. des Maastricht-Vertrages hatte die Kontrollbefugnis des EuGH für Art. F II (= Art. 6 II n.F.) noch ausgeschlossen, dazu etwa *H. Dreier*, in: ders. (Hrsg.), GG, Komm., Vorb. Rn. 23.

[332] BGBl. II 1992 S. 1253.

[333] *Schmidt-Aßmann*, Empfiehlt es sich, JZ 1994, S. 839; *H. Dreier*, in: ders. (Hrsg.), GG, Komm., Vorb. Rn. 23f.

[334] „The European Community is a community of law without criminal law" (*Schutte*, S 387). *Dannecker*, Strafrecht in der Europäischen Gemeinschaft, S. 26 (= S. 1990), S. 40 (= S. 2004); *Sieber*, Forderungen für die europäische Strafrechtspolitik, S. 158; *Weigend*, Strafrecht durch internationale Vereinbarungen, ZStW 105 (1993), S. 779 m. N.; *Oppermann*, Europarecht, § 7 Rn. 594; *Sieber*, Europäische Einigung und Europäisches Strafrecht, ZStW 103 (1991), S. 969ff. m. N. S. ergänzend: *Hugger*, S. 241ff.

[335] *Zuleeg*, JZ 1992, S. 764.

[336] *Schoch*, JZ 1995, S. 109, mit Hinweis auf S. 110, daß die Europäisierung sogar das Strafrecht erreicht habe.

[337] *Bleckmann*, Die Überlagerung des nationalen Strafrechts, S. 107ff.

[338] *Zuleeg*, JZ 1992, S. 762.

[339] Hier ist unter dem Stichwort „richtlinienkonforme Auslegung" zu denken an die Einwirkungen des EU-Rechts auf das nationale Umwelt-, Steuer-, Bilanz- und Lebens-

Blick auf die Probleme der strafrechtlichen Produkthaftung - auch für (fahrlässig begangene) Körperverletzungsdelikte diskutiert.[340] Diese Konstellationen sind indes mit den Problemen des Arzt(straf)rechts - etwa der Frage des Todeszeitpunktes - nicht vergleichbar, insbesondere weil das Gemeinschaftsrecht Anhaltspunkte für Friktionen nicht bietet. Das bedeutet: Schon das Fehlen kollisionsfähiger Materien in EG- und nationalem Recht macht mit Blick auf die „hirntodkritische" Auslegung des Art. 2 II 1 Var. 1 GG den Verweis auf EG-Recht unbeachtlich. Sollten de lege ferenda die Kompetenzen der EG dergestalt ausgeweitet werden, daß Aspekte des arzt(straf)rechtlichen Todesbegriffs durch Gemeinschaftsrecht berührt werden könnten, dann wäre dafür zu sorgen, daß die Union, die (auch) bei der Normsetzung an die (ungeschriebenen) Gemeinschaftsgrundrechte gebunden ist,[341] einen „im wesentlichen vergleichbaren Grundrechtsschutz gewährleistet" (Art. 23 I 1 GG).[342] De lege lata jedenfalls ändert der Verweis auf EG-Recht an der Maßstäblichkeit der hier vertretenen „hirntodkritischen" Auslegung des Art. 2 II 1 Var. 1 GG nichts.

2. Zur Unbeachtlichkeit rechtsvergleichender Argumente

Unbeachtlich ist auch der rechtsvergleichende Verweis auf andere, insbesondere europäische Rechtsordnungen, die den Hirntod als Tod des Menschen anerkennen.[343] Schon tatsächlich kann von einer „weltweit(en)"[344] Beachtlichkeit des

---

mittelstrafrecht, dazu *Dannecker*, Strafrecht in der Europäischen Gemeinschaft, S. 64ff. (= S. 2028ff.); *Gröblinghoff*, S. 58ff., jew. m. w. N.

[340] *Dannecker*, Europäische Gemeinschaft und Strafrecht, S. 311f. m. w. N.

[341] Dazu *Sanders*, ZfSH/SGB 1996, S. 419; *Gersdorf*, AöR 119 (1994), S. 407, jew. m. w. N.

[342] Ob für den Fall, daß ein EG-Grundrecht auf Leben in der Frage des Schutzbereichsendes (des Todes) von Art. 2 II 1 Var. 1 GG abwiche, das sog. „Kooperationsverhältnis" (BVerfGE 89, 155 [175] - Maastricht -) zwischen BVerfG und EuGH relevant würde, also daß BVerfG, u. U. im Rahmen einer Verfassungsbeschwerde, unmittelbar über die (nationale) Grundrechtskonformität des fraglichen sekundären Gemeinschaftsrechts befinden müßte, soll hier dahingestellt bleiben; s. dazu allg. *Tietje*, JuS 1994, S. 199f., 200ff.; *Kokott*, Deutschland im Rahmen der Europäischen Union, AöR 119 (1994), S. 216ff.; *Denninger*, JZ 1996, S. 589: „Kompetenz-Kollisionen sind vorprogrammiert." *Sendler*, Blüten richterlicher Unabhängigkeit, NJW 1996, S. 825, weist auf „eine gewisse Konkurrenz mit dem EuGH" hin, „die durch eine Art noch nicht austarierter Gemengelage gekennzeichnet ist."

[343] So auch *U. Battis*: „Die Auseinandersetzung um § 218 StGB hat gezeigt, daß das Bundesverfassungsgericht durch den Hinweis auf ausländische Regelungen nicht gewillt ist, den weiten Lebensschutz des Grundgesetzes zurückzunehmen." So in einem „Abstract zur Stellungnahme auf der Podiumsdiskussion ‚Das Organtransplantationsgesetz und die Definition des Todes'" am 25.5.1997 in Berlin, mit Brief v. 26.6.1997 dem Verf. zugesandt.

[344] So *Wolfslast*, Organtransplantationen, C-24: „Von allen Ländern und Religionen wird der Gehirntod inzwischen als Beendigung menschlichen Lebens anerkannt (...)." So auch der Mediziner *Schulte am Esch*, S. 3.

3. Kapitel: Grundrechtliche Kritik der Hirntodkonzeption

Hirntodes im strengen Sinne (weltweit = in allen Staaten) nicht die Rede sein.[345] Zum einen können nur die „meisten technisch fortgeschrittenen Länder"[346], vor allem die „technisch hochentwickelten westlichen Kulturen"[347] gemeint sein, da ohne eine entwickelte Intensiv- und Transplantationsmedizin der Hirntod in der Praxis keine Rolle spielt. Zum anderen wird übersehen, daß sich manche Länder - nicht nur des westlich-zivilisatorisch geprägten Rechtskreises - mit der Anerkennung des Hirntodkonzepts schwer getan haben bzw. (ungeachtet einer zuweilen formell erfolgten Anerkennung des Hirntodes) in der Praxis des gelebten Rechts immer noch schwer tun.[348] Das Faktum einer weiten Verbreitung des Hirntodkonzepts „beweist" im übrigen auch nicht „mittelbar, daß die Gleichsetzung von Hirntod und Tod des Menschen richtig ist."[349] Auch hier gilt (traditionell gesprochen), daß aus einem Sein kein Sollen abgeleitet werden darf.

Dessenungeachtet gilt normativ für das Lebensende das vom Bundesverfassungsgericht zum Lebensbeginn Ausgeführte entsprechend: „Dem Grundgesetz liegen Prinzipien der Staatsgestaltung zugrunde, die sich nur aus der geschichtli-

---

[345] Bei *Hirsch/Schmidt-Didczuhn*, S. 13, heißt es: „fast in allen Ländern übereinstimmend anerkannt". Differenzierter auch der (damalige) Vorsitzende der Deutschen Gesellschaft für Neurologie, *Felgenhauer*: „im Einklang mit der internationalen wissenschaftlichen Literatur", Deutscher Bundestag/Ausschuß für Gesundheit, Ausschuß-Drs. 13/585 v. 9.9.1996, S. 15ff. (15).
[346] *Kuhlmann*, S. 24 - ausdrückl. zum Hirntod. Rezension dieses „hervorragend gelungen(en)" knapp informierenden Buches bei *Bockenheimer-Lucius*, S. 241.
[347] *Sass*, Wann ist ein Mensch ein Mensch?, S. 6.
[348] Zur kontroversen Debatte in Japan *Matsuishi/Komori*, S. 338: „In Japan (...) the brain death concept is not accepted socially." *Kimura*, S. 123ff.; *Tanida*, S. 206f. - zu Hirntod und Transplantation. Das neue japanische Transplantationsgesetz anerkennt den Hirntod nur im Kontext der Entnahme lebenswichtiger Organe als Tod des Menschen und läßt die Entnahme nur zu, wenn der Spender selbst und zusätzlich auch noch seine Angehörigen der Entnahme zugestimmt haben: „Das Feststellen des Hirntods in bezug auf die Organentnahme kann nur dann erfolgen, wenn die betreffende Person zusammen mit ihrem Einverständnis zur Organspende ihr Einverständnis für das Feststellen des Hirntods in schriftlicher Form zum Ausdruck gebracht hat sowie wenn die hierüber unterrichteten Familienangehörigen der betreffenden Person dies nicht verweigern (...)." So in einem sog. Umriß des japanischen Gesetzes über Organtransplantationen, der dem Verf. von der *Japanischen Botschaft* in Deutschland zur Verfügung gestellt wurde (Schreiben v. 1.8.1997 an den Verf.). S. zum Gesetz auch den informativen Bericht von *A. Schneppen* in der FAZ, Nr. 138 v. 18.6.1997, S. 7, die das zentrale Problem des Hirntodes thematisiert. Die Empfehlung einer Ad-Hoc-Kommission der Regierung, die zu Anfang der neunziger Jahre tagte, den Hirntod als Tod des Menschen anzuerkennen, fiel nicht einstimmig aus: „Vier von zwanzig Kommissionsmitgliedern waren dagegen, die Meinung in der Gesellschaft ist ebenfalls gespalten" (*I. Botskór*, Organtransplantation in Japan, FAZ, Nr. 210 v. 9.9.1992, S. N 2). *Schlake/Roosen*, S. 51, weisen darauf hin, daß der Hirntod bisher keine Bedeutung in ganz Schwarzafrika (mit Ausnahme Südafrikas) habe: „Neben den weitgehend fehlenden intensivmedizinischen Voraussetzungen dürften hierfür insbesondere auch vielfältige religiöse und soziokulturelle Traditionen verantwortlich sein." Zur Diskussion in Dänemark vgl. *Evans*, S. 191ff.; *Rix*, S. 5ff.
[349] Anderer Ansicht *Angstwurm*, Sichere Feststellung des Todes. S. 19.

chen Erfahrung und der geistig-sittlichen Auseinandersetzung mit dem vorangegangenen System des Nationalsozialismus erklären lassen"; hierauf hat der Verfassungsgeber von 1949 mit der „unbedingte(n) Achtung vor dem Leben jedes einzelnen Menschen, auch dem scheinbar sozial ‚wertlosen'"[350] normativ geantwortet. Diese Entscheidung des Verfassungsgebers wird über die Achtung vor dem Leben des hirntoten Menschen in die Gegenwart unserer Rechtsordnung transformiert, ohne daß damit ein „absprechendes Urteil über andere Rechtsordnungen" gefällt wird, „die diese Erfahrungen mit einem Unrechtssystem nicht gemacht haben"[351] und deren Verfassung deshalb nicht bewußt „als politische Antwort auf die Erfahrungen im Nationalsozialismus (konzipiert)"[352] wurde. Daß und wie diese Grundentscheidung in den Jetztzustand des konkreten Gemeinwesens hinein normativ zu vergegenwärtigen ist, wurde oben erläutert (Abschnitt C.); dem ist nichts hinzuzufügen. „Der Hinweis auf die Verhältnisse in anderen Staaten und Gesellschaften entlastet nicht."[353]

3. Zur Unbeachtlichkeit gewohnheitsrechtlicher Argumente

Gegen die hier vertretene Auslegung des Art. 2 II Var. 1 GG läßt sich auch nicht einwenden, „die Rechtsgemeinschaft" habe stillschweigend oder ausdrücklich das Hirntodkonzept („Der Hirntod ist der Tod des Menschen") als rechtsrichtig akzeptiert.[354] Damit wird im Ergebnis eine quasi-gewohnheitsrechtliche Geltung des Hirntodkonzepts insinuiert. Dem kann nicht gefolgt werden.

Seit gut 30 Jahren gibt es eine Auslegungsübung im Strafrecht, im Arztrecht und auch - wenngleich schwächer - in der Grundrechtslehre dahingehend, den Tod des Menschen (zumindest auch) auf den Eintritt des Hirntodes zu fixieren. Zwar kann sich die interpretatorisch gewonnene Lesart einer Gesetzesvorschrift gewohnheitsrechtlich verfestigen. Ein solcher Vorgang ist indes - zumal im Straf-

---

[350] BVerfGE 39, 1 (67).
[351] BVerfGE 39, 1 (67). Vgl. auch *Isensee*, Die staatsrechtliche Stellung der Ausländer, VVDStRL 32 (1974), S. 63: „Der Staat des Grundgesetzes hütet sich, grundsätzlich jedenfalls, fremde Rechtsordnungen an der deutschen Verfassungselle zu messen und sich als Folge eines gutgemeinten Grundrechts-Paternalismus am Ende den Vorwurf eines teutonischen Grundrechts-Imperialismus zuzuziehen." Außerdem *ders.*, S. 63, dortige Fn. 38: „Die Versuchung, heute am deutschen Grundrechtswesen die Welt genesen zu lassen, wird vom BVerfG abgewiesen." Da es nur um die deutsche Rechtsordnung geht, kann dieser Einwand das hier verhandelte Thema nicht treffen.
[352] *Stolleis*, Vorurteile und Werturteile der rechtshistorischen Forschung zum Nationalsozialismus, S. 49.
[353] *Breuer*, Zum 180jährigen Bestehen der Carl Heymanns Verlag KG, 1995, S. 64. So i. Erg. auch *Lenzen*, S. 738.
[354] So namentlich *Eser*, Medizin und Strafrecht, ZStW 97 (1985), S. 30; ähnl. *Eser*, Zwischen „Heiligkeit" und „Qualität" des Lebens, S. 406 Anm. 132): „stillschweigende Anerkennung durch die Rechtsordnung."

recht - eine juristische Rarität.³⁵⁵ In jedem Fall müssen die Anforderungen zweifelsfrei erfüllt sein, die an das Vorliegen von Gewohnheitsrecht zu stellen sind:³⁵⁶ Eine - als Rechtssatz formulierbare - Norm muß allgemeine Anerkennung gerade als Rechtsnorm gefunden haben (opinio iuris et necessitatis) und der Rechtsgeltungswille der Rechtsgemeinschaft muß durch dauernde Übung nach außen hin klar in Erscheinung getreten sein (longa consuetudo). Nicht nur im Strafrecht entsteht Gewohnheitsrecht vor allem durch den Gerichtsgebrauch, also durch ständig bestätigtes „Richterrecht", das von der Rechtsgemeinschaft als Rechtsanwendung anerkannt wird.³⁵⁷ Zudem gilt: „Mit Rücksicht auf das Bestimmtheitsgebot (...) ist der Gesetzgeber um Überführung des Gewohnheitsrechts in den Gesetzestext bemüht."³⁵⁸

Gemessen an diesen Voraussetzungen stellt man zunächst fest, daß - bislang - eine richterrechtliche Praxis, den strafrechtlichen Todesbegriff mit dem Hirntodkonzept ineinszusetzen, fehlt. Gegenteilige Auskünfte sind unzutreffend.³⁵⁹ Auch ein gesetzgeberisches Bemühen, die vermeintliche, rechtssatzförmig formulierbare Norm „Tod i. S. der Tötungsdelikte des StGB ist der Hirntod", für das Kernstrafrecht zu positivieren, ist - nach gut dreißig Jahren des praktisch beachteten Hirntodkonzepts - nicht erkennbar.³⁶⁰ Außerdem hat die Diskussion über den Hirntod - wie im 2. Kapitel (Abschnitt D. II. 4.) gezeigt - nur wenige spezialisierte Rechtswissenschaftler erreicht. Schon der erweiterte Kreis der straf- und grundrechtsdogmatischen Zunft war an der Sachdiskussion nicht wirklich beteiligt, sondern beschränkte sich auf eine affirmativ-deklaratorische Wiederholung des von den (juristischen) Experten Vorgedachten. Überdies kann man weder die wenigen Juristen, die im „esoterischen Zentrum"³⁶¹ der Bemühungen standen, das Hirntodkonzept zu etablieren, noch die mit dem Todesbegriff überhaupt beschäftigten (Rechts-)Wissenschaftler als Delegaten der Rechtsgemeinschaft begreifen. Eine solche angebliche Repräsentation des auffallend medizintechnisch inspirierten

---

[355] *Jescheck/Weigend*, StrafR-AT, 5. Aufl., S. 113 (§ 12 IV 2) weisen bezeichnenderweise nur auf die - zudem durch den BGH anerkannte - Einschränkung des Treubruchtatbestandes des § 266 StGB auf Fälle typischer Vermögensfürsorge und wirtschaftlicher Selbständigkeit des Treupflichtigen hin.
[356] *Jescheck/Weigend*, StrafR-AT, 5. Aufl., S. 112 (§ 12 IV 1); *Fahrenhorst*, S. 911; *Ossenbühl*, Gesetz und Recht, § 61 Rn. 42ff.
[357] *Jescheck/Weigend*, StrafR-AT, S. 112 (§ 12 IV 1).
[358] *Jescheck/Weigend*, StrafR-AT, S. 112 (§ 12 IV 1).
[359] Dazu die Nachweise im 1. Kap. Fn. 110 und 114, vor allem *Mitsch*, JuS 1995, S. 790.
[360] Wie wir noch sehen werden (unten Abschn. G. IV.), setzt das Transplantationsgesetz den Hirntod mit dem Tod des Menschen gleich. Formell gilt diese Gleichsetzung nur für das Transplantationsgesetz. Materiell ist jedoch damit zu rechnen, daß die Regelung im Transplantationsgesetz als bloß exemplarisch-deklaratorische Bestätigung des Hirntodkonzepts auch für die übrige (Straf-)Rechtsordnung interpretiert werden wird. Dessenungeachtet wird die Einfügung einer - das Hirntodkonzept bestätigenden - Legaldefinition in das StGB z. Zt. nicht erwogen.
[361] *Fleck*, Entstehung, S. 155.

D. Kritik der Hirntodkonzeption aus grundrechtlicher Sicht

„Volksgeist(es)"[362] durch die (einschlägig spezialisierten) Juristen und Mediziner ist nach den Regeln des geltenden Staatsorganisationsrechts nicht vorgesehen und - verfassungsrechtlich betrachtet - unbeachtlich.

Schließlich ist zu bedenken, daß ein strafrechtlicher Gewohnheitsrechtssatz nicht notwendig auch eine ungeschriebene Norm des *Verfassungs*gewohnheitsrechts ist. Einen solchen Rechtssatz müßte es aber geben, wenn man zu dem Ergebnis gelangen wollte, die dem gängigen Hirntodkonzept folgende Auslegung des Art. 2 II 1 Var. 1 GG habe gewohnheitsrechtlichen Charakter. Dagegen spricht - ergänzend zu den vorgenannten Einwänden gegen einen strafrechtlichen Gewohnheitsrechtssatz, die entsprechend gelten - schon die grundsätzliche Fragwürdigkeit von Verfassungsgewohnheitsrecht überhaupt. Selbst wenn man unterstellt, Verfassungsgewohnheitsrecht sei eine mögliche Rechtsquelle für die Gewinnung geltender Sätze des Verfassungsrechts,[363] dann muß man zugestehen, daß es Indizien für eine fraglos gegebene (als Verfassungsrecht geltende) Anerkennung des Hirntodkonzepts durch die Rechtsgemeinschaft nicht gibt. Was allgemein für Gewohnheitsrecht gilt, gilt auch hier: Die „longa consuetudo wie auch die opinio iuris lassen sich im Regelfall nicht durch annähernd rationalisierbare Maßstäbe und Kriterien ermitteln. (...) Damit sind die realen Vorbedingungen für die Entstehung von Gewohnheitsrecht weitgehend entfallen."[364] In der Summe steht der Einwand gewohnheitsrechtlicher Geltung - im Bereich des Strafrechts, erst recht für das Verfassungsrecht - auf überaus schwachen Füßen und muß im Ergebnis als unbegründete Behauptung zurückgewiesen werden. Das gilt nicht zuletzt deshalb, weil eine - zumal von Beginn der Rezeption an laufende - Auseinandersetzung in der Bevölkerung, der Gewohnheitsrecht kreierenden Allgemeinheit, über den Hirntod nicht nachweisbar ist. Es fehlt jeder Nachweis dafür, daß „die Rechtsgemeinschaft" als Gesamtheit der an Recht und Gesetz orientierten Bevölkerung das Hirntodkonzept kennen, verstehen und als (verfas-

---

[362] *F. C. von Savigny*, System des heutigen römischen Rechts, Bd. 1/2. Kap., bes. §§ 6-8, S. 30: „der in allen einzelnen gemeinschaftlich lebende und wirkende Volksgeist" ist es, der das positive Recht erzeugt; allerdings ist folgende Entwicklung hin zum Juristenstand zu beachten (*F. C. v. Savigny*, Vom Beruf unserer Zeit für Gesetzgebung und Rechtswissenschaft, S. 12): „Das Recht bildet sich nunmehr in der Sprache aus, es nimmt eine wissenschaftliche Richtung, und wie es vorher im Bewußtseyn des gesammten Volkes lebte, so fällt es jetzt dem Bewußtseyn der Juristen anheim, von welchen das Volk nunmehr in dieser Function repräsentirt wird." Dazu bspw. *E.-W. Böckenförde*, Die Historische Rechtsschule, S. 13 a.E. zum Juristenstand als „hauptsächliche[m] Träger der Rechtsbildung", S. 15ff. zum „Volksgeist". Zur Vorsicht bei der analogen Verwendung von Denkfiguren *Savignys* mahnend: *Rückert*, Das „gesunde Volksempfinden", ZRG Germ. Abt. 103 (1986), S. 242f. mit Anm. 190.
[363] Nachw. bei *Ossenbühl*, Gesetz und Recht, § 61 Rn. 43, ausf. *Tomuschat*, Verfassungsgewohnheitsrecht?
[364] *Ossenbühl*, Gesetz und Recht, § 61 Rn. 44.

320   3. Kapitel: Grundrechtliche Kritik der Hirntodkonzeption

sungs)rechtlich Gesolltes befürworten würde.[365] Anstrengungen, die reale Anerkennung oder Ablehnung der Hirntodkonzeption als rechtsrichtig nachzuweisen, sind - ungeachtet der allgemeinen Problematik, die statistisch-demoskopische Verfahren mit sich bringen -[366] nicht bekannt. Selbst wenn sich empirisch-demoskopisch valide feststellen ließe, daß eine Mehrheit der Bevölkerung hirntote Menschen als Leichen qualifizieren würde, wäre dies normativ schlechthin unbeachtlich. Die Rechtsgemeinschaft darf nur das als verfassungsrechtlich maßstäblich anerkennen, was der Verfassung als Grundordnung der Rechtsgemeinschaft entspricht[367]. In ihr hat sich das Gemeinwesen gegebener Gestalt hinsichtlich grundlegender Ordnungsfragen normativ selbst gebunden. Mit Blick auf Art. 2 II 1 Var. 1 GG hat das Bundesverfassungsgericht dementsprechend ausgeführt: „Auch ein allgemeiner Wandel der hierüber in der Bevölkerung herrschenden Anschauungen - falls er überhaupt festzustellen wäre - würde daran nichts ändern können."[368] Im Gegenteil: Gerade der Wert des Lebens als grundrechtlich umheg-

---

[365] Daß der Verweis auf das „Volksbewußtsein" oder ähnliche Größen meistens nur dazu dient, die Vorzugswürdigkeit einer rechtspolitischen oder rechtsdogmatischen Position unter Vermeidung wirklicher Argumentation zu behaupten, zeigt z. B. auch die Verwendung des „Volksbewußtseins"-Argument bei der Abgrenzung von Mord und Totschlag, worauf *Eser* kritisch hingewiesen hat, Diskussionsbemerkung, 1980, M 61 a.E.

[366] Krit. zum Wert demoskopischer Verfahren bei der Ermittlung des normativen Sinns von Verfassungsrechtssätzen *Limbach*, Auf nach Karlsruhe!, Beil. zu H. 35/NJW 1996, S. 30. Ausführlicher zur begrenzten Aussagekraft der Demoskopie in diesem Kontext *dies.*, Akzeptanzprobleme der Verfassungsgerichtsbarkeit, Rede, gehalten am 3. Juli 1996, S. 9ff., (unveröffentlicht, Exemplar der Redevorlage beim Verf.); zu dieser Rede der Hinweis in der SZ, Nr. 153 v. 5.7.1996, S. 5. Warnung gleichwohl vor einer „Jammeriade gegen die Demoskopie" durch *dies.*, ZRP-Rechtsgespräch, ZRP 1996, S. 414.

[367] Dies sei im Bewußtsein der problematischen Verschränkung von „Faktizität und Geltung" im Verfassungsrecht gesagt, vgl. dazu etwa *Hesse*, Grundzüge des Verfassungsrechts, Rn. 41 - 48. Zum Verhältnis von normativer Geltung und realer Wirksamkeit des grundrechtlich gebotenen Lebensschutzes auch *Steiner*, S. 30f. Folgende Aussage ist daher differenzierungsbedürftig: „Eine Rechtsordnung ist deshalb nur erfolgreich, wenn sie inhaltlich ihren tatsächlichen Voraussetzungen entspricht" (*Kirchhof*, Von der einigenden zur Einheitsverfassung, S. 31). So richtig es sein mag, daß „(n)ormative Erwartungen (...) nicht ohne Seitenblick auf die Durchsetzbarkeit praktiziert werden (können)" (*Luhmann*, Das Recht der Gesellschaft, S. 446), so zutreffend es also ist, daß normative Geltung ihre realen Geltungsbedingungen immer mitreflektieren muß, so klar muß freilich auch sein, daß bei aller Berücksichtigung der realen Geltungsvoraussetzungen der regelnde, d. h. wirklichkeitsprägende Anspruch eines (Verfassungs-)Rechtssatzes nicht im Gewand der diffusen Bemerkung, das Recht müsse sich neuen Situationen anpassen, aufgegeben werden darf. Daß diese Spannung zwischen normativer Verhaltenserwartung und real gelebter Verhaltenserwartung im Kontext einer wertpluralen Gesellschaft gerade bei Grundrechtsfragen, die eben Grundfragen einer für alle verbindlichen, allgemeingültigen Ordnung des Gemeinwesens sind, besonders problematisch werden kann, dürfte unstreitig sein. Die Auflösung des normativen Anspruchs in zeitgeistsynchrone Anpassung ist freilich niemals ein zulässiger Weg, diese Spannung aufzulösen.

[368] BVerfGE 39, 1 (67). Das BVerfG weist auch darauf hin, daß namentlich der Gesetzgeber kein „Recht zur Resignation" habe, wenn „in einem Teil der Bevölkerung der

te biologische Basis aller weiteren Lebensführung ist kontrafaktisch stabil zu halten,[369] soll der „klare normierende Wille (...) nicht dem Wandel der Situation zum Opfer gebracht werden. (...) Alles andere hieße, die unvermeidliche Spannung von Norm und Wirklichkeit und damit das Recht selbst aufzuheben."[370] „Der Hinweis auf die ‚normative Kraft des Faktischen' hat in der Vergangenheit nicht selten zur Unterdrückung des Rechts geführt; er muß deshalb aus rechtlichen Erwägungen ausscheiden."[371] „Auch bei sich ändernden Werthaltungen steht der normativen Kraft des Faktischen die normative Kraft der Norm, der Verfassung, gegenüber."[372] Nur so kann dem „Niedergang des Normativen"[373] im Zentrum der Rechtsordnung - dem basalen Freiheitsrecht des Art. 2 II 1 Var. 1 GG - gewehrt werden. Mit einem Wort: Das Hirntodkonzept gilt nicht kraft (Verfassungs-)Gewohnheitsrechts.

VII. Ergebnis der grundrechtlichen Kritik der Hirntodkonzeption

Das Ergebnis der grundrechtlichen Kritik des Hirntodkonzepts lautet: Der hirntote Mensch lebt im Sinne des Grundrechts auf Leben aus Art. 2 II 1 Var. 1 GG. In verfassungsrechtlich zulässiger Weise läßt sich nicht begründen, warum der Ausfall des Gehirns menschliches Leben im Sinne des Grundgesetzes beenden soll. Als Sitz von „Geistigkeit" ist das Gehirn für den verfassungsrechtlichen Begriff von Leben irrelevant; die Funktion des Gehirns als scheinbar unersetzbares Regelzentrum für die Aufrechterhaltung des biologischen Organismus ist nicht hinreichend begründet. Im Grundrechtssinne ist der hirntote Patient ein lebender Mensch.[374] Demgemäß müssen hirntote Patienten richtigerweise als sterbende, al-

---

Wert des (...) Lebens nicht mehr voll erkannt wird" (BVerfGE 39, 1 [66]). In der Sache zustimmend *Steiner*, S. 30.

[369] Dazu allg. z. B. *Morlok*, Begriff und Phänomen der Normenerosion, S. 118ff. m. N. namentlich zu *Luhmann*.

[370] *Hesse*, Die Normativität der Verfassung, S. 90.

[371] *H. Peters*, S. 19.

[372] *Robbers*, Obsoletes Verfassungsrecht durch sozialen Wandel?, S. 216 mit Verweis auf BVerfGE 39, 1 (67).

[373] *Kägi*, S. 18ff.

[374] Tertium non datur. Wenn der Hirntote lebt, dann ist er nicht tot. „Eine rechtlich relevante Zwischenphase gibt es nicht (...)", so prägnant *Böhme*, S. 63. Tendenzen, eine Zwischenphase anzunehmen, bei *A. Jung*, Die Zulässigkeit biomedizinischer Versuche, S. 78, die den Zustand des hirntoten Menschen als „aliud" qualifiziert. Auch *Gallwas* neigt der Annahme zu, die „Phase zwischen Hirntod und Herz/Kreislauftod" müsse besonders beurteilt werden, so Protokoll der 72. Sitzung des Rechtsausschusses des Deutschen Bundestages am 15.1.1997 (13. WP), Anlage S. 13; s. auch ebda. S. 33: „die Phase zwischen Hirntod und Herz-Kreislauf-Tod (ist) (...) juristisch ein Grenzbereich (...).“ Klare Absage an eine derartige - von ihm so bezeichnete - „Zwischenreichtheorie" durch *Höfling*, Protokoll der 72. Sitzung des Rechtsausschusses des Deutschen Bundestages am 15.1.1997 (13. WP), S. 26. Der Neurologe *Spittler* will hingegen „das Postulat

so lebende Menschen im Zustande unumkehrbaren Hirnversagens bezeichnet werden.

Damit sind die Weichen gestellt, um der nächsten Frage nachzugehen: Welche Bedeutung hat die grundrechtliche Kritik für das Strafrecht?

E. Die Maßstäblichkeit der grundrechtlichen Kritik der Hirntodkonzeption für den Strafrechtsschutz am Ende menschlichen Lebens

I. Zum problematischen Verhältnis von Verfassungsrecht und Strafgesetz

Wie sich das „Zusammenspiel von Verfassungsrecht und Strafrecht"[375] in der Frage gerade des Hirntodes dogmatisch begreifen läßt, ist bislang noch nicht erläutert worden.[376] Letztlich erweist sich auch hier die allgemeine Einschätzung als zutreffend, daß die „Frage des Verhältnisses von Verfassungsrecht und Strafrecht (...) nicht gerade zu den Hauptexerzierfeldern der Strafrechts- oder Staatsrechtslehre (zählt)".[377] Daß - zumindest auf den ersten Blick - die „Plazierung an der Schnittstelle zwischen zwei Fachgebieten für die wissenschaftliche Durchdringung einer Thematik nicht gerade förderlich ist",[378] bestätigt sich überdies. Ebenso klar ist, daß der grobflächige Verweis auf eine „vom Geist der Verfassung"[379] getragene Auslegung der Strafgesetze keineswegs ausreicht, um der Problematik gerecht zu werden: „Als objektive Wertordnung beeinflußt der Grundrechtsteil des Grundgesetzes (...) unter anderem" das „Strafrecht".[380] Aber: Wie genau beeinflußt er das Strafrecht? „Strafrecht und Grundrechtsschutz stehen in einem engen inneren Zusammenhang. Bei Tötungsdelikten (...) steht dies außer Zweifel."[381] Wieso steht dies außer Zweifel? Auch die Rede

---

‚tertium non datur' (...) hinterfrag(en)", *Spittler*, Der menschliche Körper im Hirntod, JZ 1997, S. 751.

[375] *Groh/Poplutz*, JA H. 10/1995, S. XIV - allgemein zu dem Umstand, daß mit Blick auf das Lebensrecht das „Zusammenspiel von Verfassungsrecht und Strafrecht" typisch sei.

[376] S. dazu allg. auch *Tiedemann*, Verfassungsrecht und Strafrecht, S. 3f.: „Die weitergehende Frage, inwieweit das Verfassungsrecht des Grundgesetzes insgesamt die strafrechtliche Ordnung beeinflußt, ihr also im Sinne der Terminologie des Bundesverfassungsgerichts (seit dem Lüth-Urteil) ‚Richtlinien und Impulse' gegeben hat, wird (...) selten gestellt."

[377] *H. Jung*, Prüfsteine für das strafrechtliche Sanktionensystem, GA 1993, S. 536 Anm. 8. So i. Erg. auch die Analyse von *Lagodny*, Strafrecht vor den Schranken der Grundrechte, S. 50, S. 74 - sowohl für die Strafrechts- als auch für die Verfassungsrechtslehre.

[378] *H. Jung*, Anmerkungen zum Verhältnis von Strafe und Staat, GA 1996, S. 511.

[379] *Nehm*, S. 205.

[380] *G. Müller*, S. 405.

[381] *Stern*, Staatsrecht, Bd. III/1, S. 949.

E. Die Maßstäblichkeit der grundrechtlichen Kritik

vom „gleichsam gefiltert(en) Eingang"[382] der Grundrechtsordnung, die das Strafrecht „überlagert und prägt"[383], läßt manchen Wunsch nach systematischer Zuspitzung unerfüllt, wie überhaupt die Einwirkungs- und Strahlenmetaphorik, die von den ein- und ausstrahlenden Grundrechten, ihren Ein- und Auswirkungen auf das einfachgesetzliche Strafrecht spricht,[384] eher als semantische Rettungsoperation erscheinen muß denn als dogmatisches Konzept mit greifbarem Inhalt. Kurz: Die „etwas abgegriffene Formel, daß das einfache Gesetz ‚im Lichte der Grundrechte' zu interpretieren sei",[385] läßt (ebenso wie verwandte Formeln) dogmatisch zuviel im Dunkeln. Gibt es Gründe für diesen vergleichsweise ernüchternden Befund?

Zunächst darf man vermuten, daß die Verschränkung der Hirntod-Problematik mit der Regelungsgestalt des Transplantationsgesetzes der Bestimmung des in concreto beachtlichen Verhältnisses von Verfassungsrecht und Strafgesetz im Wege gestanden hat bzw. im Wege steht. Die Diskussion wurde lange Zeit von einem (arzt)strafrechtlichen Problemzugriff dominiert, der sich nicht selten anschickte, die anfallenden grundrechtlichen Fragen bei Gelegenheit geschwind mitzubeantworten. Die Dominanz der juristischen Subdisziplin „Arzt(straf)recht" in medizinbezogenen Fragen hat de facto zu einer Depossedierung der Grundrechtslehre auf ihrem ureigensten Aufgabengebiet geführt: dem Gebiet der interpretatorischen Grundrechtssicherung. Diese fiel - nolens volens - in die besorgten Hände der Arzt(straf)rechtslehre, die - fixiert auf die lex lata criminalis und deren Quisquilien - spezifisches Gespür für den eigenen Geltungsanspruch des Lebensgrundrechts vermissen ließ. Freilich: Alleingelassen von einer Grundrechtslehre, die das im Hirntodkonzept angelegte Problempotential so lange verkannt hat, wäre es vermessen, der Strafrechtslehre im Rückblick mangelnde Grundrechtssorge vorzuhalten.

Vorwürfe würden dem - ohnehin nicht spannungsfreien - Verhältnis von Straf- und Verfassungsrecht(slehre) grundsätzlich schaden. Das gilt um so mehr, als in der Strafrechtslehre ein grundrechtsbezogenes Unbehagen spürbar ist. Alle Bereiche des materiellen und formellen Strafrechts - das Recht der Strafbarkeitsvoraussetzungen,[386] das Recht des Erkenntnisverfahrens,[387] das Sank-

---

[382] *Erichsen*, Jura 1996, S. 529 - dort bezogen auf das Privatrecht.
[383] *Redeker*, NJW 1996, S. 3266 - allgemein zum Verhältnis von Verfassung und einfacher Rechtsordnung.
[384] *Wank*, S. 118, spricht von Verfassungsbegriffen, die auf die Begriffe des einfachen Rechts „zurückstrahlen".
[385] *Kissel*, S. 74 Anm. 235.
[386] Man denke nur an BVerfGE 88, 203 (Abtreibung II), BVerfGE 90, 145 (Cannabisprodukte), BVerfGE 92, 1 (Nötigung II); BVerfGE 92, 277 (DDR-Spione) oder BVerfGE 93, 266 („Soldaten-sind-[potentielle]-Mörder"). Im einzelnen wäre genauer zu unterscheiden nach verfassungsgerichtlichen Anforderungen an die Normen(erlaß)kontrolle und die Normanwendungskontrolle (vor allem im Wege der Rechtssatz- bzw. Urteilsverfassungsbeschwerde). Daß namentlich der Allgemeine Teil des

324   3. Kapitel: Grundrechtliche Kritik der Hirntodkonzeption

tionen- und Vollstreckungsrecht[388], nicht zuletzt das Strafvollzugsrecht[389] - sehen sich, gerade in den letzten Jahren,[390] massiven verfassungsrechtlichen Anfragen und Korrekturen ausgesetzt. Vom autoritativ entscheidenden Bundesverfassungsgericht werden sie je neu ins Bewußtsein der (Fach-)Öffentlichkeit gehoben. Gegen diese Entwicklung wird vonseiten einzelner Vertreter der Strafrechtslehre eingewandt, daß Grundgesetz sei „kein Steinbruch, aus dem sich

---

Strafrechts „weitestgehend autonom" geblieben ist gegenüber verfassungsgerichtlichen Überformungen (mancher würde vermutlich sagen: Verformungen), darauf weist *Tiedemann*, Verfassungsrecht und Strafrecht, S. 59, hin. S. außerdem *Paulduro*.
[387] Starken Einfluß hat die Judikatur des BVerfG vor allem im Recht des strafprozessualen Erkenntnisverfahrens: „verfassungsgerichtliche Strafprozeßpolitik" (so *Tiedemann*, Verfassungsrecht und Strafrecht, S. 56). Ironisch wird darauf verwiesen, der Tatrichter suche „nicht mehr in der Herrenstraße, sondern unmittelbar im Schloßbezirk Auskunft und Belehrung", also nicht mehr beim BGH, sondern beim BVerfG (*Strate*, S. 80).
[388] Das Strafvollstreckungsrecht, jenes „notorisch unterschätzte Teilrechtsgebiet" (*Fischer*, JZ 1994, S. 92) mit sachlichem Bezug zum materiell-strafrechtlichen Sanktionenrecht, ist ebenfalls Gegenstand verfassungsgerichtlichen Bemühens (vgl. nur BVerfGE 86, 288), s. auch *Müller-Dietz*, Buchbesprechung: P. Bringewat, ZfStrVo 1994, S. 189: „die Materie (wird) stark vom Verfassungsgericht beeinflußt, ja überformt".
[389] Im Strafvollzugsrecht bemüht sich das BVerfG, „das Licht der Grundrechte noch in die finsterste Gefängniszelle" zu tragen (*Wolf/Jabel*, NStZ 1994, S. 66). Die zuständige 2. Kammer des 2. Senats (zur Geschäftsverteilung: NJW 1996, 2637ff. [2369]) ist im Bereich des Strafvollzugsrechts auf dem besten Wege, oberste Strafvollstreckungskammer der Republik zu werden, s. nur NStZ-RR 1996, S. 55; NStZ 1994, S. 101f.; NStZ 1993, S. 507ff.; S. 300f.; S. 301f.; StV 1993, S. 601f.; NJW 1993, S. 1380f., NJW 1991, S. 690f. Dazu *Kruis/Cassardt*; NStZ 1995, S. 521ff., S. 574ff.; *Wulf*, NJ 1996, S. 227ff. Diese Entwicklung ist beachtlich: Das BVerfG hat mit seiner Entscheidung BVerfGE 33, 1 eine erste Phase der Vergrundrechtlichung des Strafvollzugs eingeleitet; der geforderte Erlaß des StVollzG war bei näherem Hinsehen freilich nur die Einforderung des Gesetzmäßigkeitsprinzips auch für das sog. besondere Gewaltverhältnis, in dem sich der Gefangene befindet. So gesehen, handelt es sich um eine bloß formelle Vergrundrechtlichung. Über die grundrechtsorientierte Auslegung der Vorschriften des StVollzG in den Entscheidungen der letzten Jahre hat das BVerfG eine zweite Phase der Vergrundrechtlichung eingeleitet; so sichert das BVerfG die materielle Vergrundrechtlichung des Strafvollzugs durch die grundrechtsorientierte Auslegung des StVollzG. Die Judikatur des BVerfG in Strafvollzugssachen bietet überdies reiches Anschauungsmaterial für die Problematik der verwaltungsrechtlich vermittelten Grundrechtsgeltung (denn Strafvollzugsrecht ist der Sache nach besonderes Verwaltungsrecht). Die Thematik, an der sich eine Reihe allgemeiner - für das Verhältnis von Verfassungsrecht und einfachgesetzlichem Verwaltungsrecht bedeutsamer - dogmatischer Aspekte sichtbar machen läßt, kann hier nicht entfaltet werden.
[390] Das Verhältnis von Strafrecht und Grundgesetz ist schon früh - freilich mit anderen Akzenten - ein dogmatisches Thema gewesen, s. nur die im November 1956 abgeschlossene Arbeit von *Wolkenhauer*. S. auch *Eb. Schmidt*, Lehrkomm. z. StPO und z. GVG, S. 227 (Rn. 8): „die StPO als das strictissime zu interpretierende Ausführungsgesetz des Grundgesetzes". Außerdem *Hamann sen.*, Grundgesetz und Strafgesetzgebung, *Stree. Lagodny*, Strafrecht vor den Schranken der Grundrechte, S. 5, weist darauf hin, daß „die Problematik erst in jüngster Zeit wieder angepackt" wird.

Einzelheiten einer Rechtsordnung herausklopfen" ließen,[391] ja, das „autoritäre Auftreten des Verfassungsrechts gegenüber dem Strafrecht"[392] mache das Strafrecht mehr und mehr zu einer veritablen „Kolonie des Verfassungsrechts"[393], in der der „Imperialismus des Öffentlichen Rechts auf Kosten des Strafrechts"[394] herrsche. Die „Flucht in verfassungsrechtliche Generalklauseln"[395] sei eine gefährliche „Modeerscheinung"[396] geworden, die das einfachgesetzliche Recht diskreditiere. Die „grundrechtliche Okkupation des ‚einfachen Rechts'"[397] führe zu einer verfassungsrechtlichen „Umzingelung"[398] des Strafrechts. Mit einem Wort: Das „expansive Verfassungsrecht"[399] überspiele die Eigenheiten der strafrechtlichen Legalordnung und öffne das Strafrecht - im Gewand verfassungsrechtlicher Auslegung - (verfassungs)rechtspolitischen Vorlieben, die über diesen „hermeneutischen Winkelzug"[400] in die lex lata vorverlagert würden.[401] Der „sachlich nur scheinbare(n) (...) Überlegenheit des Verfassungsrechts"[402] sei deshalb Einhalt zu gebieten.[403] Sekundiert wird diesen Stimmen von Vertretern des Öffentlichen Rechts, die vor einer „Hypertrophie der Grundrechte"[404] warnen und die totale Vergrundrechtlichung[405] der Gesetzesanwendung mit unabsehbaren Folgen namentlich für die Rechtssicherheit befürchten.[406] Die „grundbegrifflich ungeklärte"[407] sog. Ausstrahlungswirkung der

---

[391] So der Kölner Strafrechtslehrer *H. J. Hirsch*, Leserbrief in der FAZ, Nr. 207 v. 6.9.1995, S. 10.
[392] *Arzt*, Dynamisierter Gleichheitssatz, S. 53. Krit. auch *ders.*, Amerikanisierung der Gerechtigkeit, S. 539.
[393] *Wolter*, Verfassungsrecht, NStZ 1993, S. 1 - konkret zum Verhältnis des Verfassungsrechts zum Strafprozeßrecht.
[394] *von Arnim*, VVDStRL 50 (1991), S. 298: „die Frage eines eventuellen Imperialismus des Öffentlichen Rechts auf Kosten des Strafrechts und des Zivilrechts".
[395] *Wolter*, Systematischer Kommentar, vor § 151 StPO Rn. 54.
[396] *Schroeder*, Strafprozeßrecht, 1. Aufl., Rn. 50; 2. Aufl., Rn. 52.
[397] *Berkemann*, DVBl. 1996, S. 1034.
[398] *W. Weber*, S. 32: „Das vollendete justizstaatliche Idealsystem des Bonner Grundgesetzes (...) droht Verwaltung, Regierung und Gesetzgebung ganz in die Umzingelung durch Verfassungs-, Verwaltungs- und Zivilgerichte zu verstricken."
[399] *Sternberg-Lieben*, Anm. zu BGH, Urt. v. 21.7.1994 - 1 StR 83/94 -, JZ 1995, S. 848 a.E.
[400] Formulierung - unabh. vom konkreten Thema - bei *Geis*, NJW 1992, S. 2940 a.E.
[401] Vgl. *Arzt*, Dynamisierter Gleichheitssatz, S. 49 a.E.
[402] *Arzt*, Dynamisierter Gleichheitssatz, S. 53.
[403] Weitere Nachweise zu einschlägigen Warnungen der Strafrechtslehre vor einer Überschätzung der Grundrechte bei *Lagodny*, Strafrecht vor den Schranken der Grundrechte, S. 3f.
[404] *Bettermann*, Hypertrophie der Grundrechte, S. 49ff.; *Sendler*, Kann man Liberalität übertreiben?, ZRP 1994, S. 343.
[405] *Sendler*, Unmittelbare Drittwirkung, NJW 1994, S. 710, mit dem Begriff „vergrundrechtlichen" und einem Verweis auf *Ch. Starck*, von dem dieses Wort - offenbar - stammt; s. auch *Sendler*, Kann man Liberalität übertreiben?, ZRP 1994, S. 343, dort mit der - bedenklichen - Wendung „totaler Rechtsstaat".
[406] S. dazu etwa *Ossenbühl*, Abwägung im Verfassungsrecht, S. 33ff.
[407] *Habermas*, Faktizität und Geltung, S. 303.

Grundrechte - in Wahrheit ein „Arkanum"[408] des Bundesverfassungsgerichts, das eine „oftmals schwer auflösbare (...) Gemengelage zwischen sog. einfachem Recht und Verfassungsrecht"[409] zur Folge habe - führe zu „Strahlenschäden"[410] am einfachgesetzlichen Recht, stehe einer „dogmatisch stringente(n) Abschichtung"[411] der Normebenen im Wege und drohe daher die Eigengesetzlichkeit des materiellen (Straf-)Rechts aufzulösen.[412] Es bestätige sich der „Eindruck (...), daß sich das Öffentliche Recht auf breiter Front in die Gefilde des Strafrechts"[413] einmische und einer untunlichen „Konstitutionalisierung der einfachen Rechtsordnung"[414] Vorschub leiste: „Für autonom gehaltene Bastionen des einfachen Rechts" fallen.[415] Da die dogmatisch unbeantwortete Frage nach der stimmigen Abgrenzung von einfachem Recht und sog. spezifischen Verfassungsrecht ihr gerichtsorganisatorisch-funktionellrechtliches Pendant in der Abschichtung der Kompetenzen von Verfassungs- und Fachgerichtsbarkeit habe[416] (die - natürlich - auf Kosten der Strafgerichte erfolge), betätige sich der authentische Interpret des Grundgesetzes - das Bundesverfassungsgericht - konsequent

---

[408] *Böckenförde*, Grundrechte als Grundsatznormen, S. 169.
[409] *Böckenförde*, Grundrechte als Grundsatznormen, S. 168. Auf die „schwer durchschaubare Gemengelage von einfachem Recht und spezifischem Verfassungsrecht" weisen auch hin *Niemöller/Schuppert*, AöR 107 (1982), S. 405. S. auch *Wahl/Wieland*, JZ 1996, S. 1138: „die Unterscheidbarkeit zwischen vorrangigem Grundrecht und einfachem Recht ist durchgehend und intensiv ins Verschwimmen geraten. Daß eine Entscheidung grundrechtlich mit-determiniert sei, bedeutet bald nichts Besonderes mehr, da letztlich alles grundrechtlich durchwirkt, angestrahlt und beeinflußt ist. Die Unterscheidbarkeit zwischen vorrangigem und einfachem Recht ist theoretisch kaum mehr möglich, (...)." *Röhl*, Allgemeine Rechtslehre, S. 675: „Es gibt keine scharfe Grenze zwischen ‚falscher' Rechtsauslegung und Verfassungsverstoß."
[410] *Isensee*, Bundesverfassungsgericht - quo vadis?, JZ 1996, S. 1090. S. auch *Ossenbühl*, Abwägung im Verfassungsrecht, S. 27: die „‚Ausstrahlungswirkung'" habe sich als „eine gefährliche Radioaktivität erwiesen, unter deren Abstrahlung inzwischen auch die bewährten Strukturen des Zivilrechts (...) zu schmelzen beginnen." S. auch *dens.*, Diskussionsbemerkung, S. 52: „Ausstrahlung, das ist eben wirklich so wie Radioaktivität, das geht bis in die letzte Phase der einfachen Rechtsordnung. Irgendwie sind die Grundrechte ubiquitär."
[411] *Schlink*, Korrektur von Gerichtsentscheidungen, NJW 1988, S. 1691 - allg. zum Problem des sog. spezifischen Verfassungsrechts.
[412] Hinweis auf die Gefahren für die „Eigengesetzlichkeit des einfachen Rechts" bei *Isensee*, Bundesverfassungsgericht - quo vadis?, JZ 1996, S. 1089; allg. dazu auch *Wahl*, NVwZ 1984, S. 401ff.
[413] *Hufen*, VVDStRL 50 (1991), S. 333, der indes diesen „weit verbreitete(n) Eindruck (...) widerlegt" sieht.
[414] *F. Ossenbühl*, Abwägung im Verfassungsrecht, S. 37 a.E.
[415] *Berkemann*, DVBl. 1996, S. 1029.
[416] *Häberle* weist darauf hin, daß der „Streit um den - besonderen - Status des BVerfG (...) in vielfältigem Gewand" geführt werde, u. a. „als Methodenstreit" (Vorwort, S. XVI). Zum Problem - jew. m. w. N. auch zum älteren Schrifttum - *Starck*, Verfassungsgerichtsbarkeit und Fachgerichte, JZ 1996, S. 1033ff.; *Berkemann*, DVBl. 1996, S. 1028ff.; *Schulte*, DVBl. 1996, S. 1014ff.

„als Elefant im strafrechtlichen Porzellanladen"[417] - „Verfassungsverschleiß"[418] inklusive.

Schenkt man diesen beachtlich plakativen Ausführungen unbesehen Glauben, dann besteht Anlaß zu brennender Sorge: Die vermeintlich feste Burg des Strafrechts wird vom Verfassungsrecht offenbar so arg belagert und bedrängt, daß die Grundfesten des Strafrechtssystems wanken und sogar das Schlimmste droht: die Vertreibung der Strafrechtslehre aus dem Raum des Strafrechts. Diese Schlußfolgerungen werden der wirklichen Lage indes nicht gerecht. Die zum Teil nachvollziehbare Kritik namentlich an der grundrechtsorientierten Auslegung der Ehrenschutzdelikte darf nicht ressentimentbedingt verallgemeinert und auf das gesamte Verhältnis von Verfassung und Strafrecht extrapoliert werden.[419] Das Strafrecht muß sich vielmehr - thematisch unterscheidungsfähig und frei von „abwehrende(m) Vorverständnis"[420] - seines öffentlichrechtlichen Charakters, vor allem: seiner grundrechtlichen Implikate, bewußt werden. Damit ist mehr gemeint als nur das Bewußtsein vom hoheitlichen Eingriffscharakter allen Strafrechts.

II. Die strafgesetzlichen Bestimmungen über die Tötungsdelikte als „Maßnahmen normativer Art" zur Verwirklichung der grundrechtlichen Schutzpflicht aus Art. 2 II 1 Var. 1 GG: Zur schutzbereichskongruenten Auslegung des Tatbestandsmerkmals „töten"

Daß es überhaupt „Berührungsflächen zwischen ,Verfassungsrecht und Strafrecht'"[421] gibt, bestätigt schon ein Blick ins Grundgesetz.[422] Bereits dessen Text ist ein Indiz dafür, daß an der „strafrechtsgestaltende(n) Kraft des Verfassungsrechts"[423] dem Grunde nach nicht zu zweifeln ist. Dieser Eindruck verfestigt sich, wenn man den Blick auf das innere System der Korrelationen zwischen

---

[417] *Meurer*, JR 1992, S. 450 a.E. - zu BVerfGE 86, 288.
[418] *Röhl*, Allgemeine Rechtslehre, S. 676, s. auch S. 679 a.E.: „Die Verfassung darf nicht unter Wert verschlissen werden." Indes: Läßt sich eine Verfassung so verschleißen, daß ihr Wert erhalten bleibt?
[419] S. statt aller die differenzierte Würdigung bei *Ignor*, S. 118ff.; außerdem den Hinweis bei *Schulze-Fielitz*, Das Bundesverfassungsgericht, AöR 122 (1997), S. 12.
[420] *Bullinger*, VVDStRL 50 (1991), S. 296 - konkret zum „abwehrende(n) Vorverständnis" u. a. von Strafrechtlern gegenüber öffentlichrechtlichen (hier: verwaltungsrechtlichen) Impulsen.
[421] *Arzt*, Dynamisierter Gleichheitssatz, S. 52.
[422] Vgl. insb. Art. 9 II, Art. 26 I 2, Art. 44 II 1, Art. 46, Art 47, Art. 60 IV, Art. 74 I Nr. 1, Art. 96 II 1, Art. 102 GG, Art. 103 II, III GG, Art. 104 III GG. S. außerdem *Hill*, § 156 Rn. 1ff.
[423] So der Titel eines von *H.-L. Günther* veranstalteten Strafrechtlichen Seminars im Sommersemester 1994 an der Tübinger Juristischen Fakultät („Die strafrechtsgestaltende Kraft des Verfassungsrechts").

Verfassungsrecht und Strafrecht lenkt. Dann präsentiert sich die „Wechselbezüglichkeit von Verfassungsrecht und Strafrecht"[424] in folgender Weise:[425]

Neben die unmittelbare Einwirkung des Grundgesetzes, die sich etwa im Pönalisierungsgebot des Art. 26 I 2 GG, der Abschaffung der Todesstrafe in Art. 102 GG oder dem Verbot der Doppelbestrafung gemäß Art. 103 III GG zeigt, tritt eine mittelbare Wirkung, die unter interpretatorisch-spezifizierendem Rückgriff auf „allgemeine, auch auf das Strafrecht durchschlagende"[426] Verfassungsrechtssätze zur Geltung gebracht werden muß. Dies ist - wie angedeutet - schon deshalb so, weil das gesamte Strafrecht Teil des Öffentlichen Rechts ist: Von der Androhung im Gesetz bis zur Durchsetzung des Strafanspruchs (über Erkenntnisverfahren, Vollstreckung und ggfs. Vollzug) ist der einzelne dem hoheitlich verwirklichten ius puniendi des Staates unterworfen. Damit ist die gewissermaßen klassische Seite - die abwehrrechtliche Dimension - der Grundrechte tangiert. Insoweit ist der strafende Staat Bedrohung grundrechtlicher Freiheit, Freiheitsgefahr, die verhältnismäßig zu begrenzen und abzuwehren ist. Diese öffentlich-rechtliche Dimension des Strafrechts ist - von allfälligen Auslegungs- und Abwägungskontroversen en détail abgesehen - im Ansatz unstreitig.

Der Staat ist aber nicht nur Grundrechtsgefahr, er ist zugleich auch Grundrechtsgarant. Als solcher schützt er die dem einen Menschen zugeordneten Freiheitspositionen vor verfassungsrechtswidrigen Übergriffen anderer Menschen. Grundrechtsgefährdungen Privater entgegenzuwirken, nicht nur eigene, hoheitliche zu vermeiden, ist damit ebenfalls Aufgabe des Staates. Diese Aufgabe folgt aus der objektivrechtlich fundierten und anspruchsbewehrten[427] Schutzpflichtdimension der Grundrechte.[428] Namentlich für das Lebensgrund-

---

[424] *Eser*, in: Schönke/Schröder, 24. Aufl., vor § 1 Rn. 27 a.E.

[425] Die Unterscheidung von unmittelbarer und mittelbarer Wirkung findet sich bei *Eser*, in: Schönke/Schröder, 24. Aufl., vor § 1 Rn. 28f., wobei er die Einwirkung der Grundrechte primär unter die Rubrik „verfassungskonforme Auslegung" subsumiert (Rn. 30); eine Auseinandersetzung mit der grundrechtlichen Schutzpflichtlehre erfolgt nicht.

[426] *Eser*, in: Schönke/Schröder, 24. Aufl., vor § 1 Rn. 29.

[427] BVerfG (1. Kammer des Ersten Senats), NJW 1997, 2509 - Elektromagnetische Felder (Trafo-Station) -: „Nach der Rechtsprechung des BVerfG erschöpft sich das Grundrecht aus Art. 2 II 1 GG nicht in einem subjektiven Abwehrrecht gegenüber gezielten staatlichen Eingriffen. Aus ihm ist vielmehr auch eine *Schutzpflicht des Staates* und seiner Organe *für das geschützte Rechtsgut* abzuleiten, *deren Vernachlässigung von den Betroffenen mit der Verfassungsbeschwerde geltend gemacht werden kann* (vgl. BVerfGE 77, 170 [214] = NJW 1988, 1651; BVerfGE 77, 381 [402f.] = NVwZ 1988, 427; BVerfGE 79, 174 [201f.] = NJW 1989, 1271)" - Hervorhebung nur hier. Dazu *Determann*, NJW 1997, S. 2502: „Die bisher kontrovers diskutierte Frage, ob aus Art. 2 II 1 GG auch gerichtlich durchsetzbare Ansprüche des einzelnen auf Schutz folgen, wird ohne Einschränkungen bejaht."

[428] Grdl. *Isensee*, Das Grundrecht als Abwehrrecht und als staatliche Schutzpflicht, § 111; *Hermes*, Das Grundrecht auf Schutz von Leben und Gesundheit, S. 187ff. (zum

recht trifft den Staat insoweit eine grundrechtliche (staatliche) Schutzpflicht.[429] Diese Grundrechtsdimension gehört, nachdem das Bundesverfassungsgericht Wegweisendes zur (Wieder-)Entdeckung der schutzrechtlichen Dimension insbesondere des Lebensgrundrechts beigetragen hat,[430] zum gegenwärtig gesicherten grundrechtsdogmatischen Wissen.

Um „seiner Schutzpflicht (...) zu genügen", muß der Staat insbesondere „ausreichende Maßnahmen normativer (...) Art ergreifen, die dazu führen, daß ein (...) angemessener und als solcher wirksamer Schutz erreicht wird."[431] Bei der Verwirklichung der Schutzpflicht, die im Ansatz dem Gesetzgeber obliegt, hat dieser einen grundsätzlich weiten Gestaltungsspielraum.[432] Das heißt: Die „grundrechtliche Schutzpflicht ist auf die Vermittlung des einfachen Rechts angewiesen."[433] Der Gesetzgeber füllt den Gestaltungsspielraum nicht zuletzt durch den Erlaß (bzw. die Beibehaltung) strafgesetzlicher Bestimmungen aus, die Tötungshandlungen bei Strafe verbieten: „Dem Strafrecht kommt seit jeher und auch unter den heutigen Gegebenheiten die Aufgabe zu, die Grundlagen eines geordneten Gemeinschaftslebens zu schützen. Dazu gehört die Achtung und grundsätzliche Unverletzlichkeit menschlichen Lebens. Dementsprechend wird die Tötung anderer umfassend mit Strafe bedroht."[434] Gerade die strafrechtlichen Verhaltensgebote sind „Mittel rechtlichen Schutzes"[435]. Sie enthalten „Elemente des präventiven" und „des repressiven Schutzes"[436], die „Schutz in zwei Richtungen bewirken. Zum einen sollen sie präventive und repressive Schutzwirkungen im einzelnen Fall entfalten, wenn die Verletzung des geschützten Rechtsguts droht oder bereits stattgefunden hat. Zum anderen sollen sie im Volke lebendige Wertvorstellungen und Anschauungen über Recht und Unrecht stärken und unterstützen und ihrerseits Rechtsbewußtsein bilden (...), damit auf der Grundlage einer solchen normativen Orientierung des Verhaltens eine Rechtsgutsverletzung schon von vornherein nicht in Betracht gezogen

---

dogmatischen Gehalt der Schutzpflicht aus Art. 2 II 1 GG); *Dietlein*, Die Lehre von den grundrechtlichen Schutzpflichten, insb. S. 51ff., S. 70ff.; zusf. auch *Lagodny*, Strafrecht vor den Schranken der Grundrechte, S. 11ff., S. 255ff.

[429] BVerfGE 88, 203 (251); 79, 174 (201); 77, 170 (226); 56, 54 (73ff.); 53, 30 (57); 39, 1 (42); BVerfG, NJW 1987, 2287; BVerfG, NJW 1983, 2931 (2932); BVerfGE 90, 145 (195) spricht von „st. Rspr.".

[430] Zu den geschichtlichen Grundlagen der Schutzpflichtlehre *Hermes*, Das Grundrecht auf Schutz von Leben und Gesundheit, S. 145ff. m. w. N.; *Isensee*, Das Grundrecht als Abwehrrecht und als staatliche Schutzpflicht, § 111 Rn. 30f.; wichtig für die Disk. auch *Murswiek*, Die staatliche Verantwortung, S. 89ff. u.ö.; *ders.*, Zur Bedeutung der grundrechtlichen Schutzpflichten, WiVerw 1986, S. 179ff., insb. S. 182ff.

[431] BVerfGE 88, 203 (261); so auch BVerfG, NJW 1996, 651.

[432] S. nur BVerfGE 79, 174 (202) m. N. und BVerfGE 88, 203 (262f.) m. N.

[433] *Isensee*, Das Grundrecht als Abwehrrecht und als staatliche Schutzpflicht, § 111 Rn. 87.

[434] BVerfGE 88, 203 (257 a.E.). Ergänzend dazu *J. Vogel*, StV 1996, S. 110ff.

[435] BVerfGE 88, 203 (258) - ausdrückl. zum Strafrecht.

[436] BVerfGE 88, 203 (261) - ohne ausdrückl. Verweis auf das Strafrecht.

wird."[437] Damit entfaltet das Strafrecht - über seinen, durch konkrete Tatvermeidung im Einzelfall wirksam werdenden instrumentellen Effekt hinaus - auch und gerade einen bewußtseinsbildenden[438] Effekt dergestalt, „den rechtlichen Schutzanspruch (...) im allgemeinen Bewußtsein zu erhalten und zu beleben."[439] Das Strafrecht kann „in besonders nachhaltiger Weise zur Achtung und Befolgung" des grundrechtlichen Schutzanspruchs anhalten:[440] Der „verfassungsrechtliche Rang des Rechtsguts des (...) menschlichen Lebens muß dem allgemeinen Rechtsbewußtsein (...) gegenwärtig bleiben (sog. positive Generalprävention)."[441] In diesem Sinne sind die Vorschriften der §§ 211ff. StGB Maßnahmen normativer Art.[442] Daß es unabhängig von der tatbestandlichen Ausge-

---

[437] BVerfGE 88, 203 (253 a.E.).

[438] Zum Problem des sog. symbolischen Rechts, das mit dieser vom BVerfG betonten Funktion positiven Rechts verbunden ist, aus der Perspektive des Verfassungsrechtlers und des Rechtssoziologen *Bryde*, Die Effektivität von Recht als Rechtsproblem, insb. S. 14ff.

[439] BVerfGE 88, 203 (261) - zum ungeborenen Leben. S. auch BVerfGE 88, 203 (273): „Dazu dient insbesondere das Strafrecht, das Rechtsgüter von besonderem Rang und in einer besonderen Gefährdungslage schützt und das allgemeine Bewußtsein von Recht und Unrecht am deutlichsten prägt." Nota bene: Es handelt sich hier um strafzweck- bzw. strafrechtstheoretische Axiome; im Spiegel der kriminologischen Effektivitätsforschung muß die beanspruchte reale Wirkung von Strafsanktionen wenn nicht skeptisch, so doch zumindest differenzierter beurteilt werden; dazu *Schöch*, Die Rechtswirklichkeit und präventive Effizienz, S. 291ff. m. w. N.

[440] BVerfGE 88, 203 (253).

[441] BVerfGE 88, 203 (272) - zum ungeborenen Leben. Bemerkenswerterweise wird das strafrechtstheoretische Konzept der positiven Generalprävention - gültig auf den Begriff gebracht von *Jakobs* (StrafR-AT, S. 5ff.), der allerdings nicht genannt wird - mit verfassungsrechtlichen Weihen versehen und zugleich aus dem strafrechtlichen Kontext herausgelöst. Das ist - wenn man *Jakobs'* Theorie näher betrachtet - nur konsequent: Sie ist eine Theorie der Normgeltungssicherung überhaupt, nicht nur der spezifisch *straf*gesetzlich vollzogenen Normgeltungssicherung. Diese „überschießende" (das Strafrecht transzendierende) Bedeutung der Theorie der positiven Generalprävention läßt sich nicht, wie es *Jakobs* versucht, gleichsam dezisionistisch durch den Verweis auf die Absicht aus der Welt schaffen, nur das geltende Strafrecht solle systematisiert werden (*Jakobs*, StrafR-AT, S. 6 [Rn. 3]) bzw. Folgefragen - etwa: wieso die Theorie gerade das Spezifikum des *Straf*rechts treffe - seien irrelevant. In der Sache hat auf die Problematik schon früh *Kerner* hingewiesen, Befähigung zur Freiheit, S. 111: „eine positive Generalprävention (verlangt) nur (...), daß (überhaupt) reagiert wird, die Arten der Reaktion im einzelnen können weitgehend flexibel gehalten werden."

[442] So i. Erg. (ohne die hier entwickelte Begründung) z. B. auch: *Eser*, Art. Leben/IV. Recht und Schutz des Lebens, Sp. 860; *Katz*, Rn. 699; *von Münch*, in: ders. (Hrsg.), GG-Komm., Bd. 1, 2. Aufl., Art. 2 Rn. 48: „Zu den Schutzmaßnahmen, die der Gesetzgeber zum Schutz des Lebens für zweckdienlich und geboten halten darf, gehört auch das Strafrecht. In Bezug auf Mord, Totschlag, Kindestötung, Völkermord, fahrlässige Tötung und Körperverletzung mit Todesfolge (§§ 211, 212, 217, 220a, 222, 226 StGB) ist dies evident; insoweit besteht ein verfassungsrechtliches Gebot der Strafandrohung." Beachte: Es besteht - unter den gegebenen Realbedingungen - eine Pflicht, *überhaupt* per Strafgesetz Tötungshandlungen zu verbieten. Die Ausgestaltung im einzelnen (Tatmodalitäten, Qualifikationen, Privilegierungen) ist dem Gesetzgeber infolge seiner Gestaltungsprärogative überlassen. Allg. auch *Sachs*, Die relevanten Grundrechtsbeein-

E. Die Maßstäblichkeit der grundrechtlichen Kritik

staltung der Tathandlungs-Modalitäten im einzelnen überhaupt einfachgesetzliche Strafbestimmungen gibt, die verbieten, daß der eine - vermittelt über eine Tötungshandlung - den anderen „tötet", ist Folge dieser „verfassungsrechtlichen Fundierung"[443] der Tötungsdelikte in der grundrechtlichen Schutzpflicht aus Art. 2 II 1 GG.[444] Die strafrechtlichen Tötungsdelikte sind somit gleichsam der verlängerte Arm der Verfassung bei der Verwirklichung des grundrechtlich gebotenen Lebensschutzes. Dessen Realisierung ist ihr gesetzlicher Sinn und Zweck.[445]

Das grundrechtliche Gebot des Lebensschutzes wird mithilfe der spezifischen Regelungstechnik des Strafgesetzes normativ (was hier meint: durch den Erlaß entsprechender Normen, d. h. förmlicher Gesetze) umgesetzt und verwirklicht. M. a. W.: Das aus Art. 2 II 1 Var. 1 GG in seiner schutzrechtlichen Deutung abgeleitete und an den Staat adressierte Gebot, er, der Staat, möge per Strafgesetz der - nach aller Erfahrung latent gegebenen - Gefahr verfassungsrechtlich nicht gerechtfertigter Tötungen von Privaten durch Private entgegenwirken,[446] hat der Staat über den Erlaß der gesetzlichen Tötungsdeliktsbestimmungen dem Grunde nach erfüllen müssen, in der tatbestandlichen Ausgestaltung im übrigen vertretbarerweise so erfüllen dürfen.[447] Dementsprechend lautet die aus Art. 2 II 1 Var. 1 GG ableitbare Schutznorm (ungeachtet der besonderen - hier nicht weiter interessieren -, auch: prozessualen Probleme einer Subjektivierung der objektivrechtlichen Schutzpflichtdimension des Lebensgrundrechts)[448] folgendermaßen: Der Staat ist kraft der objektivrechtlichen Dimensi-

---

trächtigungen, JuS 1995, S. 306: „staatliche Pflichten zum Schutz vor (...) grundrechtsverletzenden Straftätern".

[443] Formulierung bei *Eser*, in: Schönke/Schröder, 24. Aufl., vor § 1 Rn. 27 - ohne Bezug zur grundrechtlichen Schutzpflicht-Dimension.

[444] So zum Strafrecht: *Isensee*, Das Grundrecht als Abwehrrecht und als staatliche Schutzpflicht, § 111 Rn. 5 a.E., Rn. 85 a.E.; *Hermes*, Das Grundrecht auf Schutz von Leben und Gesundheit, S. 6 m. w. N.: „Die Tötungs- und Körperverletzungsdelikte werden als durch Art. 2 II 1 GG geboten angesehen mit der Folge, daß die §§ 211 ff. StGB und §§ 233ff. StGB jedenfalls nicht gänzlich *abgeschafft* werden dürften. Hier dient der Rückgriff auf das Verfassungsrecht also der Absicherung strafrechtlicher Schutznormen gegenüber der Gesetzgebung." *Alexy*, Theorie der Grundrechte, S. 426: „es gibt schutzrechtliche Positionen, die niemand ernsthaft in Zweifel zieht, man denke an den Schutz vor Körperverletzungen durch Strafrechtsnormen." Was für die Körperverletzungen gilt, muß erst recht - weil sie Körperverletzungen notwendig voraussetzen - für die (schwerwiegenderen) Tötungen gelten.

[445] Vgl. *Hermes*, Das Grundrecht auf Schutz von Leben und Gesundheit, S. 274: „gesetzliche(r) Schutzzweck".

[446] Zum Gefahrbegriff *Isensee*, Das Grundrecht als Abwehrrecht und als staatliche Schutzpflicht, § 111 Rn. 106ff.; *Hermes*, Das Grundrecht auf Schutz von Leben und Gesundheit, S. 219ff., insb. 228ff., 236ff.; *Dietlein*, S. 112ff.

[447] § 216 StGB wird mit Blick auf die Entnahme lebenswichtiger Organe vom hirntoten Lebenden unten noch näher betrachtet (Abschn. G. II.).

[448] S. zunächst die Hinweise in Fn. 427. Außerdem: *Hermes*, Das Grundrecht auf Schutz von Leben und Gesundheit, S. 187ff.; *Unruh*, S. 58ff. Grundsätzlich ist zu be-

on des Art. 2 II 1 Var. 1 GG verpflichtet, Schutz vor Lebensgefährdungen durch nicht verfassungsrechtlich legitimierte Tötungshandlungen zu gewähren. Diese Pflicht erfüllt der Staat insbesondere über den Erlaß von Strafgesetzen, die die in Rede stehende grundrechtliche Position - das Leben - normativ schützen. Normativ ausreichender Schutz wird gewährt, wenn das Strafgesetz, das der Sicherung der in Rede stehenden Position auf einfachgesetzlicher Ebene - gleichsam deklaratorisch-vermittelt - dient, genau den Gegenstand schützt, den es von Grundrechts wegen schützen soll: das grundrechtlich gemeinte Leben.

Das Wort „Leben" kommt im Tatbestand der Tötungsdelikte zwar nicht ausdrücklich vor, in dem Wort „tötet" (und seine sematisch indifferenten Variationen) ist es aber implizit enthalten: Wer tötet, beendet Leben. Es entspricht der spezifisch strafgesetzlichen Regelungstechnik, im Tatbestand genau jene Verhaltensweise zu umschreiben, die dem Verhalten widerspricht, das die Verhaltensnorm fordert, die dem Strafgesetz gleichsam vorgelagert ist und deren Geltungssicherung es dient.[449] Spiegelbildlich drückt sich demnach im (objektiven) Tatbestand der strafgesetzlichen Sanktionsnorm - und zwar im Spiegel der verbotswidrigen Handlung - die gebotene Verhaltensweise aus. Sie lautet im Falle der Tötungsdelikte: Leben nicht beenden, also: nicht töten. Insoweit als der Straftatbestand der §§ 211ff. StGB von Grundrechts wegen der Verwirklichung des an alle Privaten gerichteten Gebots dient, das Leben keines anderen (geborenen) Privaten zu beenden, nimmt es den normativen Sinn des Lebensgrundrechts in sich auf. Das bedeutet: Die Tötungsdelikte sind hinsichtlich des Tatbestandsmerkmals der Tötung, also soweit die Tötungshandlung (als Lebensbeendigungshandlung) betroffen ist, kongruent zum Schutzbereich des Lebensgrundrechts (des Grundrechtstatbestands) auszulegen. Denn die staatliche Pflicht zur Gewährung normativen Schutzes von Grundrechtspositionen dient

---

achten, daß (auch) das BVerfG einen grundrechtlichen Anspruch auf Erfüllung der Schutzpflicht gegenüber *allen* staatlichen Organen, namentlich dem Gesetzgeber, anerkennt, vgl. BVerfG, NJW 1997, S. 2509. Da die „Erfüllung der (...) aus der Verfassung erwachsenden Pflicht zum Schutz des (...) menschlichen Lebens" (BVerfGE 88, 203 [263]) dem „Einschätzungs-, Wertungs- und Gestaltungsspielraum" (BVerfGE 88, 203 [262]) des Gesetzgebers obliegt, ist der grundrechtliche Anspruch auf gesetzgeberisches Tätigwerden zum Zwecke des Schutzes des in Art. 2 II 1 Var. 1 GG genannten Gutes als Anspruch auf verfassungsrechtsfehlerfreie Ausübung der legislativen Gestaltungsprärogative zu qualifizieren (er ähnelt strukturell also einem Ermessensanspruch). Soweit ersichtlich hat das BVerfG bislang in keinem Verfassungsbeschwerdeverfahren die Rüge für begründet erachtet, der Gesetzgeber habe - unter Mißachtung des Untermaßverbotes - gegen den individuellen Grundrechtsanspruch auf Erlaß hinreichend schutzwirksamer Gesetze verstoßen, vgl. nur BVerfG, NJW 1996, S. 651: „Das BVerfG kann eine Verletzung der Schutzpflicht (...) nur dann feststellen, wenn die staatlichen Organe gänzlich untätig geblieben sind oder wenn die bisher getroffenen Maßnahmen evident unzureichend sind (...)."
[449] Zu der - auf *Karl Binding* zurückgehenden - Unterscheidung von Verhaltens- und Sanktionsvorschrift und den Konsequenzen für die verfassungsrechtliche Würdigung von Strafgesetzen *Lagodny*, Strafrecht vor den Schranken der Grundrechte, S. 79ff.

dem Schutz des fraglichen Gutes, das konsequenterweise Schutzgut heißt und dementsprechend in einem Schutzbereich verortet ist, den der Strafgesetzgeber einfachgesetzlich umhegt. Das Strafgesetz ist hier also - mit Karl Binding gesprochen - nach seinem Sinn und Zweck „akzessorischer Rechtsteil"[450] des grundrechtlich gebotenen Lebensschutzes.[451]

Als Folge der grundrechtlichen Schutzpflicht kann der einzelne auch erwarten, daß neben dem Gesetzgeber auch die übrigen Staatsgewalten - namentlich die Rechtsprechung - den strafgesetzlich intendierten Lebensschutz in ausreichender Weise wirksam verwirklichen.[452] Die Rechtsprechung agiert hier in Ausübung einer „judikativen Schutzpflicht"[453]. Dieser Aspekt der Schutzplicht-Verwirklichung durch die staatlichen Organe der Teil-Staatsgewalt „Rechtsprechung" wird selten bedacht,[454] obgleich das BVerfG sich schon wegweisend zu diesem Aspekt geäußert hat.[455] Gemeint ist im gegebenen Zusammenhang dies:

Grundsätzlich liegt - wie bereits erwähnt - die Verwirklichung der Schutzpflicht beim Gesetzgeber. Er muß Normen erlassen, die ausreichenden Schutz vor Gefährdungen oder Schädigungen des Lebens ermöglichen. Im Ansatz wird

---

[450] *Binding*, Handbuch des Strafrechts, S. 9f. S. dazu etwa *Lüke*, S. 565.
[451] Vgl. allg. *Jescheck/Weigend*, StrafR-AT, 5. Aufl., § 7 II 2 a.E. (S. 54): „In jedem Falle müssen die strafrechtlichen Begriffe nach dem Schutzzweck des betreffenden Strafrechtssatzes ausgerichtet sein."
[452] Es geht, wie das BVerfG immer wieder betont, um eine „Schutzpflicht des Staates und seiner Organe" (BVerfGE 79, 174 [201 a.E.]), also: *aller* seiner Organe. So auch BVerfGE 49, 89 (132): verpflichtet sind „die staatlichen Organe, mithin auch der Gesetzgeber" - aber eben nicht *nur* der Gesetzgeber: Die Schutzpflicht „obliegt aller staatlichen Gewalt (Art. 1 Abs. 1 Satz 2 GG), d. h. dem Staat in allen seinen Funktionen, auch und gerade der gesetzgebenden Gewalt" (BVerfGE 88, 203 [252]).
[453] Vgl. *Dietlein*, S.72: „Für die Rechtsprechung sind die grundrechtlichen Schutzpflichten überwiegend keine Handlungs-, sondern Kontrollnormen, die entweder unmittelbar oder mittelbar in ihrem jeweiligen gesetzlichen Medium zum Maßstab für die Rechtmäßigkeit des Schutzhandelns der anderen staatlichen Gewalten werden."
[454] Die Rechtsprechung wird als Adressatin der Schutzpflicht zuweilen ausgeblendet, vgl. exemplarisch *Steiger*, Mensch und Umwelt, S. 48; *Lagodny*, Strafrecht vor den Schranken der Grundrechte, S. 12. Das Thema ist ein Desiderat rechtswissenschaftlicher Forschung, bei dessen Lösung - einmal mehr - grundrechtsdogmatische, funktionellrechtliche und methodologische Aspekte (vor allem die Differenz von Normtext und Norm sowie die Aufgabe der Gerichte - i. U. zur Aufgabe des Norm[text]gebers - im Prozeß der Normkonkretisierung) in ein stimmiges Verhältnis zueinander gebracht werden müssen.
[455] BVerfGE 96, 56 (64) weist ausdrücklich darauf hin, daß die (ordentlichen) Gerichte „mangels einer Entscheidung des Gesetzgebers im Wege der Rechtsfortbildung oder der Auslegung unbestimmter Rechtsbegriffe die Schutzpflicht wahrnehmen" - konkret bezogen auf Art. 2 I i.V.m. Art. 1 GG. Dazu auch BVerfGE 89, 276 (286): „Bei Vorschriften, die grundrechtliche Schutzpflichten erfüllen sollen, ist das maßgebende Grundrecht dann verletzt, wenn ihre Auslegung und Anwendung den vom Grundrecht vorgezeichneten Schutzzweck grundlegend verfehlt." Geprüft wurde konkret das Verhältnis von § 611a BGB und Art. 3 II GG. Ähnl. BVerfGE 84, 212 (226f.).

der Schutz gewährt durch die geltenden Strafgesetze, die Tötungshandlungen pönalisieren. Dabei fällt nun auf, daß selbst ein scheinbar deskriptives Tatbestandsmerkmal wie das des „Tötens" - traditionell gesprochen - an den Rändern des Begriffskerns unscharf wird, also auslegungsbedürftig ist. Nach kundigem Urteil gilt das gerade für die - dem Tatbestandselement des „tötens" (wortsemantisch verkürzt) zugeordnete - dogmatische Frage, ob ein hirntoter Mensch getötet werden kann.[456] Der Strafgesetzgeber darf allerdings in Erfüllung seiner grundrechtlichen Schutzpflicht auch Normen erlassen, die auslegungsbedürftige und auslegungsfähige Tatbestandslemente enthalten,[457] anders ausgedrückt: deren normativer Sinn sich nur über umfänglichere Auslegungsanstrengungen bestimmen läßt, denn Vorschriften, denen „nulla ambiguitas"[458] immanent ist, gibt es grundsätzlich nicht.[459] In den weiten Grenzen, die das Bestimmtheitsgebot in der Lesart des Verfassungsgerichts hat,[460] gibt der Gesetzgeber damit den Ge-

---

[456] S. erneut *Roxin*, StrafR-AT, § 5 Rn. 27: „Ob jemand noch ein Mensch oder schon ein Leichnam ist, wenn sein Hirn erloschen ist, der Kreislauf aber noch funktioniert (...), ist durch den Gesetzeswortlaut nicht exakt vorgezeichnet." S. auch *Jakobs*, StrafR-AT, S. 80 (Rn. 29): „Zudem sind alle, auch die meist als deskriptiv bezeichneten Deliktsmerkmale normativ begrenzt und im Grenzfall möglicherweise unbestimmt (etwa: Ende des Menschseins mit dem Hirntod?)." Ob die zum Strafrecht gängige Unterscheidung zwischen deskriptiven und normativen Tatbestandsmerkmalen sinnvoll ist (gerade angesichts komplexer strukturierter Rechtsmethodologien), muß hier nicht entschieden werden; zum Problem immer noch instr. *Engisch*, Die normativen Tatbestandselemente im Strafrecht, insb. S. 139ff., der sich zwar gegen eine Gleichsetzung mit den unbestimmten Gesetzesbegriffen wehrt (S. 142), eine Ähnlichkeit aber immerhin zugesteht (s. etwa S. 143 a.E.), um gleichwohl festzustellen (S. 143): „Dennoch wäre es m. E. eine Verwässerung des Begriffs des Normativen, einen Begriff wie ‚Nachtzeit' zu den normativen Tatbestandsmerkmalen zu zählen. Das gleiche muß gelten für solche zugleich normbezogenen und unbestimmten Begriffe wie ‚Tatsache', ‚Mensch' (...). Man soll nicht über Terminologien streiten. Aber Begriffe, die dem Alltagssprachgebrauch ebensowohl wie dem juristischen Sprachgebrauch angehören, Begriffe, die auf in natürlicher Rede beschreibbare, insbesondere auch in der Anschauung aufweisbare Realitäten abzielen, Begriffe, deren konkrete Belegung sinnvoller Gegenstand einer ‚Tatsachenfeststellung' ist, solche Begriffe heißen mit Fug und Recht deskriptive Begriffe, (...) auch wenn ihre Grenzen immer noch ‚unbestimmt' sind und zu Meinungsverschiedenheiten in genere und in concreto Anlaß geben."

[457] Das Bundesverfassungsgericht stellt fest, daß sich „zur Realisierung dieses Einflusses vor allem die ‚Generalklauseln'" anbieten (BVerfGE 7, 198 [206] - Lüth -). In Bekräftigung der Lüth-Entscheidung hat das Bundesverfassungsgericht betont (vgl. *H. Dreier*, Dimensionen der Grundrechte, S. 43), daß gleiches - über die sog. Generalklauseln im technischen Sinne hinaus - auch für die „sonstigen auslegungsfähigen und ausfüllungsbedürftigen Begriffe" gilt (BVerfGE 73, 261 [269]).

[458] Dig. 32, 25, 1: „Cum in verbis nulla ambiguitas est, non debet admitti voluntatis quaestio."

[459] Vgl. *F. Müller*, Juristische Methodik, S. 40.

[460] Vgl. BVerfGE 93, 266 (291f.); 92, 1 (18f.); 75, 329 (342); zusf. *Hill*, § 156 Rn. 63; *Ignor*, S. 149ff. Beachte außerdem BVerfGE 77, 381 (404): „Der verfassungsrechtlichen Forderung nach einem Tätigwerden des Gesetzgebers [zur Schutzpflichtrealisierung, Anm. St. R.] ist schon dann genügt, wenn objektiv eine gesetzliche Regelung vorhanden ist, die nach den allgemeinen Grundsätzen der Gesetzesauslegung den in Frage

E. Die Maßstäblichkeit der grundrechtlichen Kritik

richten bewußt Vorschriften an die Hand, die es ihnen ermöglichen, die Erfordernisse ausreichenden strafgesetzlichen Schutzes durch grundrechtsorientierte Auslegung zu bestimmen. Orientiert am Sinn und Zweck der Tötungsdelikte, normative Verwirklichung der grundrechtlichen Schutzpflicht gem. Art. 2 II 1 Var. 1 GG zu sein, muß die Rechtsprechung (ebenso wie die ihr zuarbeitende Rechtswissenschaft) den Regelungssinn - den Schutzpflicht-Charakter - interpretatorisch gleichsam „zu Ende denken". Die Aufgabe, die genauen Konturen des grundrechtlichen Schutzes festzulegen, delegiert das Strafgesetz in solchen Fällen bewußt an die Gerichte. Sie sind insofern - mit Klaus Stern gesprochen - durch die Schutzgebote der Grundrechte zur Rechtsfortbildung (im Sinne der interpretatorischen Fortentwicklung auch des Strafgesetzes) verpflichtet und können „bei der Konkretisierung der Schutzpflichten (...) die Hauptlast"[461] tragen.

Diese Sicht der Dinge, die im Ergebnis einer (einfachgesetzlich vermittelten) interpretatorischen Optimierung bzw. Maximalisierung des lebensgrundrechtlichen Schutzes gleichkommt, führt keineswegs zu Friktionen mit der Gestaltungsprärogative des Gesetzgebers bei der Verwirklichung der grundrechtlichen Schutzpflicht.[462] In der Tat legt der Gesetzgeber das Maß der Schutzintensität zumindest im Ansatz gesetzlich fest; nach dem Maß der gewählten gesetzlichen

---

stehenden Sachverhalt erfaßt und den Anforderungen der Schutzpflicht inhaltlich genügt." Schließlich *Isensee*, Das Grundrecht als Abwehrrecht und als staatliche Schutzpflicht, § 111 Rn. 153: „Aus der Sicht der Schutzpflicht kommt es nicht darauf an, ob der historische Gesetzgeber seine Regelung darauf angelegt hat, den Verfassungsauftrag [zur Schutzpflichtrealisierung, Anm. St. R.] zu erfüllen - eine solche Intention ist zumindest bei vorkonstitutionellen Gesetzen nicht vorhanden - sondern darauf, ob das Gesetz in seinem objektiven Gehalt die Schutzpflicht hinreichend verwirklicht."

[461] *Stern*, Staatsrecht, Bd. III/1, S. 951, der die „Hauptlast der Verwirklichung der Pflichten", die die Gerichte zu tragen hätten, auf die „bislang ungenügende Detailarbeit des Gesetzgebers" zurückführt. Das hat u. a. auch folgende Konsequenz: Die möglicherweise nicht hinreichende Beachtung der grundrechtlichen Schutzpflicht durch die - einfachgesetzliches Recht interpretierenden - Gerichte, also die evtl. mangelhaft praktizierte Grundrechtsbindung der Teilstaatsgewalt „Judikative" kann Gegenstand einer Verfassungsbeschwerde sein, in der das BVerfG dann - unter Rückgriff auf die sog. Heck'sche Formel (BVerfGE 18, 85 [92f.]); dazu *Herzog*, Das Bundesverfassungsgericht, S. 431ff.) - die Verletzung spezifischen Verfassungsrechts prüfen kann, s. bspw. BVerfG, NJW 1997, 2509; BVerfG, NJW 1997, 249 - zu Art. 2 II Var. 2 GG und BGB-Deliktsrecht. Außerdem die exemplarischen Ausführungen zur Bindung der Gerichte im Lüth-Urteil BVerfGE 7, 198 (203/204/230). Das Problem, das sich hinter der Formel des „spezifischen Verfassungsrechts" verbirgt (verfassungsprozessuale, funktionellrechtliche, grundrechtsdogmatische und rechtsgewinnungstheoretische Aspekte wären hier näher zu bedenken), kann hier nicht vertieft werden; aus der Perspektive des Verwaltungsrechts - nur *Mertens*, KritV 1995, S. 403f. U. a. zeigt sich auch hier, daß auf dem Hintergrund neuer rechtsmethodologischer Überlegungen das Verhältnis von legislativer Normtextgebung und judikativer Normgebung noch genauer reflektiert werden müßte, Anstöße bei *Kirchhof*, Der Auftrag des Grundgesetzes, S. 16, S. 26).

[462] Auf dieses Problem weist - unabhängig vom konkreten Thema - bspw. *H.-J. Koch* hin, S. 47.

Bestimmtheit bindet der Gesetzgeber die Gerichte an seine Vorgaben. Wenn es aber so ist, daß der Gesetzgeber bewußt auslegungsbedürftige Tatbestandsmerkmale wählt bzw. weitergelten läßt, um seine Schutzpflicht zu erfüllen, dann schafft und beläßt er ebenso bewußt Raum für die interpretatorische Feinprogrammierung des Straftatbestands. Da das Telos der Tötungsdelikte gerade auf die aus Art. 2 II 1 Var. 1 GG folgende Schutzpflichtrealisierung abzielt, kann es zu einer grundrechtsorientierten Auslegung - diese Formulierung ist der Rede von verfassungskonformer Auslegung vorzuziehen -[463] keine Alternative geben. Insofern entfaltet die grundrechtliche Schutzpflicht aus Art. 2 II 1 Var. 1 GG eine zweifache (miteinander verkoppelte) Wirkung: Zum einen entfaltet sie eine dogmatisch-interpretatorische Wirkung, indem sie die Auslegung systematisch-teleologisch in die richtige Richtung führt, zum anderen entfaltet sie eine prozessual-funktionellrechtliche Wirkung, indem sie die Grundrechtsbindung der Gerichte aus Art. 1 III GG präzisiert und der Effektuierung der gesetzgeberischen Aufgabe zur ausreichend wirksamen Erfüllung der Schutzpflicht dient. Kurz: Der Gesetzgeber hat seinen Gestaltungsspielraum in der Weise ausgeübt, daß der normative Sinn des Lebensgrundrechts gerade durch die „einfaches" Strafrecht anwendenden Gerichte zur Geltung gebracht werden soll, in diesem Sinne interpretatorisch optimiert werden kann.

Bei näherem Hinsehen zeigt sich so aber: Grundrechtsorientierte - von den Gerichten gehandhabte - Interpretation und Anwendung einfachgesetzlicher Bestimmungen, hier: strafgesetzlicher Vorschriften zum Lebensschutz, ist ein Anwendungsfall systematisch-teleologischer Auslegung. Denn es geht - mit von Savigny gesprochen - um den „inneren Zusammenhang, welcher (...) Rechtsregeln zu einer (...) Einheit verknüpft".[464] Das teleologische Verhältnis zwischen

---

[463] Verfassungsorientierte von verfassungskonformer Auslegung unterscheidet auch *Schlaich*, Rn. 413. Diese Unterscheidung empfiehlt sich, wenn man deutlich machen will, daß es um einen systematisch-teleologischen Zusammenhang geht, der sich erst über die Orientierung an den Grundrechten erschließt (interpretatorische Dimension der Grundrechte). Wenn man von verfassungskonformer Auslegung (dazu zusf. *Schlaich*, Rn. 405ff.) spricht, stellt man auf die verfassungsprozessuale Dimension ab: Die mögliche Nichtigerklärung eines Gesetzes aufgrund einer vom Wortlaut her denkbaren, freilich verfassungswidrigen Auslegung wird der Sache nach - im Sinne eines favor legis - durch eine (nur vom BVerfG vorzunehmende) „teilweise Nichtigerklärung ohne Normtextreduzierung" (*Schlaich*, Rn. 411, s. auch Rn. 412) abgewendet. Man kann freilich - untechnisch - auch dann von verfassungskonformer bzw. grundrechtskonformer Gesetzesauslegung sprechen, wenn man die interpretatorische Funktion der Grundrechte kennzeichnen will (vgl. *Schlaich*, Rn. 413 [S. 255f.]), solange nur die unterschiedlichen Dimensionen bewußt bleiben. Krit. zur „absolute(n) Vorrangstellung einer bestimmten Deutung und der sie ermöglichenden Interpretationsmethode, nämlich der verfassungskonformen" *Burmeister*, S. 63, der freilich übersieht, daß das Ob und Wie der Grundrechtsorientierung Teilaspekt der systematisch-teleologischen Auslegung des Gesetzes ist, mithin erst und nur von daher zu einer Vorrangstellung grundrechtlicher Wertungen bei der Gesetzesauslegung führen kann.

[464] *F. C. von Savigny*, System des heutigen Römischen Rechts, Bd. 1, S. 214.

den Tötungsdelikten des StGB und Art. 2 II 1 Var. 1 GG, ist so beschaffen, daß diese Gesetzesvorschriften gerade „nach ihrem Zweck"[465] mit Art. 2 II 1 GG verkoppelt sind und dessen normativen Sinn - sozusagen als einfachgesetzliches Schutzmedium - zur Geltung bringen sollen. In dieser systematisch-teleologischen Sichtweise wird somit zugleich der bewährte römischrechtliche Grundsatz beherzigt: „Non ex regula ius sumatur, sed ex iure quod est regula fiat."[466] Das Tötungsstrafrecht ist demnach als lex lata intra iurem, genauer: lex lata intra constitutionem, zu begreifen. Darin liegt keine „Versklavung des Strafrechts"[467] durch das publizistische Denken, sondern die Befreiung des Tötungsstrafrechts von seiner lebensgrundrechtlichen Ignoranz.[468]

III. Die grundrechtsorientierte Auslegung des Tatbestandsmerkmals „töten" als Beispiel mittelbaren „Verfassungsstrafrechts" [469]

Nach all dem steht - zumindest im Blick auf die konkrete Frage - fest: Im materiellen Strafrecht geht das Gespenst einer schleichenden Depossedierung der Strafrechtslehre um, und Gespenster haben mit der Realität wenig gemein. Ein teleologisch stimmig gehandhabtes StGB begibt sich nicht auf eine unfrei-

---

[465] Zum Lüth-Urteil noch ausführlicher sogleich in diesem Abschnitt.

[466] Dig. 50, 17, 1.

[467] *Schünemann*, S. 68: „Versklavung des Strafrechts durch das zivilistische Denken, um den Titel der bekannten Habilitationsschrift von Bruns abzuwandeln".

[468] *Lagodny*, Strafrecht vor den Schranken der Grundrechte, weist treffend darauf hin, daß - zumindest bislang - die Strafrechtslehre weitgehend das grundrechtsdogmatische Argumentationsniveau nicht zur Kenntnis nimmt (S. 14) und grundrechtliche Argumente allenfalls unspezifisch verwendet (S. 50: „Beliebigkeit grundrechtlicher Argumentationen im Strafrecht").

[469] Der Begriff „Verfassungsstrafrecht" (in Anlehnung an den von *Deutsch*, Neues Verfassungszivilrecht, NJW 1993, S. 2361, verwendeten Terminus „Verfassungszivilrecht" gebildet) bezeichnet die Summe aller Rechtsnormen, die ausgehend von den Bestimmungen der strafrechtlichen Fachgesetze unter systematisch-teleologischem Rückgriff auf thematisch beachtliche Verfassungsvorschriften (vornehmlich Grundrechtsnormsätze) gewonnen werden. Das Programm des „Verfassungsstrafrechts" kann hier nicht entfaltet werden. Dessen Hauptziel ist es, das Verhältnis der thematisch jeweils beachtlichen (also insoweit „ausstrahlenden") Grundrechte zu den einfachgesetzlichen Bestimmungen - jeweils für den Bereich der Strafbarkeitsvoraussetzungen, des Sanktionenrechts, des Strafvollstreckungsrechts, des Strafprozeßrechts (Erkenntnisverfahren) und des Strafvollzugsrechts - dogmatisch differenziert aufzubereiten. Ungeachtet erster (strafrechtlicher) Beiträge (s. vor allem *Tiedemann*, Verfassungsrecht und Strafrecht; *ders.*, Grundgesetz und Strafrecht, S. 155ff.), scheint eine dezidiert öffentlich-rechtlich-grundrechtsdogmatische Aufbereitung des Problemfeldes noch auszustehen (auf das Bedürfnis nach einer „systematisierendere(n) Zuspitzung" des Versuchs, die Interdependenz von Verfassungsrecht und Strafgesetz auf den Begriff zu bringen, weist *Schuppert*, StV 1993, S. 334, hin).

willige „Flucht ins Verfassungsrecht"[470]. Ebensowenig schnürt grundrechtliche Argumentation per se „verfassungsrechtliche Fallstricke"[471] um die übliche Strafrechtsdogmatik. Im Gegenteil: Der Blick auf das Lebensgrundrecht soll allein die Teleologie der unmittelbar anwendbaren Strafgesetze erkennbar machen, Sinn und Zweck des Lebensgrundrechts und der diesem folgende Regelungssinn der Tötungsdelikte sollen in eine systematisch korrekte Verbindung gebracht werden.[472] Das „Zusammenspiel aller das Strafrecht betreffenden Regelungen"[473] betrifft demnach auch Normtexte, die - wie das Grundgesetz - nicht ausdrücklich als spezielles Strafgesetz firmieren. Auch das Grundgesetz ist in diesem Sinne ein „Teil des ‚Gesamten Strafrechts'"[474]. Grundrechtsorientierte Auslegung von Strafgesetzen ist im Sinne der oben dargelegten Unterscheidung ein mittelbares - interpretatorisch vermitteltes - Einwirken der Verfassung auf das Strafrecht.

Die Verfassung wird bei einer solchen problemorientierten und thematisch differenziert betriebenen Gesetzesauslegung gerade nicht zum „juristische(n) Weltenei"[475], aus dem sich ohne weiteres die jeweils maßgebliche Interpretation des teleologisch verkoppelten unterverfassungsrechtlichen Rechts ableiten ließe.[476] Weil „über Verfassung (...) unendlich viel Geschwätze (...) in Deutschland (ist)"[477], mag es nützlich sein, sich an immer neuen Einzelfragen diese differenzierende Sichtweise von konkreter Verfassungsgeltung, genauer: materiell-strafrechtsspezifischer Grundrechtsgeltung, anzueignen.[478] Anstelle einer kognitiv

---

[470] *Bethge*, Zur Funktion und Relevanz eines Medienverwaltungsrechts, Die Verwaltung 1994, S. 441.
[471] *Bülow*, in: Benda u.a. (Hrsg.), Handbuch des Verfassungsrechts, § 30 Rn. 55.
[472] In diesem Sinne - mit Blick auf das Zivilrecht - auch *Coing*, in: Staudinger, Komm. z. BGB, Einl. Rn. 194, Rn. 196.
[473] *Müller-Christmann*, JuS H. 11/1996, S. L.
[474] So auch *Hassemer*, Bilder vom Strafrecht, S. 245: „Nimmt man alle Teile des ‚Gesamten Strafrechts' vom strafrechtlichen Verfassungs- und Gerichtsverfassungsrecht über Theorie und Praxis der Kriminalpolitik, über Strafrechtsdogmatik und Strafzumessung bis hin zu Vollzug und Vollstreckung in den Blick (...)."
[475] *Forsthoff*, S. 144. Daran anschließend *Isensee*, Diskussionsbemerkung, VVDStRL 54 (1995), S. 116: „Das heißt nun nicht, um mit Forsthoff zu reden, daß das Grundgesetz das ‚juristische Weltenei' wäre, aus dem man, wenn man es nur lange genug interpretatorisch abklopfte, ein komplettes Erziehungsprogramm und Lebenssinn für jedermann ableiten könnte."
[476] Vgl. auch *H. Jung*, Paradigmawechsel im Strafvollzug?, S. 382, der davor warnt, „rechtspolitische Wunschvorstellungen und die juristische Exegese des Verfassungstextes (...) miteinander zu vermengen."
[477] *Hegel*, Grundlinien der Philosophie des Rechts, S. 432 (§ 272).
[478] So auch *Lagodny*, Strafrecht vor den Schranken der Grundrechte, S. 535: „Die Diskussion zwischen materiellem Strafrecht und Verfassungsrecht muß fortgesetzt und intensiviert werden. Von strafrechtlicher Seite muß insbesondere der akzeptierte Stand der Grundrechtsdogmatik wahrgenommen und umgesetzt werden. Insgesamt sollte ein Denken in isoliert nebeneinander stehenden Rechtsgebieten vermieden werden. Erst dann können viele Sachprobleme adäquat gelöst werden."

E. Die Maßstäblichkeit der grundrechtlichen Kritik 339

sperrenden Pauschalabwehr grundrechtlicher Argumentation im Strafrecht könnte sich also der Versuch empfehlen, das Verhältnis insbesondere des materiellen Strafrechts zu thematisch einschlägigen Grundrechten konkret zu bestimmen (dann könnte sich im übrigen auch zeigen, daß die dogmatischen Konsequenzen, die auf dem Hintergrund von Art. 2 II 1 GG für die Tötungsdelikte gelten, für die Körperverletzungsdelikte nicht unbesehen übernommen werden können).[479] Der weit verbreiteten Schreckensvorstellung einer ölteppichartigen Ausbreitung der Grundrechte im Strafrecht (mit der präsumierten Folge, daß die Systemunterscheidungen herkömmlicher Strafrechtsdogmatik gewissermaßen verkleben) ließe sich so Schritt für Schritt rational entgegentreten. Rationaler begreifbar wird auf dem Hintergrund des Versuchs, das jeweilige Grundrecht systematisch-teleologisch stringent mit dem Regelungsplan des einfachen Strafgesetzes zu verbinden, auch die Rede von der sog. Ausstrahlungswirkung der Grundrechte.

Soweit ersichtlich verwendet das Bundesverfassungsgericht den Begriff „Ausstrahlungswirkung" grundsätzlich[480] nur im Zusammenhang mit der Einwirkung der Grundrechte auf das Privatrecht.[481] Im „bahnbrechende(n)"[482] Lüth-Urteil (das

---

[479] Damit wird auf die Behauptung angespielt, Art. 2 II 1 GG verlange eine interpretatorische Ausweitung der §§ 223ff. StGB vom geborenen auf den ungeborenen Menschen; vgl. *Weiß*, Zur Strafbarkeit der Körperverletzung und Tötung Ungeborener, GA 1995, S. 376ff. m. w. N.; s. auch *Hilgendorf*, Ektogenese und Strafrecht, MedR 1994, S. 429ff. Der mögliche Wortsinn dürfte dem zwar nicht entgegenstehen. Andererseits darf der Verweis auf Art. 2 II 1 GG nicht dazu führen, die erkennbare Regelungsarchitektonik des Gesetzes zu überspielen. Aufgrund der systematischen Anlage des 17. BT-StGB-Abschnitts spricht einiges dafür, daß hier tatsächlich nur *geborene* Menschen gemeint sein sollen. Es muß klar sein: Das einfache Gesetz darf nicht im dogmatisch ungezügelten Durchgriff auf eine diffuse Ausstrahlungswirkung der Grundrechte überspielt werden. Ein solcher Durchgriff übersähe u. a., daß der Strafgesetzgeber seine grundrechtliche Schutzpflicht gestuft verwirklichen darf, gleicher strafgesetzlicher Schutz prä- und postnatalen Lebens von Verfassungs wegen also nicht geboten ist. Ohne daß die konkrete Frage nach dem interpretatorischen Verhältnis von Art. 2 II 1 GG zu den Körperverletzungsdelikten hier detailliert beantwortet werden könnte: Sie zeigt eindrücklich, wie differenziert man hier vorzugehen hat.
[480] Vgl. aber den Leitsatz in BVerfGE 32, 98: „Zur Ausstrahlungswirkung des Grundrechts der Glaubensfreiheit auf die Bestrafung wegen unterlassener Hilfleistung (§ 330c StGB)". In BVerfGE 32, 98 (105) heißt es dann mit Blick auf § 330c StGB a.F. (vgl. nunmehr § 323c StGB n.F.), im vorliegenden Fall sei zu prüfen, ob die angegriffenen Entscheidungen „die Auswirkungen der Grundrechte auf diese Norm verkannt haben."
[481] S. dazu die Anmerkungen und die Rechtsprechungsanalyse bei *Stern*, Idee und Elemente eines Systems der Grundrechte, § 109 Rn. 58 (S. 79 mit Anm. 197); *H. Dreier*, Dimensionen der Grundrechte, S. 58: „Die Ausstrahlungswirkung der Grundrechte entfaltet sich im zuvörderst betroffenen Privatrecht." Zum Drittwirkungsproblem zusf. *Lübbe-Wolff*, Die Grundrechte als Eingriffsabwehrrechte, S. 159ff.; außerdem *Classen*, Die Drittwirkung der Grundrechte, AöR 122 (1997), S. 65ff.
[482] So die ehemalige Bundesverfassungsrichterin *Rupp-v. Brünneck*, S. 48.

340   3. Kapitel: Grundrechtliche Kritik der Hirntodkonzeption

hinsichtlich der objektivrechtlichen Grundrechtsgehalte freilich Vorläufer hatte)[483] setzt es den Begriff „Ausstrahlungswirkung" außerdem selbst in Anführungszeichen.[484] Damit verdeutlicht das Gericht, daß es mehr um eine bildhafte Umschreibung des dogmatischen Problems geht, weniger um dessen quasi-begriffsjuristische Klärung durch ein Wort allein. Die im Lüth-Urteil fallerhebliche Ausrichtung auf das Privatrecht hat die schon zuvor bekannte Debatte über die sogenannte (mittelbare) Drittwirkung der Grundrechte im Zivilrecht vertieft; sie hält - gegenwärtig unter dem Vorzeichen der grundrechtlichen Schutzpflicht - an.[485] Ungeachtet des Umstands, daß im Schrifttum der Begriff der Ausstrahlungswirkung auch für den Einfluß der Grundrechte auf die Auslegung und Anwendung öffentlich-rechtlicher Gesetze verwendet wird[486] - das freilich ist im Lüth-Urteil implizit schon angelegt -,[487] darf man sich durch die speziellen Probleme, die die Grundrechtsgeltung namentlich im bürgerlichen Vertragsrecht aufwirft, nicht den Blick auf die Sachprobleme der Grundrechtsgeltung verstellen lassen. Auf dem Hintergrund einer teleologisch ausdifferenzierten Rechtsordnung wird man die Probleme, die sich mit Blick auf die Privatautonomie vertragsrechtlich stellen, anders zu lösen haben als Probleme der Ausstrahlungswirkung im Öffentlichen Recht (zu dem auch das Strafrecht zählt).[488] Die zivilrechtliche Fragestellung kann hier nicht weiter interessieren.[489] Jedenfalls für unser öffentlichrechtliches Thema gilt dies: Wählt man - ausgehend von der schutzrechtlichen Dimension des Grundrechts aus Art. 2 II 1 Var. 1 GG - einen systematisch-teleologischen Zugriff, dann erscheint

---

[483] BVerfGE 6, 55 - Ehegattenbesteuerung -; dazu *H. Dreier*, Dimensionen der Grundrechte, S. 11 Anm. 8 a.E.; *Böckenförde*, Grundrechte als Grundsatznormen, S. 165f.

[484] BVerfGE 7, 194 (207): „‚Ausstrahlungswirkung'" (Anführungszeichen im Orig.).

[485] Dazu *Höfling*, in: M. Sachs (Hrsg.), GG, Komm., Art. 1 Rn. 104 a.E.; *Unruh*, S. 72: Drittwirkung als „Anwendungsfall der Schutzpflichtenlehre"; *Hermes*, Grundrechtsschutz durch Privatrecht auf neuer Grundlage?, NJW 1990, S. 1765f. m. N. S. außerdem *Pietzcker*, S. 345ff.

[486] S. etwa den früheren Richter am BVerfG *H. Simon*, NJ 1996, S. 169: „Ausstrahlungswirkungen der höchstrangigen Verfassungsnormen auf das sog. einfache Recht". *Stern*, Idee und Elemente eines Systems der Grundrechte, § 109 Rn. 57: „Ausstrahlungswirkung auf die gesamte Rechtsordnung". *Böckenförde*: „heute anerkannte Ausstrahlungswirkung der Grundrechte in die nichtverfassungsrechtlichen Rechtsbereiche" (Die Eigenart des Staatsrechts, S. 13).

[487] Das Lüth-Urteil BVerfGE 7, 198 spricht davon, daß die Grundrechtsordnung eine „verfassungsrechtliche Grundentscheidung für *alle* Bereiche des Rechts" darstelle und dementsprechend „*auch* das bürgerliche Recht erfasse" (205 - Hervorhebungen nur hier).

[488] Dazu verdeutlichend BVerfGE 39, 1 (47): „Die Strafnorm stellt gewissermaßen die ‚ultima ratio' im Instrumentarium des Gesetzgebers dar. Nach dem das ganze öffentliche Recht einschließlich des Verfassungsrechts beherrschenden rechtsstaatlichen Prinzip der Verhältnismäßigkeit darf er von diesem Mittel nur behutsam und zurückhaltend Gebrauch machen."

[489] S. dazu - alle m. w. N. - etwa *Höfling*, Vertragsfreiheit; *Oeter*, AöR 119 (1994), S. 529ff.; *Eike Schmidt*, KritV 1995, S. 424ff.; *Hesse/Kauffmann*, JZ 1995, S. 219ff.; *R. Singer*, JZ 1995, S. 1133ff.; *Zöllner*, AcP 196 (1996), S. 1ff.

das „Geschehen interdependenter Normbeeinflussung"[490] zwischen öffentlich-rechtlichem Fachgesetz (hier: StGB) und Verfassung gerade nicht als grundbegrifflich ungeklärt, und ebensowenig erscheint die Gemengelage zwischen einfachgesetzlichem Gesetz und Verfassungsrecht als per se unauflösbar.[491] Wenn Gesetzgebung, Verwaltung und Rechtsprechung von der „objektive(n) Wertordnung"[492] der Grundrechte, die eine „verfassungsrechtliche Grundentscheidung für alle Bereiche des Rechts"[493] enthalten, „Richtlinien und Impulse"[494] empfangen, dann entfaltet sich der „Rechtsgehalt der Grundrechte als objektiver Normen" auch im materiellen Strafrecht „durch das Medium der dieses Rechtsgebiet unmittelbar beherrschenden Vorschriften"[495] der (hier: der lebensschützenden) Bestimmungen des StGB. Das kann - wie die Ausführungen zur Schutzpflicht belegt haben - „nach ihrem Zweck"[496] gar nicht anders sein. Die objektivrechtliche Grundrechtsdimension der interpretatorischen Ausstrahlungswirkung[497] ist daher letztlich in der Schutzpflichtendimension verankert.[498] Die genaue Inhaltsbestim-

---

[490] *Di Fabio*, S. 470 a.E., s. ebda. im Vorwort den Hinweis auf die „Einwirkungen des Verfassungsrechts".

[491] Zumindest im vorliegenden Kontext scheint die offenbar „grundbegrifflich ungeklärte" (*Habermas*, Faktizität und Geltung, S. 303 - zur obj.-rechtl. Dimension der Grundrechte) Ausstrahlungswirkung kein „Arkanum des Gerichts" - des BVerfG - (*Böckenförde*, Grundrechte als Grundsatznormen, S. 169 - zum „spezifischen Verfassungsrecht") zu sein.

[492] BVerfGE 7, 198 (205).

[493] BVerfGE 7, 198 (205).

[494] BVerfGE 7, 198 (205). „Gesetzgebung, Verwaltung und Rechtsprechung empfangen von ihm Richtlinien und Impulse. So beeinflußt es selbstverständlich *auch* das bürgerliche Recht; keine bürgerlich-rechtliche Vorschrift darf in Widerspruch zu ihm stehen, jede muß in seinem Geiste ausgelegt werden" (Hervorhebung nicht im Original). Sinngleich *Grimm*, Rückkehr zum liberalen Grundrechtsverständnis?, S. 230: „die Grundrechte als ranghöchste Inhaltsnormen der Rechtsordnung". Weitere Nachweise zu diesem Verständnis der Verfassung bzw. der Grundrechte als Grundordnung für das gesamte Gemeinwesen (nicht nur als Rahmenordnung staatlicher Herrschaftsorganisation) bei *H. Dreier*, Dimensionen der Grundrechte, S. 53 Anm. 218f.

[495] BVerfGE 7, 198 (205). Ähnl. auch BVerfGE 7, 198, 206: „Einfluß grundrechtlicher Wertmaßstäbe"; 207: „Gehalt der Grundrechtsnorm (als objektiver Norm)". BVerfGE 7, 198 (205f.): „Der Rechtsgehalt der Grundrechte als objektiver Normen entfaltet sich im Privatrecht durch das Medium der dieses Rechtsgebiet unmittelbar beherrschenden Vorschriften. Wie neues Recht im Einklang mit dem grundrechtlichen Wertsystem stehen muß, so wird bestehendes älteres Recht inhaltlich auf dieses Wertsystem ausgerichtet; von ihm her fließt ihm ein spezifisch verfassungsrechtlicher Gehalt zu, der fortan seine Auslegung bestimmt. Ein Streit zwischen Privaten über Rechte und Pflichten aus solchen grundrechtlich beeinflußten Verhaltensnormen des bürgerlichen Rechts bleibt (...) ein bürgerlicher Rechtsstreit. Ausgelegt und angewendet wird bürgerliches Recht, wenn auch seine Auslegung dem öffentlichen Recht, der Verfassung, zu folgen hat."

[496] BVerfGE 7, 198 (206).

[497] Diese Klassifizierung bspw. bei *Stern*, Idee und Elemente eines Systems der Grundrechte, § 109 Rn. 57 und bei *H. Dreier*, Dimensionen der Grundrechte, S. 42.

[498] So z. B. *H. Dreier*, Dimensionen der Grundrechte, S. 48 m. N.; *Grimm*, Rückkehr zum liberalen Grundrechtsverständnis?, S. 234; *Höfling/Rixen*, S. 87 Anm. 324 m. N.

mung ist Aufgabe der Gesetzesauslegung, wie im übrigen und zu Recht schon das Lüth-Urteil betont.[499] Sie muß die „interpretatorische Funktion"[500] der Grundrechte - die bereits in der Weimarer Zeit bekannt war, also genaugenommen keine Erfindung des Bundesverfassungsgerichts ist - bereichsdogmatisch differenziert zur Geltung bringen.

IV. Ergebnis

Der - in Artikel 20 III i.V.m. Art. 1 III GG angelegte - Grundgedanke der „Austrahlungswirkung" wurde hier mit Blick auf das Problem des strafrechtlichen Todesbegriffs spezifiziert. Die von der Schutzpflicht-Dimension des Art. 2 II 1 Var. 1 GG induzierte „verfassungsgemäße Konkretisierung des Straftatbestandes'"[501] führt zu einer dem Schutzbereich des Lebensgrundrechts kongruenten, im Ergebnis „hirntodkonzept-kritischen" Auslegung der Tötungsdelikte (genauer: des Tötungstatbestandsmerkmals).[502] Die Darstellung dieses systematischen Zusammenhangs versteht sich als ein Beitrag zu jenem rechtswissenschaftlichen Unternehmen, das unter der Bezeichnung „strafrechtliches Verfassungsrecht"[503] oder Verfassungsstrafrecht umfassender Problemsichtung und -systematisierung erst noch entgegengeht.

---

[499] BVerfGE 7, 198 (206): „Der Richter hat kraft Verfassungsgebots zu prüfen, ob die von ihm anzuwendenden materiellen zivilrechtlichen Vorschriften (...) grundrechtlich beeinflußt sind; trifft das zu, dann hat er bei Auslegung und Anwendung dieser Vorschriften die sich hieraus ergebende Modifikation des Privatrechts zu beachten." Das gilt mutatis mutandis auch für öffentlich-rechtliche Vorschriften.

[500] *C. Schmitt*, Grundrechte und Grundpflichten, S. 228: „die Auslegungs- (interpretatorische) Funktion, kraft deren die Sätze des zweiten Hauptteils [also des Grundrechtsteils der WRV, Anm. St. R.] sowohl für die Auslegung der vorliegenden Gesetze, wie namentlich auch für die Handhabung von Ermessen und unbestimmten Begriffen in Rechtsprechung und Verwaltung richtunggebend sind. (...) Diese Funktion der Verfassungssätze ist zuerst von Günther Holstein systematisch erkannt worden." *C. Schmitt* weist auf zwei Arbeiten *G. Holsteins* hin (S. 228 Anm. 120), u. a. (ohne Titel und im übrigen genaue Referenz) auf *G. Holstein*, Reichsverfassung und Schulverwaltungssystem, AöR N.F. 12 (1927), S. 187ff. Auf S. 238 spricht *Holstein* von der „rechtsgedanklich-interpretatorischen Funktion" konkret des Art. 120 WRV (Elternrecht), von dessen „Bedeutung einer Richtlinie von zwingender legalinterpretatorischer Kraft für die Auslegung aller in Frage kommenden Bestimmungen der konkreten Einzelnormen des Reichs wie der Länder".

[501] *Kissel*, S. 74.

[502] So i. Erg. auch - freilich ohne detaillierte Herleitung - *Sternberg-Lieben*, Tod und Strafrecht, JA 1997, S. 86: „Die Tötungsdelikte der §§ 211ff. StGB setzen die staatliche Schutzpflicht für das Schutzgut Leben einfachgesetzlich um, so daß sich insoweit die mitunter diffizil zu beantwortende Frage nach der Eigenständigkeit des einfachen Rechts der Teilrechtsordnungen gegenüber dem ihnen übergeordneten Verfassungsrecht nicht stellt."

[503] Begriff bei *Hassemer*, Bilder vom Strafrecht, S. 245: „strafrechtliche(s) Verfassungs- (...)recht". *Dannecker*, Strafrecht der Europäischen Gemeinschaft, JZ 1996,

F. Lebensgrundrechtlich angemessene Todeskriterien im Strafrecht

Nach den bisherigen Ausführungen steht fest, daß der irreversible Ausfall des gesamten Gehirns, genauer: der unumkehrbare Ausfall der gesamten - mit der vom Wissenschaftlichen Beirat der Bundesärztekammer vorgesehenen Diagnostik - meßbaren Hirnfunktionen, *kein* zulässiges Todeskriterium bzw. Todeszeichen ist, also nicht den Punkt markieren kann, mit dessen Feststellung der Statuswechsel vom Leben zum Tod, vom lebendigen zum toten Menschen eingetreten ist. Welches Kriterium, welches Zeichen soll dann aber gelten, um den eingetretenen Tod feststellen zu können? Wie läßt sich die Todeszeit (also der Zeitpunkt des eingetretenen Todes) bestimmen? Und müssen die Todeskriterien von Verfassungs wegen nicht formellgesetzlich festgelegt werden?

I. Angemessene Todeskriterien

Ob bestimmte körperliche Zustände Zeichen bzw. Kriterien gerade für den Tod des Menschen sind, ist - wie oben schon dargelegt (Abschnitt B.) - im Kern eine Wertungsfrage.[504] Bestimmte Realdaten werden dabei bewußt zu Indikatoren normativen Sinns erhoben. Es ist also keineswegs so, daß Todeszeichen sich nicht *er*finden ließen, sondern *auf*gefunden und bloß erkannt werden müßten.[505] Die Kennzeichnung eines körperlichen Zustands als „Tod des Menschen" muß aktiv-wertend an einen bestimmten - irreversiblen -[506] biologischen Zustand eines menschlichen Körpers herangetragen werden (muß also - in diesem Sinne -

---

S. 880 fordert eine „gesamte Strafrechtswissenschaft' (...) unter Einbeziehung von Strafrechtsdogmatik, Kriminologie und Verfassungsrecht".

[504] Aufschlußreich dazu auch die Rechtsmediziner *Liebhardt/Wuermeling*, Juristische und medizinisch-naturwissenschaftliche Begriffsbildung und die Feststellung des Todeszeitpunktes, S. 1665: „Eine (...) Wertung ist (...) keine biologisch zu rechtfertigende Feststellung (...). Die Frage nach dem Zeitpunkt des Todes eines Menschen entspricht nicht einem biologischen, sondern einem gesellschaftlichen Bedürfnis. Über die Entsprechung einer solchen Wertung in der ärztlichen Feststellung des Todes und der Wertung, die den gesellschaftlichen Erfordernissen entspricht, haben Legislative und Jurisdiktion zu befinden."

[505] *Angstwurm*, Antwort auf die von der Fraktion Bündnis 90/Die Grünen für die Anhörung vor dem Gesundheitsausschuß des Deutschen Bundestags am 28.6.1995 vorgeschlagenen Fragen, Deutscher Bundestag/Ausschuß für Gesundheit, Ausschuß-Drs. 13/173 v. 8.8.1995, S. 2ff. (3): „Todeszeichen lassen sich nicht erfinden und (...) behaupten, sondern nur auffinden und erkennen." *Ders.*, Der Hirntod als Ereignis, als Befund und als sicheres Todeszeichen des Menschen sowie Antworten auf Bedenken und Einwände, Deutscher Bundestag/Ausschuß für Gesundheit, Ausschuß-Drs. 13/579 v. 2.9.1996, S. 2ff. (7): „Todeszeichen lassen sich nicht erfinden, sondern nur auffinden."

[506] Vgl. dazu erneut (s. schon den Hinweis oben in Abschn. B. bei den Ausführungen zu Ebene 1) *Harris*, S. 343: „Alle Definitionen des Todes kommen darin überein, daß es sich - ganz gleich, wie der Tod ansonsten definiert wird und wie die Kriterien letztlich aussehen - um einen dauerhaften und irreversiblen Zustand handeln muß."

"erfunden" werden).⁵⁰⁷ Entscheidend ist dabei immer die Frage, ob ein gewähltes Zeichen als Operationalisierung des vorgängig - vom offenen Menschenbild des Grundgesetzes her - entwickelten Todes- bzw. Lebensbegriffs gelten kann. Das ist nur dann der Fall, wenn das gewählte Todeszeichen nicht auf Wertungen verweist bzw. Wertungen impliziert, die den Wertungen des grund- bzw. strafrechtlichen Todes- und Lebensbegriffs widersprechen.

Als (primäres) Kriterium für den endgültigen Zusammenbruch des Organismus als funktioneller Einheit soll hier der irreversible Atmungs- und Herz-Kreislaufstillstand vorgestellt werden.⁵⁰⁸ Dieses Todeskriterium ist nicht neu; es ist identisch mit dem traditionell verwendeten Todeskriterium.⁵⁰⁹ Dem vom offenen Menschenbild des Grundgesetzes her entwickelten Begriff des Lebens ist das Kriterium angemessen. Zur Erinnerung: Solange die lebenswichtigen Funktionen des Gehirns (genauer: Hirnstamms) erfolgreich apparativ ersetzt werden können, d. h.: solange der Organismus des Patienten durch künstliche Beatmung, Hormonsubstitution und andere Maßnahmen in seiner funktionellen Ganzheit erhalten und so vor dem Zusammenbruch bewahrt wird, so lange lebt der hirntote Patient. Der Tod tritt - wie in Abschnitt D. V. bereits erläutert - ein, *nicht* wenn ein bestimmtes „Zentralorgan" ausfällt und ersetzt, sondern wenn der Organismus in seiner funktionellen Ganzheit zusammenbricht und biologisches Leben allenfalls noch auf der untergeordneten Ebene einzelner Organe oder Zellverbände nachzuweisen ist. Der unumkehrbare Atmungs- und Herz-Kreislaufstillstand eignet sich deshalb

---

⁵⁰⁷ Dazu die Hinweise oben im 2. Kap. D. II. 6.

⁵⁰⁸ Der Begriff „irreversibler Atmungs- und Herz-Kreislaufstillstand" faßt die miteinander wechselwirkenden Funktionen des Organismus zusammen, die unumkehrbar ausfallen. Er bezieht sich hauptsächlich auf die Wiederbelebungszeit des Herzens nach einem Herzstillstand (zwischen 15 und 30 Minuten, *Larsen*, 4. Aufl., S. 934). Weil Störungen der Funktion des Herzens (und auch der Atmung) Auswirkungen auf den Kreislauf haben, ist es vertretbar, die Begriff „irreversibler Herz-Kreislaufstillstand" und „irreversibler Atmungs- und Herz-Kreislaufstillstand" synonym zu verwenden. Sehr vereinfacht ausgedrückt: der (nichtkompensierte) Ausfall der Atmung führt zur Sauerstoffunterversorgung, dieser zum Herzstillstand. Oder: Der (nicht behebbare oder nicht behobene) Herzstillstand führt zum Zirkulationsstop, dieser zur Sauerstoffunterversorgung auch der atemsteuernden Organe, dieser zur unvermeidlichen Aufhebung der Kreislauffunktion. Die Kreislauffunktion kann bspw. auch durch einen eminenten Blutverlust untergehen, der zur Sauerstoffunterversorgung und damit auch zum Herzstillstand führt usw. usf. Vgl. *Larsen*, 4. Aufl., S. 934ff. (zum Atemstillstand), S. 943ff. (zum Herzstillstand); außerdem: *Myerburg/Castellanos*, S. 232ff.; *Ertl*, S. 1067: „Herz- und Gefäßsystem bilden eine anatomische und physiologische Einheit und beeinflussen sich kontinuierlich gegenseitig. (...) Störungen der Funktion von Herz und Kreislauf oder deren Regulationssysteme führen daher unmittelbar zu Reaktionen der zunächst unbeeinträchtigten anderen Teile des Kreislaufes (...)."

⁵⁰⁹ Von den „konventionellen Zeichen des Herzkreislauftodes" spricht bspw. auch die *Bundesregierung* in der Antwort auf eine Große Anfrage zur Transplantationsmedizin, BT-Drs. 11/7980 v. 26.9.1990, S. 3. Vgl. auch *Opderbecke/Weissauer*, S. 71: „Tod und Todeszeitpunkt (sind) seit Menschengedenken (...) mit dem Stillstand von Atmung und Kreislauf gleichgesetzt worden".

F. Lebensgrundrechtlich angemessene Todeskriterien im Strafrecht

als Todeskriterium, weil er das irreversible Erlöschen der - im Organismus wechselwirkenden - Vitalfunktionen plausibel zum Ausdruck bringt. Wenn also - getragen vom Sinn und Zweck des Art. 2 II 1 Var. 1 GG - Leben gekennzeichnet ist durch den Organismus als funk-tionelle Ganzheit, dessen erfolgreiche integrative Tätigkeit unabhängig ist von der Funktionsfähigkeit des Gehirns, dann ist der - ggfs. nur wenige Tage apparativ aufrechterhaltene - Kreislauf Ausdruck der integrativen Tätigkeit des Organismus, dessen irreversibler Zusammenbruch mithin zu werten als diagnostizierbarer Indikator für den irreversiblen Zusammenbruch des Organismus und damit das Ende menschlichen Lebens.[510]

Zumindest für den „Normalfall" des menschlichen Versterbens ohne intensivmedizinische Rahmenbedingungen anerkennen die Anhänger des Hirntodkonzepts das Kriterium des endgültigen (Atmungs- und) Herz-Kreislauf-stillstands als Todeszeichen (vgl. § 5 I 2 des Transplantationsgesetzes), während sie es für die Sonderfälle reanimierter und kontrolliert beatmeter Patienten unmißverständlich in Frage stellen. Die Möglichkeit der Wiederbelebung zeige nämlich, wie untauglich das Kriterium des Herzkreislaufstillstands als Todeszeichen eigentlich sei, denn infolge der Reanimationstechnik sei der Herz-Kreislauf-Stillstand ja reversibel. Der Herzkreislaufstillstand als solcher könne daher gar nicht die für die Todesfeststellung notwendige Irreversibilität des Organismuszusammenbruchs anzeigen.[511] Man begreife den Herz-Kreislaufstillstand nur dann zutreffend, wenn man ihn als „Anzeichen"[512] für den nach einem Herz-Kreislaufstillstand alsbald eintretenden irreversiblen Funktionsausfall des Gehirns deute.[513] Gewiß könne der Hirntod ohne intensivmedizinische Rahmenbedin-

---

[510] Vgl. dazu auch *Hoff/in der Schmitten*, Kritik der „Hirntod"-Konzeption, S. 193, S. 223ff.
[511] Dazu schon die Nachweise in diesem Kap. oben in Abschn. A. II.
[512] *Engisch*, Rechtliche Probleme im Grenzbereich, S. 89: „das Aufhören von Herzschlag und Atmung (ist) nur ein Anzeichen des Gehirntodes."
[513] So argumentiert auch der Änderungsantrag, der zur geltenden Fassung des § 3 II Nr. 2 TPG geführt hat, BT-Drs. 13/8027 v. 24.6.1997, S. 8: Danach ermöglichen nicht näher benannte „äußerlich erkennbare Todeszeichen nach Eintritt des Herzstillstands" die „indirekte Feststellung des Gesamthirntodes". S. auch den *Vorstand der Bundesärztekammer*, zit. bei *Klinkhammer*, BÄK-Vorstand: Herzstillstand kein sicheres Zeichen, B-2159: „Der Herzstillstand als solcher ist kein sicheres Todeszeichen, solange ungewiß ist, ob er unveränderlich ist und ob er bereits zum endgültigen, nicht behebbaren Ausfall der gesamten Hirnfunktion geführt hat." Beachte schon die Erklärung der *Deutschen Gesellschaft für Chirurgie* (Der Chirurg 1968, S. 196): „Trotzdem darf der Gehirntod bereits zum leichter faßbaren Zeitpunkt des Herzstillstandes postuliert werden, um so mehr als in Anbetracht der inkurablen Gesamt-Situation Wiederbelebungsmaßnahmen nicht indiziert sind." S. auch den an der Abfassung dieser Erklärung beteiligten Juristen *Hanack*, Todeszeitbestimmung, Reanimation und Organtransplantation, S 1322: „Vielmehr werden die Kriterien des Herztodes und die genannten Sekundärerscheinungen nur benutzt als Indizien für ‚den' Tod, den Gehirntod, der sich, wenn ich recht sehe, mit diesen traditionellen Merlmalen sicher genug feststellen läßt (...)." *Spann*, Vorstellungen zur Gesetzgebung über den tatsächlichen Todeszeitpunkt, S. 2254 a.E.: „So wurde auch bisher aus Atem- und Kreislaufstillstand auf den eingetretenen oder kurz darauf einge-

gungen und genaue Diagnostik nicht erkannt werden, aber auch im „Normalfall"[514] des Versterbens durch Atmungs- und Herz-Kreislaufstillstand trete der Hirntod - gewissermaßen unsichtbar - ein, denn bei Nichtreanimation sei das Gehirn als erstes Organ sauerstoffunterversorgt, seine Funktion gehe also als erstes unwiderbringlich verloren. An der Irreversibilität dieses Zustands habe der für sich nicht irreversible Herzkreislaufstillstand teil.

Diese Auffassung vermag nicht zu überzeugen. Zunächst widerspricht die Behauptung, der Hirntod trete ja auch bei jedem Herz-Kreislauf-Toten ein, der quasi-kanonischen Definition des Hirntodes namentlich durch den Wissenschaftlichen Beirat der Bundesärztekammer. Danach wird der Hirntod eben nicht mit dem Hirnfunktionausfall *an sich* gleichsetzt, sondern nur mit einem Hirntod *gerade* bei intensivmedizinisch aufrechterhaltener Kreislauffunktion.[515] Im übrigen steht zwar außer Frage, daß regelmäßig bereits ein etwa 4 - 6 Minuten andauernder Sauerstoffmangel zu irreversiblen Funktionsausfällen im gesamten Gehirn führt.[516] Aber dieses Faktum allein begründet noch nicht, wieso der Zustand des regelmäßig nach ca. 4 - 6 Minuten irreversibel geschädigten Gehirns den Tod des Menschen bedeuten *soll*. Auch an der Irreversibilität des Kriteriums des (Atmungs- und) Herz-Kreislaufstillstands besteht kein Zweifel, wenn man sich nur folgendes vergegenwärtigt:

Solange der Kreislauf - etwa nach einer Wiederbelebung durch kontrollierte Beatmung - intensivmedizinisch („künstlich") aufrechterhalten wird, solange *fehlt* es an einem *irreversiblen* (Atmungs- und) Herzkreislaufstillstand. Wird der Kreislauf hingegen nicht bzw. (nach einem Behandlungsabbruch) nicht

---

tretenen Gehirntod geschlossen." Ähnlich auch *Wawersik*, Kriterien des Todes, S. 321: „So wie sich ein Gegenstand nicht dadurch verändert, daß man ihn einmal mit bloßem Auge und ein anderes Mal durch ein Vergrößerungsglas betrachtet, so wenig ändert sich der Tod dadurch, daß er einmal aufgrund grober Kriterien der Herz- und Atemfunktion, ein anderes Mal aufgrund sehr feiner Kriterien der Gehirnfunktion, die nur mit besonders empfindlichen Instrumenten gemessen werden können, festgestellt wird. Es ist zuzugeben, daß dieser Vergleich die Verhältnisse stark vereinfacht, (...)."

[514] *Berg*, Grundriß der Rechtsmedizin, 12. Aufl., S. 133: „Im außerklinischen ‚Normalfall' jedenfalls kennzeichnen Herz- und Atemstillstand den Todeseintritt."

[515] *Wissenschaftlicher Beirat der Bundesärztekammer*, Kriterien des Hirntodes - Dritte Fortschreibung 1997, A-1297: „Der Hirntod wird definiert als Zustand der irreversibel erloschenen Gesamtfunktion des Großhirns, des Kleinhirns und des Hirnstamms. Dabei wird durch kontrollierte Beatmung die Herz- und Kreislauffunktion noch künstlich aufrechthalten."

[516] *Larsen*, 4. Aufl., S. 934, S. 963; die Wiederbelebungszeit des Gehirns kann im Einzelfall verkürzt oder verlängert werden (beachtliche Faktoren bspw. Körpertemperatur oder Alter). Unter experimentellen Bedingungen läßt sich die Ischämiezeit des Gehirns auf ca. 15 Minuten verlängern. *Dudziak*, S. 435, spricht von einer regelmäßig 3 - 4minütigen Wiederbelebungszeit des Gehirns. *Kimpel*, S. 162, spricht von einer regelmäßig etwa 10 - 12minütigen Wiederbelebungszeit des Gehirns. „Wiederbelebungszeit ist die Zeit zwischen dem Herzstillstand und dem Eintritt der irreversiblen Schädigung der Organe." So *Larsen*, 4. Aufl., S. 934.

F. Lebensgrundrechtlich angemessene Todeskriterien im Strafrecht   347

weiter intensivmedizinisch aufrechterhalten, steht er - und zwar nach einer bestimmten Zeitspanne (nämlich jener, in der erfahrungsgemäß eine Wiederbelebung erfolgversprechend möglich ist) - irreversibel still (ist also unumkehrbar zusammengebrochen). Wiederbelebung ist dabei jede, den Ausfall kreislauferhaltender Funktionen (Vitalfunktionen) kompensierende Maßnahme, namentlich die kontrollierte Beatmung oder das Wieder-in-Gang-bringen der Herztätigkeit. In diesem Sinne einer nicht mehr möglichen Wiederbelebbarkeit ist der Ausfall der (Atmungs- und) Herz-Kreislauffunktion irreversibel.

Eine Wiederbelebung des Herzens, also ein Nicht-mehr-in-Gang-bringen-können des Kreislaufs und damit des Organismus als funktioneller Einheit, wird man nach dem gegenwärtigen Wissensstand regelmäßig ca. 15 - 30 Minuten nach Atmungsstop annehmen dürfen; die für einen funktionierenden Kreislauf unabdingbare Herzaktivität ist dann nicht wieder herzustellen.[517] Aus Sicherheitsgründen, um besonderen Lagen gerecht zu werden (bspw. Unterkühlungen) sollte man (nach Abstellen der intensivmedizinischen Versorgung, namentlich der Beatmung) eine Spanne von 30 - 45 Minuten abwarten, um ganz sicher zu gehen, daß der Zusammenbruch des Organismus durch Reanimationsmaßnahmen nicht mehr rückgängig zu machen ist (die technische Realisation des Kriteriums im Einzelfall ist Sachverständigenfrage). Vermieden werden damit nicht zuletzt Praktiken, wie sie in den USA am „non-heart-beating donor" vorgenommen werden, bei dem schon nach zweiminütigem Nachweis des Herzstillstands lebenswichtige Organe entnommen werden dürfen.[518]

Vom irreversiblen (Atmungs- und) Herz-Kreislaufstillstand und damit vom irreversiblen Zusammenbruch des Organismus als funktioneller Einheit (also dem Tod eines Menschen) darf erfahrungsgemäß auch ausgegangen werden beim Auffinden eines Körpers, bei dem die sog. klassischen Todeszeichen (z.B. Leichenflecken, beginnende oder eingetretene Leichenstarre, Verwesung) nachweisbar sind.[519] Sie sind - wenn man sie als Zeichen liest, die auf den irrever-

---

[517] *Larsen*, 4. Aufl., S. 934, S. 963.

[518] *University of Pittsburgh Medical Center*, A 6, wo es u. a. heißt, es gehe um die Feststellung der „irreversible cessation of cardiac function". Die Kritik weist darauf hin, hier werde „irreversibility too weakly" festgestellt, *Speilman/McCarthy*, S. 325. S. auch das Themenheft Nr. 2/June 1993 des Kennedy Institute of Ethics Journal. In jüngerer Zeit wird von anderen eine 10-Minuten-Frist favorisiert, *Kootstra*, S. 918 m. w. N. Ablehnend zum Abstellen auf den Herzstillstand der Vorstand der Bundesärztekammer, zit. bei *Klinkhammer*, BÄK-Vorstand: Herzstillstand kein sicheres Zeichen, B-2159: „Der Herzstillstand als solcher ist kein sicheres Todeszeichen, solange ungewiß ist, ob er un- veränderlich ist und ob er bereits zum endgültigen, nicht behebbaren Ausfall der gesamten Hirnfunktion geführt hat." Beachte auch, daß *Barnard* zusätzlich zur Hirntoddiagnostik den (durch vorherigen Abbruch der Beatmung herbeigeführten) Atemstillstand über drei Minuten abwartete, bevor er entnahm; dazu oben im 2. Kapitel Fn. 142.

[519] Insoweit zutreffend die Begr. zu § 5 I 1 TPG (BGBl. 1997 I S. 2631), BT-Drs. 13/4355, S. 19. Die Entwicklung der Totenflecke beginnt in der ersten Stunde nach dem Tod; vollständig ausgeprägt sind sie nach 6 - 12 Stunden; nach 10 - 12 Stunden sind sie

siblen Atmungs- und Herz-Kreislaufstillstand verweisen - ebenfalls mit dem grundrechtlichen Lebens- und Todesverständnis vereinbare (sekundäre) Todeszeichen. Den verwesten oder den verbrannten Körper eines Menschen könnte man zwar durchaus als „hirntot" bezeichnen, jedenfalls in dem Sinne, daß die Gesamtfunktion des Gehirns irreversibel ausgefallen ist. „Hirntot" im Sinne der Definition der Bundesärztekammer (bei intensivmedizinisch aufrechterhaltener Herz-Kreislauffunktion diagnostizierter Gesamtausfall der Hirnfunktion)[520] war die Leiche indes im Regelfall zwar *nicht* (vom immerhin denkbaren Ausnahmefall eines transplantationstauglichen Patienten abgesehen, der nach erfolgter Hirntoddiagnostik im Zuge eines Feuers auf der Intensivstation verbrennt). Ungeachtetdessen werden die sog. klassischen, an einer Leiche ablesbaren Todeszeichen in der „hirntodkonzept-kritischen" Perspektive gerade nicht als Zeichen gelesen, die auf den Hirntod und das damit verbundene Todeskonzept verweisen. Sie werden als Zeichen begriffen, die den irreversiblen (Atmungs- und) Herzkreislaufstillstand und damit den Zusammenbruch des Organismus als funktionelle Einheit anzeigen. Dieser unterschiedliche Verweisungscharakter ist zu beachten.

II. Todeszeitbestimmung

Gegen das Kriterium des irreversiblen Atmungs- und Herz-Kreislaufstillstands kann man nicht überzeugend einwenden, es mache Manipulationen möglich: der Zeitpunkt des Behandlungsabbruchs würde über den Todeszeitpunkt entscheiden. Zunächst ist zu bedenken, daß die Gefahr der Manipulation schon unter Geltung des Hirntodkonzepts bestand (und bei dessen anhaltender Anwendung weiter besteht). Auch die Hirntoddiagnostik kann verzögert werden, und die Festsetzung der Todeszeit im Diagnoseprotokoll kann deshalb später erfolgen als bei zügigerer Durchführung der Diagnostik.[521] Manipulatio-

---

nur durch kräftigen (vorher durch leichten) Druck zum Verschwinden zu bringen. Die Totenstarre beginnt ab der zweiten Stunde nach Eintritt des Todes (selten früher); sie ist nach 6 - 12 Stunden voll ausgeprägt. Bei Temperaturen von ca. 18 - 20 Grad/C löst sich die Totenstarre etwa 36 - 48 Stunden nach dem Tode; vgl. statt vieler *Schwerd*, Forensische Thanatologie, 5. Aufl., S. 184ff.
[520] S. nochmals die in Fn. 515 zitierte Definition.
[521] Vgl. dazu den *Wissenschaftlichen Beirat der Bundesärztekammer*, Kriterien des Hirntodes - Dritte Fortschreibung 1997, A-1302: „Festgestellt wird nicht der Zeitpunkt des eingetretenen, sondern der Zustand des bereits eingetretenen Todes. Als Todeszeit wird die Uhrzeit registriert, zu der die Diagnose und Dokumentation des Hirntodes abgeschlossen sind." Früher wurde anderes vertreten. So hieß es in der Frühzeit der Hirntodrezeption: „Im Falle des erwiesenen cerebralen Todes ist der Todeszeitpunkt gegeben, wenn unter den therapeutischen Maßnahmen oder nach Abbruch dieser Maßnahmen der endgültige Kreislaufstillstand eintritt. Dies entspricht der auch sonst geübten Todesfeststellung angesichts des irreversiblen Atem- und Kreislaufstillstandes" (*Schneider*, S. 385). Später behauptete man, als Todeszeitpunkt sei die Uhrzeit einzutragen, „zu

F. Lebensgrundrechtlich angemessene Todeskriterien im Strafrecht   349

nen sind überdies bei Patienten möglich, die mangels Explantationstauglichkeit von vornherein für eine Organtransplantation nicht in Frage kommen und bei denen mangels Therapierbarkeit die Behandlung abgebrochen wird.[522] Auch hier führt ein früher oder später eingeleitetes Abstellen namentlich der Beatmung zu einem früheren oder späteren Zusammenbruch des Organismus und damit zum Eintritt des Todes, der durch den irreversiblen Atmungs- und Herz-Kreislaufstillstand angezeigt wird. Zu bedenken ist schließlich, daß bei der Todeszeitbestimmung Schätzungen, damit aber auch Ungenauigkeiten prinzipiell unvermeidbar sind. Dieses allgemeine Problem ist aus dem Leichenschaurecht und der Rechtsmedizin bekannt. Die Todeszeit, namentlich die „Stunde des Todes" (§§ 37 I Nr. 3, 64 Nr. 3 PStG) - läßt sich immer nur „möglichst genau feststellen."[523] Soweit möglich, sind indes vereinbarte, sachlich vertretbare Festle-

---

der erstmals mit Sicherheit der irreversible Hirnfunktionsausfall festgestellt wird" (*Angstwurm*, Bedeutung und Feststellung eines irreversiblen Hirnfunktionsausfalles, S. 23). Noch Jahre, nachdem der *Wissenschaftliche Beirat der Bundesärztekammer* in seinen ersten Entscheidungshilfen des Jahres 1982 bestimmt hatte, als Todeszeitpunkt sei ausschließlich der Zeitpunkt zu dokumentieren, „zu welchem die endgültigen diagnostischen Feststellungen getroffen werden" (Kriterien des Hirntodes, 1982, A/B-52), liest man, als Todeszeitpunkt müsse die Uhrzeit eingetragen werden, „zu der erstmals das vollständige und bleibende Fehlen der Hirntätigkeit nachgewiesen ist" (*Angstwurm*, Sichere Feststellung des Todes vor der Organspende, S. 26). Die Verwendung der Vokabel „erstmals" wirkt mißverständlich, denn sie verstellt den Blick dafür, daß das bleibende Fehlen der Hirnfunktion regelmäßig nur nach Verstreichenlassen bestimmter Beobachtungszeiten und nach wiederholter Vornahme bestimmter Tests dokumentiert werden darf (sieht man vom Fall der Ableitung eines EEG ab; vgl. zum ganzen detailliert *Wissenschaftlicher Beirat der Bundesärztekammer*, Kriterien des Hirntodes, 1982, A/B-46).

[522] Zu dieser Gefahr der Manipulation auch *Brettel*, S. 269.

[523] So prototypisch § 9 III 1 badwürttBestattungsVO. „Eine allzu exakte Todeszeitangabe auf der Todesbescheinigung sollte unterbleiben, da hierdurch eine Sicherheit vorgetäuscht wird, die nicht verantwortet werden kann (...)" (*Kühn*, S. 18 a.E. - m. w. N.). *Mueller*, S. 70: „Die Feststellung der Todeszeit beruht auf unseren Kenntnissen über die Zeit des Eintretens und den zeitlichen Ablauf der Leichenerscheinungen. Weite Spielräume sind hier zu berücksichtigen, ebenso Fehlerquellen, die sich aus abartigen äußeren Umständen ergeben können (z. B. kühle oder hohe Außentemperatur u. a.)." S. auch *Henssge*, S. 109f.: „Grundprinzip der Todeszeitbestimmung ist die Rückrechnung eines Meßwerts entlang einer bestimmten zeitabhängigen Kurve auf den Ausgangswert der Meßgröße bei Todeseintritt. Kenngrößen der Kurve (...) und Ausgangswert werden durch innere und äußere, antemortale und postmortale Bedingungsfaktoren beeinflußt. Das Ergebnis einer Todeszeitbestimmung kann deshalb immer nur ein Zeitbereich sein." Aufgrund dieser bloß approximativen Datierungsmöglichkeit hat man die Todeszeitbestimmung auch als „Achillesferse der Gerichtsmedizin" bezeichnet. Nicht zuletzt deswegen „(hat die Todeszeitbestimmung) (a)ls Beweismittel vor Gericht" - gemeint ist ersichtlich der Beweiswert der auf die Todeszeit bezogenen Aussage des Sachverständigen - „(...) nur höchst selten Bedeutung." Knappe Zusammenfassung zum Zeitablauf bzw. zur Rückrechnung namentlich bei Totenflecken *Zink/Reinhardt*, S. 113, dort auch (113f.): „Diese Angaben können nur eine Richtlinie zur Bestimmung der Todeszeit sein; im Einzelfall werden nicht unerhebliche Abweichungen beobachtet." „Der für den

gungen Schätzungen und deren Unwägbarkeiten vorzuziehen. Als eine solche ist der Vorschlag zu verstehen, nach dem Stillstand des Atmungs- und Herz-Kreislauffunktion (namentlich infolge des Abstellens eines Beatmungsgeräts) 30 - 45 Minuten Sicherungszeit zu veranschlagen, um erst dann den sicher eingetretenen Tod im Sinne des irreversiblen Ausfalls der Atmungs- und Herz-Kreislauffunktion anzunehmen.

III. Todeszeichen und Wesentlichkeitsprinzip

Die mit der Todeszeitbestimmung bzw. Todesfeststellung zusammenhängenden Fragen müssen nicht, wie verschiedentlich behauptet, formellgesetzlich geregelt werden.[524] Gegenteiliges folgt nicht aus dem Wesentlichkeitsprinzip.

Das Wesentlichkeitsprinzip verpflichtet den Gesetzgeber - hier: den Strafgesetzgeber (es geht ja im Ansatz um Fragen des Tötungsstrafrechts) -[525] dazu, Entscheidungen, die für die Grundrechtsausübung wesentlich sind, formellgesetzlich zu programmieren. Das Wesentlichkeitsprinzip ist, wie seine vage Definition unschwer deutlich macht, nur eine regulative Idee, die der Konkretion im Blick auf den jeweiligen Gegenstand potentieller Legeferierung bedarf.[526]

Eintritt des Todes anzunehmende Zeitraum wird um so enger sein können, je frischer die Leiche ist; (...)" (*Schleyer*, S. 290).

[524] Anderer Ansicht *Klinge*, S. 186, die auf dem Hintergrund der lebensgrundrechtlichen Schutzpflicht die Wesentlichkeitstheorie in Ansatz bringt; s. auch *dies.*, S. 187ff. A. A. auch *Kloth*, S. 120f.

[525] Die Gesetzgebungskompetenz folgt aus Art. 74 I Nr. 1 GG (Strafrecht). Man sollte erwägen, ob dem Bundesgesetzgeber nicht eine Annexkompetenz zuzubilligen ist, kraft derer er alle mit der Todesfeststellung verbundenen Fragen, die regelmäßig über das Strafrecht hinaus Folgen auch in anderen Rechtsbereichen zeitigen, mitregeln darf. Die Landesgesetzgebungskompetenz der Länder zur Regelung des Leichenschaurechts wäre insoweit verdrängt. Art. 72 II GG ist zu beachten. Zum ganzen ausf. - den Gedanken der Annexkompetenz allerdings nicht erwägend - *Klinge*, S. 196ff., außerdem *Kloth*, S. 121f., der einer bundeseinheitlichen Lösung nach Art. 74 I Nr. 1 GG zuneigt bzw. ein „interpretierendes Ausführungsgesetz zu Art. 2 II GG" (S. 121 a.E.) favorisiert, wie es *Englert*, S. 99, vorgeschlagen hat („allgemeine[s] Ausführungsgesetz zu Artikel 2, Absatz 2 GG [...], wodurch [...] keine Gesetzgebungskompetenz-Probleme entstehen."). Die Annahme, ein Grundrechts-Ausführungsgesetz bereite keine Gesetzgebungskompetenz-Probleme, ist indes nicht haltbar. Der Bundesgesetzgeber kann nur dort per Gesetz den grundrechtlichen Schutzbereich nachzeichnen, wo er kompetenziell gesetzgeberisch tätig werden darf. An einer Sichtung der Kompetenzen des Art. 74 I GG (u. U. in Form einer Mischkompetenz, die verschiedene Einzelkompetenzen verbindet) bzw. an der Erwägung, Art. 74 I Nr. 1 eine Annexkompetenz zu entnehmen, kann eine genauere Prüfung, die dem Bund eine Kompetenz zusprechen will, nicht vorbei.

[526] BVerfGE 33, 1 (10); 33, 303 (346); 45, 400 (417); 47, 46 (78f.); 49, 89 (126); 58, 257 (268ff.); 83, 130 (142). Grdl. *Oppermann*, Gutachten C für den 51. Deutschen Juristentag, C 48; *ders.*, Die erst halb bewältigte Sexualerziehung, JZ 1978, S. 289: „Die Wesentlichkeitstheorie kann nunmehr in ihrer Bedeutung und glkeichzeitig in den Grenzen ihrer Dogmatisierbarkeit als schuldrechtlich etabliert gelten." Zusf. statt vieler: *Kraatz*,

F. Lebensgrundrechtlich angemessene Todeskriterien im Strafrecht

Überdies ist zu bedenken, daß der „Obersatz" des Tötungsdelikte - kongruent ausgelegt zu den Erfordernissen des Lebensgrundrechts - keine Unklarheiten aufwirft: Durch Auslegung läßt sich bestimmen, daß der hirntote Mensch ein Lebender i. S. des Art. 2 II 1 Var. 1 GG ist. Die grundrechtlich wesentliche Frage steht, wenn man der hier vertretenen Auffassung folgt, nicht außer Streit: sie kann grundrechts-, genauer: schutzbereichskongruent im Wege der Interpretation beantwortet werden. Allein das Faktum unterschiedlicher Rechtsauffassungen dürfte als Grund für eine aus dem Wesentlichkeitsprinzip folgende Vergesetzlichung der Rechtsfrage heranzuziehen, kaum ausreichen. Davon zu unterscheiden ist die Frage, ob es nicht gleichwohl zweckmäßig wäre und dem Wert des infragestehenden Rechtsgutes „Leben" gerecht würde, das grundrechtlich gebotene Todeskonzept und die entsprechenden Todeskriterien per Gesetz festzulegen.

Unabhängig von der Diskussion über den Hirntod würde ein Gesetz, daß alle Fragen der Todesfeststellung regelt, die Rechtssicherheit in diesem Gebiet durchaus steigern. Als rechtspolitische Empfehlung wird man daher die Legeferierung anraten, eine verfassungsrechtliche Pflicht zur Gesetzgebung anzunehmen, erscheint indes überzogen.[527] Selbst im lebensgrundrechtlich überaus sensibel gehandhabten Problemfeld des Lebensschutzes am Lebensanfang ist dergleichen für den Lebensanfang nicht verlangt worden.[528] Die Frage konnte auch hier durch Interpretation hinreichend geklärt werden. Zudem lassen sich die Fälle, die zu einem irreversiblen Zusammenbruch des Organismus - zum Tod - führen, grundsätzlich vergleichsweise eindeutig bestimmen. Im strafrechtlichen Kontext, dessen Ausschnitt das Arztstrafrecht ist, besteht eben kein Zweifel daran, daß ein Erhängter, Verbrannter, Erstochener, an dessen Leiche sichere Todeszeichen (im klassischen Sinne) feststellbar sind, tot ist, dieser Zustand also ein (sekundäres) Zeichen für das Vorliegen des (primär maßgeblichen) irre-

---

S. 112ff; *Taupitz*, Die Standesordnungen, S. 804ff.; *Ossenbühl*, Vorrang und Vorbehalt des Gesetzes, § 62 Rn. 41ff.; *Schulze-Fielitz*, Theorie und Praxis, S. 162ff.; *Frankenberg*, AIDS-Bekämpfung im Rechtsstaat, 1988, S. 35ff.; s. auch - formelhaft vereinfachend - *Kisker*, NJW 1977, S. 1318: „Das Wesentliche ist das politisch Kontroverse." Zur Konsensorientierung der sog. Wesentlichkeitstheorie *Morlok*, Was heißt und zu welchem Ende studiert man Verfassungstheorie?, S. 101f. Krit. *Umbach*, S. 111ff. Prägnanter Überblick bei *Wehr*, JuS 1997, S. 422f. Krit. *Isensee*, FAZ, Nr. 207 v. 6.9.1997, S. 33 (in einem Beitrag zur Rechtschreibreform): „Das Wesen der Wesentlichkeitstheorie ist noch nicht ausgelotet, und ihre Erfinder hüten es als ihr Geheimnis. Sie gehört in den Esoterik-Sektor der Jurisprudenz."

[527] Zur Unterscheidung von verfassungsrechtlich Gebotenem und verfassungsrechtlich Empfehlenswertem *Höfling/Rixen*, S. 80.

[528] § 218 I 2 StGB i.d.F. von Art. 13 des Gesetzes v. 27.7.1992 (BGBl. I S. 1398) enthält keine Definition des grundrechtlichen Lebensanfangs, sondern bestimmt nur den Umfang des Strafrechtsschutzes, der danach erst mit dem „Abschluß der Einnistung des befruchteten Eies in der Gebärmutter" beginnt. Für den inhaltsgleichen § 219d StGB a.F. hat nichts anderes gegolten.

versiblen (Atmungs- und) Herz-Kreislaufstillstands ist, der wiederum auf den eingetretenen unumkehrbaren Zusammenbruch der funktionellen Einheit des Organismus, mithin auf das Erfülltsein des Todesbegriffs verweist. Eine Pflicht zur gesetzlichen Festlegung des Todes als Rechtsbegriffs (hinsichtlich Konzept und Kriterien) wird man aus dem Wesentlichkeitsprinzip nicht zwingend ableiten können. Gleiches gilt auch für die Todesdiagnostik. Die Todesfeststellungstests, müssen - als genuin in den Kompetenzbereich der Medizin fallend - nur geeignet sein, das Vorliegen der vorgängig festgelegten Todeszeichen nachzuweisen.[529] Ihre (formell-)gesetzliche Festlegung könnte zu einer Versteinerung der Diagnostik führen; für die Anerkennung medizinischer Verfeinerungen der Diagnostik wäre dies hinderlich.[530]

IV. Ergebnis

Maßgebliches Todeskriterium (primäres Todeszeichen) ist der irreversible Stillstand der Herz-Kreislauf-Funktion.[531] Er zeigt den irreversiblen Zusammenbruch des Organismus an. Der irreversible Herz-Kreislaufstillstand ist eine angemessene Operationalisierung des lebensgrundrechtlich vorgegebenen Todeskonzeptes, in dessen Zentrum als Folge des offenen Menschenbildes die biologische Lebendigkeit des als Organismus in seiner funktionellen Ganzheit strukturierten Körpers eines Menschen steht. Die sekundären Todeszeichen (die sog. klassischen Todeszeichen: Totenflecken etc.) sind Indizien für das Vorliegen des primären Todeszeichens.

---

[529] Dazu der Einwand von *Vollmann*, S. 121, der darauf hinweist, daß das „Kriterium des Herztodes (...) gegenwärtig auf der Ebene diagnostischer und prognostischer Tests und Durchführungsbestimmungen ungenau definiert (ist)".

[530] Dazu *Rixen*, Transplantationsgesetz und Organhandel: Regelungsfragen im Umfeld der sog. „Hirntod"-Kontroverse (schriftliche Stellungnahme), Bundestagsausschuß für Gesundheit, Ausschuß-Drs. 13/603 v. 8.10.1996, S. 2ff. (6).

[531] *Truog*, S. 35, hat in seinem Anfang 1997 erschienen Beitrag darauf hingewiesen, daß ein „(r)eturn to a cardiorespiratory standard would eliminate" „objections of particular religious views to the concept of brain death". Dem wird man - vorbehaltlich einer genauen Überprüfung der unterschiedlichen kulturellen und religiösen Kontexte - zustimmen dürfen.

G. Grundrechtsorientierte Auslegung der §§ 212 I, 216 I StGB - die Entnahme lebenswichtiger Organe zu Transplantationszwecken beim lebenden Hirntoten

I. Das Hauptproblem: Entnahme lebenswichtiger Organe zu Transplantationszwecken - Tötung (auf Verlangen)?

1. Hinführung

Daß sich mit der Etablierung der Herztransplantationen im Hinblick auf die Auslegung der §§ 211ff. StGB die normativen Probleme „indeed more complex"[532] darstellen, war schon bald nach den ersten (homologen/allogenen) Herzverpflanzungen Ende der sechziger Jahre unstreitig. Auf dogmatische Anstrengungen, die der Komplexität der Probleme gerecht werden, kann man schon deshalb nicht verzichten, weil die §§ 211ff. StGB, die den normtextlichen Hintergrund des Problems bilden, zu den „wichtigsten Bestimmungen des sogenannten Kernstrafrechts"[533] zählen. Sie spiegeln einen „Tabubereich"[534] wider, über dessen Grenzen Klarheit herrschen muß. Bereits Barnard mußte sich gegen den Vorwurf zur Wehr setzen, er sei ein ‚Mörder', weil er einem Menschen das funktionstüchtige Herz entnommen habe.[535] Ende der sechziger Jahre wurde auch in Deutschland darüber nachgedacht, ob die Herzexplantation eine strafbare Tötung sei, wie exemplarisch eine - allerdings mißverständlich zitierte - Äußerung des seinerzeitigen hessischen Generalstaatsanwalts Fritz Bauer belegt.[536]

---

[532] *Elon*, Israel Law Review 1969, S. 475: „The problem which heart transplant poses is indeed more complex."
[533] *Voß*, S. 47.
[534] *Voß*, S. 47.
[535] *Barnard*, Das zweite Leben, S. 15 a.E.: „Die Zeitungen schlachteten den Vorschlag aus, den irgend jemand gemacht hatte, daß man mich vor dem Internationalen Gerichtshof des Mordes anklagen sollte, weil ich einem menschlichen Wesen ein *lebendes* Herz entnommen hatte." - Hervorhebung im Original.
[536] Der Hinweis auf eine Äußerung des früheren hessischen Generalstaatsanwalts *F. Bauer* ist ambivalent. *Geilen*, Das Leben des Menschen in den Grenzen des Rechts, FamRZ 1968, S. 122 Anm. 8, verweist auf eine Meldung der FAZ v. 4.1.1968, wonach - so *Geilen* - „der Frankfurter Generalstaatsanwalt Bauer erklärt haben soll, ‚die Anklagebehörde wäre bei derartigen Eingriffen in Deutschland gezwungen (gewesen), zu überprüfen, ob hier Mord oder Totschlag vorliegt'." Überprüft man die von *Geilen* zitierte Zeitungsmeldung (FAZ v. 4.1.1968, S. 7), dann lautet die hier interessierende Passage der Nachricht, die über die zweite von *Ch. Barnard* verantwortete Herztransplantation (Organempfänger *Philip Blaiberg*) berichtet, vollständig folgendermaßen: „Die ersten gelungenen Herztransplantationen haben die Justiz vor eine ‚komplizierte juristische Frage' gestellt. Diese Ansicht vertrat nach einer Mitteilung von UPI am Mittwoch der hessische Generalstaatsanwalt Bauer in Frankfurt. *Bauer* meinte, die Anklagebehörde wäre bei derartigen Eingriffen in Deutschland gezwungen, zu überprüfen, ob hier Mord oder Totschlag vorliege. Er sei allerdings der Ansicht, daß sich der südafrikanische Arzt Barnard juristisch unanfechtbar verhalten habe. *Bauer*: ‚Die zwei Personen, denen das Herz entnommen worden war, sind nach meiner Ansicht nur noch künstlich am Leben

Im Zuge des gegenwärtigen Deutungskampfes werden die Vorwürfe mit anderem Akzent aufs neue vorgebracht.

Seit den Anfängen der Rezeption des Hirntodkonzepts und der zeitgleich verlaufenden Befassung mit den rechtsnormativen Implikationen der Transplantationsmedizin gilt es in der Strafrechtslehre als ausgemacht, daß die Entnahme lebenswichtiger Organe vom Lebenden eine strafbare Tötung ist: „Den Spender eines unpaaren Organs berauben, hieße ihn töten."[537] „Die Organentnahme von einem Patienten, bei dem der Hirntod [verstanden als Tod des Menschen, Anm. St. R.] nicht (...) festgestellt worden ist, wäre strafrechtlich gesehen in aller Regel ein Tötungsdelikt."[538] Diese Auffassung, die zuweilen in drastische Formulierungen gefaßt wird,[539] ist ein, wenn nicht sogar *der* Haupteinwand gegen die Plausibilität der in jüngerer Zeit vorgebrachten grundrechtlichen Kritik des Hirntodkonzepts (als Todeskonzept): Wenn der hirntote Patient keine Leiche sei, sondern noch lebe, dann stelle die Entnahme lebenswichtiger Organe eine Tötung i. S der §§ 211ff. StGB dar.[540] Auch eine in gesunden Zeiten

---

gehalten worden.'" Das bedeutet: *Bauer* hat in der Sache nur das Vorliegen eines sog. Anfangsverdachts i. S. des § 152 II StPO bejaht, von dem er indes glaubt, er verdichte sich nicht zur Anklagereife: Grund ist das *künstliche* Am-Leben-Erhalten der Spender, ein Umstand, der für *Bauer* dazu führt, daß ein lebender Mensch i. S. der Tötungsdelikte nicht mehr existiert. Zum Hirntodkonzept hat sich *Bauer* in der UPI-Meldung offenbar nicht geäußert; indes anerkennt er die - bei den von *Barnard* ins Werk gesetzten Transplantationen - auf der Grundlage einer Hirntod-Diagnostik erfolgte Todesbestimmung im Ergebnis als unbedenklich, wenn er resümiert, *Barnard* habe sich „juristisch unanfechtbar" verhalten.

[537] *Bockelmann*, Strafrechtliche Aspekte der Organtransplantation, S. 49 a.E.; *ders.*, Strafrecht des Arztes, S. 103; s. auch *Stratenwerth*, Zum juristischen Begriff des Todes, S. 539f.: „(...) hieße, bei einem noch Lebenden den Tod durch aktives Eingreifen beschleunigen, hieße, wie insbesondere bei der Entnahme des Herzens deutlich wird, diesen Tod eigentlich herbeiführen (...), hieße also, den Patienten töten. Das hat mit passiver Euthanasie nichts mehr zu tun." *von Bubnoff*, GA 1968, S. 76: „Solange der Patient noch lebt, ist eine Transplantatentnahme ausnahmslos unzulässig (...). Eine dennoch vorgenommene Organentnahme würde als Körperverletzung bzw., wenn der Eingriff eine Lebensverkürzung des Moribunden zur Folge hat, als Tötungsdelikt zu ahnden sein." *Roxin*: „Beim Abstellen auf den Herztod würde (...) jede Transplantation eine Tötung des ‚Spenders' und damit rechtlich unzulässig sein" (Zur rechtlichen Problematik des Todeszeitpunktes, S. 299).

[538] *Wolfslast*, Organtransplantation, C-25. Außerdem die Nachweise sogleich in Fn. 540.

[539] So antwortete der Herztransplanteur *Axel Haverich* auf die Frage, ob die Organentnahme von hirntoten Menschen eine Explantation beim Lebenden sei: „Dann stünde ich ja wohl als Killer da. Das ist natürlich Unfug" (so in einem Interview mit dem „Stern"-Magazin, Nr. 23/1997).

[540] S. dazu die Nachweise (in diesem Kap.) oben in Fn. 29, bspw. den Präsidenten der Bundesärztekammer, *Vilmar*, nach einem (auf einer dpa-Meldung beruhenden) Bericht in den Aachener Nachrichten, Nr. 12 v. 15.1.1997 („Tötung auf Verlangen"); s. auch *dens*, zit. bei *Klinkhammer*, Transplantationsgesetz, B-1445 a.E.: „Auch eine enge Zustimmungslösung - der vom Verstorbenen schriftlich niedergelegte Wille - kann nicht darüber hinwegtäuschen, daß dies dann einer ‚Tötung auf Verlangen' gleichzusetzen, al-

durch den Spender ausgesprochene Einwilligung in die Organentnahme für den Fall, daß er in den Hirntod-Zustand gerate, vermöge daran nichts zu ändern. Dann nämlich lägen die Voraussetzungen einer Tötung auf Verlangen i. S. des § 216 StGB vor: „Ein Weg zur aktiven Euthanasie wird eröffnet."[541] Herbert Tröndle, ein prominenter Vertreter der Kritik des Hirntodkonzepts, hat diese Einwände als „veritable Totschlagsargumente"[542] bezeichnet. Was ist von dieser Einschätzung zu halten?

2. Die tatsächlichen Umstände der Entnahme lebenswichtiger Organe am Beispiel der Herzexplantation

Bevor man versucht, dieses in der Tat „wesentliche Problem"[543] der Anwendbarkeit namentlich des § 216 StGB dogmatisch in den Griff zu bekommen, ist die tatsächliche Seite des Geschehens zu klären. Als exemplarisch für die Entnahme lebenswichtiger Organe soll hier die Explantation des Herzens beschrieben werden. Dabei ist - ungeachtet hier nicht interessierender operationstechnischer Feinheiten - von folgendem Sachverhalt auszugehen:[544]

---

so ‚Mord' wäre." So i. Erg. auch der Transplantationschirurg *Pichlmayr* („Spiegel"-Special Nr. 7/1996: „Die Ärzte - Zwischen Megatechnik und Magie", S. 38): „Ich glaube, wir Ärzte müssen kompromißlos sein und sagen, daß eine Organentnahme im Zustand des Hirntodes nur möglich ist, wenn [der - Anm. St. R.] Hirntod tatsächlich mit dem Tod des Menschen übereinstimmt." Anderfalls „könnten wir Organe nicht entnehmen; denn dann würden wir töten." Ablehnend aus juristischer Sicht z. B. *H.-G. Koch*, Jenseits des Strafrechts - mitten im Medizinrecht, S. 324; *Taupitz*, Um Leben und Tod, JuS 1997, S. 206; *Heuer*, S. 8: „Ärzte würden sich zu Recht weigern, durch den Akt der Organentnahme aktiv zu töten".
[541] *Schreiber*, Wann darf ein Organ entnommen werden?, in: Ach/Quante, S. 209 - der Text geht auf einen im Wintersemester 1994/95 an der Universität Münster gehaltenen Vortrag zurück. Von einem „Dammbruch zur Euthanasie" spricht das *Kommissariat der deutschen (röm.-kath.) Bischöfe*, Schriftliche Stellungnahme, Bundestagsausschuß für Gesundheit, Ausschuß-Drs. 13/586 v. 10.9.1996, S. 11ff. (12).
[542] *Tröndle*, Töten und Spenden leicht zu unterscheiden (Leserbrief), FAZ, Nr. 56 v. 7.3.1997, S. 13; ähnl. auch *ders.*, Protokoll der 72. Sitzung des Rechtsausschusses des Deutschen Bundestages am 15.1.1997 (13. WP), S. 40 a.E.: „Totschlagsargumente". *Ders.*, Der Hirntod als Voraussetzung für die Organentnahme, S. 4: „‚Totschlagsargument'" (Anführungszeichen im Orig.).
[543] So *Hilgendorf*, Literaturbericht: Angewandte Ethik, ARSP 82 (1996), S. 578 mit Blick auf die Beiträge von *Höfling* und *Rixen* in dem Band *Hoff/in der Schmitten* (Hrsg.), Wann ist der Mensch tot? Organverpflanzung und „Hirntod"-Kriterium, erw. Aufl. 1995, S. 434ff., S. 449ff. und die von beiden mitverfaßten „Eckpunkte eines Alternativentwurfs zum Transplantationsgesetz", S. 523f.
[544] Für vielfältige Hinweise und geduldig angemahnte Corrigenda (Telefonate v. 29.10. und 12.11.1997) bin ich zu großem Dank verpflichtet Dr. *Ulrich Schütt*, Herzzentrum Nordrhein-Westfalen (Bad Oeynhausen). Für erste, wertvolle Hinweise danke ich außerdem Herrn *Norbert Franz*, dem Assistenten des Ärztlichen Direktors (Prof. Dr. *Roland Hetzer*) des Deutschen Herzzentrums Berlin (briefl. Mitteilung v. 9.7.1997),

Bei einer Mehrorganentnahme, in deren Vollzug auch das Herz entnommen werden soll, wird das Herz als letztes präpariert und als erstes entnommen. Im Zuge der sog. Spenderkonditionierung wird eine organprotektive Therapie angewandt, die der Stabilisierung des Kreislaufs dient.[545] Der Spender wird kontrolliert beatmet.

Bei der Entnahme des Herzens wird nach dem Hautschnitt mit der Durchtrennung des knöchernen Brustbeins zunächst der Herzbeutel eröffnet. Die Blutgerinnung wird durch intravenöse Gabe gerinnungshemmender Medikamente herabgesetzt. Dadurch soll die Entstehung von Blutgerinseln im Bereich des gesamten Herzens vermieden werden. Das Herz wird sorgfältig inspiziert und palpiert (abgetastet); vor allem eine bereits bestehende Arteriosklerose soll so ausgeschlossen werden. Auch die Pumpleistung der beiden großen Herzkammern wird begutachtet. Erst danach fällt die definitive Entscheidung zur Organentnahme.

Die großen Blutgefäße, die von den Herzkammern abgehen bzw. dort münden, werden präpariert. Zu diesem Zeitpunkt schlägt das Herz noch. Sogleich nach Abklemmen der Aorta (also nach Unterbrechung der Blutzufuhr) läßt man über eine Kanüle direkt in die Körperschlagader (die Aorta) nahe dem Herzen und damit in die Herzkranzgefäße mehrere Liter einer ca. 4 Grad/Celsius kalten Lösung spezieller Zusammensetzung (kardioplegische Lösung) einlaufen (Vorgang der sog. Perfusion, der bei der Herzentnahme ca. 5 - 8 Minuten andauert). Ca. 20 - 40 Sekunden nach Perfusionsbeginn tritt der Herzstillstand ein. Mit der Perfusion beginnt die Konservierung des Herzens. Sobald die Herzkranzgefäße und die Herzhöhlen blutleer perfundiert sind, werden die großen

---

Prof. Dr. *Axel Haverich* (Medizinische Hochschule Hannover; briefl. Mitteilung v. 6.6.1997 [Datum des Poststempels]) sowie der Leiterin des Transplantationszentrums der Universität Bonn, Frau *Elke Backhaus* (Telefonate v. 17.6. und 26.6.1997), die auch den Kontakt zu Dr. *Ulrich Schütt* hergestellt hat. Die Verantwortung für ggfs. verbliebene Ungenauigkeiten und etwaige Irrtümer trägt - selbstverständlich - der Verf. Vgl. außerdem *Kirklin/Barrat-Boyes*, S. 1658ff. (sect. 4: cardiac transplantation); *Reichart*, Herz- und Herz-Lungen-Transplantation; *ders.*, Herz- und Herzlungentransplantation auf dem Weg zur Methode, S. 206ff.; *Haverich/Watanabe*, S. 259ff.; *Wallwork*; *Fieber*, S. 138ff.; *Margreiter*, S. 27, S. 29; *ders./Haverich*, S. 31; *Ostermeyer*, S. 406; *Eigler u. a.*, S. 273; *Grädel/Schulte*, S. 502; *Struck u.a.*, S. 871ff.; *Largiadèr*, S. 138. S. auch den Mediziner *Jungermann*, S. 33: „Nach den geschaffenen Voraussetzungen werden der Leib geöffnet und bei schlagendem Herzen und Beatmung über die große Schlagader (Aorta) viele Liter einer definiert zusammengesetzten, auf 4 Grad/C. abgekühlten Flüssigkeit zugeführt und über ein künstlich geschaffenes Leck in der großen Hohlvene (Vena Cava) abgeleitet. Die auf diese Weise im sogenannten ‚Ausspülverfahren' blutleer und gekühlt durchspülten Organsysteme werden dann einzeln oder en bloc entnommen (...).“ Gute (auch: bildliche) Darstellung der Perfusion bei *Firestone/Firestone*, S. 1988.

[545] U. a. medikamentöser Ausgleich des Säuren-Basen-Haushalts, Ausgleich des Blutverlusts durch Konserven, Antibiothika-Prohylaxe. Zum ganzen bspw. *Rohling u.a.*; *Prien*, S. 1134ff.; *Metzler/List*, S. 505f.; *Firestone/Firestone*, S. 1987.

herznahen Blutgefäße (u. a. die Aorta), auch die großen zuführenden Venen (Hohlvenen, Lungenvenen), durchtrennt. Das Herz wird entnommen.

Mit Abklemmen der Aorta und Beginn der Perfusion wird - im Falle einer Herzentnahme - die bis dahin ununterbrochen erfolgende anästhesiologisch-intensivmedizinische Versorgung des Spenders, insbesondere dessen kontrollierte Beatmung, eingestellt. (Kann oder darf das Herz weder ganz noch teilweise entnommen werden, etwa weil der Spender nur die Nierenentnahme erlaubt hat oder weil das Herz zur Transplantation nicht geeignet ist, dürfen und können indes andere lebenswichtige Organe explantiert werden,[546] dann wird die Beatmung erst mit der [bei den zu entnehmenden, präparierten Organen ansetzenden] Unterbrechung des Blutkreislaufs [„Abklemmen"] abgesetzt;[547] der Stillstand des nichtperfundierten Herzens tritt dann im Zuge der zunehmenden Kreis-laufdestabilisierung regelmäßig nach wenigen Minuten ein.) Während des Perfusionsvorgangs werden Blut und Perfusionslösung abgesaugt. Bei einer auf alle lebenswichtigen Organe erstreckten Mehrorganentnahme verliert der Spender ca. 3 - 4 Liter Blut (von insgesamt etwa 6 Litern). Die Perfusion führt dazu, daß das Herz - ebenso wie die übrigen (entnommenen oder verbleibenden) Organe - nahezu vollständig blutleer gespült ist. Blutreste verbleiben im Gewebe und in den Körperhöhlen (Brust- und Bauchraum).

Wir sehen: Hinter dem Etikett „Entnahme des Herzens" verbirgt sich ein Gefüge aufeinander verwiesener und zeitlich eng miteinander verbundener Teilakte, die in der Summe dazu führen, daß die vitalen Funktionen versagen, der Organismus irreversibel zusammenbricht, der Spender verstirbt. Das Abklemmen der Aorta, der durch die Perfusion bewirkte Herzstillstand, das zeitgleiche Beenden der kontrollierten Beatmung[548] (als Fortfall einer wesentlichen Bedingung für einen funktionierenden Kreislauf), das andauernde Absaugen des Gemischs aus Perfusionsflüssigkeit und Blut, schließlich die nichtkompensierte Entnahme des Herzens (der Spender wird ja nicht an ein künstliches Herz angeschlossen) führen - in zeitlich engsten Zusammenhang - den Zusammenbruch des Organismus herbei. Wenn man einen Teilakt herausgreift und ihn zum allein lebensbeendenden Akt erhebt - etwa das für den Explantationsvorgang in

---

[546] Bei der kombinierten Herz-Lungen-Explantation wird bis zum unmittelbaren Entnahmeakt weiterbeatmet, damit die Lunge gut entfaltet bleibt.

[547] Insoweit zutreffend *Deutsch*, Protokoll der 72. Sitzung des Rechtsausschusses des Deutschen Bundestages am 15.1.1997 (13. WP), S. 25: „Sofern nicht das Herz entnommen wird, bleibt der Blutkreislauf - zunächst - „aufrechterhalten".

[548] Das Abstellen der Beatmung ist als aktives Tun zu deuten (so - statt vieler - *Otto*, Die einzelnen Delikte, S. 33 m. w. N. zur Diskussion). Die immer wieder bemühte Figur des Unterlassen durch Tun verstellt den Blick auf die Wertungen, um die es geht; dazu sogleich unter II. 4. die Ausführungen zur grundrechtlichen Schutzverzichtsbefugnis.

der Tat unabdingbare „Abklemmen der Hauptschlagader" - [549] dann darf man nicht vergessen, daß die Teilakte gleichsam nahtlos ineinander übergehen, aufeinander aufbauen, sich ergänzen. Der Organismus befindet sich dabei in einem Zustand des unumkehrbaren Sterbens, er hat den ‚point of no return' erreicht, d. h.: Er befindet sich (denkt man die künstlichen Mittel seiner Aufrechterhaltung hinweg) an einem Punkt, an dem der Tod ohne intensivmedizinischen Zugriff schon längst (durch spontanen Zusammenbruch des Organismus) eingetreten wäre. Dieser ohne „künstliche" Kompensationen unabwendbare Sterbeprozeß wird durch die intensivmedizinisch aufrechterhaltene Kreislauffunktion aufgehalten, und in dieser Phase des aufgehaltenen Sterbens wird der Zustand „Hirntod" diagnostiziert. Der hirntote Mensch, dessen Behandlung (etwa als Schwerstunfallverletzter) namentlich zur kontrollierten Beatmung geführt hat, ist nach erfolgter Hirntod-Diagnostik einer infausten Prognose ausgesetzt, d. h.: seine Therapie (im Sinne einer Behebung des „Hirntod"-Zustands) ist nicht mehr möglich. Der Abbruch der Weiterbehandlung läge so eigentlich nahe - gäbe es nicht die möglicherweise in Betracht kommende Herzexplantation.

II. Grundrechtsorientierte Auslegung der §§ 212 I, 216 I StGB mit Blick auf die Herzexplantation zu Transplantationszwecken

Handelt es sich bei der damit umschriebenen Entnahme des Herzens um eine Tötungshandlung i. S. der Tötungsdelikte (§§ 211ff. StGB)? Ob die Herzexplantation den objektiven Tatbestand des Grunddelikts des § 212 I oder (bei entsprechender „Vorausverfügung" des hirntoten Spenders in gesunden Zeiten) jenen der Privilegierung des § 216 I StGB erfüllt, hängt von der Interpretation dieser Vorschriften ab. Es ist also zu bestimmen, was es bedeutet, wenn in § 212 I StGB von „tötet" und in § 216 I StGB von „Tötung" die Rede ist.

1. Zur Doppeldeutigkeit des Wortes „Tötung"

Zunächst muß man die Wortverwendung klären. „Tötung" kann zweierlei meinen: Zum einen kann das Wort die objektiv-tatbestandliche Handlung umschreiben, die den Tötungsdelikten zugrundeliegt. Gemeint ist ein wesentlicher Aspekt der sog. äußeren Tatseite, deren *alleiniges* Gegebensein über die Strafbarkeit des in Rede stehenden Verhaltens freilich *nichts* besagt. Um einen Schuldvorwurf formulieren zu können, muß der Täter jenseits der Verwirklichung des objektiven Tatbestands nicht nur rechtswidrig gehandelt haben. Ihm

---

[549] So z. B. *Schlingensiepen-Brysch*, ZRP 1992, S. 420: „Bei der Organentnahme (...) tritt der endgültige Tod des Patienten durch das Abklemmen der Hauptschlagader durch den Operateur ein."

muß auch das Vorliegen der sog. inneren Tatseite nachgewiesen werden: Er muß vorsätzlich gehandelt haben, also die Tathandlung (durch Tun oder Unterlassen) bewußt und gewollt ins Werk gesetzt und dies zudem schuldhaft getan haben. Damit sind wir bei der zweiten Bedeutung des Wortes „Tötung" angelangt. Es bezeichnet hier nicht bloß die objektiv-tatbestandliche Tathandlung, sondern steht als Synonym für eine tatbestandliche, rechtswidrige und schuldhafte Tötungshandlung i. S. der §§ 211ff. StGB, mithin - laienhaft ausgedrückt - für eine „verwerfliche", von der Rechtsordnung nicht akzeptierte Handlung, die das Leben eines anderen Menschen zurechenbar beendet bzw. dessen Tod zurechenbar herbeigeführt hat. Beide Bedeutungen des Begriffs „Tötung" sind strikt voneinander zu unterscheiden. Wohlgemerkt: Das Vorliegen einer bloß objektiv-tatbestandlichen Tötungshandlung sagt über deren Rechtmäßigkeit, Schuldhaftigkeit, vulgo: strafrechtliche „Verwerflichkeit" nichts aus. Wegen der suggestiven Nähe zur zweiten Bedeutung des Wortes „Tötung" kann dieses Mißverständnis - bewußt oder unbewußt - freilich entstehen. Demgegenüber ist festzuhalten: Nicht jede (objektiv-tatbestandliche) „Tötung" ist eine (rechtswidrige, schuldhafte, strafbare) „Tötung".

2. *Wortlaut und Kausalität*

Nach dem Wortsinn („tötet/„Tötung") geht es ersichtlich darum, daß das Leben eines Menschen beendet wird. Leben - das haben wir gesehen - ist für das Verfassungsrecht und das Strafrecht gleichermaßen gekennzeichnet durch die Existenz eines noch nicht irreversibel zusammengebrochenen Organismus, der als funktionelle Einheit der ineinanderwirkenden vitalen Funktionen - als funktionierender Kreislauf - erkennbar ist. Leben beenden heißt demnach: eine „Handlung" (§ 52 I StGB) (durch Tun oder Unterlassen) vornehmen, die zum irreversiblen Zusammenbruch des menschlichen Organismus führt, also den Tod herbeiführt, und zwar gerade durch eine Verhaltensweise des Täters, die im konkreten Fall „tötungstauglich"[550] ist (um eine Formulierung des Bundesgerichtshofs aufzugreifen). Der gesetzessystematische Seitenblick auf die normtextliche Fassung des § 222 StGB belegt, daß es um eine Verhaltensweise geht, die „den Tod eines Menschen verursacht". Damit verweisen die Tötungsdelikte (auf dem Hintergrund eines entsprechenden interpretatorisch-dogmatischen Vorverständnisses) auf die allgemeinen Zurechnungslehren, die als Kausalitätslehren bekannt sind.

Nach der von der Rechtsprechung ständig angewendeten Bedingungstheorie ist als haftungsbegründende Ursache eines strafrechtlich bedeutsamen Erfolgs jede Bedingung anzusehen, die nicht hinweggedacht werden kann, ohne

---

[550] BGHSt 39, 195 (198): „tötungstaugliche Handlung".

daß der Erfolg entfiele (condicio-sine-qua-non-Formel).[551] Dabei ist es gleichgültig, ob neben dieser Bedingung noch andere Umstände bei der Herbeiführung des Erfolgs mitgewirkt haben. Allerdings ist in der Rechtsprechung wiederholt ausgeführt worden, daß demgegenüber eine Unterbrechung des Kausalverlaufs dann vorliege, wenn ein späteres Ereignis die Fortwirkung einer früheren Ursache beseitige und unter Eröffnung einer neuen Ursachenreihe den Erfolg allein herbeiführe. Die haftungsbegründende Ursächlichkeit des Täterhandelns wird im übrigen nicht dadurch ausgeschlossen, daß das Verhalten des Opfers oder das - deliktische oder undeliktische - Verhalten eines Dritten bei der Herbeiführung des Erfolges mitgewirkt haben. Überdies ist in den Fällen, in denen der Täter nach einer tötungstauglichen Handlung eine weitere, hinzutretende Bedingung für den Tod gesetzt hat, auch die erste Handlung für den Tod ursächlich. Diesen Erwägungen folgt im wesentlichen auch die Rechtslehre; sie behandelt das Problem unter den Bezeichnungen „alternative Kausalität", „Doppelkausalität" oder „alternative Konkurrenz". Eine solche wird angenommen, wenn mehrere, unabhängig voneinander gesetzte Bedingungen zusammenwirken, die zwar auch für sich allein zur Erfolgsherbeiführung ausgereicht hätten, die tatsächlich aber alle in dem eingetretenen Erfolg wirksam geworden sind. In diesen Fällen wird - mit unterschiedlichen Akzenten in der Begründung - allen Bedingungen Ursächlichkeit für den Erfolgseintritt zugeschrieben.

Bereitet man den Wortsinn der §§ 212 I, 216 I StGB hinsichtlich des Tatbestandselements der Tötung in dieser Weise dogmatisch auf, dann ergibt sich, daß die (unkompensierte) Entnahme des Herzens nicht hinweggedacht werden kann, ohne daß der Erfolg (der irreversible Zusammenbruch des Organismus) entfiele. Jeder der Teilakte (das Abklemmen der Aorta, die Herbeiführung des Herzstillstands durch die Perfusion, das Abstellen der Beatmung, das beständige Absaugen des Gemischs aus Blut und Perfusionsflüssigkeit, das Herausschneiden des Herzens) ist je für sich betrachtet tauglich, den Organismus zum Zusammenbruch zu bringen, ist also im oben erläuterten Sinne „tötungstauglich". Denn die einzelnen Akte heben - schon jeweils für sich betrachtet - die Kreislauffunktion auf, zu dessen Funktionieren das Herz über das Mitbewirken der Blutzirkulation (bei „künstlicher" - durch die kontrollierte Beatmung erfolgender - Sauerstoffversorgung) beiträgt. Weder das Abklemmen der Aorta, das den Einstieg in die Herbeiführung des irreversiblen Herz-Kreislaufstillstands bildet, noch der Herzstillstand noch das Herausschneiden des Herzens kann - schon für sich betrachtet - hinweggedacht werden, ohne das der irreversible Zusammenbruch des Organismus entfiele. Keiner der Teilakte ver-

---

[551] Zum Folgenden BGHSt 39, 195 (197f.) m. zahlr. Nachw. zu Rspr. und „h. M. im Schrifttum" (BGHSt, a. a. O., S. 198). Problematisierend zum ganzen *Dencker*, Kausalität und Gesamttat, S. 47ff., S. 63ff. m. N. Zusf. zur Kausalität im Strafrecht bspw. *Ebert*, S. 503ff.; *Otto*, Die objektive Zurechnung, Jura 1992, S. 90ff.; *Kleine-Cosack*, S. 11ff., alle m. w. N.

G. Grundrechtsorientierte Auslegung der §§ 212 I, 216 I StGB   361

drängt die vorhergehenden Akte in ihrer Wirkung oder eröffnet eine neue Ursachenreihe, die alleine zum Erfolg führen würde. D. h.: Die Teilakte bauen aufeinander auf, sie wirken also in der Herbeiführung des einen Erfolgs zusammen. Kurz: in dem Erfolg sind alle Teilakte (die schon je einzeln zur Erfolgsherbeiführung ausgereicht hätten) wirksam geworden, so daß allen Bedingungen Ursächlichkeit zuzuschreiben ist. Das bedeutet: Die (unkompensierte) „Entnahme des Herzens" (verstanden als die Summe der beschriebenen ineinanderwirkenden Teilakte)[552] ist Ursache für den Tod des Spenders, sie ist objektiv-tatbestandliche Tötungshandlung, *wenn* man die Tathandlung der §§ 212 I, 216 I StGB im Sinne der Kausalitätslehren deutet. Für § 216 I ist zu ergänzen: Wenn der später Explantierte einer Entnahme des Herzens zugestimmt hätte, dann wäre der Tatbestand des § 216 I StGB auch im übrigen dem Wortlaut nach erfüllt:[553] „das (...) Verlangen (...) zur Tötung" kann bekanntlich auch zeitlich terminiert (hier: auf den Zeitpunkt der Entnahme nach Hirntoddiagnose) und von bestimmten Modalitäten (hier: nach den Regeln der ärztlichen Kunst vollzogene Explantation) abhängig gemacht werden. Ausdrücklichkeit und Ernstlichkeit setzen voraus, daß der Explantierte von seiner Lebendigkeit im Zustande des sog. Hirntodes weiß; das „Bestimmt"-Sein des Explantationsteams wird nicht dadurch ausgeschlossen, daß die Beteiligten noch durch weitere Motive zum Handeln veranlaßt wurden.[554]

3. Kausalität als schutzzweckbezogene Kausalität

Wohlgemerkt: die Entnahme des Herzens kann man nur dann als Tötungshandlung deuten, wenn das Herz - in der beschriebenen Weise - endgültig entnommen wird. Die Entfernung des insuffizienten Herzens beim Empfänger eines Herztransplantats ist hingegen *keine* objektiv-tatbestandliche Tötungs-

---

[552] Die Herzexplantation ist also einer „tatbestandlichen Handlungseinheit im engeren Sinne" nicht unähnlich; vgl. die Bezeichnung bei *Jescheck/Weigend*, StrafR-AT, 5. Aufl., S. 711 (§ 66 II 1): „Eine einheitliche Handlung ist immer die Erfüllung der Mindestvoraussetzungen des gesetzlichen Tatbestandes, mag sich auch das tatbestandsmäßige Verhalten bei rein faktischer Betrachtung in mehrere Einzelakte zerlegen lassen (so ist eine Handlung i. S. von § 218 I die aus zahlreichen Einzelakten bestehende Durchführung einer Abtreibung)." Die Terminologie ist ebenso wie die Phänomeneinordnung nicht einheitlich; insbesondere die sog. „natürliche Handlungseinheit", die *Jescheck/Wiegend*, StrafR-AT, 5. Aufl., S. 712 (§ 66 III) als „tatbestandliche Handlungseinheit im weiteren Sinne" klassifizieren, bereitet Probleme, dazu nur *Kühl*, § 21 Rn. 22ff.; *Jakobs*, StrafR-AT, S. 888ff. (32. Abschn./Rn. 5ff.); *Mitsch*, in: Baumann/Weber/Mitsch, § 36 Rn. 16ff.
[553] So auch die Befürworterin des Hirntodes *Wolfslast*, Organtransplantation, C-25, freilich ohne nähere Prüfung der Tatbestandsvoraussetzungen, insbesondere auch der subjektiven, inneren Tatseite.
[554] S. allg. - statt aller - *Eser*, in: Schönke/Schröder, 25. Aufl., § 216 Rn. 4ff.

handlung,[555] da die Herzfunktion durch extrakorporale Zirkulation (EKZ; „Herz-Lungen-Maschine") technisch kompensiert wird, *ohne* daß der Organismus des Patienten zusammenbrechen würde: „Während des Herzaustausches muß der Kreislauf des Empfängers etwa 60 Minuten ohne Leistung des Herzens auskommen. In dieser Zeitspanne wird Herz- und Lungenfunktion durch die Herz-Lungen-Maschine übernommen. Nach ihrem Anschluß wird das kranke Herz entfernt."[556] Objektiv-tatbestandliche Tötungshandlung kann allenfalls die *nicht*kompensierte Entnahme des Herzens sein.

Die oben nachgewiesene Kausalität der Herzexplantation für den Tod eines Spenders führt freilich nur dann zur Tatbestandlichkeit des Verhaltens, wenn diese eine tatbestands*erhebliche* Kausalität ist. Ob dies der Fall ist, hängt vom Schutzzweck der Tötungsdelikte ab. Nur solche Ursachen sind als Tötungshandlungen zurechenbar, die einen Erfolg herbeigeführt haben, der nach dem Sinn und Zweck der Vorschriften, ihrem Telos und Schutzzweck, zugerechnet werden soll.[557] Das wirft neue Fragen auf: Muß der im objektiven Tatbestand zum Ausdruck gelangende Verbotsgehalt der §§ 212 I, 216 I StGB vielleicht so gedeutet werden, daß er den durch eine Herzexplantation hervorgerufenen Tod - unter bestimmten Voraussetzungen und in bestimmten Grenzen - nicht erfaßt? Könnte es sein, daß sich Töten und Spenden unterscheiden lassen, ja ist es sogar so, daß (grundsätzlich nur) die selbstbestimmt-vorausverfügte Organspende eines hirntoten Menschen der Herzexplantation den Charakter einer objektiv-tatbestandlichen Tötungshandlung nimmt?

Wer diese Fragen beantworten will, muß sich klar sein, daß die Auslegung der §§ 212 I, 216 I StGB nicht bereits deshalb beendet ist, weil man nach dem Wortlaut unter Berücksichtigung der üblichen Kausalitätslehren zu dem Ergebnis gelangen kann, die Herzexplantation sei eine objektiv-tatbestandliche Tötungshandlung. Auch im Strafrecht gilt (was oft vergessen wird): Der Wortlaut (genauer: die bei der Lektüre des Wortlauts intuitiv erfolgende Bedeutungszuweisung) ist *nicht* notwendig identisch mit dem normativen Sinn, so wie er sich darstellt, wenn die Interpretation über die sog. grammatikalischen Aspekte hinausgeführt wird. *Ausdrücklich* - in dem Sinne, daß jede weitere interpretatorische Überlegung evident hinfällig wäre - folgt die Würdigung der Herzexplantation als objektiv-tat-

---

[555] So i. Erg. (bei anderer Begründung) auch der Arzt und Theologe *Lütz*, Organspende ist keine Tötung auf Verlangen, S. 498; *ders.*, Gratwanderung auf der Grenze zum Tod, Rheinischer Merkur, Nr. 25 v. 23.6.1995, S. 26.

[556] *Pichlmayr/Pichlmayr*, S. 67; s. außerdem dazu *Firestone/Firestone*, S. 1997f.; dazu auch *von Scheidt*, S. 1065.

[557] In diesem Sinne weist *Weber*, in: Baumann/Weber/Mitsch, § 14 Rn. 6, zu Recht darauf hin, daß der Kausalitätsbegriff ein „Rechtsbegriff" ist, da „die Art, wie Handlung und Erfolg verknüpft sein sollen, nur vom Recht bestimmt werden kann." Man kann erweitern: Nicht nur, die Art, wie Handlung und Erfolg verknüpft sein sollen, ist eine Frage rechtlicher Wertung, sondern auch, *ob* sie überhaupt verknüpfbar sein bzw. verknüpft werden sollen.

G. Grundrechtsorientierte Auslegung der §§ 212 I, 216 I StGB   363

bestandliche Tatbestandshandlung keinesfalls aus den Normtexten, dem Wortlaut der §§ 212 I, 216 I StGB. Auch andere Auslegungskriterien führen nicht weiter. Der Blick auf den medizingeschichtlichen Kontext der Entstehung des StGB verdeutlicht, daß zur Zeit des Inkrafttretens der §§ 212 I, 216 I StGB Herzexplantationen zu Transplantationszwecken nicht bekannt waren. Daher konnte der historische Gesetzgeber beim Normerlaß die mit Blick auf einen Dritten, einen wartenden Organempfänger, vorgenommenen therapeutischen Herzexplantationen nicht bedenken. Folglich hat er etwaige Besonderheiten in der Bewertung dieser Fälle nicht erwogen. Dementsprechend hat er auch keine „situationsspezifische(n) Sonderregeln"[558] geschaffen, die der Eigenart der Situation schon im Gesetz Rechnung tragen würden. Überdies gab es zur Zeit des Inkrafttretens des StGB keine Grundrechtsordnung, die die Legalordnung des Tötungsstrafrechts dogmatisch beeinflußt hätte (dazu im einzelnen oben Abschn. E.). Unergiebig sind auch gesetzessystematische Erwägungen. Aus der Stellung der Vorschriften (§§ 212 I, 216 I) in der Kodifikation des StGB lassen sich Argumente für oder gegen die Annahme, eine Herzexplantation zu Transplantationszwecken sei - unter bestimmten Bedingungen - keine objektiv-tatbestandliche Tötungshandlung, nicht gewinnen. Der Umfang des Schutzes, den die §§ 212, 216 StGB im Falle der vom späteren hirntoten Spender zu gesunden Zeiten vorausverfügten Spende lebenswichtiger Organe gewähren, läßt sich nur unter Rückgriff auf rechtssystematisch-teleologische Überlegungen bestimmen.

4. Rechtssystematisch-teleologische, insbesondere grundrechtliche Überlegungen

Die rechtssystematisch-teleologischen Überlegungen, deren Mitte grundrechtliche Argumente sind, gelten folgenden Fragen:

(a) Ist der Einzelne Inhaber einer grundrechtlichen Befugnis, kraft derer er Eingriffe in bzw. Übergriffe auf sein Leben (hier: die Entnahme lebenswichtiger Organe zu Transplantationszwecken) gestatten kann? Wenn ja: Ist diese Befugnis in Art. 2 II 1 Var. 1 (dem Lebensgrundrecht) oder in Art. 2 I i.V.m. Art. 1 I GG (dem allgemeinen Persönlichkeitsrecht) verortet?

(b) In welcher Weise wirkt sich die ggfs. existierende Befugnis zum sog. „Grundrechtsverzicht" auf die Auslegung der §§ 212 I, 216 I StGB aus?

---

[558] *H.-G. Koch*, Das Grundrecht auf Leben, S. 217 - allg. mit Blick auf Lebensbeginn und Lebensende, wo - so *Koch* - Bestrebungen auszumachen seien, „situationsspezifische Sonderregeln zu etablieren".

3. Kapitel: Grundrechtliche Kritik der Hirntodkonzeption

a) Art. 2 II 1 Var. 1 GG als besonderes Selbstbestimmungsgrundrecht für den Bereich des Lebens: Überlegungen zum Problemkreis „Grundrechtsverzicht"

Ob der Einzelne über sein Leben verfügen darf, ist in der grundrechtlichen Literatur umstritten. Umstritten ist auch der damit angesprochene dogmatische Begriff des sog. Grundrechtsverzichts. Für ihn hat Klaus Stern „eine erhebliche begriffliche Unklarheit"[559] diagnostiziert. Christian Hillgruber geht noch weiter, wenn er den mit dem Ausdruck „Grundrechtsverzicht" bezeichneten Topos „zu den umstrittensten allgemeinen Problemen der Grundrechtsdogmatik" zählt, über den „im Schrifttum größte Verwirrung" herrsche.[560] Verläßliche Orientierung ist auch von der Rechtsprechung nicht zu erwarten, denn bislang hat sie der hier interessierenden konkreten Fragestellung ebenso wie dem Thema des Grundrechtsverzichts „keine große Aufmerksamkeit geschenkt. Wenn Aspekte dieses Themas in die Reichweite der Gerichte gelangten, so hat man meist ohne theoretisches Bemühen möglichst pragmatisch die anstehenden Fragen beantwortet. (...) Im Ergebnis kann die Haltung der Rechtsprechung dahingehend gekennzeichnet werden, daß jedenfalls nicht der Auffassung gefolgt wird, ein Grundrechtsverzicht sei generell unwirksam. Eher läßt sich resümieren, daß er für zulässig gehalten wird, ihm aber Grenzen gesetzt sind. Sehr detailliert läßt sich dieser Befund freilich nicht belegen, da das Entscheidungsmaterial, insbesondere das des Bundesverfassungsgerichts, gering ist."[561] Angesichts dieser Lage wird sich die Frage nach der Zulässigkeit einer Verfügung über das eigene Leben im Transplantationskontext nicht leicht beantworten lassen.

Die zahllosen terminologischen und konzeptionellen Unklarheiten, die für die Beschäftigung mit dem Thema des Grundrechtsverzichts charakteristisch sind, wird man nur dann beseitigen können, wenn man die dogmatischen Sachfragen klärt und von ihnen her für terminologische Eindeutigkeit sorgt. Was grundrechtsdogmatisch mit „Verzicht auf ein Grundrecht", „Verfügung über ein Grundrecht" „Verfügung über das Lebensgrundrecht" oder „Verfügung über das Leben" gemeint ist, wird nur deutlich, wenn man sich einige basale grundrechtsdogmatische Prämissen in Erinnerung ruft und diese im Hinblick auf die konkrete Frage nach dem etwaigen Bestehen einer Befugnis des Einzelnen, über sein Leben in der Form einer Spende lebenswichtiger Organe zu verfügen, spezifiziert. Die grundrechtsdogmatische Einordnung gilt - das zur Erinnerung - folgendem Sachverhalt: Ein Einzelner entschließt sich in gesunden Zeiten im Wege der (u. U. zuverlässig dokumentierten) Vorausverfügung dazu, daß ihm lebenswichtige Organe zu Transplantationszwecken entnommen werden dürfen, wenn bei ihm der Hirntod-Zustand diagnostiziert werden sollte. In diesem Sinne verfügt er über sein

---

[559] *Stern*, Staatsrecht, Bd. III/2, S. 902.
[560] *Hillgruber*, S. 134 und S. 135; von einem „intrikaten dogmatischen Problemkreis" spricht auch *Höfling*, Offene Grundrechtsinterpretation, S. 125.
[561] *Stern*, Staatsrecht, Bd. III/2, S. 897.

Leben, gestattet er den handelnden Ärzten (und dem ärztlichen Assistenzpersonal), die in der Zukunft die mögliche Explantation ins Werk setzen werden, den Übergriff auf das grundrechtlich geschützte Gut „Leben" - seinen im Hirntod-Zustand befindlichen, mithin noch lebendigen Körper - vorzunehmen.

aa) Die grundrechtliche Befugnis zum Verzicht auf den Schutz des Lebens zwischen Art. 2 II 1 Var. 1 und Art. 2 I GG

Die Befugnis, das Leben gegenüber dem Staat oder Privaten schutzlos zu stellen, in diesem Sinne über das Leben (als Form der Grundrechtsausübung) zu „verfügen", folgt aus Art. 2 II 1 Var. 1 GG. Diese Ansicht ist nicht unumstritten.[562] Von der Gegenansicht wird allenfalls zugestanden, nur aus Art. 2 I GG könne die Befugnis folgen, anderen den Zugriff auf das eigene Leben zu gestatten. Dies entspricht einem dogmatischen Ansatz, der die Verfügungsbefugnis über Grundrechtspositionen bzw. die „Zulässigkeit eines Grundrechtsverzichts in dem personalen Selbstbestimmungsrecht des Menschen" verortet: „In diesem Sinne kann es heute als vorherrschende Rechtsauffassung angesehen werden, daß die allgemeine Handlungsfreiheit des Art. 2 Abs. 1 GG prinzipiell auch die Berechtigung enthält, auf den von der Verfassung eingeräumten Grundrechtsschutz zu verzichten."[563] Die Verzichtsbefugnis sei ein Aspekt der „freien Persönlichkeitsentfaltung".[564] Allerdings weist diese Auffassung darauf hin, daß der „Rückgriff auf Art. 2 Abs. 1 GG (...) dann nicht nötig (ist), wenn durch das jeweilige Grundrecht die Verfügungsfähigkeit schon mitgeschützt wird."[565] Dies steht im Einklang mit der grundrechtstheoretischen Einsicht, daß ein Grundrecht aus einem ganzen „Bündel von grundrechtlichen Positionen"[566] bestehen kann, aus denen sich erst das „Grundrecht als Ganzes"[567] ergibt. Was dieses Grundrecht in all seinen Dimensionen ausmacht und ob es die Befugnis zum Schutzverzicht

---

[562] Vgl. nur *Heun*, Der Hirntod als Kriterium des Todes des Menschen, JZ 1996, S. 218, der suggestiv von einem „Recht auf Selbsttötung" spricht, das die „herrschende Auffassung" ablehne (ähnl. auch *ders.*, Schlußwort, JZ 1996, S. 618f.). Die gegenteilige, hier vertretene Ansicht versucht, das Lebensgrundrecht als spezielles Freiheitsrecht ernstzunehmen, das dem einzelnen auch für den Bereich des Lebens Selbstbestimmung einräumt: Nicht jede Grundrechtsausübung, die einem anderen den Übergriff in das eigene Leben gestattet, ist eine Selbsttötung im offenbar insinuierten Sinne eines Suizids oder einer suizidähnlichen Handlung. Ebenfalls mit unzulässiger Verengung des Problems auf die Suizidthematik *D. Lorenz*, § 128 Rn. 62; *Kunig*, in: ders. (Hrsg.), GG, Komm., Bd. 1, Art. 2 Rn. 50. Weitere ausf. Nachweise bei *Hellermann*, S. 33f., dortige Fn. 70; *Schulze-Fielitz*, in: H. Dreier (Hrsg.), GG, Komm., Art. 2 II Rn. 43 mit dortiger Fn. 121; *Fink*, S. 126ff. und passim.
[563] Für beide Zitate *Stern*, Staatsrecht, Bd. III/2, S. 908.
[564] So *Stern*, Staatsrecht, Bd. III/2, S. 908.
[565] *Stern*, Staatsrecht, Bd. III/2, S. 908.
[566] *Alexy*, Theorie der Grundrechte, S. 224.
[567] *Alexy*, Theorie der Grundrechte, S. 224, S. 227.

enthält, ist wiederum eine bereichsdogmatisch - im Blick auf das fragliche Grundrecht - zu lösende Interpretationsfrage.[568]

Der Text des Grundgesetzes gibt in Art. 2 II 1 Var. 1 GG („Jeder hat das Recht auf Leben...") keine Antwort auf die Zulässigkeit eines sog. Verzichts auf das Leben. Auch Art. 2 I GG („Jeder hat das Recht auf die freie Entfaltung seiner Persönlichkeit...") gibt keine unmittelbare Auskunft. Unterlegt man dem Normtext des Art. 2 I GG die reichhaltige Judikatur des Bundesverfassungsgerichts zum allgemeinen Persönlichkeitsrecht, dann könnte man durchaus zu dem Schluß kommen, die Gestattung von Eingriffen in das Leben sei ein Akt, in dem die Präferenzen der eigenen Persönlichkeitsentfaltung eine entscheidende Rolle spielen.[569] Man würde dann einen weiteren - bislang unbekannten - Fall des allgemeinen Persönlichkeitsrechts (Art. 2 I i.V.m. Art. 1 I GG) konstruieren, denn die Entscheidung für die Gestattung von Eingriffen in den Sterbeprozeß, um die es bei der Entnahme lebenswichtiger Organe vom hirntoten Lebenden geht, ließe sich als ein Akt deuten, in dem der Einzelne für die Zeit des Sterbens „seine Individualität entwickel(t)",[570] seinem Existenzentwurf bis zuletzt authentischen Ausdruck verleiht. Man kann allerdings dahingestellt sein lassen, ob, bei näherem Hinsehen, die Befugnis zum Grundrechtsverzicht beim Leben wirklich (mehr vom Integritätsschutz des Art. 2 I i.V.m. Art. 1 I GG her gedacht) eine weitere „Ausformung des verfassungsrechtlich geschützten Persönlichkeitsrechts"[571] ist oder (mehr vom Aktivitätsschutz des Art. 2 I GG her gedacht) eher eine Facette der allgemeinen Handlungsfreiheit.[572] Denn vorgängig darf nicht übersehen werden, daß alle speziellen Freiheitsgrundrechte „die in Abs. 2 und in den auf Art. 2 folgenden Artikeln verbrieft sind, nur Konkretisierungen und Anwendungsfälle der allgemeinen Freiheit des Abs. 1 (...) auf einzelnen Lebensgebieten" sind.[573] Das folgt schon aus der Systematik des Grundgesetzes, das auf Art. 2 I weitere besondere Freiheitsgarantien folgen läßt, die die in Art. 2 I GG geschützte „freie Entfaltung" etwa als „Freiheit der Person" (Art. 2 II 2 GG), als „Freiheit des Glaubens, des Gewissens und (...) des religiösen und weltanschaulichen Bekenntnisses" (Art. 4 I GG), als „Freiheit der Meinungsäußerung" (Art. 18 i.V.m. Art. 5 I GG), als „Versamm-

---

[568] *Alexy*, Theorie der Grundrechte, S. 228 a.E.

[569] Zusf. Überblick über Judikatur und Ansichten in der Lehre bei *H. Dreier*, in: ders. (Hrsg.), GG, Komm., Art. 2 I Rn. 15ff., 20ff., 50ff.

[570] BVerfGE 35, 202 (220) - Lebach -. S. auch BVerfGE 61, 82 (101) - Sasbach -, wo die Grundrechte als „Freiheiten" charakterisiert werden, „das eigene Leben, die Existenz, nach eigenen Entwürfen zu gestalten und über sich selbst zu bestimmen." Im Anschluß an die (nicht mit Blick auf den Transplantationskontext erfolgten) Überlegungen von *Höfling*, in: Sachs (Hrsg.), GG, Komm., Art. 1 Rn. 29 (s. auch Rn. 36), könnte man die Spende-(= Schutzverzichts-)entscheidung als Ausdruck und Vergewisserung der eigenen Identität bzw. des eigenen Lebensbildes deuten.

[571] BVerfGE 54, 148 (154) - Eppler -.

[572] Zu dieser Unterscheidung zusf. *H. Dreier*, in: ders. (Hrsg.), GG, Komm., Art. 2 I Rn. 16.

[573] *von Mangoldt/Klein*, S. 170.

G. Grundrechtsorientierte Auslegung der §§ 212 I, 216 I StGB

lungsfreiheit" (Art. 18 i.V.m. Art. 8 I GG) oder „Vereinigungsfreiheit" (Art. 18 i.V.m. Art. 9 I GG) gesondert schützen. Immer geht es darum, daß für die genannten „besonderen Lebensbereiche"[574] die in Art. 2 I GG gewährleistete „Freiheit menschlicher Betätigung" durch „besondere Grundrechtsbestimmungen geschützt wird".[575] Auch wenn das Wort Freiheit in den grundrechtlichen Normtexten nicht durchweg Verwendung findet, so wird der Grundgedanke des Art. 2 I GG - die Garantie der Selbstbestimmungsfreiheit - doch in jedes Spezialfreiheitsrecht gleichsam hineinkopiert und ist dann *dort* als spezielle Freiheit, *nicht* etwa in Art. 2 I GG garantiert. Damit aber wird die von Art. 2 I GG in der Sache garantierte Freiheit, jeder könne in den Grenzen des neminem-laedere-Gebotes das für die Entfaltung der Persönlichkeit Relevante tun oder lassen, so wie er es wolle, für bestimmte Ausschnitte der Persönlichkeitsent-faltung rechtstechnisch verselbständigt. Wenn es heißt: „‚Leib und Leben' bilden das materielle Zentrum der Persönlichkeitsrechte",[576] dann muß man diese These und ihre Implikationen zu Ende denken: Dann nämlich bildet das Lebensgrundrecht des Art. 2 II 1 Var. 1 GG auch das Zentrum der Befugnis, über das Leben zu als Ausdruck selbstbestimmter Existenzgestaltung zu disponieren.

Diese Überlegungen entsprechen in der Sache selten beachteten Erwägungen des Bundesverfassungsgerichts. Das Gericht stellt fest: „Art. 2 Abs. 2 Satz 1 GG gewährleistet das Recht auf Leben und körperliche Unversehrtheit als *Freiheits*recht, (...)."[577] Es geht - so das Gericht - um den „*Freiheits*schutz im Bereich der leiblich-seelischen Integrität"[578], verstanden als „*Selbstbestimmungsrecht* über seine leiblich-seelische Integrität"[579], die „zum ureigensten Bereich der Personalität des Menschen"[580] zählt: „In diesem Bereich ist er aus Sicht des Grundgesetzes frei, seine Maßstäbe zu wählen und nach ihnen zu leben und zu entscheiden."[581] Die Vorschrift des Art. 2 II 1 GG ist - so das Bundesverfassungsgericht - „eine besondere Verbürgung der in Art. 2 Abs.1 GG gewährlei-

---

[574] BVerfGE 6, 32 (37) - Elfes -.
[575] BVerfGE 6, 32 (37) - für beide letztgenannten Zitate.
[576] *Sachs*, in: Stern, Staatsrecht, Bd. III/1, S. 644.
[577] So der Zweite Senat in BVerfGE 89, 120 (130) im inhaltlichen Anschluß an das dissenting vote der Richter *Hirsch, Niebler, Steinberger* in der - ebenfalls vom Zweiten Senat beschlossenen - Entscheidung BVerfGE 52, 131ff. (171ff. [174f.]) - Hervorhebung nur hier.
[578] BVerfGE 52, 131ff. (171ff. [174]) - abwM der Richter *Hirsch, Niebler, Steinberger* - Hervorhebung im Original. Ohne Hervorhebung dieselbe Formulierung in BVerfGE 89, 120 (130). Zust. für das Recht auf körperliche Unversehrtheit *Morlok*, Selbstverständnis als Rechtskriterium, S. 78; *Stern*, Staatsrecht, Bd. III/1, S. 909.
[579] BVerfGE 52, 131 (171ff. [174]) - Hervorhebung nicht im Original.
[580] BVerfGE 52, 131 (171ff. [175]).
[581] BVerfGE 52, 131 (171ff. [175]).

steten freien Entfaltung der Person."[582] - Wie ist nun der Grundrechtsverzicht im einzelnen strukturiert?

bb) „Grundrechtsverzicht" als Verzicht auf den Schutz gegen Eingriffe bzw. Übergriffe

Diese Frage führt uns zu zwei zentralen Grundrechtsfunktionen. Grundrechte haben „mehrere Funktionen, die miteinander verbunden sind und ineinander übergehen."[583] Gemeint ist in unserem Problemkontext die Abwehrdimension und die Schutzpflichtdimension der Grundrechte. Beide grundrechtliche Wirkungsformen bieten - im Blick auf unterschiedliche Lagen der Schutzbedürftigkeit - Schutz (darum sollte man - um unterscheiden zu können - von der Schutz*pflicht*dimension, nicht der Schutzdimension sprechen, denn Schutz bieten beide Funktionen). Je nachdem, welche Grundrechtsdimension betroffen ist, ist der Grundrechtsverzicht - als Verzicht auf die jeweilige Schutzdimension - anders strukturiert.

Das bedeutet für die Abwehrdimension der Grundrechte: Soweit der Einzelne dem „Staat" (also Hoheitsträgern i. S. von Art. 1 III GG) Eingriffe erlaubt, verzichtet er freiwillig auf die Schutzwirkungen gegenüber der Ingerenz des Staates. Er verzichtet also auf den negatorischen Grundrechtsschutz, kraft dessen er - vermittelt zuletzt über die Instrumente des gerichtlichen Rechtsschutzes - die Verkürzung seiner Freiheitssphäre abwehren könnte. Er entscheidet sich frei, die Verkürzung seiner Möglichkeiten zu freier Entfaltung nicht als Freiheitsverkürzung zu deuten; denn nach seinem Freiheitsselbstverständnis liegt eine Freiheitsverkürzung nicht vor.[584] Er sagt von sich selbst: „Ich erleide keinen Freiheitsverlust und bin deshalb nicht schutzbedürftig." Rechtskonstruktiv kann man bei Vorliegen einer freiwilligen Entscheidung zur Hinnahme der staatlichen Tätigkeit bereits den Eingriff in den Schutzbereich des Grundrechts verneinen.[585] Zentrales Problem ist - abgesehen von den Schranken der Verzichtsbefugnis -[586] die Garantie der Freiwilligkeit der Schutzverzichtserklärung.

---

[582] BVerfGE 52, 131 (171ff. [175]). Dementsprechend hat *Höfling* vom „spezifischen Autonomiegehalt" des Art. 2 II GG gesprochen, so in der Anhörung des Bundestags-Rechtsausschusses zum TPG am 15.1.1997, Prot. der 72. Sitzung (13. WP), S. 5 a.E.
[583] BVerfGE 6, 55 (72) - Ehegattenbesteuerung -.
[584] Man muß - so *Dürig* (mit Blick auf das sog. besondere Gewaltverhältnis) - „rechtlich auch jene individuelle Freiheit anerkennen, von bestimmten Erscheinungsformen der Freiheit keinen Gebrauch machen zu wollen. Im Grundsatz ist jeder durch den Eintritt in ein besonderes Gewaltverhältnis bewirkte Verzicht auf bestimmte Grundrechtsbetätigungen (...) eben der Freiheit *wegen* als rechtserheblich anzusehen." *Dürig*, Der Grundrechtssatz von der Menschenwürde, AöR 81 (1956), S. 152 - Hervorhebung im Original.
[585] *Pieroth/Schlink*, 11. Aufl., Rn. 152.
[586] Dazu allg. *Stern*, Staatsrecht, Bd. III/2, S. 916ff.

Für die Schutzpflichtdimension der Grundrechte gilt Ähnliches: Der Einzelne hat - wie in Abschnitt E. dargelegt - gegenüber dem Staat einen Anspruch darauf, von verfassungsrechtlich illegitimen Eingriffen privater Dritter (Übergriffen) in ein grundrechtlich geschütztes Gut geschützt zu werden. Dieser Schutzanspruch als Folge der Schutzpflichtdimension entsteht freilich dann nicht, wenn der Einzelne dem Privaten den Übergriff wissentlich und willentlich gestattet, denn dann entsteht die grundrechtliche Schutzpflicht des Staates nicht.[587] Sie entstünde nur, wenn der Eingriff des Privaten *gegen* oder *ohne* den Willen des Grundrechtsinhabers erfolgen würde.[588] Die Schutzpflicht ist rechtslogisch notwendige Voraussetzung für das Entstehen des korrespondierenden Schutzanspruchs.[589] Auf einen nichtexistenten Schutzanspruch kann allerdings nicht verzichtet werden. Auf (den vom Staat zu erbringenden) grundrechtlichen Schutz gegen Übergriffe Privater kann man nur insofern verzichten, als durch die freiwillig manifestierte Hinnahme oder Gestattung des Übergriffs eine tatbestandliche Voraussetzung für das Entstehen der Schutzpflicht im Einzelfall nicht zur Entstehung kommt. Ebenso wie bei der Abwehrdimension gilt: Der Grundrechtsinhaber entscheidet sich frei, die Verkürzung seiner Möglichkeiten zu freier Entfaltung durch den privaten Dritten nicht als Freiheitsverkürzung zu deuten; denn nach seinem Freiheitsselbstverständnis liegt eine Freiheitsverkürzung nicht vor. Der einzelne will so auch nicht, daß sein Freiheitsraum durch den Staat gegen den Privaten geschützt wird. Er sagt von sich selbst: „Ich erleide keinen Freiheitsverlust und bin deshalb nicht schutzbedürftig." Zentrales Problem ist - abgesehen von den Schranken der Verzichtsbefugnis - die Garantie der Freiwilligkeit der Schutzverzichtserklärung.

Grundrechtsverzicht ist also Schutzverzicht, Verzicht auf eine Dimension grundrechtlichen Schutzes. Je nach gemeinter Grundrechtsfunktion ist mit dem Begriff „Grundrechtsverzicht" Unterschiedliches gemeint, und bleibt man sich dessen bewußt, taugt die Bezeichnung „Grundrechtsverzicht" als Oberbegriff. Im sachlichen Kern zusammengehalten werden der abwehrrechtlich ausgerichtete und der auf die Schutzpflicht abzielende Grundrechtsverzicht durch das Erfordernis der *Freiwilligkeit* der Schutzverzichtsentscheidung. Freiwilligkeit fehlt namentlich in den Fällen des Zwangs, der Täuschung, der Drohung oder

---

[587] I. Erg. ebenso *Gröschner*, Protokoll der 72. Sitzung des Rechtsausschusses des Deutschen Bundestages am 15.1.1997 (13. WP), S. 29f. ; z. F. schon *Höfling/Rixen*, S. 86 Anm. 322, allerdings mit der Empfehlung, den Begriff „Grundrechtsverzicht" nur für die abwehrrechtliche Dimension zu verwenden, wozu indes - wie die Ausführungen im Text zeigen - bei näherem Hinsehen kein Anlaß besteht.
[588] *Isensee*, Das Grundrecht als Abwehrrecht und staatliche Schutzpflicht, § 111 Rn. 38, 59, 60, 98, 113 u. ö.
[589] Vgl. allg. zum Verhältnis von Pflicht und Anspruch *Röhl*, Allgemeine Rechtslehre, S. 364.

370   3. Kapitel: Grundrechtliche Kritik der Hirntodkonzeption

der Erschleichung.[590] *Nicht*freiwilligkeit führt zum Entzug der geschützten freien Entfaltung, *nicht* aber zum Verzicht auf den Schutz freier Entfaltung.[591] Das ist konsequent, weil Freiwilligkeit *das* Kennzeichen personaler Selbstbestimmung ist. Erforderlich ist eine unzweideutige, auf korrekter Informationsgrundlage erfolgende und thematisch auf konkrete Eingriffshandlungen bezogene Willensäußerung des Grundrechtsinhabers.[592]

Fraglich ist, ob der Explanteur (zusammen mit dem arztakzessorisch tätigen Assistenzpersonal) und der hirntote Spender - ungeachtet aller ggfs. bestehenden sozialversicherungsrechtlichen Einkleidungen des Verhältnisses - als Private aufeinander treffen.[593] Das könnte man mit Blick auf die Tätigkeit von Ärzten in öffentlich-rechtlich organisierten Krankenhäusern, etwa Universitätskliniken, in Zweifel ziehen.[594] Wenn man das Arzt-Patienten-Verhältnis abwehrrechtlich konstruiert, dann ändert sich an der Beurteilung der Zulässigkeit eines Grundrechtsverzichts im Ergebnis jedoch nichts, denn in beiden Varianten - Beachtlichkeit der Abwehrdimension oder der Schutzpflichtdimension - geht es wesentlich um die *Freiwilligkeit* der Schutzverzichts, der mit der Entscheidung zur Spende lebenswichtiger Organe im Hirntod-Zustand erfolgt. Fehlt es an der Freiwilligkeit, dann entsteht entweder - mangels Übergriff - die Schutzpflicht nicht oder - abwehrrechtlich gedacht - der Eingriff fällt fort.

Diese grundrechtsdogmatischen Überlegungen sind nunmehr bei der Auslegung der §§ 212 I, 216 I StGB zu konkretisieren. Durchweg ist dabei der gerade entwickelte Garantiegehalt des Art. 2 II 1 Var. 1 GG zu beachten, der mit dem Lebensgrundrecht (auch) ein besonderes Selbstbestimmungs-Freiheitsrecht garantiert.

b) Auslegung der §§ 212 I , 216 I StGB im Lichte des Art. 2 II 1 Var.1 GG

Die strafgesetzlichen Vorschriften über die Tötungsdelikte sind - wie in Abschnitt E. erläutert - Maßnahmen normativer Art, vermittels derer die grundrechtliche Schutzpflicht aus Art. 2 II 1 Var. 1 GG auf einfachgesetzlicher Ebene

---

[590] *Stern*, Staatsrecht, Staatsrecht, Bd. III/2, S. 914; s. auch noch die Ausführungen in Fn. 626.
[591] Vgl. zum Unterschied zwischen Entzug und Verzicht *Stern*, Staatsrecht, Bd. III/2, S. 914.
[592] Zu den Voraussetzungen *Stern*, Staatsrecht, Bd. III/2, S. 914f.
[593] *Francke*, S. 91f.; als Indiz ist der - nach h. M. im Zivilrecht - durchweg privatrechtliche Charakter aller Arztverträge heranzuziehen, dazu *Laufs*, Arztrecht, 5. Aufl., Rn. 87 m. w. N.; s. außerdem *Höfling/Rixen*, S. 82f. mit dortiger Fn. 308 (mit Hinweisen zur - von der zivilrechtlichen Betrachtung - abweichenden sozialversicherungsrechtlichen Diskussion).
[594] Die abwehrrechtliche Dimension betont *Sachs*, Schriftliche Stellungnahme, Deutscher Bundestag/Ausschuß für Gesundheit, Ausschuß-Drs. 13/589 v. 16.9.1996, S. 2ff. (3f.).

G. Grundrechtsorientierte Auslegung der §§ 212 I, 216 I StGB

umgesetzt wird. Die Grundrechtsposition des Einzelnen erfährt so eine „Verstärkung der Geltungskraft"[595] auf der Bürger-Bürger-Ebene. Grundrechtlich betrachtet ist jeder Eingriff in bzw. jeder Übergriff (eines Privaten) auf das Leben verfassungsrechtlich rechtfertigungsbedürftig. Das heißt: Jeder lebensbeendende Akt bedarf der verfassungsrechtlichen Legitimation. Dabei muß man bedenken, daß - wie gerade dargelegt - jeder (entscheidungsfähige) Grundrechtsinhaber (primafacie-)befugt[596] ist (also vorbehaltlich verfassungsrechtlich abzeptabler Einschränkungen dieser Befugnis), anderen Privaten Übergriffe auf sein Leben zu gestatten. In diesem Fall ist der Übergriff des autorisierten Privaten verfassungsrechtlich legitimiert (vorausgesetzt, die Freiwilligkeit der Gestattung steht außer Zweifel). Demnach sind Lebensbeendigungen, die *mit* dem Willen des Lebensgrundrechtsinhabers vorgenommen werden, vom Schutzbereich her - prima facie, zunächst, grundsätzlich - zulässige, unverbotene Verhaltensweisen; sie sind Akte geschützter Grundrechtsausübung.[597] Umgekehrt sind Lebensbeendigungen, die *ohne* oder *gegen* den Willen des Lebensgrundrechtsinhabers vorgenommen werden, verfassungsrechtlich grundsätzlich *nicht* legitimiert bzw. legitimierbar.[598] Die §§ 211, 212, 213 StGB (die besondere Situation beim ungeborenen Menschen bleibt außen vor) dienen demnach dazu, der Grundgefahr für den Bestand des Lebensgrundrechts des Einzelnen - der Gefahr, *gegen* oder *ohne* den eigenen Willen das Leben zu verlieren - normativ zu wehren.[599] Die *gegen* oder *ohne* den Willen des Lebensgrundrechtsinhabers vorgenommenen Lebensbeendigungen sind - vorbehaltlich der verfassungsrechtlich akzeptablen Ausnahmen, die strafrechtlich über Rechtfertigungs- und Schuldausschließungs- bzw. Entschuldigungsgründe zur Geltung gebracht werden - bei Strafe verboten.

Das Gesetz verbietet jedoch in § 216 I StGB die Lebensbeendigung, die *mit* Willen des Grundrechtsinhabers vorgenommen wird. Die Entnahme lebenswichtiger Organe ist - wie die Betrachtung der tatsächlichen Gegebenheiten einer Herzexplantation gezeigt hat - rein faktisch betrachtet als lebensbeendender (den irreversiblen Zusammenbruch des Organismus herbeiführender) Akt zu qualifizieren.[600] (Ob sie das auch im Rechtssinne ist, also die obigen Ausführungen zur -

---

[595] BVerfGE 7, 198 (205) - Lüth -, zur objektivrechtlichen Dimension der Grundrechte, in der „eine prinzipielle Verstärkung der Geltungskraft der Grundrechte zum Ausdruck kommt".

[596] Dazu *Alexy*, Theorie der Grundrechte, S. 273ff.

[597] So auch *Höfling* und *Gröschner* in: Protokoll der 72. Sitzung des Rechtsausschusses des Deutschen Bundestages am 15.1.1997 (13. WP), S. 5, S. 29.

[598] Auch hier gibt es Ausnahmen: Man denke nur an die Notwehr oder die Nothilfe. Das BVerfG spricht von der „*grundsätzliche(n)* Unverletzlichkeit menschlichen Lebens" (BVerfGE 88, 203 [257 a.E.] - Hervorhebung nur hier). S. hierzu sogleich auch den Text.

[599] Dazu schon oben in diesem Kapitel Abschn. E.

[600] Dazu Protokoll der 72. Sitzung des Rechtsausschusses des Deutschen Bundestages am 15.1.1997 (13. WP): *M. Sachs*: „lebensbeendende Wirkung" (S. 13); *Höfling*: „die Explantation (...) kausal betrachtet (...) eine ‚conditio sine qua non' für diesen kon-

immerhin denkbaren - strafrechtlichen Kausalität Bestand haben, wird gerade geklärt). Das Lebensgrundrecht ist - wir haben dies gerade gesehen - (auch) ein spezielles Selbstbestimmungsgrundrecht, das dem Einzelnen gestattet, (handlungsbereiten) anderen - auch im Wege der Vorausverfügung -[601] Übergriffe auf das Leben zu gestatten. Das Einverständnis der Explantierenden vorausgesetzt,[602] kann er deshalb auch die Entnahme lebenswichtiger Organe vorausverfügen.[603] Dann aber führt das Verbot des § 216 I StGB zu einem Eingriff in den grundrechtlichen Schutzbereich des (Selbstbestimmungs-)Lebensgrundrechts desjenigen, der einem anderen einen Übergriff in sein Leben gestatten will und dem dies - objektiv - durch die Vorschrift des § 216 I verboten ist (mag er auch über die Figur der notwendigen Beihilfe bei einem fehlgeschlagenen Versuch, § 216 II StGB, unsanktioniert bleiben).[604]

Bei näherem Hinsehen muß man jedoch feststellen, daß es nur deshalb zu einem Eingriff in Art. 2 II 1 Var. 1. GG kommt, wenn und weil § 216 I StGB in einer weiten, sich durch die obigen Kausalitätsüberlegungen aufdrängenden Auslegung angewandt wird. Es ist also nicht der nackte Buchstabe des Gesetzes, sozusagen das Gesetz selbst, das zu einem verfassungsrechtlich rechtfertigungsbedürftigen Eingriff in den Schutzbereich des Art. 2 II 1 Var. 1 GG führt. Es ist eine bestimmte *Interpretation* des § 216 I StGB, die zum verfassungsrechtlich rechtfertigungsbedürftigen Eingriff in das (Selbstbestimmungs-)Lebensgrund-

---

kreten Todeseintritt" (S. 27); Warnung vor „schonende(n) terminologische(n) Tricks" bei *Sachs*, der das Hirntodkonzept als Todeskonzept im übrigen ablehnt (Anlage S. 28). Die Warnung ergeht zurecht: die Rede von der Einwilligung in eine „Sterbeverlängerung", die keine Einwilligung in eine „Lebensverkürzung" sei (wie sie sich etwa bei den *Wissenschaftlern für ein verfassungsgemäßes Transplantationsgesetz*, S. 518f., nachweisen läßt) ist mißverständlich; der Spender willigt in einen Eingriff in sein Leben ein, wünscht also die Vornahme einer Handlung, die - wie die obigen Kausalitätserwägungen zeigen - das Ende des Lebens (mit)bewirkt. Die Rede von der Sterbeverlängerung wollte nur - in zugegeben mißverständlicher Weise - deutlich machen, daß im Vordergrund des Geschehens keine verwerfliche Lebensverkürzung steht, also wertungsmäßig eine Unvergleichbarkeit der Sachverhalte vorliegt, s. dazu auch *Höfling*, Protokoll der 72. Sitzung des Rechtsausschusses des Deutschen Bundestages am 15.1.1997 (13. WP), S. 27.

[601] Art. 2 II 1 Var. 1 GG beinhaltet - wie oben erläutert - auch ein Selbstbestimmungsrecht. Als solches garantiert es die auf die vitale Basis der Existenz bezogene „Selbstbestimmung durch zukunftswirksame Festlegung" (*Sachs*, in: Stern, Staatsrecht, Bd. III/1, S. 619ff. [642, § 66 II 2 e] - zum Recht auf Selbstbestimmung, nicht mit Blick auf das Lebensgrundrecht formuliert). Vgl. im übrigen BGHSt 11, 111 (114) - Myom-Fall -, wo der BGH vom „grundsätzlichen freien Selbstbestimmungsrecht des Menschen über seinen Körper" spricht.

[602] Einen grundrechtlichen prima-facie-Anspruch des einen auf Vornahme eines Übergriffs durch einen *widerständigen* anderen im Schutzbereich des Lebensgrundrechts des einen gibt es nicht.

[603] So i. Erg. auch *Höfling* und *Sachs*, Protokoll der 72. Sitzung des Rechtsausschusses des Deutschen Bundestages am 15.1.1997 (13. WP), Anl. S. 21f. und S. 28ff.

[604] *H. Tröndle*, StGB, 48. Aufl., § 216 Rn. 2 a.E.

G. Grundrechtsorientierte Auslegung der §§ 212 I, 216 I StGB

recht des (potentiellen) Organspenders führt. Eine solche - sich absolut setzende - Auslegung übersieht jedoch, daß ein grundrechtseinschränkendes Gesetz wie das des § 216 I StGB im Sinne der sog. Theorie der „Wechselwirkung"[605] auszulegen ist (Wechselwirkungstheorie). Danach muß ein grundrechtsbeschränkendes Gesetz so interpretiert werden, daß die wertsetzende Bedeutung des eingeschränkten Grundrechts auch auf der Ebene der Gesetzesanwendung zur Geltung kommt.[606] Die gesetzlich erfolgte Einschränkung des betroffenen Grundrechts soll so - als Folge des Verhältnismäßigkeitsprinzips - durch eine auf den konkreten Anwendungskontext abgestimmte Interpretation möglichst milde ausgestaltet werden. Ziel ist damit die Beschränkung des Anwendungsbereichs von § 216 I StGB, eine Beschränkung, die den in Frage stehenden Sinn und Zweck des § 216 I StGB so präzisiert, daß noch etwas von der beschränkten Grundrechtsbefugnis des Art. 2 II 1 Var. 1 GG übrig bleibt, und die gleichzeitig verhindert, daß der (verfassungsrechtlich hinnehmbare) Regelungszweck der Vorschrift des § 216 I StGB unterlaufen wird.

Der in der strafrechtlichen Literatur seltsam diffus bleibende Regelungszweck des § 216 I StGB[607] soll hier folgendermaßen bestimmt werden: Die Vorschrift des § 216 I StGB will die reale Geltung des Grundsatzes von der individuellen Selbstbestimmungsfreiheit über das Leben stabil halten, indem sie appellativ der Entstehung einer sozialen Stimmung entgegenwirkt, in der Menschen sich gedrängt sehen, über ihr Leben in einer Weise zu verfügen, die Zweifel an einer freiwilligen Entscheidung nahelegt. Die Vorschrift des § 216 I StGB schützt auf diese Weise die Freiwilligkeit eines Schutzverzichtes.[608] Verboten sind demnach alle Verhaltensweisen, die vordergründig wie freiwillige

---

[605] Grdl. BVerfGE 7, 198 (209).
[606] BVerfG 7, 198 (209); BVerfGE 94, 1 (8) - st. Rspr. Anders ausgedrückt: Man muß bei der interpretatorisch-kreativen Arbeit „das eingeschränkte Grundrecht im Auge behalten" (BVerfGE 93, 266 [290]).
[607] *Jakobs*, Zum Unrecht der Selbsttötung und der Tötung auf Verlangen, S. 468, spricht zu Recht von einem „durchaus krausen Zusammenhang" und weist u. a. auf die in der Literatur genannten Zwecke Solidarität, Tabuschutz, Mißbrauchsgefahr und Absolutheit des Lebensschutzes hin (S. 468 Anm. 30). Auf diesen „krausen Zusammenhang" weisen in der Sache auch die Belege bei *Bade*, S. 113f., hin.
[608] Vgl. dazu - ohne direkten Verweis auf § 216 I StGB - *Höfling/Rixen*, S. 94f. Diese Lage könnte man mit *Isensee*, Das Grundrecht als Abwehrrecht und als staatliche Schutzpflicht, § 111 Rn. 115, als Fall der „Grundrechtsfürsorge" (der kein Anwendungsfall der grundrechtlichen Schutzpflicht ist) qualifizieren. Bestimmt man den Inhalt der Schutzplicht anders, nämlich in der Weise, daß er auch die Pflicht beinhaltet sicherzustellen, daß der potentiell Verfügende tatsächlich freien Willens anderen Übergriffe gestattet, dann könnte man von einer „verfahrensrechtlichen Schutzpflichtdimension" sprechen, also § 216 I StGB auf die objektivrechtliche Schutzpflichtdimension des Art. 2 II 1 Var. 1 GG zurückführen; dazu *Höfling/Rixen*, S. 87f. mit dortiger Anm. 325 in Anlehnung an *Hermes*, Das Grundrecht auf Schutz von Leben und Gesundheit, S. 230f. und *Dietlein*, S. 220. Zum Problem des sog. aufgedrängten Grundrechtsschutzes bzw. des aufgedrängten Schutzes vor sich selbst *Hermes*, Das Grundrecht auf Schutz von Leben und Gesundheit, S. 228ff.; *Dietlein*, S. 219ff.; ausf. *Hillgruber*, S. 111ff.

Schutzverzichte - Akte der Grundrechtsausübung - wirken, die aber - bei näherem Hinsehen - Zweifel an der Freiwilligkeit des Schutzverzichts nahelegen.

Gemessen an diesen Bedingungen ist es zumindest vertretbar, die von dem im (Ganz-)Hirntod-Zustand befindlichen Spender vorausverfügte Explantation lebenswichtiger Organe *nicht* als Tötung auf Verlangen zu qualifizieren.[609] Dafür spricht näherhin folgendes:

Zunächst ist der Schutzzweck des § 216 StGB nicht berührt, wenn feststeht, daß der Spender sich freiwillig zur Spende entschlossen hat: Voraussetzung sind die - möglichst: zuverlässig dokumentierte - Aufklärung und die (von Zwang, Drohung etc. freie) Einwilligung des Spenders. Daß in diesem Fall der Schutzzweck des § 216 I StGB nicht berührt ist, ergibt auch ein Blick auf die strukturellen und motivationalen Aspekte, die den Fall der Gestattung transplantationsgerichteter Explantationen lebenswichtiger Organe durch den bei Entnahme hirntoten Spender kennzeichnen.[610] Eine solche (de lege ferenda durch entsprechende organisations- und verfahrensrechtliche Bestimmungen abzusichernde) freiwillige Spendeentscheidung hat mit sog. aktiver Sterbehilfe, mit „Euthanasie" i. S. einer Tötung auf Verlangen (§ 216 I StGB) nichts gemein (Beispiel: Ein schwerkranker Mensch, der sein Leiden nicht länger ertragen, aber zum Suizid nicht schreiten will, wünscht, daß ein anderer, der das Geschehen in der Hand hält, seinem Leben ein Ende setzt). Die Einschaltung eines anderen zu keinem anderen Zweck als dem, dem eigenen Leben ein Ende zu setzen, wird man zumindest als starkes Indiz dafür werten dürfen, daß der Verlangende nicht „wirklich" gewillt ist, sein Leben zu beenden; denn ansonsten würde er ja - wie man zumindest vertretbarerweise annehmen darf - zum (eigenhändig vollzogenen) Suizid schreiten.[611] Als ein weiterer - die Vergleichbarkeit mit den typischen Fällen des § 216 I StGB ausschließender - Aspekt darf nicht

---

[609] Zur Verfassungsmäßigkeit des § 216 StGB bzw. zu den Möglichkeiten seiner grundrechtsorientierten Auslegung im Blick auf andere Fälle wird hier nicht Stellung bezogen. Dabei wird natürlich nicht übersehen, daß die folgenden Ausführungen für andere Fälle eine gewisse - freilich an anderer Stelle näher zu entfaltende - präjudizierende Wirkung haben dürften. Krit. zu § 216 StGB (allerdings ohne grundrechtliche Erwägungen) *Jakobs*, Zum Unrecht der Selbsttötung und der Tötung auf Verlangen, S. 459ff.

[610] *Höfling* hat darauf hingewiesen, daß „dieser Vorgang weder in intentionaler noch in struktureller Hinsicht mit der Euthanasieproblematik" vergleichbar ist, Deutscher Bundestag/Ausschuß für Gesundheit, Ausschuß-Drs. 13/136 v. 27.6.1995, S. 13ff. (19).

[611] Man kann mit gewissen Recht fragen, ob es einen solchen Fall „wirklich" gibt: ein ernstlich Lebensmüder, der nicht selbst Hand an sich legen will. Daran kann man durchaus zweifeln - zumindest ist der Zweifel vertretbar, auch für den Gesetzgeber, der ihn deshalb zum Anknüpfungspunkt für eine Kriminalisierung der Tötung auf Verlangen machen dürfte. Im Lichte des Selbstbestimmungs-Lebensgrundrechts als einer den Gesetzgeber anleitenden Wertentscheidung wäre eine Einschränkung der Dispositionsbefugnis des Verlangenden vertretbar: Basierend auf der typisierenden Annahme, ein - vermeintlich - Lebensmüder, der nicht zum Suizidant werde, sei gar nicht wirklich lebensmüde, würde so mit § 216 I StGB nur die nicht unzweifelhaft gegebene Selbstbestimmungsfreiheit des Verlangenden geschützt.

übersehen werden, daß der Organspender die Entnahme eines lebenswichtigen Organs unter den Bedingungen einer Sterbe-, d. h. Lebensverlängerung verlangt. Er verzichtet auf ein ungestörtes Zuendegehen seines (*unwiderruflich* endenden)[612] Lebens namentlich durch das Absetzen der lebenserhaltenden Geräte und Mittel, von denen er als (ganz-)hirntoter Spender ja abhängig ist, und er tut dies, um - vermittelt über handlungswillige Ärzte und OP-Pflegekräfte - das Leben eines anderen (des potentiellen Organempfängers) zu retten oder zumindest dessen gesundheitliches Leiden zu lindern (und nur diesem Ziel sind die explantierenden Ärzte verpflichtet). Der Spender begehrt mithin - um seine Absicht, Leben zu retten und Leiden zu lindern, realisieren zu können - eine *Dys*thanasie, einen „schlechten" Tod in dem Sinne, daß er bewußt das eigene Versterben verzögern, das heißt: verlängern und damit den Todeseintritt zeitweilig bewußt aufhalten läßt.[613] Diese Lage ist strukturell wesentlich verschieden von einer *Eu*thanasie, einer Lebensbeendigung, die sich nach dem Selbst-

---

[612] Das spontane Versagen des Organismus läßt sich - vom Ausnahmefall der schwangeren Hirntoten abgesehen - im Regelfall nur kurze Zeit intensivmedizinisch aufhalten. Der Zusammmbruch des hirntoten Organismus nach erfolgter Hirntod-Diagnostik kann - je nach Einzelfall - schon nach 6 - 12 oder nach 24 Stunden erfolgen; von Überlebenszeiten von 3 - 4 Tagen (ganz ausnahmsweise auch bis zu 10 Tagen und mehr) wird berichtet, für die Transplantationspraxis sind diese Intervalle aber typischerweise irrelevant; vgl. den Anästhesisten *Steinbereithner*, S. 79f.

[613] Hier wird zuweilen eingewandt, es seien doch Zweifelsfälle möglich, in denen die Intention nicht so eindeutig sei. Mir ist nicht klar, welche Fälle gemeint sein sollen. Man könnte versuchen, vergleichsweise irreale Fälle zu konstruieren, etwa diesen: Ein schwer lebensmüder, aber körperlich explantationstauglicher Mensch hat in gesunden Zeiten eine wirksame (also: insbesondere von einer richtigen Information über den Hirntod-Zustand getragene) Spendeerklärung verfaßt. Er verunfallt schuldlos und wird beatmungspflichtig in ein Krankenhaus eingeliefert; nach erfolger Hirntoddiagnostik wird er explantiert. In einem notariell aufbewahrten Papier, das den Erben nach erfolgter Explantation eröffnet wird, offenbar er sein wahres Bestreben: Nur aus Angst davor, einen Suizid oder eine Tötung auf Verlangen ins Werk zu setzen, habe er zeitlebens gehofft, einmal schuldlos so zu verunfallen, daß aufgrunddessen sein Leben ein Ende fände. Seine - wie er niedergeschrieben hat - „Ausschlachtung" habe er bewußt verfügt: in seinem Körper habe er sich ohnehin nie wohl gefühlt.- Selbst dieser seltsame Zeitgenosse hätte objektiv eine Dysthanasie im Interesse Dritter in Kauf genommen, mag sie auch subjektiv nur von einem allenfalls schwachen altruistischen Interesse begleitet gewesen sein. Dieses Interesse war im übrigen allein erkennbar, als solches erklärt und deshalb allein maßgeblich! Man wird mit solch pathologischen Grenzfällen leben können. Sie haben teil an der allgemeinen Problematik, wie sich für das Recht sog. innere Gründe als wirklich vorhanden nachweisen lassen. Gegen den Versuch, den Anwendungsbereich des § 216 I auszudifferenzieren, spricht aber prinzipiell nicht. Das gilt auch für den denkbaren Einwand, die Explantation eines lebenswichtigen Organs gegen Entgelt müsse ausgeschlossen werden. Selbst unterstellt, alle Sicherungsmechanismen, die das Transplantationsgesetz und die Transplantationspraxis vorsehen, würden versagen, selbst dann hätte der Spender eine Dysthanasie in Kauf genommen und - zumindest auch - im Interesse von Dritten gehandelt, denen (im Falle einer Mehrorganentnahme) nun einmal seine Organe zugute kommen. Wieder kann der vage bleibende Verweis auf vermeintliche Zweifelsfälle nicht überzeugen.

verständnis des Begehrenden deshalb als „gut" darstellt, weil Leben gerade *nicht* verzögert, *nicht* verlängert wird. Schließlich ist nicht ersichtlich, welche verfassungsrechtlich akzeptablen Gründe - bei garantierter Freiwilligkeit der Spendeentscheidung - dazu zwängen, die als Ausdruck des eigenen Existenzentwurfs zu verstehende freiwillige Spendeentscheidung zu verbieten, also insoweit die grundrechliche Organspende-, d. h.: die Schutzverzichtsbefugnis aus Art. 2 II 1 Var. 1 GG zu beschränken. Die mit Blick auf die Überlebens- und Gesundheitsinteressen anderer erfolgende Spendeentscheidung ist verfassungsrechtlich keineswegs evident verwerflich - im Gegenteil. Die „zur Lebensrettung freigegebene(n) Lebensopferung"[614] hat - im Blick auf lebensrettende Operationen im Interesse anderer - schon Günter Dürig als zulässig qualifiziert[615], eben deshalb, weil sie mit der - verfassungsrechtlich inakzeptabeln - Motivstruktur einer „typischen" Tötung nicht vergleichbar ist, vielmehr das - verfassungsrechtlich hinzunehmende - Motiv zur Hilfe in schwerer gesundheitlicher Not im Vordergrund steht. Man darf also nicht kurzschlüssig vom Faktum aktiver Lebensbeendigung zu dem Schluß kommen, jede aktiv bewirkte Lebensbeendigung sei per se von Verfassungs wegen verwerflich.[616] Allein das „aktive" Agieren der Ärzte macht den Vorgang noch nicht zur aktiven Sterbehilfe i. S. des § 216 I StGB. Entscheidend ist, ob das aktive Tun den Regelungszweck des § 216 I StGB berührt. Genau dies aber ist - wenn und weil an der Freiverantwortlichkeit der Spendeentscheidung kein Zweifel besteht (was, wie schon erwähnt, durch korrekt dokumentierte Aufklärung und Einwilligung belegt sein müßte) - nicht der Fall.

c) Ergebnis

Die (intensivmedizinisch nichtkompensierte) Entnahme lebenswichtiger Organe beim (ganz-)hirntoten Lebenden ist ein „Sonderfall"[617] lebensbeendenden

---

[614] *Geilen*, Rechtsfragen der Todeszeitbestimmung, S. 291.
[615] *Dürig*, Kommentierung, Art. 2 II Rn. 12.
[616] *Sachs*: „Auch wenn die Explantation tötet, kann sie zulässig sein." Protokoll der 72. Sitzung des Rechtsausschusses des Deutschen Bundestages am 15.1.1997 (13. WP), S. 35. Das - und nicht mehr - macht der Vergleich mit der sog. indirekten Sterbehilfe deutlich. Die Gabe schmerzlindernder, u. U. sterbebeschleunigender (mithin: lebensendender) Mittel aufgrund einer (mutmaßlichen) Einwilligung des Patienten ist „phänomenologisch" ein Fall aktiver Lebensbeendigung, der - mit unterschiedlichen Begründungen - für zulässig gehalten wird, *Höfling/Rixen*, S. 99 m. N. Den Verweis auf die indirekte Sterbehilfe mißverstehen *Sengler/Schmidt*, MedR 1997, S. 246. Zur indirekten Sterbehilfe BGHSt 42, 301 (305) = NStZ 1997, 182 = MedR 1997, 271 = NJW 1997, 807; dazu *Verrel*, MedR 1997, S. 248ff.
[617] So schon *Hoff/in der Schmitten/Rixen*, S. V; dort außerdem: „stellt die Entnahme lebenswichtiger Organe wie Herz, Lungen, Leber und Nieren für sich betrachtet einen tödlichen Eingriff dar".

G. Grundrechtsorientierte Auslegung der §§ 212 I, 216 I StGB 377

Verhaltens. Eine *mit* Willen des Grundrechtsinhabers vorgenommene Lebensbeendigung wird „im Lichte" des Art. 2 II 1 Var. 1 GG (des speziellen Selbstbestimmungsgrundrechts) nicht von § 212 I StGB erfaßt.[618] Die Entnahme lebenswichtiger Organe vom (ganz-)hirntoten Lebenden durch entnahmewillige Ärzte (und das Assistenzpersonal) ist im „Lichte" des Art. 2 II 1 Var. 1 GG kein Fall des § 216 I StGB;[619] der Regelungszweck des § 216 I StGB wird durch diese kraft „wechselwirkender" Abwägung nur für den hier interessierenden Fall gewonnene Auslegung nicht in Frage gestellt.

Die komplexe Lage am Lebensende macht die Formulierung (interpretatorisch gewonnener) situationsspezifischer Sonderregeln erforderlich. Bei der Handhabung des § 216 I StGB ist dies - wie andere Problemlagen zeigen - keineswegs ungewöhnlich.[620] Der „erstaunliche Variantenreichtum der Lebenssachverhalte"[621] am Ende des Lebens verlangt differenzierte Beurteilungen.[622]

---

[618] Gleiches gilt für die §§ 211, 213 StGB.

[619] Protokoll der 72. Sitzung des Rechtsausschusses des Deutschen Bundestages am 15.1.1997 (13. WP), *Gröschner*, S. 8: „Ich halte es für absurd, § 216 StGB hierauf überhaupt anzuwenden. Der Paragraph bezieht sich auf andere Fälle." *Tröndle*, S. 19 a.E.: „Ich kann nicht sehen, daß dieser Paragraph hier überhaupt zur Debatte stehen kann. (...) Die Organentnahme ist etwas ganz anderes." Implizite klar ist, daß auch eine Qualifikation als Körperverletzung, §§ 223ff. StGB, ausscheidet. Eine Beeinträchtigung der körperlichen Integrität, die in jeder lebensbeendenden Handlung enthalten ist, die mit dem Willen des Grundrechtsinhabers vorgenommen wird, rechtfertigt den Über- bzw. Eingriff verfassungsrechtlich. Strafrechtlich wird dem - nach der von der Rechtsprechung seit RGSt 25, 375 favorisierten Konstruktion - dadurch Rechnung getragen, daß man die Einwilligung (als Rechtfertigungsgrund) verlangt. Folglich sind auch alle Maßnahmen, die im Zuge der Hirntod-Diagnostik und im lebenden Körper des hirntoten Menschen durchgeführt werden, grundsätzlich nur gerechtfertigt, wenn eine (die Maßnahmen der Hirntod-Diagnostik mitlegitimierende) Spende-Vorausverfügung des hirntoten Patienten aus gesunden Zeiten vorliegt; vgl. zum Problem *Tröndle*, Protokoll der 72. Sitzung des Rechtsausschusses des Deutschen Bundestages am 15.1.1997 (13. WP), Anlage S. 56; ausf. *König*, S. 77ff.; s. dazu auch *Geilen*, Probleme der Organtransplantation, JZ 1971, S. 42. Zusf. zur Konstruktion, wonach jeder ärztliche Eingriff als objektiv-tatbestandliche Körperverletzung zu qualifizieren ist, *Majunke*, S. 13ff.

[620] Prominentes Beispiel ist - dazu schon Fußn. 616 - die interpretatorische Straflosstellung der (aktiven!) indirekten Sterbehilfe, also der Gabe schmerzlindernder, u. U. sterbebeschleunigender (mithin: lebensbeendender) Mittel aufgrund einer (mutmaßlichen) Einwilligung des Patienten, dazu *Birnbacher*, Tun und Unterlassen, S. 345; *Verrel*, Selbstbestimmungsrecht contra Lebensschutz, JZ 1996, S. 227; *Herzberg*, NJW 1996, S. 3048. Vgl. auch *Stratenwerth*, Die Rechtsfragen der Euthanasie, S. 27: „(...) erfordert überaus heikle Abgrenzungen, die vielfach nur im Einzelfall getroffen werden können (...)." Ähnl. heißt es bei *Schreiber* zur Lage im Feld der Sterbehilfe, die gegenwärtige Rechtslage sei „nicht ohne Brüche und nicht einheitlich", ders., Sterbenlassen ja - Töten nein, S. 73. S. auch *Kühl*, in: Lackner, StGB mit Erläuterungen, 22. Aufl., § 216 Rn. 1: „Ob (...) die Strafbarkeit einer Einschränkung durch Gesetz oder Auslegung bedarf, (...) ist (...) unter verschiedenen Gesichtspunkten umstritten (...)."

[621] *Verrel*, Selbstbestimmungsrecht contra Lebensschutz, JZ 1996, S. 224.

Auch bei der juristischen Qualifikation der Entnahme lebenswichtiger Organe vom hirntoten Menschen erweist sich somit aufs neue das als zutreffend, was Thomas Weigend in anderem Zusammenhang hervorgehoben hat, daß die „Grenzen, die § 216 StGB der Dispositionsfreiheit (...) zieht, (..) weit weniger selbstverständlich und auch weniger starr (sind), als vielfach angenommen wird."[623] Für die gesteigerte Unterscheidungsfähigkeit des Gesetzesrechts (§§ 211ff., insb. § 216 I StGB) sorgt - auch in unserem Fall - einmal mehr die interpretatorische Integration des thematisch beachtlichen Grundrechts (Art. 2 II 1 Var. 1 GG).[624] Die Berücksichtigung grundrechtlicher Argumente bei der Präzisierung des Anwendungsbereichs von § 216 I StGB ist ebenfalls kein juristisches Kuriosum.[625] Ungewohnt ist allenfalls der hier gewählte Ausgangspunkt der Argumentation: das Lebensgrundrecht als spezielles Selbstbestimmungsrecht, kraft dessen der entscheidungsfähige[626] Einzelne sein biologisches Leben in konkreten Fällen schutzlos stellen darf. Eine „Abwertung"[627] des Lebens hirntoter Menschen wird darin nur erkennen können, wer die grundsätzliche

---

[622] Was *Arth. Kaufmann* im Blick auf die Sterbehilfe-Problematik betont hat, gilt auch für andere, von der modernen Medizintechnik geprägte Bereiche: „Daß (...) an § 216 StGB nicht gerüttelt werden darf, ist nach wie vor herrschende Meinung. Aber die Stimmen, die das nicht mehr so unwidersprochen hinnehmen, werden zahlreicher. Das hängt unmittelbar damit zusammen, daß die Problemfälle, die den § 216 StGB in Frage stellen, angesichts der Entwicklung der modernen Medizin zahlreicher geworden sind" (Euthanasie - Selbsttötung - Tötung auf Verlangen, MedR 1983, S. 124). Mangels gesetzgeberischer Aktivitäten muß man den Problem- und Grenzfällen durch genaueres interpretatorisches Unterscheiden, durch eine Ausdifferenzierung der Auslegungsbemühungen Rechnung tragen.
[623] *Weigend*, Über die Begründung der Straflosigkeit bei Einwilligung des Betroffenen, ZStW 98 (1986), S. 66 a.E.
[624] Zu dieser Leistung der Grundrechte die Ausführungen in diesem Kap. Abschn. C.
[625] Für die Zulässigkeit der indirekten Sterbehilfe werden z. B. die Grundrechte aus Art. 2 I i.V.m. Art. 1 I GG angeführt, vgl. *Höfling/Rixen*, S. 99 m. N. in dortiger Anm. 364.
[626] Gemeint ist - in Anlehnung an die Einwilligungsfähigkeit -: Der Einzelne muß fähig sein, Ausmaß und Tragweite der grundrechtlichen Schutzverzichtsentscheidung zu erkennen (vgl. *Amelung*, Probleme der Einwilligungsfähigkeit, S. 20ff.; *Neyen*); man kann diese Bedingung unter das Erfordernis der Freiwilligkeit subsumieren. Bei evident Nichteinwilligungsfähigen scheidet die Berufung auf den Selbstbestimmungsaspekt des Lebensgrundrechts (Art. 2 II 1 GG) aus; aufgrund des höchstpersönlichen Charakters der Entscheidung wird man eine Vertretung in der Entscheidung ablehnen müssen. Bei Minderjährigen ist die Freiwilligkeit - als Bedingung eines wirksamen Grundrechtsverzichts - im Regelfall zu verneinen; allerdings könnte man erwägen, Minderjährigen zumindest ab dem 16. Lebensjahr eine Spendebefugnis (Schutzverzichtsbefugnis aus Art. 2 II 1 Var. 1 GG) zuzuerkennen, so *Höfling/Rixen*, S. 105. Die Eltern bzw. die sonstigen Erziehungsberechtigten haben aus Art. 6 II 1 GG eine besondere Befugnis zur Spende lebenswichtiger Organe ihrer (ganz-)hirntoten, nichteinwilligungsfähigen Kinder, dazu *Höfling/Rixen*, S. 104ff.
[627] *Otto*, Tot oder untot?, S. 8.

G. Grundrechtsorientierte Auslegung der §§ 212 I, 216 I StGB

Grundrechtsbefugnis des Einzelnen, über die Schutzbedürftigkeit seines biologischen Lebens zu bestimmen, in Abrede stellt.[628]

Der hier unterbreitete Auslegungsvorschlag würde schließlich mißverstanden, wollte man ihn als „verzweifelten Versuch einer Reduktion des Anwendungsbereichs des § 216 StGB"[629] deuten. Es geht vielmehr um den Versuch, den Anwendungsbereich des Tatbestandsmerkmals „töten" (vgl. nur § 212 I StGB), vor allem den Anwendungsbereich des § 216 I StGB „im Lichte" des Art. 2 II 1 Var. 1 GG genauer zu konturieren. Als verzweifelt wird man dieses Unternehmen nur dann kennzeichnen, wenn man den dogmatischen Zusammenhang von Verfassungsrecht und Strafgesetz nicht zur Kenntnis nimmt. Zugestanden sei allerdings, daß dieser Zusammenhang nicht zuletzt aufgrund der erforderlich werdenden Abwägungen einige Probleme schafft, die die „Sache (...) nicht einfach"[630] machen. Aber: „Die Aufgabe der Rechtsprechung" - auch die Aufgabe der Rechtswissenschaft als Rechtsfortbildungshilfe - „kann es (...) erfordern, Wertvorstellungen, die der verfassungsmäßigen Rechtsordnung immanent, aber in den Texten der geschriebenen Gesetze (...) nur unvollkommen zum Ausdruck gelangt sind, in einem Akt des bewertenden Erkennens, dem auch willenhafte Elemente nicht fehlen, ans Licht zu bringen und in Entscheidungen zu realisieren."[631] *Will* man dem hier vorgelegten Gedankengang folgen, dann

---

[628] Gewiß ist der Schutzbereich des Lebensgrundrechts im Sinne des offenen Menschenbildes weit zu interpretieren; dies ist - entstehungsgeschichtlich betrachtet - eine Reaktion auf die historischen Erfahrungen der Exklusion bestimmter Menschen vom rechtlichen Schutz, wie er in der NS-Zeit praktiziert wurde (dazu oben Abschn. D.V.1.). Hierin lag eine Abwertung des Einzelnen gerade deshalb, weil sie ihn im Interesse der Verfolgung indiskutabler Ziele ohne oder gegen seinen Willen zur Hinnahme von Integritätsbußen zwang. In einer Rechtsordnung wie der gegebenen, die vom Menschen aus denkt und ihn in den Mittelpunkt aller verfassungsrechtlichen Regelung stellt, würde man die Dinge auf den Kopf stellen, wollte man die freie Entscheidung des Einzelnen, im Interesse der Transplantation lebenswichtiger Organe einen konkret-begrenzten Schutzverzicht über sein Leben auszusprechen (= lebenswichtige Organe zu spenden), in Verbindung mit Maßnahmen und Begrifflichkeiten bringen, die den Einzelnen zum Unfreien gemacht haben. Das gerade ist die Pointe der Grundrechte: daß mit ihnen der Einzelne zum Hüter der eigenen Freiheits- und Schutzbedürftigkeit erhoben wird. Hält der Staat das Bemühen des Einzelnen um Freiheitsschutz für unterbestimmt, trägt grundsätzlich er - der Staat - die Argumentationslast dafür, daß dem einzelnen die Fähigkeit zu freier Entscheidung fehlt und er deshalb schutzbedürftig ist; zum Problem des sog. aufgedrängten Schutzes *Hillgruber*, S. 111ff. m. w. N.

[629] *Kloth*, S. 194 Anm. 46 - gemeint ist eine teleologische Reduktion, so wie sie (darauf verweist *Kloth*) bei *Rixen*, Todesbegriff, Lebensgrundrecht und Transplantationsgesetz, ZRP 1995, S. 465, erwogen wird.

[630] Formulierung bei *Jaspers*, Erneuerung der Universität, S. 35 - im Kontext der Aussage, jeder Arzt wisse, „wie etwa bei rasenden Schmerzen Karzinom-Kranker zuletzt die Spritzen wohltätig so gesteigert werden, daß der Kranke nicht mehr erwacht und der Übergang zur letalen Spritze fließend ist." An dieser Stelle findet sich auch eine Kritik der berüchtigten Schrift von *Binding/Hoche* (dazu oben 2. Kap. Fn. 187), die *Jaspers* als Resultat der „Denkungsart einer gottlosen positivistischen Welt" brandmarkt.

[631] BVerfGE 34, 269 (287).

„töten"[632] Ärzte (und ihr Assistenzpersonal) nicht i. S. der §§ 211ff. StGB, wenn sie mit Zustimmung des (ganzhirntoten)[633] Spenders lebenswichtige Organe zu Transplantationszwecken entnehmen.[634] Für Explantationen, die in der Vergangenheit in dem - von Juristen bestätigten - Bewußtsein vorgenommen wurden, der Hirntote sei tot, gelten die allgemeinen Irrtumsregeln, ggfs. die Regeln über die Verfolgungsverjährung. Eine Strafbarkeit scheidet danach aus.[635]

---

[632] Anderer Ansicht während der ersten Anhörung zum Transplantationsgesetz der Transplantationschirurg *Pichlmayr*, Protokoll der 17. Sitzung des Bundestags-Gesundheitsausschusses am 28. Juni 1995 (13. WP), S. 49f.: „Ich verstehe nichts von diesen juristischen Formulierungen, aber von ärztlicher Sicht ist dies Tötung und wir tun das nicht." „(D)ie deutsche Ärzteschaft (...) (will) (...) nicht töten (...)." „Wir können nicht töten." „(W)ir (werden) nicht töten".

[633] In der Tat „drängt sich (...) die Frage auf, warum eine" solche Spendebefugnis „auf den Hirntod beschränkt sein soll" (so *H.-L. Schreiber*, Protokoll der 72. Sitzung des Rechtsausschusses des Deutschen Bundestages am 15.1.1997 (13. WP), Anlage S. 39ff. [45]; ähnl. *ders.*, Schriftliche Stellungnahme, Bundestagsausschuß für Gesundheit, Ausschuß-Drs. 13/598 v. 24.9.1996, S. 10ff. [16]; „Warum soll das eigentlich [...] nur beim Hirntod zulässig sein?" Ebenso *Heuer*, S. 8). Indes: Dieser Einwand stellt die Kritik des Hirntodkonzepts keineswegs in Frage. Der - zu freiwilliger Entscheidung fähige und freiwillig entscheidende - Einzelne ist auch in Vor-(Ganz-)Hirntod-Zuständen Träger einer grundrechtlichen (prima-facie-)Befugnis zum Verzicht auf den grundrechtlichen Schutz seines Lebens, die im Transplantationskontext zur Befugnis wird, transplantationsgerichtete Entnahmen lebenswichtiger Organe zu gestatten. Will man für spendewillige nicht-(ganz-)hirntote Menschen eine Spendebefugnis ausschließen oder zumindest beschränken, dann müssen Gründe benannt werden, die einer „wechselwirkenden" Interpretation von § 216 I StGB „im Lichte" des Selbstbestimmungs-Lebensgrundrechts aus Art. 2 II 1 Var. 1 GG standhalten. Solange es an spezialgesetzlichen Regeln fehlt, muß man also - bei der Auslegung des § 216 I StGB ansetzend - begründen, wieso die Ausübung einer grundrechtlichen Befugnis *nicht* zulässig sein soll. Die Argumentationslast (dazu allg. *Alexy*, Theorie der Grundrechte, S. 89f.) trifft hier denjenigen, der eine grundrechtliche Freiheit in Abrede stellt. Das bedeutet - immer unter der Prämisse, daß der Einzelne (prima-facie-)befugt ist, auf den grundrechtlichen Schutz über sein biologisches Leben zu verzichten -: „schlicht willkürlich" (so *Otto*, Tot oder untot?, S. 8) argumentiert nicht derjenige, der Gründe dafür vorbringt, daß eine grundrechtliche Befugnis ausgeübt werden darf, sondern derjenige, der ohne Angabe von Gründen (sieht man von diffusen Verweisen auf die angeblich absolute Unantastbarkeit des Lebens oder von pauschalen Mißbrauchsargumenten ab) die Zulässigkeit der Spende lebenswichtiger Organe durch (ganz)hirntote oder nicht-(ganz)hirntote Menschen bestreitet. Beachte dazu auch Fn. 628.

[634] Für das nichteinwilligungsfähige Kind, dessen verfassungsrechtlich Wille durch die Sorgeberechtigten (im Regelfall die Eltern) ausgeübt wird, gilt dies entsprechend (d.h.: die Eltern dürfen einer Entnahme lebenswichtiger Organe vom hirntoten Kind zustimmen, ohne damit gegen das verfassungsrechtlich gemeinte Kindeswohl zu verstoßen), vgl. insoweit *Höfling/Rixen*, S. 104ff. Dazu schon Fn. 626 a.E.

[635] Daß „Menschen vor strafrechtlichen Überraschungen" (*Hassemer*, Richtiges Recht durch richtiges Sprechen?, S. 85) im Sinne auch geänderter dogmatisch-interpretatorischer Lesarten von Tatbestandsmerkmalen geschützt sind, wird durch die Irrtumsregeln gesichert. Einschlägig ist hier § 17 S. 1 StGB. Beraten durch die gesamte Zunft der Strafrechtler, mußten die Ärzte in der Vergangenheit unvermeidbar davon ausgehen, der Hirntote sei tot. Dabei haben sie sich (nach der hier vertretenen Auffassung) an Un-

III. Behandlungsabbruch beim hirntoten Patienten

Eine weitere Frage ist kurz zu beantworten. Darf die Behandlung des hirntoten Patienten abgebrochen werden?[636] Ohne zum dogmatisch brisanten Thema des Behandlungsabbruchs hier umfänglich Stellung nehmen zu können, kann man doch - auf dem Hintergrund des gegenwärtigen dogmatischen Wissens in diesem Gebiet - zu folgenden Antworten kommen.

Qualifiziert man den hirntoten Patienten als Toten, dann ist die Antwort auf die eingangs aufgeworfene Frage einfach zu formulieren: Nur ein Lebender, nicht aber ein Toter kann noch therapeutisch behandelt werden. Die Behandlung ist daher abzubrechen, weil es an der objektiv-faktischen Handlungsmöglichkeit als der notwendigen Bedingung fehlt, die bis dahin bestehende ärztliche Garanten-, d. h. Behandlungspflicht weiter erfüllen zu können. Kommt der vermeintlich „Tote" für eine Explantation medizinisch in Frage, wird er - auf unklarer Rechtsgrundlage -[637] „weiterbehandelt" (sog. Spenderkonditionierung), bis im Zuge der Herzentnahme oder der Entnahme anderer lebenswichtiger Organe die intensivmedizinische Behandlung, namentlich die kontrollierte Beatmung, ein Ende findet.

Folgt man der hier vertretenen Ansicht, daß der Hirntote in Wahrheit ein Lebender ist und eine Organentnahme zu Transplantationszwecken vorausverfü-

---

rechtsbewertungsmaßstäben orientiert, die denen des objektiven Rechts (im hier entwickelten Sinne) widersprechen. Dies hat es ihnen verunmöglicht, die zutreffenden Unrechtsbewertungsmaßstäbe (im hier vorgestellten Sinne) zu erkennen. Ihnen fehlte daher die Einsicht, Unrecht zu tun (§ 17 S. 1 StGB). Diese Erwägungen gelten entsprechend für alle anderen Tatbestände, in denen bislang ein Hirntoter als Toter behandelt wurde. Zum ganzen allg. (auch zum potentiellen Unrechtsbewußtsein) *Roxin*, StrafR-AT, § 21 Rn. 1ff., 28ff.; *Jescheck/Weigend*, StrafR-AT, 5. Aufl., S. 452ff. Krit. zur Irrtumslösung bei unhinderten Lesarten strafgesetzlicher Bestimmungen: *Bleckmann*, Spielraum der Gesetzesauslegung, JZ 1995, S. 687f. Zur Verfolgungsverjährung §§ 78ff. StGB.

[636] Allg. zum Problem des Behandlungsabbruchs zusf. BGHSt 40, 257, *Lilie*, S. 273ff.; *Weißauer/Opderbecke*, MedR 1995, S. 456ff.; *Schöch*, Beendigung lebenserhaltender Maßnahmen, NStZ 1995, S. 153ff.; *Bernat*, Behandlungsabbruch und (mutmaßlicher) Patientenwille, S. 51ff.; *Verrel*, Selbstbestimmungsrecht contra Lebensschutz, JZ 1996, S. 224ff.; *von Lutterotti*, S. 90ff.; *Künschner*, S. 156ff.; *H.-G. Koch*, Suizid und Sterbehilfe, S. 101ff.; *Kutzer*, Strafrechtliche Grenzen der Sterbehilfe, NStZ 1994, S. 110ff.; *ders.*, ZRP-Gespräch, ZRP 1997, S. 117ff.; *Schöne-Seifert*, Verzicht auf Lebenserhalt, S. 143ff.; *Bade*, S. 101ff.; *Roxin*, Der Schutz des Lebens aus der Sicht des Juristen, S. 85ff.; s. außerdem: BGHSt 37, 376; 35, 246; 32, 367.

[637] Zumeist wird - auf dem Hintergrund der Annahme, der Hirntote sei tot - nur der Frage nachgegangen, wie sich die Entnahme legitimieren läßt. Die Frage, wie sich die Weiterbehandlung des Toten bis zu dem Zeitpunkt rechtfertigen läßt, in dem feststeht, ob eine Entnahme zulässig ist oder nicht, wird nicht gestellt (s. statt aller nur *Laufs*, Rechtliche Grenzen der Transplantationsmedizin, S. 42). Man wird intuitiv von einer Rechtfertigung gem. § 34 StGB ausgehen wollen, muß aber sehen, daß eine konkrete „gegenwärtige, nicht anders abwendbare Gefahr" für Leib oder Leben nur schwer nachweisbar sein dürfte (dazu *Höfling/Rixen*, S. 18 Anm. 53f.). Dazu auch oben Fn. 619.

gen darf, dann steht fest: Die intensivmedizinische Behandlung, die ursprünglich in der Hoffnung begonnen wurde, einen Schwerstverunfallten oder -kranken zu retten, darf (nach erfolgter [Ganz-]Hirntod-Diagnostik und bei vorausgesetzter medizinischer Eignung der Spenders) bis zur Organentnahme fortgeführt werden und ist erst dann abzustellen - *sofern* der Patient all dies vorausverfügt hat. Immer eine auf entsprechender Aufklärung beruhende wirksame Vorausverfügung vorausgesetzt, will der Patient die auf eine Organentnahme zu Transplantationszwecken gerichtete und befristete Behandlung. Er will damit auch, daß die Weiterbehandlung im Zuge der Organentnahme (wie prototypisch oben für die Herzexplantation gezeigt) abgebrochen wird; sie darf, ja muß dann abgebrochen werden.[638]

IV. Die grundrechtliche Kritik der Hirntodkonzeption und das Transplantationsgesetz

Das Transplantationsgesetz (TPG)[639] stellt im Ergebnis den Tod des Menschen mit dem Hirntod gleich. Das TPG enthält zwar keine formelle Legaldefinition („Tod im Sinne des Gesetzes ist der Hirntod"). Es enthält aber eine *materielle* Legaldefinition, die den Tod des Menschen mit dem Hirntod gleichsetzt. Das ergibt die Auslegung der Bestimmungen des § 3 Abs. 1 Nr. 2 und des § 3 II Nr. 2 TPG.

§ 3 I Nr. 2 TPG lautet (verkürzt):

„Die Entnahme von Organen ist (...) zulässig, wenn (...) der Tod des Organspenders nach Regeln, die dem Stand der Erkenntnisse der medizinischen Wissenschaft entsprechen, festgestellt ist (...)."

---

[638] Der Einwand von *Koppernock*, S. 223, die Gegner des Hirntodkonzepts gerieten in Widersprüche, weil sie nicht konsistent begründen könnten, wieso die Behandlung „unabhängig von dem Willen des Patienten einzustellen ist", geht demnach ins Leere. Im übrigen gilt dies für das nichteinwilligungsfähige Kind, dessen Wille von Verfassungs wegen (Art. 6 II 2 GG) durch die Sorgeberechtigten (im Regelfall die Eltern) ausgeübt wird (von Altersdifferenzierungen sei hier abgesehen), entsprechend; vgl. insoweit *Höfling/Rixen*, S. 104ff., und die Ausf. oben in Fußn. 626 und Fußn. 634. Daß bei Fragen des Behandlungsabbruchs verstärkt auf den Willen des Betroffenen abgestellt werden sollte, betont *Bernsmann*, Der Umgang mit irreversibel bewußtlosen Personen, ZRP 1996, S. 87ff.

[639] Gesetz über die Spende, Entnahme und Übertragung von Organen (Transplantationsgesetz - TPG) vom 5.11.1997, BGBl. 1997 I S. 2631 - 2639. Der Gesetzestext ergibt sich aus BT-Drs. 13/4355 v. 16.4.1996 i.d.F. der BT-Drs. 13/8017 v. 23.6.1997 i.d.F. der BT-Drs. 13/8027 v. 24.6.1997 und dem mündlichen Änderungsantrag des Abg. *Seehofer* (Stenographischer Bericht der 183. Sitzung des Deutschen Bundestages am 25.6.1997 [13. WP], S. 16454 [D]).

G. Grundrechtsorientierte Auslegung der §§ 212 I, 216 I StGB

§ 3 II Nr. 2 TPG lautet (verkürzt):

„Die Entnahme von Organen ist unzulässig, wenn (...) nicht vor der Entnahme bei dem Organspender der endgültige, nicht behebbare Ausfall der Gesamtfunktion des Großhirns, des Kleinhirns und des Hirnstamms nach Verfahrensregeln, die dem Stand der Erkenntnisse der medizinischen Wissenschaft entsprechen, festgestellt ist."

Das Gesetz statuiert demnach eine Vorschrift, die der Todesfeststellung gilt, und eine weitere (von der Todesfeststellung scheinbar unabhängige) Vorschrift, die eine Zulässigkeitsvoraussetzung für die Entnahme normiert. Der Tod scheint nicht definiert zu sein - allerdings nur auf den ersten Blick. Bei näherem Hinsehen stellt man fest, daß die Vorschrift über die Todesfeststellung (§ 3 I Nr. 2 TPG) stillschweigend auf das Hirntodkriterium verweist. Wie ein Blick in die einschlägigen (gemäß § 16 I Satz 1 Nr. 1 und Satz 2 TPG zu beachtenden) Stellungnahmen der Bundesärztekammer belegt, gilt der Hirntod als der Tod des Menschen, sofern es um die Entnahme lebenswichtiger Organe (Herz, Niere, Leber, Lunge, Bauchspeicheldrüse, Darm = sog. vermittlungspflichtige Organe, § 9 Satz 1 und 2 TPG) von einem Patienten geht, der sich im „Zustand der irreversibel erloschenen Gesamtfunktion des Großhirns, des Kleinhirns und des Hirnstamms"[640] (= Hirntod) befindet. Ist dieser Zustand diagnostiziert, ist „naturwissenschaftlich-medizinisch der Tod des Menschen festgestellt."[641] Dies ist der gegenwärtige Stand der Erkenntnisse der medizinischen Wissenschaft. Dasselbe aber soll nun nochmals unter § 3 II Nr. 2 TPG festgestellt werden: auch dort ist „der endgültige, nicht behebbare" - also irreversible - „Ausfall der Gesamtfunktion des Großhirns, des Kleinhirns und des Hirnstamms" nach dem Stand der Erkenntnisse der medizinischen Wissenschaft festzustellen - also genau jene Voraussetzungen, aufgrund derer zuvor in § 3 I Nr. 2 TPG der Tod festgestellt wurde. Die Bestimmungen normieren demnach tatbestandlich Identisches, mögen sie es auch in andere Worte kleiden: den Hirntod als Tod des Menschen.

Das aber bedeutet: Der Gesetzgeber verschleiert mithilfe eines - sit venia verbo - gesetzestechnischen Taschenspielertricks die Tatsache, daß er den Hirntod mit dem Tod des Menschen gleichsetzt. Einzelne, während der abschließenden Beratung des TPG unternommene Versuche, dies unter Rückgriff auf Ver-

---

[640] *Wissenschaftlicher Beirat der Bundesärztekammer,* Kriterien des Hirntodes. Entscheidungshilfen zur Feststellung des Hirntodes - Dritte Fortschreibung 1997, C-958.

[641] *Wissenschaftlicher Beirat der Bundesärztekammer,* Kriterien des Hirntodes. Entscheidungshilfen zur Feststellung des Hirntodes - Dritte Fortschreibung 1997, C-958. Siehe auch den auf dem *100. Deutschen Ärztetag* im Mai 1997 gefaßten Beschluß, wonach „die Unterscheidung zwischen Leben und Tod (...) der ärztlichen Verantwortung nach dem Stand der Wissenschaft übertragen bleiben muß", zit. nach der Anlage zum Schreiben des Präsidenten der Bundesärztekammer, *K. Vilmar,* an die Abgeordneten des Deutschen Bundestages v. 17.6.1997 (Kopie beim Verf.).

balreservationen in Abrede zu stellen, können daran nichts ändern.[642] Daß das TPG den Tod des Menschen mit dem Hirntod gleichsetzt, bestätigen zahlreiche Redebeiträge in der abschließenden Plenarberatung, in denen betont wird, die Frage des Todes könne nicht offengehalten werden, und in denen ausdrücklich die Gleichsetzung von Tod und Hirntod gefordert wird.[643] Auch deswegen ist nicht ersichtlich, wie man das TPG anders verstehen könnte als in der Weise, daß es eine materielle Legaldefinition des Hirntodes als Tod des Menschen enthält.[644] Der Versuch, die Parallelisierung von Tod und Hirntod zu verschlei-

---

[642] So trifft die Behauptung der Abg. *Süßmuth*, daß „auf die Definition des Todes verzichtet" werde (Stenographischer Bericht über die 183. Sitzung des Deutschen Bundestages am 25.6.1997 [13. WP], S. 16442 [A]), nicht zu. Unrichtig auch die Behauptung der *Abg. Lohmann/Zöller*, S. 16508 (B) a.E. und erneut unter (D): „Damit definiert der Gesetzgeber nicht den Tod, legt aber insoweit ein Mindestkriterium für die Organentnahme fest." Gleiches gilt für die Behauptung des Abg. *Rüttgers*, der mit Blick auf das Gesetz behauptet, „daß es keine Definition von Tod und schon gar keine Gleichstellung von Tod und Hirntod gibt" (S. 16444 [A]). Falsch ist auch die Behauptung des Abg. *Seehofer*, wenn er behauptet: „der vorliegende Alternativantrag (...) läßt im Kern offen, ob die Diagnose des Hirntodes auch den Tod des Menschen bedeutet." Gleichzeitig stellt er klar, daß bei einer Ablehnung der Gleichsetzung von Hirntod und Tod des Menschen Explantation nicht möglich sei (S. 16417 [B] und [C]), was implizit bedeutet, daß der Hirntod der Tod des Menschen sein muß (sonst wäre die Explantation lebenswichtiger Organe - wie vom Gesetz vorgesehen - ja nicht möglich); ebenso legt der Abg. *Seehofer* (S. 16416 [C]) darauf wert, daß namentlich die Patientin im Erlanger Fall *nicht* hirntot (also nach dem Hirntodkonzept tot), sondern eine noch lebende komatöse Patientin gewesen sei. Abgesehen davon, daß das den medizinischen Fakten widerspricht (erinnert sei nur an die abschließende Pressemitteilung der Erlanger Ärzte, die ausdrücklich den Hirntod - also „Tod" der Patientin bestätigen; s. oben 2. Kap. bei und in Fußn. 525f.), zeigt es wiederum implizit, daß der Abg. *Seehofer* den Hirntod mit dem Tod des Menschen gleichsetzt. Widersprüchlich auch die Abg. *Schuchardt*, die auf dem Hintergrund kirchlicher Erklärungen den Hirntod mit dem Tod gleichsetzt und darauf besteht, der Tod werde im Gesetz nicht definiert: die Frage werde nur „den dafür ausgewiesenen Fachleuten" überlassen (S. 16447 [A]). Auch der Abg. *Catenhusen* (S. 16449 [C] und [D]) weist darauf hin, daß „wir (...) dem Hirntoten nicht an(sehen), das er tot ist", um gleichwohl festzuhalten, die Voraussetzungen des Hirntodes müßten festgestellt werden, „ohne daß damit eine abschließende gesamtgesellschaftliche, in allen Lebenslagen gültige Entscheidung über das Ende menschlichen Lebens getroffen wird." Wer hätte das je behauptet? Getroffen wird aber - und das allein ist entscheidend - eine verfassungsrechts- und schon deshalb allgemeinheitsrelevante Entscheidung im Transplantationskontext, die unmißverständlich ist: Hirntod = Tod des Menschen.
[643] So etwa der Abg. *Scholz*, Stenographischer Bericht der 183. Sitzung des Deutschen Bundestages am 25.6.1997 (13. WP), S. 16420 (C): „Die Frage des Todes kann nicht offengelassen werden." Für die Gleichsetzung von Tod und Hirntod *ders.*, S. 16420f.; für diese Gleichsetzung auch die Abg. *Philipp*, S. 16407 (A); der Abg. *Dreßler*, S. 16411 (B) a.E. Zum Abg. *Seehofer* s. die vorige Fußnote. Zust. zur Gleichung „Hirntod = Tod des Menschen" auch der Abg. *Schäfer*, S. 16433 (C): „Der Hirntod ist das Ende des Menschen, sein Tod." Zust. auch der Abg. *P. Hintze*, S. 16441 (A); ebenso der Abg. *Knaape*, S. 16448 (D).
[644] Dies übersieht der Abg. *Rüttgers*, wenn er behauptet (Stenographischer Bericht der 183. Sitzung des Deutschen Bundestages am 25.6.1997 [13. WP], S. 16427 [C]): „Ich vertrete entschieden die Auffassung, daß sich der Gesetzgeber einer Legaldefinition

G. Grundrechtsorientierte Auslegung der §§ 212 I, 216 I StGB

ern,[645] ist um so erstaunlicher, als der dem nunmehrigen Gesetz zugrundeliegende Änderungsantrag selbst davon spricht, es gehe in § 3 II Nr. 2 TPG um „die direkte Feststellung des Gesamthirntodes", der - wie aus dem Kontext der Begründung des entsprechenden Änderungsantrags folgt - auf den Tod des Menschen hindeuten soll.[646] Mit Recht hat ein Abgeordneter in der abschließenden Plenardebatte darauf hingewiesen, daß der Tod „gesetzlich direkt oder indirekt"[647] festgelegt werden könne. Das TPG enthält eine indirekte Gleichsetzung von Hirntod und Tod des Menschen, eine materielle Legaldefinition.[648]

Man könnte allerdings fragen, ob sich § 3 I Nr. 2 TPG nicht grundrechtskonform so auslegen ließe, daß als Tod des Menschen i. S. des TPG *nicht* der Hirntod anzunehmen wäre. Eine grundrechts- bzw. verfassungskonforme Auslegung kommt freilich nur dann in Betracht, wenn das verfassungskonforme Auslegungsergebnis dem eindeutigen Sinn des Gesetzes nicht widerspricht.[649]

---

des Todes enthalten soll (...)." Man darf Legaldefinitionen nicht auf formelle Legaldefinitionen reduzieren.

[645] Dieser Versuch schlägt zuweilen erstaunlich offen fehl. So weist der saarländische Minister *Walter* in seiner (zu Protokoll gegebenen) Rede anläßlich der Zustimmung des Bundesrates zum TPG zunächst darauf hin, das Gesetz verlange die „Feststellung des Hirntodes" (Bericht über die 716. Sitzung des Bundesrates am 26.9.1997, S. 418 [D] a.E.), um sodann zu behaupten, der Hirntod werde „gesetzlich nicht definiert" (S. 419 [A]).

[646] Vgl. BT-Drs. 13/8027 v. 24.6.1997, S. 8: „Absatz 2 Nr. 2 umfaßt sowohl die direkte Feststellung des Gesamthirntodes unter intensivmedizinischen Bedingungen bei künstlicher Aufrechterhaltung der Atmungs- und Kreislauffunktion als auch die indirekte Feststellung des Gesamthirntodes anhand äußerlich erkennbarer Todeszeichen nach Eintritt des Herzstillstands (...)." Der Gesamthirntod soll indirekt feststellbar sein über äußerlich erkennbare Todeszeichen. Todeszeichen sind Zeichen für den Tod, der ist hier der Gesamthirntod. Kurz: Der Gesamt(= Ganz-)hirntod ist der Tod des Menschen. S. dazu auch Fn. 648.

[647] So der Abg. *B. Hirsch* (Stenographischer Bericht der 183. Sitzung des Deutschen Bundestages am 25.6.1997 [13. WP], S. 16439 [D] a.E.), der sich dort gegen eine gesetzliche Festlegung des Todes wehrt. Der Abg. *Häfner*, S. 16443 (D) spricht - im hier vorgetragenen Sinne - zutreffend davon, das Gesetz vollziehe die Gleichsetzung von Hirntod und Tod des Menschen „implizit": „Sie haben auf die lange Zeit vorgesehene Definition am Ende verzichtet. Aber in der Rechtswirkung ist es exakt das gleiche" (S. 16444 [B]).

[648] So i. Erg. auch das OLG Frankfurt/M., NJW 1997, S. 3099 (3100), in einem obiter dictum im Rahmen einer erbrechtlichen Streitigkeit: „Das Hirntod-Kriterium ist (...) auch Grundlage des (...) Transplantationsgesetzes." § 5 I 2 TPG spricht zwar vom „endgültige(n), nicht behebbare(n) Stillstand von Herz und Kreislauf"; dieser ist aber nach der Logik des Gesetzes nur ein „Anzeichen" für den eingetretenen Hirntod; s. dazu Fn. 646 und (ausf. ablehnend) oben Abschn. F.I.

[649] BVerfGE 90, 263 (275): „Der Respekt vor dem demokratisch legitimierten Gesetzgeber verbietet es, im Wege der Auslegung einem nach Wortlaut und Sinn eindeutigen Gesetz einen entgegengesetzten Sinn zu verleihen oder den normativen Gehalt einer Vorschrift grundlegend neu zu bestimmen." BVerfGE 93, 37 (81): „Die verfassungskonforme Auslegung findet ihre Grenzen (...) dort, wo sie zu dem Wortlaut und dem

Genau dies aber wird man hier annehmen müssen. Nach der Vor- und Entstehungsgeschichte des Gesetzes, im Hinblick auch auf die sog. Begleitgeschichte des Gesetzes (etwa die medizinische - am Hirntod als Tod des Menschen orientierte - Praxis der Organtransplantation), mit Blick auf das Beratungsergebnis des Gesundheitsausschusses, der das ersichtlich als wichtig bewertete Problem des Hirntodes nicht einvernehmlich lösen konnte und die z. T. kontroversen Sachverständigen-Anhörungen ausführlich referiert,[650] auch nach den kontroversen - sich immer wieder auf den Hirntod-Zustand kaprizierenden - Beratungen in der ersten,[651] zweiten und dritten Lesung,[652] und schließlich nach dem Wortlaut des Gesetzes, der auf die gegenwärtig praktizierte medizinische Gleichung „Hirntod = Tod des Menschen" verweist,[653] würde es dem Sinn des Gesetzes widersprechen, dem TPG *nicht* die Gleichung „Hirntod = Tod des Menschen" zu unterlegen. An dieser Sicht der Dinge ändern auch die zum Ende des Gesetzgebungverfahrens unternommenen Bemühungen nichts, die offene Gleichsetzung von Hirntod und Tod des Menschen zu vermeiden und durch einen - nur scheinbar - unverfänglicheren Verweis auf den „endgültigen, nicht behebbaren Ausfall der Gesamtfunktion des Großhirns, des Kleinhirns und des Hirnstamms" bzw. den nicht näher erläuterten „Tod" zu ersetzen.[654] M. a. W.: Daß man § 3 I Nr. 2 TPG als materielle Legaldefinition des Todes als Hirntod für das TPG verstehen muß, entspricht allen Regeln der juristischen Auslegungskunst.

Das bedeutet zusammengefaßt:

- Das TPG definiert den Tod des Menschen in einer Art. 2 II 1 Var. 1 GG widersprechenden Weise. Dadurch wird per Gesetz gleichsam ein Teil des Schutzbereichs von Art. 2 II 1 Var. 1 GG weggeschnitten und lebenden hirntoten Menschen der Schutz des Lebensgrundrechts per se aberkannt. Dieser formellgesetzliche Totalentzug des in Art. 2 II 1 Var. 1 GG gewährleisteten „Lebens" ist ein unverhältnismäßiger Eingriff in das Grundrecht auf Leben hirntoter Menschen.

- Das Gesetz räumt Dritten die Verfügung über das Leben von lebenden, hirntoten Menschen ein. In deren Leben kann folglich eingegriffen werden, oh-

---

klar erkennbaren Willen des Gesetzgebers in Widerspruch treten würde (...)." S. auch *Zippelius*, Verfassungskonforme Auslegung von Gesetzen, S. 425ff.

[650] BT-Drs. 13/8017 v. 23.6.1997, S. 5 und S. 35ff.; auf S. 55f. auch Hinweis auf die Stellungnahme von *Höfling* im Bundestags-Rechtsausschuß am 15.1.1997.

[651] Der Hirntod-Zustand war - vielleicht noch stärker als in der zweiten und dritten Beratung - das beherrschende Thema der ersten Beratung, Stenographischer Bericht der 99. Sitzung des Deutschen Bundestages am 19.4.1996 (13. WP), S. 8817 - 8853, 8854 - 8856.

[652] Dazu die Nachweise oben nach Fn. 642.

[653] S. die Ausführungen oben zu Beginn dieses Abschnitts IV.

[654] S. die Änderungen in BT-Drs. 13/8027 v. 24.6.1997, S. 4 - 6.

ne daß sie sich selbst dazu in gesunden Zeiten entschlossen hätten. Die materielle Spendeentscheidung wird somit in die Hände Dritter gelegt. Dies führt zu einer Fremdverfügung über das Leben hirntoter Menschen, ohne daß mildere Mittel der Organbeschaffung - etwa „Modelle, die auf der Grundlage strikter Freiwilligkeit ohne Grundrechtseingriff auskommen" und die eine mindestens gleich große „Wahrscheinlichkeit bieten, die benötigten Organe zu beschaffen",[655] im TPG hinreichende Beachtung fänden. Da es um das Lebensgrundrecht als vitale Basis aller Freiheitsausübung geht, fallen die Anforderungen an die Erforderlichkeit von Eingriffen in den lebensgrundrechtlichen Schutzbereich (einschließlich der mitgeschützten Selbstbestimmungsfreiheit) strenger aus als bei anderen Grundrechten, so daß jedenfalls unter den gegenwärtigen Bedingungen die im TPG geschaffene Fremdverfügungsbefugnis als nicht verhältnismäßiger Eingriff zu gelten hat, dem jede verfassungsrechtliche Rechtfertigung fehlt.[656]

- Soweit das TPG in § 19 I i.V.m. § 3 I, II den Verstoß gegen die Regeln zur Entnahme lebenswichtiger Organe[657] kriminalisiert und mit einer Strafandrohung verknüpft, die jener der Störung der Totenruhe (§ 168 I StGB) entspricht,[658] liegt auch darin ein nicht gerechtfertigter Verstoß gegen Art. 2 II 1

---

[655] *Sachs*, Schriftliche Stellungnahme zum Transplantationsgesetz, Deutscher Bundestag/Ausschuß für Gesundheit, Ausschuß-Drs. 13/589 v. 16.9.1996, S. 2ff. (11 a.E.).

[656] *Sachs* hält es für „durchaus vorstellbar", daß die Entnahme lebenswichtiger Organe vom Hirntoten auch ohne dessen Willen verfassungsrechtlich zulässig sein könne: „In die Abwägung einzustellen sind (...) letztlich auf der einen Seite die Lebens- und Gesundheitsinteressen der Empfänger, auf der anderen Seite der Restbestand des Lebensgrundrechts des ohnehin sterbenden Hirntoten." Deutscher Bundestag/Ausschuß für Gesundheit, Ausschuß-Drs. 13/589 v. 16.9.1996, S. 2ff. (11 a.E.); dagegen *Höfling/Rixen*, S. 91, die mit einem unverhältnismäßigen Eingriff in Art. 2 II 1 Var. 1 GG argumentieren. Der liegt vor - wenn im Text schon erläutert -, wenn man - wie im TPG geschehen - in die von Art. 2 II 1 Var. 1 GG garantierte Selbstbestimmungsfreiheit des Explantierten über Lebensfragen (was wörtlich zu verstehen ist) eingreift, ohne zumindest zuvor den gesetzlichen Versuch unternommen zu haben, die Zahl freiwilliger Spendeentscheidungen, etwa durch flankierende (sachlich und personell ernstzunehmende) Aufklärungskampagnen, zu fördern. *Sachs* weist (a. a. O., S. 11 a.E.) darauf hin, daß sich eine abwägungsfeste „Unverfügbarkeit des Lebens" (wie sie auch *Höfling/Rixen* insinuieren) nur mit Mühe begründen lasse. Letztlich wird hier das Problem der Verhältnismäßigkeit i. e. S. (Proportionalität) angesprochen (das i. ü. von der Frage nach dem Wesensgehalt des Lebensgrundrechts, Art. 19 II GG, abzugrenzen ist). Immerhin könnte man argumentieren, daß das Leben als Basis aller Grundrechtsausübung, als „Alles-oder-nichts-Grundrecht" (*Steiner*, S. 14), ungeachtet des Gesetzesvorbehalts in Art. 2 II 3 GG abwägungsfester sein muß als andere Grundrechte.

[657] Das Gesetz nennt sie - wie bereits erwähnt - „vermittlungspflichtige Organe" (§ 9 S. 2 TPG) und zählt dazu auch die einzelne Niere.

[658] § 19 I TPG lautet (gekürzt): „Wer entgegen § 3 Abs. 1 oder 2 (...) ein Organ entnimmt, wird mit Freiheitsstrafe bis zu drei Jahren oder mit Geldstrafe bestraft." § 168 I StGB a.F. lautete (gekürzt): § 168. Störung der Totenruhe (I) Wer unbefugt aus dem Gewahrsam des Berechtigten eine Leiche, Leichenteile, eine tote Leibesfrucht, Teile einer solchen oder die Asche eines Verstorbenen wegnimmt, (...) wird mit Freiheitsstrafe

Var. 1 GG. Der strafgesetzliche Schutz muß den besonderen Wert des grundrechtlich geschützten Gutes „Leben" zum Ausdruck bringen. Die Strafandrohung muß deutlich machen, daß es sich um „Leben" handelt, das geschützt wird. Genau dies geschieht in § 19 I i.V.m. § 3 I, II TPG *nicht*. Der Strafgesetzgeber hat zwar grundsätzlich einen weiten Gestaltungsspielraum bei der Bestimmung des gesetzlichen Strafrahmens.[659] Im Blick auf das Grundrecht auf Leben sind indes strenge Maßstäbe anzulegen, so daß der Gestaltungsspielraum hier enger ausfällt. Ein Strafmaß, das ersichtlich dem strafrechtlichen Schutz der Totenruhe entlehnt ist, wird dem hohen Wert des Lebens nicht gerecht. Der Gesetzgeber verstößt damit gegen das Untermaßverbot, das es ihm untersagt, Eingriffe in das Leben zumindest des geborenen Menschen durch eine - dem Gut „Leben" - unangemessene Strafandrohung zu schützen.[660]

§ 19 I i.V.m. § 3 I, II TPG übernimmt demnach als (neben-)strafrechtliche Vorschrift die Hirntodkonzeption. Er folgt damit der im allgemeinen Strafrecht der §§ 211ff. StGB immer noch als herrschend firmierenden Ansicht, daß der Hirntod mit dem Tod des Menschen gleichzusetzen sei. Die grundrechtliche Kritik der Hirntodkonzeption hat dies - vorerst - nicht zu verhindern vermocht.

---

bis zu drei Jahren oder mit Geldstrafe bestraft." § 168 StGB n.F. hat die Tatbestandsmerkmale „eine Leiche, Leichenteile" durch die Wörter „den Körper oder Teil des Körpers eines verstorbenen Menschen" und das Tatbestandselement „Asche eines Verstorbenen" durch die Wörter „Asche eines verstorbenen Menschen" ersetzt; das Strafmaß ist unverändert geblieben.

[659] Vgl. z. B. *J. Vogel*, StV 1996, S. 110ff.; *Kau*, S. 761ff.; umfassend: *Lagodny*, Strafrecht vor den Schranken der Grundrechte.

[660] Zum Untermaßverbot BVerfGE 88, 203 (254) m. N.

4. Kapitel

Zusammenfassung und Ausblick

Das Ende dieser Untersuchung ist erreicht. Die Untersuchung hatte sich vorgenommen, einige Fragen zu beantworten: Wie verhalten sich strafrechtlicher Todesbegriff und Grundrecht auf Leben zueinander? Wie ist in diesem Lichte der Hirntod-Zustand beim Menschen grund- und strafrechtlich zu bewerten? Diese Fragen hat die Untersuchung Schritt für Schritt in dogmatische und methodologische Detailfragen umformuliert. Ihr Ertrag läßt sich folgendermaßen zusammenfassen:

1. Die Straf- und die Grundrechtslehre haben das Hirntodkonzept („Der Hirntod ist der Tod des Menschen") von der Medizin übernommen. Eine eigenständige rechtsnormativ-dogmatische Überprüfung der Begründungsansätze, die das Hirntodkonzept legitimieren sollen, ist in der Vergangenheit unterblieben. Die Würdigung der Rezeption des Hirntodkonzepts zeigt, daß in Gegenwart und Zukunft „der kritische Weg (...) allein noch offen"[1] ist.

2. Die grundrechtliche Betrachtung des Hirntod-Zustands belegt, daß ein Mensch im Zustande des Ausfalls aller meßbaren Hirnfunktionen („Hirntod") nicht tot ist, sondern lebt. Der hirntote Mensch ist ein sterbender, also lebender Mensch. Er genießt den grundrechtlichen Schutz aus Art. 2 II 1 Var. 1 GG (Lebensgrundrecht).

3. Die Untersuchung verdeutlicht, wie der „transformierende Transfer"[2] der lebensgrundrechtlichen Wertung in die strafrechtliche Legalordnung zu denken ist. Die „wertbezogene Durchdringung"[3] des Tatbestandslements „töten" in den §§ 211ff. StGB ist Folge der grundrechtlichen Schutzpflicht aus Art. 2 II 1 Var. 1 GG. Eine schutzbereichskongruente Auslegung des Tatbestandsmerkmals ist infolgedessen unabdingbar.[4]

---

[1] *Kant*, Kritik der reinen Vernunft, S. 712 (B 884).
[2] *Hoffmann-Riem*, S. 305.
[3] *Hoffmann-Riem*, S. 306 - mit Blick auf die Einwirkung der Grundrechte.
[4] Diese dogmatische Vorgehensweise belegt, daß - wohlgemerkt: bei hinreichend differenzierter Konkretisierung der jeweiligen juristischen Frage - „die scharfe Scheidung zwischen Strafrechts- und Verfassungsrechtsdogmatik (...) beiden Rechtsgebieten abträglich" ist, so *Amelung*, Die Einwilligung, S. 5 - wobei Verfassungsrechtsdogmatik im vorliegenden Kontext als Synonym für Grundrechtsdogmatik zu verstehen ist. So auch *Lagodny*, Strafrecht vor den Schranken der Grundrechte, S. 535 - zum Verhältnis

4. Grund- und strafrechtlich primär maßgebliches Todeskriterium ist der irreversible Stillstand der Herz-Kreislauf-Funktion. Dieses Todeszeichen ist die angemessene Operationalisierung des lebensgrundrechtlich vorgegebenen Todeskonzepts. Dessen normative Sinnmitte ist das „offene Menschenbild des Grundgesetzes". Es gebietet, den Schutz des Art. 2 II 1 Var.1 GG schon dann zu gewähren, wenn ein Mensch im biologischen Sinne lebendig ist. Lebendig ist der Körper eines Menschen solange, wie der Organismus als funktionelle Einheit noch nicht irreversibel zusammengebrochen ist. Das Todeskriterium muß dieser vom offenen Menschenbild abgeleiteten Bedeutung der biologischen Lebendigkeit entsprechen („kriteriologischer Biologismus"). Der irreversible (Atmungs- und) Herz-Kreislauf-Stillstand ist adäquater Ausdruck des offenen Menschenbildes.

5. Die Entnahme lebenswichtiger Organe ist - unter bestimmten Voraussetzungen (insbesondere der grundsätzlich gebotenen Vorausverfügung durch den Spender) - keine objektiv-tatbestandliche Tötungshandlung im Sinne der §§ 211ff. StGB. Auch eine Würdigung als Tötung auf Verlangen (§ 216 I StGB) scheidet aus. Dieses Ergebnis steht am Ende eines interpretatorisch „komplexe(n) Semantisierungsvorgang(s)"[5], der den Schutzzweck der Tötungsdelikte „im Lichte" grundrechtlicher Wertung präzisiert.

Damit steht fest: An der Hirntodkonzeption kann man aus „wohl besseren Gründen"[6] nicht länger festhalten. Es gibt bessere Gründe, derentwegen das Hirntodkonzept zu verwerfen ist.[7] Hinter die Kritik des Hirntodkonzepts als Todeskonzept gibt es nach der hier vertretenen Auffassung kein dogmatisches Zurück mehr.[8] Verschlossen ist auch die Rückkehr zur grundrechtsfernen Sicht

---

von materiellem Strafrecht und Verfassungsrecht: „Insgesamt sollte ein Denken in isoliert nebeneinander stehenden Rechtsgebieten vermieden werden. Erst dann können viele Sachprobleme adäquat gelöst werden."

[5] *Christensen*, S. 301.

[6] *Laufs*, Ein deutsches Transplantationsgesetz - jetzt?, NJW 1995, S. 2398 - ohne Erläuterung dieser „besseren Gründe".

[7] Diese Gründe sollte man nicht als „nekrophilosophische Überlegungen" desavouieren, wie dies der als Verteidiger des Hirntodkonzepts hervorgetretene Journalist *R. Flöhl*, FAZ, Nr. 145 v. 26. 6. 1997, S. 1, versucht hat, der bei der Debatte über den Hirntod „exakte Wissenschaft" und „fundamentalistische Positionen" miteinander ringen sah. *A. Bahnen* hat demgegenüber mit Recht festgestellt: „Denn wenngleich noch in der Minderheit, so ist die Kritik am Hirntodkonzept viel zu qualifiziert, um als unverständiger Fundamentalismus abgetan zu werden." *Bahnen*, Eine Frage von Leben und Tod. Transplantationsgesetz: Sterbende werden zu Unpersonen, in: „Freitag" v. 4. 7. 1997, S. 2.

[8] Gewiß wird man die Kritik des Hirntodkonzepts präzisieren und weiter plausibilisieren können. Für diese Anstrengungen gilt: „Jeder von uns (...) in der Wissenschaft weiß, daß das, was er gearbeitet hat, in 10, 20, 50 Jahren veraltet ist. Das ist das Schicksal, ja: das ist der Sinn der Arbeit der Wissenschaft, dem sie (...) unterworfen und hinge-

4. Kapitel: Zusammenfassung und Ausblick

der strafrechtlichen Tötungsdelikte. Die Rechtsfortbildung, also die interpretatorische Neudogmatisierung juristischer Probleme, hat „gerade an den Überschneidungszonen der Rechtsgebiete ihre Domäne."[9] Verfassungrecht und Strafgesetz, Tötungsdelikte und Lebensgrundrecht, der Schutzbereich „Leben" und das Tatbestandsmerkmal „töten" sind qua interpretatione sichtbar gewordene Überschneidungszonen, die durch ihre Teleologik - die öffentlichrechtliche Aufgabe, über die Integrität des Lebens den allgemeinen Rechtsstatus des Menschseins zu sichern - ihre juristische Einheit gewinnen. Wer gleichwohl verlangt, die Verfassung möge das Feld des Tötungsstrafrechts räumen, fordert dogmatisch Unhaltbares. Nur ein (Arzt-)Strafrecht, das aus der selbstverschuldeten Grundrechtsabstinenz herausfindet, wird wirklich „dem Leben (...) dienen."[10]

Wenn das (Arzt-)Strafrecht künftig im Wege grundrechtskongruenter Auslegung die Tötungstatbestände so interpretiert, daß der hirntote Mensch strafrechtlich als Lebender Rechtsachtung erfährt, dann ist dies nicht die Folge einer vermeintlich juristentypischen „Position ignoranter Überheblichkeit"[11] gegenüber Fragen der (Medizin-)Technik.[12] Die Kritik des Hirntodkonzepts hat nichts mit „Angst-Rhetorik"[13] oder einer „Dämonisierung moderner medizinischer Metho-

---

geben ist: jede wissenschaftliche ‚Erfüllung' bedeutet neue ‚Fragen' und will ‚überboten' werden und veralten. Damit hat sich jeder abzufinden, der der Wissenschaft dienen will. (...) Wissenschaftlich (...) überholt zu werden, ist - es sei wiederholt - nicht nur unser aller Schicksal, sondern unser aller Zweck. Wir können nicht arbeiten, ohne zu hoffen, daß andere weiter kommen werden als wir" (*M. Weber*, Wissenschaft als Beruf, S. 249). Es ist also sehr zu hoffen, daß die Thematik des Todes ein „Persistent Controversial State" bleibt (*Wildes*, S. 378). Im übrigen muß man sich bewußt sein, daß der „Anfang eines neuen Geistes (...) der Preis einer vielfach verschlungenen Weges und ebenso vielfacher Anstrengung und Bemühung (ist)" (*Hegel*, Phänomenologie des Geistes, S. 19 - Vorrede). In der - zu erwartenden - Präzisierung der Kritik des Hirntodkonzepts erweist sich somit die „prinzipielle Unvollständigkeit und Unabgeschlossenheit (...), die der Wissenschaft (...) eignet" (BVerfGE 90, 1 [12]).
[9] *Stolleis*, Rezension: Richterliche Rechtsfortbildung, S. 163 (l. Sp. u.) - zur richterlichen Rechtsfortbildung.
[10] *Eb. Schmidt*, Der Arzt im Strafrecht (1939), S. 203.
[11] Diese Wendung - unabhängig vom (Arzt-)Strafrecht - bei *Ronellenfitsch*, S. 306.
[12] Daß die Hirntod-Problematik (auch) ein technikethisches Thema ist, hat *H. Jonas*, der frühe Kritiker des Hirntodkonzepts, zu Recht hervorgehoben, *Jonas*, Gehirntod und menschliche Organbank, S. 239 (in einem „Post-Postskript 1985"). Auch *Arnold* hat zutreffend betont, daß es im gesamten Bereich der Transplantationsmedizin, in dem das Hirntodkonzept primär relevant ist, um eine „Technikfolgenabschätzung" geht, *M. Arnold*, S. 308.
[13] *Enzmann*, S. 18 - unabh. von der Diskussion über den Hirntod. Im übrigen wäre es auch unrichtig, *H. Jonas'* Wort von der „aufspürende(n) Heuristik der Furcht" (Das Prinzip Verantwortung, S. 392) als Votum für Angst und Ängstlichkeit zu verstehen, s. dazu die Unterscheidungen ebda. S. 392, sub a. a.E.

den wie der Transplantation"[14] zu tun. Dies ist schon deshalb so, weil die Ordnung des Grundgesetzes eine technikbejahende, keine technikverteufelnde Ordnung ist.[15] Das folgt nicht zuletzt aus den Gesetzgebungskompetenzen, die dem Gesetzgeber die Befugnis zuweisen, zahlreiche Technikbereiche ordnend zu gestalten.[16] Die Erwähnung eines Technikbereichs im Gesetzgebungskatalog des Grundgesetzes bedeutet zwar nicht, daß jede technische Anwendung zulässig wäre; dies ergibt immer erst eine materiell-verfassungsrechtliche Prüfung, für die vornehmlich die Grundrechtsvorschriften maßstäblich sind. Aber die Erwähnung einzelner Technikfelder im Katalog der Gesetzgebungskompetenzen stellt doch klar, daß das Handeln in diesen Bereichen „nicht überhaupt ausgeschlossen"[17] sein soll.[18]

Das bedeutet auch, daß das Recht nicht von vornherein der (Medizin-)Technik in der Absicht begegnen darf, „die Entwicklungen gelegentlich ins Stokken"[19] zu bringen. Freilich - auch dies muß klar sein - verbietet sich ebenso die Ankoppelung des Rechts an die normative Kraft des technisch Machbaren, Üblichen, Wünschenswerten.[20] Eine Auslieferung an die angeblich „vorgegebenen,

---

[14] *Schreiber*, Wann darf ein Organ entnommen werden?, S. 214.

[15] Dazu nur *Degenhardt*, NJW 1989, S. 2436: „Verfassungsrecht setzt Richtpunkte für die rechtliche Ordnung wissenschaftlicher und technischer Entwicklungen, gebietet jedoch Zurückhaltung gegenüber dem generellen Verdikt der Verfassungswidrigkeit risikobehafteter neuer Technologien oder Forschungszweige."

[16] Zur Medizintechnik s. Art. 74 I Nr. 26 GG (Fortpflanzungstechnologie, Gentechnik und Organverpflanzung); s. außerdem Art. 73 Nr. 7 GG (Telekommunikation), Art. 74 I Nr. 11a GG (Atomenergie) und die Kompetenzen für den Bereich des Luft-, Schienen-, Wasser- und Autoverkehrs (Art. 73 Nr. 6, Nr. 6a, Art. 74 I Nr. 21, Nr. 22, Nr. 23 GG).

[17] BVerfGE 69, S. 57ff. (60) - abweichende Meinung der Richter *Mahrenholz* und *Böckenförde* (allg. zur Bedeutung von Gesetzgebungskompetenzen).

[18] Zustimmend mit Blick auf einen besonderen Bereich der (medizinischen) Technik: *Höfling/Rixen*, S. 92.

[19] *Schlink*, Bewältigung, VVDStRL 48 (1990), S. 261, s. auch S. 260: „Indem das Recht sich der jeweiligen wissenschaftlichen und technischen Entwicklung nicht nur anpaßt, sondern sie hinhält und verzögert, schafft es der Gesellschaft und Politik Raum zum Bedenken und Entscheiden." S. auch *Oppermann*: „es ist vielleicht verfassungsrechtlich sogar geboten, gewissen faktischen Entwicklungen juristisch entgegenzutreten, ihnen zu widerstehen" (Diskussionsbemerkung, VVDStRL 54 [1995], S. 110 - konkret im Blick auf Art. 6 I, II GG). Außerdem *Schack*: „Der Idee, daß die Rechtsordnung auch dazu berufen sein kann, möglichen gesellschaftlichen Fehlentwicklungen entgegenzutreten, geht Verf. nicht nach" (AcP 195 [1995], S. 594).

[20] Es ist - in dieser Grundsätzlichkeit - falsch, wenn es heißt: „Wir Juristen haben nicht die Aufgabe, den medizinischen Fortschritt zu hemmen oder gar zu hindern. Wir haben uns vielmehr an der der Medizin zugewiesenen Aufgabe zu orientieren, wonach sie Leben erhalten soll" (*H. Just*, S. 40). Ebenso pauschal und deshalb unzutreffend ist auch die folgende Bemerkung: „Wichtig erscheint es herauszustellen, (...) daß das Recht die Aufgabe hat, den Fortschritt zu ermöglichen, um die Gemeinschaft lebenswert zu ge-

wissenschaftlich begründbaren Sachstrukturen"[21] der (Medizin-)Technik würde in letzter Konsequenz zu einem „Niedergang des Normativen"[22] führen, in dessen Gefolge der Ordnungsanspruch des Rechts ins Leere ginge.[23] Kurz: Es ist nicht Aufgabe des Rechts, Apologetin medizintechnischer Realitäten zu sein und dem medizinischen Fortschritt „zu einer scheinbaren Legitimation zu verhelfen"[24], die in Wahrheit eigenständiger juristischer Rechtfertigung entbehrt. Genau dieser Perspektive weiß sich die grundrechtlich motivierte Kritik der Hirntodkonzeption verpflichtet.

Sie stellt für einen konkreten medizintechnisch geprägten Bereich klar, daß eine „Abdankung des Rechts gegenüber der Technik"[25] nicht angezeigt ist. Technik ist nichts Wertfreies, Neutrales, rein Tatsächliches.[26] Angesichts der Dynamik medizintechnisch-biowissenschaftlicher Entwicklungen ist je neu die Frage zu beantworten, wie die Normativität des Rechts, vor allem das Telos des Lebensgrundrechts, authentisch bewahrt und verwirklicht werden kann.[27] Dieses

---

stalten. Das Recht muß Entwicklungen vorbereitet gegenüber stehen, es darf dabei nicht die medizinischen Fortschritte, die ausschließlich dem Wohl des Menschen dienen, hemmen. Es muß vielmehr für diese Entwicklung im besonderen Maße offen sein" (*H. Kübler*, S. 20).

[21] *Salzwedel*, S. 44.
[22] *Kägi*, S. 18.
[23] S. dazu nur die mahnende Feststellung bei *Merkel*, S. 72: „Einige der strafrechtsdogmatischen Grenzbefestigungen (...) sind im Problembereich zwischen Leben und Tod brüchig geworden: ausgehöhlt vom lautlos normierenden Druck der medizinischen Wirklichkeit (...)." Zum Kardinalproblem der ausdrücklichen oder konkludenten Verweisung auf die Praxis der Technik bzw. auf technische Normen - vermittelt über unbestimmte Rechtsbegriffe oder Generalklauseln - s. nur *Ropohl*, S. 335f. m. w. N. Das Technikrecht bzw. das technische Sicherheitsrecht - und Arztrecht ist der Sache nach eine besondere Form des Technikrechts: Medizintechnikrecht - steht und fällt mit der juristischen Überformung der technischen Regeln, denn in diesen spiegelt sich die - nicht immer rechtskonforme - Eigengesetzlichkeit der Technik vor allem: „(A)lle Anforderungen, welche die Rechtordnung an technische Vollzugsweisen stellt, realisieren sich auf der Ebene technischer Regeln - oder scheitern ebendort" (*Marburger*, Regeln der Technik, S. V). S. auch *Marburger*, Technische Regeln, Sp. 2045ff.
[24] *Laufs*, Fortpflanzungsmedizin und Arztrecht, S. 17.
[25] *Roßnagel*, Rechtswissenschaftliche Technikfolgenforschung, S. 251. S. außerdem *R. Peters*, S. 1f. „Recht (...) darf sich (...) nicht in der Anpassung an technische Veränderungen erschöpfen, wenn es gestaltend wirken und damit auch Grenzen des Erlaubten aufzeigen soll, (...). "
[26] „Überall bleiben wir unfrei an die Technik gekettet, ob wir sie leidenschaftlich bejahen oder verneinen. Am ärgsten sind wir jedoch der Technik ausgeliefert, wenn wir sie als etwas Neutrales betrachten; (...)." *Heidegger*, Die Technik und die Kehre, S. 5.
[27] Zum Problem allg. *Nicklisch*, S. 232f. u. ö. Beachte außerdem die prekäre Behauptung des (Rechts-)Mediziners *Hallermann*, S. 5: „Die Rechtswissenschaft und die Medizin sind epochalen Einflüssen und dem Wandel der Anschauungen und Erkenntnisse unterworfen." Die Rechtswissenschaft ist der Medizin bzw. der medizintechni-

4. Kapitel: Zusammenfassung und Ausblick

Telos darf die Technik nie verfehlen, ihm muß sie entsprechen - nicht umgekehrt. Wenn es stimmt, daß uns die „(m)edizinische Technik (...) heute in eine neue Verfassungsdiskussion, in eine Diskussion um die Verfassung des Menschen selbst (zwingt)"[28], dann will diese Untersuchung ein Beitrag sein, das vom Grundgesetz gesicherte offene Menschenbild als normatives Ordnungsmodell zur Geltung zu bringen, kraft dessen der Schutz menschlicher Freiheit optimalisiert werden kann.[29] Nur wenn das offene Menschenbild je neu im Prozeß der Grundrechtskonkretisierung effektuiert wird, wird der Staat als Garant der Grundrechte vor den Innovationen der Medizintechnik nicht ohnmächtig kapitulieren müssen.[30]

---

schen Entwicklung nicht fatalistisch unterworfen, sondern sie muß im Wege der Interpretation die Normativität des Rechts unter veränderten Realbedingungen zur Geltung bringen. Daß das einfach sei, behauptet ernsthaft niemand.

[28] *Robbers*, Juristische Fakultäten und Verfassung, S. 55. In diesem Sinne hatten *Höfling/Rixen*, S. 115, angemerkt: „Quid est homo? Diese Schlüsselfrage stellt sich nicht nur im Bereich der Transplantationsmedizin. Mit all ihrer philosophisch-weltanschaulichen Vorgeprägtheit muß sie in einer Rechtsgesellschaft, deren Integration wesentlich über die grundsätzlichen Ordnungsvorstellungen der Verfassung gelingt, als Verfassungs(rechts)frage gestellt werden. Aufgabe der Verfassungsrechtswissenschaft wird es sein, das Konzept des offenen Menschenbildes mit Blick auf neue medizinisch-biowissenschaftliche Entwicklungen, die die Gleichwertigkeit fragiler, gebrochener, versehrter Menschen in Frage stellen können, in der Verfassungsrechtskonkretisierung zur Geltung zu bringen. Die Suche nach den angemessenen Antworten auf die Verfassungsfragen der Transplantationsmedizin führt über die Problematik der Transplantationsmedizin weit hinaus."

[29] S. dazu nochmals *Höfling/Rixen*, S. 78.

[30] Dies zur Frage von *Laufs*, Arztrecht und Grundgesetz, S. 163 a.E.: „Wird sich die Ohnmacht des Staates, des Garanten der Grundrechte, gegenüber den explosiven Vorgängen der technischen Errungenschaften erweisen?" Beachte indes auch das Folgende: „Eine Verfassung ist weder Orakel für alle Streitfälle und ihre Lösungen noch eine geschlossene, weltbildhafte Morallehre. Sie bildet allenfalls ein ‚ethisches Minimum' ab und gibt einen möglichst stabilen Ordnungsrahmen, der geachtet, gelebt und notfalls auch verteidigt werden muß" (*Kilian*, JuS 1993, S. 537). Zu ernsthaften Schwierigkeiten *Preuß*, Zu einem neuen Verfassungsverständnis: „Eine Gesellschaft ist verfaßt, wenn sie sich in geeigneten institutionellen Formen und in normativ geleiteten Prozessen der Anpassung, des Widerstands und der Selbstkorrektur ständig mit sich selbst konfrontiert" (S. 38). „Eine Verfassung des wissenschaftlich-technischen Fortschritts kann und muß die moralische Reflexion des Fortschritts ermöglichen, sie kann aber auf keine universellen Prinzipien verweisen, die begründete Aussicht auf übereinstimmende Urteile in der Gesellschaft eröffnen. Auch die Menschenrechte verlieren in dem Augenblick ihre normative Eindeutigkeit, in dem die moralische Ambivalenz des Fortschritts zutage tritt: Ob z. B. Eingriffe in die genetische Natur des Menschen moralisch vertretbar sind (und gegebenenfalls rechtlich zulässig sein sollen), läßt sich mit dem Argument der ‚naturgegebenen' Würde des Menschen weder bejahen noch verneinen, denn was ist im Zeitalter der Gentechnik die ‚Natur' des Menschen? (...) Wenn es zu einer Verständigung, zu einem Kompromiß oder auch nur zur Möglichkeit eines nicht zum latenten

4. Kapitel: Zusammenfassung und Ausblick

Verfassungsrechtskonkretisierung, die diesem grundrechtstheoretischen Anliegen verpflichtet ist, steht und fällt mit dem Verzicht auf jeden „methodischen Blindflug"[31]. Die Nutzung komplexer Fluginstrumente ist unerläßlich (wie auch diese Untersuchung zeigt). Deren Leistungskraft mag im juristischen Alltag, der mit adäquaten, eben: alltagstheoretischen Methodenmustern „mittlerer Reichweite"[32] regelmäßig bestens zu Rande kommt, kein Rolle spielen. Aber die Konfrontation mit dem Grenzfall - als solchen darf man das Problem der rechtlichen Qualifikation des Hirntod-Zustandes deuten - macht es erforderlich, gängige methodische Zugriffe ein wenig näher unter die Lupe zu nehmen, um so im Brennglas gesteigerter methodologischer Komplexität das Problem erst wirklich sichtbar zu machen.[33] Anders ausgedrückt: Der methodische Höhenflug - zumindest rechtswissenschaftlich ist er nicht unschicklich - läßt Grundzusammenhänge oftmals besser erkennen und ist daher, nicht zuletzt in der vorliegenden Untersuchung, in der es um die Grundbegriffe von Leben und Tod geht, der Sache wegen unverzichtbar. Gegen die Selbstmißverständnisse der Hirntodkonzeption ist - vor dem Ansetzen zum thematisch-konkreten „Höhenflug der Dogmatik"[34] - zunächst nur ein „methodologisches Kraut"[35] gewachsen. Manche rechtsmethodologischen Unterscheidungen mögen auf den ersten Blick unnütz erscheinen. Sie sind es - wie der zweite Blick unschwer erfassen wird - nach so langer Zeit des methodologischen Schlummerns nicht.

Ob sich die Position, daß der hirntote Mensch ein Lebender ist - für Verfassung und Strafrecht - durchsetzen wird, ist nicht verläßlich prognostizierbar. Gewichtige Indizien sprechen dafür,[36] die Stimmen der Zustimmung mehren

---

oder offenen Bürgerkrieg führenden Dissenses kommen soll, muß der Diskurs über diese moralisch relevanten Fragen stets zugleich seine eigenen Voraussetzungen und seinen politisch-gesellschaftlichen Sinn thematisieren, sich also stets auf die Bedingungen seiner eigenen Möglichkeit rückbeziehen" (S. 57f.).

[31] *Rüthers*, Anleitung, NJW 1996, S. 1249 und S. 1253.

[32] Die - hier für den juristischen Bereich analogisiert eingebrachte - Wendung „Theorie mittlerer Reichweite" geht zurück auf den US-amerikanischen Soziologen *Merton*, Social Theory and Social Structure, S. 39ff. - dort beschäftigt er sich mit „sociological theories of the middle range".

[33] Zur - sachlich u. U. erforderlichen - Auswahl komplex-komplizierter Lösungswege s. den Hinweis bei *Höfling*, Abtreibungsproblematik, S. 144.

[34] *Rieß*, S. M 95.

[35] Formulierung bei *Hassemer*, Strafrechtswissenschaft, S. 271.

[36] Auch in den USA scheint eine Debatte über die Tragfähigkeit des Ganzhirntodkonzepts zu beginnen. Jüngst ist der in Harvard lehrende Mediziner *Truog*, S. 29ff., dafür eingetreten, das Hirntodkonzept aufzugeben und zum „traditional cardiorespiratory standard" (S. 33) zurückzukehren, s. auch S. 35: „to return to the traditional standard (...) based solely upon the permanent cessation of respiration and circulation". *Truogs* Beitrag ist um so bemerkenswerter, als er noch vor wenigen Jahren für einen Abschied vom *Ganz*hirntodkonzept im Interesse eines *Teil*hirntodkonzeptes votiert hat, *Truog/Fackler*, S. 1705ff.

sich.[37] Das Transplantationsgesetz, das sich - wie gezeigt - die Hirntodkonzeption als Todeskonzept zu eigen macht,[38] ändert daran nichts. Es kann weder die maßgeblichen Grundrechtsgehalte präjudizieren, noch vermag es rechtswissenschaftliches Nachdenken zu beenden. Die „Offenheit und Wandelbarkeit"[39] wissenschaftlicher Ansichten ist Kennzeichen grundrechtlich geschützter Wissenschaft. Da Wissenschaft, auch die dogmatisch arbeitende Rechtswissenschaft,[40] „auf ständige Selbst- und Fremdüberprüfung zielt, ist der Ausdruck ‚kritische Wissenschaft' eine Tautologie."[41] Demgemäß zählen zum Wissenschaftsbegriff des Art. 5 III 1 GG „Kritikoffenheit" und „Revisionsbereitschaft".[42] Wissenschaft kann daher „in der Gewinnung neuer (...) Erkenntnisse bestehen, sie kann aber auch vorher errichtete Wissensgebäude als falsch nachweisen und damit zerstören."[43] Um diesen Prozeß zu ermöglichen, schützt die „Wissenschaftsfreiheit (...) auch Mindermeinungen (...)."[44] Was heute als „unorthodoxes (...) Vorgehen"[45] erscheint, kann morgen als juristisch orthodox Anerkennung finden. „Auch die Gedanken haben um ihre Existenz zu ringen und nicht selten

---

[37] S. zusätzlich zu den zahlreichen Hinweisen im 1. und im 2. Kap. *Taupitz*, Um Leben und Tod, JuS 1997, S. 206: „die in jüngerer Zeit verstärkt gegenüber dem gängigen Hirntodkonzept geäußerte Kritik". *Schroeder*, Gegen die Spendelösung, ZRP 1997, S. 265: „zunehmende Kritik an dem Gehirntod als Todeszeitpunkt". *Kühl*, in: Lackner, StGB, 22. Aufl. 1997, vor § 211 Rn. 4: „Wann rechtlich das Leben als Mensch endet, ist neuerdings wieder heftig umstritten (...)"; § 168 Rn. 5: „Kontrovers diskutiert wird vor allem das Hirntodkonzept (...)." Auch *H. Dreier*, in: ders. (Hrsg.), GG, Komm., Art. 1 I Rn. 52, weist auf die „neuerdings (...) stark angezweifelte Auffassung", der Hirntod sei der Tod des Menschen, hin. *Laufs*, Entwicklungslinien des Medizinrechts, NJW 1997, S. 1617, weist auf die „gewichtige(n) Gegenstimmen" hin, die das Hirntodkonzept in Frage stellen.
[38] Dazu oben 3. Kap. Abschn. G. IV.
[39] BVerfGE 90, 1 (12).
[40] „Rechtsdogmatik ist (...) darauf gerichtet, Vorurteile in Frage zu stellen, den Blick für die in einer gesetzlichen Regelung verborgenen Möglichkeiten zu öffnen, Zwang auszuüben dahin, eine Entscheidung nicht willkürlich, sondern verantwortlich zu treffen, sowie die Gründe der Entscheidung und damit diese selbst transparent zu machen und auf diese Weise methodisch nachprüfbar zu gestalten" (*Otto*, Allgemeine Strafrechtslehre, § 2 Rn. 66 a.E.).
[41] *Wendt*, in: Kunig (Hrsg.), GG-Komm., Bd. 1, Art. 5 Rn. 100.
[42] *Antoni*, in: K.-H. Seifert/D. Hömig, 5. Aufl., Art. 5 Rn. 27.
[43] *Starck*, in: von Mangoldt/Klein/Starck, Art. 5 Abs. 3 Rn. 222.
[44] BVerfGE 90, 1 (12). Daß die Qualifikation als Mehrheits- oder Minder(heits-)meinung nicht selten von Zufälligkeiten abhängt, zeigt die Bemerkung *H.-L. Schreibers*, eines Protagonisten der Apologie des Hirntodkonzepts, während der von „hirntodkonzeptkritischen" Verfassungsrechtlern dominierten Anhörung im Rechtsausschuß des Bundestages: „Ich bin hier eine kleine, radikale Minderheit (...)" (Protokoll der 72. Sitzung des Rechtsausschusses des Deutschen Bundestages am 15.1.1997 [13. WP], S. 15 a.E.).
[45] BVerfGE 90, 1 (12): „Ebenso genießt unorthodoxes (...) Vorgehen den Schutz des Grundrechts."

sich jeden Fußbreit Landes mühsam zu erkämpfen."⁴⁶ Geduld und langer Atem sind unerläßlich.⁴⁷ Denn allgemeine Anerkennung hat das Fazit dieser Untersuchung noch nicht gefunden. Das Fazit lautet: Der Hirntod ist nicht der Tod des Menschen. Der Hirntote lebt.

---

⁴⁶ *von Ihering*, S. 338. Außerdem: „Einer neuen Wahrheit ist nichts schädlicher als ein alter Irrtum" (*von Goethe*, S. 512 - „Aus Makariens Archiv").

⁴⁷ „'Sei nicht ungeduldig, wenn man deine Argumente nicht gelten läßt'" (*von Goethe*, S. 524 - „Aus Makariens Archiv"). *Fleck*, Entstehung, S. 163, weist darauf hin, daß jede Disziplin „in bezug auf fast jedes Problem" bei der Etablierung neuen Wissens „einer Truppe im Marsch" gleiche; es gebe die „Vorhut", sodann eine „Haupttruppe: die offizielle Gemeinschaft" und schließlich „mehr oder weniger desorganisierte Nachzügler". Die „Haupttruppe bewegt sich langsamer; Jahre und Jahrzehnte ändern erst - oft schubweise - ihre Position" (S. 163f.). Ob die Lage so radikal bewertet werden muß, wie das *Max Planck*, S. 22, getan hat, mag dahingestellt bleiben: „Eine neue wissenschaftliche Wahrheit pflegt sich nicht in der Weise durchzusetzen, daß ihre Gegner überzeugt werden und sich als belehrt erklären, sondern vielmehr dadurch, daß die Gegner allmählich aussterben und daß die heranwachsende Generation von vornherein mit der Wahrheit vertraut gemacht wird." S. zum Problem auch *Kuhn*, S. 163, u. a. zur Möglichkeit wissenschaftlicher „Konversionen" und dazu, daß Argumente nicht unbedeutend sind (insoweit s. auch S. 169 - im XII. Kapitel: Die Lösung der Revolutionen). „Der bedeutende Zivilrechtslehrer *Heinrich Siber* erklärte schon in den 20er-Jahren, daß die Vertreter der herrschenden Meinung des bürgerlichen Rechts nur noch gähnen, wenn in der Literatur ein neuer Gedanke vorgetragen wird" (*Ehmann*, S. 18). Man darf vielleicht hoffen, daß sich seit den zwanziger Jahren - nicht nur in der Zivilrechtslehre - einiges geändert hat.

Literaturverzeichnis*

Achterberg, N.: Allgemeines Verwaltungsrecht, 2. Aufl. 1986.

Ackerknecht, E. H.: Geschichte der Medizin, 7. Aufl. 1992.

Adebahr, G.: Aspekte des Hirntodes, Zeitschrift für Rechtsmedizin 1986, S. 207ff.

Adebahr, G. / *Klöppel*, A. / *Weiler*, G.: Coma dépassé: Toxikologisch-diagnostische und forensische Aspekte am Beispiel einer Captagon-Vergiftung, Zeitschrift für Rechtsmedizin 1979, S. 279ff.

Adebahr, G. / *Schewe*, G.: Vitale Reaktionen und Individualtod, in: Schleyer, F. (Hrsg.), Forschungsergebnisse der gerichtlichen Medizin, FS zum 60. Geb. v. H. Elbel, 1967, S. 9ff.

Albrecht, P.-A.: Das Strafrecht auf dem Weg vom liberalen Rechtsstaat zum sozialen Interventionsstaat, KritV 1988, S. 182ff.

– Das Strafrecht im Zugriff populistischer Politik, NJ 1994, S. 193ff.

Albrecht, V.: Die rechtliche Zulässigkeit postmortaler Transplantatentnahmen, 1986.

Albury, W. R.: Ideas of Life and Death, in: Bynum, W. F./Porter, R. (eds.), Companion Encyclopedia of the History of Medicine, vol. 1, 1993, S. 249ff.

Alexy, R.: Theorie der Grundrechte (1985), TB-Ausg. 1986.

– Die immanente Moral des Grundgesetzes, in: Bydlinski, F./Mayer-Maly, Th. (Hrsg.), Rechtsethik und Rechtspraxis, 1990, S. 97ff.

– Begriff und Geltung des Rechts, 2. Aufl. 1994.

– Juristische Interpretation, in: ders., Recht, Vernunft, Diskurs, 1995, S. 71ff.

Alternativkommentar zum Grundgesetz, Bd. 1, 1. Aufl. 1984 und 2. Aufl. 1989, Bd. 2, 2. Aufl. 1989 (Zit.: Bearbeiter, in:).

Amelung, K.: Die Einwilligung in die Beeinträchtigung eines Grundrechtsgutes, 1981.

– Probleme der Einwilligungsfähigkeit, Recht & Psychiatrie 1995, S. 20ff.

Angstwurm, H.: Bedeutung und Feststellung eines irreversiblen Hirnfunktionsausfalles („Hirn-Tod"), in: Bayerische Landesärztekammer (Hrsg.), Organtransplantationen, 1979, S. 23ff.

---

* In das Literaturverzeichnis nicht aufgenommen wurden die in der Untersuchung vielfach zitierten Drucksachen und Protokolle des Bundestagsplenums und einzelner Bundestagsausschüsse. Gleiches gilt für die Drucksachen und Protokolle des Bundesrates. Ebenfalls nicht in das Literaturverzeichnis aufgenommen wurden die in der Studie zitierten unveröffentlichten Referate, Sprechvorlagen oder Erklärungen. Auch Zeitungs- und Zeitschriftenbeiträge wurden grundsätzlich nicht in das Literaturverzeichnis aufgenommen.

- Sichere Feststellung des Todes vor der Organspende, in: Dietrich, E. (Hrsg.), Organspende/Organtransplantation, 1985, S. 15ff.
- Diskussionsbemerkung, in: CSU-Fraktion im Bayerischen Landtag (Hrsg.), Organspende - Organtransplantation. Dokumentation einer Experten-Anhörung der CSU-Fraktion im Bayerischen Landtag am 23. 3. 1990, o. J. (1990), S. 53f.
- Der Hirntod - ein sicheres Todeszeichen, Wiener Medizinische Wochenschrift - Diskussionsforum Medizinische Ethik Nr. 4/1990.
- Brain Death as Death of a Human Being: A Matter of Image of Man, in: Land, W./Dossetor, J. B. (eds.), Organ Replacement Therapy: Ethics, Justice, Commerce, 1991, S. 241ff.
- Das Absterben des gesamten Gehirns während einer Intensivbehandlung, Zeitschrift für medizinische Ethik 1993, S. 186ff.
- Leserforum: Erwiderung zu Kurd Stapenhorst (Ethik in der Medizin 1996, S. 79 - 86), Ethik in der Medizin 1996, S. 242ff.

Angstwurm, H. / *Kugler*, J.: Ärztliche Aspekte des Hirntodes und Feststellung des Todeszeitpunktes, Fortschritte der Neurologie/Psychiatrie 1978, S. 297ff.

Arbab-Zadeh, A. / *Prokop*, O. / *Reimann*, W.: Rechtsmedizin, 1977.

Arbeitskreis Organspende (Hrsg.): Organspende rettet Leben!, 12. Aufl. 1993, 14. Aufl. 3/1995, 16. Aufl. 12/1995, 18. Aufl. 5/1997.

Archiv für Sozialpolitik e.V. Frankfurt (Hrsg.): „Das Experiment der Erlanger Klinik", Pressedokumentation, November 1992.

Arendt, H.: Vita activa oder Vom tätigen Leben (engl. Orig. 1958), 6. Aufl. dt. TB-Neuausg. 1989.

Ariès, Ph.: Studien zur Geschichte des Todes im Abendland, frz. und dt. 1976.

- Geschichte des Todes, dt. 1980.

Aristoteles: Poetik, dt. nach M. Fuhrmann, 1976.

Arloth, F.: Buchbesprechung: Schönke/Schröder, StGB, Kommentar, 24. Aufl. 1991, CuR H. 11/1992.

Arnold, H.: Hirntod, Der Nervenarzt 1976, S. 529ff.

Arnold, J. u. a. (Hrsg.): Grenzüberschreitungen (Festschrift für Albin Eser zum 60. Geb.), 1995.

Arnold, M.: Editorial - Es geht um eine Technikfolgenabschätzung, Universitas 1995, S. 307ff.

Arzt, G.: Die Delikte gegen das Leben, ZStW 83 (1971), S. 1ff.

- Dynamisierter Gleichheitssatz und elementare Ungleichheiten im Strafrecht, Doppel-FS Stree/Wessels, 1993, S. 49ff.
- Amerikanisierung der Gerechtigkeit: Die Rolle des Strafrechts, in: Triffterer-FS, 1996, S. 527ff.

Arzt, G. / *Weber*, U.: StrafR-BT, Lernheft 1: Delikte gegen die Person, 3. Aufl. 1988.

Ärztliche Erklärung zum Transplantationsgesetz, unterzeichnet von den Präsidenten der Bundesärztekammer und der Deutschen Gesellschaften für Anästhesiologie und Intensivmedizin, für Chirurgie, für Innere Medizin, für Neurochirurgie, für Neurologie und für Physiologie, Deutsches Ärzteblatt 1997, A-565.

Aschl, A. J.: Staats- und verfassungsrechtliches Lexikon, 2. Aufl. o. J. (1979).

Atteslander, P.: Methoden der empirischen Sozialforschung, 6. Aufl. 1991.

Augustinus: Bekenntnisse, übertragen von C. J. Perl, 4. Aufl. 1955.

Baatz, G.: Tagung der Gesellschaft für gerichtliche Medizin, NJ 1967, S. 763f.

– 3. Tagung der Gesellschaft für gerichtliche Medizin der DDR, Staat und Recht 21 (1972), S. 138ff.

Bade, U.: Der Arzt an den Grenzen von Leben und Recht, 1988.

Badura, P.: Staatsrecht, 1. Aufl. 1986.

Bahrmann, E. u. a.: Zur Problematik der Toterklärung, Das Deutsche Gesundheitswesen 23 (1968), S. 2403ff.

Baratta, A.: Strafrechtsdogmatik und Kriminologie, ZStW 92 (1980), S. 107ff.

– Integration - Prävention. Eine systemtheoretische Neubegründung der Strafe, KrimJ 1984, S. 132ff.

Barnard, Ch. N.: The Operation. A Human Cardiac Transplant: An Interim Report of a Sucessful Operation performed at Groote Schuur Hospital, Cape Town, South African Medical Journal 1967, S. 1271ff.

– Reflections on the first heart transplant, South African Medical Journal 1987, No. 11, S. IXf.

– Das zweite Leben - Die Erinnerungen des weltberühmten Herzchirurgen (engl. Orig. 1993), dt. TB-Ausg. 1996.

Barner, W.: Der Tod als Bruder des Schlafs. Literarisches zu einem Bewältigungsmodell, in: Winau, R./Rosemeier, H. P. (Hrsg.), Tod und Sterben, 1984, S. 144ff.

Baronin von Dellingshausen, U.: Sterbehilfe und Lebenserhaltungspflicht des Arztes, 1981.

Barth, H.: Die Evangelische Kirche in Deutschland und die bevorstehende Tranplantationsgesetzgebung, in: Schlaudraff, U. (Hrsg.), Transplantationsgesetzgebung in Deutschland. Dokumentation einer Tagung vom 2.- 4. 11. 1994 in der Evangelischen Akademie Loccum (Loccumer Protokolle 54/94), 1995, S. 1ff.

Bartlett, E. T. / *Youngner*, St. J.: Human Death and the Destruction of the Neocortex, in: Zaner, R. M. (ed.), Death: Beyond Whole-Brain Criteria, 1988, S. 199ff.

Baruzzi, A.: Europäisches „Menschenbild" und das Grundgesetz für die Bundesrepublik Deutschland, 1979.

Bauer, C.: Blut - ein flüssiges Organsystem, in: Klinke, R./Silbernagl, St. (Hrsg.), Lehrbuch der Physiologie, 1994, S. 183ff.

Baumann, J. u. a.: Alternativentwurf eines Gesetzes über Sterbehilfe (AE-Sterbehilfe), 1986.

Baumann, J. / *Weber*, U. / *Mitsch*, W.: StrafR-AT, 10. Aufl. 1995 (Zit.: Bearbeiter, in:).

Bäumlin, R.: Staat, Recht und Geschichte, 1961.

Baurmann, M.: Vorüberlegungen zu einer empirischen Theorie der positiven Generalprävention, GA 1994, S. 368ff.

Baust, G.: Sterben und Tod. Medizinische Aspekte, 1988.

Bayertz, K.: Was heißt es, den Tod zu definieren?, in: Sandkühler, H. J. (Hrsg.), Freiheit, Verantwortung und Folgen in der Wissenschaft, 1994, S. 111ff.

Beck, U.: Risikogesellschaft, 1986.

Becker, G.: Arzt und Patient im sozialistischen Recht, 1973.

Becker, U.: Das 'Menschenbild des Grundgesetzes' in der Rechtsprechung des Bundesverfassungsgerichts, 1996.

Beckmann, J. P.: Über die Bedeutung des Person-Begriffs im Hinblick auf aktuelle medizinethische Problme, in: ders. (Hrsg.), Fragen und Problem einer medizinischen Ethik, 1996, S. 279ff.

Beckmann, J. P. / *Gethmann-Siefert*, A.: Philosophie, in: Interdisziplinäre nordrheinwestfälische Forschungsarbeitsgemeinschaft 'Sterben und Tod' (Hrsg.), Sterben und Tod, Annotierte Auswahlbibliographie, 1996, S. 296ff.

Beckmann, R.: Die Behandlung hirntoter Schwangerer im Licht des Strafrechts, MedR 1993, S. 121ff.

– Ist der hirntote Mensch eine „Leiche"?, ZRP 1996, S. 219ff.

Beecher, H. K. et al.: A Definition of Irreversible Coma. A Report of the Ad Hoc Commitee of the Harvard Medical School to Examine the Definition of Brain Death, JAMA 205 (1968), S. 85ff.

Beling, E.: Die Lehre vom Verbrechen, 1906.

– Die Lehre vom Tatbestand, 1930.

Benda, E. u. a. (Hrsg.): Handbuch des Verfassungsrechts, 2. Aufl. 1994 (Zit.: Bearbeiter, in:).

Berg, St. B.: Gerichtliche und Begutachtungsmedizin, 1950.

– Grundriß der Rechtsmedizin, 12. Aufl. 1984.

Berger, P. L. / *Luckmann*, Th.: Die gesellschaftliche Konstruktion der Wirklichkeit - Eine Theorie der Wissenssoziologie (engl. 1966/dt. 1969), TB-Aufl. 1980/1989.

Bergmann, C.: Lehrbuch der Medicina Forensis für Juristen, 1846.

Berkemann, J.: Das Bundesverfassungsgericht und „seine" Fachgerichtsbarkeiten. Auf der Suche nach Funktion und Methodik, DVBl. 1996, S. 1028ff.

Bernat, E. (Hrsg.): Anfang und Ende des menschlichen Lebens. Eine internationale juristische Bibliographie, 1994.

– Rezension: A. Laufs, Fortpflanzungsmedizin und Arztrecht, 1992, Zeitschrift für Rechtsvergleichung, Internationales Privatrecht und Europarecht (ZfRV) 1994, S. 43f.

– Vorwort, in: ders., Anfang und Ende des menschlichen Lebens. Eine internationale juristische Bibliographie, 1994, S. 1ff.

– Behandlungsabbruch und (mutmaßlicher) Patientenwille, RdM (= Recht der Medizin [Österreich]) 1995, S. 51ff.

– Buchbesprechung: U. Körner, Hirntod und Organspende, 1994, in: Geschichte und Gegenwart (Vierteljahreshefte für Zeitgeschichte, Gesellschaftsanalyse und politische Bildung) 1995, S. 265.

– Rezension: J. Hoff/J. in der Schmitten (Hrsg.), Wann ist der Mensch tot? Organverpflanzung und „Hirntod"-Kriterium, 1994, Intenational Digest of Health Legislation 1995, S. 434ff.

– Todeskonzept, Todesbegriff und Rechtserkenntnis. Gezeigt am Beispiel der Vereinigten Staaten von Amerika, in: Schwarz, G./Kröll, W./List, W. F. (Hrsg.), Schädel-Hirn-Trauma. Hirntod, 1995 (Beiträge zur. Anästhesiologie, Intensiv- und Notfallmedizin Bd. 45), S. 323ff.

Bernat, J. L. et al.: On the Definition and Criterion of Death, Annals of Internal Medicine 1981, S. 389ff.

Berner, A. F.: Die Strafgesetzgebung in Deutschland vom Jahre 1751 bis zur Gegenwart, 1867 (ND 1978).

Bernhardt, R.: Laudatio für Thomas Buergenthal zur Verleihung der Ehrendoktorwürde der Heidelberger Juristischen Fakultät, Ruperto Carola - Heidelberger Universitätshefte H. 77/1987, S. 139ff.

Bernsmann, K.: Forum: Schwangerschaftsabbruch zwischen „Töten" und „Sterbenlassen" - Überlegungen zum „Geiger"-Fall, JuS 1994, S. 9ff.

– Der Umgang mit irreversibel bewußtlosen Personen und das Strafrecht, ZRP 1996, S. 87ff.

Beseler, G.: Kommentar über das StGB für die Preußischen Staaten, 1851.

Besser, R.: Das Problem des Hirntodes, in: Hopf, H. Ch. u. a. (Hrsg.), Neurologie in Praxis und Klinik, 2. Aufl. 1992, S. 2.34ff.

Bethge, H.: Grundfragen innerorganisationsrechtlichen Rechtsschutzes, DVBl. 1980, S. 309ff.

– Aktuelle Probleme der Grundrechtsdogmatik, Der Staat 24 (1985), S. 351ff.

– Zur Funktion und Relevanz eines Medienverwaltungsrechts, Die Verwaltung 1994, S. 433ff.

Bettermann, K.-A.: Hypertrophie der Grundrechte. Eine Streitschrift (1984), in: ders., Staatsrecht, Verfassungsrecht, Zivilrecht, hrsg. v. Merten, D. u. a., 1988, S. 49ff.

– Diskussionsbemerkung, VVDStRL 50 (1991), S. 294f.

Beulke, W.: Stichwort „Mensch im Sinne des Strafrechts", in: Tilch, H. (Hrsg.), Deutsches Rechts-Lexikon, Bd. 2, 2. Aufl. 1992, S. 989f.

– Stichwort „Todeszeitpunkt im strafrechtlichen Sinne", in: Tilch, H. (Hrsg.), Deutsches Rechts-Lexikon, Bd. 3, 2. Aufl. 1992, S. 680.

Bichat, X.: Physiologische Untersuchungen über den Tod (1800), 1912.

Binding, K.: Das Problem der Strafe (1877/1915), in: Vormbaum, Th. (Hrsg.), Texte zur Strafrechtstheorie der Neuzeit, Bd. II, 1993.

– Handbuch des Strafrechts, Bd. 1, 1885.

Binding, K. / *Hoche*, A.: Die Freigabe der Vernichtung lebensunwerten Lebens, 1920.

Birbaumer, N. / *Schmidt*, R. F.: Allgemeine Physiologie der Großhirnrinde, in: Schmidt, R. F./Thews, G. (Hrsg.), Physiologie des Menschen, 26. Aufl. 1995, S. 128ff.

Birbaumer, N./ *Schmidt*, R. F.: Biologische Psychologie, 1991.

Birnbacher, D.: Gefährdet die moderne Reproduktionsmedizin die menschliche Würde?, in: Leist, A. (Hrsg.), Um Leben und Tod, 1990, S. 266ff.

– Definitionen, Kriterien, Desiderate, Universitas 1995, S. 343ff.

– Einige Gründe, das Hirntodkriterium zu akzeptieren, in: Hoff, J./in der Schmitten, J. (Hrsg.), Wann ist der Mensch tot? Organverpflanzung und „Hirntod"-Kriterium, erweiterte Taschenbuch-Neuauflage 1995, S. 28ff.

– Tun und Unterlassen, 1995.

– Fünf Bedingungen für ein akzeptables Todeskriterium, in: Ach, J. S./Quante, M. (Hrsg.), Hirntod und Organverpflanzung, 1997, S. 49ff.

Birnbacher, D. / *Angstwurm*, H. / *Eigler*, F. W. / *Wuermeling*, H.-B.: Der vollständige und endgültige Ausfall der Hirntätigkeiten als Todeszeichen des Menschen - Anthropologischer Hintergrund, Deutsches Ärzteblatt 1993, C-1968ff.

Blankenagel, A.: Klagefähige Rechtspositionen im Umweltrecht, Die Verwaltung 26 (1993), S. 1ff.

Blasius, D.: Strafrechtsreform und Kriminalpolitik in Preußen 1794-1848, F. Sack-FS, 1996, S. 223ff.

Bleckmann, A.: Allgemeine Grundrechtslehren, 1. Aufl. 1979, 2. Aufl. 1985: Staatsrecht II: Allgemeine Grundrechtslehren, 3. Aufl. 1989: Staatsrecht II - Die Grundrechte.

- Die Überlagerung des nationalen Strafrechts durch das Europäische Gemeinschaftsrecht, Doppel-FS Stree/Wessels, 1993, S. 107ff.

- Spielraum der Gesetzesauslegung und Verfassungsrecht, JZ 1995, S. 685ff.

Bleese, N. / *Polonius*, M.-J.: Herz, in: Schumpelick, V. u. a. (Hrsg.), Chirurgie, 2. Aufl. 1989, S. 364ff.

Blei, H.: StrafR-BT, 8. Aufl. 1964, 9. Aufl. 1966, 10. Aufl. 1976, 11. Aufl. 1978, 12. Aufl. 1983.

- StrafR-BT/1 (Prüfe dein Wissen, H. 10/1), 10. Aufl. 1996.

Bloch, E.: Naturrecht und menschliche Würde (1961), Suhrkamp-TB-Werkausgabe Bd. 6, 2. Aufl. 1991.

Blum, H.: Das StGB für den Norddeutschen Bund, 1870.

Blumenberg, H.: Der Prozeß der theoretischen Neugierde, 1973.

Blumenthal-Barby, K.: Wenn ein Mensch stirbt... - Ausgewählte Aspekte perimortaler Medizin -, 1986.

Blumenwitz, D.: Staatennachfolge und die Einigung Deutschlands, Teil I: Völkerrechtliche Verträge, 1992.

Bock, M.: Recht ohne Maß. Die Bedeutung der Verrechtlichung für Person und Gemeinschaft, 1988.

- Ideen und Chimären im Strafrecht, Rechtssoziologische Anmerkungen zur Dogmatik der positiven Generalprävention, ZStW 103 (1991), S. 636ff.

Bockelmann, P.: Das Strafrecht des Arztes, in: Ponsold, A., Lehrbuch der Gerichtlichen Medizin, 3. Aufl. 1967, S. 1ff. (zit.: Bockelmann, in).

- Strafrechtliche Aspekte der Organtransplantation, Langenbecks Archiv für klinische Chirurgie Bd. 322 (1968), S. 44ff.

- Strafrecht des Arztes, 1968.

- Rechtsfragen beim Hirntod, in: Krösl, W. /Scherzer, E. (Hrsg.), Die Bestimmung des Todeszeitpunktes, 1973, S. 277ff.

- Diskussionsbemerkung, in: Krösl, W./Scherzer, E. (Hrsg.), Die Bestimmung des Todeszeitpunktes, 1973, S. 341.

Böckenförde, E.-W.: Artikel „Ordnungsdenken, konkretes", in: Ritter, J./Gründer, K. (Hrsg.), Historisches Wörterbuch der Philosophie, Bd. 6, 1984, Sp. 1312ff.

- Die Historische Rechtsschule und das Problem der Geschichtlichkeit des Rechts (1964), in: ders., Recht, Staat, Freiheit, 1991, S. 9ff.

- Grundrechtstheorie und Grundrechtsinterpretation (1974), in: ders., Staat, Verfassung, Demokratie, 1991, S. 115ff.

- Die Eigenart des Staatsrechts und der Staatsrechtswissenschaft (1983), in: ders., Staat, Verfassung, Demokratie, 1991, S. 11ff.
- Grundrechte als Grundsatznormen. Zur gegenwärtigen Lage der Grundrechtsdogmatik (1990), in: ders., Staat, Verfassung, Demokratie, 1991, S. 159ff.

Bockenheimer-Lucius, G.: Rezension - A. Kuhlmann, Sterbehilfe, 1995, Ethik in der Medizin 1996, S. 240f.

Bockenheimer-Lucius, G. / *Seidler*, E. (Hrsg.): Hirntod und Schwangerschaft, 1993 (Zit.: Diskussionsbemerkung, in:).

Böckle, F.: Ethische Aspekte der Organtransplantation beim Menschen, Studium Generale 23 (1970), S. 444ff.

- Referat (Zivilrechtliche Abteilung, Thema: Die künstliche Befruchtung beim Menschen - Zulässigkeit und zivilrechtliche Folgen), in: Ständige Deputation des Deutschen Juristentages (Hrsg.), Verhandlungen des 56. DJT Berlin 1986, 1986, Bd. II (Sitzungsberichte), K 29ff.
- Ethische Probleme der Organtransplantation, Arzt und Christ 1989, S. 150ff.
- Theologische Dimensionen der Verantwortlichkeit unter den Bedingungen des weltanschaulichen Pluralismus, Jahrbuch für Rechtssoziologie und Rechtstheorie, Bd. XIV: Verantwortlichkeit und Recht, 1989, S. 61ff.
- Probleme der Organtransplantation in theologisch-ethischer Sicht, in: Toellner, R. (Hrsg.), Organtransplantation - Beiträge zu ethischen und juristischen Fragen, 1991, S. 89ff.
- Menschenwürdig sterben (Erstveröffentlichung 1979), in: Honnefelder, L./Rager, G. (Hrsg.), Ärztliches Urteilen und Handeln, 1994, S. 284ff.

Böhme, H.: Das Recht des Krankenpflegepersonals, Teil 2: Haftungsrecht, 3. Aufl. 1991.

Böhmer, W.: Rechtliche Überlegungen im Grenzbereich von Leben und Tod, FS für W. Geiger z. 80. Geb., 1989, S. 181ff.

Bonelli, J.: Leben - Sterben - Tod: Überlegungen zum Hirntod aus der Sicht des Arztes, in: Schwarz, M./Bonelli, J. (Hrsg.), Der Status des Hirntoten. Eine interdisziplinäre Studie zu den Grenzen des Lebens, 1995, 83ff.

Bonelli, J. / *Schwarz*, M., Geleitwort (Zum Verhältnis von Naturwissenschaft und Philosophie), in: Schwarz, M./Bonelli, J. (Hrsg.), Der Status des Hirntoten - Eine interdisziplinäre Analyse der Grenzen des Lebens, 1995, S. Vff.

Bongartz, E.-B. / *Bock*, W. J. / *Grote*, W.: Definition und Feststellung des Hirntodes, Anästhesiologische und intensivmedizinische Praxis 1977, S. 59ff.

Borsche, T.: Artikel „Leib, Körper, I. Antike und Mittelalter", in: Ritter, J./Gründer, K. (Hrsg.), Historisches Wörterbuch der Philosophie, Bd. 5, 1980, Sp. 173ff.

Bothe, M.: Diskussionsbemerkung, VVDStRL 54 (1995), S. 160f.

Bouchet, A.: Geschichte der Chirurgie vom Ende des 18. Jahrhunderts bis zur Gegenwart, in: Sournia/Poulet/Martiny, Illustrierte Geschichte der Medizin, dt. Ausg. 1983, S. 2541ff.

Braczyk, B. A.: Rechtsgrund und Grundrecht - Grundlegung einer systematischen Grundrechtstheorie -, 1996.

Bradac, G. B.: Neuroradiologische Diagnostik, in: Dietz, H./Umbach, W./Wüllenweber, R. (Hrsg.), Klinische Neurochirurgie, Bd. I, 1982, S. 214ff.

Braun, J.: Recht, Justiz und Politik. Die Autonomie des Rechts im Wandel, Universitas 1990, S. 1070ff.

– Dienerin des Zufalls? Der Streit um die Rechtswissenschaft, Universitas 1994, S. 657ff.

– Über die Unbeliebtheit des Juristen, JuS 1996, S. 287ff.

Breidbach, O.: Die Materialisierung des Ichs. Zur Geschichte der Hirnforschung im 19. und 20. Jahrhundert, 1997.

Brenner, G.: Organtransplantation, in: Mergen, A. (Hrsg.), Die juristische Problematik in der Medizin, Bd. I: Der Arzt und seine Beziehung zum Recht, 1971, S. 126ff.

– Arzt und Recht, 1983.

Brettel, H.-F.: Die Todeszeitangabe auf dem Leichenschauschein bei Toten aus Intensivstationen, Zeitschrift für die gesamte Versicherungswissenschaft 66 (1977), S. 267ff.

Breuer, C.: Wann ist der Mensch tot?, Zeitschrift für medizinische Ethik 1997, S. 91ff.

Breuer, R.: Der verfassungsrechtliche Schutz des Lebens - Integrationsprobleme im wiedervereinigten Deutschland, in: Ipsen, J. u. a. (Hrsg.), Verfassungsrecht im Wandel. Zum 180jährigen Bestehen der Carl Heymanns Verlag KG, 1995, S. 25ff.

Brinkmann, K.: in: ders. (Hrsg.), Grundrechts-Kommentar zum Grundgesetz, 1967ff.

Brockhaus-Enzyklopädie: Bd. 2, 19. Aufl. 1987; Bd. 5, 19. Aufl. 1988; Bd. 8, 19. Aufl. 1989; Bd. 10, Bd. 13, 19. Aufl. 1990; Bd. 14, 19. Aufl. 1991; Bd. 16, 19. Aufl. 1991; Bd. 18, 19. Aufl. 1992; 19. Aufl. 1989; Bd. 22, 19. Aufl. 1993; Bd. 24, 19. Aufl. 1994.

Brockhaus-Lexikon Biologie: Bd. 1, (Brockhaus Verlag Leipzig/DDR) 7. Aufl. 1986.

Broekman, J. M.: Artikel „Rechtsphilosophie", in: Ritter, J./Gründer, K. (Hrsg.), Historisches Wörterbuch der Philosophie, Bd. 8, 1992, Sp. 315ff.

Brugger, W.: Rechtsentwicklung USA - Deutschland aus Sicht des Rechtslehrers, DAJV-Newsletter (Zeitschrift der Deutsch-Amerikanischen Juristen-Vereinigung) 3/1995, S. 52f.

Brunner, G.: Einführung in das Recht der DDR, 2. Aufl. 1979.

– Recht auf Leben, in: ders. (Hrsg.), Menschenrechte in der DDR, 1989, S. 111ff.

– Das Rechtsverständnis der SED (1961 - 1989), in: Deutscher Bundestag (Hrsg.), Materialien der Enquete-Kommission „Aufarbeitung von Geschichte und Folgen der SED-Diktatur in Deutschland (12. Wahlperiode), S. 293ff.

Bryde, B.-O.: Verfassungsentwicklung, 1982.

– Zur Einführung: Afrikanische Rechtssysteme, JuS 1982, S. 8ff.

– Recht und Verwaltung nach der Unabhängigkeit - Entwicklungstendenzen, in: Illy, H.-F./Bryde, B.-O. (Hrsg.), Staat, Verwaltung und Recht in Afrika 1960 - 1985, 1987, S. 27ff.

– Der Kampf um die Definition von Artikel 14 GG, Jahrbuch für Rechtssoziologie und Rechttheorie Bd. XI: Implementation von Gerichtsentscheidungen, 1987, S. 384ff.

– Die Effektivität von Recht als Rechtsproblem, 1993.

Bubner, R.: Welche Rationalität bekommt der Gesellschaft? Vier Kapitel aus dem Naturrecht, 1996.

Buchardi, H. / *Henniges*, J. M. / *Dralle*, A.: Feststellung des Individualtodes, Niedersächsisches Ärzteblatt H. 10/1987, S. 50ff.

Buhr, H. J.: Der Grenzbereich zwischen Leben und Tod als klinisches Problem, Ruperto Carola - Heidelberger Universitätshefte -, H. 65-66/1981, S. 112ff.

Bullinger, M.: Diskussionsbemerkung, VVDStRL 50 (1991), S. 296f.

Burmeister, J.: Die Verfassungsorientierung der Gesetzesauslegung, 1966.

Bushart, W. / *Rittmeyer*, P.: Grenzen zwischen Leben und Tod, in: Lawin, P. (Hrsg.), Praxis der Intensivbehandlung, 1. Aufl. 1968, S. 455ff., 3. Aufl. 1975, Abschnitt 44-2.

Busse, D.: Juristische Semantik, 1993.

Byrne, P. A. / *O'Reilly*, S. / *Quay*, P. M.: Brain Death - An Opposing Viewpoint, The Journal of the American Medical Association (JAMA), vol. 242, 1979, S. 1985ff.

Cadus, J.-M.: Die faktische Betrachtungsweise. Ein Beitrag zur Auslegung im Strafrecht, 1984.

Canaris, C.-W.: Funktion, Struktur und Falsifikation juristischer Theorien, JZ 1993, S. 377ff.

Capron, A. M.: Death, Definition and Determination of/II: Legal Issues in Pronouncing Death, in: Reich, W. Th. (ed.), Encyclopedia of Bioethics, vol. 3, rev. ed., 1995, S. 534ff.

Capron, A. M. / *Kass*, L. R.: A Statutory Definition of the Standards for determining human death: An Appraisal and a Proposal, University of Pennsylvenia Law Review 121 (1972), S. 87ff.

Carstens, Th.: Das Recht der Organtransplantation, 1978.

– Organtransplantation, ZRP 1979, S. 282ff.

Cassirer, E.: Freiheit und Form. Studien zur deutschen Geistesgeschichte (1916), 5. Aufl. 1991.

Champdor, A.: Das Ägyptische Totenbuch (dt. Erstausg. 1977), TB-Ausg. 1993.

Christensen, R.: Was heißt Gesetzesbindung? Eine rechtslinguistische Untersuchung, 1989.

Christian, W.: Klinische Elektroenzephalographie, 3. Aufl. 1982.

Classen, C.-D.: Zur Menschenwürde aus der Sicht des Verfassungsrechts, in: Beckmann, D. u. a. (Hrsg.), Humangenetik - Segen für die Menschheit oder unkalkulierbares Risiko?, 1991, S. 93ff.

– Wissenschaftsfreiheit außerhalb der Hochschule, 1994.

– Buchbesprechung: Deutsche Sektion der Internationalen Juristenkommission (Hrsg.), Lebensverlängerung aus medizinischer, ethischer und rechtlicher Sicht, 1995, GA 1996, S. 587ff.

– Rezension: A. Jung, Die Zulässigkeit biomedizinischer Versuche am Menschen, 1995, JZ 1996, S. 720f.

– Die Drittwirkung der Grundrechte in der Rechtsprechung des Bundesverfassungsgerichts, AöR 122 (1997), S. 65ff.

Codex des kanonischen Rechts (1983): Lateinisch-deutsche Ausgabe (Verlag Butzon & Bercker, Kevelaer), 2. Aufl. 1984.

Cornell, D.: Vom Leuchtturm her: Das Erlösungsversprechen und die Möglichkeit der Auslegung des Rechts, in: Haverkamp, A. (Hrsg.), Gewalt und Gerechtigkeit. Derrida und Benjamin, 1994, S. 60ff.

Cox, H. L.: Volkskunde, in: Interdisziplinäre nordrhein-westfälische Forschungsarbeitsgemeinschaft 'Sterben und Tod' (Hrsg.), Sterben und Tod, Annotierte Auswahlbibliographie, 1996, S. 484ff.

Creifelds Rechtswörterbuch: 9. Aufl. 1988, 12. Aufl. 1994.

Cremer, J.: Grundlagen der ärztlichen Rechts- und Standeskunde, 1962.

Crüger, M. u. a.: Bauchhautreflexe und Kremasterreflexe bei traumatigenem Hirntod - Kasuistische Mitteilung, Praktische Anästhesie, Wiederbelebung und Intensivtherapie 1976, S. 39ff.

Dalcke, A.: Strafrecht und Strafprozeß, 7. Aufl. 1900.

Dalcke, A. / *Dalcke*, P. / *Fuhrmann*, E.: Strafrecht und Strafprozeß, 24. Aufl. 1932, 25. Aufl. 1934.

Dalcke, A. / *Fuhrmann*, E. / *Krug*, K. / *Schäfer*, K.: Strafrecht und Strafprozeß, 31. Aufl. 1940, 32. Aufl. 1941, 33. Aufl. 1942.

Dalcke, A. / *Fuhrmann*, E. / *Schäfer*, K.: Strafrecht und Strafprozeß, 35. Aufl. 1950, 36. Aufl. 1955, 37. Aufl. 1961.

Dannecker, G.: Strafrecht der Europäischen Gemeinschaft, in: Eser, A./Huber, B. (Hrsg.), Strafrechtsentwicklung in Europa, Bd. 4/3, 1995.

– Europäische Gemeinschaft und Strafrecht, in: Ulsamer, G. (Hrsg.), Lexikon des Rechts: Strafrecht/Strafverfahrensrecht, 2. Aufl. 1996, S. 302ff.

– Strafrecht der Europäischen Gemeinschaft, JZ 1996, S. 869ff.

Dannecker, G. / *Görtz-Leible*, M.: Die rechtliche und rechtspolitische Situation im Bereich von Transplantation und Sektion, in: Oberender, P. (Hrsg.), Transplantationsmedizin, 1995, S. 161ff.

de Mortanges, R. P.: Hans Dombois und das weltliche Strafrecht, Louis-Carlen-FS z. 60. Geb., 1989, S. 13ff.

de Sousa, M.: Der Einfluß des deutschen Grundgesetzes auf das portugiesische Verfassungsrecht, in: Battis, U. u. a. (Hrsg.), Das Grundgesetz im internationalen Wirkungszusammenhang der Verfassungen - 40 Jahre Grundgesetz -, 1990, S. 109ff.

Dedecius, K. (Hrsg.): Bedenke, bevor du denkst (1984), TB-Ausg. 1995.

Degenhardt, Ch.: Die Bewältigung der wissenschaftlichen und technischen Entwicklungen durch das Verwaltungsrecht, NJW 1989, S. 2435ff.

Delank, H.-W.: Neurologie, 7. Aufl. 1994.

Dencker, F.: Zum Erfolg der Tötungsdelikte, NStZ 1992, S. 311ff.

– Kausalität und Gesamttat, 1996.

Denninger, E.: Menschenrechte und Staatsaufgaben - ein „europäisches" Thema, JZ 1996, S. 585ff.

Depenheuer, O.: Der Wortlaut als Grenze. Thesen zu einem Topos der Verfassungsinterpretation, 1988.

Derrida, J.: Gesetzeskraft. Der „mystische Grund der Autorität", 1991.

Determann, L.: BVerfG zur staatlichen Pflicht zum Schutz der Gesundheit vor elektromagnetischen Feldern, NJW 1997, S. 2501ff.

Dettling, J. / *Schönberg*, S. / *Schwarz*, F.: Lehrbuch der gerichtlichen Medizin, 1951 (Zit.: Bearbeiter, in:).

Deutsch, E.: Die rechtliche Seite der Organtransplantation, ZRP 1982, S. 174ff.

- Biologische Grundlagen des Rechts, in: Schmidt-Hieber, W./Wassermann, R. (Hrsg.), Justiz und Recht, Festschrift aus Anlaß des 10jährigen Bestehens der Deutschen Richterakademie in Trier, 1983, S. 87ff.
- Einführung in die Thematik, in: ders./Kleinsorge, H./Scheler, F. (Hrsg.), Verbindlichkeit der medizinisch-diagnostischen und therapeutischen Aussage, 1983, S. 1f.
- Verbindlichkeit in der Rechtswissenschaft, in: ders./Kleinsorge, H./Scheler, F. (Hrsg.), Verbindlichkeit der medizinisch-diagnostischen und therapeutischen Aussage, 1983, S. 43ff.
- Arztrecht und Arzneimittelrecht, 2. Aufl. 1991.
- Neues Verfassungszivilrecht: Rechtswidriger Abtreibungsvertrag gültig - Unterhaltspflicht aber kein Schaden, NJW 1993, S. 2361ff.
- Buchbesprechung: W. Höfling/St. Rixen, Verfassungsfragen der Transplantationsmedizin, 1996, NJW 1997, S. 1625.

Deutscher Bundestag/Bundesarchiv (Hrsg.): Der Parlamentarische Rat 1948-1949, Bd. 7: Entwürfe zum Grundgesetz, 1995, S. 133ff.

Deutsches Rechtswörterbuch: Wörterbuch der älteren deutschen Rechtssprache, hrsgg. von der Heidelberger Akademie der Wissenschaften, Bd. 8, 1984 - 1991.

Deutsches Wörterbuch von Jacob und Wilhelm Grimm: Nachdruck Bd. 21, 1991 (Original-Bd. 11, I/1, 1935), Deutsches Wörterbuch von Jacob und Wilhelm Grimm, Nachdr. Bd. 12, 1991, (Original-Bd. 6, 1885).

DeVita, M. A. et al.: History of Organ Donation by Patients with Cardiac Death, Kennedy Institute of Ethics Journal 1993, S. 113ff.

Di Fabio, U.: Risikoentscheidungen im Rechtsstaat, 1994.

Diestelkamp, B.: Rechtsgeschichte als Zeitgeschichte. Historische Betrachtungen zur Entstehung und Durchsetzung der Theorie vom Fortbestand des Deutschen Reiches als Staat nach 1945, ZNR 1985, S. 181ff.

Dietlein, J.: Die Lehre von den grundrechtlichen Schutzpflichten, 1992.

Dietze, L.: Anm. zu BVerfG, Beschl. v. 30. 7. 1996 (1 BvR 1308/96), JZ 1996, S. 1073, in: JZ 1997, S. 1074f.

Dippel: Kommentierung zu § 168, in: Leipziger Kommentar zum StGB, Bd. IV, 10. Aufl. 1988 (Stand der Kommentierung: 12/1984), Randnrn. 1ff.

Dippel, K.: Die Stellung des Sachverständigen im Strafprozeß, 1986.

Dölle, H.: Juristische Entdeckungen (Festvortrag), in: Ständige Deputation des Deutschen Juristentages (Hrsg.), Verhandlungen des 42. DJT Düsseldorf 1957, 1959, Bd. II (Sitzungsberichte), B 1ff.

Drath, M.: Grund und Grenzen der Verbindlichkeit des Rechts, 1963.

Dreher, E.: Herbert Tröndle zum 70. Geburtstag, Tröndle-FS, 1989, S. 1ff.

Dreher, E. / *Maassen*, H.: StGB, 1. Aufl. 1954, 2. Aufl. 1956, 3. Aufl. 1959, 4. Aufl. 1967.

Dreher, E. / *Tröndle*, H.: StGB, Kommentar, 38. Aufl. 1978, 39. Aufl. 1980, 40. Aufl. 1981, 41. Aufl. 1983, 42. Aufl. 1985, 43. Aufl. 1986, 44. Aufl. 1988, 45. Aufl. 1991, 46. Aufl. 1993, 47. Aufl. 1995 (zit.: Tröndle, in:).

Dreier, H.: Dimensionen der Grundrechte, 1993.

- Gesellschaft, Recht, Moral, Universitas 1993, S. 247ff.

- Rechtsethik und staatliche Legitimität, Universitas 1993, S. 377ff.
- (Hrsg.), GG, Kommentar, Bd. I, 1996 (Zit.: Bearbeiter, in:).

Dreier, R.: Zur Problematik und Situation der Verfassungsinterpretation, in: ders./Schwegmann, F. (Hrsg.), Probleme der Verfassungsinterpretation, 1976, S. 13ff.

- Recht-Moral-Ideologie, 1981.

Drosdeck, Th.: Die herrschende Meinung - Autorität als Rechtsquelle -, 1989.

dtv-Brockhaus-Lexikon: Bd. 10, Bd. 18, 1982/1989.

Dubiel, H.: Wissenschaftsorganisation und politische Erfahrung, 1978.

Duchardt, H.: Deutsche Verfassungsgeschichte 1495 - 1806, 1991.

Duden: Das große Wörterbuch der deutschen Sprache, Bd. 3, 1977.

Dudziak, R.: Lehrbuch der Anästhesiologie, 3. Aufl. 1985.

Dürig, G.: Der Grundrechtssatz von der Menschenwürde, AöR 81 (1956), S. 117ff.

- Kommentierung zu Art. 1 und Art. 2 GG, in: Maunz, Th./Dürig, G./Herzog, R./Scholz, R., Kommentar zum Grundgesetz, Stand der Kommentierung: 1958, Randnrn. 1ff.

Dworkin, R. B.: Death in Context, Indiana Law Journal 48 (1973), S. 623ff.

Ebermayer, L.: Arzt und Patient in der Rechtsprechung, 1924.

- Der Arzt im Strafrecht, 1930.

Ebermayer, L. / *Lobe*, A. / *Rosenberg*, W.: Leipziger Kommentar zum StGB, 4. Aufl. 1929.

Ebert, U.: Kausalität im Strafrecht, in: Ulsamer, G. (Hrsg.), Lexikon des Rechts: Strafrecht/Strafverfahrensrecht, 2. Aufl. 1996, S. 503ff.

Eckart, W. U.: Geschichte der Medizin, 2. Aufl. 1994.

Ehlers, A. P. F.: Rezension: M. Schröder/J. Taupitz, Menschliches Blut: Verwendbar nach Belieben des Arztes?, 1991, MSchrKrim 1993, S. 200.

Ehmann, H.: Die Aufgabe der Zivilrechtslehrer, in: Juristische Fakultät der Universität Trier (Hrsg.), Die Aufgabe der Juristenfakultäten (Festgabe für O. Theisen), 1996, S. 11ff.

Ehmke, H.: Die Fristenregelung und das Grundgesetz, 1975.

Eibach, U.: Recht auf Leben - Recht auf Sterben. Anthropologische Grundlegung einer medizinischen Ethik, 1974.

- Sterbehilfe - Tötung auf Verlangen?, 1988.

Eicke: Referat: Ch. Käufer/E. Bücheler, Hirntod und Organtransplantation, DMJ 22 (1971), 185 - 19, in: Zentralblatt für die gesamte Medizin und ihre Grenzgebiete 1972/1973, S. 76.

Eigler, F. W.: Organtransplantation, Deutsches Ärzteblatt 1995, C-23/A-38.

Eigler, F. W. u. a.: Organtransplantation, in: Koslowski, L. u. a. (Hrsg.), Lehrbuch der Chirurgie, 3. Aufl. 1988, S. 253ff.

Eisenmenger, W.: Definition und Feststellung des Todes, Zeitschrift für Rechtsmedizin 1991, S. 1ff.

Eisenmenger, W. / *Spann*, W.: Wann ist der Mensch tot?, Münchener Medizinische Wochenschrift 1995, S. 508ff.

Elias, N.: Über die Einsamkeit der Sterbenden, 1982.

Elon, M.: Jewish Law and Modern Medicine, Israel Law Review 1969, S. 467ff.

Elsässer: Diskussionsbemerkung, in: CSU-Fraktion im Bayerischen Landtag (Hrsg.), Organspende/Organtransplantation, Dokumentation einer Expertenanhörung der CSU-Fraktion 29. 3. 1990 (Schriftenreihe der CSU-Fraktion Bd. 28), o. J. (1990), S. 52f.

Encyclopaedia Britannica: vol. 7, 1962.

Engelhardt Jr., H. T.: The Foundations of Bioethics, 1986.

Engelmann, L. / *Körner*, U. / *Schneider*, D. / *Thom*, A.: Bewahrungsauftrag und Intensivmedizin, in: Grenzsituationen ärztlichen Handelns. Von einem Autorenkollektiv unter Leitung von U. Körner u. a., 1981, S. 119ff.

Engisch, K.: Der Arzt im Strafrecht, Monatsschrift für Kriminalbiologie und Strafrechtsreform 30 (1939), S. 414ff.

– Die Idee der Konkretisierung in Recht und Rechtswissenschaft unserer Zeit, 1953.

– Die normativen Tatbestandselemente im Strafrecht, Mezger-FS, 1954, S. 127ff.

– Zur „Natur der Sache" im Strafrecht, Eb. Schmidt-FS, 1961, S. 90ff.

– Über Rechtsfragen bei homologer Organtransplantation, Der Chirurg H. 6/1967, S. 252ff.

– Auf der Suche nach der Gerechtigkeit, 1971.

– Der Arzt an den Grenzen des Lebens, 1973.

– Rechtliche Probleme im Grenzbereich zwischen Leben und Tod, in: Der Grenzbereich zwischen Leben und Tod, Veröffentlichungen der Joachim Jungius-Gesellschaft der Wissenschaften, 1976, S. 87ff.

– Aufklärung und Sterbehilfe bei Krebs in rechtlicher Hinsicht, Bockelmann-FS, 1979, S. 519ff.

– Einführung in das juristische Denken, 8. Aufl. 1983.

– Die Einheit der Rechtsordnung (1935), ND 1987.

Englert, N.: Todesbegriff und Leichnam als Elemente des Totenrechts, 1979.

Enzmann, P. J.: Wider die Angst-Rhetorik. Biotechnologie und Gentechnik zwischen Akzeptanz und Ablehnung, Konsequenzen. Zeitschrift für die Arbeit in Gemeinde, Diakonie, Ökumene und Mission, Nr. 4: Juli/August 1995, S. 18ff.

Erichsen, H.-U.: Die Drittwirkung der Grundrechte, Jura 1996, S. 527ff.

Ertl, G.: Grundlagen der Herz-Kreislauf-Regulation, in: Classen, M./Diehl, V./Kochsiek, K. (Hrsg.), Innere Medizin, 3. Aufl. 1994, S. 1067ff.

Eser, A.: Lebenserhaltungspflicht und Behandlungsabbruch in rechtlicher Sicht, in: Auer, A./Menzel, H./Eser, A., Zwischen Heilauftrag und Sterbehilfe. Zum Behandlungsabbruch aus ethischer, medizinischer und rechtlicher Sicht, 1977, S. 75ff.

– Zwischen „Heiligkeit" und „Qualität" des Lebens, in: Gernhuber, J. (Hrsg.), Tradition und Fortschritt im Recht, FS z. 500j. Bestehen der Tübinger Juristenfakultät, 1977, S. 377ff.

– Empfiehlt es sich, die Straftatbestände des Mordes, des Totschlags und der Kindestötung (§§ 211 bis 213, 217 StGB) neu abzugrenzen?, in: Ständige Deputation des DJT (Hrsg.), Verhandlungen des 53. DJT Berlin 1980, Bd. I (Gutachten), 1980, D 1ff.

- Diskussionsbemerkung, in: Ständige Deputation des Deutschen Juristentages (Hrsg.), Verhandlungen des 53. DJT Berlin 1980, Bd. II (Sitzungsberichte), 1980, M 59ff.
- Medizin und Strafrecht: Eine schutzgutorientierte Problemübersicht, ZStW 97 (1985), S. 1ff.
- Diskussionsbemerkung, in: Ständige Deputation des Deutschen Juristentages (Hrsg.), Verhandlungen des 56. DJT Berlin 1986, Bd. II (Sitzungsberichte), M 89ff.
- Artikel „Leben IV. Recht und Schutz des Lebens", in: Görres-Gesellschaft (Hrsg.), Staats-Lexikon, Bd. 3, 7. Aufl. 1987, Sp. 857ff.
- Hundert Jahre deutscher Strafgesetzgebung. Rückblick und Tendenzen, Maihofer-FS, 1988, S. 109ff.
- Auswahlbibliographie, in: ders. (Hrsg.), Recht und Medizin, 1990, S. 413ff.
- Beobachtungen zum „Weg der Forschung" im Recht der Medizin, in: ders. (Hrsg.), Recht und Medizin, 1990, S. 1ff.
- Diskussionsbemerkung, in: Jens, W./Küng, H., Menschenwürdig sterben (1995), TB-Ausg. 1996, S. 203.

Eser, A. / *Koch*, H.-G. (Hrsg.): Materialien zur Sterbehilfe, 1991.

Eser, A. / *Lutteroti*, M. von / *Sporken*, P. (Hrsg.): Lexikon Medizin-Ethik-Recht (1989), TB-Ausg. 1992 (Zit.: Bearbeiter, in:).

Esser, J.: Bemerkungen zur Unentbehrlichkeit des juristischen Handwerkszeugs, JZ 1975, S. 555ff.

Esser, R.: Der Arzt im Abtreibungsstrafrecht. Eine verfassungsrechtliche Analyse, 1992.

Etymologisches Wörterbuch des Deutschen: erarb. im Zentralinstitut für Sprachwissenschaft, Berlin, unter der Leitung von W. Pfeifer, 2. Aufl. durchgesehen und ergänzt von W. Pfeifer, 1993, Bd. 1 (A - L), Bd. 2 (M - Z).

Ev. Akademie Baden (Hrsg.): Organspende. Aber: Wann ist ein Mensch tot? (Herrenalber Protokolle 102 - Beiträge einer Tagung vom 5. - 7. 11. 1993), 1993.

Ev. Akademie Iserlohn (Hrsg.): Halb tot oder ganz tot. Der „Hirntod" - ein sicheres Todeszeichen? (Beiträge einer Tagung vom 23. 9. - 25. 9. 1994), Tagungsprotokoll 93/1994, o. J. (1995).

Evans, M.: Death in Denmark, Journal of medical ethics 1990, S. 191ff.

Facer, W. A. P.: Do we need a legal definition of death?, The New Zealand Law Journal 1975, S. 171ff.

Fahrenhorst, I.: Strafgesetzbuch, in: Ulsamer, G. (Hrsg.), Lexikon des Rechts: Strafrecht/Strafverfahrensrecht, 2. Aufl. 1996, S. 910ff.

Fechner, E.: Rechtsphilosophie, 1962.

Feest, J. / *Lesting*, W.: Zur Wirksamkeit von Alternativkommentaren, in: H. Ostendorf (Hrsg.), Integration von Strafrechts- und Sozialwissenschaften (FS für L. Pongratz), 1986, S. 231ff.

Feldmann, K. / *Fuchs-Heinritz*, W. (Hrsg.): Der Tod ist ein Problem der Lebenden. Beiträge zur Soziologie des Todes, 1995.

Feuerbach, P. J. A.: Kritik des natürlichen Rechts als Propädeutik zu einer Wissenschaft der natürlichen Rechte, 1796, ND 1963.

Feuerstein, G.: Das Transplantationssystem, 1995.

Fezer, K.-H.: Zur Begriffsgeschichte des Wirtschaftsrechts seit der Gründung der Bundesrepublik Deutschland, in: Mohnhaupt, H. (Hrsg.), Rechtsgeschichte in den beiden deutschen Staaten (1988 - 1990), 1991, S. 704ff.

Fieber, A.: Chancen und Risiken der Organverpflanzung, unter wissenschaftl. Beratung und mit Beiträgen v. R. Margreiter, 1991.

Fijnaut, C.: De toelating van raadslieden tot het politiele verdachtenverhoor, 1987.

Fikentscher, W.: Methoden des Rechts, Bd. III, 1976.

Fikentscher, W. / *Franke*, H. / *Köhler*, O.: Über Aufgaben und Möglichkeiten einer historischen Rechtsanthropologie, in: dies. (Hrsg.), Entstehung und Wandel rechtlicher Traditionen, 1980, S. 15ff.

Fink, U.: Selbstbestimmung und Selbsttötung, 1992.

Firestone, L. / *Firestone*, S.: Organ Transplantation, in: Miller, R. D. (ed.), Anesthesia, vol. 2, fourth edition 1994, S. 1981ff.

Fischer, Th.: Buchbesprechung: Peter Bringewat, Strafvollstreckung. Kommentar zu den §§ 449 - 463d StPO, 1993, JZ 1994, S. 92.

Fleck, L.: Entstehung und Entwicklung einer wissenschaftlichen Tatsache (1935), 3. TB-Aufl. 1994.

– Das Problem einer Theorie des Erkennens (1936), in: ders., Erfahrung und Tatsache, Gesammelte Aufsätze, deutsche Taschenbuch-Ausgabe 1983, S. 84ff.

Flemming, I. / *Zettler*, H. / *Schädlich*, M.: Zu Fragen des Hirntodes, Psychiatrie, Neurologie und medizinische Psychologie. Zeitschrift für die gesamte Nervenheilkunde und Psychotherapie, 1974, S. 641ff.

Foitzik, A.: Kompromiß - Ein problematischer Vorstoß für ein Organtransplantationsgesetz, Herder-Korrespondenz 1994, S. 438f.

Forster, B. / *Ropohl*, D.: Medizinische Kriminalistik am Tatort, 1983.

Forsthoff, E.: Der Staat der Industriegesellschaft, 2. Aufl. 1971.

Foucault, M.: Die Ordnung des Diskurses, dt. 1974.

Francke, R.: Ärztliche Berufsfreiheit und Patientenrechte, 1994.

Frank, R.: Das StGB für das Deutsche Reich (nebst dem Einführungsgesetz), 1897, 2. Aufl. 1901, 18. Aufl. 1931.

Frankenberg, G.: AIDS-Bekämpfung im Rechtsstaat, 1988.

– Hüter der Verfassung einer Zivilgesellschaft, KritJ 1996, S. 1ff.

Frankfurter, B. (Hrsg.): Die Begegnung. Auschwitz - Ein Opfer und ein Täter im Gespräch, 1995.

Franz, K.: Naturheilmittel und Recht, 1992.

Frehsee, D.: Die Strafe auf dem Prüfstand. Verunsicherungen des Strafrechts angesichts gesellschaftlicher Modernisierungsprozesse, StV 1996, S. 222ff.

Freund, G.: Normative Probleme der „Tatsachenfeststellung", 1987.

Friebel, W. / *Orschekowski*, W.: in: Ministerium der Justiz/Deutsche Akademie für Staats- und Rechtswissenschaft „Walter Ulbricht" (Hrsg.), Strafrecht der DDR, Lehrkommentar zum StGB, Bd. II, 1969.

Friedrich, U.: Widerstand, Staat und Recht, in: Kadima, M. B./Huot, J.-C. (Hrsg.), Kirche und Asyl - Legitimer Widerstand im Rechtsstaat?, 1996, S. 61ff.

414 Literaturverzeichnis

Friedrich-Ebert-Stiftung (Hrsg.): Die Grundrechte in beiden deutschen Staaten, 5. Aufl. 1985.

Fries, H.: Artikel „Grenze", in: Schütz, Ch. (Hrsg.), Praktisches Lexikon der Spiritualität, 1988, Sp. 568ff.

Fritsche, P.: Grenzbereich zwischen Leben und Tod, 1. Aufl. 1973, 2. Aufl. 1979.

Fromme, F. K.: Gastkommentar: Verlorenes Verfassungs-Maß, DRiZ 1996, S. 110.

Fuchs, R.: Tod bei Bedarf. Das Mordsgeschäft mit Organtransplantationen, 1996.

Funck, J.-R.: Der Todeszeitpunkt als Rechtsbegriff, MedR 1992, S. 182ff.

Gadamer, H.-G.: Die Erfahrung des Todes (1983), in: ders., Über die Verborgenheit der Gesundheit, 1993, S. 84ff.

– Wahrheit und Methode (1960), 6. Aufl. 1990.

Gahl, G. M. / *Jörres*, A.: Die künstliche Niere, in: Bücherl, E. S. (Hrsg.), Künstliche Organe, 1995, S. 130ff.

Gallwas, H.-U.: Grundrechte, 1. Aufl. 1985, 2. Aufl. 1995.

– Der andere Standpunkt: Anmerkungen zu den verfassungsrechtlichen Vorgaben für ein Transplantationsgesetz, JZ 1996, S. 851f.

Gast, W.: Juristische Rhetorik, 2. Aufl. 1992.

Geiger, W.: Sterbehilfe - was heißt das? (Reihe „Kirche und Gesellschaft" Nr. 130, hrsgg. v. der Kath. Sozialwiss. Zentralstelle Mönchengladbach), 1986.

Geilen, G.: Das Leben des Menschen in den Grenzen des Rechts, FamRZ 1968, S. 121ff.; (Neuabdruck - Vorbemerkung dort gekürzt - in: Eser, A. [Hrsg.], Recht und Medizin, 1990, S. 200ff.).

– Neue juristisch-medizinische Grenzprobleme, JZ 1968, S. 150ff.

– Probleme der Organtransplantation - Zugleich eine Besprechung des „Gütgemann"-Urteils des LG Bonn -, JZ 1971, S. 41ff.

– Probleme der Organtransplantation, JZ 1971, S. 41ff.

– Rechtsfragen der Todeszeitbestimmung, in: Krösl, W./Scherzer, E. (Hrsg.), Die Bestimmung des Todeszeitpunktes, 1973, S. 285ff.

– Diskussionsbemerkung, in: Krösl, W./Scherzer, E. (Hrsg.), Die Bestimmung des Todeszeitpunktes, 1973, S. 351ff.

– Medizinischer Fortschritt und juristischer Todesbegriff, Heinitz-FS, 1972, S. 373ff.

– Rechtsfragen der Organtransplantation, in: Honecker, M. (Hrsg.), Aspekte und Probleme der Organverpflanzung, 1973, S. 127ff.

– Legislative Erwägungen zum Todeszeitproblem, in: Eser, A. (Hrsg.), Suizid und Euthanasie, 1976, S. 301ff.

– Methodische Hinweise zur Bearbeitung von Strafrechtsfällen, in: Erichsen, H.-U. u. a., Studium und Examen, 1981, S. 7ff.

– Zum Strafschutz an der Anfangsgrenze des Lebens, ZStW 103 (1991), S. 829ff.

Geis, M.-E.: Die pragmatische Sanktion der „verfassungskonformen Analogie": kritische Anmerkungen zur neuesten „Lebenslänglich-Entscheidung" des BVerfG, NJW 1992, S. 2938ff.

Gerhardt, V.: Tod und Politik. Über eine grundlegende Bedingung der politischen Welt, in: Fischer, P. (Hrsg.), Freiheit oder Gerechtigkeit. Perspektiven Politischer Philosophie, 1995, S. 40ff.

Gerke, J.: Strafrecht, 1995.

Gerlach, J.: Diskussionsbemerkung, in: Penin, H./Käufer, Ch. (Hrsg.), Der Hirntod - Todeszeitbestimmung bei irreversiblem Funktionsverlust des Gehirns - Symposion am 14. Dezember 1968 in Bonn, 1969, S. 44f. und S. 54.

- Gehirntod und totaler Tod, Münchener Medizinische Wochenschrift 1969, S. 732ff.
- Die Definition des Todes in der Medizin, Münchener Medizinische Wochenschrift 1970, S. 65ff.
- Bedeutet Gehirntod auch menschlichen Tod?, Fortschritte der Medizin 1970, S. 399f. und S. 444.
- Stellungnahme, Bayerisches Ärzteblatt 1973, S. 730f.
- Defining Death and the Process of Dying in Medicine, Forensic Medicine and Jurisprudence, Ius Medicum 3 (1973), S. 163ff.

Gerlach, U. / *Beckmann*, J. P.: Vorwort, in: Interdisziplinäre nordrhein-westfälische Forschungsarbeitsgemeinschaft 'Sterben und Tod' (Hrsg.), Sterben und Tod. Annotierte Auswahlbibliographie, 1996, S. IIIf.

Gerland, H. B.: Deutsches Reichsstrafrecht, 1. Aufl. 1922, 2. Aufl. 1932.

Gersdorf, H.: Funktionen der Gemeinschaftsgrundrechte im Lichte des Solange II-Beschlusses des Bundesverfassungsgerichts, AöR 119 (1994), S. 400ff.

Gervais, K. G.: Redefining Death, 1986.

- Death, Definition and Determination of/III. Philosophical and Theological Perspectives, in: Reich, W. Th. (ed.), Encyclopedia of Bioethics, vol. 3, rev. ed. 1995, S. 540ff.

Gescher, S.: Rechtsprobleme des Schwangerschaftsabbruchs bei Anenzephalen, 1994.

Geserick, G.: Arztrecht und Sachverständigentätigkeit in der ehemaligen Deutschen Demokratischen Republik, in: Oehmichen, M. u. a. (Hrsg.), Rechtsmedizin in Deutschland - Ost und West, 1991, S. 135ff.

Giese, F.: GG, Kommentar, 1. Aufl. 1949, 2. Aufl. 1951, 4. Aufl. 1955.

Giesen, D.: International Medical Malpractice Law, 1988.

- Artikel „Organverpflanzung", in: Görres-Gesellschaft (Hrsg.), Staats-Lexikon, Bd. 4, 7. Aufl. 1988, Sp. 208ff.

Giesen D. / *Poll*, J.: Recht der Frucht/Recht der Mutter in der embryonalen und fetalen Phase aus juristischer Sicht, JR 1993, S. 177ff.

Gillner: Vortragszusammenfassung: K. Jarosch (Gerichtsmedizinisches Institut der Universität Salzburg), Agonie und Todeseintritt in ihrer rechtlichen Konsequenz, Kriminalistik und forensische Wissenschaften H. 10/1972, S. 101f.

Gmür, R.: Grundriß der deutschen Rechtsgeschichte, 6. Aufl. 1994.

Göke, K.: StGB in der am 1. 8. 1947 im britischen Kontrollgebiet geltenden Fassung mit den strafrechtlichen Vorschriften der Besatzungsbehörden, 1948.

Goldhahn, W.-E. / *Goldhahn*, G.: Hirntumoren, 1978, S. 175ff.

Golser, K.: Die Diskussion um den Hirntod aus der Perspektive eines katholischen Moraltheologen, Ethica 1997, S. 29ff.

Goltdammer, Th.: Die Materialien zum Straf-Gesetzbuche für die Preußischen Staaten, 1851.

Göpfert, B.: „Bewegliche Systeme" zur Bewältigung von Ähnlichkeiten am Beispiel der „Bürgschaftsfälle" des BGH, JuS 1993, S. 655ff.

Göppinger, H.: Kriminologie, 4. Aufl. 1980.

Gornig, G.: Staatennachfolge und die Einigung Deutschlands, Teil II: Staatsvermögen und Staatsschulden, 1992.

Gössel, K. H.: Überlegungen zur Reform der Tötungsdelikte, DRiZ 1980, S. 281ff.

- Versuch über Sein und Sollen im Strafrecht, Miyazawa-FS, 1995, S. 317ff.

Gott ist ein Freund des Lebens (1989): hrsgg. v. Kirchenamt der EKD und v. Sekretariat der Deutschen Bischofskonferenz, 5. Aufl. 1991.

Grädel, E. / *Schulte*, H. D.: Herz, in: Allgöwer, M./Siewert, J. R. (Hrsg.), Chirurgie, 5. Aufl. 1992, S. 467ff.

Graf Vitzthum, W.: Gentechnik und Grundgesetz - Eine Zwischenbilanz, Dürig-FS, 1990, S. 185ff.

- Rechtspolitik als Verfassungsvollzug?, Zum Verhältnis von Verfassungsauslegung und Gesetzgebung am Beispiel der Humangenetik-Diskussion, in: Günther, H.-L./Keller, R. (Hrsg.), Fortpflanzungsmedizin und Humangenetik - Strafrechtliche Schranken?, 2. Aufl. 1991, S. 61ff.

Grahlmann, H.-G.: Heilbehandlung und Heilversuch, 1977.

Gramer, E.: Das Recht der Organtransplantation, Diss. iur. Würzburg, 1981.

Greenberg, J.: Exploring the nature of mortality salience effects: Consciousness, affect, and attention to the problem of death, in: Johannes-Gutenberg-Universität Mainz/Interdisziplinärer Arbeitskreis Thanatologie (Hrsg.), Bericht über das 1. Symposium zur Thanatologie am 21. Juni 1995 in Mainz, Beiträge zur Thanatologie, H. 1/1995.

Greinert, R. / *Wuttke*, G. (Hrsg.): Organspende - Kritische Ansichten zur Transplantationsmedizin, 1991.

Grewel, H.: Ist ein Hirntoter tot genug?, Medical Tribune, Nr. 5 v. 5. 2. 1993, S. 6f.

- Medizin und Menschenbild oder das tödliche Dilemma der Transplantationsmedizin, Medizin & Globales Überleben 1994, S. 43ff.

- Gesellschaftliche und ethische Implikationen der Hirntodkonzeption, in: Hoff, J./in der Schmitten, J. (Hrsg.), Wann ist der Mensch tot? Organtransplantation und „Hirntod"-Kriterium, erweiterte Taschenbuch-Neuauflage, 1995, S. 332ff.

- Lohnen sich Organtransplantationen? Zur Frage der Lebensqualität, in: Gehirntod und Organtransplantation, Beiheft 1995 zur Berliner Theologischen Zeitschrift (BThZ), S. 66ff.

Gribbohm, G.: Zur Neuabgrenzung der Straftatbestände des Mordes, des Totschlags und der Kindestötung, ZRP 1980, S. 222ff.

Grimm, D.: Rechtsgeschichte als Voraussetzung von Rechtsdogmatik und Rechtspolitik, ARSP-Beiheft 13, 1980, S. 17ff.

- Rückkehr zum liberalen Grundrechtsverständnis? (1988), in: ders., Die Zukunft der Verfassung, 1991, S. 221ff.

Gritschneder, O.: Rechtsbeugung. Die späte Beichte des Bundesgerichtshofs, NJW 1996, S. 1239ff.

Gröblinghoff, St.: Die Verpflichtung des deutschen Strafgesetzgebers zum Schutz der Interessen der Europäischen Gemeinschaften, 1996.

Groh, Th. / *Poplutz*, Ch.: Rechtliche und ethische Probleme von Abtreibung und Sterbehilfe, Seminar der Juristen-Vereinigung Lebensrecht e. V. (JVL) für junge Juristen, JA H. 10/1995, S. VIIIff.

Grohmann, P.: Deutsches Promillerecht, Blutalkohol 33 (1996), 177ff.

Grondin, J.: Einführung in die philosophische Hermeneutik, 1991.

Gröschner, R.: Dialogik und Jurisprudenz, 1982.

- Menschenwürde und Sepulkralkultur in der grundgesetzlichen Ordnung, 1995.
- Freiheit und Ordnung in der Republik des Grundgesetzes, JZ 1996, S. 637ff.

Großfeld, B.: Computer und Recht, in: Hohmann, H. (Hrsg.), Freiheitssicherung durch Datenschutz, 1987, S. 51ff.

- Bildhaftes Rechtsdenken: Recht als bejahte Ordnung, 1995.

Grote, W.: Neurochirurgie, 1975.

Gründel, J.: Theological Aspects of Brain Death with Regard to the Death of a Person, in: Land, W./Dossetor, J. B. (eds.), Organ Replacement Therapy: Ethics, Justice, Commerce, 1991, S. 245ff.

Günther, K.: „Schuld" und Erinnerungspolitik, Universitas 1996, S. 1161ff.

Gusy, Ch.: „Wirklichkeit" in der Rechtsdogmatik, JZ 1991, S. 213ff.

- Polizeirecht, 1. Aufl. 1993.

Gütgemann, A.: Vorwort, in: Penin, H./Käufer, Ch. (Hrsg.), Der Hirntod - Todeszeitbestimmung bei irreversiblem Funktionsverlust des Gehirns - Symposion am 14. Dezember 1968 in Bonn, 1969, S. IIIf.

Gütgemann, A. / *Käufer*, Ch.: Zeichen und Zeitpunkt des Todes im Hinblick auf Organtransplantationen, Deutsches Ärzteblatt 1969, S. 2659ff.

Gütgemann, A. / *Käufer*, Ch.: Organentnahme und Transplantation, Deutsche Medizinische Wochenschrift 1971, S. 609ff.

Gütgemann, A. / *Vahlensieck*, W.: Voraussetzungen zur Nierentransplantation, Deutsche Medizinische Wochenschrift 1968, S. 671ff.

Gütgemann, A. u. a.: Erfahrungsbericht über eine homologe Lebertransplantation, Deutsche Medizinische Wochenschrift 1969, S. 1713ff.

Häberle, P.: Vorwort, in: ders. (Hrsg.), Verfassungsgerichtsbarkeit, 1976, S. XI ff.

- Grundprobleme der Verfassungsgerichtsbarkeit, in: ders. (Hrsg.), Verfassungsgerichtsbarkeit, 1976, S. 1ff.
- Grundrechtsgeltung und Grundrechtsinterpretation im Verfassungsstaat - Zugleich zur Rechtsvergleichung als „fünfter" Auslegungsmethode -, JZ 1989, S. 913ff.
- Nachruf auf Günter Dürig, NJW 1997, S. 305f.

Häberle, P. / *Blankenagel*, A.: Fußnoten als Instrument der Rechts-Wissenschaft, Rechtstheorie 19 (1988), S. 116ff.

Habermas, J.: Erkenntnis und Interesse (1968), TB-Ausg. 1973.

- Naturrecht und Revolution (1962/63), in: Theorie und Praxis (1963), TB-Ausg. 1971, S. 89ff.

- Die Einheit der Vernunft in der Vielfalt ihrer Stimmen, in: ders., Nachmetaphysisches Denken (Orig. 1988), TB-Ausg. 1992, S. 153ff.
- Faktizität und Geltung, 1992.

Haft, F.: StrafR-AT, 7. Aufl. 1996.
- StrafR-BT, 4. Aufl. 1991, 6. Aufl. 1997.

Hagemann, R.: Vom Verbrechenskatalog des altdeutschen Strafrechts, ZRG Germ. Abt. 91 (1974), S. 1ff.

Hallermann, W.: Ärztlich-medizinische Aufgaben im Rahmen der Rechtspflege, 1957.

Hälschner, H.: System des Preußischen Strafrechtes, II. Teil, 1868.

Hamann jr., A. / *Lenz*, H.: GG, Kommentar, 3. Aufl. 1970.

Hamann sen., A.: GG, Kommentar, 1. Aufl. 1956, 2. Aufl. 1961.
- Grundgesetz und Strafgesetzgebung, 1963.

Hanack, E.-W.: Zur strafrechtlichen Problematik von Beginn und Ende menschlichen Lebens, Der Nervenarzt 1969, S. 505ff.
- Rechtsprobleme bei Organtransplantationen, Studium Generale 23 (1970), S. 428ff.
- Todeszeitbestimmung, Reanimation und Organtransplantation, Deutsches Ärzteblatt 1969, S. 1320ff.

Hansen, G.: Gerichtliche Medizin, 2. Aufl. 1965.
- Ärztliche Probleme an der Grenze von Leben und Tod, in: Dürwald, W. (Hrsg.), Aktuelle Fragen der gerichtlichen Medizin (III), 1968, S. 11ff.
- Probleme des Todes und Organtransplantation, Kriminalistik und forensische Wissenschaften, H. 4/1971, S. 59ff.

Hardy, J. D. et al.: Heart Transplantation in Man, The Journal of the American Medical Association (JAMA) vol. 188 (1964), 1132ff.

Hardy, J. D. et al.: The First Heart Transplant in Man, The American Journal of Cardiology, December 1968, S. 772ff.

Harnack, E.: Die gerichtliche Medizin, 1914.

Harris, J.: Der Wert des Lebens. Eine Einführung in die medizinische Ethik, dt. 1995.

Haße, I. / *Teichler*, G.: Einführung, Textausgabe Straf- und Ordnungswidrigkeitenrecht (R. Haufe Verlag Freiburg/Berlin), 1991, S. 7ff.

Hassemer, W.: Kennzeichen und Krisen des modernen Strafrechts, ZRP 1992, S. 378ff.
- Richtiges Recht durch richtiges Sprechen? Zum Analogieverbot im Strafrecht, in: Grewendorf, G. (Hrsg.), Rechtskultur als Sprachkultur, 1992, S. 71ff.
- Bilder vom Strafrecht, in: Böllinger, L./Lautmann, R. (Hrsg.), Vom Guten, das noch stets das Böse schafft. Kriminalwissenschaftliche Essays zu Ehren von Herbert Jäger, 1993, S. 235ff.
- Aktuelle Perspektiven der Kriminalpolitik, StV 1994, S. 333ff.
- Rechtssystem und Kodifikation: Die Bindung des Richters an das Gesetz, in: Kaufmann, Arth./Hassemer, W. (Hrsg.), Einführung in Rechtsphilosophie und Rechtstheorie der Gegenwart, 6. Aufl. 1994, S. 248ff.
- Strafrechtswissenschaft in der Bundesrepublik Deutschland, in: Simon, D. (Hrsg.), Rechtswissenschaft in der Bonner Republik, 1994, S. 259ff.
- Perspektiven einer neuen Kriminalpolitik, StV 1995, S. 483ff.

– Sitzen die Richter auf ihrer Insel und betrachten das Festland? Über den Zustand der Dritten Gewalt, Festvortrag vor dem Hessischen Richterbund, Frankfurter Rundschau, Nr. 227 v. 28. 9. 1996, S. 6.

Hauck, W. / *Müller*, F.: Zur Sache: Organspende, 1994.

Haverich, A. / *Watanabe*, G.: Heart Transplantation, assist devices and cardiomyoplasty, in: Sobel, B. E. (ed.), Current Opinion in Cardiology 7 (1992), S. 259ff.

Heckel, M.: Zu Tradition und Fortschritt im Kirchenrecht, in: Gernhuber, J. (Hrsg.), Tradition und Fortschritt im Recht. FS z. 500jährigen Bestehen der Tübinger Juristenfakultät, 1977, S. 491ff.

– Die deutsche Einheit als Verfassungsfrage, 1995.

Hegel, G. W. F.: Grundlinien der Philosophie des Rechts (1820/21), Suhrkamp-TB-Werkausgabe Bd. 7, 2. Aufl. 1989.

– Phänomenologie des Geistes (1807), Suhrkamp-TB-Werkausgabe Bd. 3, 4. Aufl. 1993.

– Die Verfassung Deutschlands (= Verfassungsschrift) (1802), Werke, Suhrkamp-TB-Werkausgabe Bd. 1, 3. Aufl. 1994, S. 461ff.

– Enzyklopädie der philosophischen Wissenschaften im Grundrisse: III. Teil (1830), Suhrkamp-TB-Werkausgabe Bd. 10, 3. Aufl 1995.

Heidegger, M.: Sein und Zeit (1927), 17. Aufl. 1993.

– Die Technik und die Kehre (1962), 9. Aufl. 1996.

Heimann-Trosien, G.: Kommentierung zu § 168, in: Leipziger Kommentar, hrsg. v. Baldus, P./Willms, G., 9. Aufl., Bd. 2, 1974, Randnrn. 1ff.

Heimberger, J.: Arzt und Strafrecht, FG für Frank, Bd. I, 1930, S. 389ff.

Heimsoth, V. H.: Zum Transplantationsgesetz, Deutsche Medizinische Wochenschrift 1975, S. 259ff.

Heine, G.: Artikel „Tötungsdelikte", in: Ulsamer, G. (Hrsg.), Lexikon des Rechts: Strafrecht/Strafverfahrensrecht, 2. Aufl. 1996, S. 1010ff.

Heller, H.: Staatslehre (1934), in der Bearbeitung von G. Niemeyer, 6. Aufl. 1983.

Hellermann, J.: Die sogenannte negative Seite der Freiheitsrechte, 1993.

Henke, W.: Recht und Staat. Grundlagen der Jurisprudenz, 1988.

Henkel, H.: Einführung in die Rechtsphilosophie, 2. Aufl. 1977.

Henning, H. V.: Chronische Niereninsuffizienz - Urämie, in: Siegenthaler, W./Kaufmann, W./Hornbostel, H./Waller, H. D. (Hrsg.), Lehrbuch der inneren Medizin, 3. Aufl. 1992, S. 532ff.

Henssge, C.: Todeszeitbestimmung - Eine Methodenkritik, Beiträge zur gerichtlichen Medizin Bd. XLIV (1986), S. 109ff.

Herder-Lexikon der Biologie: Bd. 5, 1985, Bd. 4, 1985.

Herders Volkslexikon: 10. Aufl. 1952.

Hermes, G.: Das Grundrecht auf Schutz von Leben und Gesundheit, 1987.

– Grundrechtsschutz durch Privatrecht auf neuer Grundlage?, NJW 1990, S. 1764ff.

Herzberg, R. D.: Sterbehilfe als gerechtfertigte Tötung im Notstand?, NJW 1996, S. 3043ff.

Herzog, F.: Kommentierung zu § 168, in: Nomos-Kommentar zum StGB, Bd. 2: Besonderer Teil, Grundwerk 1995, Randnrn. 1ff.

Herzog, R.: Artikel „Leben und körperliche Unversehrtheit", in: ders. u. a. (Hrsg.), Evangelisches Staatslexikon, Bd. I, 3. Aufl. 1987, Sp. 1984ff.

– Das Bundesverfassungsgericht und die Anwendung einfachen Gesetzesrechts, Dürig-FS 1990, S. 431ff.

– Die Bedeutung des Verkehrsrechts in einer mobilen Gesellschaft, in: Deutsche Akademie für Verkehrswissenschaft (Hrsg.), 30. Deutscher Verkehrsgerichtstag 1992, 1992, S. 25ff.

– Das Geld im Grundgesetz (1993), in: ders., Staat und Recht im Wandel, 1993, S. 282ff.

Hesse, H. A. / *Kauffmann*, P.: Die Schutzpflicht in der Privatrechtsprechung, JZ 1995, S. 219ff.

Hesse, K.: Die normative Kraft der Verfassung (1959), in: Friedrich, M. (Hrsg.), Verfassung, 1978, S. 77ff.

– Grundzüge des Verfassungsrechts, 19. Aufl. 1993.

Hesselberger, D.: Das Grundgesetz. Kommentar für die politische Bildung, 5. Aufl. 1988, 9. Aufl. 1995.

Heuer, St.: Transplantation vor dem Aus? Stand der Transplantationsgesetzgebung im Frühjahr 1997, Spektrum - Informationen aus Forschung und Lehre (Georg-August-Universität Göttingen), H. 1/1997 (März 1997), S. 7ff.

Heuermann, P.: Verfassungsrechtliche Probleme der Schwangerschaft einer hirntoten Frau, JZ 1994, S. 133ff.

– Buchbesprechung: R. Kiesecker, Die Schwangerschaft einer Toten. Strafrecht an der Grenze von Leben und Tod - Der Erlanger und der Stuttgarter Baby-Fall, 1996, MedR 1996, S. 340.

– Buchbesprechung: W. Höfling/St. Rixen, Verfassungsfragen der Transplantationsmedizin, 1996, MedR 1997, S. 346

Heule, W. / *Schierlinger*, F.: Das StGB für das Deutsche Reich in seiner gegenwärtigen Gestalt, 1895.

Heun, W.: Der Hirntod als das Kriterium des Todes des Menschen - Verfassungsrechtliche Grundlagen und Konsequenzen, JZ 1996, S. 213ff.

– Schlußwort (Antwort auf: W. Höfling, Über die Definitionsmacht medizinischer Praxis und die Aufgabe der Verfassungsrechtslehre, JZ 1996, S. 615ff.), JZ 1996, S. 618f.

Hiersche, H.-D.: Kaiserschnitt an der Toten und Sterbenden, MedR 1985, S. 45ff.

Hildt, E.: Hirngewebetransplantation und personale Identität, 1996.

Hilgendorf, E.: Gibt es ein „Strafrecht der Risikogesellschaft"?, NStZ 1993, S. 10ff.

– Forum: Zwischen Humanexperiment und Rettung ungeborenen Lebens - Der Erlanger Schwangerschaftsfall, JuS 1993, S. 97ff.

– Rechtsphilosophie im vereinigten Deutschland, Philosophische Rundschau 40 (1993), S. 1ff.

– Rezension: N. Kluge, Wann beginnt menschliches Leben?, 1992, GA 1994, S. 395f.

– Ektogenese und Strafrecht, MedR 1994, S. 429ff.

- Scheinargumente in der Abtreibungsdiskussion - am Beispiel des Erlanger Schwangerschaftsfalls, NJW 1996, S. 758ff.
- Moralphilosophie und juristisches Denken, ARSP 82 (1996), S. 397ff.
- Literaturbericht: Angewandte Ethik, ARSP 82 (1996), S. 575ff.
- Literaturbericht: Neuere juristische Schriftensammlungen, ARSP 82 (1996), S. 436ff.

Hill, H.: Verfassungsrechtliche Gewährleistungen gegenüber der staatlichen Strafgewalt, in: Isensee, J. /Kirchhof, P. (Hrsg.), Handbuch des Staatsrechts, Bd. VI, 1989, § 156.

Hillenkamp, Th.: 32 Probleme aus dem Strafrecht Allgemeiner Teil, 8. Aufl. 1996.
- 30 Probleme aus dem Strafrecht Allgemeiner Teil, 7. Aufl. 1994.

Hillgruber, Ch.: Der Schutz des Menschen vor sich selbst, 1992.

Hinderer, H.: Über die Grundsätze der Verantwortlichkeit des Arztes nach dem Entwurf des StGB der DDR, in: Aktuelle Fragen der gerichtlichen Medizin (II), bearb. v. Vámosi, M. (Institut für gerichtliche Medizin und Kriminalistik der Martin-Luther-Universität Halle-Wittenberg), 1967, S. 39ff.

- Grenzprobleme des Lebens - unter Berücksichtigung juristischer Aspekte, in: Grenzsituationen ärztlichen Handelns, Von einem Autorenkollektiv unter Leitung von Körner, U. u. a., 1981, S. 42ff.

Hirntod. Erklärung deutscher wissenschaftlicher Gesellschaften zum Tod durch völligen und endgültigen Hirnausfall, hrsgg. v. der Deutschen Gesellschaft für Anästhesiologie und Intensivmedizin, der Deutschen Gesellschaft für Neurochirurgie, der Deutschen Gesellschaft für Neurologie und der Deutschen Physiologischen Gesellschaft, September 1994 (Broschüre der Deutschen Stiftung Organtransplantation/Arbeitskreis Organspende), 2. Aufl. 1995; s. auch den Abdruck in MedR H. 12/1994, S. VIIIf.

Hirsch, E. E.: Vom Kampf des Rechtes gegen die Gesetze (1975), in: ders., Rechtssoziologie für Juristen, 1984, S. 159ff.

Hirsch, G.: Fortschritte der Medizin - Herausforderung an das Recht, Helmrich-FS, 1994, S. 953ff.

Hirsch, G. / *Schmidt-Didczuhn*, A.: Transplantation und Sektion, 1992.

Hirsch, H. J.: Bilanz der Strafrechtsreform, H. Kaufmann-GS, 1986, S. 133ff.
- Nachruf zu Paul Bockelmann, ZStW 100 (1988), S. 281ff.

Hirsch-Kauffmann, M. / *Schweiger*, M.: Biologie für Mediziner, 2. Aufl. 1992.

Höch, Th.: Der Einigungsvertrag zwischen völkerrechtlichem Vertrag und nationalem Gesetz, 1995.

Hochreuter, A.: Gebärzwang und tote Frau als Brüterin - patriarchale Ethik?, KritJ 1994, S. 67ff.

Hoeren, Th.: Vom praktischen Nutzen der Rechtswissenschaft, ZRP 1996, S. 284ff.

Hoerster, N.: Rechtsethische Überlegungen zur Freigabe der Sterbehilfe, NJW 1986, S. 1786ff.
- Strafwürdigkeit der Abtreibung?, Universitas 1991, S. 19ff.
- Abtreibung im säkularen Staat, 1991.
- Definition des Todes und Organtransplantation, Universitas 1997, S. 42ff.

Hof, H.: Schwellenphänomene in Verhalten und Recht, FS f. H. Helmrich z. 60. Geb., 1994, S. 1125ff.

Hoff, J.: Leben und Tod zwischen Biologismus und Metaphysik, in: Frauen gegen Bevölkerungspolitik (Hrsg.), LebensBilder - LebensLügen, 1996, S. 59ff.

Hoff, J. / *in der Schmitten*, J. (Hrsg.): Wann ist der Mensch tot?, Organverpflanzung und Hirntodkriterium, 1994, erweiterte Taschenbuch-Neuauflage 1995.

Hoff, J. / *in der Schmitten*, J.: Kritik der „Hirntod"-Konzeption - Plädoyer für ein menschenwürdiges Todeskriterium, in: dies. (Hrsg.), Wann ist der Mensch tot?, Organverpflanzung und „Hirntod"-Kriterium, erweiterte Taschenbuch-Neuauflage 1995, S. 153ff.

- Hirntote Patienten sind sterbende Menschen, Universitas 1995, S. 328ff.

Hoff, J. / *in der Schmitten*, J. / *Rixen*, St.: Das eigene Sterben ist unverletzlich. Wie tot ist ein hirntoter Mensch?, Süddeutsche Zeitung, Nr. 261 v. 12./13. 11. 1994, S. V (Wochenendbeilage).

Höffe, O.: Vernunft und Recht. Bausteine zu einem interkulturellen Rechtsdiskurs, 1996.

Hoffmann, P.: „Priesterkirche" - zur Zeit, in: ders. (Hrsg.), Priesterkirche, 1987, S. 7ff.

Hoffmann-Riem, W.: Öffentliches Recht und Privatrecht als wechselseitige Auffangordnungen - Systematisierung und Entwicklungsperspektiven, in: ders./Schmidt-Aßmann, E. (Hrsg.), Öffentliches Recht und Privatrecht als wechselseitige Auffangordnungen, 1996, S. 261ff.

Hoffmeister, J.: Wörterbuch der philosophischen Begriffe, 1955.

Höfling, W.: Offene Grundrechtsinterpretation. Grundrechtsauslegung zwischen amtlichem Interpretationsmonopol und privater Konkretisierungskompetenz, 1987.

- Vertragsfreiheit - Eine grundrechtsdogmatische Studie, 1991.
- Staatsschuldenrecht, 1993.
- Die Abtreibungsproblematik und das Grundrecht auf Leben, in: Thomas, H./Kluth, W. (Hrsg.), Das zumutbare Kind, 1993, S. 119ff.
- Hinter dem Hirntodkonzept steckt ein reduziertes Menschenbild - Die Medizin hat kein Monopol auf das Todesverständnis, Frankfurter Rundschau, Nr. 184 vom 10. 8. 1994, S. 16.
- Um Leben und Tod: Transplantationsgesetzgebung und Grundrecht auf Leben, JZ 1995, S. 26ff.
- Die Unantastbarkeit der Menschenwürde - Annäherungen an einen schwierigen Verfassungsrechtssatz, JuS 1995, S. 857ff.
- Plädoyer für eine enge Zustimmungslösung, Universitas 1995, S. 357ff.
- Vom Ende menschlichen Lebens. Anmerkungen zum sog. Hirntod aus verfassungsrechtlicher Sicht, in: Transplantation: Spenden und Empfangen (Materialien für den Dienst in der Evangelischen Kirche von Westfalen, Reihe B/H. 10), 1995, hrsgg. im Auftrag des Landeskirchenamtes von Held, W., S. 82ff.
- Organtransplantation und Verfassungsrecht, in: Hoff, J./in der Schmitten, J. (Hrsg.), Wann ist der Mensch tot? Organverpflanzung und „Hirntod"-Kriterium, erweiterte Taschenbuch-Neuauflage 1995, S. 449ff.
- Hirntodkonzeption und Transplantationsgesetzgebung, MedR 1996, S. 6ff.
- Über die Definitionsmacht medizinischer Praxis und die Aufgabe der Verfassungsrechtslehre, JZ 1996, S. 615ff.
- Das Gesetz und der Hirntod, in: Die Zeit, Nr. 17 vom 18.4.1997, S. 34.

Höfling, W. / *Rixen* St.: Verfassungsfragen der Transplantationsmedizin, 1996.

Hofmann, G. O. u. a.: Das Problem der Organspende, Münchener Medizinische Wochenschrift 1994, S. 476ff.

Hofmann, H.: Die Pflicht des Staates zum Schutz des menschlichen Lebens, Krause-FS, 1990, S. 115ff.

– Geschichtlichkeit und Universalitätsanspruch des Rechtsstaats, Universitas 1995, S. 841ff.

Holderegger, A.: Was zeichnet den Menschen als Menschen aus?, Zeitschrift für medizinische Ethik 1994, S. 275ff.

Holstein, G.: Reichsverfassung und Schulverwaltungssystem, AöR N. F. 12 (1927), S. 187ff.

Holtschneider, R.: Normenflut und Rechtsversagen. Wie wirksam sind rechtliche Regelungen?, 1991.

Holzgreve, W.: Überlegungen zum Problem der Organtransplantationen von anencephalen Spendern, Zentrum für medizinische Ethik Bochum: Medizinethische Materialien, Heft 53/Oktober 1989, S. 6ff.

Holzhey, H.: Artikel „Kritik/II.4. Hegelsche Tradition", in: Ritter, J./Gründer, K. (Hrsg.), Historisches Wörterbuch der Philosophie, Bd. 4, 1976, Sp. 1275ff.

Honecker, M.: Person- und Leibverständnis, Albert, F. W./Land, W./Zwierlein, E. (Hrsg.), Transplantationsmedizin und Ethik, 1995, S. 149ff.

Honnefelder, L.: Die ethische Entscheidung im ärztlichen Handeln. Einführung in die Grundlagen der medizinischen Ethik, in: ders. (Hrsg.), Ärztliches Urteilen und Handeln. Zur Grundlegung einer medizinischen Ethik, 1994, 135ff.

Horkheimer, M. / *Adorno*, Th. W.: Dialektik der Aufklärung, in: Horkheimer, M., Gesammelte Schriften, Bd. 5, 1987 (TB-Ausg).

Horn, E.: Todesbegriff, Todesbeweis und Angiographie in juristischer Sicht, Der Internist 1974, S. 557ff.

– Kommentierung zu § 212, in: Systematischer Kommentar zum StGB, Bd. II: Besonderer Teil, 5. Aufl./Stand: 37. Lfg. Juni 1996, (Stand der Kommentierung: Mai 1993), Randnrn. 1ff.

Horn, N.: Vom jüngeren zum jüngsten Naturrecht, Kriele-FS, 1997, S. 889ff.

Höver, G. / *Ruhlands*, P.: Theologie, Interdisziplinäre nordrhein-westfälische Forschungsarbeitsgemeinschaft 'Sterben und Tod' (Hrsg.), Sterben und Tod, Annotierte Auswahlbibliographie, 1996, S. 421ff.

Huber, E. R.: Deutsche Verfassungsgeschichte seit 1789, Bd. III, 1963.

– (Hrsg.), Dokumente zur deutschen Verfassungsgeschichte, Bd. 2, 3. Aufl. 1986.

Huber, W.: Organtransplantation, Hirntod und Menschenbild, in: Hoff, J./in der Schmitten, J. (Hrsg.), Wann ist der Mensch tot? Organtransplantation und „Hirntod"-Kriterium, erweiterte Taschenbuch-Neuauflage 1995, S. 462ff.

Hufen, F.: Diskussionsbemerkung, VVDStRL 50 (1991), S. 333f.

Hugger, H.: The European Community's Competence to Prescribe National Criminal Sanctions, European Journal of Crime, Criminal Law and Criminal Justice 1995, S. 241ff.

Huizinga, J.: Homo Ludens. Vom Ursprung der Kultur im Spiel (niederl. 1938), dt. TB-Ausg. 1994.

Ignor, A.: Der Straftatbestand der Beleidigung, 1995.

in der Schmitten, J.: Der Hirntod - ein sicheres Todeszeichen?, in: Gymnasialpädagogische Materialstelle der Evangelisch-Lutherischen Kirche in Bayern (Hrsg.), Tod und Leben, Bd. I, 1994, S. 76ff.

Institut für Theorie des Staates und des Rechts der Akademie der Wissenschaften der DDR (Hrsg.): Rechtshandbuch für den Bürger, 1986.

Interdisziplinäre nordrhein-westfälische Forschungsarbeitsgemeinschaft ‚Sterben und Tod' (Hrsg.): Sterben und Tod. Annotierte Auswahlbibliographie, 1996.

Ipsen, K.: Die Selbstdarstellung der DDR vor internationalen Menschenrechtsorganisationen, in: Deutscher Bundestag, Materialien der Enquete-Kommission „Aufarbeitung von Geschichte und Folgen der SED-Diktatur in Deutschland (12. Wahlperiode), S. 547ff.

Ipsen, K. / *Ipsen*, J.: Kommentierung zu Art. 12a GG, in: Bonner Kommentar zum GG, 36. Lfg. August 1976, Randnrn. 1ff.

Irrgang, B.: Grundriß der medizinischen Ethik, 1995.

Isensee, J.: Die staatsrechtliche Stellung der Ausländer in der Bundesrepublik Deutschland, VVDStRL 32 (1974), S. 49ff.

- Artikel „Staat" (I.-VII.), in: Görres-Gesellschaft (Hrsg.), Staats-Lexikon, Bd. 5, 7. Aufl. 1989, Sp. 133ff.

- Das Grundrecht als Abwehrrecht und als staatliche Schutzpflicht, in: ders./Kirchhof, P. (Hrsg.), Handbuch des Staatsrechts, Bd. V, 1992, § 111.

- Diskussionsbemerkung, VVDStRL 54 (1995), S. 116.

- Bericht über die Veranstaltungen der Sektion für Rechts- und Staatswissenschaft, Jahres- und Tagungsbericht der Görres-Gesellschaft 1995, S. 146ff.

- Staat im Wort - Sprache als Element des Verfassungsstaates, FS zum 180jährigen Bestehen der Carl Heymanns Verlag KG, 1995, S. 571ff.

- Bundesverfassungsgericht - quo vadis?, JZ 1996, S. 1085ff.

Jacoby, G.: Allgemeine Ontologie der Wirklichkeit, Bd. 1, 1925.

Jahn, M.: Wiedergutmachung und Integrationsprävention: An den Grenzen der Steuerungsfähigkeit des Strafrechts, RTh 27 (1996), S. 65ff.

Jähnke, B.: Über die gerechte Ahndung vorsätzlicher Tötung und über das Mordmerkmal der Überlegung, MDR 1980, S. 705ff.

- Kommentierung vor § 211, in: Leipziger Kommentar zum StGB, Bd. V, 10. Aufl. 1989 (Stand der Kommentierung: 2/1980), Randnrn. 1ff.

Jakobs, G.: Die Konkurrenz von Tötungsdelikten mit Körperverletzungsdelikten, 1967.

- Rechtstheoretische Überlegungen zur Verantwortung der medizinischen Wissenschaft, Beiträge zur gerichtlichen Medizin Bd. XLVI (1988), S. 9ff.

- StrafR-AT, 2. Aufl. 1991.

- Vergangenheitsbewältigung durch Strafrecht? Zur Leistungsfähigkeit des Strafrechts nach einem politischen Umbruch, in: Isensee, J. (Hrsg.), Vergangenheitsbewältigung durch Recht, 1992, S. 37ff.

- Zum Unrecht der Selbsttötung und der Tötung auf Verlangen, Arth. Kaufmann-FS, 1993, S. 459ff.

Jänisch, W. / *Schreiber*, D. / *Warzok*, R.: Neuropathologie - Pathomorphologie und Pathogenese neurologischer Krankheiten, 1990.

Jarass, H. D.: Grundrechte als Wertentscheidungen bzw. objektiv-rechtliche Prinzipien in der Rechtsprechung des Bundesverfassungsgerichts, AöR 110 (1985), S. 363ff.
- Bausteine einer umfassenden Grundrechtsdogmatik, AöR 120 (1995), S. 345ff.
- Die Entwicklung des allgemeinen Persönlichkeitsrechts in der Rechtsprechung des Bundesverfassungsgerichts, Erichsen, H.-U. u. a. (Hrsg.), Recht der Persönlichkeit, 1996, S. 89ff.

Jarass, H. D. / *Pieroth*, B.: GG, Kommentar, 1. Aufl. 1989, 2. Aufl. 1992, 3. Aufl. 1995, 4. Aufl. 1997.

Jaspers, K.: Psychologie der Weltanschauungen (1919), 6. Aufl. 1971.
- Philosophie, Bd. 2 (1932), 4. Aufl. 1973.
- Erneuerung der Universität (1945), in: ders., Hoffnung und Sorge, 1965, S. 31ff.

Jastremski, M. et al.: Problems in brain death determination, Journal of Forensic Science 1978, S. 201ff.

Jeand'Heur, B.: Sprachliches Referenzverhalten bei der juristischen Entscheidungstätigkeit, 1989.

Jellinek, G.: Der Kampf des alten mit dem neuen Recht, 1907.

Jescheck, H.-H.: Die Bedeutung der Rechtsvergleichung für die Strafrechtsreform, Bokkelmann-FS, 1979, S. 133ff.
- Geleitwort, in: H. Lüttger, Vorträge und Abhandlungen, hrsgg. v. Vogler, Th., 1986, S. Vff.
- Strafrecht - Allgemeiner Teil, 1. Aufl. 1969, 4. Aufl. 1988.
- Strafrecht und Kriminologie unter einem Dach, in: Albrecht, H.-J./Kürzinger, J. (Hrsg.), Kriminologie in Europa - Europäische Kriminologie? Kolloquium aus Anlaß d. 65. Geb. von G. Kaiser, 1994, S. 7ff.

Jescheck, H.-H. / *Weigend*, Th.: Strafrecht - Allgemeiner Teil, 5. Aufl. 1996.

Jetter, D.: Grußwort, in: Fischer, M. (Hrsg.), Aufbruch zum Dialog - Fünfzig Jahre Evangelische Akademie Bad Boll, 1995, S. 11f.

Joerden, J. C.: Tod schon bei „alsbaldigem" Eintritt des Hirntodes?, NStZ 1993, S. 268ff.

Johannes Paul II.: Enzyklika „Evangelium vitae" v. 25. 3. 1995, Verlautbarungen des Apostolischen Stuhls Nr. 120, hrsgg. v. Sekretariat der Deutschen Bischofskonferenz, 3. korrigierte Aufl. 1995.

John, R. E.: Entwurf mit Motiven zu einem Strafgesetzbuche für den Norddeutschen Bund, 1868.

Jonas, H.: Das Prinzip Verantwortung (1979), Taschenbuch-Ausgabe 1984.
- Gehirntod und menschliche Organbank: Zur pragmatischen Umdefinierung des Todes (1985), in: ders., Technik, Medizin und Ethik (Orig.-Ausg. 1985), Tasschenbuch-Ausgabe 1987, S. 219ff.
- Brief an Hans-Bernhard Wuermeling, in: Hoff, J./in der Schmitten, J. (Hrsg.), Wann ist der Mensch tot? Organverpflanzung und Hirntodkriterium, erweiterte Taschenbuch-Neuauflage 1995, S. 21ff.

Jörns, K.-P.: Leib und Tod: Organspende - eine Christenpflicht?, Evangelische Kommentare 1992, S. 593ff.
- Gibt es ein Recht auf Organtransplantation - Ein theologischer Diskurs, 1993.

- Organtransplantation: eine Anfrage an unser Verständnis von Sterben, Tod und Auferstehung, in: Hoff, J./in der Schmitten, J. (Hrsg.), Wann ist der Mensch tot? Organtransplantation und „Hirntod"-Kriterium, erweiterte Taschenbuch-Neuauflage 1995, S. 350ff.

Jung, A.: Die Zulässigkeit biomedizinischer Versuche am Menschen, 1996.
- Die französische Rechtslage auf dem Gebiet der Transplantationsmedizin, MedR 1996, S. 355ff.

Jung, H.: Biomedizin und Strafrecht, ZStW 100 (1988), S. 3ff.
- Empfiehlt sich eine Ausgestaltung des strafrechtlichen Sanktionensystems?, in: Verhandlungen des 10. Österreichischen Juristentages 1988, S. 1ff.
- Paradigmawechsel im Strafvollzug? Eine Problemskizze zur Privatisierung der Gefängnisse, in: G. Kaiser u. a. (Hrsg.), Kriminologische Forschung in den 80er Jahren, 1988, S. 377ff.
- Prüfsteine für das strafrechtliche Sanktionensystem, GA 1993, S. 535ff.
- Anmerkungen zum Verhältnis von Strafe und Staat, GA 1996, S. 507ff.

Jüngel, E.: Tod, 2. Aufl. 1972.
- Lob der Grenze (1973), in: Kuschel, K.-J. (Hrsg.), Die Theologie des 20. Jahrhunderts. Ein Lesebuch, 1986, S. 29ff.
- Untergang oder Renaissance der Religion? Überlegungen zu einer schiefen Alternative, in: Teufel, E. (Hrsg.), Was hält die moderne Gesellschaft zusammen?, 1996, S. 176ff.

Jungermann, J.: Gesprächsbeitrag, in: Bavastro, P. (Hrsg.), Organspende - der umkämpfte Tod, 1995, S. 29ff.

Jürgens, G.: Die verfassungsrechtliche Stellung Behinderter nach Änderung des Grundgesetzes, ZfSH/SGB 1995, S. 353ff.

Just, H.: Juristische Aspekte der Organtransplantation, in: Giesen, W./Keienburg, F. H. (Hrsg.), Organtransplantation. Wann endet Leben?, 1969, S. 27ff.

Just, O. H.: Buchbesprechung: H. Penin/Ch. Käufer (Hrsg.)., Der Hirntod, in: Zeitschrift für praktische Anästhesie und Wiederbelebung 1969, S. 400.

Kägi, W.: Die Verfassung als rechtliche Grundordnung des Staates, o. J. (1945).

Kaiser, G.: Juristische und rechtspolitische Probleme der Transplantation und Reanimation, Medizinische Klinik 1967, S. 643ff.
- Der Tod und seine Rechtsfolgen, in: Mergen, A. (Hrsg.), Die juristische Problematik in der Medizin, Bd. I: Der Arzt und seine Beziehung zum Recht, 1971, S. 31ff.
- Einfluß der Biologie und der Medizin auf das Strafrecht, in: ZStW-Beiheft (Deutsche strafrechtliche Landesreferate zum VIII. Internationalen Kongreß für Rechtsvergleichung Pescara 1970) 1971, S. 9ff.
- Kriminologie im Verbund gesamter Strafrechtswissenschaft, Jescheck-FS, Bd. II, 1985, S. 1035ff.
- Kriminologie, 3. Aufl. 1996.

Kaiser, Gisb.: Grundstrukturen juristischen Denkens, in: Doerry, J./Watzke, H.-G. (Hrsg.), FS f. Wolfgang Heiermann z. 60. Geb., 1995, S. 181ff.

Kallmann, R.: Rechtsprobleme bei der Organtransplantation, FamRZ 1968, S. 572ff.

Kant, I.: Logik (1800), in: ders., Schriften zur Metaphysik und Logik 2, Suhrkamp-TB-Werkausgabe Bd. VI, 4. Aufl. 1982, S. 419ff.
- Kritik der reinen Vernunft (1781/1787), Suhrkamp-TB-Werkausgabe Bd. III und IV, 13. Aufl. 1995.
- Prolegomena zu einer jeden künftigen Metaphysik, die als Wissenschaft wird auftreten können (1783), in: ders., Schriften zur Metaphysik und Logik 1, Suhrkamp-TB-Werkausgabe Bd. V, 7. Aufl. 1988, S. 111ff.
- Einleitung in die Metaphysik der Sitten (1797/98), in: ders., Die Metaphysik der Sitten, Suhrkamp-TB-Werkausgabe Bd. VIII, 9. Aufl. 1991, S. 315ff.
- Über den Gemeinspruch: Das mag in der Theorie richtig sein, taugt aber nicht für die Praxis (1793), hrsgg. v. Ebbinghaus, J. (Ausg. im Vittorio Klostermann Verlag), 5. Aufl. 1992.

Karl, Ch.: Todesbegriff und Organtransplantation, gezeigt am Beispiel der Bundesrepublik Deutschland, der ehemaligen DDR und [von] Österreich, 1995.

Katechismus der Katholischen Kirche: dt. TB-Ausg. 1993.

Katholischer Erwachsenen-Katechismus: hrsgg. v. der Deutschen Bischofskonferenz, Bd. 2, 1995.

Katz, A.: Staatsrecht, 13. Aufl. 1996.

Kau, M.: Verfassungsrechtliche Grenzen der Strafandrohung, Kriele-FS, 1997, S. 761ff.

Käufer, Ch.: Die Bestimmung des Todes bei irreversiblem Verlust der Hirnfunktionen, 1971.

Käufer, Ch. / *Penin*, H.: Todeszeitbestimmung beim dissoziierten Hirntod, Deutsche Medizinische Wochenschrift 1968, S. 679ff.

Kaufmann, Arth.: Artikel „Todesstrafe", in: Görres-Gesellschaft (Hrsg.), Staatslexikon, Bd. 7, 6. Aufl. 1962, Sp. 1002ff.
- Recht und Sittlichkeit, 1964.
- Euthanasie - Selbsttötung - Tötung auf Verlangen, MedR 1983, S. 121ff.
- Gustav Radbruch. Rechtsdenker, Philosoph, Sozialdemokrat, 1987.
- Vierzig Jahre Rechtsentwicklung - dargestellt an einem Satz des Grundgesetzes, in: Bleek, W./Maull, H. (Hrsg.), Ein ganz normaler Staat? - Perspektiven nach 40 Jahren Bundesrepublik, 1989, S. 51ff.
- Das Menschenbild im Recht. Rechtsphilosophische Aspekte, Schüler-Springorum-FS, 1993, S. 415ff.
- Grundprobleme der Rechtsphilosophie, 1994.

Kautsky, R.: Der ärztliche Kampf um das Leben des Patienten „bis zum letzten Atemzug", Hochland 1960/61, S. 303ff.
- Diskussionsbemerkung, in: Penin, H./Käufer, Ch. (Hrsg.), Der Hirntod - Todeszeitbestimmung bei irreversiblem Funktionsverlust des Gehirns - Symposion am 14. Dezember 1968 in Bonn, 1969, S. 53f.
- Diskussionsbemerkung in der Podiumsdiskussion: Der zentrale Atemstillstand, eine ärztliche Konfliktsituation, in: Bushe, K.-A. (Hrsg.), Fortschritte auf dem Gebiet der Neurochirurgie, 1970, S. 38ff.

Keller, C.-A.: Die Komplementarität von Leben und Tod im hinduistischen und mesopotamischen Mythus in: Stephenson, G. (Hrsg.), Leben und Tod in den Religionen, 3. Aufl. 1994, S. 17ff.

Keller, R.: Der Verlust von orientierungskräftiger Gegenständlichkeit im Strafrecht und der Normativismus, ZStW 107 (1995), S. 457ff.

Kelly, D. D.: Disorders of Sleep and Consciousness, in: Kandel, E. R. et al. (eds.), Principles of Neural Science, 3rd ed., 1991, S. 805ff.

Kelsen, H.: Reine Rechtslehre, 1. Aufl. 1934, 2. Aufl. 1960.

Kerber, W.: Der Schutz des menschlichen Lebens in der Rechtsphilosophie von Arthur Kaufmann, Arth. Kaufmann-FS z. 70. Geb., 1993, 161ff.

Kerde, Ch.: Toterklärung bei Fällen unter Reanimation, Kriminalistik und forensische Wissenschaften H. 4/1971, S. 69ff.

Kerde, Ch. / *Schulz*, H.: Erfahrungen bei der Toterklärung, Das Deutsche Gesundheitswesen 28 (1973), S. 1043ff.

Kern, B.-R.: Anm. zu AG Hersbruck, Beschl. v. 16. 10. 1992 - XVII 1556/92 (= MedR 1993, S. 111f.), MedR 1993, S. 112f.

– Zivilrechtliche Gesichtspunkte der Transplantation, in: Gramberg-Danielsen, B. (Hrsg.), Rechtliche Grundlagen der augenärztlichen Tätigkeit, 6. Erg.lfg. 1995.

Kern, E.: Schutz des Lebens, der Freiheit und des Heims, in: Neumann, F. L./Nipperdey, H. C./Scheuner, U. (Hrsg.), Die Grundrechte, Bd. II, 2. unveränderte Aufl. 1968 (1. Aufl. 1954), S. 51ff.

Kerner, H.-J.: Befähigung zur Freiheit: Der Auftrag zur Straffälligenhilfe. Einleitendes Referat, in: Evangelische Akademie Bad Boll (Hrsg.), Sanktion und Hilfe: Alte Ziele - Neue Wege in Strafjustiz und Straffälligenhilfe, Tagung vom 3.- 5. Juni 1981 (Materialdienst 16/81), S. 101ff.

– Kriminologie in Europa - Europäische Kriminologie?, in: Albrecht, H.-J./ Kürzinger, J. (Hrsg.), Kriminologie in Europa - Europäische Kriminologie? Kolloquium aus Anlaß d. 65. Geb. von G. Kaiser, 1994, S. 79ff.

– Kriminologische Forschung im sozialen Umbruch. Ein Zwischenresümee nach sechs Jahren deutsch-deutscher Kooperation, in: Boers, K./Gutsche, G./Sessar, K. (Hrsg.), Sozialer Umbruch und Kriminalität in Deutschland, 1997, S. 331ff.

Kerner, H.-J. / *Rixen*, St.: Ist Korruption ein Strafrechtsproblem? - Zur Tauglichkeit strafgesetzlicher Vorschriften gegen die Korruption -, GA 1996, S. 355ff.

Kiefner, H.: Rezeption (privatrechtlich), in: A. Erler/Ek. Kaufmann (Hrsg.), Handwörterbuch zur deutschen Rechtsgeschichte, Bd. IV, 1990, Sp. 970ff.

Kiesecker, R.: Die Schwangerschaft einer Toten. Strafrecht an der Grenze von Leben und Tod - Der Erlanger und der Stuttgarter Baby-Fall, 1996.

Kilian, M.: Förderalistische Verfassungsgebung in den neuen Bundesländern: Das Beispiel Sachsen-Anhalt, JuS 1993, S. 536ff.

Kimpel, T.: Leichensachen und Leichenöffnung, 1986.

Kimura, R.: Japan's Dilemma with the Definition of Death, Kennedy Institute of Ethics Journal 1991, S. 123ff.

Kinzel, D.: Transfusion und Transplantation in strafrechtlicher Sicht, Diss. iur. München, 1967.

Kirchhof, P.: Der Auftrag des Grundgesetzes an die rechtsprechende Gewalt, in: Die Hochschullehrer der Juristischen Fakultät der Universität Heidelberg (Hrsg.), Richterliche Rechtsfortbildung, FS der Juristischen Fakultät zur 600-Jahr-Feier der Ruprecht-Karls-Universität Heidelberg, 1986, S. 11ff.

- Der allgemeine Gleichheitssatz, in: Isensee, J./Kirchhof, P. (Hrsg.), Handbuch des Staatsrechts, Bd. V, 1992, § 124.
- Von der einigenden zur Einheitsverfassung, Universitas 1994, S. 23ff.
- Die Aufgaben des Bundesverfassungsgerichts in Zeiten des Umbruchs, NJW 1996, S. 1497ff.
- Die Verschiedenheit der Menschen und die Gleichheit vor dem Gesetz, 1996.

Kirklin, J. W. / *Barrat-Boyes*, G. B.: Cardiac Surgery, 2nd ed. 1993, S. 1658ff. (sect. 4: cardiac transplantation).

Kirste, G.: Organspenden: Plädoyer für eine sachliche Diskussion, in: Prisma - Neues aus Wissenschaft und Forschung, hrsg. vom Ministerium für Wissenschaft und Forschung Baden-Württemberg, H. 3/Juni 1995, S. 6ff.

Kisker, D.: Neue Aspekte im Streit um den Vorbehalt des Gesetzes, NJW 1977, S. 1313ff.

Kissel, N.: Aufrufe zum Ungehorsam und § 111 StGB. Grundrechtlicher Einfluß bei der Feststellung strafbaren Unrechts, 1996.

Kleeberger, W.: Die Stellung der Rechte der Europäischen Menschenrechtskonvention in der Rechtsordnung der Bundesrepublik Deutschland - Versuch einer Neubestimmung -, 1992.

Kleiber, M.: Versuch der unterlassenen Hilfeleistung am untauglichen Objekt? - Zum Tatbestandsmerkmal „Erforderlichkeit" ärztlicher Hilfe unter Berücksichtigung des Todeszeitpunktes, in: Anästhesie - Intensivtherapie - Notfallmedizin 1981, S. 350ff.

Klein, M.: Hirntod: Vollständiger und irreversibler Verlust aller Hirnfunktionen?, Ethik in der Medizin 1995, S. 6ff.

Kleine-Cosack, E.: Kausalitätsprobleme im Umweltstrafrecht, 1988.

Kleinknecht, Th. / *Meyer-Goßner*, L.: StPO u. a., Kommentar, 42. Aufl. 1995.

Kliever, L. D.: Death: Western Religious Thought, in: Reich, W. Th. (ed.), Encyclopedia of Bioethics, vol. 1, 2nd. edition, 1995, S. 505ff.

Klinge, I.: Todesbegriff, Totenschutz und Verfassung, 1996.

Klinkhammer, G.: Hirntod und Schwangerschaft: Rettung des Erlanger Babys weder geboten noch verboten, Deutsches Ärzteblatt 1993, B-75f.
- Organentnahme bei Zustimmung der Angehörigen - Entwurf eines Transplantationsgesetzes, Deutsches Ärzteblatt 1995, B-411f.
- Transplantationsgesetz: Hirntod entscheidet, Deutsches Ärzteblatt 1995, B-1445.
- BÄK-Vorstand: Herzstillstand kein sicheres Zeichen, Deutsches Ärzteblatt 1995, B-2159.
- Organentnahmen nur bei Zustimmung, Deutsches Ärzteblatt 1995, B-2320.

Klinner, W.: Herztransplantation - Medizinische, rechtliche und ethische Probleme des transplantierenden Arztes, in: Ziegler, J. G. (Hrsg.), Organverpflanzung. Medizinische, rechtliche und ethische Probleme, 1977, S. 11ff.

Klippel, D.: Vorwort, in: Schwab, D., Geschichtliches Recht und moderne Zeiten. Ausgewählte rechtshistorische Aufsätze, 1995, S. Vf.

Kloepfer, M.: Verfassungsgebung als Zukunftsbewältigung aus Vergangenheitserfahrung, in: ders. u. a., Kontinuität und Diskontinuität in der deutschen Verfassungsgeschichte, 1994, S. 35ff.

Kloth, K.: Todesbestimmung und postmortale Organentnahme, 1996.

Kluge, F.: Etymologisches Wörterbuch der deutschen Sprache, 22. Aufl. 1989.

Kluth, W.: Die Hirntodkonzeption: Medizinisch-anthropologische Begründung, verfassungsrechtliche Würdigung, Bedeutung für den vorgeburtlichen Lebensschutz, Zeitschrift für Lebensrecht Nr. 1/1996, S. 3ff.

Kluth, W. / *Sander*, B.: Verfassungsrechtliche Aspekte einer Organspendepflicht, DVBl. 1996, S. 1285ff.

Klüver, J.: Begriffsbildung in den Sozialwissenschaften und in der Rechtswissenschaft, in: Jahr, G./Maihofer, W. (Hrsg.), Rechtstheorie, 1971, S. 369ff.

Knies, W.: Das Grundgesetz - kein Kodex des Staatsrechts. Zu aktuellen Fragen der Verfassungsreform, in: Merten, D./Schreckenberger, W. (Hrsg.), Kodifikation gestern und heute. Zum 200. Geburtstag des Allgemeinen Landrechts für die Preußischen Staaten, 1995, S. 221ff.

Knobbe-Keuk, B.: Bilanz- und Unternehmenssteuerrecht, 9. Aufl. 1993.

Knörr, K. u. a.: Geburtshilfe und Gynäkologie, 3. Aufl. 1989.

Köbler, G.: Juristisches Wörterbuch, 5. Aufl. 1991.

Köbler, G. / *Pohl*, H.: Deutsch-Deutsches Rechtswörterbuch, 1991.

Koch, H.-G.: Einführung und rechtsvergleichende Übersicht, in: Eser, A./Koch, H.-G (Hrsg.), Materialien zur Sterbehilfe, 1991, S. 1ff.

- Bundesrepublik Deutschland, in: Eser, A./Koch, H.-G. (Hrsg.), Materialien zur Sterbehilfe, 1991, S. 31ff.

- Das Grundrecht auf Leben und differenzierter strafrechtlicher Lebensschutz, Zeitschrift für ärztliche Fortbildung 1994, S. 211ff.

- Medizinrecht: Ersatz oder Pendant medizinischer Ethik?, Ethik in der Medizin 1994, S. 2ff.

- Jenseits des Strafrechts - mitten im Medizinrecht: Über einige Regelungsprobleme der Organtransplantation, in: Arnold, J. u. a. (Hrsg.), Grenzüberschreitungen (Eser-FS z. 60. Geb.), 1995, S. 317ff.

- Suizid und Sterbehilfe: eine rechtliche Bestandsaufnahme, in: Anschütz, F./Wedler, H.-L. (Hrsg.), Suizidprävention und Sterbehilfe, 1996, S. 101ff.

Koch, H.-J.: Diskussionsbemerkung, in: Erbguth, W. u. a. (Hrsg.), Abwägung im Recht, 1996, S. 46f.

Koch, H.-J. / *Rüßmann*, H.: Juristische Begründungslehre, 1982, S. 67ff.

Kohlhaas, M.: Rechtsfragen zur Transplantation von Körperorganen, NJW 1967, S. 1489ff.

- Medizin und Recht, 1969.

- Rechtsfragen zwischen Leben und Tod, Sarstedt-FS, 1981, S. 133ff.

Kojève, A.: Die Idee des Todes in der Philosophie Hegels, in: ders., Hegel. Eine Vergegenwärtigung seines Denkens: Kommentar zur Phänomenologie des Geistes (frz. 1947), 4. Aufl. dt. TB-Ausg. 1996.

Kokott, J.: Beweislastverteilung und Prognoseentscheidungen bei der Inanspruchnahme von Grund- und Menschenrechten, 1993.

- Deutschland im Rahmen der Europäischen Union - zum Vertrag von Maastricht, AöR 119 (1994), S. 207ff.

Kollhosser, H.: Persönlichkeitsrecht und Organtransplantationen, in: Erichsen, H.-U. u. a. (Hrsg.), Recht der Persönlichkeit, 1996, S. 147ff.

Kollhosser, H. / *Kubillus*, M.: Grundfragen des Arztrechts, JA 1996, S. 339ff.

Konert, J. / *Langkopf*, B. / *Luther*, E.: Die Entwicklung der Nierentransplantation in der DDR und ihre ethischen Probleme am Beispiel des Nierentransplantationszentrums Halle, Ethik in der Medizin 2 (1990), S. 141ff.

König, B.: Todesbegriff, Todesdiagnostik und Strafrecht, o. J. (Diss. iur. Kiel, 1988).

Kooper, D. K. C / *Barnard*, Ch. N. et al.: Medical, legal and administrative aspects of cadaveric organ donation in the RSA, South African Medical Journal 1982, S. 933ff.

Kootstra, G.: The Asystolic, or Non-Heartbeating, Donor, Transplantation 1997, S. 917ff.

Kopetzki, Ch.: Organgewinnung zu Zwecken der Transplantation, 1988.

Kopp, F.: Das Menschenbild im Recht und in der Rechtswissenschaft, Obermayer-FS zum 70. Geb., 1986, S. 53ff.

Koppernock, M.: Das Grundrecht auf bioethische Selbstbestimmung, 1997.

Körner, U.: Hirntod und Organspende, 1994.

– Hirntod und Organtransplantation - die umstrittene Verfügung über das Sterben, Zeitschrift für ärztliche Fortbildung 1994, S. 195ff.

– Leserbrief, in: Ethik in der Medizin 1995, S. 109ff.

Körner, U. / *Seidel*, K. / *Thom*, A.: Sozialistischer Humanismus und die ärztliche Pflicht zur Bewahrung menschlichen Lebens, in: Grenzsituationen ärztlichen Handelns. Von einem Autorenkollektiv unter Leitung von Körner, U. u. a., 1981, S. 15ff.

Korthals, G.: Strafrechtliche Probleme der Organtransplantation, Diss. iur. Hamburg, 1969.

Körtner, U. H. J.: Bedenken, daß wir sterben müssen. Sterben und Tod in Theologie und medizinischer Ethik, 1996.

Kosewähr, R.: Die Stellung der Bürger im Zivilrecht, in: Göhring, J./Posch, M. (Leitung und Gesamtredaktion), Zivilrecht, Lehrbuch, Teil 1, 1981, S. 87ff.

Köst, E.: Juristisches Wörterbuch, 5. Aufl. 1963.

Kötz, H.: Rechtsvergleichung und Rechstdogmatik, in: Schmidt, K. (Hrsg.), Rechtsdogmatik und Rechtspolitik - Hamburger Ringvorlesung, 1990, S. 75ff.

Kraatz, F.: Parlamentsvorbehalt im Gentechnikrecht, 1995.

Krämer, H.: Integrative Ethik (1992), TB-Ausg. 1995.

Kramer, H.-J.: Rechtsfragen der Organtransplantation, 1987.

Krämling, G.: Artikel „Periode/Periodisierung", in: Ritter, J./Gründer, K. (Hrsg.), Historisches Wörterbuch der Philosophie, Bd. 7, 1989, Sp. 259ff.

Kratter, J.: Lehrbuch der gerichtlichen Medizin, 2. Aufl. 1921.

Krauland, W.: Kriterien des Individualtodes aus rechtsmedizinischer Sicht, Münchener medizinische Wochenschrift 1975, S. 225ff.

– Kriterien des Individualtodes aus rechtsmedizinischer Sicht, Ius Medicum 5 (1979), S. 461ff.

Krautkrämer, H.: Lebendspende für einen Unbekannten - der pure Altruismus?, Fortschritte der Medizin, H. 27, 114 Jg. (1996), S. 14f.

Krefft, M.: Juristische Probleme der Transplantationsmedizin, in: Ach, J. S./Quante, M. (Hrsg.), Hirntod und Organverpflanzung, 1997, S. 215ff.

Krey, V.: Grundfälle zu den Straftaten gegen das Leben (Teil 1), JuS 1971, S. 86ff.

– StrafR-BT/1, 1. Aufl. 1972, 2. Aufl. 1975, 3. Aufl. 1976, 4. Aufl. 1979, 6. Aufl. 1986, 7. Aufl. 1989, 8. Aufl. 1991, 9. Aufl. 1994, 10. Aufl. 1996.

Kriele, M.: Anmerkung zu BVerfG, Urteil v. 25. 2. 1975 - 1 BvF 1-6/74 - (= BVerfGE 39, 1), JZ 1975, S. 222ff.

– Die nicht-therapeutische Abtreibung vor dem Grundgesetz, 1992.

Kriz, J. / *Lisch*, R.: Methoden-Lexikon, 1988.

Kroeschell, K.: Deutsche Rechtsgeschichte 1 (bis 1250), 6. Aufl. 1980.

Kröner, O.: Die vorsätzlichen Tötungsdelikte in ihrer Entwicklung von der Carolina bis zum Anfang des 18. Jahrhunderts, Diss. iur. Göttingen, 1958.

Krösl, W. / *Scherzer*, E. (Hrsg.): Die Bestimmung des Todeszeitpunktes, 1973.

Kruis, K. / *Cassardt*, G.: Verfassungsrechtliche Leitsätze zum Vollzug von Straf- und Untersuchungshaft, NStZ 1995, S. 521ff., S. 574ff.

Kubicki, St.: Diskussionsbemerkung, in: Penin, H./Käufer, Ch. (Hrsg.), Der Hirntod - Todeszeitbestimmung bei irreversiblem Funktionsverlust des Gehirns - Symposion am 14. Dezember 1968 in Bonn, 1969, S. 42.

– Diskussionsbemerkung, in: Krösl, W./Scherzer, E. (Hrsg.), Die Bestimmung des Todeszeitpunktes, 1973, S. 355f.

Kübler, G.: Etymologisches Rechtswörterbuch, 1995.

Kübler, H.: Verfassungsrechtliche Aspekte der Organentnahme zu Transplantationszwecken, 1977.

Küchler, M.: Stichwort „Operationalisierung", in: Endruweit, G./Trommsdorff, G. (Hrsg.), Wörterbuch der Soziologie, Bd. 2, 1989, S. 473.

Kühl, K.: Strafrecht - Allgemeiner Teil, 1994.

Kuhlen, L.: Zum Strafrecht der Risikogesellschaft, GA 1994, S. 347ff.

Kuhlmann, A.: Sterbehilfe, 1995.

Kühn, S.-H.: Zur medizinischen und rechtlichen Problematik im Umgang mit Todesbescheinigungen in Schleswig-Holstein, Diss. med., Kiel 1987.

Kuhn, Th. S.: Die Struktur wissenschaftlicher Revolutionen (engl. 1962), 13. dt. TB-Aufl. 1996.

Kunert, K.-H.: Die Organtransplantation als legislatorisches Problem, Jura 1979, S. 350ff.

Kunig, Ph.: Grundrechtlicher Schutz des Lebens, Jura 1991, 415ff.

– (Hrsg.): Grundgesetz-Kommentar, Bd. 1, 4. Aufl. 1992, Bd. 3, 3. Aufl. 1996 (Zit.: Bearbeiter, in:).

Künschner, A.: Wirtschaftlicher Behandlungsverzicht und Patientenverzicht und Patientenauswahl, 1992.

Kupatt, Ch.: An der Schwelle des Todes. Zur Kontroverse um den Hirntod, 1994.

Küper, W.: Strafrecht - Besonderer Teil, Definitionen mit Erläuterungen, 1996.

Küper, W. / *Welp*, J.: Vorwort, in: FS für W. Stree und J. Wessels, 1993, S. VIIff.

Küpper, G.: Strafrecht - Besonderer Teil/1, 1996.

Kurthen, M.: Hirntod oder Teilhirntod?, Deutsches Ärzteblatt 1990, B-824.

- Ist der Hirntod der Tod des Menschen?, Ethica 1994, S. 409ff.

Kurthen, M. / *Linke*, D. B.: Vom Hirntod zum Teilhirntod, in: Hoff, J./in der Schmitten, J. (Hrsg.), Wann ist der Mensch tot?, Organverpflanzung und „Hirntod"-Kriterium, erweiterte Taschenbuch-Neuauflage 1995, S. 82ff.

Kurthen, M. / *Linke*, D. B. / *Moskopp*, D.: Teilhirntod und Ethik, Ethik in der Medizin 1989, S. 134ff.

Kurthen, M. / *Linke*, D. B. / *Reuter*, B. M.: Hirntod, Großhirntod oder personaler Tod?, Medizinische Klinik 1989, S. 483ff.

Kutzer, K.: Strafrechtliche Grenzen der Sterbehilfe, NStZ 1994, S. 110ff.

- ZRP-Rechtsgespräch mit dem Vors. Richter am BGH K. Kutzer, ZRP 1997, S. 117ff.

- Besprechung: Schönke/Schröder, StGB, Kommentar, 25. Aufl. 1997, NJW 1997, S. 2099.

Laband, P.: Das Staatsrecht des Deutschen Reiches, Bd. I, 2. Aufl. 1888.

Lackner, K.: Notizen eines „Kurzkommentators", in: Wolter, J. (Hrsg.), 140 Jahre Goldtammer's Archiv für Strafrecht. Eine Würdigung zum 70. Geb. v. P.-G. Pötz, 1993, S. 149ff.

- Nachruf auf Eduard Dreher, NJW 1997, S. 36.

- StGB mit Erläuterungen, 14. Aufl. 1981, 15. Aufl. 1983, 16. Aufkl. 1985, 17. Aufl. 1987, 18. Aufl. 1989, 19. Aufl. 1991, 20. Aufl. 1993, 21. Aufl. 1995 (seitdem zusammen mit K. *Kühl*), 22. Aufl. 1997 (Zit.: Bearbeiter, in:).

Lackner, K. / *Maassen*, H.: StGB mit Erläuterungen, 5. Aufl. 1969, 6. Aufl. 1970, 7. Aufl. 1972, 8. Aufl. 1974, 9. Aufl. 1975, 10. Aufl. 1976, 11. Aufl. 1977, 12. Aufl. 1978, 13. Aufl. 1980 (zit.: Bearbeiter, in).

Ladeur, K.-H.: Postmoderne Verfassungstheorie, in: Preuß, U. K. (Hrsg.), Zum Begriff der Verfassung, 1994, S. 304ff.

Lagodny, O.: Die Aktivitäten des Europarats auf strafrechtlichem Gebiet, in: Eser, A./Huber, B. (Hrsg.), Strafrechtsentwicklung in Europa, Bd. 3/2, 1990, S. 1315ff.

- Strafrecht vor den Schranken der Grundrechte, 1996.

Lagodny, O. / *Reisner*, S.: Die Aktivitäten des Europarats auf strafrechtlichem Gebiet, in: Eser A./Huber, B. (Hrsg.), Strafrechtsentwicklung in Europa, Bd. 4/2, 1994, S. 1679ff.

Lamb, D.: Organ Transplantants and Ethics, 1990.

Lammich, S. / *Koch*, H.-G.: Deutsche Demokratische Republik, in: Eser, A./Koch, H.-G. (Hrsg.), Materialien zur Sterbehilfe, 1991, S. 195ff.

Lampe, E.-J.: Das Menschenbild des Rechts - Abbild oder Vorbild?, ARSP-Beiheft 22/1985, S. 9ff.

Land, W.: Historie, Terminologie, immunologische Grundlagen und klinische Ergebnisse der Organtransplantation, in: ders. (Hrsg.), Transplantationchirurgie, 1996, S. 2ff.

- Prinzipien der Organspende, in: ders. (Hrsg.), Transplantationsschirurgie, 1996, S. 12ff.

Land, W. u. a.: Organtransplantation (klinische Aspekte), in: Heberer, G. u. a. (Hrsg.), Chirurgie, 6. Aufl. 1993, S. 227ff.

Lange, R.: in: Leipziger Kommentar, hrsg. v. Baldus, P./Willms, G., 9. Aufl., Bd. 2, 1974, vor § 211 Rn. 4 (Stand der Kommentierung: 10/1970), Randnrn. 1ff.

Lankenau, K.: Stichwort „Empirische Sozialforschung", in: Schäfers, B. (Hrsg.) Grundbegriffe der Soziologie, 3. Aufl. 1992, S. 66ff.

Larenz, K.: Originäre Rechtssachverhalte, Würtenberger sen., Th. (Hrsg.), Phänomenologie. Rechtsphilosophie. Jurisprudenz, FS für G. Husserl zum 75. Geb., 1969, S. 132ff.

– Methodenlehre der Rechtswissenschaft, 6. Aufl. 1991.

Larenz, K. / *Canaris*, C.-W.: Methodenlehre der Rechtswissenschaft (Studienausgabe), 3. Aufl. 1995.

Largiadèr, F.: Nomenklatur und Definitionen, in: ders. (Hrsg.), Organtransplantation, 1966, S. 10ff.

– Organtransplantat, in: ders. (Hrsg.), Organtransplantation, 1966, S. 44ff.

– Transplantation des Herzens, in: ders. (Hrsg.), Organtransplantation, 1966, S. 138ff.

Larsen, R.: Anästhesie, 4. Aufl. 1994, 5. Aufl. 1995.

Laufhütte, H. W.: Gerhard Herdegen zum 70. Geb., NJW 1996, S. 2637.

Laufs, A.: Juristische Probleme des Hirntodes, Der Nervenarzt 1985, S. 399ff.

– Arzt und Recht im Wandel der Zeit, MedR 1986, S. 163ff.

– Rechtliche Grenzen der Transplantationsmedizin, in: Kamps, H./Laufs, L. (Hrsg.), Arzt- und Kassenarztrecht im Wandel, FS für H. Narr, 1988, S. 34ff.

– Der Arzt - Herr über Leben und Tod? Antworten aus Sicht eines Juristen, in: Marré, H./Stüting, J. (Hrsg.), Essener Gespräche zum Thema Staat und Kirche Bd. 22: Der Schutz des menschlichen Lebens, 1988, S. 114ff.

– Der ärztliche Heilauftrag aus juristischer Sicht, 1989.

– Zum Wandel des ärztlichen Berufsrechts, Geiger-FS z. 80. Geb., 1989, S. 228ff.

– Arztrecht und Grundgesetz, in: Mußgnug, R. (Hrsg.), Rechtsentwicklung unter dem Bonner Grundgesetz, 1990, S. 145ff.

– Fortpflanzungsmedizin und Arztrecht, 1992.

– Arztrecht, 1. Aufl. 1977, 2. Aufl. 1978, 3. Aufl. 1984, 4. Aufl. 1988, 5. Aufl. 1993.

– Die Entwicklung des Arztrechts 1993/1994, NJW 1994, S. 1562ff.

– Arzt und Recht im Umbruch der Zeit, NJW 1995, S. 1590ff.

– Ein deutsches Transplantationsgesetz - jetzt?, NJW 1995, S. 2398f.

– Medizinrecht im Wandel, NJW 1996, S. 1571ff.

– Rechtsentwicklungen in Deutschland, 5. Aufl. 1996.

– Entwicklungslinien des Medizinrechts, NJW 1997, S. 1609ff.

Laufs, A. / *Laufs*, R.: Vierzig Jahre medizinisch-juristische Schwerpunkthefte, Beilage „50 Jahre NJW" zu NJW H. 40/1997, S. 48ff.

Laufs, A. / *Peris*, D.: Tote im Dienste der Lebenden aus juristischer Sicht, Heidelberger Jahrbücher Bd. XXXVIII (1994), S. 155ff.

Laufs, A. u. a.: Handbuch des Arztrechts, 1. Aufl. 1992 (Zit.: Bearbeiter, in:).

Lehmann, K.: „Hirntod" - Reales Zeichen des Todes, Zeitschrift für medizinische Ethik 1997, S. 77f.

Leibholz, G./ *Rinck,* H.-J. / *Hesselberger,* D.: GG, Kommentar an Hand der Rechtsprechung des Bundesverfassungsgerichts, 7. Aufl. 1993, Bd. I, 4. Aufl. 1971, 3. Aufl. 1968, 2. Aufl. 1966, 1. Aufl. (ebenfalls) 1966.

Leipold, D.: Die Feststellung des Todes in historischer Sicht, Kriminalistik und forensische Wissenschaften H. 48/1982, S. 43ff.

Leipziger Kommentar, hrsg. v. Nagler, J. u. a., 6./7. Aufl. 1951 (Zit.: Bearbeiter in:).

Leisner, W.: Das Recht auf Leben, in: Niedersächsische Landeszentrale für Politische Bildung (Hrsg.), Schriftenreihe: Verfassungsrecht und Verfassungswirklichkeit Nr. 12, 1976, S. 5ff.

Lemke, M.: Einleitung, in: Beck-Textausgabe: Strafrecht nach dem Einigungsvertrag, 1991, S. 1ff.

– Buchanzeige: K. Lackner (Hrsg.), StGB, Kommentar, 21. Aufl. 1996, GA 1996, S. 179.

Lenckner, Th.: Strafgesetzgebung in Vergangenheit und Gegenwart, in: Gernhuber, J. (Hrsg.), Tradition und Fortschritt im Recht (FS z. 500jährigen Bestehen der Tübinger Juristenfakultät 1977), 1977, S. 239ff.

– 40 Jahre Strafrechtsentwicklung in der Bundesrepublik Deutschland: Der Besondere Teil des StGB, seine Liberalisierung und ihre Grenzen, in: Nörr, K. W. (Hrsg.), 40 Jahre Bundesrepublik Deutschland. 40 Jahre Rechtsentwicklung, 1990, S. 325ff.

– Strafrecht und ärztliche Hilfeleistungspflicht, in: Forster, B. (Hrsg.), Praxis der Rechtsmedizin, 1986, S. 570ff.

Lenzen, K.: Staatliche Lebensschutzverweigerung, Tröndle-FS zum 70. Geb., 1989, S. 723ff.

Leonardy, H.: Sterbehilfe, DRiZ 1986, S. 281ff.

Lepa, M.: Der Inhalt der Grundrechte, 6. Aufl. 1990.

Lepsius, O.: Die gegensatzaufhebende Begriffsbildung. Methodenentwicklungen in der Weimarer Republik und ihr Verhältnis zur Ideologisierung der Rechtswissenschaft unter dem Nationalsozialismus, 1994.

Levinas, E.: Die Zeit und der Andere (frz. 1979), 3. Aufl. 1995.

Lewisch, P.: Recht auf Leben (Art. 2 EMRK) und Strafgesetz, Platzgummer-FS, 1995, S. 381ff.

Liebhardt, E. / *Spann,* W.: Zur Frage der Organentnahme bei in Reanimation Befindlichen nach deutschem Recht, Ius Medicum 1 (1977), S. 403ff.

– Naturwissenschaftlicher Beweis oder normative Wertung der Todesfeststellung, Ius Medicum 3 (1979), S. 199ff.

Liebhardt, E. W. / *Wuermeling,* H.-B.: Juristische und medizinisch-naturwissenschaftliche Begriffsbildung, Acta Medicinale et Socialis, Vol. XX (1967), S. 159ff.

– Juristische und medizinisch-naturwissenschaftliche Begriffsbildung und die Feststellung des Todeszeitpunktes, Münchener Medizinische Wochenschrift 1968, S. 1661ff.

Liertz, W. / *Paffrath,* H.: Handbuch des Arztrechts, o. J. (1938).

Lilie, H.: Hilfe zum Sterben, Steffen-FS 1995, S. 273ff.

Limbach, J.: Auf nach Karlsruhe!, Beilage zu H. 35/NJW 1996 anläßlich des 61. Deutschen Juristentages, S. 30f.

– ZRP-Rechtsgespräch mit J. Limbach, ZRP 1996, S. 414ff.

Linck, J.: Vorschläge für ein Transplantationsgesetz, ZRP 1975, S. 249ff.

Linke, D. B.: Hirnverpflanzung, 1993.

– Irratiozid. Die vernünftige Tötung der Unvernünftigen, Universitas 1996, S. 437ff.

Linßen, R.: Ersatzteillager Mensch. Organspenden dürfen nicht zur Bringschuld werden, Evangelische Kommentare 1992, S. 133.

Lisken, H. / *Denninger*, E. (Hrsg.): Handbuch des Polizeirechts, 2. Aufl. 1996 (Zit.: Bearbeiter, in:).

Lorenz, D.: Recht auf Leben und körperliche Unversehrtheit, in: Isensee, J./Kirchhof, P. (Hrsg.), Handbuch des Staatsrechts, Bd. VI, 1989, § 128.

Lorenz, E.: Friedrich Carl von Savigny und die preußische Strafgesetzgebung, Diss. iur. Münster, 1958.

Losch, B.: Wissenschaftsfreiheit, Wissenschaftsschranken, Wissenschaftsverantwortung, 1993.

Lotz, J.: Artikel „Mensch", in: Brugger, W. (Hrsg.), Philosophisches Wörterbuch, 18. Aufl. 1990, S. 241 f.

Löw, K.: Die Grundrechte. Verständnis und Wirklichkeit in beiden Teilen Deutschlands, 2. Aufl. 1982.

Löw, R.: Die moralische Dimension von Organtransplantationen, Scheidewege Bd. 17 (1987/88), S. 16ff.

Löw-Friedrich, I. / *Schoeppe*, W.: Transplantation, 1996.

Lübbe-Wolff, G.: Rechtsfolgen und Realfolgen, 1981.

– Die Grundrechte als Eingriffsabwehrrechte, 1988.

Lübkemann, W.: Strafrecht und Strafverfahrensrecht für Polizeibeamte, 1. Aufl. 1982.

– Strafrecht und Strafverfahrensrecht, 13. Aufl. 1995.

Lüderssen, K.: Der Staat geht unter - das Unrecht bleibt? Regierungskriminalität in der ehemaligen DDR, 1992.

– Dialektik, Topik und „konkretes Ordnungsdenken" in der Jurisprudenz (1976), in: ders., Genesis und Geltung in der Jurisprudenz, 1996, S. 251ff.

Luhmann, N.: Ethik als Reflexionstheorie der Moral, in: ders., Gesellschaftsstruktur und Semantik, Bd. 3, 1989, S. 358ff.

– Interesse und Interessenjurisprudenz im Spannungsfeld von Gesetzgebung und Rechtsprechung, Zeitschrift für Neuere Rechtsgeschichte (ZNR) 1990, S. 1ff.

– Paradigm lost: Über die ethische Reflexion der Moral, 1990.

– Die Wissenschaft der Gesellschaft (1990), TB-Ausg. 1992.

– Das Recht der Gesellschaft, 1993.

– Die Moral des Risikos und das Risiko der Moral, in: Bechmann, G. (Hrsg.), Risiko und Gesellschaft, 1993, S. 327ff.

Luhmann, N. / *Schorr*, K. E.: Vorwort, in: dies. (Hrsg.), Zwischen Absicht und Person. Fragen an die Pädagogik, 1992, S. 7ff.

Lüke, G.: Die Bedeutung vollstreckungsrechtlicher Erkenntnisse für das Strafrecht, Arth. Kaufmann-FS zum 70. Geb., 1993, S. 565ff.

Lüth, P.: Kritische Medizin, 1972.

Lüttger, H.: Der Tod und das Strafrecht, JR 1971, S. 309ff.

– Genese und Probleme einer Legaldefinition, Sarstedt-FS, 1981, S. 169 ff.
– Geburtsbeginn und pränatale Einwirkungen mit postnatalen Folgen, NStZ 1983, S. 481 ff.

Lütz, M.: Organspende ist keine Tötung auf Verlangen, in: Hoff, J./in der Schmitten, J. (Hrsg.), Wann ist der Mensch tot?, Organverpflanzung und „Hirntod"-Kriterium, erweiterte Taschenbuch-Neuauflage 1995, S. 496 ff.

– Leserbrief: Die Wirklichkeit an Begriffen messen, Zeitschrift für Lebensrecht Nr. 2/1996, S. 39 f.

Machacek, R.: Das Recht auf Leben in Österreich, EuGRZ 1983, S. 453 ff.

Macho, Th.: Todesmetaphern. Zur Logik der Grenzerfahrung, 1987.

Majunke, Ph.: Anästhesie und Strafrecht, 1988.

Mandel, J.: Rechtsfragen der Organtransplantation, NJ 1975, S. 621 ff.

Mandel, J. / *Lange*, H.: Ärztliche Rechtspraxis. Ein juristischer Leitfaden für Mediziner, 1985.

Marburger, P.: Die Regeln der Technik im Recht, 1979.

– Artikel „Technische Regeln", in: Kimminich, O./Freiherr v. Lersner, H./Storm, P.-Ch. (Hrsg.), Handwörterbuch des Umweltrechts, Bd. II, 2. Aufl. 1994, Sp. 2045 ff.

Margreiter, R.: Technik/Taktik der postmortalen Mehrorganentnahme, in: Land, W. (Hrsg.), Transplantationschirurgie, 1996, S. 25 ff.

Margreiter, R. / *Haverich*, A.: Entnahme des Herzens, in: Land, W. (Hrsg.), Transplantationschirurgie, 1996, S. 30 ff.

Masshoff, W.: Zum Problem des Todes, Münchener Medizinische Wochenschrift 1968, S. 2473 ff.

Matsuishi, T. / *Komori*, H.: Brain Death in Different Cultures, in: Fukuyama, Y./Suzuki, Y./Kamoshita, S./Casaer, P. (eds.), Fetal and Perinatal Neurology, 1992, S. 329 ff.

Matt, H.: Kausalität aus Freiheit. Eine rechtsphilosophische Grundlegung zum Bewirken durch Tun und Unterlassen im (Straf-)Recht, 1994.

Mätzler, A.: Todesermittlung I, 1985.

– Todesermittlung II, 1985.

Maurach, R.: Deutsches Strafrecht. Besonderer Teil, 1. Aufl. 1952 (Ausgabe im Hermann Schroedel Verlag Hannover-Darmstadt), 1. Aufl. 1953 (Ausgabe im Verlag C. F. Müller, Karlsruhe), 2. Aufl. 1956, 3. Aufl. 1959, 4. Aufl. 1964, 5. Aufl. 1969, 6. Aufl. 1977 BT/1 und 6. Aufl. 1981 BT/2, jeweils fortgeführt v. F.-C. Schroeder (zit.: Bearbeiter, in).

Maurach, R. / *Schroeder*, F.-C. / *Maiwald*, M.: Strafrecht - Besonderer Teil/1, 7. Aufl. 1988, Straftrecht - Besonderer Teil/2, 7. Aufl. 1991 (Zit.: Bearbeiter, in:).

Maurer, H.: Die medizinische Organtransplantation in verfassungsrechtlicher Sicht, DÖV 1980, S. 7 ff.

Mayer, O.: 4. Tagung der Gesellschaft für gerichtliche Medizin, NJ 1974, S. 15 ff.

Mayer-Maly, Th.: Rechtswissenschaft, 1. Aufl. 1972.

Mayer-Tasch, P. C.: Kann das Recht Hoffnungsträger sein in der Krise unserer Zivilisation?, NuR 1995, 381 ff.

Medicus, D.: Grundwissen zum Bürgerlichen Recht, 2. Aufl. 1995.

Mende, L. J. C.: Ausführliches Handbuch der gerichtlichen Medizin für Gesetzgeber, Rechtsgelehrte, Aerzte und Wundaerzte, Erster Theil, 1819.

Menger, C.-F.: Deutsche Verfassungsgeschichte der Neuzeit, 6. Aufl. 1988.

Mengozzi, P.: European Community Law, 1992.

Meran, J. / *Poliwoda*, S.: Der Hirntod und das Ende menschlichen Lebens, Ethik in der Medizin 1992, S. 165ff.

Merkel, R.: Teilnahme am Suizid. Tötung auf Verlangen. Euthanasie - Fragen an die Strafrechtsdogmatik, in: Hegselmann R./Merkel, R. (Hrsg.), Zur Debatte über Euthanasie, 1991, S. 71ff.

Merkl, G.: Diskussionsbemerkung, in: CSU-Fraktion im Bayerischen Landtag (Hrsg.), Organspende - Organtransplantation. Dokumentation einer Experten-Anhörung der CSU-Fraktion im Bayerischen Landtag am 23. 3. 1990, o. J. (1990), S. 42.

Mertens, J.: Verfassungsgerichtlicher Grundrechtsschutz im Verwaltungsrecht, KritV 1995, S. 397ff.

Merton, R. K.: Social Theory and Social Structure (1949), rev. ed. 1968.

- Die normative Struktur der Wissenschaft (engl. 1942), in: ders., Entwicklung und Wandel von Forschungsinteressen: Aufsätze zur Wissenschaftssoziologie, 1985, S. 86ff.

Metzler, H. / *List*, W. F.: Hirntodfeststellung und intensivmedizinische Betreuung des Organspenders, in: List, W. F./Osswald, P. M. (Hrsg.), Intensivmedizinische Praxis, 2. Aufl. 1992, S. 503ff.

Meurer, D.: Strafaussetzung durch Strafzumessung bei lebenslanger Freiheitsstrafe, JR 1992, S. 441ff.

Meyer, F.: Diskussionsbemerkung, in: Rudolf-Steiner-Haus Bonn (Hrsg.), Die Würde des Menschen ist unantastbar. Dokumentation zum Fachgespräch über „Hirntod" und Organtransplantation am 29. 9. 1995, 1996, S. 62 und S. 78.

Meyer, F.: StGB für den Norddeutschen Bund, 1871.

Meyer-Hörstgen, H.: Hirntod, 1985.

Meyers Großes Universallexikon: Bd. 14, 1985.

Meyers Neues Lexikon: Bd. 8, 1964.

Mezger, E.: Deutsches Strafrecht, 1938, 2. Aufl. 1941, 3. Aufl. 1943.

- Strafrecht - Besonderer Teil, 1. Aufl. 1949, 2. Aufl. 1951, 4. Aufl. 1954.

Mieth, D.: Zur Anthropologie des Todes angesichts der Diskussion um den sogenannten Hirntod, in: Hoff, J./in der Schmitten, J. (Hrsg.), Wann ist der Mensch tot? Organverpflanzung und „Hirntod"-Kriterium, erweiterte Taschenbuch-Neuauflage 1995, S. 458ff.

Ministerium der Justiz / Akademie für Staats- und Rechtswissenschaft der DDR (Hrsg.): Strafrecht der DDR, 1981.

- Strafrecht der DDR, Kommentar zum StGB, 5. Aufl. 1987.

Ministerium der Justiz der DDR (Hrsg.): Kommentar zum ZGB der DDR und zum EGZGB der DDR, 1983.

Ministerium des Innern der DDR / Publikationsabteilung (Hrsg.): Handbuch für Kriminalisten, 2. Aufl. 1987.

Mitsch, W.: Grundfälle zu den Tötungsdelikten, JuS 1995, S. 787ff.

Mittelstraß, J.: Wohin geht die Wissenschaft? Über Disziplinarität, Transdisziplinarität und das Wissen in einer Leibniz-Welt (1989), in: ders., Der Flug der Eule, 1989, S. 60ff.

Model, O. / *Müller*, K.: GG, Taschenkommentar, 7. Aufl. 1972, 9. Aufl. 1981, 10. Aufl. 1987, 11. Aufl. 1996.

Mohr, H.: Homo investigans und die Ethik der Wissenschaft, in: Lenk, H. (Hrsg.), Wissenschaft und Ethik, 1991, S. 76ff.

Mollaret, P.: Über die äußersten Möglichkeiten der Wiederbelebung. Die Grenzen zwischen Leben und Tod, Münchener Medizinische Wochenschrift 1962, S. 1539ff.

Mollaret, P. / *Goulon*, M.: Le Coma Dépassé, Revue Neurologique 1959, S. 3ff.

Möllering, J.: Schutz des Lebens - Recht auf Sterben. Zur rechtlichen Problematik der Euthanasie, 1977.

Moltmann, J.: Theologie der Hoffnung, 3. Aufl.1966.

Momeyer, R. W.: Death: Western Philosophical Thought, in: Reich, W. Th. (ed.), Encyclopedia of Bioethics, vol. 1, 2nd. edition, 1995, pp. 498 - 505.

Mori, K. / *Nakao*, Sh.: Brain Death, in: Miller, R. D. (ed.), Anesthesia, vol. 2, 4th. edition, 1994, S. 2565ff.

Morlok, M.: Was heißt und zu welchem Ende studiert man Verfassungstheorie?, 1988.

– Selbstverständnis als Rechtskriterium, 1993.

– Begriff und Phänomen der Normenerosion im Bereich des öffentlichen Rechts, in: Frommel, M./Gessner, V. (Hrsg.), Normenerosion, 1996, S. 115ff.

Möx, J.: Zur Zulässigkeit von Organtransplantationen, Arztrecht 1994, S. 39ff.

Mueller, B.: Gerichtliche Medizin, 1953.

Mühlmann, E. / *Bommel*, G.: Das StGB an Hand der höchstrichterlichen Rechtsprechung für die Praxis erläutert, 1949.

Mulisch, H.: Die Entdeckung des Himmels (niederl. 1992), dt. TB-Ausg. 1995.

Müller, F.: Strukturierende Rechtslehre, 2. Aufl. 1984.

– Juristische Methodik, 6. Aufl. 1995.

Müller, G.: Die Bedeutung der Verfassungsgerichtsbarkeit für das Verständnis des Grundgesetzes (1969), in: Häberle, P. (Hrsg.), Verfassungsgerichtsbarkeit, 1976, S. 398ff.

Müller, J. Ch.: Die Legitimation des Rechtes durch die Erfindung des symbolischen Rechtes, KrimJ 1993, S. 82ff.

Müller, J. P.: Recht auf Leben, Persönliche Freiheit und das Problem der Organtransplantation, Zeitschrift für schweizerisches Recht, Bd. 90/I (1971), S. 457ff.

Müller, K.: Postmortaler Rechtsschutz - Überlegungen zur Rechtssubjektivität Verstorbener, 1996.

Müller-Christmann, B.: Buchbesprechung: W. Naucke, Strafrecht, 7. Aufl. 1995, JuS H. 11/1996, S. L.

Müller-Dietz, H.: Erfahrungen mit dem Strafvollzugsgesetz, in: Bitburger Gespräche, Jahrbuch 1986/2, S. 29ff.

– Grenzüberschreitungen. Beiträge zur Beziehung zwischen Literatur und Recht, 1990.

- Die geistige Situation der deutschen Strafrechtswissenschaft nach 1945, GA 1992, S. 99ff.
- Buchbesprechung: P. Bringewat, Strafvollstreckung, Kommentar zu den §§ 449 - 464d StPO, 1993, ZfStrVo 1994, S. 189f.
- Buchbesprechung: P. Schäffer, Rückfall bei ehemaligen Strafgefangenen, 1996, ZfStrVo 1996, S. 318f.
- Besprechung: Dreher/Tröndle, StGB, Kommentar 47. Aufl. 1995, ZfStrVo 1997, S. 61.

Müller-Heß / Wiethold: in: Lochte u. a., Gerichtliche Medizin, 1930, S. 115ff.

Murswiek, D.: Die staatliche Verantwortung für die Risiken der Technik, 1985.
- Zur Bedeutung der grundrechtlichen Schutzpflichten für den Umweltschutz, WiVerw 1986, S. 179ff.

Myerburg, R. J. / *Castellanos* A. (für die deutsche Ausgabe: Buchborn, E.): Herz-Kreislauf-Kollaps, Herzstillstand und plötzlicher Herztod, in: Schmailzl, K. J. G. (Hrsg.), Harrisons Innere Medizin, Bd. I - Deutsche Ausgabe, 1995, S. 232ff.

Nacimiento, W.: Das appallische Syndrom, Deutsches Ärzteblatt 1997, A-661ff.

Nagel, E.: Anmerkungen zu Bemühungen der gesetzgebenden Instanzen um ein Transplantationsgesetz, Ethik in der Medizin 1993, S. 203ff.

Nassehi, A. / *Schroer*, M. / *Weber*, G.: Soziologie, in: Interdisziplinäre nordrhein-westfälische Forschungsarbeitsgemeinschaft 'Sterben und Tod' (Hrsg.), Sterben und Tod, Annotierte Auswahlbibliographie, 1996, S. 344ff.

Nau, H.-E. u. a.: Zur Validität von Elektroenzephalogramm (EEG) und evozierten Potentialen in der Hirntoddiagnostik, Anästhesie, Intensivtherapie, Notfallmedizin 1987, S. 273ff.

Naucke, W.: Empirische Strafrechtsdogmatik?, in: Jehle, J.-M./Egg, R. (Hrsg.), Anwendungsbezogene Kriminologie zwischen Grundlagenforschung und Praxis, 1986, S. 86ff.
- Versuch über den aktuellen Stil des Rechts, KritV 1986, S. 189ff.
- Vom Vordringen des Polizeigedankens im Recht, d. i.: vom Ende der Metaphysik im Recht, in: Dilcher, G./Diestelkamp, B. (Hrsg.), Recht, Gericht, Genossenschaft und Policey (Symposion für Adalbert Erler), 1986, S. 177ff.
- Hauptdaten der Preußischen Strafrechtsgeschichte 1786 - 1806, in: Hattenhauer, H./Landwehr, G. (Hrsg.), Das nachfriderizianische Preußen 1786 - 1806, 1988, S. 237ff.
- In: Engisch, K./Naucke, W., Literaturbericht: Rechtsphilosophie, ZStW 100 (1988), S. 871ff.
- NS-Strafrecht als Teil einer längeren Entwicklungslinie im Strafrecht?, in: Säcker, F. J. (Hrsg.), Recht und Rechtslehre im Nationalsozialismus, 1992, S. 233ff.
- NS-Strafrecht: Perversion oder Anwendungsfall moderner Kriminalpolitik?, Rechtshistorisches Journal 1992, S. 279ff.
- Schwerpunktverlagerungen im Strafrecht, KritV 1993, S. 135ff.

Nawiasky, H.: Die Grundgedanken des Grundgesetzes für die Bundesrepublik Deutschland, 1950.

Nehm, K.: Die Verwirklichung der Grundrechte durch die Gerichte im Prozeßrecht und Strafrecht, in: Bundesminister der Justiz (Hrsg.), Vierzig Jahre Grundrechte in ihrer

Verwirklichung durch die Gerichte - Göttinger Kolloquium -, Konzeption und Redaktion: Heyde, W. und Starck, Ch., 1990, S. 173ff.

Neumann, U.: Die Sprache der Juristen, Universitas 1996, S. 148ff.

Neyen, W.: Die Einwilligungsfähigkeit im Strafrecht, Diss. iur. Trier, 1991.

Nickel, L. Ch.: Verfassungsrechtliche Probleme der Transplantationsgesetzgebung am Beispiel des Gesetzesbeschluses des rheinland-pfälzischen Landtags, MedR 1995, 139ff.

Nicklisch, F.: Technologierecht und Rechtsfortbildung, in: Die Hochschullehrer der Juristischen Fakultät der Universität Heidelberg (Hrsg.), Richterliche Rechtsfortbildung. FS der Juristischen Fakultät zur 600-Jahr-Feier der Ruprecht-Karls-Universität Heidelberg, 1986, S. 231ff.

Niemöller, M.: Strafgerichtsbarkeit, in: Umbach, D. C./Clemens, Th. (Hrsg.), BVerfGG-Kommentar, 1992, S. 30ff.

Niemöller, M. / *Schuppert*, G. F.: Die Rechtsprechung des Bundesverfassungsgerichts zum Strafverfahrensrecht, AöR 107 (1982), S. 387ff.

Nipperdey, H. C.: Die Würde des Menschen, in: Neumann, F. L./Nipperdey, H. C./Scheuner, U. (Hrsg.), Die Grundrechte, Bd. II, 2. unveränderte Aufl. 1968 (1. Aufl. 1954), S. 1ff.

Nivera, W.: StGB, Mit Erläuterungen und Beispielen, 2. Aufl. 1949.

Nocke, J.: Grundrechte gegen Hilfe und Kontrolle, in: Feltes, Th./Sievering, U. O. (Hrsg.), Hilfe durch Kontrolle? (Arnoldshainer Texte - Bd. 62), 1990, S. 9ff.

Novak, D.: Judaism, in: Reich, W. Th. (ed.), Encyclopedia of Bioethics, vol. 3, rev. version, 1995, S.1301ff.

Nowakowski, F.: Der Beitrag des Deutschen Juristentages zur gemeindeutschen Strafrechtsreform, in: von Caemmerer, E. u. a. (Hrsg.), Hundert Jahre deutsches Rechtsleben. FS z. 100jährigen Bestehen des Deutschen Juristentages 1860 - 1960, 1960, S. 55ff.

Nuland, Sh. B.: Die Ersatzherzen: Die Geschichte der Transplantationen (Auszug aus: Doctors. The Biography of Medicine, 1988), in: Carmichael, A. G./Ratzan, R. M. (Hrsg.), Medizin - In Literatur und Kunst, dt. 1994, S. 364ff.

Odersky, W.: ZRP-Rechtsgespräch mit dem (ehemaligen) BGH-Präsidenten W. Odersky, ZRP 1996, S. 455ff.

Oeter, St.: „Drittwirkung" der Grundrechte und die Autonomie des Privatrechts, AöR 119 (1994), S. 529ff.

Offermann, G. / *Häring*, R.: Transplantationschirurgie, in: Häring, R./Zilch, H. (Hrsg.), Chirurgie, 3. Aufl. 1992, S. 217ff.

Ogorek, R.: Rechtsgeschichte in der Bundesrepublik (1945 - 1990), in: Simon, D. (Hrsg.), Rechtswissenschaft in der Bonner Republik, 1994, S. 12ff.

Olshausen, J.: Kommentar zum StGB, Bd. 2, 1883, 8. Aufl. 1909, 10. Aufl. 1916, 12. Aufl. Erste Lfg. 1942 (J. von Olshausen's Kommentar zum StGB, bearb. v. H. Freiesleben u. a.).

Opderbecke, H. W. / *Weissauer*, W.: Grenzen zwischen Leben und Tod, in: Lawin, P. (Hrsg.), Praxis der Intensivbehandlung, 6. Aufl. 1994, S. 70ff.

Oppenhoff, F. E.: Das StGB für die Preußischen Staaten, 1867.

- Das Strafgesetzbuch für den Norddeutschen Bund, 1871.

- Das StGB für das Deutsche Reich, 3. Aufl. 1873, 11. Aufl. 1888, 12. Aufl. (Oppenhoff, F. E. / Oppenhoff, Th.), 14. Aufl. 1901 (Oppenhoff, F. / Delius, H.).

Oppermann, Th.: Nach welchen rechtlichen Grundsätzen sind das öffentliche Schulwesen und die Stellung der an ihm Beteiligten zu ordnen?, Gutachten C für den 51. Deutschen Juristentag, in: Ständige Deputation des Deutschen Juristentages, Verhandlungen des 51. DJT Stuttgart 1976, Bd. I (Gutachten), Teil C, 1976.

- Die erst halb bewältigte Sexualerziehung, JZ 1978, S. 289ff.

- Europarecht, 1991.

- Diskussionsbemerkung, VVDStRL 54 (1995), S. 107ff.

Organtransplantationen. Erklärung der Deutschen Bischofskonferenz und des Rates der Evangelischen Kirche in Deutschland: hrsgg. v. Sekretariat der Deutschen Bischofskonferenz und vom Kirchenamt der Evangelischen Kirche in Deutschland, Reihe „Gemeinsame Texte" Nr. 1, o. J. (1990).

Organtransplantation. Eine Orientierungs- und Entscheidungshilfe: hrsgg. v. der Kirchenleitung der Evangelischen Kirche in Berlin-Brandenburg, o. J.

Ossenbühl, F.: Verwaltungsvorschriften und Grundgesetz, 1968.

- Gesetz und Recht - Die Rechtsquellen im demokratischen Rechtsstaat, in: Isensee, J./Kirchhof, P. (Hrsg.), Handbuch des Staatsrechts, Bd. III, 1988, § 61.

- Vorrang und Vorbehalt des Gesetzes, in: Isensee, J./Kirchhof, P. (Hrsg.), Handbuch des Staatsrechts, Bd. III, 1988, § 62.

- Abwägung im Verfassungsrecht, in: Erbguth, W. u. a. (Hrsg.), Abwägung im Recht, 1996, S. 25ff.

- Diskussionsbemerkung, in: Erbguth, W. u. a. (Hrsg.), Abwägung im Recht, 1996, S. 52.

Ostendorf, H.: Thesen zu neuen kriminalpolitischen Herausforderungen, BewHi 1996, S. 83ff.

Ostermeyer, J.: Thoraxchirurgie/Herz und herznahe Gefäße, in: Häring, R./Zilch, H. (Hrsg.), Chirurgie, 3. Aufl. 1992, S. 376ff.

Otto, H.: Straftaten gegen das Leben, ZStW 83 (1971), S. 39ff.

- Recht auf den eigenen Tod? Strafrecht im Spannungsverhältnis zwischen Lebenserhaltungspflicht und Selbstbestimmung (Gutachten D für den 56. Deutschen Juristentag Berlin 1986), in: Ständige Deputation des Deutschen Juristentages (Hrsg.), Verhandlungen des 56. DJT Berlin 1986, Bd. I (Gutachten), 1986, D 1ff.

- Die objektive Zurechnung eines Erfolges im Strafrecht im Strafrecht, Jura 1992, S. 90ff.

- Grundkurs Strafrecht: Die einzelnen Delikte, 4. Aufl. 1995.

- Grundkurs Strafrecht. Allgemeine Strafrechtslehre, 5. Aufl. 1996.

- Tot oder untot?, Zeitschrift für Lebensrecht Nr. 1/1997, S. 7f.

Paeffgen, H.-U.: „Verpolizeilichung" des Strafprozesses - Chimäre oder Gefahr?, in: Wolter, J. (Hrsg.), Zur Theorie und Systematik des Strafprozeßrechts, 1995.

Pallis, C.: Whole-brain death reconsidered - physiological facts and philosophy, Journal of medical ethics 1983, S. 32ff.

Palzkill, M. / *Schreiner*, K.: Geschichte, in: Interdisziplinäre nordrhein-westfälische Forschungsarbeitsgemeinschaft ‚Sterben und Tod' (Hrsg.), Sterben und Tod, Annotierte Auswahlbibliographie, 1996, S. 76ff.

Patscheider, H. / *Hartmann*, H.: Leitfaden der Gerichtsmedizin, 2. Aufl. 1986.

Patzelt, W. J.: Sozialwissenschaftliche Forschungslogik, 1986.

Paul, H.: Deutsches Wörterbuch, 3. Aufl. 1921.

Paulduro, A.: Die Verfassungsgemäßheit von Strafrechtsnormen, insbesondere der Normen des Strafgesetzbuches, im Lichte der Rechtsprechung des Bundesverfassungsgerichts, 1992.

Paulus, R.: Bedingungen rechtswissenschaftlicher Begriffsbildung, Krause-FS, 1990, S. 53ff.

Pawlik, M.: Rechtsstaat und Demokratie in der Perspektive der Reinen Rechtslehre. Zur Legitimation des Grundgesetzes bei Hans Kelsen, in: Brugger, W. (Hrsg.), Legitimation des Grundgesetzes aus Sicht von Rechtsphilosophie und Gesellschaftstheorie, 1996, S. 167ff.

Pawlowski, H.-M.: Methodenlehre für Juristen, 2. Aufl. 1991.

Pendl, G.: Die Kriterien des Hirntodes, Deutsche Medizinische Wochenschrift 1973, S. 1916f.

Penin, H. / *Käufer*, Ch., (Hrsg.): Der Hirntod - Todeszeitbestimmung bei irreversiblem Funktionsverlust des Gehirns - Symposion am 14. Dezember 1968 in Bonn, 1969.

Penin, H. / *Käufer*, Ch.: Einleitung, in: dies. (Hrsg.), Der Hirntod - Todeszeitbestimmung bei irreversiblem Funktionsverlust des Gehirns - Symposion am 14. Dezember 1968 in Bonn, 1969, S. Xff.

Penning, R. / *Spann*, W. / *Rauschke*, J.: Rechtsmedizin - Gutachterfragen aus allgemeinärztlicher Sicht, in: Marx, H. H. (Hrsg.), Medizinische Begutachtung, 6. Aufl. 1992, S. 663ff.

Pescatore, P.: Rechtskontrolle und Rechtsentwicklung, in: Ständige Deputation des Deutschen Juristentages (Hrsg.), Verhandlungen des 59. Deutschen Juristentages Hannover 1992, Bd. II (Sitzungsberichte: Teil T), 1992, T 37ff.

Peter, G.: Organbeschaffung per Gesetz? Aktuelle rechtliche Probleme bei Transplantationen, in: Sozialwissenschaftliche Forschung und Praxis für Frauen e. V. (Hrsg.), Schöpfungsgeschichte, Zweiter Teil (Beiträge zur feministischen Theorie und Praxis 38), 1994, S. 65ff.

Peters, B.: Integration moderner Gesellschaften, 1993.

Peters, H.: Geschichtliche Entwicklung und Grundfragen der Verfassung, 1969.

Peters, K.: Die strafrechtsgestaltende Kraft des Strafprozesses, 1963.

Peters, R.: Der Schutz des neugeborenen, insbesondere des mißgebildeten Kindes. Ein Beitrag zur Geschichte des strafrechtlichen Lebensschutzes, 1988.

Petersen, P.: Mütterlicher Hirntod und Schwangerschaft, in: Frick-Bruder, V. u. a. (Hrsg.), Psychosomatische Gynäkologie und Geburtshilfe. Beiträge der Jahrestagung 1994/95, 1995, S. 114ff.

Petersohn, F.: Gerichtliche Medizin I: Grundwissen für den Kriminalisten, 2. Aufl. 1982.

Pia, H. W.: Hirntod, Deutsches Ärzteblatt 1986, B-2153ff.

Pichlmayr, I. / *Pichlmayr*, R.: Lebenschance Organtransplantation, 1991.

Pichlmayr, R. / *Löhlein*, D. / *Gubernatis*, G.: Der Organspender, in: Pichlmayr, R./Löhlein, D. (Hrsg.), Chirurgische Therapie, 1991, S. 731ff.

Picker, E.: Schadenersatz für das unerwünschte Kind („Wrongful birth"), AcP 195 (1995), S. 483ff.

Pieroth, B. / *Schlink*, B.: Grundrechte, 1. Aufl. 1985, 2. Aufl. 1986, 7. Aufl. 1991, 8. Aufl. 1992, 9. Aufl. 1993, 10. Aufl. 1994, 11. Aufl. 1995, 12. Aufl. 1996.

Pietrusky, F.: Gerichtliche Medizin, in: ders./de Crinis, M., Gerichtliche Psychiatrie, 2./3.Aufl. 1943, S. 1 - 202.

Pietzcker, J.: Drittwirkung - Schutzpflicht - Eingriff, Dürig-FS 1990, S. 345ff.

Pius XII.: Antwort des Heiligen Vaters, Papst Pius XII., über die „Wiederbelebung", Der Anästhesist 1958, S. 243ff. (frz. Original in den Acta Apostolicae Sedis 49 [1957], S. 1027ff.).

Plädoyer für ein „integratives Medizinrecht", Pressemitteilung über das von A. Eser, H. Just und H.-G. Koch veranstaltete international-interdisziplinäre Kolloquium „Perspektiven des Medizinrechts", Schloß Ringsberg, 3. - 5. 7. 1996, MedR 1996, S. 403.

Planck, M.: Wissenschaftliche Autobiographie, 1928.

Plessner, H.: Die Stufen des Organischen und der Mensch (1928), 3. Aufl. 1975.

Pohlmann-Eden, B.: Zur Problematik der Hirntod-Diagnose, Deutsche medizinische Wochenschrift 1991, S. 1523ff.

Poliwoda, S.: Die Römisch-Katholische Kirche in der Bundesrepublik Deutschland angesichts der bevorstehenden Transplantationsgesetzgebung, in: Schlaudraff, U. (Hrsg.), Transplantationsgesetzgebung in Deutschland, Dokumentation einer Tagung der Evangelischen Akademie Loccum vom 2. - 4. 11. 1994 (Loccumer Protokolle 54/94), 1995, S. 141ff.

Pollmann, K. E.: Der verfassungspolitische Stellenwert des StGB von 1871, in: Wolff, J. (Hrsg.), Das Preußische Allgemeine Landrecht. Politische, rechtliche und soziale Wechsel- und Fortwirkungen, 1995, S. 175ff.

Pompey, H. / *Strohbach*, M.: Leben an der Grenze. Über den christlich-humanen Umgang mit Sterben und Tod, 1996 (Reihe „Kirche und Gesellschaft" Nr. 230, hrsg. v. d. Kath. Sozialwissenschaftl. Zentralstelle).

President's Commission for the Study of Ethical Problems in Medicine and Biomedical and Behaviroral Research, JAMA 246 (1981), S. 2184 - 2186.

Preuß, U. K.: Zu einem neuen Verfassungsverständnis, in: Guggenberger, B./Stein, T. (Hrsg.), Die Verfassungsdiskussion im Jahr der deutschen Einheit, 1991, S. 38ff.

– Vater der Verfassungsväter? Carl Schmitts Verfassungslehre und die verfassungspolitische Diskussion der Gegenwart, in: Politisches Denken. Jahrbuch 1993 (hrsgg. v. Gerhardt, V. u. a.), S. 117ff.

– Einleitung: Der Begriff der Verfassung und ihre Beziehung zur Politik, in: ders. (Hrsg.), Zum Begriff der Verfassung, 1994, S. 7ff.

– Die Weimarer Republik - ein Laboratorium für neues verfassungsrechtliches Denken, in: Göbel, A. u. a. (Hrsg.), Metamorphosen des Politischen. Grundfragen politischer Einheitsbildung seit den 20er Jahren, 1995, S. 177ff.

Pribilla, O.: Juristische, ärztliche und ethische Fragen zur Todesfeststellung, Deutsches Ärzteblatt 1968, S. 2256ff.

– Referat: J. A. Perper, Ethical, religious and legal considerations to the transplantation of human organs, Journal of Forensic Science 1970, S. 1 - 13, in: Zentralblatt für die gesamte Rechtsmedizin und ihre Grenzgebiete 1973, S. 151f.

- Zusammenfassung zu: Angstwurm, H./Kugler, J.: Ärztliche Aspekte des Hirntodes und Feststellung des Todeszeitpunktes, Fortschritte der Neurologie/Psychiatrie 1978, S. 297ff., in: Zentralblatt für die gesamte Rechtsmedizin und ihre Grenzgebiete 1979, S. 181 (Nr. 2926).

Prien, Th.: Organerhaltende Therapie beim hirntoten Organspender, in: Lawin, P. (Hrsg.), Praxis der Intensivbehandlung, 6. Aufl. 1994, S. 1134ff.

Prince, M.: De l'homicide par excès de risque a l'homicide par extraction de coeur vivant (VIIème Congrès International de l'A. I. J. A. Beyrouth 21. 9.-30. 9. 1969), National Libanese Printing Press, Beirut/Libanon, o. J. (Exemplar im MPI für ausländisches und internationales Strafrecht, Freiburg/Br., vorhanden).

Prittwitz, C.: Strafrecht und Risiko. Untersuchungen zur Krise von Strafrecht und Kriminalpolitik in der Risikogesellschaft, 1993.

Prokop, O. / *Göhler*, W.: Forensische Medizin, 3. Aufl. 1976.

Pschyrembel, W.: Klinisches Wörterbuch, 253. Aufl. 1977, 255. Aufl. 1986.

Puppe, I.: Naturalismus und Normativismus in der modernen Strafrechtsdogmatik, GA 1994, S. 297ff.

Pyszczynski, T.: Terror management theory and research: An overview, in: Johannes-Gutenberg-Universität Mainz/Interdisziplinärer Arbeitskreis Thanatologie (Hrsg.), Bericht über das 1. Symposium zur Thanatologie am 21. Juni 1995 in Mainz, Beiträge zur Thanatologie, H. 1/1995.

Quante, M.: „Wann ist ein Mensch tot?", Zeitschrift für philosophische Forschung 1995, S. 167ff.

Quensel, St.: Lehrbuch-Theorien: Ein 'postmoderner' Blick auf drei einschlägige Arbeiten, KrimJ 1996, S. 141ff.

Radbruch, G.: Rechtsphilosophie (hrsg. v. Wolf, E. und Schneider, H.-P.), 8. Aufl. 1973.

- Die geistesgeschichtliche Lage der Strafrechtsreform (1932), in: Wassermann, R. (Hrsg.), Strafrechtsreform (Gustav-Radbruch-Gesamtausgabe Bd. 9), 1992, S. 323ff.

Rahner, K.: Theologische Erwägungen über den Eintritt des Todes, in: ders., Schriften zur Theologie, Bd. IX, 1970, S. 323ff.

- Grundkurs des Glaubens (1976), 4. Aufl. der Sonderausgabe 1984.

Raisch, P.: Juristische Methoden, 1995.

Raiser, Th.: Das lebende Recht. Rechtssoziologie in Deutschland, 2. Aufl. 1995.

Ramieri, F.: Römisches Recht, Rezeption, in: Lexikon des Mittelalters, Bd. VII, 1995, Sp. 1014ff.

Ramm, R.: Ärztliche Rechts- und Standeskunde, 1942.

Ramm, W. (Hrsg.): Organspende. Letzter Liebesdienst oder Euthanasie, 2. Aufl. 1995.

Rauball, R.: Kommentierung zu Artikel 102, in: v. Münch, I. (Hrsg.), Grundgesetz-Kommentar, Bd. 3, 1. Aufl. 1978, Randnrn. 1ff.

Redeker, K.: Rezension: M. Sachs (Hrsg.), Grundgesetz, Kommentar, 1996, NJW 1996, S. 3266.

Reese-Schäfer, W.: Luhmann zur Einführung, 2. Aufl. 1996.

Regge, J.: Chronologische Übersicht über die Reformgeschichte des Straf- und Strafprozeßrechts in Preußen von 1780 - 1879, in: Schubert, W./Regge, J. (Hrsg.), Gesetzrevision (1825 - 1848). I. Abt.: Straf- und Strafprozeßrecht, Bd. 1, 1981, S. XXVff.

- Die Strafrechtreform unter Savigny, in: Schubert, W./Regge, J. (Hrsg.), Gesetzrevision (1825 - 1848), I. Abt.: Straf- und Strafprozeßrecht, Bd. 6, 1996, S. XIVff.

Rehbinder, M.: Einführung in die Rechtswissenschaft, 5. Aufl. 1983.

- Rechtssoziologie, 3. Aufl. 1993.

Reich, W. Th.: The Word „Bioethics": The Struggle Over Its Earliest Meanings, Kennedy Institute of Ethics Journal 1995, S. 19ff.

Reichart, B.: Herz- und Herzlungentransplantation auf dem Weg zur Methode, in: Dietrich, E. (Hrsg.), Organspende - Organtransplantation, 1985, S. 203ff.

- Herz- und Herz-Lungen-Transplantation, 1987.

- Diskussionsbemerkung, in: CSU-Fraktion im Bayerischen Landtag (Hrsg.), Organspende/Organtransplantation, Dokumentation einer Expertenanhörung der CSU-Fraktion 29. 3. 1990 (Schriftenreihe der CSU-Fraktion Bd. 28), o. J. (1990), S. 45f.

Reiter, J.: Der Tod des Menschen. Zu einem Papier des Wissenschaftlichen Beirats der Bundesärztekammer über „Kriterien des Hirntodes", Stimmen der Zeit Bd. 201 (1983), S. 61f.

- Organtransplantation und Moraltheologie, in: Bistum Essen (Hrsg.), Grenzziehungen in der Transplantationsmedizin, 1994, S. 33ff.

- Strittige Voraussetzungen - Zur Diskussion über Todeszeitpunkt und Organtransplantation, Herder-Korrespondenz 1995, S. 123ff.

Repgen, R.: Rezension: R. Spaemann, Personen. Versuche über den Unterschied zwischen 'etwas' und 'jemand', 1996, Zeitschrift für Lebensrecht 1996, S. 76.

Reuter, D.: Ernst Joachim Mestmäcker zum 70. Geb., NJW 1996, S. 2564.

Reuter, F.: Lehrbuch der gerichtlichen Medizin, 1933.

Richter, D. W.: Rhythmogenese der Atmung und Atmungsregulation, in: Schmidt, R. F./ Thews, G. (Hrsg.), Physiologie des Menschen, 26. Aufl 1995, S. 592ff.

Rieger, H.-J.: Lexikon des Arztrechts, 1984.

Riemer, H.-L.: Das Grundrecht auf Leben und seine verfassungsrechtliche Einschränkbarkeit, Diss. iur. Köln, 1961.

Rieß. P.: Diskussionsbemerkung, in: Ständige Deputation des Deutschen Juristentages (Hrsg.), Verhandlungen des 53. DJT Berlin 1980, Bd. II (Sitzungsberichte), 1980, M 95f.

Rix, B. A.: Danish ethics council rejects brain death as the criterion of death, Journal of medical ethics 1990, S. 5ff.

Rixen, St.: Die Bestattung fehlgeborener Kinder als Rechtsproblem, FamRZ 1994, S. 417ff.

- Ist der Hirntote „tot"?, in: Evangelische Akademie Iserlohn (Hrsg.), Halb tot oder ganz tot: Der „Hirntod" - ein sicheres Todeszeichen? (Tagungsprotokoll 93/1994), o. J. (1995), S. 39ff.

- Der hirntote Mensch: Leiche oder Rechtssubjekt? Zum grundrechtlichen Status des hirntoten Patienten, in: Hoff, J./in der Schmitten, J. (Hrsg.), Wann ist der Mensch tot? Organverpflanzung und „Hirntod"-Kriterium, erweiterte Taschenbuch-Neuauflage 1995, S. 434ff.

- Todesbegriff, Lebensgrundrecht und Transplantationsgesetz, ZRP 1995, S. 461ff.

- Im Zweifel für das Leben. Der Zeitpunkt des Todes als Rechtsproblem, Evangelische Kommentare 1996, S. 136f.

- Transplantation und Hirntod: Aktuelle Rechtsfragen aus Sicht der Krankenpflege, in: DRK-Schwesternschaft Lübeck e. V. (Hrsg.), Hirntod - Transplantation. Aspekte, Fragen und Probleme aus pflegerischer Sicht, 1996, S. 45ff.

Robbers, G.: Rechtswissenschaft und Ethik, in: Siep, L. (Hrsg.), Ethik als Anspruch an die Wissenschaft oder: Ethik in der Wissenschaft, 1988, S. 34ff.

- Obsoletes Verfassungsrecht durch sozialen Wandel?, Benda-FS z. 70. Geb. 1995, S. 209ff.

- Rechtspluralismus und staatliche Einheit in verfassungsrechtlicher Sicht, in: Lampe, E.-J. (Hrsg.), Rechtsgleichheit und Rechtspluralismus, 1995, S. 113ff.

- Juristische Fakultäten und Verfassung, in: Juristische Fakultät der Universität Trier (Hrsg.), Die Aufgabe der Juristenfakultäten (Festgabe für O. Theisen), 1996, S. 49ff.

Roche-Lexikon Medizin: 3. Aufl. 1993.

Roellecke, G.: Grundrechte und Abtreibungsverbot, in: Baumann, J. (Hrsg.), Das Abtreibungsverbot des § 218 StGB, 1971, S. 39ff.

- Lebenschutz, „Schutz von Ehe und Familie" und Abtreibung, JZ 1991, S. 1045ff.

- Theodor Maunz und die Verantwortung des Öffentlichrechtlers, KritJ 1994, S. 344ff.

Röhl, K. F.: Allgemeine Rechtslehre, 1994.

- Wozu Rechtsgeschichte?, Jura 1994, S. 173ff.

Rohling, R. u. a.: Aufrechterhaltung der Homöostase beim Organspender, o. J., hrsgg. von der Deutschen Stiftung Organtransplantation (DSO).

Römelt, J.: Hirntod und Organspende, Zeitschrift für medizinische Ethik 1997, S. 3ff.

Ronellenfitsch, M.: Verfahrensrechtliche Reformfragen im Atom-, Immissionsschutz- und Gentechnikrecht, in: Blümel, W./Pitschas, R. (Hrsg.), Reform des Verwaltungsverfahrensrechts, 1994, S. 303ff.

Roosen, K. / *Klein*, M.: Kriterien und Diagnostik des Hirntodes, in: Gesellschaft Gesundheit und Forschung e. V. (Hrsg.), Ethik und Transplantation, Frankfurt/M. 1989, S. 29ff.

Ropohl, G.: Ethik und Technikbewertung, 1996.

Roßnagel, A.: Rechtswissenschaftliche Technikfolgenforschung, 1993.

- Das Recht zur Umweltverschmutzung, Universitas 1995, S. 572ff.

Roth, G.: Das Gehirn und seine Wirklichkeit, TB-Ausg. 1997.

Roth, G. / *Dicke*, U.: Das Hirntodproblem aus der Sicht der Hirnforschung, in: Hoff, J./in der Schmitten, J. (Hrsg.), Wann ist der Mensch tot? Organverpflanzung und „Hirntod"-Kriterium, erweiterte Taschenbuch-Neuauflage 1995, S. 51ff.

Röttgen, P.: Diskussionsbemerkung, in: Penin, H./Käufer, Ch., (Hrsg.), Der Hirntod - Todeszeitbestimmung bei irreversiblem Funktionsverlust des Gehirns - Symposion am 14. Dezember 1968 in Bonn, 1969, S. 54f.

Röttgers, K.: Artikel „Kritik", in: Sandkühler, Hj. (Hrsg.), Europäische Enzyklopädie zu Philosophie und Wissenschaften, Bd. 2, 1990, S. 889ff.

Roxin, C.: Rundgespräch: Atemstillstand - Herzstillstand - Tod, Langenbecks Archiv für Chirurgie Bd. 325 (1969), S. 1092ff. (zit.: Roxin, Rundgespräch).

- Zur rechtlichen Problematik des Todeszeitpunktes, in: Krösl, W./Scherzer, E. (Hrsg.), Die Bestimmung des Todeszeitpunktes, 1973, S. 299ff.

- Der Schutz des Lebens aus der Sicht des Juristen, in: Blaha, H. u. a. (Hrsg.), Schutz des Lebens - Recht auf Tod, 1978, S. 85ff.
- Die Wiedergutmachung im System der Strafzwecke, in: Schöch, H. (Hrsg.), Wiedergutmachung und Strafrecht, 1987, S. 37ff.
- Besprechung: Schönke/Schröder, StGB, Kommentar, 24. Aufl. 1991, NJW 1993, S. 312.
- StrafR-AT, Bd. I, 2. Aufl. 1994.
- Besprechung: Dreher/Tröndle, StGB, Kommentar, 47. Aufl. 1995, NJW 1996, S. 3332.

Rückert, J.: Idealismus, Jurisprudenz und Politik bei Friedrich Carl von Savigny, 1984.
- Das „gesunde Volksempfinden" - eine Erbschaft Savignys?, ZRG Germ. Abt. 103 (1986), S. 199ff.
- Autonomie des Rechts in rechtshistorischer Perspektive, 1988.
- Juristische Zeitgeschichte, in: Stolleis, M. (Hrsg.), Juristische Zeitgeschichte - Ein neues Fach?, 1993, S. 23ff.
- Der Rechtsbegriff der Deutschen Rechtsgeschichte in der NS-Zeit: der Sieg des „Lebens" und des konkreten Ordnungsdenkens, seine Vorgeschichte und seine Nachwirkungen, in: ders./Willoweit, D. (Hrsg.), Die Deutsche Rechtsgeschichte in der NS-Zeit, 1995, S. 177ff.

Rüdorff, H.: StGB für das Deutsche Reich, 1. Aufl. 1871, 2. Aufl. 1881, 4. Aufl. 1892 (Rüdorff, H. / Stenglein, M.).

Rüfner, W.: Grundrechtsträger, in: Isensee, J./Kirchhof, P. (Hrsg.), Handbuch des Staatsrechts, Bd. V, 1992, § 116.

Rüping, H.: Individual- und Gemeinschaftsinteressen im Recht der Organtransplantation, GA 1978, S. 129ff.
- Grundriß der Strafrechtsgeschichte, 1. Aufl. 1981.
- Für ein Transplantationsgesetz, Medizin-Mensch-Gesellschaft (MMG) 1982, S. 77ff.

Rupp-von Brünneck, W.: Die Grundrechte im juristischen Alltag, 1970.

Rüthers, B.: Wir denken die Rechtsbegriffe um...: Weltanschauung als Auslegungsprinzip, 1987.
- Entartetes Recht. Rechtslehren und Kronjuristen im Dritten Reich, 2. Aufl. 1989.
- Die unbegrenzte Auslegung. Zum Wandel der Privatrechtsordnung im Nationalsozialismus, 4. Aufl. 1991.
- Die Wende-Experten. Zur Ideologieanfälligkeit geistiger Berufe am Beispiel der Juristen, 2. Aufl. 1995.
- Anleitung zum fortgesetzten methodischen Blindflug?, NJW 1996, S. 1249ff.

Sachs, M.: Abwehrrechte, in: Stern, K., Staatsrecht, Bd. III/1, 1988, S. 619ff.
- Der Gewährleistungsgehalt des Grundrechts, in: Stern, K., Staatsrecht, Bd. III/2, 1994, § 77, S. 3ff.
- Die relevanten Grundrechtsbeeinträchtigungen, JuS 1995, S. 303ff.
- (Hrsg.), GG, Kommentar, 1996 (Zit.: Bearbeiter, in:).

Saerbeck, K.: Beginn und Ende des Lebens als Rechtsbegriffe, 1974.

Salger, H.: Eröffnungsansprache, in: Deutsche Akademie für Verkehrswissenschaft (Hrsg.), 33. Deutscher Verkehrsgerichtstag 1995, S. 20ff.

Saling, E.: Der „Erlanger Fall" und die Logik medizinischer Konsequenzen, Deutsches Ärzteblatt 1993, B-900ff.

Salzwedel, J.: Die Verwaltung als eigenständige Staatsgewalt - zur Bedeutung des Lebenswerkes von Hans Peters heute, Jahres- und Tagungsbericht der Görres-Gesellschaft 1996, S. 23ff.

Samson, E.: Legislatorische Erwägungen zur Rechtfertigung der Explantation von Leichenteilen, NJW 1974, S. 2030ff.

- Der Referentenentwurf eines Transplantationsgesetzes, Deutsche Medizinische Wochenschrift 1976, S. 125ff.

- Rechtliche Probleme der Transplantation, in: Ziegler, J. G. (Hrsg.), Organverpflanzung, Medizinische, rechtliche und ethische Probleme, 1977, S. 22ff.

Sanders, A.: Ein Grundrechtskatalog für die Europäische Union?, ZfSH/SGB 1996, S. 418ff.

Sandvoß, G.: Anforderungen an ein Transplantationsgesetz, Arztrecht 1996, S. 151ff.

Sass, H.-M.: Hirntod und Hirnleben, in: ders. (Hrsg.), Medizin und Ethik, 1989, S. 160ff.

- Wann ist ein Mensch ein Mensch? Die Bioethik-Debatte, in: Evangelische Akademie Bad Boll (Hrsg.), Materialien zur Bioethik-Debatte (Materialien 6/96), 1996, Aufsätze/Referate, S. 1ff.

Sasse, R.: Zivil- und strafrechtliche Aspekte der Veräußerung von Organen Verstorbener und Lebender, 1996.

Sawicki, J.: Resuszitation und die Verantwortlichkeit des Arztes aus rechtlicher Sicht, Aktuelle Fragen der gerichtlichen Medizin (II), bearb. v. M. Vámosi (Institut für gerichtliche Medizin und Kriminalistik der Martin-Luther-Universität Halle-Wittenberg), 1967, S. 9ff.

Schack, H.: Rezension: H.-P. Götting, Persönlichkeitsrechte als Vermögensrechte, 1995, AcP 195 (1995), S. 594ff.

Schaefer, R. M. / *Heidland* A.: Blutreinigungsverfahren, in: Classen, M./Diehl, V./Kochsiek, K. (Hrsg.), Innere Medizin, 3. Aufl. 1994, S. 1346ff.

Schäfer, L. / *Schnelle*, Th.: Einleitung: Ludwik Flecks Begründung der soziologischen Betrachtungsweise in der Wissenschaftstheorie (1980), in: Fleck, L., Entstehung und Entwicklung einer wissenschaftlichen Tatsache (1935), 3. TB-Aufl. 1994, S. VIIff.

Schanbacher, D.: Artikel „Rezeption, juristische", in: Ritter, J./Gründer K. (Hrsg.), Historisches Wörterbuch der Philosophie, Bd. 8, 1992, Sp. 1004ff.

Schefold, Ch.: Kritik „des Naturrechts" oder Tradition der lex naturalis. Zu neueren Versuchen der Aufhebung naturrechtlichen Denkens von 1972-1985, Philosophisches Jahrbuch, 2. Halbbd. 1988, S. 376ff.

Scheler, M.: Tod und Fortleben (um 1914), in: ders., Die Zukunft des Kapitalismus und andere Aufsätze, hrsgg. v. Frings, M. S., 1979, S. 7ff.

Schellhammer, K.: Zivilprozeß: Gesetz - Praxis - Fälle. Ein Lehrbuch, 5. Aufl. 1992.

Schellong, S.: Künstliche Beatmung - Strukturgeschichte eines Dilemmas, in: Jahrbuch des Arbeitskreises Medizinischer Ethik-Kommissionen in der Bundesrepublik Deutschland einschließlich Berlin (West), hrsgg. v. Toellner, R. u. a., 1990, S. 6 - 89.

Scherer, G.: Das Problem des Todes in der Philosophie, 2. Aufl. 1988.

– Sinnerfahrung und Unsterblichkeit, Universitas 1992 , S. 254ff.

Scherzer, E.: Zusammenfassung, in: Krösl, W./Scherzer, E. (Hrsg.), Die Bestimmung des Todeszeitpunktes, 1973, S. 363.

Schick, P. J.: Todesbegriff, Sterbehilfe und aktive Euthanasie. Strafrechtsdogmatische und kriminalpolitische Erwägungen, in: Bernat, E. (Hrsg.), Ethik und Recht an der Grenze zwischen Leben und Tod, 1993, S. 121ff.

Schipperges, H.: Medizingeschichte als Prinzipienlehre der Heilkunst, Heidelberger Jahrbücher Bd. XXXI (1987), S. 21ff.

Schlaich, K.: Das Bundesverfassungsgericht, 3. Aufl. 1994.

Schlake, H.-P. / *Roosen*, K.: Der Hirntod als der Tod des Menschen, hrsgg. v. der Deutschen Stiftung Organtransplantation, 1995.

Schlaudraff, U. (Hrsg.): Transplantationsgesetzgebung in Deutschland, Dokumentation einer Tagung der Evangelischen Akademie Loccum vom 2. - 4. 11. 1994 (Loccumer Protokolle 54/94), 1995.

Schlehofer, H.: Juristische Methodologie und Methodik der Fallbearbeitung, JuS 1992, S. 572ff.

Schleyer, F.: Todeszeitbestimmung, in: Ponsold, A., Lehrbuch der gerichtlichen Medizin, 3. Aufl. 1967, S. 290ff.

Schlingensiepen-Brysch, I.: Wann beginnt das menschliche Leben?, ZRP 1992, S. 418ff.

Schlink, B.: Bemerkungen zum Stand der Methodendiskussion in der Verfassungsrechtswissenschaft, Der Staat 19 (1980), S. 73ff.

– Korrektur von Gerichtsentscheidungen durch die Polizei?, NJW 1988, S. 1689ff.

– Die dritte Abhörentscheidung des Bundesverfassungsgerichts, NJW 1989, S. 11ff.

– Die Entthronung der Staatsrechtswissenschaft durch die Verfassungsgerichtsbarkeit, Der Staat 28 (1989), S. 161ff.

– Die Bewältigung der wissenschaftlichen und technischen Entwicklungen durch das Verwaltungsrecht, VVDStRL 48 (1990), S. 235ff.

Schlögel, H.: Organtransplantationen, Stimmen der Zeit Bd. 212 (1994), S. 376ff.

Schlund, G. H.: Buchbesprechung: A. P. E. Ehlers, Medizin in den Händen von Heilpraktikern - „Nicht-Heilkundigen", JR 1996, S. 393f.

Schmarje, M. L.: Savigny und das Strafrecht, Diss. iur. Hamburg 1948.

Schmid, R. G. / *Tirsch*, W. S.: Klinische Elektroenzephalographie des Kinder- und Jugendalters, 1995.

Schmid, R.: Das Unbehagen an der Justiz, 1975.

Schmidhäuser, E.: Strafrecht - Besonderer Teil, 1. Aufl. 1980, 2. Aufl. 1983.

Schmidt, Eb.: Der Arzt im Strafrecht, 1939.

– Der Arzt im Strafrecht, in: Ponsold, A., Lehrbuch der gerichtlichen Medizin, 2. Aufl. 1957, S. 1ff.

– Lehrkommentar zur StPO und zum GVG, Teil II, 1957.

– Empfiehlt es sich, daß der Gesetzgeber die Fragen der ärztlichen Aufklärungspflicht regelt?, Gutachten für den 44. Deutschen Juristentag, in: Ständige Deputation des

Deutschen Juristentages (Hrsg.), Verhandlungen des 44. DJT, Hannover 1962, Bd. I, 4. Teil, 1962.
- Einführung in die Geschichte der deutschen Strafrechtspflege, 3. Aufl. 1965.

Schmidt, Ei.: Verfassungsgerichtliche Einwirkungen auf zivilistische Grundprinzipien und Institutionen, KritV 1995, S. 424ff.

Schmidt, H. W.: Buchbesprechung: Schönke/Schröder, StGB, Kommentar, 24. Aufl. 1991, MDR H. 1/1993.

Schmidt, J.: Zur „Bedeutung" von Rechtssätzen, Maihofer-FS, 1988, S. 433ff.

Schmidt, K.: Salut zum Thronjubiläum einer herrschenden Irrlehre - Einhundert Jahre höchstrichterliche Amtstheorie im Konkursrecht, JZ 1992, S. 298f.

Schmidt, R. F. / *Thews*, G.: Vorwort, in: dies. (Hrsg.), Physiologie des Menschen, 26. Aufl. 1996, S. Vf.

Schmidt, W.: Grundrechte - Theorie und Dogmatik seit 1946 in Westdeutschland, in: Simon, D. (Hrsg.), Rechtswissenschaft in der Bonner Republik - Studien zur Wissenschaftsgeschichte der Jurisprudenz, 1994, S. 188ff.

Schmidt-Aßmann, E.: Empfiehlt es sich, das System des Rechtsschutzes und der Gerichtsbarkeit in der Europäischen Gemeinschaft weiterzuentwickeln?, JZ 1994, S. 832ff.
- Zur Situation der rechtswissenschaftlichen Forschung, JZ 1995, S. 2ff.

Schmidt-Bleibtreu, B. / *Klein*, F.: Kommentar zum GG, 1. Aufl. 1967, 2. Aufl. 1970, 3. Aufl. 1973, 4. Aufl. 1977, 5. Aufl. 1980, 6. Aufl. 1983, 7. Aufl. 1990 (Zit.: Bearbeiter, in:).

Schmidt-Didczuhn, A.: Transplantationsmedizin in Ost und West im Spiegel des Grundgesetzes, ZRP 1991, S. 264ff.

Schmitt, C.: Zehn Jahre Reichsverfassung (1929), in: ders., Verfassungsrechtliche Aufsätze (1958), 3. Aufl. 1985, S. 34ff.
- Freiheitsrechte und institutionelle Garantien (1931), in: ders., Verfassungsrechtliche Aufsätze, 3. Aufl. 1985, S. 140ff.
- Grundrechte und Grundpflichten (1932), in: ders., Verfassungsrechtliche Aufsätze (1958), 3. Aufl. 1985, S. 181ff.
- Die Lage der europäischen Rechtswissenschaft (1943/44), in: ders., Verfassungsrechtliche Aufsätze, 3. Aufl. 1985, 386ff.
- Römischer Katholizismus und politische Form (ND der 2. Aufl. 1925), 1984.
- Verfassungslehre (1928), 8. Aufl. 1993.
- Legalität und Legitimität (1932), 5. Aufl. 1993.
- Über die drei Arten des rechtswissenschaftlichen Denkens (1934), 2. Aufl. 1993.

Schmitt, R.: Auf der Grenze von Recht und Medizin: Die zwangsweise Unterbringung von Trinkern, Bockelmann-FS, 1979, S. 861ff.
- Ärztliche Entscheidungen zwischen Leben und Tod in strafrechtlicher Sicht, JZ 1985, S. 365ff.
- Das Recht auf den eigenen Tod, MDR 1986, S. 617ff.

Schmoeckel. M.: 100 Jahre BGB: Erbe und Aufgabe, NJW 1996, S. 1697ff.

Schneider, Ch.: Tun und Unterlassen beim Abbruch lebenserhaltender medizinischer Behandlung, 1997.

452 Literaturverzeichnis

Schneider, H.: Der Hirntod, Der Nervenarzt 1970, S. 381ff.

Schnur, R.: Der Begriff der „herrschenden Meinung" in der Rechtsdogmatik, Forsthoff-FS, 1967, S. 43ff.

Schoch, F.: Die Europäisierung des Allgemeinen Verwaltungsrechts, JZ 1995, S. 109ff.

Schöch, H.: Beendigung lebenserhaltender Maßnahmen, NStZ 1995, S. 153ff.

- Die Rechtswirklichkeit und präventive Effizienz strafrechtlicher Sanktionen, in: Jehle, J.-M. (Hrsg.), Kriminalprävention und Strafjustiz, 1996, S. 291ff.

Schöne-Seifert, B.: Verzicht auf Lebenserhalt: offene Fragen, Ethik in der Medizin 1989, S. 143ff.

- Medizinethik, in: Nida-Rümelin, J. (Hrsg.), Angewandte Ethik, 1996, S. 552ff.

Schönfeld, W.: Der Traum des positiven Rechts, AcP 135 (1932), S. 1ff.

Schönig, R.: Zur Feststellung des Todeszeitpunktes, NJW 1968, S. 189f.

Schönke, A.: StGB für das Deutsche Reich, Kommentar, 1. Aufl. 1942, 2. Aufl. 1944, 3. Aufl. 1947, 4. Aufl. 1949, 5. Aufl. 1951, 6. Aufl. 1952, 7. Aufl. 1954 (fortgeführt v. H. Schröder), 8. Aufl. 1957, 9. Aufl. 1959, 10. Aufl. 1961, 11. Aufl. 1963, 12. Aufl. 1965, 13. Aufl. 1967, 14. Aufl. 1969.

Schönke, A. / *Schröder*, H.: StGB, 14. Aufl. 1969, 15. Aufl. 1970, 16. Aufl. 1972, 17. Aufl. 1974, 18. Aufl. 1976, 19. Aufl. 1978, 20. Aufl. 1980, 21. Aufl. 1982, 22. Aufl.1985, 23. Aufl. 1988, 24. Aufl. 1991, 25. Aufl. 1997 (Zit. Bearbeiter, in:).

Schott, H.: Die Chronik der Medizin, 1993.

Schreiber, H.-L.: Die rechtliche Zulässigkeit der Transplantatentnahme, Der Internist 1974, S. 551ff.

- Recht und Ethik - am Beispiel des Arztrechts, Dünnebier-FS, 1982, S. 633ff.

- Kriterien des Hirntodes, JZ 1983, S. 593f.

- Vorüberlegungen für ein künftiges Transplantationsgesetz, Klug-FS, Bd. II, 1983, S. 341ff.

- Diskussionsbemerkungen; in: CSU-Fraktion im Bayerischen Landtag (Hrsg.), Organspende/Organtransplantation, Dokumentation einer Expertenahörung der CSU-Fraktion 29. 3. 1990 (Schriftenreihe der CSU-Fraktion Bd. 28), o. J. (1990), S. 39f. und S. 53.

- Der Schutz des Lebens durch das Recht an seinem Beginn und an seinem Ende, in: Schütz, H. u. a. (Hrsg.), Medizinrecht - Psychopathologie - Rechtsmedizin. FS für Günter Schewe, 1991, S. 120ff.

- Wann darf ein Organ entnommen werden? - Recht und Ethik der Transplantation -, Steffen-FS, 1995, S. 451ff.

- Wann darf ein Organ entnommen werden? - Recht und Ethik der Transplantation -, Berliner Theologische Zeitschrift (BThZ), Beiheift 1995, S. 112ff.

- Bewertung des Hirntodes sowie der engen und der erweiterten Zustimmungslösung in einem Transplantationsgesetz, in: Hoff, J./in der Schmitten, J. (Hrsg.), Wann ist der Mensch tot? Organverpflanzung und „Hirntod"-Kriterium, erweiterte Taschenbuch-Neuauflage 1995, S. 424ff.

- Der Hirntod als Grenze des Lebensschutzes, Walter Remmers-FS, 1995, S. 593ff.

- Sterbenlassen ja - Töten nein, in: Evangelische Forschungsakademie (Hrsg.), Den eigenen Tod sterben, 1996, S. 59ff.

- Wann darf ein Organ entnommen werden?, in: Ach, J. S./Quante, M. (Hrsg.), Hirntod und Organverpflanzung, 1997, S. 199ff.

Schreiber, H.-L. / *Wolfslast*, G.: Rechtsfragen der Transplantation, in: Dietrich, E. (Hrsg.), Organspende/Organtransplantation, 1985, S. 33ff.

- Ein Entwurf für ein Transplantationsgesetz, MedR 1992, S. 189ff.

Schröder, J.: Überlegungen zur „Juristischen Zeitgeschichte", in: Stolleis, M. (Hrsg.), Juristische Zeitgeschichte - Ein neues Fach?, 1993, S. 35ff.

Schroeder, F.-C.: Das Strafrecht des realen Sozialismus. Eine Einführung am Beispiel der DDR, 1983.

- Die neuere Entwicklung des Strafrechts in beiden Staaten in Deutschland - Grundsätzliche Tendenzen, in: Zieger, G./Schroeder, F.-C. (Hrsg.), Die strafrechtliche Entwicklung in Deutschland - Divergenz oder Konvergenz - , 1988, S. 5ff.

- Irrwege aktionistischer Gesetzgebung - das 26. StÄG (Menschenhandel), JZ 1995, S. 231ff.

- Strafprozeßrecht, 1. Aufl. 1993, 2. Aufl. 1997.

- Gegen die Spendelösung bei der Organgabe, ZRP 1997, S. 265ff.

Schroeder, K. / *Staadt*, J.: Zeitgeschichte in Deutschland vor und nach 1989, Aus Politik und Zeitgeschichte (Beilage zur Wochenzeitung „Das Parlament") B 26/97 vom 20.6.1997, S. 15ff.

Schroth, U.: Auf dem Wege zu einem neuen Transplantationsrecht, Vorgänge - Zeitschrift für Bürgerrechte und Gesellschaftspolitik H. 2/1997, S. 46ff.

Schubert, W.: Die Quellen zum Strafgesetzbuch von 1870/71, GA 1982, S. 191ff.

- (Hrsg.): Entwurf eines StGB für den Norddeutschen Bund vom Juli 1869 und Motive zu diesem Entwurf, 1992.

Schulte, M.: Zur Lage und Entwicklung der Verfassungsgerichtsbarkeit, DVBl. 1996, S. 1009ff.

Schulte am Esch, J.: Neuere Gesichtspunkte zur kardiopulmonalen Wiederbelebung unter besonderer Berücksichtigung des Gehirns, Anästhesie-Intensivtherapie-Notfallmedizin 1983, S. 3ff.

Schulz, G.: Arztrecht für die Praxis, 3. Aufl. 1965.

Schulz, H.: Thesen zum Stellenwert klinischer und paraklinischer Untersuchungsmethoden bei der Feststellung des Hirntodes, Das Deutsche Gesundheitswesen 32 (1977), S. 1201f.

Schulz, H. / *Seidel*, K.: Zur Feststellung des irreversiblen Ausfalls aller Hirnfunktionen (Hirntod) aus neuropsychiatrischer Sicht, Das Deutsche Gesundheitswesen 29 (1974), S. 981ff. (Teil 1), S. 1294ff. (Teil 2).

Schulze, H. A. F.: Neurologie, in: Seidel, K. u. a., Neurologie und Psychiatrie einschließlich Kinderneuropsychiatrie und Gerichtliche Psychiatrie, 1. Aufl. 1977, S. 14ff.; 2. Aufl. 1980, S. 15ff.; 3. Aufl. 1987, S. 15ff.

Schulze-Fielitz, H.: Theorie und Praxis parlamentarischer Gesetzgebung, 1988.

- Das Bundesverfassungsgericht in der Krise des Zeitgeists, AöR 122 (1997), S. 1ff.

Schunck, E.: GG, Kommentar, 5. Aufl. 1960, 6. Aufl. 1962, 7. Aufl. 1965, 8. Aufl. 1970, 9. Aufl. 1976.

Schünemann, B.: Zum gegenwärtigen Stand der Dogmatik der Unterlassungsdelikte in Deutschland, in: Gimbernat, E. u. a. (Hrsg.), Internationale Dogmatik der objektiven

Zurechnung und der Unterlassungsdelikte (Ein spanisch-deutsches Symposion zu Ehren von Claus Roxin), 1995, S. 49ff.

Schuppert, G. F.: Rezension: K. Tiedemann, Verfassungsrecht und Strafrecht, 1991, StV 1993, S. 333f.

Schur, W.: Anspruch, absolutes Recht und Rechtsverhältnis im öffentlichen Recht entwickelt aus dem Zivilrecht, 1993.

Schurz, R.: Ist Interdisziplinarität möglich?, Universitas 1995, S. 1080ff.

Schuster, H. P.: Intensivmedizin, in: Classen, M./Diehl, V./Kochsiek, K. (Hrsg.), Innere Medizin, 3. Aufl. 1994, S. 1433ff.

Schutte, J. J. E.: The European Market of 1993: A Test for a Regional Model of Supranational Criminal Justice or of Inter-Regional Co-operation?, in: Eser, A./Lagodny, O. (Hrsg.), Principles and Procedures for a New Transnational Criminal Law, 1992, S. 387ff.

Schwab, D.: Geschichtliches Recht und moderne Zeiten (1984), in: ders., Geschichtliches Recht und moderne Zeiten. Ausgewählte rechtshistorische Aufsätze, 1995, S. 3ff.

Schwabe, J.: Grundkurs Staatsrecht, 3. Aufl. 1988.

Schwarz, Ch.: Praktische Aspekte der Transplantationsmedizin, in: Bonelli, J./Schwarz, M. (Hrsg.), Der Status des Hirntoten. Eine interdisziplinäre Analyse der Grenzen des Lebens, 1995, S. 197ff.

Schwarz, G. u. a.: Akustisch evozierte Hirnstammpotentiale - Möglichkeiten und Probleme an der Intensivstation, Anästhesie, Intensivtherapie, Notfallmedizin 1986, S. 262ff.

Schwarz, O.: StGB, Kommentar, 6. Aufl. 1938, 7. Aufl. 1939, 23. Aufl. 1961 (fortgeführt von E. Dreher), 27. Aufl. 1965.

Schwarz, O. / *Dreher*, E.: StGB, Kommentar, 28. Aufl. 1966, 29. Aufl. 1967, 30. Aufl. 1968, 31. Aufl. 1970, 32. Aufl. 1970, 33. Aufl. 1972, 34. Aufl. 1974, 35. Aufl. 1975, 36. Aufl. 1976, 37. Aufl. 1977 (zit.: Dreher, in).

Schwarze, F. O.: Das StGB für den Norddeutschen Bund, 1870.

Schweitzer, I.: Zu Problemen von Leichenschau und Totenbescheinigung unter besonderer Berücksichtigung des Strafrechts, Diss. iur. Tübingen, 1986.

Schwerd, W.: Todeszeit und Leichenschau heute und morgen, BayÄrztebl. 1970, S. 535ff.

– Forensische Thanatologie, in: ders., Rechtsmedizin, 2. Aufl. 1976, S. 180ff.; 5. Aufl. 1992, S. 182ff.

Schwinge, E.: Teleologische Begriffsbildung im Strafrecht. Ein Beitrag zur strafrechtlichen Methodenlehre, 1930.

Sebening, F. / *Klinner*, W. u. a.: Bericht über die Transplantation eines menschlichen Herzens, Deutsche Medizinische Wochenschrift 1969, S. 883ff.

Seelmann, K.: Neue Unübersichtlichkeit im Strafrecht?, BewHi 1991, S. 123ff.

– Rechtsphilosophie, 1994.

Seewald, O.: Zum Verfassungsrecht auf Gesundheit, 1981.

– Verfassungs- und verwaltungsrechtliche Aspekte von Aids, in: Prittwitz, C. (Hrsg.), Aids, Recht und Gesundheitspolitik, 1990, S. 37ff.

- Ein Organtransplantationsgesetz im pluralistischen Verfassungsstaat, VerwA 1997, S. 199ff.

Seifert, J.: Menschenwürde und unbedingte Achtung menschlichen Lebens: Einige Fragen der Bioethik und die Grundlagen der Moral, in: Marré, H./Stüting, J. (Hrsg.), Essener Gespräche zum Thema Staat und Kirche, Bd. 22: „Der Schutz des menschlichen Lebens", 1988, S. 57ff.

- Das Leib-Seele-Problem und die gegenwärtige philosophische Diskussion, 2. Aufl. 1989.
- Ist „Hirntod" wirklich der Tod?", Wiener Medizinische Wochenschrift - Diskussionsforum Medizinische Ethik Nr. 4/1990.
- Erklären heute Medizin und Gesetze Lebende zu Toten?, in: Greinert, R./Wuttke, G. (Hrsg.), Organspende - Kritische Ansichten zur Transplantationsmedizin, 1991, S. 185ff.
- Is „brain death" actually death?, A critique of redefining man's death in terms of „brain death", in: White, R. J./Angstwurm, H./Carrasco de Paula, I. (Hrsg.), Working Group on the determination of brain death and its relationship to human death, 10. - 14. 12. 1989, 1992, S. 95ff.

Seifert, K.-H. / *Hömig*, D. (Hrsg.): GG, Kommentar, 1. Aufl. 1982, 2. Aufl. 1985, 3. Aufl. 1988, 4. Aufl. 1991, 5. Aufl. 1995 (zit.: Bearbeiter, in).

Sekretariat der Deutschen Bischofskonferenz (Hrsg.): Das Lebensrecht des Menschen und die Euthanasie („Die Deutschen Bischöfe" Nr. 4), 1975.

- Eltern trauern um ihr totes neugeborenes Kind (Arbeitshilfen Nr. 109), 1993.
- Unsere Sorge um die Toten und die Hinterbliebenen („Die Deutschen Bischöfe" Nr. 53), 1994.
- „Die Deutschen Bischöfe", Heft 47: Zusammenstellung von Äußerungen aus den Jahren 1978, 1991, 1993 und 1996 zu den Themen menschenwürdiges Sterben, Sterbebegleitung, Hospizbewegung, 1996.

Sektion Rechtswissenschaft der Humboldt-Universität Berlin / Akademie für Staats- und Rechtswissenschaft der DDR (Hrsg.): Strafrecht. Allgemeiner Teil, Lehrbuch, 1978.

- Strafrecht. Besonderer Teil, Lehrbuch, 1981.

Sendler, H.: Kann man Liberalität übertreiben?, ZRP 1994, S. 343ff.

- Unmittelbare Drittwirkung der Grundrechte durch die Hintertür?, NJW 1994, S. 709f.
- Blüten richterlicher Unabhängigkeit und Verfassungsgerichtsschelte, NJW 1996, S. 825ff.

Sengler, H. / *Schmidt*, A.: Organentnahme bei Hirntoten als „noch Lebenden"?, MedR 1997, S. 241ff.

- Verfassungsrechtliche Fragen einer gesetzlichen Regelung des Transplantationsrechts, DÖV 1997, S. 718ff.

Shewmon, D. A.: Anencephaly: Selected Medical Aspects, Hastings Center Report Nr. 5 (oct./nov.), 1988, S. 11ff.

Sieber, U.: Europäische Einigung und Europäisches Strafrecht, ZStW 103 (1991), S. 957ff.

- Forderungen für die europäische Strafrechtspolitik, in: ders. (Hrsg.), Europäische Einigung und Europäisches Strafrecht, 1993, S. 157ff.

Siegrist, H. O.: Organtransplantation und Recht, Münchener Medizinische Wochenschrift 1969, S. 742ff.

Simmel, G.: Zur Metaphysik des Todes (1910), in: ders., Das Individuum und die Freiheit. Essais (1957), TB-Ausg. 1993, S. 29ff.

Simon, D.: Franz Wieacker: 5. August 1908 - 17. Februar 1994, Rechtshistorisches Journal (RJ) 13 (1994), S. 1ff.

Simon, H.: Das Bundesverfassungsgericht - Ersatzgesetzgeber und Superrevisionsinstanz?, NJ 1996, S. 169f.

Singer, P.: Praktische Ethik, dt. 1. Aufl. 1984, dt. 2. Aufl. 1994.

- Dilemma von Leben und Tod - Der Zusammenbruch der traditionellen Ethik, Universitas 1996, S. 432ff.

Singer, R.: Vertragsfreiheit, Grundrechte und der Schutz des Menschen vor sich selbst, JZ 1995, S. 1133ff.

Sjövall, H.: in: Aktuelle Fragen der gerichtlichen Medizin (II), Aktuelle Fragen der gerichtlichen Medizin (II), bearb. v. Vámosi, M. (Institut für gerichtliche Medizin und Kriminalistik der Martin-Luther-Universität Halle-Wittenberg), 1967, S. 24ff.

Sloterdijk, P.: Versprechen auf Deutsch. Rede über das eigene Land, 1990.

- Weltfremdheit, 1993.

Smend, R.: Verfassung und Verfassungsrecht, 1928.

- Das Bundesverfassungsgericht (1962), in: ders., Staatsrechtliche Abhandlungen, 2. Aufl. 1968, S. 581ff.

Soeffner, H.-G.: Alltagsverstand und Wissenschaft. Anmerkungen zu einem alltäglichen Mißverständnis von Wissenschaft (1983), in: ders., Auslegung des Alltags - Der Alltag der Auslegung, 1989, S. 10ff.

Somek, A.: Der Gegenstand der Rechtserkenntnis, 1996.

Sonnenfeld, A.: Wer oder was ist tot beim Hirntod? Der Hirntod in ethischer Perspektive, Forum Katholische Theologie 1994, S. 30ff.

Spaemann, R.: Personen - Versuche über den Unterschied zwischen ‚etwas' und ‚jemand', 1996.

Spann, W.: Strafrechtliche Probleme an der Grenze von Leben und Tod, Deutsche Zeitschrift für gerichtliche Medizin 1966, S. 26ff.

- Vorstellungen zur Gesetzgebung über den tatsächlichen Todeszeitpunkt, MMW 1969, S. 2253ff.

- Die Bestimmung des Todeszeitpunktes aus gerichtsärztlicher Sicht, in: Krösl, W./Scherzer, E. (Hrsg.), Die Bestimmung des Todeszeitpunktes, 1973, S. 263ff.

- Justitia und die Ärzte. Leben, Gesundheit und Gesetz, 1979.

- Arzthaftung: Perspektiven der Rechtsmedizin, Beiträge zur gerichtlichen Medizin Bd. XLIII (1985), S. 23ff.

- Diskussionsbemerkung, in: CSU-Fraktion im Bayerischen Landtag (Hrsg.), Organspende/Organtransplantation, Dokumentation einer Expertenanhörung der CSU-Fraktion 29. 3. 1990 (Schriftenreihe der CSU-Fraktion Bd. 28), o. J. (1990), S. 50.

- Kalte Chirurgie - Ein Leben zwischen Medizin und Recht, 2. Aufl. 1996.

Spann, W. / *Kugler*, J. / *Liebhardt*, E.: Tod und elektrische Stille, Münchener Medizinische Wochenschrift 1967, S. 2161ff.

Spann, W. / *Liebhardt*, E.: Reanimation und Feststellung des Todeszeitpunktes, Münchener Medizinische Wochenschrift 1966, S. 1410ff.

- Rechtliche Probleme bei der Organtransplantation, Münchener Medizinische Wochenschrift 1967, S. 672ff.
- Überlegungen zu neueren Untersuchungen über die Wiederbelebungszeit des zentralen Nervensystems, Ius Medicum 5 (1979), S. 455f.

Speilman, B. / *McCarthy*, C. S.: Beyond Pittsburgh: Protocols for Controlled Non-Heart-Beating Cadaver Organ Recovery, Kennedy Institute of Ethics Journal 1995, S. 323ff.

Spendel, G.: Wider das Irrationale unserer Zeit, Schwinge-FS 1973, S. 21ff.

- Rechtsbeugung und BGH - eine Kritik, NJW 1996, S. 809ff.

Spiekerkötter, J.: Verfassungsfragen der Humangenetik, 1989.

Spinner, J. R.: Ärztliches Recht unter besonderer Berücksichtigung deutschen, schweizerischen, österreichischen und französischen Rechts, 1914.

Spittler, J. F.: Der Hirntod - Tod des Menschen. Grundlagen und medizinethische Gesichtspunkte, Ethik in der Medizin 1995, S. 128ff.

- Der Hirntod ist der Tod des Menschen, Universitas 1995, S. 313ff.
- Der menschliche Körper im Hirntod, ein dritter Zustand zwischen lebendem Menschen und Leichnam?, JZ 1997, S. 747ff.

Staatsverlag der DDR (Hrsg.): Rechtslexikon, 1988.

Stammberger, W.: Die ärztliche Tätigkeit im Blickfeld der deutschen Strafrechtsreform, Ärztliche Mitteilungen (Deutsches Ärzteblatt), H. 13/1962, S. 700ff. = Sonderdruck, S. 1ff.

Ständige Deputation des Deutschen Juristentages (Hrsg.): Verhandlungen des 53. DJT Berlin 1980, Bd. II (Sitzungsberichte), 1980.

- Verhandlungen des 56. DJT Berlin 1986, Bd. II (Sitzungsberichte), 1986.

Stapenhorst, K.: Bedenkenswertes zur Herzverpflanzung, Scheidewege. Jahresschrift für skeptisches Denken, 23. Jg., 1993/94, Bd. II, S. 320ff.

- Über die biologisch-naturwissenschaftlich unzulässige Gleichsetzung von Hirntod und Individualtod und ihre Folgen für die Medizin, Ethik in der Medizin 1996, S. 79ff.

Starck, Ch.: Die künstliche Befruchtung beim Menschen - Zulässigkeit und zivilrechtliche Folgen, 1. Teilgutachten: Verfassungsrechtliche Probleme (Gutachten A), in: Ständige Deputation des Deutschen Juristentages (Hrsg.), Verhandlungen des 56. DJT Berlin 1986, 1986, A 1ff.

- Der verfassungsrechtliche Schutz des ungeborenen Lebens (1993), in: ders., Praxis der Verfassungsauslegung, 1994, S. 85ff.
- Verfassungsgerichtsbarkeit und Fachgerichte, JZ 1996, S. 1033ff.

Staudinger: Kommentar zum BGB, Bd. I, 12. Aufl. 1980 (Zit.: Bearbeiter, in:).

Steen, M.: Grenzen des strafrechtlichen Lebensschutzes bei Verwendung medizinisch-technischer Hilfsmittel, Diss. iur. Kiel, 1977.

Steffen, E.: Wieviele Tode stirbt der Mensch?, NJW 1997, S. 1619f.

Stegmaier, W.: Ethik als Hemmung und Befreiung, in: Endreß, M. (Hrsg.), Zur Grundlegung einer integrativen Ethik, 1995, S. 19ff.

Steiger, H.: Mensch und Umwelt, 1975.

- Recht auf Leben im deutschen Verfassungssystem, in: Pontificium Consilium de Legum textibus Interpretandis/Pontificium Consilium Pro Familia/Pontificia Academie Pro Vita (Hrsg.), 'Evangelium Vitae' E Diritto/'Evangelium Vitae' And Law - Acta Symposii Internationalis in Civitate Vaticana Celebrati 23 - 25 maii 1996, (Libreria Editrice Vaticana) 1997, S. 289ff.

Stein, E.: Staatsrecht, 15. Aufl. 1995.

Steinbach, P.: Individuum, Gemeinschaft, Staat - Der Wandel des Menschenbildes in der Geschichte, Universitas 1987, S. 1295ff.

- Zeitgeschichte - Geschichte, die ihren Ausgang noch nicht kennt, in: Grabitz, H. u. a. (Hrsg.), Die Normalität des Verbrechens. Bilanz und Perspektiven der Forschung zu den nationalsozialistischen Gewaltverbrechen (FS für W. Scheffler z. 65. Geb.), 1994, S. 132ff.

Steinbereithner, K.: Hirntod und Intensivmedizin, in: Bonelli, J./Schwarz, M. (Hrsg.), Der Status des Hirntoten. Eine interdisziplinäre Analyse der Grenzen des Lebens, 1995, S. 69ff.

Steiner, U.: Der Schutz des Lebens durch das Grundgesetz, 1992.

Stephenson, G. (Hrsg.): Leben und Tod in den Religionen, 3. Aufl. 1994.

- Vorwort, in: ders. (Hrsg.), Leben und Tod in den Religionen, 3. Aufl. 1994, S. IX ff.

Stern, K.: Staatsrecht, Bd. III/1, 1988.

- Idee und Elemente eines Systems der Grundrechte, in: Isensee, J./Kirchhof, P. (Hrsg.), Handbuch des Staatsrechts, Bd. V, 1992, § 109.

- Staatsrecht, Bd. III/2, 1994.

Sternberg-Lieben, D.: Anm. zu BGH, Urt. v. 21. 7. 1994 - 1 StR 83/94 -, JZ 1995, S. 844ff.

- Tod und Strafrecht, JA 1997, S. 80ff.

Sternberger, D.: Der verstandene Tod. Eine Untersuchung zu Martin Heideggers Existenzial-Ontologie (1932/34), in: ders., Über den Tod (1977), TB-Ausg. 1981, S. 69ff.

Stober, R.: Grundgesetz für die Bundesrepublik Deutschland und Nebengesetze, Textausgabe mit Anmerkungen und Verweisungen, 1978.

Stodtmeister, R. u. a.: EEG-Registrierung beim Hirntod, Praktische Anästhesie, Wiederbelebung und Intensivtherapie 1978, S. 446ff.

Stöhr, M. u. a.: Bedeutung der somatosensibel evozierten Potentiale (SEP) bei der Feststellung des Hirntodes, Anästhesie, Intensivtherapie, Notfallmedizin 1987, S. 21ff.

Stolleis, M.: Rezension: Richterliche Rechtsfortbildung, FS der Juristischen Fakultät zur 600-Jahr-Feier der Ruprechts-Karl-Universität Heidelberg, 1986, Ruperto Carola - Heildelberger Universitätshefte H. 77/1987, S. 162ff.

- Rezeption, öffentlichrechtlich, in: Erler, A./Kaufmann, Ek. (Hrsg.), Handwörterbuch zur deutschen Rechtsgeschichte, Bd. IV, 1990, Sp. 984ff.

- Theodor Maunz - Ein Staatsrechtslehrerleben (1993), in: ders., Recht im Unrecht. Studien zur Rechtsgeschichte des Nationalsozialismus, 1994, S. 306ff.

- Verwaltungsrechtswissenschaft in der Bundesrepublik Deutschland, in: Simon, D. (Hrsg.), Rechtswissenschaft in der Bonner Republik, 1994, S. 227ff.

- Vorurteile und Werturteile der rechtshistorischen Forschung zum Nationalsozialismus (1982), in: ders., Recht im Unrecht - Studien zur Rechtsgeschichte des Nationalsozialismus, 1994, S. 36ff.
- Buchbesprechung: B. Rüthers, Die Wende-Experten. Zur Ideologieanfälligkeit geistiger Berufe am Beispiel der Juristen, 1995, JZ 1996, S. 410f.

Strassmann, F.: Medizin und Strafrecht, 1911.
- Lehrbuch der gerichtlichen Medizin, hrsgg. v. Strassmann, G., 2. Aufl. 1931.

Strate, G.: Verfassungsrechtliche Aspekte des Beweisantragsrechts, in: AG Strafrecht des DAV (Hrsg.), Rechtssicherheit versus Einzelfallgerechtigkeit. Kolloquium anläßlich des 65. Geburtstags von G. Herdegen, 1992, S. 80ff.

Stratenwerth, G.: Euthanasie (Sterbehilfe) - juristisch, in: Geiger, M./Stratenwerth, G., Ethische Gegenwartsprobleme in theologischer und juristischer Beurteilung, 1968, S. 125ff.
- Zum juristischen Begriff des Todes, Engisch-FS, 1969, S. 528ff.
- Die Rechtsfragen der Euthanasie, NZZ (Neue Zürcher Zeitung - Internationale Ausgabe), Nr. 131 v. 9.6.1995, S. 27.

Strätz, H.-W.: Zivilrechtliche Aspekte der Rechtsstellung des Toten unter besonderer Berücksichtigung der Transplantationen, 1971.

Strauss, S. A.: Transplantation legislation: A South African View, Ius Medicum 3 (1973), S. 251ff.

Stree, W.: Deliktsfolgen und Grundgesetz, 1960.

Stroh, W.: Organentnahmen in der ethischen Anfrage, Der Pathologe 1994, S. 193ff.
- Der Hirntod ist der Tod des Menschen, Ärztliche Praxis, Nr. 46 v. 9. 6. 1995, S. 5.
- Zusammenfassung der Diskussion, in: Schlaudraff, U. (Hrsg.), Transplantationsgesetzgebung in Deutschland. Dokumentation einer Tagung vom 2.- 4.11.1994 in der Evangelischen Akademie Loccum (Loccumer Protokolle 54/94), 1995, S. 29f.

Struck, E. u. a.: Herztransplantation, in: Pichlmayr, R. (Hrsg.), Transplantationschirurgie, 1981, S. 797ff.

Stübinger, St.: Nicht ohne meine „Schuld"! Kritik der systemtheoretischen Reformulierung des Strafrechts am Beispiel der Schuldlehre von Günther Jakobs, KritJ 1993, S. 33ff.

Sturm, R.: Zum Regierungsentwurf eines Transplantationsgesetzes (BT-Drucks. 8/2681), JZ 1979, S. 697ff.

Suhr, D.: Freiheit durch Geselligkeit - Institut, Teilhabe, Verfahren und Organisation im systematischen Raster eines neuen Paradigmas, EuGRZ 1984, S. 529ff.

Süssmuth, R.: Geleitwort zur Taschenbuchausgabe, in: Hoff, J./in der Schmitten, J. (Hrsg.), Wann ist der Mensch tot? Organverpflanzung und „Hirntod"-Kriterium, erweiterte Taschenbuch-Neuauflage 1995, S. If.

Szydzik, St.-E.: Bericht über die 21. Jahrestagung der Katholischen Ärztearbeit Deutschlands zum Thema „Tod - Unsterblichkeit - Auferstehung", Renovatio 1969, S. 126f.

Tanida, N.: 'Bioethics' is Subordinate to Morality in Japan, Bioethics 1996, S. 201ff.

Taupitz, J.: Die Standesordnungen der freien Berufe, 1991.
- Rezension: W. Höfling, Vertragsfreiheit. Eine grundrechtsdogmatische Studie, 1991, AcP 192 (1992), S. 341ff.

– Um Leben und Tod - Die Diskussion um ein Transplantationsgesetz, JuS 1997, S. 203 ff.

Teubner, G.: Napoleons verlorener Code. Eigendynamik des Rechts als politisches Problem, Maihofer-FS, 1988, S. 587 ff.

– Recht als autopoietisches System, 1989.

Theunissen, M.: Die Gegenwart des Todes im Leben, in: Winau, R./Rosemeier, H. P. (Hrsg.), Tod und Sterben, 1984, S. 102 ff.

Thiele, G. (Hrsg.): Handlexikon der Medizin, Bd. 1: A - K, 1980, Bd. 2: L - Z, 1980.

Thielicke, H.: Das Recht des Menschen auf seinen Tod, Fortschritte der Medizin 1968, S. 1067 f.

– Wer darf leben? Der Arzt als Richter, 1968.

– Diskussionsbemerkung, in: Rundgespräch: Atemstillstand - Herzstillstand - Tod, Verhandlungen der Deutschen Gesellschaft für Chirurgie, 86. Tagung vom 9. bis 12. April 1969, Langenbecks Archiv für Chirurgie Bd. 325 (1969), S. 1092 ff.

Thoma, R.: Einleitung, in: Anschütz, G./Thoma, R. (Hrsg.), Handbuch des Deutschen Staatsrechts, Erster Band, 1930, S. 1 ff.

Thomas, H.: Vom Umgang mit dem Tod in der Wissenschaft, Scheidewege. Jahresschrift für skeptisches Denken, Jg. 23, 1993/94, Bd. I, S. 160 ff.

– Sind Hirntote Lebende ohne Hirnfunktionen oder Tote mit erhaltenen Körperfunktionen?, Ethik in der Medizin 1994, S. 189 ff.

– Leserbrief: Hirntod, Tod und Elemente der Unbestimmbarkeit in der Medizin, Zeitschrift für Lebensrecht Nr. 2/1996, S. 40 ff.

Thomashausen, A.: Der Einfluß des Grundgesetzes auf ausländisches Verfassungsrecht: Portugal, in: Stern, K. (Hrsg.), 40 Jahre Grundgesetz. Entstehung, Bewährung und internationale Ausstrahlung, 1990, S. 243 ff.

Tiedemann, K.: Grundgesetz und Strafrecht, in: Rechtswissenschaftliche Fakultät der Universität Freiburg/Br. (Hrsg.), 40 Jahre Grundgesetz. Der Einfluß des Verfassungsrechts auf die Entwicklung der Rechtsordnung, 1990, S. 155 ff.

– Verfassungsrecht und Strafrecht, 1991.

Tietje, Ch.: Europäischer Grundrechtsschutz nach dem Maastricht-Urteil, „Solange III"? - BVerfG, NJW 1993, 3047, JuS 1994, S. 197 ff.

Tillich, P.: Auf der Grenze (1936), in: Tillich, P., Auf der Grenze. Eine Auswahl aus dem Lebenswerk (1962), TB-Ausg. 1987, S. 13 ff.

Toellner, R.: Artikel "IV. Der biologische Lebensbegriff", in: Ritter, J./Gründer, K. (Hrsg.), Historisches Wörterbuch der Philosophie, Bd. 5, 1980, Sp. 97 ff.

Tomuschat, Ch.: Verfassungsgewohnheitsrecht?, 1972.

Tönnies, W.: Die neuzeitliche Behandlung frischer Schädelhirnverletzungen, 1958 (Arbeitsgemeinschaft für Forschung des Landes Nordrhein-Westfalen Heft 65).

Tönnies, W. / *Frowein*, R. A.: Wie lange ist Wiederbelebung bei schweren Hirnverletzungen möglich?, Monatsschrift für Unfallheilkunde, Versicherungs-, Versorgungs- und Verkehrsmedizin 1963, S. 169 ff.

Tönnies, W. u. a.: Organisation der Behandlung schwerer Schädel-Hirn-Verletzungen, 1968.

Triepel, H.: Wesen und Entwicklung der Staatsgerichtsbarkeit (1929), in: Häberle, P. (Hrsg.), Verfassungsgerichtsbarkeit, 1976, S. 46 ff.

Trockel, H.: Zur Frage der Rezeption ärztlicher Standesethik, NJW 1971, S. 1057ff.

Tröndle, H.: Referat (Strafrechtliche Abteilung), in: Ständige Deputation des Deutschen Juristentages (Hrsg.), Verhandlungen des 56. Deutschen Juristentages Hannover 1986, Bd. II. (Sitzungsberichte), 1986, M 29ff.

- Neuregelung des Lebensschutzes Ungeborener im geeinten Deutschland (Reihe „Kirche und Gesellschaft" Nr. 179, hrsgg. v. der Kath. Sozialwiss. Zentralstelle Mönchengladbach), 1991.
- StGB, Kommentar, 48. Aufl. 1997.
- Der Hirntod als Voraussetzung für die Organentnahme, Zeitschrift für Lebensrecht Nr. 1/1997, S. 3ff.

Trübners Deutsches Wörterbuch, Bd. 4, 1943, Bd. 7, 1956.

Truog, R. D.: Is it Time to Abandon Brain Death?, Hastings Center Report, January/February 1997, S. 29ff.

Truog, R. D. / *Fackler,* J. C.: Rethinking Brain Death, Critical Care Medicine 1992, S. 1705ff.

Türk, H. J.: Der Hirntod in philosophischer Sicht, Zeitschrift für medizinische Ethik 1997, S. 17ff.

Uhlenbruck, W.: Rechtliche, medizinische und theologische Probleme im Grenzbereich zwischen Leben und Tod, in: Uhlenbruck, W./Rollin, M. (Hrsg.), Sterbehilfe und Patiententestament, 1983, S. 33ff.

- Recht auf den eigenen Tod? Strafrecht im Spannungsverhältnis zwischen Lebenserhaltungspflicht und Selbstbestimmung, ZRP 1986, S. 209ff.

Ulsenheimer, K.: Arztstrafrecht in der Praxis, 1988.

- Stellung und Aufgaben des Sachverständigen im Strafverfahren, in: Frank, Ch./Harrer, G. (Hrsg.), Der Sachverständige im Strafrecht - Kriminalitätsverhütung, 1990, S. 3ff.
- Anmerkung zu BGH, Urteil v. 29. 6. 1995 - 4 StR 760/94 (= NStZ 1996, S. 34), NStZ 1996, S. 132f.
- Die Entwicklung des Arztstrafrechts in der Praxis der letzten 20 Jahre, in: Laufs, A. u. a. (Hrsg.), Die Entwicklung der Arzthaftung, 1997, S. 27ff.

Umbach, D.: Das Wesentliche an der Wesentlichkeitstheorie, Faller-FS 1984, S. 111ff.

Unger, R. R. / *Quandt,* J.: Die traumatischen Schädel-Hirn- und Rückenmarksschädigungen, in: Quandt, J./Sommer, H. (Hrsg.), Neurologie - Grundlagen und Klinik -, Bd. 1, 2. Aufl. 1982, S. 770ff.

University of Pittsburgh Medical Center: Policy und Procedure Manual, in: Kennedy Institute of Ethics Journal 1993, A 1 ff.

Unruh, P.: Zur Dogmatik der grundrechtlichen Schutzpflichten, 1996.

van Till-d'Aulnis de Bourouill, H. A. H.: Diagnosis of Death in Comatose Patients under Resuscitation Treatment: A Critical Review of the Harvard Report, American Journal of Law & Medicine 1976, S. 1ff.

Veatch, R. M.: Whole Brain, Neocortical, and Higher Brain Related Concepts, in: Zaner, R. M. (ed.), Death: Beyond Whole-Brain Criteria, 1988, S. 171ff.

- The Impending Collapse of the Wohle-Brain Definition of Death, Hastings Center Report, July/August-1993, S. 18ff.

Veit, B.: Die Rezeption technischer Regeln im Strafrecht und Ordnungswidrigkeitenrecht unter besonderer Berücksichtigung ihrer verfassungsrechtlichen Problematik, 1989.

Verrel, T.: Selbstbestimmungsrecht contra Lebensschutz, JZ 1996, S. 224ff.

– Der BGH legt nach: Zulässigkeit der indirekten Sterbehilfe, MedR 1997, S. 248ff.

Vetterlein, H.: Die rechtliche Beurteilung von Transplantationen, Kriminalistik und forensische Wissenschaften H. 4/1971, S. 65ff.

Victor, G.-F.: Glosse: Die Mindermeinung, JZ 1995, S. 291f.

Viehmann, H. (Hrsg.): Einigungsvertrag, Justiz und Rechtspflege, 1990.

Vilmar, K.. Warten auf ein Organ - warten auf das Leben, Hospiz-Bewegung. Nachrichten-Magazin der Deutschen Hospizhilfe, Nummer 4-5/1996 (Sommer 1996), S. 27ff.

Vilmar, K. / *Bachmann*, K.-D.: Vorwort. Kriterien des Hirntodes (Zweite Fortschreibung 1991), Deutsches Ärzteblatt 1991, B-2855.

– Vorwort: Kriterien des Hirntodes (Dritte Fortschreibung 1997), Deutsches Ärzteblatt 1997, C-957.

Vogel, H.-J.: Zustimmung oder Widerspruch - Bemerkungen zu einer Kernfrage der Organtransplantation, NJW 1980, S. 625ff.

Vogel, J.: Strafrechtsgüter und Rechtsgüterschutz durch Strafrecht im Spiegel der Rechtsprechung des Bundesverfassungsgerichts, StV 1996, S. 110ff.

Voigt, W.: Neurologische Intensivtherapie, in: Quandt, J./Sommer, H. (Hrsg.), Neurologie - Grundlagen und Klinik -, Bd. 1, 2. Aufl. 1982, S. 1121ff.

Volk, K.: Strafrechtsdogmatik, Theorie und Wirklichkeit, Bockelmann-FS, 1979, S. 75ff.

Volks-Brockhaus: 6. Aufl. 1938.

Vollmann, J.: Todeskriterien und Interessen bei der Organentnahme, Ethik in der Medizin 1996, S. 114ff.

Vollmer, S.: Genomanalyse und Gentherapie. Die verfassungsrechtliche Zulässigkeit der Verwendung und Erforschung gentherapeutischer Verfahren am noch nicht erzeugten und ungeborenen menschlichen Leben, 1989.

von *Arnim*, H.-H.: Diskussionsbemerkung, VVDStRL 50 (1991), S. 298f.

von *Bubnoff*, E.: Rechtsfragen zur homologen Organtransplantation aus der Sicht des Strafrechts, GA 1968, S. 65ff.

von *Doemming*, K.-B. / *Füsslein*, R. W. / *Matz*, W.: Entstehungsgeschichte der Artikel des Grundgesetzes, JöR N. F. Bd. 1 (1951), S. 1ff.

von *Goethe*, J. W.: Wilhelm Meisters Wanderjahre oder Die Entsagenden (1821), Reclam-Ausg. 1982/1989.

von *Hentig*, H.: Die Strafe, Bd. I: Frühformen und kulturgeschichtliche Zusammenhänge, 1954.

– Dogmatik, Strafverfahren, Dunkelfeld, Engisch-FS, 1969, S. 663ff.

von *Hippel*, R.: Deutsches Strafrecht, Erster Band, 1925.

– Lehrbuch des Strafrechts, 1932.

von *Hofmann*, E. R.: Lehrbuch der gerichtlichen Medizin (vollst. umgearb. v. A. Haberda und J. von Wagner-Jauregg) II. Teil, 10. Aufl. 1923.

von Ihering, R.: Der Kampf um's Recht, 4. Aufl. 1874.

- Geist des römischen Rechts auf den verschiedenen Stufen seiner Entwicklung, Zweiter Teil, Zweite Abteilung, 4. Aufl. 1883.

von Kirchmann, J. H.: StGB für den Norddeutschen Bund, 1870.

von Liszt, F.: Lehrbuch des Deutschen Strafrechts, 1. Aufl. 1881 (Titel: Das Dt. Reichstrafrecht), 2. Aufl. 1884, 3. Aufl. 1888, 9. Aufl. 1899, 25. (von *Schmidt*, Eb. besorgte und den BT erfassende) Aufl. 1927.

- Die Verantwortlichkeit bei ärztlichen Handlungen, in: Zentralkomitee für das ärztliche Fortbildungswesen (Hrsg.), Ärztliche Rechtskunde. Zwölf Vorträge, 1907, S. 1ff.

von Lutterotti, K.: Ärztliches Handeln aus strafrechtlicher Sicht, in: Knupp, B./Stille, W. (Hrsg.), Sterben und Tod in der Medizin, 1996, S. 90ff.

von Mangoldt, H.: Das Bonner Grundgesetz, 1953.

von Mangoldt, H. / *Klein*, F.: Das Bonner Grundgesetz, Bd. I, 2. Aufl. 1966.

von Mangoldt, H. / *Klein*, F. / *Starck*, Ch.: Das Bonner Grundgesetz, Kommentar, Bd. 1, 3. Aufl. 1985 (Zit.: Starck, in:).

von Münch, I. (Hrsg.): Grundgesetz-Kommentar, Bd. 1, 1. Aufl. 1975, 2. Aufl. 1981, 3. Aufl. 1985; Bd. 3, 2. Aufl. 1983 (Zit.: Bearbeiter, in:).

von Savigny, E.: Methodologie der Dogmatik: Wissenschaftstheoretische Fragen, in: Neumann, U./Rahlf, J./von Savigny, E. (Hrsg.), Juristische Dogmatik und Wissenschaftstheorie, 1976, S. 7ff.

von Savigny, F. C.: System des heutigen römischen Rechts, Bd. 1, 1840, Bd. 2, 1840.

- Vom Beruf unserer Zeit für Gesetzgebung und Rechtswissenschaft (Ausg. Heidelberg 1840), ND 1967.

von Scheidt, W.: Herztransplantation, in: Erdmann, E./Rieker, G. (Hrsg.), Klinische Kardiologie, 4. Aufl 1996, S. 1059ff.

von Weizsäcker, C.-F.: Die Geschichte der Natur (1948), 8. Aufl. 1979.

Vormbaum, Th.: Zur Juristischen Zeitgeschichte, in: Stolleis, M. (Hrsg.), Juristische Zeitgeschichte - Ein neues Fach?, 1993, S. 69ff.

Voß, M.: Symbolische Gesetzgebung. Fragen zur Rationalität von Strafgesetzgebungsakten, 1989.

Wachenfeld, F.: Lehrbuch des Deutschen Strafrechts, 1914.

Wachsmuth, W.: Eröffnungsansprache zur 84. Tagung der Deutschen Gesellschaft für Chirurgie (29.3. - 1.4.1967), Langenbecks Archiv für klinische Chirurgie Bd. 319 (1967), S. 3ff.

Wagner, E. / *Brocker*, L.: Hirntodkriterium und Lebensgrundrecht, ZRP 1996, S. 226ff.

Wagner, H.-J.: Todeszeitbestimmung, in: Eisen, Gg. (Hrsg.), Handwörterbuch der Rechtsmedizin, Bd. I: Die Tat und ihr Nachweis, 1973, S. 292ff.

Wagner, W.: Gemeinsamkeiten zwischen Hirntodkonzept und traditionellen Todeszeichenkonzepten. Überlegungen zu den anthropologischen Grundlagen der Feststellung des menschlichen Todes, Ethik in der Medizin 1995, S. 193ff.

Wahl, R.: Der Vorrang der Verfassung und die Selbständigkeit des Gesetzesrechts, NVwZ 1984, S. 401ff.

Wahl, R. / *Wieland*, J.: Verfassungsrechtsprechung als knappes Gut, JZ 1996, S. 1137ff.

Wahrig, G.: Deutsches Wörterbuch, Ausgabe 1980, Ausgabe 1996.

Wallwork, J. (ed.): Heart and Heart-Lung-Transplantation, Philadelphia 1989.

Walter, M.: Die subjektive Struktur der Handlung und Strafrecht, KrimJ 1981, S. 207ff.

Walther, M.: Wissenschaftstheoretische Probleme und Perspektiven der Integration: Zur Präzisierung des Verhältnisses von (Straf-)Rechtsdogmatik und Sozialwissenschaften, KrimJ 1981, S. 185ff.

Wank, R.: Die juristische Begriffsbildung, 1985.

Wassermann, R.: Das Recht auf den eigenen Tod, DRiZ 1986, S. 291ff.

– Einleitung, in: G. Radbruch, Strafrechtsreform (Gustav-Radbruch-Gesamtausgabe Bd. 9), 1992, S. 1ff.

Wawersik, J.: Kriterien des Todes unter dem Aspekt der Reanimation, Der Chirurg 1968, S. 345ff.

– Kriterien des Todes, Studium Generale 1970, S. 319ff.

– Todeszeitpunkt und Organtransplantation, Deutsches Ärzteblatt 1969, S. 1315ff.

Weber, M.: Der Sinn der „Wertfreiheit" der soziologischen und ökonomischen Wissenschaften (1917), in: ders., Schriften zur Wissenschaftslehre, hrsgg. und eingeleitet v. Sukale, M., 1991, S. 176ff.

– Wissenschaft als Beruf (1919), in: ders., Schriften zur Wissenschaftslehre, hrsgg. und eingeleitet v. Sukale, M., 1991, S. 237ff.

Weber, W.: Weimarer Verfassung und Bonner Grundgesetz, in: ders., Spannungen und Kräfte im westdeutschen Verfassungssystem, 3. Aufl. 1970, S. 9ff.

Weber-Fas, R.: Wörterbuch zum Grundgesetz, TB-Ausg. 1995.

Wehr, M.: Grundfälle zu Vorrang und Vorbehalt des Gesetzes (2. Teil), JuS 1997, S. 419ff.

Weigend, Th.: Über die Begründung der Straflosigkeit bei Einwilligung des Betroffenen, ZStW 98 (1986), S. 44ff.

– Deliktsopfer und Strafverfahren, 1989.

– Strafrecht durch internationale Vereinbarungen - Verlust an nationaler Strafrechtskultur?, ZStW 105 (1993), S. 774ff.

Weimar, W.: Beck-Rechtsinformation: Arzt (Krankenhaus) und Patient, Stand: 1. Juni 1974.

Weis, C. / *Jelkmann*, J.: Funktionen des Blutes, in: Schmidt, R. F./Thews, G. (Hrsg.), Physiologie des Menschen, 26. Aufl 1995, S. 411ff.

Weischedel, W.: Recht und Ethik, 2. Aufl. 1959.

Weiß, A.: Zur Strafbarkeit der Körperverletzung und Tötung Ungeborener, vor und nach der Nidation, GA 1995, S. 373ff.

– Auch durch Wiederholung nicht richtiger: Zu Norbert Hoerster, JuS 1995, S. 192ff., JuS 1995, S. 568.

Weißauer, W. / *Opderbecke*, H. W.: Behandlungsabbruch bei unheilbarer Krankheit aus medikolegaler Sicht, MedR 1995, S. 456ff.

Welzel, H.: Das Deutsche Strafrecht, 1. Aufl. 1947, 2. Aufl. 1949, 4. Aufl. 1954, 6. Aufl. 1958, 7. Aufl. 1960, 8. Aufl. 1961, 9. Aufl. 1965, 10. Aufl. 1967, 11. Aufl. 1969.

Welzel, L.: 2. Tagung der Gesellschaft für gerichtliche Medizin, NJ 1969, S. 704f.

Werle, G.: Zur Konzeption von Forschung und Lehre im Fach „Juristische Zeitgeschichte", in: Stolleis, M. (Hrsg.), Juristische Zeitgeschichte - Ein neues Fach?, 1993, S. 63ff.

Werner, F.: Recht und Toleranz - Festvortrag -, in: Ständige Deputation des Deutschen Juristentages (Hrsg.), Verhandlungen des 44. DJT Hannover 1962, 1963, Bd. II/Teil B, B 1ff.

Wernicke, K. G.: Kommentierung von Art. 2, Bonner Kommentar zum GG, Erstbearbeitung, Bl. 1ff.

Wesel, U.: hM (1979), in: ders., Aufklärungen über Recht, 2. Aufl. 1988, S. 14ff.

Wessels, J.: Strafrecht - Besonderer Teil/1, 1. Aufl. 1976, 2. Aufl. 1977, 3. Aufl. 1978, 4. Aufl. 1979, 5. Aufl. 1981, 6. Aufl. 1982, 7. Aufl. 1983, 8. Aufl. 1984, 9. Aufl. 1985, 11. Aufl. 1987, 12. Aufl. 1988, 14. Aufl. 1990, 15. Aufl. 1991, 16. Aufl. 1992, 17. Aufl. 1993, 18. Aufl. 1994, 19. Aufl. 1995.

White, R. J. / *Angstwurm*, H. / *Carrasco de Paula*, I. (Hrsg.): Working Group on the determination of brain death and its relationship to human death, 1992.

Wieacker, F.: Privatrechtsgeschichte der Neuzeit, 1. Aufl. 1952, 2. Aufl. 1967.

Wiemers, K.: Probleme und Definition des Todes, Der Internist 1969, S. 181ff.

– Zur Beendigung der Reanimation, aus der Sicht des Anästhesiologen, in: Krösl, W./Scherzer, E. (Hrsg.), Die Bestimmung des Todeszeitpunktes, 1973, S. 45ff.

Wiesemann, C.: Hirntod und Gesellschaft, Ethik in der Medizin 1995, S. 16ff.

Wiesner, G. E.: Zeit, Ort und Ursachen des Sterbens, in: Blumenthal-Barby, K. (Hrsg.), Betreuung Sterbender, 3. Aufl. 1987, S. 19ff.

Wildes, K. W. M.: Death: A Persistent Controversial State, Kennedy Institute of Ethics Journal 1996, S. 378ff.

Willke, H.: Ironie des Staates, 1992.

Winkler, G.: Die Wissenschaft vom Verwaltungsrecht (1979), in: ders., Theorie und Methode in der Rechtswissenschaft - Ausgewählte Abhandlungen, 1989, S. 1ff.

Winkler, M.: Juristische Texte als „Werkzeuge", JuS 1995, S. 1056ff.

Wirth, I. / *Strauch*, Hj.: Todesermittlung I (Lehr- und Studienbriefe Kriminalistik Nr. 18), 1996.

Wissenschaftler für ein verfassungsgemäßes Transplantationsgesetz - Gegen die Gleichsetzung hirntoter Patienten mit Leichen (Autoren: H.-U. Gallwas, G. Geilen, L. Geisler, I. Gorynia, W. Höfling, J. Hoff, M. Klein, D. Mieth, St. Rixen, G. Roth, J. in der Schmitten, J.-P. Wils), zit. nach: Hoff, J./in der Schmitten, J., Wann ist der Mensch tot? Organverpflanzung und „Hirntod"-Kriterium, erweiterte Taschenbuch-Neuauflage 1995, S. 513ff.

Wissenschaftlicher Beirat der Bundesärztekammer, Kriterien des Hirntodes. Entscheidungshilfen zur Feststellung des Hirntodes, Deutsches Ärzteblatt 1982, A/B-45ff.

– Kriterien des Hirntodes. Entscheidungshilfen zur Feststellung des Hirntodes - Fortschreibung der Stellungnahme des Wissenschaftlichen Beirates „Kriterien des Hirntodes" vom 9. April 1982, Deutsches Ärzteblatt 1986, B-2940ff.

– Kriterien des Hirntodes - Zweite Fortschreibung, Deutsches Ärzteblatt 1991, B-2855ff.

– Der endgültige Ausfall der gesamten Hirnfunktion („Hirntod") als sicheres Todeszeichen, Deutsches Ärzteblatt 1993, C-1975ff.

- Kriterien des Hirntodes. Entscheidungshilfen zur Feststellung des Hirntodes (Dritte Fortschreibung 1997), Deutsches Ärzteblatt 1997, C-957ff.

Witt, D.: Ernst-Joachim Mestmäcker, RabelsZ 1996, S. 611ff.

Wittgenstein, L.: Tractatus logico-philosophicus (1918), Werke, Bd. 1, Suhrkamp-Taschenbuch-Werkausgabe Bd. 1, 10. Aufl. 1995, S. 9ff.

Wittkowski, J.: Psychologie des Todes, 1990.

Woesner, H.: Neuregelung der Tötungstatbestände, NJW 1980, S. 1136ff.

Wolbert, W.: Ein Recht auf den Leib des anderen? Zu einigen Fragen der Organtransplantation, Stimmen der Zeit 1991, S. 331ff.

- Zur neueren Diskussion über den Gehirntod, Ethik in der Medizin 1996, S. 6ff.

Wolf, E.: Große Rechtsdenker der deutschen Rechtsgeschichte, 4. Aufl. 1963.

Wolf, I.: Gynäkologische Überlegungen zu Hirntod und Schwangerschaft, in: Hinrichsen, K. (Hrsg.), Sterben und Schwangerschaft (Medizinethische Materialien H. 88, hrsgg. vom Zentrum für Medizinische Ethik der Ruhr-Universität Bochum), 2. Aufl. März 1994, S. 13ff.

Wolf, Th. / *Jabel*, H.-P.: Strafvollstreckungsordnung und Grundrechtsschutz, NStZ 1994, S. 63ff.

Wolfslast, G.: Grenzen der Organgewinnung - Zur Frage einer Änderung der Hirntodkriterien, MedR 1989, S. 163ff.

- Organtransplantation. Gegenwärtige Rechtslage und Gesetzentwürfe, Deutsches Ärzteblatt 1995, C-24f.

Wolkenhauer, W.: Die Auswirkungen der Grundrechte auf das Strafrecht, Diss. iur. Tübingen, 1958.

Wolter, J.: Verfassungsrecht im Strafprozeß- und Strafrechtssystem, NStZ 1993, S. 1ff.

- Systematischer Kommentar zur StPO und zum GVG, Kommentierung vor § 151 StPO (11. Aufbau- bzw. Erg.lfg. Juni 1994), Randnrn. 1ff.

Wuermeling, H.-B.: Überleben des Fötus bei hirntoter Mutter, Zeitschrift für ärztliche Fortbildung 1993, S. 845ff.

Wulf, R.: Grund- und Menschenrechte im Justizvollzug, NJ 1996, S. 227ff.

Würtenberger jr., Th.: Zeitgeist und Recht, 2. Aufl. 1991.

Wuttke, W.: Endokrinologie, in: Schmidt, R. F./Thews, G.(Hrsg.), Physiologie des Menschen, 26. Aufl 1995, S. 370ff.

Young, K.: Death: Eastern Thought, in: Reich, W. Th. (ed.), Encyclopedia of Bioethics, vol. 1, 2nd. edition, 1995, S. 487ff.

Youngner, St. J. / *Bartlett*, E. T.: Human death and high technology: the failure of the whole-brain-death formulations, Annals of Internal Medicine 1983, S. 252ff.

Zaner, R. M. (ed.): Death: Beyond Whole-Brain Criteria, 1988.

Zaner, R. M.: Brains and Persons: A Critique of Veatch's View, in: Zaner, R. M. (ed.), Death: Beyond Whole-Brain Criteria, 1988, S. 187ff.

Zedler, J. H.: Großes Vollständiges Universal-Lexikon, Bd. 44, 1745 (ND 1962).

Zenker, R.: Ethische und rechtliche Probleme der Organtransplantation, Bockelmann-FS, 1979, S. 481ff.

– Ethische und rechtliche Probleme der Organtransplantation, in: Pichlmayr, R. (Hrsg.), Transplantationschirurgie, 1981, S. 3ff.

Zimmermann, M.: Grundlagen physiologischer Regelungsprozesse, in: Schmidt, R. F./Thews, G. (Hrsg.), Physiologie des Menschen, 26. Aufl. 1995, S. 331ff.

Zimmermann, Reinh.: Der Sterbende und sein Arzt - Gedanken zur Euthanasieproblematik, NJW 1977, S. 2101ff.

Zimmermann, R.: Die Relevanz einer herrschenden Meinung für Anwendung, Fortbildung und wissenschaftliche Erforschung des Rechts, 1983.

Zink, P. / *Reinhardt*, G.: Die Todeszeitbestimmung bei der ärztlichen Leichenschau, BayÄrztebl. 1972, S. 109ff.

Zippelius, R.: Forum: An den Grenzen des Rechts auf Leben, JuS 1983, S. 659ff.

– Eingriffe in das beginnende Leben als juristisches Problem, in: Berg, D. u. a. (Hrsg.), Würde, Recht und Anspruch des Ungeborenen, 1992, S. 57ff.

– Anfang und Ende des Lebens als juristisches Problem, in: ders., Recht und Gerechtigkeit in der offenen Gesellschaft, 2. Aufl. 1996, S. 328ff.

– Verfassungskonforme Auslegung von Gesetzen, in: ders., Recht und Gerechtigkeit in der offenen Gesellschaft, 2. Aufl. 1996, S. 425ff.

Zöllner, W.: Regelungsspielräume im Schuldvertragsrecht. Bemerkungen zur Grundrechtsanwendung im Privatrecht und zu den sogenannten Ungleichgewichtslagen, AcP 196 (1996), S. 1ff.

Zuleeg, M.: Der Beitrag des Strafrechts zur europäischen Integration, JZ 1992, S. 761ff.

Sachregister

Anencephale 300 (Fn. 275) *siehe auch Teilhirntodkonzept*
Anthropologie
- des Grundgesetzes 291 *siehe offenes Menschenbild des GG*

Apallisches Syndrom (PVS) 300
Arztethik *siehe Ethik*
Arzt(straf)recht
- Definition 18 (Fn. 48), 19 (Fn. 60)

Auslegung
- Deutungskampf 25ff.
- der Grundrechte *siehe Grundrechte*
- geschichtliche Aspekte (Auslegungs-, Begleit-, Dogmen-, Entstehungs-, Zeitgeschichte) 60ff.
- grundrechtsbezogene/verfassungsorientierte 336
- interpretatorische Grenzverschiebungen 48ff.
- Normkonkretisierung (Konzept, Einwände und Apologie) 266 (Fn. 102)
- Regelungsabsicht des Normgebers 266
- systematisch-teleologische 288 (mit Fn. 219), 295f., 363
- Wortsinn bzw. Wortlaut (Problematik) 57f., 271ff., 362f.

Autonomie
- des Rechts 36ff.
- der rechtlichen Begriffsbildung 36ff.

Behandlungsabbruch
- beim Hirntoten 381ff. *siehe auch Sterbehilfe*

Biologisch-zerebrale Theorie 216ff., 302ff.
Biologismus
- kriteriologischer/methodischer 296ff.

Bundesärztekammer 39f.

DDR
- Hirntodrezeption in der 126ff.
- Anwendbarkeit des StGB der 124f.

- Feststellung des Todeszeitpunktes 143 (Fn. 615)
- Toterklärung 143 (Fn. 615)
- Todeserklärung 143 (Fn. 615)

Demenz 300 (Fn. 277)

„Enthauptung (innere)" 311 (Fn. 317)
Erlanger Fall/Erlanger Baby 145ff.
Ethik
- Pluralisierung/Pluralität der 36ff.
- Standesethik der Ärzte 39ff.
- Standesrecht der Ärzte 39ff.
- und Vorverständnis im Recht 36ff., 42 (Fn. 197)

Ethische Unruhe 42 (Fn. 197) *siehe auch Grundrechte*

Europarecht (EG, EMRK)
- und Hirntodkonzept 312ff.

„Geistig Toter" 89, 379 (Fn. 630) *siehe Teilhirntodkonzept*
Geistigkeitstheorie 20ff., 216ff., 297ff.
siehe auch Hirntodkonzept
Geschichte *siehe Auslegung*
Gewohnheitsrecht
- Hirntodkonzept und 317ff.

Grundrecht auf Leben
- als Selbstbestimmungs(freiheits)recht 364ff., 367f. *siehe auch Grundrechtsverzicht*

Grundrechte
- Auslegung 260ff., 295f.
- „Ausstrahlungswirkung" 339ff.
- Bedeutung der Rechtsphilosophie 42 (Fn. 197)
- positiviertes Naturrecht 263ff.
- Schutzdimensionen 368f.
- Abwehrfunktion 328, 368
- Schutzpflichtdimension 328ff., 369

Grundrechtsverzicht (beim Lebensgrundrecht)
- als Schutzverzicht 364ff., 368ff.

– Problem der Freiwilligkeit des Grundrechtsverzichts (der Grundrechtsverzichtsfähigkeit) 369f., 378 (Fn. 626)

Herrschende Meinung 48f.
– Bedeutung fachlicher Autoritäten 65ff., 231ff.
– Bedeutung von Kommentaren und Lehrbüchern 65ff. *siehe auch Wissenssoziologie* und *Quellen*
– Entstehungsbedingungen (allg.) 48f., 65ff.
– Entstehungsbedingungen (bei der Etablierung des Hirntodkonzepts) 229ff.

Herz-Kreislaufstillstand, irreversibler *siehe Tod*

Hirntod/Hirntod-Zustand/Hirntoter
– biologisch-medizinischer Sachverhalt 20ff., 225ff., 269, 277ff., 358
– Dauer des H.-Zustands 311 (Fn. 316), 375 (Fn. 612)
– Diagnose/Feststellung 20ff. *siehe auch Leiche*

Hirntodkonzept/Ganzhirntodkonzept
– Anti-Kritik der Kritik (Zusammenfassung) 248ff., 354f.
– Erläuterung 20ff., 247
– im Ausland 315ff.
– Kritik 216ff. (analytisch), 269ff. (dogmatisch)
– mögliche Überprüfung durch das Bundesverfassungsgericht 31
– Verfassungswidrigkeit der Gleichsetzung von Tod und Hirntod im Transplantationsgesetz 382ff. *siehe auch Geistigkeitstheorie und biologisch-zerebrale Theorie*

Hirntodkonzept: Rezeption in Deutschland
– in der ev.-theol. Ethik 180ff.
– in der Grundrechtslehre 108ff.
– in der kath.-theol. Ethik 170ff.
– in der Medizin 188ff., 208ff.
– in der phil. Ethik 186ff.
– in der Strafrechtslehre 72ff., 143f.
– im Zuge der Entstehung des Transplantationsgesetzes 98ff.
– Verschränkung der Einzelrezeptionen 68f. *siehe auch Herrschende Meinung* und *Wissenssoziologie*

Inter-/Intradisziplinarität im Arztrecht 46ff.

Kritik
– Begriff (mit Blick auf die Rezeptionsgeschichte) 214 ff.
– frühe K. der Hirntodkonzeption (u.a. Geilen) 152ff., 205ff., 243ff.

Leiche *siehe Hirntod (biologisch-medizinischer Sachverhalt)*

Medizinethik *siehe Ethik*
Mensch
– homo sapiens sapiens (biologischer Sachverhalt) 288f. (mit Fn. 221 - 224)
Non-heart-beating donor 347 (mit Fn. 618)
Normativität
– Problem der Wahrung des Normativen bei der Würdigung med.-biowissenschaftl. Probleme 392ff.
Normkonkretisierung *siehe Auslegung*

Offenes Menschenbild des GG
– Interpretament für die Auslegung von Art. 2 II 1 Var.1 GG 288ff. *siehe auch Grundrecht auf Leben*
Organentnahme
– bei (hirntoten, lebenden) Kindern 378 (mit Fn. 626), 380 (mit Fn. 634)
– beim hirntoten Lebenden als (angebliche) Tötung? 353ff.
– „erste" Herztransplantation (Barnard) 79ff.
– Herztransplantation (medizinischer Sachverhalt) 355ff.
Organismus
– biologischer/des Menschen 302ff.

Quellen
– Bedeutung von Lehrbüchern und Kommentaren 65ff.
– Grenzen der Vollständigkeit 69ff.

Recht
– Definition 37 (Fn. 168)
Recht und Gesetz 19 (Fn. 60)
Rechtsphilosophie *siehe Grundrechte*
Rechtsvergleichung
– und Hirntodkonzept 32, 315ff.
Rezeption
– Begriff 63f.
– Kennzeichen der R.-Geschichte 216ff. *siehe auch Hirntodkonzept: Rezeption in Deutschland*

Schutzpflicht
- grundrechtliche 328ff.
- judikative 333, 335 *siehe auch Grundrechte*

Selbsttötung 365 (mit Fn. 662) *siehe auch Grundrechtsverzicht* und *Verfügung über das Leben*

Standesrecht *siehe Ethik/Standesethik*

Sterbehilfe
- Abgrenzung der aktiven Sterbehilfe („Euthanasie") von der zulässigen Entnahme lebenswichtiger Organe vom Lebenden 374
- „Dysthanasie" 375 *siehe auch Behandlungsabbruch, Grundrechtsverzicht, Selbsttötung, Tötung auf Verlangen*

Suizid *siehe Selbsttötung*

Strafrecht
- Auslegung des Strafgesetzes 57f., 362f. *siehe auch Auslegung*
- Strafrechtstheorie (positive Generalprävention) 330 (mit Fn. 441)
- und Verfassungsrecht 322ff. *siehe auch Verfassungsstrafrecht*

Technik(ethik) 391 (Fn. 12) *siehe auch Ethik*

Teilhirntodkonzept *siehe auch „geistig Toter"* 159f., 202ff., 298ff.

Tod/Todes-
- begriff 254ff.
- feststellung 254ff.
- Gesetzgebungskompetenz 350 (Fn. 525)
- irreversibler Stillstand von (Atmung sowie) Herz und Kreislauf 343ff.
- konzept 254ff.
- kriterien 254ff., 343ff.
- nichtjuristische Zugänge 32ff.
- verständnis 254ff.
- Wesentlichkeitsprinzip 350ff.
- zeitbestimmung 348ff.

Tötung
- begriffliche Unterscheidungen 358f., 359ff. *siehe auch Organentnahme*

Tötung auf Verlangen
- Nichtanwendbarkeit des § 216 StGB „im Lichte" des Art. 2 II 1 Var. 1 GG als Selbstbestimmungsfreiheitsrecht 370ff., 372ff., 377

Tötungsdelikte
- Auslegung „im Lichte" der grundrechtlichen Schutzpflicht aus Art. 2 II 1 Var. 1 GG 327ff., 337ff.

Transplantation(smedizin) *siehe Organentnahme*

Transplantationsgesetz (TPG)
- Anwendungsbereich 19 Fn. 49
- DDR-Transplantationsrecht 138 *siehe auch DDR*
- Gesetzentwurf Rheinland-Pfalz 29f. (Fn. 110), 150
- Gesetzgebungsgeschichte 70er Jahre 98ff.
- Gesetzgebungsgeschichte 90er Jahre 147ff.
- Todesbegriff im 382ff.

Verfassungsstrafrecht 337, 342 *siehe auch Strafrecht und Verfassungsrecht*

Verfügung über das Leben 364f. *siehe auch Grundrechtsverzicht*

Vorausverfügung einer Organspende *siehe Grundrecht auf Leben als Selbstbestimmungs(freiheits)recht*

Wissenschaft(sentwicklung) 48f., 390 (Fn. 8)

Wissenschaftsfreiheit und Kritik des Hirntodkonzepts 396

Wissenssoziologie
- Bedeutung der interdisziplinären „Stimmungskameradschaft" 233f.
- Bedeutung für das Verstehen der Rezeptionsgeschichte 231ff.
- Bedeutung von Autoritäten (u.a. Angstwurm, Eser, Schreiber) für die Rezeption des Hirntodkonzepts 231ff. *siehe auch Herrschende Meinung* und *Hirntodkonzept: Rezeption in Deutschland*
- Definition 62 (Fn. 251)

Christian Schneider

Tun und Unterlassen beim Abbruch lebenserhaltender medizinischer Behandlung

Strafrechtliche Abhandlungen, Neue Folge, Band 105
330 S. 1997. DM 98,– / öS 715,– / sFr 89,–
ISBN 3-428-09121-3

Der Abbruch einer mit technischen Hilfsmitteln betriebenen medizinischen Behandlung berührt grundlegende Fragen aus dem Bereich des Allgemeinen Teils des Strafrechts sowie der Sterbehilfethematik. Bei der Abgrenzung von Tun und Unterlassen schlägt der Autor eine Kombination von ontologischen und normativen Elementen in der Art eines zweistufigen Prüfungsverfahrens vor. Während derart das Abstellen eines medizinischen Geräts durch den behandelnden Arzt als Unterlassen zu bewerten ist, stellt sich das äußerlich identische Verhalten eines Dritten als aktives Tun dar. Ein Behandlungsabbruch, der dem Wunsch des Patienten entspricht, ist in jedem Fall straflos, auch wenn dadurch der Tod des Patienten zurechenbar herbeigeführt und der Tatbestand des § 216 StGB erfüllt wird. Bei Annahme eines unechten Unterlassungsdelikts (§§ 216, 13 StGB) fehlt es an der Rechtspflicht zum Handeln, beim Begehungsdelikt ist die Tötung auf Verlangen nach § 34 StGB zu rechtfertigen, da das Recht auf Behandlungsfreiheit höher als das Interesse der Allgemeinheit am Lebensschutz einzustufen ist. Das verfassungsrechtlich abgesicherte Selbstbestimmungsrecht des Patienten, das einen Kurierzwang verbietet und folglich insoweit einer Lebenserhaltungspflicht entgegensteht, gibt diese Lösung vor.

Duncker & Humblot · Berlin